W0223090

Die Bonus-Seite

Ihr Vorteil als Käufer dieses Buches

Auf der Bonus-Webseite zu diesem Buch finden Sie zusätzliche Informationen und Services. Dazu gehört auch ein kostenloser **Testzugang** zur Online-Fassung Ihres Buches. Und der besondere Vorteil: Wenn Sie Ihr **Online-Buch** auch weiterhin nutzen wollen, erhalten Sie den vollen Zugang zum **Vorzugspreis**.

So nutzen Sie Ihren Vorteil

Halten Sie den unten abgedruckten Zugangscode bereit und gehen Sie auf **www.galileocomputing.de**. Dort finden Sie den Kasten **Die Bonus-Seite für Buchkäufer**. Klicken Sie auf **Zur Bonus-Seite/Buch registrieren**, und geben Sie Ihren **Zugangscode** ein. Schon stehen Ihnen die Bonus-Angebote zur Verfügung.

Ihr persönlicher **Zugangscode**

u96c-8j7q-hfzs-tmip

Daniel Caesar, Michael R. Friebel

Schnelleinstieg Microsoft SQL Server 2012

Für Administratoren und Entwickler

Galileo Press

Liebe Leserin, lieber Leser,

der Microsoft SQL Server 2012 bietet gegenüber den vorigen Versionen viele Features, die Administratoren und Entwicklern bei der Erledigung ihrer täglichen Aufgaben die Arbeit noch weiter erleichtern. Dieser unbestreitbare Vorteil hat jedoch gerade beim Einstieg in ein solch mächtiges Datenbanksystem eine Kehrseite: Die Komplexität des ohnehin umfangreichen SQL Servers und seiner Bedienung hat sich in der Version 2012 noch einmal weiter erhöht.

Und genau hier setzt dieses Buch an: Es gibt Ihnen auf der einen Seite einen Überblick über sämtliche Features des Microsoft SQL Servers, legt auf der anderen Seite aber auch großen Wert darauf, dass Sie die besprochenen Technologien tatsächlich gewinnbringend in Ihrer täglichen Arbeit einsetzen können. Deshalb wurden zahlreiche Schritt-für-Schritt-Anleitungen und Praxisworkshops erstellt, die konsequent häufig anfallende Aufgaben behandeln und konkrete Lösungen dafür bieten.

Besondere Aufgaben erfordern spezielles Know-how, über das unsere Autoren, Daniel Caesar und Michael Friebel, in hohem Maß verfügen. Beide haben langjährige Erfahrung in der Administration von und der Entwicklung für Microsoft SQL Server und beraten Unternehmen in allen Fragen zu diesem Gebiet. Darüber hinaus geben sie seit vielen Jahren Schulungen für Administratoren und Entwickler zum Thema. So konnten sie gezielt die wichtigsten Aufgaben und Fragen sammeln, die sie mit den passenden Lösungen in diesem Schnelleinstieg für Sie zusammengestellt haben. Nach den zahlreichen positiven Rückmeldungen zur 1. Auflage bin ich ganz sicher, dass Ihnen dieses Buch auch in der zweiten Auflage eine wertvolle Unterstützung bei Ihrer Arbeit sein wird.

An dieser Stelle noch ein Hinweis in eigener Sache. Das Buch wurde mit großer Sorgfalt geschrieben, lektoriert und produziert. Sollten sich dennoch Fehler eingeschlichen haben, wenden Sie sich bitte an mich. Ihre Anmerkungen und Ihre Kritik sind immer willkommen.

Ihr Sebastian Kestel
Lektorat Galileo Computing

sebastian.kestel@galileo-press.de
www.galileocomputing.de
Galileo Press · Rheinwerkallee 4 · 53227 Bonn

Auf einen Blick

1 Die Versionsgeschichte von SQL Server ... 27

2 Zukunftssicherheit, Stabilität und Performance im Enterprise-Bereich ... 37

3 Die SQL-Server-Editionen im Überblick ... 51

4 Installation von und Aktualisierung auf SQL Server 2012 ... 61

5 Konfigurieren von SQL Server 2012 ... 87

6 Die SQL-Server-Systemdatenbanken im Überblick ... 125

7 Grundlegendes Know-how für Administratoren und Entwickler ... 135

8 PowerShell ... 185

9 Backup und Restore ... 193

10 SQL-Server-Sicherheit ... 229

11 ETL-Prozesse mit den Integration Services ... 295

12 Automatisieren von administrativen Aufgaben ... 339

13 Einrichten von Warnungen und Benachrichtigungen ... 357

14 Skalierbarkeit von SQL Server ... 375

15 Verteilung von Daten: Replikation ist kein Hexenwerk ... 389

16 Hochverfügbarkeitslösungen ... 413

17 Überwachen von SQL Server 2012 ... 453

18 Problembehebung und Performance-Tuning ... 485

19 Applikations- und Multiserver-Verwaltung ... 545

20 SQL Server 2012 – weitere Komponenten für Entwickler und Anwender ... 565

21 Parallel Data Warehouse ... 579

22 Die Reporting Services ... 591

23 Analysis Services – Datenanalyse für jedermann ... 627

24 Workshops zu SharePoint 2010 und SQL Server 2012 ... 685

Wir hoffen sehr, dass Ihnen dieses Buch gefallen hat. Bitte teilen Sie uns doch Ihre Meinung mit. Eine E-Mail mit Ihrem Lob oder Tadel senden Sie direkt an den Lektor des Buches: *sebastian.kestel@galileo-press.de*. Im Falle einer Reklamation steht Ihnen gerne unser Leserservice zur Verfügung: *service@galileo-press.de*. Informationen über Rezensions- und Schulungsexemplare erhalten Sie von: *britta.behrens@galileo-press.de*.

Informationen zum Verlag und weitere Kontaktmöglichkeiten finden Sie auf unserer Verlagswebsite *www.galileo-press.de*. Dort können Sie sich auch umfassend und aus erster Hand über unser aktuelles Verlagsprogramm informieren und alle unsere Bücher versandkostenfrei bestellen.

An diesem Buch haben viele mitgewirkt, insbesondere:

Lektorat Sebastian Kestel
Korrektorat Osseline Fenner, Troisdorf
Herstellung Kamelia Brendel
Layout Vera Brauner
Einbandgestaltung Barbara Thoben, Köln
Coverbilder Fotolia: 8353474©Artmann Witte, Plainpicture: p3283961f ©Bernd Vogel
Satz III-satz, Husby
Druck Beltz Druckpartner, Hemsbach

Dieses Buch wurde gesetzt aus der TheAntiquaB (9,35/13,7 pt) in FrameMaker.
Gedruckt wurde es auf chlorfrei gebleichtem Offsetpapier (90 g/m²).

Der Name Galileo Press geht auf den italienischen Mathematiker und Philosophen Galileo Galilei (1564–1642) zurück. Er gilt als Gründungsfigur der neuzeitlichen Wissenschaft und wurde berühmt als Verfechter des modernen, heliozentrischen Weltbilds. Legendär ist sein Ausspruch Eppur si muove (Und sie bewegt sich doch). Das Emblem von Galileo Press ist der Jupiter, umkreist von den vier Galileischen Monden. Galilei entdeckte die nach ihm benannten Monde 1610.

Bibliografische Information der Deutschen Nationalbibliothek:
Die Deutsche Nationalbibliothek verzeichnet diese Publikation in der Deutschen Nationalbibliografie; detaillierte bibliografische Daten sind im Internet über *http://dnb.d-nb.de* abrufbar.

ISBN 978-3-8362-1938-9
2., aktualisierte und erweiterte Auflage 2013

Inhalt

Vorwort ... 23

1 Die Versionsgeschichte von SQL Server 27

1.1 Entwicklung bis Microsoft SQL Server 2005 ... 28

1.2 Von Microsoft SQL Server 2008 zu SQL Server 2012 ... 29

1.3 SQL Server 2012 – Wichtige Neuerungen im Überblick ... 29

1.3.1 Hochverfügbarkeit ... 30
1.3.2 SQL Server »AlwaysOn« ... 30
1.3.3 Skalierbarkeit und Performance ... 31
1.3.4 Columnstore-Indizes ... 31
1.3.5 FileTable ... 31
1.3.6 Volltextsuche ... 32
1.3.7 Benutzerdefinierte Serverrollen ... 32
1.3.8 SQL Server 2012 – Contained Database ... 32
1.3.9 Distributed Replay ... 33
1.3.10 SQL-Server-Audit-Erweiterungen ... 34
1.3.11 Management Pack für Hochverfügbarkeit ... 34
1.3.12 SQL Server 2012 – Windows Server Core ... 34
1.3.13 PHP-Treiber ... 34
1.3.14 LocalDB-Laufzeitumgebung ... 34
1.3.15 SQL Server Data Tools (SSDT) ... 34
1.3.16 Data Quality Services ... 35
1.3.17 PowerView – Report- und Analysetool ... 35
1.3.18 Reporting als SharePoint Shared Service ... 36
1.3.19 SSIS-Bereitstellung von Projekten und Paketen ... 36
1.3.20 Tabellarische Projekte in SQL Server Data Tools ... 36

2 Zukunftssicherheit, Stabilität und Performance im Enterprise-Bereich 37

2.1 Kapazitätsplanung von Prozessor, Speicher und I/O ... 37

2.2 Erfassen von Leistungs- und Baseline-Daten ... 38

2.3 Sequenzieller und Random I/O 40

2.4 Dimensionierung des E/A-Subsystems 41

2.4.1 Bestimmen der Größe der Auslagerungsdatei 42

2.5 RAID und SAN – Konfiguration 42

2.5.1 RAID 0: Stripe Set 43

2.5.2 RAID 1: Spiegelung 43

2.5.3 RAID 5: Stripe Set mit Parität 44

2.5.4 RAID 01 45

2.5.5 RAID 10 46

2.5.6 Hardwareschnittstellen 46

2.6 SQL Server und virtuelle Umgebungen – Was ist zu beachten? 47

2.7 Ausblick auf zukünftige Technologien – Storage im Netz 47

2.7.1 Windows Azure: Der SQL Server in der Cloud 48

3 Die SQL-Server-Editionen im Überblick 51

3.1 Standard Edition 51

3.2 Business Intelligence Edition 51

3.3 Enterprise Edition 52

3.4 Parallel Data Warehouse und Fast Track Data Warehouse Edition 52

3.5 Spezielle Editionen 53

3.5.1 Developer Edition 53

3.5.2 Web Edition 53

3.5.3 Express Edition 53

3.5.4 LocalDB 53

3.5.5 Compact Edition 54

3.5.6 Windows Azure SQL-Datenbank (früher SQL Azure) 54

3.6 Windows und Windows Azure SQL-Datenbank 55

3.6.1 Überblick 55

3.6.2 Technologie und Zugriff 57

3.7 Zusammenfassung 59

4 Installation von und Aktualisierung auf SQL Server 2012 61

4.1 Überlegungen zur Installation 62
4.1.1 Sprachen und landesspezifische Anpassungen – Sortierreihenfolge 62
4.1.2 Windows- versus SQL-Server-Authentifizierung 63
4.1.3 Sicherheitsbetrachtungen – die Wahl der richtigen Dienstkonten ... 63
4.1.4 Aktualisierung auf SQL Server 2012 65

4.2 Die Installation einer Standardinstanz 65
4.2.1 Der Installationsprozess im Detail 65
4.2.2 SQL Server und mehrere Instanzen 79

4.3 Workshop: Durchführen einer unbeaufsichtigten Installation und Sysprep 82
4.3.1 Vorbereiten einer Installation mit Sysprep 83
4.3.2 Abschließen einer mit Sysprep vorbereiteten Installation 86

5 Konfigurieren von SQL Server 2012 87

5.1 Der SQL-Server-Konfigurationsmanager 87
5.1.1 Die Dienste des SQL Servers 2012 87
5.1.2 Client-Konfiguration, Alias und Protokolle 88
5.1.3 Deaktivieren nicht benötigter Dienste 89
5.1.4 Ausblenden einer Instanz des SQL-Server-Datenbankmoduls 89

5.2 Die SQL-Server-Protokolle 89
5.2.1 Shared Memory 89
5.2.2 TCP/IP 90
5.2.3 Erweiterter Schutz 91
5.2.4 Service Principal Name (SPN) 91
5.2.5 Named Pipes 92
5.2.6 Verschlüsselung der Kommunikation 92

5.3 SQL-Server-Startparameter 95

5.4 »sqlcmd« – Das Tool für die Kommandozeile 98

5.5 Die Konfiguration der Instanz 99
5.5.1 Serveroptionen mit dem Management Studio konfigurieren 99
5.5.2 Serveroptionen mithilfe der Prozedur SP_CONFIGURE konfigurieren 101

5.6 Konfigurieren von SQL Server mit PowerShell 103

5.7 SQL-Server-Agent-Grundkonfiguration 105

5.8 Konfiguration von SQL Server mithilfe der Richtlinienverwaltung 107

5.9 Hilfsprogramm-Kontrollpunkte (Utility Control Point, UCP) 111

5.9.1 Technologie von Utility Control Points 112
5.9.2 Der Hilfsprogramm-Explorer 112
5.9.3 Einrichten eines Utility Control Points auf einer Instanz von SQL Server 112
5.9.4 Workshop: Registrieren eines Service Principal Names (SPN) 118
5.9.5 Workshop: Konfiguration der Windows-Firewall für eine Standardinstanz von SQL Server 120

6 Die SQL-Server-Systemdatenbanken im Überblick 125

6.1 Aufbau und Funktionsweise von SQL-Server-Systemdatenbanken 126

6.1.1 Zusammenhänge – Wiederherstellungsmodell, Sicherung der Datenbank und Transaktionsprotokoll 126
6.1.2 Die Ressourcen- und Distributionsdatenbank 127

6.2 Verschieben von Systemdatenbanken 128

6.3 Neuerstellen von Systemdatenbanken 130

7 Grundlegendes Know-how für Administratoren und Entwickler 135

7.1 SQL Server verwalten – Überblick über das SQL Server Management Studio 135

7.1.1 Starten des SQL Server Management Studios 136
7.1.2 Grundlegender Aufbau des SQL Server Management Studios 136
7.1.3 Der Objekt-Explorer 137
7.1.4 Abfrage-Editor-Fenster 138
7.1.5 Management-Studio-Berichte 139
7.1.6 Verwalten verschiedener SQL-Server-Instanzen und -Versionen 140
7.1.7 Vorlagen-Explorer und Vorlagenparameter – Schablonen erleichtern die Arbeit 141

7.1.8 Der »Skript«-Button – Eigentlich ist alles T-SQL ... 143
7.1.9 IntelliSense – Unterstützung zur passenden Zeit ... 145

7.2 Dynamische Verwaltungssichten, Katalogsichten ... 146
7.2.1 Katalogsichten ... 147
7.2.2 Dynamische Verwaltungssichten ... 147
7.2.3 Informationen und Leistungsdaten rundherum ... 148
7.2.4 Scripting mit T-SQL ... 148

7.3 Datenbanken anlegen ... 151
7.3.1 Was geschieht beim Erstellen einer Datenbank? ... 153
7.3.2 Tipps zur Vergabe von Datenbanknamen ... 153
7.3.3 Dateigruppen – Strategie zur Verteilung von Objekten auf Datenträgern ... 154
7.3.4 Fehler finden – Debuggen von T-SQL ... 156

7.4 T-SQL: Die wichtigsten Befehle für den Administrator ... 158
7.4.1 DML – Select, Insert, Update, Delete ... 158
7.4.2 DDL – Create, Alter, Drop ... 159

7.5 Views/Sichten – Daten aus anderen Perspektiven ... 160

7.6 Benutzerdefinierte Funktionen ... 162
7.6.1 Anlegen, Anzeigen und Löschen von benutzerdefinierten Funktionen ... 162
7.6.2 Aufrufen von benutzerdefinierten Funktionen ... 163

7.7 Gespeicherte Prozeduren ... 164
7.7.1 Erstellen von gespeicherten Prozeduren ... 165
7.7.2 Anzeigen und Löschen von gespeicherten Prozeduren im SQL Server Management Studio ... 166
7.7.3 Gespeicherte Prozeduren, Parameter und Rückgabewerte ... 166
7.7.4 Gespeicherte Prozeduren ausführen ... 170

7.8 Wichtige gespeicherte Prozeduren ... 170
7.8.1 sp_help ... 170
7.8.2 sp_helpdb ... 171
7.8.3 sp_monitor ... 171
7.8.4 Erweiterte Systemprozeduren ... 172
7.8.5 Wichtige Funktionen ... 172
7.8.6 Die »Identity«-Eigenschaft ... 173

7.9 Trigger ... 174
7.9.1 DML-Trigger ... 174
7.9.2 Die Trigger-Tabellen »inserted« und »deleted« ... 175
7.9.3 Ein Trigger für alle Fälle ... 177

7.9.4 Trigger und Cursorschleifen 178
7.9.5 Die UPDATE()-Funktion 181
7.9.6 DDL-Trigger 182
7.9.7 Zum richtigen Umgang mit Triggern 182

7.10 Interessante T-SQL-Neuerungen für Entwickler 183

7.11 Sequenzen 183

8 PowerShell 185

8.1 Warum PowerShell? 185

8.2 Was bietet PowerShell? 186
8.2.1 Cmdlets (Commandlets) 186
8.2.2 PowerShell-Anbieter (Provider) 187
8.2.3 PowerShell-Skripte 187

8.3 Wie wird PowerShell installiert und aufgerufen? 187
8.3.1 PowerShell aus SQL Server Management Studio aufrufen 188
8.3.2 PowerShell über »sqlps« aufrufen 188
8.3.3 PowerShell über die Windows PowerShell aufrufen 189
8.3.4 PowerShell über den Agent ausführen 190

8.4 Beispiel: Anzeigen der Instanzen von SQL Server in HTML 191

9 Backup und Restore 193

9.1 Sicherungsverfahren 193
9.1.1 Vollständige Sicherung 194
9.1.2 Differenzielle Sicherung 194
9.1.3 Transaktionsprotokoll-Sicherung 194
9.1.4 Sicherung des Protokollfragments 194
9.1.5 Teilsicherung 194
9.1.6 Dateigruppensicherung 195

9.2 Wiederherstellungsmodelle: Ein Überblick über die Backup-Möglichkeiten 195
9.2.1 Das Wiederherstellungsmodell »Einfach« 196
9.2.2 Das Wiederherstellungsmodell »Vollständig« 196
9.2.3 Massenprotokolliert 199

9.3 Sicherung von Dateigruppen ... 199

9.4 Systemdatenbanken richtig sichern und wiederherstellen ... 200

9.5 Datenbank-Snapshots: Datenbankzustände konservieren und wiederherstellen ... 200

9.5.1 Wie wird ein Snapshot erzeugt? ... 202
9.5.2 Wie ist die Snapshot-Technologie mit Sicherung und Wiederherstellung in Einklang zu bringen? ... 203
9.5.3 Überlegungen zum Einsatz von Snapshots ... 203

9.6 Backup-Strategie ... 204

9.6.1 Strategie für vollständige Datenbanksicherungen ... 205
9.6.2 Strategie für Datenbank- und Transaktionsprotokoll-Sicherung ... 206
9.6.3 Weitere Backup-Strategien ... 207

9.7 Medien ... 207

9.7.1 Logische Sicherungsmedien ... 209
9.7.2 Datenträgersicherungsmedien ... 210
9.7.3 Zusammenfassung ... 210

9.8 Workshops: Datenbanken mit verschiedenen Methoden richtig sichern ... 210

9.8.1 Szenario 1: Einfache, vollständige Sicherung einer Datenbank ... 211
9.8.2 Szenario 2: Wiederherstellen einer Datenbank aus einer Vollsicherung ... 214
9.8.3 Szenario 3: Wiederherstellen der Systemdatenbank »master« aus einer Sicherung ... 217
9.8.4 Szenario 4: Sichern und Wiederherstellen einer Datenbank im vollständigen Wiederherstellungsmodus und Nachziehen der zugehörigen Transaktionsprotokoll-Sicherungen ... 221

10 SQL-Server-Sicherheit 229

10.1 Das SQL-Server-Authentifizierungskonzept ... 229

10.1.1 Authentifizierungsstufe »Server«: Serverberechtigungen ... 230
10.1.2 Windows-Authentifizierung ... 233
10.1.3 SQL-Server-Authentifizierung ... 234

10.2 Serverrollen ... 236

10.2.1 Was sind Serverrollen? ... 236
10.2.2 Die Rolle »public« ... 237
10.2.3 Eigene Serverrollen ... 238

10.2.4 Workshop I: Zuweisen einer SQL-Anmeldung zu einer festen Serverrolle ... 238
10.2.5 Workshop II: Zuweisen von separaten Berechtigungen zu SQL-Server-Anmeldungen ... 240

10.3 Authentifizierungsstufe »Datenbank«: Datenbankberechtigungen ... 242
10.3.1 Direkte Zuordnung von Datenbanken zu einer SQL-Server-Anmeldung ... 244
10.3.2 Datenbankbenutzer nachträglich anlegen und zuordnen ... 246
10.3.3 Datenbankbenutzer »guest« ... 247
10.3.4 Der Datenbankbenutzer dbo ... 248
10.3.5 Das Problem der verwaisten Benutzer (Orphaned Users) ... 248

10.4 Eigenständige Datenbanken ... 253
10.4.1 Was sind eigenständige Datenbanken ... 253
10.4.2 Workshop: Aktivieren der Unterstützung von eigenständigen Datenbanken ... 254
10.4.3 Anlegen eines Datenbankbenutzers für eigenständige Datenbanken 255
10.4.4 Workshop: Anmelden an Management Studio mit einem enthaltenen Datenbankbenutzer ... 256

10.5 Berechtigungen auf allen Ebenen ... 258
10.5.1 Datenbank-Zugriffsberechtigungen setzen ... 258
10.5.2 Zugriffsberechtigungen aus Perspektive des Datenbankbenutzers setzen ... 261
10.5.3 Datenbankrollen ... 264
10.5.4 Workshop: Anlegen einer Datenbankrolle ... 267

10.6 Schemas ... 272
10.6.1 Workshop: Anlegen eines Schemas – Buchhaltung mit dem Management Studio ... 273

10.7 Datenverschlüsselung mit Zertifikaten und Schlüsseln ... 275
10.7.1 Schlüssel, Zertifikate und Algorithmen ... 275
10.7.2 Datenverschlüsselung ... 276
10.7.3 Workshops: Verschlüsseln und Entschlüsseln von Daten ... 278
10.7.4 Transparente Datenverschlüsselung (Transparent Data Encryption, TDE) ... 282
10.7.5 Kommunikationsverschlüsselung ... 285
10.7.6 Sichern und Wiederherstellen von Zertifikaten und Schlüsseln ... 287

10.8 Verbindungsserver/Delegation ... 288
10.8.1 Anlegen eines Verbindungsservers mit Zugriff auf eine weitere SQL-Server-Instanz mit Management Studio ... 288
10.8.2 Delegation ... 293

11 ETL-Prozesse mit den Integration Services 295

11.1 Möglichkeiten zum Massenimport 296
11.1.1 Bulk Copy (bcp) – schnell im- und exportieren 296
11.1.2 BULK INSERT 297
11.1.3 OPENROWSET 297

11.2 Der Import/Export-Assistent 298

11.3 SSIS-Anwendungen: Erstellen von DTSX-Paketen mit den SQL Server Data Tools 302
11.3.1 Der Datenflusstask 304
11.3.2 Ereignishandler 314
11.3.3 SSIS-Paketkonfiguration 316
11.3.4 Protokollierung 320
11.3.5 Bereitstellen von Paketen 322
11.3.6 SSIS-Pakete auf SQL Server 2012 aktualisieren 324

11.4 Bereitstellen von Projekten und Paketen 326
11.4.1 Das Projektbereitstellungsmodell 326
11.4.2 Das Paketbereitstellungsmodell 327
11.4.3 Der Bereitstellungsassistent 327
11.4.4 Der Integration-Services-Katalog 331
11.4.5 Bereitstellungsmodell konvertieren 332

11.5 Erstellen von Wartungsplänen mit den SQL Server Data Tools 337

12 Automatisieren von administrativen Aufgaben 339

12.1 Der SQL-Server-Agent 339

12.2 Erstellen von Aufträgen und Ausführen von SSIS-Paketen 340
12.2.1 Workshop: Anlegen eines Agent-Auftrags 341

12.3 Wartungspläne und T-SQL-Skripte 347

12.4 Konfigurieren des SQL-Server-Agents 353

12.5 Was sind Proxy-Konten, und welche Bedeutung kommt ihnen zu? 355

13 Einrichten von Warnungen und Benachrichtigungen 357

13.1 Konfigurieren von Datenbank-E-Mail ... 357
13.1.1 Aktivieren von Datenbank-E-Mail ... 358
13.1.2 Einrichten eines E-Mail-Profils ... 359

13.2 Einrichten von Warnungen ... 367

13.3 Anlegen von Operatoren ... 371

13.4 Warnungen zu Leistungsstatus, Fehlernummern und WMI ... 373
13.4.1 SQL-Server-Ereigniswarnung ... 373
13.4.2 SQL-Server-Leistungsstatuswarnung ... 373
13.4.3 WMI-Ereigniswarnung ... 374

14 Skalierbarkeit von SQL Server 375

14.1 Verteilen der SQL-Server-Dienste ... 375

14.2 SQL Server und NLB-Cluster ... 376
14.2.1 Reporting Services und Lastenausgleich ... 377
14.2.2 Failover-Cluster ... 378
14.2.3 SQL-Server-Protokollversand ... 378

14.3 Skalierung der Analysis Services ... 379

14.4 Skalierbare freigegebene Datenbanken ... 380

14.5 Skalierbarkeit von Datenbanken mithilfe der Peer-to-Peer-Transaktionsreplikation ... 381

14.6 AlwaysOn – Nicht nur ein Thema für Hochverfügbarkeit ... 382

14.7 Service Broker – Skalierung für Entwickler ... 382
14.7.1 Nachrichtentypen ... 383
14.7.2 Verträge ... 384
14.7.3 Warteschlangen ... 384
14.7.4 Dienste ... 384

15 Verteilung von Daten: Replikation ist kein Hexenwerk 389

15.1 Einführung in die Replikation ... 389
15.1.1 Replikations-Agent ... 391
15.1.2 Speicherplatz und Zeitpläne ... 393

15.2 Die Rollenverteilung bei einer Replikation ... 393
15.2.1 Verleger ... 394
15.2.2 Verteiler ... 394
15.2.3 Abonnent ... 394

15.3 Replikationsarten ... 395
15.3.1 Die Snapshot-Replikation ... 395
15.3.2 Die Transaktionsreplikation ... 395
15.3.3 Die Merge-Replikation ... 397
15.3.4 HTTP-Merge-Replikation – Websynchronisierung ... 398
15.3.5 Die Peer-to-Peer-Replikation ... 398
15.3.6 Entscheidungsfaktoren für eine Replikationsart ... 399
15.3.7 Workshop: Einrichten einer Transaktionsreplikation ... 399

16 Hochverfügbarkeitslösungen 413

16.1 Hochverfügbarkeit – was ist das eigentlich genau? ... 413
16.1.1 Definition der Hochverfügbarkeit (High Availability/HA) ... 414
16.1.2 Einteilung der Verfügbarkeitsklassen ... 414

16.2 Lastenausgleich durch Network Load Balancing (NLB) ... 415

16.3 Failover-Cluster ... 416
16.3.1 iSCSI und Fibre Channel (FC) ... 418
16.3.2 Cluster-Ressourcen ... 419
16.3.3 Quorumdatenträger ... 419
16.3.4 Cluster-Knoten ... 419
16.3.5 Verhindern von Netzwerkausfällen beim Failover-Cluster ... 420

16.4 Cluster-Arten ... 420
16.4.1 Standard-Cluster ... 420
16.4.2 Hauptknotensatz-Cluster ... 421

16.5 Datenbankspiegelung ... 422
16.5.1 Betriebsarten einer Datenbankspiegelung ... 423
16.5.2 Der Client-Zugriff ... 424

16.5.3 SQL-Server-Endpunkte 425
16.5.4 Erzwingen eines Failovers auf die Spiegeldatenbank 427
16.5.5 Reparatur fehlerverdächtiger Seiten 428
16.5.6 Überlegungen zum Schutz der Datenbankspiegelung 428
16.5.7 Fazit 429

16.6 Protokollversand 429
16.6.1 Einsatzszenarien für eine Lösung mit dem Protokollversand 430
16.6.2 Grundlagen einer Protokollversandlösung 431

16.7 Kombinieren von Lösungen für hohe Verfügbarkeit 432
16.7.1 Kombination Protokollversand und Lastenausgleich 432
16.7.2 Kombination Protokollversand, Datenbankspiegelung und Lastenausgleich 433

16.8 AlwaysOn: Mission Critical, die neue Hochverfügbarkeitslösung 433
16.8.1 Failover 435
16.8.2 Voraussetzungen und Einschränkungen 435
16.8.3 Vorrausetzungen und Einschränkungen SQL Server 2012 435

16.9 Workshop I: Einrichten einer Datenbankspiegelung 437

16.10 Workshop II: Einrichten des Protokollversands 446

17 Überwachen von SQL Server 2012 453

17.1 Überwachen der SQL-Server-Aktivität mit SQL Server Monitor 453
17.1.1 Bereich »Übersicht« 454
17.1.2 Bereich »Prozesse« 454
17.1.3 Bereich »Ressourcenwartevorgänge« 455
17.1.4 Bereich »Datendatei-E/A« 455
17.1.5 Bereich »Aktuelle wertvolle Abfragen« 455

17.2 Ablaufverfolgung von SQL Server mit dem Profiler 455

17.3 Die Windows-Leistungsüberwachung 460

17.4 Synchronisation von Windows-Leistungsüberwachungs- und SQL-Server-Profiler-Dateien 463

17.5 SQLdiag 465

17.6 SQL Server Auditing 468
17.6.1 Überwachen der Login-Aktivität 468
17.6.2 SQL-Server-Überwachung 469

17.6.3 C2-Überwachung mit SQL Server 473
17.6.4 Common Criteria 473

17.7 Konfigurieren des Datenauflisters 475
17.7.1 Was ist ein VDWH? 475
17.7.2 Einrichten eines Verwaltungs-Data-Warehouses 475
17.7.3 Anzeige und Auswertung der Daten 479
17.7.4 Arbeiten mit dem Extended Event Profiler 480

18 Problembehebung und Performance-Tuning 485

18.1 Richtiges Verwalten von Daten 485

18.2 Daten lesen und schreiben 487
18.2.1 Lesen von Daten 487
18.2.2 Aktualisieren von Daten 488

18.3 Wie werden Abfragen ausgeführt? 489
18.3.1 Erstellung eines Ausführungsplans 489
18.3.2 Der Plancache und die Wiederverwendung von Ausführungsplänen 490
18.3.3 SQL-Ausführungspläne richtig lesen 491

18.4 Der Datenbankoptimierungsratgeber 492
18.4.1 Beschreibung der Vorgehensweise 495
18.4.2 Registerkarte »Allgemein« 496
18.4.3 Registerkarte »Optimierungsoptionen« 497
18.4.4 Registerkarte »Status« 501
18.4.5 Registerkarte »Empfehlungen« 503
18.4.6 Registerkarte »Berichte« 505
18.4.7 Fragen und Antworten 506

18.5 Ressourcenkontrolle Resource Governor 510
18.5.1 Ressourcenpools 510
18.5.2 Arbeitsauslastungsgruppen 510
18.5.3 Klassifizierungsfunktion 511

18.6 Indizes: wichtiges Mittel für eine gute Performance 514
18.6.1 Was ist ein Index? 514
18.6.2 Gruppierte Indizes (Clustered Indexes) 515
18.6.3 Nicht gruppierte Indizes (Nonclustered Indexes) 516
18.6.4 Gefilterte Indizes 516
18.6.5 Columnstore-Indizes – Spaltenbasierte Indizes 516

18.6.6 Anlegen von Indizes ... 518
18.6.7 Anzeigen von Indizes im Management Studio ... 519
18.6.8 Indizierte Sichten ... 519
18.6.9 Ermitteln fehlender Indizes ... 520

18.7 Statistiken und Wartungspläne ... 523

18.8 Datenkomprimierung ... 524
18.8.1 Zeilenkomprimierung ... 525
18.8.2 Seitenkomprimierung ... 526
18.8.3 Unicode-Komprimierung ... 526
18.8.4 Komprimierung aktivieren ... 526

18.9 Change Data Capture ... 527

18.10 Datenbankoperationen ... 530
18.10.1 Transaktionen ... 530
18.10.2 Isolation Level ... 533

18.11 Parallelitätsprobleme (Deadlocks) ... 537
18.11.1 Erzeugen eines Deadlocks ... 538

18.12 Partitionierung – wenn Tabellen sehr groß werden ... 542

19 Applikations- und Multiserver-Verwaltung 545

19.1 Vorteile und Einsatz der Multiserver-Verwaltung ... 545
19.1.1 Einrichten eines Masterservers ... 545
19.1.2 Definieren von Wartungsplänen und Aufträgen für Masterserver ... 550
19.1.3 Verwalten von Ziel- und Masterservern ... 551

19.2 DAC (Data Tier Application) ... 551
19.2.1 Registrieren einer DAC-Anwendung im Management Studio ... 553
19.2.2 Datenebenenanwendung im Management Studio aktualisieren ... 559

19.3 Registrierte SQL Server und Servergruppen ... 560

20 SQL Server 2012 – weitere Komponenten für Entwickler und Anwender 565

20.1 Master Data Services ... 565
20.1.1 Master Data Services installieren ... 566

20.2 StreamInsight ... 568
20.2.1 Die Architektur von StreamInsight ... 570
20.2.2 StreamInsight installieren ... 572
20.2.3 Weiterführende Informationen ... 575

20.3 Data Quality Services ... 575
20.3.1 Was sind die Data Quality Services? ... 575
20.3.2 Installation und Einrichtung ... 577
20.3.3 Der Data Quality Client ... 578

21 Parallel Data Warehouse 579

21.1 Grundlagen und Schlüsselmerkmale ... 579

21.2 Symmetrisches Multiprocessing ... 580

21.3 Massive parallele Verarbeitung ... 580
21.3.1 Datenzugriff ... 581
21.3.2 Parallele Verarbeitung ... 582

21.4 Parallel Data Warehouse – Architektur ... 583
21.4.1 Hub-and-Spoke-Architektur ... 583

21.5 Parallel Data Warehouse – Knoten ... 584
21.5.1 Kontrollknoten ... 586
21.5.2 Rechenknoten ... 586
21.5.3 ETL-Prozessknoten ... 586
21.5.4 Backup-Knoten ... 587

21.6 Datenlayout – PDW-Schemadesign ... 587
21.6.1 Verteilung von Datenbanken und Tabellen ... 587
21.6.2 Tabellen, Sichten und Indizes ... 588
21.6.3 Daten laden ... 589
21.6.4 Backup von Daten ... 589

21.7 Verwaltung ... 589

22 Die Reporting Services 591

22.1 Neuerungen in den Reporting Services 2012 ... 591

22.2 Bereitstellung und Skalierung der Reporting Services ... 592

22.3 Installation und Konfiguration im einheitlichen Modus 596
22.3.1 Die Installation 596
22.3.2 Die Konfiguration 596

22.4 Workshops 605
22.4.1 Erstellen und Veröffentlichen eines Berichts mit Visual Studio 605
22.4.2 Erstellen und Veröffentlichen eines Berichts mit dem Report Builder 3.0 616
22.4.3 Erstellen einer Karte mit dem Kartenassistent des Report Builders .. 623

23 Analysis Services – Datenanalyse für jedermann 627

23.1 Beispielszenario für ein Analysis-Services-Projekt 627
23.1.1 Analyse aus Sicht eines Fachanwenders 627
23.1.2 Analyse aus Sicht eines Entwicklers 628

23.2 Data Warehouse – einige Begriffsdefinitionen 629
23.2.1 OLTP- und OLAP-Datenbanken 629
23.2.2 Dimensions- und Faktentabellen 630
23.2.3 Cube 631
23.2.4 Cube-Operationen 632
23.2.5 MOLAP, ROLAP und HOLAP 632

23.3 Erstellen eines OLAP-Projektes 632
23.3.1 Cubestruktur und Dimensionsdesigner 649
23.3.2 Attribute, Hierarchien und Datenquellenansicht 649
23.3.3 Dimensionsverwendung 655
23.3.4 Dimensionsbeziehungen und Tabellendesign 660
23.3.5 Berechnungen in Analysis Services 662
23.3.6 Key Perfomance Indicators 664
23.3.7 Aktionen 664
23.3.8 Partitionen 664
23.3.9 Aggregationen 665
23.3.10 Perspektiven 667
23.3.11 Übersetzungen 668

23.4 Microsoft Excel und Analysis Services 669

23.5 Das Sicherheitskonzept von Analysis Services 672

23.6 SQL Server 2012 – PowerPivot und DAX 676

24 Workshops zu SharePoint 2010 und SQL Server 2012 685

24.1 Installation und Konfiguration von SharePoint 2010, SQL Server 2012 und PowerPivot ... 685

24.1.1 Einrichten der erforderlichen Benutzerkonten für die Dienstinfrastruktur ... 685

24.1.2 Delegieren der Verwaltung des SharePoint-Servers auf einem Mitgliedsserver ... 686

24.1.3 Delegieren der Verwaltung des SharePoint-Servers auf einem Domänen-Controller ... 687

24.1.4 Berechtigungen im SQL Server erteilen ... 687

24.1.5 Installation von SharePoint 2010 ... 688

24.1.6 Installation von SQL Server 2012 BI Edition ... 691

24.1.7 Konfiguration von PowerPivot für SharePoint ... 695

24.2 Installation und Konfiguration der Reporting Services für SharePoint ... 701

24.3 Erstellen einer Reporting-Services-Anwendung ... 704

24.3.1 Aktivieren von PowerView für die Webseitensammlung ... 705

Index ... 707

Vorwort

Liebe Leserin, lieber Leser, in Ihren Händen halten Sie ein Buch, das Ihnen einen schnellen Einstieg in das Thema Microsoft SQL Server 2012 vermittelt. Die Idee zu diesem Buch entstand in Seminaren und Projekten. Mit diesem Buch möchten wir all das Wissen und die Erfahrungen, die wir mit SQL Server gesammelt haben, an Sie weitergeben.

Zielsetzung

Ziel dieses Buches ist es, dass Sie SQL Server 2012 in seiner Gesamtheit kennenlernen, die Technologien verstehen, die sich hinter so einem komplexen Produkt verbergen, und anhand von geeigneten Praxisbeispielen einen schnellen Einstieg in dieses Thema finden.

Besonderes Augenmerk haben wir auf die Erklärung technologischer Zusammenhänge gelegt, um SQL Server 2012 als Ganzes darzustellen. Es war uns wichtig, nicht nur einen Teil dieses komplexen Produkts herauszugreifen, sondern das gesamte Produkt mit all seinen Möglichkeiten darzustellen. Um nicht allein Technologien zu erklären, sondern Ihnen auch die Praxis zu zeigen, wurden spezielle Workshops zu den einzelnen Themen verfasst. Diese Workshops sollen Ihnen dabei helfen, sich praktisch in die Themen einzuarbeiten und so einen schnellen Einstieg ermöglichen.

Außerdem haben wir für Sie als Begleitmaterial einige ergänzende Informationen zusammengestellt. Dieses Material finden Sie auf der Bonus-Seite des Buches (*http://www.galileocomputing.de/bonus-seite*) und auf unserer Webseite (*http://www.sqlxpert.de*). Im Download-Bereich finden Sie unter anderem den Code der im Buch besprochenen Beispiele sowie Beispieldatenbanken.

Für wen ist dieses Buch?

Warum ein Buch für Administratoren und Entwickler zugleich? Wer heute ein so komplexes System wie SQL Server 2012 sicher beherrschen will, muss sich Wissen aneignen, das sowohl den administrativen Bereich als auch den eines Entwicklers betrifft. Beispiele für die Gemeinsamkeit beider Zielgruppen sind Themen wie Performanceoptimierung, Hochverfügbarkeit, Reporting Services und die Integration Services.

Jeder Administrator oder Entwickler, der die Möglichkeiten der Integration Services kennengelernt hat, verzichtet nur ungern wieder auf so ein mächtiges Tool, mit dessen Hilfe er komplexe Prozesse gestalten kann. Genauso verhält es sich mit den Reporting Services. Aus diesem Grund haben wir dieses Buch für beide Zielgruppen geschrieben, denn so können Sie in Zukunft in Ihrem Unternehmen das gesamte Potenzial von SQL Server 2012 nutzen.

Umfang

Da sich dieses Buch an Personen richtet, die einen schnellen Einstieg in die Thematik suchen, können natürlich nicht alle Besonderheiten eines solch komplexen Systems berücksichtigt werden. All diejenigen unter Ihnen, die Themen vermissen oder denen einige Themen nicht tief genug gehen, bitten wir, uns unter *mail@sqlxpert.de* zu schreiben. Wir sind für Kritik und Anregungen sehr dankbar. Nur das macht es uns möglich, ein Buch, das schließlich für Sie geschrieben worden ist, stetig weiter zu verbessern.

Danksagung

Unseren Dank für die Mitwirkung an diesem Buch möchten wir Galileo Press aussprechen. Sebastian Kestel, unserem Lektor, der dieses Buch möglich gemacht hat, und der Korrektorin Osseline Fenner, die das Buch sprachlich mitgestaltet hat. Danken möchten wir auch unseren Seminarteilnehmern bzw. den Projektteams, die uns immer wieder mit ihren Fragen inspiriert haben.

Die Autoren

Daniel Caesar ist seit 20 Jahren selbstständig als Berater, Entwickler und Trainer tätig. Er betreut mit seiner Firma sqlXpert gemeinsam mit seinem Partner Michael Friebel zahlreiche Projekte im deutschsprachigen Raum. Als zertifizierter Microsoft-Trainer (MCT), Spezialist in den Bereichen Microsoft SQL Server, .NET und SharePoint gibt er im deutschsprachigen Raum Seminare, hält Workshops und unterstützt viele Kunden in Projekten. Sein Fachwissen als Entwickler und im administrativen Bereich hat er sich über viele Jahre in Projekten, Trainings und Zertifizierungsprogrammen angeeignet. So ist er unter anderem MCP, MCTS, MCITP und Microsoft Certified Trainer für den SQL Server, SharePoint und .NET-Technologien seit mehreren Versionen.

In den vergangenen zehn Jahren hat er sich auf Microsoft SQL Server, später auf dessen Verzahnung mit SharePoint und die .NET-Entwicklung spezialisiert. Gerade durch den Einsatz von Microsoft SQL Server unter SharePoint unterstützt er Firmen organisatorisch und konzeptionell in Einführungsprojekten. Die Planung von Data-Warehouse-Lösungen, Erstellung von Workflows und Entwicklung von individuellen

Backend-Lösungen, die auf diesen Produkten basieren, gehören zu seiner täglichen Praxis. Im laufenden Betrieb sind es dann häufig Fragen zur Optimierung bzw. Performance, bei denen das Unternehmen sqlXpert Kunden berät.

Michael Friebel ist zertifizierter Microsoft-Trainer (MCT), Microsoft Certified Technology Specialist (MCTS) und Microsoft Certified IT Professional (MCITP) für MS SQL Server und MS SharePoint.

Seit über 20 Jahren beschäftigt er sich mit der Planung und Entwicklung von IT-Lösungen im Datenbank- und Internetumfeld. Hierbei kam er im Laufe der Zeit mit den unterschiedlichsten Datenbanksystemen und Software-Technologien in Kontakt. In den letzten zehn Jahren spezialisierte er sich auf die Microsoft-Produkte SQL Server und darauf aufbauende Systeme, insbesondere MS Sharepoint.

Seine Technologie-Schwerpunkte liegen hierbei in der Entwicklung, Analyse und Optimierung von OLAP- (Online Analytical Processing) und Data-Mining-basierten Systemen und Softwarelösungen. Er beschäftigte sich intensiv mit dem Entwurf wissensbasierter Systeme sowie der Entwicklung und Einführung von Lösungen im Bereich der KI (Künstlichen Intelligenz) für Kunden aus dem Finanz- und Wirtschaftsumfeld. Sein Wissen und seine Erfahrungen sammelte er als IT-Berater und Entwicklungsleiter bei verschiedenen Unternehmen und IT-Projekten in Berlin und München.

Als freiberuflicher IT-Berater und Trainer vermittelt er seine Erfahrungen und Kenntnisse über die genannten Technologien und ermöglicht als Projektleiter die effektive Einführung und Integration der sich auf dieser Grundlage bietenden Möglichkeiten für Kunden im Unternehmensumfeld. Michael Friebel lebt derzeit in Berlin Prenzlauer Berg und ist international tätig.

Kapitel 1
Die Versionsgeschichte von SQL Server

In diesem Kapitel erfolgt zunächst ein kurzer geschichtlicher Überblick mit den wichtigsten Meilensteinen in der Geschichte von SQL Server. Anschließend stellen wir Ihnen die wichtigsten neuen Features von SQL Server 2012 vor. In den weiteren Kapiteln führen wir Sie dann in die Details dieser Features ein. Verschaffen Sie sich hier einen ersten Überblick.

SQL Server ist eine relationale Datenbank, die sich am Standard der aktuellen SQL-Version orientiert. SQL Server ging aus einer Zusammenarbeit der Firmen Microsoft und Sybase gegen Ende der 1980er-Jahre hervor. Im Jahr 1989 kam die erste Version für OS/2 auf den Markt, ein von Microsoft und IBM entwickeltes Betriebssystem. Zu diesem Zeitpunkt war SQL Server kein eigenes Microsoft-Produkt, sondern entsprach dem *Sybase SQL Server* in der Version 4.0. Erst mit der Version 6.0 im Jahr 1995 kam eine eigenständige Weiterentwicklung von Microsoft auf den Markt, der dann die Version 6.5 im Jahr 1995 folgte, die jedoch von der Codebasis her immer noch dem Sybase-Produkt entsprach. Das änderte sich mit der Version 7.0. Jetzt hatte Microsoft eine neue, eigene Datenbank-Engine zuzüglich Codebasis entwickelt, mit der die Erfolgsgeschichte des Microsoft SQL Servers begann.

Tabelle 1.1 zeigt die Meilensteine von SQL Server vom Zeitpunkt der Kooperation mit der Firma Sybase bis zum aktuellen Release von SQL Server 2012.

Jahr	Version
1989	Version 1 für OS/2
1992	Version 4.2 für OS/2
1995	Version 6.0 für Windows NT
1996	Version 6.5 für Windows
1999	Version 7.0/neue DB-Engine + Codebasis
2000	Version 8.0/SQL Server 2000
2005	Version 9.0/SQL Server 2005 Unterstützung für .NET

Tabelle 1.1 Historie der SQL-Server-Versionen

Jahr	Version
2008	Version 10.0/SQL Server 2008
2010	Version 10.5/SQL Server 2008 R2
2012	Version 11.0.2100.60/SQL Server 2012

Tabelle 1.1 Historie der SQL-Server-Versionen (Forts.)

1.1 Entwicklung bis Microsoft SQL Server 2005

Seit der Version 2000 des Microsoft SQL Servers sind standardmäßig eine Volltextsuche und OLAP-Funktionalitäten integriert. Diese OLAP-Funktionalitäten werden seit der Version 2005 *SSAS* – oder besser *SQL Server Analysis Services* – genannt. Zum Lieferumfang gehörte ein grafisches Tool für die Datenbankverwaltung und -programmierung. Der Enterprise Manager diente der vollständigen grafischen Verwaltung und der Query-Analyzer, der auch Funktionen zur Programmierung und Optimierung der Datenbank mitbringt, zur codebasierten Verwaltung.

Mit dem SQL Server 2005 wurden zahlreiche Neuerungen eingeführt. Diese betrafen sowohl Administratoren als auch Entwickler. Zu den Neuerungen für Administratoren zählten z. B. die Datenbankspiegelung, der Protokollversand, die Integration Services, Sicherheitserweiterungen und die neuen Services. Gerade die neuen Services – *Integration Services* (*SSIS*), *Reporting Services* (*SSRS*)und *Analysis Services* (*SSAS*) – waren es, die dem SQL Server einen erheblichen Mehrwert verliehen und somit dafür sorgten, dass der SQL Server das am schnellsten wachsende Datenbankprodukt am Markt wurde.

In vielen Seminaren haben wir immer wieder erlebt, wie begeistert Administratoren und Entwickler von den neuen Möglichkeiten des SQL Servers waren. Diese Begeisterung der Seminarteilnehmer zu sehen, die im Seminar die Möglichkeiten des SQL Servers entdecken und darauf aufmerksam gemacht werden, bereitet uns immer wieder sehr große Freude. Technologien und Neuerungen in einem Seminar zu vermitteln ist sicherlich die eine Seite, diese dann jedoch im weiteren Verlauf gemeinsam mit den Unternehmen umzusetzen ist immer wieder eine weitere sehr schöne Aufgabe. Es macht uns immer glücklich, wenn wir sehen, wie zufrieden Administratoren oder Entwickler sind, die neue Lösungen und Technologien einführen, um damit ihre Probleme beheben zu können. Somit stellt der SQL Server 2005 sicherlich einen großen Meilenstein in der Geschichte dieses Produktes dar.

Hinzu kam die Integration der *Common Language Runtime* (*CLR*), die die Entwicklung von .NET-Code im SQL Server erlaubte. Viele Entwickler waren hocherfreut über die Integration von Visual Studio und die Möglichkeiten, professionelles Debugging durchzuführen. Allein die Möglichkeit, auf die sehr umfangreiche Klassenbibliothek des *.NET Frameworks* zuzugreifen, war ein echter Höhepunkt. Ein neues einheitliches Verwaltungstool mit dem Namen *SSMS – SQL Server Management Studio* – wurde eingeführt, mit dem es jetzt möglich war, GUI- und codebasiert innerhalb einer Umgebung zu arbeiten. Somit wurden der Query-Analyzer und der Enterprise Manager abgelöst. Visual Studio erlaubte es zudem, eine Solution anzulegen und mit gängigen Quellcode-Verwaltungssystemen zu arbeiten. Eine vollständige XML-Unterstützung, bei der nicht nur der Datentyp XML existierte, war ebenfalls Bestandteil der Version 2005.

Seit der Version 7 stellt Microsoft eine kostenlose Variante des SQL Servers zur Verfügung. Diese wurde bis zur Version 2000 MSDE (Microsoft Desktop Engine) genannt und mit der Version 2008 in Microsoft SQL Server Express Edition umbenannt. Die SQL Server Express Edition hat wesentlich weniger Einschränkungen als die MSDE. Es gibt keine Workload-Beschränkung mehr, und neben dem *Management Studio Express* ist auch der Assistent zum Importieren und Exportieren von Datenbanken enthalten. Ein weiteres Ziel von Microsoft war es, Entwicklern die Möglichkeit zu geben, nicht auf Basis von Microsoft Access zu entwickeln, sondern gleich den Code auf Basis des SQL Servers aufzubauen. Somit müssen keine Änderungen am Code vorgenommen werden, falls es zu einer Skalierung kommt. Es ist dann lediglich notwendig, eine Lizenz des SQL Servers zu erwerben. Natürlich unterliegt die kostenlose Version einigen Einschränkungen. In Kapitel 3, »Die SQL-Server-Editionen im Überblick«, geben wir Ihnen eine Übersicht über die aktuellen Versionen des SQL Servers 2012 und deren Leistungsumfang.

1.2 Von Microsoft SQL Server 2008 zu SQL Server 2012

Mit der Version 2008 erfolgten zahlreiche Verbesserungen, die sich Kunden im Zusammenhang mit dem SQL Server 2005 gewünscht hatten. So wurden Features wie die transparente Datenbankverschlüsselung, die richtlinienbasierte Verwaltung, der Datensammler, die Ressourcenverwaltung, Change Data Capture und Change Tracking eingeführt. Des Weiteren hat sich Microsoft auf die Fahne geschrieben, das Thema *Business Intelligence* (BI) weiter in den Unternehmen zu etablieren und es für jeden so einfach wie möglich zugänglich zu machen. Dieses Ziel wurde im SQL Server 2008 R2 weiterverfolgt, und Themen wie Self-Service-BI und PowerPivot stehen heute auf der Tagesordnung. Alles in allem führte Microsoft seine Erfolgsgeschichte mit dem SQL Server 2012 fort, und wir freuen uns, Ihnen einen Einstieg in das aktuelle Release SQL Server 2012 geben zu können.

1.3 SQL Server 2012 – Wichtige Neuerungen im Überblick

Bisher hatte jeder neue SQL Server seinen eigenen Schwerpunkt, und so ist es auch dieses Mal – *Mission Critical* lautete die Überschrift, unter der der SQL Server 2012 eingeführt wurde. Seine Berechtigung erlangt der neue SQL Server 2012 sicherlich zum einen durch die stetig wachsende Datenflut in den Unternehmen und zum anderen durch mobile Dienste und das Thema Cloud. Das alles führt zu einer stetigen Weiterentwicklung auch eines erfolgreichen Produktes. Keine leichte Aufgabe für den SQL Server 2012. Wir möchten Ihnen im Folgenden einen kurzen Überblick über die neuen Features von SQL Server 2012 geben. Dieser Überblick soll Ihnen dabei helfen, die einzelnen Features zu verstehen und somit einschätzen zu können, an welchen Stellen Ihnen das Produkt Vorteile bringt.

1.3.1 Hochverfügbarkeit

Dem Thema *Hochverfügbarkeit* hat sich Microsoft seit der Einführung der Datenbankspiegelung bzw. dem Protokollversand mit dem SQL Server 2005 immer weiter gewidmet und Verbesserungen vorgenommen. Das ist auch sehr gut nachvollziehbar, wenn man sich die zunehmende Anzahl von Microsoft-SQL-Server-Installationen am Markt ansieht. Wir denken hier nicht nur allein an Firmen wie SAP, sondern auch an Produkte aus dem eigenen Haus wie SharePoint. Die Datenbanken entwickeln sich immer mehr zu unternehmenskritischen Anwendungen, bei SharePoint zur zentralen Dokumentenablage, der Suche nach Informationen, dem Intranet oder den Services wie Microsoft Excel, InfoPath und Business Connectivity.

Wir betreuen in Projekten bzw. Seminaren sehr viele Kunden in diesem Produktumfeld, und es wurde hier schnell klar, was geschieht, wenn eine Instanz von SQL Server ausfällt. Nun ist der Microsoft SQL Server mit Sicherheit ein ausgereiftes Produkt, jedoch gibt das allein keine Garantie dafür, dass nicht auch Ausfälle auftreten können. Nicht zuletzt können auch Menschen Fehler machen, sei es beim Thema Patchen, der Entwicklung von Softwarelösungen oder sonstigen Tests. Die bisherigen Möglichkeiten des SQL Servers selbst erlauben die Datenbankspiegelung oder den Protokollversand, beides auf Datenbankebene. Wer mehr wollte, z.B. Ausfallsicherheit für die gesamte Instanz von SQL Server, musste auf ein Failover-Cluster zurückgreifen.

1.3.2 SQL Server »AlwaysOn«

Mit der Einführung von SQL Server 2012 gibt es eine neue Hochverfügbarkeitslösung für den SQL Server in der Enterprise Edition. Diese nennt sich *AlwaysOn* und sorgt für eine verbesserte Hochverfügbarkeit, ohne dass ein gemeinsamer Speicher wie beim Failover-Cluster notwendig ist. AlwaysOn setzt auf dem Windows-Cluster-Dienst mit bis zu fünf Knoten auf und bietet die Möglichkeit, mehrere sekundäre Datenbanken vorzuhalten. Datenbanken auf SQL Server 2012 können so redundant über mehrere Rechenzentren verteilt laufen. Dabei ist ein lesender Zugriff auf die Replikate möglich. Diese Technologie wird bereits von der Windows-Azure-Plattform eingesetzt und sorgt dort dafür, dass, wenn ein Knoten (Instanz von SQL Server) ausfällt, ein anderer Knoten den Dienst übernimmt. Wie bereits in der Vergangenheit bei der

Datenbankspiegelung gibt es für die Synchronisation der Transaktionen zwei Verfahren – synchron und asynchron. Die Datenbankspiegelung wurde als veraltet gekennzeichnet und wird in zukünftigen Versionen von SQL Server nicht mehr unterstützt. Darüber hinaus kann unter AlwaysOn beim Failover zwischen automatisch oder manuell entschieden werden.

In der Praxis sieht es so aus, dass bei der Konfiguration von AlwaysOn Verfügbarkeitsgruppen unter einem virtuellen Namen angelegt werden, die wiederum eine IP-Adresse per DHCP oder statisch erhalten. Diese Verfügbarkeitsgruppen enthalten eine oder mehrere Datenbanken, die dann auf einen festgelegten Knoten synchronisiert werden.

Hier zeigt sich schon eine Stärke dieser neuen Technologie. Es ist möglich, damit mehrere Datenbanken auf einen Knoten als Gruppe zu synchronisieren. Wir denken hier nur an all die Anwendungen, die aus mehr als einer Datenbank bestehen. Ein weiterer wesentlicher Vorteil von AlwaysOn besteht darin, dass auf die sekundären Knoten lesend zugegriffen werden kann, was die Verfügbarkeit erhöht und eine Skalierung ermöglicht.

1.3.3 Skalierbarkeit und Performance

Auch im Bereich der Skalierbarkeit und Performance wartet SQL Server 2012 mit neuen Features auf. Bei stetig zunehmendem Datenvolumen besteht die Notwendigkeit, ein Produkt immer weiter hinsichtlich der Performance und Skalierbarkeit zu überarbeiten. Seit dem SQL Server 2005 wurden viele neue Features wie die Partitionierung von Tabellen, abdeckende Indizes, XML-Indizes und vieles mehr eingeführt. Im aktuellen Release wurden neue Features bzw. Verbesserungen an vorhandenen Features vorgenommen.

1.3.4 Columnstore-Indizes

Neu in SQL Server 2012 sind die Columnstore-Indizes. Sie bieten eine einfache und zugleich sehr wirksame Methode zur Verbesserung der Abfrageleistung über sehr große Datenmengen. Die spaltenorientierte Speicherung von Indizes, zusammen mit der In-Memory-Verarbeitung, ist sehr effizient, speziell in Data-Warehouse-Lösungen. Damit lassen sich Abfragezeiten um ein Vielfaches verringern und Speicherplatz sparen.

1.3.5 FileTable

FileStream bietet seit SQL Server 2008 die Möglichkeit, BLOBs wie Dateien, Audio, Video etc. über den SQL Server im Dateisystem abzulegen. Dabei wird für die Instanz von SQL Server eine Freigabe erstellt, mit deren Hilfe die BLOBs in das Dateisystem ausgelagert werden. Die Kontrolle erfolgt über die jeweilige API bzw. über T-SQL und den SQL Server. Der Vorteil dieser Lösung besteht darin, dass die Datenbanken klein bleiben und die Daten im Dateisystem in Bezug auf die restlichen Daten in den Tabellen synchron gehalten werden. Der Nachteil dieser Lösung ist, dass der Zugriff nur über eine API oder T-SQL erfolgen kann, nicht jedoch einfach über das Dateisystem aus irgendeiner Anwendung heraus, wie z.B. Photoshop. Genau hier setzt *FileTable* an. FileTable ist eine Tabelle mit einem fixen Schema. Sie kann also nicht erweitert werden, um z.B. zusätzliche Metadaten darin zu speichern. Diese Tabelle speichert Dokumente, die nun sowohl über T-SQL als auch ganz normal über das Dateisystem verwaltet werden können. Der Umgang und die Verwaltung sind einfach umzusetzen. Filetables lassen sich auch per Volltextsuche und statistischer Semantik indizieren.

1.3.6 Volltextsuche

In der Volltextsuche wurden einige Verbesserungen eingeführt. Dazu zählt die Eigenschaftssuche, die z.B. in Microsoft-Office-Dokumenten nach Metadaten wie Autor, Titel etc. sucht. Neben den genannten Anpassungen in der Volltextsuche wurde auch an der Performance und Skalierbarkeit gearbeitet. Das Ziel ist es, mindestens 100 Millionen Dokumente in einem Volltextindex zu unterstützen. Neu hinzugekommen ist eine semantische Suche, bei der typische Fragestellungen beantwortet werden sollen, wie z.B. welche Dokumente ähneln diesem Dokument. Die semantische Suche ist eine Erweiterung der Volltextsuche.

1.3.7 Benutzerdefinierte Serverrollen

In SQL Server 2012 können jetzt eigene Serverrollen angelegt werden. Bis zum aktuellen Release war das lediglich für Datenbankrollen möglich. Der Vorteil der benutzerdefinierten Serverrollen wird schnell ersichtlich, wenn eine größere Anzahl von Personen innerhalb der Instanz von SQL Server berechtigt werden soll. Ein Beispiel ist hier das Anzeigen von Sperrinformationen im SQL Server. Dazu muss den Benutzern auf der SQL-Server-Instanz das entsprechende Recht zugewiesen werden. Eine selbst definierte Rolle ist hier in Zukunft sicher sehr hilfreich. Natürlich eignen sich Serverrollen auch dahin gehend, dass bei mehreren Administratoren unterschiedliche, individuell abgestimmte Berechtigungsebenen für diese geschaffen werden können.

1.3.8 SQL Server 2012 – Contained Database

Wer bisher einem Windows-Benutzer bzw. SQL-Server-Benutzer Zugriff auf eine Datenbank gewähren wollte, musste auf der Instanz von SQL Server ein Login anlegen. Damit war der Benutzer im Besitz des Connect-Rechts und konnte eine Verbindung zum SQL Server herstellen. Wenn nun im nächsten Schritt der Benutzer Zugriff auf eine Datenbank benötigte, musste in der jeweiligen Datenbank ein Datenbankbenutzer erstellt und dem Login zugewiesen werden.

Insofern handelt es sich um mehrere Schritte. Zum einen muss ein Login auf der Instanz angelegt werden, zum anderen die Zuweisung *Datenbankbenutzer* in der Datenbank erfolgen. Letztendlich müssen die jeweiligen Rechte innerhalb der Datenbank dem Datenbankbenutzer zugeordnet werden. Wird diese Datenbank gesichert und auf einer anderen Instanz wiederhergestellt, existiert zwar der Datenbankbenutzer, der der Datenbank zugewiesen wurde, das Login fehlt jedoch, da es sich nicht in der Datenbank befindet, sondern in der Master-Datenbank der ursprünglichen SQL-Server-Instanz abgespeichert wird.

Microsoft führt nun im SQL Server 2012 das Feature *Contained Database* ein. Dadurch ist es möglich, eine Datenbank anzulegen, bei der die Benutzerinformationen innerhalb der Datenbank komplett abgelegt sind. Somit wird für diesen Benutzer kein Login mehr auf der Instanz von SQL Server benötigt, sondern der Benutzer wird mit Typ, Kennwort, Standardsprache und Standardschema innerhalb der Contained Database angelegt. Eine Verbindung zur Master-Datenbank entfällt, und beim Login muss die Datenbank angegeben werden.

Damit wird das Verschieben von Datenbanken in Testumgebung, Windows Azure SQL-Datenbank, oder innerhalb von Hochverfügbarkeitslösungen wesentlich vereinfacht.

1.3.9 Distributed Replay

Beim Stichwort *Replay* fällt dem einen oder anderen von Ihnen sicherlich sofort der SQL Server Profiler ein. Dieser bietet die Möglichkeit, Ablaufverfolgungen durchzuführen und diese dann zu einem späteren Zeitpunkt auf einer anderen Instanz von SQL Server auszuführen. Diese Funktion ist seit SQL Server 2012 als veraltet gekennzeichnet und wird in zukünftigen Versionen von SQL Server nicht mehr unterstützt. Ausgenommen ist die Ablaufverfolgung von SSAS – SQL Server Analysis Services (OLAP). Weitere Hinweise dazu finden Sie unter dem folgenden Link: *http://msdn.microsoft.com/de-de/library/ms181091.aspx*.

Mit dem SQL Server Profiler kann lediglich eine einzige Arbeitsauslastung auf einem einzelnen Computer wiedergegeben werden. Weil jedoch in komplexen Umgebungen oft mehrere Serverinstanzen zum Einsatz kommen und eine Skalierung absolut notwendig ist, wurde zur Überwindung dieser Grenzen *Distributed Replay* einführt. Mit Distributed Replay können Sie eine Arbeitsauslastung von mehreren Rechnern wiedergeben. Damit kann Arbeitsauslastung besser simuliert werden.

1.3.10 SQL-Server-Audit-Erweiterungen

SQL Server Audit auf Serverebene ist jetzt in allen Editionen von SQL Server verfügbar. Neue Funktionen zum Filtern ermöglichen eine bessere Handhabung bei der Suche nach bestimmten Events.

1.3.11 Management Pack für Hochverfügbarkeit

Mit dem System-Center-Überwachungspaket für SQL Server hat Microsoft ein Management Pack veröffentlicht, mit dem sich die Eigenschaften und der Status von Verfügbarkeitsgruppen überwachen lassen. Damit haben Sie als Administrator die Möglichkeit, eine Hochverfügbarkeitslösung mit AlwaysOn über das Management Pack im System Center Operation Manager zu überwachen.

1.3.12 SQL Server 2012 – Windows Server Core

SQL Server 2012 wird von Windows Server Core unterstützt. Damit sind Szenarien denkbar, bei denen sich der Patch-Aufwand reduziert. Diese Möglichkeit begünstigt erhöhte Sicherheit und Reduzierung des Verwaltungsaufwands. Wenn Sie in Zukunft den SQL Server betreiben möchten, müssen Sie das daher nicht mehr zwingend in einer GUI-basierten Umgebung tun.

1.3.13 PHP-Treiber

Microsoft stellt einen eigenen PHP-Treiber zur Verfügung, mit dem auf SQL Server 2012 zugegriffen werden kann. Ausführliche Informationen hierzu bietet Ihnen die Seite *http://www.microsoft.com/en-us/download/details.aspx?id=20098*.

1.3.14 LocalDB-Laufzeitumgebung

SQL Server LocalDB ist ein Ausführungsmodus der SQL Server Express Edition. Die Installation erfolgt über eine MSI-Datei mit dem Namen *SqlLocalDB.msi*. Hauptzielgruppe sind Entwickler, die auf der Grundlage von SqlLocalDB Anwendungen entwickeln, um diese dann in Zielumgebungen bereitzustellen. Das Hilfsprogramm *SqlLocalDB.exe* dient zur Verwaltung, umfangreiche Konfigurationsaufgaben entfallen, und mit den Developer Tools kann eine einfache Bereitstellung erfolgen.

1.3.15 SQL Server Data Tools (SSDT)

Microsoft hat mit den *SQL Server Data Tools* und der Einführung eines deklarativen Modells in Visual Studio die Möglichkeit geschaffen, noch verzahnter mit Datenbanken aus Visual Studio heraus zu arbeiten. Datenbanken können entwickelt werden, und ein Debuggen ist möglich, gleichgültig, ob Sie im Projektmodus (offline) arbeiten oder im Onlinemodus mit der Datenbank verbunden sind. Hier sei auf die Optionen hingewiesen, über einen Import in ein zuvor neu angelegtes Datenbankprojekt, eine Datenbank in Visual Studio aus einem SQL-Skript, einer Datenebenenanwendung oder einer existierenden Datenbank zu importieren.

Nachdem wir die SQL Server Data Tools gestartet hatten, legten wir zunächst ein neues Datenbankprojekt an. Wie wir es z.B. bei der Entwicklung unter SharePoint 2010 gewohnt sind, konnten wir der Anwendung im Projektmappen-Explorer als Nächstes über HINZUFÜGEN ein neues Element hinzufügen.

Aufgrund des deklarativen Modells stehen jetzt Datenbankobjekte wie Tabellen, Benutzer, Dateigruppen, Rollen, Trigger, Schlüssel etc. zur Verfügung. Die Objekte werden dann in Form des jeweiligen SQL-Skripts hinterlegt, und das Ganze lässt sich dann auch veröffentlichen. Die Datenbank mit Tabelle inklusive des Logins befand sich im Anschluss auf dem SQL Server.

Um es an dieser Stelle kompakt zu halten, soll dieses kleine Beispiel genügen, um Ihnen einen kurzen Überblick darüber zu geben, was sich hinter den SQL Server Data Tools verbirgt. Letztendlich wurde die Integration in Visual Studio, die mit dem SQL Server 2005 begonnen hat, weiter vorangetrieben. Designer für das Tabellendesign, Erzeugung des Codes, Codenavigation, IntelliSense, SQL-Server-Objekt-Explorer, Datenbankverwaltung und Entwurf – all das ist jetzt mit den SQL Server Data Tools möglich. Es befinden sich hier auch die klassischen BI-Projektvorlagen (SSRS, SSIS, SSAS), die in der Vergangenheit unter dem SQL Server Business Intelligence Development Studio genutzt wurden.

Zusammenfassend lässt sich festhalten, dass mit den SQL Server Data Tools auf einfache Weise neue Datenbanken erstellt, verwaltet und ausgerollt werden können. Als Entwickler und Administratoren werden Sie sich gleichermaßen freuen, die neuen SQL Server Data Tools zu verwenden.

1.3.16 Data Quality Services

Um die Qualität von Daten zu verbessern, hat Microsoft die Data Quality Services eingeführt. Korrektur, Vervollständigung und Vermeidung von Redundanzen zur Sicherstellung von Datenqualität ist das Ziel, das mithilfe von Data Quality Services erreicht werden soll.

1.3.17 PowerView – Report- und Analysetool

Schaut man sich an, was im SQL-Server-2012-BI-Bereich neu hinzugekommen ist, dann fällt zunächst das neue Reporting- und Analysetool *PowerView* auf, das in der Vergangenheit unter dem Codenamen *Crescent* geführt wurde. PowerView, eine

Funktion in Verbindung mit SQL Server 2012 Reporting Services für Microsoft SharePoint Server 2010 in der Enterprise Edition, ist für die interaktive Durchsuchung, Visualisierung und Darstellung von Daten geeignet.

1.3.18 Reporting als SharePoint Shared Service

Die zum SQL Server erhältlichen Reporting Services können jetzt direkt in einen SharePoint-Server integriert werden. In der Enterprise Edition von SQL Server enthalten sie die PowerView-Funktion in Anlehnung an das Analysewerkzeug PowerPivot für Microsoft Excel.

1.3.19 SSIS-Bereitstellung von Projekten und Paketen

SSIS-Projekte können nun auf dem Integration-Services-Server bereitgestellt werden. Dazu muss ein SSIS-Katalog (Datenbank mit dem Namen SSISDB) angelegt werden. Das ermöglicht dann die Bereitstellung im Projektmodus. Der Katalog ist der zentrale Punkt zur Bereitstellung, Konfiguration und Paketverwaltung mit Parametern. Darüber hinaus besteht die Möglichkeit der Auswahl zwischen einer Bereitstellung im klassischen Projektmodus oder im Paketmodus.

1.3.20 Tabellarische Projekte in SQL Server Data Tools

Mithilfe der SQL Server Data Tools können tabellarische Projekte angelegt werden. Dafür existieren diese Projektvorlagen:

- Analysis-Services-Projekt für tabellarische Modelle
- vom Server importieren
- aus PowerPivot importieren

Mit deren Hilfe können Projekte erstellt werden. Ein Tabellenmodelldesigner wurde in die SQL Server Data Tools integriert und kann aus Visual Studio heraus genutzt werden. In diesem stehen zwei Ansichten zur Verfügung, die Diagrammansicht und die Datensicht.

Wird ein Projekt als Tabellenmodell mithilfe der SQL Server Data Tools angelegt, existiert im Hintergrund eine Arbeitsbereichsdatenbank. Diese Arbeitsbereichsdatenbank befindet sich im Arbeitsspeicher auf der Analysis-Services-Instanz, die im tabellarischen Modus ausgeführt wird. Jedes tabellarische Projekt verfügt über eine eigene Arbeitsbereichsdatenbank. Mithilfe des SQL Server Management Studios kann diese auf der Analysis- Services-Server-Instanz angezeigt werden. Das xVelocity-Modul für Datenanalyse im Arbeitsspeicher (*VertiPag*) ist die technologische Grundlage. Im Gegensatz zur Vorgängerversion, bei der das Modul nur in Verbindung mit SharePoint genutzt werden konnte, steht es jetzt auch völlig eigenständig für Analysis Services zur Verfügung.

Kapitel 2
Zukunftssicherheit, Stabilität und Performance im Enterprise-Bereich

Um SQL Server stabil, zukunftssicher und performant betreiben zu können, werden in diesem Kapitel Themen zu Speicher, SQL-Server-I/O, RAID-Konfiguration und virtuellen Umgebungen besprochen. Dies soll Sie in die Lage versetzen, eine stabile und leistungsfähige Datenbankserverinfrastruktur aufzubauen.

Wenn es darum geht, ein Datenbanksystem zukunftsorientiert zu implementieren, ist es wichtig, sich mit einigen grundlegenden Dingen auseinanderzusetzen. In vielen Fällen werden Datenbanksysteme einfach installiert und laufen einige Zeit ohne Probleme. Doch wenn im Lauf der Zeit das Datenvolumen zunimmt, kommt es zu Engpässen im System. Um solche Engpässe zu vermeiden, werden wir uns als Nächstes mit einigen wichtigen Faktoren beschäftigen, die bei richtiger Planung Performance und Stabilität garantieren.

2.1 Kapazitätsplanung von Prozessor, Speicher und I/O

Lassen Sie uns zunächst einige Überlegungen zum Thema I/O-Aktivität anstellen. Datenbanksysteme sind I/O-lastige Systeme, da permanent Daten gelesen und geschrieben werden. Stellt man sich die Frage, wie viel Speicher SQL Server benötigt, dann könnte eine plausible Antwort sein: so viel wie die größte Datenbank. Andere Aussagen zum Thema Speicher legen nahe, so viel Speicher wie möglich zur Verfügung zu stellen.

Denken Sie über diese Aussagen einmal nach, werden auch Sie sich sicher an eine Situation erinnern, in der eine oder mehrere Anwendungen auf Ihrem Rechner liefen und der Rechner begann, Daten aufgrund von Mangel an Speicher auf die Platte auszulagern. Da Festplattenzugriffe wesentlich langsamer sind als Zugriffe auf den Speicher, liegt die Schlussfolgerung nahe, am besten alles in den Speicher zu laden und für Datenänderungen zur Verfügung zu stellen. Bei Datenbanken mit einer Größe von wenigen Gigabytes stellt das sicher kein Problem dar. Bei großen oder sehr großen Datenbanken mit mehreren Hundert Gigabytes oder Terabytes kann das schon zu einer kleinen Herausforderung werden. Oft müssen Sie hier in der Praxis Kompromisse finden, die dann eine vertretbare Lösung darstellen. Eine der wesentlichen Aufgaben bei der Optimierung von Datenbanken besteht darin, durch ein gutes Datenbankdesign oder eine geeignete Indexstrategie überflüssige I/O-Zugriffe zu vermeiden.

Stehen Sie vor der Aufgabe, ein Datenbanksystem neu aufzusetzen oder zu migrieren, ist es in diesem Zusammenhang wichtig, nicht nur ein Storage-Layout zu wählen, das den jetzigen Anforderungen gerecht wird, sondern eines, das auch über die nächsten zwei bis drei Jahre den wachsenden Anforderungen Ihres Unternehmens Rechnung trägt. Eine gute Basis liefern hier Aufzeichnungen aus der Vergangenheit. Sicher wird sich an dieser Stelle der eine oder andere Administrator mit etwas Unbehagen zurücklehnen und denken, dass er bereits seit einiger Zeit mit solchen Aufzeichnungen anfangen wollte.

Wenn es bisher noch keine gängige Praxis bei Ihnen im Unternehmen ist, sollten Sie spätestens jetzt damit beginnen. Eine solche sogenannte *Baseline* hilft Ihnen in vielen Situationen. Gleichgültig, ob Sie Berechnungen auf der Basis von Daten aus der Vergangenheit durchführen oder sich ein Bild davon machen möchten, wie sich Ihre Datenbanken und Server in Bezug auf die Leistung entwickelt haben. Gerade auch deshalb hat Microsoft mit SQL Server 2008 begonnen, den Datensammler einzuführen. Nur so können Sie anhand von gesammelten Daten Prognosen abgeben, Systeme für die Zukunft planen und bei Problemen auch in die Vergangenheit – nämlich auf den genauen Zeitpunkt, an dem das Problem auftrat – schauen und so korrekte und zielführende Aussagen machen.

2.2 Erfassen von Leistungs- und Baseline-Daten

Das Ziel einer Baseline ist stets ein anderes als z.B. die Problemerkennung oder die Schwachstellenanalyse. Eine Baseline soll Auskunft geben über die Systemauslastung, Belastungen am Tag, in der Nacht und über einen längeren Zeitraum oder über Verwendungsmuster. Umfangreiche Kenntnisse über Spitzenbelastungen und Dauerauslastung helfen, ein System für die Zukunft zu planen und zu dimensionieren. Deshalb ist eine Baseline anders ausgerichtet als eine Analyse von Engpässen. Wenn es um die Bestimmung der Leistungsindikatoren geht, werden Sie immer wieder feststellen, dass es Indikatoren mit absoluten Schwellenwerten gibt und solche, die sich nur für Vergleichszwecke eignen. Ein System, das einen Engpass aufweist, ist nicht immer zwangsläufig schlecht optimiert. Ergibt die Analyse der Baseline, dass sich die Anzahl der Transaktionen in den letzten drei Monaten mehr als verzehnfacht hat, kann das auch ein Hinweis dafür sein, dass skaliert werden muss. Hier helfen Ihnen die Daten einer Baseline dabei, wichtige Indikatoren in ein Verhältnis zueinander zu setzen und Tendenzen zu erkennen. So können Sie schon rechtzeitig reagieren, wenn tendenziell erkennbar ist, dass ein Wachstum neue Ressourcen erfordert. In Tabelle 2.1 finden Sie einige nützliche Leistungsindikatoren zur Kapazitätsplanung.

Leistungsindikator	Anmerkung
Prozessor: Prozessorzeit (%)	Sollte im Durchschnitt unter 75 % liegen, besser jedoch unter 50 %.
System: Prozessor-Warteschlangenlänge	Sollte im Durchschnitt unter einem Wert von 2 pro Prozessor liegen.
Speicher: Seiten/s	Sollte im Durchschnitt unterhalb von 20 liegen.
Speicher: verfügbare Bytes	Der Wert sollte größer als 128 MB sein.
physischer Datenträger: Zeit (%)	Der Wert sollte unterhalb von 50 bei einer Baseline liegen.
physischer Datenträger: durchschnittliche Warteschlangenlänge des Datenträgers	Sollte als Wert die Anzahl der Datenträger plus 2 nicht übersteigen.
physischer Datenträger: durchschnittliche Lesevorgänge/s	Der Wert sollte weniger als 85 % der Datenträgerkapazität betragen.
Netzwerkschnittstelle: Gesamtzahl Byte/s	Dient der Bestimmung der erforderlichen Netzwerkbandbreite.
SQL Server – Puffer-Manager: Puffercache-Trefferquote	Sollte einen Wert von 90 % übersteigen, am besten bei 99 % liegen.
SQL Server – Puffer-Manager: Lebenserwartung von Seiten	Der Wert sollte mehr als 300 Sekunden betragen. Hilft bei der Dimensionierung des Speichers.
SQL Server – allgemeine Statistik Benutzerverbindungen	Hilft bei der Dimensionierung des Arbeitsspeichers.
SQL Server – Datenbanken: Transaktionen pro Sekunde	Hilft bei der Dimensionierung von Datenträgern und Prozessor.
SQL Server – Datenbanken: Größe der Datendateien	Hilft bei der Dimensionierung der Datenträger.
SQL Server – Datenbanken: Prozentsatz der Protokollverwendung	Hilft bei der Dimensionierung der Datenträger.

Tabelle 2.1 SQL-Server-Leistungsobjekte und -Indikatoren für eine Baseline

Bei einer Baseline können Sie am Tag bei Serverauslastung ein Intervall von zehn Minuten wählen, während in der Nacht z.B. ein 20-minütiges Intervall völlig ausreicht. Um die Daten auszuwerten und Ihre Kapazitätsplanung voranzutreiben, können Sie die Daten nach Microsoft Excel exportieren und dort z.B. nach der Analyse ein Diagramm erstellen.

Auf jeden Fall werden die Daten Ihnen Anhaltspunkte dafür geben, wie sich Ihr System verändert und welches Wachstum Sie in einer bestimmten Periode haben. Sie können auch die Dimensionierung eines Systems auf der Basis von Formeln berechnen. Die folgende Formel können Sie z.B. verwenden, um den zukünftigen Wert bei einem linearen Zuwachs zu ermitteln:

```
Zukünftiger Wert = Istwert + (Zuwachsrate * Anzahl der Zeiteinheiten)
```

Wenn Sie erkennen, dass Ihr System über einen Zeitraum von einem halben Jahr pro Monat einen Zuwachs von 10 GB aufweist, lässt sich so ermitteln, wie viel Speicher Ihre Datenbank in drei Jahren bei gleichen Bedingungen benötigt. Nicht immer verläuft das Wachstum linear. Es gibt auch die Möglichkeit, einen Zuwachs anhand eines prozentualen Wertes oder eines Faktors zu bestimmen. Dazu können Sie die folgende Formel verwenden:

```
Zukünftiger Wert = Istwert * (1 + Zuwachsrate)Anzahl der Zeiteinheiten
```

Wie auch immer Sie vorgehen, auf jeden Fall sind Aufzeichnungen aus der Vergangenheit sehr nützlich, um ein reales Bild zu erhalten und die Planung auf ein solides Fundament zu setzen. Wenn Sie ein System zum ersten Mal dimensionieren und Ihnen keine Zahlen vorliegen, müssen Sie natürlich Interviews führen und Schätzungen heranziehen.

2.3 Sequenzieller und Random I/O

Der grundlegende Unterschied zwischen Datenfile und Transaktionsprotokoll ist, dass in das Transaktionsprotokoll nur sequenziell geschrieben wird, wogegen auf das Datenfile lesend und schreibend nach dem Verfahren des zufälligen Zugriffs (Random I/O) zugegriffen wird. Berücksichtigen Sie jetzt, dass sich beide Dateien auf einem physischen Laufwerk befinden, wird schnell klar, dass die Schreib-/Leseköpfe nicht in der Spur bleiben können. Das wäre lediglich sichergestellt, wenn das Protokoll sich auf einem gesonderten Datenträger befindet. Eine erste Empfehlung, die sich daraus ergibt, besteht darin, Daten- und Protokolldatei auf einem getrennten Laufwerk zu platzieren. Sicher ist es ein Unterschied, ob es sich um eine Datenbank handelt, in der alle zwei Wochen drei Benutzer nach einer Adresse suchen, oder um ein Transaktionssystem, das 500 Transaktionen in einer Minute ausführt. Es sind immer der Anwendungsfall und eine genaue Analyse der Datenbankanwendung entscheidend.

2.4 Dimensionierung des E/A-Subsystems

Ein wichtiger Aspekt bei Datenbankanwendungen ist das Datenträgerlayout. Festplattenzugriffe sind nun einmal langsamer als Speicherzugriffe und wirken sich gegebenenfalls nachteilig auf das Leistungsverhalten einer Anwendung aus. Somit ist es ein wesentliches Ziel, auf der einen Seite diese Zugriffe auf Festplatten zu minimieren, und auf der anderen Seite dafür zu sorgen, dass Sie mit einem guten Datenträgerlayout einen hohen Grad an Parallelität erreichen. Eine erste Empfehlung haben wir bereits im vorigen Abschnitt herausgearbeitet, die Trennung von Datendatei und Log. Stellen Sie sich einfach vor, die Festplatte mit der Datendatei ist voll, und Sie müssen einem SQL Server neuen Speicherplatz zur Verfügung stellen. Hier gibt es sicherlich mehrere Wege:

- Sie erzeugen ein Backup der Datenbank und stellen sie auf einem größeren Laufwerk wieder her.
- Sie hängen die Datenbank aus und auf einem neuen, größeren Datenträger erneut ein.

Beide Verfahren haben einen wesentlichen Nachteil: Die Datenbank ist in der Zeit, in der der Wechsel erfolgt, nicht verfügbar. Die einfachste Methode, einer Datenbank neuen Festplattenspeicher zuzuweisen, besteht darin, für die Datenbank mit dem SQL Server Management Studio (SSMS) ein neues Datenfile auf einem neuen Datenträger zu erstellen. Der SQL Server verfügt dann über zusätzlichen Speicherplatz.

Doch schauen wir uns dazu zunächst einmal an, wie SQL Server Datendateien verwaltet. Er verwendet ein proportionales Füllverfahren, das heißt, er füllt die Datendateien wechselseitig. Somit haben Sie keine Kontrolle darüber, in welcher Datendatei Objekte wie eine Tabelle oder ein Index abgelegt sind. Genau das ist jedoch eine Anforderung, die sich oft ergibt, wenn es z.B. die Überlegung gibt, Archivtabellen, die online sein müssen, auf langsamen statt auf schnellen Datenträgern oder RAID-Arrays zu platzieren.

Ein anderes Beispiel verdeutlicht, wie wichtig es gegebenenfalls ist, Objekte gezielt auf einem bestimmten Datenträger zu platzieren. Dazu einfach der folgende Gedanke: Sie haben eine sehr große Tabelle mit hundert Millionen Datensätzen. Viele User greifen auf genau diese Tabelle zu, und jeder Zugriff erzeugt Sperren. Das führt sehr schnell zu Timeouts. Auch hier ist es sinnvoll zu überlegen, ob für diese Tabelle ein gesonderter Datenträger auf einem schnellen RAID-10-Laufwerk besser ist als zusammen mit anderen Objekten. Vielleicht sogar noch weiter gedacht – SQL Server in der Enterprise Edition lässt die Partitionierung von Tabellen zu. Dadurch ist es möglich, eine Tabelle auf mehrere Datenträger zu verteilen.

In Kapitel 6, »Die SQL-Server-Systemdatenbanken im Überblick«, erklären wir die Rolle von TempDB als Systemdatenbank. Jede Instanz von SQL Server nutzt eine einzige TempDB-Datenbank. Welche Vorgänge in TempDB stattfinden, hängt zum Teil von Einstellungen im SQL Server oder in der Datenbank ab. So können in TempDB Sortiervorgänge im Zusammenhang mit Indizes stattfinden, Ergebnismengen von Abfragen zwischengespeichert und Objekte wie Tabellen oder Variablen erzeugt werden. Auch hier ist es sinnvoll, einen gesonderten Datenträger für die TempDB-Datenbank zu nutzen.

2.4.1 Bestimmen der Größe der Auslagerungsdatei

Für die Größe der Auslagerungsdatei gibt es keine spezielle Empfehlung. Sie können jedoch den Systemmonitor verwenden, um sich ein Bild von den Nutzungsbedingungen Ihrer Auslagerungsdatei zu machen und deren Belegung zu sehen. Das wiederum ist für die richtige Dimensionierung vorteilhaft. Das Thema Leistungsindikatoren besprechen wir in Kapitel 17, »Überwachen von SQL Server 2012«, ausgiebig im Zusammenhang mit der Überwachung und Optimierung des SQL Servers. An dieser Stelle sei der Hinweis gegeben, dass die Belegung der Auslagerungsdatei in Prozent total nicht mehr als 70 % betragen sollte.

2.5 RAID und SAN – Konfiguration

Übersteigt der lesende und schreibende Zugriff auf einen Datenträger in Summe die Leistungsgrenzen der Physik, wie z.B. den maximalen I/O, bauen sich Warteschlangen auf. Um das zu verhindern, müssen Sie gegebenenfalls prüfen, wie viele Lese- und Schreibanforderungen Ihre physischen Datenträger verarbeiten müssen. Dazu eignet sich am besten der Windows-Performancemonitor (*Perfmon*). Betrachtet man mit ihm die physischen Laufwerke, sind Indikatoren wie mittlere Byte/Lesevorgang, mittlere Byte/Schreibvorgang und Warteschlangen sehr aufschlussreich. Sollte der notwendige Datendurchsatz über dem des Datenträgers liegen (Herstellerangaben beachten), können Sie mithilfe eines RAID-Arrays dafür sorgen, dass sich die Lese- und Schreibzugriffe auf mehrere Festplatten verteilen.

Den ersten Grenzwert hinsichtlich des I/O stellt sozusagen Ihre Festplatte selbst dar. Die Hersteller machen Angaben hinsichtlich des I/O von Datenträgern. Somit kann schon hier geprüft werden, ob der I/O der Datenbank in Einklang zu bringen ist mit dem I/O des Datenträgers. Auch das Hinzufügen von Festplatten zu Ihrem RAID-Verbund und das Verteilen der Zugriffe auf mehrere Platten haben ihre Grenzen. Denn auch jeder Controller hat seine Grenzen im Datendurchsatz. Viele SAN-Nutzer sind davon überzeugt, dass die Leistung Ihres SANs ausreicht. Sicher bieten 40 Platten in verschiedenen RAID-Verbund-Varianten schon eine ordentliche I/O-Leistung für eine Datenbank. Doch bedenken Sie immer, dass das SAN in den wenigsten Fällen komplett dem SQL Server mit seinen vielleicht 30 Datenbanken zur Verfügung steht. Hinzu kommen weitere Unternehmensanwendungen – Backups, Exchange- und Dateiserver, SharePoint-Server etc. Sie alle teilen sich oft dasselbe SAN und somit die Leistungsfähigkeit der Datenträger. Im Arbeitsblatt für die Analyse und Dimensionierung des SQL-Server-Datenbanksystems auf der Bonus-Seite des Buches finden Sie Hinweise zur Berechnung des Datenträgerdurchsatzes.

2.5.1 RAID 0: Stripe Set

Bei RAID 0 handelt es sich um ein Verfahren, bei dem Daten auf mehrere Festplatten verteilt (gestriped) werden, um die Leistung zu steigern. Das Prinzip ist einfach: Es werden mehrere Festplatten zu einer großen zusammengefasst und die Daten verteilt geschrieben. Dadurch ist es möglich, Festplattenzugriffe parallel zu betreiben, was die Leistung steigert. Fällt jedoch eine Festplatte aus, können gegebenenfalls nur kleine Dateien gerettet werden, das heißt solche, die nicht verteilt abgelegt sind. Ein RAID 0 bietet somit keinen Schutz vor Datenverlust, wenn ein Datenträger ausfällt. Somit ist ein RAID 0 nur bei Anwendungen zu empfehlen, bei denen Datenverlust nicht kritisch ist.

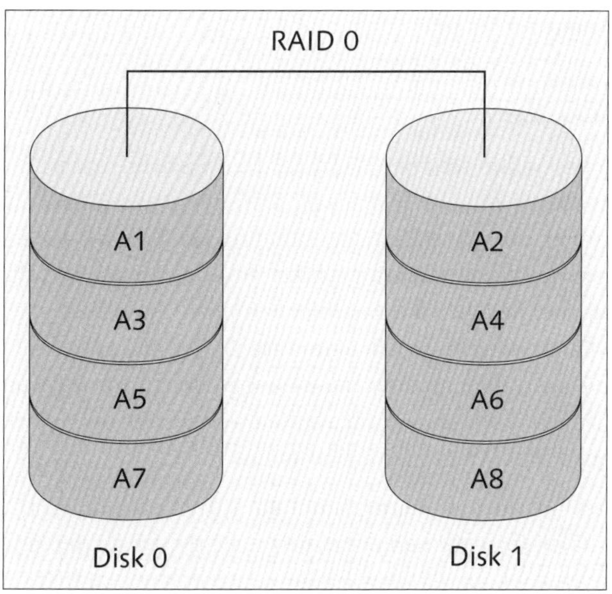

Abbildung 2.1 RAID 0 zur Verbesserung der Leistung

2.5.2 RAID 1: Spiegelung

Beim RAID-1-Verbund werden die Daten einer Festplatte auf eine weitere gespiegelt. Da die Daten immer doppelt vorhanden sind, ist dieses Verfahren zum Schutz gegen den Verlust von Daten geeignet. Jedoch müssen Sie hier immer den Aufwand betreiben, die Daten komplett auf einem weiteren Datenträger zu halten, was die Nutzbarkeit hinsichtlich des Speicherplatzes halbiert.

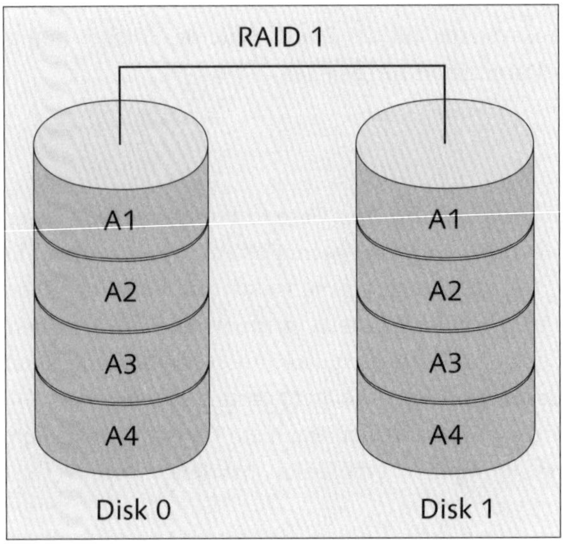

Abbildung 2.2 RAID 1 zur Spiegelung der Daten

2.5.3 RAID 5: Stripe Set mit Parität

Bei einem RAID-5-Verbund müssen mindestens drei Festplatten vorhanden sein. Bei drei Festplatten wird ein Datenblock von 128 KB in zwei Datenblöcke à 64 KB geteilt. Aus diesen beiden Datenblöcken wird die Paritätsinformation gebildet, die einem dritten Block von 64 KB entspricht. Die Paritätsinformation wird gleichmäßig auf alle Datenträger verteilt. Durch die zusätzlichen Paritätsinformationen, die geschrieben werden müssen, entsteht ein Overhead. Dieser fällt beim Lesen nicht an, da hier nicht auf diese Informationen zurückgegriffen werden muss. Erst wenn ein Datenträger ausfällt, muss auf die Paritätsinformationen zurückgegriffen werden, um über einen XOR-Vorgang den ausgefallenen Datenträger zu restaurieren.

Bei einem RAID-5-Verbund beträgt die Speicherkapazität 80 % der Gesamtkapazität aller Datenträger, da nur Paritätsinformationen zusätzlich geschrieben werden und nicht wie bei RAID 1 ein Datenträger komplett gespiegelt wird. Somit würde sich ein RAID-5-Verbund auch für ein Datenbanksystem eignen, jedoch nicht für das Transaktionsprotokoll, da dieses nur geschrieben wird und bei RAID 5 aufgrund der Parität schon ein zusätzlicher Schreibaufwand vorhanden ist.

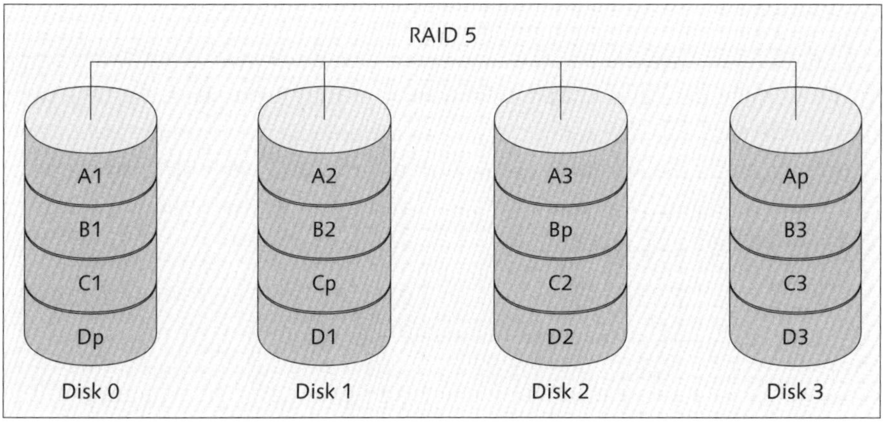

Abbildung 2.3 RAID 5: Stripe Set mit Parität

2.5.4 RAID 01

Beim RAID-01-Verbund werden die Daten über alle Datenträger verteilt, wobei auf jedem Datenträger nicht die gesamte Kapazität genutzt werden kann, sondern lediglich 50 %. Das liegt daran, dass sich auf jedem Datenträger die Spiegelung eines anderen Datenträgers befindet – also die restlichen 50 %.

- Platte A: 50 % Nutzdaten + 50 % Spiegelung Nutzdaten Platte C
- Platte B: 50 % Nutzdaten + 50 % Spiegelung Nutzdaten Platte A
- Platte C: 50 % Nutzdaten + 50 % Spiegelung Nutzdaten Platte B

Die Nutzdaten werden dabei wie die gespiegelten Daten über die Platten A, B und C verteilt. Bei einem Ausfall eines Datenträgers sind immer noch alle Daten vorhanden.

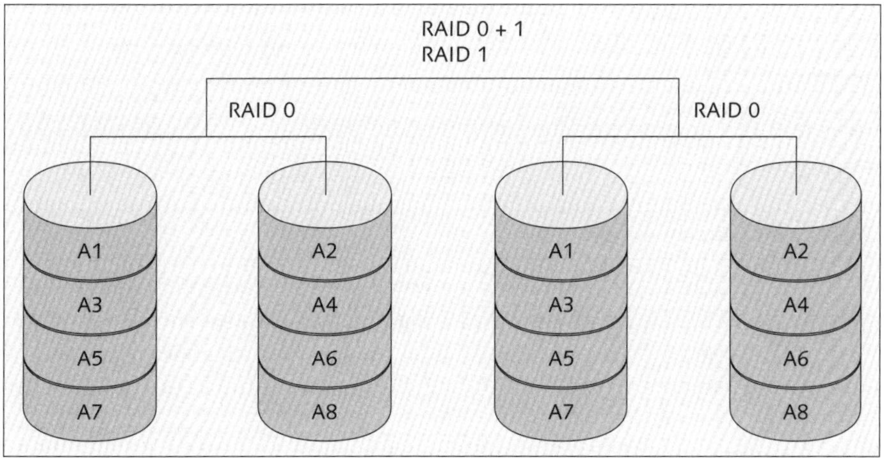

Abbildung 2.4 RAID 01 kombiniert zwei RAID-0-Verbunde

2.5.5 RAID 10

Bei einem RAID-10-Verbund handelt es sich um eine Kombination. RAID 10 kombiniert die Vorteile der Level 0 und 1, Performance und Redundanz. Sie benötigen immer mindestens vier Datenträger, wobei sich eine Gesamtkapazität von nur zwei Datenträgern ergibt. Bei einem RAID-10-Verbund werden zwei RAID-1-Verbunde zu einem RAID-0-Verbund zusammengefasst. Somit wird die Sicherheit von RAID 1 erreicht und die Leistung von RAID 0.

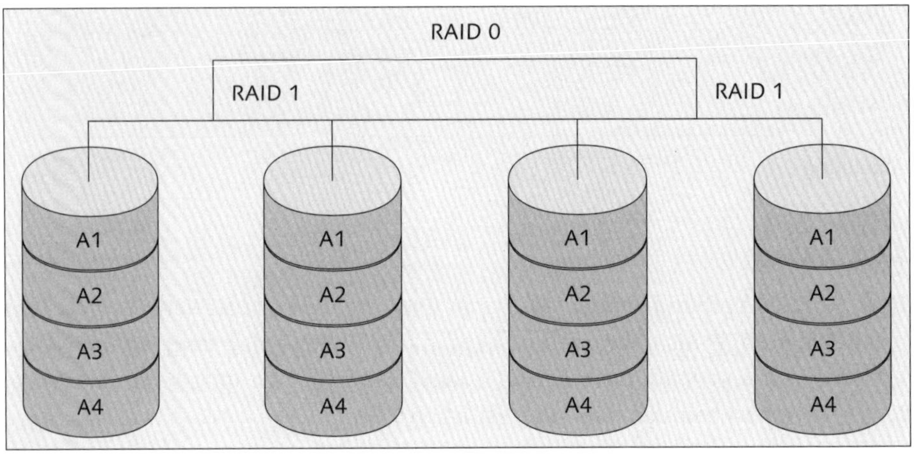

Abbildung 2.5 RAID 10 – Verbund über mehrere RAID 1

2.5.6 Hardwareschnittstellen

RAID-Systeme müssen nicht intern in Rechnern vorhanden sein. Ein Trend, der sich immer weiter fortsetzt, ist die Auslagerung von Speicher in externe Systeme. Das hat den Vorteil, dass ein paralleler Zugriff durch mehrere Rechner auf diesen Speicher möglich ist. Der Großteil dieser Systeme wird heute als SAN (Storage Area Network) abgebildet.

Die folgende Tabelle gibt eine Übersicht über die Hardwareschnittstellen für RAID-Systeme.

Schnittstelle	Beschreibung
FC (Fibre Channel)	Fibre Channel ist für serielle, kontinuierliche Hochgeschwindigkeitsübertragung großer Datenmengen konzipiert und benötigt spezielle Hardware wie Host Bus Adapter (HBA), FC-Switch und ein eigenes Netz.

Tabelle 2.2 Hardwareschnittstellen für RAID-Systeme

Schnittstelle	Beschreibung
iSCSI	Mit iSCSI (Internet Small Computer System Interface) besteht seit einigen Jahren eine preiswertere Alternative zu Fibre Channel. Ebenso wie bei FC können Host Bus Adapter eingesetzt werden. Alternativ zu den HBAs besteht die Möglichkeit, iSCSI auch über Software zulasten des Prozessors ohne HBAs zu betreiben. Da iSCSI über Ethernet gekapselt wird, sind keine speziellen Switches wie bei Fibre Channel notwendig.
SAS	Eine weitere Variante ist Serial Attached SCSI. Es ist eine Alternative zu Fibre Channel und iSCSI und löst die parallele SCSI-Schnittstelle ab.

Tabelle 2.2 Hardwareschnittstellen für RAID-Systeme (Forts.)

2.6 SQL Server und virtuelle Umgebungen – Was ist zu beachten?

Gerade in einer virtuellen Umgebung ist es oft nicht einfach abzuschätzen, wie die Planung des Datenträgerlayouts aussehen soll. Die Erfahrung zeigt, dass oft virtualisiert wird und sich dann die Probleme einstellen. Betrachtet man die Hosts, auf denen die virtuellen Maschinen laufen, ist das Bild gut. Die Last liegt bei maximal 50 %, und alles scheint im grünen Bereich zu sein. Doch oft trügt der Schein: Selbst wenn für den Host alles in Ordnung ist, weil er die Anforderungen verarbeiten kann, muss das noch lange nicht für den einzelnen Gast zutreffen. Hier müssen Sie genauer hinsehen, gegebenenfalls bis auf die Ebene des SQL Servers und seines I/O innerhalb der virtuellen Umgebung. Letztendlich gibt die Physik die Grenzen vor, und eine genaue Analyse zeigt häufig, dass sich zu viele virtuelle Maschinen eine LUN teilen und zu viele I/O-Anforderungen bearbeitet werden müssen. Betrachten wir jedoch Konfigurationen wie den separaten I/O für die TempDB-Datenbank oder die Trennung von Daten und Log-Datei, zeigen sich immer wieder Charakteristika, die auch in komplexeren Umgebungen noch gültig sind.

2.7 Ausblick auf zukünftige Technologien – Storage im Netz

Die Zukunft liegt im Netz – das klingt doch glatt nach einem Werbespruch. Sicher, betrachten wir Entwicklungen wie Windows Azure, SQL Server Azure oder Software as a Service, dann wird schnell klar, dass sich heute vieles im Netz abspielt. Noch vor gar nicht langer Zeit waren es lediglich lokale Festplatten, die für Datenbankanwendungen infrage kamen. Das hat sich geändert. Heute ist es normal, dass Datenbanken in einem SAN liegen und RAID-Arrays dem Betriebssystem über eine LUN Laufwerke zur Verfügung stellen. Dem SQL Server ist es gleich, er benötigt lediglich ein Laufwerk, auf dem er die Datenbank ablegt. Somit rücken Technologien weiter in den Vordergrund, die Speicher für Datenbanksysteme zur Verfügung stellen, der als Service aus dem Netz angeboten wird. Die Microsoft SQL Server Data Services (SSDS) z.B. stellen einen Datenspeicherdienst dar, der über SOAP und REST angesprochen werden kann. Solche Technologien werden sicherlich in Zukunft verstärkt Verwendung finden, wenn es um Themen wie Cloud Computing oder Software as a Service geht.

2.7.1 Windows Azure: Der SQL Server in der Cloud

Es gibt heute natürlich die Alternative, einen SQL Server in der Cloud zu betreiben. Microsoft bietet mit der Windows Azure-Plattform eine Lösung, bei der Sie zwischen verschiedenen Alternativen wählen können. Zum einen können Sie SQL Server Azure nutzen, um Ihre Daten auf einem SQL Server in der Cloud zu hosten. Dazu müssen Sie lediglich über das Managementportal von Windows Azure eine Instanz von SQL Azure anlegen.

In Abbildung 2.6 sehen Sie eine angelegte Instanz des SQL Servers. Alternativ können Sie Storage anlegen, oder auch auf ganze virtuelle Maschinen zurückgreifen.

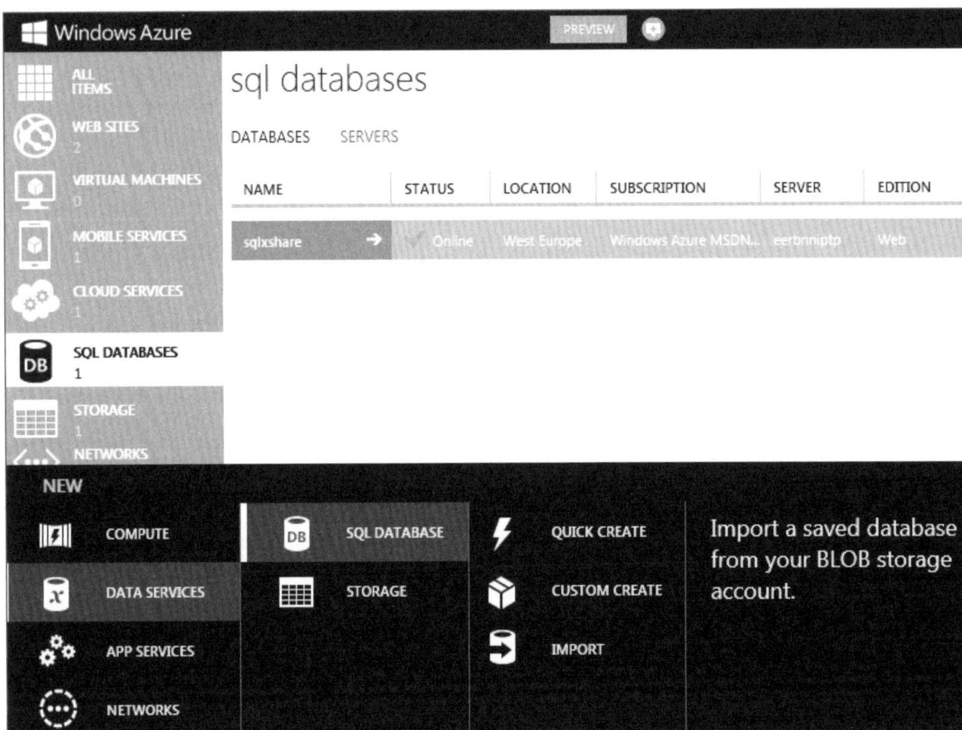

Abbildung 2.6 Das Windows Azure-Verwaltungsportal

Abbildung 2.7 zeigt, wie Sie virtuelle Maschinen innerhalb der Windows Azure-Plattform hosten können. Der Vorteil hinsichtlich Leistung und Skalierbarkeit liegt auf der Hand. Sie müssen sich nicht um die Hardware kümmern. Ausfallsicherheit und Skalierbarkeit sind gegeben und werden je nach Abrechnungsmodell angeboten. Doch nicht nur, dass Sie in die Lage versetzt werden, SQL-Server-Instanzen oder komplette virtuelle Maschinen innerhalb von Windows Azure zu nutzen, Sie können auch einfach nur Speicherressourcen nutzen, die von Windows Azure bereitgestellt werden.

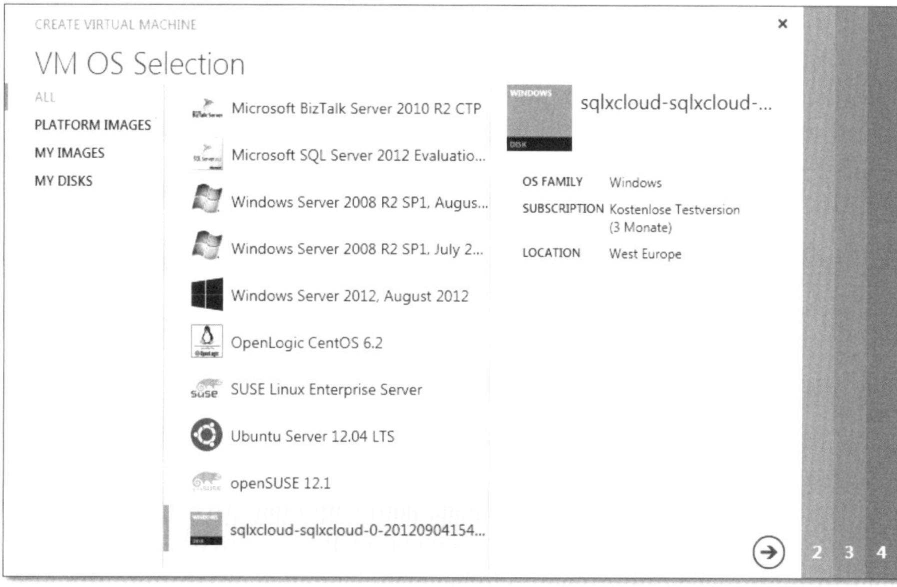

Abbildung 2.7 Das Anlegen kompletter virtueller Maschinen in Azure

Dazu bietet Windows Azure die Möglichkeit, Storage inklusive Georeplikation anzulegen. Somit können Ihre Anwendungen auf Blob, Tabellen und Queues zugreifen. Abbildung 2.8 zeigt, wie Sie in Windows Azure Speicher anlegen können.

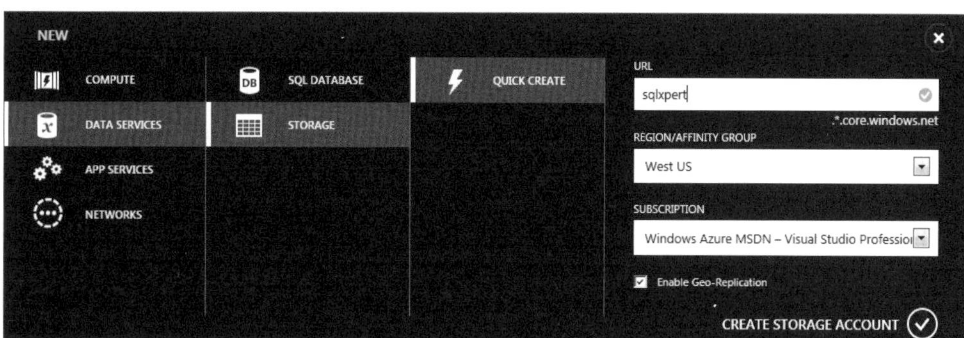

Abbildung 2.8 Anlegen von Speicherplatz in Windows Azure

Es lässt sich festhalten, dass die Möglichkeiten der Skalierung sicherlich hier weiter gehen als bisher. Storage wird zunehmend in der Cloud zur Verfügung gestellt und kann von Anwendungen innerhalb der Cloud oder lokalen Anwendungen innerhalb des Unternehmens genutzt werden.

Kapitel 3
Die SQL-Server-Editionen im Überblick

In diesem Kapitel geben wir Ihnen einen kurzen Überblick über die SQL-Server-Editionen. Dabei stellen wir den Funktionsumfang dar und geben Ihnen nicht zuletzt einen Ausblick auf moderne Technologien wie die Windows Azure SQL-Datenbank.

Mit der Einführung des SQL Servers 2012 gibt es einige Änderungen hinsichtlich der Versionen und des Lizenzmodells. Drei wesentliche Haupteditionen stehen im Unternehmensumfeld zur Verfügung. Diese drei Haupteditionen sind die folgenden:

- Standard Edition
- Enterprise Edition
- Business Intelligence Edition

3.1 Standard Edition

Die SQL Server Standard Edition verfügt über die Basisfunktionalität für Datenbank und Business Intelligence, hier übernimmt sie das gesamte untere Segment. Es gibt keine Workgroup bzw. Small Business Edition mehr, sodass die Standard Edition alles übernimmt, was bisher in diesem Bereich angesiedelt war. Die Standard Edition unterstützt maximal zwei Cluster-Knoten sowie Sicherungskomprimierung und kann als BI- und Datenverwaltungsplattform für kleine bis mittlere Unternehmen eingesetzt werden. Sie verfügt nicht über alle Features der Business Intelligence oder Enterprise Edition, umfasst jedoch die für kleine bis mittelgroße Datenbanken genutzten Features. Hinsichtlich der Prozessoren werden bis zu 16 Cores und 64 GB Arbeitsspeicher unterstützt. Somit stellt die Standard Edition von SQL Server 2012 den Einstieg in den Bereich der kostenpflichtigen SQL-Server-Editionen für Unternehmen dar.

3.2 Business Intelligence Edition

Die Business Intelligence Edition wurde mit SQL Server 2012 neu eingeführt. Wie aus dem Namen schon ersichtlich ist, liegt ihr Schwerpunkt im Bereich Business Intelligence für hochwertige Self-Service-BI sowie unternehmensweite Business Intelligence. Sie reiht sich ein zwischen der Standard Edition im unteren Segment und der Enterprise Edition im High-End-Segment. Während die Enterprise Edition für Rechenzentren, Infrastruktur, Skalierung und Leistung optimiert ist, wird der Einsatz der Business Intelligence Edition als BI-Plattform im Unternehmen gesehen.

3.3 Enterprise Edition

Die *SQL Server Enterprise Edition* ist das derzeitige Flaggschiff der SQL-Server-Produktfamilie. Sie stellt eine umfassende Plattform für mittelgroße bis große Datenbanken und Applikationen mit geschäftskritischen Anwendungen bereit. Sie umfasst die BI-Services *SSIS*, *SSRS* und *SSAS* und unterstützt hinsichtlich Cores bzw. Arbeitsspeicher das Maximale des Betriebssystems. Letztendlich ist hier erkennbar, dass die bisherige *Datacenter Edition*, die es nicht mehr gibt, jetzt als Enterprise Edition zum Einsatz kommt. Mit SQL Server 2012 führt Microsoft ein neues Hochverfügbarkeits-Feature mit dem Namen *AlwaysOn* ein, das nur in der Enterprise Edition zur Verfügung steht. Weitere wichtige Funktionen wie *Transparent Data Encryption* (TDE), *gespiegelte Backups*, *Peer-zu-Peer-Transaktionsreplikation*, *Datenbankmomentaufnahme* und *Change Data Capture* sind Bestandteil dieser Edition.

3.4 Parallel Data Warehouse und Fast Track Data Warehouse Edition

Mit SQL Server 2008 R2 und unter dem Namen »Project Madison« wurde Parallel Data Warehouse speziell für mittel- bis sehr große Data-Warehouse-Lösungen entwickelt, bei denen eine Skalierung von 10 bis 100 Terabytes durch die MPP-Architektur unter Verwendung von Standard-Industriehardware möglich ist. Die für massive parallele Verarbeitung (MPP) optimierte Version soll die Kosten für Hardware niedrig halten. Ihre Architektur ermöglicht es, sehr große Tabellen physisch auf mehrere Knoten zu verteilen. Dadurch soll maximale Performance sichergestellt werden. *Star-Join-Abfragen* optimieren die Abfragen im Data Warehouse, und *Change Data Capture* führt dazu, dass nur geänderte Daten geschrieben werden müssen.

Gerade Change Data Capture wurde bereits unter SQL Server 2008 erfolgreich eingeführt und ermöglicht somit asynchrone Verarbeitung und die Aktualisierung im Data Warehouse. Microsoft brachte die Parallel Data Warehouse Edition in Form einer Appliance auf den Markt. Das große Ziel ist es, ein deterministisches Antwortverhalten zu erreichen. Das liegt dann vor, wenn idealerweise die Antwortzeit des SQL Servers nur von der Anzahl der Ressourcen (Prozessoren, Cluster-Knoten) abhängig ist und nicht etwa von der Tabellengröße oder den darin enthaltenen Daten. Im Juli 2012 wurde gemeinsam mit Dell eine Mid-Market Data Warehouse Appliance herausgebracht. Die Basis dieser Appliance ist eine Dell PowerEdge 12th

Generation-Plattform, die als Software Windows Server 2008 R2 Enterprise und SQL Server 2012 Data Warehouse Appliance Edition enthält. Andere Anbieter wie SAP bringen mit HANA solche Appliance-Lösungen auf den Markt.

3.5 Spezielle Editionen

Zusätzlich zu den drei Hauteditionen von SQL Server 2012 existieren noch weitere SQL-Server-2012-Versionen, die auf ganze spezielle Anwendungsfälle zugeschnitten sind.

3.5.1 Developer Edition

Die Developer Edition ist identisch mit der Enterprise Edition. Sie unterscheidet sich lediglich hinsichtlich der rechtlichen Rahmenbedingungen und im Preis. Sie ist für Entwickler gedacht und darf nicht für produktive Zwecke eingesetzt werden. Somit haben Entwickler die Möglichkeit, Anwendungen auf Basis des SQL Servers zu entwickeln, ohne die mit dem Kauf einer Enterprise Edition verbundenen Kosten.

3.5.2 Web Edition

Die Web Edition unterstützt bis zu 16 Cores, 64 GB Arbeitsspeicher und ist hauptsächlich, wie der Name schon erkennen lässt, für Webanwendungen gedacht. Gerade hier liegt ihr preislicher Vorteil, da sie überwiegend auf Webservern zum Einsatz kommt. Provider setzen diese Edition für ihre Kunden ein. Sie ist nunmehr lediglich unter einem *Service Provider License Agreement* (SLPA) verfügbar.

3.5.3 Express Edition

Die Express Edition ist eine kostenlose Version des SQL Servers. Sie ist unter anderem Bestandteil von Visual Studio und wird von Microsoft zum kostenlosen Download bereitgestellt. Ziel dieser Edition ist es, Entwicklern die Möglichkeit zu bieten, Anwendungen auf Basis von SQL Server zu entwickeln und bei späterer Skalierung lediglich über die Zahlung der Lizenzkosten auf die Standard oder Enterprise Edition umzusteigen. Die Express Edition unterstützt eine maximale Datenbankgröße von 10 GB. Sie kann nur ein Gigabyte Arbeitsspeicher adressieren und einen Prozessor nutzen.

3.5.4 LocalDB

LocalDB ist eine neue Version von SQL Server Express, die alle Programmier-Features von SQL Server 2012 Express enthält, jedoch nicht zwingend als Dienst ausgeführt werden muss. Die Nutzung erfolgt nach Bedarf. Sie richtet sich vor allem an Softwareentwickler, für die lokales Entwickeln und Testen im Vordergrund stehen. Sie ist einfach zu installieren und benötigt keine Verwaltung.

Express mit Tools

Express mit Tools ist eine Version von SQL Server Express, die das grafische Verwaltungstool SQL Server Management Studio (SSMS) Express und LocalDB enthält. Diese Version eignet sich ideal für kleinere Serveranwendungen und lokale Datenspeicher wie Multimedia-Anwendungen und deren Datenbank.

Express mit Advanced Services

Bei Express mit Advanced Services handelt es sich um eine Version von SQL Server Express, die ein erweitertes grafisches Verwaltungstool und leistungsstarke Funktionen für die Berichterstellung (Berichtsservice) und erweiterte textbasierte Suchvorgänge (Volltextsuche) umfasst.

3.5.5 Compact Edition

Die SQL Server Compact Edition zählt zu den Lösungen für mobile Geräte. Sie ist Bestandteil dieser Geräte und wird auch als Embedded Datenbank bezeichnet.

3.5.6 Windows Azure SQL-Datenbank (früher SQL Azure)

Windows Azure SQL-Datenbank ist keine Edition speziell von SQL Server 2012, sondern vielmehr eine Lösung, bei der ein SQL Server mit entsprechender Architektur in der Cloud zur Verfügung gestellt wird. Der Vorteil solch einer Lösung besteht darin, dass je nach Nutzung benötigte Bandbreite, Speicherplatz oder Ausfallsicherheit geboten werden kann, ohne die dafür notwendige Infrastruktur im eigenen Unternehmen vorzuhalten. Dadurch können der Personalaufwand gering und die Kosten niedrig gehalten werden. Es geht bei diesem Thema letztendlich darum, Software und Rechenleistung als einen Service aus dem Netz zu nutzen. Dabei werden Hardwareressourcen, Betriebssystem und Anwendungen kostenpflichtig zur Verfügung gestellt. Die Abrechnung erfolgt entsprechend der Nutzung nach Bandbreite, Speicherplatzbedarf oder Zeit.

Aus solch einem Modell ergeben sich natürlich einige Vorteile gegenüber den herkömmlichen Lösungen. Es ist z.B. möglich, die Kapazität an Rechenleistung zu erhöhen, wenn sie benötigt wird, oder auf weitere Instanzen von SQL Server zu skalieren, wenn der Bedarf dafür vorhanden ist. Umgekehrt besteht die Möglichkeit, diese zusätzlichen Ressourcen wieder freizugeben und somit nur in Spitzenzeiten die gewünschten zusätzlichen Ressourcen zu liefern.

Natürlich liegen die Vorteile nicht nur bei einer Skalierung; denken Sie auch an die Kosten für Hardware im eigenen Haus oder an das notwendige Personal für die Verwaltung der Infrastruktur. Gerade hier sehen wir viele Vorteile für Unternehmen, die heute eine eigene Infrastruktur haben, die Ressourcen bindet und hohe Kosten verursacht. Rechenleistung, Speicher und Services aus der Cloud werden in Zukunft die Infrastruktur der Unternehmen verändern und in vielen Bereichen effektivere Ansätze bieten. Windows Azure SQL-Datenbank ist solch ein Cloud-basierter Datenbankservice und Teil der Windows Azure-Plattform, die es ermöglicht, Cloud-basierte Anwendungen zu entwickeln.

3.6 Windows und Windows Azure SQL-Datenbank

Windows Azure ist ein Cloud-basiertes Betriebssystem von Microsoft, das Rechenleistung, Speicherplatz und Verwaltungsfunktionen zur Verfügung stellt.

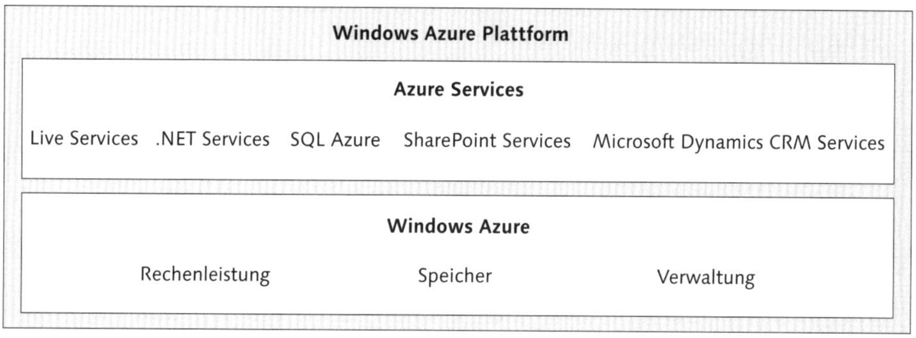

Abbildung 3.1 Die Windows Azure-Plattform

Entwickler können Anwendungen erstellen und diese innerhalb der Windows Azure-Plattform durch Nutzung des .NET Frameworks ausführen. Dabei kommen Technologien und Protokolle wie SOAP, REST, XML und PHP zum Einsatz. Windows Azure SQL-Datenbank ist somit ein Datenbankdienst, der innerhalb der Windows Azure-Plattform zur Verfügung steht.

3.6.1 Überblick

Windows Azure SQL-Datenbank bietet Cloud-basierten Datenbankspeicherplatz und das entsprechende Management an. Windows Azure SQL-Datenbank basiert auf der Datenbank-Engine von SQL Server 2012. Es gibt jedoch wichtige Unterschiede zwischen den Lösungen, darunter folgende:

- Windows Azure SQL-Datenbank ist ein rein Cloud-basierter Dienst; SQL Server ist entwickelt für die Installation auf eigener Hardware.
- Mit Windows Azure SQL-Datenbank verwalten Sie lediglich logischen Speicher, jedoch keinen physischen.
- Windows Azure SQL-Datenbank verwaltet den Hardwarespeicherplatz automatisch.

- Mit dem SQL Server müssen Sie sowohl den logischen als auch den physischen Speicher verwalten.
- Windows Azure SQL-Datenbank wird in zwei Editionen angeboten: Web Edition mit maximal 1 GB und Business Edition mit 10 GB Datenbankgröße. Die Business Edition wird in Zukunft Datenbanken mit 150 GB unterstützen.
- SQL Server ist verfügbar in den Editionen Express (mit maximal 10 GB), Web, Standard, Business Intelligence und Enterprise (mit unbegrenztem Datenbankspeicher).
- Windows Azure SQL-Datenbank enthält lediglich die relationale Datenbank-Engine, die Reporting Services und die SQL Azure Data Sync Tools.
- SQL Server enthält die relationale Datenbank-Engine, die Integration Services, die Reporting Services, die Analysis Services, Replikation, Service Broker, den SQL-Server-Agent und weitere Funktionen.

Hinweis

Da mittlerweile die Dokumentation zu Windows Azure SQL-Datenbank recht umfangreich ist, verzichten wir an dieser Stelle auf eine komplette Aufstellung der unterstützten bzw. nicht unterstützten Funktionen von Windows Azure SQL-Datenbank. Der folgende Link führt zu MSDN und allen notwendigen Informationen.

http://msdn.microsoft.com/de-de/library/windowsazure/ee336279.aspx

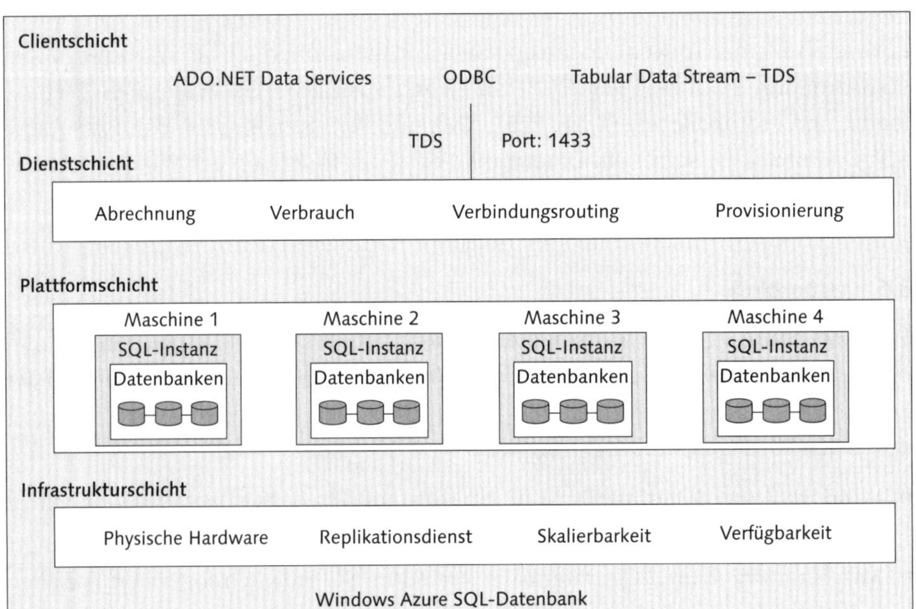

Abbildung 3.2 Die Architektur von Windows Azure SQL-Datenbank

Der Zugriff auf Windows Azure SQL-Datenbank ist letztendlich denkbar einfach. Wer bereits mit dem SQL Server Management Studio gearbeitet hat, kann auch auf Windows Azure SQL-Datenbank zugreifen. Um den Service zu nutzen, müssen Sie sich jedoch registrieren.

3.6.2 Technologie und Zugriff

Anwendungen greifen über die Standard-SQL-Client-Bibliotheken wie OLE DB, ADO.NET oder den PHP-Treiber für SQL Server mithilfe von *Tabular Data Stream* Sessions (TDS) auf Tabellenstrukturen über TCP zu.

SQL Server Azure wird durch eine Firewall geschützt. Das bedeutet, dass nach einer Registrierung die IP-Adresse oder der Bereich im Windows Azure SQL-Datenbank-Portal eingegeben werden muss. Für Entwickler erfolgt der Zugriff exakt wie beim SQL Server über die Verbindungszeichenfolge, jedoch mit dem Unterschied der SQL-Server-Authentifizierung. Um Windows Azure SQL-Datenbank zu verstehen, ist es sinnvoll, sich die einzelnen Ebenen und ihre Aufgabe zu verdeutlichen.

Client-Ebene

Die Client-Ebene ist letztendlich der Anwendung am nächsten. Ihre Aufgabe ist es, die direkte und sichere Kommunikation sicherzustellen. Auf ihr befindet sich schließlich die Anwendungslogik, die z.B. über ADO.NET oder ODBC auf Windows Azure SQL-Datenbank zugreift.

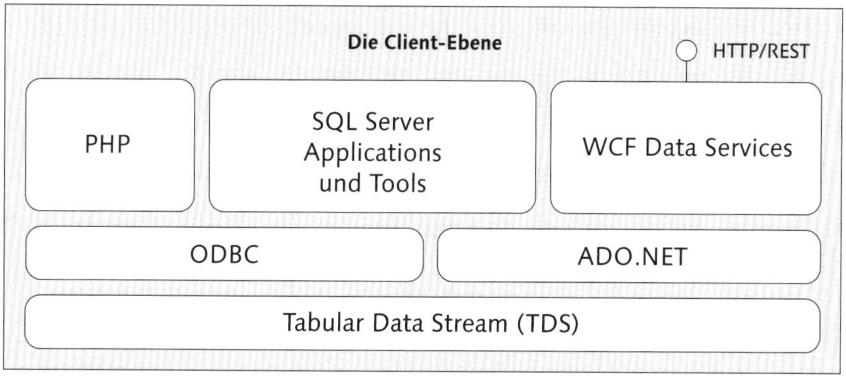

Abbildung 3.3 Die Client-Ebene von Windows Azure SQL-Datenbank

Serviceebene

Die Serviceebene stellt zum einen die Verbindungen zwischen der Anwendung und der Plattformebene her, zum anderen kümmert sie sich um das Routen der Verbindungen und die Abrechnung. Somit ist die Dienstschicht verantwortlich für die Verwaltung und die Zugriffssteuerung der Windows Azure SQL-Datenbanken.

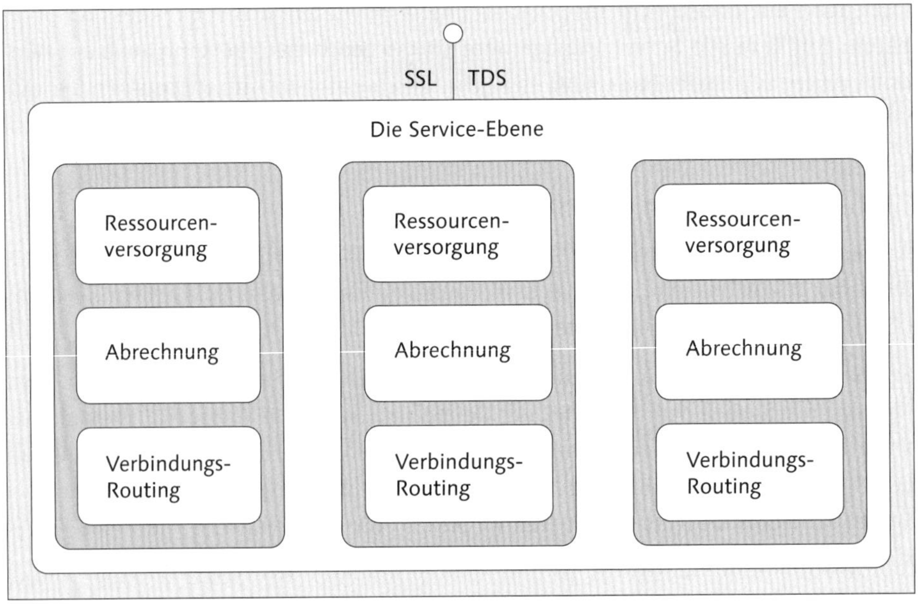

Abbildung 3.4 Die Serviceebene von Windows Azure SQL-Datenbank

Plattformebene

Die Plattformebene ist letztendlich der SQL Server – oder besser eine Vielzahl von SQL Servern. Diese Server werden von der Windows Azure SQL-Datenbank Fabric verwaltet. Eine Datenbank wird dreifach auf unterschiedlichen Maschinen vorgehalten. Das erhöht die Verfügbarkeit und Datensicherheit enorm.

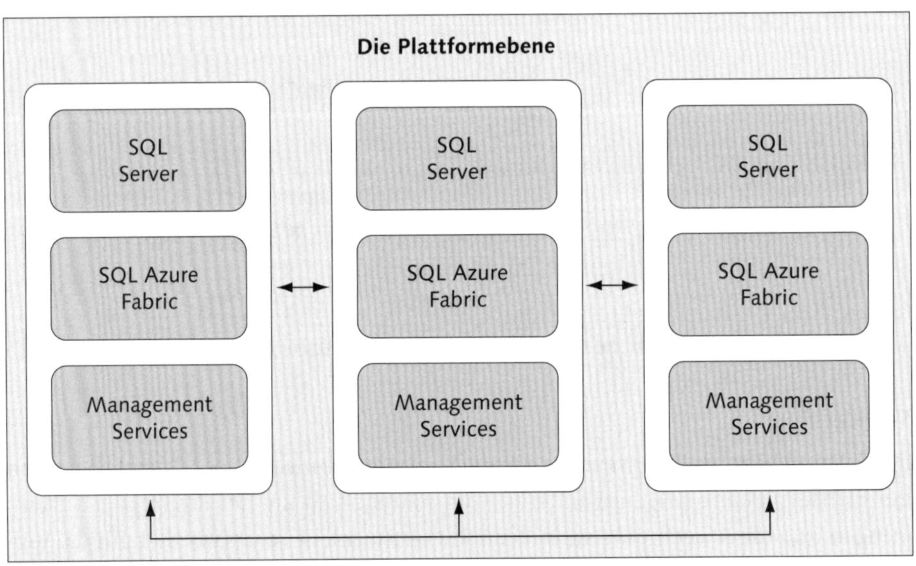

Abbildung 3.5 Die Plattformebene von Windows Azure SQL-Datenbank

Infrastrukturebene

Die Infrastrukturebene ist letztendlich die Administration der Hardware und der Betriebssysteme. Sie bietet den Datenknoten Skalierbarkeits- und Verfügbarkeitsdienste wie Replikation und Failover.

Windows Azure SQL-Datenbank bietet Skalierbarkeit und Hochverfügbarkeit, verwaltet werden jeweils drei Replikate von jeder Datenbank. Dabei ist ein Replikat das primäre, das die Datenänderungen aller anderen repliziert. Tritt ein Fehlerereignis ein, erstellt Windows Azure SQL-Datenbank automatisch ein neues Replikat und synchronisiert die Daten. Tritt ein Fehler auf dem primären Replikat auf, wird es durch ein anderes Replikat ersetzt, ein neues Replikat wird erstellt, und die Daten werden synchronisiert.

Hinweis

Eine vollständige Gegenüberstellung der Editionen und der damit verbundenen Features finden Sie bei Microsoft unter folgendem Link:

http://msdn.microsoft.com/de-de/library/cc645993.aspx#Scalability

3.7 Zusammenfassung

Wie Sie sehen, hat sich die Palette der Editionen mit dem SQL Server 2012 verändert. Für viele unterschiedliche Szenarien, Unternehmensstrukturen, Anwendungen und Personenkreise werden die entsprechenden Editionen angeboten, die den jeweiligen Anforderungen gerecht werden. Dabei wurden auch Editionen zusammengeführt, sodass der Markt hier ein wenig übersichtlicher wird.

Kapitel 4

Installation von und Aktualisierung auf SQL Server 2012

In diesem Kapitel beschreiben wir den eigentlichen Installationsprozess. Hierbei geht es vor allem darum, die notwendigen Features zu aktivieren, die richtigen Dateipfade zu wählen und dem Thema Sicherheit auf der Grundlage der SQL-Server-Dienstkonten Rechnung zu tragen.

Bevor Sie mit einer Installation beginnen, lassen Sie uns zunächst einige Punkte im Vorfeld betrachten. Bei der Installation von Microsoft SQL Server 2012 handelt es sich nicht einfach um die Installation einer relationalen Datenbank. Vielmehr haben Sie es mit einer Datenplattform zu tun, die sich in verschiedene Dienste gliedert. Die Installation von SQL Server 2012 als Datenplattform selbst ist recht einfach, jedoch entstehen gerade hier erste Fehler, wenn Sie einige Aspekte nicht beachten.

Aus der Praxis

Vor einiger Zeit hatten wir es mit einem Unternehmen zu tun, bei dem es zu massiven Performanceproblemen kam. Man hatte uns um Hilfe gebeten, um zu analysieren, was die Ursachen für die Performanceprobleme waren.

Aus vielen Projekten wissen wir, dass sich solche Probleme dann einstellen, wenn das Volumen an Daten enorm zunimmt. Die Ursachen sind jedoch oft weit gestreut. Selten hat man es mit einem einzigen Fehler zu tun, meist erstrecken sich die Ursachen über viele verschiedene Teilbereiche. Der SQL Server verzeiht viele solche kleinen Fehler, die Lastkurve steigt jedoch stetig an. Ab einem gewissen Punkt ist dies dann auch deutlich zu spüren. Es treten Timeouts auf, und Abfragen dauern einfach zu lange. So war es auch in diesem Fall. Bei der Analyse stellten wir unter anderem zunächst fest, dass schon erste Fehler beim Datenträgerlayout begangen wurden. Genau darum geht es bei einer vernünftigen Planung der Installation. Solche Fehler lassen sich vermeiden, wenn Sie einige grundsätzliche Dinge hinsichtlich der Verteilung von Datenbanken und Dateien berücksichtigen.

4.1 Überlegungen zur Installation

Das Datenträgerlayout und die Verteilung der Dienste sind wichtige Punkte bei der Installation. Im Folgenden werden wir diese Punkte aufgreifen und Ihnen dazu einige Hinweise geben.

Wie bereits in Kapitel 2, »Zukunftssicherheit, Stabilität und Performance im Enterprise-Bereich«, erläutert, gibt es einige grundsätzliche Überlegungen zum Datenträgerdesign. Hier noch einmal kurz zusammengefasst, welche das waren:

- sequenziell – nur schreibender Zugriff beim Logfile
- random – lesender und schreibender Zugriff beim Datenfile
- besondere Berücksichtigung der Datenbank TEMPDB – separater I/O
- FILESTREAM – zur Verwaltung von BLOB-Daten (Binary Large Object) als Typ `varbinary(max)` im Dateisystem
- Dateigruppen und die Möglichkeit der gezielten Platzierung von Objekten auf getrennten physischen Datenträgern
- Aufteilung großer Tabellen mithilfe der Partitionierung und Platzierung über Dateigruppen auf getrennten physischen Datenträgern

Sie erkennen daran, wie wichtig es ist, die richtigen Laufwerkspfade sowohl für Systemdatenbanken als auch für Benutzerdatenbanken zu planen. Grundsätzlich ist es hier wichtig, bei bestehenden Systemen näher hinzuschauen, welche I/O-Aktivitäten in den einzelnen Datenbanken vorhanden sind. Was dazu notwendig ist und wie Sie am besten vorgehen, werden wir Ihnen in Kapitel 17, »Überwachen von SQL Server 2012«, und Kapitel 18, »Problembehebung und Performance-Tuning«, erläutern.

Nun noch einige Hinweise zur Verteilung der Dienste. Seit SQL Server 2005 wurde der gesamte BI-Bereich (SSIS, SSRS, SSAS) so gestaltet, dass die Installation der einzelnen Dienste separat erfolgt. Sie können somit entscheiden, ob Sie für die einzelnen Dienste eigene Server zur Verfügung stellen oder alle Dienste auf einem Server unterbringen. Letztendlich können Sie mit einem einzelnen Server beginnen und später skalieren. Je nachdem, welches Lastverhalten Ihre Instanzen aufweisen, müssen Sie hier gegebenenfalls prüfen, welche Variante Sie wählen. Für Test- und Entwicklungszwecke reicht oft ein einzelner Server aus. Werden jedoch die einzelnen Dienste produktiv gestellt, kommt es schnell zu Engpässen. Ein ausgiebiges Reporting, ein Data Warehouse und eine Datenbank mit mehreren Hundert Benutzern erfordern dann schnell eine Skalierung.

4.1.1 Sprachen und landesspezifische Anpassungen – Sortierreihenfolge

Was hat es mit dem Thema Sortierung auf sich? Sortierung sind Regeln, nach denen SQL Server Zeichendaten sortiert und für Vergleiche verwendet. Es handelt sich somit um die Ländereinstellungen zum Speichern von Nicht-Unicode-Zeichendaten in SQL Server. Die bei der Installation angegebene Sortierung wird für alle Systemdatenbanken und Benutzerdatenbanken festgelegt. Sie können jedoch später abweichende Einstellungen für einzelne Benutzerdatenbanken vorgeben. Es besteht die Möglichkeit, sowohl die Windows- als auch die SQL-Server-Sortierung während der Installation anzugeben. Bei der Windows-Sortierung verwendet SQL Server das Gebietsschema der Windows-Ländereinstellungen. Sollten Sie jedoch Datenbanken mit anderen Sortiereinstellungen haben und serverübergreifende Vorgänge notwendig sein, können Sie sich für die SQL-Server-Sortierung entscheiden.

Empfohlene Vorgehensweise

Sollten Sie mehr als eine Instanz von SQL Server in Ihrer Organisation haben, dann prüfen Sie die Möglichkeit einer organisationsweiten Sortierung. Damit können Sie sicherstellen, dass serverübergreifende Vorgänge keine Probleme verursachen.

4.1.2 Windows- versus SQL-Server-Authentifizierung

Bei der Installation müssen Sie festlegen, welche Authentifizierung für die Instanz von SQL Server infrage kommt. Der Standard ist die Windows-Authentifizierung. Benutzer werden demnach in Windows authentifiziert und nicht vom SQL Server. Erfolgt bei Ihnen der Zugriff auf den SQL Server auch von Clients, die nicht einer Active-Directory- oder Windows-Infrastruktur angehören, müssen Sie die gemischte Authentifizierung verwenden. Bei der SQL-Server-Authentifizierung übernimmt SQL Server diesen Vorgang. Soll zu einem späteren Zeitpunkt die Authentifizierung auf gemischt (SQL Server und Windows) geändert werden, ist das nach Abschluss der Installation jederzeit möglich. In Kapitel 9, »Backup und Restore«, erfahren Sie, wie Sie die Einstellungen für die Authentifizierung ändern.

4.1.3 Sicherheitsbetrachtungen – die Wahl der richtigen Dienstkonten

Die Sicherheit ist ein weiteres Thema während der Installation. Für die einzelnen Dienste müssen Sie Windows-Benutzerkonten angeben. Tabelle 4.1 zeigt die SQL-Server-Dienste und ihre Standardkonten. Ein Dienst, der unter Windows ausgeführt wird, muss das unter einem eigens dafür angegebenen Benutzerkonto tun.

SQL-Server-Dienst	Standardkonto
SQL Server-Datenbankdienst	Domänenbenutzer
SQL Server-Agent	Domänenbenutzer

Tabelle 4.1 Die Standardkonten der SQL-Server-Dienste

SQL-Server-Dienst	Standardkonto
SQL Server Analysis Services	Domänenbenutzer
SQL Server Reporting Services	Domänenbenutzer
SQL Server Integration Services	Domänenbenutzer
SQL Server-Volltextsuche	Lokales System
SQL Server-Browser	Lokales System
SQL Server-VSS Writer	Lokales System
SQL Server Distributed Replay Controller	Domänenbenutzer
SQL Server Distributed Replay Client	Domänenbenutzer

Tabelle 4.1 Die Standardkonten der SQL-Server-Dienste (Forts.)

Empfohlene Vorgehensweise

Stellen Sie sicher, dass Sie Ihre Dienste stets so konfigurieren, dass sie mit den geringsten wirksamen Privilegien ausgeführt werden.

Wenn Sie keine dedizierten Konten angeben, nutzt SQL Server die bereits in Windows vorhandenen Konten des lokalen Systems. Jedoch sollten Sie beachten, dass SQL Server z.B. in bestimmten Szenarien den Zugriff auf das Netzwerk benötigt. Somit empfehlen wir, ein dediziertes Windows-Benutzerkonto zu verwenden. Wenn Sie über eine AD-Infrastruktur verfügen, legen Sie, wie in Abschnitt 4.2, »Die Installation einer Standardinstanz«, beschrieben, dedizierte AD-Benutzerkonten für die einzelnen Dienste vor der Installation an.

Hinweis

Die Empfehlungen für die SQL-Server-Dienstkonten richten sich in den einzelnen Unternehmen meist nach den jeweiligen internen Vorgehensweisen, z.B. für die Namensvergabe. Bedenken Sie auf jeden Fall, dass ein Konto, das »SQLSERVER« oder »SQLSERVICE« heißt, es Angreifern auf Dienste erheblich erleichtert, aufgrund der Namensvergabe Rückschlüsse zu ziehen. Des Weiteren sollten Sie darauf achten, dass Sie für jeden Dienst (*SQL Server*, *Analysis Services*, *Reporting Services* und *Integration Services*) Berechtigungen vergeben. Wenn Sie für alle Dienste ein und dasselbe Konto verwenden, bedeutet das immer mehr Rechte für ein Konto. Aus diesem Grund empfehlen wir, separate Konten für die einzelnen Dienste zu verwenden. SQL Server vergibt die Berechtigungen während der Installation entsprechend. Genauer gesagt, werden lokale Gruppen auf dem Server angelegt, die die Berechtigungen erhalten. Die Konten werden dann den einzelnen Gruppen hinzugefügt.

In Windows 7, Windows 8, Server 2008 R2 und Server 2012 gibt es einen neue Typ von Dienstkonten. Bei diesen handelt es sich um sogenannte *verwaltete Dienstkonten*. Ein Vorteil dieser Konten besteht darin, dass es möglich ist, die Kennwörter für diese Konten automatisch nach den Richtlinien im Unternehmen zu wechseln. Weitere ergänzende Hinweise zu Diensten und Dienstkonten finden Sie auf unserer Webseite unter *www.sqlxpert.de*.

4.1.4 Aktualisierung auf SQL Server 2012

Wenn Sie eine Instanz von SQL Server 2005, 2008 oder 2008 R2 auf SQL Server 2012 aktualisieren, werden die freigegebenen Komponenten und Dienste ebenfalls auf SQL Server 2012 aktualisiert. Während des Upgrades überprüft das Setup von SQL Server 2012, ob bereits eine Instanz der genannten Versionen vorhanden ist, und gibt eine Warnung zur Aktualisierung freigegebener Komponenten aus. Wenn Sie eine neue Instanz von SQL Server 2012 installieren, können Sie die Auswahl der freigegebenen Komponenten während der Installation aufheben. Die nicht ausgewählten Komponenten werden dann in der vorhandenen Version von SQL Server 2008 belassen.

4.2 Die Installation einer Standardinstanz

Es gibt sicherlich mehrere Möglichkeiten, SQL Server zu installieren. Lassen Sie uns nun eine einfache Standardinstallation von SQL Server 2012 ausführen. Zum Thema unbeaufsichtigte Installation und Sysprep können Sie sich den Workshop am Ende dieses Kapitels ansehen.

4.2.1 Der Installationsprozess im Detail

Melden Sie sich zunächst als Administrator oder mit entsprechenden Privilegien an. Auf dem Installationsmedium befindet sich die Datei *SETUP.EXE*, nach deren Aufruf der Installationsassistent gestartet wird.

Im *SQL Server-Installationscenter* (siehe Abbildung 4.1) sehen Sie einige nützliche Links. Sie haben hier die Möglichkeit, sich Informationen aus der Hilfe bzw. aus dem *Microsoft Developer Network* anzeigen zu lassen. Da wir gleich mit einer Installation beginnen möchten, wählen Sie auf der linken Seite den Punkt INSTALLATION aus. Sie gelangen dann im SQL Server-Installationscenter zur Auswahl einer Installationsart. Wählen Sie wie in Abbildung 4.2 den Punkt NEUE EIGENSTÄNDIGE SQL SERVER-INSTALLATION ODER HINZUFÜGEN VON FUNKTIONEN ZU EINER VORHANDENEN INSTALLATION.

Abbildung 4.1 Das SQL-Server-Installationscenter

Die Abbildungen 4.2 bis 4.21 zeigen Ihnen eine Beispiel-Standardinstallation von SQL Server 2012.

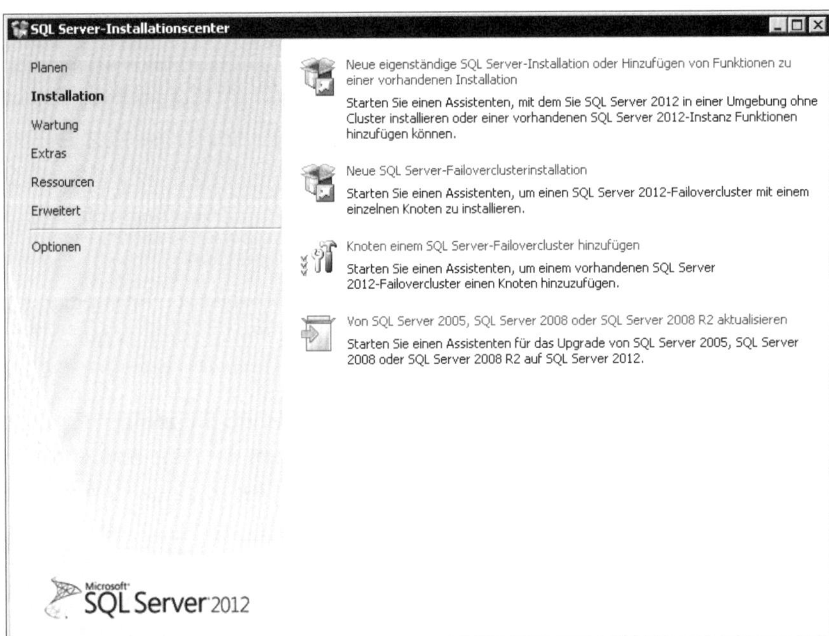

Abbildung 4.2 Die Auswahl »Neuinstallation« im Installationscenter

Nach dem Einlegen des Installationsmediums wählen Sie im *SQL Server-Installationscenter* die Kategorie INSTALLATION aus (Abbildung 4.2) und beginnen mit einer Neuinstallation. Diesen Menüpunkt wählen Sie ebenfalls immer dann, wenn Sie zu einer vorhandenen Installation später noch weitere Features hinzufügen möchten.

Die SETUPUNTERSTÜTZUNGSREGELN (Abbildung 4.3) prüfen, ob bestimmte Bedingungen erfüllt sind. Ist beispielsweise nach einem Installationsvorgang ein Neustart erforderlich, wird dies hier als entsprechender Eintrag angezeigt. Dann müssen Sie zuerst einen Neustart ausführen, bevor Sie an dieser Position fortfahren können. Darüber hinaus wird die Produktkompatibilität geprüft. Sollte es vorkommen, dass eine Installation von SQL Server bereits vorhanden ist und die jetzige Software eine andere Edition beinhaltet, erfolgt hier der Hinweis, die Installation mit der Angabe des Parameters –SKUUPGRADE erneut zu starten. Das Konto, mit dem die Installation ausgeführt wird, unterliegt der Regel »Setupadministrator«, die ebenfalls prüft, ob die Voraussetzungen hinsichtlich der Berechtigungen für die Installation gegeben sind.

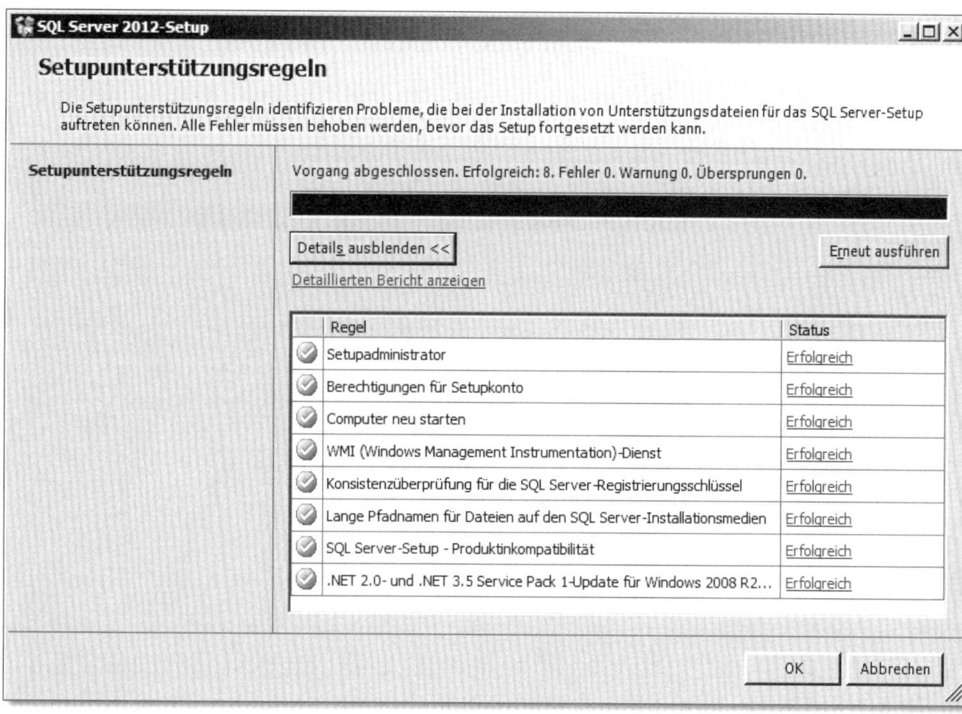

Abbildung 4.3 Setupunterstützungsregeln – Überprüfung der Grundkonfiguration

Im Anschluss an die erste Prüfung wird nach Onlineupdates gesucht. Dieser Schritt ist gegenüber SQL Server 2008 R2 neu, sodass hier die Möglichkeit besteht, Onlineupdates zu berücksichtigen.

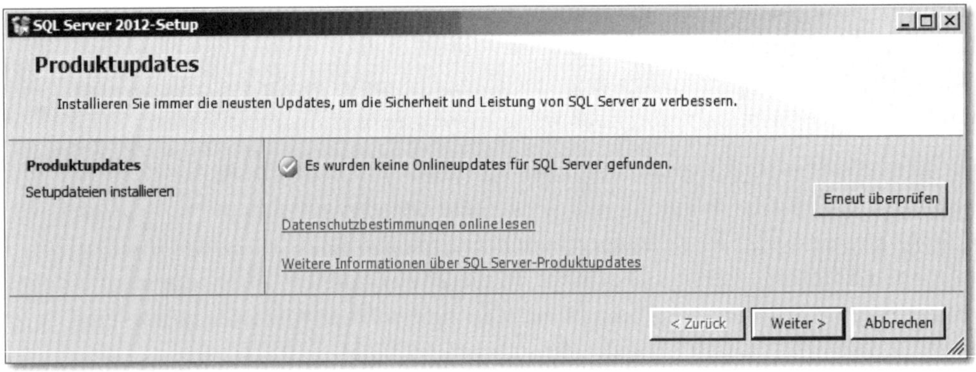

Abbildung 4.4 Prüfung auf Onlineupdates beim Setup

Dann folgt der zweite in Abbildung 4.5 gezeigte Schritt hinsichtlich der Setupunterstützungsregeln und deren Überprüfung.

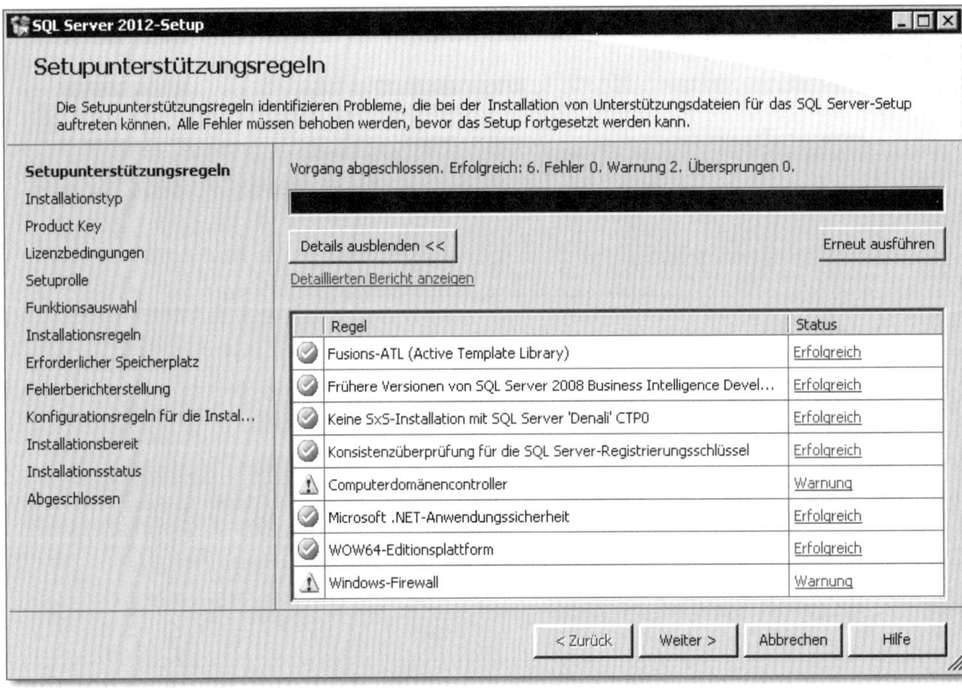

Abbildung 4.5 Überprüfen der Systemvoraussetzungen

Nun wird geprüft, ob sich eine frühere CTP-Version von SQL Server bereits auf dem System befindet, das Business Intelligence Studio bereits installiert oder der Rechner ein Domänen-Controller ist. Bei einem Domänen-Controller erfolgt genau wie bei der Windows-Firewall eine Warnung, mit deren Hilfe es möglich ist, sich weitere Hinweise anzeigen zu lassen. Warnungen brechen die Installation an dieser Stelle nicht ab, jedoch geben nützliche Hinweise.

Wir erhalten in unserer Beispielinstallation den Hinweis, dass etwas hinsichtlich der Firewall zu beachten ist. SQL Server kommuniziert auf dem Port 1433, und dieser muss in der Windows-Firewall entsprechend konfiguriert werden.

Anschließend wird der Installationstyp festgelegt (siehe Abbildung 4.6). Hier können Sie entscheiden, ob Sie SQL Server 2012 neu installieren möchten, oder ob einfach nur Features einer vorhandenen Installation hinzugefügt werden sollen.

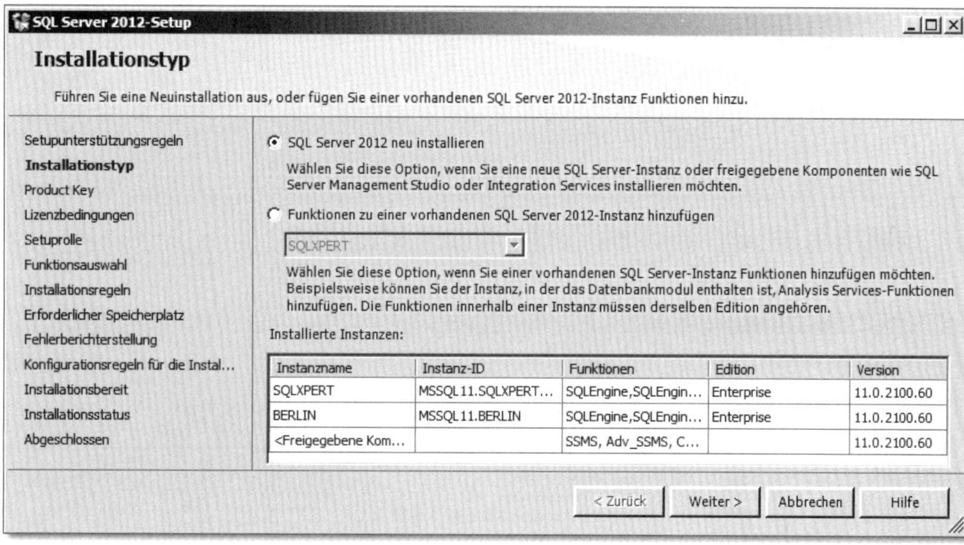

Abbildung 4.6 Setuprolle SQL-Server-Funktion

In unserem Fall haben wir uns für eine neue Installation entschieden. Im nächsten Dialog wird der Lizenzschlüssel eingegeben, und Sie müssen die Lizenzvereinbarungen akzeptieren. Alternativ zum Lizenzschlüssel haben Sie die Möglichkeit, hier eine Evaluierungsversion zu installieren bzw. die Expressedition. Auf diese Dialoge verzichten wir hier, da das fachlich nicht wirklich wichtig ist. Interessanter wird es hinsichtlich der Setuprolle und Funktionsauswahl.

Die Setuprolle (siehe Abbildung 4.7) ist eine Vorauswahl hinsichtlich bestimmter Installationsvarianten. Die SQL SERVER-FUNKTIONSINSTALLATION ermöglicht es, alle Dienste von SQL Server 2012 zu installieren. SQL SERVER POWERPIVOT FÜR SHAREPOINT lässt nur die Installation des Datenbankmoduls und der Analysis Services zu. Die Option ALLE FUNKTIONEN MIT STANDARDWERTEN entspricht der ersten Option, jedoch ist die Auswahl bereits vorbelegt.

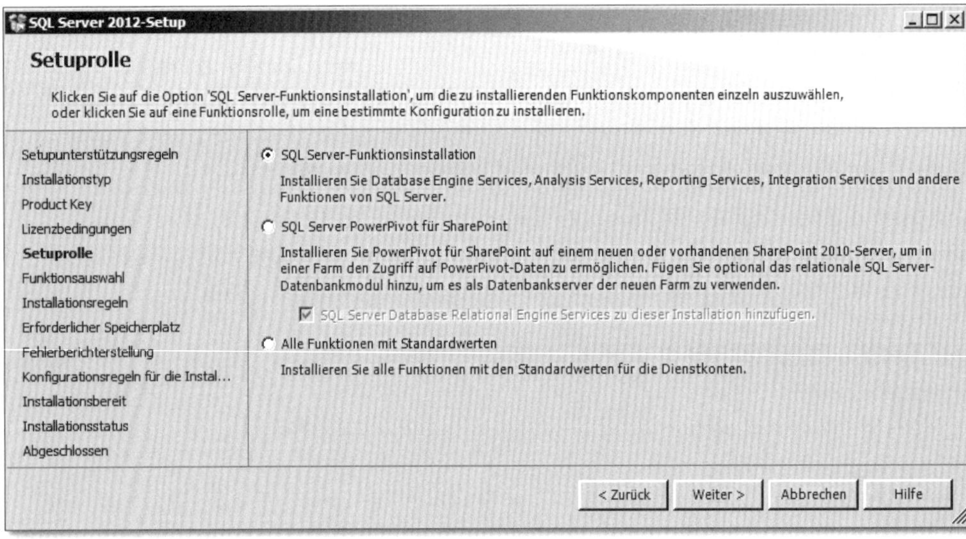

Abbildung 4.7 Festlegen der Setuprolle

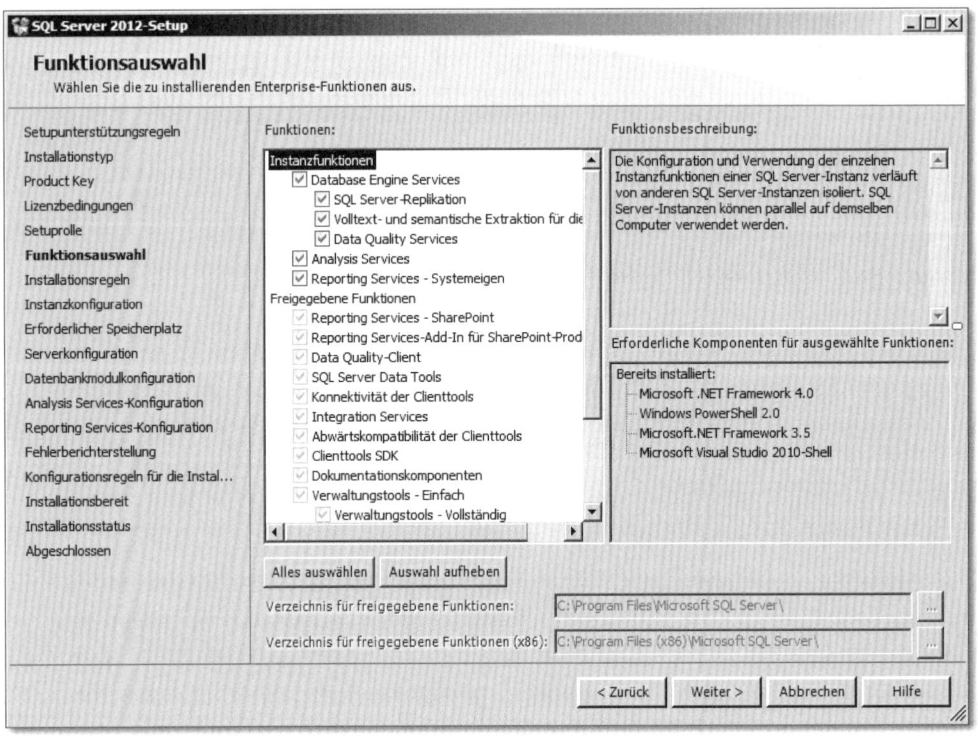

Abbildung 4.8 Auswahl der Instanz- und freigegebenen Funktionen

Die SQL Server-FUNKTIONSINSTALLATION ermöglicht eine detaillierte Selektion der Features und Komponenten von SQL Server, die installiert werden sollen. Es wird grundsätzlich zwischen INSTANZFUNKTIONEN und FREIGEGEBENE FUNKTIONEN unterschieden, was Sie in Abbildung 4.8 sehen können.

Zu den Instanzfunktionen gehören das Datenbankmodul, Analysis Services, Reporting Services, Volltextsuche, die SQL-Server-Replikation und die Data Quality Services. Die Instanzfunktionen können auf einem Windows-Server mehrfach vorhanden sein. Wie in Abbildung 4.8 zu sehen ist, existiert bereits eine Installation von SQL Server 2012. Die Instanzfunktionen können ausgewählt werden, da von ihnen mehrere Instanzen vorhanden sein können. Die freigegebenen Funktionen wurden bereits installiert und können nicht selektiert werden. Wir fahren mit unserem Beispiel fort und wählen die Instanzfunktion komplett aus.

Die INSTANZKONFIGURATION ermöglicht es Ihnen, die INSTANZ-ID anzugeben, wobei bereits ein Vorschlag mit dem Namen MSSQLSERVER für die Standardinstanz vorhanden ist. Da in unserem Beispiel (siehe Abbildung 4.9) bereits zwei Instanzen (MSSQLSERVER und BERLIN) vorhanden sind, fügen wir eine weitere benannte Instanz mit dem Namen MÜNCHEN hinzu. Für das Datenbankmodul werden die Verzeichnisse angelegt und deren Pfade bestimmt.

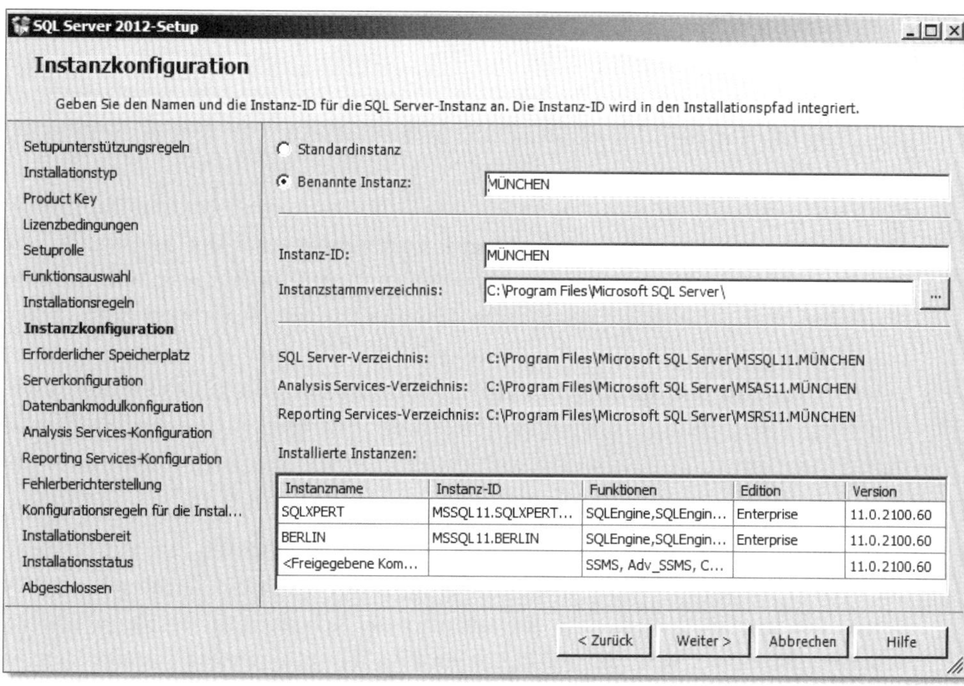

Abbildung 4.9 Konfiguration der Instanz mit ID und Namen

Eine Installation erfordert Speicherplatz. Da die Selektion der Features recht vielfältig sein kann, wird nun nach deren Auswahl der erforderliche Speicherplatz geprüft und angezeigt.

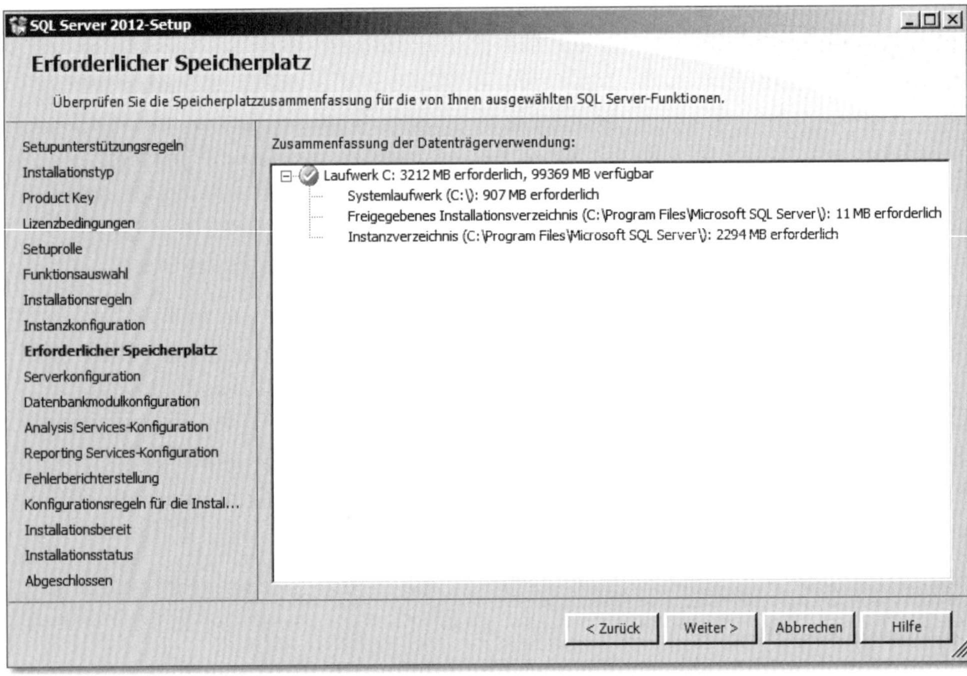

Abbildung 4.10 Ermitteln des erforderlichen Speicherplatzes

Um die SQL-Server-Dienste unter dedizierten Windows-Accounts auszuführen, müssen entsprechend Benutzer angelegt werden. Innerhalb einer Domäne werden die Benutzer mit dem Tool *Active Directory Benutzer und Computer* erstellt. Ist kein *Active Directory* vorhanden, werden die Konten über die COMPUTERVERWALTUNG unter LOKALE BENUTZER UND GRUPPEN angelegt. Abbildung 4.11 zeigt die COMPUTERVERWALTUNG und den Knoten BENUTZER. Spätestens jetzt sollten Sie die jeweiligen Konten anlegen, um sie im nächsten Dialog auswählen zu können. Wählen Sie dazu START • VERWALTUNG • COMPUTERVERWALTUNG, und legen Sie die Benutzer unterhalb des Knotens LOKALE BENUTZER UND GRUPPEN an.

Nachdem Sie die Konten angelegt haben, besteht die Möglichkeit, diese für die einzelnen Dienste zu nutzen. Entweder geben Sie ein Konto für alle Dienste an, oder Sie verwenden verschiedene Konten. Aus Gründen der Sicherheit sollten Sie jedoch verschiedene Konten (SQL Server und Agent jeweils ein Konto) für die einzelnen Dienste verwenden. Bedenken Sie: Je mehr Dienste unter einem Konto ausgeführt werden, desto mehr Berechtigungen werden dem Konto erteilt (Abbildung 4.12).

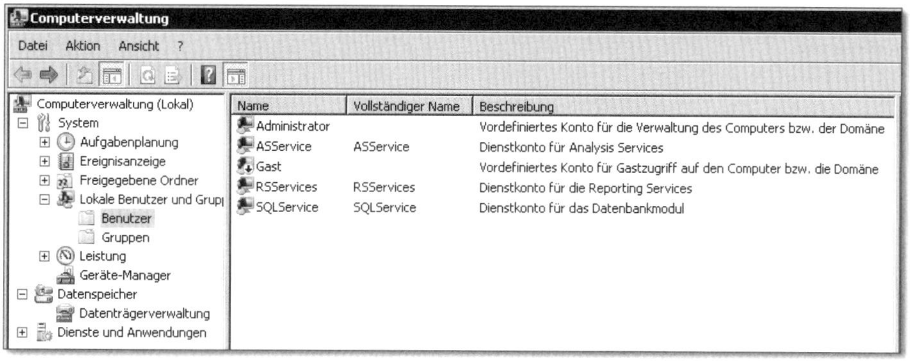

Abbildung 4.11 Anlegen der Benutzerkonten für die Dienste

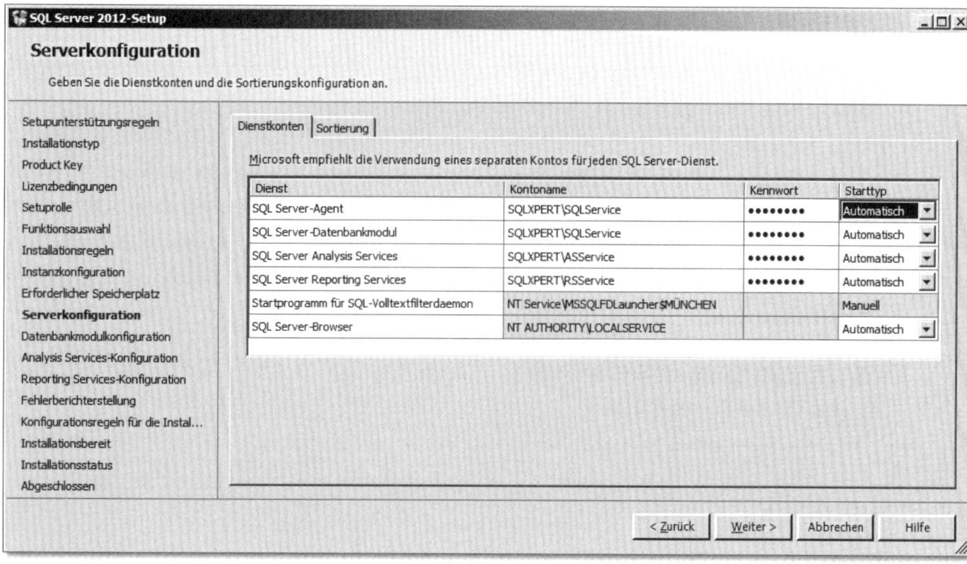

Abbildung 4.12 Serverkonfiguration – Dienste, Konten und Kennwörter

Jetzt können Sie die Sortiereinstellungen für das Datenbankmodul und die Analysis Services anpassen. Welche Sie jeweils auswählen, hängt von den jeweiligen Anforderungen ab. So kann es sein, dass Ihre Datenbank von den Ländereinstellungen in Ihrem Windows-System abweicht, oder Sie eine Datenbank haben, die mit anderen SQL-Server-Instanzen repliziert, die abweichende Ländereinstellungen haben. Die SQL-Server-Sortierung steuert die Codepage, die zum Speichern von Nicht-Unicode-Zeichendaten in SQL Server verwendet wird. Die Regeln, die SQL Server zum Sortieren und Vergleichen von Zeichen verwendet, die nicht als Unicode-Datentypen gespeichert sind, werden somit festgelegt (siehe Abbildung 4.13).

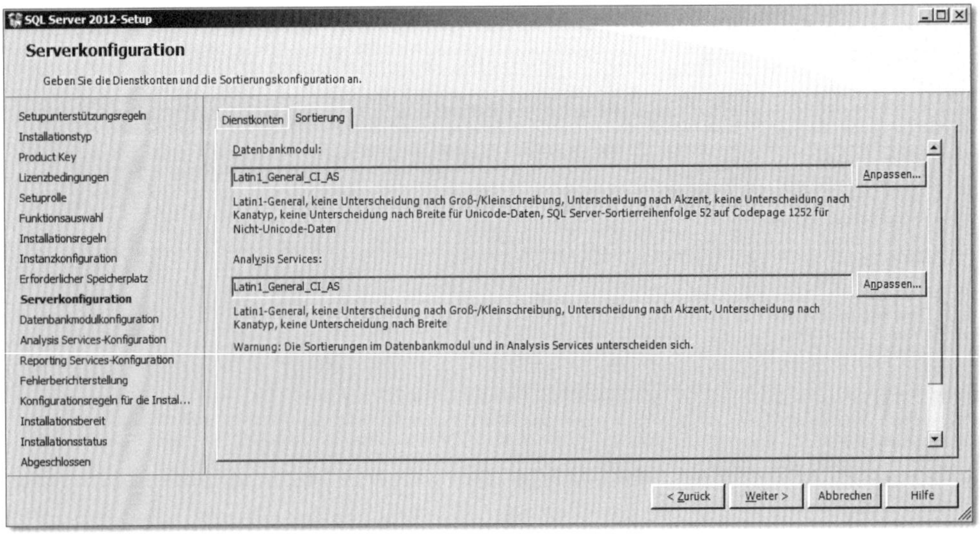

Abbildung 4.13 Festlegen der Sortiereinstellungen

Seit SQL Server 2008 ist es möglich, ein separates Windows-Konto als Administrator anzugeben. Damit besteht die Möglichkeit, dass nicht derjenige, der SQL Server installiert, als Administrator im SQL Server hinterlegt wird, sondern ein anderer Benutzer. Legen Sie hier fest, wer als Administrator aus Windows auf den SQL Server Zugriff erhalten soll.

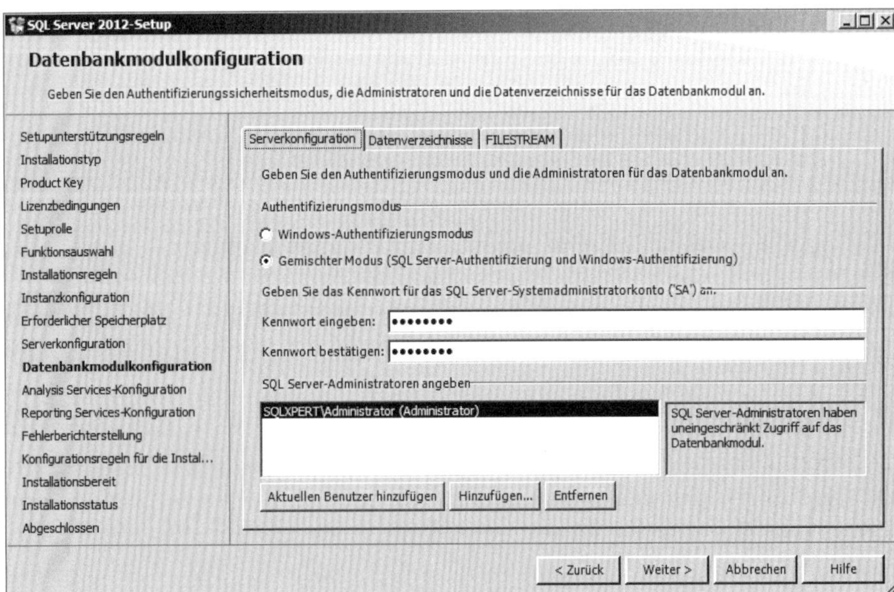

Abbildung 4.14 Festlegen des Admin-Kontos für das Datenbankmodul

Eine wesentliche Verbesserung seit SQL Server 2008 besteht darin, dass Pfade schon bei der Installation separat festgelegt werden können (siehe Abbildung 4.15). Gerade im Hinblick auf eine gute Leistung von SQL Server ist das ein wichtiges Thema.

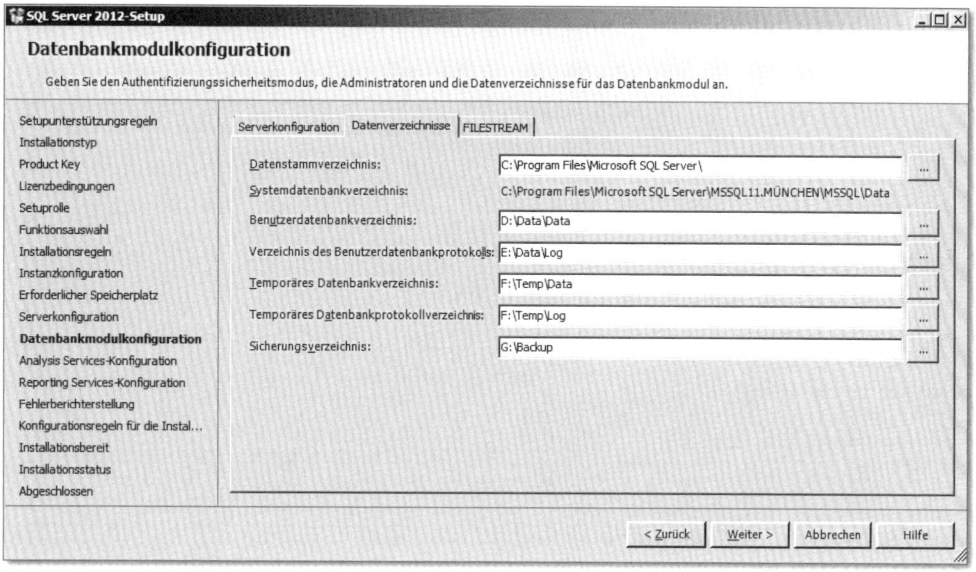

Abbildung 4.15 Festlegen der Datenbank- und Backup-Verzeichnisstruktur

FILESTREAM ermöglicht es, große binäre Objekte (BLOBs) wie Bilder über SQL Server zu verwalten, sie jedoch außerhalb von SQL Server im Dateisystem abzulegen. Dadurch wird Konsistenz zwischen den im Filesystem liegenden Bildern und dem Datenbankinhalt erreicht.

Dazu ist es notwendig, Filestream für den T-SQL-Zugriff zu aktivieren und eine Dateifreigabe für die Ablage im Dateisystem anzugeben (siehe Abbildung 4.16). Sollten Sie nicht ganz sicher sein, ob Sie Filestream benötigen, aktivieren Sie es zu einem späteren Zeitpunkt.

Genau wie beim Datenbankmodul können Sie hier auch für die Analysis Services einen Administrator festlegen. Entscheiden Sie, ob der aktuell angemeldete oder ein separater Benutzer administrative Berechtigungen in SSAS erhalten soll (Abbildung 4.17).

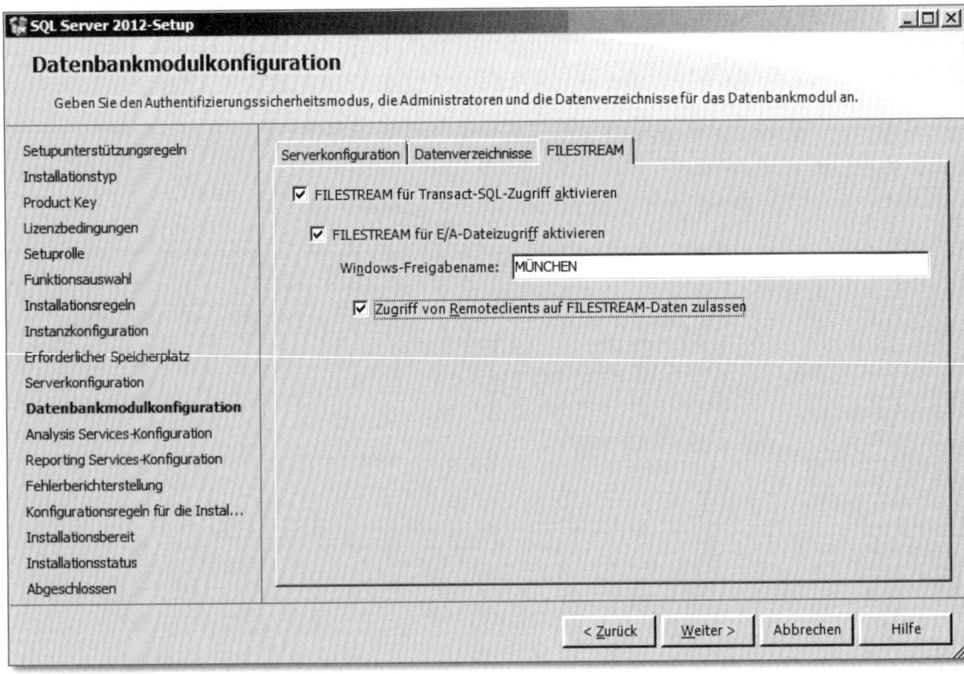

Abbildung 4.16 Aktivieren von Filestream und der Dateifreigabe

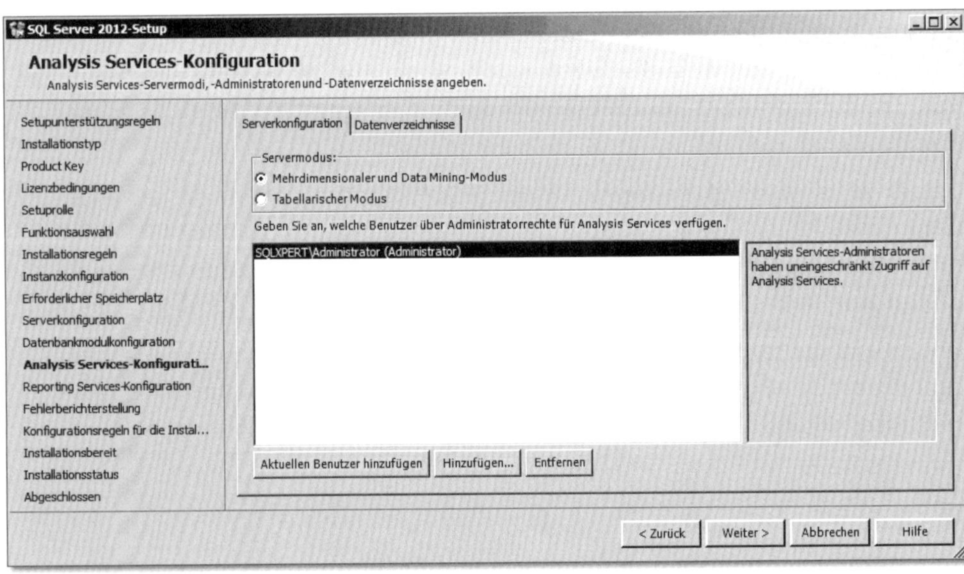

Abbildung 4.17 Festlegen des Admin-Kontos für Analysis Services

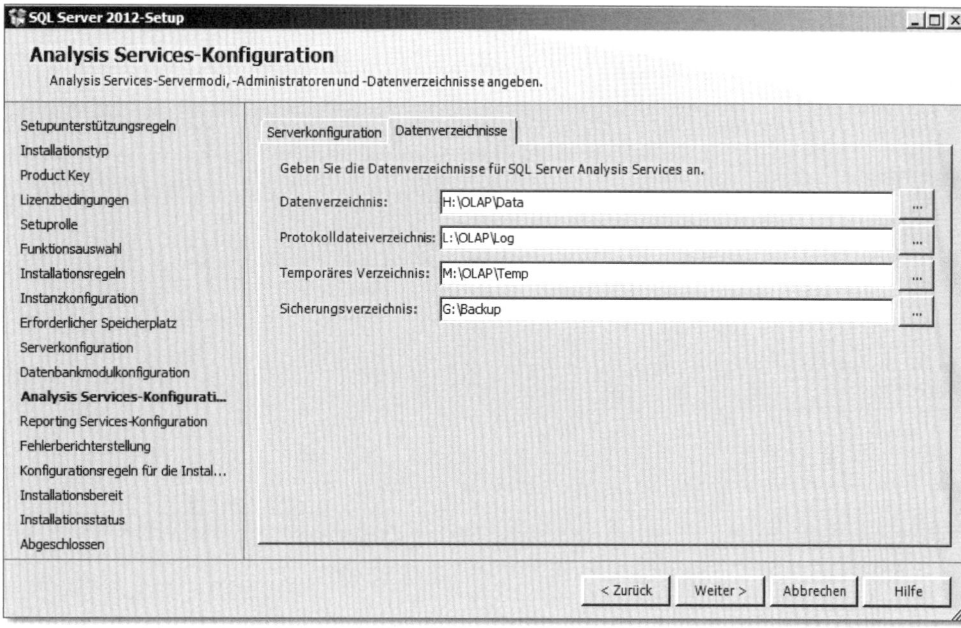

Abbildung 4.18 Konfiguration der Dateipfade für Analysis Services

Auch hier müssen Sie die Dateipfade angeben. Wie bereits erläutert, ist das aus Gründen der Leistung wichtig. Das Ziel sollte stets sein, so gut wie möglich die physische IO zu verteilen und parallele Vorgänge zu erreichen.

Die Konfiguration der SQL Server Reporting Services (siehe Abbildung 4.19) erfolgt nach der Installation über den Konfigurationsmanager für Reporting Services aus der Programmgruppe SQL Server 2012.

Wenn Sie die Standardkonfiguration im systemeigenen Modus wählen, werden die Reporting Services grundlegend konfiguriert. Das bedeutet, dass die URLs für den Berichtsmanager und den Berichtsserver angelegt werden.

Die Datenbanken für die Reporting Services im SQL Server werden erstellt, und die Reporting Services sind einsatzbereit. Auch hier können Sie die Standardkonfiguration ändern und den SharePoint-Modus wählen. Dann erfolgt der Zugriff auf und die Verwaltung Ihrer Berichte nicht mehr über den Report-Manager – sondern über SharePoint. Letztendlich soll hier erreicht werden, dass nicht mehrere Umgebungen parallel existieren, sondern, dass wenn SharePoint eingesetzt wird, auch diese Umgebung die zentrale Umgebung darstellt. Im nächsten Schritt werden erneut Regeln ausgeführt. Nun wird z.B. geprüft, ob SQL Server in ein Cluster installiert wird und ob die Reporting-Services-Datenbanken vorhanden sind.

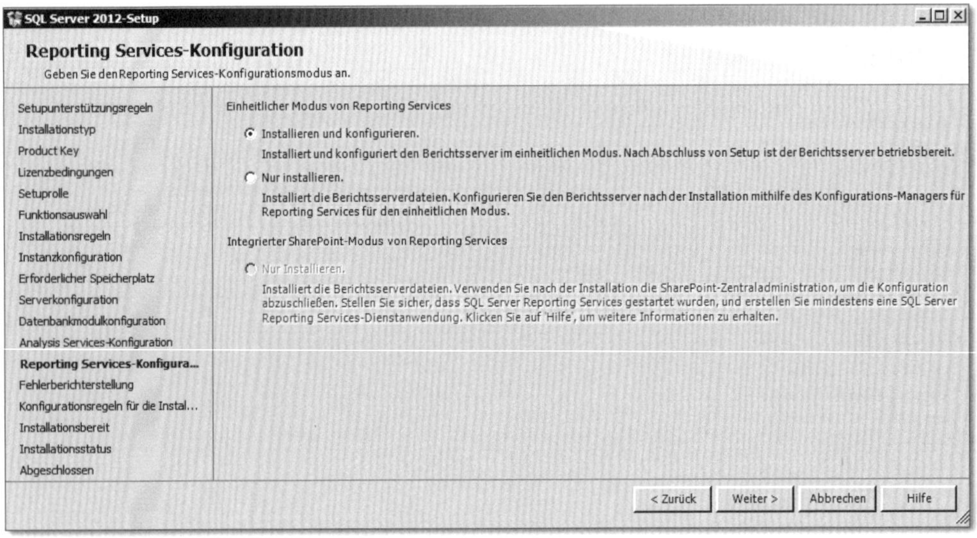

Abbildung 4.19 Die Reporting Services – Konfigurationsart

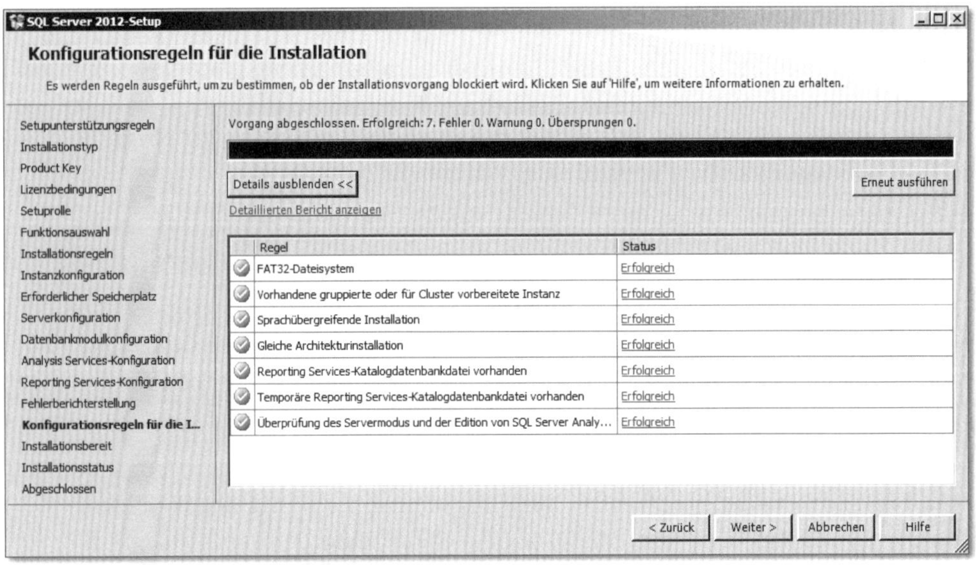

Abbildung 4.20 Erneute Regelüberprüfung

Wenn keine Regelprüfung den weiteren Verlauf der Installation verhindert, erhalten Sie im nächsten Dialog eine Zusammenfassung.

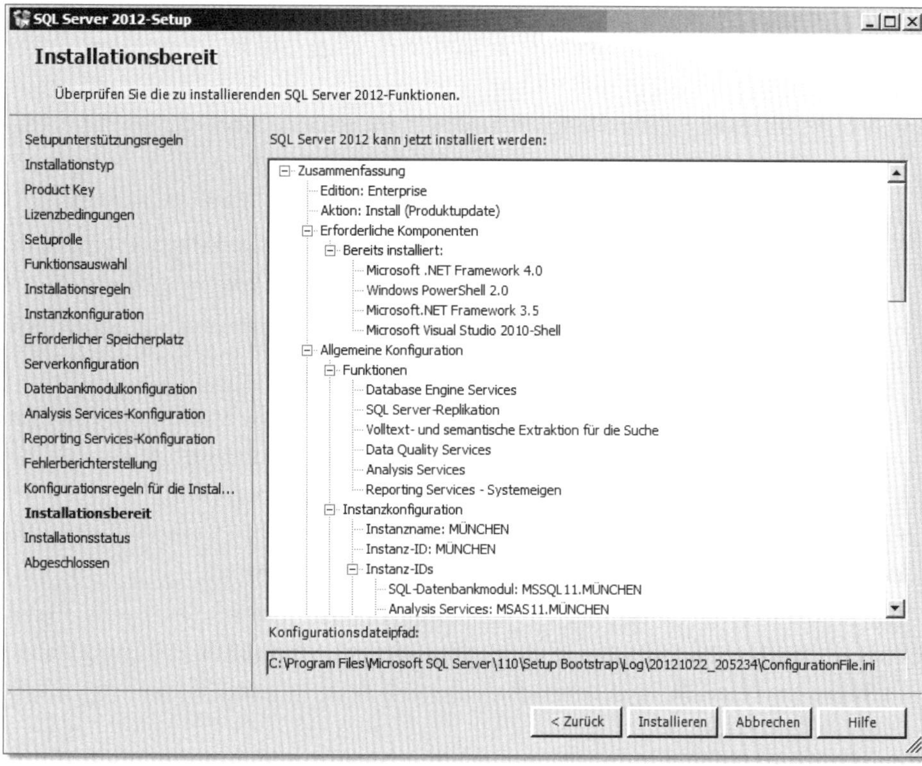

Abbildung 4.21 Zusammenfassung der Installation und Pfad zur INI-Datei für eine unbeaufsichtigte Installation

Die Zusammenfassung wird in eine Datei geschrieben. Diese Datei kann für eine unbeaufsichtigte Installation verwendet werden. Der Name und Pfad zu dieser Datei ist in Abbildung 4.21 zu erkennen.

Nun ist die Installationsauswahl abgeschlossen, und der eigentliche Installationsvorgang wird ausgeführt, wenn Sie auf INSTALLIEREN klicken.

4.2.2 SQL Server und mehrere Instanzen

Welche Faktoren sprechen dafür?

Die Entscheidung, ob Sie mehrere Instanzen von SQL Server auf einem Rechner installieren oder nicht, hängt unter anderem von folgenden Faktoren ab:

- Sie sollten immer eine Entwickler-/Testumgebung und eine Produktivumgebung besitzen.
- Das Einspielen von Service Packs, Updates und Patches in der Entwickler-/Testinstanz ist notwendig, bevor diese in die Produktivinstanz übernommen werden.

- Darüber hinaus spricht für eine separate Instanz, dass eine Anwendung gegebenenfalls über administrative Berechtigungen verfügt und Sie Ihre anderen Unternehmensanwendungen isolieren möchten.
- Die Bereitstellung einer weiteren TEMPDB-Datenbank aus Gründen der Performance, die nur über eine weitere Instanz von SQL Server möglich ist, kann ein wichtiger Faktor sein. Pro Instanz gibt es immer nur eine TEMPDB-Datenbank.
- Hochverfügbarkeit für eine Datenbank mithilfe der Datenbankspiegelung oder des Protokollversands zu gewährleisten, spricht für den Betrieb von mehreren Instanzen.
- Der Parallelbetrieb einer Vorgängerversion von SQL Server und SQL Server 2012 kann ebenfalls ein wichtiger Grund sein.

Wie auch immer Sie verfahren, Sie sollten auf jeden Fall die Lizenzbestimmungen prüfen und das System genau überwachen, sodass Leistungsprobleme in einer Lösung mit mehreren Instanzen von SQL Server ausgeschlossen sind.

Was ist bei der Installation mehrerer Instanzen zu beachten?

SQL Server unterstützt den Betrieb von mehr als einer Instanz des Datenbankmoduls, der Analysis Services und der Reporting Services. Wenn Sie in Erwägung ziehen, mehrere Instanzen von SQL Server auf einem Rechner zu installieren, sollten Sie die folgenden Hinweise beachten:

- Weisen Sie jeder Instanz von SQL Server feste Werte an Speicher zu. SQL Server verwaltet Speicher normalerweise dynamisch. Das bedeutet, dass Speicher bei Bedarf angefordert und nicht mehr benötigter Speicher wieder freigegeben wird. Damit eine Instanz nicht einer weiteren die Arbeitsspeicherressourcen entzieht, sollten Sie für MIN und MAX MEMORY feste Werte vergeben. Das Festlegen dieser Werte erfolgt nach der Installation durch die Konfiguration von SQL Server. In Kapitel 5, »Konfigurieren von SQL Server 2012«, erfahren Sie dann, wie Sie die Werte mithilfe der gespeicherten Prozedur SP_Configure festlegen können.
- Die erste Instanz wird als Standardinstanz, jede weitere als benannte Instanz bezeichnet. Nur der Standardinstanz wird bei der Installation die *Portnummer 1433* fest zugewiesen. Jede weitere Instanz wird für die dynamische Portvergabe automatisch konfiguriert. Über den Browserdienst, der die Informationen der einzelnen Instanzen im Netzwerk veröffentlicht, werden dann die Ressourcen von SQL Server zugänglich gemacht. So lange nur eine Instanz von SQL Server installiert ist, müssen Sie den Browserdienst manuell im Konfigurationsmanager starten. Bei einer Installation mehrerer Instanzen wird er automatisch aktiviert und gestartet. Denken Sie daran, falls Sie den Zugriff auf SQL Server über eine Firewall planen, für die benannten Instanzen nach der Installation feste Ports zu vergeben.

Parallelbetrieb von SQL Server 2005, 2008, 2008 R2 und SQL Server 2012

Bei einer parallelen Installation müssen Sie unterscheiden, was gemeinsam genutzte Komponenten sind. Die folgende Übersicht zeigt diese Komponenten:

- SQL-Server-Browser
- Hilfsdienste von SQL Server für Active Directory
- SQL Server Profiler
- SQL Server Native Client
- SQL-Server-Richtlinien
- CLR-Typen des SQL-Server-Systems
- SQL Server VSS Writer
- Hilfsprogramm SQLdiag
- Verwaltungstools (grundlegend und vollständig)
- Business Intelligence Development Studio
- Konnektivität der Client-Tools
- Client-Tools SDK
- SQL-Server-Onlinedokumentation
- SQL Client Connectivity SDK

Hinweis

Haben Sie eine Instanz von SQL Server 2008 R2 und eine Instanz von SQL Server 2012 parallel installiert, müssen Sie die entsprechenden Updates zu jeder Version herunterladen und installieren. Außerdem werden die freigegebenen Komponenten auf SQL Server 2012 automatisch aktualisiert.

Überprüfen der Installation

Zur Überprüfung der Installation starten Sie zuerst den SQL-Server-Konfigurationsmanager und überprüfen, ob die Dienste vorhanden sind und sich starten lassen. Starten Sie dazu im START-Menü unter ALLE PROGRAMME • MICROSOFT SQL SERVER 2012 • KONFIGURATIONSTOOLS den SQL SERVER-KONFIGURATIONS-MANAGER.

Die SQL-Server-Protokolldateien

Nach einer Installation von SQL Server 2012 haben Sie die Möglichkeit, sich die Protokolldateien anzusehen. Diese finden Sie im Verzeichnis: *%ProgrammFiles%\Microsoft SQL Server\110\Setup Bootstrap\LOG*

Sie können sich die Datei *SUMMARY.TXT* ansehen, um Details über den Installationsprozess zu erhalten. Die Datei enthält Einträge und Pfade zu den Log-Dateien, die Ihnen weitere Informationen, vor allem bei Fehlern geben.

Die einzelnen Log-Dateien finden Sie im folgenden Verzeichnis:

%ProgrammFiles%\Microsoft SQL Server\110\Setup Bootstrap\LOG

Zusätzlich läuft unter SQL Server ein Standard-Trace, den Sie ebenfalls im *LOG-Verzeichnis* finden. Diesen Trace müssen Sie nicht starten oder anhalten. Er dient zu Analysezwecken, wenn Probleme mit dem SQL Server auftreten und kein weiterer Trace durchgeführt wurde.

4.3 Workshop: Durchführen einer unbeaufsichtigten Installation und Sysprep

Um eine unbeaufsichtigte Installation von SQL Server auszuführen, müssen Sie ein Skript vorbereiten. Am einfachsten erstellen Sie dieses Skript, indem Sie eine Installation bis zu dem Zeitpunkt ausführen, an dem die Zusammenfassung erfolgt und der Pfad zur INI-Datei angezeigt wird. Diese INI-Datei können Sie dann bei einer unbeaufsichtigten Installation verwenden. Das Installationscenter bietet die Möglichkeit, eine Installation basierend auf einer Konfigurationsdatei durchzuführen. Unter der Kategorie ERWEITERT finden Sie diesen Punkt, wie Sie in Abbildung 4.22 sehen.

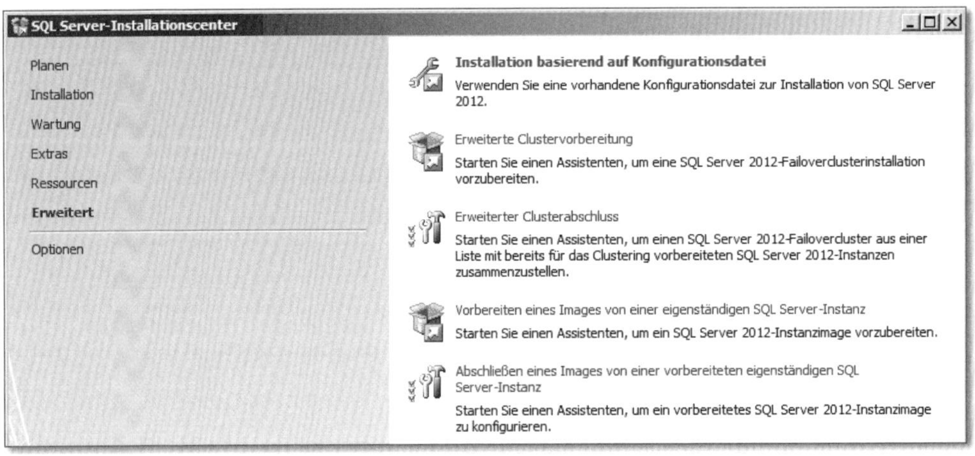

Abbildung 4.22 Installation basierend auf einer Konfigurationsdatei

Nachdem Sie diesen Punkt ausgewählt haben, können Sie den Pfad zu der INI-Datei angeben.

4.3.1 Vorbereiten einer Installation mit Sysprep

Was ist unter einer Sysprep-Installation zu verstehen? Seit SQL Server 2008 R2 besteht die Möglichkeit, ein Image von einer eigenständigen SQL-Server-Instanz vorzubereiten. Dieser Punkt im Installationscenter unter ERWEITERT installiert das SQL-Server-Produkt und die zugehörigen Funktionen, aber konfiguriert die Installation nicht.

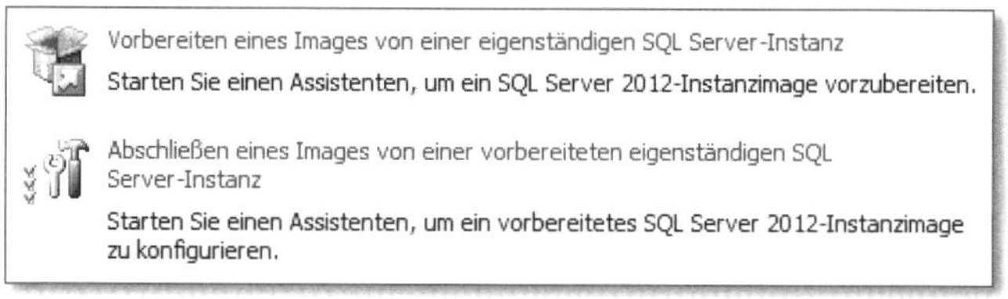

Abbildung 4.23 Sysprep und das Installationscenter

Beginnen Sie mit dem Punkt VORBEREITEN EINES IMAGES VON EINER EIGENSTÄNDIGEN SQL SERVER-INSTANZ aus Abbildung 4.23. Der Ablauf der Installation unterscheidet sich nicht von dem einer normalen Installation, wie sie bereits beschrieben wurde, außer dass der Installationsvorgang in zwei Schritten erfolgt.

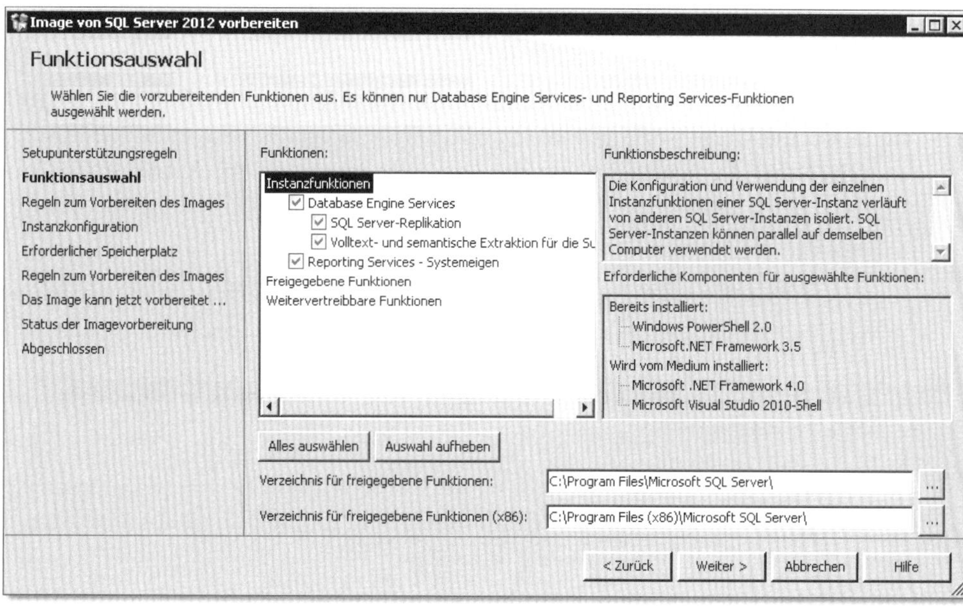

Abbildung 4.24 Funktionsauswahl von Sysprep

Die einzigen Funktionen, die Sie während der Sysprep-Installationen auswählen können, sind DATABASE ENGINE SERVICES (DATENBANKMODULDIENSTE) und REPORTING SERVICES (siehe Abbildung 4.24). Der SQL-Server-Browser und SQL Server Writer werden automatisch vorbereitet, wenn Sie eine Instanz von SQL Server vorbereiten. Sie werden abgeschlossen, wenn Sie mithilfe des Schrittes IMAGE ABSCHLIESSEN die SQL-Server-Instanz abschließen. Der SQL Server Native Client wird am Ende des Schrittes IMAGE VORBEREITEN automatisch installiert und abgeschlossen. Nachdem Sie Features ausgewählt haben, vergeben Sie nun die INSTANZ-ID wie in Abbildung 4.25.

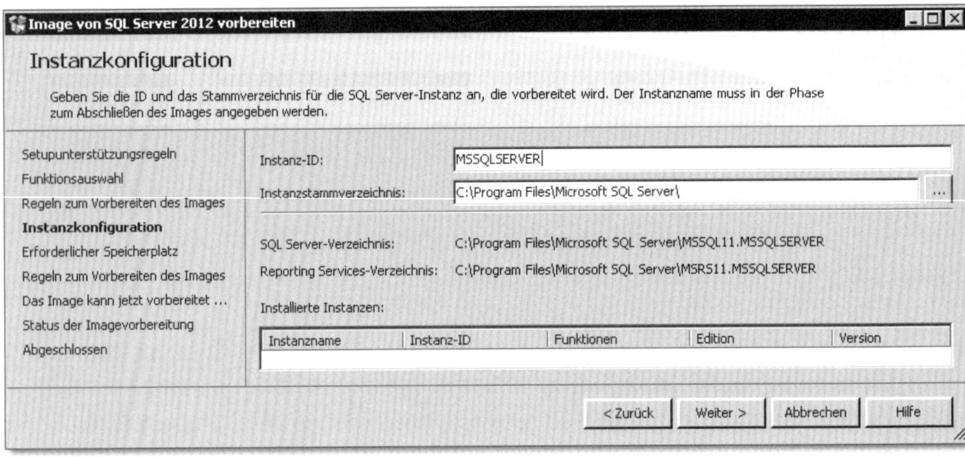

Abbildung 4.25 Vergeben der Instanz-ID

Die Instanz-ID wird verwendet, um Installationsverzeichnisse und Registrierungsschlüssel für diese Instanz von SQL Server zu identifizieren. Im Dateisystem wird dann z.B. der Ordner *MSSQL11.MSSQLSERVER* angezeigt. Bei einer Standardinstanz wird der Name der Instanz später beim Abschluss der Installation mit MSSQLSERVER überschrieben. Die Instanz-ID bleibt jedoch, wie hier angegeben, im Dateisystem als Ordner und in der Registrierung erhalten.

Jetzt erfolgt die Überprüfung nach dem vorhandenen Speicherplatz (siehe Abbildung 4.26). Dieser Vorgang unterscheidet sich nicht von einer ganz normalen Installation.

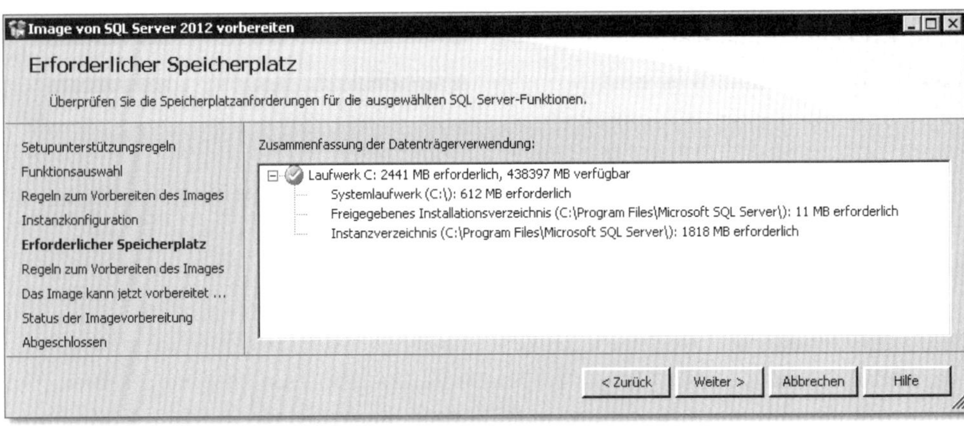

Abbildung 4.26 Überprüfung des vorhandenen Speicherplatzes

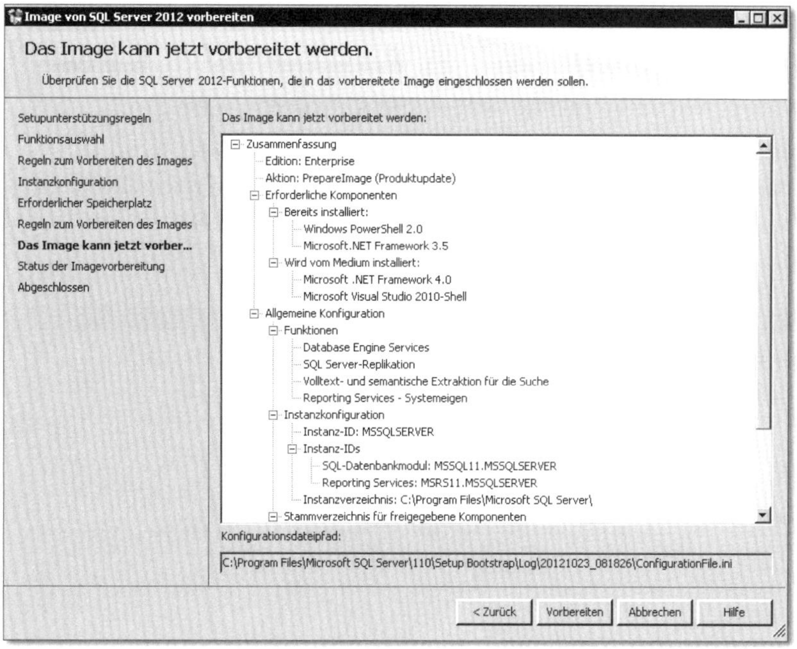

Abbildung 4.27 Zusammenfassung und Erstellung der INI-Datei

Nachdem Sie die Auswahl abgeschlossen haben, erfolgt die Vorbereitung des Images (Abbildung 4.28).

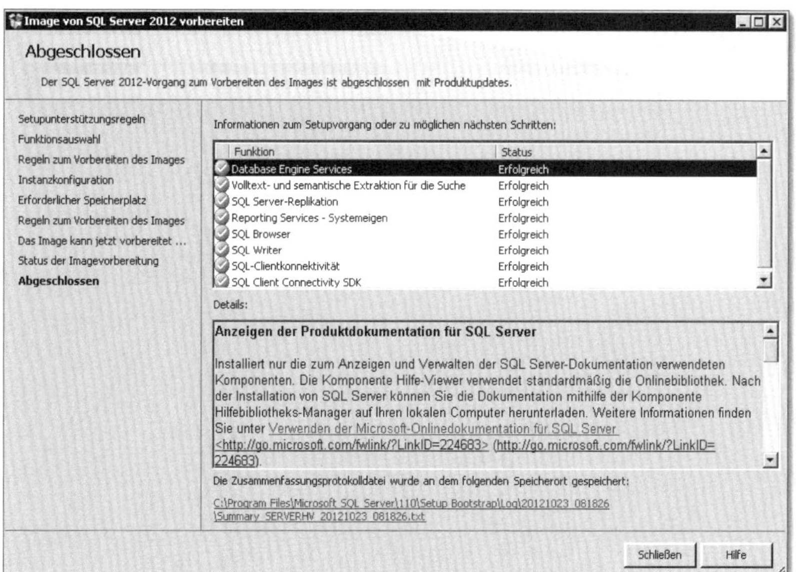

Abbildung 4.28 Abschluss der Vorbereitung des Images

Damit können Sie zu einem späteren Zeitpunkt die Installation abschließen.

4.3.2 Abschließen einer mit Sysprep vorbereiteten Installation

Nachdem eine Installation mit Sysprep ein Image vorbereitet hat, können Sie die Installation abschließen. Dazu starten Sie erneut das Setup und wählen unter ERWEITERT den Punkt ABSCHLIESSEN EINES IMAGES VON EINER VORBEREITETEN EIGENSTÄNDIGEN SQL-SERVER-INSTANZ.

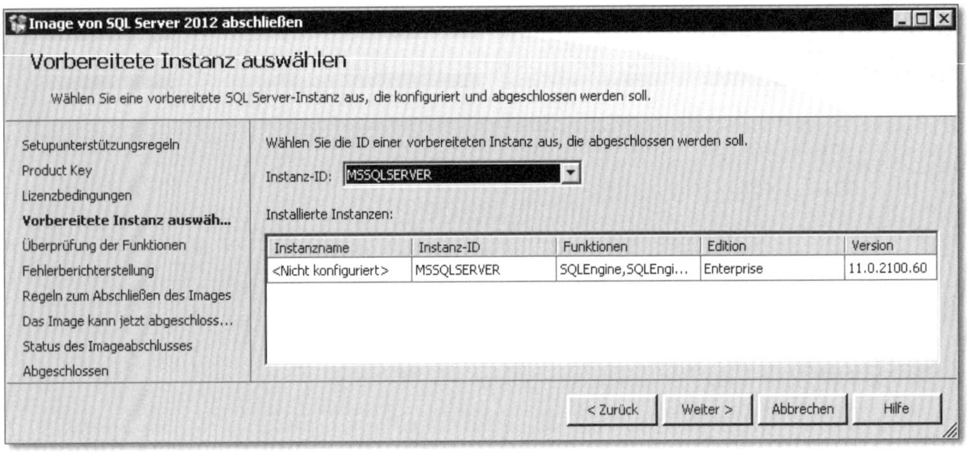

Abbildung 4.29 Auswahl der zuvor vorbereiteten Instanz

Mithilfe dieser Installationsart ist es möglich, eine Installation durchzuführen und die Konfiguration zu einem späteren Zeitpunkt auszuführen. Das ist etwa nützlich, wenn zum Zeitpunkt der Installation einige Parameter noch nicht bekannt sind.

Kapitel 5
Konfigurieren von SQL Server 2012

Dieses Kapitel zeigt Administratoren, welche Konfigurationen nach der Installation notwendig sind. Gerade im Hinblick auf Sicherheit, Funktionalität und Skalierung ist das Thema »Konfiguration« zentral.

Nach der Installation von SQL Server ist es notwendig, die Instanz zu konfigurieren. Was mit dem Begriff »Konfiguration« gemeint ist, klärt der nächste Abschnitt. Grundsätzlich gliedert sich die Konfiguration in die folgenden Bereiche:

- Dienste, Netzwerkprotokolle auf Server- und Client-Seite
- Prinzipalname (SPN)
- Regeln für die Firewall
- Serveroptionen, wie z.B. Serverspeicher, Anmeldeüberwachung, Datenbank-Mail, Nutzung der Common Language Runtime (CLR), XP_CMDSHELL
- Richtlinienverwaltung
- Utility Control Points (Hilfsprogramm)
- SQL-Server-Agent und PowerShell

5.1 Der SQL-Server-Konfigurationsmanager

Mit dem *SQL-Server-Konfigurationsmanager* verfügen Sie über eine Konsole, mit deren Hilfe Sie die Dienste von SQL Server verwalten. Dazu gehört das Festlegen der Startart eines Dienstes, die Zuweisung von Startparametern, Trace-Flags und dem Windows-Konto, unter dem der Dienst ausgeführt wird. Sind diese Punkte konfiguriert, ist als Nächstes zu prüfen, welche Protokolle im Netzwerk auf Server- und Client-Seite benötigt werden und konfiguriert werden müssen.

5.1.1 Die Dienste des SQL Servers 2012

Bei den Diensten stellt sich häufig die Frage, welche wofür wirklich benötigt werden und welche nicht. Lassen Sie uns dazu noch einmal die Dienste von SQL Server kurz aufzeigen:

- **Database Engine** – die SQL-Server-Datenbank
- **SQL-Server-Agent** – er ist verantwortlich für alles, was mit Zeitplänen automatisiert ausgeführt wird.
- **SSIS – die SQL Server Integration Services** als ETL-Tool, wobei *ETL* für das Extrahieren, Transformieren und Laden von Daten steht. Achtung! Wartungspläne basieren auf *SSIS*.
- **SSAS – die SQL Server Analysis Services** bieten *OLAP-Funktionalität* und multidimensionale Datenbanken. Begriffe wie *Cube*, *Dimensionen* und *Faktentabellen* sind Bestandteil dieser Thematik und ermöglichen es, leistungsfähige Data-Warehouse-Lösungen mithilfe von SQL Server 2012 aufzubauen.
- **SSRS – die SQL Server Reporting Services** ermöglichen ein unternehmensweites Berichtswesen. Berichte können mit Visual Studio oder dem Report Builder 3.0 erstellt und im Unternehmen verteilt werden. Das können sowohl einfache Berichte wie Kontaktlisten von Mitarbeitern und Umsatzstatistiken als auch komplexe Auswertungen von Unternehmenskennzahlen bzw. Ticketsystemen sein.
- Der **SQL-Server-Browserdienst** – er sammelt Informationen über Instanzen von SQL Server und stellt sie zur Verfügung. Versuchen Sie doch einmal, den Browserdienst anzuhalten und sich mit dem Management Studio zu verbinden. Nach dem Start von *SQL Server Management Studio* (*SSMS*) klicken Sie im Feld SERVER auf DURCHSUCHEN und gehen auf die Registerkarte NETZWERK – ohne Browserdienst werden die Instanzen hier nicht angezeigt. Unter anderem ist der Browserdienst also wichtig, wenn Sie mit mehr als einer Instanz von SQL Server auf einem Rechner arbeiten und die dynamische Portvergabe gewählt haben.
- Der **SQL Full-text Filter Daemon Launcher** – dieser Dienst wird für die Volltextsuche benötigt.

5.1.2 Client-Konfiguration, Alias und Protokolle

Die Client-Konfiguration sorgt mithilfe des *SQL-Server-Konfigurationsmanagers* dafür, dass am Client die richtige Portnummer registriert wird.

Eventuell ist es notwendig, an einem Client, der nur über das *SQL Server Management Studio* verfügt und nicht über die Serverkomponenten, die Portnummer festzulegen oder den Alias zu definieren. Das Registrieren der Portnummer kann immer dann notwendig werden, wenn für Instanzen von SQL Server der Standardport geändert oder für eine benannte Instanz eine feste Portnummer vergeben wurde. Ein Alias ist ein alternativer Servername für eine Instanz von SQL Server und kann ebenfalls am Client konfiguriert werden.

5.1.3 Deaktivieren nicht benötigter Dienste

Immer eine Überlegung wert ist das Deaktivieren nicht benötigter Dienste von SQL Server. Das ist nicht nur eine Frage des Ressourcenverbrauchs, sondern auch eine der Sicherheit, da nicht benötigte Dienste ein unnötiges Sicherheitsrisiko darstellen und besser nicht auf einem Server ausgeführt werden sollten.

Hinweis

Prüfen Sie vor dem Deaktivieren nicht benötigter Dienste sorgfältig, ob diese tatsächlich nicht benötigt werden. Wenn mehrere Instanzen von SQL Server auf einem Rechner installiert wurden und keine festen Portnummern vergeben sind, muss der Browserdienst ausgeführt werden, um sich mit den jeweiligen Instanzen von SQL Server verbinden zu können.

5.1.4 Ausblenden einer Instanz des SQL-Server-Datenbankmoduls

Möchten Sie eine Instanz des SQL-Server-Datenbankmoduls aus Sicherheitsgründen ausblenden, gehen Sie folgendermaßen vor.

1. Selektieren Sie den Knoten SQL SERVER-NETZWERKKONFIGURATION im Konfigurationsmanager des SQL Servers.
2. Klicken Sie auf PROTOKOLLE für die Instanz von SQL Server, die Sie ausblenden möchten.
3. Über die rechte Maustaste und EIGENSCHAFTEN gelangen Sie auf der Registerkarte FLAG zur Option INSTANZ AUSBLENDEN.

5.2 Die SQL-Server-Protokolle

Als Netzwerkprotokoll stehen dem SQL Server drei Protokolle zur Verfügung. Diese Protokolle werden nicht in allen Szenarien benötigt und müssen daher konfiguriert werden.

5.2.1 Shared Memory

Das Protokoll *Shared Memory* kann für den Zugriff auf SQL Server nur verwendet werden, wenn sich die Verwaltungstools wie das Management Studio und die Dienste von SQL Server auf demselben Rechner befinden. Sobald der Zugriff über das Netzwerk erfolgt, kann Shared Memory nicht genutzt werden.

5.2.2 TCP/IP

Das Protokoll *TCP/IP* ist mit Sicherheit das Standardprotokoll. Für TCP/IP muss eine IP-Adresse mit Portnummer verwendet werden. Der SQL Server benutzt als Standardport die Nummer 1433, was Sie jedoch jederzeit ändern können. Abbildung 5.1 zeigt die gültige IP-Adresse und Portnummer der Standardinstanz von SQL Server. Wie bereits Kapitel 4, »Installation von und Aktualisierung auf SQL Server 2012«, erläutert, besteht die Möglichkeit, mehr als eine Instanz von SQL Server auf einem Rechner zu installieren. Bekanntlich kann jedoch eine Portnummer nur einmal verwendet werden und wird somit bereits von der Standardinstanz belegt. Grundsätzlich lösen Sie das Problem, indem Sie für jede weitere Installation von SQL Server auf einem Rechner über die Standardinstanz hinaus die Ports dynamisch auflösen. Dazu geben Sie im Feld DYNAMISCHE TCP-PORTS die Null als Wert ein.

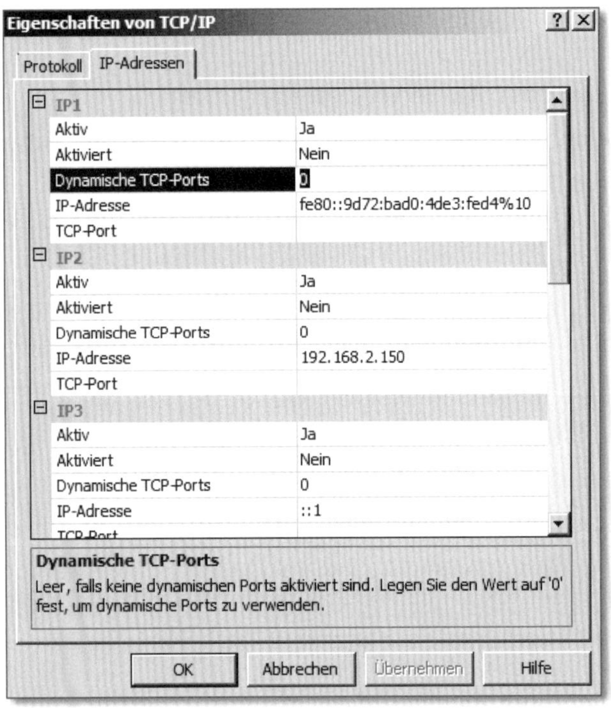

Abbildung 5.1 IP-Adresse und Portnummer der benannten Instanz

Vielleicht haben Sie sich schon einmal darüber gewundert, dass nach der Installation von SQL Server 2012 der Browserdienst deaktiviert war, nach der Installation einer zweiten Instanz von SQL Server 2012 auf diesem Rechner jedoch aktiviert wurde. Das hat seine Ursache darin, dass für die zweite Instanz die Auflösung der Ports dynamisch erfolgt. Sie können diese dynamische Portvergabe jedoch jederzeit im SQL-Server-Konfigurationsmanager ändern. Dazu wählen Sie die betroffene benannte

Instanz aus und gehen in die EIGENSCHAFTEN. Legen Sie eine feste Portnummer fest, und entfernen Sie die Null für die dynamische Vergabe. Möchten Sie auf die Instanz von SQL Server über eine Firewall zugreifen, müssen Sie daran denken, die entsprechenden Einträge in Ihrer Firewall vorzunehmen. Überhaupt müssen Sie in der Konfiguration diesen Punkt beachten, da sonst der Zugriff auf den SQL Server über das Netzwerk nicht möglich ist.

5.2.3 Erweiterter Schutz

Seit SQL Server 2008 R2 wird *erweiterter Schutz* für die Authentifizierung unterstützt. Diese Funktion wird vom Betriebssystem zur Verfügung gestellt und kann von SQL Server 2012 genutzt werden. Dabei werden von SQL Server die Optionen AUS, ZULÄSSIG und ERFORDERLICH zur Konfiguration angeboten. Darüber hinaus ist es möglich, AKZEPTIERTE NTLM-SPNs (Service Prinzipal Namen) anzugeben. Für einen SQL Server, der durch mehrere SPNs identifiziert wird, können diese SPNs in der ERWEITERTEN NETZWERKKONFIGURATION festgelegt werden.

Wenn ein Client versucht, mithilfe eines gültigen, dem SQL Server nicht bekannten SPN eine Verbindung herzustellen, wird von der Dienstbindung ein Fehler verursacht. Um dieses Problem zu vermeiden, existiert die Option AKZEPTIERTE NTLM-SPNs. Vertiefende Informationen erhalten Sie dazu unter dem folgenden Link im Microsoft Developer Network (MSDN):
http://msdn.microsoft.com/de-de/library/ff487261.aspx.

5.2.4 Service Principal Name (SPN)

Im Zusammenhang mit der *erweiterten Sicherheit* wird in Abschnitt 5.2.3 der Begriff *Service Principal Name* (SPN, Prinzipalname) genannt. Ein Service Principal Name muss für das SQL-Server-Dienstkonto registriert werden. Der SQL Server agiert oft als Backend-System. Beispiele sind hier die Reporting Services oder eine SharePoint-Umgebung. Ein Benutzer meldet sich an seiner Domäne oder mit seinem lokalen Windows-Konto an. Nachdem die Anmeldung erfolgt ist, öffnet er einen Webbrowser und ruft über eine URL Berichte oder eine SharePoint-Seite auf. Der Inhalt eines Berichts oder der SharePoint-Seite wird aus der entsprechenden Datenbank des SQL Servers geladen. Der SQL Server muss also Zugriff gewähren, damit Inhalte aus Datenbanken angezeigt werden können. Bekanntlich verwendet der SQL Server ein Login, um Zugriff zu erlangen. Wer bzw. welcher Benutzer ist in diesem Szenario derjenige, der auf den SQL Server zugreift? Ist es der Benutzer, der sich an Windows angemeldet hat? Ist es der Benutzer, unter dem die Webanwendung mit dem Anwendungspool (W3Wp – Prozess) im Internet Information Server (IIS) ausgeführt wird? Oder ist es der Benutzer der Reporting Services?

Wenn es nicht anders konfiguriert wurde, greift das Benutzerkonto des Anwendungspools im IIS auf den SQL Server zu und nicht das Konto des angemeldeten Benutzers.

In Szenarien, in denen jedoch der Benutzer, der angemeldet ist, auch derjenige sein soll, der auf das Backend-System (SQL Server) zugreift, muss bei der Authentifizierung auf Kerberos zurückgegriffen werden. Das Kerberos-Protokoll ist im Unterschied zu NTLM ein delegierungsfähiges Protokoll. Mithilfe von Kerberos ist es möglich, das soeben beschriebene Szenario umzusetzen. An dieser Stelle muss als Voraussetzung sichergestellt sein, dass ein Service Principal Name sowohl für das Konto des SQL-Server-Dienstes als auch für das Konto registriert ist, unter dem der Anwendungspool der Webseite läuft. Wenn Sie die Delegierung verwenden, nimmt das Konto des Anwendungspools die Identität des Benutzers an, der sich angemeldet hat, und reicht diese an den SQL Server weiter.

Um Ihnen eine Hilfestellung für die Registrierung von SPNs zu geben, zeigen wir Ihnen im Workshop am Ende des Kapitels ein Beispiel.

5.2.5 Named Pipes

Named Pipes ist ein Protokoll, das für lokale Netzwerke entwickelt wurde. Ein Teil des Arbeitsspeichers wird von einem Vorgang zum Weiterleiten von Informationen an einen anderen Vorgang verwendet, sodass die Ausgabe des einen Vorgangs der Eingabe des anderen entspricht. Der zweite Prozess kann ein lokaler oder ein Remote-Prozess sein.

5.2.6 Verschlüsselung der Kommunikation

Mithilfe eines Zertifikats ist es möglich, die Verschlüsselung für eine Instanz von SQL Server auf Netzwerkebene einzurichten. Somit können Sie die Verbindung zum SQL Server und den Nachrichtenaustausch mit der Instanz absichern. Wer dies wünscht, sollte prüfen, ob alle Clients dieses Verfahren unterstützen. Ab der MDAC 2.6 (Abkürzung für *Microsoft Data Access Components* – eine Bibliothek für den Datenzugriff unter Windows) sollte das kein Problem sein, weil Verschlüsselung unterstützt wird. Jedoch beherrscht die alte *DBLibrary* keine Verschlüsselung, und darauf beruhende Clients müssten Sie aktualisieren. Verwenden Sie verschlüsselte Kommunikation, geschieht das zulasten der CPU. Prüfen Sie gegebenenfalls, dass Ihre CPU-Last nicht zu hoch ist.

Um Verschlüsselung einzurichten, gehen Sie folgendermaßen vor:

1. Starten Sie den *SQL-Server-Konfigurationsmanager*.
2. Wählen Sie auf der linken Seite die Instanz von SQL Server aus, klicken Sie auf die rechte Maustaste, und rufen Sie EIGENSCHAFTEN auf (siehe Abbildung 5.2).

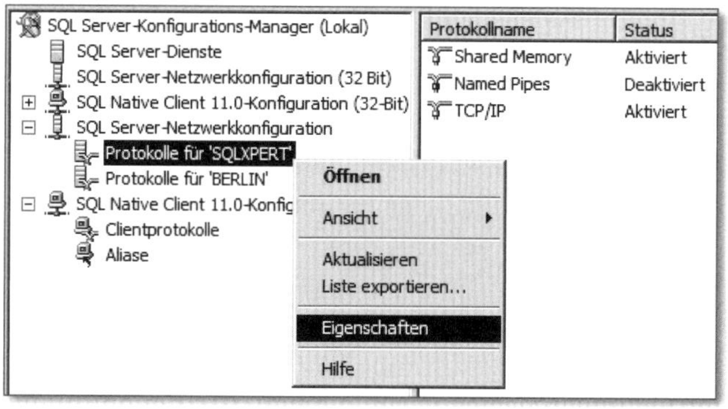

Abbildung 5.2 Auswahl der Instanz im Konfigurationsmanager

3. Wählen Sie die Registerkarte ZERTIFIKAT aus Abbildung 5.3 aus, und klicken Sie auf das Dropdown-Feld, um das Zertifikat auszuwählen.

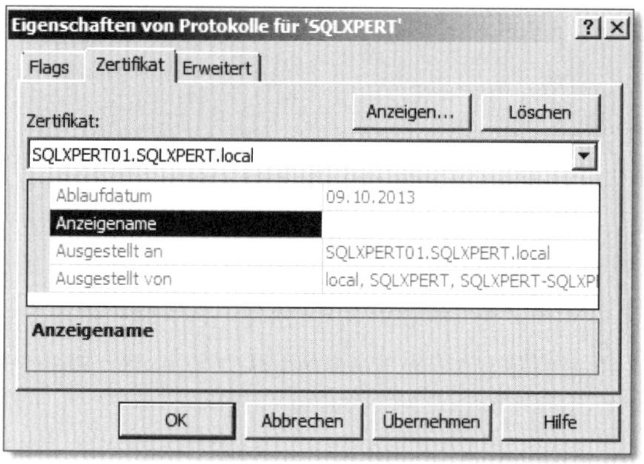

Abbildung 5.3 Auswahl des Zertifikats für die Verschlüsselung

In unserem Beispiel ist aufgrund der vorangegangenen Installation und Konfiguration von *Active Directory* bereits ein Computerzertifikat vorhanden, weil der Computer Mitglied einer Domäne mit dem Namen »SQLXPERT.local« ist. Der Hostname ist »SQLXPERT01«, und somit ist das Zertifikat – wie Sie in Abbildung 5.3 sehen – ausgestellt für SQLXPERT01.SQLXPERT.LOCAL. Nachdem Sie die Einstellungen übernommen haben, werden Sie aufgefordert, die Instanz von SQL Server neu zu starten.

Um zu zeigen, woher das Zertifikat stammt, werden wir jetzt im Zertifikatsspeicher des lokalen Computers nachsehen. Führen Sie dazu folgende Schritte aus:

1. Klicken Sie (außer bei Windows 8 und Server 2012) im Startmenü auf START • AUSFÜHREN.
2. Geben Sie `MMC` ein, und klicken Sie auf OK.

3. Wählen Sie DATEI • SNAP-IN HINZUFÜGEN/ENTFERNEN.
4. Wählen Sie das Snap-In ZERTIFIKATE (Abbildung 5.4) aus, und klicken Sie auf HINZUFÜGEN.

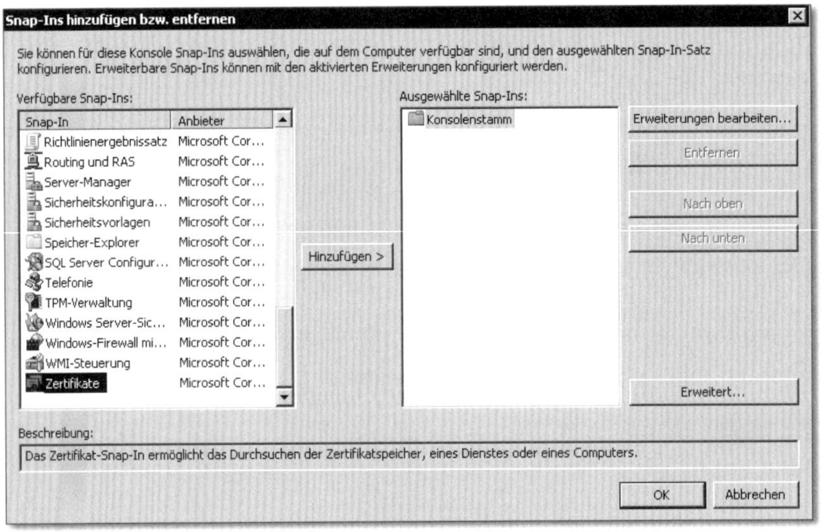

Abbildung 5.4 Das Snap-In »ZERTIFIKATE«

5. Wählen Sie COMPUTERKONTO aus, und klicken Sie auf WEITER.
6. Wählen Sie LOKALER COMPUTER aus, und klicken Sie auf FERTIG STELLEN.
7. Schließen Sie das Fenster SNAP-IN HINZUFÜGEN, wenn Sie kein weiteres Snap-In hinzufügen möchten, und klicken Sie im folgenden Dialog auf OK.

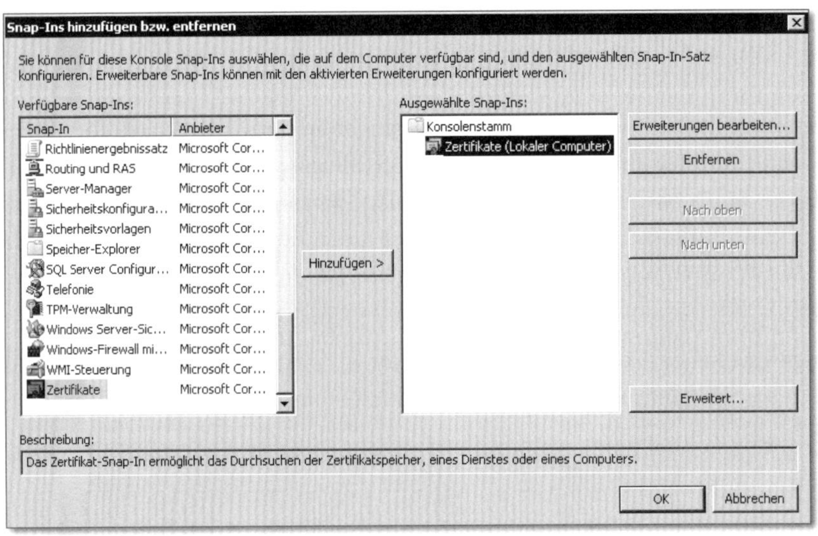

Abbildung 5.5 Zertifikate (Lokaler Computer)

Nun können Sie wie in Abbildung 5.6 zum Knoten ZERTIFIKATE • EIGENE ZERTIFIKATE • ZERTIFIKATE wechseln und die Computerzertifikate des lokalen Computers einsehen.

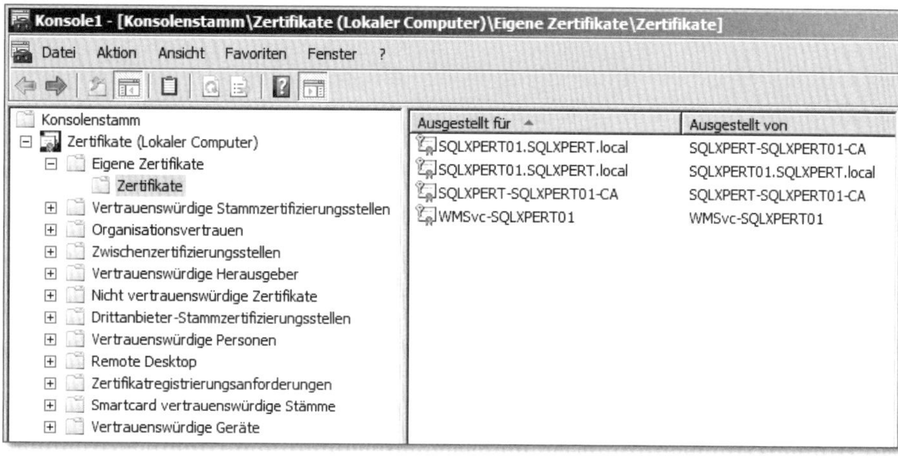

Abbildung 5.6 Lokaler Zertifikatsspeicher – Computerkonto

Nachdem Sie die Protokolle auf Server- und Client-Seite konfiguriert haben und die benötigten Dienste gestartet sind, können Sie den Konfigurationsmanager schließen.

5.3 SQL-Server-Startparameter

Mithilfe von Startparametern können Sie eine Instanz von SQL Server in einen bestimmten Zustand versetzen. Zum Beispiel ist es beim Wiederherstellen der Master-Datenbank von einem Backup notwendig, diese vorher in den Einzelbenutzermodus zu überführen. Benutzer können sich dann mit dem SQL Server nicht verbinden, solange die Instanz sich im Einzelbenutzermodus befindet.

Dabei ist der Vorgang nicht zu verwechseln mit dem Überführen einer Datenbank in den Einzelbenutzermodus. Der Unterschied besteht darin, dass sich Benutzer weiterhin mit der Instanz von SQL Server verbinden können, jedoch die spezielle Datenbank nur einen Benutzer zulässt. Hier geht es darum, die Instanz, das heißt den SQL Server, in den Einzelbenutzermodus zu überführen. Außerdem können Sie sogenannte Trace-Flags setzen. Ein Trace-Flag ist letztendlich nichts anderes als ein Schalter, der bestimmte Optionen für die Instanz aktiviert. In Tabelle 5.1 finden Sie einige Beispiele für Startparameter und Trace-Flags.

Parameter	Funktion
`-m`	Startet eine Instanz von SQL Server im Einzelbenutzermodus. Wenn Sie eine Instanz von SQL Server im Einzelbenutzermodus starten, kann nur ein einziger Benutzer eine Verbindung herstellen, und der *Checkpoint-Prozess* wird nicht gestartet.
`-f`	Startet eine SQL-Server-Instanz mit Minimalkonfiguration. Dies ist hilfreich, wenn der Server aufgrund der Einstellung eines Konfigurationswertes (z.B. aufgrund von Arbeitsspeichermangel) nicht gestartet werden kann.
`-g memory_to_reserve`	Ein ganzzahliger Wert, der angibt, wie viele Megabytes des Arbeitsspeichers der SQL Server innerhalb des SQL-Server-Prozesses übrig lässt. Diese Option kann die Speicherbelegung optimieren.
`-T7806`	Aktiviert eine dedizierte Administratorverbindung (Dedicated Administrator Connection, DAC) in SQL Server Express.
`-T3608`	Hindert SQL Server daran, automatisch zu starten und außer der Master-Datenbank eine Datenbank wiederherzustellen.

Tabelle 5.1 Auswahl einiger Startparameter und Trace-Flags des SQL Servers

Hinweis

Wir raten davon ab, ohne ein tieferes Verständnis der SQL-Server-Arbeitsspeicherarchitektur Trace-Flags oder Startparameter zu verändern. Ausnahme ist der Parameter `-m` für den Einzelbenutzermodus. Ein tiefer Einblick in die SQL-Server-Arbeitsspeicherarchitektur ist oft notwendig, um eine Bewertung durchführen zu können. Diese Thematik würde jedoch den Rahmen eines Schnelleinstiegs überschreiten und wird deshalb hier nicht behandelt.

Führen Sie folgende Schritte aus, um den Startparameter für den Einzelbenutzermodus der Instanz von SQL Server festzulegen:

1. Starten Sie den SQL-Server-Konfigurationsmanager.
2. Wählen Sie im linken Bereich SQL SERVER SERVICES.
3. Wählen Sie auf der rechten Seite die Instanz von SQL Server aus, klicken Sie auf die rechte Maustaste, und rufen Sie EIGENSCHAFTEN auf.

4. Klicken Sie auf die Registerkarte STARTPARAMETER.
5. Geben Sie im Feld STARTPARAMETER ANGEBEN den Wert `-m` ein, und klicken Sie auf HINZUFÜGEN.

In Abbildung 5.7 sehen Sie den STARTPARAMETER, um die Instanz von SQL Server im Einzelbenutzermodus zu starten.

Abbildung 5.7 STARTPARAMETER »-m« für den Einzelbenutzermodus

Bestätigen Sie dies mit OK, und folgen Sie der Aufforderung, den Dienst neu zu starten. Verbinden Sie sich jetzt mit dem Management Studio, und versuchen Sie, zwei Verbindungen herzustellen. Sie erhalten die Fehlermeldung aus Abbildung 5.8.

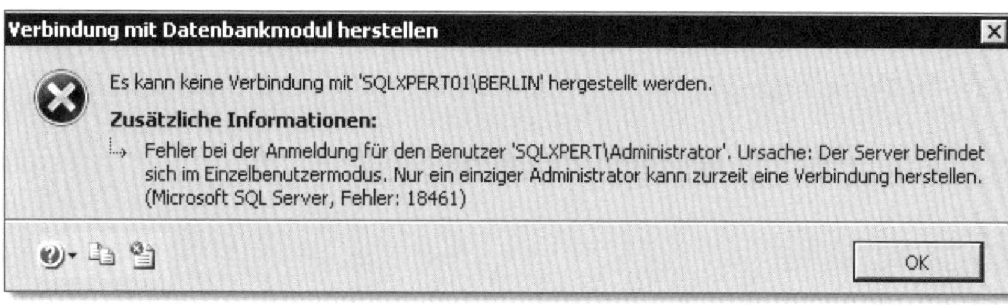

Abbildung 5.8 Fehlermeldung – Einzelbenutzermodus der Instanz

Für den SQL Server gibt es einige solcher Startparameter und Trace-Flags. Tabelle 5.1 zeigt nur eine geringe Auswahl hiervon. Wenn Sie mehr über Startparameter und Trace-Flags wissen möchten, können Sie dazu im MSDN unter dem Link *http://msdn.microsoft.com/de-de/library/ms190737.aspx* oder in der lokalen Hilfe von SQL Server nachsehen. Ob Sie diese Parameter und Trace-Flags jemals benötigen, hängt von der Situation bzw. den Anforderung an Ihren SQL Server ab. Unser Beispiel hat gezeigt, wie Sie einen Startparameter setzen und welche Auswirkungen das hat.

5.4 »sqlcmd« – Das Tool für die Kommandozeile

Bei *sqlcmd* handelt es sich um ein Befehlszeilentool, das Sie für die vollständige Verwaltung eines SQL Servers verwenden können. Dieses Tool ermöglicht sowohl die Anmeldung und interaktive Ausführung als auch die Übergabe von SQL-Skripten zur Ausführung. Microsoft hat PowerShell auch für den SQL Server eingeführt – jedoch noch nicht so stark in den Vordergrund gestellt wie bei den Produkten Windows Server 2008, Exchange oder SharePoint 2010 –, ein Grund liegt sicherlich in der kompletten Kontrolle des SQL Servers über sqlcmd. sqlcmd bietet Ihnen die Möglichkeit einer dedizierten Administratorverbindung (DAC). Sie können auf SQL Server selbst dann noch zugreifen, wenn er auf anderem Wege nicht mehr reagiert. Dazu wird ein Ressourcenpool zur Verfügung gestellt, der nur für sqlcmd und die dedizierte Administratorverbindung besteht.

Um die dedizierte Administratorverbindung zu testen, müssen Sie `SQLCMD` mit dem Parameter `-A` verwenden.

Abbildung 5.9 Herstellen einer DAC mit »sqlcmd«

Sie können natürlich auch das Management Studio zum Herstellen einer dedizierten Administratorverbindung verwenden; beachten Sie jedoch dabei, dass diese Verbindung nur mit einem Skript funktioniert. Sobald Sie dies mit dem Objekt-Explorer (linke Seite im Management Studio) versuchen, erhalten Sie eine Fehlermeldung.

Abbildung 5.10 Versuch einer DAC-Verbindung mit dem Objekt-Explorer

Abbildung 5.11 zeigt die Fehlermeldung, die Sie erhalten, wenn Sie den Objekt-Explorer zum Herstellen der dedizierten Administratorverbindung verwenden.

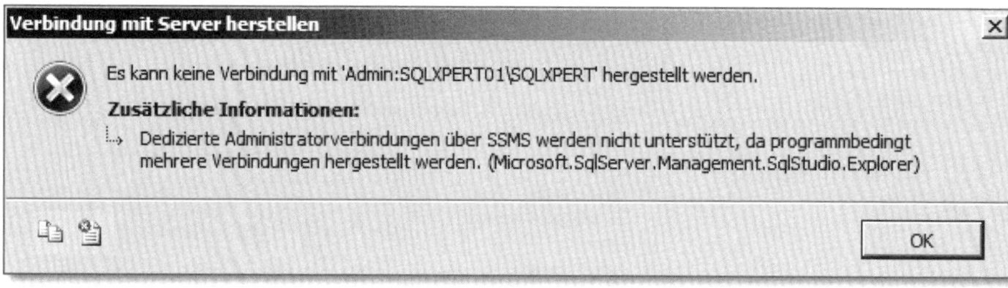

Abbildung 5.11 Fehlermeldung DAC und Objektkatalog

5.5 Die Konfiguration der Instanz

Die Konfiguration der Netzwerkprotokolle, Dienste, Startparameter und der Firewall ist der erste Schritt der Konfiguration. Hier wird sichergestellt, dass die Kommunikation im Netzwerk mit der Instanz erfolgreich verläuft. Wir möchten zwei Beispiele an dieser Stelle geben, die als Referenz zur Vorgehensweise der SQL-Server-Konfiguration dienen sollen. Grundsätzlich gibt es drei Wege, um eine Instanz von SQL Server zu konfigurieren.

1. SQL Server Management Studio und Objekt-Explorer
2. Prozedur SP_CONFIGURE
3. SQL-Server-Richtlinienverwaltung

Angenommen, Sie haben mehrere Instanzen von SQL Server 2012 auf einer physischen Maschine installiert, dann müssen Sie sich mit dem Thema Speichernutzung auseinandersetzen. SQL Server erhält so viel Speicher zugewiesen, wie er benötigt, wenn die dynamische Speicherverwaltung konfiguriert ist. Sind mehrere Instanzen von SQL Server auf einem physischen Rechner vorhanden, kann es vorkommen, dass eine Instanz der anderen die Ressourcen streitig macht.

5.5.1 Serveroptionen mit dem Management Studio konfigurieren

Um das zu verhindern, besteht die Möglichkeit, für eine Instanz von SQL Server feste Werte für die Speichernutzung festzulegen.

1. Starten Sie das SQL Server Management Studio, und wählen Sie die Instanz von SQL Server aus, deren Speicherwerte Sie konfigurieren möchten.
2. Wählen Sie die Eigenschaften der Instanz, und wechseln Sie zur Kategorie ARBEITSSPEICHER (Abbildung 5.12).
3. Es stehen die Eingabefelder MINIMALER SERVERARBEITSSPEICHER und MAXIMALER SERVERARBEITSSPEICHER zur Verfügung.

Abbildung 5.12 Konfigurieren des Serverarbeitsspeichers

Was hier sinnvolle Werte sind, hängt vom jeweiligen Anwendungsfall ab. Eine Datenbank mit fünf Benutzern, die hin und wieder etwas aus der Datenbank abfragen, wird andere Anforderungen haben als ein Transaktionssystem mit mehreren Hundert Transaktionen und Benutzern in der Minute. Legen Sie die Werte für den notwendigen Bereich immer dann fest, wenn mehrere Anwendungen bzw. Instanzen auf dem Windows-Server ausgeführt werden.

- Legen Sie den Wert für Maximaler Serverarbeitsspeicher z.B. auf 8 GB fest, und achten Sie darauf, dass den Instanzen nicht mehr Speicher zugewiesen wird, als auf dem Rechner physisch zur Verfügung steht.
- Legen Sie den Wert für Minimaler Serverarbeitsspeicher fest, und achten Sie darauf, dass die Summe der Mindestwerte aller Instanzen 1 bis 2 GB unterhalb des auf dem Rechner physisch zur Verfügung stehenden Arbeitsspeichers liegt.
- Legen Sie für Ihre Instanzen je nach Arbeitsauslastung sinnvolle Werte fest, und bestätigen Sie die Eingaben mit OK.

Eine weitere Option, die Sie überprüfen sollten, ist die Authentifizierung (siehe Abbildung 5.13). Je nachdem, wie Sie sich bei der Installation entschieden haben, wurde der Modus entweder auf Windows-Authentifizierung oder SQL Server- und Windows-Authentifizierung festgelegt. In der Kategorie Sicherheit finden Sie diese Option.

Abbildung 5.13 Festlegen der Authentifizierung

5.5.2 Serveroptionen mithilfe der Prozedur SP_CONFIGURE konfigurieren

Darüber hinaus steht Ihnen die Möglichkeit zur Verfügung, Konfigurationswerte mithilfe der gespeicherten Prozedur SP_CONFIGURE zu setzen.

1. Dazu öffnen Sie im SQL Server Management Studio über die Schaltfläche NEUE ABFRAGE in der Symbolleiste ein neues Abfragefenster, geben die Anweisung `sp_configure` ein und klicken auf das Ausrufezeichen zum Ausführen der Abfrage.

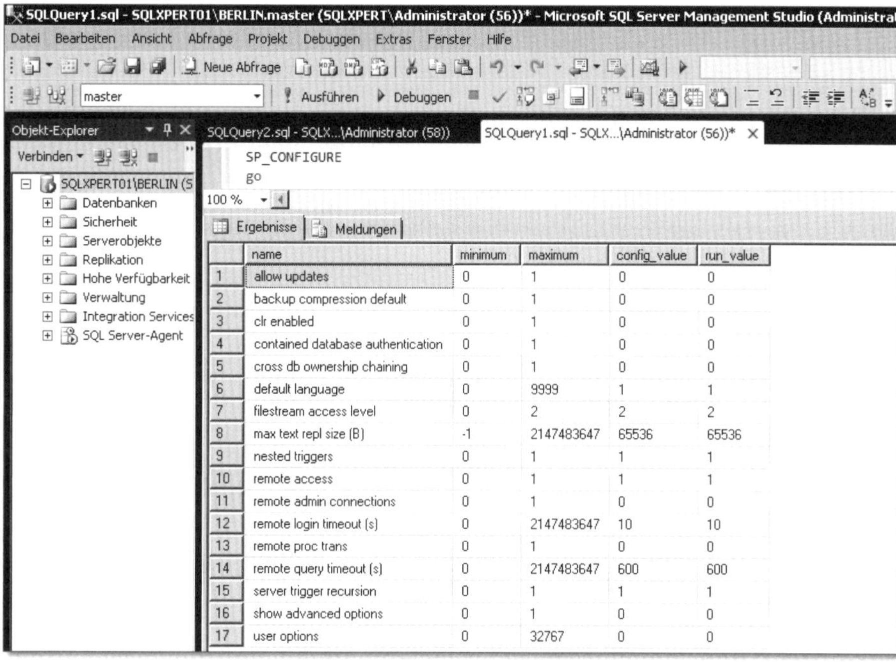

	name	minimum	maximum	config_value	run_value
1	allow updates	0	1	0	0
2	backup compression default	0	1	0	0
3	clr enabled	0	1	0	0
4	contained database authentication	0	1	0	0
5	cross db ownership chaining	0	1	0	0
6	default language	0	9999	1	1
7	filestream access level	0	2	2	2
8	max text repl size (B)	-1	2147483647	65536	65536
9	nested triggers	0	1	1	1
10	remote access	0	1	1	1
11	remote admin connections	0	1	0	0
12	remote login timeout (s)	0	2147483647	10	10
13	remote proc trans	0	1	0	0
14	remote query timeout (s)	0	2147483647	600	600
15	server trigger recursion	0	1	1	1
16	show advanced options	0	1	0	0
17	user options	0	32767	0	0

Abbildung 5.14 Die gespeicherte Prozedur SP_CONFIGURE

Wie Sie in Abbildung 5.14 erkennen können, gibt die Prozedur `sp_configure` 17 Zeilen mit jeweils konfigurierbaren Parametern zurück. Das erscheint zunächst recht wenig, gemessen an den Möglichkeiten, die für die Konfiguration einer SQL-Server-Instanz zur Verfügung stehen. Um die Liste der Parameter zu erweitern, bietet die Prozedur den Parameter `sp_configure 'show advanced options', 1` an. Führen Sie dazu das folgende Skript aus.

```
sp_configure 'show advanced options', 1
GO
RECONFIGURE;
GO
Sp_configure
```

Listing 5.1 Erweitern der Parameterliste

Wenn Sie das Skript ausgeführt haben, wird die Parameterliste als Ergebnis mit 69 Einträgen angezeigt. Jeder der angezeigten Werte kann auf diese Weise angepasst werden. Wenn Sie z.B. die folgenden Anweisungen ausführen, wird der Wert für `Max Server Memory` auf 8 GB erhöht.

```
sp_configure 'max server memory', 8192;
GO
RECONFIGURE;
GO
```

Listing 5.2 Festlegen der Option »Max Server Memory« auf 8 GB

Nach dem Ausführen der Anweisung sehen Sie den geänderten Wert wie in Abbildung 5.15.

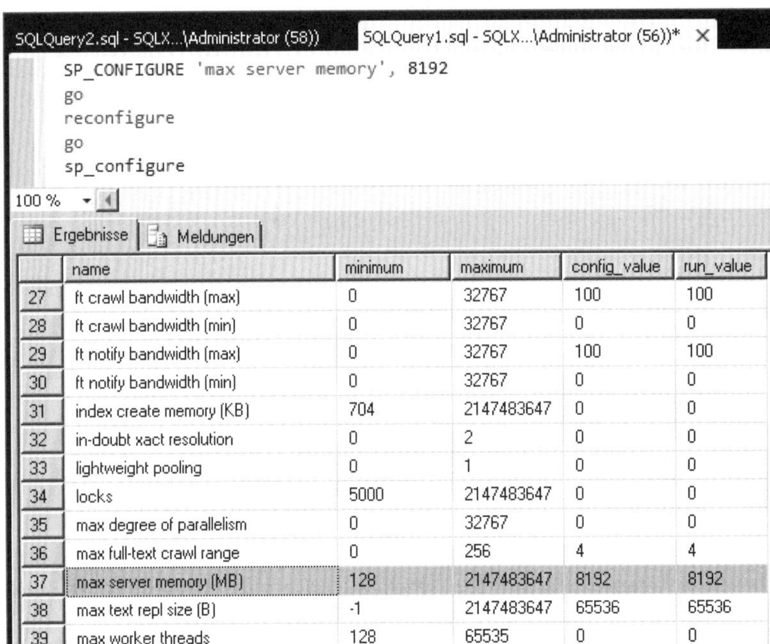


```
SP_CONFIGURE 'max server memory', 8192
go
reconfigure
go
sp_configure
```

	name	minimum	maximum	config_value	run_value
27	ft crawl bandwidth (max)	0	32767	100	100
28	ft crawl bandwidth (min)	0	32767	0	0
29	ft notify bandwidth (max)	0	32767	100	100
30	ft notify bandwidth (min)	0	32767	0	0
31	index create memory (KB)	704	2147483647	0	0
32	in-doubt xact resolution	0	2	0	0
33	lightweight pooling	0	1	0	0
34	locks	5000	2147483647	0	0
35	max degree of parallelism	0	32767	0	0
36	max full-text crawl range	0	256	4	4
37	max server memory (MB)	128	2147483647	8192	8192
38	max text repl size (B)	-1	2147483647	65536	65536
39	max worker threads	128	65535	0	0

Abbildung 5.15 Festlegen des maximalen Serverarbeitsspeichers auf 8 GB

Wichtiger Hinweis zum Festlegen der Größe des Serverarbeitsspeichers

Wurde die Option für den maximalen Serverarbeitsspeicher auf ein Minimum festgelegt, kann das zu erheblichen Leistungseinbußen führen. Es kann sogar so weit führen, dass der SQL-Server-Dienst nicht mehr gestartet werden kann. In diesem Fall hilft dann nur noch der Startparameter `-f`, um im Anschluss den Wert zurückzusetzen.

Denken Sie daran, dass Sie dem Betriebssystem noch genügend Arbeitsspeicher zur Verfügung stellen. Ist das nicht sichergestellt, kann es zu erheblichen Leistungseinbußen kommen. Es ist nicht zwingend, dass SQL Server den Wert für `Min Server Memory` verwendet. Wenn zu keinem Zeitpunkt so viel Last entsteht, dass SQL Server den Wert zuweisen muss, wird die Instanz mit weniger Speicher auskommen.

Die Möglichkeiten der Konfiguration für Instanzparameter gehen weit über die des SQL Server Management Studios hinaus. Nicht alle Parameter wurden im GUI umgesetzt. Ein typisches Beispiel ist *Database Mail* oder die COMMON LANGUAGE RUNTIME (CLR) zum Ausführen von .NET-Prozeduren oder Funktionen innerhalb des SQL Servers. Dieses Feature ist nach einer Installation nicht aktiviert. Wenn Sie es benötigen, müssen Sie es mit der Prozedur `sp_configure` oder der Richtlinienverwaltung (siehe Abschnitt 5.8, »Konfiguration von SQL Server mithilfe der Richtlinienverwaltung«) aktivieren.

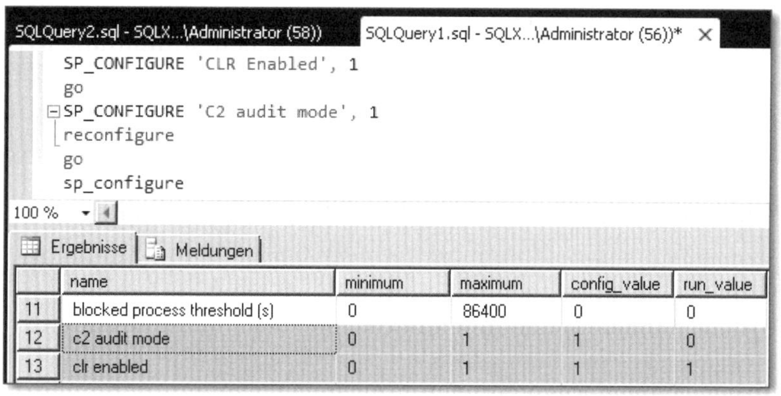

Abbildung 5.16 Aktivieren der Common Language Runtime und des C2-Audit-Modus

Anhand dieser Beispiele haben wir Ihnen gezeigt, wie Sie die Konfiguration der SQL-Server-Instanz nach einer Installation fortsetzen. Dabei wurden sowohl das SQL Server Management Studio (GUI) als auch T-SQL-Anweisungen verwendet.

5.6 Konfigurieren von SQL Server mit PowerShell

Da wir dem Thema PowerShell mit Kapitel 8 ein eigenes Kapitel gewidmet haben, gehen wir hier nur kurz auf die Möglichkeit der Konfiguration mit PowerShell ein. Zum Starten von SQL Server PowerShell gibt es verschiedene Methoden.

1. Öffnen Sie eine Konsole wie in Abbildung 5.17, und geben Sie `SQLPS` ein, um SQL Server PowerShell zu starten.

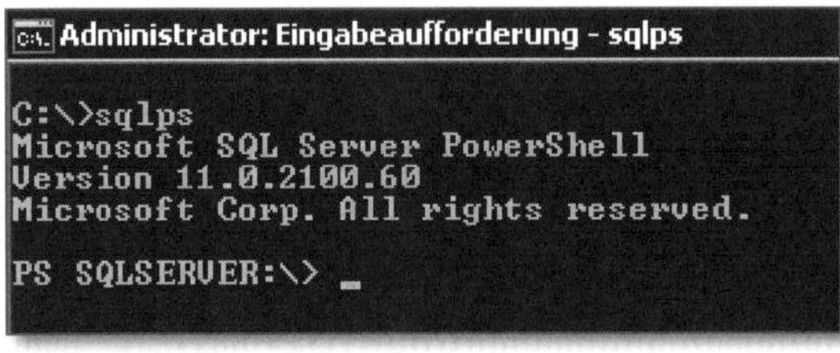

Abbildung 5.17 Starten der SQL Server PowerShell

2. Die PowerShell wurde geladen, und Sie können einen ersten Befehl eingeben. Geben Sie die Anweisung `get-service MSSQL*` ein (Abbildung 5.18), um die Liste der Dienste zu erhalten, die mit MSSQL beginnen.

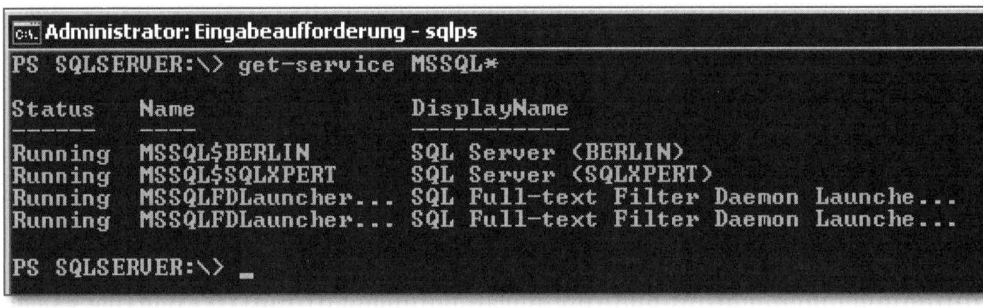

Abbildung 5.18 Anzeigen der Dienste, die mit MSSQL beginnen

3. Um den SQL-Server-Dienst zu beenden, geben Sie die folgenden PowerShell-Anweisungen ein.

```
CD SQLSERVER:\SQL\sqlxpert01
$Wmi = (get-item .).ManagedComputer
$DfltInstance = $Wmi.Services['MSSQL$Berlin']
$DfltInstance.Stop();
```

Listing 5.3 Beenden des SQL-Server-Dienstes

Der Servername ist hier `sqlxpert01`, und der Name der SQL-Server-Instanz lautet `MSSQL$Berlin`. Um den Dienst erneut zu starten, müssen Sie lediglich `$DfltInstance.Start()` angeben. Dieses kleine Beispiel soll verdeutlichen, dass Ihnen mit PowerShell eine Schnittstelle zur Verfügung steht, mit der Sie Skripte schreiben können, um diese für die Konfiguration oder Verwaltung von SQL Server zu verwenden.

Eine weitere Einführung in das Thema PowerShell erhalten Sie in Kapitel 8.

5.7 SQL-Server-Agent-Grundkonfiguration

Auch auf den SQL-Server-Agent gehen wir noch einmal gesondert ein. Hier sollen nur die Aspekte betrachtet werden, die die absolute Grundlage darstellen. Der SQL-Server-Agent ist die Komponente, die für alles verantwortlich ist, was zeitlich im SQL Server abläuft. Gleichgültig, ob das Wartungspläne sind, Jobs, die Aufgaben in Datenbanken übernehmen, oder ein Protokollversand. Deshalb müssen Sie einige Konfigurationen am Agent vornehmen, die z.B. dafür sorgen, dass die Übermittlung von E-Mails bei Warnungen funktioniert, oder festlegen, wann sich die CPU im Leerlauf befindet. Welche grundlegenden Eigenschaften Sie im SQL-Server-Agent konfigurieren müssen, hängt natürlich von den Funktionalitäten ab, die Sie benötigen. Da der SQL-Server-Agent jedoch für Wartungspläne zuständig ist, muss er auf jeden Fall ausgeführt werden.

Klicken Sie mit der rechten Maustaste auf den SQL-Server-Agent, und wählen Sie EIGENSCHAFTEN.

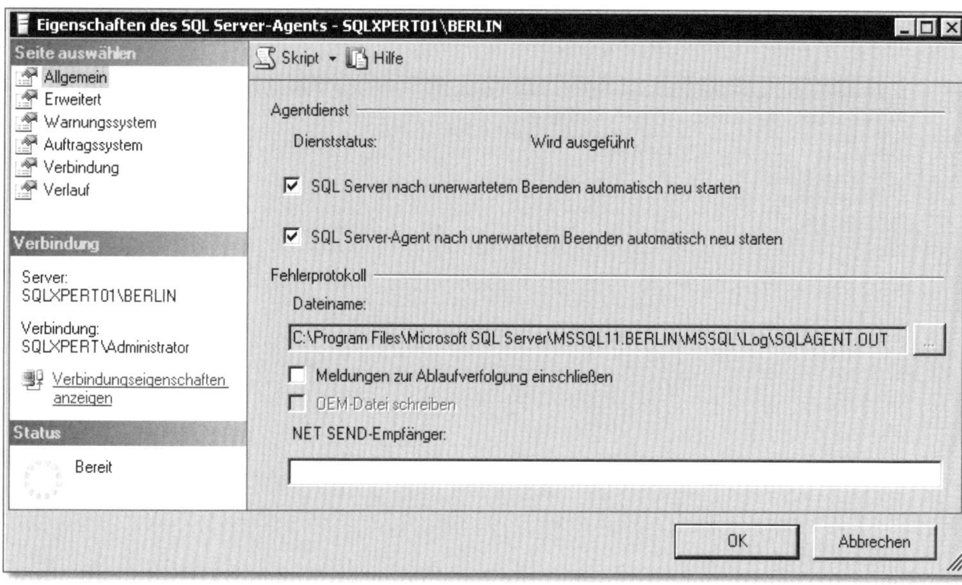

Abbildung 5.19 Konfiguration des SQL-Server-Agents

Stellen Sie zuerst sicher, dass der SQL Server und der SQL-Server-Agent nach unerwartetem Beenden erneut gestartet werden (Abbildung 5.19). Auf der nächsten Registerkarte definieren Sie die Bedingungen, wann sich die CPU im Leerlauf befindet. Sie können Aufträge so konfigurieren, dass sie gestartet werden, wenn sich die CPU im Leerlauf befindet (Abbildung 5.20). Damit dies nicht zu früh geschieht, geben Sie mit einem Schwellenwert in Sekunden an, wie lange dies der Fall sein muss.

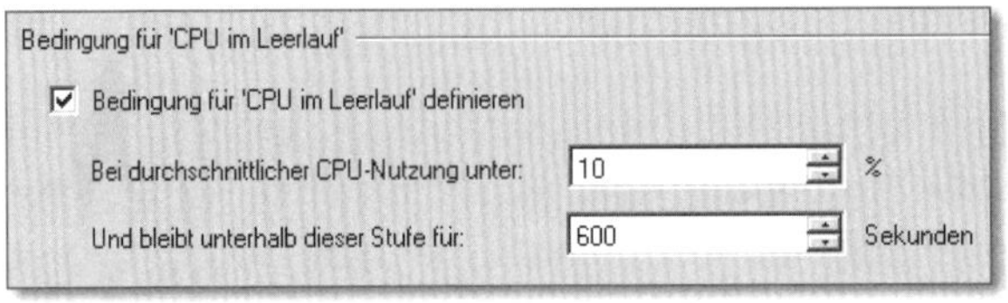

Abbildung 5.20 Bedingung für CPU im Leerlauf

Möchten Sie den SQL Server so konfigurieren, dass der SQL-Server-Agent automatisiert Warnungen per E-Mail versendet, müssen Sie ein Mailprofil angeben (siehe Abbildung 5.21). Dieses richten Sie mithilfe der Konfiguration von Datenbank-E-Mail ein; wie das funktioniert, sehen Sie in Kapitel 13, »Einrichten von Warnungen und Benachrichtigungen«.

Die Tokenersetzung (siehe Abbildung 5.21) bietet Ihnen die Möglichkeit, in T-SQL-Skripten mit Token zu arbeiten. Token werden wie Variablen in der Programmierung behandelt und zur Laufzeit des Skripts ersetzt. Ein Token mit dem Namen (`MACH`) steht z. B. für den Computernamen oder (`A-DBN`) für den Datenbanknamen.

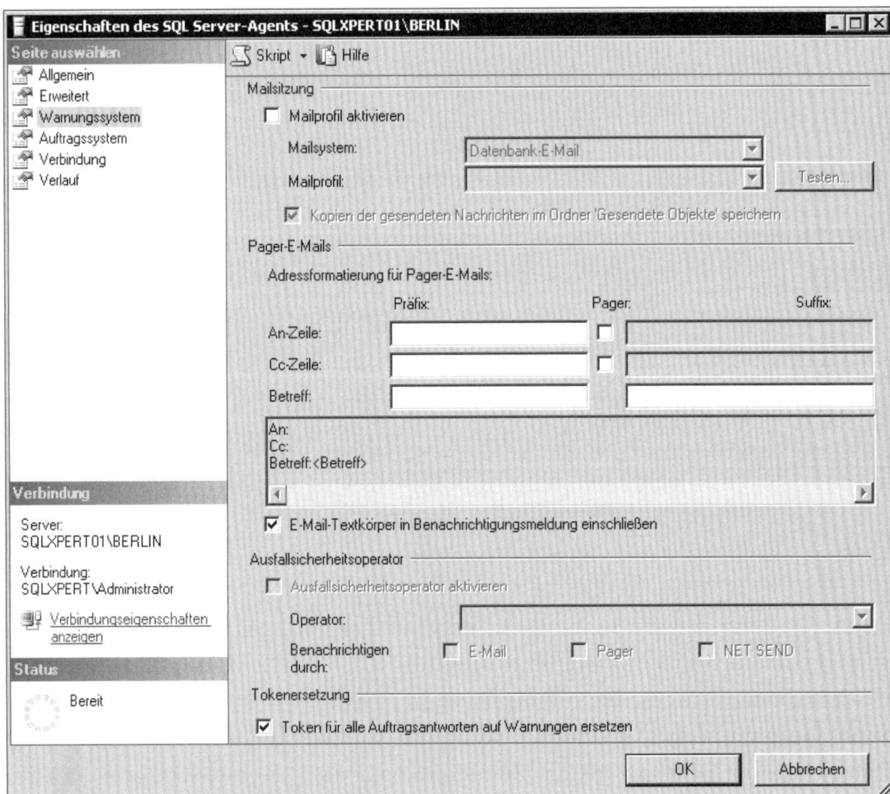

Abbildung 5.21 SQL-Server-Warnsystem

Diese Schritte sollten zunächst ausreichen, um den SQL-Server-Agent grundsätzlich zu konfigurieren.

5.8 Konfiguration von SQL Server mithilfe der Richtlinienverwaltung

Die Richtlinienverwaltung von SQL Server kann für verschiedene Zwecke eingesetzt werden. Es ist eine gute Möglichkeit, mithilfe von Richtlinien nach dem Prinzip, wie Sie es vom Active Directory und den GPOs kennen, in SQL Server zu evaluieren, ob z.B. Features aktiv sind oder nicht. Eine Richtlinie, die Sie angelegt haben, kann ebenso genutzt werden, um über mehrere Instanzen hinweg zu evaluieren, wie Features gesetzt sind, oder – je nachdem, wie Sie die Richtlinie auswerten möchten – um einfach bestimmte Vorgänge zu erzwingen. Manchmal genügt es auch schon, dass Verstöße gegen eine Richtlinie protokolliert werden. Ein Vorgesetzter kann dann anhand des Protokolls diese Verstöße mit den entsprechenden Personen auswerten. In der Richtlinienverwaltung, die es seit SQL Server 2008 gibt, wurden Begriffe wie »Richtlinien«, »Bedingungen«, »Target« und »Facet« neu eingeführt.

- Eine **Richtlinie** ist ein Objekt, das eine Bedingung und ein Ziel enthält. Sie kann überprüft werden und auf einen oder mehrere Server angewendet werden.
- Ein **Target** ist ein zu verwaltendes Ziel und kann z.B. eine Instanz, eine Datenbank oder eine Tabelle sein.
- Eine **Bedingung** wird erstellt und gibt den Wert `TRUE` oder `FALSE` zurück. Somit können Sie in der Bedingung formulieren, dass alle Tabellen mit dem Präfix *tbl* beginnen müssen oder nichts im Schema »dbo« anzulegen ist.
- Ein **Facet** stellt eine Sammlung von Eigenschaften eines Targets dar. Beispiele für Facets sind der Datenbank- oder Tabellenname.

Doch lassen Sie uns zunächst ein Beispiel erstellen und das Feature der Common Language Runtime (CLR) aktivieren.

1. Um herauszufinden, welche Facets ein Objekt unterstützt, klicken Sie mit der rechten Maustaste auf das Objekt, wie z.B. eine Tabelle, und wählen den Eintrag RICHTLINIE FACET. Über diesen Weg lassen sich Richtlinien ebenfalls neu erstellen.
2. Zuerst selektieren Sie im SQL Server Management Studio den Knoten VERWALTUNG (Abbildung 5.22). Es erscheinen drei weitere Knoten mit den Namen RICHTLINIEN, BEDINGUNGEN und FACETS.
3. Klicken Sie mit der rechten Maustaste auf den Knoten RICHTLINIE, und erstellen Sie eine neue Richtlinie (siehe Abbildung 5.23).
4. Geben Sie der Richtlinie einen aussagekräftigen Namen. In unserem Fall wählen wir den Namen CLR_ENABLED. Die Richtlinie soll prüfen, ob die Common Language Runtime (CLR) aktiviert ist.

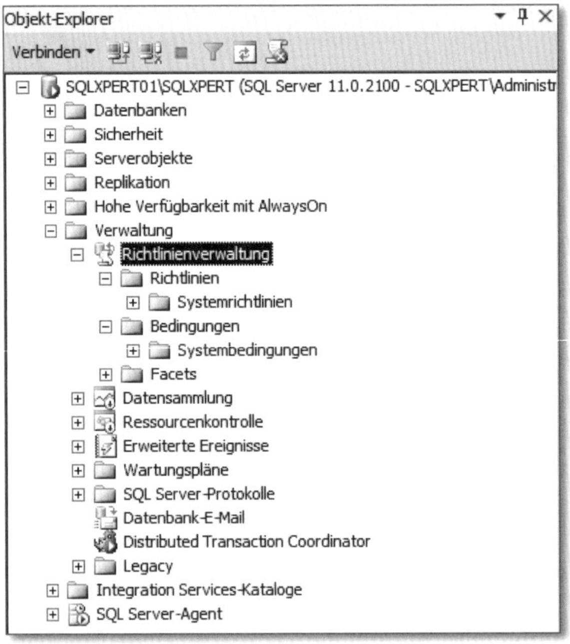

Abbildung 5.22 Die Richtlinienverwaltung

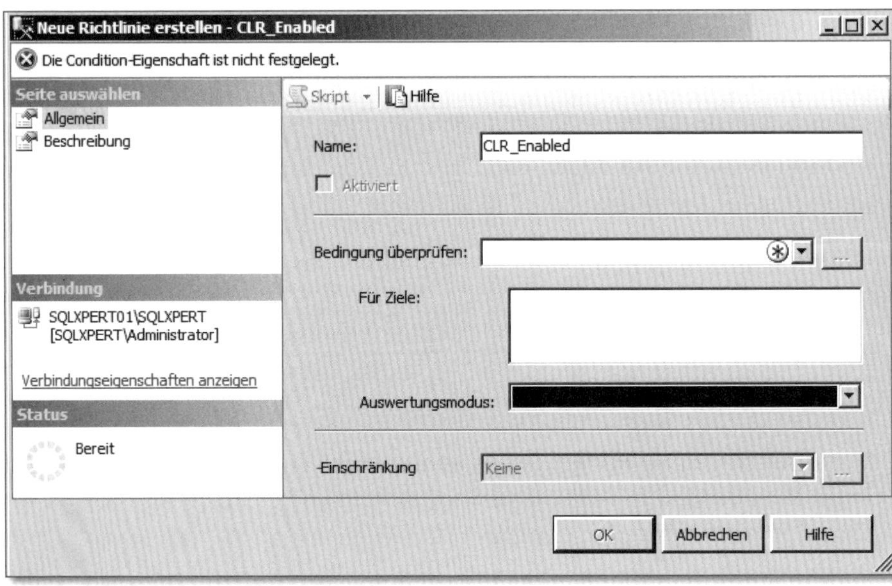

Abbildung 5.23 Neue Richtlinie erstellen

5. Da die Überprüfung über Bedingungen erfolgt, klicken Sie als Nächstes auf das Dropdown-Feld BEDINGUNG ÜBERPRÜFEN und wählen NEUE BEDINGUNG aus.

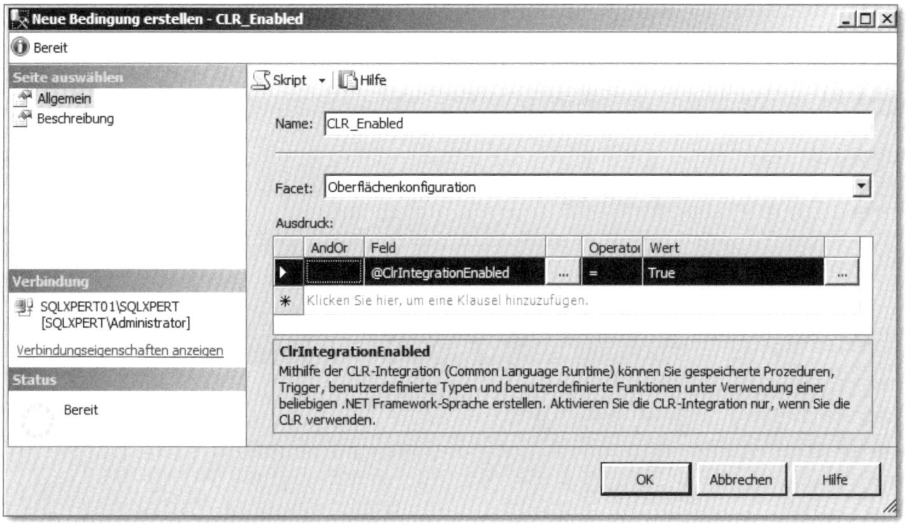

Abbildung 5.24 Eine Bedingung erstellen

Abbildung 5.24 zeigt, wie Sie eine neue Bedingung formulieren. Verwenden Sie auch für die Bedingung einen aussagekräftigen Namen, und wählen Sie als Facet die Oberflächenkonfiguration aus.

6. Suchen Sie unter Feld nach dem Ausdruck @ClrIntegrationEnabled, wählen Sie den Operator =, und setzen Sie den Wert auf True.
7. Bestätigen Sie Ihre Auswahl, und beenden Sie die Erstellung der Bedingung mit OK.

Es gibt verschiedene Varianten für den Auswertungsmodus. Die Richtlinie wird automatisch durch *DDL-Trigger* ausgeführt, loggt aber Richtlinienverletzungen nur in der *Ereignisanzeige*. Zeitgesteuert kann die Richtlinie mit einem Agent-Auftrag ausgeführt werden. Erzwingen wendet die Richtlinie durch DDL-Trigger sofort an und verhindert die Ausführung der T-SQL-Anweisungen, die gegen die Richtlinie verstoßen. Bedarfsgesteuert kann die Richtlinie durch den Administrator manuell ausgeführt werden. Aktivieren Sie die Richtlinie, stellen Sie den Auswertungsmodus auf Bei Änderungen: Nur protokollieren, und bestätigen Sie Ihre Auswahl mit OK.

Jetzt können Sie sofort überprüfen, ob die Common Language Runtime in Ihrem System aktiv ist.

1. Selektieren Sie dazu die Richtlinie, und wählen Sie Auswerten.
2. Die Auswertung können Sie sich ansehen, indem Sie unter Details auf Anzeigen klicken.
3. Das Ergebnis zeigt, dass der Istwert auf False steht. Da wir auf True hin geprüft haben, können wir erkennen, dass die Common Language Runtime nicht aktiv ist. Interessant ist auch die Möglichkeit, den Wert sofort zu ändern.

4. Um den Wert zu ändern, selektieren Sie die Checkboxen und klicken auf die Schaltfläche ANWENDEN.

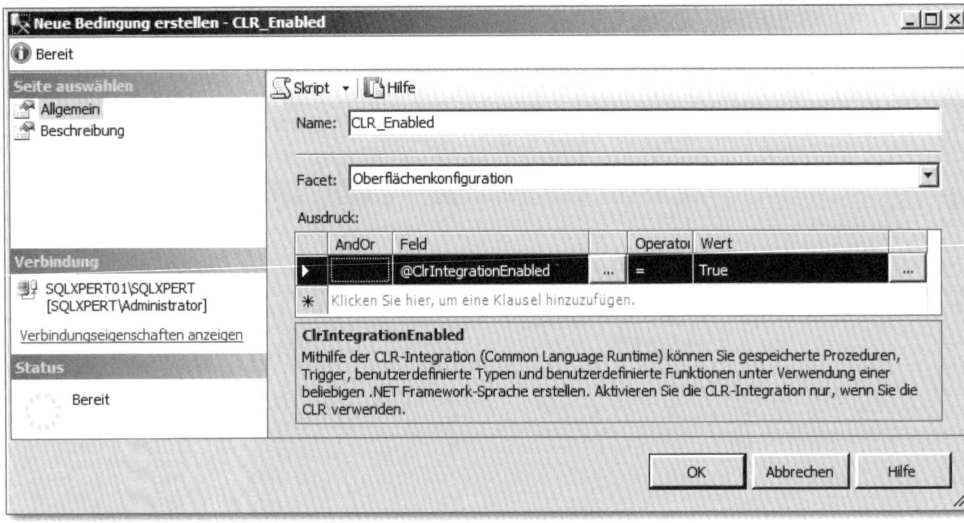

Abbildung 5.25 Details zur Auswertung und Anwenden

Hinweis

Wenn Sie sich für ANWENDEN entscheiden, erfolgt der Hinweis, dass das Ziel – die Instanz von SQL Server – geändert wird. Nach der Änderung wurde die Common Language Runtime aktiviert, und ein erneutes Auswerten würde sie jetzt aktiv zeigen. Wie Sie gesehen haben, stehen hier sehr viele Konfigurationsmöglichkeiten über die Richtlinienverwaltung zur Verfügung. Das Aktivieren der Common Language Runtime von SQL Server, die es .NET-Code ermöglicht, innerhalb von SQL Server ausgeführt zu werden, oder die Aktivierung von Datenbank-E-Mail sind nur zwei Möglichkeiten. Verschaffen Sie sich einen Überblick, indem Sie sich die Facets näher ansehen. In Abbildung 5.24 steht Ihnen dazu das Dropdown-Menü zur Verfügung. Einige Facets und der zu überprüfende Wert sind:

Anmeldename – @PasswordExpirationEnabled

Anmeldename – @IsDisabled

Anmeldename – @DateLastModified

Anmeldename – @DefaultDatabase

Anmeldename – @Name

Diese fünf Beispiele allein zum Facet »Anmeldename« verdeutlichen, welches enorme Potenzial hinter der Richtlinienverwaltung steckt.

5.9 Hilfsprogramm-Kontrollpunkte (Utility Control Point, UCP)

Utility Control Points (UCP) erweitern die Funktionalität des Datensammlers und stellen unter SQL Server 2012 eine Möglichkeit dar, Instanzen von SQL Server zu überwachen. Dazu werden Schwellenwerte für registrierte Instanzen von SQL Server 2012 definiert und überwacht. Wir zeigen Ihnen an dieser Stelle, wie Sie UCPs einsetzen, um die Erweiterungen hinsichtlich eines effektiven Ressourcenmanagements für Ihre Instanzen von SQL Server und Anwendungen zu nutzen.

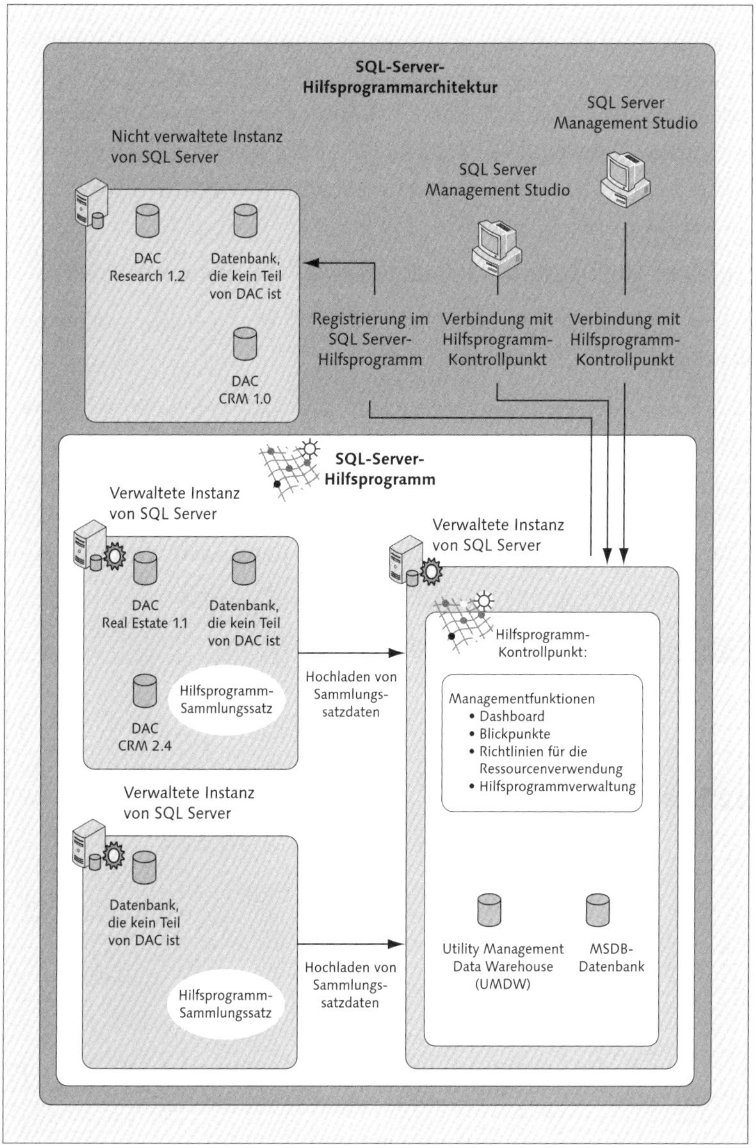

Abbildung 5.26 SQL-Server-Hilfsprogramm – UCP-Architektur (Quelle: Microsoft)

5.9.1 Technologie von Utility Control Points

Bei der Erstellung eines neuen UCPs auf einer Instanz von SQL Server 2012 wird im SQL Server eine neue Datenbank *sysutility_mdw* angelegt. Ähnlich dem Datensammler werden im SQL-Server-Agent Jobs angelegt, die sowohl die Sammlung der Daten übernehmen als auch die Überführung aus dem Cache und das Hochladen in das Data Warehouse.

5.9.2 Der Hilfsprogramm-Explorer

Der Hilfsprogramm-Explorer ist ein Tool zum Verwalten eines UCPs. Er ist Bestandteil des SQL Server Management Studios, und Sie können ihn über MENÜ • ANSICHT • HILFSPROGRAMM-EXPLORER anzeigen lassen. Mithilfe des Hilfsprogramm-Explorers haben Sie die Möglichkeit, Schwellenwerte zu setzen. Außerdem können Sie die Ressourcen hinsichtlich einer zu starken oder zu schwachen Nutzung analysieren.

5.9.3 Einrichten eines Utility Control Points auf einer Instanz von SQL Server

Um mit UCPs zu arbeiten, müssen Sie zunächst eine Instanz von SQL Server als zentralen UCP einrichten.

1. Gehen Sie dazu in der Menüleiste auf ANSICHT, und wählen Sie den HILFSPROGRAMM-EXPLORER aus. Danach werden Ihnen unter KONFIGURATIONSSCHRITTE FÜR DAS HILFSPROGRAMM verschiedene Links angezeigt. Klicken Sie auf den Link ERSTELLEN SIE EINEN STEUERUNGSPUNKT FÜR DAS HILFSPROGRAMM (UCP) oder in der Symbolleiste auf das entsprechende Symbol, um den Assistenten zu starten.
2. Nachdem sich der Assistent gemeldet hat, klicken Sie auf WEITER.

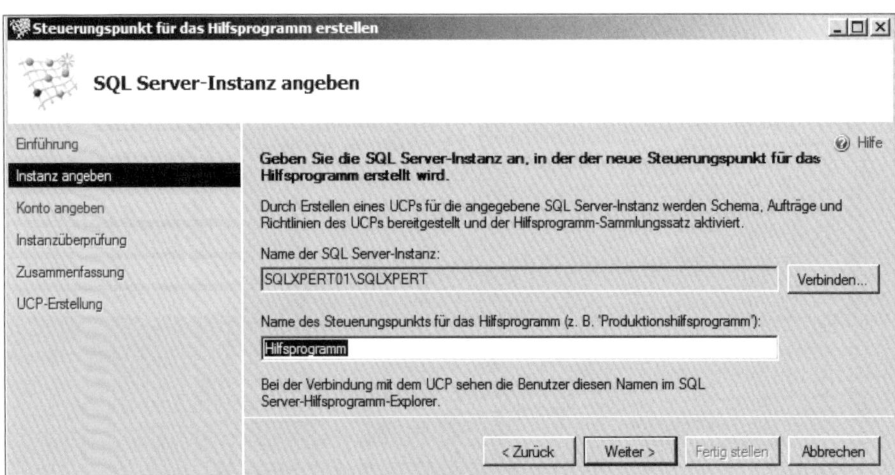

Abbildung 5.27 UCP-Instanz über Verbindung angeben

3. Im nächsten Dialogfeld (siehe Abbildung 5.27) nach der Einführung werden Sie aufgefordert, den Namen der Instanz anzugeben, auf der Sie einen UCP erstellen möchten.
4. Des Weiteren müssen Sie ein Konto bestimmen, mit dessen Hilfe der UCP arbeitet; geben Sie dazu das Servicekonto der SQL-Server-Instanz an.

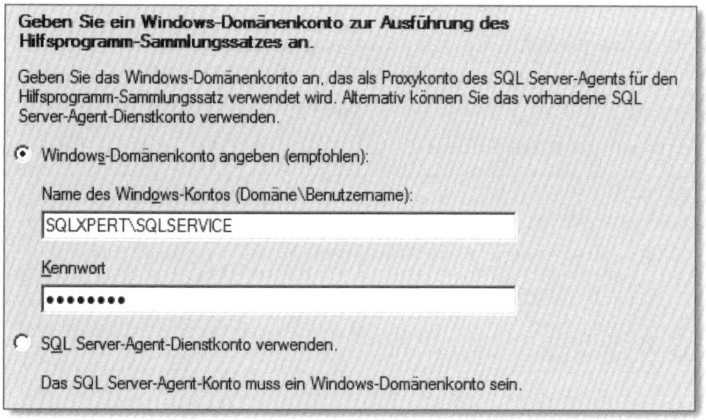

Abbildung 5.28 Festlegen des Domänenkontos für den UCP

Beachten Sie, dass es bei einem nicht korrekten Konto oder Passwort beim Abschluss des Assistenten zu einer Fehlermeldung kommt. Wenn keine Fehler vorliegen, erhalten Sie für alle Positionen als Ergebnis die Meldung ERFOLG, wie Sie sie in Abbildung 5.29 sehen.

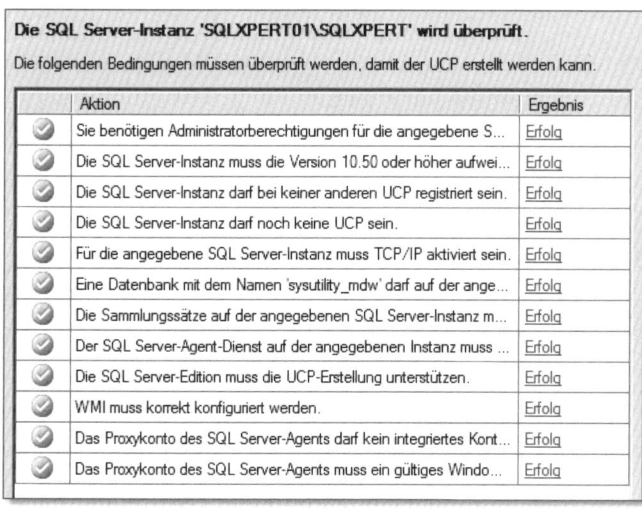

Abbildung 5.29 Überprüfung der UCP-Bedingungen

Es wird eine Fehlermeldung erzeugt, wenn Sie zuvor den Datensammler konfiguriert haben und die Sammlungen ausgeführt werden. Das sollten Sie an dieser Stelle überprüfen, um gegebenenfalls die Sammlungen zu beenden. Anderenfalls sind zunächst keine weiteren Schritte notwendig, um einen UCP einzurichten.

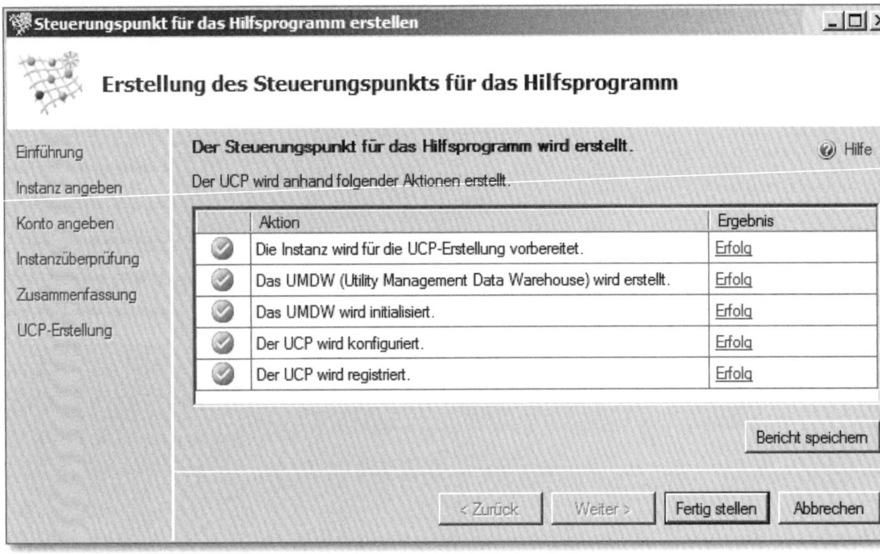

Abbildung 5.30 Abschluss des Assistenten zum Erstellen eines UCPs

Nachdem Sie die Grundkonfiguration durchgeführt haben, sehen Sie, wie sich das Dashboard INHALT DES HILFSPROGRAMM-EXPLORERS öffnet.

1. Wechseln Sie zunächst über ANSICHT zum Objekt-Explorer, und schauen Sie sich im SQL-Server-Agent die hinzugefügten Aufträge an.

   Abbildung 5.31 zeigt das Dashboard, den Datensammler mit dem Knoten HILFSPROGRAMMINFORMATIONEN und den SQL-Server-Agent mit den Aufträgen. Es werden keine Sammlungen im Datensammler ausgeführt.

2. Klicken Sie mit der rechten Maustaste darauf, und wählen Sie DATENSAMMLUNGSSATZ STARTEN. Lässt sich der Sammlungssatz HILFSPROGRAMMINFORMATIONEN nicht starten, erhalten Sie einen Hinweis, dass ein Zeitplan eingerichtet werden muss. Dies können Sie über die EIGENSCHAFTEN durchführen.

3. Wählen Sie dazu unter DATENSAMMLUNG UND -UPLOAD • ZEITPLAN eine Variante aus, und bestätigen Ihre Eingabe mit OK. Diesen Schritt sehen Sie in Abbildung 5.32 dargestellt.

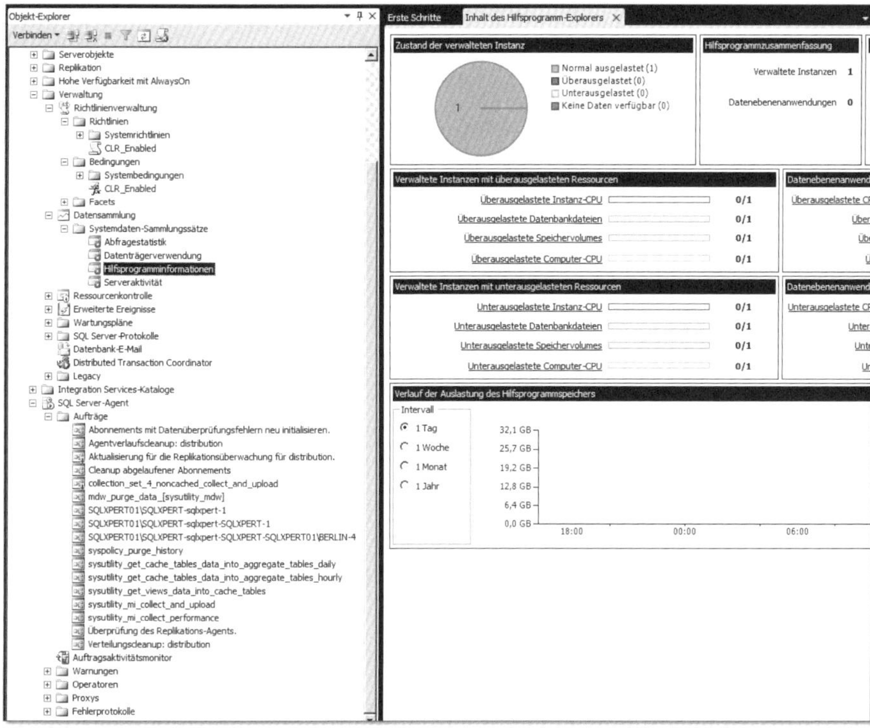

Abbildung 5.31 Dashboard, Agent-Aufträge und Datensammler

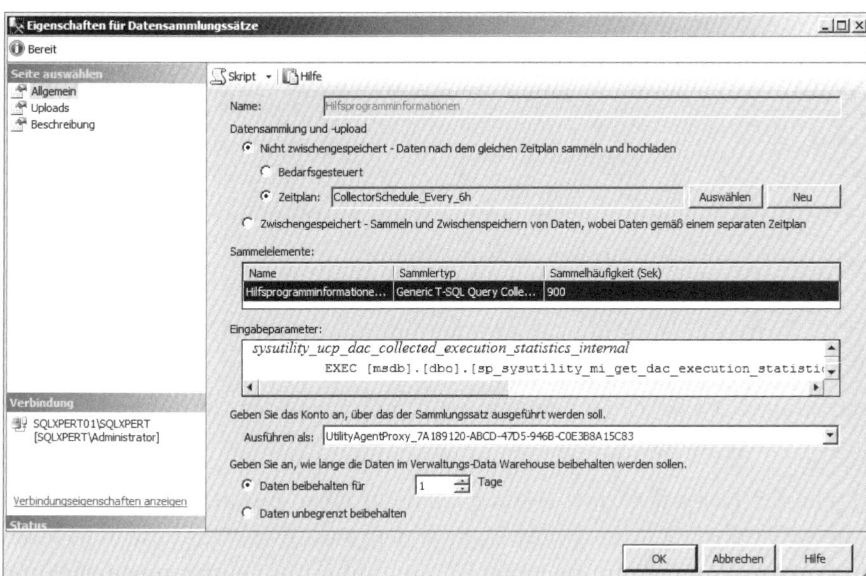

Abbildung 5.32 Festlegen des Zeitplans für einen UCP

Zu einem UCP können Sie weitere Instanzen von SQL Server 2012 inzufügen, damit Sie diese entsprechend für die Sammlung von Daten konfigurieren können. Um eine weitere Instanz von SQL Server zum UCP hinzuzufügen, gehen Sie wie folgt vor.

1. Wechseln Sie über ANSICHT zum Hilfsprogramm-Explorer (Abbildung 5.33).
2. Wählen Sie VERWALTETE INSTANZEN aus und dann INSTANZ REGISTRIEREN.

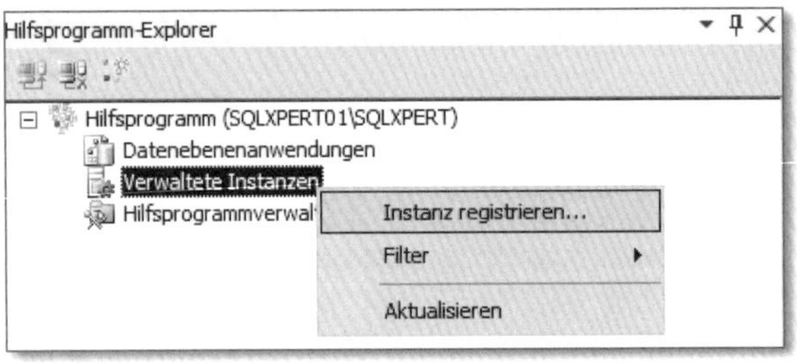

Abbildung 5.33 Registrieren einer weiteren Instanz

Nun können Sie sich mit einer weiteren bestehenden Instanz von SQL Server verbinden und diese für den UCP registrieren. Es wird erneut der Assistent angezeigt.

3. Diesen Dialog bestätigen Sie mit WEITER und verbinden sich mit der Instanz.

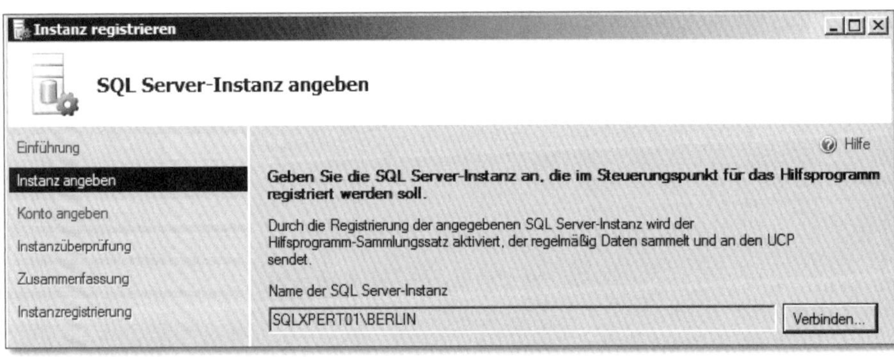

Abbildung 5.34 Verbinden mit einer weiteren Instanz

4. Geben Sie erneut das Konto mit dem Kennwort an, wie in Abbildung 5.28 schon einmal ausgeführt, und bestätigen Sie die Eingabe.
5. Die Bedingungen werden erneut überprüft. Sie können den Dialog dann beenden und alles fertigstellen.

Der Datensammler erfasst jetzt Daten zu den einzelnen Instanzen von SQL Server 2012 und überführt sie in das Utility Management Data Warehouse. Das Dashboard im Hilfsprogramm-Explorer ermöglicht es Ihnen, die Daten auszuwerten. Um für die Instanzen Schwellenwerte festzulegen, gibt es in der Hilfsprogrammverwaltung die Richtlinien.

1. Wenn Sie sich nicht im Hilfsprogramm-Explorer befinden, wechseln Sie über ANSICHT dort hin.
2. Selektieren Sie den Knoten HILFSPROGRAMMVERWALTUNG.

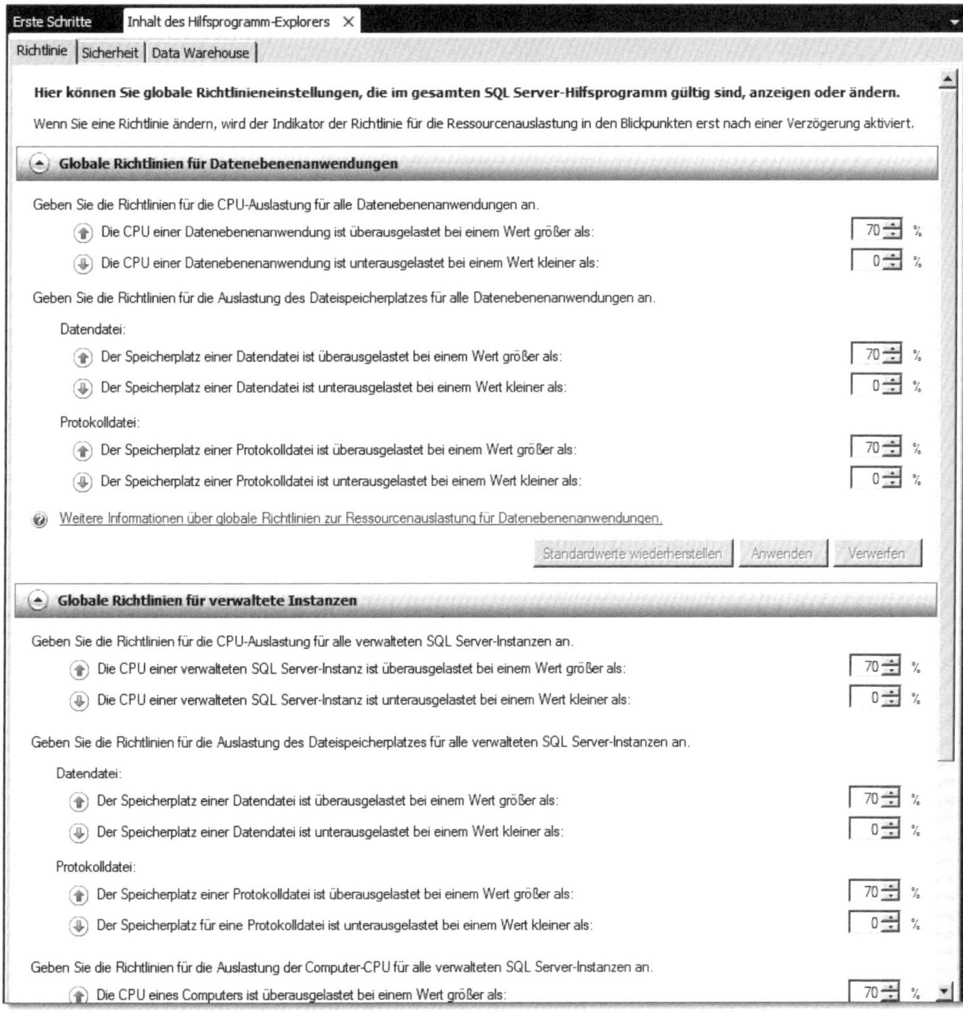

Abbildung 5.35 Festlegen der Schwellenwerte

Sie können nun die Schwellenwerte für einen UCP festlegen, weitere Instanzen hinzufügen und die gesammelten Informationen über Berichte abrufen, die zur Verfügung stehen. Abbildung 5.35 zeigt die Konfiguration der Schwellenwerte im Hilfsprogramm-Explorer.

5.9.4 Workshop: Registrieren eines Service Principal Names (SPN)

Auf dem SQL Server lässt sich sehr einfach überprüfen, ob NTLM oder Kerberos zur Authentifizierung verwendet wird. Öffnen Sie das SQL Server Management Studio, und führen Sie die folgende Abfrage in einem Skriptfenster aus:

```
select auth_scheme, * from sys.dm_exec_connections
```

Diese Abfrage zeigt an, ob Kerberos oder NTLM zur Authentifizierung verwendet wird.

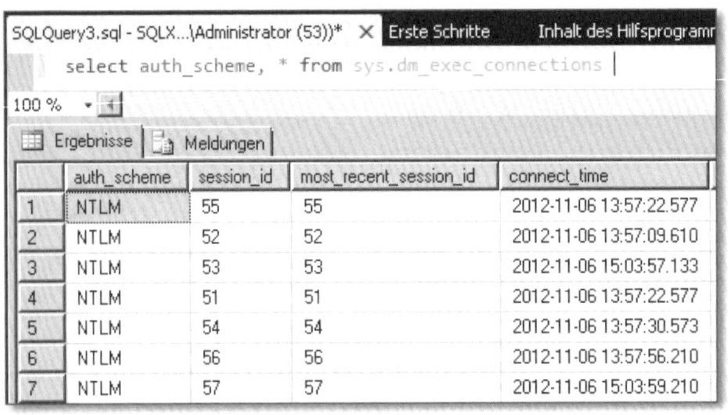

Abbildung 5.36 NTLM für die Authentifizierung

In unserem Beispiel in Abbildung 5.36 sehen Sie, dass NTLM verwendet wird. Für die Registrierung eines SPNs im Active Directory verwenden Sie das Tool *SetSPN.exe*. In unseren Systemen befindet sich dieses unter anderem auf *C:\Windows\System32*. Das folgende Beispiel zeigt, wie Sie einen SPN für den SQL-Server-Dienst registrieren. Dazu zeigen wir Ihnen hier zunächst einmal die grundsätzliche Syntax von `SetSpn`.

`Setspn -A http//Hostname` Domäne\Servicekonto

`Setspn -A http//Hostname.Domäne` Domäne\Servicekonto

1. Öffnen Sie eine Kommandozeile, und geben Sie die beiden Anweisungen aus Abbildung 5.37 ein. Hostname, Domäne und Servicekonto verwenden Sie entsprechend Ihrer Umgebung.

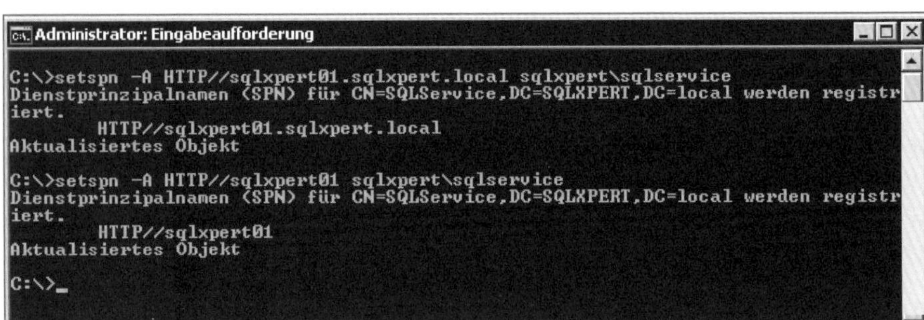

Abbildung 5.37 Registrierung des SPNs

In unserem Beispiel registrieren wir für den FQDN `SQLXPERT01.sqlxpert.local` und den Hostnamen `SQLXPERT01` mit dem Domänenbenutzerkonto `SQLXPERT\SQL-Service` je einen SPN.

Weitere Informationen und Beispiele finden Sie bei Fragen hierzu im MSDN unter dem folgenden Link: *http://technet.microsoft.com/de-de/library/ms191153.aspx*.

Darüber hinaus muss im Active Directory dem Konto vertraut werden, unter dem der Dienst ausgeführt wird. Dazu gibt es die Registerkarte DELEGIERUNG für das entsprechende Konto.

2. Starten Sie ACTIVE DIRECTORY BENUTZER UND COMPUTER remote oder aus der Verwaltung des Domänen-Controllers heraus.
3. Selektieren Sie das Benutzerkonto, unter dem der SQL-Server-Dienst ausgeführt wird.
4. Wählen Sie die EIGENSCHAFTEN und dort die Registerkarte DELEGIERUNG.
5. Jetzt können Sie die Einstellungen so konfigurieren, dass dem Benutzer für Kerberos vertraut wird.

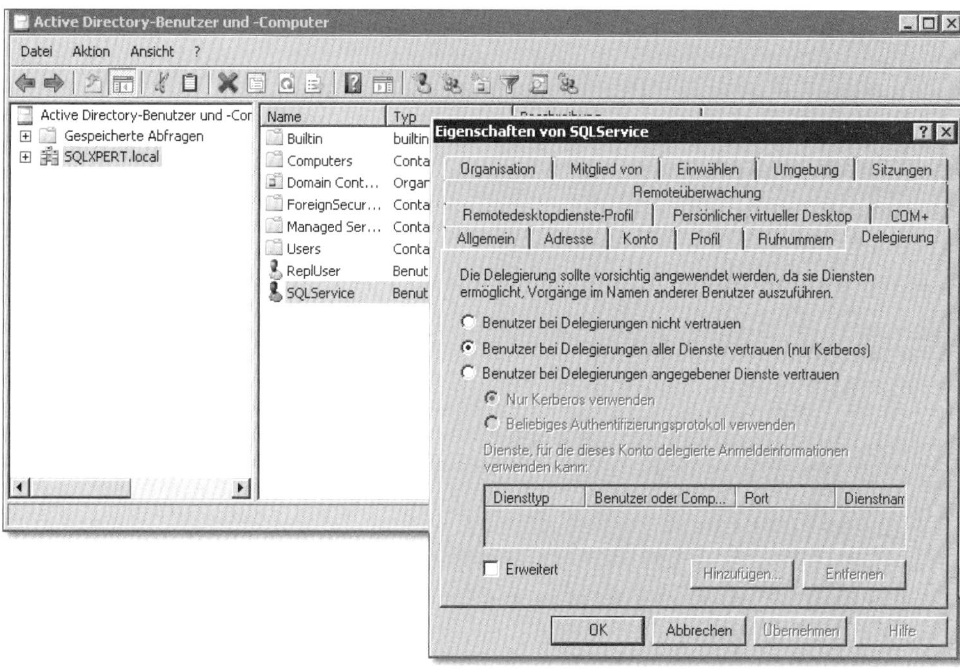

Abbildung 5.38 Das SQL-Server-Dienstkonto mit der Registerkarte »Delegierung«

Wir wollten Ihnen an dieser Stelle die Schritte zeigen, die für den SQL Server notwendig sind. Die Thematik Kerberos und Delegierung soll hier nicht weiter vertieft werden. In einer SharePoint-Umgebung muss die Registrierung auch für das Konto des

Anwendungspools der Webanwendung durchgeführt werden. Auch hier finden Sie weitere Informationen im MSDN unter dem folgenden Link: *http://technet.microsoft.com/de-de/library/ee806870.aspx#section1*.

5.9.5 Workshop: Konfiguration der Windows-Firewall für eine Standardinstanz von SQL Server

Haben Sie eine Standardinstanz von SQL Server 2012 installiert, verwendet SQL Server den Port 1433 zur Kommunikation. Damit eine Verbindung über das Netzwerk mit TCP/IP hergestellt werden kann, muss die Firewall konfiguriert werden.

1. Starten Sie die Managementkonsole MMC über Start • Ausführen • `MMC`, oder über die Suche.
2. Wählen Sie unter Datei • Snap-In hinzufügen die Windows-Firewall mit erweiterter Sicherheit (Abbildung 5.39).

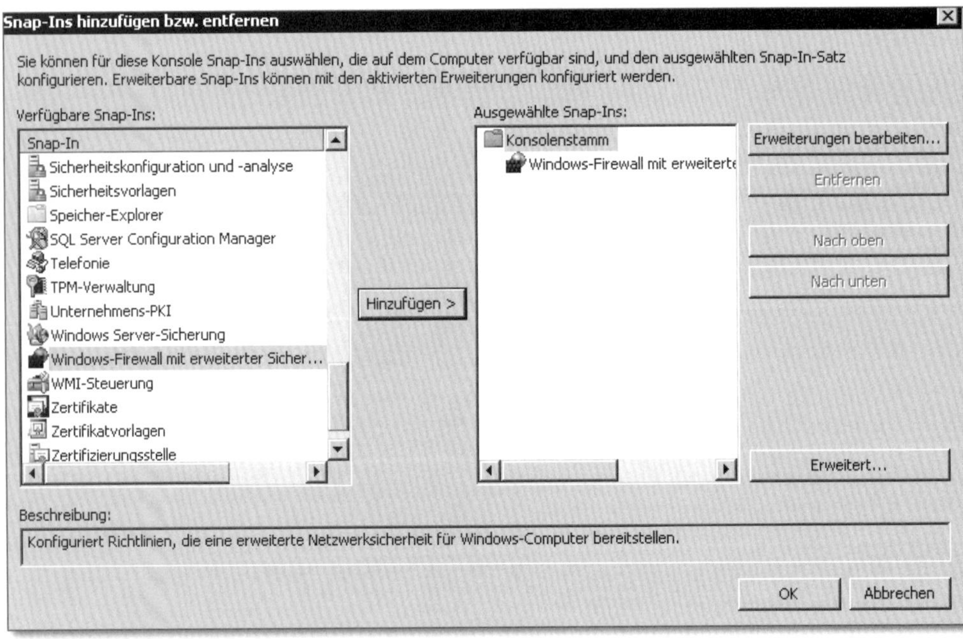

Abbildung 5.39 Auswählen der Windows-Firewall

3. Fügen Sie die Windows-Firewall hinzu, und bestätigen Sie dies mit OK.
4. Nachdem sich die Firewall im Konsolenstamm befindet, erstellen Sie wie in Abbildung 5.40 unter Eingehende Regeln eine Neue Regel.

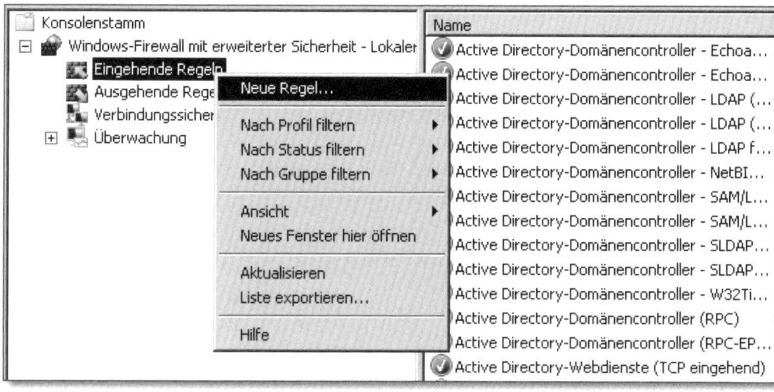

Abbildung 5.40 Erstellen einer neuen eingehenden Firewall-Regel

5. Zunächst können Sie sich entscheiden, ob Sie eine PORT-Regel oder PROGRAMM-Regel erstellen möchten (Abbildung 5.41). In unserem Beispiel erstellen wir für den Port 1433 eine Regel.

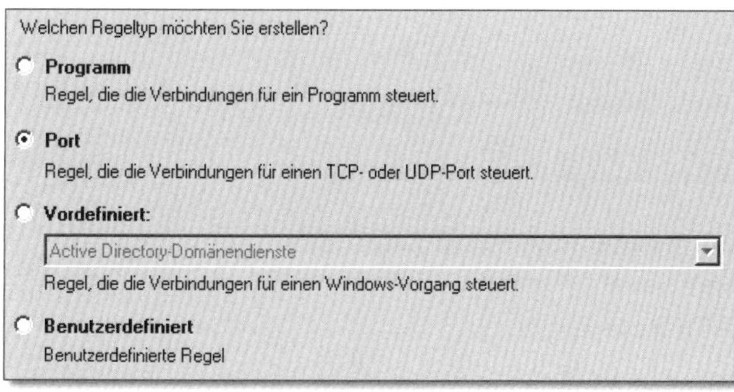

Abbildung 5.41 Portregel erstellen

6. Klicken Sie auf WEITER, und wählen Sie wie in Abbildung 5.42 den TCP-Port aus. Geben Sie als Port 1433 an.

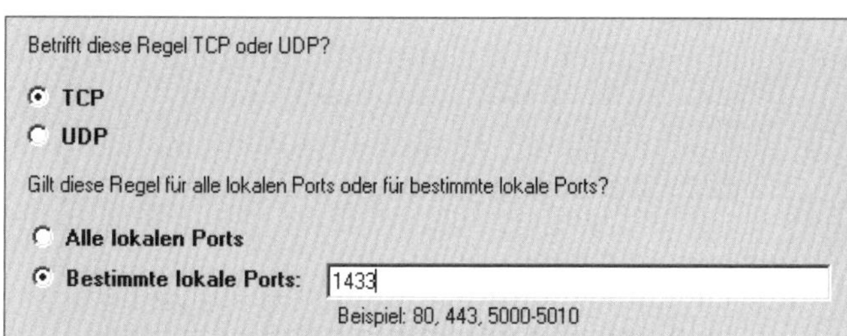

Abbildung 5.42 Festlegen des TCP-Ports 1433

7. Im nächsten Dialog aus Abbildung 5.43 legen Sie fest, dass Sie die VERBINDUNG ZULASSEN möchten.

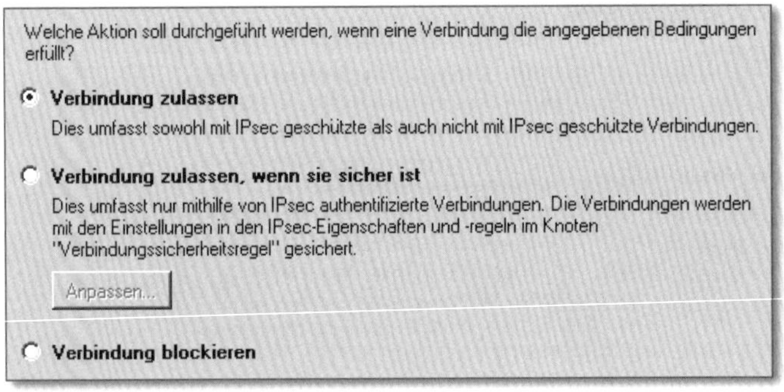

Abbildung 5.43 Verbindung zulassen

8. Das Profil muss noch festgelegt werden, damit die Regel für das jeweilige Netzwerkprofil Anwendung findet (Abbildung 5.44).

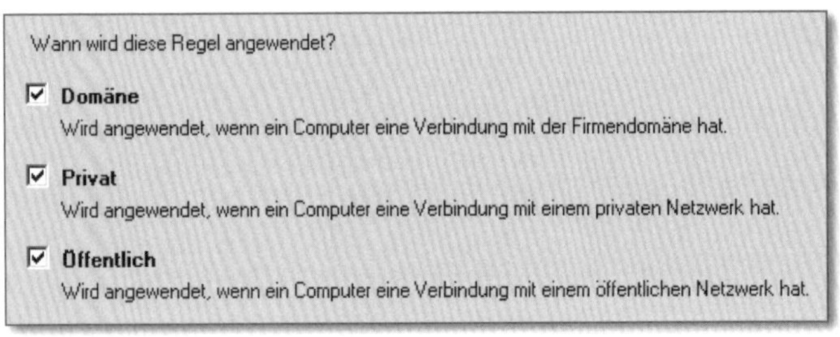

Abbildung 5.44 Festlegen des Netzwerkprofils

9. Zum Schluss geben Sie der Regel noch einen Namen (Abbildung 5.45) und schließen den Vorgang mit FERTIG STELLEN ab.

Abbildung 5.45 Einen Namen für die Regel vergeben

Nachdem Sie den Vorgang abgeschlossen haben, wurde die Regel unter EINGEHENDE REGELN in der Firewall hinzugefügt, wie Sie in Abbildung 5.46 sehen.

Abbildung 5.46 Die eingehende SQL-Server-Firewall-Regel

Erstellen Sie nach dem gleichen Verfahren die AUSGEHENDE REGEL, und denken Sie daran, für Ihre benannten Instanzen von SQL Server am besten feste Ports zu vergeben und diese in der Firewall ebenfalls mit Regeln zu konfigurieren.

Kapitel 6

Die SQL-Server-Systemdatenbanken im Überblick

In diesem Kapitel stellen wir die SQL-Server-Systemdatenbanken vor und erklären ihre Funktion. Diese Grundlagen benötigen Sie, um die Arbeitsweise von SQL Server zu verstehen und um bewerten zu können, wie Sie die Systemdatenbanken in Ihre Sicherungsstrategie integrieren.

Der SQL Server verfügt über verschiedene Systemdatenbanken. Jede dieser Datenbanken erfüllt einen bestimmten Zweck. Für das Thema »Datensicherung« ist es unter anderem wichtig, die Systemdatenbank und deren Rolle zu kennen. Tabelle 6.1 zeigt, welche Rolle diesen einzelnen Datenbanken zukommt.

Systemdatenbank	Beschreibung
MASTER	Sie enthält die gesamte Konfiguration des Servers. Ohne eine funktionierende MASTER-Datenbank gibt es keine lauffähige SQL-Server-Instanz. Sie zeichnet alle Informationen auf Systemebene für eine Instanz von SQL Server auf und muss regelmäßig gesichert werden.
MSDB	Alles, was ein Auftrag im SQL-Server-Agent ist, wird in der MSDB verwaltet. Dazu gehören z. B. die Zeitpläne, Rollen für SSIS, Datenbank-E-Mail und die Rollen, die User berechtigen, mit dem SQL-Server-Agent zu arbeiten. Ein Backup dieser Datenbank ist daher notwendig.
MODEL	SQL Server verwendet die MODEL-Datenbank als Vorlage für alle Datenbanken, die für die Instanz von SQL Server neu erstellt werden. Wenn Sie Änderungen an der Model-Datenbank vornehmen, werden diese Änderungen auf jede neu angelegte Datenbank angewendet. Nicht alle Änderungen sind jedoch für Systemdatenbanken möglich. Nähere Informationen erhalten Sie in der MSDN unter *http://msdn.microsoft.com/de-de/library/ms178028.aspx.*

Tabelle 6.1 Die Systemdatenbanken des SQL Servers 2012 im Überblick

Systemdatenbank	Beschreibung
MSSQLSYSTEM-RESOURCE	Eine schreibgeschützte Datenbank, die Systemobjekte speichert, die in SQL Server enthalten sind. Systemobjekte werden physikalisch in der Ressourcendatenbank gespeichert, logisch jedoch im »sys«-Schema jeder Datenbank angezeigt. Diese Datenbank befindet sich im Verzeichnis *Binn* unterhalb der SQL-Server-Instanz. Sie wird im Management Studio unter SYSTEMDATENBANKEN nicht angezeigt.
TEMPDB	Die TEMPDB stellt einen Arbeitsbereich zum Speichern von temporären Objekten oder Zwischenergebnissen bei Abfragen dar. Diese Datenbank wird bei jedem Neustart der Instanz von SQL Server neu angelegt. Ihre Parameter werden der Master-Datenbank entnommen.

Tabelle 6.1 Die Systemdatenbanken des SQL Servers 2012 im Überblick (Forts.)

6.1 Aufbau und Funktionsweise von SQL-Server-Systemdatenbanken

Jede SQL-Server-Datenbank besteht aus mindestens zwei Dateien. Dabei ist es unerheblich, ob es sich um System- oder Benutzerdatenbanken handelt. Bei diesen Dateien wird zwischen der Datendatei mit der Endung *.mdf* und dem Transaktionsprotokoll mit der Endung *.ldf* unterschieden. Die Datendatei enthält die eigentlichen Daten, Funktionen, Prozeduren, Indizes, Sichten, Trigger etc. Das Transaktionsprotokoll zeichnet alle Informationen auf, die zum Wiederherstellen von Transaktionen in der Datenbank erforderlich sind. Das ist natürlich auch bei den Systemdatenbanken nicht anders.

Es ist möglich, weitere Datendateien einer Systemdatenbank hinzuzufügen. Ausgenommen hiervon sind die Master- und Model-Datenbank. Diesen beiden Datenbanken können Sie keine weiteren Daten- oder Transaktionsprotokolldateien hinzufügen.

6.1.1 Zusammenhänge – Wiederherstellungsmodell, Sicherung der Datenbank und Transaktionsprotokoll

Einige der Systemdatenbanken müssen nach jedem wichtigen Update gesichert werden. Dazu zählen MASTER, MSDB und MODEL. Sollten Sie die Instanz von SQL Server für die Replikation konfiguriert haben, ist auch die Distributionsdatenbank vorhanden, die Sie dann ebenfalls mit sichern müssen.

Sicherung und Wiederherstellungsmodell

Es gibt einen Zusammenhang zwischen dem Wiederherstellungsmodell einer Datenbank und den Sicherungsmöglichkeiten. Befindet sich die Datenbank im einfachen

Wiederherstellungsmodell, ist es nicht möglich, das Transaktionsprotokoll separat zu sichern. Das Thema Wiederherstellungsmodell wird in Kapitel 9, »Backup und Restore«, ausführlich beschrieben. Da die Systemdatenbanken per Standard im einfachen Wiederherstellungsmodell ausgeführt werden, müssen Sie sicherstellen, dass bei jeder Änderung an einer dieser Datenbanken eine Sicherung erfolgt. Nur so ist gewährleistet, dass Sie bei einem Ausfall von SQL Server über aktuelle Sicherungen dieser Datenbanken verfügen. Ausnahme ist hier die TEMPDB, die bei jedem Neustart von SQL Server neu erstellt wird.

Wiederherstellungsmodelle für Systemdatenbanken

Die Master-Datenbank verwendet das einfache Wiederherstellungsmodell. Aus Gründen der Abwärtskompatibilität mit früheren Versionen von Microsoft SQL Server können Sie das Wiederherstellungsmodell jedoch auf *vollständig* oder *massenprotokolliert* ändern. Die Möglichkeit, das Wiederherstellungsmodell der MASTER-Datenbank zu ändern, besteht lediglich aus Gründen der Abwärtskompatibilität. Sie können sich, nachdem Sie das Modell geändert haben, einmal die Sicherungsverfahren ansehen. Es besteht nach wie vor keine Möglichkeit, das Transaktionsprotokoll zu sichern.

Das Wiederherstellungsmodell der MODEL-Datenbank kann ebenfalls geändert werden. Jede neu erstellte Datenbank im SQL Server ist eine Kopie der MODEL-Datenbank, und somit sind die Einstellungen wirksam, die Sie für die MODEL-Datenbank festlegen. Da die Model-Datenbank klein ist und Änderungen nur sehr selten vorkommen, ist eine Transaktionsprotokoll-Sicherung der MODEL-Datenbank nicht sinnvoll. Die MSDB-Datenbank weist eine Besonderheit auf: In ihr liegen die Verlaufsinformationen zu Sicherungen und Wiederherstellungsvorgängen. Wenn Sie diese Informationen beim Wiederherstellen von Benutzerdatenbanken verwenden möchten, sollten Sie die Datenbank in das vollständige Wiederherstellungsmodell setzen.

Die TEMPDB-Datenbank können Sie nicht sichern. Das einfache Wiederherstellungsmodell ist erforderlich, da der Speicherplatz freigegeben werden soll, und es nicht wünschenswert ist, das Transaktionsprotokoll anwachsen zu lassen. Ein Umstellen auf das vollständige Wiederherstellungsmodell ist nicht möglich.

6.1.2 Die Ressourcen- und Distributionsdatenbank

Die Ressourcendatenbank wurde bereits beschrieben. Wir möchten Ihnen jedoch an dieser Stelle noch einige Hinweise zur Ressourcen- und Distributionsdatenbank geben.

Die Ressourcendatenbank

Die Ressourcendatenbank ist eine schreibgeschützte Datenbank, die im SQL Server Management Studio (SSMS) nicht angezeigt wird. Sie enthält alle Systemobjekte, die Sie sich im »sys«-Schema einer jeden Datenbank anzeigen lassen können.

Wenn Sie an der Ressourcendatenbank Änderungen vornehmen, kann es bei einer Aktualisierung von SQL Server geschehen, dass diese Änderungen verloren gehen. Microsoft nutzt die Ressourcendatenbank, um Aktualisierungen vorzunehmen. Wird eine Aktualisierung von SQL Server durchgeführt, kann so die Ressourcendatenbank ersetzt werden. Das vereinfacht den Aktualisierungsvorgang erheblich.

SQL Server ist nicht in der Lage, die Ressourcendatenbank zu sichern. Wenn Sie die Ressourcendatenbank sichern möchten, müssen Sie das über Ihre Unternehmenssicherung erledigen. Achten Sie darauf, die aktuelle Ressourcendatenbank nicht durch eine veraltete Version zu überschreiben.

Die ID der Ressourcendatenbank ist immer `32767`, und ihr ist die Versionsnummer bzw. der Zeitpunkt der letzten Aktualisierung zugeordnet.

Die Distributionsdatenbank

Die Distributionsdatenbank ist nur vorhanden, wenn Sie SQL Server 2012 im Zuge einer Replikation als Verteiler konfigurieren. Diese Datenbank speichert Metadaten und Verlaufsdaten für alle Replikationstypen und Transaktionen für die Transaktionsreplikation. Ein Sichern der Distributionsdatenbank ist somit ebenfalls erforderlich.

6.2 Verschieben von Systemdatenbanken

Ein nachträgliches Verschieben von Systemdatenbanken kann sinnvoll sein, wenn Sie aus Gründen der Performance ein besseres Datenträgerdesign anstreben. Ihre Systemdatenbanken können Sie jederzeit verschieben. Ausgenommen hiervon sind die Master- und Ressourcendatenbank, die eine gesonderte Vorgehensweise erfordern bzw. nicht verschoben werden können. Zum Verschieben von Systemdatenbanken führen Sie die folgenden Schritte aus.

1. Führen Sie die folgende Anweisung für jede Datei aus, die Sie verschieben möchten.

   ```
   ALTER DATABASE database_name MODIFY FILE ( NAME =logical_name , FILENAME =
   'new_path\os_file_name' )
   ```

2. Beenden Sie die Instanz von SQL Server.
3. Verschieben Sie die Datei(en) an den neuen Speicherort.
4. Starten Sie die Instanz von SQL Server oder den Server neu.
5. Überprüfen Sie die Dateipfade, den Status und die Namen nach dem Ausführen der Änderungen durch die folgende Abfrage:

   ```
   SELECT name, physical_name AS CurrentLocation, state_desc FROM sys.master_files
   WHERE database_id = DB_ID(N'sqlxpert');
   ```

Hinweis

Wenn Sie die MSDB-Datenbank verschoben haben, prüfen Sie im Anschluss, ob der Service Broker für die Datenbank aktiv ist. Er wird für die Funktionen von Database Mail benötigt. Führen Sie dazu die folgende Anweisung aus:

```
SELECT is_broker_enabled FROM sys.databases
WHERE name = N'msdb';
```

Ein Verschieben der Master-Datenbank erfordert eine andere Vorgehensweise. Führen Sie dazu die folgenden Schritte aus:

1. Starten Sie den *SQL Server-Konfigurations-Manager*.
2. Wählen Sie wie in Abbildung 6.1 unter SQL SERVER-DIENSTE die Instanz von SQL Server, deren Master-Datenbank Sie verschieben möchten, klicken Sie mit der rechten Maustaste darauf, und rufen Sie EIGENSCHAFTEN auf.

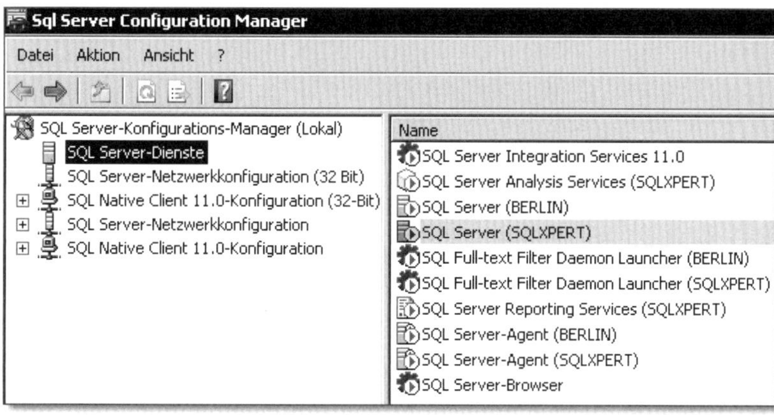

Abbildung 6.1 Eine Instanz auswählen

3. Klicken Sie im Dialogfeld EIGENSCHAFTEN von SQL Server auf die Registerkarte STARTPARAMETER.
4. Bearbeiten Sie die Werte unter STARTPARAMETER so, dass sie auf den geplanten Speicherort für die Daten- und Protokolldateien der Master-Datenbank zeigen (Abbildung 6.2), und klicken Sie auf OK.
5. Es erfolgt der Hinweis, dass alle Änderungen erst wirksam werden, wenn der Dienst neu gestartet wurde.

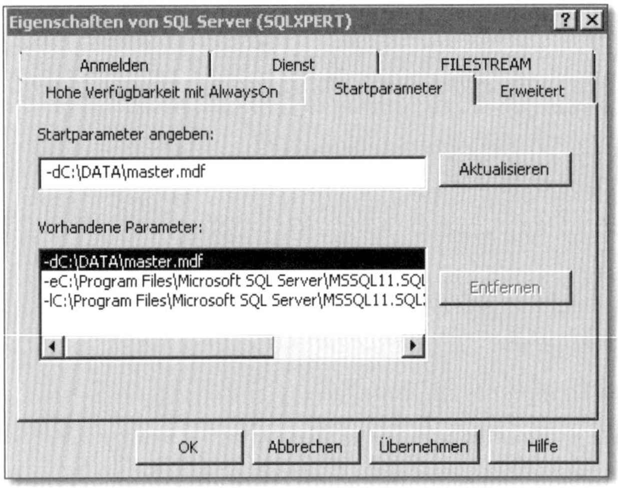

Abbildung 6.2 Startparameter der Instanz festlegen

Das folgende Beispiel zeigt die Pfade und entsprechenden Parameter zum Positionieren der Master-Datenbank. Dabei steht der Parameter `-d` für die MDF-Datei (die Datendatei; siehe hierzu Abschnitt 6.1, »Aufbau und Funktionsweise von SQL-Server-Systemdatenbanken«), der Parameter `-e` für das Errorlog und der Parameter `-l` für das Transaktionsprotokoll:

```
-dC:\Program Files\Microsoft SQL Server\MSSQL10_50.MSSQLSER-
VER\MSSQL\DATA\master.mdf;
-eC:\Program Files\Microsoft SQL Server\MSSQL10_50.MSSQLSER-
VER\MSSQL\LOG\errorlog;
-lC:\Program Files\Microsoft SQL Server\MSSQL10_50.MSSQLSER-
VER\MSSQL\DATA\mastlog.ldf
```

6.3 Neuerstellen von Systemdatenbanken

Dem Neuerstellen von Systemdatenbanken kommt in besonderen Situationen eine wichtige Bedeutung zu. Solche Situationen können eintreten, wenn Sie eine beschädigte Systemdatenbank neu erstellen müssen oder die Standardsortierung auf Serverebene ändern möchten. Bei der Neuerstellung der Systemdatenbanken müssen Sie ein Setup mit Parametern von der Kommandozeile aus ausführen, wodurch die Systemdatenbanken an ihren ursprünglichen Pfaden abgelegt werden.

Bevor Sie beginnen, die Systemdatenbanken neu zu erstellen, sollten Sie einige Schritte ausführen, um die aktuellen Einstellungen Ihrer Systemdatenbanken zu protokollieren.

Hinweis

Alle Änderungen an Systemdatenbanken, die Sie zuvor durchgeführt haben, gehen beim Neuerstellen verloren. Dazu zählen z.B. Wartungsaufträge in der MSDB oder geänderte Werte in der Model-Datenbank.

Mithilfe der folgenden Anweisung können Sie sich die Konfigurationsparameter Ihrer Instanz von SQL Server anzeigen lassen. Das ist besonders dann hilfreich, wenn Sie nach dem Neuerstellen der Systemdatenbanken die Werte erneut übernehmen möchten.

```
SELECT * FROM sys.configurations
SELECT
SERVERPROPERTY('ProductVersion ') AS ProductVersion,
SERVERPROPERTY('ProductLevel') AS ProductLevel,
SERVERPROPERTY('ResourceVersion') AS ResourceVersion,
SERVERPROPERTY('ResourceLastUpdateDateTime') AS ResourceLastUpdateDateTime,
SERVERPROPERTY('Collation') AS Collation;
SELECT name, physical_name AS current_file_location FROM sys.master_files
WHERE database_id IN (DB_ID('master'), DB_ID('model'), DB_ID('msdb'), DB_
ID('tempdb'));
```

Listing 6.1 Wichtige Konfigurationsparameter anzeigen

Nachdem Sie die Werte nun protokolliert haben, können Sie mit dem Neuerstellen der Systemdatenbanken fortfahren. Dazu führen Sie die folgenden Schritte aus. Es ist nicht möglich, Systemdatenbanken einzeln auszuwählen.

1. Nehmen Sie sich das Installationsmedium, oder wechseln Sie in das Verzeichnis *C:\Programme\Microsoft SQL Server\100\Setup Bootstrap\Release*.
2. Führen Sie das Setup von SQL Server über die Kommandozeile mit der folgenden Anweisung aus:

   ```
   SETUP /QUIET /ACTION=REBUILDDATABASE /INSTANCENAME=InstanceName
   /SQLSYSADMINACCOUNTS=accounts /[ SAPWD= StrongPassword ] [
   /SQLCOLLATION=CollationName]
   ```

Parametername	Beschreibung
`/QUIET` oder `/Q`	Setup ohne Benutzeroberfläche
`/ACTION=REBUILDDATABASE`	Systemdatenbanken von Setup neu erstellen
`/INSTANCENAME=`*InstanceName*	der Name der Instanz von SQL Server

Tabelle 6.2 Installation – ausgewählte Setup-Parameter

Parametername	Beschreibung
`/SQLSYSADMINACCOUNTS=`*accounts*	`BUILTIN\Administrators Domain\User` oder `NT-AUTORITÄT\SYSTEM`
`[ /SAPWD=`*Password* `]`	Kennwort für das `sa`-Konto
`[ /SQLCOLLATION=`*CollationName* `]`	Sortierung auf SQL Server

Tabelle 6.2 Installation – ausgewählte Setup-Parameter (Forts.)

Als Nächstes können Sie die Ressourcendatenbank neu erstellen. Dabei gehen alle Service Packs und Hotfixes verloren.

1. Starten Sie *setup.exe*.
2. Klicken Sie im Navigationsbereich auf WARTUNG und dann auf REPARIEREN (Abbildung 6.3).

Abbildung 6.3 Auswahl der Reparatur im Installationscenter

3. Wählen Sie auf der Seite INSTANZ AUSWÄHLEN die zu reparierende Instanz aus, und klicken Sie dann zum Fortsetzen auf WEITER (Abbildung 6.4).

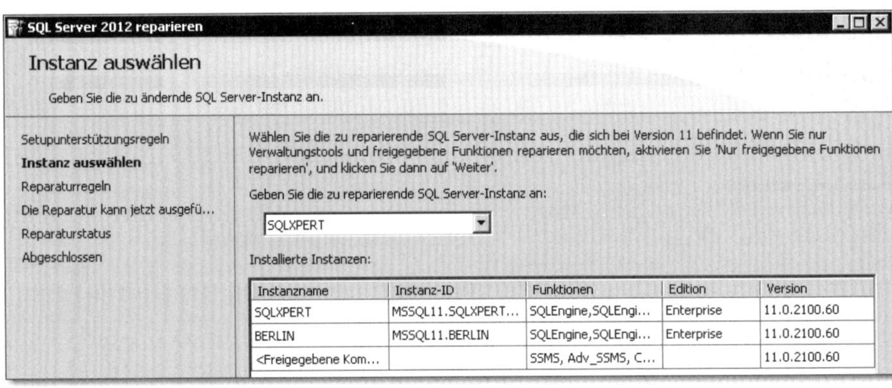

Abbildung 6.4 Instanz für die Reparatur auswählen

4. Klicken Sie auf der Seite BEREIT ZUM REPARIEREN auf REPARIEREN.

Nach der Neuerstellung der Datenbanken übernehmen Sie das letzte Service Pack und alle geeigneten Hotfixes. Stellen Sie dann die Systemdatenbanken von der letzten vollständigen Sicherung wieder her.

Wenn Sie nicht im Besitz einer Sicherung sind, müssen Sie die fehlenden Objekte von Hand oder per Skript erneut anlegen. Solche Objekte können Endpunkte, Anmeldungen, Wartungspläne, Sicherungsmedien etc. sein.

Hinweis

Wenn Sie die Sortiereinstellung des Servers geändert haben, stellen Sie die Systemdatenbanken nicht von der vollständigen Sicherung her, das würde die aktuellen Einstellungen überschreiben.

Sie können die Systemdatenbanken jetzt an die Orte verschieben, an denen sie zuvor gelegen haben. Das gilt natürlich nur, falls Sie zuvor die Pfade der Systemdatenbanken geändert haben. Aktualisieren Sie Ihre Konfigurationseinstellungen in der Instanz von SQL Server, sodass Ihre Instanz mit den Werten ausgeführt wird, mit denen sie vor der Neuerstellung lief. Nachdem die Neuerstellung der Systemdatenbanken abgeschlossen ist, überprüfen Sie die SQL-Server-Fehlerprotokolle. Vergewissern Sie sich, dass alles erfolgreich durchgeführt wurde.

Kapitel 7
Grundlegendes Know-how für Administratoren und Entwickler

Bei der Einarbeitung in ein Datenbanksystem gibt es viele Informationen, Features und Begriffe, die anfangs ungefiltert auf einen Administrator oder Entwickler einströmen. Wo also anfangen – was ist wirklich wichtig? Dieses Kapitel erläutert Ihnen, was für die Administration von SQL Server und das Entwickeln von Datenbankanwendungen für dieses System von Bedeutung ist.

SQL Server bietet eine Vielzahl an Tools, Befehlen und Konfigurationsmöglichkeiten. Es stellt sich demnach die Frage, womit man bei der Einarbeitung in dieses Datenbanksystem am besten beginnt, um SQL Server zu administrieren oder um in die Entwicklung von Datenbankanwendungen einzusteigen.

In diesem Kapitel stellen wir deshalb wichtige Begriffe, Fragen und Informationen vor, mit denen Sie als Administrator oder Entwickler von SQL-Server-Lösungen früher oder später konfrontiert werden. Dabei geht es zuerst um das zentrale Verwaltungsprogramm: das *SQL Server Management Studio*. Darüber hinaus werden wir Ihnen aber auch *Trigger*, *gespeicherte Prozeduren* und *Cursorschleifen* näher erläutern. Dieses Wissen ist wichtig und wird Sie dabei unterstützen, nötige Zusammenhänge zu erkennen und noch leistungsfähigere Datenbankapplikationen zu schreiben.

7.1 SQL Server verwalten – Überblick über das SQL Server Management Studio

Ein wichtiges Tool und Werkzeug für Administratoren und Entwickler ist das Verwaltungstool *SQL Server Management Studio* (SSMS).

Beim SSMS handelt es sich um das zentrale Verwaltungstool, das dem Administrator die Konfiguration und Steuerung von SQL Server, aber auch das Entwickeln von Datenbanklösungen ermöglicht.

Mit dem SSMS setzen Sie SQL-Server-Konfigurationsparameter, führen Datenbanksicherungen durch, entwickeln Transact-SQL-Skripte (T-SQL) und vieles mehr. Im Folgenden stellen wir Ihnen wesentliche Funktionalitäten des SSMS vor.

7.1.1 Starten des SQL Server Management Studios

Ist SQL Server inklusive der Verwaltungstools auf Ihrem Server installiert, finden Sie das SSMS in der Programmgruppe START • ALLE PROGRAMME • MICROSOFT SQL SERVER 2012 MANAGEMENT STUDIO.

7.1.2 Grundlegender Aufbau des SQL Server Management Studios

Nachdem Sie das SSMS gestartet und sich mit Ihren Anmeldedaten angemeldet haben, befinden Sie sich in der SSMS-Oberfläche, die im Wesentlichen aus vier Bereichen aufgebaut ist (siehe Abbildung 7.1). Im oberen Bereich befinden sich wie üblich Menüs und Symbolleisten ❶.

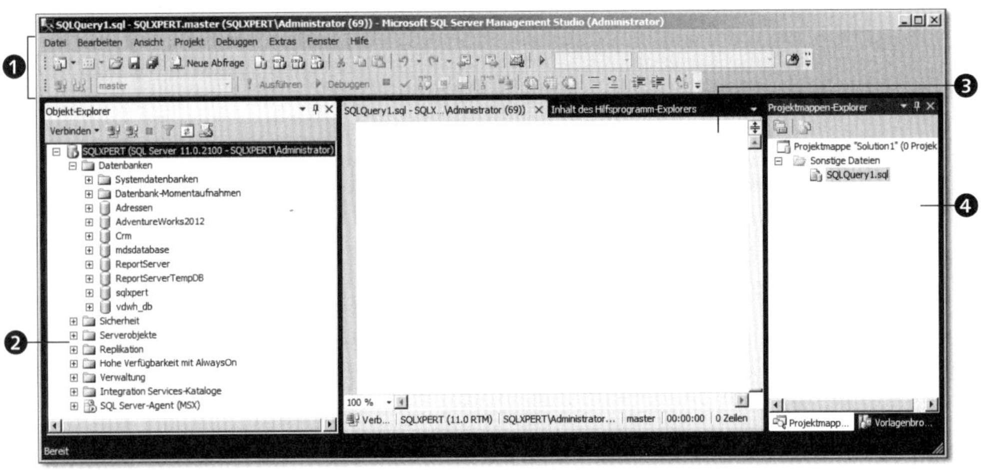

Abbildung 7.1 Aufbau des SQL Server Management Studios

Ein Datenbankserver verwaltet in erster Linie Daten. Diese Daten sind in Tabellen und die Tabellen wiederum in den Datenbanken organisiert. Daneben gibt es eine ganze Palette an weiteren und unterstützenden Datenbankobjekten. Diese Server- und Datenbankobjekte in ihrer logischen Anordnung darzustellen ist Aufgabe des *Objekt-Explorers* ❷, der sich im linken Bereich der SSMS-Oberfläche befindet. Der Objekt-Explorer stellt die Objekte in einer hierarchischen Baumstruktur dar und ermöglicht somit ein schnelles Navigieren innerhalb der SQL-Server-Struktur.

Der mittlere Bereich ❸ bildet den eigentlichen Arbeitsbereich. Im sogenannten *Abfrage-Editor-Fenster* geben Sie die eigentlichen T-SQL-Befehle ein, oder es werden je nach Auswahl der gewünschten Funktion entsprechende Dialoge und Informationen angezeigt, die eine Konfiguration des SQL Servers ermöglichen.

Im rechten Bereich ❹ können Sie weitere Infofenster und Dialoge einblenden, die Sie bei der Anzeige und Arbeit unterstützen. Unterschiedliche Hilfefunktionalitäten, Eigenschaftsfenster oder Projektarbeitsmappen gehören dazu.

Die Anzeige der soeben beschrieben Eigenschaftsfenster, Symbolleisten etc. können Sie über die Menüpunkte im Menü ANZEIGE des SSMS anpassen. Darum ist Ihr SSMS möglicherweise anders aufgebaut als in Abbildung 7.1.

7.1.3 Der Objekt-Explorer

Der Objekt-Explorer im linken Bereich der SSMS-Oberfläche stellt alle Server- und Datenbankobjekte in einer übersichtlichen hierarchischen Baumstruktur dar, die Sie in Abbildung 7.2 beispielhaft sehen.

Abbildung 7.2 Der Objekt-Explorer im SQL Server Management Studio

Durch einen Klick auf die einzelnen Knoten navigieren Sie innerhalb der Baumstruktur und wählen die einzelnen Datenbankobjekte und weitere Funktionalitäten aus. Der oberste Ordner (in Abbildung 7.2 der Ordner »SQLXPERT«) stellt dabei immer die Ebene der aktuellen Serverinstanz dar. Öffnen Sie diesen Ordner, sehen Sie weitere Ordner, die Ihnen die Verwaltung der Serverinstanz und deren Datenbanken ermöglichen.

Klicken Sie wiederum auf einen Datenbankordner – in unserem Beispiel aus Abbildung 7.2 ist das der Ordner »sqlxpert« –, werden Ihnen weitere Unterordner angezeigt, wie z. B. die Ordner TABELLEN, SICHTEN etc., die auf der Ebene der jeweiligen Datenbank (hier »sqlxpert«) relevant sind.

Viele Eigenschaften von Datenbankobjekten, wie z. B. die Eigenschaften von Tabellen, setzen Sie, indem Sie mit der rechten Maustaste auf ein Datenbankobjekt klicken. Das daraufhin erscheinende Kontextmenü zeigt Ihnen die Menüpunkte entsprechend den zur Verfügung stehenden Möglichkeiten des gewählten Datenbankobjektes an. Zum Beispiel können Sie sich durch einen Rechtsklick auf eine Datenbanktabelle und durch Auswahl des Menü-Items OBERSTE 1000 ZEILEN AUSWÄHLEN die Inhalte der Tabelle anzeigen lassen oder fügen durch Auswahl von ENTWERFEN neue Spalten zur Tabelle hinzu (siehe Abbildung 7.3).

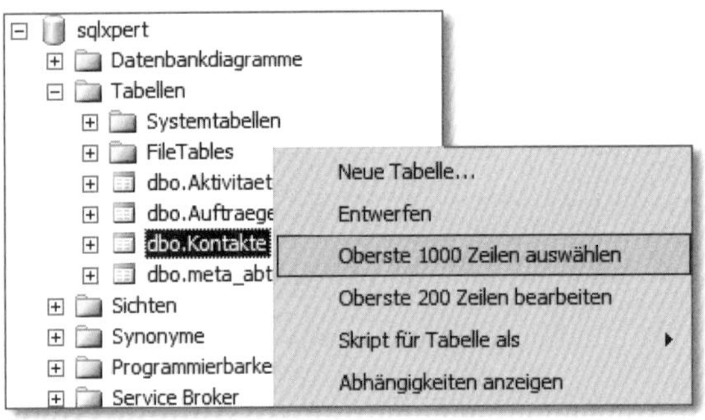

Abbildung 7.3 Kontextmenü des Objekt-Explorers für die Tabelle »Kontakte«

7.1.4 Abfrage-Editor-Fenster

Wie bereits in Abschnitt 7.1.2, »Grundlegender Aufbau des SQL Server Management Studios«, vorgestellt, befindet sich in der Mitte des SSMS der Arbeitsbereich, in dem Abfrage-Editor-Fenster angezeigt werden. In ein Abfrage-Editor-Fenster geben Sie T-SQL-Kommandos ein und können entsprechend den Möglichkeiten von T-SQL komplexe Datenbankskripte erstellen.

Wie Abbildung 7.4 zeigt, können Sie mehrere Abfrage-Editor-Fenster öffnen und diese dann durch einen Klick auf die Registerkarten auswählen.

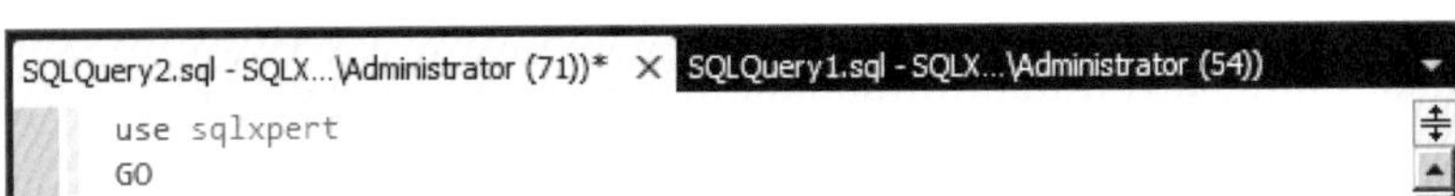

Abbildung 7.4 Abfragefenster und ihre Anordnung im SQL Server Management Studio

Jedes Abfrage-Editor-Fenster kann unter einer anderen SQL-Server-Anmeldung mit SQL Server verbunden sein. Die jeweiligen Verbindungsdaten eines Abfragefensters sehen Sie im rechten unteren Bereich des SSMS-Fensters (siehe Abbildung 7.5).

Abbildung 7.5 Verbindungsdatenanzeige im SQL Server Management Studio

Ein neues Abfragefenster erstellen Sie, indem Sie in der Toolbar ganz links auf die Schaltfläche NEUE ABFRAGE klicken.

7.1.5 Management-Studio-Berichte

Ein sehr nützliches und zugleich etwas verstecktes Feature sind die SSMS-Berichte. Berichte geben Ihnen die Möglichkeit, wichtige SQL-Server-Konfigurations- und Betriebsdaten in schneller und übersichtlicher Form darzustellen. Das Management Studio bietet eine große Anzahl an vorgefertigten Berichten an. Einen solchen Bericht sehen Sie beispielhaft in Abbildung 7.6.

Um Berichte aufzurufen, die Ihre Serverkonfiguration anzeigen, gehen Sie wie folgt vor:

1. Klicken Sie im geöffneten Management Studio mit der rechten Maustaste auf Ihren Serverknoten.
2. Im sich öffnenden Kontextmenü wählen Sie den Punkt BERICHTE • STANDARDBERICHTE. Sie sehen im daraufhin dargestellten Menü alle vorgefertigten Standardberichte, die Ihre Serverkonfiguration betreffen.
3. Wählen Sie den Bericht SERVERDASHBOARD aus, der Ihnen wichtige Daten der Grundkonfiguration Ihres Servers anzeigt, wie z.B. CPU-Verwendung, logische E/A etc.

Was ist unter logischer E/A bzw. I/O zu verstehen?

E/A steht für Eingabe-Ausgabeoperationen. Unter logischen E/A-Vorgängen versteht man das Schreiben und Lesen der Datenseiten aus dem Pufferspeicher (RAM) von SQL Server. Im Englischen spricht man von Input/Output-Vorgängen. Die Abkürzung ist in diesem Fall I/O, meint aber den gleichen Vorgang.

Weitere interessante Berichte, wie z.B. den Bericht DATENTRÄGERVERWENDUNG, finden Sie auf der Ebene der Datenbanken.

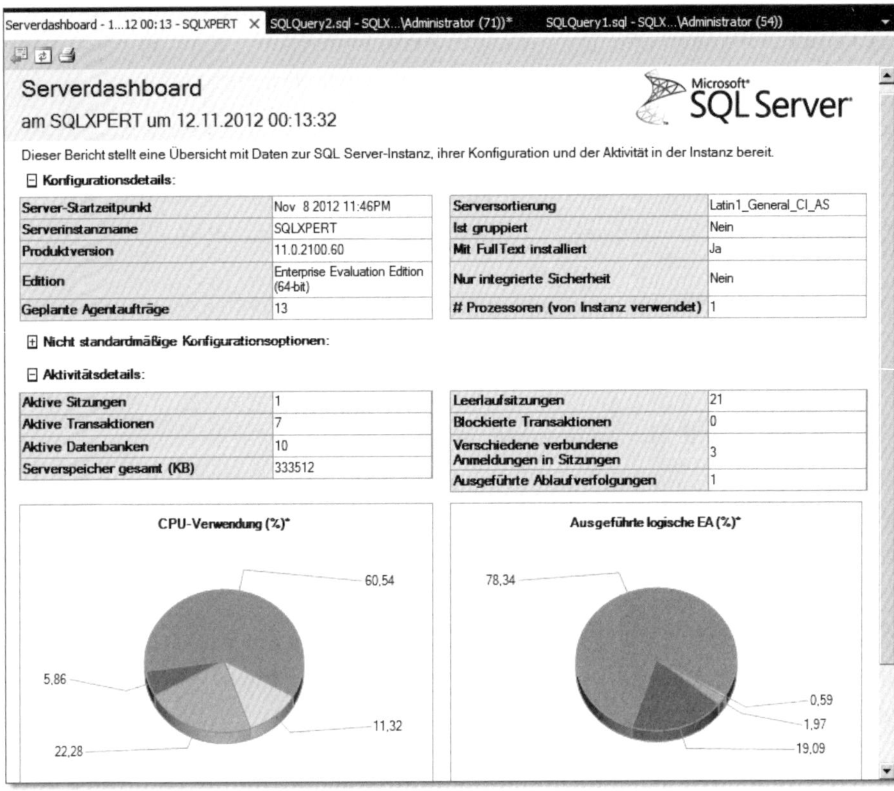

Abbildung 7.6 Bericht »Serverdashboard« im SQL Server Management Studio

1. Klicken Sie im geöffneten Management Studio mit der rechten Maustaste auf Ihre Datenbank, deren Datenbankberichte Sie anzeigen möchten.
2. Im sich öffnenden Kontextmenü wählen Sie den Menüpunkt Berichte • Standardberichte. Sie sehen im daraufhin dargestellten Menü alle vorgefertigten Standardberichte, die Ihre Datenbank betreffen.
3. Wählen Sie den Bericht Datenträgerverwendung, der Ihnen einen Überblick über die Nutzung des Datenbankspeicherplatzes gibt.

Berichte finden Sie im SSMS an den unterschiedlichsten Stellen auf den verschiedenen Ebenen.

7.1.6 Verwalten verschiedener SQL-Server-Instanzen und -Versionen

Mit dem SSMS können Sie nicht nur eine Serverinstanz verwalten, sondern durchaus auch mehrere, indem Sie weitere Instanzen zum Objekt-Explorer hinzufügen.

Um innerhalb des SSMS im Objekt-Explorer eine weitere Serverinstanz hinzuzufügen, gehen Sie wie folgt vor:

1. Klicken Sie in der Toolbar des Objekt-Explorers auf die Schaltfläche VERBINDEN • DATENBANKMODUL.

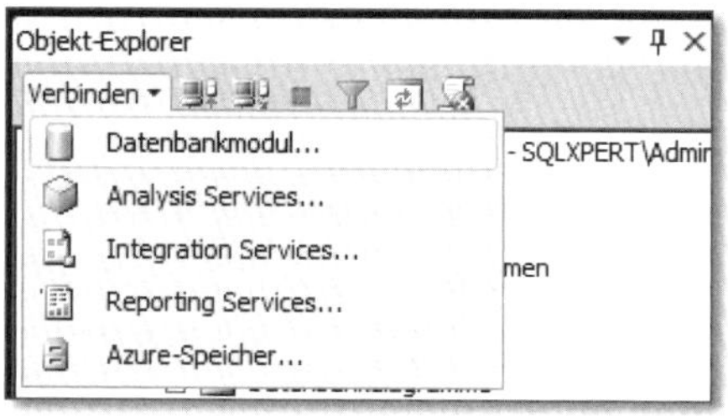

Abbildung 7.7 Objekt-Explorer – Menü »Verbinden«

2. Im daraufhin erscheinenden Anmeldedialog wählen Sie die gewünschte hinzuzufügende SQL-Server-Instanz inklusive der Anmeldedaten aus und klicken auf VERBINDEN.
3. Im Objekt-Explorer wird jetzt ein weiterer Serverinstanzknoten angezeigt (siehe Abbildung 7.8).

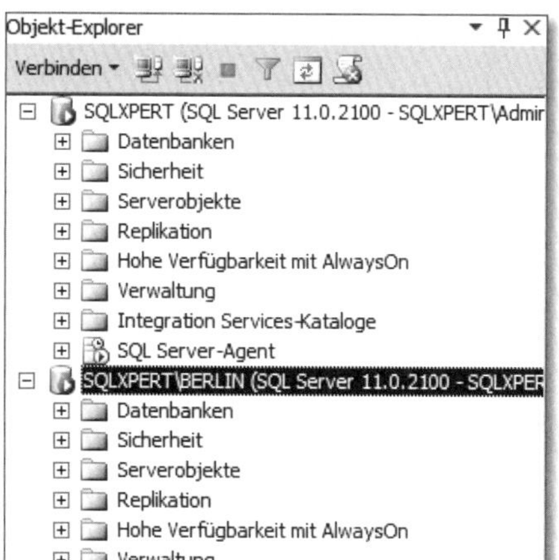

Abbildung 7.8 Weitere, zum Objekt-Explorer hinzugefügte Instanz

Auf diese Art und Weise können Sie auch Serverinstanzen anderer Microsoft-SQL-Server-Versionen, wie z.B. SQL Server 2005 und 2008, hinzufügen und verwalten.

7.1.7 Vorlagen-Explorer und Vorlagenparameter – Schablonen erleichtern die Arbeit

Wenn Sie mit dem SSMS arbeiten, können Sie SQL Server sehr komfortabel über die grafische Benutzeroberfläche verwalten. Dennoch gibt es Aufgaben und Anforderungen, die sich nur schlecht über die durch das SSMS zur Verfügung gestellte Oberfläche erledigen lassen oder vom Management Studio einfach nicht berücksichtigt wurden.

Die Erstellung von Datenbank-Snapshots ist hier ein Beispiel, da es seitens des SSMS keinerlei Unterstützung für das Anlegen von Datenbank-Snapshots gibt. Genaueres zu Datenbank-Snapshots können Sie Abschnitt 9.5, »Datenbank-Snapshots – Datenbankzustände konservieren und wiederherstellen«, entnehmen.

Bei der Erstellung von T-SQL-Datenbankskripten sollte der T-SQL-Code schnell und zuverlässig geschrieben werden können. Für solche Fälle unterstützt Sie das SSMS mit dem Vorlagen-Explorer, den Sie über das Menü ANZEIGEN • VORLAGEN-EXPLORER oder über [Strg] + [Alt] + [T] aufrufen. Der Vorlagen-Explorer hält eine Reihe an vorgefertigten Skripten bereit, die Sie leicht an die eigenen Bedürfnisse anpassen können.

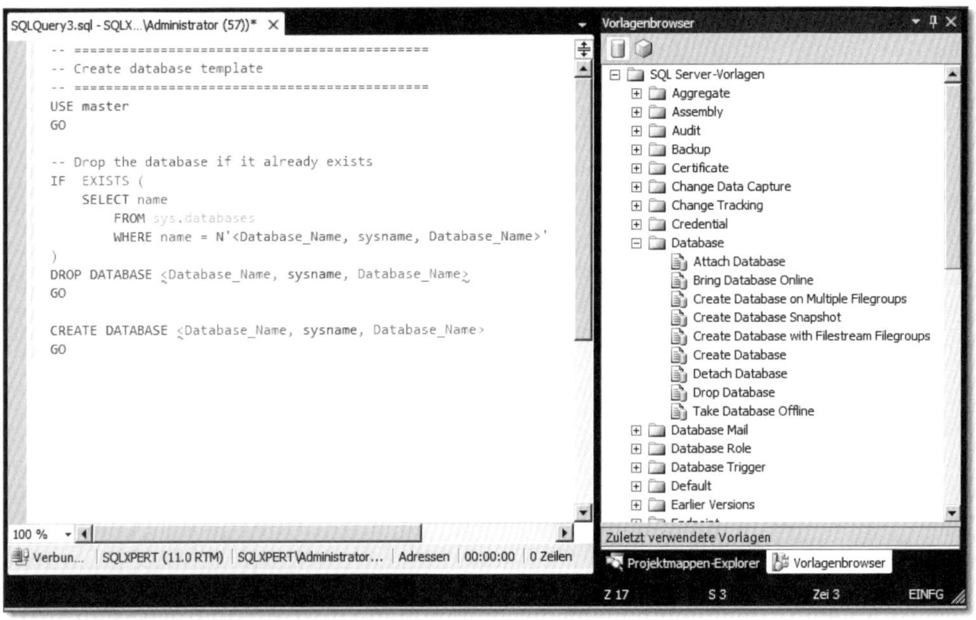

Abbildung 7.9 Vorlagen-Explorer mit per Drag & Drop hinzugefügter Skriptvorlage im Abfragefenster

Nach dem Aufruf des SSMS wird der Vorlagen-Explorer in dessen rechtem Bereich mit einer Baumstruktur eingeblendet. Die unterschiedlichen Skriptvorlagen sind abhängig vom Typ des Skriptcodes in die Baumstruktur des Vorlagen-Explorers eingegliedert. Durch Öffnen der einzelnen Ordner können Sie entsprechende Skriptvorlagen auswählen und per Drag & Drop oder durch einen Doppelklick in das Abfragefenster übernehmen. Daraufhin wird im SSMS-Abfrageeditor ein Skript abhängig von der im Vorlagen-Explorer gewählten Skriptvorlage generiert.

In Abbildung 7.9 sehen Sie ein mittels Vorlagen-Explorer erstelltes Skript zum Anlegen einer Datenbank. Es wurde die Skriptvorlage CREATE DATABASE ausgewählt. Dieses erzeugte Skript enthält den kompletten T-SQL-Befehl der gewählten Aktion.

Vorlagenparameter

Da Sie für die meisten T-SQL-Befehle in der Regel zusätzliche Parameter setzen müssen (das Anlegen einer Datenbank erfordert mindestens die Eingabe des Datenbanknamens), enthält der durch den Vorlagen-Explorer erzeugte Skriptcode markierte Parameterplatzhalter. Diese erkennen Sie an den spitzen Klammern innerhalb des Skriptcodes (siehe Listing 7.1).

```
CREATE DATABASE <Database_Name, sysname, Database_Name>
```

Listing 7.1 Durch den Vorlagen-Explorer generiertes Skript mit Platzhalter für Parameter

SSMS unterstützt Sie auch beim Setzen dieser Parameter. Hierzu wählen Sie im Menü ABFRAGE den Punkt WERTE FÜR VORLAGENPARAMETER ANGEBEN aus.

SSMS analysiert in diesem Fall den im Abfrageeditor gefundenen T-SQL-Code und zeigt eine abhängig von den gefundenen Parametern gestaltete Dialogbox an. In diese Dialogbox können Sie die für das Skript benötigten Parameterwerte eingeben (siehe Abbildung 7.10).

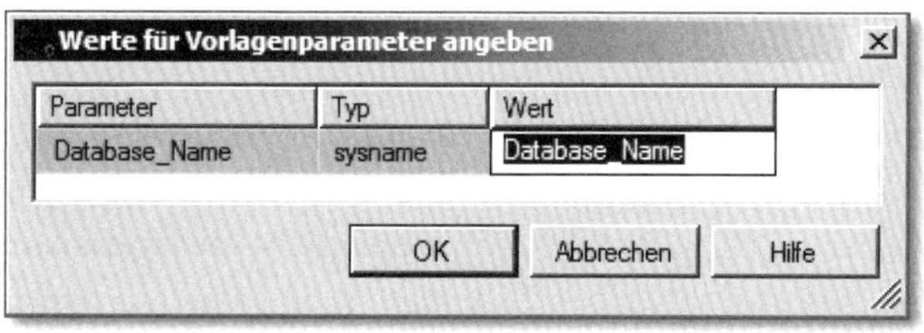

Abbildung 7.10 Der Dialog »Werte für Vorlagenparameter angeben«

Nach dem Ausfüllen der Spalte WERT und Anklicken von OK übernimmt das Skript die Parameter.

7.1.8 Der »Skript«-Button – Eigentlich ist alles T-SQL

Fast alle Funktionen, die durch die grafische Oberfläche des SSMS zur Verfügung gestellt werden und die die SQL-Server-Instanz oder Datenbankobjekte der Instanz betreffen, werden im Hintergrund direkt in T-SQL-Befehle übersetzt und an den Server gesendet. Wie schön wäre es, wenn es möglich wäre, sich diese T-SQL-Befehle ausgeben zu lassen, um sie in eigenen Skripten zu nutzen. Genau dies ermöglicht SSMS.

Im SSMS finden Sie in sehr vielen Dialogen im oberen Dialogbereich die Schaltfläche SKRIPT, die Sie auch in Abbildung 7.11 sehen. Mit dieser Schaltfläche lassen Sie sich die vorgenommenen Einstellungen innerhalb des jeweiligen Dialogs in Form des zugehörigen T-SQL-Befehls ausgeben.

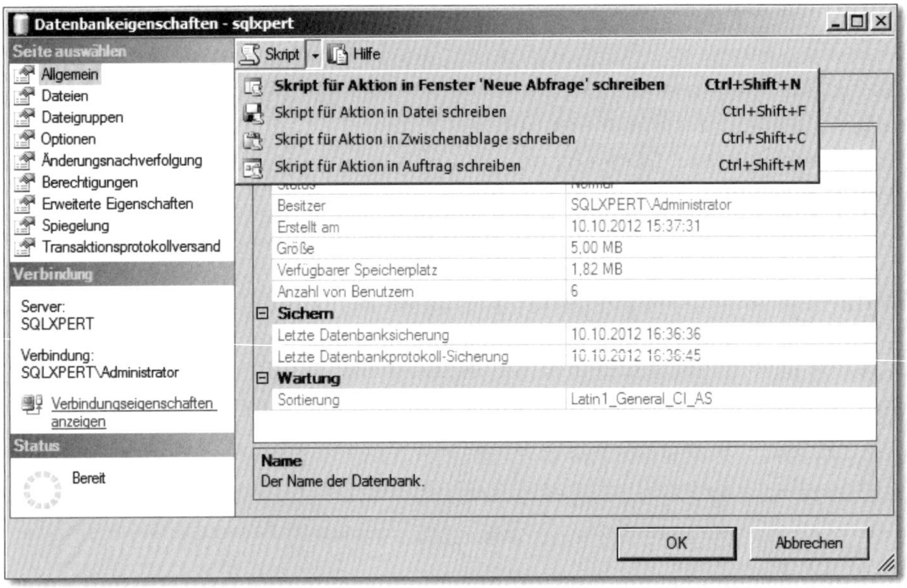

Abbildung 7.11 Schaltfläche »Skript« im Dialogfenster »Datenbankeigenschaften«

Die Schaltfläche SKRIPT bietet Ihnen mehrere Auswahlmöglichkeiten, wie Sie das über den jeweils aktiven Dialog generierte Skript ausgeben können. Zum Beispiel können Sie wählen, ob der generierte T-SQL-Befehl direkt in ein neues Abfragefenster oder in die Zwischenablage geschrieben werden soll. Andere Möglichkeiten wären SKRIPT FÜR AKTION IN DATEI SCHREIBEN oder das direkte Anlegen eines Agent-Auftrags, um das generierte Skript automatisiert auszuführen.

Hinweis zur Nutzung der Scripting-Funktionalität

Wichtig ist, dass Sie, wenn Sie das Skript generieren möchten, **nicht** auf die Schaltfläche OK des Dialogs klicken, da sonst die Einstellungen ausgeführt werden und Sie nicht mehr die Möglichkeit haben, die SKRIPT-Schaltfläche auszuwählen, da der Dialog bei einem Klick auf OK geschlossen und ausgeführt wurde. Der Dialog dient in diesem Fall lediglich dazu, die entsprechenden Skriptanforderungen zu definieren.

Viele Datenbankentwickler oder Administratoren nutzen diese Möglichkeit, um sich die so generierten Befehle ohne langes Studium der Dokumentation ausgeben zu lassen und gegebenenfalls an die eigenen Anforderungen anzupassen.

Ein Skript können Sie auch für ein erstelltes Datenbankobjekt wie eine Tabelle generieren. Hierzu klicken Sie mit der rechten Maustaste auf die Tabelle und wählen aus dem Kontextmenü den Menüpunkt SKRIPT FÜR TABELLE ALS aus. Es werden Ihnen unterschiedliche Varianten der Skripterstellung für die Tabelle angezeigt. Sie können wählen, ob Sie ein Skript erstellen möchten, das die Tabelle anlegt, oder eines, das eine Abfrage der Tabelle erlaubt (siehe Abbildung 7.12).

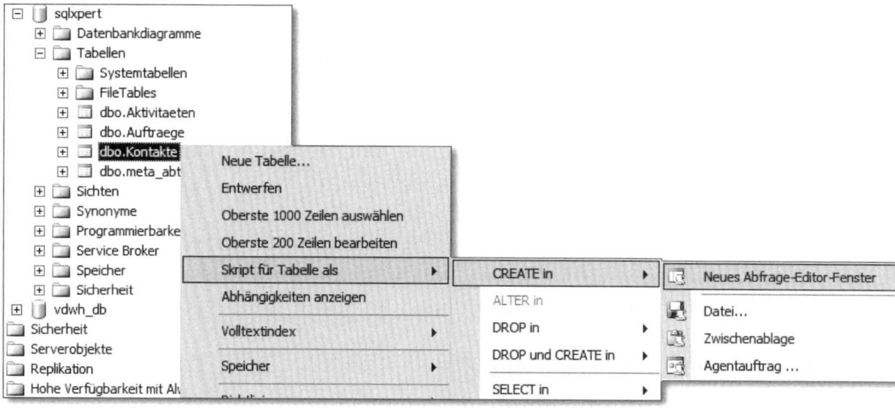

Abbildung 7.12 Skripterstellung für die Tabelle »Kontakte«

7.1.9 IntelliSense – Unterstützung zur passenden Zeit

SSMS bietet IntelliSense-Unterstützung. Unter *IntelliSense* versteht man die automatische Vervollständigung beim Schreiben von Quellcode, um den Programmierer zu unterstützen.

Die IntelliSense-Funktion des SSMS unterbreitet Ihnen beim Schreiben von Skriptcode Vorschläge zu Datenbankobjekten oder Befehlen. Diese können Sie bei richtigem Vorschlag durch das SSMS direkt über die [↵]- oder der [⇆]-Taste übernehmen.

Sie erhalten abhängig von dem von Ihnen eingegebenen Skriptcode unterschiedliche Vorschläge, wie z.B. Namen von Datenbankobjekten oder T-SQL-Befehle. Dies sehen Sie in Abbildung 7.13.

Abbildung 7.13 IntelliSense in Aktion

IntelliSense beschleunigt das Schreiben von Skriptcode und verhindert Tippfehler.

Aktualisieren des IntelliSense-Caches

Sollten Sie einmal einen IntelliSense-Vorschlag z. B. für eine soeben erstellte Tabelle vermissen, können Sie dem lokalen Cache auch manuell durch Auswahl des Menüpunkts BEARBEITEN • INTELLISENSE • LOKALEN CACHE AKTUALISIEREN auf die Sprünge helfen. Dieser wird nämlich nicht immer sofort, sondern in regelmäßigen Abständen aktualisiert.

IntelliSense können Sie im Optionsmenü EXTRAS • OPTIONEN • TEXT-EDITOR • TRANSACT-SQL • INTELLISENSE des SSMS aktivieren und deaktivieren, wie Abbildung 7.14 zeigt.

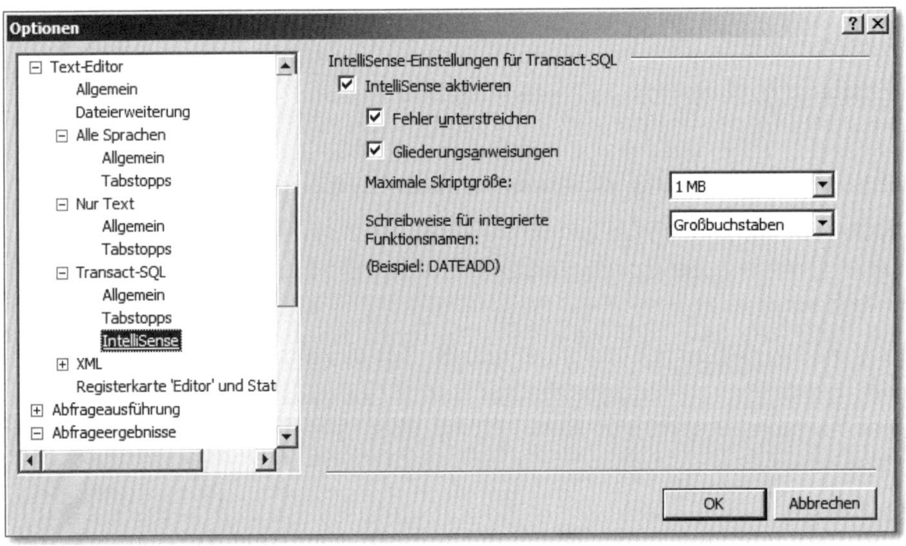

Abbildung 7.14 Einstellungen für IntelliSense im Optionsmenü des SQL Server Management Studios

7.2 Dynamische Verwaltungssichten, Katalogsichten

Um Metainformationen über das Serversystem oder den Datenbankkatalog zu erhalten, bietet SQL Server Ihnen unterschiedliche Sammlungen von Systemsichten an. Diese Sichten ermöglichen die Abfrage von Metadaten des Datenbanksystems aus unterschiedlichen Perspektiven.

Was sind Metadaten?

Als Metadaten werden Daten bezeichnet, die Informationen über andere Daten enthalten.

7.2.1 Katalogsichten

Katalogsichten zeigen Ihnen verschiedene Metadaten über den Datenbankkatalog an. Katalogsichten sind immer dem »sys«-Schema der Datenbank zugeordnet und können nur von den Benutzern abgefragt werden, die die entsprechenden Rechte besitzen. Der Systemadministrator »sa« sieht alle Objekte auf dem Server, und der »dbo« (Database Owner) sieht alle Objekte der Datenbank.

Die Katalogsichten finden Sie im Management Studio im Unterordner SYSTEMSICHTEN der jeweiligen Datenbank. Inhalte von Systemsichten lassen Sie sich, wie im SSMS üblich, entweder mit dem SQL-Befehl `SELECT` oder durch einen Rechtsklick auf die Sicht und Auswahl des Menüpunkts OBERSTE 1000 ZEILEN AUSWÄHLEN anzeigen (siehe Abbildung 7.15).

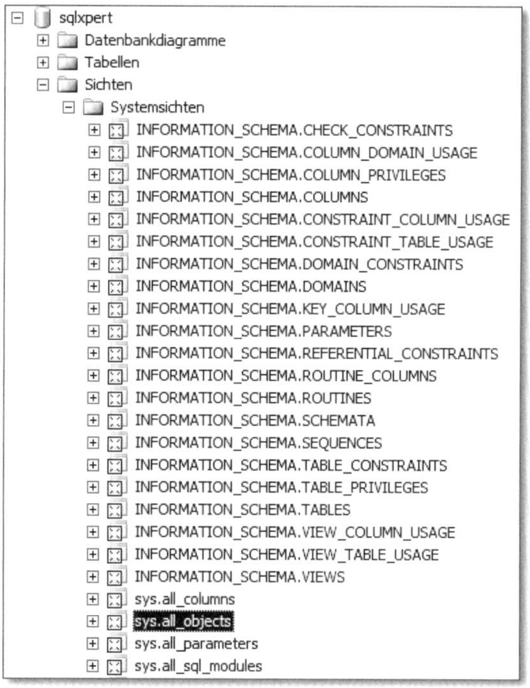

Abbildung 7.15 Katalogsichten-Darstellung im Objekt-Explorer

Um sich z.B. alle Tabellen der aktuellen Datenbank auflisten zu lassen, fragen Sie mit dem Befehl `SELECT * FROM SYS.TABLES` die Katalogsicht »sys.tables« ab.

7.2.2 Dynamische Verwaltungssichten

Dynamische Verwaltungssichten geben Serverstatusinformationen zurück, mit denen Sie in der Lage sind, den Zustand des Servers zu überwachen oder eventuelle Probleme zu diagnostizieren.

Auch diese Sichten sind dem »sys«-Schema zugeordnet, beginnen allerdings mit den Buchstaben »dm_« (steht für »Dynamic Management«). `SELECT * FROM SYS.DM_OS_SYS_MEMORY` liefert Ihnen z.B. Arbeitsspeicherinformationen des Betriebssystems.

7.2.3 Informationen und Leistungsdaten rundherum

Wenn Sie sich die Systemsichten einmal in Ruhe ansehen, werden Sie feststellen, dass die Informationen innerhalb dieser Sichten sehr umfangreich sind. In diesem Zusammenhang möchten wir darauf hinweisen, dass sämtliche Verwaltungs- und Katalogsichten ausführlich in der SQL-Server-Dokumentation beschrieben sind.

Die aus den Sichten zu gewinnenden Metadaten können Sie sehr gut dazu verwenden, um wichtige Informationen zu den Leistungsdaten von SQL Server zu erhalten. Der Bereich der über Systemsichten bereitgestellten Metadateninformationen reicht von Daten über die aktuelle Auslastung des Betriebssystems bis hin zu Informationen über Abfragen, die am meisten Abfragezeit benötigt haben. Diese Informationen erhalten Sie allerdings nur durch eine Kombination oder besser gesagt durch das Bilden von Verknüpfungen (*Joins*) zwischen den einzelnen Systemsichten.

Das Beispielskript in Listing 7.2 verknüpft unterschiedliche dynamische Verwaltungssichten in einer `SELECT`-Abfrage und wertet sie aus. Diese Abfrage ermittelt für Sie die zehn langsamsten SQL-Befehle.

```
SELECT TOP 10  CREATION_TIME, LAST_EXECUTION_TIME
,TOTAL_PHYSICAL_READS, TOTAL_LOGICAL_READS
,TOTAL_LOGICAL_WRITES, EXECUTION_COUNT
,TOTAL_WORKER_TIME, TOTAL_ELAPSED_TIME
,TOTAL_ELAPSED_TIME / EXECUTION_COUNT AVG_ELAPSED_TIME
,SUBSTRING(ST.TEXT, (QS.STATEMENT_START_OFFSET/2) + 1,
 ((CASE STATEMENT_END_OFFSET
 WHEN -1 THEN DATALENGTH(ST.TEXT)
 ELSE QS.STATEMENT_END_OFFSET END
 - QS.STATEMENT_START_OFFSET)/2) + 1) AS STATEMENT_TEXT
FROM SYS.DM_EXEC_QUERY_STATS AS QS
CROSS APPLY SYS.DM_EXEC_SQL_TEXT(QS.SQL_HANDLE) ST
ORDER BY TOTAL_ELAPSED_TIME / EXECUTION_COUNT DESC;
```

Listing 7.2 Ermitteln der zehn langsamsten SQL-Befehle durch Auswertung dynamischer Verwaltungssichten

7.2.4 Scripting mit T-SQL

In vielen Beispielen innerhalb dieses Buches ist die Rede von *T-SQL*. T-SQL steht für »Transact SQL« und ist Microsofts hauseigene, sehr mächtige Weiterentwicklung des

SQL-Standardbefehlssatzes. T-SQL gibt dem Anwender die Möglichkeit, Schleifen, Variablen, Entscheidungsstrukturen und Fehlerbehandlungen innerhalb von T-SQL-Skripten zu definieren.

Was ist ein Skript?

Unter einem Skript versteht man die Aneinanderreihung interpretierbarer Befehle.

Dies ist notwendig, da der normale Befehlssatz des sogenannten Standard-SQLs die genannten Erweiterungen nicht kennt.

Aus diesem Grund implementieren die unterschiedlichen Hersteller von Datenbanksystemen die ihrer Meinung nach wichtigen Ergänzungsbefehle auf ihre jeweils eigene Art und Weise. So entstehen die sogenannten SQL-Dialekte. Viele Datenbanksysteme sprechen ihren eigenen SQL-Dialekt. Während der SQL-Dialekt von Microsoft T-SQL heißt, nennt z. B. Oracle sein erweitertes Standard-SQL PL/SQL.

Wenn Sie im Management Studio daher eine Standard-SQL-Anweisung eingeben, geben Sie eigentlich auch gleichzeitig einen T-SQL-Befehl ein. Die T-SQL-Befehle können Sie einzeln ausführen oder in Form einer Skriptdatei mit der Dateierweiterung *.sql* speichern, um diese dann wieder zu laden und auszuführen. Sobald Sie mehrere T-SQL-Befehle innerhalb einer Datei speichern, schreiben oder ausführen, spricht man von einem T-SQL-Skript.

T-SQL-Skripte können in SQL Server vielseitig eingesetzt werden. Sie sind in Funktionen, Triggern und gespeicherten Prozeduren vorhanden. T-SQL-Skripte können auch automatisch über den Agent-Dienst ausgeführt werden.

Möchten Sie ein neues Skript oder Skriptfenster im SSMS öffnen, klicken Sie oben links in der Toolbar auf die Schaltfläche NEUE ABFRAGE, wie Abbildung 7.16 veranschaulicht.

Abbildung 7.16 Schaltfläche »Neue Abfrage« in der SSMS-Toolbar

SSMS öffnet daraufhin eine neues *.sql-Dateifenster* – auch Abfrage-Editor-Fenster genannt –, in das Sie T-SQL-Befehle eingeben werden. Den in das Abfrage-Editor-Fenster eingegebenen T-SQL-Code können Sie, wie in Microsoft-Programmen üblich, abspeichern und bei Bedarf wieder öffnen. Im Management Studio gespeicherte Skripte erhalten die Dateierweiterung *.sql*. Eine *.sql-Datei* ist eine normale Textdatei und kann auch mit Notepad oder einem anderen Texteditor bearbeitet werden. Durch einen Klick auf die Schaltfläche AUSFÜHREN in der Toolbar führen Sie das aktive, im Abfrage-Editor-Fenster geladene SQL-Skript aus.

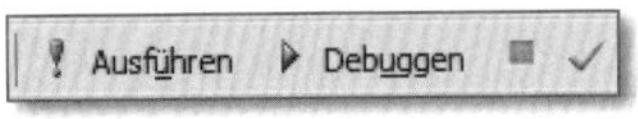

Abbildung 7.17 Schaltflächen »Ausführen«, »Debuggen«, »Ausführung abbrechen« und »SQL analysieren« in der SSMS-Toolbar

Die Funktionalität der Schaltflächen rechts neben der AUSFÜHREN-Schaltfläche wird in Tabelle 7.1 erläutert.

Schaltfläche	Funktion	Beschreibung
	Debuggen	Der Transact-SQL-Debugger wird aktiviert.
	Ausführung der Abfrage abbrechen	Senden einer Abbruchanforderung an den Server, z. B. das Beenden von Abfragen, die übermäßig viel Zeit in Anspruch nehmen
	Analysieren	Analysieren des ausgewählten oder des gesamten T-SQL-Codes auf syntaktische Korrektheit hin – keine Ausführung

Tabelle 7.1 Funktionen der Schaltflächen in der SSMS-Toolbar

Kleiner Trick zum Ausführen von einzelnen T-SQL-Skriptbefehlen

Wenn Sie innerhalb eines T-SQL-Skripts einen Befehl mit der Maus markieren und anschließend auf AUSFÜHREN klicken, wird nur dieser Befehl und *nicht* das ganze Skript ausgeführt.

Listing 7.3 zeigt Ihnen ein einfaches T-SQL-Skriptbeispiel, das die Zeilenanzahl der Tabelle »demotabelle« überprüft, in Abhängigkeit von der Zeilenanzahl einen entsprechenden Text zusammensetzt und diesen anschließend in eine Log-Tabelle namens »logtabelle« schreibt.

```
/* Einfaches T-SQL Skriptbeispiel */
-- Variablendeklaration
DECLARE @ANZAHL_ZEILEN INT;
DECLARE @LOGTEXT VARCHAR(200) = '';
-- ERMITTELN DER ZEILENANZAHL DER TABELLE DEMOTABELLE
-- UND SCHREIBEN IN DIE VARIABLE @ANZAHL_ZEILEN
SELECT @ANZAHL_ZEILEN = COUNT(*) FROM DEMOTABELLE;
```

```
-- ENTSCHEIDUNG MITTELS IF
IF (@ANZAHL_ZEILEN > 10)
BEGIN
-- ZUWEISEN EINER ZEICHENKETTE ZUR VARIABLEN @LOGTEXT
SELECT @LOGTEXT = 'ACHTUNG, DIE ANZAHL DER ZEILEN IN DER TABELLE DEMOTABELLE
IST GRÖSSER ' + CAST(@ANZAHL_ZEILEN AS VARCHAR(100));
END
ELSE
BEGIN
SELECT  @LOGTEXT = 'ACHTUNG DIE ANZAHL DER ZEILEN IN DER TABELLE DEMOTA-
BELLE IST KLEINER  ' + CAST(@ANZAHL_ZEILEN AS VARCHAR(100));
END
INSERT INTO LOGTABELLE (LOGTEXT) VALUES(@LOGTEXT);
```

Listing 7.3 Einfaches T-SQL-Skript

In Listing 7.3 erkennen Sie, dass in diesem T-SQL-Skript Variablen deklariert und zugewiesen, Entscheidungen getroffen und Datentypen konvertiert werden. Sie sehen in diesem Skript auch sogenannte *Kommentare*. Kommentare ermöglichen es, zu den Skriptbefehlen erklärenden Text zu schreiben, der nicht als Befehl angesehen wird. Er dient dem Skriptentwickler als Notiz, um sich im Skriptcode besser zurechtzufinden.

Art des Kommentars	Beispiel
einzeiliger Kommentar	`-- Einzeiliger Kommentar`
mehrzeiliger Kommentar	`/* Das ist ein Kommentar,` `der über mehrere Zeilen geht */`

Tabelle 7.2 Ein- und mehrzeilige Kommentare

Alles in allem ist T-SQL eine sehr mächtige Sprache, mit der sich komplette Datenbankapplikationen entwickeln lassen. Es würde den Rahmen dieses Buches bei Weitem überschreiten, hier T-SQL in seiner Komplexität zu behandeln. Möchten Sie jedoch tiefer in die Materie einsteigen, empfehlen wir Ihnen die Microsoft-Dokumentation.

7.3 Datenbanken anlegen

Eine Datenbank besteht immer aus mindestens zwei Dateien, der Datendatei und der Protokolldatei.

1. In der Datendatei befinden sich die gespeicherten Daten der Datenbank. Die Dateierweiterung ist *.mdf*.
2. Die Transaktionsprotokolldatei sammelt die Informationen zu den durchgeführten Transaktionen, das heißt den Änderungen am Datenbestand. Die Dateierweiterung ist *.ldf*.

Eine Datenbank kann aber auch aus mehr als nur den zwei genannten Dateien bestehen. Es kann mehrere Datendateien und Transaktionsprotokolldateien geben, wobei die erste Datei immer die sogenannte *primäre* Datendatei ist und jede weitere Datendatei als *sekundäre* Datendatei bezeichnet wird.

In der primären Datendatei sind neben den eigentlichen Daten Startinformationen für die Datenbank sowie Verweise auf die anderen Dateien der Datenbank gespeichert.

Wie bereits erwähnt, hat die *primäre* Datendatei die Dateierweiterung *.mdf*, jede weitere Datendatei sollte die empfohlene Erweiterung *.ndf* haben. Die Dateierweiterung des Transaktionsprotokolls sollte immer *.ldf* sein. Wie Sie weitere Datendateien einer Datenbank hinzufügen, lesen Sie in Abschnitt 7.3.3, »Dateigruppen – Strategie zur Verteilung von Objekten auf Datenträgern«.

Hinweis zu den Dateierweiterungen

SQL Server zwingt Sie nicht, die empfohlenen Dateierweiterungen zu verwenden, allerdings sollten Sie sich an die empfohlenen Vorgaben halten, um klar erkennen zu können, um welche Datei es sich handelt.

Eine Datenbank in SQL Server anzulegen, kann einfach oder komplex sein; das hängt im Wesentlichen davon ab, inwieweit Sie für die Erstellung der Datenbank von den jeweiligen Standardeinstellungen – z.B. Speicherort der Datenbankdateien – abweichen.

Im folgenden Beispiel erläutern wir Ihnen die einfache Variante des Anlegens einer Datenbank namens »demo«:

1. Öffnen Sie das SSMS. Verbinden Sie sich mit der Instanz von SQL Server, auf der Sie eine Datenbank anlegen möchten.
2. Klicken Sie mit der rechten Maustaste im Objekt-Explorer auf den Ordner DATENBANKEN, und wählen Sie NEUE DATENBANK.
3. Im daraufhin erscheinenden Dialog NEUE DATENBANK geben Sie im Feld DATENBANKNAME den gewünschten Namen – hier »demo« – der Datenbank an.
4. Klicken Sie auf OK, und die Datenbank wird erstellt und anschließend im Objekt-Explorer angezeigt.

Sie können eine Datenbank mit dem Namen »demo« auch anlegen, indem Sie direkt den T-SQL-Befehl `CREATE DATABASE DEMO;` im Abfrage-Editor-Fenster des SSMS eingeben und ausführen.

7.3.1 Was geschieht beim Erstellen einer Datenbank?

Für den Befehl zum Erzeugen einer Datenbank `CREATE DATABASE` können Sie eine Vielzahl von Parametern setzen. Geben Sie diese Parameter nicht an, so wie im Beispiel zuvor, verwendet SQL Server entsprechende Standardeinstellungen zum Erzeugen der Datenbank.

Ein wichtiger Punkt ist die Information, wo denn überhaupt die Dateien, in denen die Daten gespeichert werden, auf der Festplatte abgelegt werden sollen. SQL Server legt Ihre Datenbank in den für SQL Server schon bei der Installation festgelegten Standardverzeichnissen an. Dies gilt natürlich nur, wenn Sie den Pfad nicht gesondert bei der Datenbankerstellung angeben.

Die in SQL Server hinterlegten Standardspeicherorte dieser Dateien können Sie sich wie folgt anzeigen lassen:

1. Öffnen Sie das SSMS. Verbinden Sie sich mit der Instanz von SQL Server, auf der Sie eine Datenbank anlegen möchten.
2. Klicken Sie mit der rechten Maustaste auf den Serverknoten, und wählen Sie im zugehörigen Kontextmenü den Menüpunkt DATENBANKEINSTELLUNGEN aus.
3. Im sich öffnenden Dialog finden Sie im Bereich STANDARDSPEICHERORTE FÜR DATENBANK die Dateipfade, in denen Ihre Datendateien und Protokolldateien angelegt werden.

Jede Datenbank kann ihre Daten und Protokolldateien an anderen Orten gespeichert haben. Um sich die Dateispeicherpfade einer Datenbank anzeigen zu lassen, klicken Sie mit der rechten Maustaste auf die Datenbank und wählen EIGENSCHAFTEN aus dem Kontextmenü aus. Im Dialog klicken Sie auf DATEIEN. In der Tabelle DATENBANKDATEIEN finden Sie alle Dateien, aus denen die Datenbank besteht, inklusive der Verzeichnisse, die Sie in der Spalte PFAD sehen.

7.3.2 Tipps zur Vergabe von Datenbanknamen

- Der Datenbankname kann bis zu 128 Zeichen lang sein.
- Er muss eindeutig sein.
- Sie sollten es vermeiden, Leerzeichen oder Sonderzeichen im Namen zu verwenden. Wenn Sie dies trotzdem tun möchten oder müssen, setzen Sie den Datenbanknamen in eckige Klammern, damit er akzeptiert wird.

7.3.3 Dateigruppen – Strategie zur Verteilung von Objekten auf Datenträgern

Wie wir bereits erläutert haben, besteht eine SQL-Server-Datenbank aus mindestens einer Datendatei und einer Transaktionsprotokolldatei. Es gibt noch eine weitere Kategorisierung innerhalb einer Datenbank: die Dateigruppe. Eine *Dateigruppe* ist eine Verwaltungseinheit, in der eine oder mehrere Datendateien logisch kategorisiert und unter dem Namen der Dateigruppe zusammengefasst sind. Dateien, die logisch einer Dateigruppe zugeordnet sind, können, obwohl sie zu ein und derselben Dateigruppe gehören, auf unterschiedlichen Festplatten oder Speicherorten liegen.

Innerhalb einer Datenbank gibt es immer eine Standarddateigruppe mit dem Namen *Primary*. Diese Dateigruppe enthält die primäre Datendatei und auch andere sekundäre Datendateien, die dieser Gruppe zugeordnet wurden.

Wenn Sie in einer Datenbank ein Datenbankobjekt (wie z. B. eine Tabelle, einen Index, eine Sicht etc.) ohne Angabe der zugehörigen Dateigruppe erstellen, wird dieses Datenbankobjekt immer in den Datendateien der Standarddateigruppe gespeichert. Sie können bei Bedarf auch eine eigene benutzerdefinierte Dateigruppe anlegen und zur Standarddateigruppe erklären. Genaueres zum Speichern von Datenbankobjekten in Dateigruppen lesen Sie im folgenden Abschnitt.

Wozu sind Dateigruppen gut?

Erstellen Sie innerhalb einer Datenbank Datenbankobjekte wie Tabellen, gespeicherte Prozeduren oder Sichten, können Sie angeben, in welcher Dateigruppe dieses Datenbankobjekt gespeichert werden soll.

Auf diese Art und Weise können Sie steuern, dass z. B. Tabellen und Indizes, auf die sehr häufig lesend zugegriffen wird, auf einem Datenträger liegen, der schnelle Lesezugriffe ermöglicht. Tabellen, auf die sehr selten zugegriffen wird, legen Sie auf weniger schnelle Datenträger.

Der Befehl `CREATE TABLE ADRESSEN (ID INT, NACHNAME VARCHAR(100),VORNAME VARCHAR(100)) ON DATEIGRUPPE1` speichert die Tabelle »adressen« in den Datendateien, die der *Dateigruppe1* angehören. Dies setzt natürlich voraus, dass die Dateigruppe mit Namen *Dateigruppe1* überhaupt existiert und dieser Dateigruppe auch Datendateien zugeordnet sind.

Anlegen einer Dateigruppe mit SQL Server Management Studio

1. Klicken Sie mit der rechten Maustaste auf die Datenbank, in der Sie die Dateigruppe anlegen möchten, und wählen Sie den Menüpunkt EIGENSCHAFTEN aus dem Kontextmenü aus.
2. Wählen Sie aus dem Bereich SEITE AUSWÄHLEN den Punkt DATEIGRUPPEN.

3. Klicken Sie auf die Schaltfläche HINZUFÜGEN, und geben Sie in der neu angelegten Zeile der Tabelle in der Spalte NAME »dateigruppe1« ein (siehe Abbildung 7.18).
4. Bestätigen Sie dies mit OK, um die Dateigruppe anzulegen.

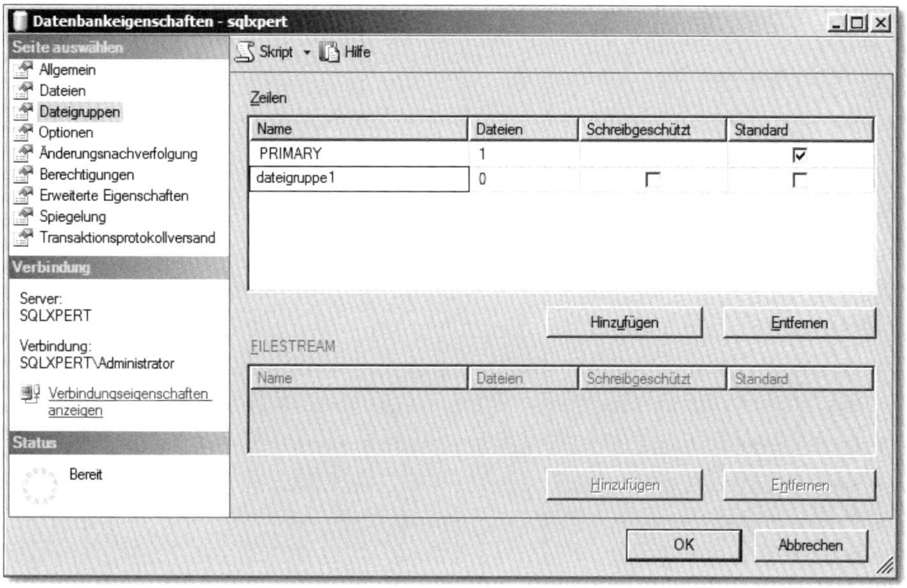

Abbildung 7.18 Anlegen einer Dateigruppe

Die Dateigruppe wurde jetzt in der Datenbank zwar angelegt, hat jedoch noch keine Funktion im Datengefüge der Datenbank. Um Datenbankobjekte wie Tabellen, Sichten etc. der Dateigruppe hinzufügen zu können, müssen Sie der Dateigruppe eine Datendatei der Datenbank zuweisen.

Hinzufügen einer Datendatei, die der Dateigruppe »dateigruppe1« angehört

1. Klicken Sie mit der rechten Maustaste auf die Datenbank, in der Sie die Datendatei anlegen möchten, und wählen Sie den Menüpunkt EIGENSCHAFTEN aus dem Kontextmenü aus.
2. Wählen Sie aus dem Bereich SEITE AUSWÄHLEN den Punkt DATEIEN.
3. Klicken Sie auf die Schaltfläche HINZUFÜGEN, und geben Sie in der neu angelegten Zeile der dargestellten Tabelle in der Spalte LOGISCHER NAME »datendatei_neu« ein.

Was ist der logische Dateiname?

Der logische Dateiname ist eine Bezeichnung, um innerhalb von SQL-Anweisungen auf die Datei verweisen zu können, ohne jeweils den kompletten Pfad angeben zu müssen, also eine Art Aliasname, der die Datendatei repräsentiert.

4. In der Spalte DATEITYP wählen Sie ZEILENDATEN aus, was bedeutet, dass Sie eine Datendatei zum Speichern der Daten und keine Protokolldatei anlegen möchten.
5. In der Spalte DATEIGRUPPE bestimmen Sie nun, welcher Dateigruppe die Datendatei angehören soll. Hier finden Sie die von Ihnen angelegten Dateigruppen sowie die Dateigruppe *Primary*. Wählen Sie die zuvor angelegte Dateigruppe *dateigruppe1* aus.
6. Legen Sie jetzt in der Spalte PFAD den Speicherort fest, an dem Ihre Datendatei liegen soll, und klicken Sie auf OK.

Sie könnten jetzt weitere Datendateien anlegen und diese wiederum der Dateigruppe oder anderen Dateigruppen zuweisen.

Merke

- Sie können Datenbankobjekte nur Dateigruppen, nicht den Datendateien der Datenbank direkt zuweisen.
- Es gibt immer eine primäre Dateigruppe mit dem Namen *Primary*.
- Sie können pro Datenbank bis zu 256 Dateigruppen anlegen.
- Protokolldateien können Sie keiner Dateigruppe zuordnen.

Der Einsatz von Dateigruppen und die Zuweisung von Datenbankobjekten zu Dateigruppen bieten folgende Vorteile:

- Sie können steuern, auf welchen physischen Datenträgermedien Datenobjekte gespeichert werden. Bei einer Verteilung auf mehrere physische Speicherorte ist SQL Server aufgrund von paralleler Verarbeitung in der Regel schneller.
- Sie können die Speicherkapazität einer Datenbank durch Hinzufügen einer Datendatei, die auf einer neuen Festplatte gespeichert wird, flexibel erhöhen.

7.3.4 Fehler finden – Debuggen von T-SQL

Bei der Entwicklung von T-SQL-Skripten kommt es vor, dass das Skript Fehler enthält, Programmabläufe unübersichtlich sind oder Sie in Ausnahmesituationen Fehler in der Skriptfunktionalität erst während der Testphase entdecken. Da ein Skript aus den unterschiedlichsten Operatoren, Variablen, Programmflusskomponenten und SQL-Befehlen besteht, ist es sehr schwierig, in einem solchen Fall ohne Hilfsmittel diese Fehler ausfindig zu machen.

Um in einem T-SQL-Skript Fehler zu entdecken und zu analysieren, bietet Management Studio die Möglichkeit, T-SQL-Skripte zu debuggen. So können Sie die einzelnen Skriptbefehle einzeln ausführen und die Inhalte von Variablen und Programmabläufe dieses Skripts analysieren. Zudem ermöglicht das Setzen von

Haltepunkten, an einem bestimmten Punkt das Skript anzuhalten und das Analysieren der Befehle und Variablen an diesem Punkt zu beginnen.

Den Debugger für ein im SSMS geöffnetes Skript starten Sie, indem Sie in der Toolbar auf die Schaltfläche DEBUGGEN klicken (Abbildung 7.19).

Abbildung 7.19 Schaltfläche »Debuggen« im SQL Server Management Studio

Befindet sich das Management Studio im Debugging-Modus, wird in der Toolbar die Symbolleiste DEBUGGEN eingeblendet, die Sie in Abbildung 7.20 sehen.

Abbildung 7.20 Symbolleiste »Debuggen«

Die Symbolleiste DEBUGGEN enthält unter anderem die Schaltflächen EINZELSCHRITT, PROZEDURSCHRITT und DEBUGGING BEENDEN. Durch einen Klick auf EINZELSCHRITT springt der Befehlszeiger im linken Bereich des T-SQL-Skriptfensters auf den nächsten auszuführenden Befehl. Der Befehlszeiger wird in Form eines gelben Pfeils am linken Rand des Abfrage-Editor-Fensters dargestellt (siehe Abbildung 7.21).

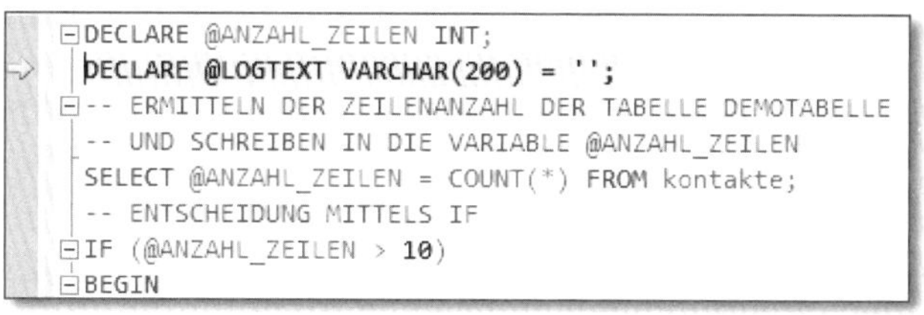

Abbildung 7.21 Befehlszeiger im Debugging-Modus

Da ein Skript auch gespeicherte Prozeduren aufrufen kann, die als selbstständige Skriptmodule fungieren und sehr umfangreich sein können, ist es nicht immer wünschenswert, auch diese Prozeduren zu debuggen. Dies geschähe allerdings automatisch, wenn der Befehlszeiger auf eine Anweisung trifft, die eine gespeicherte Prozedur aufruft. Mit der Schaltfläche PROZEDURSCHRITT führen Sie lediglich den Befehl aus und debuggen nicht in die gespeicherte Prozedur hinein.

Möchten Sie ein Skript debuggen, ist es natürlich auch wichtig, die Inhalte von Variablen zu analysieren. Zu diesem Zweck wird wie in Abbildung 7.22 im Debugging-Modus das Fenster LOKAL eingeblendet, das die im Skript enthaltenen Variablen und ihre Inhalte anzeigt.

Anzeige der Debugging-Fenster

Sollte das hier beschriebene Fenster LOKAL nicht angezeigt werden, können Sie dieses im SSMS-Menü DEBUGGEN • FENSTER einblenden.

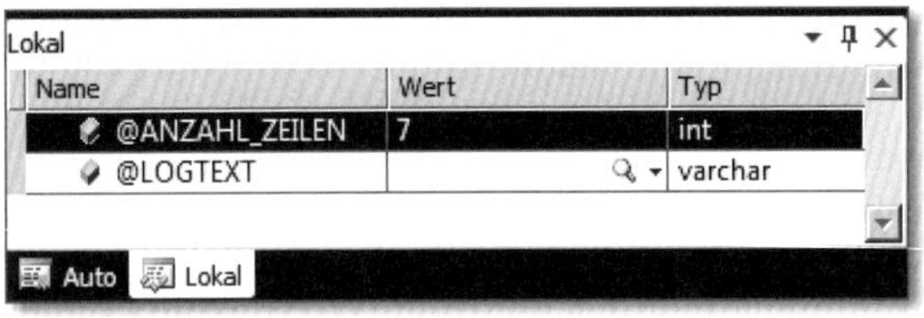

Abbildung 7.22 Fenster »Lokal« zur Analyse von Variablen im Debugging-Modus des SQL Server Management Studios

Die Debugging-Funktionalität im Management Studio ist sehr hilfreich und ermöglicht auch das Debuggen von Triggern, das Auffinden von Fehlern und die Analyse von Skriptcode innerhalb eines annehmbaren Zeitraums.

7.4 T-SQL: Die wichtigsten Befehle für den Administrator

7.4.1 DML – Select, Insert, Update, Delete

Datenbanken haben eine wichtige Aufgabe. Daten müssen effizient `gespeichert` werden können. In der Regel werden Daten von Datenbankanwendungen gelöscht, geändert, oder es werden neue Daten hinzugefügt. Die Datenqualität von Daten definiert sich dadurch, dass in einer Datenbank gespeicherte Daten den Anforderungen entsprechend ausgewertet und natürlich auch bearbeitet werden können. Kurz gesagt: Daten in einer Datenbank sind nur gut, wenn Sie sie auch wieder herausholen, performant auswerten und bearbeiten können.

Zu diesem Zweck gibt es in SQL vier wichtige Befehle, die in Tabelle 7.3 aufgelistet sind.

Befehl	Beschreibung
`SELECT`	Suchen, Filtern und Anzeigen von Daten
`INSERT`	Hinzufügen von Daten
`UPDATE`	Aktualisieren von Daten
`DELETE`	Löschen von Daten

Tabelle 7.3 Die vier wichtigsten SQL-DML-Befehle

Diese vier Befehle sind die grundlegenden Befehle, um Daten innerhalb einer Datenbank zu manipulieren. Aus diesem Grund werden diese Befehle auch als *Data Manipulation Language* (DML) bezeichnet. Etwas strittig ist hierbei natürlich der `SELECT`-Befehl, der eigentlich keine Daten manipuliert, sondern lediglich anzeigt. Dennoch wird häufig auch dieser Befehl im Zusammenhang mit DML aufgeführt. Vielfach wird der `SELECT`-Befehl auch einer weiteren Kategorie zugeordnet, der *Data Query Language* (DQL).

Tabelle 7.4 zeigt einige Beispiele für die genannten Befehle.

Geplante Aktion	**Code**
Anzeigen aller Daten und Spalten der Tabelle »demotabelle«	`SELECT * FROM DEMOTABELLE;`
Anzeigen aller Zeilen und Spalten der Tabelle »demotabelle«, die in der Spalte »Nachname« den Wert »Franke« gespeichert haben	`SELECT * FROM DEMOTABELLE WHERE NACHNAME = 'FRANKE'`
Löschen aller Daten aus der Tabelle »demotabelle«	`DELETE FROM DEMOTABELLE`
Löschen nur der Datensätze, die innerhalb der Spalte »Nachname« den Wert »Franke« gespeichert haben	`DELETE FROM DEMOTABELLE WHERE NACHNAME = 'FRANKE'`
Ändern des Nachnamens aller Zeilen in »Friedrich«, die in Nachname »Franke« stehen haben	`UPDATE DEMOTABELLE SET NACHNAME 'FRIEDRICH' WHERE NACHNAME = 'FRANKE'`

Tabelle 7.4 Geplante Aktion und entsprechender SQL-Code

7.4.2 DDL – Create, Alter, Drop

Wenn Sie Befehle an SQL Server senden, die die Struktur der Datenbank oder der Datenbankobjekte ändern, spricht man von Befehlen der sogenannten Data Definition Language (DDL). Im Wesentlichen gibt es drei Befehle zum Erzeugen, Ändern und Löschen von Datenstrukturen. Sie finden sie in Tabelle 7.5.

Befehl	**Beschreibung**
`CREATE`	Anlegen von Strukturen
`ALTER`	Ändern von Strukturen
`DROP`	Löschen von Strukturen

Tabelle 7.5 Erzeugen, Ändern und Löschen – die Befehle

Um Strukturen anzulegen, verwenden Sie in der Regel den Befehl CREATE. CREATE DATABASE, CREATE TABLE, CREATE PROCEDURE und CREATE TRIGGER legen die unterschiedlichen Datenbankobjekte an. Die gleichen Strukturen können Sie mit der Anweisung ALTER ändern und mit DROP löschen.

In Tabelle 7.6 sehen Sie einige Beispiele zu den einzelnen Befehlen.

Konsolenbefehl	Beschreibung
CREATE DATABASE DEMO;	Legt eine Datenbank mit Namen »demo« an.
DROP DATABASE DEMO;	Löscht eine Datenbank namens »demo«.
CREATE TABLE DEMOTABELLE (ID INT IDENTITY, NACHNAME NVARCHAR(50), VORNAME NVARCHAR(50));	Legt eine Tabelle mit drei Spalten an. Spalte 1 enthält eine ganze Zahl vom Datentyp Integer, die mit jedem Datensatz automatisch um 1 erhöht wird. Die Spalten 2 und 3 ermöglichen die Eingabe von Text von jeweils 50 Zeichen Länge.
ALTER TABLE DEMOTABELLE ADD STRASSE NVARCHAR(100);	Hinzufügen der Spalte »strasse« mit einer möglichen Länge von 100 Zeichen
DROP TABLE [DBO].[DEMOTABELLE]	Löschen der Tabelle »demotabelle« im Schema »dbo«

Tabelle 7.6 Erzeugen, Ändern und Löschen – Beispiele

7.5 Views/Sichten – Daten aus anderen Perspektiven

Eine View ist mit einer dauerhaft gespeicherten Abfrage zu vergleichen, deren Daten in Form einer Tabelle dargestellt und angezeigt werden. Daten, die durch eine View angezeigt werden, werden nicht in der View selbst gespeichert. Eine View verweist immer auf die Daten der zugrunde liegenden Basistabelle(n).

Diese durch die View repräsentierten Daten können wie eine normale Tabelle der Datenbank abgefragt werden.

Eine View bietet folgende Vorteile und Möglichkeiten:

- Eine View kann die Komplexität von Abfragen verbergen und auch komplizierte SQL-Abfragen in einer virtuellen Tabelle darstellen. Eine View kann leicht abgefragt werden, da die Abfrage, die die View definiert, dem Abfragenden nicht bekannt sein muss, sondern lediglich der Name der View.

- Views können das Sicherheitskonzept dahin gehend unterstützen, dass bestimmte Benutzer nur Zugriff auf ausgewählte Views und deren Teildaten erhalten. Der Zugriff auf die Basistabellen wird verwehrt.
- Auf Basis von Views können Daten bereits in aggregierter Form (Durchschnitte, Summen etc.) dargestellt werden.
- Views können von Views gebildet werden. Damit ist es möglich, z.B. für das Report-Design eine »View-Hierarchie« zu entwerfen, die fertige Teilmodule der in der Datenbank gespeicherten Daten repräsentiert. Aus diesen Teilmodulen in Form von Views können Sie nach dem Baukastenprinzip umfangreiche, komplexe Reports entwerfen.
- Views können auch indiziert werden und erheblich zur Abfragebeschleunigung beitragen. In diesem Fall wird von *indizierten Views* gesprochen.

Eine View erzeugen Sie mit dem T-SQL-Befehl `create view`. Das folgende Beispiel legt eine View mit dem Namen »telefonliste« an.

Diese View basiert auf der Tabelle »Kontakte« der Datenbank »sqlxpert« und zeigt nur Firma, Abteilung, Nachname, Vorname und Telefon an. Die anderen Datenspalten der Tabelle »Kontakte« werden nicht durch die View dargestellt.

```
CREATE VIEW TELEFONLISTE AS SELECT FIRMA,NACHNAME,VORNAME,ABTEILUNG,TELEFON
FROM SQLXPERT.DBO.KONTAKTE
```

Nachdem die View erfolgreich angelegt wurde, finden Sie sie im Objekt-Explorer des SSMS im Ordner SICHTEN der aktiven Datenbank, wie in Abbildung 7.23 zu sehen ist.

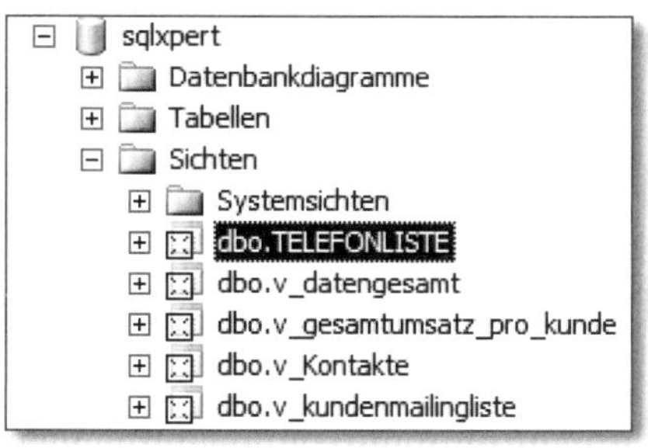

Abbildung 7.23 Angelegte View im Objekt-Explorer des SQL Server Management Studios

Fragen Sie die View im Management Studio ab, enthält sie nur die Datenspalten, die bei der View-Definition angegeben wurden (siehe Abbildung 7.24). Natürlich können Sie in der Abfrage, auf der die View basiert, weitere Filterkriterien oder Verknüpfungen mit anderen Tabellen definieren.

	FIRMA	NACHNAME	VORNAME	ABTEILUNG	TELEFON
1	Santech GmbH	Meisner	Karl	Entwicklung	0371/323456
2	Sprint Gas AG	Seidling	Ina	Entwicklung	089/23445453
3	Dunkart GmbH & Co KG	Freisner	Sieglinde	Controlling	030/14322321
4	City Reisen	Gritzinger	Jan	keine Abteilung	NULL
5	ITConsult	Freitag	Thorsten	Buchhaltung	NULL
6	Reisebüro Franke	Franke	Ina	Geschäftsleitung	NULL
7	Buchhandlung Hanke	Hanke	Anna	Controlling	040/4859458-34

Abbildung 7.24 Abgefragte View »telefonliste«

7.6 Benutzerdefinierte Funktionen

Benutzerdefinierte Funktionen sind Routinen, die auf der Grundlage von übergebenen Parametern Aktionen ausführen und ein Ergebnis zurückgeben.

Dieses Ergebnis kann ein einzelner Wert (Skalarwert) oder eine Tabelle (Resultset) sein. Aus diesem Grund werden benutzerdefinierte Funktionen in Skalarwertfunktionen und Tabellenwertfunktionen eingeteilt. Ein großer Vorteil gegenüber gespeicherten Prozeduren ist, dass Sie benutzerdefinierte Funktionen auch in T-SQL-Befehlen verwenden können.

Ein weiterer wichtiger Unterschied von benutzerdefinierten Funktionen gegenüber gespeicherten Prozeduren ist z.B., dass mit benutzerdefinierten Funktionen keine Daten in den Tabellen der Datenbank geändert werden können. Gespeicherte Prozeduren können das.

7.6.1 Anlegen, Anzeigen und Löschen von benutzerdefinierten Funktionen

Im folgenden Listing sehen Sie, wie eine benutzerdefinierte Skalarwertfunktion angelegt wird.

```
CREATE FUNCTION ADDIEREMWST
(
      @PARAMBETRAG MONEY
)
RETURNS MONEY
```

```
AS
BEGIN

    DECLARE @BACK_VAL MONEY;
      SET @BACK_VAL = (@PARAMBETRAG * 1.19);
      RETURN ISNULL(@BACK_VAL,0);

END
```

Listing 7.4 Erstellen einer einfachen benutzerdefinierten Skalarwertfunktion zum Addieren von 19 % Mehrwertsteuer auf den mittels Parameter übergebenen Betrag

Der Code aus Listing 7.4 erstellt eine einfache Skalarwertfunktion, die auf den mittels Parameter (`@paramBetrag`) übergebenen Wert 19 % Mehrwertsteuer addiert und diesen Wert zurückgibt.

Was macht »IsNull«?

In Listing 7.4 gibt es eine Anweisung, die die Funktion `IsNull` aufruft. `IsNull` ist für das Erstellen von benutzerdefinierten Funktionen keinesfalls notwendig.

Die Funktion `IsNull` ist jedoch sehr hilfreich in der T-SQL-Programmierung, da sie ihr übergebene Werte dahin gehend auswertet, ob diese *Null* sind. Ist der übergebene Wert *Null*, gibt die Funktion den zweiten Parameter zurück, sonst den Wert des ersten Parameters.

Nachdem Sie diese Funktion angelegt haben, finden Sie sie im SSMS im Baum des Objekt-Explorers. Die Funktion `AddiereMwSt` läge also im Ordner IHR DATENBANKNAME • PROGRAMMIERBARKEIT • FUNKTIONEN • FUNKTIONEN • SKALARWERTFUNKTIONEN.

Durch einen Klick mit der rechten Maustaste auf diese Funktion können Sie diese im SSMS löschen. Das Löschen ist aber auch durch das Ausführen des DDL-Befehls `DROP FUNCTION` möglich:

```
DROP FUNCTION [dbo].[AddiereMwSt];
```

7.6.2 Aufrufen von benutzerdefinierten Funktionen

Sie können die erstellte Funktion `AddiereMwSt` testen, indem Sie sie wie folgt im SSMS aufrufen:

```
Select dbo.AddiereMwSt(100);
```

Das Ergebnis ist 119. Wie bereits erwähnt, ist das Interessante an Funktionen, dass Sie sie in T-SQL-Befehlen verwenden können.

Die Funktion `AddiereMwSt` kann demnach in Abfragen von Tabellen, wie z.B. einer Umsatztabelle, dazu dienen, den Nettoergebnissen zusätzlich eine Bruttospalte hinzuzufügen. Das ist natürlich nur sinnvoll, wenn es keine Bruttospalte gibt.

Eine solche Abfrageanweisung unter Einbeziehung der benutzerdefinierten Funktion `AddiereMwSt` könnte demnach wie folgt aussehen:

```
Select umsatz_netto, dbo.AddiereMwSt(umsatz_netto) as umsatz_brutto from
umsatz where umsatz_netto > 10000;
```

Listing 7.5 Select-Abfrage mit der benutzerdefinierten Funktion »dbo.AddiereMwSt«

Interessant sind benutzerdefinierte Funktionen auch, weil sie in der soeben dargestellten Form auch in Views eingesetzt werden können. Demnach können Sie Views mit bereits berechneten und aggregierten Daten erzeugen, die in der berechneten Form nicht in den Basistabellen vorhanden sind.

Wie bereits erwähnt, gibt es zudem Tabellenwertfunktionen. Diese unterscheiden sich von den Skalarwertfunktionen dahin gehend, dass sie eine Tabelle (Resultset) zurückgeben können.

7.7 Gespeicherte Prozeduren

Ein häufiger Begriff im Zusammenhang mit SQL Server oder auch Datenbanken im Allgemeinen ist »gespeicherte Prozedur« (Stored Procedure). Der Begriff »Prozedur« ist hinlänglich aus früheren Programmiersprachen bekannt. Aus der Verwendung von Prozeduren in höheren Programmiersprachen leitete sich auch der Begriff der prozeduralen Programmierung ab.

Eine gespeicherte Prozedur ermöglicht es, T-SQL-Befehle unter einem zusammenfassenden Namen, dem sogenannten *Prozedurnamen*, im Datenbanksystem zu hinterlegen. Durch alleinigen Aufruf der Prozedur über diesen Prozedurnamen können Sie diese Befehle an unterschiedlichen Stellen im T-SQL-Skript ausführen. Es werden also durch Aufruf eines Namens, des Prozedurnamens, mehrere, teilweise sehr komplexe Aufgaben ausgeführt.

Zum Beispiel könnte ein Datenbankadministrator eine gespeicherte Prozedur schreiben, die die tägliche Sicherung von Datenbanken übernimmt. Dies wäre natürlich auch per Wartungsplan oder einfachem T-SQL-Skript möglich. Da eine gespeicherte Prozedur aber über ihren Namen auch aus anderen Skripten aufgerufen werden kann, bietet sie noch einmal weitere Möglichkeiten. Dies gilt natürlich insbesondere für die Entwicklung von Datenbankapplikationen.

Innerhalb einer gespeicherten Prozedur können Sie den gesamten T-SQL-Befehlssatz (Deklaration von Variablen, Kontrollstrukturen, Schleifen etc.) nutzen.

Das bietet einige Vorteile:

- **Modulare Programmierung**: Vermeidung von redundantem Code. Code, der an mehreren Stellen des Skripts oder Programms ausgeführt werden soll, muss nur einmal geschrieben werden.
- **Erleichterung der Verwaltung und Wartbarkeit**: Bei Änderungen muss dieser Code nur an einer Stelle verändert werden.
- **Sicherheit**: Benutzer erhalten nur Berechtigungen auf die gespeicherte Prozedur, nicht aber auf die durch die Prozedur angesprochenen Datenbankobjekte wie Tabellen etc.
- **Beständigkeit**: Verändern sich die einer Prozedur zugrunde liegenden Datenbankobjekte oder muss der Code einer Prozedur aus anderen Gründen abgeändert werden, ist es nicht notwendig, Clients oder Skripte, die diese Prozedur aufrufen, abzuändern, da der Prozedurname gleich bleibt.

7.7.1 Erstellen von gespeicherten Prozeduren

Eine gespeicherte Prozedur legen Sie wie folgt an:

```
CREATE  PROCEDURE [DBO].[PROJEKTANLEGEN]
AS
BEGIN
SET NOCOUNT ON;

-- HIER STEHEN DIE T-SQL-ANWEISUNGEN
END
```

Listing 7.6 Anlegen einer gespeicherten Prozedur mit T-SQL

In Listing 7.6 sehen Sie den T-SQL-Skriptcode zum Erstellen einer gespeicherten Prozedur mit Namen `ProjektAnlegen`. Diese Prozedur hat noch keine Funktion, da sie keinen T-SQL-Code enthält. Es ist Aufgabe des Datenbankentwicklers, hier die entsprechenden T-SQL-Befehle der Prozedur anzulegen.

SET NOCOUNT ON

Ein T-SQL-Kommando, das nicht zwingend zu einer gespeicherten Prozedur gehört, ist der Befehl `SET NOCOUNT ON`. Sie sollten es sich jedoch angewöhnen, innerhalb einer gespeicherten Prozedur diese Anweisung immer an erster Stelle auszuführen.

`SET NOCOUNT ON` bewirkt, dass die Meldung über die durch die Ausführung eines T-SQL-Befehls betroffenen Zeilen nicht zurückgegeben wird. Wenn Sie z.B. im Management Studio einen `SELECT`-Befehl ausführen, wird Ihnen am Ende der Auflistung immer eine Information über die Anzahl der betroffenen Zeilen zurückgegeben:

```
(5 Zeile(n) betroffen)
```

Der Befehl SET NOCOUNT ON unterdrückt diese Ausgabe.

Was bewirkt »SET NOCOUNT ON«?

Das Setzen der Option SET NOCOUNT ON verhindert das Senden der DONE_IN_PROC-Meldungen an den Client. Diese werden anderenfalls für jede ausgeführte Anweisung innerhalb einer gespeicherten Prozedur gesendet.

Eine Leistungssteigerung kann erzielt werden, wenn diese Option für gespeicherte Prozeduren mit mehreren Anweisungen aktiviert wird, die wenige tatsächliche Daten zurückgeben. Insbesondere für Prozeduren, die T-SQL-Schleifen abarbeiten, kann das Festlegen von SET NOCOUNT auf ON eine gravierende Leistungssteigerung bewirken, da der Netzwerkverkehr reduziert wird. Haben Sie die Prozedur erstellt, können Sie sie im SSMS durch Ausführen des folgenden Befehls aufrufen:

```
exec ProjektAnlegen;
```

7.7.2 Anzeigen und Löschen von gespeicherten Prozeduren im SQL Server Management Studio

Die für eine Datenbank angelegten gespeicherten Prozeduren können Sie sich im Baum des Objekt-Explorers des SSMS anzeigen lassen. Sie finden sie im Ordner Ihr Datenbankname • Programmierbarkeit • Gespeicherte Prozeduren.

Durch einen Klick mit der rechten Maustaste auf diese Prozedur können Sie diese im SSMS löschen. Das Löschen ist aber auch durch das Ausführen des DDL-Befehls DROP PROCEDURE möglich:

```
DROP PROCEDURE [dbo].[ProjektAnlegen];
```

7.7.3 Gespeicherte Prozeduren, Parameter und Rückgabewerte

Gespeicherten Prozeduren können Sie auch Parameter übergeben. Parameter ermöglichen es, Werte an eine gespeicherte Prozedur zu übergeben. Diese Werte können innerhalb der Prozedur verarbeitet werden.

INPUT-Parameter

Als Input- oder Eingabeparameter werden die Parameter bezeichnet, die es erlauben, veränderliche Werte an eine gespeicherte Prozedur zu übergeben.

Ein kleines Beispiel: Nehmen wir an, Sie haben eine Prozedur ProjektAnlegen entwickelt, deren Aufgabe es ist, ein Projekt in Ihrer Datenbank anzulegen. Sie müssen, wenn diese Prozedur ausgeführt wird, allerdings auch einen Projektnamen und eine

Projektbeschreibung übergeben. Dies ist notwendig, da der Projektname und die Beschreibung individuell vom Aufrufer der Prozedur festgelegt werden sollen.

Die Prozedurdefinition sähe in diesem Fall so aus:

```
CREATE PROCEDURE [DBO].[PROJEKTANLEGEN]

@PARAMPROJEKTNAME VARCHAR(200),
@PARAMPROJEKTBESCHREIBUNG VARCHAR(500)
AS
BEGIN
SET NOCOUNT ON;
-- HIER STEHEN DIE T-SQL-ANWEISUNGEN, DIE NÖTIG SIND, UM IN
-- IHRER DATENBANK EIN PROJEKT ANZULEGEN

-- DIE ÜBERGEBENEN PARAMETER WERDEN MITTELS SELECT AUSGEGEBEN
SELECT @PARAMPROJEKTNAME, @PARAMPROJEKTBESCHREIBUNG;

END
```

Listing 7.7 Definition einer gespeicherten Prozedur mit zwei Parametern

In Listing 7.7 wird die gespeicherte Prozedur mit dem Namen `ProjektAnlegen` definiert. Zusätzlich werden die Parameter `paramProjektname` und `paramProjektbeschreibung` deklariert.

Somit ist es möglich, der Prozedur `ProjektAnlegen` zwei Parameterwerte zu übergeben, die innerhalb der Prozedur weiterverwendet werden. Es handelt sich dabei um einen Projektnamen und eine Projektbeschreibung. Diese werden innerhalb des Prozedurbeispiels mittels des `select`-Befehls direkt wieder ausgegeben, um die Funktionalität darzustellen. Natürlich dürfte in den meisten Fällen in einer gespeicherten Prozedur anstelle dieses `Select`-Befehls sinnvollerer T-SQL-Code stehen.

Listing 7.8 zeigt Ihnen, wie Sie die gespeicherte Prozedur aus Listing 7.7 aufrufen.

```
EXEC PROJEKTANLEGEN 'WERBEAKTION', 'BESCHREIBUNG PROJEKT WERBEAKTION'
```

Listing 7.8 Aufruf einer gespeicherten Prozedur mit Parametern

OUTPUT-Parameter

Eine Prozedur muss aber in vielen Fällen auch Werte zurückgeben. Hierzu gibt es `OUTPUT`-Parameter. `OUTPUT`-Parameter ermöglichen es einer gespeicherten Prozedur, Werte an das aufrufende Skript oder den Client zurückzugeben. Sie können auch mehrere `OUTPUT`-Parameter definieren.

Im Beispiel in Listing 7.9 erweitern wir unsere Prozedur `ProjektAnlegen` um einen `OUTPUT`-Parameter. Dieser Parameter gibt eine `1` oder eine `0` zurück, je nachdem, ob die Projektbeschreibung länger als zehn Zeichen ist oder nicht.

Dieser `OUTPUT`-Parameter kann dann vom aufrufenden Skript entsprechend ausgewertet werden.

```
CREATE PROCEDURE [DBO].[PROJEKTANLEGEN]
@BACK_VALUE INT OUTPUT,
@PARAMPROJEKTNAME VARCHAR(200),
@PARAMPROJEKTBESCHREIBUNG VARCHAR(500)
AS
BEGIN
SET NOCOUNT ON;

       IF (LEN(@PARAMPROJEKTBESCHREIBUNG) > 10)
       BEGIN
       -- OUTPUT-VARIABLE SETZEN
       SELECT @BACK_VALUE = 1;
       END
       ELSE
       BEGIN
              -- OUTPUT-VARIABLE SETZEN
              SELECT @BACK_VALUE = 0;
       END
END
```

Listing 7.9 Erstellen einer gespeicherten Prozedur mit zwei Eingabeparametern und einem Ausgabeparameter

Listing 7.9 zeigt, wie Sie eine Prozedur mit einem Ausgabeparameter anlegen. Dieser Ausgabeparameter kann dann vom aufrufenden Skript ausgewertet werden.

```
DECLARE @AUSGABE INT = 0;
EXEC PROJEKTANLEGEN @AUSGABE OUTPUT,'MARKETING PROJEKT','DIES IST DIE PRO-
JEKTBESCHREIBUNG ... ';
SELECT @AUSGABE;
```

Listing 7.10 Aufruf einer gespeicherten Prozedur und Abfragen des von dieser Prozedur zurückgegebenen Ausgabeparameters

Listing 7.10 ruft die Prozedur `ProjektAnlegen` auf und fragt den von der Prozedur `ProjektAnlegen` zurückgegebenen `OUTPUT`-Parameter `@back_value` ab. Auf der Grundlage des Ergebnisses von `@back_value` könnten Sie jetzt das Skriptverhalten weiter steuern.

Zurückgeben von Daten aus gespeicherten Prozeduren mittels »return«

Es gibt einen weiteren Weg, wie Informationen von einer gespeicherten Prozedur zurückgegeben werden können.

Die Anweisung `return`.

`return` bricht eine gespeicherte Prozedur ab. Dies kann an beliebiger Stelle innerhalb der Prozedur erfolgen.

Mit `return` kann außerdem noch ein Wert vom Typ »int« zurückgegeben werden, das heißt ausschließlich eine ganze Zahl wie 1 oder 2324 ohne Dezimalstelle.

Diese Information kann natürlich auch genutzt werden, um Informationen an die aufrufende Umgebung zurückzugeben. Dies kann z.B. die Information sein, ob ein Fehler aufgetreten ist oder nicht. Dann könnte der mittels `return` zurückgegebene Wert einen eventuellen Fehlercode enthalten oder eine 0 zurückgeben, wenn die Prozedur korrekt gelaufen ist. Wenn Ihre Prozedur also lediglich einen einzigen Wert zurückgeben soll und dieser Wert auch eine Zahl sein darf, können Sie auch den Einsatz von `return` in Erwägung ziehen.

Im folgenden Listing 7.11 wird eine Prozedur namens `MACHWAS` angelegt, und diese Prozedur hat nur die Aufgabe, mittels `return` einen Ganzzahlwert zurückzugeben. Beim Aufruf der soeben angelegten Prozedur wird anschließend direkt die Variable `@backval` mit dem zurückgegebenen Wert gesetzt und kann im nachfolgenden Skript eingesetzt werden. In unserem Beispiel geben wir in der letzten Anweisung lediglich den Wert von `@backval` mittels `Select` aus.

```
CREATE  PROCEDURE [DBO].[MACHWAS]
AS
BEGIN
SET NOCOUNT ON;

-- HIER STEHEN IHRE T-SQL-ANWEISUNGEN

-- AUFRUF RETURN
return 2324

END

GO
-- AUFRUF DER SOEBEN ANGELEGTEN PROZEDUR
declare @backval int = 0;
exec @backval = dbo.MACHWAS
select @backval
```

Listing 7.11 Anlegen einer Prozedur MACHWAS, die bei Aufruf lediglich einen Ganzzahlwert mittels »return« an die aufrufende Umgebung zurückgibt

Natürlich ist es auch möglich, die zuvor beschriebenen *Output-Parameter* und den Einsatz von `return` innerhalb einer Prozedur zu kombinieren.

7.7.4 Gespeicherte Prozeduren ausführen

Wie Sie bereits in den Abschnitten zuvor gesehen haben, rufen Sie eine gespeicherte Prozedur mit `EXECUTE` oder `EXEC` auf.

Gespeicherte Prozeduren können auch durch andere gespeicherte Prozeduren aufgerufen werden. Ebenfalls ist es möglich, gespeicherte Prozeduren aus .NET-Sprachen wie C# oder VB.NET, aber auch aus Java oder Delphi und vielen anderen Programmiersprachen aufzurufen.

7.8 Wichtige gespeicherte Prozeduren

SQL Server bietet interne Systemprozeduren an, die automatisch zur Verfügung stehen und unterschiedliche Aufgaben erledigen. Diese Systemprozeduren erkennen Sie daran, dass ihr Name mit `sp_` beginnt. Systemprozeduren rufen Sie wie normale benutzerdefinierte Prozeduren mit `EXECUTE` oder `Exec` auf.

Systemprozeduren sind physisch in der Ressourcendatenbank von SQL Server gespeichert, werden jedoch innerhalb einer jeden Datenbank im Schema »sys« angezeigt. Systemprozeduren können Sie innerhalb jeder Datenbank ausführen. Abbildung 7.25 zeigt die Systemprozeduren im Objekt-Explorer.

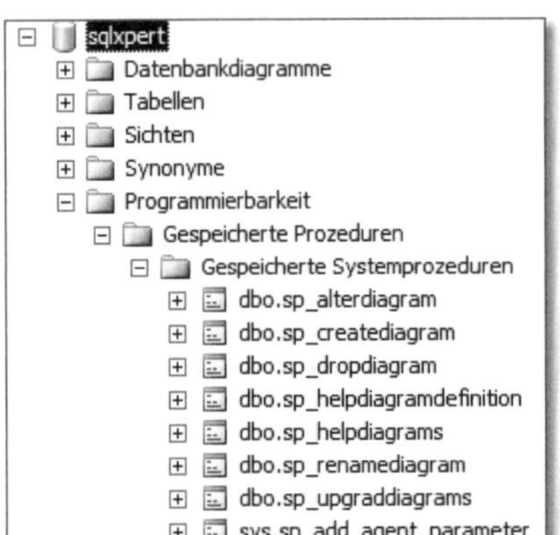

Abbildung 7.25 Anzeige der Systemprozeduren innerhalb einer Datenbank

7.8.1 sp_help

sp_help gibt Informationen zu einem Datenbankobjekt (Tabelle, View) zurück. *sp_help* kann ohne oder mit Parameter aufgerufen werden und liefert abhängig vom Typ des im Parameter übergebenen Datenbankobjekts unterschiedliche Informationen über den Aufbau des Datenbankobjekts. Umfangreiche Aussagen über Datentypen, Erstellungsdatum, Identity-Spalten und Indizes werden aufgelistet.

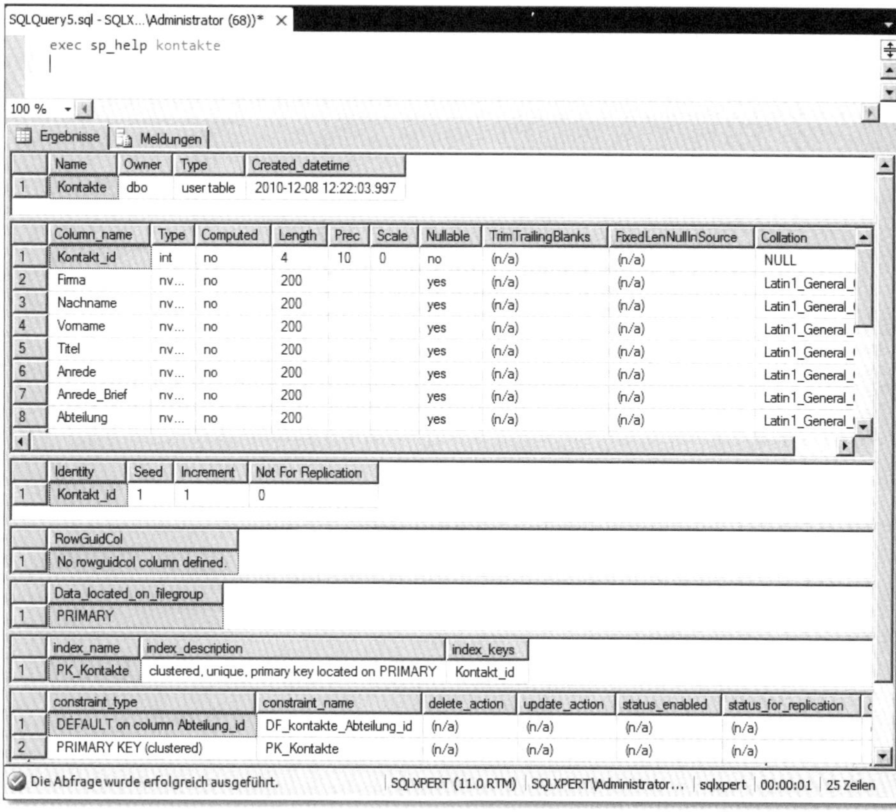

Abbildung 7.26 Ausgabe der Systemprozedur »sp_help«

7.8.2 sp_helpdb

sp_helpdb liefert Informationen zu den aktuellen Datenbanken von SQL Server. Sie können die Prozedur mit oder ohne Parameter aufrufen. Übergeben Sie *sp_helpdb* keine Parameter, werden Informationen über alle Datenbanken angezeigt. Geben Sie einen Datenbanknamen als Parameter an, werden zwei Listen zurückgegeben. Liste 1 enthält Informationen zur Datenbank, wie z.B. »Besitzer«, »Kompatibilitätslevel«, »dbid«, »Erstellt« und »Status«. Liste 2 enthält Informationen über die zur Datenbank gehörenden Dateien.

7.8.3 sp_monitor

sp_monitor zeigt statistische Informationen zu SQL Server an (siehe Abbildung 7.27).

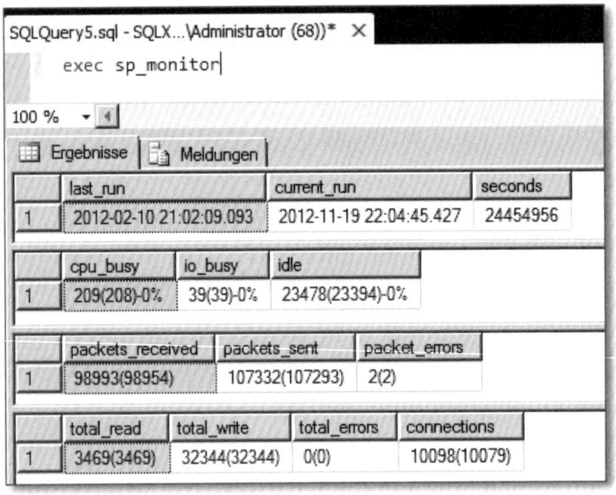

Abbildung 7.27 Ausgabe der Systemprozedur »sp_monitor«

7.8.4 Erweiterte Systemprozeduren

Eine weitere Form der gespeicherten Systemprozeduren sind die *erweiterten Systemprozeduren*. Erweiterte Systemprozeduren fangen mit *xp_* an und sind ebenfalls in der Ressourcendatenbank gespeichert. Sie werden allerdings im »sys«-Schema einer jeden Datenbank angezeigt.

Eine der bekanntesten erweiterten Systemprozeduren ist die erweiterte Systemprozedur *xp_cmdshell*, mit der Sie Betriebssystemkommandos ausführen. Hier ein kleines Beispiel zum Listen aller Textdateien im aktuellen Verzeichnis:

```
EXEC xp_cmdshell 'dir *.txt';
```

Bevor Sie `xp_cmdshell` auf dem SQL Server ausführen können, müssen Sie die Option `xp_cmdshell` mit der Prozedur `sp_configure` aktivieren. Anderenfalls erhalten Sie eine Fehlermeldung, da diese Option per Standard deaktiviert ist und das Ausführen von Betriebssystemkommandos verweigert wird. Genaueres zu `sp_configure` lesen Sie in Abschnitt 5.5.

7.8.5 Wichtige Funktionen

SQL-Server-Systemfunktionen bieten Zugriff auf Informationen, die in den SQL-Server-Systemtabellen liegen.

Funktionen – gleichgültig, ob system- oder benutzerdefinierte Funktionen – bieten gegenüber gespeicherten Prozeduren den Vorteil, dass Sie sie innerhalb von SQL-Befehlen, insbesondere der `SELECT`-Anweisung, einsetzen können. Funktionen rufen Sie mit dem `SELECT`-Befehl auf.

Einige Systemfunktionen beginnen mit zwei @-Zeichen – z. B. der Befehl `SELECT @@VERSION;`, der die aktuelle Version von SQL Server zurückgibt.

Die Anweisung `select DB_ID('sqlxpert');` gibt z. B. die interne Datenbank-ID der Datenbank »sqlxpert« aus.

7.8.6 Die »Identity«-Eigenschaft

Arbeitet man sich in den SQL Server oder in das Thema Datenbanktechnik ein, kommen viele Fragen auf. Zum Beispiel: Wie legt man Spalten an, deren ganzzahliger Inhalt beim Hinzufügen von Daten automatisch um 1 oder andere Schrittweiten erhöht wird?

Eine derartige Funktionalität wird oft zum Herstellen von Relationen zwischen Datentabellen bei Eingabe und für deren spätere Abfrage (Bilden von Joins) der beinhaltenden Daten benötigt.

Dieses Verhalten kann mit der Spalteneigenschaft `Identity` umgesetzt werden. Beim Anlegen einer Tabelle definieren Sie die `Identity`-Eigenschaft für die betreffende Spalte (siehe Listing 7.12).

```
CREATE TABLE Inhalte (InhId int IDENTITY (1,1) , Notiz nvarchar (100))
```

Listing 7.12 Anlegen einer Tabelle »Inhalte« mit einer Identity-Spalte

Werden dieser Tabelle anschließend Datensätze hinzugefügt, wird die Spalte »InhId« jeweils automatisch um 1 erhöht (Listing 7.13).

```
Insert Into Inhalte (Notiz) values('1. Notiz');
select * from Inhalte
```

Listing 7.13 Hinzufügen eines Datensatzes zur Tabelle »Inhalte« mit Identity-Spalte

Auch das Ermitteln des zuletzt vergebenen Identitätswertes ist in Datenbanksystemen eine häufige Anforderung.

Der Befehl `select @@identity` ermittelt den zuletzt vergebenen Identitätswert. In diesem Zusammenhang sollten Sie sich auch die Funktionen `SCOPE_IDENTITY` und `IDENT_CURRENT` ansehen, da Sie sie ebenfalls zur Ermittlung von Identitätswerten verwenden können.

Die Werte in den Klammern `(1,1)` der Identity-Eigenschaft stehen für den Startwert und die Schrittweite des automatisch erzeugten Wertes. Es wäre demnach durch Angabe von `Identity (1,10)` auch möglich, den jeweiligen Identity-Spaltenwert in Zehnerschritten zu erhöhen.

Außerdem können Sie jeweils nur eine Identity-Spalte pro Tabelle vergeben. Werte in Identity-Spalten können nicht geändert werden.

7.9 Trigger

Einfach gesprochen, sind Trigger gespeicherte Prozeduren, die durch bestimmte Aktionen automatisch ausgeführt werden. In diesem Zusammenhang spricht man auch davon, dass der Trigger »feuert« oder »ausgelöst wird«. In SQL Server gibt es zwei grundlegende Arten von Triggern, die sich dahin gehend unterscheiden, unter welchen Voraussetzungen sie ausgelöst werden.

Trigger werden demnach in sogenannte

1. DML-Trigger (Data Manipulation Language) und
2. DDL-Trigger (Data Definition Language) eingeteilt.

7.9.1 DML-Trigger

Wie es die Abkürzungen schon vermuten lassen, werden DML-Trigger immer dann ausgelöst, wenn Daten manipuliert werden. Dies ist der Fall, wenn Daten einer Tabelle hinzugefügt, gelöscht oder geändert werden. DML-Trigger werden beim Ausführen von `INSERT`-, `UPDATE`- und `DELETE`-Befehlen ausgelöst.

Bei DML-Triggern wird zusätzlich noch zwischen `AFTER`- und `INSTEAD-OF`-Triggern unterschieden.

- Ein `AFTER`-Trigger wird immer erst nach erfolgter Datenmanipulation ausgeführt.
- Ein `INSTEAD-OF`-Trigger wird immer an Stelle der eigentlichen Aktion ausgeführt, die den Trigger ausgelöst hat.
- Wird ein `INSTEAD-OF`-Trigger dahin gehend definiert, dass er ausgelöst wird, wenn eine Datenzeile gelöscht wird, wird der Trigger-Code an Stelle des Löschens ausgeführt. Der Trigger-Code muss sich bei `INSTEAD-OF`-Triggern um das Löschen oder Ändern der Daten selbst kümmern. Anderenfalls werden trotz mittels T-SQL-Befehls angewandter Löschoperationen, die den Trigger auslösten, die Daten nicht gelöscht oder geändert.

Einen Trigger legen Sie mit der Anweisung `Create Trigger` an. Innerhalb dieser Anweisung definieren Sie, um welche Trigger-Art es sich handelt und wann der Trigger ausgelöst wird.

```
CREATE TRIGGER DBO.PROTOKOLLIERE_LOESCHEN
ON DBO.KONTAKTE
AFTER INSERT, UPDATE
AS
BEGIN
```

```
-- TRIGGERCODE
RAISERROR ('TRIGGER WURDE AUSGELÖST', 16, 10);
END
```

Listing 7.14 Anlegen eines einfachen AFTER-Triggers für eine Tabelle »Kunden«, der bei INSERT oder UPDATE der Tabelle ausgelöst wird

Nachdem Sie den Trigger angelegt haben, können Sie ihn im SSMS-Objekt-Explorer im Ordner TRIGGER der Tabelle »Kontakte« anzeigen lassen (siehe Abbildung 7.28). Indem Sie mit der rechten Maustaste auf den Trigger klicken, können Sie durch die Auswahl der entsprechenden Menüoptionen des Kontextmenüs den Trigger löschen oder ändern. Trigger können Sie natürlich auch mit den T-SQL-Befehlen `DROP TRIGGER` und `ALTER TRIGGER` löschen bzw. ändern.

```
DROP TRIGGER DBO.PROTOKOLLIERE_LOESCHEN;
```

Listing 7.15 Löschen eines Triggers mit dem T-SQL-Befehl DROP TRIGGER im Schema »dbo«

Abbildung 7.28 Anzeige eines DML-Triggers im Objekt-Explorer des SQL Server Management Studios

7.9.2 Die Trigger-Tabellen »inserted« und »deleted«

Jeder DML-Trigger verwaltet zwei interne Tabellen, die Sie innerhalb der Trigger-Routine abfragen können. Diese Tabellen heißen »inserted« und »deleted«. Je nachdem, welche Aktion zur Auslösung des Triggers geführt hat, enthalten diese Tabellen unterschiedliche Informationen. Die Tabellen haben den gleichen Spaltenaufbau wie die eigentliche Trigger-Tabelle, für die der Trigger definiert wurde. Abhängig von den Aktionen, die zur Auslösung des Triggers führten (Einfügen, Löschen, Ändern), finden Sie in diesen Tabellen die manipulierten Datenzeilen der Trigger-Tabelle in ihrer Form vor und nach der Veränderung. Wichtig ist hierbei zu wissen, dass immer die kompletten Datenzeilen in diesen Tabellen stehen, nicht nur die Datenspalten, deren Daten geändert wurden.

- Bei einem INSERT stehen in der »inserted«-Tabelle die neu hinzugefügten Daten (-zeilen). Die »deleted«-Tabelle ist leer.
- Bei einem DELETE stehen in der Tabelle »deleted« die gelöschten Daten(-zeilen). Die »inserted«-Tabelle ist leer.
- Bei einem UPDATE stehen in der Tabelle »inserted« die neuen Daten(-zeilen) und in »deleted« die vorherigen Daten(-zeilen), die geändert wurden.

Die internen Trigger-Tabellen »inserted« und »deleted« sind sehr wichtig, da nur über diese Tabellen ermittelt werden kann, welche Datensätze wie geändert wurden. Auf diese Tabellen können Sie nur innerhalb des Triggers zugreifen.

Da die Tabellen »inserted« und »deleted« immer einem Abbild der Trigger-Tabellenstruktur entsprechen, finden Sie z.B. nach dem Ändern eines Datensatzes in der Tabelle »inserted« den kompletten Datensatz mit den neuen Werten und in »deleted« den alten Datensatz vor der Änderung.

Da aber nicht nur die Daten der Spalten mit den Änderungen gespeichert sind, sondern, wie schon erwähnt, der komplette Datensatz, können Sie auch eventuell in der Trigger-Tabelle vorhandene ID-Spalten abfragen. So ermitteln Sie, welcher Datensatz mit welcher ID geändert wurde. Auf Basis dieser ermittelten ID können Sie innerhalb der Trigger-Routine andere Daten in anderen Tabellen aktualisieren, die mit der Trigger-Tabelle in Beziehung stehen.

Das Beispiel in Listing 7.16 steht für einen einfachen AFTER-Trigger, der dazu eingesetzt wird, in einer Protokolltabelle namens »protokolltabelle« jede gelöschte Zeile der Tabelle »Kontakte« zu protokollieren. Immer wenn aus »Kontakte« eine Datenzeile gelöscht wird, feuert der Trigger und schreibt einen Datensatz in die entsprechende Protokolltabelle. Beachten Sie, dass innerhalb der Trigger-Routine die Tabelle »deleted« abgefragt wird, um die gelöschten Daten des gelöschten Datensatzes *(Kontakt_id, Nachname)* zu erhalten.

Die Anweisung

```
select @geloeschte_id = Kontakt_id, @geloeschter_kontakt_nachname = Nachname
from deleted;
```

fragt die Tabelle »deleted« ab und setzt die T-SQL-Variablen @geloeschte_id und @geloeschter_kontakt_nachname.

Anschließend werden die Werte dieser Variablen an die in die Protokolltabelle schreibende INSERT-Anweisung übergeben.

```
CREATE TRIGGER DBO.PROTOKOLLIERE_LOESCHEN
   ON  DBO.KONTAKTE
   AFTER DELETE
AS
```

```
DECLARE @GELOESCHTE_ID INT;
DECLARE @GELOESCHTER_KONTAKT_NACHNAME NVARCHAR(100) = '';
SELECT @GELOESCHTE_ID = KONTAKT_ID, @GELOESCHTER_KONTAKT_NACHNAME = NACHNAME
FROM DELETED;
INSERT INTO PROTOKOLLTABELLE (BESCHREIBUNG,UHRZEIT,BENUTZER)
VALUES('DATENSATZ WURDE GELÖSCHT. ID WAR ' + CAST(@GELOESCHTE_ID AS NVAR-
CHAR(100))
+ ' NACHNAME WAR ' + @GELOESCHTER_KONTAKT_NACHNAME,GETDATE(),CURRENT_USER);
```

Listing 7.16 Anlegen eines DML-Triggers mit Protokollierungsfunktion bei Löschoperationen

Der Befehl zum Anlegen der Protokolltabelle für Listing 7.16 lautet wie folgt:

```
CREATE TABLE PROTOKOLLTABELLE (BESCHREIBUNG NVARCHAR(500), UHRZEIT DATETIME,
BENUTZER NVARCHAR(100));
```

Listing 7.17 Befehl zum Anlegen der Protokolltabelle für Listing 7.16

Natürlich ist uns klar, dass die Trigger-Routine des Beispiels auch ohne Variablen auskommen könnte. Zum Umsetzen der Anforderung würde auch ein einzelner SQL-Befehl ausreichen. Es geht uns hier allerdings darum, Ihnen weitere Möglichkeiten aufzuzeigen, z.B. den Einsatz von Variablen, da Trigger-Routinen nicht immer so trivial sind, sondern auch sehr komplex sein können.

7.9.3 Ein Trigger für alle Fälle

Durch die Abfrage der internen Trigger-Tabellen ist es möglich, innerhalb eines Triggers festzustellen, welche Aktion den Trigger ausgelöst hat. Wenn Sie lediglich einen Trigger erstellen, der nur bei `UPDATE` oder nur bei `INSERT` ausgelöst wird, ist dies klar. Es ist aber auch möglich, einen Trigger zu erstellen, der jeweils bei `INSERT`, `UPDATE` und `DELETE` feuert. Auf diese Art und Weise lässt sich redundanter Code vermeiden.

```
CREATE TRIGGER protokolliere
ON dbo.Kontakte
AFTER INSERT, UPDATE, DELETE
AS
```

Listing 7.18 Anlegen eines AFTER-Triggers für die Aktionen INSERT, UPDATE und DELETE zugleich

Dennoch kommt es vor, dass innerhalb eines solchen Triggers im Trigger-Code unterschieden werden muss, ob ein `INSERT`, ein `UPDATE` oder ein `DELETE` zur Auslösung führte.

Dies erreichen Sie durch die Auswertung der internen Trigger-Tabellen:

- Bei einem INSERT stehen die neuen Datensätze in der »inserted«-Tabelle; die »deleted«-Tabelle ist leer.
- Bei einem DELETE ist die »inserted«-Tabelle leer; die »deleted«-Tabelle enthält die soeben gelöschten Datensätze.
- Bei einem UPDATE stehen in »inserted« die Änderungen und in »deleted« die Daten vor den Änderungen.

Sie müssen also lediglich im Trigger-Code überprüfen, ob Zeilen in dieser Konstellation in den Tabellen vorhanden sind. EXISTS eignet sich hierzu hervorragend, wie Listing 7.19 zeigt.

```
CREATE TRIGGER DBO.EIN_TRIGGER_FUER_ALLE_FAELLE
   ON  DBO.KONTAKTE
   AFTER INSERT,UPDATE,DELETE
AS
BEGIN

IF EXISTS(SELECT * FROM INSERTED) AND NOT EXISTS(SELECT * FROM DELETED)
BEGIN
   RAISERROR ('ES HANDELTE SICH UM EIN INSERT', 16, 10);
END

IF EXISTS(SELECT * FROM INSERTED) AND EXISTS(SELECT * FROM DELETED)
BEGIN
   RAISERROR ('ES HANDELTE SICH UM EIN UPDATE', 16, 10);
END

IF NOT EXISTS(SELECT * FROM INSERTED) AND EXISTS(SELECT * FROM DELETED)
BEGIN
   RAISERROR ('ES HANDELTE SICH UM EIN DELETE', 16, 10);
END

END
```

Listing 7.19 Auswerten der internen Trigger-Tabellen zur Feststellung der auslösenden Trigger-Aktion

7.9.4 Trigger und Cursorschleifen

Wir möchten Sie auf eine weitere Besonderheit aufmerksam machen, die bei der Arbeit mit Triggern von Bedeutung ist. Unsere bisherigen Erläuterungen zu Triggern gingen immer davon aus, dass nur ein Datensatz innerhalb der Trigger-Tabelle geändert wird.

Kommen wir noch einmal auf unser Beispiel in Listing 7.16 zurück. Nehmen wir an, wir würden den Befehl

```
DELETE FROM KONTAKTE WHERE KONTAKT_ID = 17;
```

ausführen, und dieser Befehl löscht genau einen Datensatz. Da für die Tabelle »Kontakte« der `AFTER-DELETE`-Trigger *protokolliere_loeschen* (Listing 7.16) angelegt wurde, würde dieser Trigger ausgelöst werden. In der internen Trigger-Tabelle »deleted« stünde demzufolge nur ein Datensatz. Die Tabelle »inserted« wäre leer. In der Tabelle »deleted« finden Sie den gelöschten Datensatz. Der Trigger-Code liest die Tabelle »deleted« aus und nutzt die erhaltenen Daten für die weitere Verarbeitung. Im Beispiel von Listing 7.16 wird die »deleted«-Tabelle ausgelesen, und die erhaltenen Werte werden mittels `INSERT` in die »protokolltabelle« geschrieben.

Was aber geschieht, wenn in der Tabelle »kontakte« nicht nur ein Datensatz durch den `DELETE`-Befehl gelöscht wird, sondern mehrere? Ein Beispiel für einen solchen Befehl wäre:

```
DELETE FROM KONTAKTE WHERE KONTAKT_ID >= 17;
```

Dieser Befehl würde alle Datensätze der Tabelle »kontakte« mit der ID >= 17 löschen, vorausgesetzt, in der Tabelle gibt es auch mehrere Datensätze > 17.

Theoretisch müsste es jetzt für jeden gelöschten Datensatz einen Protokolleintrag in der Protokolltabelle geben. Wenn Sie das Beispiel ausprobieren, werden Sie feststellen, dass nach wie vor lediglich ein Datensatz in die Protokolltabelle geschrieben wurde, und das ist nicht im Sinn unserer Protokollierung. Warum ist das so?

Dieses Verhalten erklärt sich dadurch, dass der Trigger durch den Befehl `delete from kontakte where Kontakt_id >= 17;` nicht für jede gelöschte Datenzeile ausgeführt wird, sondern lediglich ein einziges Mal, obwohl mehrere Datenzeilen gelöscht wurden.

Wird der Trigger ausgeführt, enthält die Tabelle »inserted« keine und die Tabelle »deleted« alle die durch den triggerauslösenden `DELETE`-Befehl gelöschten Datensätze. Der Unterschied ist nur, dass in »deleted«-Tabellen eben nicht jeweils nur ein Datensatz steht, sondern viele. Es ist jetzt Ihre Aufgabe, diese Datenzeilen innerhalb dieser Tabelle auszulesen und im Trigger-Code zu verwenden.

In einigen Fällen wird es Ihnen gelingen, die Anforderungen vollständig durch SQL-Kommandos abzudecken. Zum Beispiel könnten Sie den Trigger-Code aus Listing 7.13 durch einen Befehl in der Art wie

```
insert into TabelleA (spalte1,spalte2) select spalte1,spalte2 from deleted;
```

ersetzen. Die Anforderungen des Trigger-Codes würden demnach komplett durch einen SQL-Befehl abgedeckt, da dieser Befehl die Werte direkt aus der Trigger-Tabelle »deleted« in eine andere Tabelle (beispielsweise eine Protokolltabelle) schreibt. Die Protokollierung wäre vollständig.

In vielen Anwendungen wird dies allerdings nicht möglich sein, da, wie wir bereits erwähnten, Trigger-Logik sehr komplex sein kann und Daten der »inserted«- und »deleted«-Tabellen zusätzlich verarbeitet oder aggregiert werden sollen. Wie können Sie also in diesem Fall den Trigger *protokolliere_loeschen* oder eben andere Trigger aufbauen, um alle Änderungen an der Tabelle innerhalb des Triggers zu berücksichtigen?

In diesem Fall bietet Ihnen T-SQL die Möglichkeit, sogenannte Cursorschleifen einzusetzen. Dank dem Datentyp `Cursor` können Sie ein Resultset, das Ihnen durch eine `SELECT`-Anweisung zurückgegeben wird, zeilenweise durchlaufen.

Wir möchten den in Listing 7.16 erzeugten Trigger nun erweitern, indem wir die Protokollierungsfunktion durch eine Cursorschleife ergänzen. Dadurch werden auch Löschungen protokolliert, deren Anzahl die einer einzigen Datenzeile in der Basistabelle übersteigt.

```
CREATE TRIGGER DBO.PROTOKOLLIERE_LOESCHEN
   ON  DBO.KONTAKTE
   AFTER DELETE
AS
BEGIN

DECLARE @GELOESCHTE_ID INT;
DECLARE @GELOESCHTER_KONTAKT_NACHNAME NVARCHAR(100) = '';
DECLARE @MAINCURSOR_LOOP CURSOR; -- FÜR HAUPTSCHLEIFE

SET @MAINCURSOR_LOOP = CURSOR FAST_FORWARD FOR SELECT KONTAKT_ID,NACHNAME
FROM DELETED;

OPEN @MAINCURSOR_LOOP;
FETCH NEXT FROM @MAINCURSOR_LOOP INTO @GELOESCHTE_ID,@GELOESCHTER_KONTAKT_
NACHNAME;
WHILE @@FETCH_STATUS = 0
BEGIN

INSERT INTO PROTOKOLLTABELLE (BESCHREIBUNG,UHRZEIT,BENUTZER)
VALUES('DATENSATZ WURDE GELÖSCHT ID WAR ' + CAST(@GELOESCHTE_ID AS NVAR-
CHAR(100))
+ ' NACHNAME WAR ' + @GELOESCHTER_KONTAKT_NACHNAME,GETDATE(),CURRENT_USER);

FETCH NEXT FROM @MAINCURSOR_LOOP INTO @GELOESCHTE_ID,@GELOESCHTER_KONTAKT_
NACHNAME;
END -- WHILE

END -- TRIGGER
```

Listing 7.20 Anlegen eines DML-Triggers mit Protokollierungsfunktion bei Löschoperationen mit Cursorschleife

In Listing 7.20 kommen unterschiedliche Elemente zum Einsatz. Es wird ein Cursor @maincursor_loop deklariert und dem Cursor das Resultset der Tabelle »deleted« zugewiesen.

Anschließend wird der Cursor mittels WHILE-Schleife durchlaufen. Mit jeder FETCH NEXT-Anweisung werden die deklarierten Variablen mit den Datenwerten der nächsten Zeile des durchlaufenden Resultsets gesetzt und stehen zur Verarbeitung bereit. Ist die letzte Zeile des Cursors erreicht, wird die WHILE-Schleife beendet.

Es gibt unterschiedliche Cursortypen, die sich hinsichtlich Sperrverhalten und auch Performance voneinander unterscheiden.

Hinsichtlich des Einsatzes von Cursorschleifen gibt es verschiedene Ansichten und Meinungen. Die Diskussionen hierzu erinnern teilweise an die endlose Debatte über den Einsatz von Goto in höheren Programmiersprachen. Letztendlich geht es darum, dass in einigen Fällen die Meinung vertreten wird, Cursorschleifen verringerten die Performance oder wirkten sich anderweitig negativ aus, z.B. durch das Setzen von Sperren. Dies ist der Fall, wenn Cursorschleifen ohne Überlegung eingesetzt werden. Es kann beispielsweise durchaus ein Problem sein, wenn innerhalb einer Schleife eine weitere Schleife ausgeführt wird und innerhalb dieser Schleife erneut Schleifen durchlaufen werden; man spricht in solchen Fällen von *verschachtelten Schleifen*.

Diese Problematik gilt allerdings auch für andere Programmiersprachen, und es liegt hier in der Verantwortung des jeweiligen Entwicklers, gut strukturierten und optimierten Code zu schreiben. Bei den von uns durchgeführten Projekten – insbesondere im Bereich der Trigger-Programmierung – kommt es immer wieder zu Anforderungen, bei denen uns auch Cursorschleifen und deren geplanter und wohldurchdachter Einsatz wertvolle und performante Dienste leisten.

7.9.5 Die UPDATE()-Funktion

Eine wichtige Funktion, die innerhalb einer Trigger-Routine sehr sinnvoll ist, ist die UPDATE()-Funktion. Worum geht es hierbei?

Wenn Sie z.B. für eine Tabelle einen UPDATE-Trigger definieren, ist es unter Umständen wichtig, den Trigger-Code nur zu durchlaufen, wenn Daten in bestimmten Spalten geändert wurden.

Bei einer Auftragstabelle, deren Spalte »Gesamtauftragswert« mittels UPDATE-Trigger berechnet wird, muss diese natürlich nur neu kalkuliert werden, wenn die Spalten, aus denen sich der Gesamtauftragswert berechnet, verändert wurden.

Ein UPDATE-Trigger wird allerdings immer dann ausgelöst, wenn sich Daten ändern, gleichgültig, in welcher Spalte der Tabelle. Hier können Sie mittels UPDATE()-Funktion, der Sie den Namen der Spalte übergeben, Unterscheidungen vornehmen (siehe Listing 7.21).

```
IF UPDATE (STUECKZAHL) OR UPDATE (EINZELPREIS)
BEGIN
   -- HIER STEHT DER FÜR DIE BERECHNUNG ZUSTÄNDIGE TRIGGER-CODE
END
```

Listing 7.21 Verwendung der Update()-Funktion

Die `Update()`-Funktion liefert `True` zurück, wenn Daten der an `Update()` übergebenen Spalte geändert wurden, anderenfalls `False`.

7.9.6 DDL-Trigger

DDL-Trigger werden ausgelöst, wenn Datenbankereignisse eintreten. Dies ist der Fall, wenn z.B. eine Tabelle erzeugt oder gelöscht oder ein Datenbankobjekt mit einem der Befehle `CREATE`, `ALTER` und `DROP` erzeugt, geändert oder gelöscht wird.

Dieser Trigger-Typ bietet sich an, wenn Sie Änderungen an der Datenbank verhindern, protokollieren oder auf der Grundlage einer Änderung eine Aktion auslösen möchten. Ein häufig anzutreffendes Beispiel für einen einfachen DDL-Trigger ist es, zu verhindern, dass eine Tabelle geändert oder gelöscht wird.

```
CREATE TRIGGER KEINETABELLEAENDERN
ON DATABASE
FOR DROP_TABLE, ALTER_TABLE
AS
PRINT  'TABELLE AENDERN NICHT MÖGLICH';
ROLLBACK TRANSACTION;
```

Listing 7.22 Dieser DDL-Trigger verhindert das Löschen (DROP) oder Ändern (ALTER) von Tabellen.

Nachdem Sie einen DDL-Trigger erstellt haben, finden Sie ihn im Objekt-Explorer des SSMS im Ordner DATENBANKTRIGGER. Versucht ein Benutzer, eine Tabelle zu ändern oder zu löschen, schlägt diese Aktion fehl.

7.9.7 Zum richtigen Umgang mit Triggern

Trigger sind ein sehr nützliches Mittel beim Datenbankdesign. Dennoch sollten Sie bedenken, dass Sie, wenn Sie mehrere Trigger pro Tabelle zu den unterschiedlichsten Aktionen definieren, einen möglichen Fehler unter Umständen nur schwer finden.

Mit der Prozedur `sp_settriggerorder` können Sie die Reihenfolge der Ausführung mehrerer Trigger nur insofern festlegen, als Sie den ersten und letzten auszuführenden Trigger definieren. Für alle weiteren Trigger können Sie nicht bestimmen, in welcher Reihenfolge sie ausgeführt werden sollen.

Ebenfalls ist es möglich, dass ein Trigger sich selbst auslöst, indem er innerhalb der Trigger-Prozedur eine Aktion durchführt, die ihn für die Trigger-Tabelle erneut ausführt. Dies wäre der Fall, wenn ein INSERT-Trigger einen Datensatz in die Tabelle, für die er definiert wurde, selbst einfügt. Es handelt sich dabei um sogenannte *rekursive Trigger*. Hierzu muss allerdings die RECURSIVE_TRIGGERS-Eigenschaft der Datenbank aktiviert sein; dies ist aber standardmäßig nicht der Fall. Bei Bedarf setzen Sie diese Eigenschaft im Management Studio über den EIGENSCHAFTEN-Dialog der Datenbank im Bereich OPTIONEN.

Trigger können auch andere Trigger auslösen. Hier beträgt die sogenannte Schachtelungstiefe 32 Ebenen. Trigger sollten jedoch möglichst unabhängig sein!

Zusammenfassend halten wir fest: Wir haben Ihnen innerhalb dieses Abschnitts unterschiedliche Möglichkeiten aufgezeigt, die bei professioneller Trigger-Programmierung zum Einsatz kommen. Wenn Sie tiefer in die Materie einsteigen möchten, empfehlen wir Ihnen hierzu die umfangreiche Microsoft-Dokumentation.

7.10 Interessante T-SQL-Neuerungen für Entwickler

Mit der Einführung von SQL Server 2012 wurde von Microsoft natürlich auch der T-SQL-Befehlssatz erweitert. Wir zeigen Ihnen in diesem Abschnitt einige wichtige Neuerungen, die für Entwickler durchaus interessant sein könnten.

7.11 Sequenzen

Sequenzen sind Datenbankobjekte, mit denen es möglich ist, eine vorher festgelegte Zahlenreihe zu definieren und abzurufen. Wie eine Sequenz angelegt wird, sehen Sie in Listing 7.23.

Da eine Sequenz ein eigenständiges Datenbankobjekt unabhängig von Tabellendefinitionen darstellt, kann es vielfältig eingesetzt werden.

```
CREATE SEQUENCE [dbo].[MeineSequenz]
 AS [int]
 START WITH 1
 INCREMENT BY 1
 MINVALUE 1
 MAXVALUE 10
 CYCLE
GO
```

Listing 7.23 Anlegen einer Sequenz mit Namen »MeineSequenz« im Schema »dbo«

Nachdem ein Sequenzobjekt erstellt wurde, können Sie die Werte abrufen, die durch diese Sequenz erzeugt werden. Dies zeigt Listing 7.24.

```
SELECT NEXT VALUE FOR DBO.MEINESEQUENZ
```

Listing 7.24 Abruf von Werten aus dem Sequenzobjekt »MeineSequenz«

Der `Select`-Befehl in Listing 7.24 listet Ihnen die durch die Abfrage der Sequenz generierten Werte auf. Hierzu wird die `NEXT VALUE FOR`-Funktion verwendet. Wenn Sie diesen Befehl mehrfach ausführen, werden Sie sehen, dass Ihnen die bei der Sequenzdefinition bestimmten Werte geliefert werden, das heißt mit jedem Aufruf ein jeweils erhöhter Wert, bei 1 beginnend bis 10. Wurde der jeweilige Maximalwert erreicht, wird wieder beim aktuellen Minimalwert der Sequenz begonnen, in diesem Fall 1. Dieses Verhalten des erneuten Starts bei 1 bei Erreichen des Maximalwertes wird durch die Angabe von `Cycle` erreicht, das bei der Sequenzdefinition angegeben wurde.

Eine Sequenz kann demzufolge dazu genutzt werden, innerhalb von Tabellen beim Hinzufügen oder Ändern von Datensätzen Zahlenwerte automatisiert festzulegen. Listing 7.25 legt eine Tabelle »SeqDemo« an, deren Spalte »SeqId« mittels eines Default-Wertes aus der Sequenz `MeineSequenz` bestimmt wird.

```
CREATE TABLE SEQDEMO (INHID INT IDENTITY (1,1) , NOTIZ NVARCHAR (100), SEQID
INT DEFAULT NEXT VALUE FOR DBO.MEINESEQUENZ)
```

Listing 7.25 Anlegen einer Tabelle »SeqDemo« mit der Spalte »SeqId« und mittels Sequenz bestimmtem Default-Wert

```
INSERT INTO SEQDEMO (NOTIZ) VALUES('1. NOTIZ');
SELECT * FROM SEQDEMO
```

Listing 7.26 Hinzufügen und direktes Abfragen der Tabelle »SeqDemo« mit Spalte »SeqId«

Eine Sequenz können Sie demnach auch als eine Art Zahlenpool verstehen, der nach genau festgelegten Regeln innerhalb der Datenbank global definiert und abgerufen werden kann. Dabei ist es gleichgültig, ob dieser von Tabellen oder anderen T-SQL-Konstrukten genutzt wird.

Eine weitere, umfassendere Auflistung der Neuerungen zum Thema Entwicklung auf SQL Server 2012 finden Sie bei Bedarf auch auf unserer Webseite unter *http://www.sqlxpert.de*.

Kapitel 8
PowerShell

Der Begriff »Shell« bezeichnet in der IT-Branche eine Software, die eine Verbindung zwischen Benutzer und Betriebssystem herstellt. Dies trifft zwar in der Regel auch für die GUI-Tools (Graphical User Interface) zu, jedoch versteht man normalerweise eine »Shell« als ein kommandozeilenorientiertes Benutzertool.

PowerShell ist eine Kommando- und Skriptumgebung für die Windows-Plattform. Stark vereinfacht gesprochen, ist PowerShell ein Kommandozeilentool, das die Verwaltung und Automatisierung von Windows-Programmen ermöglicht. Sie können Programme von außen steuern und ihre Daten und Parameter setzen oder abfragen. PowerShell basiert auf dem .NET Framework und arbeitet mit .NET-Objekten, die Daten, Eigenschaften und Methoden enthalten.

8.1 Warum PowerShell?

Eine häufige Frage lautet: Warum oder wozu gibt es jetzt auch noch PowerShell? Mit T-SQL gibt es doch bereits eine sehr mächtige Skriptsprache, mit der sich SQL Server konfigurieren und administrieren lässt.

Das ist richtig, allerdings ermöglicht PowerShell ein serverübergreifendes Arbeiten, da PowerShell auch für andere Microsoft-Serverprodukte und -Komponenten zur Verfügung steht.

PowerShell bietet sich zudem für alle Arbeiten an, die nicht nur mit SQL Server selbst zu tun haben oder die zwischen den SQL-Server-Instanzen ausgeführt werden sollen. Dazu gehören das Kopieren einer Datenbank von einer Instanz zur anderen oder das vollständige Einrichten von Replikationen etc.

PowerShell bietet eine allgemeine und serverübergreifende Skriptsprache, die verschiedene Serverprodukte administrieren und automatisieren kann. Sie schreiben mit einem PowerShell-Skript demnach ein Skript, das alle Windows-Komponenten mit PowerShell-Unterstützung verwalten und automatisieren kann. Das geht mit T-SQL nicht.

8.2 Was bietet PowerShell?

PowerShell bietet Ihnen alles, was eine moderne Skriptsprache bieten sollte, wie z.B. Operatoren, Konstanten, Verzweigungen, Schleifen, Variablen und *Cmdlets*. Es gibt zwei grundlegende PowerShell-Konzepte, die zusammen die zur Verfügung stehenden PowerShell-Möglichkeiten ausmachen.

8.2.1 Cmdlets (Commandlets)

Cmdlets können Sie sich auch als PowerShell-Befehle vorstellen. Sie sind Programmeinheiten, bei denen es sich eigentlich um .NET-Klassen handelt, die eine bestimmte Funktion haben.

Da eine .NET-Klasse aus Properties und Methoden besteht, können Sie auch bei Cmdlets Parameter setzen und Objekte übergeben und zurückgeben, um diese wiederum an andere Objekte zu übergeben. Bei Aufruf eines Cmdlets werden also Parameter gesetzt.

Nachdem das Cmdlet abgearbeitet wurde, können entsprechende Objekte zur Weiterverarbeitung für andere Cmdlets zurückgegeben werden.

Der Befehl `get-childitem`, oder abgekürzt `gci`, ist ein solches Cmdlet und listet Ihnen, wie es der Name schon vermuten lässt, alle Kinder des aktiven Knotens auf. Befinden Sie sich auf der PowerShell-Oberfläche (wie Sie PowerShell starten, erfahren Sie in Abschnitt 8.3, »Wie wird PowerShell installiert und aufgerufen?«) im Laufwerk SQLSERVER:\ und geben `get-childitem` ein, erhalten Sie alle Inhalte des aktiven Knotens.

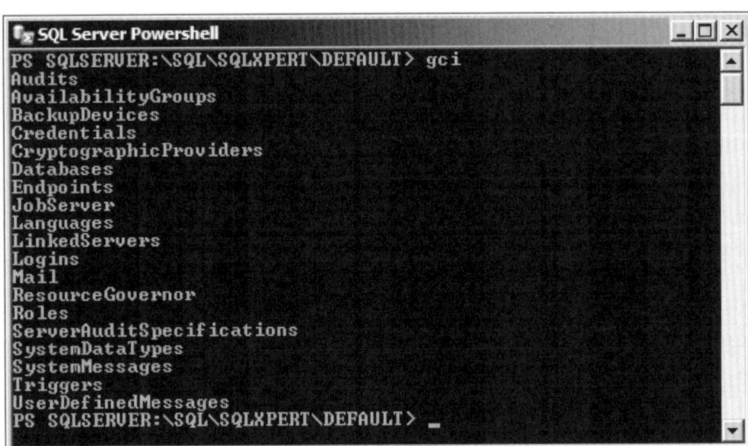

Abbildung 8.1 Ausgabe von »get-childitem«

Innerhalb von Skripten oder auch bei Eingabe über die PowerShell selbst erfolgt zwischen den Cmdlets kein textbasierter Austausch von Informationen – was aufwendige Formatierungs- und Auswertungsanweisungen erspart –, sondern Daten werden als vollwertige Objekte ausgetauscht bzw. übergeben.

8.2.2 PowerShell-Anbieter (Provider)

Über sogenannte PowerShell-Anbieter werden hierarchische Strukturen von Windows-Komponenten und -Diensten wie SQL Server in die PowerShell-Struktur eingebunden und stehen anschließend in der Form eines virtuellen Laufwerks innerhalb der PowerShell zur Verfügung.

Dies bedeutet, dass Ihnen für die Hard- und Softwareressourcen Ihres Rechners entsprechende Laufwerke zur Verfügung gestellt werden, durch die Sie navigieren können. Stark vereinfacht gesprochen, wird eine hierarchische Struktur der Software oder des Dienstes in PowerShell abgebildet. Diese Struktur können Sie durch die PowerShell-Befehle ansprechen.

Es stehen Ihnen demnach nicht nur die Laufwerke C:\ und D\: Ihrer Festplatte zur Verfügung (eine Festplatte ist auch eine Ressource des Rechners mit bestimmten Eigenschaften), sondern bei der PowerShell-Unterstützung für SQL Server z.B. auch ein SQLSERVER:\-Laufwerk.

Navigieren Sie zu SQLSERVER:\ durch die Eingabe von `cd SQLSERVER:`, stehen in dieser Hierarchie weitere Unterordner bereit. Sie navigieren durch die SQL-Server-Struktur, als würden Sie die Verzeichnisse einer Festplatte durchsuchen.

8.2.3 PowerShell-Skripte

Sie können sogenannte PowerShell-Skripte erstellen, die SQL Server verwalten und automatisieren. Dies reicht vom Anlegen von Datenbankobjekten bis hin zum Setzen von Policies, Rechteeinstellungen und Replikationen.

PowerShell verbindet demnach Windows-Programmkomponenten auf Skriptbasis und erlaubt eine Automatisierung und Administration der durch PowerShell unterstützten Windows-Komponenten und Dienste.

8.3 Wie wird PowerShell installiert und aufgerufen?

PowerShell wird mit jedem modernen Windows-Betriebssystem automatisch installiert und kann für XP, Vista und Windows 2003 heruntergeladen und nachinstalliert werden. Ab SQL Server 2012 wird PowerShell nicht mehr automatisch vom SQL-Server-Setup installiert, sondern PowerShell ist jetzt eine erforderliche Komponente, die bereits vorhanden sein muss, um SQL Server 2012 installieren zu können. Sie haben mehrere Möglichkeiten, PowerShell aufzurufen.

8.3.1 PowerShell aus SQL Server Management Studio aufrufen

Bereits seit SQL-Server-Version 2008 können Sie PowerShell-Sitzungen aus dem Objekt-Explorer des SQL Server Management Studios (SSMS) starten. Klicken Sie mit der rechten Maustaste auf das entsprechende Datenbankobjekt im Objekt-Explorer, und wählen Sie aus dem Kontextmenü POWERSHELL STARTEN aus (siehe Abbildung 8.2). Eine SQL-Server-PowerShell-Sitzung wird gestartet, in der die SQL-Server-Snap-Ins bereits geladen sind.

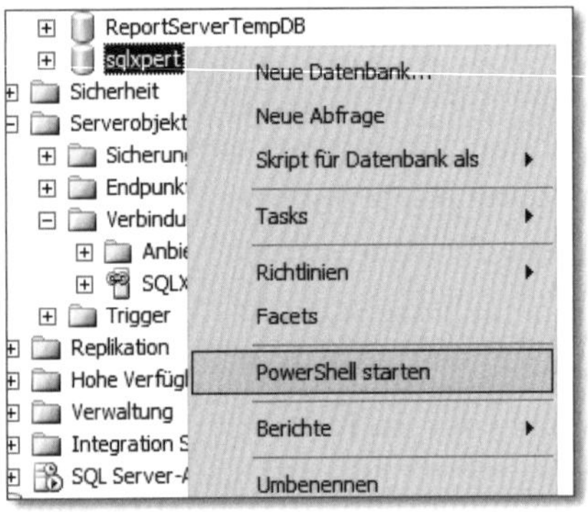

Abbildung 8.2 PowerShell aus Management Studio starten

8.3.2 PowerShell über »sqlps« aufrufen

Sqlps ist ein Hilfsprogramm, das eine PowerShell-Umgebung zur Verfügung stellt und die zur SQL-Server-PowerShell-Unterstützung benötigten Snap-Ins startet und registriert.

Snap-Ins

Snap-Ins registrieren PowerShell-Anbieter und Cmdlets in der Shell und stellen demnach die gewünschten Funktionalitäten (Anbieter, Cmdlets) dem Aufrufer zur Verfügung. Im Prinzip können Sie sich Snap-Ins wie ein Installationsprogramm für PowerShell-Anbieter und Cmdlet-Befehlssätze vorstellen.

Abbildung 8.3 Gestartete PowerShell-Sitzung

Sqlps ist keine Minishell, wie dies noch unter SQL Server 2008 R2 der Fall war, sondern startet PowerShell 2.0 und importiert das sqlps-Modul.

Mit sqlps können Sie SQL-Server-Cmdlets und Skriptdateien ausführen oder durch die SQL-Server-Anbieterhierarchie navigieren.

sqlps ist in die SSMS-Umgebung bestens integriert. Auf den unterschiedlichen Hierarchiestufen im Objekt-Explorer ist es jederzeit möglich, durch Rechtsklick auf einen Ordner das Kontextmenü POWERSHELL STARTEN aufzurufen. Bei diesem Vorgang wird sqlps aufgerufen, was Sie an der Titelleiste der Konsole erkennen können (siehe Abbildung 8.4).

Abbildung 8.4 Starten der PowerShell aus dem SSMS

Sie müssen nichts weiter tun, denn die benötigten SQL-Server-PowerShell-Snap-Ins sind per Default installiert. Um dies zu überprüfen, geben Sie sie in die gestartete PowerShell-Sitzung `get-psdrive` ein und drücken [↵]. Es werden Ihnen verschiedene Verzeichnisse angezeigt, unter anderem auch ein SQLSERVER:\-Verzeichnis.

Da sqlps unter SQL Server 2012 keine Minishell mehr ist, wie zuvor bereits erläutert, können Sie über sqlps jetzt auch PowerShell-Anbieter von anderen Windows-Komponenten oder -Diensten einbinden. Das bedeutet, dass Sie z.B. aus Ihrem Skript heraus auch einen Exchange-Server verwalten könnten.

8.3.3 PowerShell über die Windows PowerShell aufrufen

Durch einen Klick auf das in Abbildung 8.5 gezeigte PowerShell-Icon in der Taskleiste starten Sie die sogenannte »normale« allgemeine Windows PowerShell des Betriebssystems zur Ausführung von PowerShell-Skripten und -Kommandos.

Abbildung 8.5 Windows PowerShell starten

In dieser Shell ist die SQL-Server-PowerShell-Unterstützung noch *nicht* registriert. Es steht Ihnen bei Eingabe von `get-psdrive` noch kein *SQLSERVER:\-Laufwerk* zur Verfügung. Dies haben Sie allerdings schnell erledigt.

1. Geben Sie in die PowerShell-Konsole `Set-ExecutionPolicy Unrestricted` ein, und bestätigen Sie die anschließende Frage mit JA.
2. Anschließend geben Sie den folgenden Befehl ein, um das sqlps-Modul zu laden: `Import-Module sqlps -DisableNameChecking`.

Nach dem Importieren des sqlps-Moduls stehen Ihnen nun die SQL-Server-Cmdlets zur Verfügung.

Ausführen von PowerShell-Skripten

Beachten Sie, dass Sie mit Schritt 1 des vorhergehenden Beispiels den natürlichen Schutz der Windows PowerShell 2.0, dass keine PowerShell-Skripte ausgeführt werden können, deaktivieren. Dieser Befehl ermöglicht das Ausführen von beliebigen PowerShell-Skripten. Gegebenenfalls sollten Sie diesen Schutz mit `Set-ExecutionPolicy Restricted` wieder aktivieren.

Lassen Sie sich nun erneut mit `get-psdrive` alle in PowerShell verfügbaren Laufwerke anzeigen. Jetzt sehen Sie auch ein zusätzliches SQL-Server-Laufwerk mit der Bezeichnung *SQLSERVER:*.

Die Struktur, die sich hinter diesem *SQLSERVER:\-Laufwerk* verbirgt, ist die logische Struktur des SQL Servers.

Ein interessantes SQL-Server-PowerShell-Cmdlet ist z.B. `invoke-sqlcmd`. Mit diesem Cmdlet ist es möglich, T-SQL-Befehle auf PowerShell-Ebene auszuführen.

Mit `Invoke-Sqlcmd -Query "SELECT @@Version"` können Sie sich z.B. die aktuelle Version der SQL-Server-Instanz anzeigen lassen.

Durch die Eingabe von `Invoke-Sqlcmd -Query "Create database Demo7"` legen Sie eine neue Datenbank an.

Mit dem `-Query`-Parameter übergeben Sie dem Cmdlet T-SQL-Befehle, die ausgeführt werden können.

Genauere Informationen zu den aktuellen Cmdlets finden Sie allerdings in der Onlinedokumentation, da dies ein wirklich umfangreiches Thema ist. Die in diesem Abschnitt vorgestellte Vorgehensweise zum Import des sqlps-Moduls in die PowerShell 2.0-Umgebung wird auch von Microsoft empfohlen.

8.3.4 PowerShell über den Agent ausführen

Sie können mithilfe des SQL-Server-Agents PowerShell-Skripte ausführen. Hierzu legen Sie im Agent einen ganz normalen Auftrag an und definieren Schritte vom Typ »PowerShell«. Genaueres zum Anlegen von Aufträgen lesen Sie in Kapitel 12, »Automatisieren von administrativen Aufgaben«.

8.4 Beispiel: Anzeigen der Instanzen von SQL Server in HTML

Wir zeigen Ihnen nun an einem einfachen Beispiel, wie Sie sich mithilfe von PowerShell alle Datenbanken der *SQL-Server-Default-Instanz* in eine vollständige HTML-Datei auf Ihrer Festplatte ausgeben lassen.

1. Starten Sie das SQL Server Management Studio (SSMS), und melden Sie sich mit Ihren Anmeldedaten an der gewünschten SQL-Server-Instanz an.
2. Klicken Sie im Objekt-Explorer mit der rechten Maustaste auf den Knoten DATENBANKEN, und wählen Sie POWERSHELL STARTEN.
3. PowerShell wird gestartet, und Sie befinden sich innerhalb der Navigationsstruktur des PowerShell-Anbieters direkt im Ordner DATENBANKEN der gewählten SQL-Server-Instanz.
4. Geben Sie jetzt direkt den Befehl `get-childitem` ein, und bestätigen Sie ihn mit [↵], um sich die jeweiligen Inhalte des Ordners DATABASES anzeigen zu lassen. Es werden Ihnen alle Datenbanken der gewählten Instanz aufgelistet.
5. Geben Sie anschließend folgende Befehle zeilenweise ein; passen Sie den Beispielpfad *d:\ps-demo\listing.html* entsprechend an.

```
$dblist = get-childitem
$dblist | convertto-html  -property name,status,RecoveryModel  | Out-File
d:\ps-demo\listing.html
```

Listing 8.1 Datenbanken der SQL-Server-Instanz als HTML-Datei ausgeben

Dieses Skript erledigt Folgendes:

In Zeile 1 wird die Variable `$dblist` mit den Inhalten des Ordners (alle Datenbanken der Instanz) gesetzt.

In Zeile 2 werden die Inhalte von `$dblist` in HTML konvertiert und im Ordner *d:\ps-demo* in der Datei *listing.html* abgespeichert. Diese Datei enthält wohlgeformtes HTML und kann mit dem Browser angezeigt werden.

6. Öffnen Sie Ihren Internetbrowser, wählen Sie DATEI • ÖFFNEN, und lassen Sie sich im von Ihnen gewählten Ablageordner die Datei *listing.html* anzeigen.

Kapitel 9
Backup und Restore

Funktionstüchtige Backups sind elementar für eine erfolgreiche Wiederherstellung einer Datenbank nach einem Notfall. Dieses Kapitel beleuchtet wichtige Vorgehensweisen und Strategien der Datensicherung und -wiederherstellung.

Vielfach wird es als nebensächlich empfunden, sich mit dem Thema Datenbanksicherung zu befassen. Eigentlich möchte jeder, dass die im täglichen Betrieb anfallenden Daten für den Fall der Fälle gesichert und natürlich auch wiederhergestellt werden können. Und das möglichst schnell und zuverlässig.

Dies ist nachvollziehbar, da eine Datenbanksicherung in der Regel nur im Notfall benötigt wird, und dieser Notfall tritt nicht gerade jeden Tag ein. Die Idealvorstellung ist es, eine aktuelle Sicherung zu haben, die eingespielt wird, und alles ist wieder in Ordnung.

Genau das ist mit SQL Server natürlich möglich, und bei richtiger Anwendung der durch SQL Server zur Verfügung gestellten Möglichkeiten müssen Sie auch im Notfall keinerlei Datenverlust in Kauf nehmen. Dieses Kapitel gibt Ihnen eine Einführung in die Backup- und Restore-Möglichkeiten mit SQL Server 2012.

9.1 Sicherungsverfahren

SQL Server unterstützt die unterschiedlichsten Verfahren, eine Datenbank zu sichern und wiederherzustellen. Diese unterschiedlichen Möglichkeiten der Sicherung gibt es in erster Linie deshalb, da auch für den SQL Server für die bei einer Sicherung zu übertragende Datenmenge gewisse physikalische Gesetze gelten.

Eine kleine Datenbank können Sie schnell innerhalb kurzer Zeit sichern, jedoch dauern Sicherungen mit zunehmender Datenmenge länger, da Sicherungs- und natürlich demzufolge auch Wiederherstellungsvorgänge mit zunehmender Datenmenge ganz einfach mehr Zeit in Anspruch nehmen, um die Daten zu transportieren.

Es ist in der Regel problematisch und kann Unternehmen sehr viel Geld kosten, wenn das Wiederherstellen einer Datenbank nach einer Beschädigung viele Stunden dauert oder nur der Datenbestand des Vortages wiederhergestellt werden kann, z.B. wenn die Datenbank aufgrund des anfallenden Datenvolumens nur nachts gesichert wurde. Wir denken in diesem Zusammenhang an die katastrophalen Auswirkungen bei stark frequentierten Onlineshops oder Buchungssystemen.

Aus diesem Grund bietet SQL Server Ihnen nicht nur *die* eine Sicherung, sondern, wie bereits erläutert, mehrere unterschiedliche Möglichkeiten, eine Datenbank oder deren Bestandteile zu sichern. Diese Möglichkeiten werden als *Sicherungsverfahren* bezeichnet und nachfolgend erläutert.

9.1.1 Vollständige Sicherung

Eine *vollständige Sicherung* sichert die komplette Datenbank mit allen Daten (Vollsicherung). Alle Datendateien der Datenbank und Teile des Transaktionsprotokolls werden gesichert.

Diese Sicherungsart verkörpert die Basisform der sogenannten Datenbanksicherung. Auf Basis dieser Sicherung können Sie die komplette Datenbank wiederherstellen.

9.1.2 Differenzielle Sicherung

Die *differenzielle Sicherung* sichert die Datenblöcke der Datenbank, die sich seit der letzten vollständigen Sicherung geändert haben.

Die zu sichernde Datenmenge ist demzufolge kleiner als bei einer Vollsicherung. Um eine Datenbank mittels differenzieller Sicherung(en) wiederherzustellen, benötigen Sie immer eine zugehörige Vollsicherung.

9.1.3 Transaktionsprotokoll-Sicherung

Sie sichert das Transaktionsprotokoll. Eine *Transaktionsprotokoll-Sicherung* ist wesentlich schneller als eine Vollsicherung. Das Transaktionsprotokoll zeichnet sozusagen alle Änderungen an den Daten wie ein kleiner Recorder auf. Die Funktionsweise des Transaktionsprotokolls wird ausführlich auf unserer Webseite unter *http://www.sqlxpert.de* erläutert.

9.1.4 Sicherung des Protokollfragments

Sie sichert den noch nicht mittels Transaktionsprotokoll-Sicherung gesicherten Teil des Protokolls. Sie haben mit diesem Sicherungsverfahren die Möglichkeit, auch den noch nicht gesicherten Teil des Transaktionsprotokolls zu sichern, selbst wenn die Datenbank aufgrund eines Notfalls nicht mehr erreichbar ist. Diese Form der Sicherung wird auch als *Tail-Log-Sicherung* bezeichnet.

9.1.5 Teilsicherung

Eine *Teilsicherung* sichert die Daten, die in der primären Dateigruppe enthalten sind, sowie Dateigruppen mit Lese-/Schreibzugriff und optional angegebene Dateigruppen oder Dateien.

9.1.6 Dateigruppensicherung

Sie sichert einzelne Dateigruppen. Eine Datenbank kann aus mehreren Datendateien bestehen, die in sogenannten Dateigruppen organisiert sind. Diese Form der Sicherung ermöglicht die Sicherung dieser Dateigruppen. Weitere Informationen zu Dateigruppen finden Sie in Abschnitt 9.3, »Sicherung von Dateigruppen«.

9.2 Wiederherstellungsmodelle: Ein Überblick über die Backup-Möglichkeiten

Ein wesentlicher Punkt, um die genannten Sicherungsverfahren anzuwenden, ist, für die zu sichernde Datenbank ein passendes sogenanntes *Wiederherstellungsmodell* auszuwählen. Durch das Setzen des Wiederherstellungsmodells für eine Datenbank legen Sie fest, wie SQL Server die Daten des zugehörigen Transaktionsprotokolls speichert und verwaltet, wenn die Transaktionen abgeschlossen sind. Die Wahl des Wiederherstellungsmodells bestimmt zudem, welche Sicherungsverfahren Ihnen zur Verfügung stehen. Es gibt insgesamt drei Wiederherstellungsmodelle: EINFACH, VOLLSTÄNDIG und MASSENPROTOKOLLIERT (vgl. auch Abbildung 9.2).

Das Wiederherstellungsmodell für eine Datenbank legen Sie im SQL Server Management Studio (SSMS) wie folgt fest:

1. Klicken Sie im Objekt-Explorer mit der rechten Maustaste auf die Datenbank, für die Sie das Wiederherstellungsmodell ändern möchten.
2. Im daraufhin erscheinenden Kontextmenü aus Abbildung 9.1 wählen Sie den Menüpunkt EIGENSCHAFTEN.

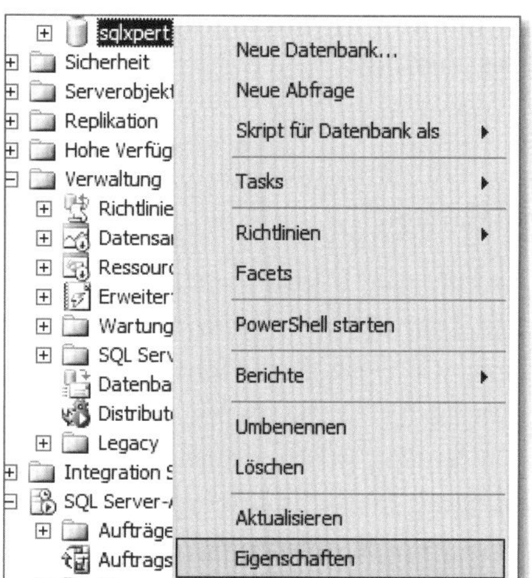

Abbildung 9.1 Eigenschaften einer Datenbank aufrufen

3. Im sich öffnenden Dialog klicken Sie im linken Bereich SEITE AUSWÄHLEN den Punkt OPTIONEN an.
4. Im rechten Bereich können Sie jetzt durch Setzen der Auswahlbox WIEDERHERSTELLUNGSMODELL das gewünschte Modell auswählen und durch einen Klick auf OK bestätigen.

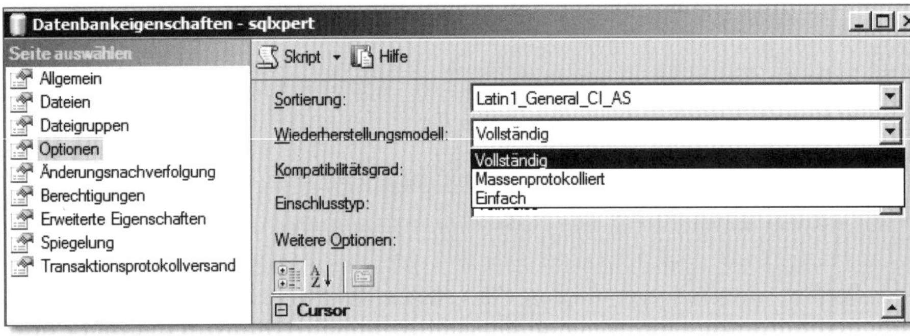

Abbildung 9.2 Wiederherstellungsmodell auswählen

9.2.1 Das Wiederherstellungsmodell »Einfach«

Ist für eine Datenbank das Wiederherstellungsmodell EINFACH gesetzt, bedeutet dies, dass SQL Server automatisch das zugehörige Transaktionsprotokoll verwaltet.

Das heißt, dass der inaktive Teil des Transaktionsprotokolls automatisch gelöscht wird und die dadurch frei werdenden Bereiche für eine erneute Verwendung freigegeben werden. Das wiederum bedeutet, dass das Transaktionsprotokoll automatisch immer klein gehalten wird und nicht unbegrenzt anwachsen kann. In diesem Modus besteht nicht die Möglichkeit, das Transaktionsprotokoll extra zu sichern. In diesem Wiederherstellungsmodell können Sie nur Vollsicherungen und differenzielle Sicherungen durchführen.

9.2.2 Das Wiederherstellungsmodell »Vollständig«

Im Wiederherstellungsmodell VOLLSTÄNDIG werden alle Transaktionen im Transaktionsprotokoll gehalten. Der inaktive Teil des Transaktionsprotokolls wird nicht gelöscht. Erst durch das Ausführen einer Transaktionsprotokoll-Sicherung werden die Speicherplätze der inaktiven Transaktionen des Transaktionsprotokolls für die weitere Verwendung freigegeben, also gelöscht. Es wird damit sozusagen sichergestellt, dass durchgeführte, abgeschlossene und damit im Transaktionsprotokoll aufgezeichnete Änderungen an der Datenbank nicht einfach verloren gehen.

Der inaktive Teil des Transaktionsprotokolls kann, wie bereits erwähnt, nur durch eine Transaktionsprotokoll-Sicherung aus dem Transaktionsprotokoll entfernt werden. SQL Server geht natürlich davon aus, dass Sie diese Transaktionsprotokoll-Sicherungen gut verwahren und Ihnen diese im Wiederherstellungsfall einer Datenbank zur Verfügung stehen, um Ihre Daten auf den aktuellen Stand zu bringen.

Vereinfacht gesagt, ist es möglich, bei einer Wiederherstellung einer Datenbank auf Basis der letzten vollständigen Datenbanksicherung zusätzlich die gespeicherten Transaktionsprotokolle über die wiederhergestellte Datenbank zu spielen, um einen konsistenten Zustand der Daten zu erreichen oder alle Änderungen nachzuziehen.

Im Wiederherstellungsfall würde daher z. B. erst die zugehörige letzte Vollsicherung eingespielt. Da diese Vollsicherung jedoch eben nur den Datenbestand der letzten Vollsicherung enthält und nicht die Änderungen am Datenbestand danach, werden nun zusätzlich sämtliche im Transaktionsprotokoll aufgezeichneten Transaktionen nachgezogen.

Auf diese Weise erhalten Sie wieder den Datenstand bis zur letzten Transaktionsprotokoll-Sicherung. Dies setzt natürlich voraus, dass Sie das Transaktionsprotokoll seit der letzten Datenbanksicherung regelmäßig gesichert haben und Ihnen eine ununterbrochene Kette von Transaktionsprotokoll-Sicherungen zur Verfügung steht.

Dieses sogenannte Nachziehen der Transaktionsprotokolle wird auch als *Roll Forward* bezeichnet.

Wenn Sie nach dem Wiedereinspielen einer Sicherung weitere Sicherungen, etwa Transaktionsprotokolle, nachziehen möchten, müssen Sie dies SQL Server mitteilen, indem Sie eine bestimmte Option für die Datenbank setzen. Diese Option heißt WITH NORECOVERY (vgl. Abbildung 9.4). Sie finden sie in den OPTIONEN des Dialogs DATENBANK WIEDERHERSTELLEN aus Abbildung 9.3. Die Datenbank wird dann in einen Modus versetzt, der es ermöglicht, zum bereits wiederhergestellten Datenbestand weitere Datenbestände in Form von differenziellen Sicherungen oder Transaktionsprotokollen nachzuziehen.

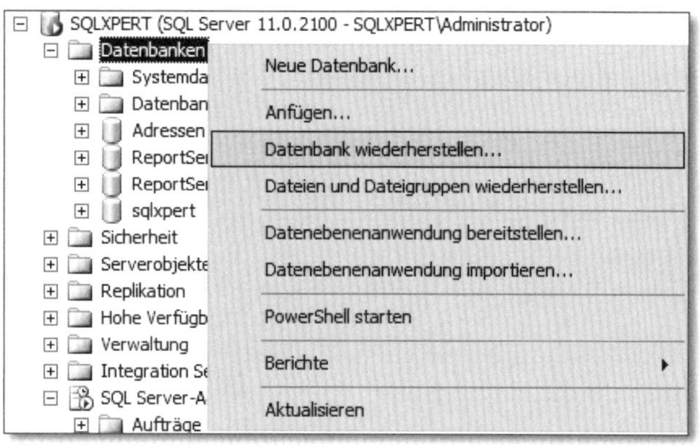

Abbildung 9.3 Aufruf des Dialogs zum Wiederherstellen einer Datenbank

Dialog »Datenbank wiederherstellen« aufrufen

Klicken Sie mit der rechten Maustaste im Objekt-Explorer auf den Ordner DATENBANKEN, und wählen Sie den Menüpunkt DATENBANK WIEDERHERSTELLEN.

Erst wenn alle Datensicherungen eingespielt wurden, setzen Sie die Option WITH RECOVERY, und die Datenbank kann verwendet werden.

Sie können im Wiederherstellungsmodell VOLLSTÄNDIG im Dialog DATENBANK WIEDERHERSTELLEN angeben, bis zu welchem Zeitpunkt (Point in Time Recovery) Ihre Daten wiederhergestellt werden sollen (Abbildung 9.5). Zum Beispiel haben Sie die kompletten Sicherungsdaten bis Dienstag, möchten aber den Datenbestand nur bis zum Zeitpunkt Montag, 10:30 Uhr wiederherstellen.

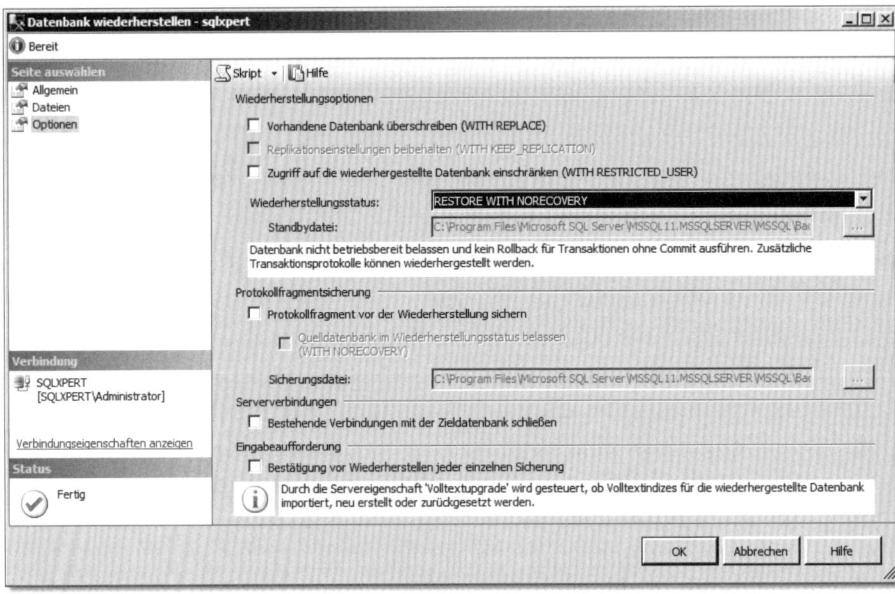

Abbildung 9.4 Optionen im Dialog »Datenbank wiederherstellen«

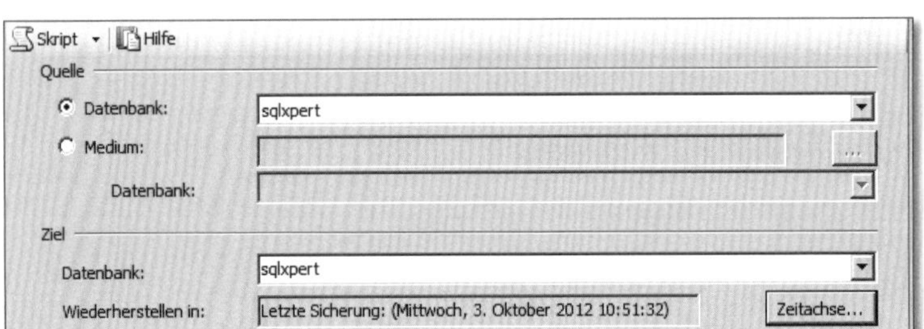

Abbildung 9.5 Angabe des Wiederherstellungszeitpunkts im Dialog »Datenbank wiederherstellen«

Vorteil

Der Vorteil dieses Wiederherstellungsmodells ist es, dass Sie durch das Einspielen der Transaktionsprotokoll-Sicherungen in der Lage sind, den Datenzustand der Datenbank bis zum Eintreten des Fehlers wiederherzustellen. Sie sind unter gewissen Voraussetzungen (Transaktionsprotokoll befindet sich auf ausfallsicherem Datenträger) auch in der Lage, in einem Notfall ohne Datenverlust Ihre Daten komplett zu restaurieren.

Nachteil

Führen Sie keine regelmäßigen Transaktionsprotokoll-Sicherungen durch, läuft das Transaktionsprotokoll voll. Es wird immer größer, bis der Plattenspeicherplatz aufgebraucht ist. Ein Arbeiten mit der Datenbank ist dann nicht mehr möglich. Dies ist ein häufiges Problem, wenn man sich Foreneinträge im Web ansieht, wo User fragen, warum das Transaktionsprotokoll wächst und wächst.

Achtung

Verwechseln Sie das Wiederherstellungsmodell VOLLSTÄNDIG nicht mit dem Sicherungsverfahren VOLLSTÄNDIG. Beides sind, wie zuvor erläutert, zwei verschiedene Dinge.

9.2.3 Massenprotokolliert

Das Wiederherstellungsmodell MASSENPROTOKOLLIERT ähnelt sehr dem vollständigen Wiederherstellungsmodell, jedoch gibt es einige Unterschiede. Es werden bestimmte Operationen nur minimal in das Transaktionsprotokoll geschrieben. Demnach wird für das Speichern der Daten im Transaktionsprotokoll nicht so viel Speicher belegt. Dies ist dann wichtig, wenn Sie innerhalb kurzer Zeit sehr viele Daten in die Datenbank importieren.

Dieses Wiederherstellungsmodell sollten Sie einsetzen, wenn Sie Massenoperationen durchführen, z.B. Massen-Inserts mit `BULK INSERT`. Sollten Sie eine größere Menge an Daten mittels `BULK INSERT` in Ihre Datenbank einfügen, können Sie zuvor vom Wiederherstellungsmodell VOLLSTÄNDIG in MASSENPROTOKOLLIERT wechseln.

Sie können in diesem Wiederherstellungsmodell – anders als im vollständigen Wiederherstellungsmodell – *keine* Wiederherstellung bis zu einem bestimmten Zeitpunkt (Point in Time Recovery) durchführen.

9.3 Sicherung von Dateigruppen

Eine Datenbank besteht minimal aus zwei Dateien: der Datendatei *.mdf* und dem Transaktionsprotokoll *.ldf*. Wie aber bereits in Kapitel 7, »Grundlegendes Know-how für Administratoren und Entwickler«, erläutert, können Datenbanken auch aus mehreren Dateigruppen oder zusätzlichen Datendateien aufgebaut sein. Auch diese Dateigruppen können Sie einzeln sichern und wiederherstellen. Wichtig ist diese Möglichkeit bei sehr großen Datenbanken, die in angemessener Zeit gesichert und wiederhergestellt werden müssen. Denkbar ist hier, in regelmäßigem Abstand nur bestimmte Dateigruppen zu sichern, z.B. wenn die relevanten Änderungen nur in Tabellen durchgeführt wurden, die der jeweiligen Dateigruppe zugeordnet wurden.

9.4 Systemdatenbanken richtig sichern und wiederherstellen

SQL Server speichert wichtige Metainformationen in den Systemdatenbanken, die zum Betrieb des Servers selbst notwendig sind. Sie sollten sich darüber im Klaren sein, welche Systemdatenbanken überhaupt gesichert werden müssen. Kapitel 6, »Die SQL-Server-Systemdatenbanken im Überblick«, gibt Ihnen diesbezüglich einen genauen Überblick.

Die Master-Datenbank ist die mit Abstand wichtigste Systemdatenbank, die Sie in Ihre Sicherungsüberlegungen einbeziehen sollten. Diese Datenbank enthält wichtige Metainformationen über SQL Server selbst und dessen Datenbanken.

Der Prozess der Sicherung einer Systemdatenbank unterscheidet sich nicht von der Sicherung einer Benutzerdatenbank. Sie können jede Systemdatenbank (bis auf die TEMDB und die Ressourcendatenbank) ohne Probleme mittels SSMS sichern.

Eine Wiederherstellung z.B. der Master-Datenbank ist jedoch nicht so ohne Weiteres auf die herkömmliche Art und Weise möglich. Um eine Sicherung einer beschädigten Master-Datenbank einzuspielen, müssen Sie SQL Server im Einzelbenutzermodus starten. Danach können Sie die Master-Datenbank mittels `sqlcmd` und `restore`-Befehl einspielen. Eine ausführliche Anleitung hierzu finden Sie in Abschnitt 9.8.3, »Szenario 3: Wiederherstellen der Systemdatenbank »master« aus einer Sicherung«.

9.5 Datenbank-Snapshots: Datenbankzustände konservieren und wiederherstellen

Auch Datenbank-Snapshots helfen Ihnen dabei, verloren gegangene Daten wiederherzustellen. Die Option, Datenbank-Snapshots anzulegen, gibt es bereits seit SQL Server 2005. Wir möchten Ihnen die Möglichkeiten, die sich hinsichtlich der Nutzung von Datenbank-Snapshots ergeben, nicht vorenthalten.

Ein Datenbank-Snapshot ist, wie es der Name schon vermuten lässt, der konsistente schreibgeschützte Zustand einer Datenbank zu einem bestimmten Zeitpunkt.

Haben Sie einen Datenbank-Snapshot erstellt, sehen Sie ihn im SQL Server Management Studio im Objekt-Explorer-Knoten DATENBANK-MOMENTAUFNAHMEN, wie Abbildung 9.6 zeigt.

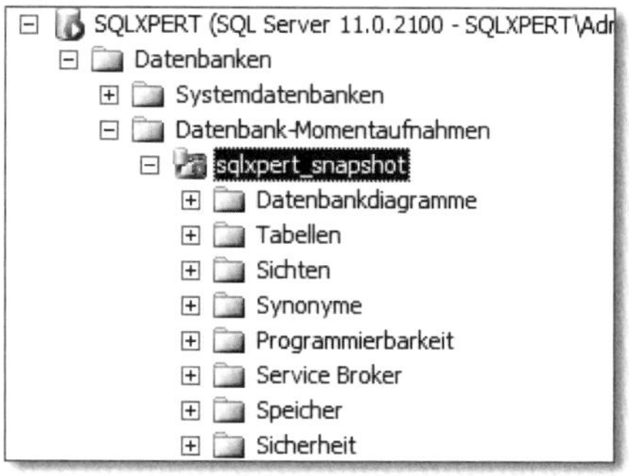

Abbildung 9.6 Knoten »Datenbank-Momentaufnahmen« für Snapshots

Ein Snapshot verhält sich zunächst einmal wie eine normale Datenbank. Wenn Sie den Knoten des Snapshots in der Baumstruktur des Management-Studio-Objekt-Explorers öffnen, sehen Sie die gleiche Struktur wie beim Öffnen eines Datenbankknotens – Tabellen, Sichten, Programmierbarkeit etc.

Sie können, wie bereits erwähnt, auf alle Elemente zugreifen und so z.B. Tabellen oder Sichten abfragen, die Ihnen mit den Daten angezeigt werden, die zum Zeitpunkt der Erstellung des Snapshots aktuell waren. Lediglich Operationen, die Daten ändern, sind untersagt und werden mit einem Fehler quittiert. Ein Snapshot ist schreibgeschützt!

Wie können Sie sich die Funktionsweise eines solchen Snapshots nun vorstellen? Datenbank-Snapshots funktionieren nach der sogenannten Copy-on-Write-Technologie. Das bedeutet, dass sie nur die Daten (Datenseiten) enthalten, die nach der Erstellung des Snapshots in der Basisdatenbank geändert wurden.

Direkt nach der Erstellung befinden sich bis auf die notwendigen Verwaltungsdaten keine Daten in der Snapshot-Datei. Führen Sie eine Abfrage auf eine Tabelle des Snapshots durch, wird erkannt, dass die entsprechenden zu liefernden Daten sich nicht geändert haben, und deshalb werden diese Daten aus der zugehörigen Basisdatenbank angezeigt.

Werden Daten in der Basisdatenbank seit Erstellung des Snapshots erstmalig geändert, werden die zu ändernden Datenseiten vorab in die Snapshot-Datei kopiert und erst dann in der Basisdatenbank geändert.

Fragen Sie jetzt Tabellen des Snapshots ab, die in der Basisdatenbank längst geändert wurden, werden die in der Snapshot-Datei gespeicherten Daten zurückgeliefert, eventuell in Verbindung mit den Daten, die zwar auch auf der Grundlage der Abfrage geliefert werden müssen, die jedoch – da nicht geändert – noch in der Basisdatenbank gespeichert sind.

Snapshot-Dateien enthalten kurz nach der Erstellung kaum Daten, sie werden allerdings mit jeder ersten Änderung an den Basisdaten nach der Snapshot-Erstellung immer größer. Snapshots können aber maximal so groß werden wie die Quelldatenbank zur Erstellung des Snapshots war. Haben Sie viele Snapshots, muss in jede Snapshot-Datei nach deren Erstellung eine eventuelle Änderung an den Basisdaten der Datenbank in die Snapshot-Dateien übertragen werden. Das bedeutet, es gibt eine erhöhte Anzahl an E/A-Vorgängen.

Solange für eine Datenbank ein Snapshot existiert, kann eine Datenbank (die Quelldatenbank, der der Snapshot zugeordnet ist) nicht gelöscht, getrennt oder wiederhergestellt werden. Es müssen erst alle Snapshots gelöscht werden, dann ist dies wieder möglich.

Ein Snapshot muss sich auch auf derselben SQL-Server-Instanz befinden wie die Quelldatenbank.

9.5.1 Wie wird ein Snapshot erzeugt?

Snapshots können Sie nur per T-SQL-Skript erzeugen. Eine entsprechende Assistentenfunktion im Management Studio gibt es nicht.

Einen Snapshot erzeugen Sie mit dem T-SQL-Command `create database`:

```
create database sqlxpert_snapshot on
(name=sqlxpert,filename='c:\snapshots\snap1.ss')
as snapshot of sqlxpert
```

Listing 9.1 Erzeugen eines Snapshots »sqlxpert_snapshot« mit »create database«

Dieser Befehl erzeugt einen Snapshot »sqlxpert_snapshot« aus der Datenbank sqlxpert. Der logische Dateiname der Datendatei der Datenbank ist »sqlxpert«, und die eigentliche Datendatei des Snapshots liegt im Verzeichnis *c:\snapshots* und heißt *snap1.ss*. Besteht die Datenbank, für die ein Snapshot erzeugt werden soll, aus zwei Datendateien, sieht der Befehl zum Erzeugen des Snapshots wie folgt aus.

```
create database sqlxpert_snapshot on (name=sqlxpert,filename='
c:\snapshots\sqlxpert_snap_1.ss'),
(name=sqlxpert2,filename='c:\snapshots\sqlxpert_snap_2.ss')
as snapshot of sqlxpert
```

Listing 9.2 Erzeugen eines Snapshots »sqlxpert_snapshot« aus einer Datenbank (sqlxpert) mit zwei Datendateien

9.5.2 Wie ist die Snapshot-Technologie mit Sicherung und Wiederherstellung in Einklang zu bringen?

Eines gleich vorweg: Ein Snapshot ist keine Sicherung Ihrer Datenbank, und Snapshots funktionieren auch nur, wenn die Basisdatenbank voll funktionstüchtig ist. Das geht aus unseren Ausführungen zuvor bereits hervor. Ein Snapshot ist keine vollständige Kopie der Datenbank, sondern es werden lediglich Daten, die nach der Erstellung des Snapshots geändert wurden, in den Snapshot übertragen. Ein Snapshot benötigt demnach immer die Basisdatenbank, um zu funktionieren. Ist Ihre Basisdatenbank nicht mehr verfügbar, funktionieren auch die zugehörigen Snapshots nicht mehr.

Einen Snapshot können Sie allerdings dazu verwenden, aus Versehen gelöschte Daten bei voll funktionstüchtiger Datenbank wiederherzustellen, indem Sie sie einfach wieder in die Basisdatenbank kopieren.

Es ist ebenfalls möglich, eine komplette Datenbank aus einem Snapshot wiederherzustellen, und zwar mit dem Befehl `restore database`:

```
restore database sqlxpert from database_snapshot = 'sqlxpert_snapshot';
```

Listing 9.3 Wiederherstellung einer kompletten Datenbank mit »restore database«

Wohlgemerkt, dies funktioniert nur, wenn Ihre Basisdatenbank unversehrt ist!

9.5.3 Überlegungen zum Einsatz von Snapshots

Szenario 1: Reporting

Ein vermeintliches Anwendungsszenario von Snapshots wäre beispielsweise, zu jedem Ersten des Monats um 00:00 Uhr einen Snapshot von einer Firmendatenbank zu erstellen. Dies kann via T-SQL-Auftrag des Agents vorgenommen werden (siehe hierzu Kapitel 12, »Automatisieren von administrativen Aufgaben«).

Die zugehörigen Reports und Auswertungen könnten dann immer auf die jeweiligen monatlich konservierten Zustände der Datenbank verweisen und nicht auf die aktive Produktivdatenbank. Zusätzliche Abfragen, die nur die Datensätze herausfiltern, die für die entsprechende Monatsauswertung benötigt werden, könnten entfallen.

Ein wesentlicher Nachteil – und das sollte jeder Entwickler oder Administrator berücksichtigen – ist jedoch, dass Snapshots selbst nicht gesichert und wiederhergestellt und auch nicht getrennt und wiederangefügt werden können.

Wenn Sie einen Restore Ihrer Basisdatenbank unter demselben Namen vornehmen müssen, da diese irreparabel beschädigt wurde, müssen Sie sogar alle vorhandenen Snapshots löschen.

Das ist natürlich nicht optimal, wenn Ihre gesamte Reporting-Infrastruktur der letzten fünf Jahre darauf basiert. Alle Snapshots wären verloren!

Aber dennoch bieten Ihnen Snapshots diese Möglichkeit der Report-Auswertung auf Vergangenheitsdaten. Deren Einsatz sollte aber wohlüberlegt sein.

Szenario 2: Spiegelung

Ein weiteres Praxisszenario, in dem Snapshots eingesetzt werden können, ist die Spiegelung. Im Fall einer Datenbankspiegelung ist es normalerweise nicht möglich, auf die Spiegeldatenbank zuzugreifen. Sie können jedoch Datenbank-Snapshots für die Spiegeldatenbank anlegen und diese Snapshots als Quelle für Ihre Report-Auswertungen etc. verwenden.

Vorteil hierbei ist, dass Sie die Produktivdatenbank entlasten, da alle Reports auf die Daten des Spiegels bzw. auf den Snapshot der gespiegelten Datenbank zugreifen.

Nachteil wäre in diesem Fall, dass auch hier der Snapshot natürlich nur die Daten enthält, die zum Zeitpunkt seiner Erstellung in der Datenbank vorhanden waren. Aber immerhin, es ist möglich.

Snapshots können ebenfalls auf jeder primären oder sekundären Datenbank einer Verfügbarkeitsgruppe (AlwaysOn) erstellt werden. Genaueres zu Datenbankspiegelungen und weiteren Hochverfügbarkeitstechnologien, wie z. B. AlwaysOn, finden Sie in Abschnitt 16.8.

Szenario 3: Snapshot-Einsatz für Entwickler

Interessante Einsatzmöglichkeiten bieten Snapshots auch dem Entwickler von Datenbankapplikationen. Es ist ein häufiges Szenario, dass im Rahmen von Entwicklungen und Tests regelmäßig überprüft werden muss, ob Daten korrekt gelöscht oder geändert werden können. Hierzu werden in der Regel Testdaten eingegeben, die im Rahmen des Tests überschrieben, geändert oder gelöscht werden.

Sind die Tests durchgeführt, möchte der Entwickler die Datenbank wieder in den Ursprungszustand versetzen, um eventuell andere Tests durchführen zu können. Ein Entwickler hat mit der Hilfe von Snapshots jederzeit die Möglichkeit, seine Testdatenbank in den Ursprungszustand vor dem Test zurückzuversetzen. Den entsprechenden Befehl hierzu finden Sie in Listing 9.3.

Eine nützliche Möglichkeit, wie wir finden. Dies haben uns schon zahlreiche Entwickler bestätigt.

9.6 Backup-Strategie

Bis jetzt haben wir Ihnen die Möglichkeiten der Sicherung durch SQL Server beschrieben. In diesem Zusammenhang ist es aber wichtig, sich darüber Gedanken zu machen, welche der genannten Sicherungsverfahren Sie anwenden möchten, um die gestellten Anforderungen bezüglich Datensicherung und Notfallwiederherstellung zu erfüllen.

Hier stellen sich unter anderem folgende Fragen:

- Reicht Ihnen im Notfall die Wiederherstellung der Daten des Vortages, oder benötigen Sie alle Daten, die bis zum Eintreten des Notfalls in die Datenbank eingegeben wurden?
- In welchem Zeitraum muss die Datenbank spätestens wiederhergestellt und betriebsbereit sein?
- Wie können Sie die unterschiedlichen Sicherungsmöglichkeiten optimal einsetzen oder miteinander kombinieren, um Ihre Datenbank schnell zu sichern und auf dieser Grundlage auch schnell wiederherzustellen, ohne das System unnötig zu belasten?

Diese Überlegungen und die daraus geplante Anwendung der durch SQL Server zur Verfügung gestellten Sicherungsverfahren werden auch als *Backup-Strategie* bezeichnet.

Warum ist der Zeitfaktor einer Datenbanksicherung wichtig? Eine Datenbanksicherung verbraucht Ressourcen. Obwohl auf SQL-Server-Datenbanken während einer Sicherung ohne Probleme zugegriffen werden kann, muss SQL Server dennoch einen Teil seiner Ressourcen für die Sicherungsvorgänge aufwenden. Dies geht in diesem Fall zulasten der Performance. Bei gleichzeitigem Arbeiten auf der Datenbank macht sich dies unter Umständen deutlich bemerkbar. Sicherungen sollten Sie demzufolge zu Zeiten durchführen, in denen das DBMS (Datenbank-Management-System) nicht belastet ist. Dies ist meistens nachts oder außerhalb der regulären Arbeitszeiten der Fall.

9.6.1 Strategie für vollständige Datenbanksicherungen

Wenn Ihre Datenbank relativ klein ist und nicht allzu häufig geändert wird, könnten Sie folgende Strategie der Vollsicherung in Betracht ziehen:

Sie führen täglich um 01:00 Uhr früh eine Vollsicherung Ihrer Datenbank durch. Tritt bei laufendem Produktivbetrieb tagsüber ein Datenbanknotfall auf, stellen Sie die Datenbank aus der letzten Vollsicherung wieder her.

Diese Strategie setzt voraus, dass Sie damit leben können, dass, sollte Ihre Datenbank z.B. um 14:00 Uhr aus der um 01:00 Uhr früh durchgeführten Sicherung wiederhergestellt werden müssen, alle bis 14:00 Uhr angefallenen Daten des aktuellen Tages verloren sind.

Akzeptabel wäre dies eventuell, wenn Ihre Datenbank schreibgeschützt ist oder minimale, unerhebliche Datenänderungen vorgenommen wurden, die vernachlässigt werden können. Denkbar wäre hier natürlich auch, die Vollsicherung mehrmals am Tag durchzuführen. Dies richtet sich danach, wie viel Zeit ein solcher Sicherungsvorgang benötigt. Dauert die vollständige Sicherung fünf Minuten, stellt dies kein Problem dar; anders sieht das Ganze aus, wenn die Datenbanksicherung eine Stunde benötigt.

9.6.2 Strategie für Datenbank- und Transaktionsprotokoll-Sicherung

Nehmen wir an, eine vollständige Sicherung Ihrer Datenbank nimmt sehr viel Zeit in Anspruch – eine Stunde oder mehr. Sie benötigen aber dennoch bei einem Ausfall und einer anschließenden Wiederherstellung sämtliche Daten, die bis zum Zeitpunkt des Datenbankausfalls angefallen sind, oder Sie benötigen diese Daten möglichst aktuell.

Natürlich könnten Sie rein theoretisch Ihre Datenbank jede Stunde mittels Vollsicherung sichern. Warum ist dies aber ein Problem?

Angenommen, Sie haben Ihre Vollsicherung soeben abgeschlossen, z.B. um 13:30 Uhr, und gleich anschließend starten Sie die nächste Vollsicherung, die erneut eine Stunde zur Sicherung benötigt.

Die bis 13:30 Uhr eingegebenen Daten sind sicher, denn sie sind Bestandteil Ihrer Vollsicherung, da eine Vollsicherung alle Daten erfasst, die bis zu ihrem Abschluss in die Datenbank eingegeben wurden. Starten Sie nun die nächste Vollsicherung, die auch wieder circa eine Stunde läuft. Schlägt diese jedoch nach 20 Minuten fehl, da die Datenbank nicht mehr verfügbar ist, bedeutet dies, dass alle Daten, die ab 13:30 Uhr eingegeben wurden, verloren sind, da Sie nur auf die letzte, um 13:30 Uhr abgeschlossene Vollsicherung zurückgreifen könnten.

Hier muss eine andere Strategie greifen, und diese Strategie heißt *Sicherung des Transaktionsprotokolls*. Eine Sicherung des Transaktionsprotokolls erfolgt sehr schnell, da im Transaktionsprotokoll nur die aufgezeichneten Transaktionen – Änderungen am Datenbestand der Datenbank – enthalten sind. Ein Sichern des Transaktionsprotokolls geht demzufolge viel schneller und mit wesentlich weniger Ressourcenverbrauch vonstatten als eine Sicherung der gesamten Datenbank inklusive aller darin enthaltenen Daten.

Daraus folgt auch, dass eine Transaktionsprotokoll-Sicherung umso kleiner ausfällt, je häufiger Sie das Transaktionsprotokoll sichern. Wir erinnern uns: Das Transaktionsprotokoll kann nur im Wiederherstellungsmodus VOLLSTÄNDIG oder MASSENPROTOKOLLIERT gesichert werden, und alle inaktiven Transaktionen und deren Speicherplätze innerhalb des Transaktionsprotokolls werden nur durch Sicherung des Transaktionsprotokolls selbst freigegeben. Es werden also genau die Informationen aus dem Transaktionsprotokoll entfernt, die gesichert wurden.

Demzufolge wäre folgende Strategie denkbar: Sie sichern die Produktivdatenbank jeweils nachts um 01:00 Uhr vollständig und das Transaktionsprotokoll alle 15 Minuten oder öfter. Dies richtet sich lediglich danach, wie viele Änderungen am Datenbestand erfolgen. Im Wiederherstellungsfall können Sie die vollständige Sicherung wiederherstellen. Anschließend ziehen Sie zusätzlich sämtliche gesicherten Transaktionsprotokolle nach. Das Ergebnis ist ein sehr aktueller Datenbestand, nämlich derjenige bis zur letzten Sicherung des Transaktionsprotokolls.

9.6.3 Weitere Backup-Strategien

Durch die Kombination der unterschiedlichen Sicherungsverfahren sind natürlich weitere Backup-Strategien denkbar. Zum Beispiel könnten Sie auch eine Strategie kombiniert aus Vollsicherung, differenzieller und Transaktionsprotokoll-Sicherung entwickeln.

Eine Vollsicherung könnte hier beispielsweise nur sonntags erfolgen. Werktags sichern Sie tagsüber nur das Transaktionsprotokoll, und nachts, an den übrigen Wochentagen, führen Sie eine differenzielle Sicherung durch, die jeweils alle Änderungen seit der letzten Vollsicherung sichert.

Es liegt an Ihnen als Administrator, zu entscheiden, welches die effizienteste Methode zur Umsetzung Ihrer Backup-Strategie ist.

9.7 Medien

Werden Datenbanksicherungen durchgeführt, stellt sich schnell die Frage, wo diese Sicherungen aufbewahrt werden sollen. SQL Server benötigt hierzu Platz auf der Festplatte oder auf einem anderen Speichergerät, z. B. einem Bandlaufwerk.

Mit einem *Medium* ist in der Regel das sogenannte physische Medium gemeint. Ein physisches Medium ist, wenn Sie mit SQL Server eine Sicherung durchführen, die erstellte Betriebssystemdatei mit der Dateiendung *.bak* oder ein Bandlaufwerk. In diesem physischen Medium werden die eigentlichen Sicherungen gespeichert. Es ist also nicht so, dass pro *.bak-Datei* nur eine Datenbank gesichert werden kann, vielmehr kann eine *.bak-Datei* vollständige und differenzielle Sicherungen oder auch Sicherungen des Transaktionsprotokolls enthalten.

Was ist ein Medium?

Unter einem *Medium* versteht man einen Behälter, der in der Lage ist, Sicherungen – die sogenannten *Sicherungssätze* – aufzunehmen. Ein Medium kann demnach mehrere Sicherungen von Datenbanken aufnehmen. Ein Medium kann eine Datei oder ein Bandlaufwerk sein.

Bildlich ist ein Medium mit einem Schubfach wie in einem Schrank zu vergleichen, in das Sie Dinge legen – in unserem Fall eben Datenbanksicherungen. Jederzeit werden neue Datenbanksicherungen darin abgelegt, und ältere werden wieder entfernt (gelöscht). Der Schrank ist in diesem Fall der Datenträger, das Schubfach das physische Medium, und im Schubfach liegen die eigentlichen Sicherungen.

Es ist auch möglich, eine Sicherung über mehrere Medien zu verteilen. Demnach befindet sich eine Datenbanksicherung z.B. in mehreren *.bak-Dateien*. Das ist sinnvoll, wenn Ihre Sicherungen sehr groß sind und der Speicherplatz einer Mediendatei nicht ausreicht, um sie aufzunehmen.

Alle Sicherungen, die innerhalb eines Mediums oder über mehrere abgelegt sind, bilden jeweils einen sogenannten *Satz*.

Für ein Medium können Sie auch einen eigenen Namen und eine Beschreibung definieren. Damit behalten Sie die Übersicht und schützen sich davor, wichtige Sicherungen unabsichtlich zu überschreiben, und vereinfachen es, Sicherungen gezielt den richtigen Medien hinzuzufügen.

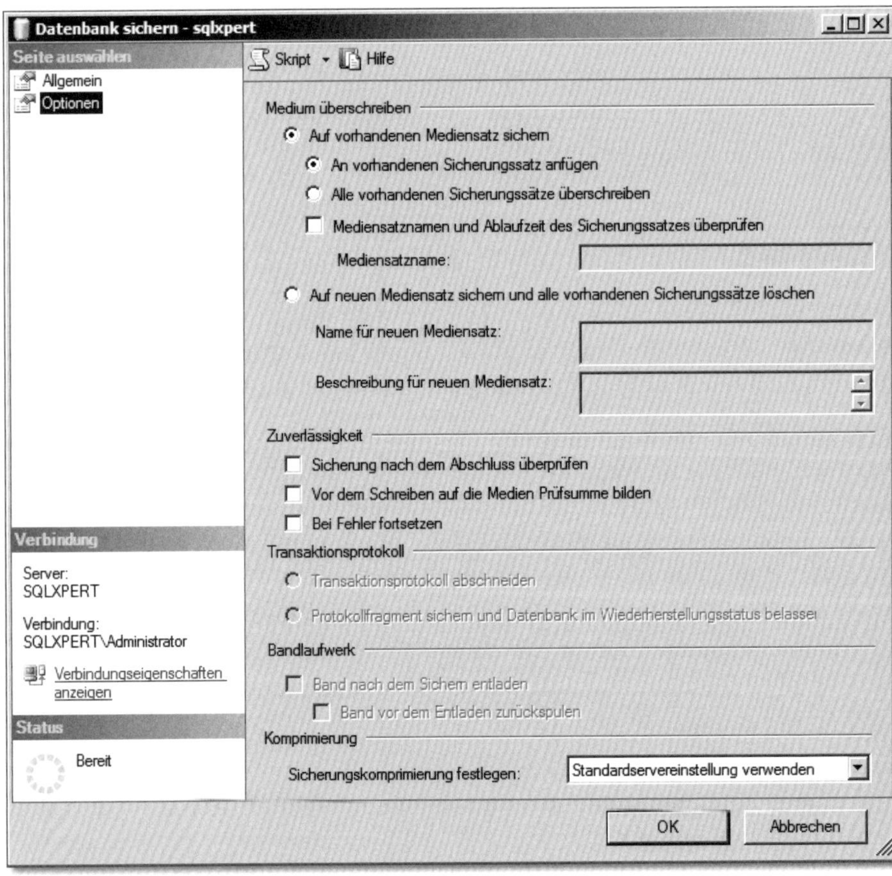

Abbildung 9.7 Optionseinstellungen für Medien im Dialog »Datenbank sichern«

Auch für die Sicherung selbst können Sie einen Namen, eine Beschreibung und ein Ablaufdatum vergeben. Durch die Angabe des Ablaufdatums (Abbildung 9.8) legen Sie fest, wie es der Name schon vermuten lässt, wie lange eine Sicherung innerhalb eines Mediums unbedingt erhalten bleiben muss. Ist die Sicherung abgelaufen, kann SQL Server die Sicherung mit einer aktuellen Sicherung überschreiben. Diese Option ist allerdings nicht per Default gesetzt.

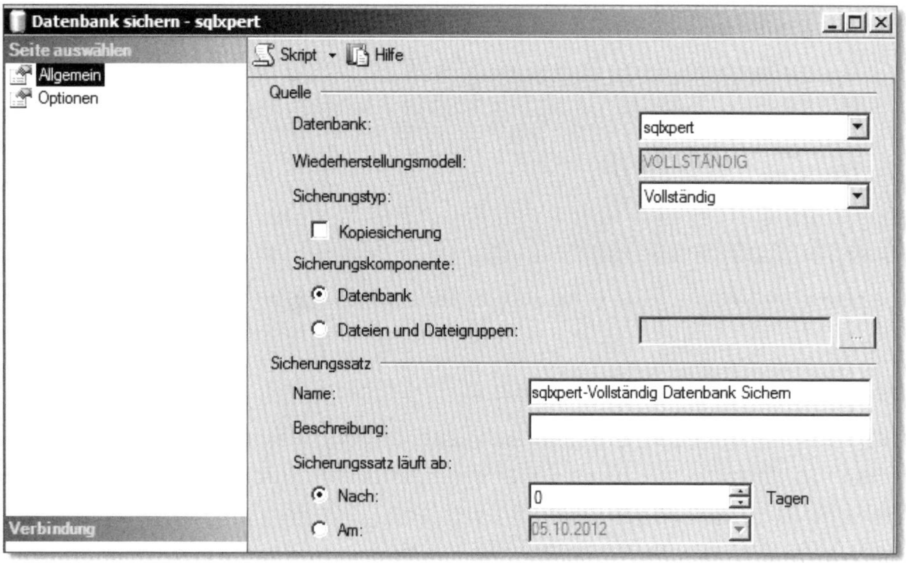

Abbildung 9.8 Definition des Ablaufdatums zum Ablauf des Sicherungssatzes im Dialog »Datenbank sichern«

In all diesen genannten Punkten unterstützt Sie SQL Server mit unterschiedlichsten Sicherungsoptionen, die Sie bequem über das SQL Server Management Studio setzen.

Wenn Sie T-SQL-Entwickler sind, sollten Sie daher nicht die Möglichkeit vergessen, Einstellungen über das SSMS zu setzen und sich den zugehörigen Befehl mittels Scripting-Funktion des SSMS ausgeben zu lassen. Genauere Informationen hierzu finden Sie in Kapitel 7, »Grundlegendes Know-how für Administratoren und Entwickler«.

9.7.1 Logische Sicherungsmedien

SQL Server bietet Ihnen auch die Option, logische Sicherungsmedien zu erstellen. Logische Sicherungsmedien ermöglichen es Ihnen, einem Medium einen Namen zu geben, den Sie für die Sicherungs- und Wiederherstellungsprozesse oder auch in Skriptdateien verwenden können.

Sie müssen demnach nicht immer den kompletten Pfad der Mediendatei angeben, sondern verwenden einfach den Namen des Sicherungsmediums. Zusätzlich können Sie das dem logischen Namen zugeordnete Medium auch austauschen.

Sicherungsmedien legen Sie im Knoten SERVEROBJEKTE • SICHERUNGSMEDIEN des SSMS an (siehe Abbildung 9.9). Nachdem Sie ein Sicherungsmedium erstellt haben, können Sie es in den Dialogen des SSMS und in selbst geschriebenen Skriptbefehlen verwenden.

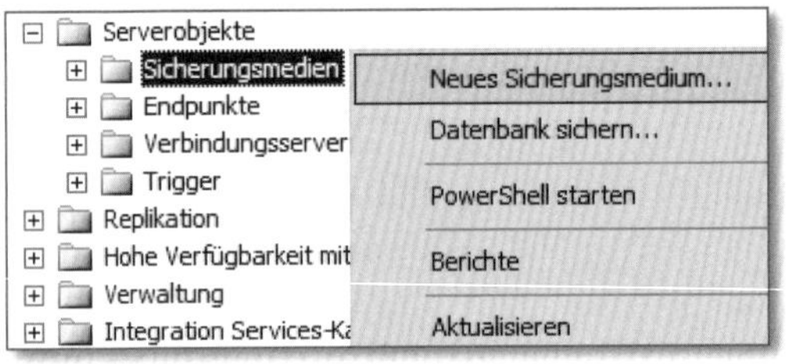

Abbildung 9.9 Anlegen eines Sicherungsmediums im Management Studio

9.7.2 Datenträgersicherungsmedien

Um die Verwirrung bezüglich Medien nun komplett zu machen, gibt es noch eine weitere Medienart: das *Datenträgersicherungsmedium*. Hinter diesem langen Wort verbirgt sich nichts anderes als der Datenträger, auf dem das physische Medium gespeichert wird, das heißt z.B. die Festplatte selbst.

Wenn wir in diesem Kapitel daher von »Medium« sprechen, meinen wir das physische Medium, das die eigentlichen Sicherungen enthält, nicht das Datenträgersicherungsmedium.

9.7.3 Zusammenfassung

Das war jetzt eine Menge an Informationen zum Thema Medien. Auch wenn die eigentlichen Fachbegriffe möglicherweise schnell wieder vergessen sind, können Sie sich eines leicht merken:

Sicherungen werden in einem Medium und das Medium selbst wird auf dem Datenträger gespeichert. Ein Medium ist ein Behälter, der Sicherungen aufnehmen kann.

9.8 Workshops: Datenbanken mit verschiedenen Methoden richtig sichern

Sicher gibt es eine Vielzahl von Möglichkeiten, eine Datenbank zu sichern, wir möchten Ihnen aber in diesem Workshop die Einrichtung wichtiger Backup-Szenarien wie auch Wiederherstellungsszenarien vermitteln. Es handelt sich hierbei um Szenarien, wie sie in der täglichen Praxis häufig vorkommen.

Hinweis

Sie können alle hier beschriebenen Datenbanksicherungsvorgänge durch das Definieren eines Datenbankwartungsplans automatisch ausführen. Genauere Erläuterungen zum Erstellen von Wartungsplänen finden Sie in Abschnitt 12.3, »Wartungspläne und T-SQL-Skripte«.

9.8.1 Szenario 1: Einfache, vollständige Sicherung einer Datenbank

In diesem Szenario sichern Sie eine Datenbank vollständig. Sollte ein Notfall eintreten, ist es nur notwendig, die Daten der letzten Sicherung und damit die gesamte Datenbank komplett wiederherzustellen.

Wenn die Datenbank beschädigt wird und ein Wiederherstellen aus einem Backup nötig ist, können Sie nur den Datenstand wiederherstellen, der zur Zeit des Abschlusses der letzten Sicherung vorhanden war.

Da in diesem Szenario lediglich Wert darauf gelegt wird, dass im Notfall die letzte Vollsicherung der Datenbank wiederhergestellt werden muss, ist es nicht notwendig, das Transaktionsprotokoll zu sichern.

Das Wiederherstellungsmodell für diese Datenbank setzen Sie demzufolge auf EINFACH. Dies hat den Vorteil, dass SQL Server das Transaktionsprotokoll automatisch verwaltet, inaktive Transaktionen im Transaktionsprotokoll löscht und somit die gelöschten Bereiche für eine weitere Verwendung durch aktive Transaktionen freigibt. Das Transaktionsprotokoll kann somit nicht unnötig anwachsen.

Ablauf

1. Starten Sie SQL Server Management Studio, und stellen Sie eine Verbindung mit der entsprechenden SQL-Server-Instanz her.
2. Öffnen Sie im Objekt-Explorer den Knoten DATENBANKEN, klicken Sie mit der rechten Maustaste die zu sichernde Datenbank an, und wählen Sie aus dem Kontextmenü den Menüpunkt EIGENSCHAFTEN aus.
3. Im daraufhin erscheinenden Dialogfeld DATENBANKEIGENSCHAFTEN (siehe Abbildung 9.10) überprüfen Sie, ob für die Datenbank die Option WIEDERHERSTELLUNGSMODELL auf EINFACH gesetzt ist. Sollte dies nicht der Fall sein, ändern Sie die Option in EINFACH und wählen OK; anderenfalls klicken Sie auf ABBRECHEN.
4. Öffnen Sie erneut im Objekt-Explorer den Knoten DATENBANKEN, klicken Sie mit der rechten Maustaste die zu sichernde Datenbank an, und wählen Sie aus dem Kontextmenü diesmal den Menüpunkt TASKS • SICHERN aus (siehe Abbildung 9.11).

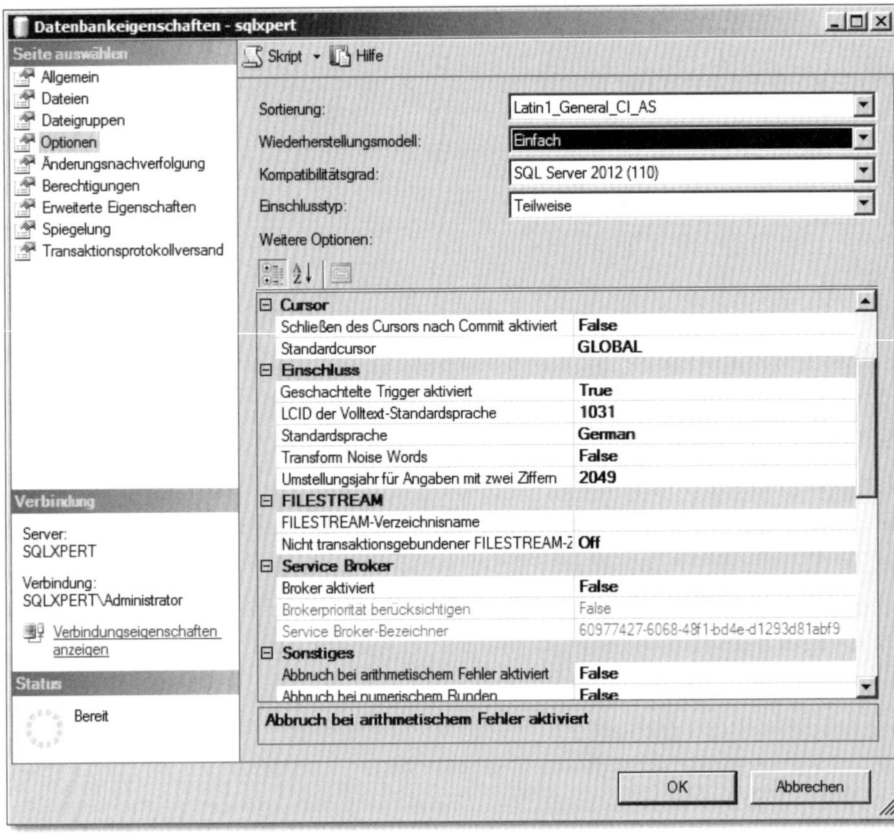

Abbildung 9.10 Datenbankeigenschaftsdialog einer Datenbank

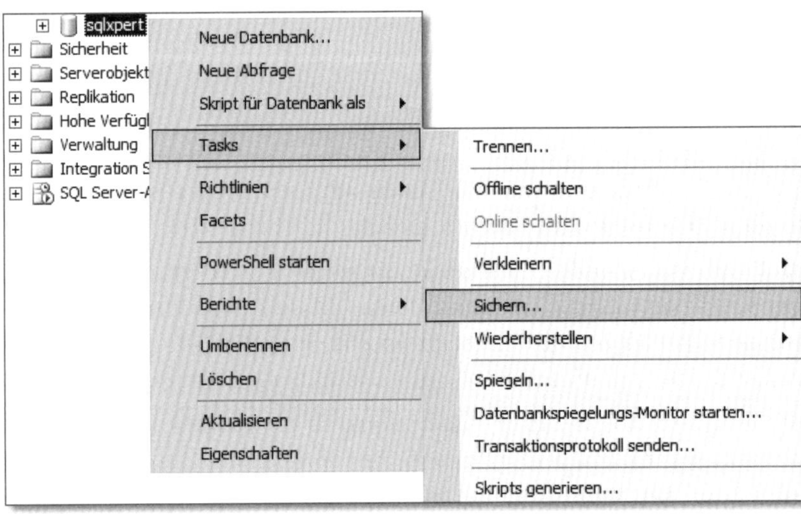

Abbildung 9.11 Dialogfeld »Datenbank sichern« aufrufen

5. Es erscheint das Dialogfenster DATENBANK SICHERN. Die gesetzten Standardeinstellungen sind bereits für eine Vollsicherung ausreichend und sollten mit den Einstellungen in Abbildung 9.12 übereinstimmen.

   Achten Sie hierzu besonders darauf, dass die in Tabelle 9.1 genannten Optionen gesetzt sind:

Option	Beschreibung
DATENBANK	der Name der zu sichernden Datenbank
WIEDERHERSTELLUNGSMODELL	das für die zu sichernde Datenbank gesetzte Wiederherstellungsmodell
SICHERUNGSTYP	SICHERUNGSTYP steht für die in diesem Kapitel beschriebenen Sicherungsverfahren und muss, um eine vollständige Sicherung durchzuführen, auf VOLLSTÄNDIG gesetzt werden.
SICHERUNGSKOMPONENTE	Um die Datenbank zu sichern, setzen Sie diesen Wert auf DATENBANK.
ZIEL	In diesem Abschnitt des Dialogs legen Sie fest, wo die Sicherungsdatei abgelegt wird. Für dieses Beispiel passen wir den Sicherungspfad entsprechend über die Schaltflächen ENTFERNEN und HINZUFÜGEN auf *c:\datenbank-sicherungen\sqlxpert.bak* an. Beachten Sie beim Vergeben des Namens für die Sicherungsdatei, dass Sie selbstständig die Dateiendung angeben müssen. Dies sind für Sicherungen in der Regel *.bak* für Datensicherung und *.trn* für das Transaktionsprotokoll. Es ist durchaus möglich, andere Dateierweiterungen oder gar keine anzugeben, dies wird aber ausdrücklich nicht empfohlen! Im Fall einer Wiederherstellung mittels SSMS werden in den Dialogen standardmäßig nur Sicherungsdateien mit den Endungen *.bak* und *.trn* angezeigt.

Tabelle 9.1 Optionen des Datenbanksicherungsdialogs

6. Wählen Sie im Dialog im linken Bereich den Punkt OPTIONEN. Hier haben Sie die Möglichkeit, zusätzliche Optionen auszuwählen. Für unser Beispiel sind die Standardoptionen völlig ausreichend.

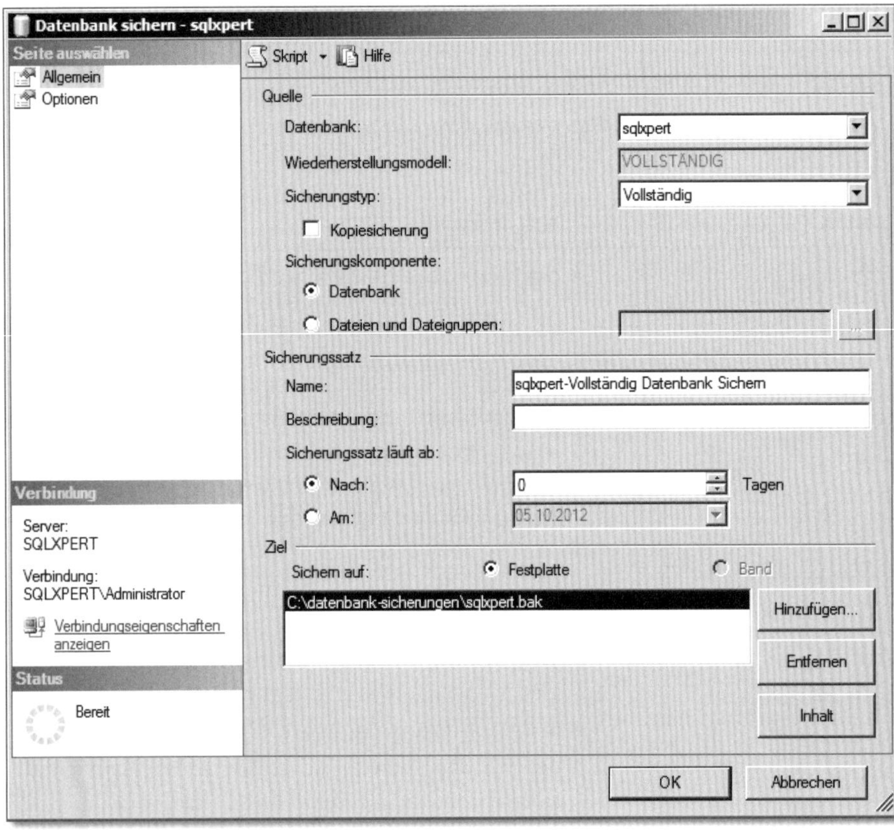

Abbildung 9.12 Dialog »Datenbank sichern«

7. Wählen Sie jetzt OK, und die Sicherung wird durchgeführt. Anschließend befindet sich im unter ZIEL angegebenen Ordner die soeben erzeugte Sicherungsdatei.
8. Es erscheint eine Dialogbox mit der Nachricht, dass die Sicherung der Datenbank erfolgreich abgeschlossen wurde.

Die Datenbanksicherung ist beendet, und Sie finden die Sicherungsdatei im als ZIEL angegebenen Ordner.

9.8.2 Szenario 2: Wiederherstellen einer Datenbank aus einer Vollsicherung

In diesem Beispiel möchten wir eine Datenbank aus einer mittels vollständiger Sicherung (siehe Szenario 1) erzeugten Sicherungsdatei wiederherstellen.

Ablauf

1. Starten Sie das SSMS, und stellen Sie eine Verbindung mit der entsprechenden SQL-Server-Instanz her.

2. Klicken Sie im Objekt-Explorer mit der rechten Maustaste den Knoten DATENBANKEN an, und wählen Sie – wie in Abbildung 9.13 – DATENBANK WIEDERHERSTELLEN.

Abbildung 9.13 Kontextmenü »Datenbank wiederherstellen« im Objekt-Explorer

3. Im daraufhin erscheinenden Dialogfenster (Abbildung 9.14) geben Sie im Abschnitt ZIEL im Feld DATENBANK den Namen der wiederherzustellenden Datenbank (in diesem Beispiel »sqlxpert«) ein.

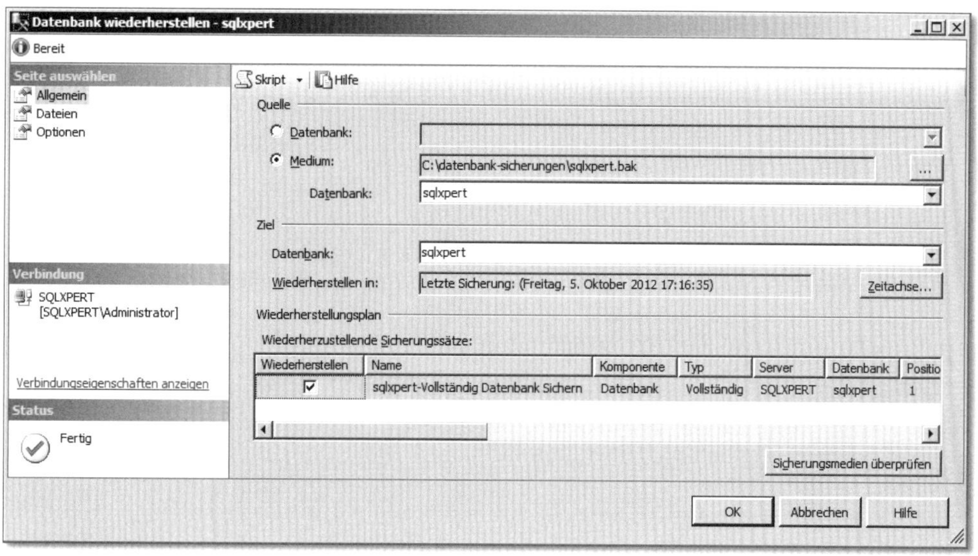

Abbildung 9.14 Dialog »Datenbank wiederherstellen«

4. Wählen Sie jetzt im Bereich QUELLE die Option MEDIUM aus, und wählen Sie durch einen Klick auf die Schaltfläche ... rechts neben dem Textfeld die Datenbanksicherungsdatei aus, in diesem Beispiel *c:\datenbank-sicherungen\sqlxpert.bak*.

5. Da es sich bei der Datei *sqlxpert.bak* um ein Medium handelt, kann darin in der Regel mehr als nur eine Datenbanksicherung (Sicherungssätze) enthalten sein. Diese Sicherungssätze werden Ihnen nach Auswahl im unteren Bereich in der Auflistung angezeigt. Wählen Sie hier gegebenenfalls den aktuellsten Sicherungssatz aus, das heißt die aktuellste Sicherung.
6. Wechseln Sie nun im linken Bereich SEITE AUSWÄHLEN zum Punkt OPTIONEN. Wählen Sie wie in Abbildung 9.15 die erste Option VORHANDENE DATENBANK ÜBERSCHREIBEN (WITH REPLACE).

Hinweis

Die Option VORHANDENE DATENBANK ÜBERSCHREIBEN (WITH REPLACE) wählen Sie aus, wenn Sie eine bestehende Datenbank mit der in der Sicherung enthaltenen Datenbank überschreiben möchten.

7. Wählen Sie OK, und die Datenbank »sqlxpert« wird wiederhergestellt.

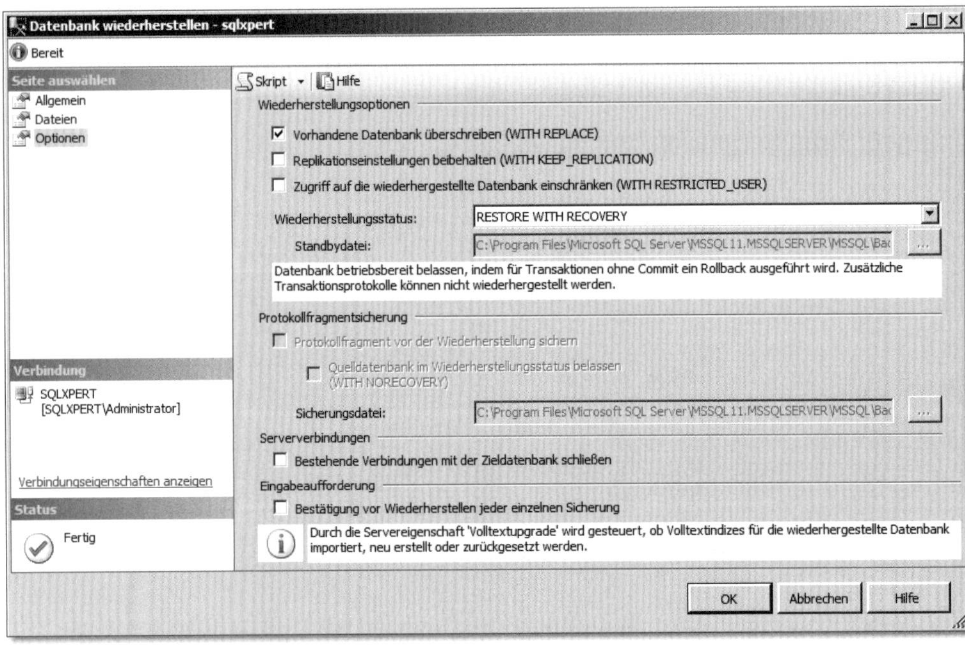

Abbildung 9.15 Dialog »Datenbank wiederherstellen« – Optionen

Wurde die Datenbank vollständig wiederhergestellt, erhalten Sie eine entsprechende Dialogmeldung. Mit der Datenbank kann jetzt wieder gearbeitet werden.

Sollte die Datenbank aufgrund eines Fehlers nicht wiederhergestellt werden können, wird Ihnen im Dialog links oben ein kleines Fehler-Icon angezeigt. Klicken Sie auf dieses Icon, um genauere Informationen zur Ursache zu erhalten. In unserem Beispiel war die Ursache, dass bei Ausführung des Wiederherstellungsvorgangs noch Benutzer mit der Datenbank verbunden waren. Durch Setzen des Häkchens BESTEHENDE VERBINDUNGEN MIT DER ZIELDATENBANK SCHLIESSEN haben wir das Problem gelöst. Ein Wiederherstellen einer Datenbank ist nur möglich, wenn keine weiteren Benutzer mit der Datenbank verbunden sind. Diese Verbindungen werden mit dieser Option unterbrochen (siehe Abbildung 9.16).

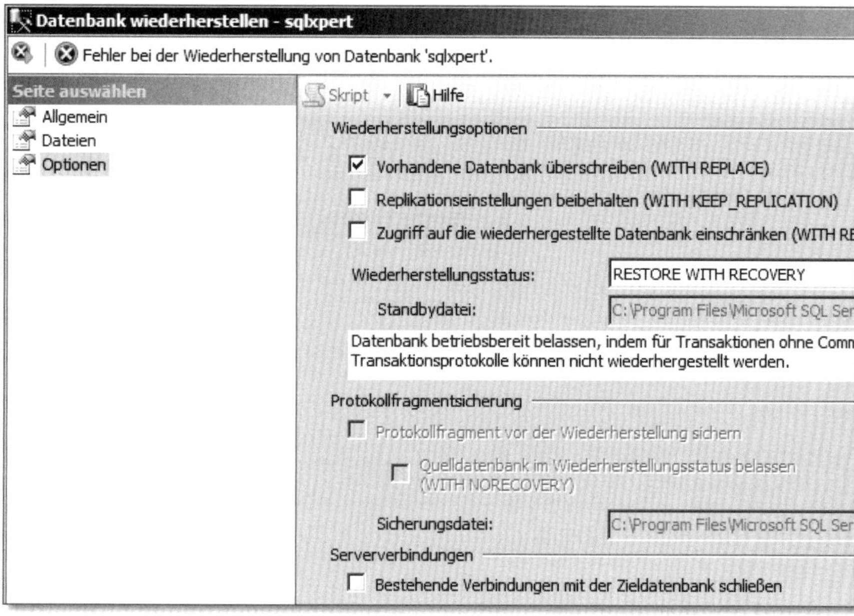

Abbildung 9.16 Fehleranzeige bei gescheitertem Wiederherstellungsversuch einer Datenbank

9.8.3 Szenario 3: Wiederherstellen der Systemdatenbank »master« aus einer Sicherung

Dieses Szenario geht davon aus, dass die Datenbank *master* als Datenbanksicherung vorliegt und SQL Server noch in Betrieb ist.

Um die Systemdatenbank *master* wiederherstellen zu können, müssen Sie SQL Server zunächst stoppen und anschließend im Einzelbenutzermodus starten.

Ablauf

1. Starten Sie den SQL-Server-Konfigurationsmanager aus der Programmgruppe MICROSOFT SQL SERVER 2012 • KONFIGURATIONSTOOLS.
2. Wechseln Sie dann im linken Fensterbereich auf den Knoten SQL SERVER-DIENSTE, und stoppen Sie den SQL-Server-2012-Datenbankdienst der aktuellen Instanz, deren Master-Datenbank Sie wiederherstellen möchten. Klicken Sie mit

der rechten Maustaste auf den Datenbankdienst der aktuellen Instanz, und wählen Sie BEENDEN (siehe Abbildung 9.17). Wenn für die anzuhaltende Instanz der Agent-Dienst läuft, erhalten Sie zusätzlich eine Meldung, dass dieser ebenfalls beendet werden muss, um die Instanz anzuhalten. Bestätigen Sie in diesem Fall die Frage, ob der Vorgang fortgesetzt werden soll, mit JA.

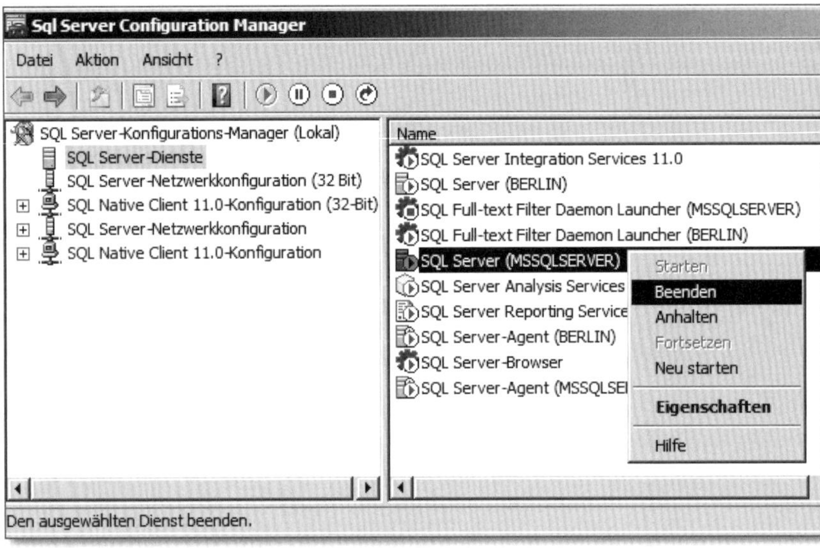

Abbildung 9.17 Datenbankdienst von SQL Server im Objekt-Explorer beenden

3. Nachdem der SQL-Server-Dienst erfolgreich gestoppt wurde, verlassen Sie den Konfigurationsmanager.

Hinweis

Im nächsten Schritt starten Sie SQL Server im Einzelbenutzermodus. Dies bedeutet, dass sich nur **ein** Administrator mit SQL Server verbinden kann. Sie sollten darauf achten, dass andere installierte Dienste, wie z.B. Reporting Services, gegebenenfalls auch angehalten werden, da z.B. die Reporting Services sofort nach neuerlichem Start von SQL Server im Einzelbenutzermodus versuchen, sich mit SQL Server zu verbinden. Dies ist allerdings nur notwendig, wenn die Reporting Services unter einem Administratorkonto ausgeführt werden. Dann haben Sie keine Möglichkeit mehr, sich für den geplanten Restore der Master-Datenbank mit SQL Server zu verbinden, da die einzige freie Leitung durch die Reporting Services belegt wird. Der einzige mögliche Verbindungskanal zu SQL Server wird Ihnen gewissermaßen vor der Nase weggeschnappt. Normalerweise bzw. bei einem korrekt konfigurierten System sollten die Reporting Services nicht unter einem Konto laufen, das administrative Berechtigungen besitzt aber leider kommt es hin und wieder vor, dass bei der Installation von SQL Server das Administratorkonto angegeben wird.

4. Starten Sie die Eingabeaufforderung mittels START • AUSFÜHREN und Eingabe von `cmd` im sich öffnenden Dialog. Wechseln Sie auf Kommandozeilenebene in das *binn-Verzeichnis* Ihrer SQL-Server-Instanz (siehe Abbildung 9.18).

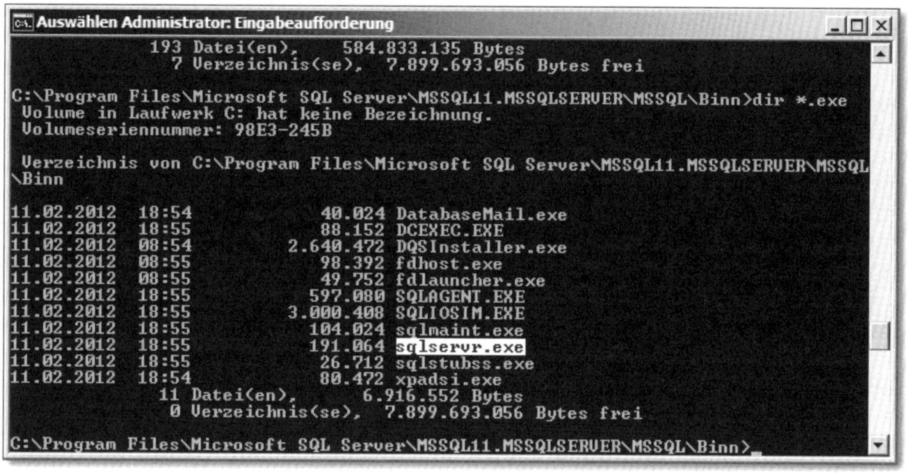

Abbildung 9.18 sqlservr.exe im binn-Verzeichnis der aktuellen SQL-Server-Instanz

5. Das ist in der Regel *C:\Program Files\Microsoft SQL Server\MSSQL11.MSSQLSERVER\MSSQL\Binn* oder ein anderes bei der Installation von SQL Server angegebenes Verzeichnis.

   Sind Ihnen die Befehle zum Wechseln von Verzeichnissen auf Kommandozeilenebene nicht geläufig, informieren Sie sich in der entsprechenden Dokumentation. In diesem Verzeichnis starten Sie SQL Server im Einzelbenutzermodus durch Aufruf von `sqlservr.exe -m -c -s MSSQLSERVER` (mit [↵] bestätigen).

Starten von SQL Server im Einzelbenutzermodus

Wenn Sie SQL Server im Einzelbenutzermodus starten, müssen Sie den Parameter `-s` für die zu startende SQL-Server-Instanz angeben. Am besten sehen Sie hierzu im Konfigurationsmanager nach, wie die jeweiligen Instanzen heißen. In unserem Fall heißt die Standardinstanz MSSQLSERVER. Hätten wir eine weitere sogenannte benannte Instanz, müssten wir nur den Namen der benannten Instanz (rechts vom Backslash) angeben.

6. SQL Server startet im Einzelbenutzermodus (Abbildung 9.19).
7. Öffnen Sie nun ein neues Kommandozeilenfenster. Starten Sie die Eingabeaufforderung mittels START • AUSFÜHREN und Eingabe von `cmd` und [↵] im sich öffnenden Dialog.

Abbildung 9.19 Ansicht des im Einzelbenutzermodus gestarteten SQL Servers

8. Starten Sie nun das Admintool *sqlcmd* (`sqlcmd` eingeben und mit [↵] bestätigen), und geben Sie den Befehl zum Ausführen des Restores der Master-Datenbank ein.

   Dieser Befehl lautet `BACKUP RESTORE FROM DISK="c:\datenbank-sicherungen\master.bak"` (passen Sie den Pfad entsprechend an, wenn sich die Sicherung der Master-Datenbank in einem anderen Verzeichnis befindet). Bestätigen Sie mit [↵], geben Sie `GO` ein, und bestätigen Sie abermals mit [↵].

   Die Master-Datenbank wird wiederhergestellt, und der Einzelbenutzermodus von SQL Server wird automatisch beendet.

9. Wechseln Sie jetzt in den Konfigurationsmanager, und starten Sie den SQL-Server-Dienst wieder im normalen Modus.

Ihre Master-Datenbank wurde vollständig wiederhergestellt.

Das Admintool »sqlcmd«

sqlcmd.exe ermöglicht die Verwaltung Ihrer SQL-Server-Instanz ohne Management Studio. Sämtliche T-SQL-Befehle können mit *sqlcmd* ausgeführt werden. Sie starten *sqlcmd* durch die Eingabe von *sqlcmd* auf der Kommandozeile des Betriebssystems.

Sie können beim Start von *sqlcmd* verschiedene Parameter (siehe Tabelle 9.2) angeben, um zu steuern, mit welcher Instanz und welchen Anmeldedaten *sqlcmd* ausgeführt werden soll.

Wird *sqlcmd* gestartet, ohne dass entsprechende Anmeldedaten angegeben werden, wird die Anmeldung mit den aktuellen Windows-Anmeldedaten (Windows-Authentifizierung) durchgeführt.

Parameter	Beschreibung	Beispiel
-S	Steht für den Namen der SQL-Server-Instanz. Anmeldung am SQL Server *sqlserver1* mit Windows-Authentifizierung	`sqlcmd -S sqlserver1`
-U -P	Diese Parameter stehen für `User` und `Password`. Sie ermöglichen die Angabe eines SQL-Anmeldenamens und eines Passwortes. Das Beispiel zeigt den Start von *sqlcmd* für den SQL Server *sqlserver1* mit dem Benutzer *sa* und dessen Passwort.	`sqlcmd -U sa -P Pa$$w0rd -S sqlserver1`

Tabelle 9.2 Anmeldeparameter für »sqlcmd«

9.8.4 Szenario 4: Sichern und Wiederherstellen einer Datenbank im vollständigen Wiederherstellungsmodus und Nachziehen der zugehörigen Transaktionsprotokoll-Sicherungen

In diesem Workshop sichern wir im vollständigen Modus eine Datenbank namens »sqlxpert«, und anschließend sichern wir direkt das Transaktionsprotokoll. Danach wird dieselbe Datenbank wiederhergestellt. Zuerst wird die Vollsicherung eingespielt und die Datenbank im Modus WITH NO RECOVERY belassen. Dies ermöglicht ein späteres Nachziehen des zugehörigen Transaktionsprotokolls und erfolgt im nächsten Schritt. Zugleich wird die Option WITH RECOVERY aktiviert, womit die Datenbank betriebsbereit gesetzt wird.

Für dieses Beispiel ist es notwendig, dass die Datenbank im Wiederherstellungsmodus VOLLSTÄNDIG arbeitet. Dieses Beispiel soll lediglich die Möglichkeit und das Konzept der Wiederherstellung einer Datenbank mit einem dazugehörigen Transaktionsprotokoll und den Zuständen WITH RECOVERY und WITH NO RECOVERY verdeutlichen. In der Praxis wird das Transaktionsprotokoll unter Umständen sehr häufig gesichert, deshalb haben Sie nicht wie in diesem Workshop nur eine Transaktionsprotokoll-Sicherung zur Verfügung, sondern mehrere.

Ablauf

1. Starten Sie das SSMS, und stellen Sie eine Verbindung mit der entsprechenden SQL-Server-Instanz her, auf der sich die zu sichernde und wiederherzustellende Datenbank befindet.

2. Öffnen Sie im Objekt-Explorer den Knoten DATENBANKEN, klicken Sie mit der rechten Maustaste die zu sichernde Datenbank an, und wählen Sie aus dem Kontextmenü diesmal den Menüpunkt TASKS • SICHERN aus. Es erscheint das Dialogfenster DATENBANK SICHERN (Abbildung 9.20).

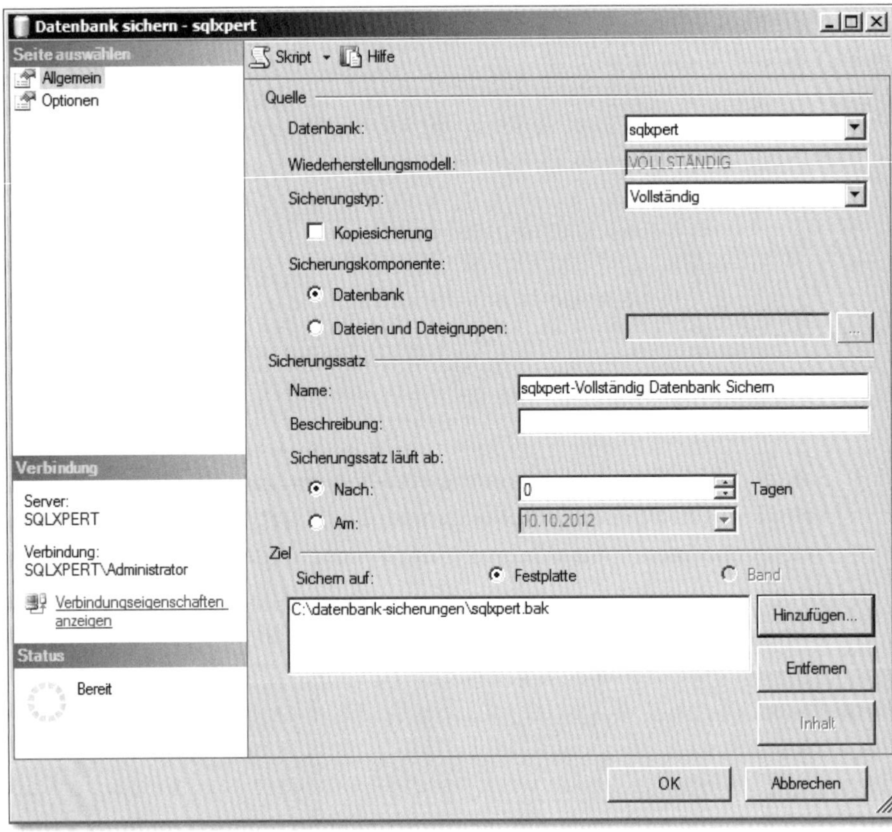

Abbildung 9.20 Dialog »Datenbank sichern«

3. Klicken Sie auf OK, und die Sicherung wird durchgeführt. Anschließend befindet sich im unter ZIEL angegebenen Ordner die soeben erzeugte Sicherungsdatei, und es erscheint eine Dialogbox mit der Nachricht, dass die Sicherung der Datenbank erfolgreich abgeschlossen wurde.

Angeben des Ziels der Datenbanksicherung

Natürlich können Sie das Ziel (Dateipfad und Dateiname) anpassen. Hierzu stehen Ihnen die Schaltflächen HINZUFÜGEN und ENTFERNEN des Dialogs zur Verfügung. Als Standardziel wird Ihnen immer der Standard-Backup-Ordner angezeigt, der bei der Installation von SQL Server angegeben werden muss. Seit SQL Server 2012 können Sie diesen Standard-Backup-Pfad auch bequem über das SSMS verwalten. Klicken Sie hierzu im Objekt-Explorer mit der rechten Maustaste auf die SQL-Server-Instanz, und wählen Sie im Kontextmenü den Menüpunkt EIGENSCHAFTEN. Durch einen Klick auf den Punkt DATENBANKEINSTELLUNGEN können Sie im angezeigten Dialog den Standardsicherungspfad im Feld SICHERUNG angeben.

4. Klicken Sie erneut mit der rechten Maustaste die zu sichernde Datenbank an, und wählen Sie aus dem Kontextmenü erneut den Menüpunkt TASKS • SICHERN aus. Es erscheint wieder das Dialogfenster DATENBANK SICHERN.
5. Wählen Sie diesmal wie in Abbildung 9.21 unter SICHERUNGSTYP die Option TRANSAKTIONSPROTOKOLL aus, und bestätigen Sie dies mit OK.

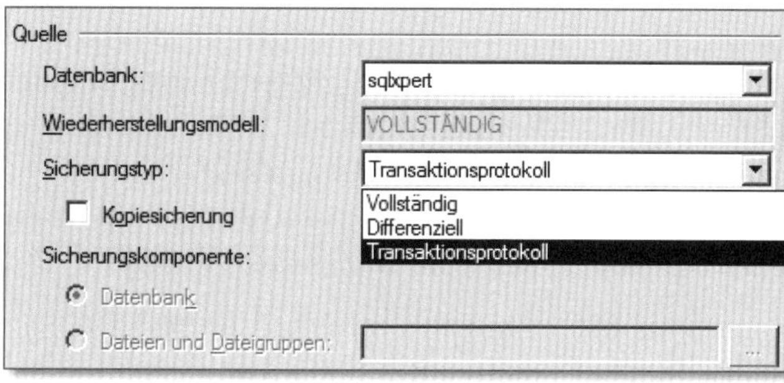

Abbildung 9.21 Sicherungstyp auswählen

6. Sie haben soeben Ihrem Sicherungsmedium (in unserem Beispiel *sqlxpert.bak*), das bereits die zuvor erstellte Vollsicherung der Datenbank enthält, zusätzlich eine Transaktionsprotokoll-Sicherung hinzugefügt.

Einige Anmerkungen hierzu

Das Sichern des Transaktionsprotokolls können Sie jetzt beliebig oft wiederholen. *Sichern des Transaktionsprotokolls* bedeutet das Sichern der Datenänderungen seit der letzten Transaktionsprotokoll-Sicherung. Dies bedeutet aber auch, dass die Datenmenge, die zu sichern ist, umso kleiner ist, je öfter das Transaktionsprotokoll gesichert wird. Und je kleiner die zu sichernde Datenmenge ist, umso schneller ist die Sicherung.

7. Um die Datenbank inklusive der gesicherten Transaktionsprotokolle wiederherzustellen, klicken Sie im Objekt-Explorer mit der rechten Maustaste den Knoten DATENBANKEN an und wählen DATENBANK WIEDERHERSTELLEN (Abbildung 9.22).
8. Im daraufhin erscheinenden Dialogfenster geben Sie im Feld IN DATENBANK den Namen der wiederherzustellenden Datenbank ein.

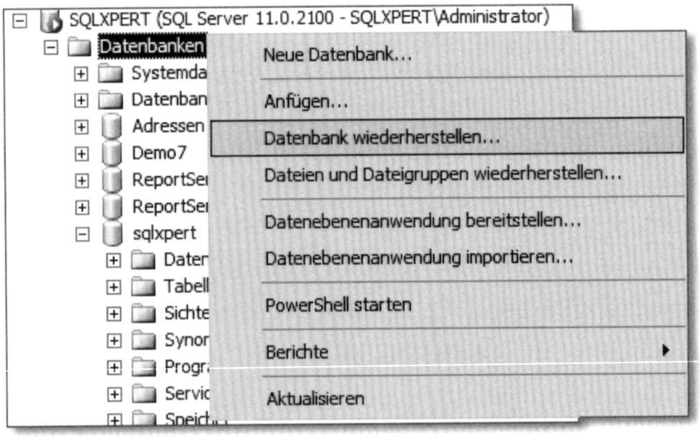

Abbildung 9.22 Aufruf des Dialogs »Datenbank wiederherstellen«

9. Wählen Sie die Option MEDIUM (Abbildung 9.23) aus, und bestimmen Sie durch einen Klick auf die Schaltfläche ... rechts neben dem Textfeld die Datenbanksicherungsdatei, in die Sie zuvor die Sicherungen gespeichert haben.

Was bedeuten die Optionen Datenbank und Medium im Bereich Quelle

Durch Auswahl der Option DATENBANK werden automatisch die Sicherungen herausgesucht, die für die Wiederherstellung benötigt werden, in der Regel die aktuellste Sicherung. Hierzu wird die interne, sogenannte *Backup History* abgefragt, die in der Systemdatenbank MSDB gespeichert ist. Jeder Backup-Vorgang wird in SQL Server protokolliert.

Bei Setzen der Option MEDIUM ist der Administrator selbst dafür verantwortlich, die zugehörigen Sicherungsdateien etc. herauszusuchen. Die Backup History wird ignoriert.

10. Nach erfolgreicher Auswahl der Datei werden Ihnen im unteren Dialogbereich die in der Sicherungsdatei enthaltenen Sicherungssätze angezeigt. In diesem Fall sehen Sie die Vollsicherung und die von uns durchgeführte Transaktionsprotokoll-Sicherung.
11. Wählen Sie die Vollsicherung aus, indem Sie sie durch das Setzen des Häkchens in der Spalte WIEDERHERSTELLEN markieren. Wählen Sie noch nicht den Sicherungssatz des Transaktionsprotokolls aus (siehe Abbildung 9.23).
12. Klicken Sie anschließend links auf OPTIONEN, und aktivieren Sie jetzt im rechten Bereich unter WIEDERHERSTELLUNGSSTATUS die Option RESTORE WITH NORECOVERY sowie VORHANDENE DATENBANK ÜBERSCHREIBEN (WITH REPLACE), und entfernen Sie die bereits per Default ausgewählte Option PROTOKOLLFRAGMENT VOR WIEDERHERSTELLUNG SICHERN. Klicken Sie auf OK, um die Datenbankvollsicherung einzuspielen (siehe Abbildung 9.24).

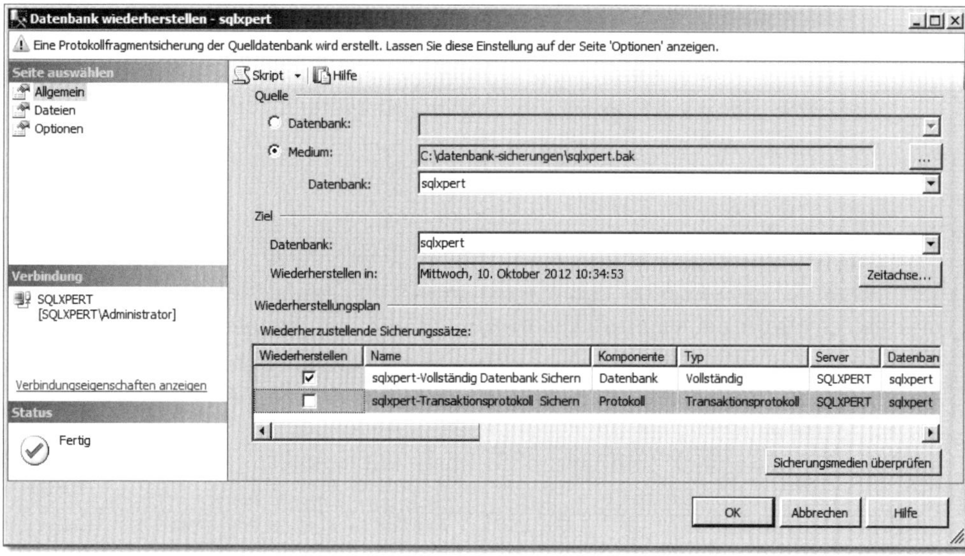

Abbildung 9.23 Dialog »Datenbank wiederherstellen«

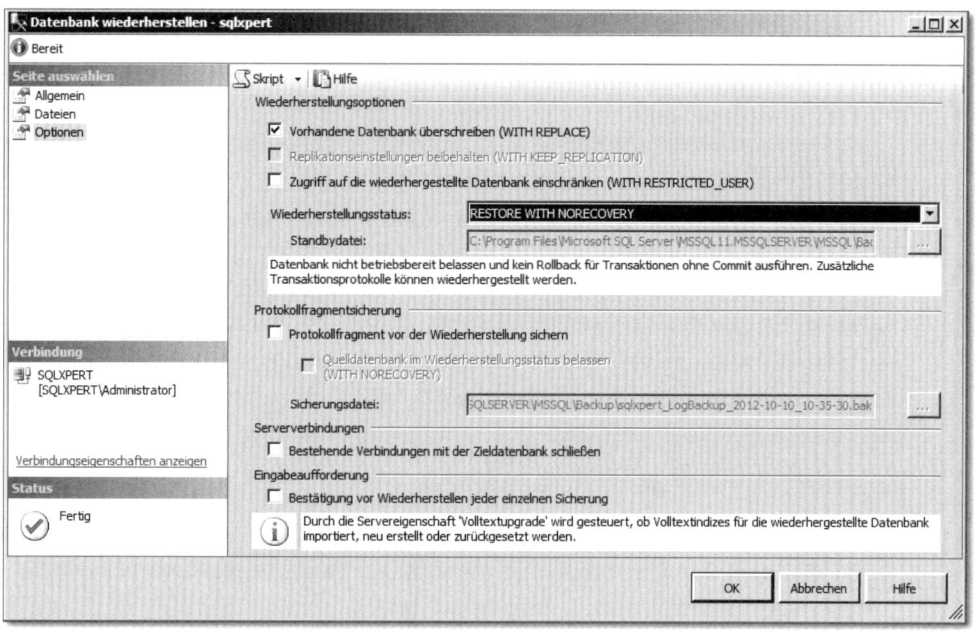

Abbildung 9.24 Optionsbereich des Dialogs »Datenbank wiederherstellen« mit ausgewählter Option RESTORE WITH NORECOVERY und WITH REPLACE

Hinweis

Sie haben jetzt die Vollsicherung wiederhergestellt und die Datenbank in den Modus WITH NORECOVERY versetzt. Das bedeutet, Sie können nun weitere Transaktionsprotokolle nachziehen, jedoch noch nicht auf die Datenbank zugreifen. Sie sehen, dass die Datenbank in diesem Zustand im Objekt-Explorer mit einem grünen Pfeil dargestellt wird.

Beachten Sie im Optionsdialog unter SERVERVERBINDUNGEN auch die Option BESTEHENDE VERBINDUNGEN MIT DER ZIELDATENBANK SCHLIESSEN. Hier können Sie die mit der zu überschreibenden Datenbank eventuell noch verbundenen Benutzerverbindungen kappen. Sind nämlich noch Benutzer mit der Datenbank verbunden, die wiederhergestellt werden soll, erhalten Sie einen Fehler, und die Datenbank kann nicht wiederhergestellt werden.

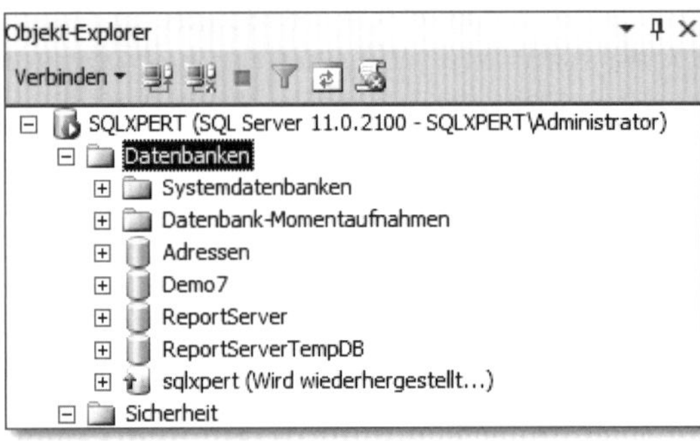

Abbildung 9.25 Darstellung einer Datenbank nach dem Einspielen einer Sicherung mit der Option WITH NORECOVERY

Die wiederhergestellte Datenbank (»sqlxpert«) befindet sich jetzt im Modus WIRD WIEDERHERGESTELLT (WITH NORECOVERY). Dies bedeutet, auf die Datenbank kann nicht zugegriffen werden. Es ist nun allerdings möglich, weitere Datensicherungen nachzuziehen, in diesem Fall unsere noch fehlenden Transaktionsprotokolle.

Genau das tun Sie mit den weiteren Schritten:

13. Klicken Sie mit der rechten Maustaste auf die Datenbank (sqlxpert), und wählen Sie aus dem Kontextmenü den Menüpunkt TASKS • WIEDERHERSTELLEN • TRANSAKTIONSPROTOKOLL (Abbildung 9.26).
14. Aktivieren Sie im jetzt geöffneten Dialog TRANSAKTIONSPROTOKOLL (SQLXPERT) WIEDERHERSTELLEN im Bereich WIEDERHERSTELLUNGSQUELLE die Option AUS DATEI ODER VON BAND. Durch einen Klick auf die Schaltfläche ... rechts neben dem zur Option gehörenden Textfeld wählen Sie die Datenbanksicherungsdatei

aus, das heißt Ihre *.bak-Datei*, in die Sie zuvor die Sicherungen gespeichert haben (Abbildung 9.27).

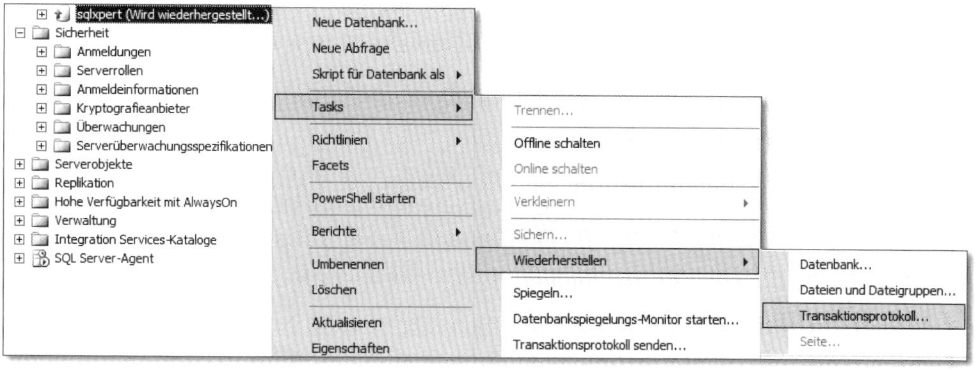

Abbildung 9.26 Separates Wiederherstellen von Transaktionsprotokollen

15. Nun werden Ihnen im unteren Dialogbereich erneut die in der Sicherungsdatei enthaltenen Sicherungssätze angezeigt. In diesem Fall sehen Sie allerdings nur die in der Datei enthaltenen Transaktionsprotokoll-Sicherungen. In unserem Fall ist das nur eine einzige.

    Wählen Sie jetzt die Transaktionsprotokoll-Sicherung durch Setzen des Häkchens in der Spalte WIEDERHERSTELLEN aus (Abbildung 9.27).

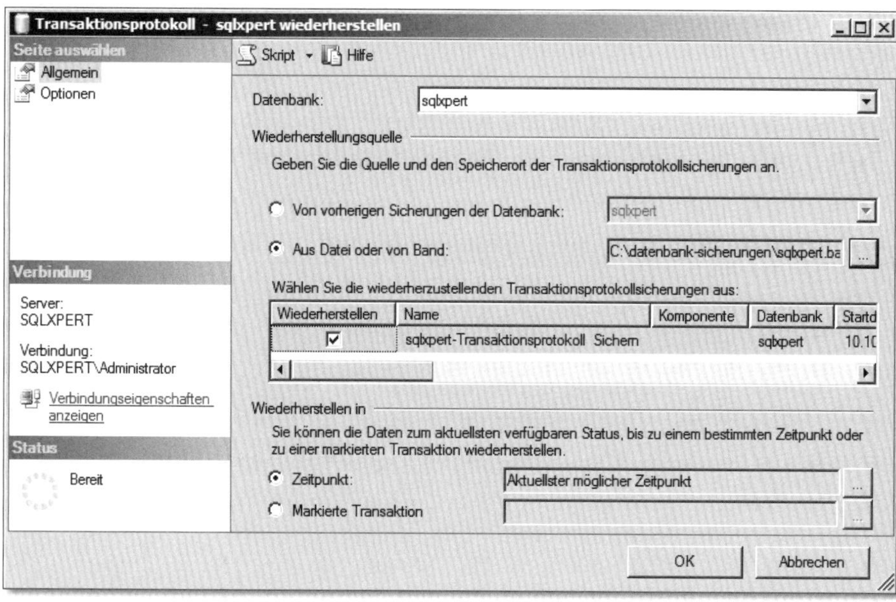

Abbildung 9.27 Dialog »Datenbank wiederherstellen« mit ausgewählter Transaktionsprotokoll-Sicherung

16. Klicken Sie links auf Optionen, und wählen Sie im rechten Bereich unter WIEDERHERSTELLUNGSSTATUS die Option DATENBANK BETRIEBSBEREIT LASSEN ... (RESTORE WITH RECOVERY), und klicken Sie auf OK, um die Transaktionsprotokoll-Sicherung einzuspielen (Abbildung 9.28).

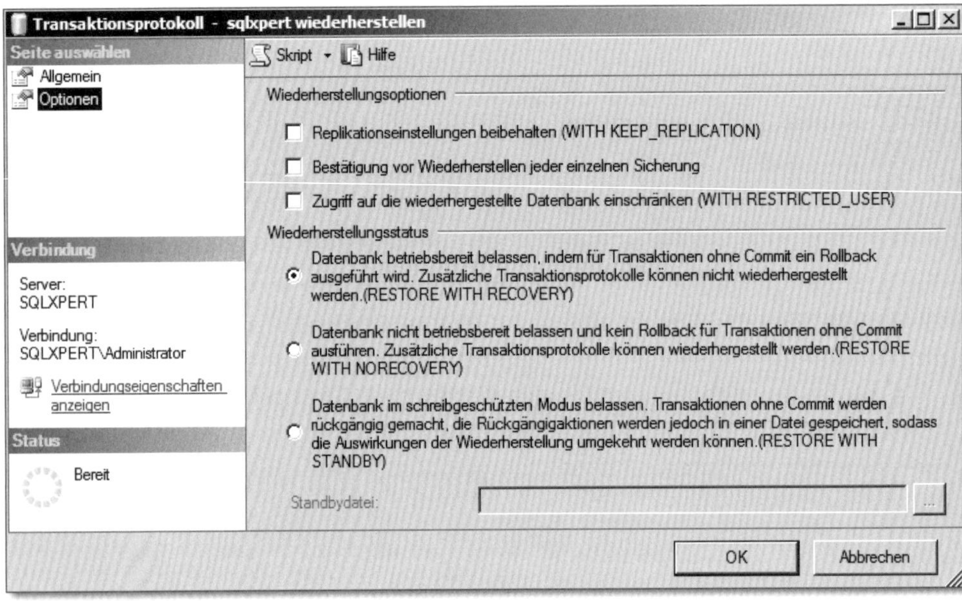

Abbildung 9.28 Optionsbereich des Dialogs »Transaktionsprotokoll wiederherstellen« mit ausgewählter Option RESTORE WITH RECOVERY

17. Wurde die Datenbank vollständig wiederhergestellt, erhalten Sie eine dementsprechende Dialogmeldung. Die Wiederherstellung der Datenbank ist damit abgeschlossen (Abbildung 9.29).

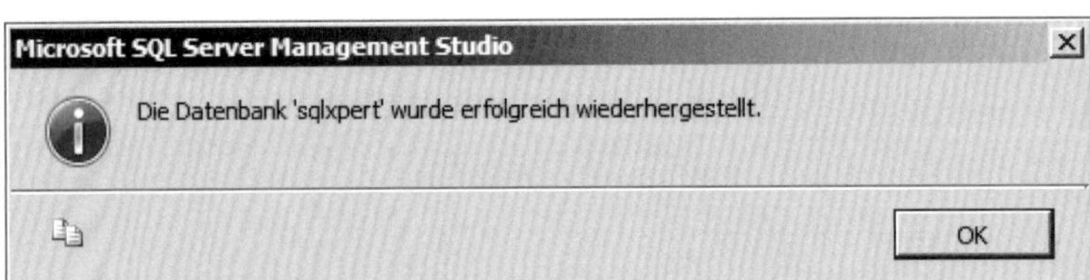

Abbildung 9.29 Der Dialog »Datenbank wurde erfolgreich wiederhergestellt«

Kapitel 10
SQL-Server-Sicherheit

Das Thema Sicherheit ist für jedes Unternehmen unverzichtbar. Hinsichtlich der Sicherheit bietet SQL Server eine Reihe von Technologien, die es Administratoren ermöglichen, SQL Server in eine sichere Unternehmensinfrastruktur zu integrieren.

In einem Datenbanksystem wie SQL Server speichern Unternehmen in der Regel lebenswichtige Daten. Aus diesem Grund ist es wichtig, diese Daten auch zu schützen.

Für die Firma Microsoft ist es ein »zentraler Unternehmensgrundsatz«, dass der Umgang mit Computern und Software sicher und zuverlässig ist. Aus diesem Grund wurde vor einigen Jahren die sogenannte *Trustworthy Computing Initiative* ausgerufen. Im Wesentlichen ist damit gemeint, dass der Umgang mit Computern sicher und zuverlässig ist und der Datenschutz beachtet wird.

Bei der Entwicklung von Microsoft SQL Server 2012 wurde großer Wert darauf gelegt, dass sich diese Punkte im Sicherheitskonzept des Datenbanksystems widerspiegeln.

10.1 Das SQL-Server-Authentifizierungskonzept

Möchte der Anwender mit SQL Server arbeiten, muss er sich zuerst am Server anmelden und dem Server damit seine Identität mitteilen. Daraufhin kann SQL Server die Identität des Anwenders überprüfen, ob dieser überhaupt dazu berechtigt ist, auf den SQL Server zuzugreifen.

Dieser Vorgang wird als Authentifizierung bezeichnet.

Konkret wird überprüft, ob der Anwender eine sogenannte gültige SQL-Server-Anmeldung besitzt. Wenn dieser Schritt (Authentifizierung) erfolgreich abgeschlossen wurde, kann in einen Datenbankkontext gewechselt werden.

Da es möglich ist, innerhalb von SQL Server mehrere Datenbanken pro Instanz zu verwalten, reicht die erfolgreiche Anmeldung am Server mittels erfolgreichen SQL-Server-Logins nicht aus, um auf die Daten der Datenbanken zuzugreifen.

Hat sich ein Anwender erfolgreich über seine SQL-Server-Anmeldung am SQL Server angemeldet und möchte er auf die Daten einer Datenbank zugreifen, benötigt er einen Datenbankbenutzer auf Datenbankebene. Dieser Datenbankbenutzer ist mit der zuvor beschriebenen SQL-Server-Anmeldung intern verknüpft. Für diesen Datenbankbenutzer können dann zusätzliche Berechtigungen auf die Daten und Objekte innerhalb der Datenbank vergeben werden, womit festgelegt wird, was der Anwender, der unter diesem Datenbankbenutzer auf die Datenbank zugreift, überhaupt mit den Daten tun darf. Jeder einzelne Befehl wird auf seine Rechtmäßigkeit hin überprüft. Dieser Vorgang, ob der Datenbankbenutzer bestimmte Befehle ausführen darf oder nicht, wird als Autorisierung bezeichnet.

Hinweis zu Anmeldungen und Datenbankbenutzern

Es ist wichtig zu verstehen, dass es eine SQL-Server-Anmeldung (SQL-Server-Login) und einen zusätzlichen Benutzer pro Datenbank (den Datenbankbenutzer) gibt.

Beispielsweise erstellen Sie für bestimmte Anwender nur eine SQL-Server-Anmeldung, weil diese Anwender lediglich administrative Aufgaben, die SQL Server betreffen, ausführen sollen und nicht auf die Datenbanken zugreifen dürfen. Bei diesen administrativen Aufgaben könnte es sich z.B. um das Anlegen von SQL-Server-Anmeldungen oder das Ändern von SQL-Server-Einstellungen handeln, ohne auf die Daten der Datenbanken zuzugreifen.

10.1.1 Authentifizierungsstufe »Server«: Serverberechtigungen

Möchten Sie sich mit SQL Server verbinden, benötigen Sie eine sogenannte SQL-Server-Anmeldung. Diese SQL-Server-Anmeldung können Sie im SQL Server Management Studio (SSMS) anlegen.

Hierzu öffnen Sie im Objekt-Explorer des SSMS den Ordner SICHERHEIT der aktuellen SQL-Server-Instanz und klicken mit der rechten Maustaste auf den Ordner ANMELDUNGEN. Anschließend wählen Sie aus dem Kontextmenü NEUE ANMELDUNG... aus (siehe Abbildung 10.1).

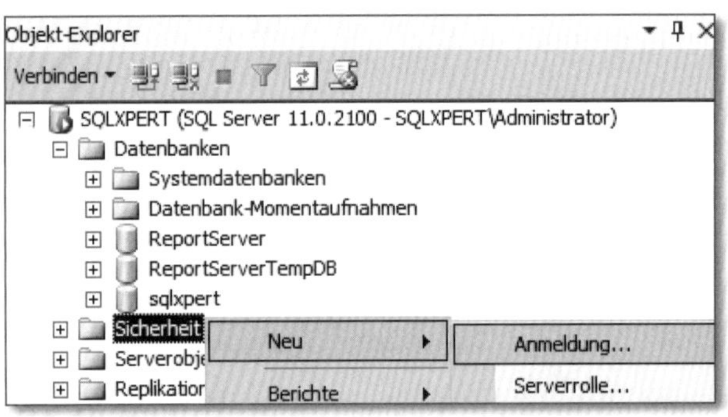

Abbildung 10.1 Anlegen einer SQL-Anmeldung mit SSMS

Es gibt mehrere verschiedene Arten dieser SQL-Server-Anmeldungen: Sie können Ihre Windows- oder Active-Directory-Benutzerkonten wie auch -Gruppen als Anmeldungen verwenden.

Wenn also innerhalb Ihrer Firma auf Netzwerkebene (Active Directory oder Windows) bereits Gruppen wie »Controlling«, »Buchhaltung«, »Geschäftsführung« vorhanden sind, können Sie auf Basis dieser Gruppen eine SQL-Server-Anmeldung erstellen. Sie müssen in diesem Fall nicht alle User, die eventuell auf Netzwerkebene (als AD-Benutzer oder AD-Gruppen) existieren, noch einmal im SQL Server anlegen, sondern Sie erstellen eine SQL-Server-Anmeldung »Controlling« auf Basis der Windows- oder Active-Directory-Gruppe »Controlling«. Alle Mitglieder dieser Gruppen können sich dann über die erstellte SQL-Server-Anmeldung authentifizieren. Das erleichtert den Verwaltungsaufwand immens.

Was ist das Active Directory (AD)?

Das Active Directory ist ein Verzeichnisdienst, der die Gliederung und Verwaltung eines Netzwerkes ermöglicht und vereinfacht. Es werden Benutzer, Gruppen, Dienste, Server etc. verwaltet. Ein Administrator kann mit Active Directory diese Objekte verwalten, organisieren und Zugriffsrechte für Benutzer und Gruppen vergeben. Active Directory ermöglicht es, die logische Struktur eines Unternehmens abzubilden. Benutzer, Gruppen und Zugriffsberechtigungen des Active Directorys legen die dafür zuständigen Administratoren auf der Ebene des jeweiligen Serverbetriebssystems fest. Eine Erstellung und Verwaltung von Active Directory innerhalb von SQL Server ist nicht möglich. Die Verwaltungskonsole für Active Directory rufen Sie unter Windows Server 2008 R2 über START • VERWALTUNG • ACTIVE DIRECTORY-BENUTZER UND -COMPUTER auf.

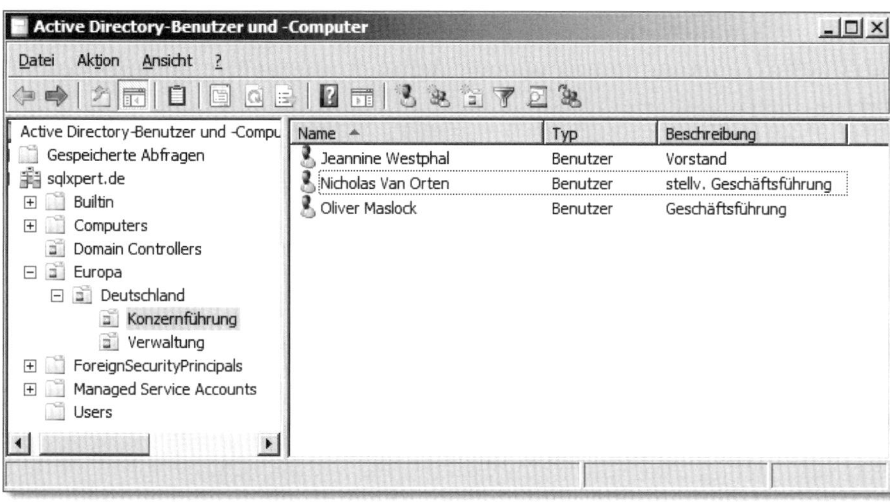

Abbildung 10.2 Active-Directory-Verwaltungskonsole

Wenn Sie SQL-Anmeldungen nicht auf Basis der Windows-Authentifizierung erstellen möchten, besteht die in Abbildung 10.3 gezeigte Möglichkeit, eine Anmeldung basierend auf der SQL-Server-Authentifizierung anzulegen.

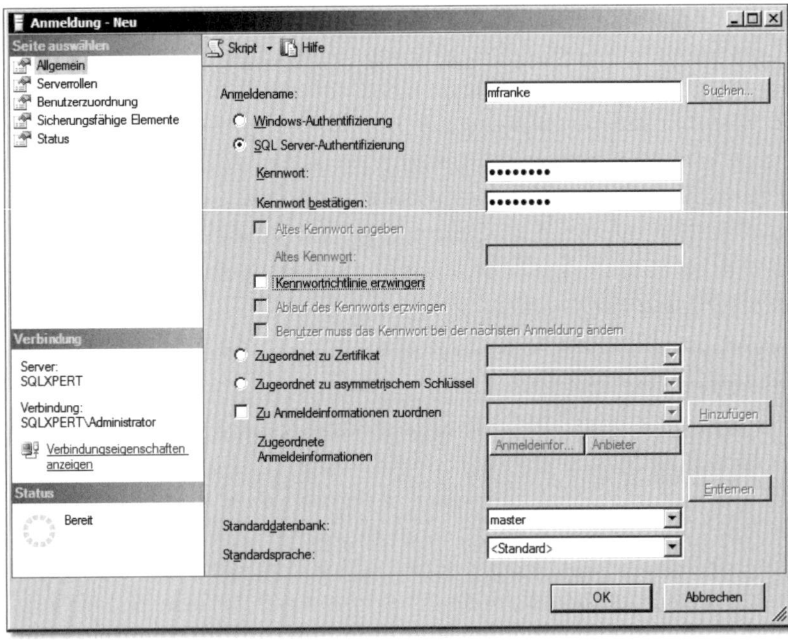

Abbildung 10.3 Dialog zum Erstellen einer neuen Anmeldung auf Basis der SQL-Server-Authentifizierung

Eine SQL-Server-Anmeldung benötigen Sie, wenn Benutzer, die über kein Windows-Konto verfügen, auf SQL Server zugreifen sollen. Dies ist der Fall, wenn auf SQL Server aus einer Webanwendung heraus zugegriffen werden soll oder die Anwender nicht Teil Ihres Firmennetzes sind bzw. über ein Microsoft fremdes Betriebssystem auf SQL Server zugreifen möchten.

Wenn Sie eine SQL-Server-Anmeldung anlegen, müssen Sie sich entscheiden, ob Sie die Option WINDOWS-AUTHENTIFIZIERUNG oder SQL SERVER-AUTHENTIFIZIERUNG auswählen.

Abbildung 10.4 Auswahl zwischen Windows- und SQL-Server-Authentifizierung

10.1.2 Windows-Authentifizierung

Wie der Name vermuten lässt, verwenden Sie mit der Option WINDOWS-AUTHENTIFIZIERUNG die bereits auf der Windows-Ebene durchgeführte Authentifizierung.

Windows-Authentifizierung ist eine sehr praktische Authentifizierungsmethode, die auch andere Produkte von Microsoft und anderen Anbietern unterstützt. Hintergrund ist, dass Sie sich, wenn Sie mit Ihrem Rechner arbeiten, bereits mittels Windows an Ihrem Computer angemeldet haben.

Sie haben daher bereits einen Benutzernamen und Ihr Passwort eingegeben. Warum sollte man diese Anmeldung nicht gleich auch nutzen und dem Benutzer eine erneute Eingabe von Anmeldedaten bei Anmeldung an SQL Server ersparen? Genau dies ermöglicht Ihnen die Windows-Authentifizierung.

Die Windows-Authentifizierung benötigen Sie, wenn Sie, wie zuvor beschrieben, Ihre Windows-Benutzerkonten und -Gruppen oder die Gruppen und Anmeldekonten von Active Directory nutzen möchten.

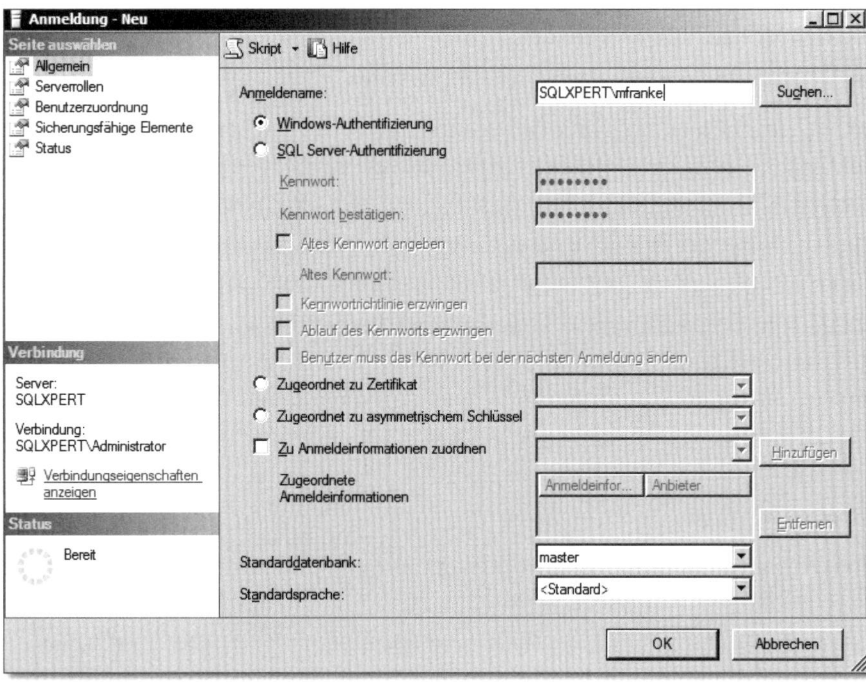

Abbildung 10.5 Dialog zum Erstellen einer neuen Anmeldung auf Basis der Windows-Authentifizierung

In Abbildung 10.5 sehen Sie den Dialog zum Erstellen einer SQL-Server-Anmeldung mit gewählter Option WINDOWS-AUTHENTIFIZIERUNG für den Windows-Benutzer »SQLXPERT\mfranke«. Der Benutzer »SQLXPERT\mfranke« kann entweder ein

Active-Directory-Benutzer oder, wenn kein Active Directory installiert wurde, ein normaler Windows-Benutzer sein, der über die Windows-Benutzerverwaltung angelegt wurde.

Nachdem Sie den Benutzer im Feld ANMELDENAME eingetragen haben, müssen Sie nur noch die Schaltfläche OK anklicken, um die Erstellung abzuschließen. Über die Schaltfläche SUCHEN... können Sie den gewünschten Windows-Benutzernamen (auch Windows-Konto genannt) auch suchen.

10.1.3 SQL-Server-Authentifizierung

Wenn Sie die Option SQL SERVER-AUTHENTIFIZIERUNG auswählen, erstellen Sie eine Anmeldung, bei der Sie einen Benutzernamen und ein Passwort vergeben müssen. Damit können Sie sich wiederum im Anmeldedialog von SQL Server oder an Ihrer Datenbankanwendung anmelden. In diesem Fall werden keine bereits im Netzwerk angelegten Benutzer verwendet.

Wie erstelle ich ein SQL-Server-Login?

Ein SQL-Server-Login können Sie mit SSMS erstellen.

1. Öffnen Sie im Objekt-Explorer den Ordner SICHERHEIT. Achten Sie darauf, dass Sie den Ordner SICHERHEIT auf der Hierarchiestufe der Serverinstanz öffnen, es gibt nämlich auch einen Ordner SICHERHEIT innerhalb der Datenbanken.
2. Klicken Sie mit der rechten Maustaste den Ordner ANMELDUNGEN an, und wählen Sie im erscheinenden Kontextmenü NEUE ANMELDUNG... aus.
3. Wählen Sie die Authentifizierungsmethode. Vergeben Sie, falls Sie SQL SERVER-AUTHENTIFIZIERUNG selektiert haben, einen Anmeldenamen, z.B. »mfranke«, und ein Passwort, z.B. »Pa$$w0rd«. Haben Sie WINDOWS-AUTHENTIFIZIERUNG gewählt, geben Sie im Feld ANMELDENAME eine Windows-Gruppe oder ein AD-Konto ein.
4. Klicken Sie auf OK.

Hinweis zum Feld »Anmeldename«

In dieses Feld können Sie entsprechend der im nächsten Schritt zu wählenden Authentifizierungsmethode entweder einen Anmeldenamen (SQL-Server-Authentifizierung) oder aber, wie zuvor bereits erläutert, ein Windows-Benutzerkonto oder eine Windows-Gruppe (Windows-Authentifizierung) angeben. Bei einem Klick auf die Schaltfläche SUCHEN erscheint ein Suchdialog, der Sie beim Suchen der Gruppen oder Benutzerkonten unterstützt.

Sie haben soeben eine SQL-Server-Anmeldung erstellt. Wenn Sie jetzt – wie in Abbildung 10.6 gezeigt – den Ordner ANMELDUNGEN im Objekt-Explorer des SSMS öffnen, werden Sie die soeben erstellte Anmeldung sehen.

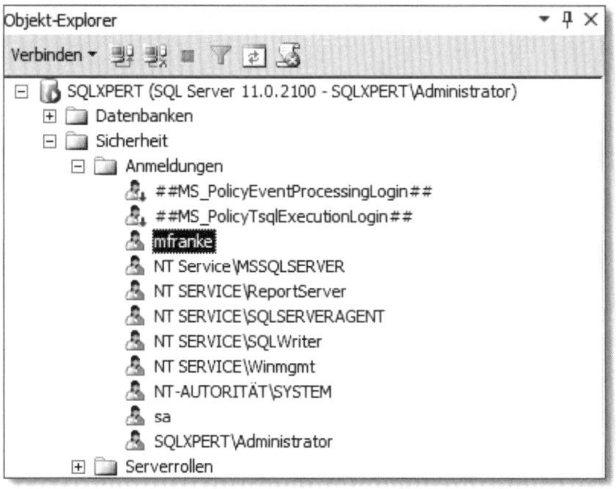

Abbildung 10.6 Anzeige der angelegten SQL-Server-Anmeldungen

Sie können sich jetzt bereits mit dieser Anmeldung am Server anmelden und auf den SQL Server zugreifen (siehe Abbildung 10.7).

Abbildung 10.7 Anmeldedialog mit den Anmeldedaten der erstellten SQL-Anmeldung für »mfranke«

Was tun bei Verbindungsproblemen?

Sie haben eine SQL-Anmeldung mit SQL-Authentifizierung erstellt und können sich trotzdem nicht verbinden?

Überprüfen Sie, ob SQL Server bei der Installation so eingestellt wurde, dass sowohl Windows-Authentifizierung als auch SQL-Server-Authentifizierung unterstützt werden.

So überprüfen Sie die Einstellungen der Authentifizierungsmethode:

1. Klicken Sie mit der rechten Maustaste im Objekt-Explorer auf die SQL-Server-Instanz, und wählen Sie EIGENSCHAFTEN • SICHERHEIT.
2. Überprüfen Sie, ob im Bereich SERVERAUTHENTIFIZIERUNG beide Authentifizierungsmethoden aktiviert wurden (siehe Abbildung 10.8).
3. Wenn Sie hier etwas ändern, müssen Sie SQL Server – nicht den Computer selbst – neu starten (rechte Maustaste auf die SQL-Server-Instanz und NEU STARTEN wählen).

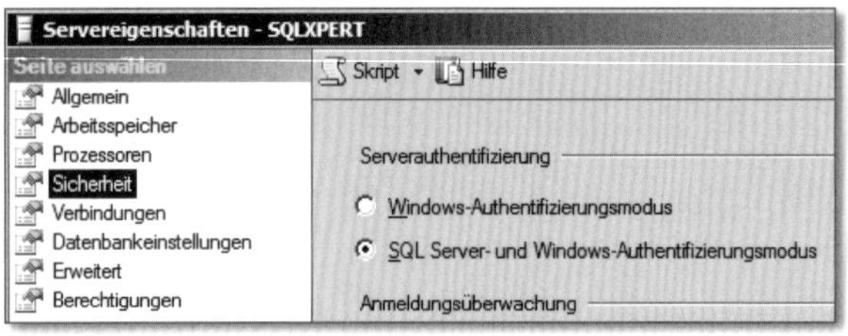

Abbildung 10.8 Wechsel der Authentifizierungseigenschaften im Dialog »Servereigenschaften«

10.2 Serverrollen

10.2.1 Was sind Serverrollen?

Haben Sie eine SQL-Anmeldung erstellt, können Sie diese Anmeldung einer sogenannten *Serverrolle* zuweisen. Serverrollen sind vordefinierte Gruppen mit bestimmten vordefinierten Berechtigungen. Mitglieder dieser Serverrollen erhalten automatisch die Berechtigungen dieser Serverrolle.

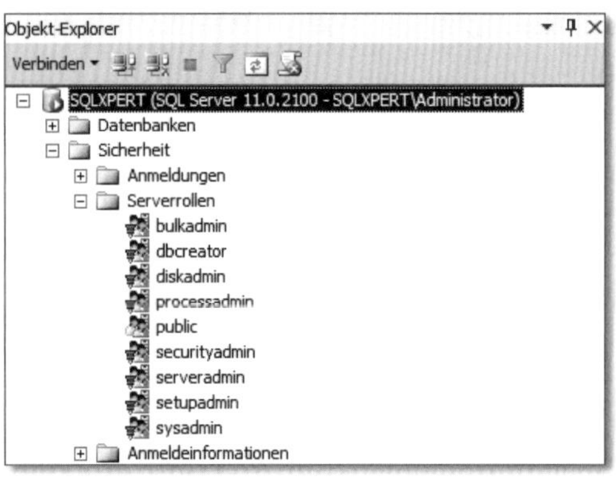

Abbildung 10.9 Auflistung der verfügbaren Serverrollen im Objekt-Explorer des SSMS

Dies ist sinnvoll, wenn Sie mehrere Administratoren im Unternehmen haben, die entsprechend ihren Aufgaben und Sicherheitsstufen SQL Server verwalten. Dagegen wäre es eventuell nicht sinnvoll, jedem Administrator gleich die vollen Rechte auf das gesamte Datenbanksystem zu geben. Serverrollen ermöglichen Ihnen hier eine Differenzierung der Aufgaben.

Hinweis

Serverrollen werden in der Regel nicht dem »normalen Anwender« zugewiesen. Sie werden nur für die Anmeldungen vergeben, die administrative Aufgaben auf dem SQL Server durchführen müssen.

Es gibt insgesamt acht Serverrollen. Die zugehörigen Berechtigungen der jeweiligen Rollen können Sie Tabelle 10.1 entnehmen.

Serverrolle	Beschreibung
sysadmin	Mitglieder dieser Serverrolle besitzen alle Berechtigungen und sind Systemadministratoren (*sa*).
serveradmin	Mitglieder dieser Serverrolle können SQL Server herunterfahren und Konfigurationsoptionen setzen.
setupadmin	Mitglieder dieser Serverrolle können Verbindungsserver konfigurieren und verschiedene gespeicherte Systemprozeduren ausführen.
securityadmin	Mitglieder dieser Serverrolle können Logins verwalten und erstellen.
processadmin	Mitglieder dieser Serverrolle können Prozesse beenden, die innerhalb einer Datenbank-Engine-Instanz ausgeführt werden.
diskadmin	Mitglieder dieser Serverrolle können Datenträgerdateien verwalten.
bulkadmin	Mitglieder dieser Serverrolle können `Bulk Insert`-Anweisungen ausführen.
dbcreator	Mitglieder dieser Serverrolle können Datenbanken erstellen, ändern oder löschen.

Tabelle 10.1 Die verfügbaren SQL-Server-Rollen

10.2.2 Die Rolle »public«

Es gibt noch eine weitere Serverrolle: »public«. Jede auf SQL Server erstellte Anmeldung ist Mitglied der Rolle »public«, und dies können Sie auch nicht ändern. Die Rolle »public« hat per Standard die Berechtigung VIEW ANY DATABASE, was so viel wie »Darf jede Datenbank sehen« bedeutet. Sie können der Rolle »public« Berechtigungen auf sicherungsfähige Objekte erteilen. Jeder Benutzer erbt die Berechtigungen, die Sie der Rolle »public« für ein bestimmtes Objekt eingeräumt haben. Allerdings nur dann, wenn für dieses Objekt keine bestimmten Berechtigungen erteilt oder verweigert wurden.

Durch Setzen von Berechtigungen für die Rolle »public« ist es möglich, allen Benutzern gleichzeitig die gleichen Berechtigungen auf ein sicherungsfähiges Element zu erteilen. Sie sollten damit allerdings vorsichtig sein, da bei einem gut durchdachten Sicherheits- und Berechtigungskonzept dies in den meisten Fällen nicht notwendig sein dürfte.

Was ist ein sicherungsfähiges Objekt oder Element?

Unter einem sicherungsfähigen Element können Sie ein Element verstehen, das durch Setzen von Berechtigungen abgesichert bzw. geschützt werden kann. Dies kann eine Tabelle, gespeicherte Prozedur, Sicht oder ein anderes der vielen in SQL Server zur Verfügung stehenden Datenbankobjekte sein.

10.2.3 Eigene Serverrollen

Mit SQL Server 2012 ist es nun möglich, auch eigene Serverrollen zu erstellen. Dies war bisher nicht erlaubt. Durch das Erstellen eigener Serverrollen können Sie nun weitere administrative Serververwaltungsebenen implementieren, sollten Ihnen die vorhandenen nicht ausreichen.

10.2.4 Workshop I: Zuweisen einer SQL-Anmeldung zu einer festen Serverrolle

1. Um alle verfügbaren SQL-Server-Anmeldungen anzuzeigen, öffnen Sie im Objekt-Explorer des Management Studios den Ordner SICHERHEIT • ANMELDUNGEN (achten Sie darauf, dass Sie den Ordner SICHERHEIT auf der Hierarchiestufe wählen, auf der sich auch die SQL-Server-Instanz befindet).

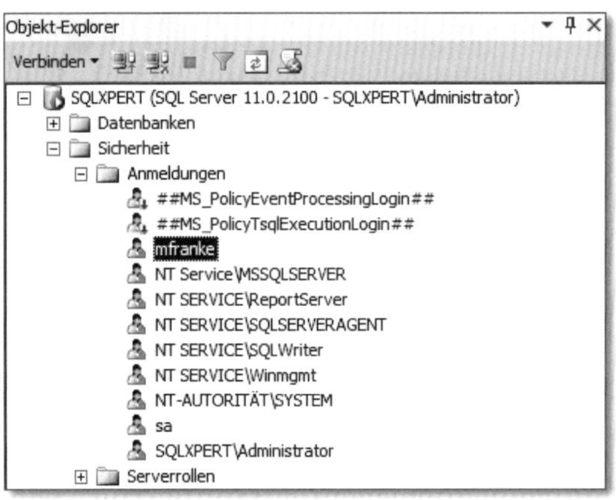

Abbildung 10.10 Auflistung aller vorhandenen SQL-Server-Anmeldungen im SSMS

2. Klicken Sie mit der rechten Maustaste die SQL-Server-Anmeldung an, die Sie einer festen Serverrolle zuweisen möchten.
3. Im daraufhin erscheinenden Kontextmenü wählen Sie EIGENSCHAFTEN.

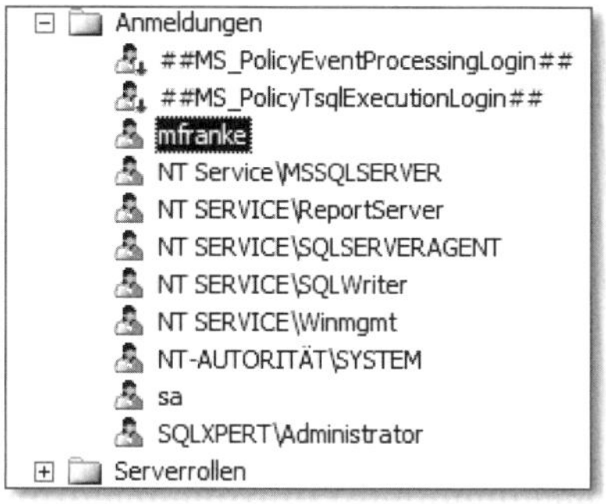

Abbildung 10.11 Aufrufen des Eigenschaftsdialogs einer SQL-Anmeldung

4. Es erscheint der Dialog ANMELDUNGSEIGENSCHAFTEN. Wählen Sie im linken Bereich SEITE AUSWÄHLEN den Punkt SERVERROLLEN.
5. Es werden Ihnen jetzt alle verfügbaren Serverrollen angezeigt, die Sie durch einen Klick in die Auswahlkästchen der SQL-Server-Anmeldung zuweisen können. Wählen Sie SYSADMIN, und klicken Sie anschließend auf OK.

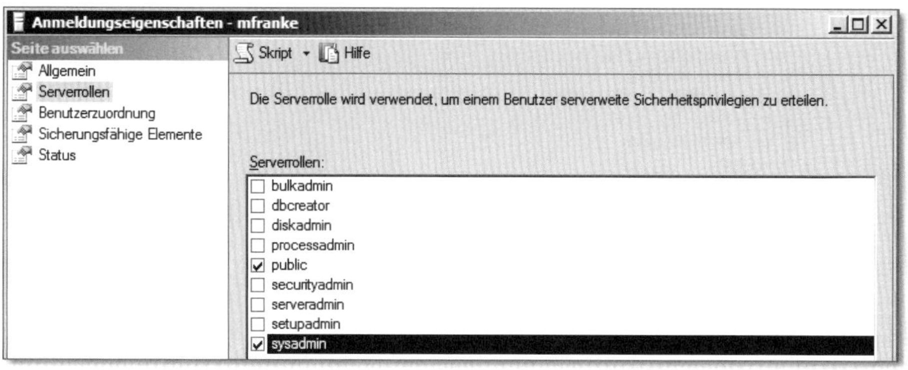

Abbildung 10.12 Auswahl von Serverrollen im Eigenschaftsdialog einer SQL-Anmeldung

Sie haben die soeben gewählte SQL-Server-Anmeldung der Serverrolle *sysadmin* (Systemadministrator mit allen Rechten) zugewiesen. Es handelt sich hier um die höchste in SQL Server zu vergebende Berechtigungsstufe. Ein *sysadmin* darf einfach alles.

Leider ist es nicht möglich, eigene Serverrollen anzulegen. Sollten die Berechtigungsmöglichkeiten der festen Serverrollen nicht ausreichen, können Sie jedem SQL-Server-Login einzelne Berechtigungen zuweisen.

10.2.5 Workshop II: Zuweisen von separaten Berechtigungen zu SQL-Server-Anmeldungen

In der folgenden Anleitung setzen Sie für die SQL-Anmeldung »mfranke« der SQL-Server-Instanz »SQLXPERT« das Recht, Datenbanken anzulegen.

Es wird natürlich vorausgesetzt, dass »mfranke« nicht mehr der Serverrolle *sysadmin* angehört (wie in Abschnitt 10.2.4, »Workshop I: Zuweisen einer SQL-Anmeldung zu einer festen Serverrolle«, zugewiesen) und damit dieses Recht automatisch hätte, da er Systemadministrator wäre.

1. Um alle verfügbaren SQL-Server-Anmeldungen anzuzeigen, öffnen Sie im Objekt-Explorer des Management Studios den Ordner SICHERHEIT • ANMELDUNGEN. Achten Sie darauf, dass Sie den Ordner SICHERHEIT auf der Hierarchiestufe wählen, auf der sich auch die SQL-Server-Instanz befindet (siehe Abbildung 10.13).

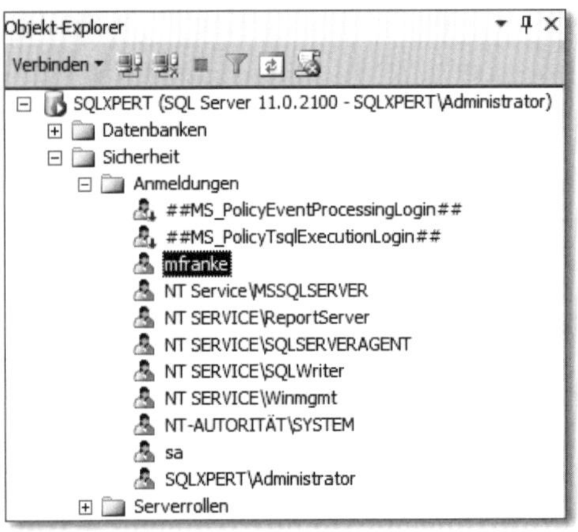

Abbildung 10.13 Auflistung aller vorhandenen SQL-Server-Anmeldungen im SSMS

2. Klicken Sie mit der rechten Maustaste die SQL-Server-Anmeldung an, der Sie separate Berechtigungen zuweisen möchten (in diesem Beispiel »mfranke«).
3. Im daraufhin erscheinenden Kontextmenü (siehe Abbildung 10.14) wählen Sie EIGENSCHAFTEN.
4. Innerhalb des erscheinenden Dialogs ANMELDUNGSEIGENSCHAFTEN wählen Sie im linken Bereich SEITE AUSWÄHLEN den Punkt SICHERUNGSFÄHIGE ELEMENTE wie in Abbildung 10.15 aus.
5. Im Feld SICHERUNGSFÄHIGE ELEMENTE wird der gewählte Server angezeigt. Im unteren Feld BERECHTIGUNGEN FÜR SQLXPERT (Ihr Instanzname) sehen Sie die möglichen Berechtigungen, die Sie nun vergeben können. Vergleichen Sie hierzu Abbildung 10.16.

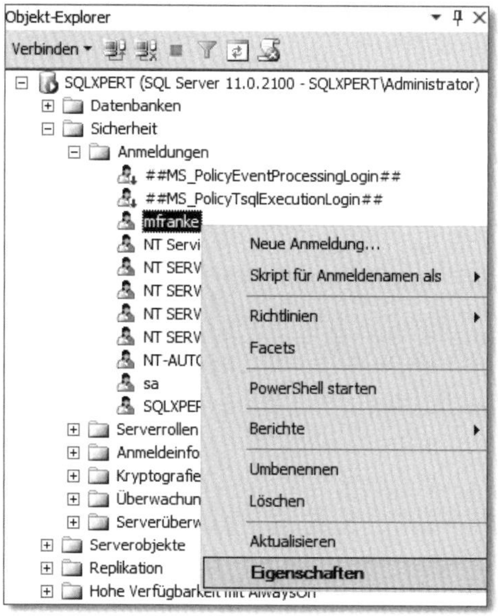

Abbildung 10.14 Aufruf des Eigenschaftsdialogs für die SQL-Anmeldung »mfranke«

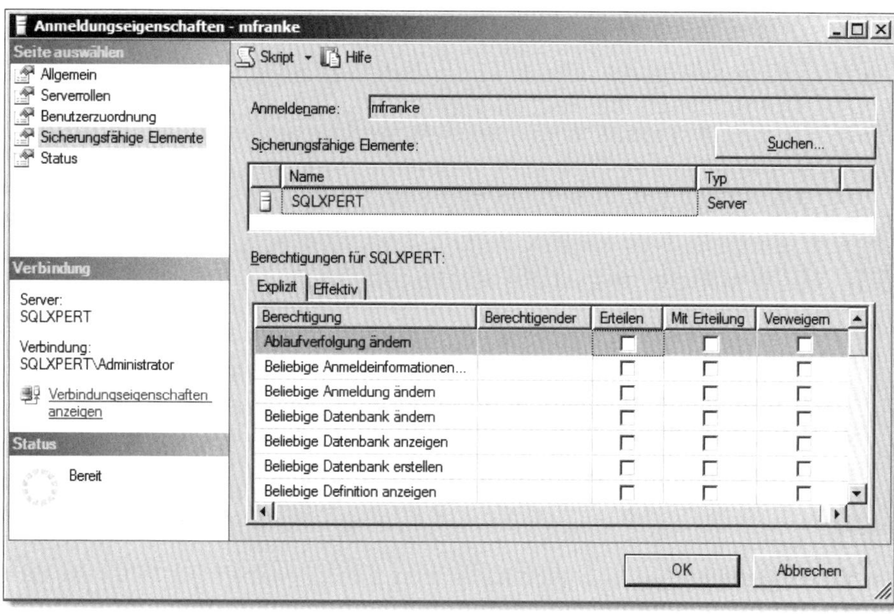

Abbildung 10.15 Auswahl des Bereichs »Sicherungsfähige Elemente«

6. Scrollen Sie im Feld BERECHTIGUNGEN FÜR SQLXPERT zur Option BELIEBIGE DATENBANK ERSTELLEN, und wählen Sie diese Option durch Klick in das Kästchen ERTEILEN aus.

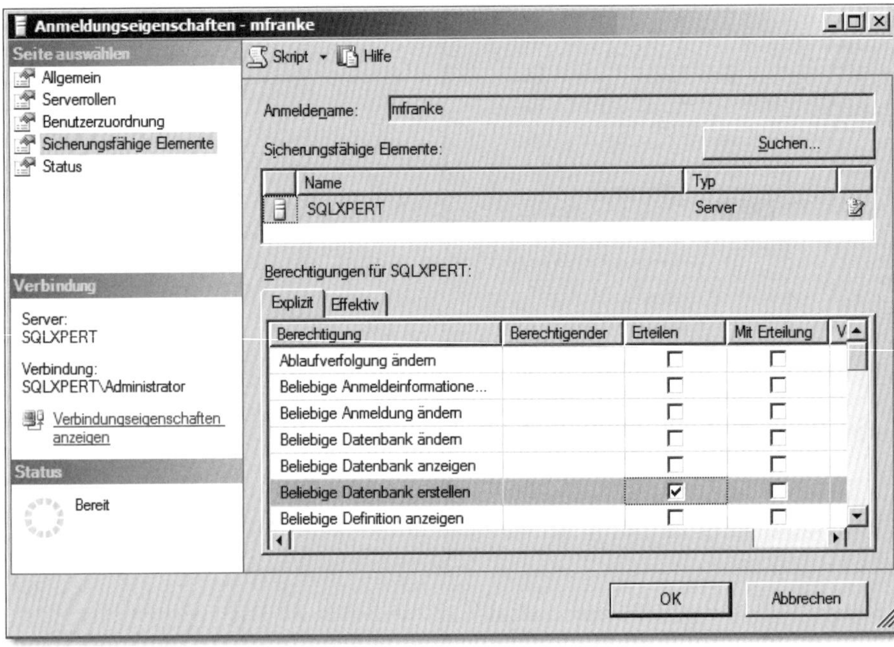

Abbildung 10.16 Bereich »Sicherungsfähige Elemente«

7. Wählen Sie OK.

Sie haben soeben der gewählten SQL-Server-Anmeldung das Recht zum Erstellen von Datenbanken erteilt.

10.3 Authentifizierungsstufe »Datenbank«: Datenbankberechtigungen

Soll der Anwender auch auf die Daten einer Datenbank zugreifen können, reicht das zuvor beschriebene Erstellen einer SQL-Server-Anmeldung nicht aus. Eine SQL-Server-Anmeldung ermöglicht dem Anwender lediglich den Zugriff auf Serverebene. Auf die Datenbanken können Sie mit einer SQL-Server-Anmeldung allein noch nicht zugreifen.

Um auf die Datenbanken zugreifen zu können, muss innerhalb der Datenbank ein sogenannter Datenbankbenutzer angelegt werden. Dieser Datenbankbenutzer muss einer SQL-Server-Anmeldung zugeordnet sein.

Die Datenbankbenutzer einer Datenbank können Sie sich ebenfalls im SSMS anzeigen lassen. Hierzu öffnen Sie im Objekt-Explorer des SSMS den jeweiligen Knoten

Ihrer Datenbank, deren Datenbankbenutzer Sie sich anzeigen lassen möchten, und öffnen den Ordner SICHERHEIT, wie in Abbildung 10.17 dargestellt.

Abbildung 10.17 Anzeige der für eine Datenbank angelegten Datenbankbenutzer

Der Ordner »Sicherheit« im Objekt-Explorer und seine Inhalte

Es gibt einen Ordner SICHERHEIT auf der Ebene der SQL-Server-Instanz und jeweils einen Ordner SICHERHEIT innerhalb des Ordners einer jeden Datenbank.

Im Sicherheitsordner der SQL-Server-Instanz stehen die angelegten SQL-Server-Anmeldungen. Im Ordner SICHERHEIT der Datenbank befinden sich die angelegten Datenbankbenutzer in einem weiteren Ordner namens BENUTZER.

Hierbei ist es wichtig zu wissen – und das kann nicht oft genug wiederholt werden –, dass die Datenbankbenutzer der jeweiligen SQL-Server-Anmeldung zugeordnet werden müssen.

Erst mit SQL Server 2012 wurde zusätzlich die Möglichkeit der sogenannten *eigenständigen Datenbanken* eingeführt, die es erlauben, auf Datenbanken ohne auf SQL-Server-Ebene angelegte SQL-Server-Anmeldung zuzugreifen (siehe hierzu Abschnitt 10.4).

Einem Datenbankbenutzer können Berechtigungen auf Datenbankebene gegeben werden. Lesen, schreiben, löschen oder ändern von Daten sowie das Erstellen und Verwalten von Datenbankobjekten sind mögliche Berechtigungen. Es geht hier konkret um den Zugriff auf die Daten der Datenbank und ihrer Objekte.

Wenn Sie wie in Abschnitt 10.2.5, »Workshop II: Zuweisen von separaten Berechtigungen zu SQL-Server-Anmeldungen«, eine SQL-Server-Anmeldung – z. B. »mfranke« – erstellen, legen Sie damit noch nicht fest, auf welche Datenbanken diese Anmeldung »mfranke« zugreifen darf. Im Ordner SICHERHEIT der jeweiligen Datenbank (siehe Abbildung 10.17) finden Sie »mfranke« nicht.

10.3.1 Direkte Zuordnung von Datenbanken zu einer SQL-Server-Anmeldung

Sie müssen die SQL-Anmeldung (»mfranke«) der Datenbank zuordnen, auf die »mfranke« zugreifen soll. Diese Zuordnung können Sie direkt beim Anlegen der SQL-Server-Anmeldung durchführen, indem Sie im zuständigen Dialog ANMELDUNG • NEU oder ANMELDEEIGENSCHAFTEN unter dem Punkt BENUTZERZUORDNUNG die Datenbanken auswählen, die der SQL-Anmeldung zugeordnet werden sollen. Dies sehen Sie in Abbildung 10.19.

1. Lassen Sie sich alle SQL-Server-Anmeldungen anzeigen, indem Sie den Ordner SICHERHEIT auf der Ebene der aktuellen SQL-Server-Instanz öffnen.
2. Klicken Sie mit der rechten Maustaste auf die SQL-Server-Anmeldung, der Sie den Zugriff auf eine oder mehrere Datenbanken ermöglichen möchten, und wählen Sie aus dem Kontextmenü den Menüpunkt EIGENSCHAFTEN.

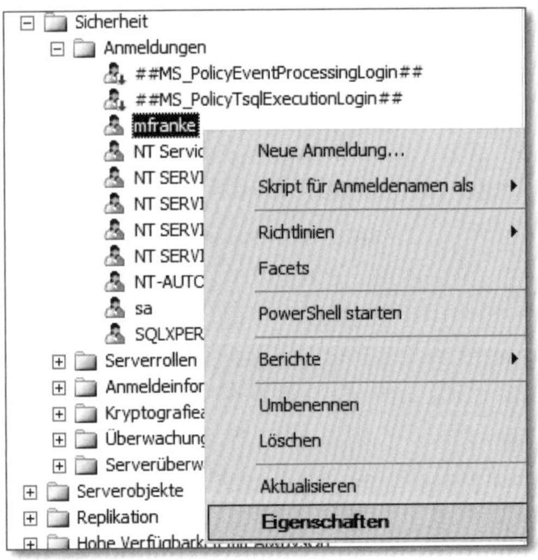

Abbildung 10.18 Eigenschaftsdialog der SQL-Anmeldung »mfranke« öffnen

3. Navigieren Sie, wie in Abbildung 10.19 gezeigt, im geöffneten Dialog ANMELDUNGSEIGENSCHAFTEN zum Punkt BENUTZERZUORDNUNG.
4. Wählen Sie im oberen Bereich des Dialogs BENUTZER, DIE DIESER ANMELDUNG ZUGEORDNET SIND in der Spalte DATENBANK durch Setzen des Häkchens in der Spalte ZUORDNUNG die Datenbanken aus, die der Anmeldung zugeordnet werden sollen.

   Beachten Sie auch, dass im unteren Bereich des Dialogs direkt entsprechende Datenbankrollen zugewiesen werden können. Genaueres hierzu finden Sie in Abschnitt 10.4.3, »Anlegen eines Datenbankbenutzers für eigenständige Datenbanken«.

5. Wählen Sie OK. Anschließend finden Sie im Ordner SICHERHEIT der soeben zugeordneten Datenbank(en) den neu erstellten Datenbankbenutzer (in diesem Beispiel »mfranke«, siehe Abbildung 10.20).

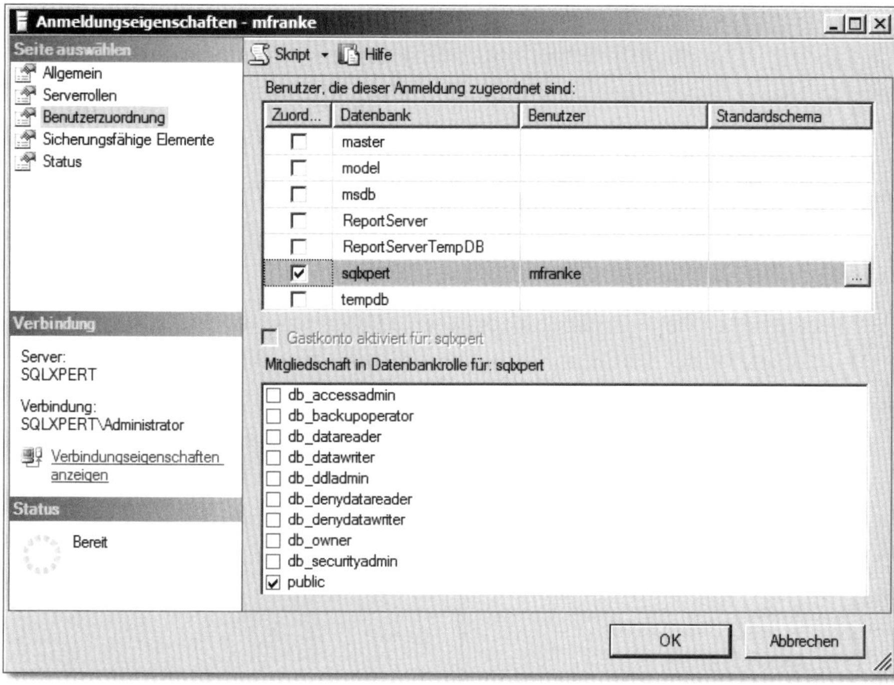

Abbildung 10.19 Zuordnung von Datenbankbenutzern zu Datenbanken im Dialog der SQL-Server-Anmeldungseigenschaften

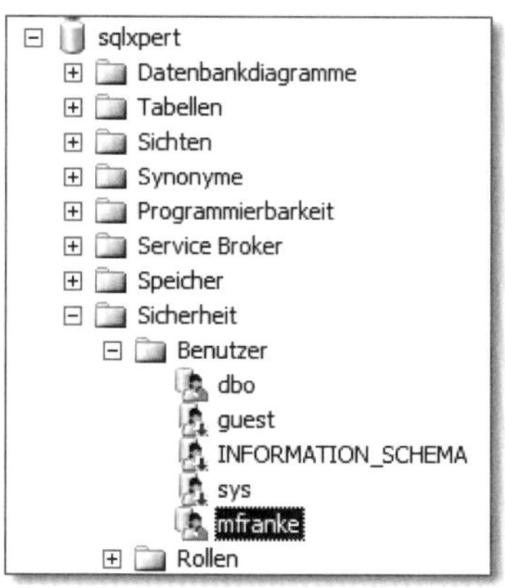

Abbildung 10.20 Angelegter Datenbankbenutzer »mfranke« im Ordner »Sicherheit« der Datenbank »sqlxpert«

Mit der soeben beschriebenen Methode werden die Datenbankbenutzer automatisch den ausgewählten Datenbanken hinzugefügt und ein Datenbankbenutzer mit der gleichen Bezeichnung wie der SQL-Server-Anmeldename innerhalb der Datenbank angelegt.

Wie Sie einen Datenbankbenutzer nachträglich zu einer bestehenden SQL-Server-Anwendung zuweisen können, erfahren Sie im folgenden Abschnitt.

10.3.2 Datenbankbenutzer nachträglich anlegen und zuordnen

Im nächsten Beispiel zeigen wir Ihnen eine weitere Möglichkeit, Datenbankbenutzer anzulegen und sie SQL-Server-Anmeldungen zuzuordnen.

1. Um einen neuen Datenbankbenutzer für eine Datenbank anzulegen, öffnen Sie im Objekt-Explorer des SSMS den Ordner DATENBANKEN • (*Name Ihrer Datenbank*) • SICHERHEIT.
2. Klicken Sie mit der rechten Maustaste auf den Ordner BENUTZER, und wählen Sie wie in Abbildung 10.21 den Menüpunkt NEUER BENUTZER aus.

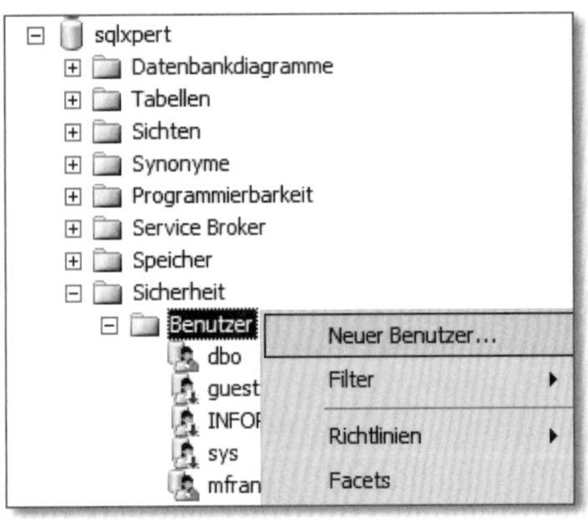

Abbildung 10.21 Dialog zum Anlegen eines Datenbankbenutzers aufrufen

3. Im Dialog DATENBANKBENUTZER NEU wählen Sie im Feld BENUTZERTYP die Option SQL-BENUTZER MIT ANMELDENAME aus.
4. Geben Sie im Feld BENUTZERNAME einen Namen für den Datenbankbenutzer ein, im Beispiel in Abbildung 10.22 »mfranke«.
5. Im Feld ANMELDENAME geben Sie jetzt eine gültige SQL-Server-Anmeldung ein. Durch einen Klick auf die Schaltfläche daneben mit den drei Punkten können Sie auch nach einer gültigen SQL-Server-Anmeldung suchen.

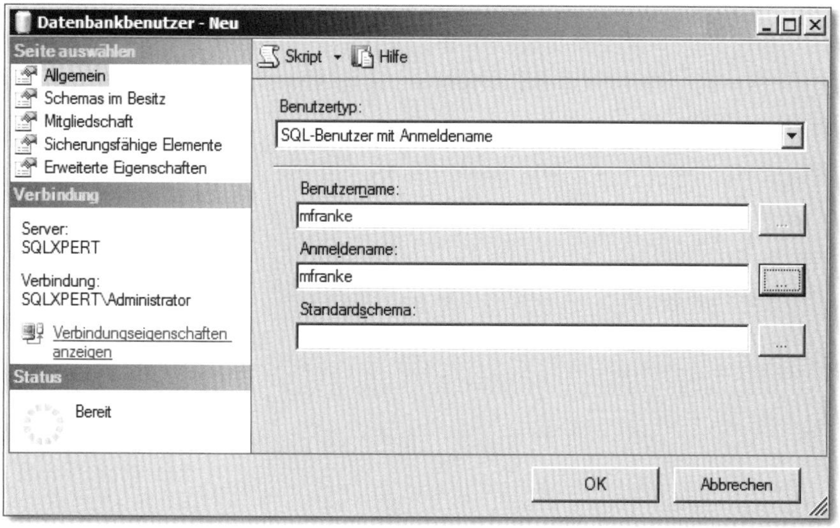

Abbildung 10.22 Anlegen eines neuen Datenbankbenutzers »mfranke« und Zuweisen des Benutzers zur SQL-Server-Anmeldung »mfranke«

10

Hinweis zur Namensgebung des Datenbankbenutzers

Es ist tatsächlich so, dass Datenbankbenutzername und SQL-Server-Anmeldename nicht identisch sein müssen. Das kann verwirrend sein, ist aber zulässig. Dennoch sollten Sie aus Übersichtsgründen möglichst für den Datenbankbenutzer den gleichen Namen verwenden wie für die zugehörige SQL-Server-Anmeldung.

10.3.3 Datenbankbenutzer »guest«

Wenn Sie sich im Ordner SICHERHEIT • BENUTZER der Datenbank die angelegten Datenbankbenutzer ansehen, werden Sie feststellen, dass es einen Datenbankbenutzer »guest« gibt. Dieser Datenbankbenutzer ist in jeder Datenbank vorhanden und per Default deaktiviert, was Sie an dem nach unten zeigenden roten Pfeil erkennen. Dieser Datenbankbenutzer ist ein besonderer Benutzer.

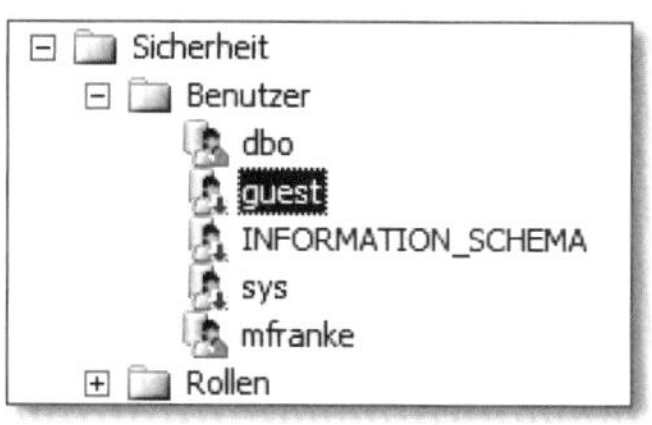

Abbildung 10.23 Datenbankbenutzer »guest« im Ordner »Sicherheit« einer Datenbank

Alle SQL-Server-Anmeldungen, die über keine explizite SQL-Anmeldung/Datenbankbenutzer-Zuordnung verfügen, könnten bei aktiviertem Benutzer »guest« auf die Datenbank zugreifen. In diesem Fall kämen die Zugriffsrechte zur Anwendung, die der Benutzer »guest« hat.

Den User »guest« aktivieren und deaktivieren Sie wie folgt über T-SQL-Kommandos:

- Aktivieren von »guest«:

```
GRANT CONNECT TO GUEST
```

- Deaktivieren von »guest«:

```
REVOKE CONNECT FROM GUEST
```

10.3.4 Der Datenbankbenutzer dbo

Ein weiterer spezieller fester und nicht löschbarer Datenbankbenutzer ist der dbo. Alle Mitglieder der sysadmin- und der sa-Serverrolle sind automatisch mit dem Benutzer dbo verbunden und greifen über ihn auf die Datenbank zu. Der Benutzer dbo besitzt alle Berechtigungen auf alle Objekte innerhalb der Datenbank.

10.3.5 Das Problem der verwaisten Benutzer (Orphaned Users)

Wie in den Abschnitten zuvor beschrieben, benötigen Sie eine SQL-Anmeldung und jeweils einen Datenbankbenutzer, um auf die Daten einer Datenbank zugreifen zu können.

Ein Problem, auf das wir in unseren Workshops häufig angesprochen werden, ist: Datenbankbenutzer können sich nach einer Übertragung einer Datenbank auf eine neue SQL-Server-Instanz nicht mehr anmelden!

Nehmen wir an, wir betreiben eine Datenbank auf einer Serverinstanz mit Namen »sqlxpert«. Für zwei User mit Namen »mfranke« und »afredericks« wurden SQL-Server-Anmeldungen angelegt, und es wurde der Zugriff auf die Datenbank »sqlxpert« gewährt. Demzufolge gibt es im Ordner SICHERHEIT der Datenbank die gleichnamigen Datenbankbenutzer (siehe Abbildung 10.24).

Wenn wir die Datenbank jetzt sichern, um sie auf eine andere Serverinstanz – z.B. »sqlxpert\berlin« – zu übertragen, sind die SQL-Anmeldungen für »mfranke« und »afredericks« auf der neuen Instanz ungültig. Die Benutzer können sich nicht mehr anmelden. Eine Fehlermeldung wie in Abbildung 10.25 wird ausgegeben.

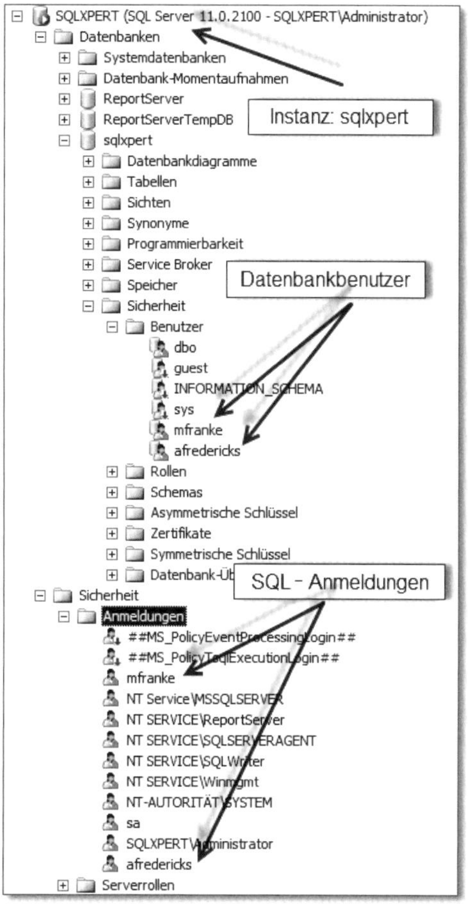

Abbildung 10.24 Anzeige der SQL-Anmeldungen und Datenbankbenutzer im Objekt-Explorer

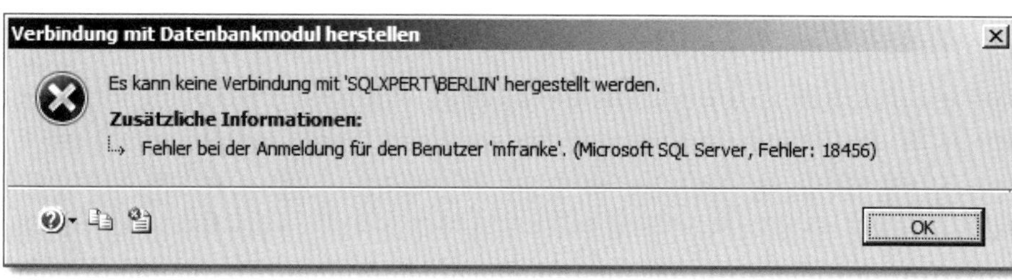

Abbildung 10.25 Fehler bei Anmeldung nach Übertragung einer Datenbank auf eine andere SQL-Server-Instanz

Der Grund hierfür ist, dass bei der Wiederherstellung der Datenbank auf der neuen Instanz zwar die Datenbank mit ihren Datenbankbenutzern angelegt wurde, nicht jedoch die zugehörigen SQL-Server-Anmeldungen. Diese werden nicht im Backup der Datenbank abgelegt, und darum fehlt jegliche Information darüber auf der neuen Instanz, wie Abbildung 10.26 illustriert.

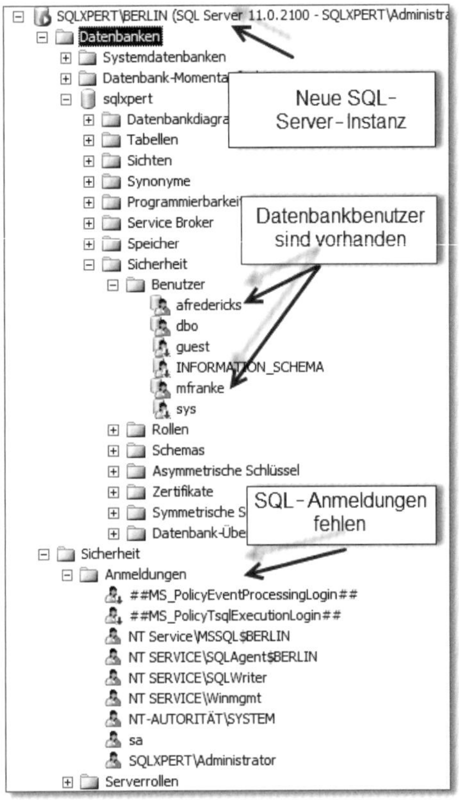

Abbildung 10.26 SQL-Server-Instanz mit verwaisten Datenbankbenutzern

Auch ein separates Anlegen der fehlenden SQL-Anmeldungen per Hand ermöglicht zwar den Zugriff auf den Server, nicht jedoch auf die Datenbank.

Der Hintergrund ist, dass jeder SQL-Anmeldung und jedem Datenbankbenutzer eine interne, eindeutige Kennzeichnung zugewiesen wird. Diese Kennzeichnung wird *SID* (Security Identifier) genannt. Die SID einer auf der neuen SQL-Server-Instanz angelegten gleichnamigen Anmeldung entspricht nicht der SID der Datenbankbenutzer in der importierten Datenbank. Aus diesem Grund ist die benötigte Verknüpfung zwischen SQL-Anmeldung und Datenbankbenutzern nicht möglich. Die Datenbank kann nicht genutzt werden. Es fehlt im Prinzip der Bezug zwischen SQL-Anmeldung und dem Datenbankbenutzer.

In diesem Fall spricht man von sogenannten verwaisten (orphaned) Benutzern – es gibt für einen Datenbankbenutzer keine zugehörige SQL-Anmeldung. Mit dem Befehl aus Listing 10.1 lassen Sie sich die SIDs der SQL-Anmeldungen einer Instanz anzeigen.

```
SELECT P.SID, P.NAME, P.TYPE, P.IS_DISABLED, P.DEFAULT_DATABASE_NAME, L.
HASACCESS, L.DENYLOGIN FROM
SYS.SERVER_PRINCIPALS P LEFT JOIN SYS.SYSLOGINS L
ON ( L.NAME = P.NAME ) WHERE P.TYPE IN ( 'S', 'G', 'U' )
```

Listing 10.1 Befehl zur Anzeige der SQL-Anmeldungen einer Instanz inklusive SIDs

Der Befehl aus Listing 10.2 zeigt Ihnen die SIDs der Datenbankbenutzer an.

```
SELECT * FROM SYS.DATABASE_PRINCIPALS
```

Listing 10.2 Befehl zur Anzeige der Datenbankbenutzer und ihrer SIDs

Diese Befehle geben Ihnen die Möglichkeit, das Gesagte durch den Vergleich der SIDs zu überprüfen.

Um das Problem zu lösen, müssen Sie auf der SQL-Server-Zielinstanz demnach SQL-Anmeldungen erzeugen, die die gleichen SIDs haben wie die in der Datenbank vorhandenen Benutzer. Microsoft stellt zu diesem Zweck die gespeicherte Prozedur `sp_change_users_login` bereit.

Wie in Listing 10.3 dargestellt, können Sie sich mit dieser Prozedur die verwaisten Benutzer anzeigen lassen.

```
USE SQLXPERT;
GO
SP_CHANGE_USERS_LOGIN 'REPORT';
```

Listing 10.3 Anzeigen der verwaisten Benutzer der Datenbank »sqlxpert«

Sie können `sp_change_user_login` mit den Parametern `Auto_Fix` und `update_one` auch damit beauftragen, automatisch eine fehlende SQL-Anmeldung zu erzeugen oder die SID einer bestehenden SQL-Anmeldung anzupassen.

In Listing 10.4 sehen Sie, wie mittels Parameter `Auto_Fix sp_change_users_login` angewiesen wird, eine SQL-Anmeldung automatisch zu erstellen, wenn diese noch nicht vorhanden ist.

```
EXEC sp_change_users_login 'Auto_Fix','mfranke', NULL, 'Pa$$w0rd';
```

Listing 10.4 Automatisches Anlegen einer fehlenden SQL-Server-Anmeldung für den verwaisten Datenbankbenutzer »mfranke«

Die Option `update_one` passt die SID einer bestehenden SQL-Anmeldung an.

Seit SQL Server 2005 Service Pack 2 gibt es mit dem Befehl

```
ALTER USER mfranke WITH LOGIN = mfranke;
```

eine weitere Möglichkeit, die SIDs zwischen SQL-Anmeldungen und Datenbankbenutzern zu synchronisieren.

Wenn Sie Genaueres zu dieser Thematik erfahren möchten, empfehlen wir Ihnen die SQL-Server-Dokumentation.

Die Nutzung von `sp_change_users_login` und des Befehls ALTER USER ermöglicht die Problemlösung, jedoch dürfte der administrative Aufwand immens steigen, wenn Sie nicht nur zwei Datenbankbenutzer haben, sondern mehrere Hundert. Was dann?

Natürlich können Sie für jeden Datenbankbenutzer mit den besprochenen Lösungen eine zugehörige SQL-Anmeldung erzeugen.

Besser wäre es aber, hierzu ein Skript von Microsoft zu nutzen, das im folgenden Artikel veröffentlicht ist: »How to transfer the logins and the passwords between instances of Microsoft SQL Server 2005, of Microsoft SQL Server 2008, and of Microsoft SQL Server 2012«. Den Artikel finden Sie derzeit unter der Adresse *http://support.microsoft.com/?scid=kb%3Ben-us%3B918992.*

Das Skript arbeitet nach folgendem Prinzip: Wenn Sie das Skript mittels Management Studio auf der Quellinstanz (der Instanz, von der aus Sie die Datenbank auf die andere Instanz übertragen möchten) ausführen, werden zwei gespeicherte Prozeduren angelegt. Diese heißen `sp_help_revlogin` und `sp_hexadecimal`.

Interessant ist für Sie in diesem Zusammenhang jedoch nur die Prozedur `sp_help_revlogin`, da Sie diese Prozedur mit `EXEC sp_help_revlogin` aufrufen müssen.

`sp_help_revlogin` liest auf der Quellinstanz alle SQL-Anmeldungen aus, inklusive der zugehörigen SIDs, und erzeugt als Ausgabe ein T-SQL-Skript. Dieses Skript enthält die kompletten Befehle zum Anlegen der SQL-Anmeldungen mitsamt der richtigen SIDs auf der Zielinstanz.

```
/* sp_help_revlogin script
** Generated Okt 22 2010 12:44PM on NOEFFECTS */
-- Login: mfranke
CREATE LOGIN [MFRANKE] WITH PASSWORD =
0X0100D9234E83FE530F7A0D17136616D5518FE94CDBC226BD08FD HASHED, SID =
0X19350C2A83B9A74D97B6881BE8F3EFED, DEFAULT_DATABASE = [MASTER], CHECK_POLICY
= OFF, CHECK_EXPIRATION = OFF

-- LOGIN: AFREDERICKS
CREATE LOGIN [AFREDERICKS] WITH PASSWORD = 0X0100265ABF6F6EA32CB6F6
00B9345DA313E9A52DC4CBB76D266B HASHED, SID =
0X97408DE75E5FD04C8CDE79EE8D8EE034, DEFAULT_DATABASE = [MASTER], CHECK_POLICY
= OFF, CHECK_EXPIRATION = OFF
```

Listing 10.5 Durch Prozedur »sp_help_revlogin« erzeugter T-SQL-Skriptcode

Beachten Sie aber, dass hier alle SQL-Anmeldungen der Quellinstanz ausgelesen werden. Sie sollten sich nur die Befehle aus dem Skript herauskopieren, die Sie benötigen, um Ihre verwaisten Datenbankbenutzer wieder zum Leben zu erwecken.

10.4 Eigenständige Datenbanken

Mit SQL Server 2012 führt Microsoft einen neuen Typ von Datenbank ein: die sogenannte *eigenständige Datenbank* (engl. Contained Databases).

10.4.1 Was sind eigenständige Datenbanken

Eine eigenständige Datenbank ist von der hostenden SQL-Server-Instanz und den übrigen Datenbanken isoliert. Was bedeutet das?

In erster Linie können Sie sich an dieser Datenbank anmelden, ohne eine zugehörige SQL-Server-Anmeldung zu besitzen, die in der master-Systemdatenbank gespeichert wird, da in einer eigenständigen Datenbank Objekte enthalten sind, die innerhalb der Datenbank eigenständig agieren können. Dies können die sogenannten *SQL-Benutzer mit Kennwort* sein.

Es genügt, einen *SQL-Benutzer mit Kennwort* in der Datenbank anzulegen.

Damit wird z.B. ein leichterer Umzug von Datenbanken auf eine andere Instanz ermöglicht. Dies bereitete in der Vergangenheit immer wieder Schwierigkeiten. Zum Beispiel beim Loslösen der Datenbank aus einer SQL-Server-Instanz und dem Hinzufügen zu einer anderen SQL-Server-Instanz. Die SQL-Server-Anmeldungen, auf die sich in der Datenbank bezogen wurde, wurden nicht mit übertragen, da die zugehörigen Anmeldungen in der Systemdatenbank *master* gespeichert werden (siehe hierzu Abschnitt 10.3.5, »Das Problem der verwaisten Benutzer (Orphaned Users)«).

Seit SQL Server 2012 erhalten Sie mit eigenständigen Datenbanken eine Möglichkeit, dieses Problem zu umgehen.

Um das Feature der eigenständigen Datenbanken jedoch innerhalb einer SQL-Server-Instanz überhaupt nutzen zu können, müssen Sie dieses mit dem folgenden Befehl aus Listing 10.6 im SSMS freischalten:

```
EXEC sp_configure 'contained database authentication', 1
RECONFIGURE
```

Listing 10.6 Funktion der eigenständigen Datenbank aktivieren

Mit dem unter Listing 10.6 ausgeführten Befehl schalten Sie die Instanz von SQL Server in einen Modus, in dem SQL Server *enthaltende Datenbanken* berücksichtigt.

Anderenfalls können Sie diese Möglichkeit nicht nutzen. Um für eine Datenbank diesen Modus zu aktivieren, gehen Sie wie folgt vor.

1. Klicken Sie die Datenbank im Objekt-Explorer des SSMS mit der rechten Maustaste an, und wählen Sie aus dem Kontextmenü den Menüpunkt EIGENSCHAFTEN.
2. Klicken Sie im Dialog DATENBANKEIGENSCHAFTEN im linken Bereich SEITE AUSWÄHLEN auf OPTIONEN.
3. Wählen Sie im rechten Bereich im Feld EINSCHLUSSTYP die Option TEILWEISE aus (Abbildung 10.27).

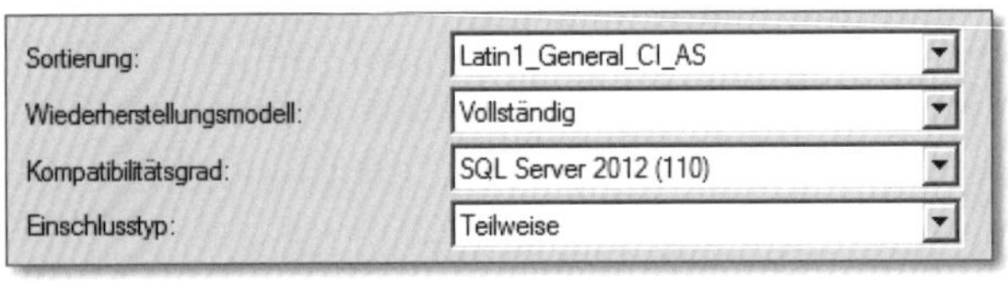

Abbildung 10.27 Einstellung für Einschlusstyp »Teilweise«

Nachdem Sie diese Einstellungen vorgenommen haben, können Sie sich mit einem Client unter Angabe des soeben angelegten Benutzernamens anmelden.

Möchten Sie sich an einer eigenständigen Datenbank anmelden, müssen Sie den Namen der Datenbank mit angeben bzw. diese in der Verbindungszeichenfolge der Client-Anwendung mitberücksichtigen. Dies ist in der Regel selbstverständlich. Viele Client-Anwendungen verlangen, dass beim Anmeldeprozess auch eine Datenbank angegeben werden muss. Oft wird diese von der Anwendung bereits bei der Anmeldung mit übergeben, da diese fix in den Konfigurationseinstellungen hinterlegt wurde.

Es gibt aber auch Anwendungen, in denen keine Datenbank angegeben werden muss, da diese erst nach erfolgreicher Anmeldung ausgewählt werden soll etc. Eine solche Anwendung ist z.B. SSMS. Im Workshop in Abschnitt 10.4.4, »Workshop: Anmelden an Management Studio mit einem enthaltenen Datenbankbenutzer«, zeigen wir Ihnen, wie Sie sich mit SSMS mit dem entsprechenden Benutzer an einer Datenbank anmelden können.

10.4.2 Workshop: Aktivieren der Unterstützung von eigenständigen Datenbanken

1. Starten Sie SSMS, und melden Sie sich als Administrator an.
2. Klicken Sie im Objekt-Explorer auf die aktuelle Serverinstanz, in der sich die zukünftige eigenständige Datenbank befindet. Wie Sie Datenbanken anlegen, wird in Abschnitt 7.3 erläutert.

3. Anschließend klicken Sie in der Toolbar auf NEUE ABFRAGE und öffnen ein neues Abfrage-Editor-Fenster.
4. Geben Sie in das Abfrage-Editor-Fenster folgenden Befehl ein, und klicken Sie anschließend in der oberen Toolbox auf AUSFÜHREN, um die Contained-Database-Funktionalität für die Instanz freizuschalten.

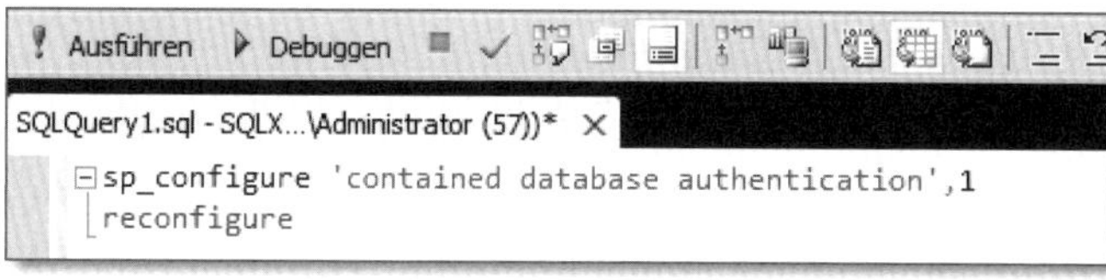

Abbildung 10.28 Aktivieren eigenständiger Datenbankunterstützung für die SQL-Server-Instanz

5. Anschließend klicken Sie mit der rechten Maustaste auf die Datenbank, die Sie zur eigenständigen Datenbank machen möchten, und wählen aus dem Kontextmenü EIGENSCHAFTEN.
6. Wählen Sie im erscheinenden Dialog DATENBANKEIGENSCHAFTEN im Bereich SEITE AUSWÄHLEN den Punkt OPTIONEN.
7. Wählen Sie anschließend im Feld EINSCHLUSSTYP den Punkt TEILWEISE aus, und klicken Sie auf OK.

Abbildung 10.29 Eigenschaft Einschlusstyp »Teilweise«

Die Datenbank unterstützt jetzt die Funktionen einer eigenständigen Datenbank.

10.4.3 Anlegen eines Datenbankbenutzers für eigenständige Datenbanken

1. Um einen eigenständigen enthaltenen Datenbankbenutzer für eine Datenbank anzulegen, öffnen Sie den Ordner SICHERHEIT der aktiven Datenbank, klicken mit der rechten Maustaste auf den Ordner BENUTZER und wählen NEUER BENUTZER.
2. Wählen Sie unter BENUTZERTYP SQL-BENUTZER MIT KENNWORT aus, und vergeben Sie im Feld BENUTZERNAME einen Benutzernamen (in unserem Beispiel »hrichter«). Im zugehörigen Feld KENNWORT geben Sie ein Kennwort ein und bestätigen dies im Feld KENNWORT BESTÄTIGEN.

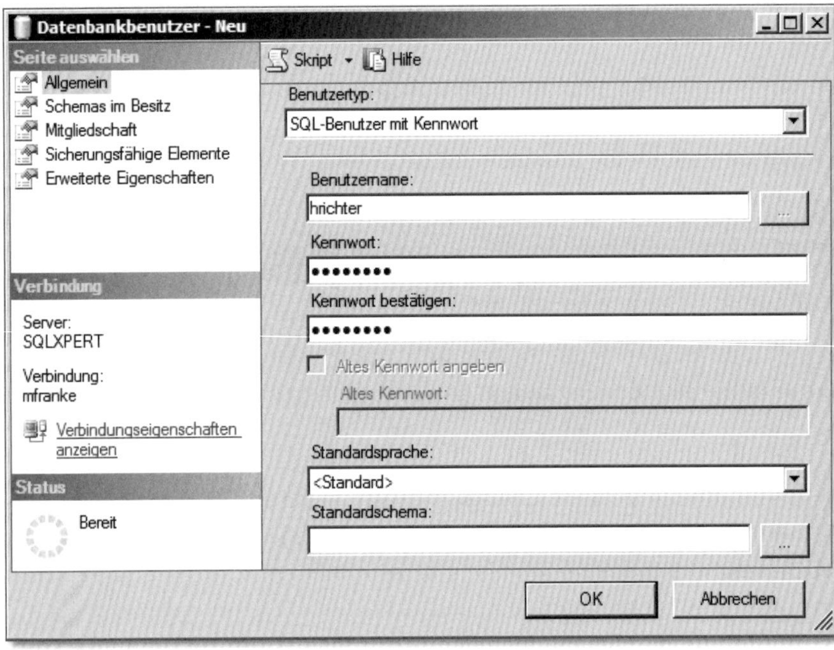

Abbildung 10.30 Anlegen eines SQL-Benutzers mit Kennwort für eine eigenständige Datenbank

3. Anschließend klicken Sie auf OK.

Geschafft: Sie haben soeben einen enthaltenen Datenbankbenutzer für eine eigenständige Datenbank angelegt.

10.4.4 Workshop: Anmelden an Management Studio mit einem enthaltenen Datenbankbenutzer

1. Um sich mit dem im vorhergehenden Workshop angelegten Datenbankbenutzer anmelden zu können, z.B. mittels Management Studio, muss der entsprechenden Client-Anwendung der Name der eigenständigen Datenbank übergeben werden.
2. Starten Sie SSMS, und geben Sie im Anmeldedialog unter Servername den Namen der SQL-Server-Instanz an, die Ihre eigenständige Datenbank enthält.
3. Im Feld Authentifizierung wählen Sie SQL Server-Authentifizierung aus.
4. Geben Sie unter Anmeldename den Namen des Benutzers (den Namen des eigenständigen Datenbankbenutzers, hier hrichter) und das zugehörige Kennwort ein.

Abbildung 10.31 Anmeldedialog SSMS

5. Anschließend klicken Sie auf die Schaltfläche OPTIONEN und wählen im darauffolgenden Dialog die Registerkarte VERBINDUNGSEIGENSCHAFTEN aus.
6. Im Feld VERBINDUNG MIT DATENBANK HERSTELLEN geben Sie den Namen der eigenständigen Datenbank an.

Abbildung 10.32 Dialog »Optionen für die SSMS-Anmeldung«

7. Anschließend klicken Sie auf VERBINDEN, um die Anmeldung an der eigenständigen Datenbank abzuschließen.

Sie haben sich soeben mit dem SQL-BENUTZER MIT KENNWORT (hrichter) an der eigenständigen Datenbank angemeldet.

10.5 Berechtigungen auf allen Ebenen

Wir haben bis hierher das Anlegen von SQL-Server-Anmeldungen und Datenbankbenutzern als Grundvoraussetzung erläutert, um überhaupt auf SQL Server und seine Datenbanken zugreifen zu können. Ein wesentlicher Aspekt ist allerdings der geregelte Zugriff auf das Wichtigste eines Datenbankservers, nämlich seine Daten. Wir haben bisher noch nicht festgelegt, wie und ob überhaupt angelegte Datenbankbenutzer auf die Daten zugreifen dürfen. Wir haben lediglich SQL-Server-Anmeldungen und Datenbankbenutzer erstellt und diese einander zugeordnet. Zusätzlich haben wir auch eine neue Datenbankform kennengelernt, die eigenständigen Datenbanken mit den sich daraus ergebenden Vorteilen der SQL-Benutzer mit Kennwort oder der Windows-Benutzer. Bisher ist es für eine Anmeldung jedoch nicht möglich, sich bei Anmeldung am SQL Server Daten ausgeben zu lassen oder diese zu verändern. Das gilt natürlich nicht für den *sysadmin*.

Hat ein Anwender sich angemeldet, wird jeder SQL-Befehl, den er an den SQL Server schickt, dahin gehend überprüft, ob dieser Anwender überhaupt die notwendigen Berechtigungen hat, diesen Befehl auszuführen.

Die wichtigsten Zugriffsrechte, die Sie für die Daten einer Datenbank setzen können, sind die Rechte Lesen, Ändern, Hinzufügen und Löschen.

Befehle, die ein Lesen, Löschen, Ändern und Hinzufügen von Daten ermöglichen, werden *DML-Befehle* (Data Manipulation Language) genannt. Befehle, die das Anlegen, Ändern oder Löschen von Datenbankobjekten, wie z.B. Tabellen, ermöglichen, werden *DDL-Befehle* (Data Definition Language) genannt, da mit ihnen Datenstrukturen definiert werden.

Diese Befehle bzw. die Einräumung der Rechte zum Ausführen dieser Befehle lassen einen differenzierten Datenzugriff pro Datenbankbenutzer zu.

10.5.1 Datenbank-Zugriffsberechtigungen setzen

SQL Server ermöglicht das Setzen von Zugriffsberechtigungen aus zwei Perspektiven: Entweder definieren Sie die Rechte aus der Perspektive der Datenbankobjekte

(Tabellen, Views, gespeicherte Prozeduren), oder Sie setzen die Rechte aus der Perspektive des Datenbankbenutzers.

Zugriffsrechte aus der Perspektive des Datenbankobjekts vergeben Sie, indem Sie das entsprechende Datenbankobjekt (Tabelle, View) heraussuchen und anschließend definieren, welche Benutzer darauf mit welchen Zugriffsrechten zugreifen dürfen.

Nehmen wir an, Sie haben in Ihrer Datenbank neben vielen weiteren Tabellen eine Tabelle »Kontakte«, und einige Datenbankbenutzer sollen die Daten dieser Tabelle in Zukunft lesen und ändern dürfen.

Um die Berechtigungen für diese Tabelle zu setzen, klicken Sie diese Tabelle im Management Studio mit der rechten Maustaste an und wählen im angezeigten Kontextmenü den Punkt EIGENSCHAFTEN.

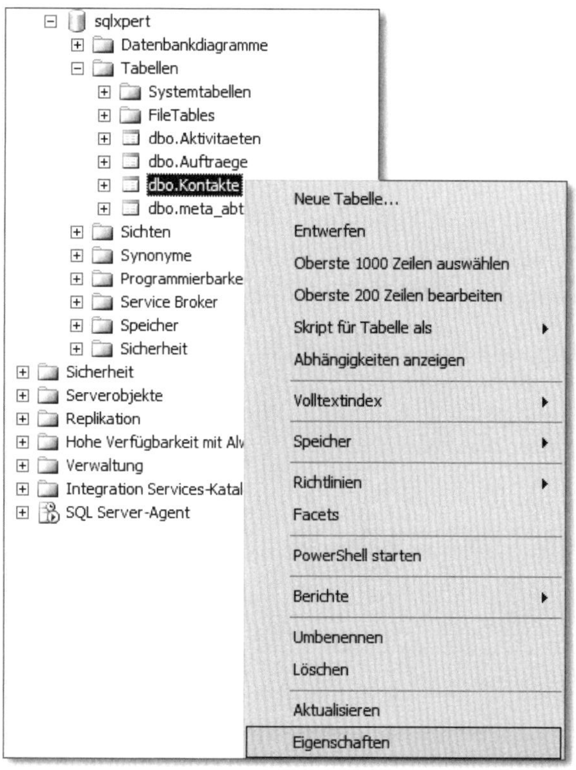

Abbildung 10.33 Eigenschaften der Tabelle »Kontakte« aufrufen

Im sich öffnenden Dialog EIGENSCHAFTEN DER TABELLE rufen Sie den Punkt BERECHTIGUNGEN auf (siehe Abbildung 10.34).

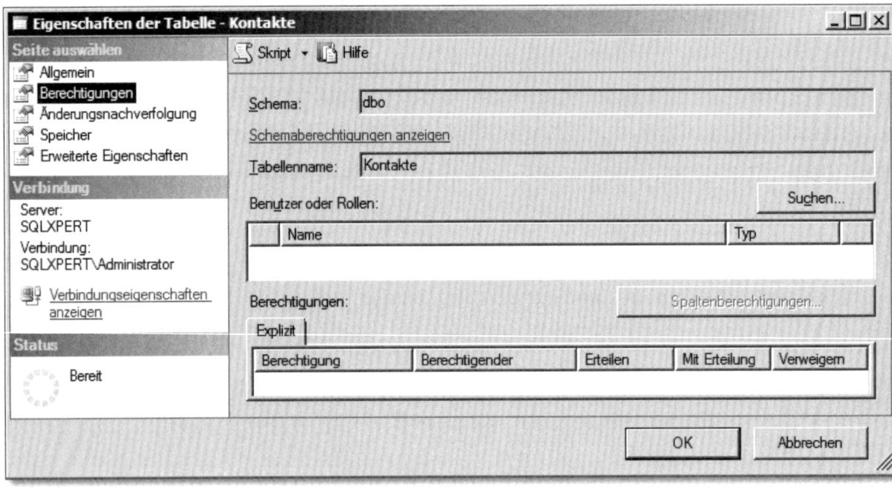

Abbildung 10.34 Eigenschaftsdialog der Tabelle »Kontakte«

Anschließend können Sie unter BENUTZER ODER ROLLEN die Datenbankbenutzer oder Datenbankrollen suchen und hinzufügen, die auf die Tabelle »Kontakte« lesend und ändernd zugreifen sollen. Klicken Sie hierzu auf die Schaltfläche SUCHEN.

Im sich öffnenden Dialog wählen Sie die Schaltfläche DURCHSUCHEN..., markieren die gewünschten Benutzer, die Zugriff auf die Tabelle erhalten sollen (siehe Abbildung 10.35), und bestätigen die Auswahldialoge zweimal mit OK.

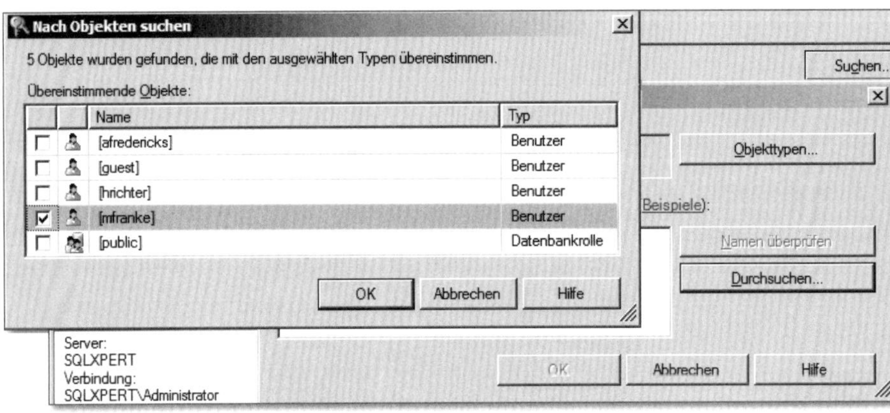

Abbildung 10.35 Suchen und Anzeigen der Benutzer, die Zugriff auf die Tabelle erhalten sollen

Haben Sie die Datenbankbenutzer ausgewählt, können Sie durch einen Klick auf jeden einzelnen Datenbankbenutzer separate Zugriffsrechte für den Zugriff auf die Tabelle »Kontakte« setzen.

In diesem Fall vergeben Sie für jeden einzelnen Benutzer die Rechte AUSWÄHLEN und AKTUALISIEREN, indem Sie unter BERECHTIGUNGEN FÜR (BENUTZERNAME) die entsprechenden Checkboxen in der Spalte ERTEILEN markieren.

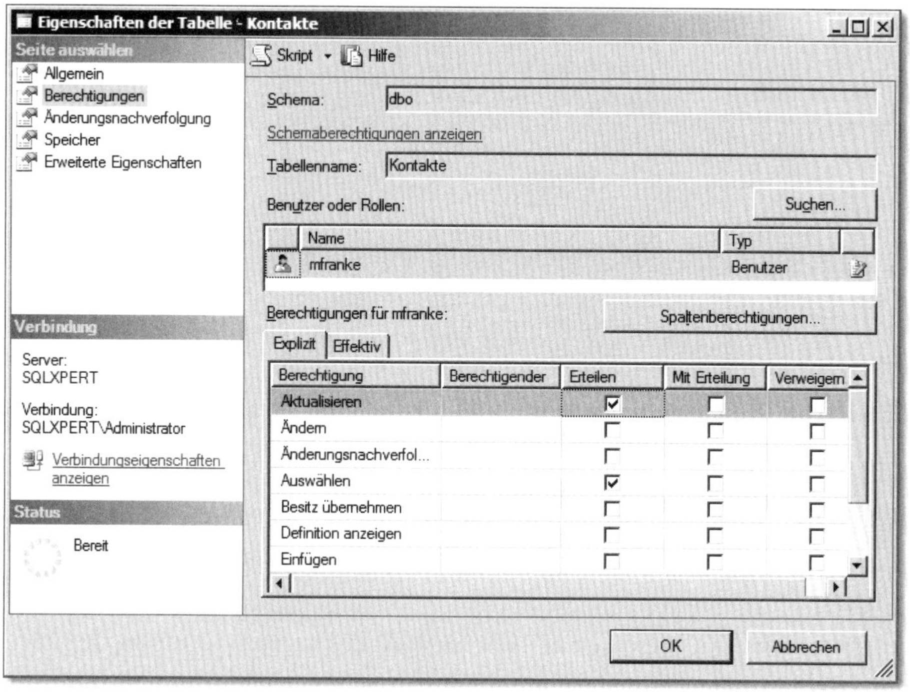

Abbildung 10.36 Setzen der Berechtigungen »Auswählen« und »Aktualisieren« für Datenbankbenutzer »mfranke« auf die Tabelle »Kontakte«

Durch Bestätigen der Rechtevergabe mit OK setzen Sie die Berechtigungen für den Datenbankbenutzer. Anschließend kann der Datenbankbenutzer die Tabelle »Kontakte« abfragen und Datensätze bearbeiten.

10.5.2 Zugriffsberechtigungen aus Perspektive des Datenbankbenutzers setzen

Das gleiche Ergebnis erreichen Sie auch, wenn Sie die Zugriffsberechtigungen aus der Perspektive des Benutzers setzen. Hierzu öffnen Sie den Ordner SICHERHEIT • BENUTZER der Datenbank und klicken mit der rechten Maustaste auf den Datenbankbenutzer, für den Sie Zugriffsberechtigungen vergeben möchten.

Aus dem sich öffnenden Kontextmenü wählen Sie EIGENSCHAFTEN (siehe Abbildung 10.37).

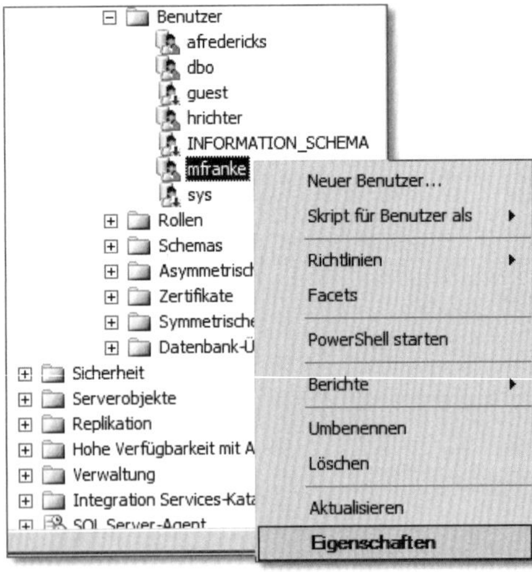

Abbildung 10.37 Eigenschaftsdialog für Datenbankbenutzer »mfranke« öffnen

Wählen Sie nun aus dem sich öffnenden Dialog den Punkt SICHERUNGSFÄHIGE ELEMENTE aus.

Was sind sicherungsfähige Elemente?

Sicherungsfähige Elemente sind Datenbankobjekte, Schemas und Datenbanken, für die Berechtigungen gewährt werden können.

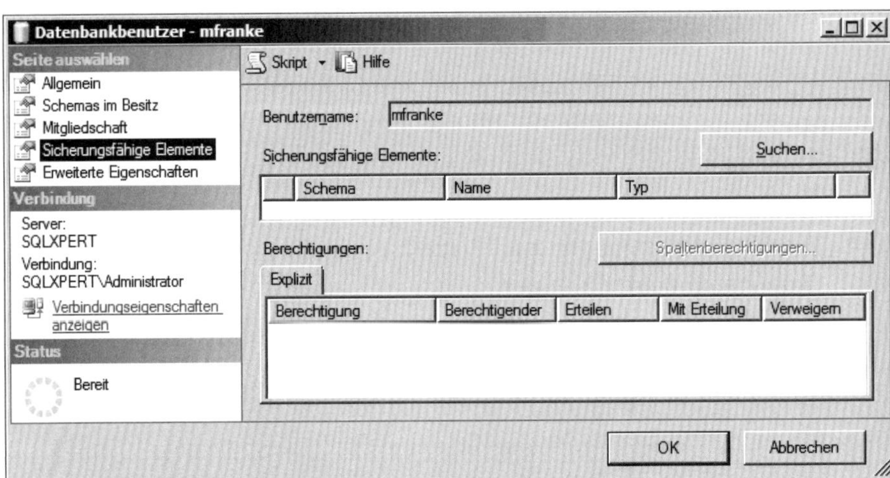

Abbildung 10.38 Eigenschaftsdialog des Datenbankbenutzers »mfranke«, Seite »Sicherungsfähige Elemente«

Jetzt wählen Sie die Datenbankobjekte aus, für die Sie die Zugriffsberechtigungen vergeben möchten. Um z.B. die Tabelle »Kontakte« auszuwählen, klicken Sie auf die Schaltfläche SUCHEN, rufen im darauffolgenden Dialog den Punkt ALLE OBJEKTE DES TYPS... auf und klicken auf OK.

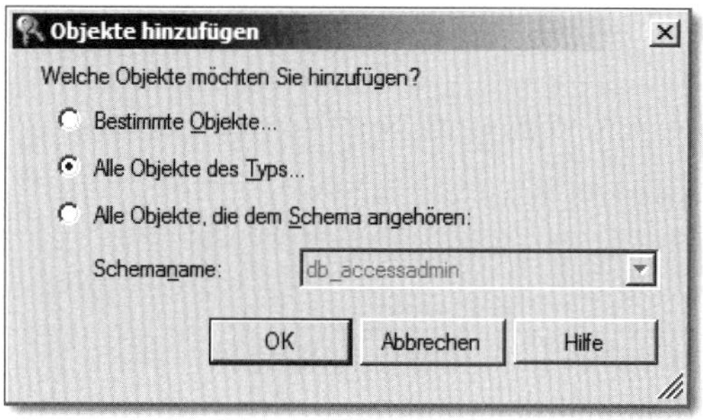

Abbildung 10.39 Suchen-Dialog der sicherungsfähigen Elemente

Anschließend wählen Sie im sich öffnenden Dialog die Checkbox TABELLEN aus und bestätigen dies mit OK (Abbildung 10.40).

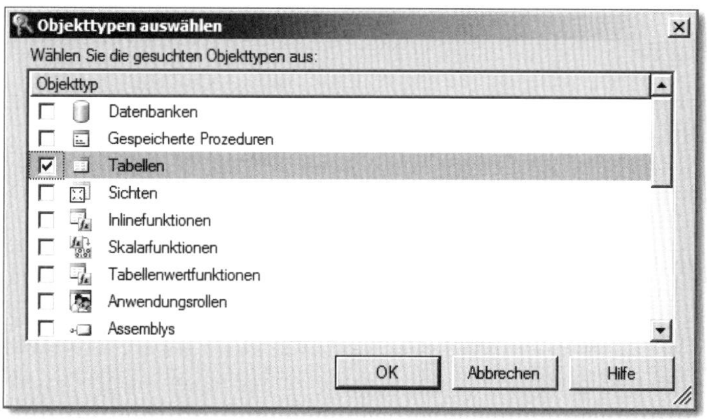

Abbildung 10.40 Dialog »Objekttypen auswählen«

Nachdem Sie auf OK geklickt haben, werden Ihnen im Feld SICHERUNGSFÄHIGE ELEMENTE alle Tabellen der Datenbank angezeigt (siehe Abbildung 10.41).

Wählen Sie die entsprechende Tabelle aus (in diesem Beispiel »Kontakte«), für die Sie die Berechtigungen setzen möchten. Markieren Sie im unteren Bereich in der Spalte ERTEILEN die Checkboxen für die Berechtigungen AUSWÄHLEN und AKTUALISIEREN.

Sie haben nun erneut dem Datenbankbenutzer »mfranke« die Zugriffsberechtigungen »Auswählen« und »Aktualisieren« auf die Tabelle »Kontakte« gegeben, diesmal aus Sicht des Datenbankbenutzers.

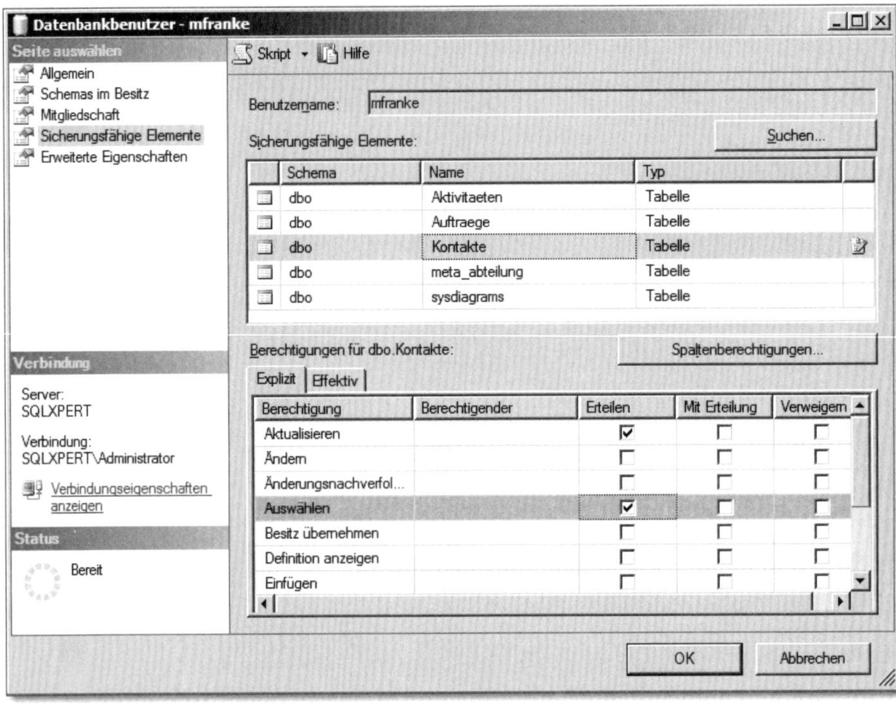

Abbildung 10.41 Auflistung der sicherungsfähigen Elemente für Datenbankbenutzer »mfranke« und Setzen der Rechte »Aktualisieren« und »Auswählen« für die Tabelle »Kontakte«

10.5.3 Datenbankrollen

All diese Zugriffsrechte können Sie für die jeweiligen Benutzer einzeln vergeben. Das bedeutet, dass Sie, wenn ein neuer Mitarbeiter in das Unternehmen kommt, immer einen Datenbankbenutzer inklusive SQL-Anmeldung erstellen müssen. Diesem Datenbankbenutzer erteilen Sie anschließend Berechtigungen für jede einzelne Tabelle etc. Bei vielen Datenbankobjekten und vielen Mitarbeitern kann das sehr zeitraubend und der administrative Aufwand erheblich sein. Um dieses aufwendige Zuweisen von Zugriffsberechtigungen zu vermeiden, können Sie vordefinierte Vorlagen von Berechtigungsmustern anlegen, die sogenannten *Datenbankrollen*.

Datenbankrollen sind wie Serverrollen vorkonfigurierte Gruppen mit unterschiedlichen Berechtigungen und speziell an die Anforderungen für den Zugriff auf die Daten(-bankobjekte) einer Datenbank angepasst. Einer Datenbankrolle können Sie beliebige Benutzer zuweisen.

Datenbankbenutzer, die Mitglieder einer Datenbankrolle sind, erhalten die vordefinierten Zugriffsrechte der Datenbankrolle. Einer Datenbankrolle weisen Sie Zugriffsrechte auf eine Tabelle (oder andere Datenbankobjekte) zu. Alle Mitglieder der Datenbankrolle erhalten dann automatisch den Zugriff, den die Datenbankrolle auf die Tabelle oder das jeweilige Datenbankobjekt hat.

Durch den Einsatz von Datenbankrollen können Sie den administrativen Aufwand für die Vergabe von Rechten erheblich reduzieren. Datenbankbenutzer müssen nur noch den jeweiligen Datenbankrollen hinzugefügt oder aus diesen entfernt werden, damit sie die Rechte auf die entsprechenden Datenbankobjekte erhalten.

Es gibt zwei Typen von Datenbankrollen: feste Datenbankrollen und Rollen, die durch den Benutzer angelegt werden können. Feste Datenbankrollen sind vordefinierte Rollen mit vordefinierten Berechtigungen. Feste Datenbankrollen können nicht gelöscht oder verändert werden. Rollen, die durch den Benutzer angelegt wurden, können hinsichtlich der Berechtigungen etc. frei konfiguriert werden. Natürlich können diese Rollen, falls die Berechtigungen dafür vorhanden sind, auch wieder gelöscht werden. In Tabelle 10.2 sehen Sie die von SQL Server vordefinierten festen Datenbankrollen.

Datenbankrolle	Beschreibung
db_owner	Mitglieder können die Datenbank konfigurieren und warten und die Datenbank auch löschen.
db_securityadmin	Mitglieder können Rollenmitgliedschaften ändern und Berechtigungen verwalten.
db_accessadmin	Mitglieder können den Zugriff auf die Datenbank für Windows-Anmeldungen, Windows-Gruppen und SQL-Server-Anmeldungen hinzufügen oder entfernen.
db_backupoperator	Mitglieder können Sicherungen der Datenbank durchführen.
db_ddladmin	Mitglieder können sämtliche Data-Definition-Befehle (DDL) ausführen, z.B. Tabellen oder Indizes anlegen und löschen.
db_datawriter	Mitglieder dürfen in allen Benutzertabellen der Datenbank Daten hinzufügen löschen oder ändern.
db_datareader	Mitglieder dürfen alle Daten der Benutzertabellen einer Datenbank lesen.
db_denydatawriter	Mitglieder können keine Daten der Benutzertabellen der Datenbank hinzufügen, löschen oder ändern.
db_denydatareader	Mitglieder können keine Daten in den Benutzertabellen lesen.

Tabelle 10.2 Auflistung der festen SQL-Server-Datenbankrollen

Die festen Rollen einer Datenbank können Sie sich im SSMS auch anzeigen lassen. Öffnen Sie, wie Abbildung 10.42 zeigt, hierzu im Objekt-Explorer des SSMS den Ordner SICHERHEIT der jeweiligen Datenbank.

Abbildung 10.42 Anzeige der festen Datenbankrollen im SSMS

Wie bereits erwähnt, können Sie auch eigene Datenbankrollen anlegen und diesen Rollen Datenbankbenutzer zuweisen. Dies hat den Vorteil, dass Sie z.B. eine Rolle *Buchhaltung* anlegen und alle Datenbankbenutzer, die in der Abteilung Buchhaltung arbeiten, in diese Rolle aufnehmen könnten. Sie können jetzt dieser Rolle (*Buchhaltung*) nur die Zugriffsrechte auf die Tabellen und Datenbankobjekte geben, die für die Mitarbeiter der Abteilung Buchhaltung benötigt werden. Sollten neue Mitarbeiter in der Buchhaltungsabteilung anfangen, fügen Sie diese Mitarbeiter einfach der Rolle *Buchhaltung* hinzu, und diese erhalten automatisch alle notwendigen Rechte.

Das Prinzip der Rechtevergabe für Rollen ist identisch mit dem Zuweisen von Berechtigungen für einzelne Datenbankbenutzer. Der einzige Unterschied besteht darin, dass Sie anstelle der Datenbankbenutzer nun die Rollen zur Rechtevergabe verwenden. Erinnern Sie sich? Beim Setzen von Berechtigungen aus der Perspektive einer Tabelle gab es im Dialog ein Feld mit dem Namen BENUTZER ODER ROLLEN. Hier konnten Sie Datenbankbenutzer oder Datenbankrollen hinzufügen.

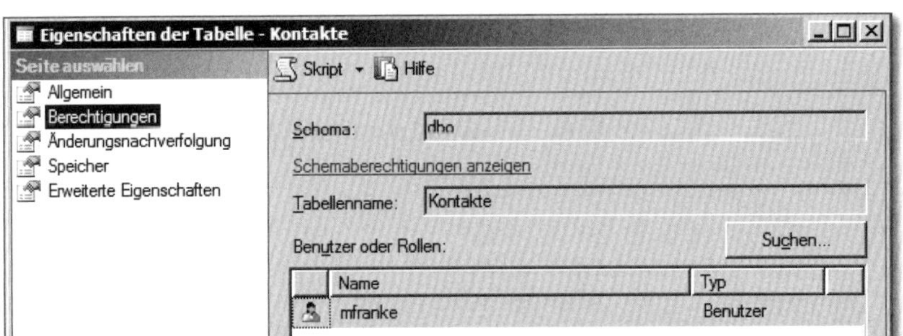

Abbildung 10.43 Eigenschaftsdialog einer Tabelle mit der Auswahlmöglichkeit von Benutzern oder Rollen

Datenbankrollen finden Sie wieder im Ordner SICHERHEIT der Datenbank. Wenn Sie diesen Ordner öffnen, sehen Sie direkt unter dem Ordner BENUTZER den Ordner ROLLEN, der alle Datenbankrollen – feste wie auch von Ihnen angelegte – enthält.

10.5.4 Workshop: Anlegen einer Datenbankrolle

1. Melden Sie sich mit SSMS an der SQL-Server-Instanz an, und öffnen Sie den Ordner SICHERHEIT • ROLLEN • DATENBANKROLLEN der Datenbank, in der eine neue Datenbankrolle angelegt werden soll.
2. Klicken Sie mit der rechten Maustaste auf den Ordner DATENBANKROLLEN, und wählen Sie aus dem Kontextmenü den Punkt NEUE DATENBANKROLLE... (siehe Abbildung 10.44).

Abbildung 10.44 Dialog zum Anlegen einer neuen Datenbankrolle öffnen

3. Im Dialog DATENBANKROLLE – NEU geben Sie im Feld ROLLENNAME den Namen der Datenbankrolle (*Buchhaltung*) ein (Abbildung 10.45).

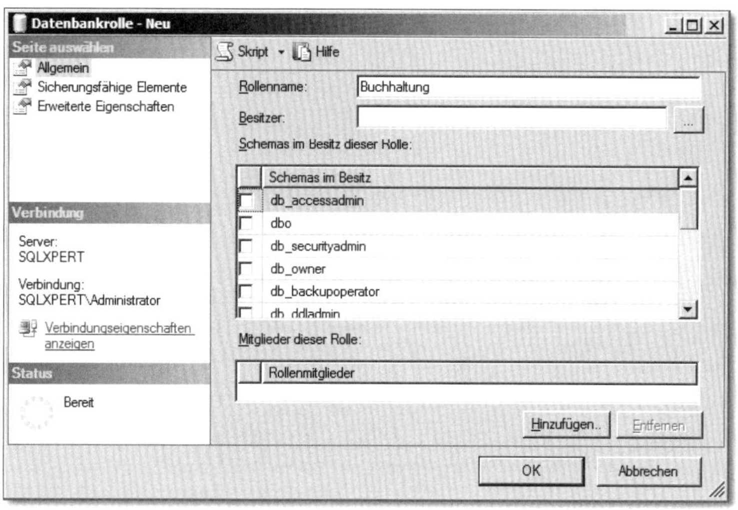

Abbildung 10.45 Anlegen der Datenbankrolle »Buchhaltung«

4. Durch einen Klick auf die Schaltfläche HINZUFÜGEN und anschließend auf die Schaltfläche DURCHSUCHEN... öffnen Sie einen Dialog zum Hinzufügen von Rollenmitgliedern. Sie können dann die gewünschten Datenbankbenutzer als Mitglieder zur Datenbankrolle hinzufügen (siehe Abbildung 10.46).

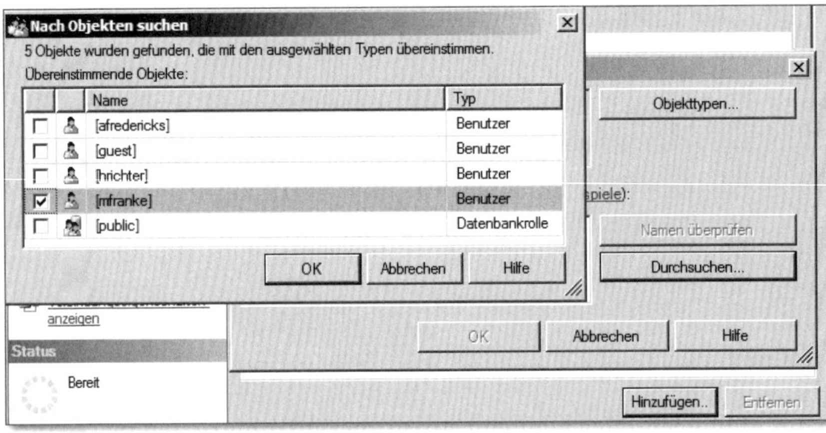

Abbildung 10.46 Auswahl der Mitglieder einer Datenbankrolle nach Klick auf »Hinzufügen« im Eigenschaftsdialog der Datenbank

5. Nachdem Sie alle Mitglieder im Dialog NACH OBJEKTEN SUCHEN markiert haben, bestätigen Sie den Auswahldialog zweimal mit OK. Sie sehen dann die der Datenbankrolle zugewiesenen Mitglieder wie in Abbildung 10.47.

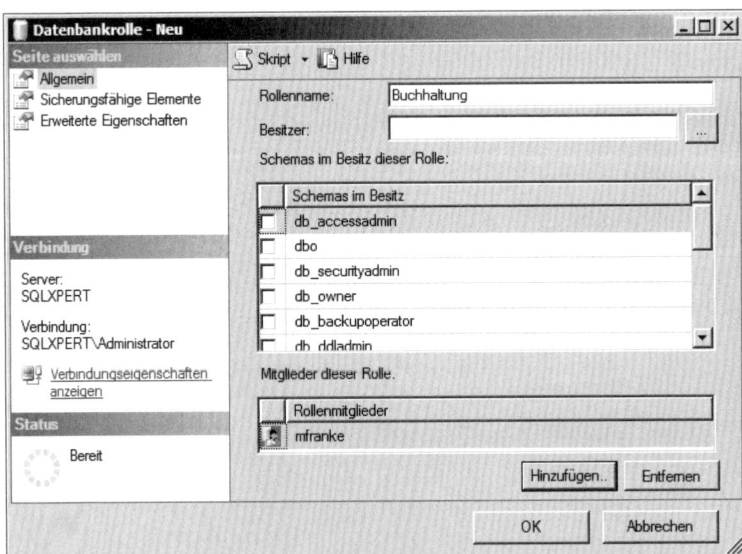

Abbildung 10.47 Dialog zum Anlegen einer Datenbankrolle mit hinzugefügtem Mitglied »mfranke«

6. Beachten Sie, dass Sie im Dialog DATENBANKROLLE – NEU auch den Punkt SICHERUNGSFÄHIGE ELEMENTE vorfinden. Hier können Sie entsprechende Datenbankobjekte hinzufügen und festlegen, auf welche Datenbankobjekte die Mitglieder der Datenbankrolle Zugriff haben sollen.
7. Wählen Sie den Punkt SICHERUNGSFÄHIGE ELEMENTE aus.

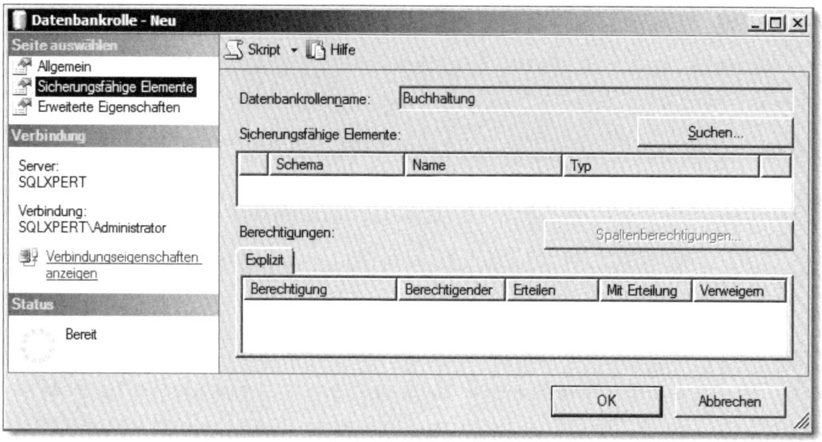

Abbildung 10.48 Dialog zum Anlegen einer Datenbankrolle, Seite »Sicherungsfähige Elemente«

8. Im daraufhin erscheinenden Dialog (siehe Abbildung 10.48) wählen Sie durch einen Klick auf die Schaltfläche SUCHEN... die Elemente aus, auf die die Mitglieder der Datenbankrolle Zugriff haben sollen. Es erscheint der Dialog OBJEKTE HINZUFÜGEN, mit dem Sie aufgrund der großen Anzahl an sicherungsfähigen Elementen eine Vorauswahl der Objekttypen treffen können. Wählen Sie die Option ALLE OBJEKTE DES TYPS..., und bestätigen Sie dies mit OK (Abbildung 10.49).

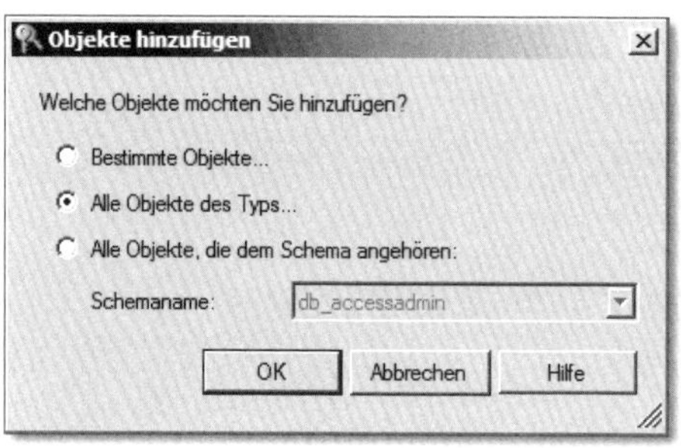

Abbildung 10.49 Dialog »Objekte hinzufügen«

9. Nachdem Sie auf die Schaltfläche OK des Dialogs OBJEKTE HINZUFÜGEN geklickt haben, erscheint ein weiterer Dialog zum Auswählen des Datenbankobjekttyps (siehe Abbildung 10.50).

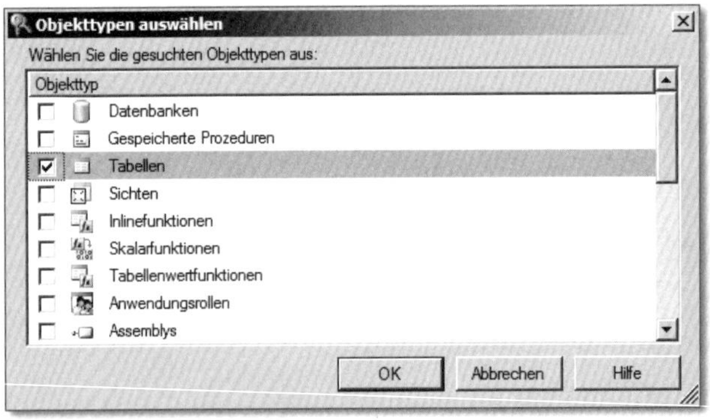

Abbildung 10.50 Dialog zum Auswählen des Datenbankobjekttyps

10. Wählen Sie den Objekttyp TABELLEN, und klicken Sie auf OK.
11. Sie befinden sich jetzt erneut im Dialog DATENBANKROLLE – NEU, Bereich SICHERUNGSFÄHIGE ELEMENTE.

    Im Feld SICHERUNGSFÄHIGE ELEMENTE sehen Sie alle vorhandenen Benutzertabellen der Datenbank. Durch Auswahl des Objekttyps TABELLEN im vorhergehenden Dialog haben wir angegeben, dass wir in diesem Feld nur Tabellen sehen möchten (Abbildung 10.51).

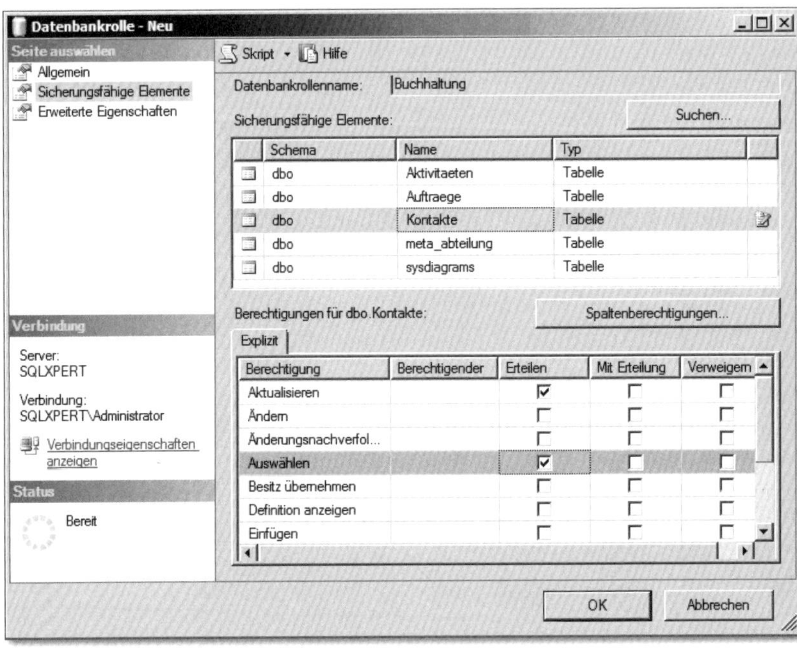

Abbildung 10.51 Dialog zum Erstellen einer Datenbankrolle im Bereich »Sicherungsfähige Elemente« mit allen Tabellen der Datenbank und zugewiesenen Berechtigungen

Im oberen Feld SICHERUNGSFÄHIGE ELEMENTE wählen Sie die Tabelle aus, für die Sie Zugriffsberechtigungen setzen möchten. Im unteren Feld BERECHTIGUNGEN FÜR (TABELLENNAME) setzen Sie die gewünschten Zugriffsberechtigungen für die gewählte Tabelle; in Abbildung 10.51 sind das die Berechtigungen AKTUALISIEREN und AUSWÄHLEN.

12. Klicken Sie auf OK. Die Datenbankrolle wird jetzt unter DATENBANKROLLEN (Abbildung 10.52) aufgelistet.

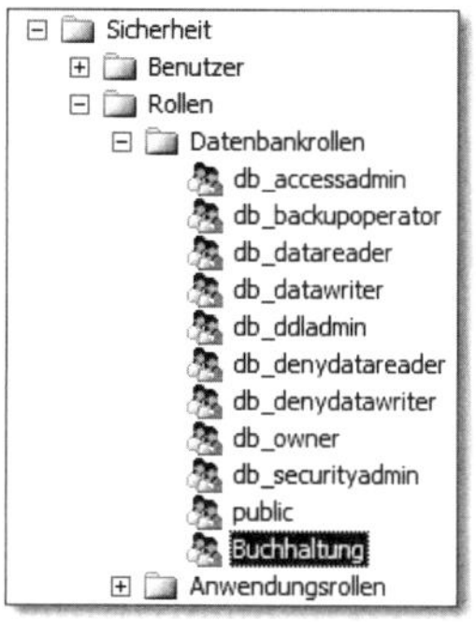

Abbildung 10.52 Angelegte Datenbankrolle »Buchhaltung«

13. Sie können nach dem Anlegen einer Datenbankrolle jederzeit den Eigenschaftsdialog einer bestehenden Datenbankrolle öffnen. Klicken Sie hierzu mit der rechten Maustaste auf die Datenbankrolle, und wählen Sie aus dem Kontextmenü den Menüpunkt EIGENSCHAFTEN (siehe Abbildung 10.53).

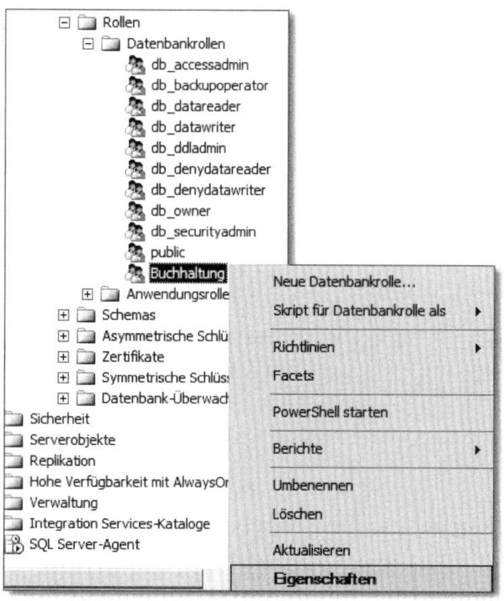

Abbildung 10.53 Eigenschaftsdialog einer Datenbankrolle aufrufen, um Mitglieder und Zugriffsberechtigungen zu verändern

14. Anschließend können Sie, wie in den zuvor erläuterten Beispielen der Datenbankrolle, weitere Mitglieder oder sicherungsfähige Elemente hinzufügen.

10.6 Schemas

Mit einem Schema ist es möglich, die Datenbank zusätzlich zu organisieren und ihre Administration zu vereinfachen. Ein Schema ist ein Objekt innerhalb einer Datenbank, das Sie sich als eine Art Behälter zur Aufnahme von Datenbankobjekten (Tabellen, Views, gespeicherte Prozeduren) vorstellen können. Ein Schema ist demnach ein Container für Datenbankobjekte.

Darum ist es wichtig zu verstehen, dass Tabellen, Views und gespeicherte Prozeduren eigentlich nicht direkt innerhalb der Datenbank organisiert, sondern alle innerhalb eines Schemas gespeichert sind.

Schemas ermöglichen es Ihnen, Ihre Datenbankobjekte besser zu strukturieren. Sie können z.B. alle Datenbankobjekte (Tabellen, Views etc.), die für die Abteilung Controlling bestimmt sind, innerhalb eines entsprechenden Schemas abspeichern, das auch »Controlling« heißen könnte. Da auf Schemas auch Berechtigungen genauso wie auf Tabellen vergeben werden können, sind Sie in der Lage, auch hier Ihren Verwaltungsaufwand zu verringern. Wenn Sie Berechtigungen auf Schemaebene setzen, gelten diese Berechtigungen für alle Datenbankobjekte innerhalb des Schemas.

Jedem Benutzer innerhalb einer Datenbank kann ein Standardschema zugewiesen werden. Wenn Sie beim Anlegen eines Datenbankbenutzers kein Standardschema angeben, wird diesem Benutzer automatisch das Schema »dbo« zugewiesen.

Fragt ein Benutzer eine Tabelle ab oder legt er ein Datenbankobjekt an, ohne ein Schema anzugeben, wird automatisch das Standardschema des Benutzers verwendet. Demnach wird die Tabelle erst im Standardschema gesucht bzw. im Standardschema angelegt.

Auf Datenbankobjekte wird über den vierteiligen Objektnamen zugegriffen:

Servername.Datenbankname.Schema.Objektname

Der dritte Teil dieses Namens ist das Schema.

Eine SQL-Anweisung zum Abfragen der Tabelle »Kontakte« innerhalb der Datenbank »sqlxpert« auf »Server1« sähe mit vollständig angegebenen Objektnamen demnach so aus:

```
SELECT * FROM SERVER1.SQLXPERT.DBO.KONTAKTE
```

Listing 10.7 Abfrage der Tabelle »Kontakte« mit vollständiger Namensangabe

Allerdings funktioniert auch `SELECT * FROM KONTAKTE`, da SQL Server in diesem Fall die Tabelle »Kontakte« auf dem aktuellen Server, in der aktuellen Datenbank und in Ihrem Standardschema sucht.

Geben Sie bei einer Abfrage einer Tabelle den Tabellennamen nicht vollständig qualifiziert an, wird die Tabelle im Standardschema des Benutzers gesucht. Wurde die Tabelle nicht im Standardschema gefunden, wird sie anschließend im Schema »dbo« gesucht. Wurde sie auch im Schema »dbo« nicht gefunden, wird eine Fehlermeldung ausgegeben.

Ein Schema können Sie über den T-SQL-Befehl

```
CREATE SCHEMA CONTROLLING
```

anlegen.

10.6.1 Workshop: Anlegen eines Schemas – Buchhaltung mit dem Management Studio

1. Öffnen Sie den Ordner SICHERHEIT • SCHEMAS der Datenbank.
2. Klicken Sie mit der rechten Maustaste auf den Ordner SCHEMAS.

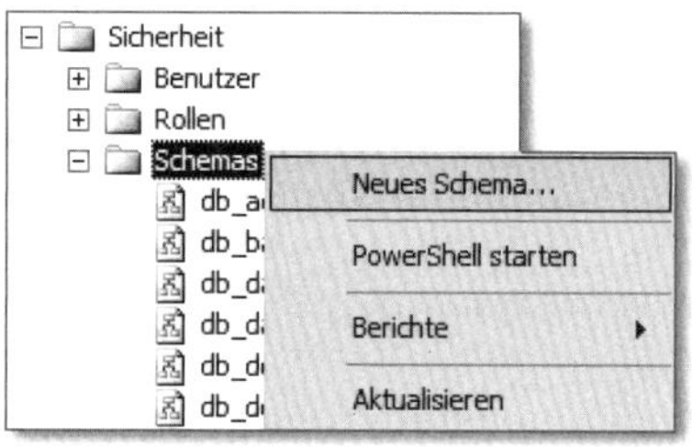

Abbildung 10.54 Dialog zum Anlegen eines neuen Schemas öffnen

3. Geben Sie im Dialog unter SCHEMANAME »Controlling« ein, und klicken Sie auf OK.

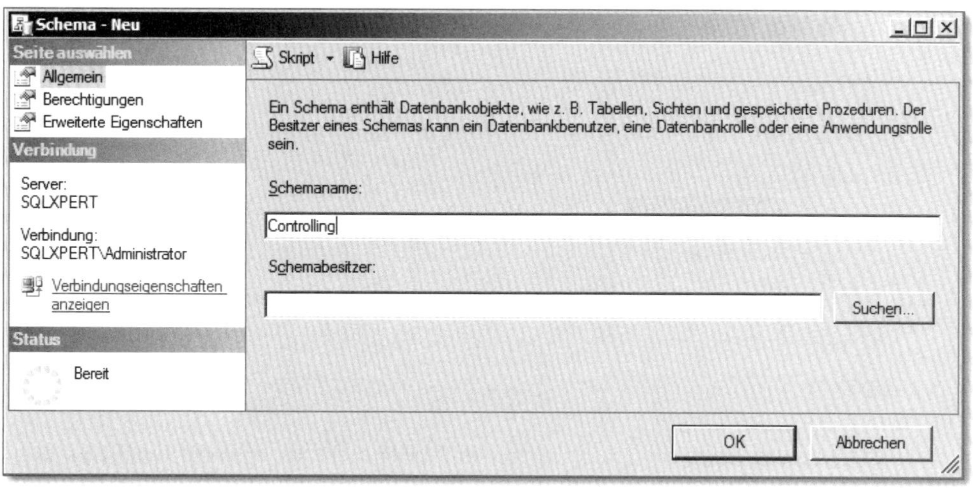

Abbildung 10.55 Dialog für das Anlegen eines neuen Schemas

Das angelegte Schema wird Ihnen im Objekt-Explorer des SSMS angezeigt (siehe Abbildung 10.56).

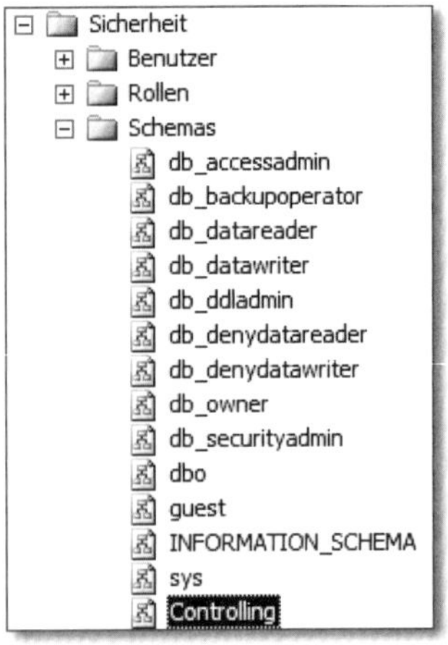

Abbildung 10.56 Anzeige eines Schemas im Objekt-Explorer des SSMS

Haben Sie ein Schema angelegt, können Sie jetzt Datenbankobjekte innerhalb dieses Schemas speichern.

Wenn Sie mit T-SQL eine Tabelle anlegen, können Sie das Schema, in dem die Tabelle gespeichert wird, direkt in der Namensvergabe angeben:

```
CREATE TABLE CONTROLLING.UMSAETZE (ID INT, UMSATZ DECIMAL(10,2));
```

Listing 10.8 T-SQL-Befehl zum Anlegen einer Tabelle »Umsätze« im Schema »Controlling«

Anschließend sehen Sie im Objekt-Explorer des SSMS, dass die Tabelle »Umsaetze« dem Schema »Controlling« zugeordnet wurde.

Abbildung 10.57 Tabelle »Umsaetze« im Schema »Controlling« im SSMS

Geben Sie das Schema beim Anlegen der Tabelle nicht an, wird die Tabelle in Ihrem Standardschema gespeichert.

10.7 Datenverschlüsselung mit Zertifikaten und Schlüsseln

Spätestens, wenn Sie eine Datenbank- oder Backup-Datei von SQL Server mit einem normalen Texteditor öffnen und die in den zugehörigen Datenbanken und Tabellen gespeicherten Informationen sehen, dürfte in der Regel klar sein, dass die normale Zugriffssicherheit durch das Setzen von Rechten auf Datenbankebene keinen ausreichenden Schutz der in den Datenbanken gespeicherten Informationen bietet.

Die gespeicherten Daten können mit einem normalen Texteditor betrachtet und ausgewertet werden. Dies ist dann problematisch, wenn Backups, Festplatten oder ganze Computersysteme gestohlen werden. Für den Angreifer reicht es in diesem Fall, lediglich Zugriff auf die entsprechenden Datendateien zu haben, um an die eventuell hochsensiblen gespeicherten Daten zu gelangen.

Aus diesem Grund bietet SQL Server die Möglichkeit, die gespeicherten Daten zu verschlüsseln. Eine Übersicht über die Möglichkeiten der Verschlüsselung von Daten gibt Ihnen dieser Abschnitt.

10.7.1 Schlüssel, Zertifikate und Algorithmen

Bevor wir in puncto Verschlüsselung konkreter werden, hier noch wichtiges Hintergrundwissen zur Thematik: Verschlüsselung nennt man einen Vorgang, bei dem ein lesbarer Text oder eine Information in eine nicht mehr lesbare Form umgewandelt wird. Wie der Name es schon andeutet, hat Verschlüsselung etwas mit Schlüsseln zu tun. Schlüssel werden zum Verschlüsseln der eigentlichen Information benötigt. Ein Schlüssel ist eine Zeichenfolge, die zur Verschlüsselung und Entschlüsselung des zu verschlüsselnden Textes benötigt wird.

Das ist durchaus vergleichbar mit dem Auf- und Abschließen einer Tür in der realen Welt. Hier wird auch in der Regel ein Schlüssel benötigt, um die Tür abzuschließen, und natürlich auch einer, um die Tür wieder aufzuschließen. Nur die Besitzer des korrekten Schlüssels können den Raum betreten, der durch die Tür gesichert ist.

Ähnlich verhält es sich bei der Verschlüsselung von Daten, bei der Schlüssel dazu verwendet werden, Daten zu verschlüsseln und selbige auch wieder zu entschlüsseln.

Es wird zwischen symmetrischen und asymmetrischen Schlüsseln unterschieden. Diese unterscheiden sich jeweils hinsichtlich ihrer Anwendung beim Verschlüsseln und Entschlüsseln von Informationen.

Symmetrische Schlüssel

Ein symmetrischer Schlüssel wird sowohl für das Verschlüsseln als auch für das Entschlüsseln von Informationen verwendet.

Asymmetrische Schlüssel

Ein asymmetrischer Schlüssel baut sich aus zwei Schlüsseln auf – einem öffentlichen Schlüssel (*Public Key*) und einem privaten Schlüssel (*Private Key*) –, weshalb man auch von einem Schlüsselpaar spricht.

Der öffentliche Schlüssel kann jedermann zugänglich sein und wird zum Verschlüsseln der Informationen verwendet. Mit dem öffentlichen Schlüssel ist es nicht möglich, eine mit diesem Schlüssel verschlüsselte Information zu entschlüsseln. Hierzu dient ausschließlich der private Schlüssel.

Der private Schlüssel ist nicht öffentlich und nur im Besitz der Personen, die die Informationen auch entschlüsseln, das heißt lesen dürfen. Er wird zum Entschlüsseln der verschlüsselten Information benötigt.

Zertifikat

In Verbindung mit Verschlüsselung tritt häufig auch der Begriff *Zertifikat* auf. Ein Zertifikat ist ein asymmetrisches Schlüsselpaar mit zusätzlichen Informationen, z.B. über den Aussteller oder die Gültigkeit des Zertifikats oder des innerhalb des Zertifikats enthaltenen Schlüsselpaares.

Verschlüsselungsalgorithmen

Der Verschlüsselungsalgorithmus ist das mathematische Verfahren, mit dem Informationen verschlüsselt und entschlüsselt werden. Es gibt verschiedene solcher Algorithmen. SQL Server selbst implementiert keine eigenen Verschlüsselungsalgorithmen, sondern nutzt jeweils diejenigen, die vom Betriebssystem bereitgestellt werden.

10.7.2 Datenverschlüsselung

Um die eigentlichen Daten, die in einer Tabelle gespeichert sind, verschlüsseln zu können, ist es notwendig, passende Schlüssel zu erzeugen, die für die Verschlüsselung der Informationen verwendet werden.

Hierzu werden die Schlüssel geöffnet. Die eigentlichen Informationen werden dann unter Angabe des Schlüssels von den SQL-Server-Verschlüsselungsfunktionen `ENCRYPTBYKEY` und `DECRYPTBYKEY` verschlüsselt bzw. entschlüsselt, indem Sie sie in die entsprechenden T-SQL-Befehle `INSERT`, `UPDATE` und `SELECT` integrieren.

Die verschlüsselten Daten werden immer in einer Spalte vom Datentyp `varbinary` abgelegt.

Dies ist insofern für die Planung einer Datenbankapplikation wichtig, da ein späteres Ändern von Datenbanktypen in einer laufenden, das heißt produktiv eingesetzten Datenbankanwendung meist mit einem größeren Aufwand verbunden sein dürfte.

Um die in einer Datenbank hinterlegten Schlüssel und Zertifikate zu schützen, gibt es wiederum die Möglichkeit, dazu ein Passwort oder weitere Schlüssel oder Zertifikate zu nutzen.

Jede SQL-Server-Instanz besitzt einen sogenannten *Diensthauptschlüssel* (Service Master Key). Mit diesem Diensthauptschlüssel sichert SQL Server wichtige Systempasswörter. Der Diensthauptschlüssel ist wiederum durch die Data Protection API des Windows-Betriebssystems geschützt.

Mit dem Diensthauptschlüssel werden auch die *Database Master Keys* (DMK) der Datenbanken abgesichert. Pro Datenbank gibt es einen Database Master Key. Dabei handelt es sich um einen symmetrischen Schlüssel, der verwendet wird, um Schlüssel und Zertifikate zu schützen, die in der Datenbank abgelegt sind. Bei einem Backup der Datenbank ist der Database Master Key auch im Backup enthalten.

Wenn die Schlüssel grundsätzlich nicht mit einem Passwort, sondern mit weiteren Schlüsseln (Verschlüsselungsschlüssel) gesichert werden sollen, benötigen Sie den sogenannten Database Master Key, der manuell angelegt werden muss, um den letzten Schlüssel in der Schlüsselhierarchie zu schützen bzw. zu verschlüsseln.

Hinweis zum Database Master Key

Möchten Sie keinen Database Master Key anlegen, können Sie für die Benutzerschlüssel auch Passwörter vergeben. In diesem Fall ist es nicht notwendig, einen Database Master Key anzulegen.

Sollen die erzeugten Schlüssel mithilfe des Database Master Keys geschützt werden, müssen Sie diesen vor der Erstellung der Schlüssel anlegen, da Sie sonst beim Erzeugen der Schlüssel eine Fehlermeldung wie in Abbildung 10.58 erhalten.

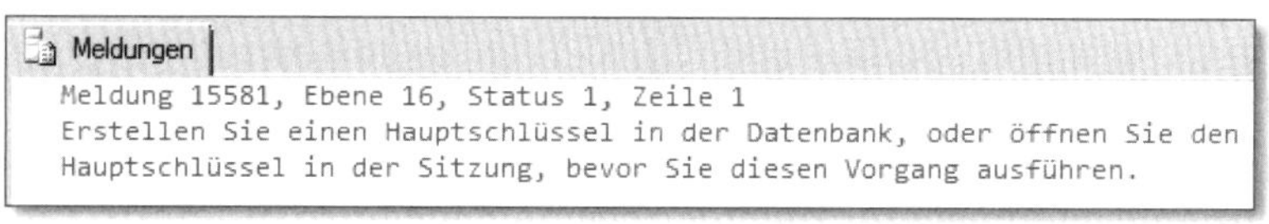

Abbildung 10.58 Fehlermeldung wegen fehlenden Database Master Keys

Diese Meldung weist Sie darauf hin, dass es keinen Database Master Key gibt. Diesen Database Master Key können Sie mit der folgenden Anweisung erzeugen:

```
CREATE MASTER KEY ENCRYPTION BY PASSWORD = 'PASSWORD'
```

Das Passwort, das in dieser Anweisung mit angegeben werden muss, wird wiederum zur Verschlüsselung des Database Master Keys selbst verwendet.

Anschließend können Sie Schlüssel und Zertifikate für die einzelnen Benutzer anlegen:

- **Erzeugen eines symmetrischen Schlüssels geschützt durch Passwort**

```
CREATE SYMMETRIC KEY MYKEY2 WITH ALGORITHM = DES ENCRYPTION BY PASSWORD =
'PASSWORD'
```

- **Erzeugen eines asymmetrischen Schlüssels geschützt durch Passwort**

```
CREATE ASYMMETRIC KEY MYKEYX WITH ALGORITHM = RSA_2048 ENCRYPTION BY PASS-
WORD = 'PASSWORD'
```

- **Erzeugen eines Zertifikats geschützt durch Database Master Key**

```
CREATE CERTIFICATE USER1CERT WITH SUBJECT = 'ZERTIFIKAT FÜR BENUTZER
MFRANKE'
```

Die angelegten Schlüssel und Zertifikate können Sie sich im SSMS im jeweiligen Unterordner des Ordners SICHERHEIT der Datenbank ansehen. Die Ordner heißen ASYMMETRISCHE SCHLÜSSEL, ZERTIFIKATE und SYMMETRISCHE SCHLÜSSEL.

Abbildung 10.59 Anzeige der die Verschlüsselung betreffenden Ordner im SSMS

Sie können sich die Informationen über Schlüssel und Zertifikate auch durch Ausführen folgender T-SQL-Commands ausgeben lassen. Achten Sie darauf, dass Sie die richtige Datenbank ausgewählt haben.

```
SELECT * FROM SYS.CERTIFICATES
SELECT * FROM SYS.SYMMETRIC_KEYS
SELECT * FROM SYS.ASYMMETRIC_KEYS
```

10.7.3 Workshops: Verschlüsseln und Entschlüsseln von Daten

Beispiel 1

Es folgt ein Beispiel zur Verschlüsselung von Daten mit einem symmetrischen Schlüssel unter Verwendung von Passwörtern zum Schutz der Schlüssel. Es wird kein Database Master Key benötigt.

1. Öffnen Sie Management Studio, und erstellen Sie in einer neu angelegten Datenbank die Tabelle »info« mit folgendem Befehl:

   ```
   CREATE TABLE INFO (INFORMATION VARBINARY(4000));
   ```

2. Erzeugen Sie einen symmetrischen Schlüssel namens »mykey2«:

   ```
   CREATE SYMMETRIC KEY MYKEY2 WITH ALGORITHM = DES ENCRYPTION BY PASSWORD =
   'Pa$$w0rd'
   ```

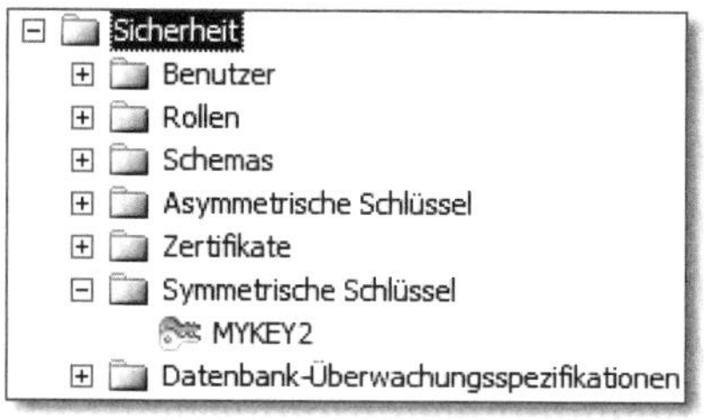

Abbildung 10.60 Darstellung des soeben erzeugten symmetrischen Schlüssels »mykey2« im Objekt-Explorer des SSMS

3. Symmetrische Schlüssel müssen geöffnet werden, um sie verwenden zu können. Öffnen Sie den Schlüssel »mykey2« mit dem folgenden T-SQL-Command:

   ```
   OPEN SYMMETRIC KEY MYKEY2 DECRYPTION BY PASSWORD = 'Pa$$w0rd'
   ```

4. Verschlüsseln Sie die Daten mit der Funktion ENCRYPTBYKEY durch Ausführen des folgenden Befehls:

   ```
   INSERT INTO INFO (INFORMATION) VALUES(ENCRYPTBYKEY(KEY_GUID('MYKEY2'),'SEN-
   SIBLE DATEN'));
   ```

   Die Daten liegen nun in verschlüsselter Form in der Tabelle »info« vor, was Sie beim Ausführen der Anweisung SELECT * FROM INFO sehen.

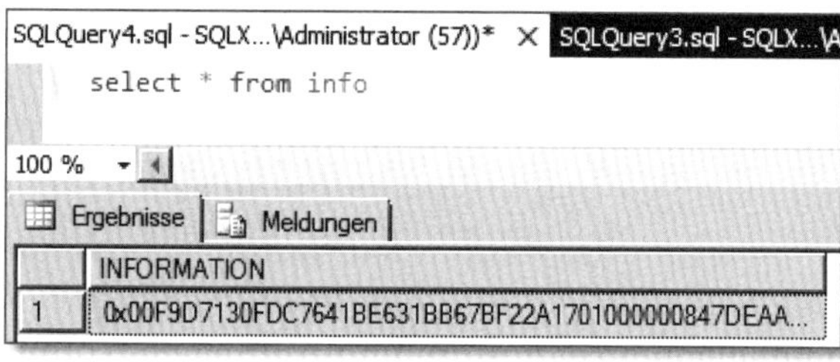

Abbildung 10.61 Abfrage der Tabelle »info« und Anzeige der verschlüsselten Informationen in der Spalte »Information«

5. Führen Sie zum Entschlüsseln der Daten die folgende `SELECT`-Anweisung mit der Funktion `DECRYPTBYKEY` aus:

```
SELECT CONVERT(VARCHAR,DECRYPTBYKEY(INFORMATION)) FROM INFO;
```

Die verschlüsselten Daten werden Ihnen jetzt wieder korrekt angezeigt.

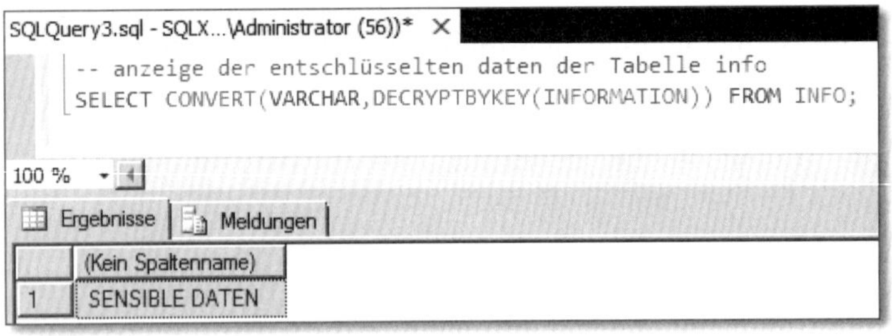

Abbildung 10.62 Entschlüsselte Daten unter Verwendung der Funktion DECRYPTBYKEY

6. Schließen Sie den symmetrischen Schlüssel mit der folgenden Anweisung:

```
CLOSE SYMMETRIC KEY MYKEY2;
```

Wie Sie sicherlich bemerkt haben, ist es nicht notwendig gewesen, einen Database Master Key anzulegen. Der Grund war, wie bereits zuvor beschrieben, dass Sie den erzeugten Schlüssel »mykey2« durch ein Passwort geschützt haben.

Beispiel 2

Im folgenden Beispiel schützen wir den erzeugten Schlüssel durch ein Zertifikat. In diesem Fall wird es notwendig sein, einen Database Master Key anzulegen, da wir kein Passwort zum Schutz angeben.

1. Öffnen Sie Management Studio, und erstellen Sie eine neue Datenbank. Legen Sie in der neu erstellten Datenbank die Tabelle »INFO« an.

```
CREATE TABLE INFO (INFORMATION VARBINARY(4000));
```

2. Erstellen Sie das Zertifikat »zert1sql« durch Ausführen des folgenden Befehls:

```
CREATE CERTIFICATE ZERT1SQL WITH SUBJECT = 'ANGELEGTES ZERTIFIKAT FÜR DIE
DEMO'
```

Sie erhalten jetzt, wie in Abbildung 10.63 dargestellt, eine Fehlermeldung, die Ihnen mitteilt, dass es keinen Database Master Key für die Datenbank gibt.

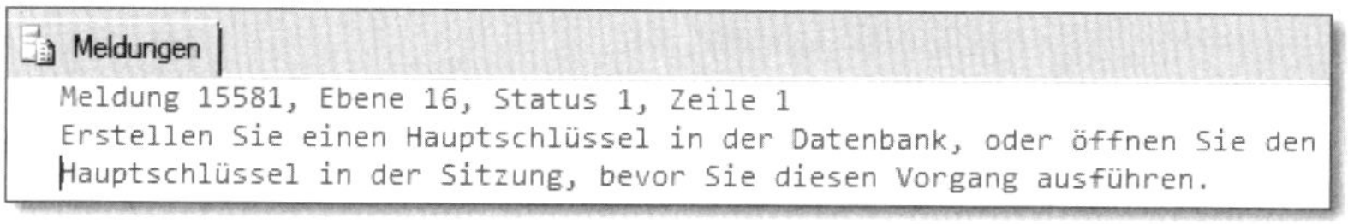

Abbildung 10.63 Fehlermeldung wegen fehlenden Database Master Keys

3. Erzeugen Sie den Database Master Key für die erstellte Datenbank:

```
CREATE MASTER KEY ENCRYPTION BY PASSWORD = 'Pa$$w0rd'
```

4. Legen Sie erneut das Zertifikat »zert1sql« durch Ausführen des folgenden Befehls an:

```
CREATE CERTIFICATE ZERT1SQL WITH SUBJECT = 'ANGELEGTES ZERTIFIKAT FÜR DIE
DEMO'
```


Der Befehl wird jetzt fehlerfrei ausgeführt. Das Zertifikat können Sie sich im SSMS anzeigen lassen (siehe Abbildung 10.64).

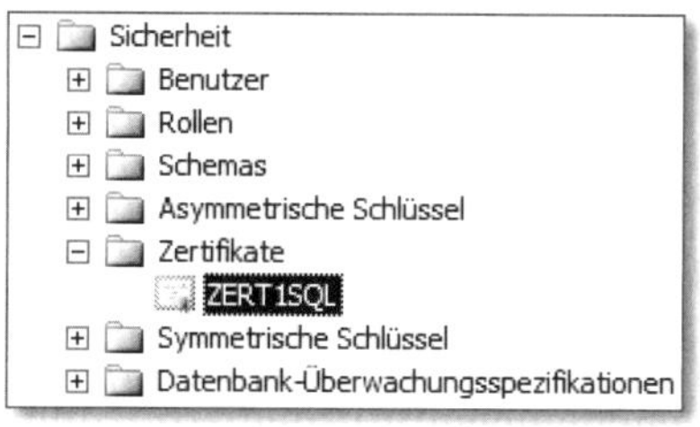

Abbildung 10.64 Anzeige des erstellten Zertifikats im SSMS

5. Legen Sie den Schlüssel »mykey2« zum Verschlüsseln der eigentlichen Daten an, und schützen Sie diesen Schlüssel durch das erzeugte Zertifikat »zert1sql«:

```
CREATE SYMMETRIC KEY MYKEY2 WITH ALGORITHM = TRIPLE_DES ENCRYPTION BY CER-
TIFICATE ZERT1SQL;
```

6. Öffnen Sie den Schlüssel »mykey2« durch Ausführen der folgenden Anweisung:

```
OPEN SYMMETRIC KEY MYKEY2 DECRYPTION BY CERTIFICATE ZERT1SQL
```

7. Fügen Sie mit der folgenden Anweisung einen oder mehrere Datensätze zur Tabelle »info« hinzu:

```
INSERT INTO INFO (INFORMATION) VALUES(ENCRYPTBYKEY(KEY_GUID('MYKEY2'),'SEN-
SIBLE DATEN'));
```

Die Daten liegen jetzt in verschlüsselter Form in der Tabelle »info« vor. Beim Ausführen der Anweisung `SELECT * FROM INFO` sehen Sie, dass die Informationen verschlüsselt sind (siehe Abbildung 10.65).

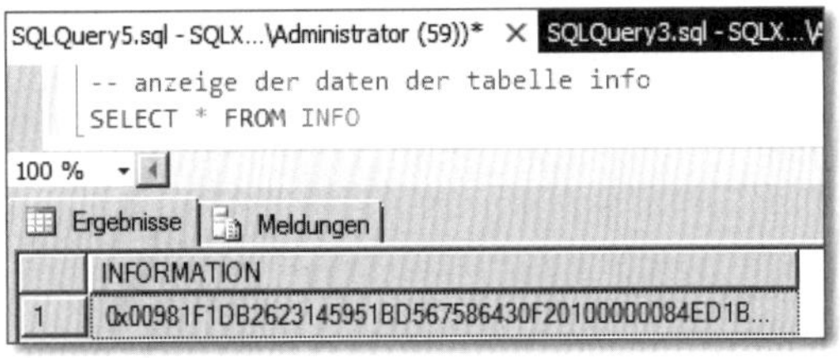

Abbildung 10.65 Anzeige der verschlüsselten Daten

8. Lassen Sie sich die entschlüsselten Daten der Tabelle »info« durch den folgenden Befehl ausgeben (siehe Abbildung 10.66):

```
SELECT CONVERT(VARCHAR,DECRYPTBYKEY(INFORMATION)) FROM INFO;
```

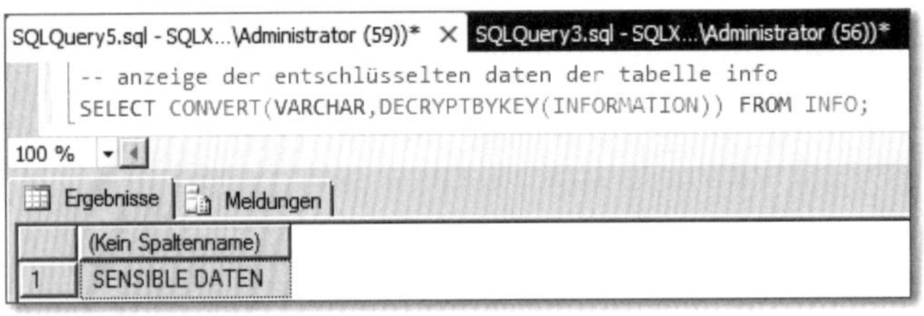

Abbildung 10.66 Entschlüsselte Daten unter Verwendung der Funktion DECRYPTBYKEY

10.7.4 Transparente Datenverschlüsselung (Transparent Data Encryption, TDE)

Bei der transparenten Datenverschlüsselung findet die Verschlüsselung nicht auf T-SQL-Ebene, sondern auf der eigentlichen Speicherebene (Storage-Ebene) statt. Daten werden beim Schreiben auf die Festplatte verschlüsselt und beim Lesen wieder entschlüsselt. Die komplette Datenbank wird verschlüsselt, und es gibt keine weiteren Auswahlmöglichkeiten, um Daten von der Verschlüsselung auszuschließen oder Ähnliches. Diese Verschlüsselung bietet sich an, wenn die Datenbank, ihre Backups oder auch die physischen Bestandteile eines Datenbanksystems wie Datenfestplatten gegen Diebstahl zu schützen sind.

Diese Form der Verschlüsselung kann für eine Datenbank ohne Beeinflussung der darauf zugreifenden Anwendungen aktiviert werden, da der Benutzer oder die Anwendungen von der eigentlichen Verschlüsselung im Hintergrund nichts mitbekommen.

Hinweis zur Performancebeeinflussung durch Verschlüsselung

Natürlich gilt es zu beachten, dass jede Art von Verschlüsselung zulasten der CPU-Nutzung geht und damit natürlich die Performance beeinflusst. Schließlich müssen die entsprechenden mathematischen Rechenoperationen ausgeführt werden, um die Daten zu verschlüsseln und zu entschlüsseln.

Um die transparente Datenverschlüsselung zu aktivieren, benötigen Sie ein Zertifikat in der Systemdatenbank »master«.

Aktivieren der transparenten Datenverschlüsselung

1. Öffnen Sie SSMS, und verbinden Sie sich mit der Serverinstanz, auf der sich die zu verschlüsselnde Datenbank befindet.
2. Klicken Sie in der Toolbar auf NEUE ABFRAGE, und wählen Sie ebenfalls in der Toolbar in der Auswahlbox VERFÜGBARE DATENBANKEN die Datenbank MASTER aus.
3. Erstellen Sie mit der folgenden T-SQL-Anweisung ein Zertifikat für die Datenbank »master«:

```
CREATE CERTIFICATE ZERTDATABASECRYPT WITH SUBJECT = 'Angelegtes Zertifikat
für die Demo zur transparenten Datenverschlüsselung'
```


4. Beachten Sie, dass Sie zur Erstellung eines Zertifikates einen Database Master Key benötigen. Sollte dieser nicht angelegt sein, erhalten Sie eine Fehlermeldung wie in Abbildung 10.67.

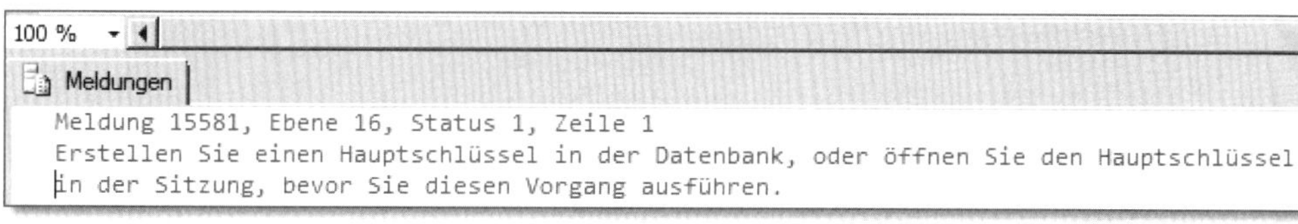

Abbildung 10.67 Fehlermeldung, wenn kein Database Master Key vorhanden ist

Wenn Sie diese Fehlermeldung erhalten, erstellen Sie einen Database Master Key (DMK) für die Datenbank »master« mit dem Befehl:

```
CREATE MASTER KEY ENCRYPTION BY PASSWORD = 'Pa$$w0rd';
```

5. Klicken Sie im Objekt-Explorer mit der rechten Maustaste auf die zu verschlüsselnde Datenbank, und wählen Sie wie in Abbildung 10.68 aus dem Kontextmenü den Menüpunkt TASKS • DATENBANKVERSCHLÜSSELUNG VERWALTEN.
6. Im sich öffnenden Dialog DATENBANKVERSCHLÜSSELUNG VERWALTEN wählen Sie unter dem Punkt SERVERZERTIFIKAT VERWENDEN das soeben erstellte Zertifikat ZERTDATABASECRYPT aus (siehe Abbildung 10.69).
7. Anschließend aktivieren Sie die Option DATENBANKVERSCHLÜSSELUNG AKTIVIEREN und klicken auf OK.

Die Datenbank wird jetzt verschlüsselt.

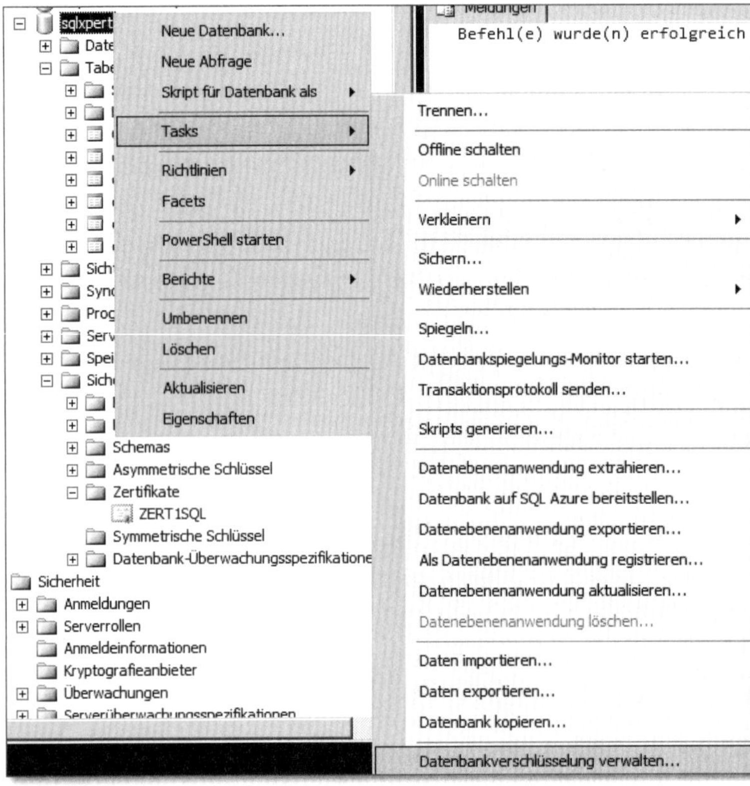

Abbildung 10.68 Kontextmenü zum Aktivieren der transparenten Datenverschlüsselung

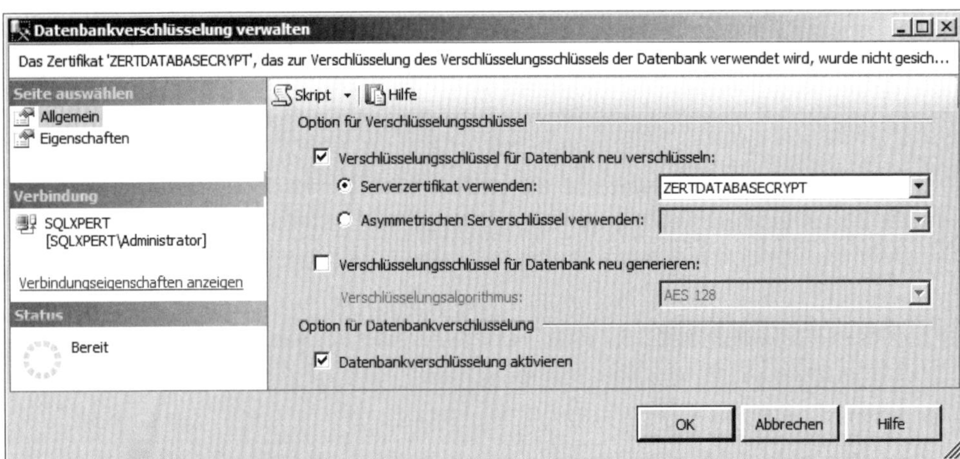

Abbildung 10.69 Auswählen des Verschlüsselungsalgorithmus und des Zertifikats zum Aktivieren der transparenten Datenverschlüsselung

Deaktivieren der transparenten Datenbankverschlüsselung

Um die transparente Datenbankverschlüsselung zu deaktivieren, öffnen Sie erneut den Dialog DATENBANKVERSCHLÜSSELUNG VERWALTEN (Abbildung 10.68) und deaktivieren die Option DATENBANKVERSCHLÜSSELUNG AKTIVIEREN (Abbildung 10.69).

10.7.5 Kommunikationsverschlüsselung

Die Kommunikationsverschlüsselung bewirkt, dass Daten verschlüsselt werden, die zwischen dem Client und dem Server ausgetauscht werden. Es soll verhindert werden, dass die Daten über Netzwerkscanner (auch *Netzwerksniffer* genannt) abgehört werden.

Kommunikationsverschlüsselung konnte auch schon mit SQL Server 2000 durchgeführt werden, jedoch musste hierzu ein entsprechendes SSL-Zertifikat installiert werden. Dies ist bereits seit SQL Server 2005 nicht mehr notwendig, da SQL Server ein eigenes SSL-Zertifikat generiert, falls keines installiert sein sollte.

Sie weisen SQL Server zur Verschlüsselung der Kommunikation an, indem Sie im Konfigurationsmanager für die Eigenschaft VERSCHLÜSSELUNG ERZWINGEN die Option JA auswählen.

Aktivieren der Kommunikationsverschlüsselung für SQL Server

1. Starten Sie den Konfigurationsmanager über START • ALLE PROGRAMME • MICROSOFT SQL SERVER 2012 • KONFIGURATIONSTOOLS • SQL SERVER-KONFIGURATIONS-MANAGER (siehe Abbildung 10.70).

Abbildung 10.70 Aufruf des Konfigurationsmanagers von SQL Server

2. Klicken Sie den Knoten PROTOKOLLE FÜR ›IHR SQL SERVERINSTANZNAME‹ im Knoten SQL SERVER-NETZWERKKONFIGURATION mit der rechten Maustaste an, und wählen Sie aus dem Kontextmenü den Punkt EIGENSCHAFTEN aus (Abbildung 10.71).

3. Im sich öffnenden Dialog setzen Sie die Eigenschaft VERSCHLÜSSELUNG ERZWINGEN auf JA und klicken anschließend auf OK (siehe Abbildung 10.72).

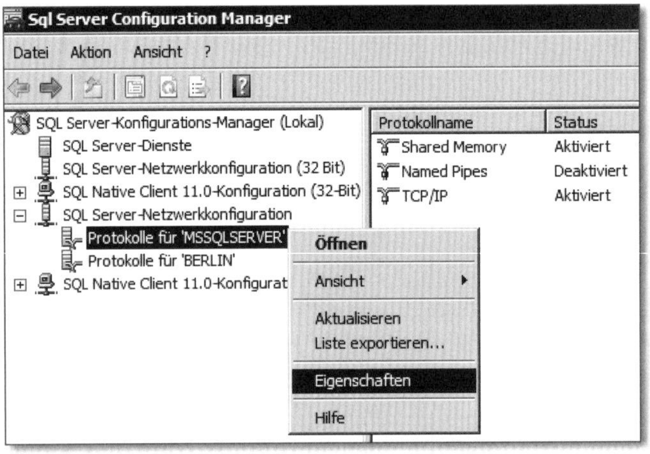

Abbildung 10.71 Aufruf des Dialogs zum Aktivieren der Kommunikationsverschlüsselung

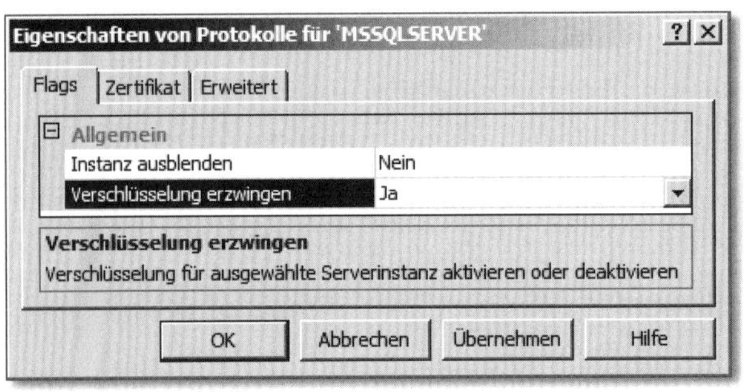

Abbildung 10.72 Aktivieren der Kommunikationsverschlüsselung

4. Anschließend müssen Sie den SQL-Server-Dienst neu starten.

Beachten Sie hierbei, dass der Client (selbst entwickelte Datenbankapplikationen etc.) in diesem Fall Verschlüsselung auch unterstützen muss. Das ist bei allen aktuellen Clients für SQL Server wie auch bei Clients möglich, die über MDAC 2.6 und höher auf SQL Server zugreifen.

Was ist MDAC?

MDAC steht für »Microsoft Data Access Components« und stellt die grundsätzlichen Datenzugriffskomponenten (Treiber) für den Zugriff auf SQL Server und andere Datenbanksysteme etc. bereit.

Unterstützt der Client keine Verschlüsselung, ist nach dem Aktivieren keine Kommunikation mit SQL Server mehr möglich.

10.7.6 Sichern und Wiederherstellen von Zertifikaten und Schlüsseln

Natürlich ist es wichtig, dass Sie alle erstellten Schlüssel und Zertifikate sichern. Nur in diesem Fall haben Sie die Möglichkeit, Ihre Daten wiederherzustellen bzw. zu entschlüsseln, sollten Sie den Schlüssel zufällig löschen oder dieser aus anderen Gründen nicht mehr vorhanden sein.

Bei Verlust des Schlüssels innerhalb einer Datenbank kommt dies einer sicheren Datenvernichtung gleich, da die Daten nur mit dem richtigen Schlüssel wieder entschlüsselt werden können.

Sichern des Diensthauptschlüssels (Service Master Key)

```
BACKUP SERVICE MASTER KEY TO FILE = 'C:\MASTERKEYS\SERVICEKEY' ENCRYPTION BY
PASSWORD = 'Pa$$w0rd';
```

Wiederherstellen des Diensthauptschlüssels (Service Master Key)

```
RESTORE SERVICE MASTER KEY FROM FILE = 'C:\MASTERKEYS\SERVICEKEY' DECRYPTION
BY PASSWORD = 'Pa$$w0rd';
```

Sichern des Datenbankhauptschlüssels (Database Master Key)

```
BACKUP MASTER KEY TO FILE = 'C:\MASTERKEYS\MKEY' ENCRYPTION BY PASSWORD =
'Pa$$w0rd';
```

Wiederherstellen des Datenbankhauptschlüssels (Database Master Key)

```
RESTORE MASTER KEY FROM FILE = 'C:\MASTERKEYS\MKEY' DECRYPTION BY PASSWORD =
'Pa$$w0rd' ENCRYPTION BY PASSWORD = 'Pa$$w0rd';
```

Sichern eines Zertifikats

```
BACKUP CERTIFICATE GANZGEHEIM TO FILE = 'C:\MASTERKEYS\CERT2'
```

Wiederherstellen eines Zertifikats

```
CREATE CERTIFICATE GANZGEHEIM FROM FILE = 'C:\MASTERKEYS\CERT2'
```

Sichern und Wiederherstellen eines symmetrischen Schlüssels

Leider gibt es keine Anweisung, um symmetrische Schlüssel zu sichern. Die Schlüssel werden mit der Datenbanksicherung selbst zwar gesichert, was aber, wenn ein

Schlüssel aus Versehen z.B. durch einen Administrator gelöscht wurde und keine Sicherung eingespielt werden soll?

In diesem Fall ist es möglich, Schlüssel unter Angabe bestimmter Eigenschaften so anzulegen, dass exakt der gleiche Schlüssel erzeugt wird. Hierzu müssen Sie beim Erstellen eines symmetrischen Schlüssels immer die Parameter KEY_SOURCE (Passphrase, aus der der Schlüssel abgeleitet wird), ALGORITHM (verwendeter Algorithmus) und IDENTITY_VALUE (generiert einen GUID zum Kennzeichnen von Daten) setzen.

Indem Sie sich diese drei Parameter merken, können Sie durch deren Angabe exakt den gleichen Schlüssel erstellen:

```
CREATE SYMMETRIC KEY MYKEY2 WITH KEY_SOURCE = 'Passphrase zum Ableiten des
Schluessels - Geheimsatz' ,IDENTITY_VALUE = 'Wert zum Generieren einer GUI',
ALGORITHM = TRIPLE_DES ENCRYPTION BY CERTIFICATE ZERT1SQL;
```

Listing 10.9 Erstellen eines exakt gleichen Schlüssels

Diese Besonderheit sollten Sie bei der Erstellung Ihrer Schlüssel berücksichtigen.

10.8 Verbindungsserver/Delegation

SQL Server bietet Ihnen die Funktionalität der Verbindungsserver. Durch die Einrichtung eines Verbindungsservers sind Sie in der Lage, Abfragen und T-SQL-Befehle serverübergreifend auszuführen. Letztendlich stellen Sie eine Verbindung zu einem fremden Server her und können den Datenbestand dieses Servers in Ihre Abfragen einbeziehen – wie es der Name schon sagt: Es wird eine Verbindung hergestellt. Dieser fremde Server muss kein SQL Server sein, sondern es kann sich durchaus auch um ein anderes Datenbanksystem handeln. Eine ideale Variante, um auf Daten anderer Datenbanksysteme zuzugreifen, ohne umständliche Synchronisierungsvorgänge in Form von Datenimport und -export vornehmen zu müssen.

10.8.1 Anlegen eines Verbindungsservers mit Zugriff auf eine weitere SQL-Server-Instanz mit Management Studio

Im folgenden Beispiel erstellen wir einen Verbindungsserver. Es existieren zwei SQL-Server-Instanzen. Die erste Instanz heißt »SQLXPERT«, die zweite Instanz heißt »SQLXPERT\BERLIN«.

Wir möchten, wenn wir mit der Instanz »SQLXPERT« verbunden sind, auch auf die Datenbanken von »SQLXPERT\BERLIN« zugreifen können. Wir möchten also auch die Daten von »SQLXPERT\BERLIN« abfragen können, obwohl wir eigentlich mit »SQLXPERT« verbunden sind und dort unser Skript mit den T-SQL-Befehlen läuft.

Für unser Beispiel existiert auf dem ersten Server eine Datenbank »Adressen« mit der Tabelle *Kontakte*, mit der wir verbunden sind. Auf dem zweiten Server »SQL-XPERT\BERLIN« existiert die Datenbank »Projekte« mit der Tabelle »Auftraege«. In dieser Tabelle sind unterschiedliche Auftragsdaten gespeichert, die wir abfragen möchten. Abbildung 10.73 illustriert den Sachverhalt.

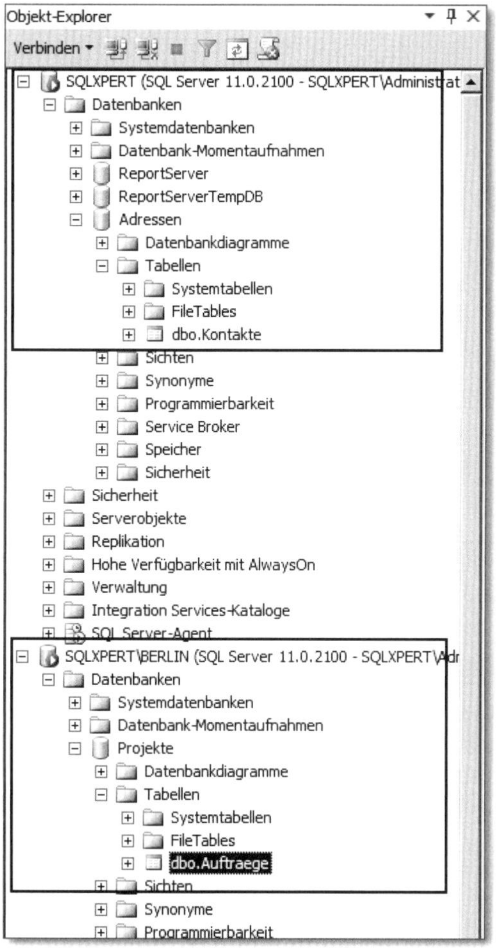

Abbildung 10.73 Darstellung der zwei SQL-Server-Instanzen »SQLXPERT« und »SQLXPERT\BERLIN« im Objekt-Explorer des SSMS

Um Daten eines anderen Servers abzufragen, an dem wir nicht angemeldet sind, müssen wir einen Verbindungsserver einrichten.

1. Öffnen Sie SSMS, und verbinden Sie sich mit der aktuellen SQL-Server-Instanz, auf der Sie einen Verbindungsserver anlegen möchten. In unserem Beispiel ist das die Instanz »SQLXPERT«.

2. Öffnen Sie im Objekt-Explorer den Knoten SERVEROBJEKTE, und klicken Sie mit der rechten Maustaste auf VERBINDUNGSSERVER.
3. Wählen Sie im Kontextmenü den Menüpunkt NEUER VERBINDUNGSSERVER... aus (siehe Abbildung 10.74).

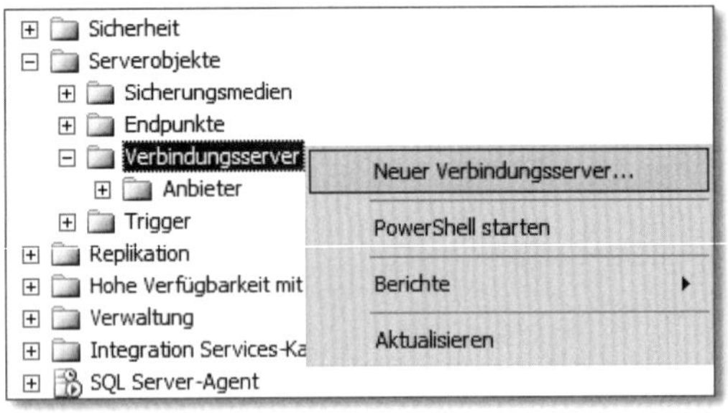

Abbildung 10.74 Aufruf des Dialogs zum Anlegen eines neuen Verbindungsservers

4. Im sich öffnenden Dialog geben Sie im Feld VERBINDUNGSSERVER den Namen der SQL-Server-Instanz an, mit der Sie sich verbinden möchten. In diesem Beispiel ist es die benannte Instanz mit Namen »SQLXPERT\BERLIN« auf derselben Maschine.

Hinweis zum Feld »Verbindungsserver«

Es ist äußerst wichtig, dass Sie im Feld VERBINDUNGSSERVER den korrekten Namen des Servers angeben, da dieser Name für die Herstellung der Verbindung benötigt wird.

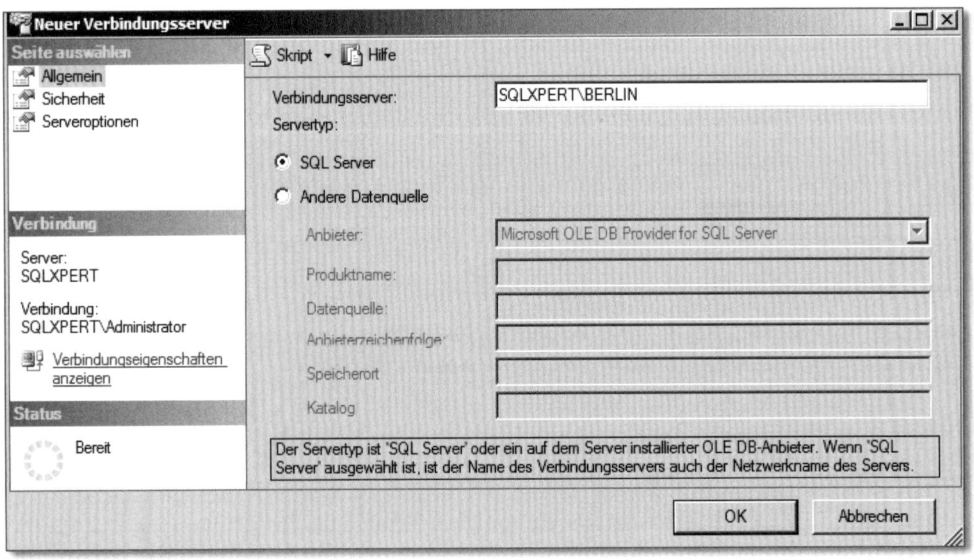

Abbildung 10.75 Dialog »Neuer Verbindungsserver«, Seite »Allgemein«

5. Im Optionsfeld SERVERTYP wählen Sie SQL SERVER aus.
6. Klicken Sie im linken Bereich SEITE AUSWÄHLEN auf den Punkt SICHERHEIT. Hier können Sie angeben, in welchem Sicherheitskontext auf den einzubindenden Server zugegriffen wird.
7. Wählen Sie die Option IN FOLGENDEM SICHERHEITSKONTEXT VERWENDET aus, und geben Sie in den zugehörigen Feldern REMOTEANMELDUNG und MIT KENNWORT einen Benutzernamen und das zugehörige Passwort ein, mit dem auf den einzubindenden Server zugegriffen werden soll (siehe Abbildung 10.76).

   In diesem Beispiel nutzen wir der Einfachheit halber das *sa-Konto* mit dem *sa-Passwort*, das bereits auf der Instanz »SQLXPERT\BERLIN« vorhanden ist und auch über die notwendigen Rechte verfügt. In der Praxis geben Sie hier natürlich von Ihnen selbst erstellte Anmeldungen an, die eine umfangreiche Beschränkung der Rechte erlauben.
8. Bestätigen Sie mit OK.

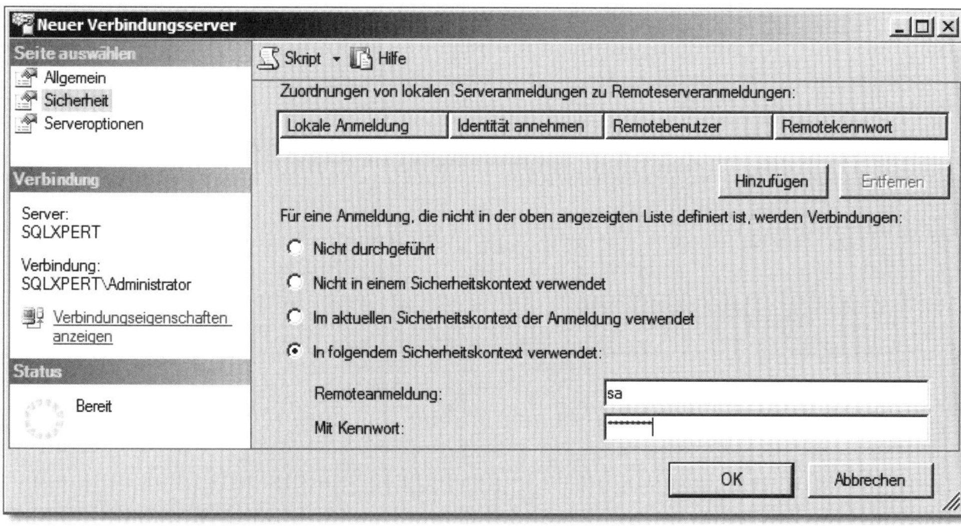

Abbildung 10.76 Definieren der Sicherheitseinstellung

Hinweis zur Remote-Anmeldung

Es handelt sich in diesem Fall um einen Benutzer, der auf dem einzubindenden SQL Server angelegt werden muss, da auch ein Verbindungsserver sich am zu verbindenden System anmelden muss. Dieser Benutzer muss die entsprechenden Rechte haben, damit die Informationen abgerufen werden können.

Sie haben soeben einen Verbindungsserver eingerichtet. Dieser Verbindungsserver wird Ihnen im SSMS im Ordner VERBINDUNGSSERVER angezeigt (siehe Abbildung 10.77).

Abbildung 10.77 Anzeige der vorhandenen Verbindungsserver im SSMS

Unter Berücksichtigung der Objektnamensauflösung von SQL Server können Sie jetzt auf die Datenbankobjekte des Verbindungsservers (»SQLXPERT\BERLIN«) zugreifen.

Um die Tabelle »Adressen« vom Verbindungsserver »SQLXPERT\BERLIN« abzufragen, geben Sie folgenden Befehl ein:

```
SELECT * FROM [SQLXPERT\BERLIN].Projekte.dbo.Auftraege
```

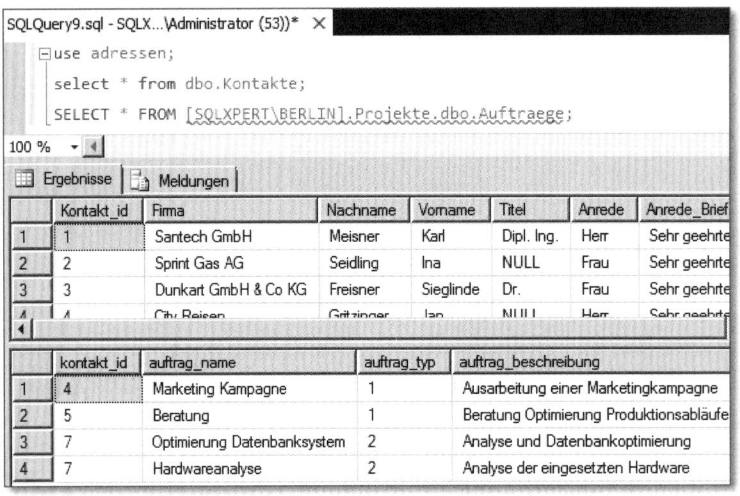

Abbildung 10.78 Abfrage von Daten des Verbindungsservers

In Abbildung 10.78 sehen Sie, wie das T-SQL-Skript Daten der Datenbank »Adressen« abruft. Die Datenbank »Adressen« befindet sich auf dem SQL Server mit Namen »SQLXPERT«. Anschließend werden Daten aus der Tabelle »Auftraege« der Datenbank »Projekte« abgefragt. Diese befindet sich jedoch auf der Instanz »SQLXPERT\Berlin«. Dies funktioniert mittels Verbindungsserver, obwohl der Benutzer lediglich an der Instanz »SQLXPERT« angemeldet ist. Natürlich können Sie die Tabellen auch untereinander in einer Abfrage integrieren.

```
select * from [SQLXPERT].Adressen.dbo.Kontakte tab1
inner join [SQLXPERT\BERLIN].Projekte.dbo.Auftraege tab2
on tab1.kontakt_id = tab2.kontakt_id
```

Listing 10.10 Bilden von Joins über Tabellen mittels Verbindungsserver

10.8.2 Delegation

SQL Server und Windows können Sie dahin gehend konfigurieren, dass die Windows-Anmeldedaten eines Clients, der sich mit einer Instanz von SQL Server verbindet, mit einem separat im Netzwerk befindenden Server an den Verbindungsserver weitergegeben und von diesem automatisch übernommen und genutzt werden. Dies wird auch als *Delegation* bezeichnet und soll an einem kurzen Beispiel dargestellt werden.

Ein Benutzer »firma\mfranke« meldet sich an einem Windows-Server an, auf dem eine Instanz von SQL Server namens »Server1« läuft. Der Benutzer führt eine Abfrage aus, die Daten von einer Datenbank eines auf »Server1« eingerichteten Verbindungsservers erfragt. Der Verbindungsserver heißt »Server2« und befindet sich auf einer separaten Maschine im Netzwerk.

Im Delegationsmodus werden die Windows-Anmeldeinformationen des Benutzers an den Verbindungsserver »Server2« weitergeleitet, und die entsprechende Abfrage wird in diesem Kontext auf »Server2« ausgeführt. »Server2« kennt die Verbindung von Benutzer »firma\mfranke«.

Kapitel 11
ETL-Prozesse mit den Integration Services

Die Integration Services gehören zu den mächtigsten Services rund um den SQL Server. Gerade im Bereich Wartung, Datentransfer und Automatisierung leisten sie wichtige Hilfe. Nur Administratoren, die das volle Potenzial erkennen und bewerten können, sind in der Lage, einen hohen Automatisierungsgrad zu erreichen.

Extracting, Transforming und Loading (ETL) ist ein Begriff, der bei genauer Betrachtung sehr gut beschreibt, was die Integration Services von SQL Server sind und welchen Stellenwert sie in einer modernen IT-Infrastruktur haben. In einem Unternehmen existieren heute viele verschiedene Datenquellen. Microsoft Excel wird häufig in Projekten genutzt, um Daten zu analysieren und grafisch aufzubereiten. Gleichgültig, ob Unternehmensleitung, Controller, Entwickler oder Administratoren, kaum jemand verzichtet auf den Einsatz von Microsoft Excel. Oder schauen wir uns den Bereich Logging und Monitoring an – hier wird oft mit Formaten wie CSV, TXT oder XML gearbeitet. Warenwirtschaftssysteme basieren auf Datenbanken wie Oracle, MS SQL Server oder DB2. Microsoft Access ist in so manch einer Fachabteilung im Einsatz, in der sich der eine oder andere Mitarbeiter seine Datenbank zusammengestellt hat. Wir verzichten hier auf weitere Beispiele, denn jeder Administrator oder Entwickler kennt die Situation in seinem Unternehmen am besten.

Was haben all diese Datenquellen mit dem SQL Server 2012 und den Integration Services zu tun? Die Integration Services bieten eine sehr gute Möglichkeit, um Daten aus all diesen Datenquellen zu extrahieren, um sie dann wiederum in ein Ziel zu laden. Ziele können Datenbanken sein, wenn es z.B. darum geht, Daten aus Microsoft-Excel-Dokumenten in eine Datenbank zu überführen, um später mit den Reporting Services daraus Berichte zu erstellen. Ein weiteres Anwendungsgebiet für die Integration Services kennen Sie alle: Sie erhalten Daten in Form von Textdateien, CSV oder XML und müssen sie in eine Datenbank importieren. Zuletzt noch eine dritte Anwendungsmöglichkeit: Sie möchten Daten aus verschiedenen Quellen extrahieren und diese dann aufbereiten, um sie in eine eigens dafür vorgesehene SQL-Server-Datenbank zu laden. Sie automatisieren die Ladeprozesse, und der Datentransfer erfolgt zu festgelegten Zeiten. Diese Datenbank, meist als *Staging*

Database bezeichnet, dient als Ausgangsbasis für ein Data Warehouse. BI-Entwickler bauen auf dieser Datenbasis dann ihre Fakten- und Dimensionstabellen auf, um später einen Cube daraus zu erzeugen.

Sie denken, das ist für Sie als Administrator alles kein Thema? Dann schauen Sie sich den Datensammler einmal genauer an. Hier werden im SQL Server Daten in einer eigens dafür vorbereiteten Datenbank gesammelt, um sie in einem Data Warehouse zu verwalten. Berichte sorgen dann für die Visualisierung der Daten. Da Daten aus unterschiedlichen Quellen stammen, ist eine direkte Überführung oft nicht möglich, da sich die Datenformate zwischen den einzelnen Quellen unterscheiden und auch im Ziel oft andere Formate existieren. Als Lösung bietet der SQL Server hier den Bereich Transformationen an. Es existieren zahlreiche Komponenten, die allein für die Transformation der Daten auf dem Weg von der Quelle zum Ziel genutzt werden können. Ob es sich dabei um eine einfache Konvertierung eines Datentyps handelt, Daten aufgrund einer Bedingung gesplittet werden sollen oder eine Zusammenführung von Daten notwendig ist, die Integration Services stellen hierfür eine geeignete Plattform dar. Bevor wir uns die Integration Services detailliert anschauen, wenden wir uns zunächst den klassischen Verfahren zu.

11.1 Möglichkeiten zum Massenimport

11.1.1 Bulk Copy (bcp) – schnell im- und exportieren

Das Massenkopierprogramm Bulk Copy (bcp) dient dem schnellen Im- und Export von Daten. Es ist ein Weg, um einfache Daten aus einer Tabelle zu exportieren und umgekehrt Daten aus einer Datei in eine Tabelle zu laden. Dabei liegt der Schwerpunkt auf Einfachheit. Daten, die nicht geprüft werden müssen, bei denen keine Transformationen erfolgen sollen und deren Struktur einfach ist, können Sie mit bcp schnell und einfach im- oder exportieren.

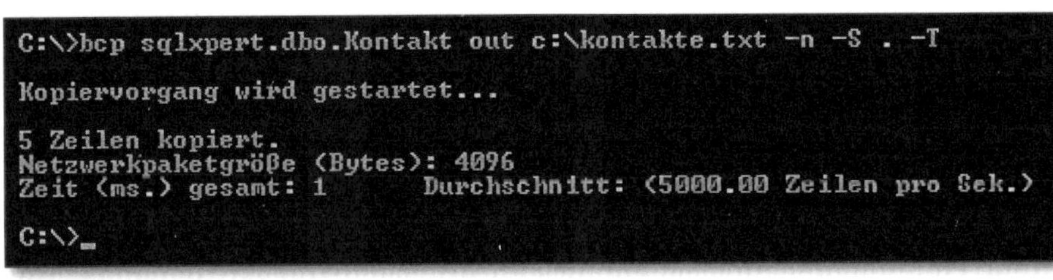

Abbildung 11.1 Verwendung von bcp mit dem Parameter »-n«

Beachten Sie dabei, dass Sie in der Praxis einige Parameter anwenden müssen. Zum Beispiel gibt es die Parameter `-n` und `-c`, die das Format bestimmen. Setzen Sie den Parameter `-n`, werden die Daten im nativen MS-SQL-Format gespeichert. Das bedeutet, dass es sich um dasselbe Format handelt, mit dem SQL Server die Daten in den Datenseiten speichert. Der Parameter `-c` hingegen überführt die Daten in ein Zeichenformat.

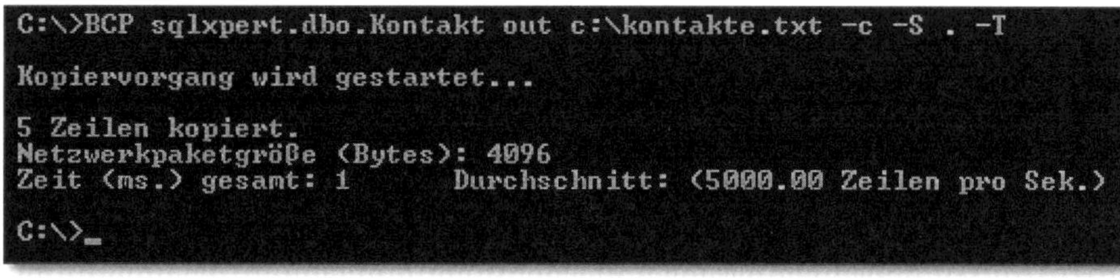

Abbildung 11.2 Die Verwendung von bcp mit dem Parameter »-c«

Ebenfalls ist es beim Export der Daten möglich, diese anhand einer Abfrage einzuschränken. Dazu müssen Sie z.B. den Parameter `QUERYOUT` in Verbindung mit der `SELECT`-Anweisung verwenden. Eine vollständige Liste aller Parameter finden Sie im MSDN unter *http://msdn.microsoft.com/de-de/library/ms162802.aspx.*

11.1.2 BULK INSERT

Während es sich bei bcp um ein Programm für die Konsole handelt, ist die Anweisung `BULK INSERT` eine T-SQL-Anweisung. Sie wird per Skript ausgeführt und kann somit nicht von der Befehlszeile verwendet werden. Der Funktionsumfang entspricht dem von bcp, jedoch ist kein Export von Daten möglich, wie der Name schon erkennen lässt.

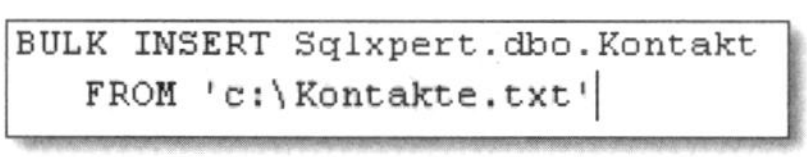

Abbildung 11.3 Die Verwendung von BULK INSERT

11.1.3 OPENROWSET

Möchten Sie einen Massenimport durchführen, können Sie dazu die OPENROWSET-Funktion nutzen. OPENROWSET bietet die Möglichkeit, Remote-Daten aus einer OLE-DB-Datenquelle zu verwenden. Das Beispiel in Listing 11.1 zeigt die Verwendung von OPENROWSET in Verbindung mit einer `SELECT`-Anweisung. Dabei erfolgt der Zugriff auf einen SQL Server über den *SQLCLIENT* (*SQLCLI*).

```
SELECT * FROM OPENROWSET('SQLNCLI',
'Server=SQLXPERT001\SQLXPERT;Trusted_Connection=yes;',
     'SELECT * FROM Sqlxpert.dbo.Kontakte' ))
```

Listing 11.1 Ad-hoc-Abfrage mit der OPENROWSET-Funktion

Beachten Sie jedoch, dass Sie gegebenenfalls eine Fehlermeldung erhalten. Aus Sicherheitsgründen ist SQL Server nach der Installation nicht für die Verwendung von OPENROWSET konfiguriert. Um OPENROWSET nutzen zu können, führen Sie das folgende Listing 11.2 im SQL Server Management Studio (SSMS) als Abfrage aus. Wichtig ist hierbei die Anweisung `Reconfigure`, da die Änderungen erst danach wirksam werden.

```
SP_CONFIGURE 'Ad Hoc Distributed Queries',1
Reconfigure
```

Listing 11.2 SQL Server für die Verwendung von OPENROWSET konfigurieren

Das nächste Beispiel in Listing 11.3 zeigt die Verwendung von INSERT INTO im Zusammenhang mit der OPENROWSET-(BULK-)Anweisung. Zuerst wird die Tabelle `MeineTabelle` mit den Spalten *Dateiname*, *Dateityp* und *Dokument* angelegt. Die zweite Anweisung `INSERT INTO` fügt dann den Dateinamen, den Typ und das Dokument selbst in die Tabelle ein. OPENROWSET eignet sich dafür, ganze Dokumente als Binärdaten in SQL Server abzulegen.

```
CREATE TABLE MeineTabelle(Dateiname nvarchar(50),
  Dateityp nvarchar(50), Dokument varbinary(max))
GO
INSERT INTO MeineTable(Dateiname, Dateityp, Dokument)
   SELECT 'Text.txt' AS Dateiname, '.txt' AS Dateityp,*
FROM OPENROWSET(BULK N'C:\Text.txt', SINGLE_BLOB) AS Dokument
```

Listing 11.3 Die OPENROWSET-Funktion zum Laden von Dateien

Auch XML-Daten lassen sich über diesen Weg in SQL Server laden. Eine vollständige Übersicht über OPENROWSET, OPENROWSET(BULK), OPENXML und deren Parameter finden Sie im MSDN unter dem Link *http://msdn.microsoft.com/de-de/library/ms175915.aspx*.

11.2 Der Import/Export-Assistent

Der Import/Export-Assistent ermöglicht es Administratoren, ohne Kenntnisse der Integration Services auf einfache Weise einen Datenimport oder -export auszuführen. Dazu klicken Sie im Management Studio mit der rechten Maustaste auf die Datenbank, von der aus Sie einen Export ausführen möchten. Im Anschluss wählen Sie TASKS • DATEN • EXPORTIEREN. Es meldet sich der Assistent, und Sie legen im nachfolgenden Dialog die Authentifizierung fest (Abbildung 11.4).

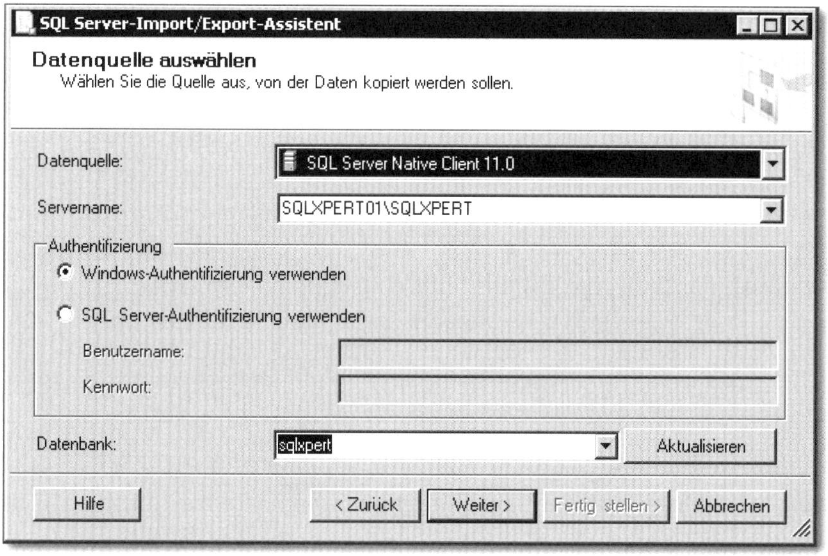

Abbildung 11.4 Datenbank für den Export auswählen

In unserem Beispiel verwenden Sie die Windows-Authentifizierung, um auf die Datenbank zuzugreifen. Die DATENQUELLE, der SERVERNAME und die DATENBANK ergeben sich automatisch aufgrund der Datenbank, die zu Beginn selektiert wurde. Im nächsten Dialogfeld geben Sie das ZIEL für den Export an (siehe Abbildung 11.5). Mögliche Ziele sind:

- Microsoft Access
- Flatfile – Textdatei, CSV-Datei
- Microsoft Excel
- OLE-DB-Provider für Oracle
- SQL Server Native Client
- .NET Framework Data Provider

In unserem ersten kleinen Beispiel möchten wir einfach die Daten aus der SQL-Server-Datenbank in eine Textdatei auf der Festplatte unter Windows im Verzeichnis *Temp* speichern. Legen Sie dazu den Pfad und Dateinamen fest. Wichtig in diesem Zusammenhang ist das Optionsfeld für UNICODE. Ob Sie die Spaltennamen mit in die Textdatei exportieren, hängt davon ab, ob Sie diese benötigen.

Abbildung 11.5 Exportziel Flatfile – Textdatei mit Unicode

Nachdem Sie das Ziel für den Export festgelegt haben, werden Sie im nächsten Dialog aufgefordert, die Tabelle oder Sicht für den Export zu wählen (siehe Abbildung 11.6 und Abbildung 11.7). Es besteht ebenso die Möglichkeit, die Daten anhand einer Abfrage festzulegen.

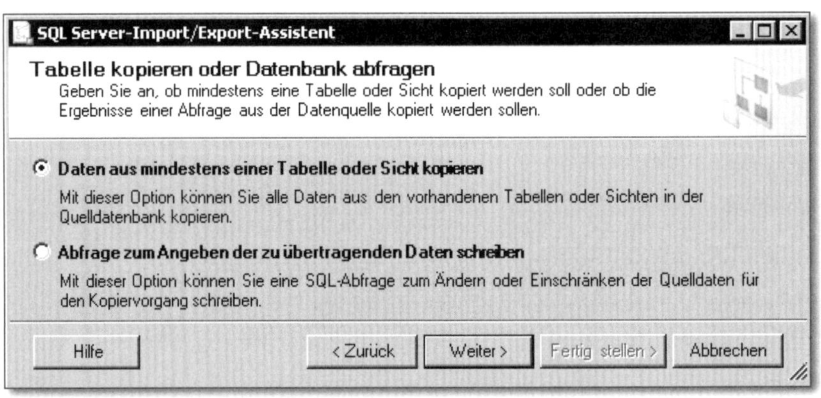

Abbildung 11.6 Auswahl der Tabellen, Sichten oder einer Abfrage

Interessant ist die Möglichkeit, Daten über eine Abfrage zu exportieren. Oft benötigen Sie nur Daten von Kontakten aus einer bestimmten Stadt oder von Personen mit einem bestimmten Nachnamen. Für unser Beispiel wählen Sie die Tabelle »Kontakte« aus der beiliegenden SQLXPERT-Datenbank aus und klicken auf WEITER.

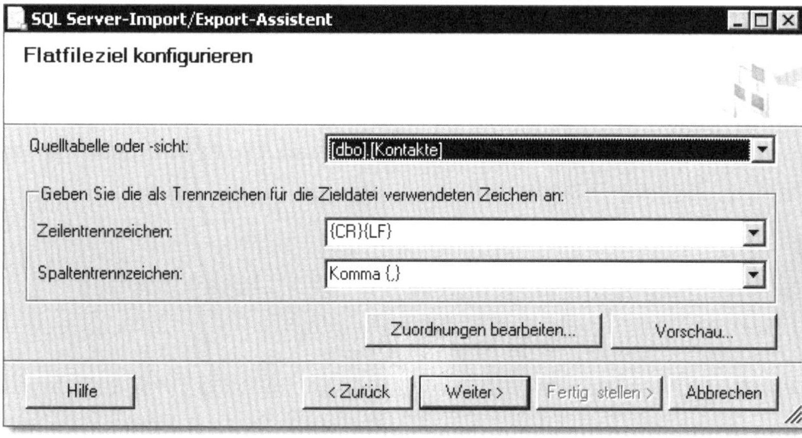

Abbildung 11.7 Konfiguration des Flatfileziels

Die vorgeschlagenen Zeilen- und Spaltentrennzeichen übernehmen Sie für unser Beispiel. Je nachdem, wie Ihre Textdatei aufgebaut ist, können Sie die Zeilen- und Spaltentrennzeichen anpassen. In unserem Fall handelt es sich beim Spaltentrennzeichen um ein Komma. Zuletzt entscheiden Sie, ob Sie das Paket sofort ausführen oder es als SSIS-Paket speichern möchten (siehe Abbildung 11.8).

Abbildung 11.8 Paket ausführen

In unserem Beispiel führen wir das Paket sofort aus. Beenden Sie den Assistenten durch die Anklicken von FERTIG STELLEN.

Dieses Beispiel zeigt die einfache Verwendung des Assistenten aus dem SQL Server Management Studio heraus. Dies ist der beste Weg, wenn es einfach sein soll und keine weiteren Extras notwendig sind. Doch die volle Leistungsfähigkeit der Integration Services haben Sie damit natürlich noch lange nicht erlebt. Im nächsten Abschnitt zeigen wir Ihnen, wie Sie die volle Leistungsfähigkeit mit den *SQL Server Data Tools* nutzen können.

11.3 SSIS-Anwendungen: Erstellen von DTSX-Paketen mit den SQL Server Data Tools

Ein DTSX-Paket ist eine ausführbare Arbeitseinheit. So ein Paket kann Abläufe wie den Datenfluss zwischen Quelle und Ziel mit Transformationen steuern. Wartungspläne basieren auf solchen DTSX-Paketen. Die Erstellung von DTSX-Paketen erfolgt mit den *SQL Server Data Tools*. Der Begriff wurde neu eingeführt, und bis zu SQL Server 2008 R2 war dies das *Business Intelligence Development Studio*.

Starten Sie die SQL Server Data Tools aus dem Startmenü heraus. Während des Startvorgangs sehen Sie, dass Visual Studio Shell gestartet wird. Zuerst legen Sie ein neues Integration-Services-Projekt an. Achten Sie darauf, dass der Eintrag Verzeichnis für Lösung erstellen aktiviert ist, und legen Sie für das Projekt den Pfad und Dateinamen fest. Es wird ein Ordner angelegt, der die gesamte SSIS-Anwendung mit allen zugehörigen Dateien enthält. Werden im weiteren Verlauf des Kapitels Konfigurations- und Protokolldateien hinzugefügt, können Sie diese ebenfalls in diesem Projektordner organisieren. Als Projektnamen haben wir uns für *Bedingtes Teilen* entschieden. Im Verlauf des Kapitels werden wir ein einfaches Beispiel zunächst ohne Transformation umsetzen.

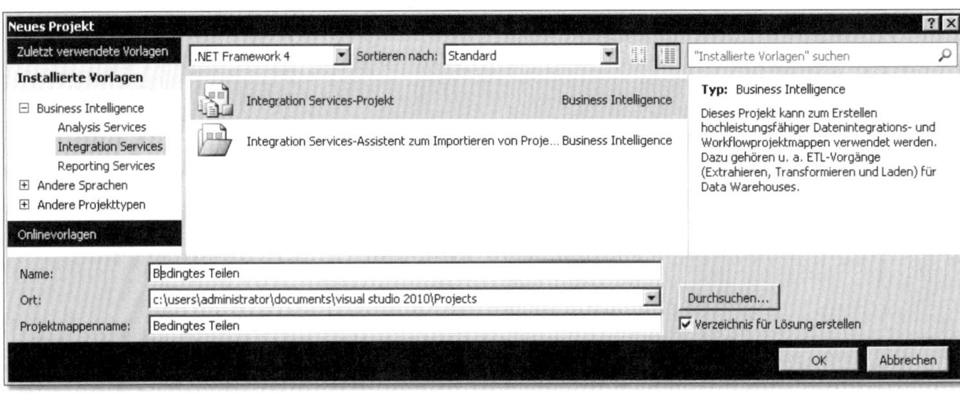

Abbildung 11.9 SSIS-Projektvorlage auswählen

Wie im Projektmappen-Explorer ersichtlich, wird eine Datei mit dem Namen *Package.dtsx* erstellt (siehe Abbildung 11.10).

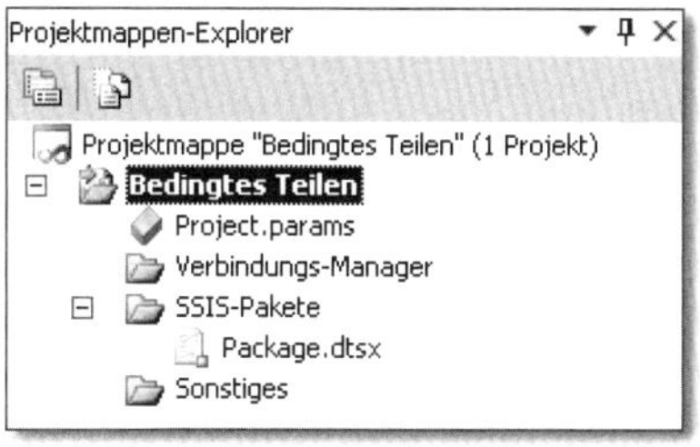

Abbildung 11.10 Die Datei »Package.dtsx« im Projektmappen-Explorer

Das Projekt enthält nun fünf Registerkarten: ABLAUFSTEUERUNG, DATENFLUSS, PARAMETER, EREIGNISHANDLER und PAKET-EXPLORER. Ihrer Anordnung nach werden wir jetzt die einzelnen Registerkarten mit Inhalt füllen. Abbildung 11.11 zeigt die einzelnen Registerkarten des SSIS-Designers.

Für den einen oder anderen von Ihnen ist vielleicht die Tatsache neu, dass Microsoft hier mit visuellen Komponenten arbeitet. Ziel der Integration Services ist es, dem Entwickler solcher Pakete ein Tool an die Hand zu geben, mit dem er auf visueller Basis Lösungen entwickeln kann. Aber lassen Sie uns dazu direkt beginnen und ein kleines Projekt umsetzen. Die SSIS-TOOLBOX enthält jeweils die Komponenten für die jeweilige Registerkarte ABLAUFSTEUERUNG bzw. DATENFLUSS. Wenn Sie sich auf der Registerkarte ABLAUFSTEUERUNG befinden und die SSIS-TOOLBOX öffnen, sehen Sie die Komponenten der Ablaufsteuerung.

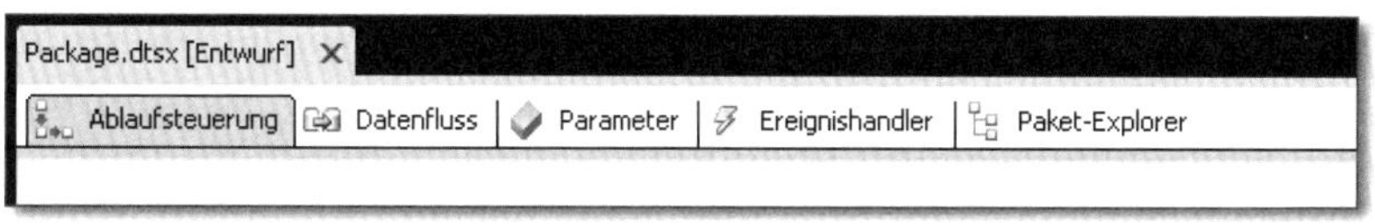

Abbildung 11.11 Der SSIS-Designer und seine Registerkarten

Einige Komponenten, die Sie in der »Toolbox« wiederfinden:

- FOR-SCHLEIFENCONTAINER
- FOR-EACH-SCHLEIFENCONTAINER
- SEQUENCE-CONTAINER
- DATENPROFILIERUNGS-TASK
- DATENFLUSSTASK
- FTP-TASK
- MASSENEINFÜGETASK
- SKRIPTTASK
- Task »ANMELDUNGEN ÜBERTRAGEN«

- Task »Aufträge übertragen«
- Task »Dateisystem«
- Task »Datenbanken übertragen«
- Task »Fehlermeldungen übertragen«
- Task »Mail senden«
- Task »T-SQL-Anweisung ausführen«
- Task »SQL Server-objekte übertragen«

Wie der Begriff »Ablaufsteuerung« schon verrät, handelt es sich um Komponenten, die den Ablauf in einem DTSX-Paket steuern. Das Paket selbst ist die Einheit, die später bereitgestellt wird und per SQL-Server-Agent z.B. dann in Form eines Auftrags ausgeführt werden kann.

11.3.1 Der Datenflusstask

Der *Datenflusstask* stellt sicher eine der am häufigsten verwendeten Komponenten dar. Wie sein Name schon erkennen lässt, ist sein Ziel, einen Datenfluss von der Quelle zum Ziel auszuführen. Dabei ist es möglich, auf diesem Weg Transformationen durchzuführen. Ein Beispiel soll das verdeutlichen: In Ihrem Unternehmen müssen ständig Daten aus einer Microsoft-SQL-Server-Datenbank in eine Textdatei exportiert werden. Im Anschluss an den Exportvorgang sollen die Daten auf einem FTP-Server abgelegt werden. Ein typischer Workaround dazu sähe folgendermaßen aus: Stellen Sie sicher, dass Sie sich auf der Registerkarte Ablaufsteuerung befinden. Öffnen Sie die Toolbox, und selektieren Sie den Datenflusstask (Abbildung 11.12).

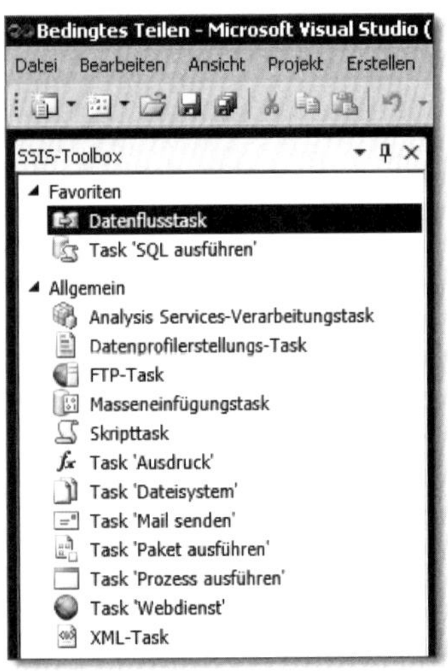

Abbildung 11.12 Der Datenflusstask in der Toolbox

Ziehen Sie wie in Abbildung 11.13 die Komponente DATENFLUSSTASK aus der Toolbox auf die Designeroberfläche.

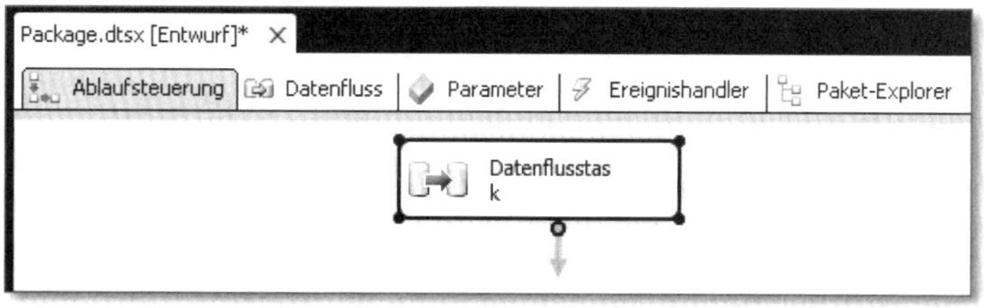

Abbildung 11.13 Der Datenflusstask in der Ablaufsteuerung

Wenn Sie die Komponente DATENFLUSSTASK auf der Designeroberfläche in der Ablaufsteuerung sehen, wechseln Sie zur Registerkarte DATENFLUSS. Wie die Bezeichnung »Designer« erkennen lässt, geht es jetzt darum, den eigentlichen Datenfluss zu erstellen.

11

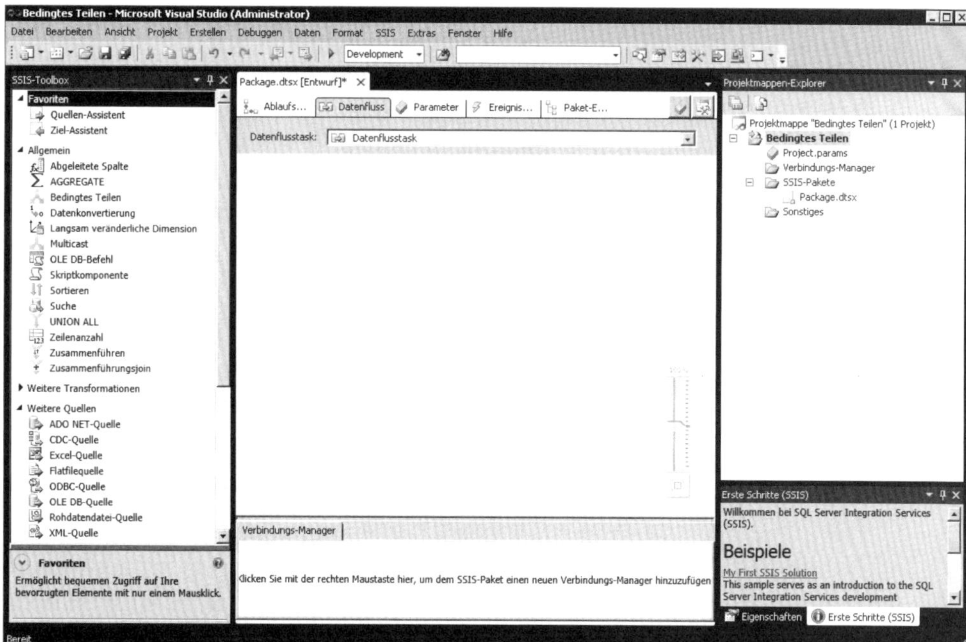

Abbildung 11.14 Registerkarte »Datenfluss« mit dem Bereich »Verbindungs-Manager«

Im unteren Teil des Designers befindet sich der Bereich VERBINDUNGS-MANAGER (Abbildung 11.14). In diesem steht der Hinweis, dass Sie mit der rechten Maustaste hineinklicken sollen, um dem SSIS-Paket einen neuen Verbindungsmanager hinzuzufügen. Solch ein Verbindungsmanager wird dem gesamten Paket hinzugefügt und namentlich benannt. Immer wenn später eine Komponente auf eine Verbindung

(*Quelle* oder *Ziel*) zugreifen muss, kann sie einen solchen Verbindungsmanager nutzen. Klicken Sie mit der rechten Maustaste in diesen Bereich, und erstellen Sie eine NEUE OLE DB-VERBINDUNG.

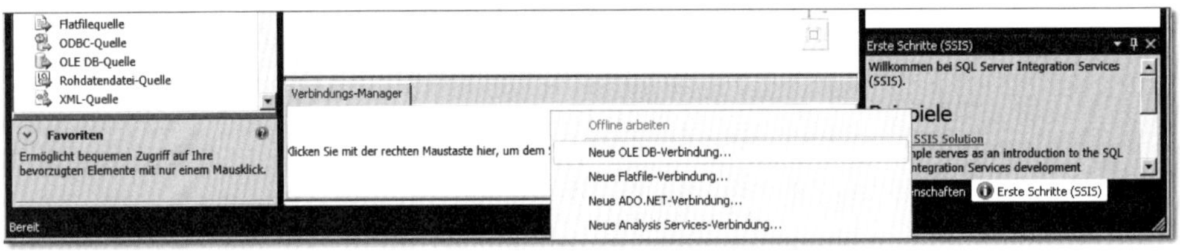

Abbildung 11.15 Hinzufügen eines OLE-DB-Verbindungsmanagers

Dabei ist zu beachten, dass der Typ des Verbindungsmanagers der jeweiligen Datenquelle oder dem Ziel entsprechen muss. Für unser Beispiel wählen wir einen OLE-DB-Verbindungsmanager. Jetzt gelangen Sie in den Dialog OLE DB-VERBINDUNGS-MANAGER KONFIGURIEREN (siehe Abbildung 11.16).

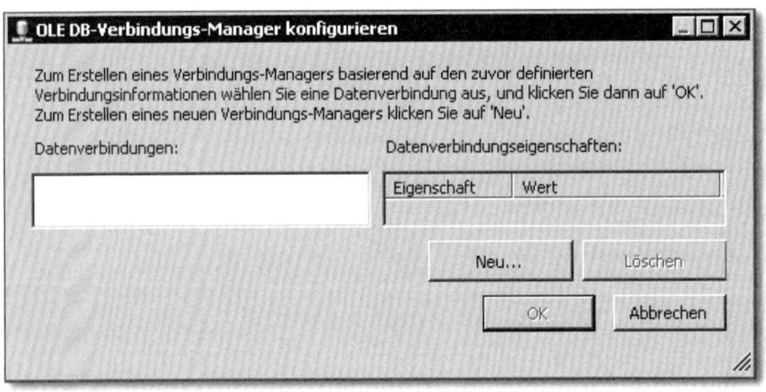

Abbildung 11.16 Konfigurieren einer OLE-DB-Verbindung

Klicken Sie auf NEU..., und wählen Sie den entsprechenden ANBIETER aus, der der Datenquelle entspricht (siehe Abbildung 11.17).

In unserem Fall handelt es sich um einen SQL Server 2012, womit wir als Anbieter MICROSOFT OLE DB-PROVIDER FÜR SQL SERVER wählen. Der Servername und die Datenbank müssen noch ausgewählt werden, und dann können Sie nach einem erfolgreichen Test die Konfiguration des Verbindungsmanagers mit OK bestätigen. Der nächste Schritt besteht darin, aus der TOOLBOX eine OLE DB-QUELLE in den Designer der Registerkarte DATENFLUSS zu ziehen (siehe Abbildung 11.18).

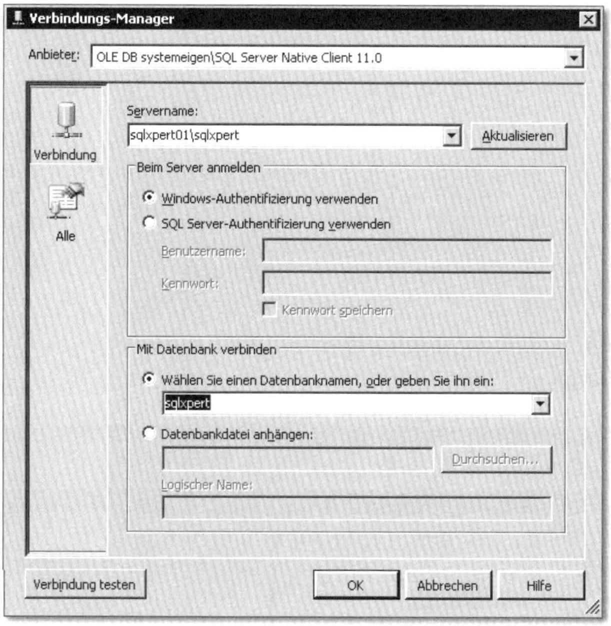

Abbildung 11.17 Auswahl von Anbieter, Servername und Datenbank

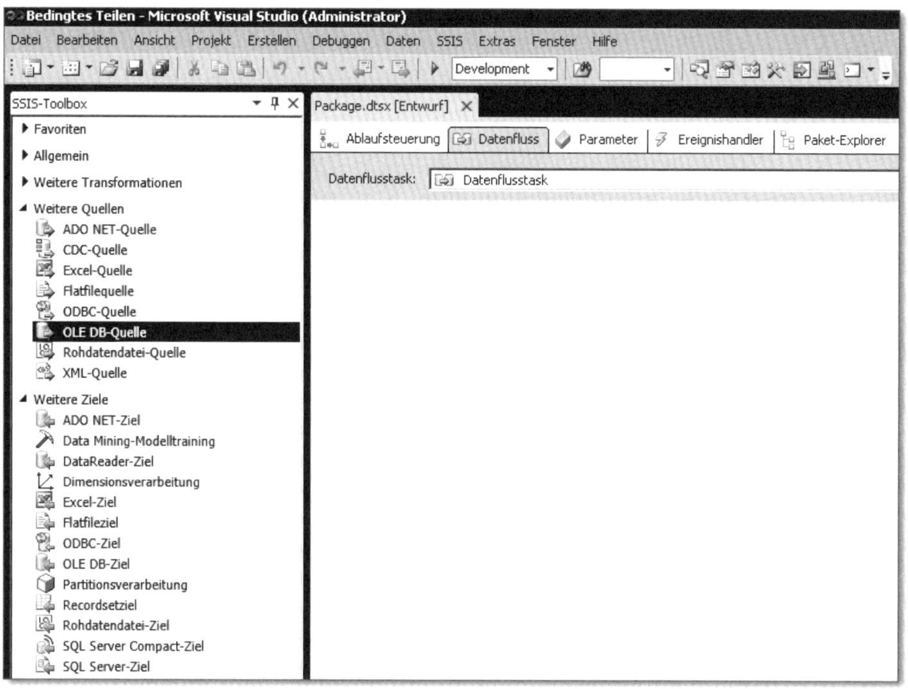

Abbildung 11.18 Eine OLE-DB-Quelle aus der Toolbox auswählen

Nachdem Sie die OLE-DB-Datenquelle in den Designer gezogen haben, ergibt sich das folgende Bild auf der Registerkarte DATENFLUSS (Abbildung 11.19).

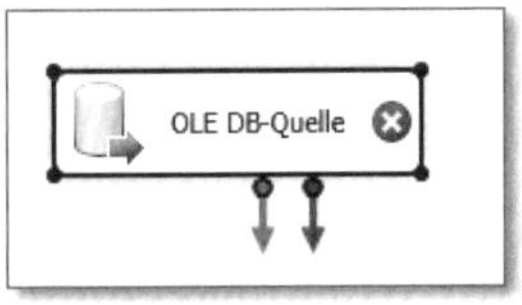

Abbildung 11.19 OLE-DB-Datenquelle auf der Registerkarte »Datenfluss«

Klicken Sie wie in Abbildung 11.20 mit der rechten Maustaste auf den Rand der Komponente OLE DB-QUELLE, und wählen Sie BEARBEITEN.

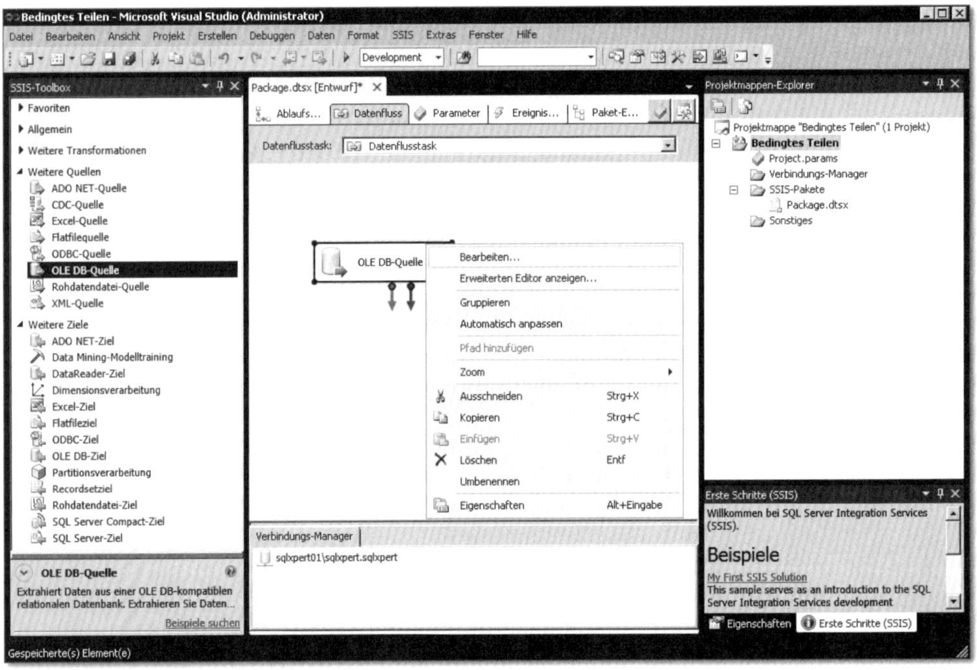

Abbildung 11.20 OLE-DB-Datenquelle bearbeiten

Unter der Kategorie VERBINDUNGS-MANAGER ist nun bereits die vorher angegebene Datenquelle ausgewählt (siehe Abbildung 11.21).

Der Zugriff auf die Datenquelle kann jetzt direkt per Tabellenzugriff oder als Abfrage erfolgen. Wählen Sie im Dropdown-Feld DATENZUGRIFFSMODUS den Eintrag TABELLE ODER SICHT und im Feld NAME DER TABELLE ODER SICHT die Tabelle DBO. KONTAKTE aus. Ein Klick auf den Button VORSCHAU zeigt entsprechend die Daten der Tabelle »Kontakt« an. Wechseln Sie zur Registerkarte SPALTEN, um in die in Abbildung 11.22 gezeigte Ansicht zu gelangen.

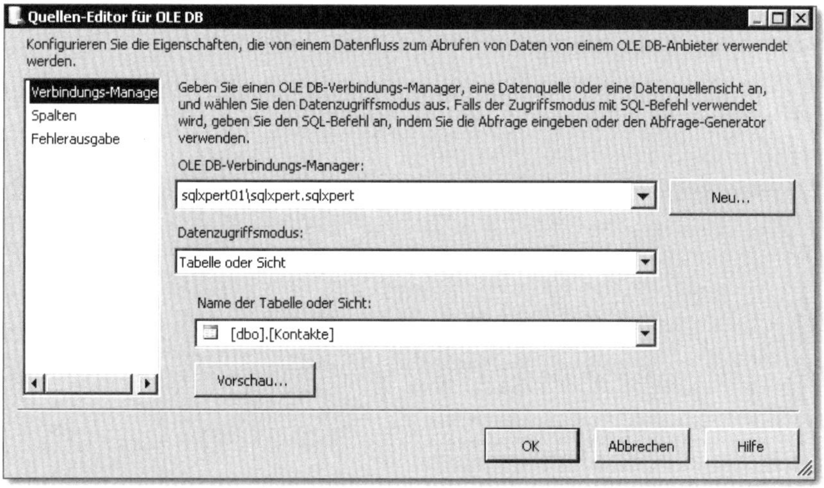

Abbildung 11.21 Verbindungsmanager in der Datenquelle

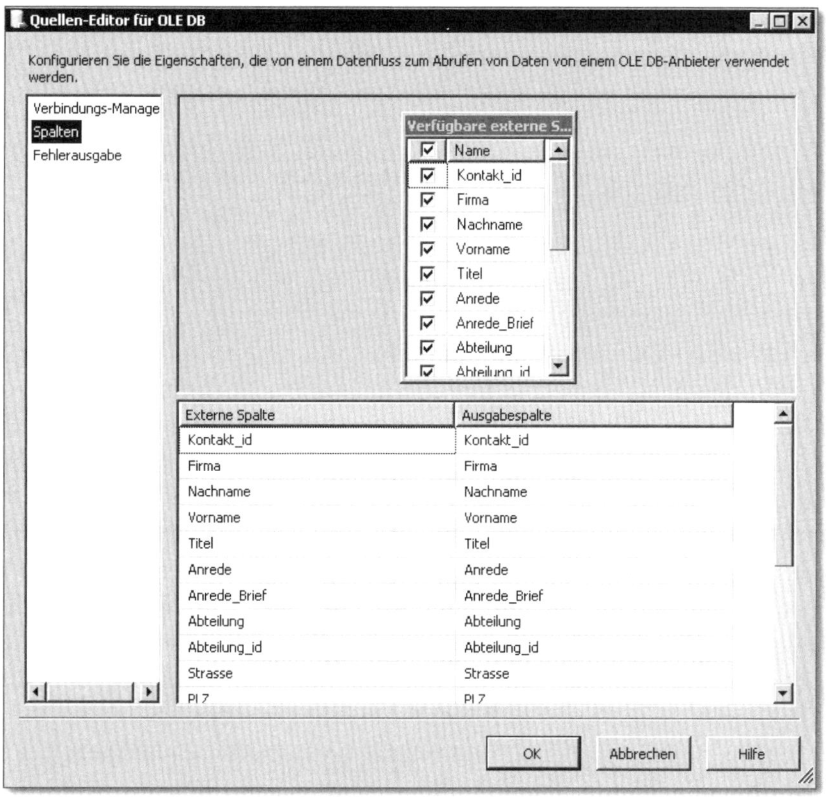

Abbildung 11.22 Der Quellen-Editor für die OLE-DB-Datenquelle

Auf der linken Seite befindet sich die Kategorie SPALTEN; hier wählen Sie die Spalten der Datenquelle aus, die im Datenfluss genutzt werden sollen.

In unserem Beispiel belassen wir es bei der Auswahl aller Spalten. Wechseln Sie als Nächstes in die Kategorie FEHLERAUSGABE (siehe Abbildung 11.23).

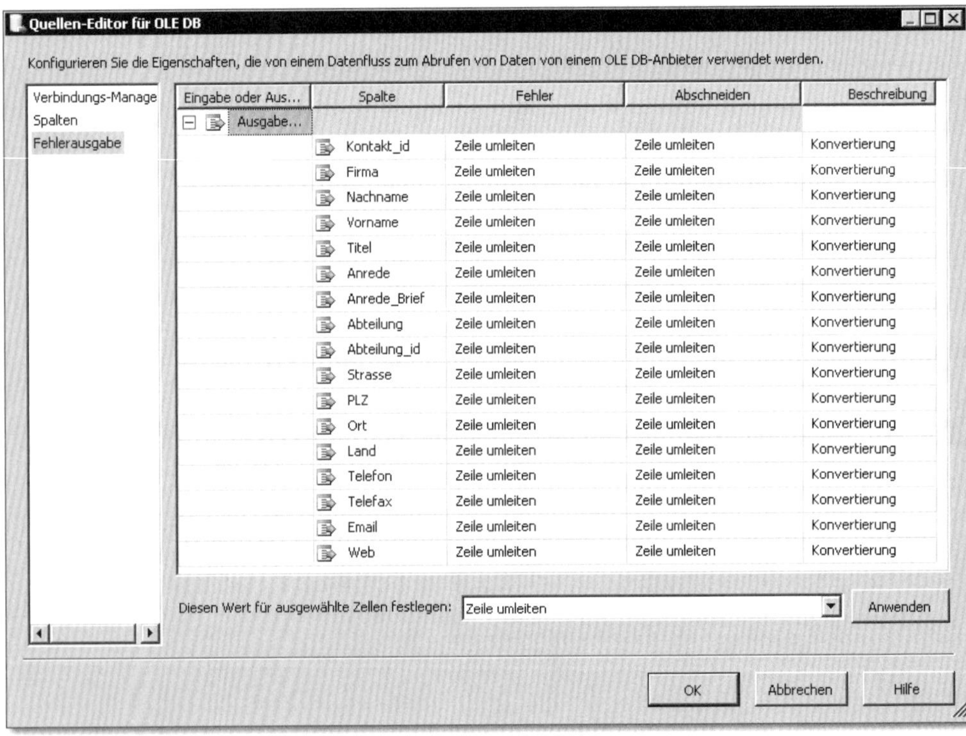

Abbildung 11.23 Die Fehlerausgabe im Quellen-Editor

Tritt im Datenfluss ein Fehler auf, können Sie in der Spalte FEHLER das Verhalten der Komponente beeinflussen. Stellen Sie ein, ob der Fehler ignoriert werden soll, die Zeile umgeleitet oder die Komponente mit einem Fehler abbrechen soll. In der Spalte ABSCHNEIDEN legen Sie fest, wie zu verfahren ist, wenn der Zieldatentyp zu klein ist. Sie können sich zwischen den Optionen FEHLER IGNORIEREN, ZEILE UMLEITEN oder KOMPONENTE MIT EINEM FEHLER ABBRECHEN entscheiden. In unserem Beispiel entscheiden Sie sich für die Umleitung der Datensätze sowohl bei Fehlern als auch beim Abschneiden. Bestätigen Sie dies mit OK – die Datenquelle ist jetzt konfiguriert. Als Nächstes benötigen Sie ein Datenziel. Ziehen Sie dazu aus dem Bereich DATENFLUSSZIELE der Toolbox ein FLATFILEZIEL auf die Designeroberfläche (siehe Abbildung 11.24).

Die OLE-DB-Datenquelle verfügt über zwei Ausgänge, den roten Ausgang für den Fehlerweg und den blauen Ausgang für den fehlerfreien Datenfluss. Verbinden Sie jetzt den blauen Pfeil der OLE-DB-Quelle mit dem Flatfileziel (siehe Abbildung 11.25).

Abbildung 11.24 Flatfileziel aus der Toolbox

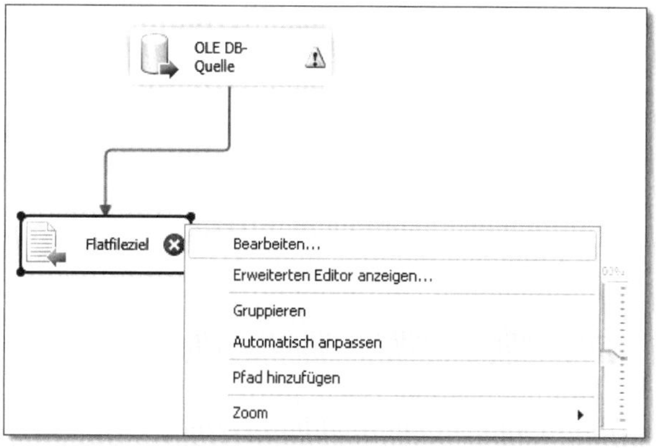

Abbildung 11.25 Verbindung OLE-DB-Quelle und Flatfileziel

Klicken Sie danach erneut mit der rechten Maustaste auf das FLATFILEZIEL, und wählen Sie BEARBEITEN. Es erscheint der Dialog aus Abbildung 11.26.

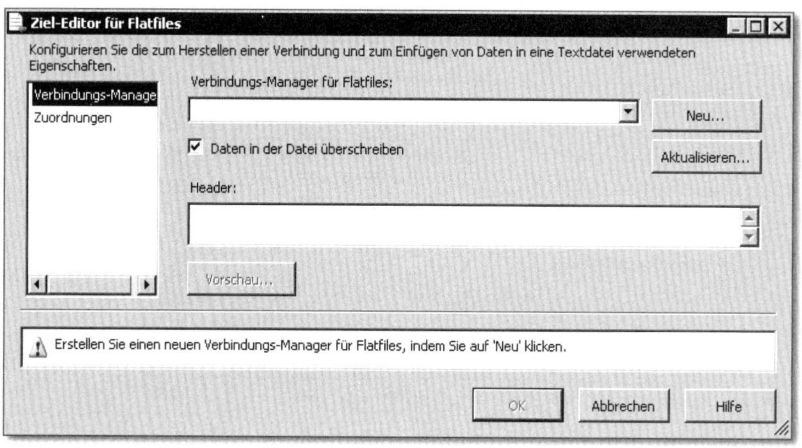

Abbildung 11.26 Erstellen eines neuen Verbindungsmanagers für Flatfile

Klicken Sie auf NEU..., um einen Verbindungsmanager für Flatfiles zu erstellen.

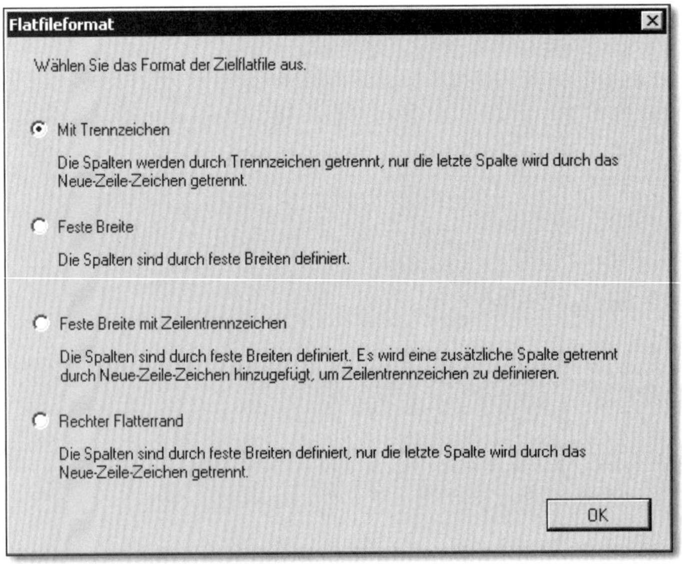

Abbildung 11.27 Flatfileformat

Richten Sie den Verbindungsmanager für das Flatfileziel ein, indem Sie als Flatfileformat MIT TRENNZEICHEN auswählen und dies mit OK bestätigen (siehe Abbildung 11.28).

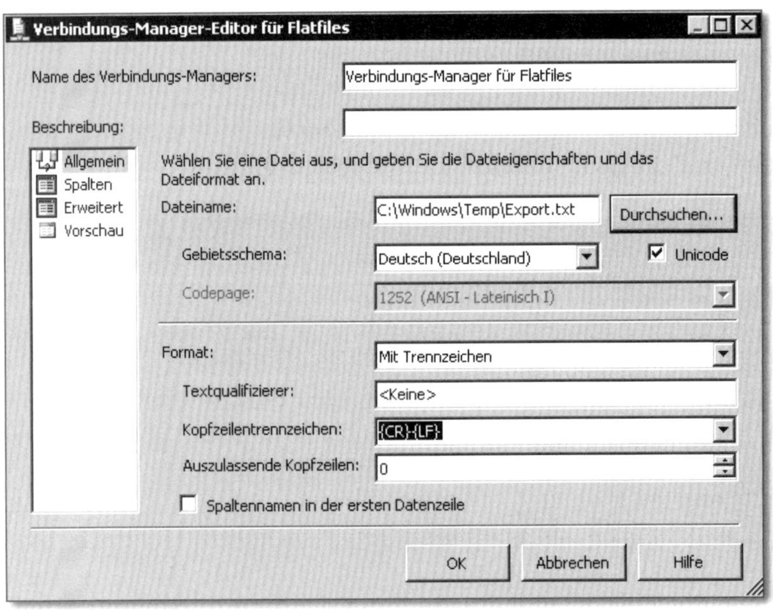

Abbildung 11.28 Verbindungsmanager für Flatfile einrichten

Jetzt müssen Pfad und Dateiname festgelegt werden. Im Verbindungsmanager für Flatfiles lassen sich einige Optionen setzen. Für unser Beispiel müssen Sie lediglich die in der Abbildung gesetzten Optionen wählen. Wenn Sie das erledigt haben, wechseln Sie zur Kategorie ZUORDNUNGEN, um sich davon zu überzeugen, dass alle Zuordnungen ordnungsgemäß festgelegt sind. Die Zuordnungen können Sie hinsichtlich der Reihenfolge der Spalten überarbeiten. In unserem Beispiel übernehmen Sie die Einstellungen und bestätigen dies mit OK.

Nachdem Sie das Flatfileziel konfiguriert haben, legen Sie als Nächstes ein Flatfileziel für die Fehlerausgabe an. Verfahren Sie mit dem Flatfileziel für die Fehlerausgabe genauso wie zuvor. Wiederholen Sie die letzten Schritte, und konfigurieren Sie die Fehlerausgabe, wie in den Abbildungen 11.29 und 11.30 zu sehen ist.

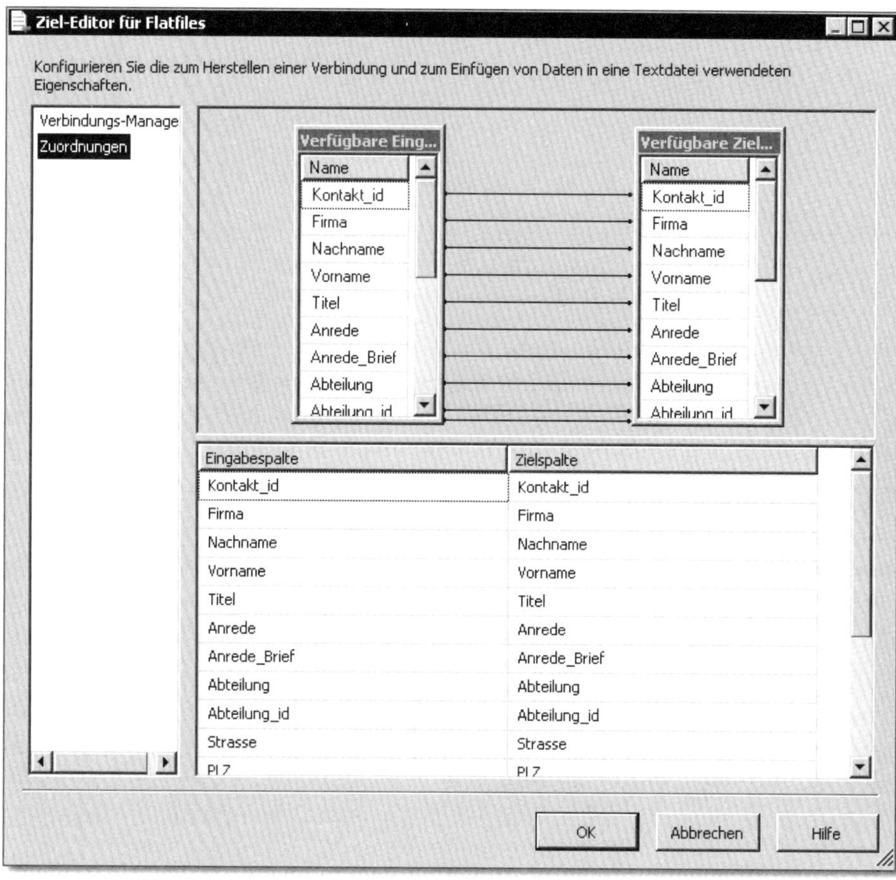

Abbildung 11.29 Zuordnungen zwischen Datenquelle und Ziel

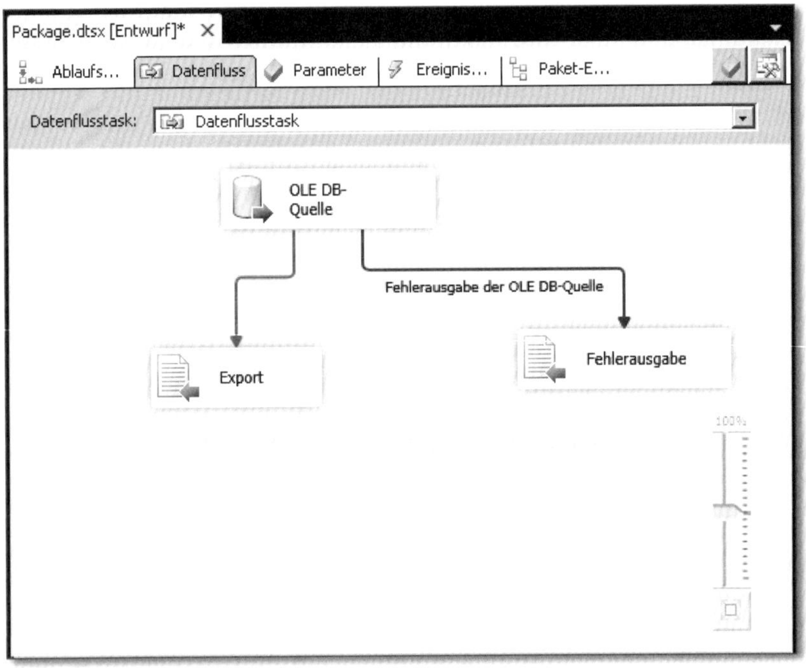

Abbildung 11.30 Fehlerzweig im Datenfluss

Für die Umleitung der Fehlerausgabe wird der rote Pfeil der Komponente genutzt. Dieser Weg wird im Fall eines Fehlers abgearbeitet. Somit können die fehlerhaften Daten in eine gesonderte Datei oder Tabelle umgeleitet werden. Über diesen Weg ist es dann möglich, z.B. beim Import fehlerhafter Datensätze diese in eine gesonderte Datei oder Tabelle zu schreiben. Das erspart später die aufwendige Suche nach den Datensätzen, die fehlerhaft waren und bei denen der Import abgebrochen wurde. In unserem Projekt haben wir jetzt die ersten beiden wesentlichen Schritte erledigt. Die Ablaufsteuerung wurde festgelegt und der Datenfluss erstellt. Bisher haben wir noch keine Transformation vorgenommen, sondern lediglich Daten aus einer Quelle extrahiert und sie in ein Ziel geladen. Auch Fehler haben wir behandelt, indem wir die Fehlerausgabe konfiguriert haben. Eine weitere komfortable Möglichkeit, Fehler zu behandeln, liefern uns Ereignishandler. Im folgenden Abschnitt schauen wir uns das Prinzip der Ereignishandler genauer an.

11.3.2 Ereignishandler

Mit Ereignishandlern reagieren Sie auf Ereignisse bei der Ausführung eines Pakets. Das Auslösen von Ereignissen wie OnError, OnWarning, OnVariableValueChanged oder OnInformation gibt Ihnen die Möglichkeit, mithilfe der Ablaufsteuerung einen Workflow zu erstellen, der dann ereignisbezogen ausgeführt wird. Um einen Ereignishandler zu erstellen, wechseln Sie als Nächstes zur Registerkarte Ereignishandler.

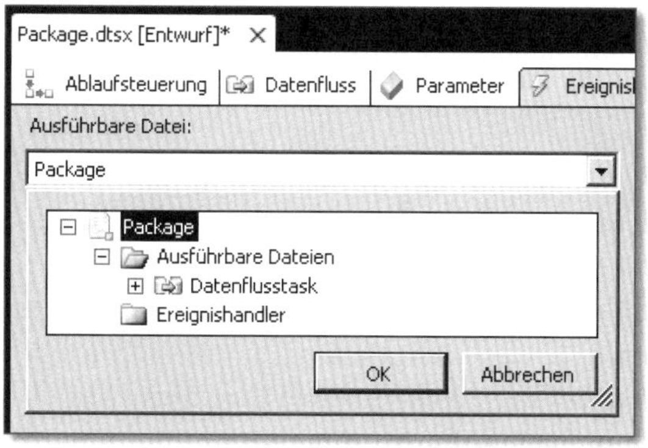

Abbildung 11.31 Erstellen von Ereignishandlern

Zuerst müssen Sie entscheiden, auf welcher Ebene Sie einen Ereignishandler einrichten möchten, entweder auf der Ebene des gesamten Pakets oder nur auf der Ebene eines untergeordneten Objekts der Ablaufsteuerung wie dem Datenflusstask. Um auf Paketebene einen Ereignishandler einzurichten, selektieren Sie das Paket (Package) und klicken auf OK.

Im nächsten Dialog wählen Sie das entsprechende Ereignis im Dropdown-Feld Ereignishandler aus, für das Sie den Ereignishandler einrichten möchten. Ein Klick auf den Link – Klicken Sie hier, um einen OnError-Ereignishandler für die ausführbare Datei Package zu erstellen. – erstellt dann den Ereignishandler.

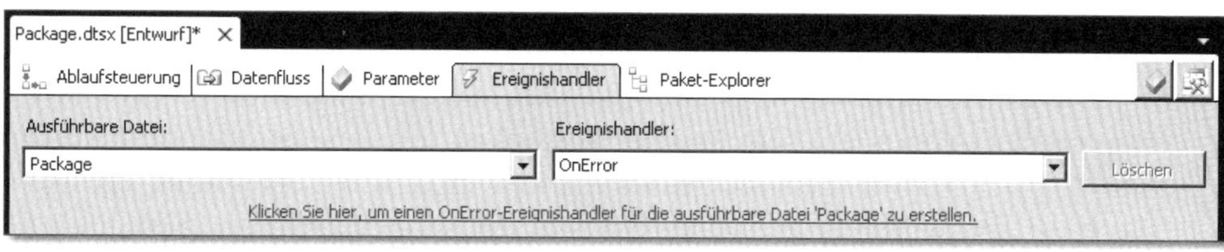

Abbildung 11.32 Hinzufügen des OnError-Ereignishandlers

Nachdem Sie den Ereignishandler hinzugefügt haben, steht Ihnen erneut der Designer mit der Entwurfsoberfläche zur Verfügung. Sie können aus der Toolbox die Komponenten auf die Designeroberfläche ziehen, mit denen Sie das OnError-Ereignis behandeln möchten. Dazu können Sie z.B. die Komponente Task »Mail senden« wie in Abbildung 11.33 verwenden, um im Fehlerfall eine E-Mail zu versenden.

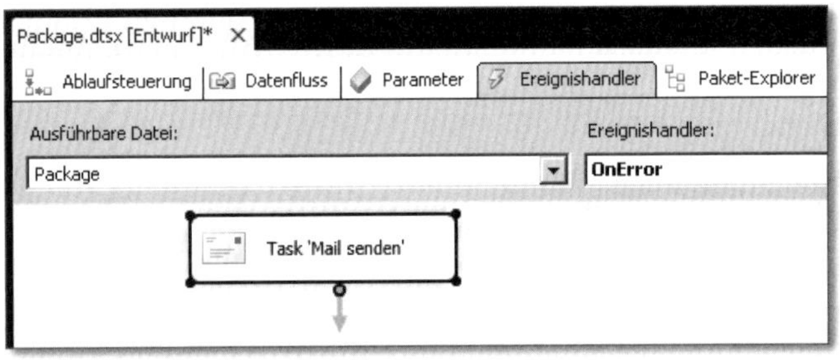

Abbildung 11.33 Senden einer E-Mail beim Ereignis »OnError«

Der Task MAIL SENDEN muss lediglich konfiguriert werden. Das wurde in den vergangenen Schritten bereits gezeigt, sodass Sie diese Schritte kennen und lediglich den SMTP-Server, einen Betreff, den Absender der E-Mail und den Empfänger angeben müssen. Jetzt ist es an der Zeit, einen ersten Test durchzuführen. Visual Studio bietet die Möglichkeit, das Projekt zu debuggen. Dazu wählen Sie den Menüpunkt DEBUGGEN und DEBUGGING STARTEN aus. Ein grüner Kreis mit weißem Haken zeigt an, dass der jeweilige Schritt erfolgreich ausgeführt wurde (siehe Abbildung 11.34).

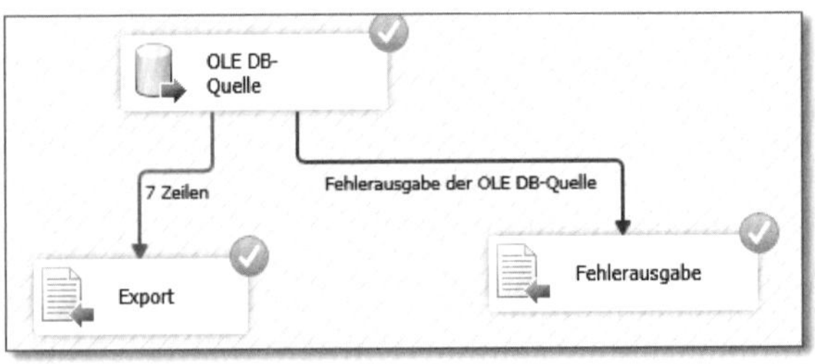

Abbildung 11.34 Datenfluss – erfolgreicher Test des Pakets

Ist das der Fall, können Sie das Debuggen anschließend beenden, indem Sie im Menü DEBUGGEN auf DEBUGGING BEENDEN klicken. Solche Integration-Services-Pakete werden nicht immer auf dem Rechner ausgeführt, auf dem sie entwickelt worden sind. Ein weiterer wichtiger Schritt besteht also darin, sich zu überlegen, inwiefern das Paket auf einem anderen Rechner als dem Entwicklungsrechner ausgeführt wird. Oder besser gesagt, was bedeutet es, wenn das Paket auf unterschiedlichen Rechnern lauffähig sein muss? Die Verbindungszeichenfolgen, die wir eingerichtet haben, sind speziell für den Entwicklungsrechner gedacht. Hier bieten die Integration Services eine flexible Konfiguration an. Im nachfolgenden Abschnitt zeigen wir Ihnen die Möglichkeiten der Paketkonfiguration.

11.3.3 SSIS-Paketkonfiguration

Um auf die Paketkonfiguration zugreifen zu können, selektieren Sie irgendeine Registerkarte, z.B. ABLAUFSTEUERUNG. Im Eigenschaftsfenster finden Sie den Eintrag

CONFIGURATIONS und dahinter in Klammern (AUFLISTUNG). Klicken Sie auf die Schaltfläche mit den drei Auslasspunkten, und es öffnet sich der PAKETKONFIGURATIONSPLANER, den Sie in Abbildung 11.35 sehen. Aktivieren Sie die Paketkonfigurationen, und klicken Sie auf HINZUFÜGEN.

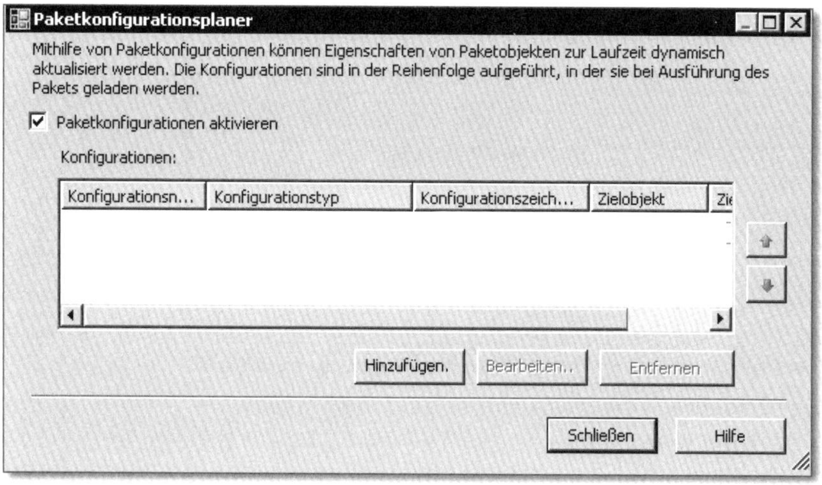

Abbildung 11.35 Hinzufügen einer Paketkonfiguration

Um die Möglichkeit einer Wertezuweisung erst zur Ausführung eines Pakets zu nutzen, können Sie jetzt die Paketkonfiguration erstellen. Zur Laufzeit werden die Eigenschaften, die Sie in die Konfiguration aufnehmen, dynamisch dem Paket zugewiesen. Als Konfigurationstyp stehen Ihnen die folgenden Auswahlmöglichkeiten zur Verfügung:

- XML-KONFIGURATIONSDATEI
- UMGEBUNGSVARIABLE
- REGISTRIERUNGSEINTRAG
- VARIABLE FÜR DAS ÜBERGEORDNETE PAKET
- SQL-SERVER-TABELLE

Aus den Konfigurationsmöglichkeiten wählen Sie die XML-KONFIGURATIONSDATEI für unser Beispiel aus, legen einen Pfad und Dateinamen fest und klicken auf WEITER (siehe Abbildung 11.36).

Tipp aus der Praxis

Vergessen Sie nicht, an dieser Stelle über das Thema »Berechtigungen« nachzudenken. Wir haben immer wieder erlebt, dass es zu Fehlern bei der Ausführung der Pakete gekommen ist, weil Berechtigungen im Dateisystem nicht gesetzt wurden.

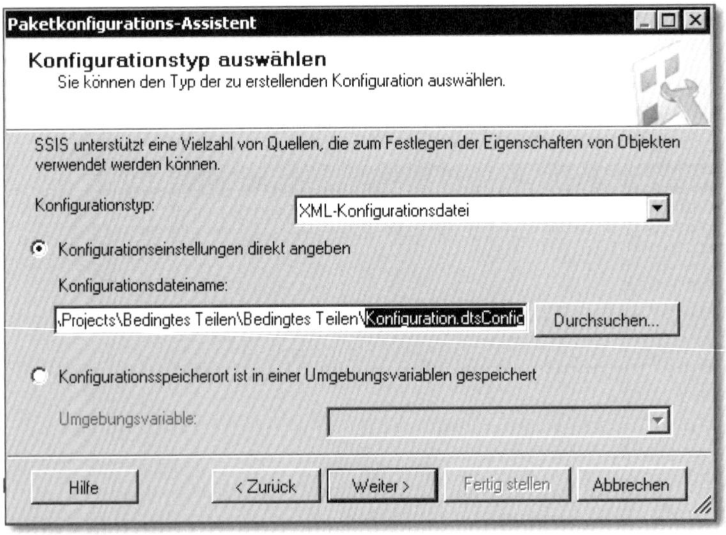

Abbildung 11.36 Festlegen des gewünschten Konfigurationstyps

Nun können Sie die Eigenschaften wählen, die Sie in die Konfigurationsdatei aufnehmen möchten. Dazu wählen Sie jeweils die Datenquelle aus und selektieren die Eigenschaft Connection String (siehe Abbildung 11.37). Jede Eigenschaft, die Sie auswählen, wird in die XML-Konfigurationsdatei aufgenommen, sodass Sie später auf dem Zielsystem die Verbindungszeichenfolgen jederzeit anpassen können.

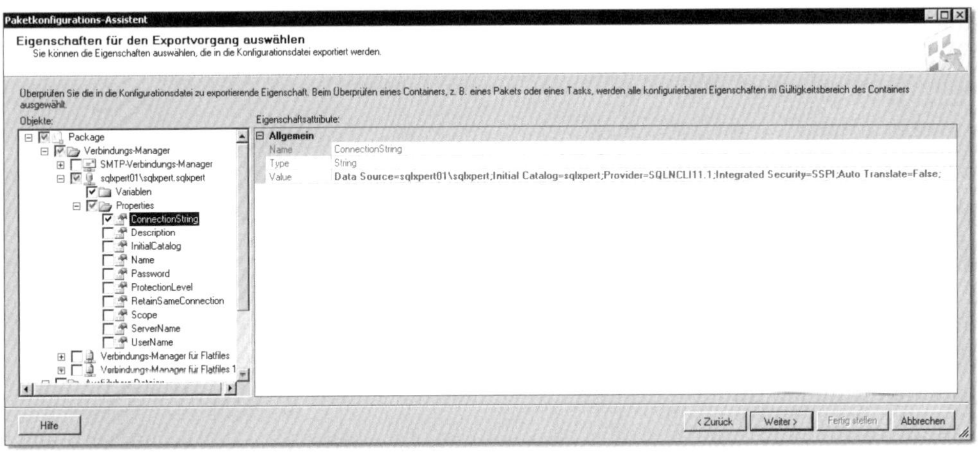

Abbildung 11.37 Eigenschaften für die Konfigurationsdatei

So wie eben für die Verbindungszeichenfolge ein Wert in die Konfigurationsdatei aufgenommen wurde, verfahren Sie für alle weiteren Werte, die Sie in diese Datei aufnehmen möchten. Klicken Sie jetzt auf Weiter, und schließen Sie den Dialog des

Konfigurationsplaners. Ein Blick in die soeben erzeugte XML-Konfigurationsdatei in Abbildung 11.38 zeigt die einzelnen Parameter.

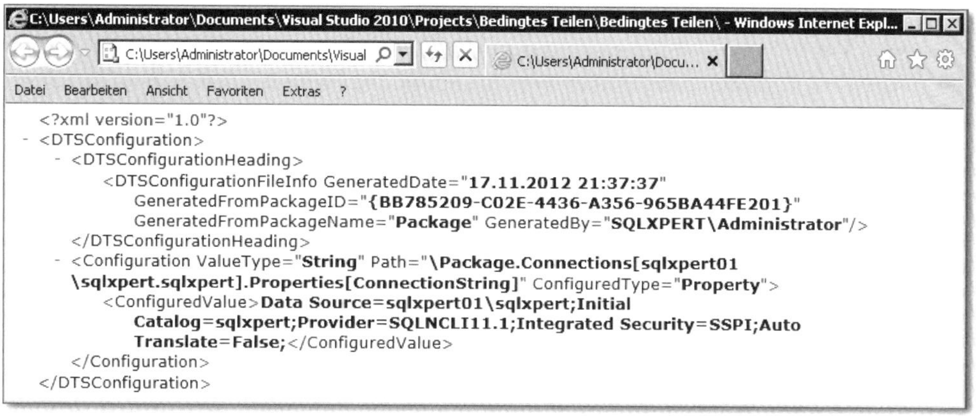

Abbildung 11.38 Die Config-XML-Konfigurationsdatei

Mithilfe des Deployment-Assistenten, den wir in Abschnitt 11.3.5, »Bereitstellen von Paketen«, noch besprechen werden, erreichen Sie eine einfache und flexible Konfiguration anhand der XML-Konfigurationsdatei.

Nachdem das Projekt erstmalig ausgeführt wurde, ist eine weitere Registerkarte hinzugekommen, die Sie in Abbildung 11.39 sehen. Sie zeigt die AUSFÜHRUNGSERGEBNISSE an, sodass Sie die Möglichkeit haben, zusätzlich Fehlermeldungen zu erkennen und die korrekte Ausführung des Pakets zur Entwurfszeit zu überwachen.

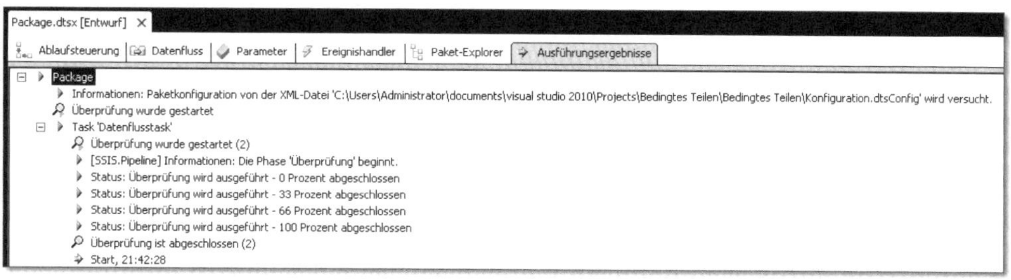

Abbildung 11.39 Ausführungsergebnisse

Bis hierhin haben wir es geschafft, ein SSIS-Paket zu erstellen, Ereignishandler zu konfigurieren und eine passende Konfigurationsdatei zu erstellen. Als Nächstes widmen wir uns der Protokollierung, um ein geeignetes Hilfsmittel zur Analyse bei Fehlern zur Hand zu haben.

11.3.4 Protokollierung

Für eine Analyse erfolgreicher oder fehlgeschlagener Paketausführungen gibt es die Möglichkeit der Protokollierung. Wenn Sie an das Thema Wartungspläne denken, wird klar, dass es mehrere Wege gibt, einen Wartungsplan zu erstellen: mit bzw. ohne Assistenten im SQL Server Management Studio und über die SQL Server Data Tools mit den Integration Services. Der Vorteil der SQL Server Data Tools in Verbindung mit den Integration Services liegt darin, dass diese Ereignisse behandeln können und eine sehr gute Protokollierung ermöglichen. Wählen Sie in der Menüleiste den Punkt SSIS und dann Protokollierung aus. Folgende Protokollanbieter stehen Ihnen als Auswahl zur Verfügung:

- SSIS-Protokollanbieter für das Windows-Ereignisprotokoll
- SSIS-Protokollanbieter für Textdateien
- SSIS-Protokollanbieter für XML-Dateien
- SSIS-Protokollanbieter für SQL Server
- SSIS-Protokollanbieter für SQL Server Profiler

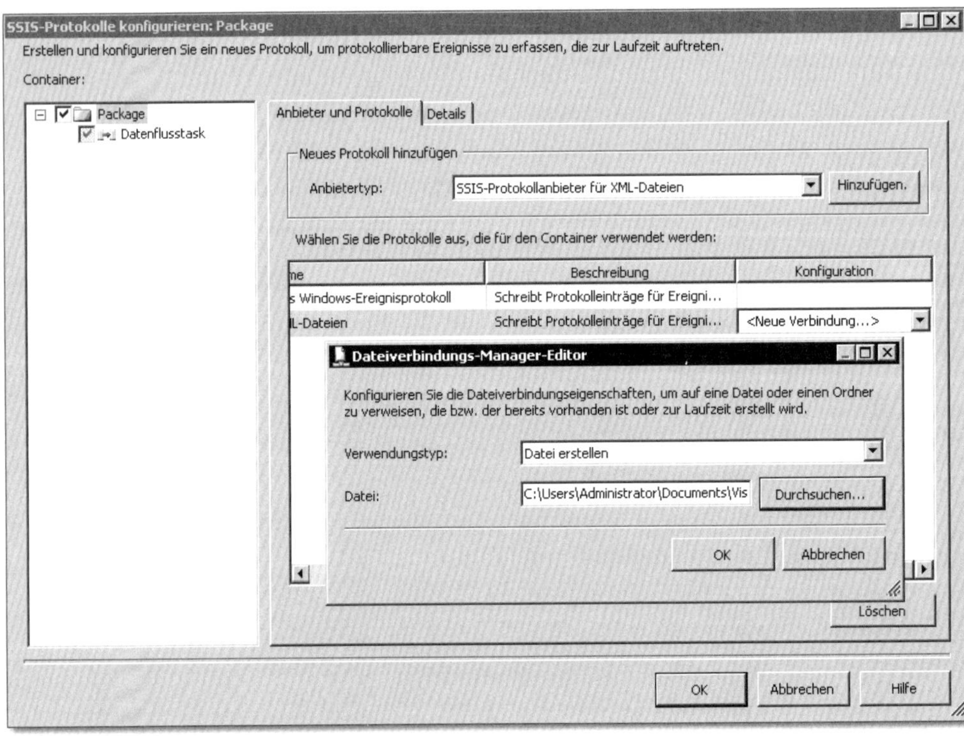

Abbildung 11.40 Der Pfad und Dateiname für die XML-Protokolldatei

In der Praxis müssen Sie entscheiden, ob Sie einen oder mehrere Protokollanbieter hinzufügen möchten. Somit können Sie unterschiedliche Ziele protokollieren und diese später auswerten. Beachten Sie jedoch, dass Sie die Protokollanbieter, außer der Windows-Ereignisanzeige, erst noch konfigurieren müssen. Für eine XML-Datei müssen der Pfad und der Dateiname angegeben werden.

In unserem Beispiel wählen Sie die Dateiverbindung mit Pfad und Dateinamen für den Protokollanbieter vom Typ XML-Datei aus (siehe Abbildung 11.40). Beachten Sie auch hier, dass ein Paket, das später vom SQL-Server-Agent ausgeführt wird (Servicekonto des Agents oder dedizierter Benutzer), über die notwendigen Berechtigungen verfügen muss, um die Protokolldatei erstellen zu können.

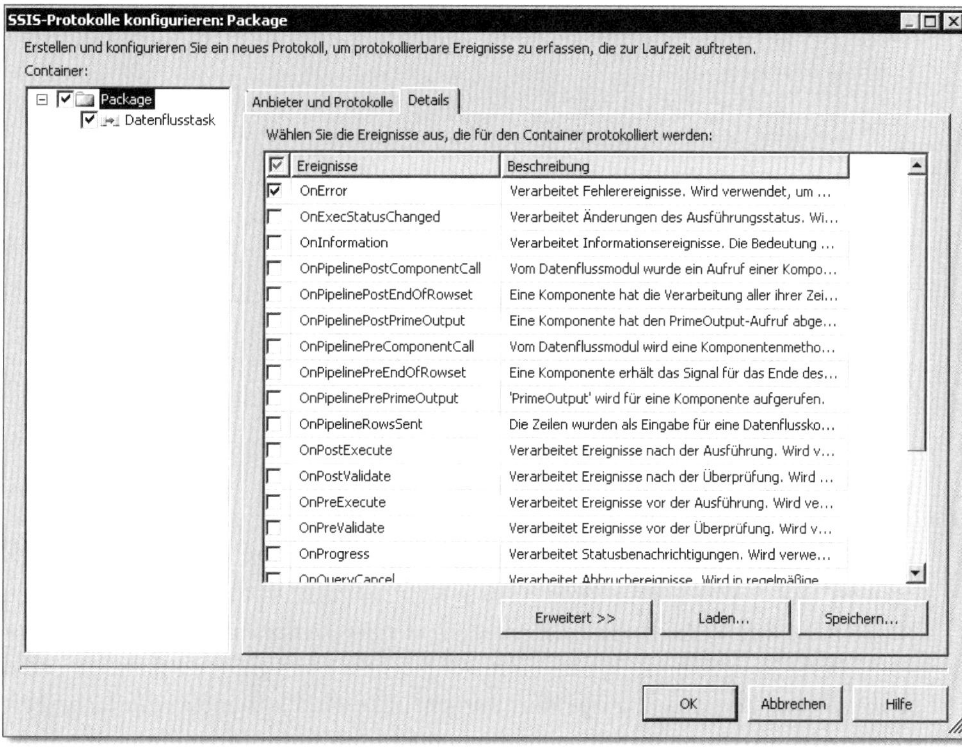

Abbildung 11.41 Ereignisse auf Paket- oder Taskebene auswählen

Wie Sie in Abbildung 11.41 sehen, müssen Sie entscheiden, ob Sie die Protokollierung auf Paket- oder auf Taskebene durchführen oder beides aktivieren möchten. Die Ereignisse müssen Sie jeweils genau wie die Protokollanbieter separat auswählen. Mit einem anschließenden Klick auf OK schließen Sie die Konfiguration der Protokollierung ab. Durch die Protokollierung steht Ihnen z.B. bei Wartungsplänen eine verbesserte Analysemöglichkeit zur Verfügung.

11.3.5 Bereitstellen von Paketen

Es gibt mehrere Verfahren, um ein Paket bereitzustellen. Der einfachste Weg ist das Speichern im Dateisystem. Wenn Sie einen alternativen Speicherort außerhalb des Projekts festlegen möchten, wählen Sie im Menü Datei den Punkt Kopie von Paket.dtsx speichern unter. Geben Sie den Pfad und Dateinamen an, und klicken Sie auf Speichern. Ein Doppelklick im Anschluss auf die gespeicherte Datei *Paket.dtsx* öffnet das Paketausführungsprogramm (siehe Abbildung 11.42).

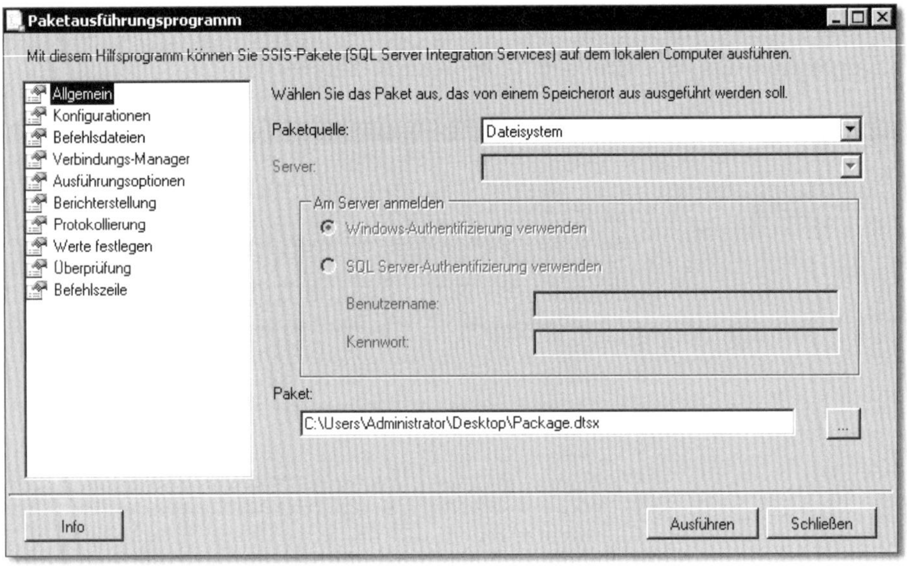

Abbildung 11.42 Das Paketausführungsprogramm

Sehr gut zu erkennen sind die Kategorien. Unter Allgemein finden Sie die Paketquelle und den Pfad. Interessant ist sicherlich der Punkt Verbindungs-Manager, in dem Sie Ihre Verbindungszeichenfolgen vor der Ausführung anpassen können. Die Überprüfung kann so konfiguriert werden, dass nur signierte Pakete mit Build, Paket-ID und Versions-ID ausgeführt werden. Das erhöht letztendlich die Sicherheit.

Wenn Sie jetzt auf Ausführen klicken, wird das Paket ausgeführt und der Status der Ausführung in einem separaten Fenster angezeigt. Auch an dieser Stelle ist es möglich, die XML-Konfigurationsdatei hinzuzufügen. Dazu klicken Sie auf die Kategorie Konfigurationen und fügen die XML-Konfigurationsdatei hinzu (siehe Abbildung 11.43).

Eine alternative Ausführungsart ist die Kommandozeile. Es gibt das Kommandozeilenprogramm DTEXEC, mit dem Sie SSIS-Pakete aus der Kommandozeile heraus starten können. Damit Sie gleich über die richtige Syntax für die Parameter beim Aufruf verfügen, klicken Sie im Paketausführungsprogramm auf die Kategorie Befehls-

ZEILE und kopieren die Befehlszeile in die Zwischenablage. Dann öffnen Sie die Kommandozeile und geben DTEXEC gefolgt von einem Leerzeichen ein. Nun fügen Sie den Parameter aus der Zwischenablage ein. Klicken Sie dazu mit der rechten Maustaste in die Kommandozeile, und wählen Sie EINFÜGEN (siehe Abbildung 11.43).

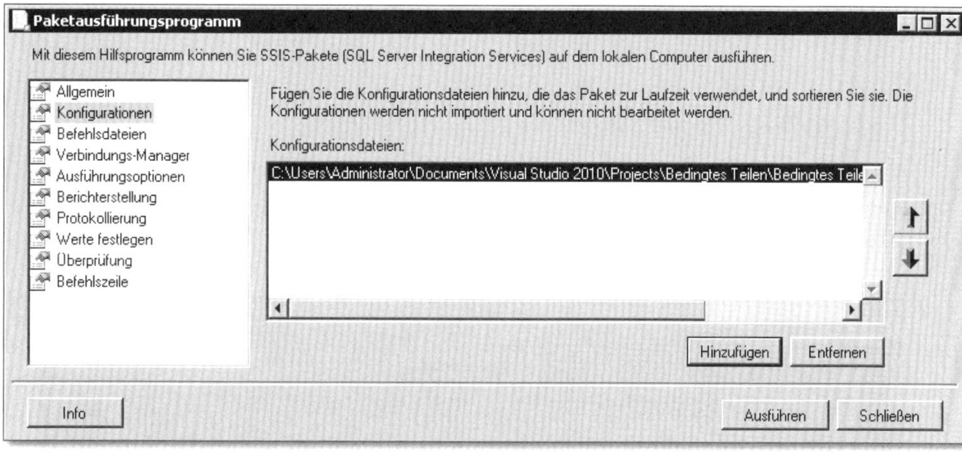

Abbildung 11.43 Hinzufügen der XML-Konfigurationsdatei

Abbildung 11.44 DTEXEC mit Parameter

Wie Sie erkennen, wurde der Befehl mit dem Parameter in der Kommandozeile erstellt, und Sie können diesen mit der Eingabetaste ausführen.

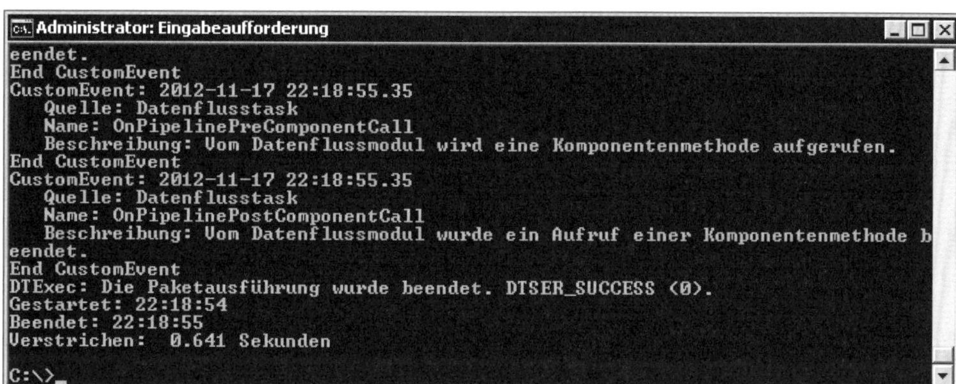

Abbildung 11.45 DTEXEC erfolgreich ausgeführt

Nach einer erfolgreichen Ausführung erhalten Sie die Meldung DTSER_SUCCESS und eine Zeitangabe für die Dauer der Ausführung. Die Möglichkeit, ein SSIS-Paket über die Kommandozeile auszuführen, lässt es zu, diese Aufgabe zeitgesteuert zu erledigen. Was geschieht, wenn SSIS-Pakete von Vorgängerversionen des SQL Servers ausgeführt werden müssen? Um diese Frage zu beantworten, schauen wir uns den nächsten Abschnitt an.

11.3.6 SSIS-Pakete auf SQL Server 2012 aktualisieren

Für die Migration vorhandener DTS-Pakete aus SQL Server 2005, 2008 und 2008 R2 steht ein Konvertierungsprogramm zur Verfügung. Wechseln Sie zur Konsole, und geben Sie innerhalb der Konsole den Befehl SSISUPGRADE ein.

Abbildung 11.46 SSISUPGRADE

Es wird ein Assistent zum Konvertieren von Integration-Services-Projekten gestartet (siehe Abbildung 11.47). Dieser Assistent bietet Ihnen komfortabel die Möglichkeit der Migration solcher Pakete.

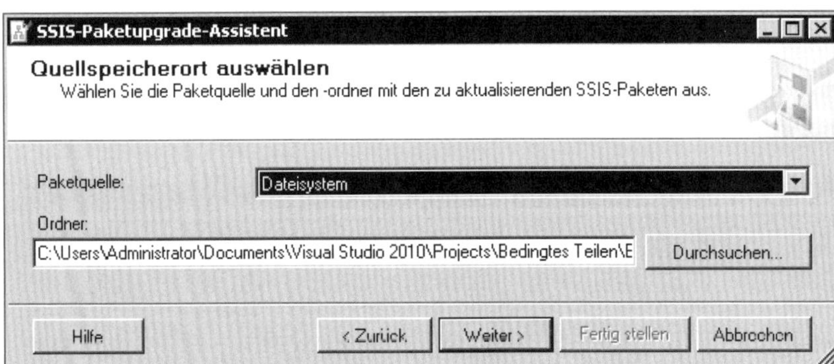

Abbildung 11.47 Quellspeicherort für das DTS-Paket auswählen

Mithilfe des Migrationsassistenten in Visual Studio wählen Sie aus, von welchem Server bzw. Speicherort aus Sie die Pakete öffnen möchten. Dazu geben Sie einfach den SERVERNAMEN oder Speicherort an und bestätigen dies mit WEITER. Da ein Projekt aus mehreren Paketen bestehen kann, müssen diese im nächsten Dialog wie in Abbildung 11.48 über die Checkboxen ausgewählt werden.

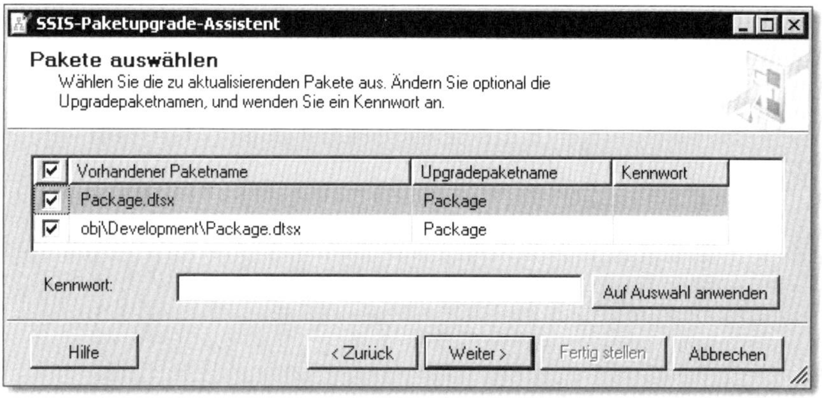

Abbildung 11.48 Auswahl der Pakete für das Upgrade

Nachdem Sie die Pakete ausgewählt haben, geben Sie den Zielordner an und selektieren die Paketverwaltungsoptionen. Das betrifft, wie Sie in Abbildung 11.49 sehen, die Verbindungszeichenfolgen, die Paket-ID bzw. die Sicherung der Originalpakete.

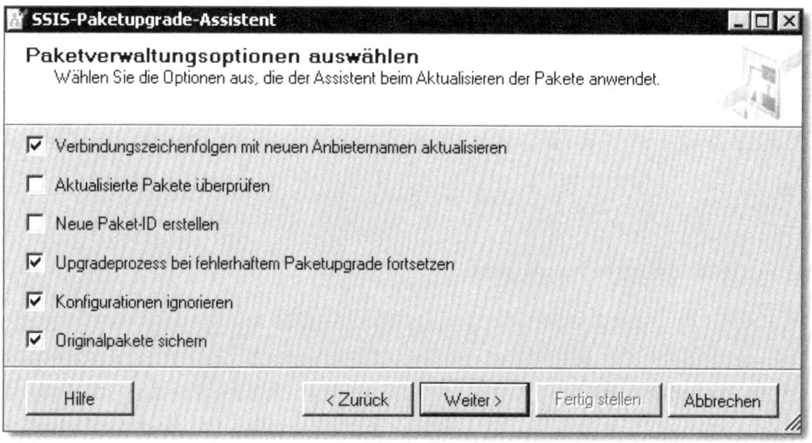

Abbildung 11.49 Auswahl der Paketverwaltungsoptionen

Nachdem Sie auf WEITER geklickt haben, erfolgt eine Zusammenfassung, nach der Sie die Migration über FERTIG STELLEN abschließen können.

Wenn es nicht zu Fehlern kommt, meldet der Assistent den erfolgreichen Abschluss des Upgrades (Abbildung 11.50). Sie sehen, auch an die Migration von Paketen aus Vorgängerversionen wurde gedacht. Als Nächstes setzen wir uns mit dem Thema der Bereitstellung von Paketen mithilfe des Bereitstellungsassistenten auseinander.

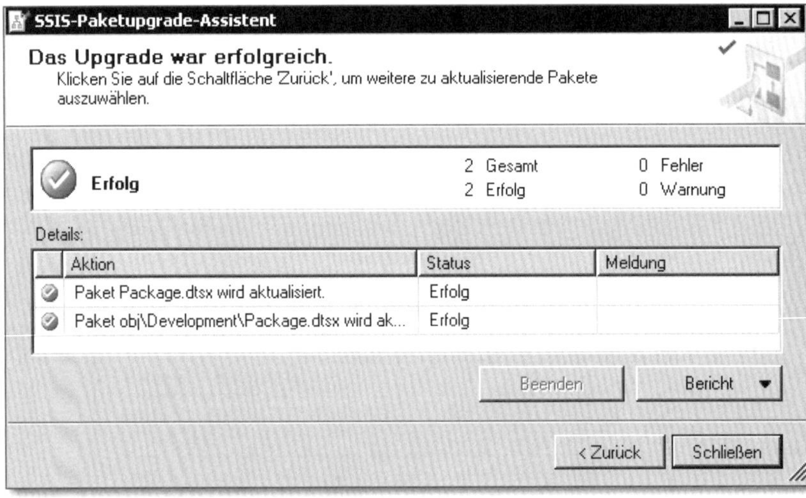

Abbildung 11.50 Erfolgreiches Upgrade

11.4 Bereitstellen von Projekten und Paketen

Die Integration Services von SQL Server 2012 unterstützen zwei Bereitstellungsmodelle. Die Modelle können gewechselt werden, indem im Projektmappen-Explorer (rechte Maustaste auf die Solution) entweder der Menüeintrag IN PROJEKTBEREITSTELLUNGSMODELL KONVERTIEREN oder IN PAKETBEREITSTELLUNGSMODELL KONVERTIEREN ausgewählt wird. Je nach aktuellem Zustand wird der gegenteilige Eintrag angezeigt.

11.4.1 Das Projektbereitstellungsmodell

Beim Projektbereitstellungsmodell ist es möglich, Projekte auf dem Integration-Services-Server von SQL Server direkt zur Verfügung zu stellen. Das ist neu, und dazu können Sie im Projektmappen-Explorer mit der rechten Maustaste auf das Projekt klicken und BEREITSTELLEN wählen. Das ist der kürzeste Weg, bei dem Sie lediglich den Servernamen und den Pfad angeben müssen, in welchem Ordner innerhalb der Datenbank das Projekt bereitgestellt werden soll. Es muss jedoch der *Integration-Services-Katalog* (SSISDB) vorhanden sein. Das ist die Datenbank, in der die Bereitstellung erfolgt. Der zweite Weg, um eine Bereitstellung durchzuführen, wird in Abschnitt 11.4.3, »Der Bereitstellungsassistent«, beschrieben. Dort erläutern wir Ihnen, wie mithilfe des Assistenten und der Integration-Services-Projekt-Bereitstellungsdatei zu verfahren ist. In diesem Beispiel wird auch die Erstellung eines SSIS-Katalogs gezeigt, falls dieser zu dem Zeitpunkt noch nicht vorhanden ist.

11.4.2 Das Paketbereitstellungsmodell

Beim Paketbereitstellungsmodell wird ein DTSX-Paket erstellt. Dieses Paket finden Sie innerhalb der Anwendung im Ordner *bin*, in dem ein weiterer Ordner *Deployment* angelegt wird. Je nachdem, ob Sie unter Projekt Eigenschaften Bereitstellung die Option Create Deployment Utility auf TRUE oder FALSE gesetzt haben, ist der Inhalt des Ordners *Deployment* unterschiedlich. Wurde der Wert auf TRUE gesetzt, existiert ein Manifest im *Deployment-Ordner*, über das ein Paket bereitgestellt werden kann. Der Vorgang ist identisch mit der Vorgängerversion, dem SQL Server 2008 R2. Der Eintrag Create Deployment Utility existiert nur, wenn sich das Projekt im Paketbereitstellungsmodell befindet.

11.4.3 Der Bereitstellungsassistent

11

Wenn Sie im Projektmappen-Explorer das Projekt erstellt haben, wird im Projektordner unter *bin* ein Ordner *Deployment* erzeugt. In diesem Ordner befindet sich die Integration Services Project Deployment-Datei (Abbildung 11.51). Mithilfe dieser Datei können Sie das Projekt ebenfalls bereitstellen.

Abbildung 11.51 Deployment-Datei

Ein Doppelklick auf diese Datei startet den Assistenten zur Bereitstellung von Projekten. Zunächst erfolgt die Begrüßung, und nachdem Sie auf Weiter geklickt haben, müssen Sie eine Paketquelle für das Projekt auswählen, das bereitgestellt werden soll.

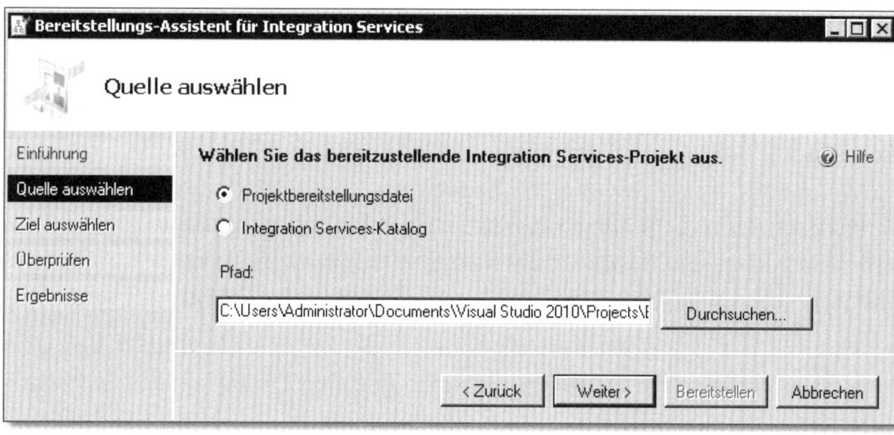

Abbildung 11.52 Auswählen der Paketquelle

Dabei stehen Ihnen zwei Möglichkeiten zur Verfügung: zum einen der neue Integration-Services-Katalog (eine Datenbank im SQL Server) oder zum anderen die Projektbereitstellungsdatei. Wenn Sie Bereitstellungsdatei wählen, werden Sie aufgefordert, den Zielserver anzugeben.

Wenn auf dem Zielserver noch kein Integration-Services-Katalog existiert, erhalten Sie eine Warnung, nachdem Sie in das Eingabefeld für den PFAD geklickt haben. Abbildung 11.53 zeigt den Hinweis, dass kein Integration-Services-Katalog (SSISDB) gefunden wurde.

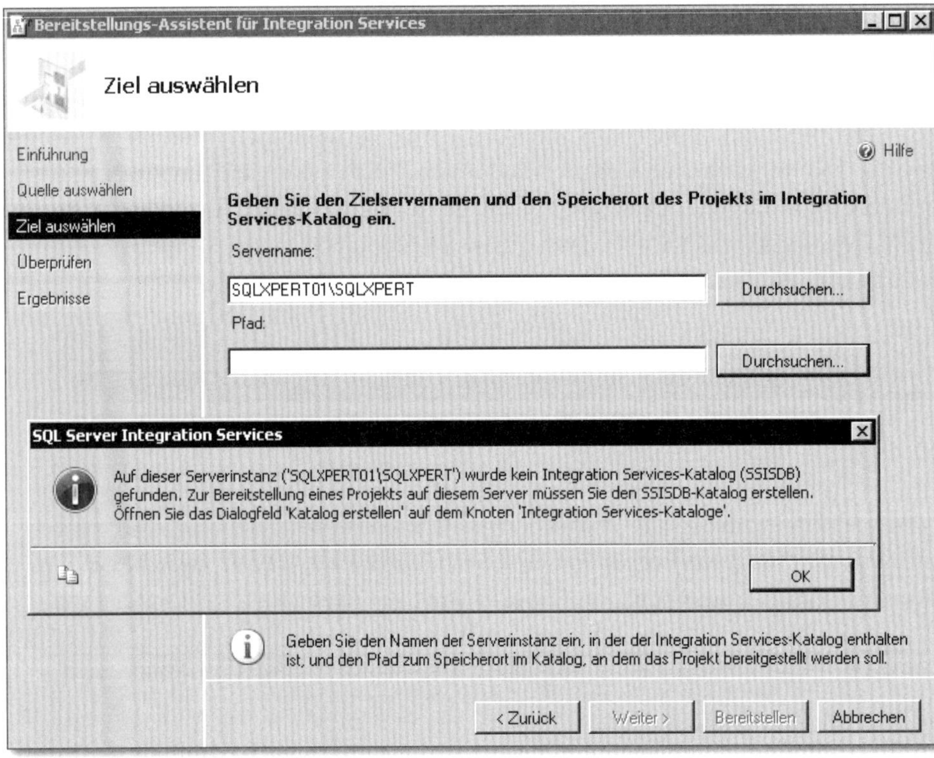

Abbildung 11.53 Fehlender Integration-Services-Katalog

Wenn dieser Hinweis erscheint, müssen Sie zunächst den Integration-Services-Katalog erstellen. Wechseln Sie dazu in das Management Studio, und wechseln Sie auf den Knoten INTEGRATION SERVICES-KATALOG, wie in Abbildung 11.54 gezeigt wird.

Der Katalog lässt sich einfach erstellen, indem Sie auf den Menüpunkt KATALOG ERSTELLEN... klicken, ein Kennwort eingeben und den Dialog mit OK bestätigen (siehe Abbildung 11.55).

Nach dem Erstellen des Katalogs können Sie zum Dialog aus Abbildung 11.53 zurückkehren, und die Fehlermeldung wird nicht mehr erscheinen.

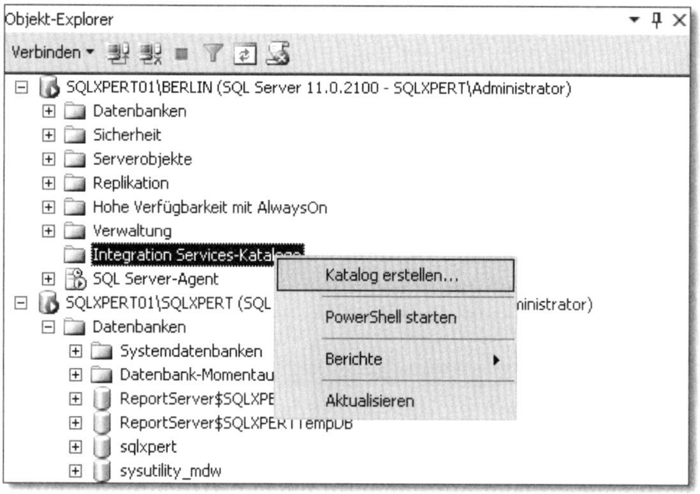

Abbildung 11.54 SSIS-Katalog erstellen

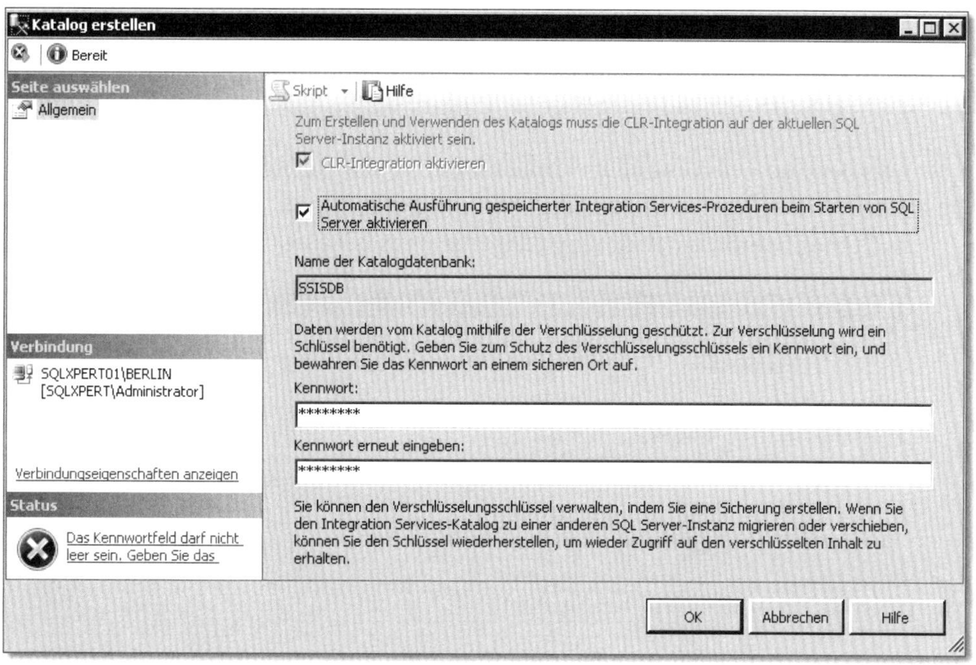

Abbildung 11.55 Erstellen der Katalogdatenbank

Beim Durchsuchen wird der Knoten SSISDB (die Katalogdatenbank) angezeigt, und Sie können einen neuen Ordner anlegen (siehe Abbildung 11.56). Diese Ordner dienen der Übersicht und Strukturierung innerhalb der SSIS-Projekte.

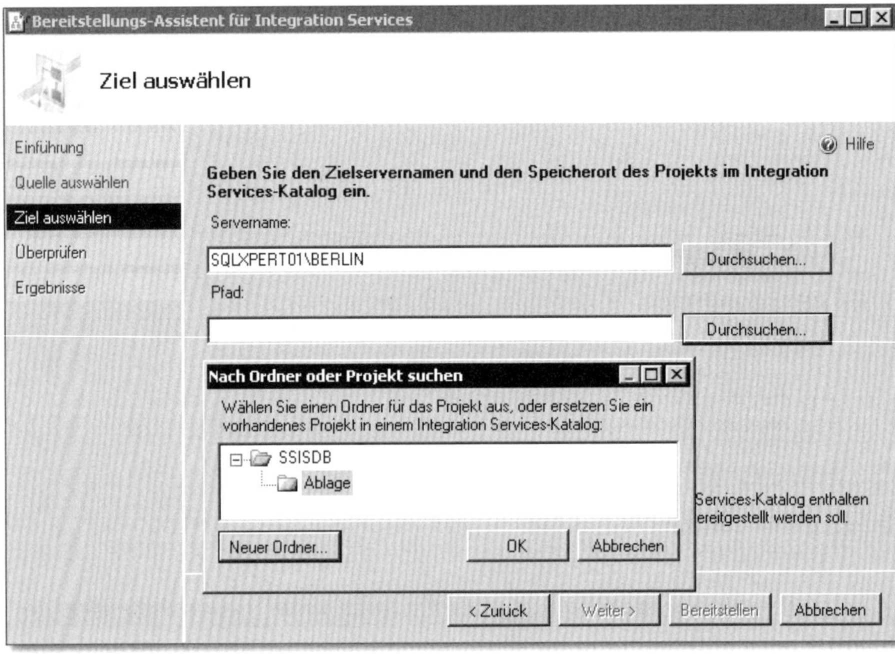

Abbildung 11.56 Ordner zur Katalogdatenbank anlegen

Nachdem der Ordner erstellt wurde, klicken Sie auf OK. Beenden Sie den Vorgang, indem Sie auf WEITER klicken und ihn mit BEREITSTELLEN abschließen. Sie erhalten noch eine Zusammenfassung, und der Prozess ist beendet (siehe Abbildung 11.57).

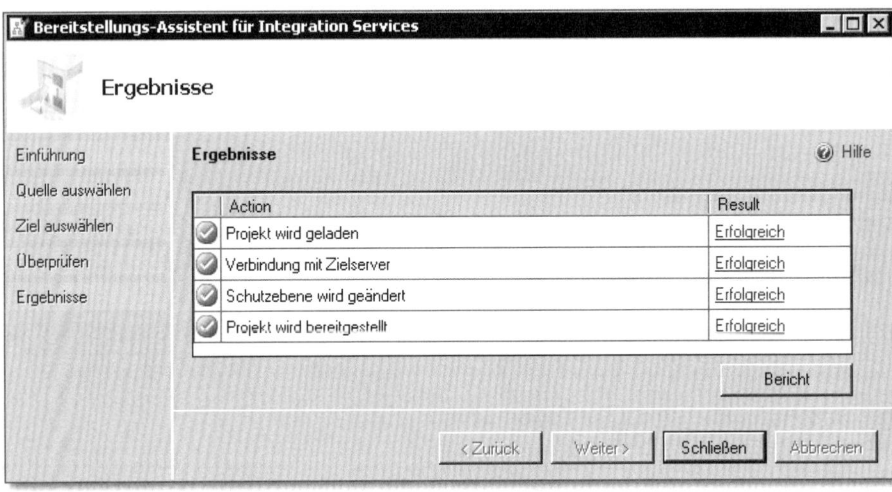

Abbildung 11.57 Ergebnisse der Bereitstellung

Wie Sie sehen, bieten die Integration Services von SQL Server 2012 einige neue Funktionen hinsichtlich der Bereitstellung. Dazu gehört unter anderem auch der neue Integration-Services-Katalog.

11.4.4 Der Integration-Services-Katalog

Der *Integration-Services-Katalog* stellt ein zentrales Repository in Form einer Systemdatenbank (SSISDB) zur Verfügung. In dieser werden Projekte, Pakete, Parameter, Umgebungen und Verwendungsverläufe gespeichert. Es werden nicht mehr einzelne Dateien, sondern Projekte verwaltet und ausgerollt. Projekte werden im Katalog veröffentlicht und nicht wie bisher in die Systemdatenbank MSDB oder in das Dateisystem gespeichert. Es werden jetzt Parameter statt Konfigurationen verwendet, und diese landen direkt im Katalog und nicht in einer Konfigurationsdatei. Ereignisse werden bei der Ausführung automatisch aufgezeichnet. Dazu müssen keine Log-Provider hinzugefügt werden. Die folgende Abbildung zeigt den Integration-Services-Katalog. Der neue Katalog ist eine Systemdatenbank, die sich unter dem Knoten INTEGRATION SERVICES-KATALOGE befindet.

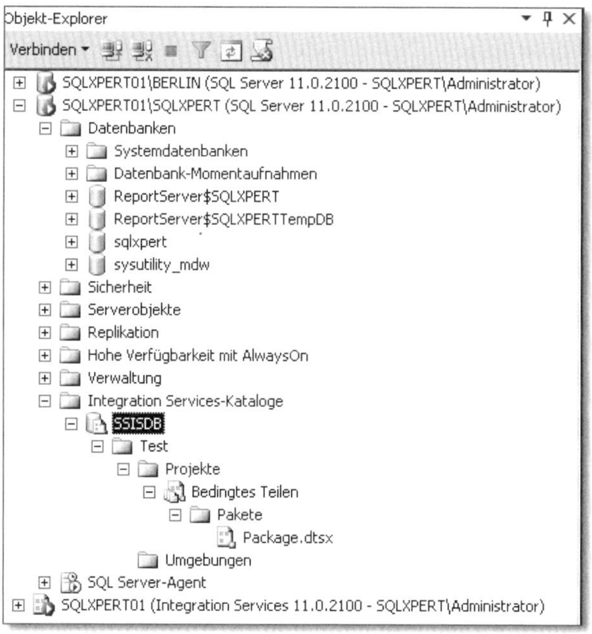

Abbildung 11.58 Der SSIS-Katalog

Damit die unterschiedlichen Projekte getrennt im Katalog aufbewahrt werden können, ist es sinnvoll, Ordner unterhalb von SSISDB anzulegen. In unserem Beispiel ist es der Ordner TEST. Um sich später Informationen zum Katalog anzeigen zu lassen, wurden neue Berichte in SQL Server 2012 integriert. Diese Berichte können Sie sich ansehen, indem Sie auf den Katalog klicken und BERICHTE wählen. Abbildung 11.59 zeigt das neue Dashboard.

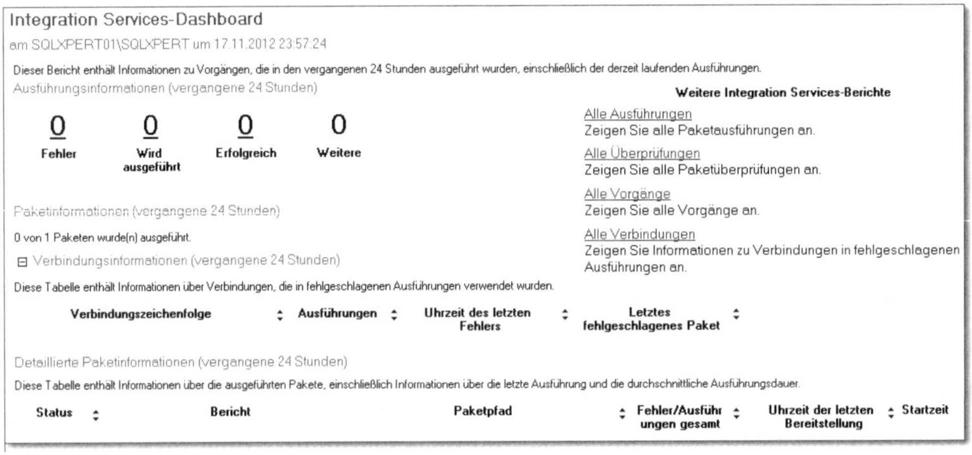

Abbildung 11.59 Dashboard der Integration Services

Wichtig ist, dass Sie die Möglichkeit haben, alte Projekte, die aus einzelnen Dateien bestanden, in das neue Modell überführen zu können. Dazu steht ein neuer Assistent zur Verfügung.

11.4.5 Bereitstellungsmodell konvertieren

Um ein SSIS-Projekt vom Paketbereitstellungsmodell in den neuen Projektbereitstellungsmodus oder umgekehrt zu konvertieren, wurde ein Assistent hinzugefügt. Klicken Sie wie in Abbildung 11.60 auf PROJEKT und BEREITSTELLUNGSMODELL KONVERTIEREN.

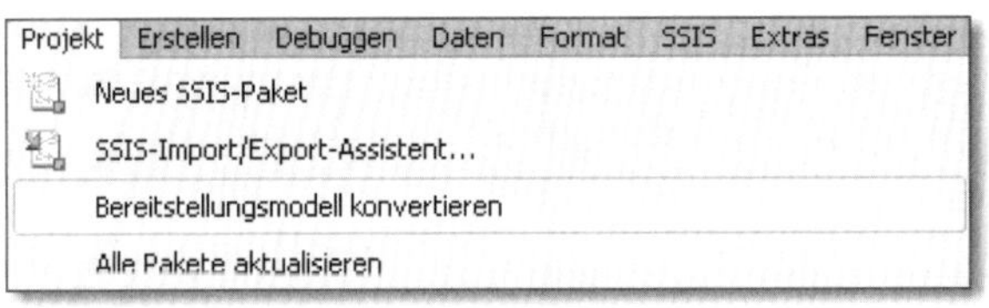

Abbildung 11.60 Bereitstellungsmodell konvertieren

Unter diesem Menüpunkt haben Sie die Möglichkeit, ein Projekt zu konvertieren. Das ist jedoch nicht die einzige Stelle, von der aus Sie die Konvertierung veranlassen können. Alternativ funktioniert das auch über den Projektmappen-Explorer im Kontextmenü.

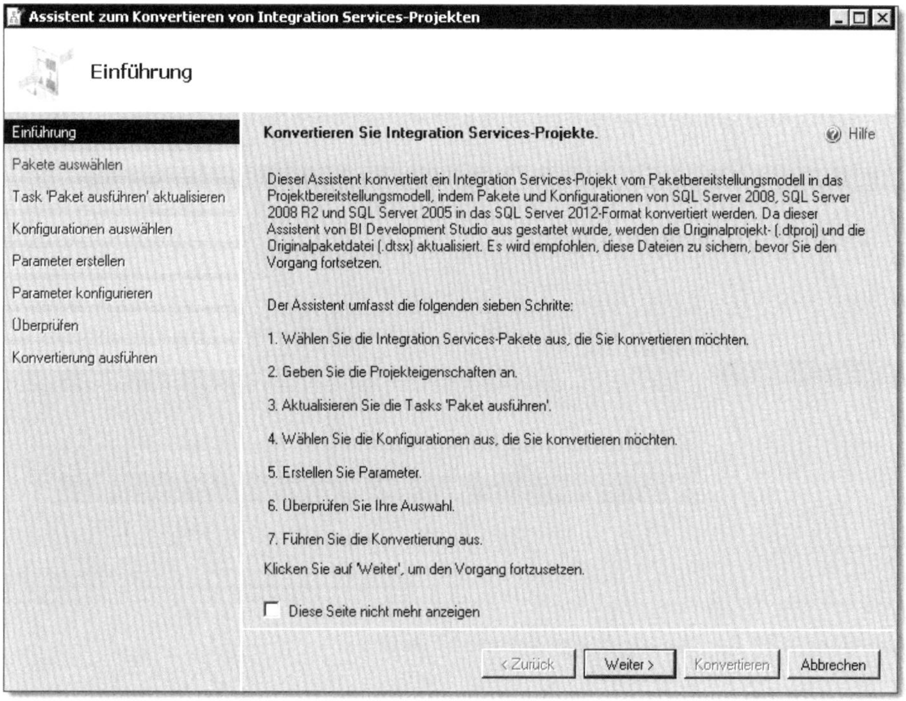

Abbildung 11.61 Assistent zur Konvertierung der Projekte

Der Assistent stellt sieben Schritte dar, die zur Konvertierung eines SSIS-Projektes ausgeführt werden (siehe Abbildung 11.61). Diese Schritte erscheinen jedoch nur in diesem Funktionsumfang, wenn die Konvertierung vom Paketmodell hin zum Projektmodell erfolgt.

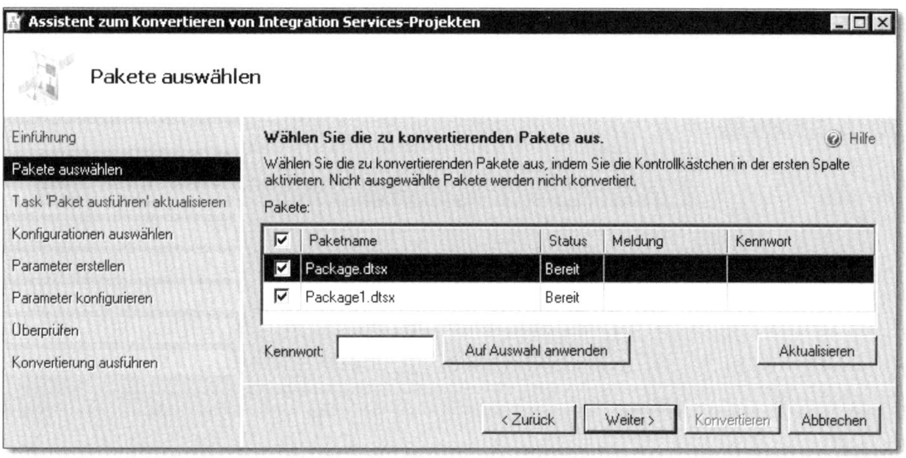

Abbildung 11.62 Auswahl des Projekts zur Konvertierung

Da ein Projekt aus mehreren Paketen bestehen kann, lassen sich diese hier über die Checkboxen wie in Abbildung 11.62 auswählen. In der Vergangenheit wurde eine Schutzebene angeboten, die es ermöglichen sollte, Pakete z.B. mit einen Passwort zu schützen. Diese können Sie hier im Feld KENNWORT verwenden.

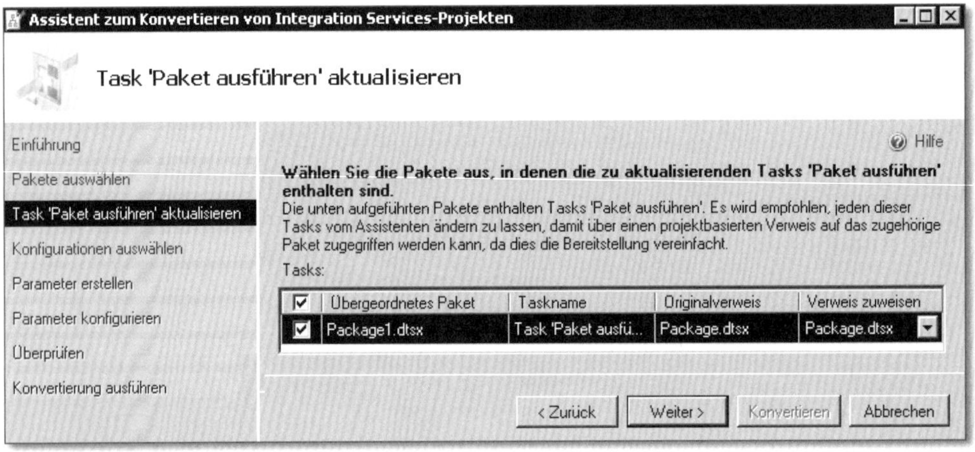

Abbildung 11.63 Angabe von übergeordneten Paketen

Da der Bereitstellungsmodus für das Projektmodell neue Funktionen wie Parameter und Paketebenen unterstützt, werden diese auch abgefragt. Wenn Sie ein übergeordnetes Paket haben, können Sie es hier angeben (siehe Abbildung 11.63).

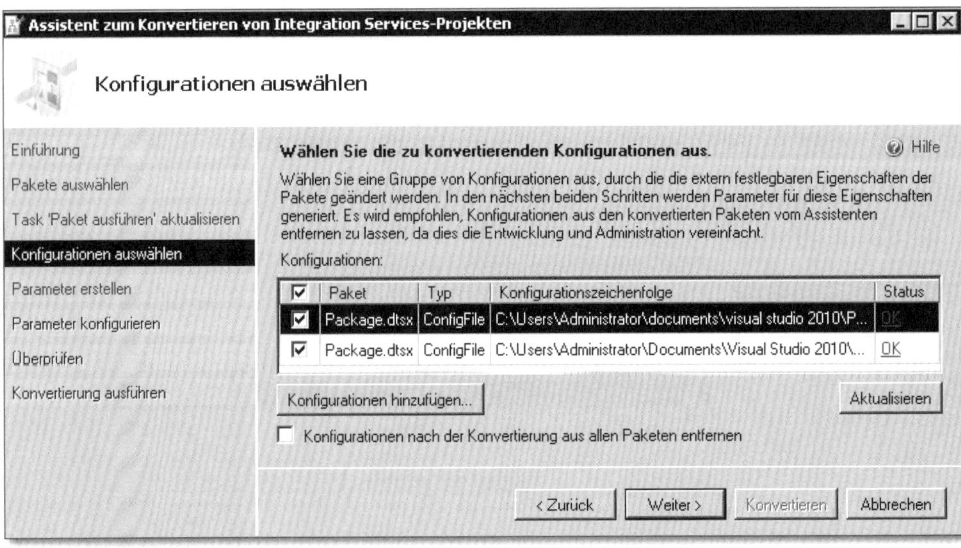

Abbildung 11.64 Die zu konvertierende Konfigurationsdatei

Projekte, die im Paketbereitstellungsmodell ausgeführt werden, verfügen über eine Konfigurationsdatei. Das ist der Grund, warum diese beim Konvertieren hier angegeben wird (siehe Abbildung 11.64). Im Projektbereitstellungsmodell werden die Konfigurationswerte über Variablen definiert und als Parameter bereitgestellt. Dazu existiert im SQL Server 2012 die Registerkarte PARAMETER.

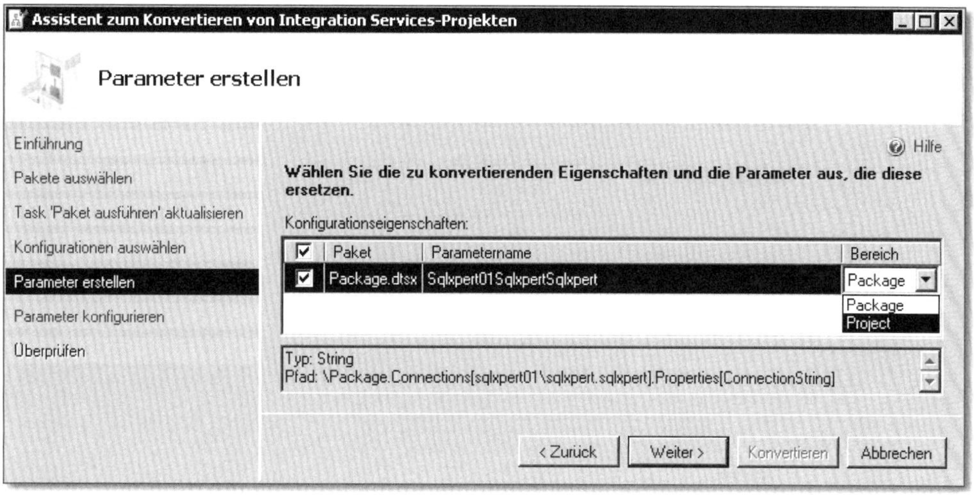

Abbildung 11.65 Parameter erstellen

Wird in einem Paket ein Parameter verwendet bzw. enthält die Konfigurationsdatei z.B. eine Verbindungszeichenfolge, kann diese nun in einen Parameter umgewandelt werden.

Hinweis

Wenn Sie die Konvertierung umgekehrt vom Projektbereitstellungsmodell zum Paketbereitstellungsmodell durchführen, wird eine Warnung ausgegeben, wenn Sie Parameter verwenden. Da der Paketmodus keine Parameter unterstützt, müssen die Parameter in diesem Fall entfernt werden.

Wird aus der Konfigurationsdatei – in unserem Beispiel die Datei *Konfiguration.dtsConfig* – ein Parameter gebildet, muss genau festgelegt werden, um welchen DATENTYP und WERT es sich handelt (Abbildung 11.66). Wir haben in den vorangegangenen Abschnitten eine Konfigurationsdatei erzeugt und dieser die Verbindungszeichenfolge zugewiesen. Hier wird aus dieser jetzt ein Parameter erstellt. Nachdem Sie sich bis hierhin vorgearbeitet haben, können Sie nun die eigentliche Konvertierung starten (Abbildung 11.67).

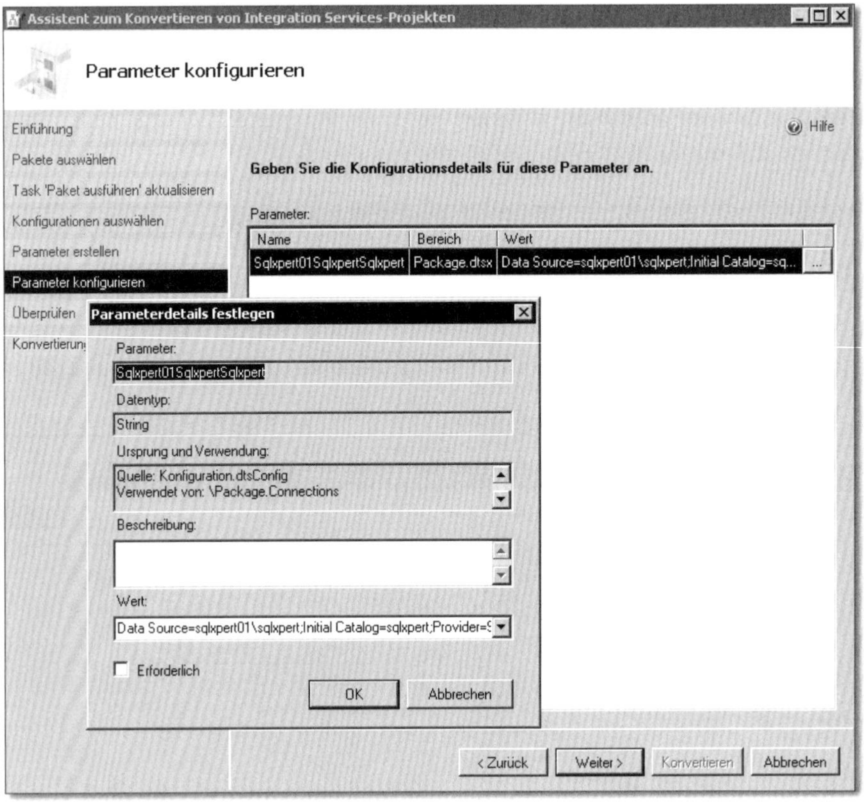

Abbildung 11.66 Parameterdetails festlegen

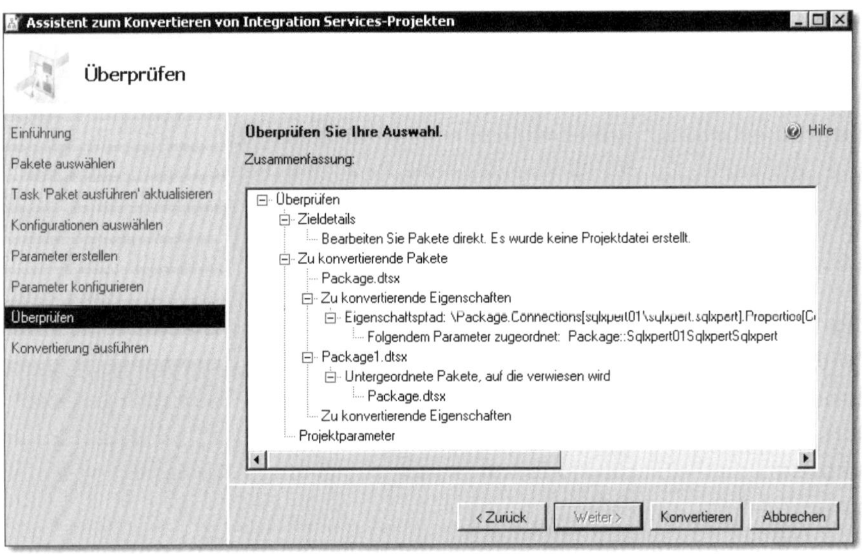

Abbildung 11.67 Konvertieren in den Projektbereitstellungsmodus

Die Zusammenfassung zeigt die Informationen noch einmal übersichtlich an. Sehr schön zu erkennen sind hier die Verbindungszeichenfolge als Parameter und das Paket.

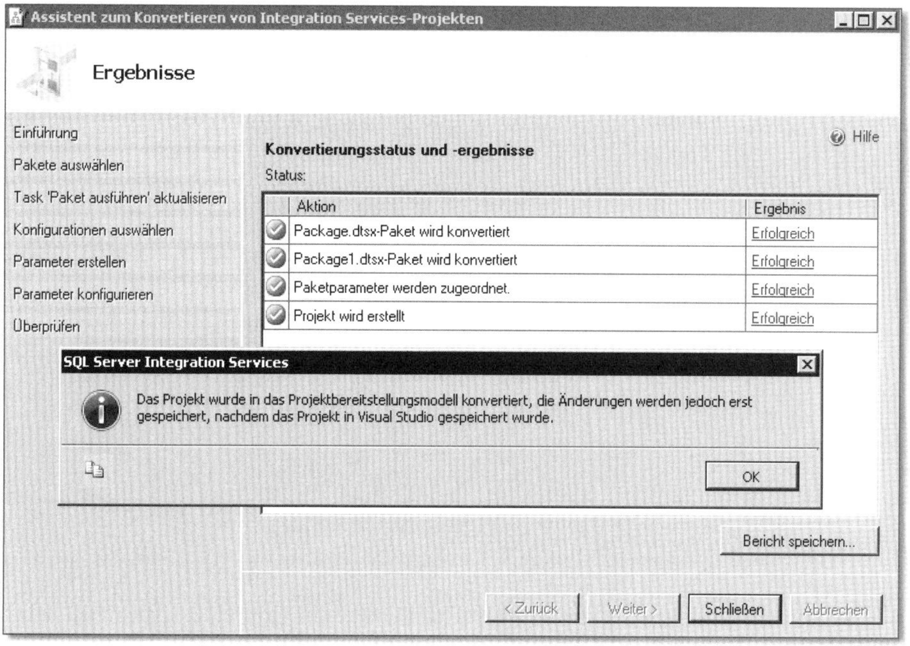

Abbildung 11.68 Erfolgreich konvertiert

Wenn die Konvertierung ohne Fehler verläuft, wird Ihnen zum Schluss die Meldung aus Abbildung 11.68 angezeigt, dass Ihr Projekt erfolgreich in das Projektbereitstellungsmodell konvertiert wurde.

11.5 Erstellen von Wartungsplänen mit den SQL Server Data Tools

Die Integration Services eignen sich seit SQL Server 2005 hervorragend dazu, Wartungspläne zu erstellen. Sicher sind Wartungspläne auch aus dem Management Studio heraus zu erstellen, jedoch bietet sich SSIS geradezu an, wenn es um Flexibilität, Kontrolle und Protokollierung geht.

SSIS bietet mit seinen Features wie Protokollanbieter, Ereignisbehandlung und Debugging sehr gute Möglichkeiten für Wartungspläne, die weit über das Management Studio hinausgehen. Es ist wichtig zu erkennen, welche Möglichkeit die SQL Server Data Tools bieten, um komfortabel Wartungspläne zu erstellen, die eine höhere Flexibilität aufweisen. Nicht zuletzt durch Visual Studio ist es möglich, die Vorteile des Debuggens, der Ereignisbehandlung, der Überwachung und des Monitorings zu nutzen. Viele Gründe, die dafür sprechen, für Wartungspläne die SQL Server Data Tools und Integration Services zu verwenden.

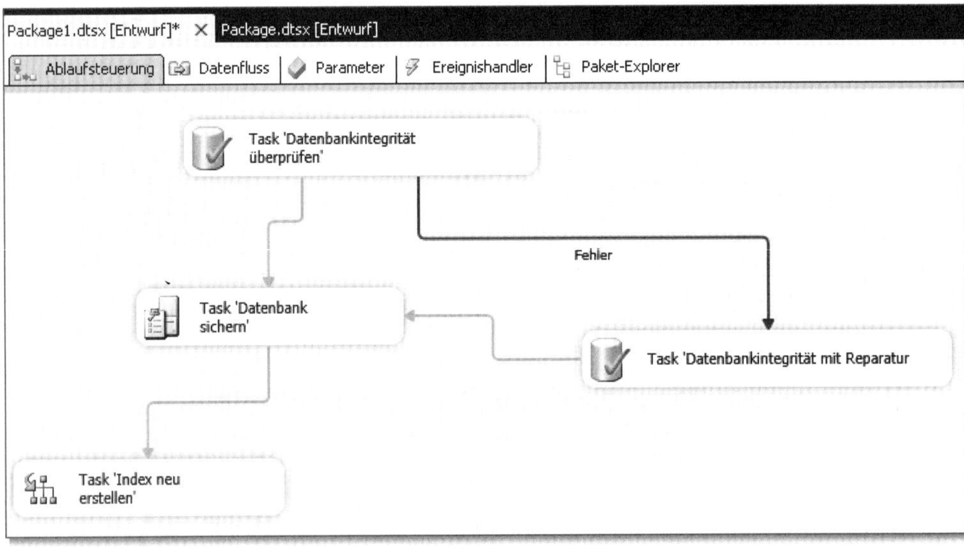

Abbildung 11.69 Ein Wartungsplan in SSIS

Wie Sie Wartungspläne erstellen, erfahren Sie genauer in Kapitel 12, »Automatisieren von administrativen Aufgaben«. Die Konfiguration der einzelnen Tasks in SSIS unterscheidet sich nicht von der Konfiguration der Wartungspläne, die mit dem Management Studio erstellt werden. Nach den vorangegangenen Beispielen sollten Sie jetzt in der Lage sein, einen kleinen Wartungsplan selbst zu erstellen und diesen auszuführen.

Über die SQL Server Integration Services allein lässt sich ein eigenes Buch schreiben. Themen wie das Debuggen von Anwendungen, das Arbeiten mit Variablen, Paketen und Unterpaketen sowie den vielen Tasks würden den Rahmen dieses Kapitels bei Weitem überschreiten. Wir hoffen, es ist uns gelungen, Ihnen Anregungen zu geben und Mut zu machen, sich mit dem Thema SSIS näher auseinanderzusetzen und es nicht nur als ein »Thema für Entwickler« anzusehen.

Kapitel 12

Automatisieren von administrativen Aufgaben

Durch Automatisierung lässt sich erheblich Zeit sparen und die Produktivität erhöhen. Das automatische Ausführen von Aufgaben und Prozessen ist in der modernen Datenverarbeitung ein Muss. In diesem Kapitel werden die von SQL Server angebotenen Möglichkeiten erläutert.

Wenn Sie mit SQL Server arbeiten, stellt sich schnell die Frage, ob es möglich ist, gewisse administrative Aufgaben oder Verarbeitungen automatisch ablaufen zu lassen.

Ein klassisches Beispiel hierzu ist das Sichern der SQL-Server-Datenbanken in der Nacht oder das automatische Ausführen von T-SQL-Skripten, um Daten aufzubereiten. SQL Server stellt Ihnen hierzu einen sehr komfortablen Dienst zur Verfügung: den SQL-Server-Agent.

12.1 Der SQL-Server-Agent

Der SQL-Server-Agent (Abbildung 12.1) ist ein Dienst, der es Ihnen ermöglicht, Aufträge zeitgesteuert auszuführen. Immer wenn Sie SQL-Server-Aufgaben zeitgesteuert ausführen möchten, nutzen Sie den SQL-Server-Agent.

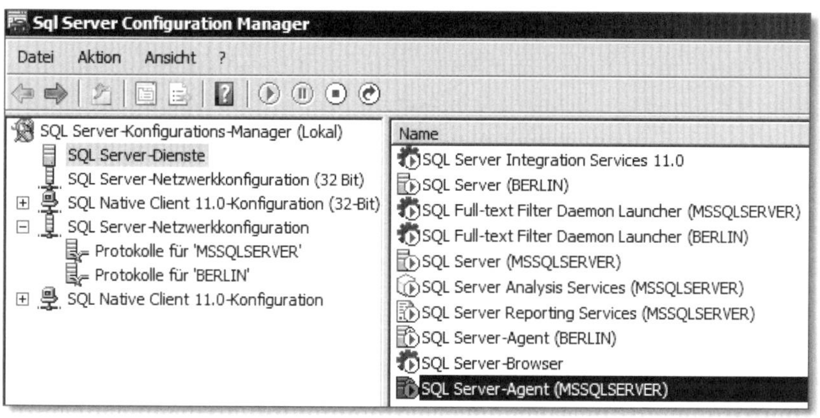

Abbildung 12.1 Darstellung des Agent-Dienstes im SQL Server Configuration Manager

Mit dem Agent können Sie SQL-Skripte, SSIS-Pakete (SQL Server Integration Services), PowerShell-Skripte, Replikationstasks, Analysis-Services-Tasks, Wartungspläne oder auch Betriebssystemkommandos zeitgesteuert ausführen.

12.2 Erstellen von Aufträgen und Ausführen von SSIS-Paketen

Um Aufgaben auf dem SQL Server über den Agent zeitgesteuert ausführen zu können, müssen Sie Aufträge anlegen. Diese Aufträge werden mit einem Namen versehen und bestehen aus Zeitplänen und Schritten. Ein Schritt ist eine Aufgabe, die innerhalb des Auftrags ausgeführt werden soll. Ein Auftrag kann aus mehreren Schritten mit jeweils unterschiedlichen Aufgaben bestehen.

Mit einem Schritt definieren Sie, welche Art von Aktion ausgeführt werden soll. Dies kann die Ausführung eines T-SQL- oder PowerShell-Skripts, die Ausführung von Replikations- und Analysis-Tasks oder auch die Ausführung eines SSIS-Paketes (SQL Server Integration Services) sein.

SSIS ist ein sehr mächtiger Dienst von SQL Server, der Ihnen die Bearbeitung und Verwaltung Ihrer Daten, aber auch die Verwaltung von SQL Server ermöglicht. Einen ausführlichen Workshop, wie ein Agent-Auftrag angelegt wird, finden Sie in Abschnitt 12.2.1, »Workshop: Anlegen eines Agent-Auftrags«.

Ein sogenanntes SSIS-Paket können Sie in SQL Server mit den SQL Server Data Tools der Weiterentwicklung des schon unter SQL Server 2008 bekannten *SQL Server Business Intelligence Development Studios* (BIDS) erzeugen. Diese werden bei Auswahl der entsprechenden Installationsoption bei der Installation von SQL Server in der SQL-Server-Programmgruppe angelegt. Ein mit den SQL Server Data Tools erzeugtes SSIS-Paket können Sie über den SQL-Server-Agent zeitgesteuert ausführen lassen.

Da ein Auftrag auch aus mehreren Schritten bestehen kann, können Sie natürlich mehrere Schritte mit unterschiedlichen SSIS-Paketen ausführen oder die Ausführungsmöglichkeiten auf mehrere Schritte verteilen und miteinander kombinieren. Denkbar wäre z.B. im ersten Schritt eines Auftrags, bestimmte Operationen durch Starten eines T-SQL-Skripts vorzunehmen und anschließend im zweiten Schritt ein SSIS-Paket zu starten.

Sie können bei der Definition von Schritten auch steuern, was geschehen soll, wenn ein Schritt einen Fehler erzeugt. Mögliche Szenarien sind hierbei, den Fehler zu protokollieren und die Ausführung des Agent-Auftrags zu beenden oder nach Protokollierung des Fehlers trotzdem den nächsten Schritt auszuführen etc. (Weitere Informationen zu SSIS entnehmen Sie Kapitel 11, »ETL-Prozesse mit den Integration Services«.)

12.2.1 Workshop: Anlegen eines Agent-Auftrags

Dieser Workshop führt Sie durch die Schritte, die notwendig sind, um einen Agent-Auftrag inklusive Zeitplan zu erstellen.

1. Starten Sie SQL Server Management Studio (SSMS), und melden Sie sich mit Ihren Anmeldedaten an der gewünschten SQL-Server-Instanz an.
2. Öffnen Sie im Objekt-Explorer den Ordner SQL SERVER-AGENT, und klicken Sie mit der rechten Maustaste auf den Ordner AUFTRÄGE.

   Im erscheinenden Kontextmenü wählen Sie den Menüpunkt NEUER AUFTRAG... (Abbildung 12.2).

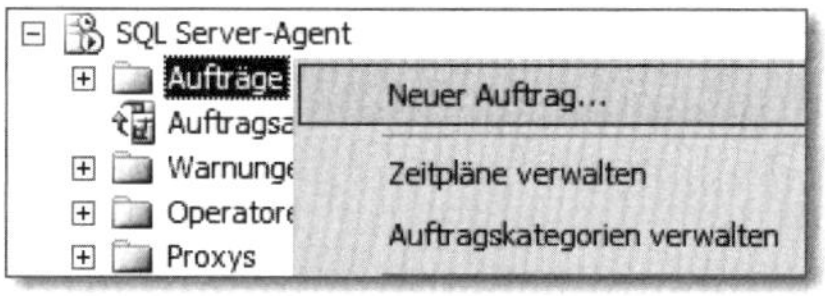

Abbildung 12.2 Starten des Dialogs zum Anlegen eines neuen Agent-Auftrags

3. Im sich öffnenden Dialog NEUER AUFTRAG vergeben Sie im Feld NAME einen Auftragsnamen für den anzulegenden Agent-Auftrag (siehe Abbildung 12.2). Zusätzlich können Sie den BESITZER, eine KATEGORIE oder eine BESCHREIBUNG festlegen.

   Die Vergabe einer Kategorie ermöglicht Ihnen später, Aufträge gezielt durch Angabe der Kategorie zu filtern und sich anzeigen zu lassen. Dies ist besonders hilfreich, wenn sehr viele Agent-Aufträge vorhanden sind. Achten Sie darauf, dass im Feld AKTIVIERT ein Häkchen gesetzt und der Auftrag somit aktiv ist (Abbildung 12.3).

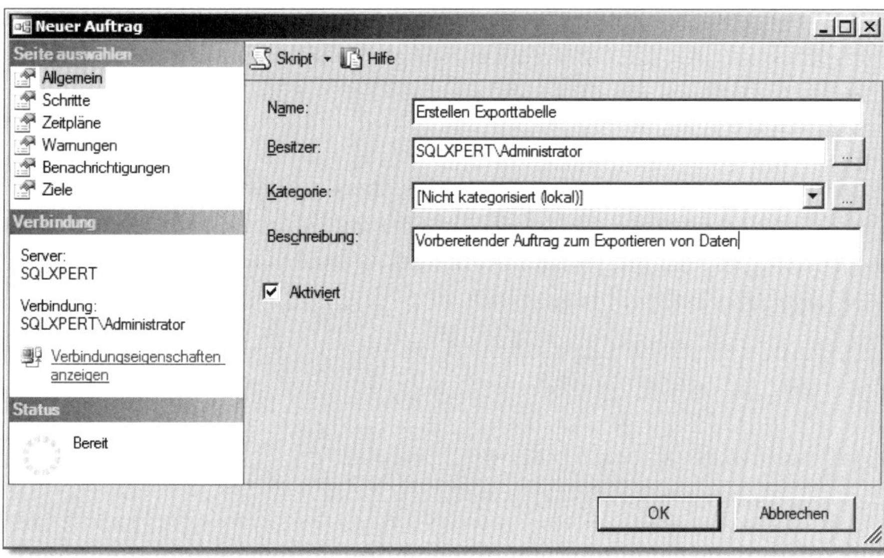

Abbildung 12.3 Dialog zum Anlegen eines Agent-Auftrags

4. Klicken Sie im linken Bereich SEITE AUSWÄHLEN auf SCHRITTE (siehe Abbildung 12.4).

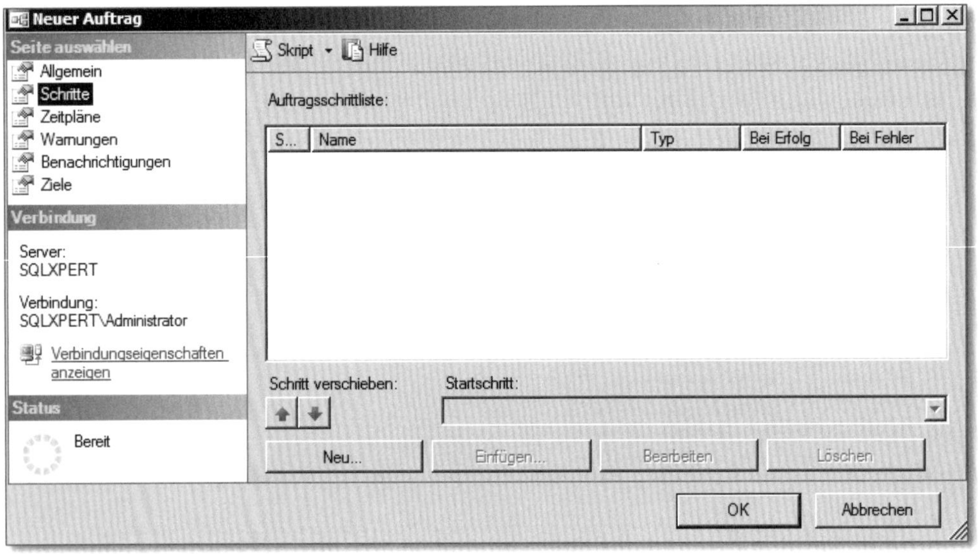

Abbildung 12.4 Dialog zum Definieren von Schritten

5. Klicken Sie anschließend auf NEU..., um einen Schritt zu definieren.
6. Im sich öffnenden Dialog NEUER AUFTRAGSSCHRITT vergeben Sie einen Schrittnamen (Schritt 1) und wählen im Feld TYP den Punkt TRANSACT-SQL-SKRIPT(T-SQL) aus (siehe Abbildung 12.5).
7. Im Feld DATENBANK wählen Sie die Datenbank aus, in deren Kontext das Skript ausgeführt werden soll. Anschließend geben Sie im Feld BEFEHL das entsprechende T-SQL-Skript ein, das im Rahmen des Agent-Auftrags ausgeführt werden soll (Abbildung 12.5).

In Listing 12.1 sehen Sie ein Beispielskript, das abhängig vom aktuellen Monat unterschiedliche Datensätze aus der Tabelle Kontakte in der Datenbank sqlxpert in die Tabelle »kontakte_export« einfügt. Die Tabelle »kontakt_export« wird mit jedem Skriptdurchlauf gelöscht und neu erstellt.

```
IF OBJECT_ID('DBO.KONTAKTE_EXPORT', 'U') IS NOT NULL
  DROP TABLE DBO.KONTAKTE_EXPORT
GO
DECLARE @ACT_MONTH INT, @ACT_CITY_FILTER VARCHAR(50) = '';
SET  @ACT_MONTH = MONTH(GETDATE());
```

```
SELECT @ACT_CITY_FILTER = CASE
WHEN @ACT_MONTH = 1 THEN  'Hamburg'
WHEN @ACT_MONTH = 6 THEN  'Frankfurt'
ELSE  'Berlin'
END
SELECT * INTO KONTAKTE_EXPORT FROM DBO.KONTAKTE
WHERE ORT = @ACT_CITY_FILTER
```

Listing 12.1 T-SQL-Beispielskript, das im Rahmen des Agent-Auftrags ausgeführt wird

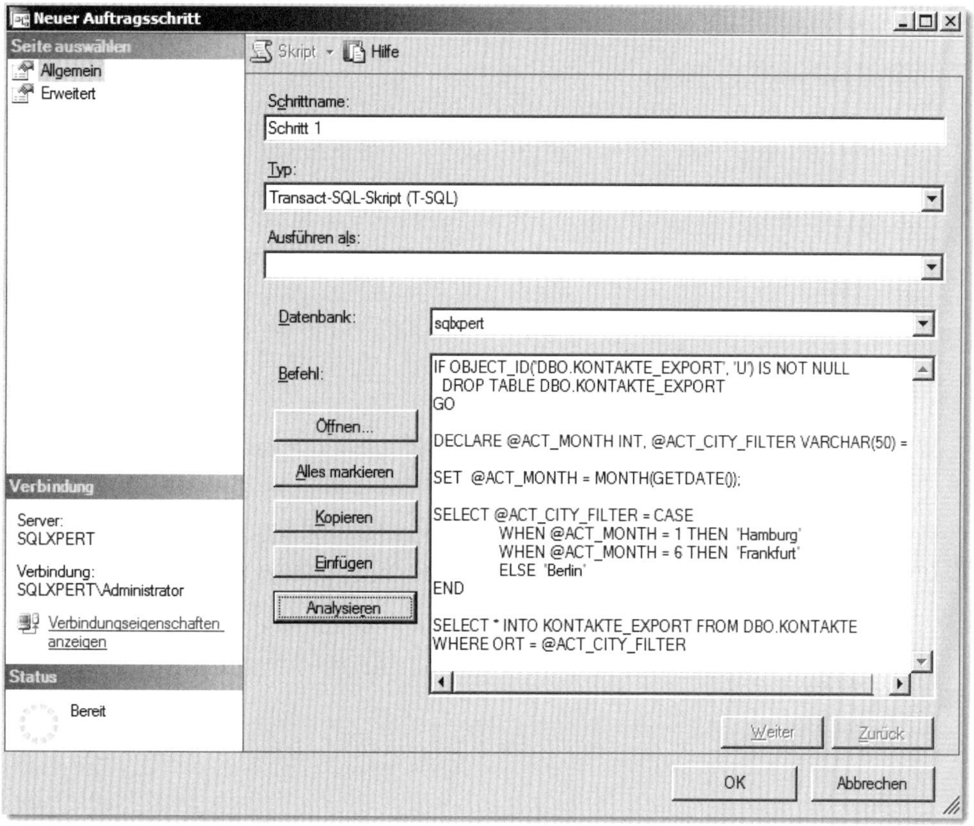

Abbildung 12.5 Dialog zum Definieren der Schrittdaten und Aktionen

8. Bestätigen Sie Ihre Einstellungen durch einen Klick auf OK.

   Sie sehen jetzt im Dialog NEUER AUFTRAG im Feld AUFTRAGSSCHRITTLISTE den soeben angelegten Schritt (siehe Abbildung 12.6).

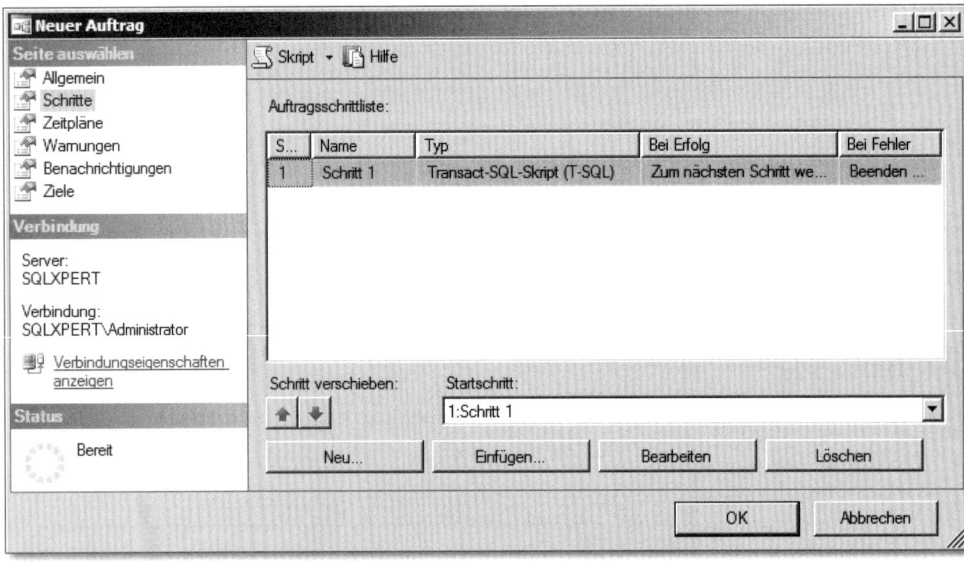

Abbildung 12.6 Anzeige des angelegten Schrittes in der Auftragsschrittliste

Für den soeben angelegten Schritt muss nun ein Zeitplan definiert werden, um festzulegen, wann die im Schritt definierte Aktion (in diesem Fall Ausführen eines T-SQL-Skripts) ausgeführt werden soll.

1. Hierzu wählen Sie im linken Bereich SEITE AUSWÄHLEN den Punkt ZEITPLÄNE und klicken anschließend auf die Schaltfläche NEU... (siehe Abbildung 12.7).

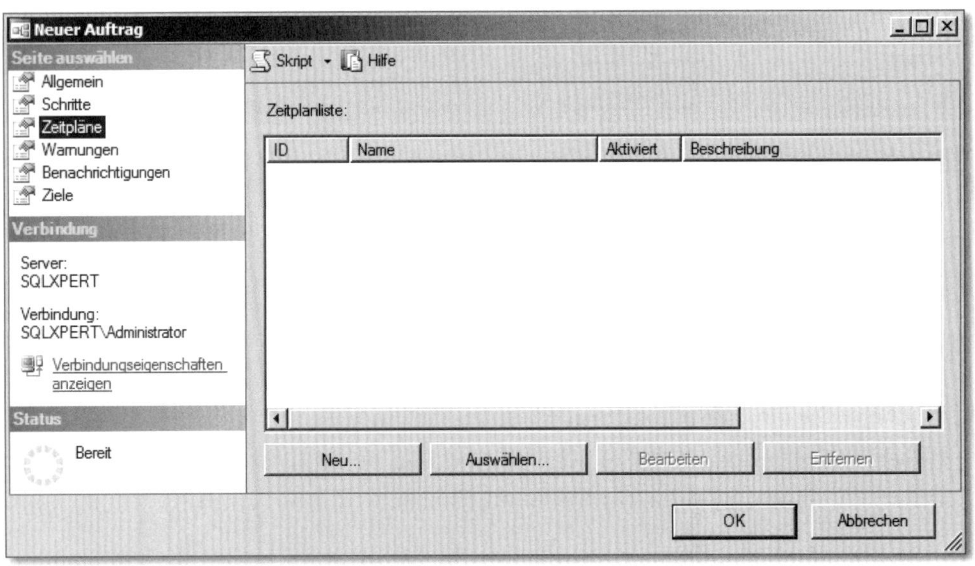

Abbildung 12.7 Definition und Anzeige von Zeitplänen

2. Im sich öffnenden Dialog NEUER AUFTRAGSZEITPLAN aus Abbildung 12.8 können Sie jetzt einen Zeitplan für den angelegten Schritt definieren.
3. Hierzu vergeben Sie im Feld NAME einen Namen für den Zeitplan und nehmen anschließend die entsprechenden Einstellungen wie in Abbildung 12.8 vor.

   In unserem Beispiel wird ein Zeitplan erstellt, der den zuvor angelegten Schritt 1 des Agent-Auftrags jede Nacht um 01:00 Uhr ausführt.

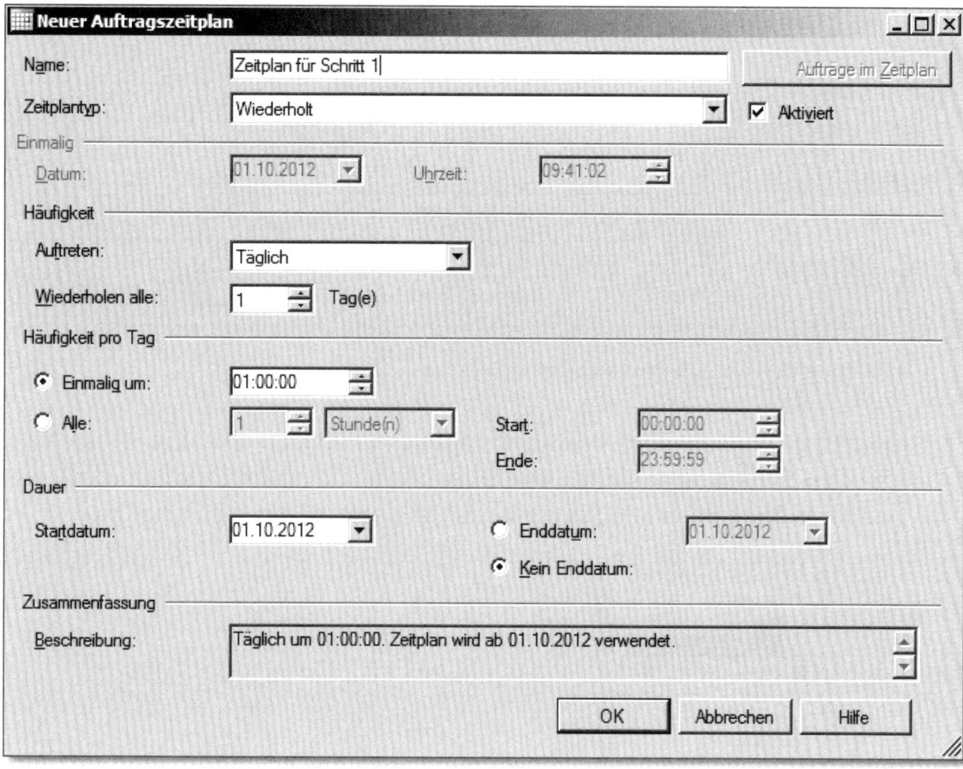

Abbildung 12.8 Definieren eines Zeitplans

4. Bestätigen Sie den definierten Zeitplan durch einen Klick auf die Schaltfläche OK.

   Sie sehen nun im erneut sichtbaren Dialog NEUER AUFTRAG im Bereich ZEITPLANLISTE den soeben angelegten Zeitplan (siehe Abbildung 12.9).
5. Klicken Sie jetzt auf die Schaltfläche OK, und verlassen Sie damit den Dialog NEUER AUFTRAG.

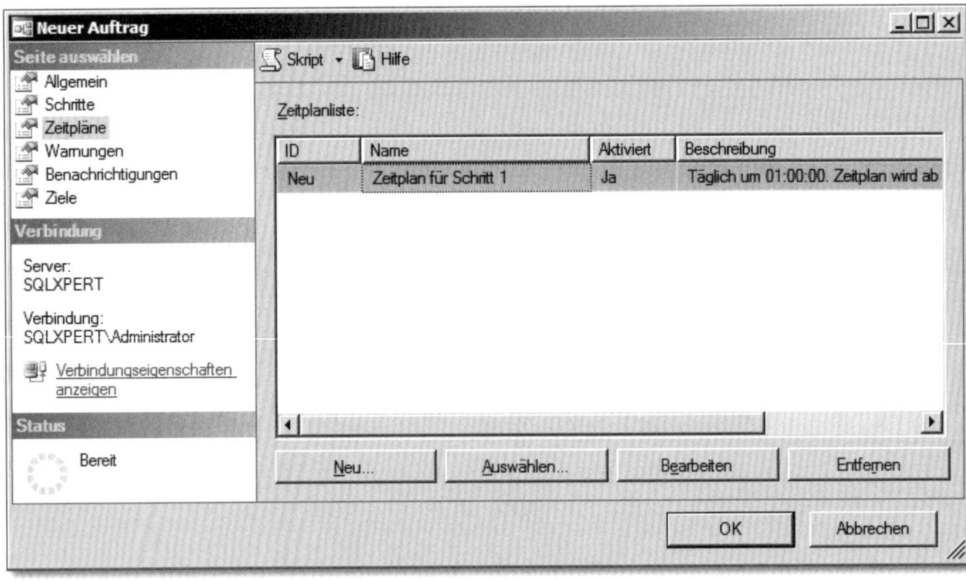

Abbildung 12.9 Anzeige des angelegten Zeitplans

Hiermit ist die Erstellung des Agent-Auftrags ERSTELLEN EXPORTTABELLE abgeschlossen. Der angelegte Auftrag wird Ihnen nun im Objekt-Explorer im Unterordner AUFTRÄGE des Ordners SQL SERVER-AGENT angezeigt (siehe Abbildung 12.10).

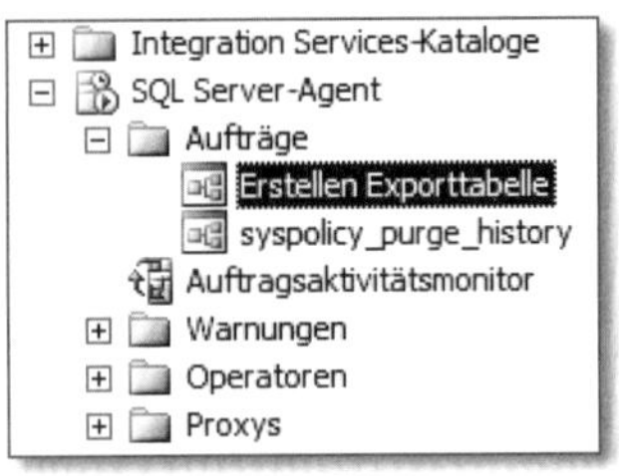

Abbildung 12.10 Auflistung angelegter Agent-Aufträge

Der Auftrag wird täglich um 01:00 Uhr nachts ausgeführt. Um diesen vorab testen zu können und nicht bis zur ersten Ausführung warten zu müssen, können Sie diesen auch unabhängig vom Zeitplan direkt starten.

Klicken Sie hierzu den Auftrag mit der rechten Maustaste an, und wählen Sie den Menüpunkt AUFTRAG STARTEN BEI SCHRITT... aus (Abbildung 12.11).

Wichtig!

Damit die angelegten Aufträge im Rahmen des definierten Zeitplans auch zuverlässig ausgeführt werden, ist es unbedingt notwendig, dass der Agent-Dienst gestartet ist.

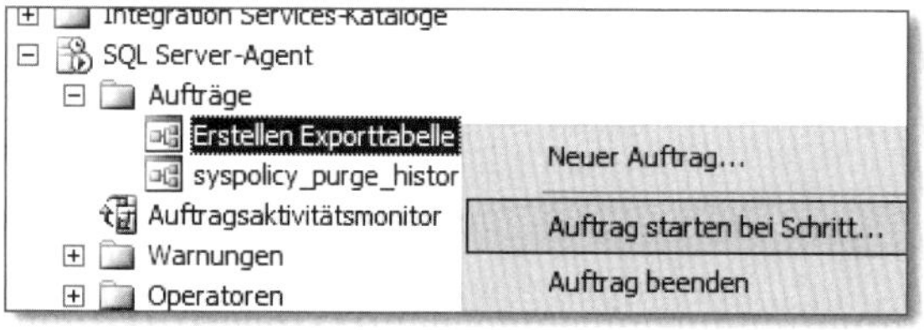

Abbildung 12.11 Vorzeitiges Starten eines Auftrags

12.3 Wartungspläne und T-SQL-Skripte

Ein SQL-Server-Administrator hat in der täglichen Praxis eine Menge zu tun. Er muss Logfiles überprüfen, Datenbankgrößen überwachen, Datenbanken sichern und wiederherstellen, Protokolle überwachen, Indizes defragmentieren, Statistiken und die Datenbankkonsistenz überprüfen.

All diese Aufgaben können selbstverständlich mit T-SQL-Befehlen ausgeführt und erledigt werden. T-SQL-Befehle sind sehr flexibel, mitunter jedoch auch sehr komplex.

Um den Administrator bei der Erledigung seiner Aufgaben zu unterstützen, bietet Ihnen SQL Server die Möglichkeit, sogenannte *Wartungspläne* über einen Wartungsplanungs-Assistenten zu erstellen und diese, wenn gewünscht, zeitgesteuert über den Agent ausführen zu lassen. Der Wartungsplanungs-Assistent ist ein Tool, das die Erstellung von Wartungsplänen stark vereinfacht.

Angelegte Wartungspläne finden Sie im Objekt-Explorer des SSMS im Ordner VERWALTUNG • WARTUNGSPLÄNE. Wenn Sie diesen Ordner öffnen, werden Ihnen bereits eventuell bestehende Wartungspläne angezeigt (siehe Abbildung 12.12).

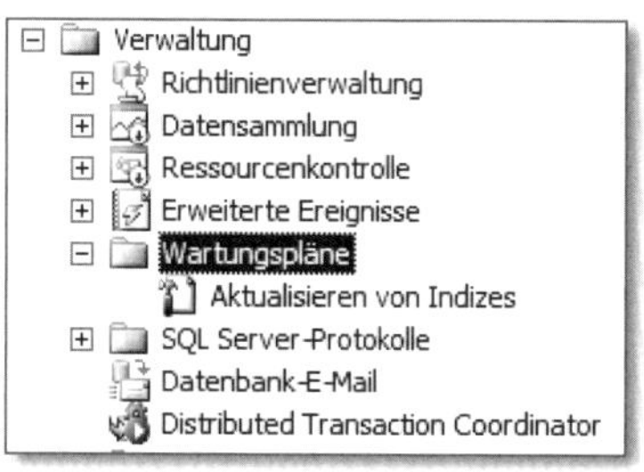

Abbildung 12.12 Anzeige der vorhandenen Wartungspläne im Objekt-Explorer des SSMS

Möchten Sie einen neuen Wartungsplan anlegen, klicken Sie mit der rechten Maustaste auf den Ordner WARTUNGSPLÄNE, und wählen Sie aus dem Kontextmenü den Punkt WARTUNGSPLANUNGS-ASSISTENT aus (siehe Abbildung 12.13).

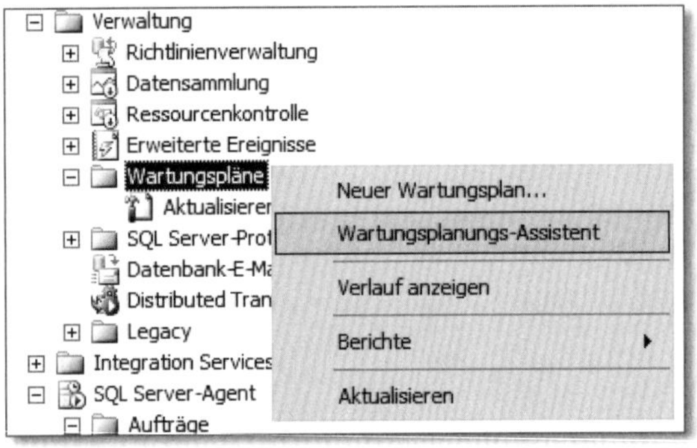

Abbildung 12.13 Aufrufen des Wartungsplanungs-Assistenten zum Erstellen eines Wartungsplans

Möglich wäre auch die Auswahl des Menüpunkts NEUER WARTUNGSPLAN ..., der Ihnen die Alternative bietet, Wartungspläne ohne Assistenten zu erstellen.

Im Folgenden erläutern wir Ihnen die Erstellung eines Wartungsplans durch den Wartungsplanungs-Assistenten. Es wird ein Wartungsplan angelegt, der die Datenbank »sqlxpert« täglich um 01:00 Uhr früh sichert.

1. Starten Sie das SSMS, und öffnen Sie im Objekt-Explorer den Ordner VERWALTUNG • WARTUNGSPLÄNE.
2. Klicken Sie den Ordner WARTUNGSPLÄNE mit der rechten Maustaste an, und starten Sie den Assistenten durch Auswahl des Menüpunkts WARTUNGSPLANUNGS-ASSISTENT.
3. Beim Erscheinen des Assistenten-Starbildschirms klicken Sie auf WEITER.

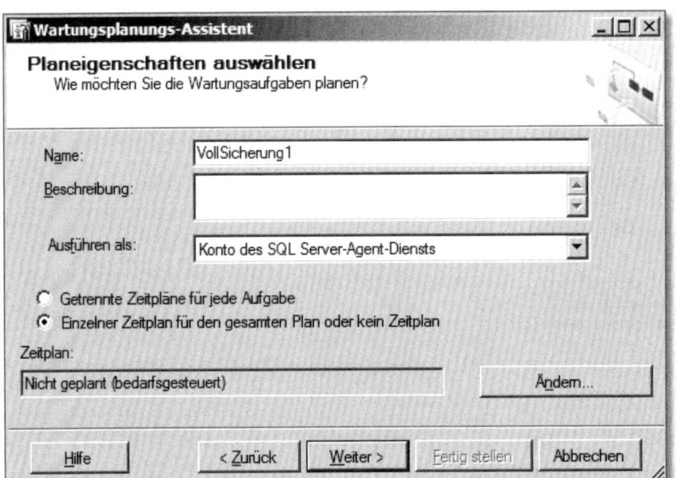

Abbildung 12.14 Eigenschaften des Wartungsplans auswählen

4. Im folgenden Dialog können Sie im Feld NAME einen Namen für den Wartungsplan vergeben. Zusätzlich besteht hier die Möglichkeit, festzulegen, ob Sie für jede Wartungsplanungsaufgabe einen eigenen Zeitplan erstellen oder alle Aufgaben zum selben Zeitpunkt ausführen möchten. Geben Sie im Feld NAME wie in Abbildung 12.14 den Namen »VollSicherung1« ein.
5. Markieren Sie im selben Dialog die Option EINZELNER ZEITPLAN FÜR DEN GESAMTEN PLAN ODER KEIN ZEITPLAN, und klicken Sie auf ÄNDERN.

Hinweis zu Zeitplänen

Mehrere Zeitpläne sind natürlich nur dann sinnvoll, wenn Sie auch mehrere Aufgaben für einen Wartungsplan definieren.

Ein klassisches Beispiel wäre z.B. das Anlegen eines Wartungsplans, der einmal täglich eine Vollsicherung einer Datenbank durchführt und jede Stunde eine Sicherung des Transaktionsprotokolls vornimmt. Hier müssten Sie zwei Zeitpläne pro Wartungsplan definieren, nämlich einen für jede Aufgabe.

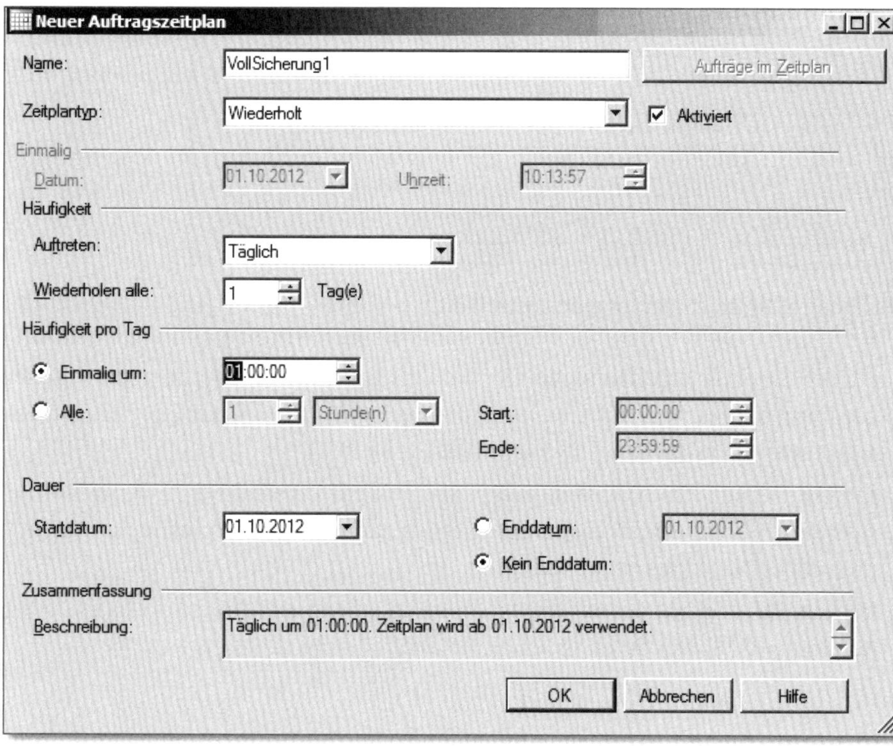

Abbildung 12.15 Zeitplan des Wartungsplans definieren

Es erscheint der Dialog zum Einstellen der Ausführungszeiten des Wartungsplans. Wählen Sie hier im Feld AUFTRETEN die Option TÄGLICH aus, und aktivieren Sie das Optionsfeld EINMALIG UM mit der Uhrzeit 01:00:00. Klicken Sie anschließend auf OK (Abbildung 12.15).

6. Klicken Sie auf WEITER, und wählen Sie im nächsten Dialog die Option DATENBANK SICHERN (VOLLSTÄNDIG) aus. Anschließend klicken Sie zweimal auf WEITER (Abbildung 12.16).

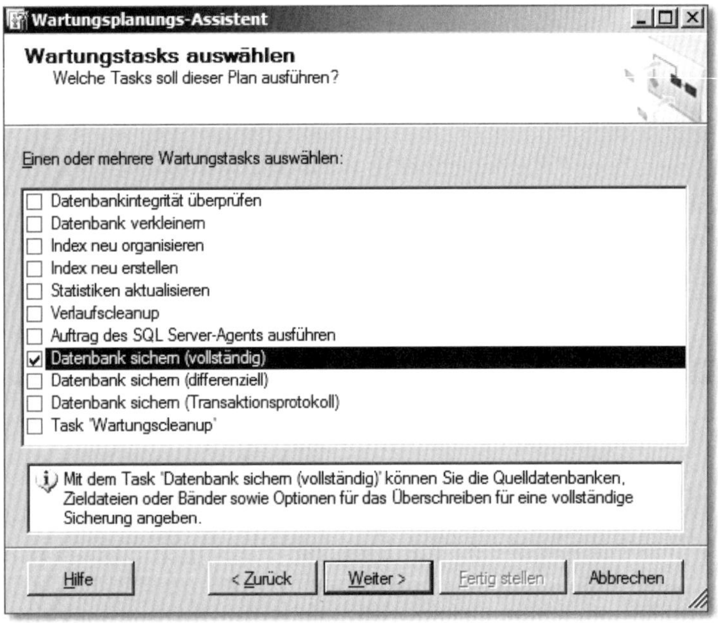

Abbildung 12.16 Wartungsaufgabe auswählen

7. Wählen Sie im Feld DATENBANK(EN) die Datenbank SQLXPERT (oder die von Ihnen gewünschte) aus, und aktivieren Sie die Option DATENBANKEN IN EINER ODER MEHREREN DATEIEN SICHERN (siehe Abbildung 12.17).

8. Klicken Sie auf HINZUFÜGEN, geben Sie im Feld DATEINAME *C:\datenbanken-sicherungen\sqlxpert.bak* (oder einen selbst definierten Pfad inklusive Dateinamen an) ein, und klicken Sie auf OK.

9. Klicken Sie zweimal auf WEITER und anschließend auf FERTIG STELLEN (siehe Abbildung 12.18). Das Ergebnis sehen Sie in Abbildung 12.19.

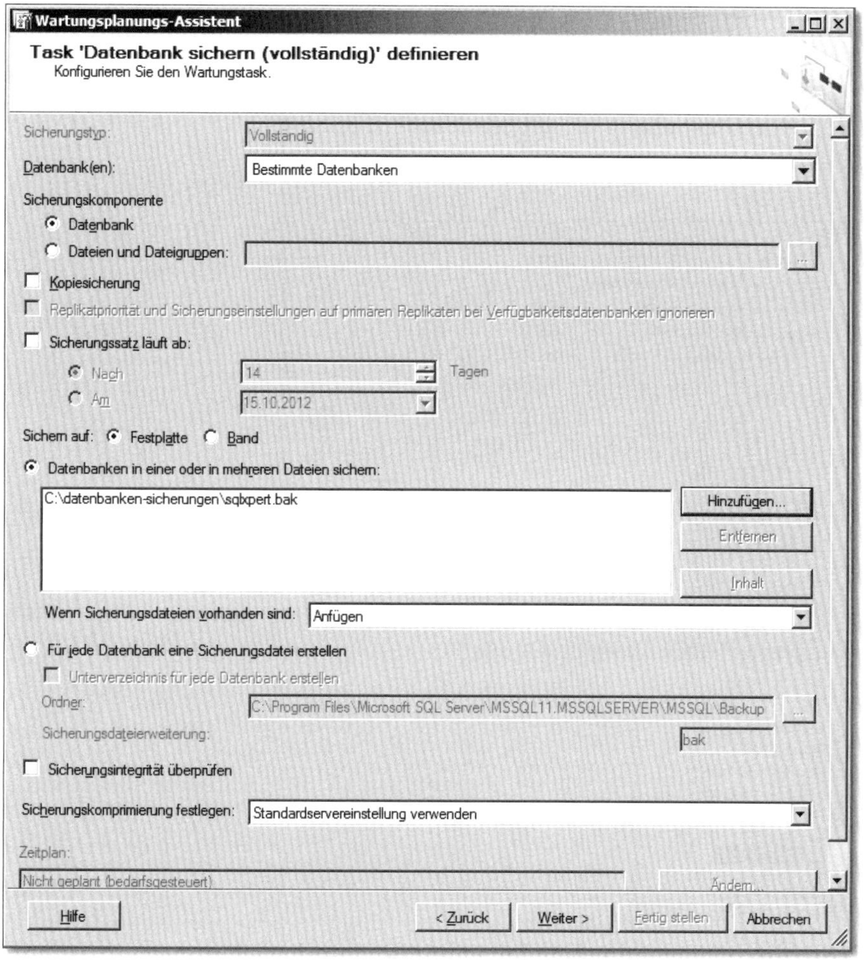

Abbildung 12.17 Definition der Einstellungen zum Sichern der Datenbank mittels des Wartungsplans

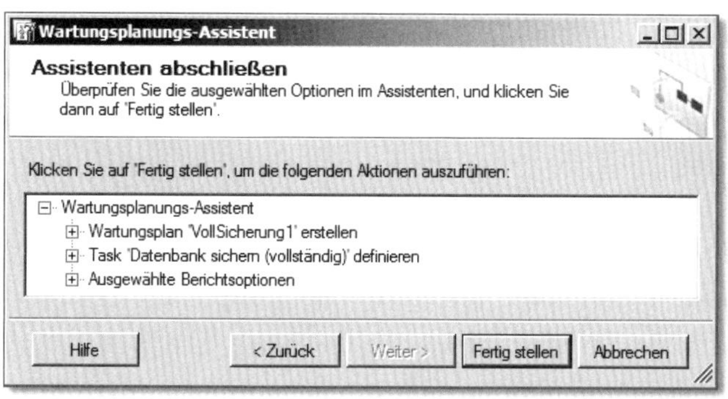

Abbildung 12.18 Darstellung der Wartungsplaneinstellungen in einer Baumstruktur

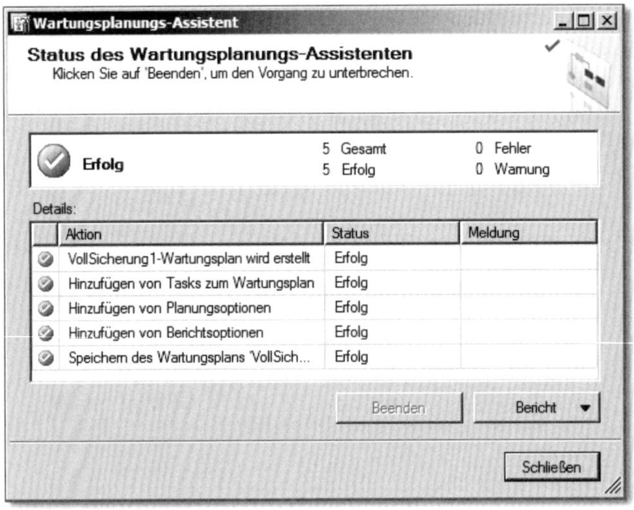

Abbildung 12.19 Anzeige nach erfolgreicher Erstellung des Wartungsplans

Der soeben erstellte Wartungsplan wird im Ordner VERWALTUNG • WARTUNGSPLÄNE angezeigt (siehe Abbildung 12.20).

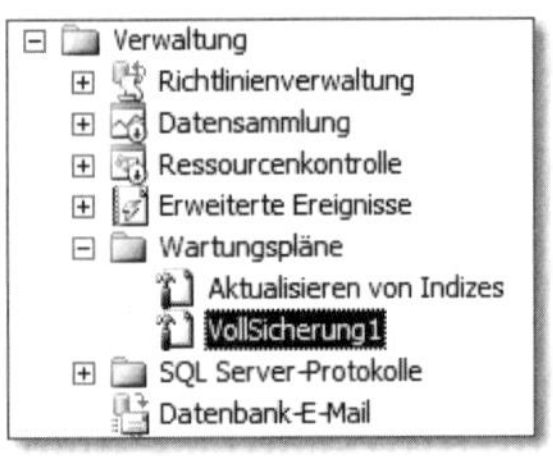

Abbildung 12.20 Darstellung von Wartungsplänen im Objekt-Explorer

Da bei der Erstellung des Wartungsplans auch ein Zeitplan für die automatisierte Ausführung angegeben wurde, wird automatisch ein Agent-Auftrag VOLLSICHERUNG1.SUBPLAN_1 angelegt, der den Wartungsplan zu den definierten Zeitpunkten ausführt.

Diesen Agent-Auftrag sehen Sie im Ordner AUFTRÄGE des SQL-Server-Agents (siehe Abbildung 12.21).

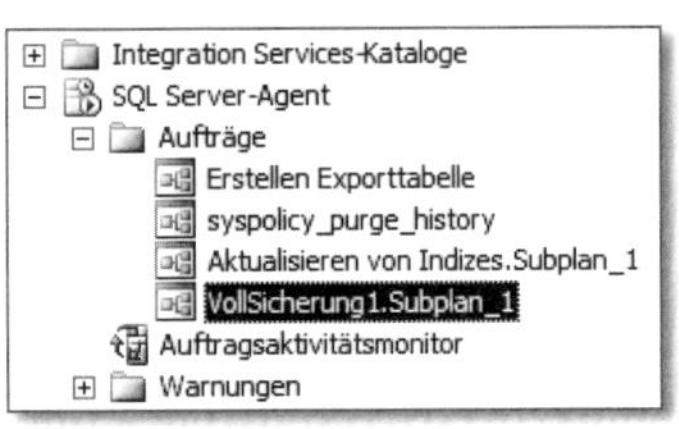

Abbildung 12.21 Darstellung von Agent-Aufträgen im Objekt-Explorer des SSMS

Hinweis

Achten Sie darauf, dass der Agent gestartet ist, damit die Wartungspläne auch zum geplanten Zeitpunkt ausgeführt werden können. Wurde der Agent-Dienst nicht gestartet, werden auch keine zeitgesteuerten Wartungspläne ausgeführt.

Wenn Sie einen Wartungsplan erstellen, wird im Hintergrund eigentlich ein sogenanntes SSIS-Paket (SQL Server Integration Services) erstellt (siehe hierzu auch Kapitel 11, »ETL-Prozesse mit den Integration Services«). Dieses SSIS-Paket wird dann entsprechend dem definierten Zeitplan vom SQL-Server-Agent ausgeführt.

12.4 Konfigurieren des SQL-Server-Agents

Der SQL-Server-Agent wird bei der Installation von SQL Server installiert. Wenn Sie SQL-Server-Aufgaben zeitgesteuert ausführen möchten, ist es, wie bereits erwähnt, notwendig, dass der Agent gestartet ist.

SQL Server selbst nutzt den Agent zur Erledigung bestimmter Aufgaben intensiv. Replikation, Richtlinienverwaltung oder die Datensammlung gewährleisten ihre Funktionalität, indem sie den Agent nutzen und eigene Aufträge anlegen.

Ist der SQL-Server-Agent gestartet, sehen Sie wie in Abbildung 12.22 einen grünen Pfeil auf dem Icon des SQL-Server-Agents im Objekt-Explorer-Baum von Management Studio.

Abbildung 12.22 Darstellung des gestarteten Agents im Objekt-Explorer

Den Agent-Dienst können Sie im Management Studio durch einen Rechtsklick auf den Agent-Knoten und durch Auswahl von BEENDEN, STARTEN oder NEU STARTEN entsprechend steuern.

Sie können den Agent-Dienst konfigurieren, indem Sie aus der Programmgruppe von SQL Server unter dem Menüpunkt KONFIGURATIONSTOOLS den SQL SERVER-KONFIGURATIONS-MANAGER starten.

Nachdem der Konfigurationsmanager gestartet wurde, können Sie durch einen Klick auf den Knoten SQL SERVER-DIENSTE neben den Diensten der SQL-Server-Instanz auch den Agent-Dienst auswählen (siehe Abbildung 12.23). Durch einen Rechtsklick erhalten Sie die Optionen zum Beenden oder Starten des Dienstes. Bei einem Doppelklick auf den Agent-Dienst öffnet sich ein Dialog, der Ihnen die Konfiguration des Dienstkontos ermöglicht.

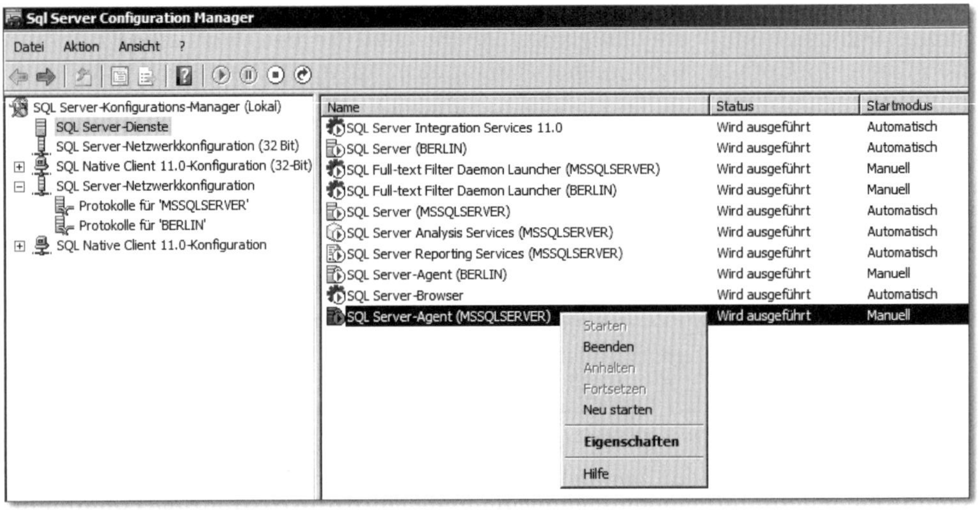

Abbildung 12.23 SQL-Agent-Dienst-Optionen zum Starten und Beenden im Configuration Manager

Für den Agent selbst können Sie aus dem SSMS heraus auch einen Eigenschaftendialog aufrufen, um weitere Optionen und Eigenschaften festzulegen. Zum Beispiel wird in diesem Dialog das Warnungssystem des Agents konfiguriert, um Datenbank-E-Mail-Profile im Zusammenhang mit Warnungen und Operatoren nutzen zu können.

Klicken Sie hierzu im Objekt-Explorer des SSMS mit der rechten Maustaste auf den SQL-Server-Agent, und wählen Sie aus dem Kontextmenü den Menüpunkt EIGENSCHAFTEN aus (siehe Abbildung 12.24).

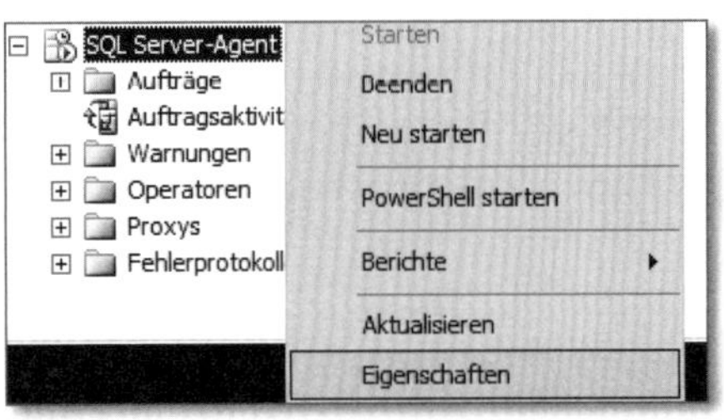

Abbildung 12.24 Aufrufen des Dialogs zum Konfigurieren der SQL-Server-Agent-Eigenschaften

Die Konfiguration von Datenbank-E-Mails im Zusammenhang mit der Aktivierung des SQL-Server-Agent-Warnungssystems erläutern wir in Abschnitt 13.1.1, »Aktivieren von Datenbank-E-Mail«.

12.5 Was sind Proxy-Konten, und welche Bedeutung kommt ihnen zu?

Auch der Agent benötigt Rechte, um bestimmte Kommandos ausführen zu können. Standardmäßig werden diese Kommandos über das Dienstkonto des Agents ausgeführt, das bei der Installation angegeben wurde.

Wenn Sie nun bestimmte Vorgänge mit dem Agent ausführen möchten, die mit dem Agent-Dienstkonto aufgrund mangelnder Berechtigungen nicht erledigt werden können (Kopiervorgänge auf andere Server etc.), haben Sie die Möglichkeit, ein sogenanntes Proxy-Konto zu verwenden.

Mit einem Proxy-Konto ist es möglich, Agent-Jobschritte nicht über das Dienstkonto des Agents, sondern über ein eigens hierfür angelegtes Proxy-Konto auszuführen. Diesem Proxy-Konto erteilen Sie die für diesen Schritt benötigten Berechtigungen. Sie vermeiden es auf diese Art, die Berechtigungen des Agent-Dienstkontos erweitern zu müssen. Ein umfangreiches Beispiel hierzu finden Sie im Bonusteil des Buches.

Kapitel 13
Einrichten von Warnungen und Benachrichtigungen

SQL Server kann mit Ihnen kommunizieren und Sie über wichtige Ereignisse auf dem Laufenden halten. In diesem Kapitel erfahren Sie, wie Sie Datenbank-E-Mail konfigurieren und was Warnungen und Operatoren sind.

SQL Server bietet Ihnen die Möglichkeit, Benachrichtigungen per E-Mail zu versenden. Diese Funktionalität wird *Datenbank-E-Mail* genannt.

Sie können SQL Server so konfigurieren, dass Benachrichtigungen beim Eintreten einer zuvor definierten Bedingung an die jeweiligen Empfänger versendet werden. Administratoren können sich beim Erreichen bestimmter Grenzwerte – z.B. einer bestimmten Datenbankgröße oder beim Fehlschlagen einer automatischen Datenbanksicherung von SQL Server – durch Datenbank-E-Mail informieren lassen.

Dieses Kapitel erläutert Ihnen die Konfiguration und den Einsatz der am Benachrichtigungsprozess beteiligten Komponenten und Objekte.

13.1 Konfigurieren von Datenbank-E-Mail

Die SQL-Server-Datenbank-Engine stellt eine Lösung zur Verfügung, mit der Datenbankanwendungen E-Mail-Nachrichten an Benutzer versenden können. Diese E-Mail-Nachrichten können SQL-Abfrageergebnisse, Dateien oder einfache Hinweisnachrichten enthalten. Datenbank-E-Mail benötigt kein Outlook, Exchange oder einen erweiterten MAPI-Client und verwendet das Simple Mail Transfer Protocol (SMTP). Datenbank-E-Mail ist nach Installation der Datenbank-Engine und der anschließenden Aktivierung und Konfiguration direkt einsatzbereit.

Es gibt im Wesentlichen zwei Möglichkeiten, Datenbank-E-Mail einzusetzen:

1. Durch das Anlegen von definierten Auslösern, den sogenannten *Warnungen* (Schwellenwerte), werden festgelegte Empfänger, die sogenannten *Operatoren*, benachrichtigt.

2. Datenbankanwendungen nutzen die von der Datenbank-Engine zur Verfügung gestellten gespeicherten Prozeduren und senden direkt E-Mail-Nachrichten an die festgelegten Empfänger. Sie können demnach Datenbank-E-Mail auch in Ihren eigenen T-SQL-Skripten oder Datenbanklösungen einsetzen.

Datenbank-E-Mail selbst konfigurieren Sie sehr komfortabel mit dem SQL Server Management Studio (SSMS).

Bevor wir Ihnen jedoch zeigen, wie Sie Datenbank-E-Mail aktivieren und konfigurieren, möchten wir Sie auf einen wichtigen Punkt hinweisen: Existierten unter SQL Server 2008 R2 noch zwei Arten von Benachrichtigungsmöglichkeiten, *SQL Mail* und *Datenbank-E-Mail*, wird unter SQL Server 2012 nur noch *Datenbank-E-Mail* unterstützt (siehe Tabelle 13.1).

E-Mail-Arten	Beschreibung
SQL Mail	Steht unter SQL Server 2012 NICHT mehr zur Verfügung.
Datenbank-E-Mail	Komponente, die es SQL Server ermöglicht, via SMTP E-Mail-Nachrichten zu versenden

Tabelle 13.1 Auflistung der E-Mail-Systeme von SQL Server

Das veraltete SQL Mail, das so mancher Administrator nicht in bester Erinnerung hat, gehört damit der Vergangenheit an.

13.1.1 Aktivieren von Datenbank-E-Mail

Datenbank-E-Mail ist per Default **deaktiviert** und muss unter SQL Server 2012 manuell aktiviert werden. Wenn Datenbank-E-Mail nicht aktiviert ist und Sie den Assistenten zum Konfigurieren von Datenbank-E-Mail ausführen, werden Sie mit einer Dialogbox wie in Abbildung 13.1 darauf hingewiesen und können die Funktion aktivieren.

Abbildung 13.1 Hinweisdialog zum Aktivieren von Datenbank-E-Mail

Es gibt allerdings noch eine weitere Möglichkeit, die Aktivierung vorzunehmen, und zwar mit dem folgenden, im SSMS auszuführenden T-SQL-Skript:

```
SP_CONFIGURE 'show advanced', 1
GO
RECONFIGURE
GO
SP_CONFIGURE 'Database Mail XPs', 1
GO
RECONFIGURE
```

Listing 13.1 Anzeigen der erweiterten Optionen

Das Ergebnis, das Sie erhalten, ist das gleiche – Datenbank-E-Mail ist nach diesen Schritten aktiviert und kann anschließend genutzt werden.

13.1.2 Einrichten eines E-Mail-Profils

Nachdem Sie Datenbank E-Mail aktiviert haben, müssen Sie ein E-Mail-Profil anlegen. Mit dem E-Mail-Profil legen Sie fest, über welchen Mailserver die Benachrichtigungen gesendet werden sollen.

Hierzu benötigen Sie einen sogenannten SMTP-Server, da SQL Server selbst keinen SMTP-Server zur Verfügung stellt. Dies kann ein Exchange-Server sein, aber auch öffentliche E-Mail-Anbieter stellen Ihnen die Möglichkeit zur Verfügung, Mails via SMTP aus einer externen Anwendung (in diesem Fall SQL Server) heraus zu versenden. Die entsprechenden Daten erhalten Sie entweder von Ihrem Administrator oder aus dem Konfigurationsbereich Ihres E-Mail-Dienstanbieters.

Um das Profil einzurichten, starten Sie SQL Server Management Studio und öffnen im Objekt-Explorer den Ordner VERWALTUNG (siehe Abbildung 13.2).

Abbildung 13.2 Datenbank-E-Mail im Objekt-Explorer des SSMS

1. Klicken Sie den Punkt DATENBANK-E-MAIL doppelt an. Es öffnet sich der Assistent zum Konfigurieren von Datenbank-E-Mail mit seinem Begrüßungsbildschirm.

2. Klicken Sie auf WEITER. Im folgenden Dialog (Abbildung 13.3) geben Sie an, ob Sie bestehende Profile verwalten oder ein neues Profil anlegen möchten. Aktuell möchten wir ein neues Profil anlegen und wählen deshalb den Punkt DATENBANK-E-MAIL DURCH AUSFÜHREN DER FOLGENDEN AUFGABEN EINRICHTEN aus (Abbildung 13.3).

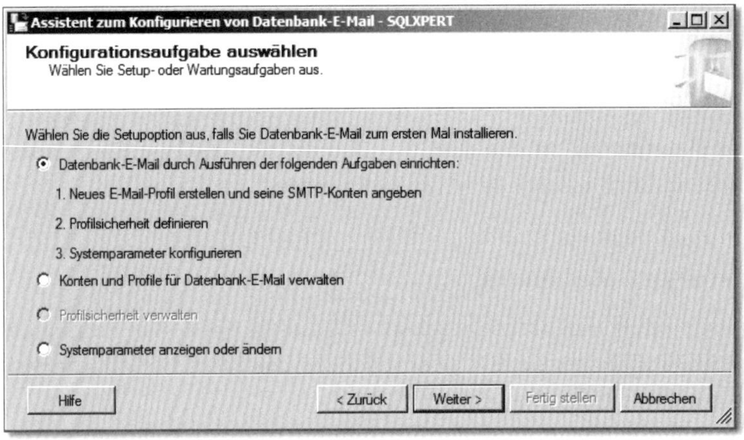

Abbildung 13.3 Konfigurationsaufgabe auswählen

3. Wenn Sie jetzt auf WEITER klicken und Datenbank-E-Mail nicht aktiviert ist, erscheint der Dialog aus Abbildung 13.4, der Ihnen die Möglichkeit gibt, wie bereits zuvor beschrieben, Datenbank-E-Mail zu aktivieren.

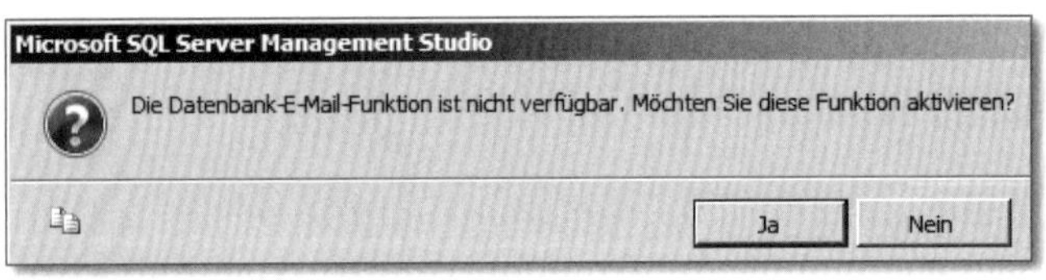

Abbildung 13.4 Dialog zum Aktivieren von Datenbank-E-Mail

4. Klicken Sie auf JA, und wählen Sie anschließend WEITER.
5. Sie vergeben im erscheinenden Dialog (Abbildung 13.5) einen Profilnamen und können eine zugehörige Beschreibung angeben, um bei der Anlage von mehreren Profilen die Übersicht zu behalten.

   Sie müssen in jedem Fall ein entsprechendes SMTP-Konto angeben, über das SQL Server E-Mails versenden kann. Es gibt hier die Möglichkeit, mehrere SMTP-Konten anzugeben. Sollte der Versand über ein SMTP-Konto fehlerhaft sein, wird versucht, die E-Mail über eventuell vorhandene andere SMTP-Konten zu versenden.

   Für diesen Fall können Sie die Ausführungsreihenfolge der SMTP-Konten mit den Schaltflächen NACH OBEN und NACH UNTEN vorgeben.

Abbildung 13.5 Dialog »Neues Profil«

6. Klicken Sie auf HINZUFÜGEN, um ein neues SMTP-Konto anzulegen. Es erscheint das Fenster aus Abbildung 13.6.

   In diesem Fenster geben Sie die Daten eines SMTP-Servers ein. Wichtig ist, dass die Daten des SMTP-Servers und natürlich auch die Anmeldedaten korrekt sind. Wie Sie diese erhalten, wurde bereits erläutert.

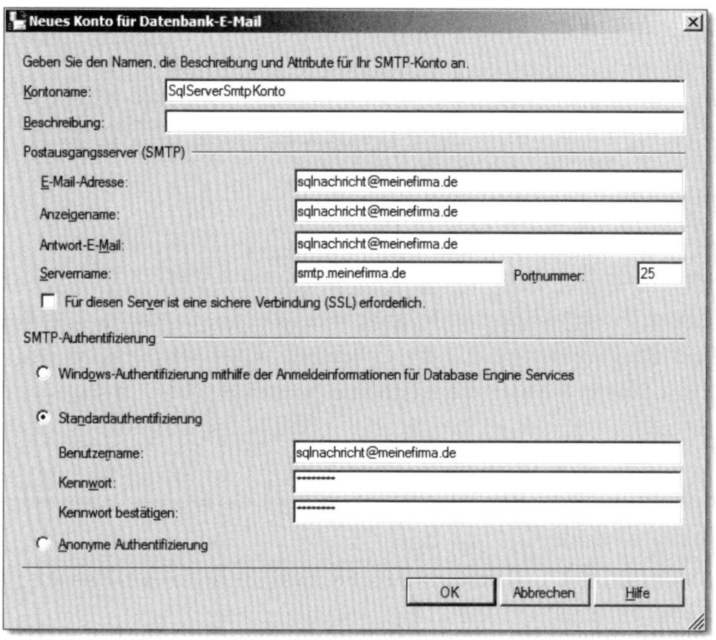

Abbildung 13.6 SMTP-Konto-Eigenschaften angeben

Hinweis zur Eingabe der Verbindungsdaten

Dieser Schritt ist notwendig, da SQL Server den hier anzugebenden SMTP-Server für den Versand der E-Mails nutzt. Kann sich SQL Server nicht korrekt anmelden oder stimmen die Daten nicht, schlägt der E-Mail-Versand mit Sicherheit fehl.

7. Klicken Sie anschließend auf OK. Es erscheint das Fenster aus Abbildung 13.7, und Sie sehen, dass Ihr SMTP-Konto angelegt wurde. Sie können nun, wenn Sie möchten, weitere SMTP-Konten für einen eventuellen Fehlerfall (wie zuvor erläutert) hinzufügen.

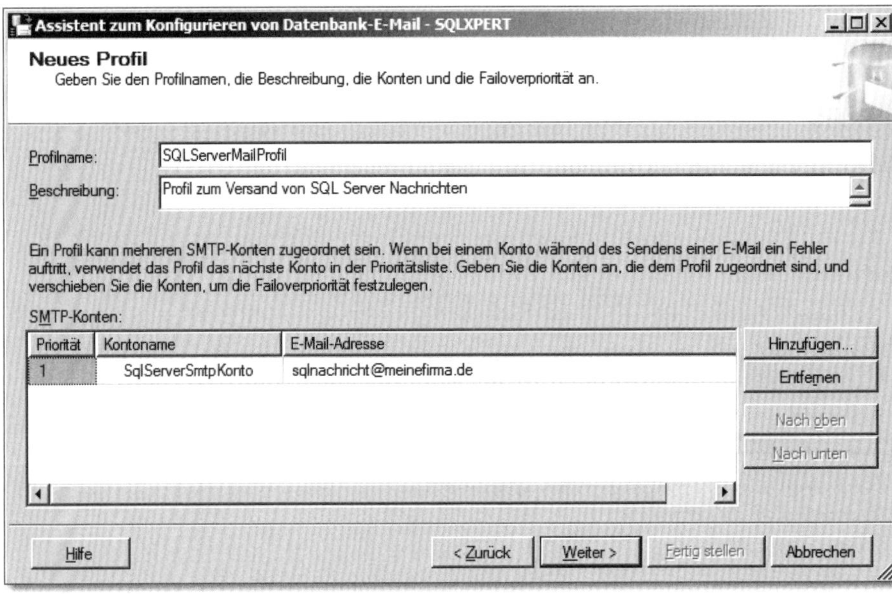

Abbildung 13.7 SMTP-Konten-Übersicht

8. Wenn Sie Ihr Profil erfolgreich angelegt haben, klicken Sie auf WEITER.

   Im darauffolgenden Dialog können Sie angeben, welche Benutzer auf das erstellte Profil Zugriff haben dürfen. Für dieses Beispiel setzen wir die Einstellungen auf ÖFFENTLICH. Setzen Sie hierzu ein entsprechendes Häkchen in der Spalte ÖFFENTLICH Ihres soeben erstellten Profils (siehe Abbildung 13.8), und klicken Sie auf WEITER.

Öffentliche und private Profile

Öffentliche Profile sind für alle Benutzer einer Datenbank verfügbar. Mit privaten Profilen können Sie dagegen den Zugriff auf bestimmte Benutzer beschränken.

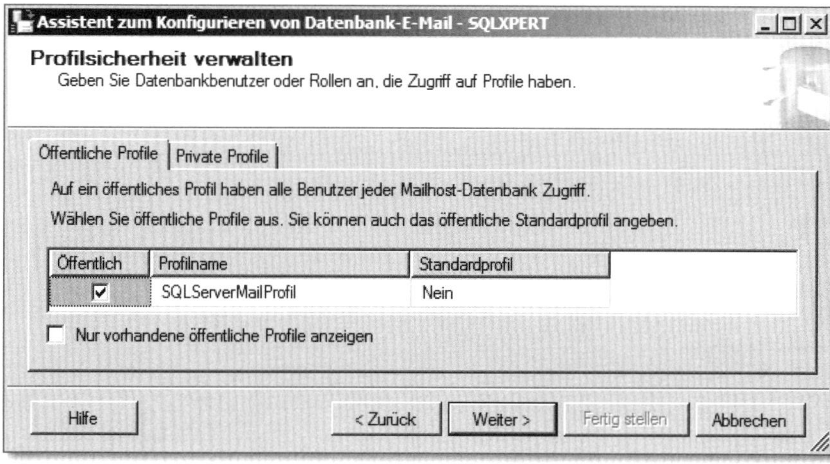

Abbildung 13.8 Profilsicherheit verwalten

9. Im folgenden Dialog (siehe Abbildung 13.9) können Sie verschiedene Angaben zum E-Mail-Versand machen, z.B.: Wie oft soll bei einem Fehler ein Wiederholungsversuch und in welchem Zeitabstand durchgeführt werden? Die Standardeinstellungen sollen für dieses Beispiel genügen.

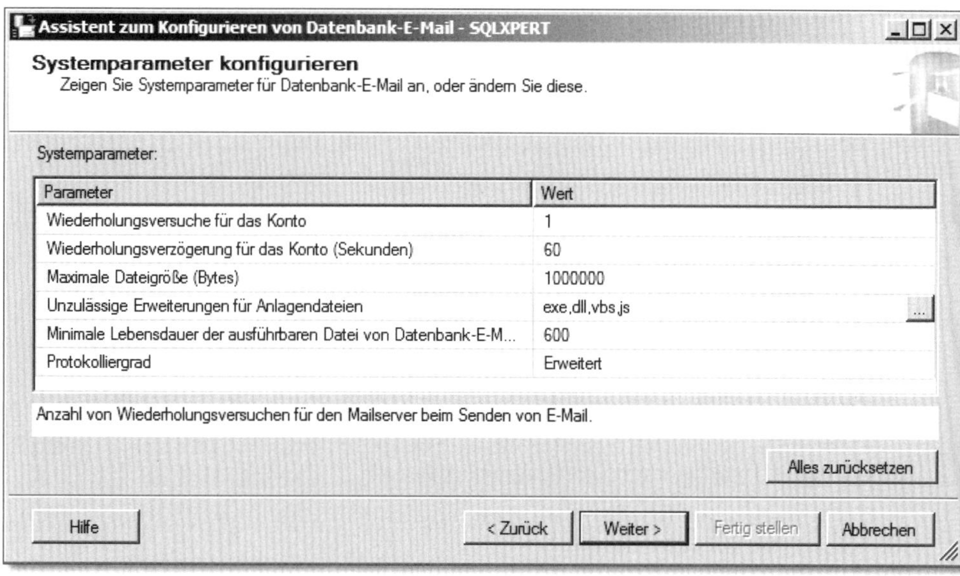

Abbildung 13.9 Konfigurieren der Systemparameter für Datenbank-E-Mail

10. Bestätigen Sie den Dialog mit WEITER und den folgenden Dialog (siehe Abbildung 13.10) mit FERTIG STELLEN.

Abbildung 13.10 Assistenten beenden

Anschließend sollten Sie das Bild aus Abbildung 13.11 entsprechend den von Ihnen eingegebenen Daten sehen.

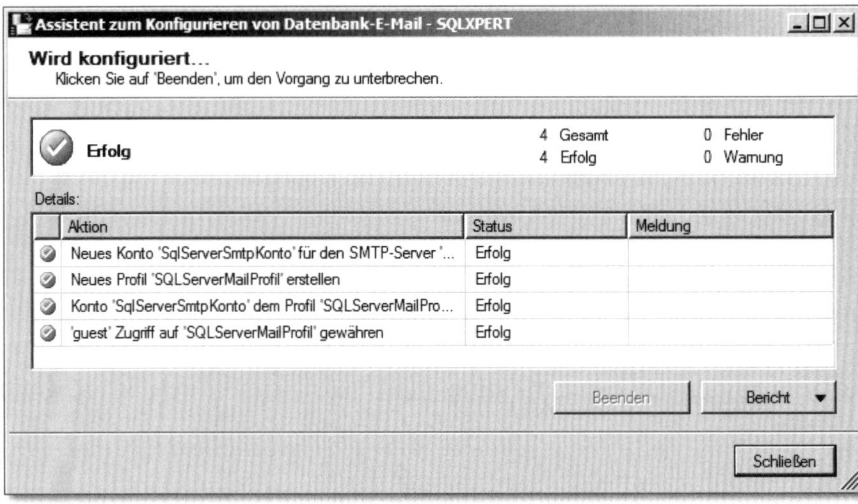

Abbildung 13.11 Konfiguration von Datenbank-E-Mail

11. Klicken Sie auf SCHLIESSEN.

Das E-Mail-Profil ist jetzt angelegt. Über dieses Profil ist SQL Server nun in der Lage, Mails und Warnungen an definierte Empfänger, die sogenannten Operatoren, zu senden.

Sie können mit diesem Mailprofil eine Testnachricht an eine Ihnen zugängliche E-Mail-Adresse senden und überprüfen, ob diese Nachricht ankommt. Sollten Sie die

Nachricht nicht erhalten, vergessen Sie nicht, auch den entsprechenden Spam-Ordner Ihres E-Mail-Programms zu überprüfen.

Klicken Sie hierzu im Objekt-Explorer des SSMS mit der rechten Maustaste auf den Punkt DATENBANK-E-MAIL, und wählen Sie im Kontextmenü wie in Abbildung 13.12 den Menüpunkt TEST-E-MAIL SENDEN... aus.

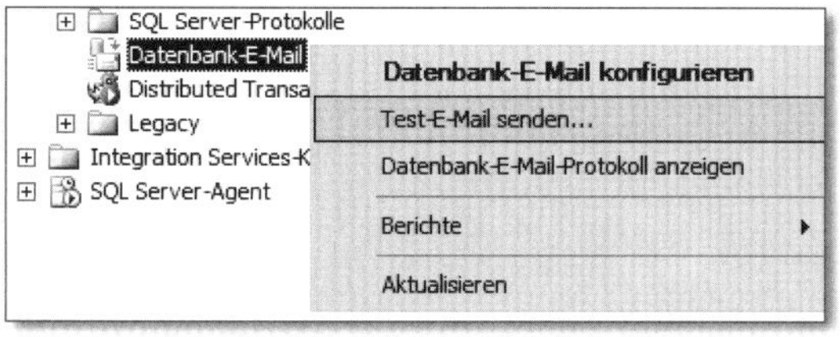

Abbildung 13.12 Aufruf des Dialogs zum Senden einer Test-E-Mail

Wichtige abschließende Einstellungen

Über dieses Mailprofil können Sie bereits jetzt Nachrichten über die zur Verfügung stehenden gespeicherten Mailprozeduren senden (siehe hierzu den Abschnitt »Datenbank-E-Mail direkt nutzen«). Möchten Sie allerdings die Möglichkeiten nutzen, die Ihnen Warnungen und Operatoren bieten (siehe Abschnitt 13.2, »Einrichten von Warnungen«, und 13.3, »Anlegen von Operatoren«), sind noch weitere wichtige Einstellungen notwendig.

1. Das SQL-Server-Agent-Konto muss Mitglied der Rolle *DatabaseMailUserRole* der Systemdatenbank *msdb* sein (Abbildung 13.13).

Abbildung 13.13 Anzeige der DatabaseMailUserRole der msdb-Systemdatenbank

   Wie Sie Konten zu einer Rolle hinzufügen, wird in Abschnitt 10.5.3, »Datenbankrollen«, erklärt.

2. Das Agent-Warnungssystem muss unter Angabe des erstellten Mailprofils aktiviert werden.
   - Klicken Sie hierzu im Objekt-Explorer des SSMS mit der rechten Maustaste auf den SQL-Server-Agent (Abbildung 13.14).

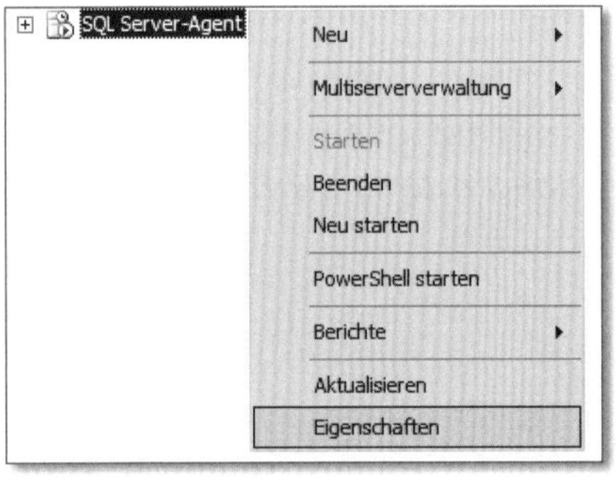

Abbildung 13.14 Eigenschaften des SQL-Server-Agents aufrufen

– Im daraufhin erscheinenden Dialog EIGENSCHAFTEN DES SQL SERVER-AGENTS wählen Sie im linken Bereich WARNUNGSSYSTEM aus. Aktivieren Sie die Option MAILPROFIL AKTIVIEREN durch Setzen eines Häkchens, und wählen Sie unter MAILPROFIL das zuvor erstellte Mailprofil (in unserem Beispiel SQLSERVER-MAILPROFIL) aus (Abbildung 13.15).

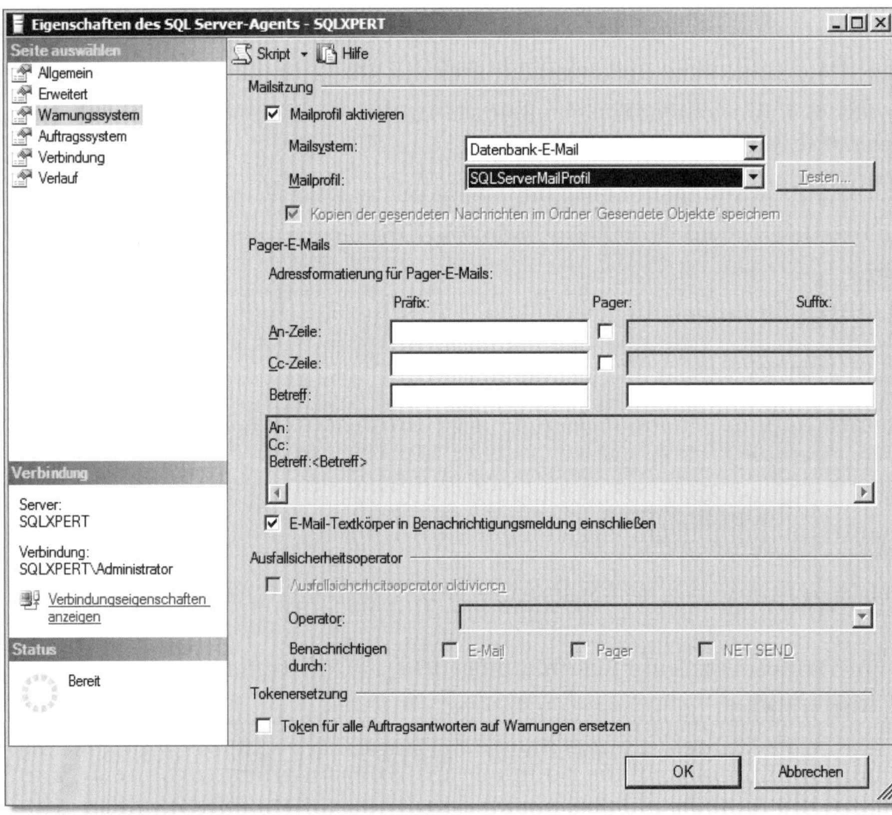

Abbildung 13.15 Aktivieren des SQL-Server-Agent-Warnungssystems

- Klicken Sie anschließend auf OK, um die Aktivierung des Warnungssystems abzuschließen.
- Starten Sie nach erfolgter Konfiguration den SQL-Server-Agent-Dienst neu (rechte Maustaste auf den AGENT-Ordner im Management Studio, dann NEU STARTEN wählen).

Wenn Sie diese Einstellungen vorgenommen haben, können Ihre Warnungen an die Operatoren versendet werden.

Datenbank-E-Mail direkt nutzen

Wir bereits erwähnt, gibt es eine weitere Möglichkeit, Datenbank-E-Mail zu nutzen, indem Sie direkt Nachrichten aus Ihren Datenbankanwendungen oder Skripten versenden.

Sie nutzen in diesem Fall die gespeicherte Prozedur `sp_send_dbmail`. Diese Prozedur setzt natürlich voraus, dass Datenbank-E-Mail aktiviert ist und ein entsprechendes Profil eingerichtet wurde, da sie selbst ein Bestandteil davon ist. Hier ein kleines Beispiel einer Standardnachricht, die `sp_send_dbmail` aufruft:

13

```
EXEC msdb.dbo.sp_send_dbmail
@profile_name = 'SQLServerMailProfil',
@recipients = 'admin@sqlxpert.de',
@body = 'Das Datenbankskript zum Bereinigen der Stammdaten wurde erfolgreich
beendet.',
@subject = 'Datenbankskript erfolgreich beendet.' ;
```

Listing 13.2 Aufruf der gespeicherten Prozedur »sp_send_mail« zum Versenden einer Mail

`sp_send_dbmail` besitzt noch eine stattliche Menge an weiteren Parametern, die Ihnen das Übertragen von Abfrageergebnissen und Dateien ermöglichen. Um z.B. die Ergebnisse von Abfragen mit `sp_send_dbmail` zu übertragen, übergeben Sie die gewünschte Abfrage dem Parameter `@query`. Eine ausführliche Beschreibung von `sp_send_dbmail` finden Sie in der Onlinedokumentation von SQL Server.

Im nächsten Schritt erläutern wir Ihnen die Einrichtung von Nachrichtenschwellenwerten, den sogenannten Warnungen.

13.2 Einrichten von Warnungen

Mit einer Warnung definieren Sie Parameter oder Schwellenwerte, die SQL Server überwachen soll und die bei Gleichheit, Über- oder Unterschreiten des jeweiligen Schwellenwerts eine entsprechende Aktion (z.B. Senden einer E-Mail oder Ausführung eines Auftrags oder beides) ausführen. Es wird also eine Warnung (*Alert*) ausgelöst. Diese Warnungen können mit sogenannten Operatoren (Empfängern der Warnung) verknüpft werden. Wie diese Operatoren angelegt werden, lesen Sie in Abschnitt 13.3, »Anlegen von Operatoren«. Warnungen lassen sich im Wesentlichen drei Typen oder Kategorien zuordnen.

Warnungstypen	Beschreibung
SQL-Server-Ereigniswarnung	Reagiert auf Meldungen im Windows-Ereignisprotokoll.
SQL-Server-Leistungsstatuswarnung	Reagiert auf eine bestimmte Bedingung in einem Leistungsindikator.
WMI-Ereigniswarnung	Reagiert auf WMI-Ereignisse (Windows Management Instrumentation).

Tabelle 13.2 Auflistung der Warnungstypen

Im folgenden Beispiel richten wir eine Warnung ein, die ausgelöst wird, sobald die Größe des Logfiles der Datenbank »sqlxpert« eine Größe von 100.000 KB überschreitet.

1. Öffnen Sie zuerst im Objekt-Explorer des SSMS den Knoten SQL SERVER-AGENT. Klicken Sie mit der rechten Maustaste auf WARNUNGEN und anschließend auf NEUE WARNUNG.

Abbildung 13.16 Ordner für Warnungen im Objekt-Explorer des SSMS

2. Es erscheint der Dialog aus Abbildung 13.17. Sie geben hier die entsprechenden Eigenschaften wie Name der Warnung, Warnungsart und auch die Parameter an, die die Warnung auslösen. Füllen Sie die selbsterklärenden Felder wie in Abbildung 13.17 aus. Klicken Sie anschließend im linken Bereich SEITE AUSWÄHLEN des Dialogs auf den Punkt ANTWORT.
3. Im darauffolgenden Dialog (siehe Abbildung 13.18) könnten Sie z.B. einen Agent-Auftrag angeben, der bei eintretender Warnung ausgeführt wird, oder aber Operatoren (Empfänger), die entsprechend bei Warnungsauslösung informiert werden sollen.

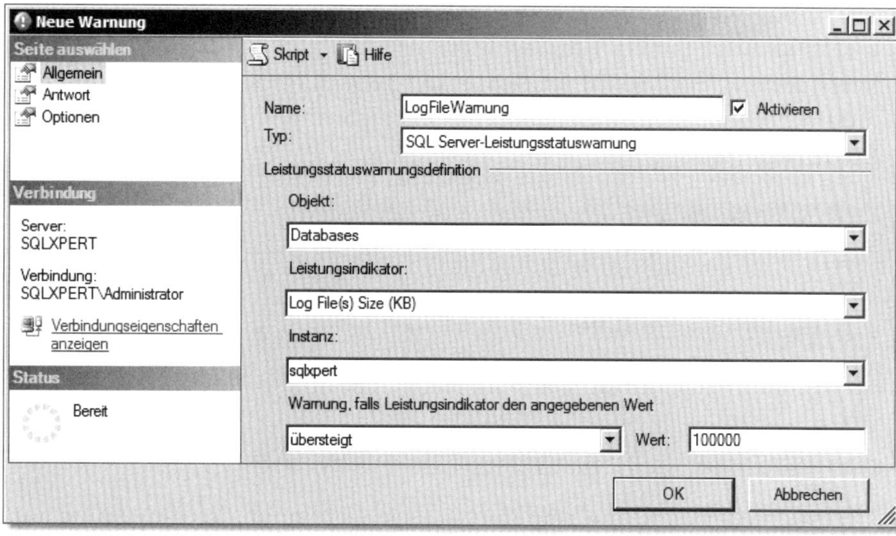

Abbildung 13.17 Setzen von allgemeinen Einstellungen beim Anlegen einer Warnung

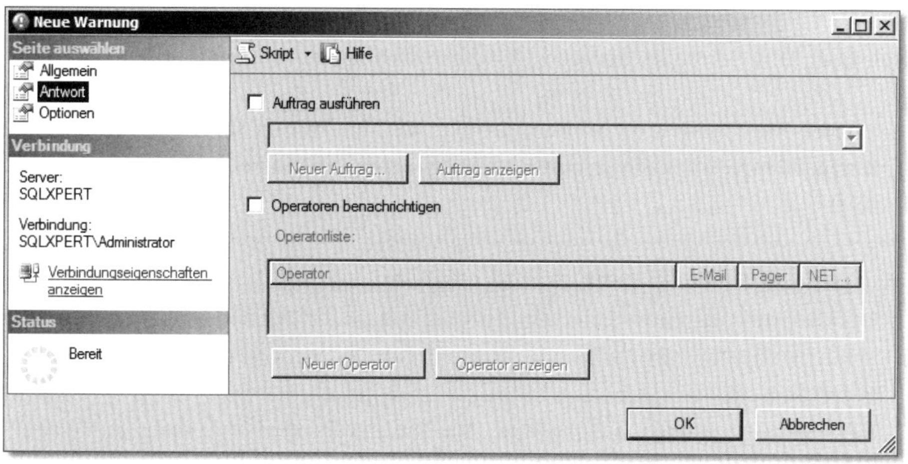

Abbildung 13.18 Dialog zum Festlegen von Operatoren und T-SQL-Aufträgen beim Erstellen einer Warnung

Da wir aber noch keine Operatoren angelegt haben, können wir in diesem Dialog auch keine auswählen und werden dies später nachholen. Wurden bereits Operatoren in Ihrem System angelegt, können Sie diese hier nach Aktivieren der Checkbox OPERATOREN BENACHRICHTIGEN direkt der Warnung zuweisen.

Durch einen Klick auf NEUER OPERATOR könnten Sie hier auch direkt einen Operator anlegen. Wir legen einen Operator jedoch erst in Abschnitt 13.3, »Anlegen von Operatoren«, an. Darum ändern wir die Einstellungen in diesem Dialog nicht und wählen den Punkt OPTIONEN (siehe Abbildung 13.19) aus. In diesem Dialog haben Sie die Möglichkeit, im Feld ZUSÄTZLICH ZU SENDENDE WARNBENACHRICHTIGUNG einen individuellen Text anzugeben, der in die zu versendende E-Mail eingefügt wird.

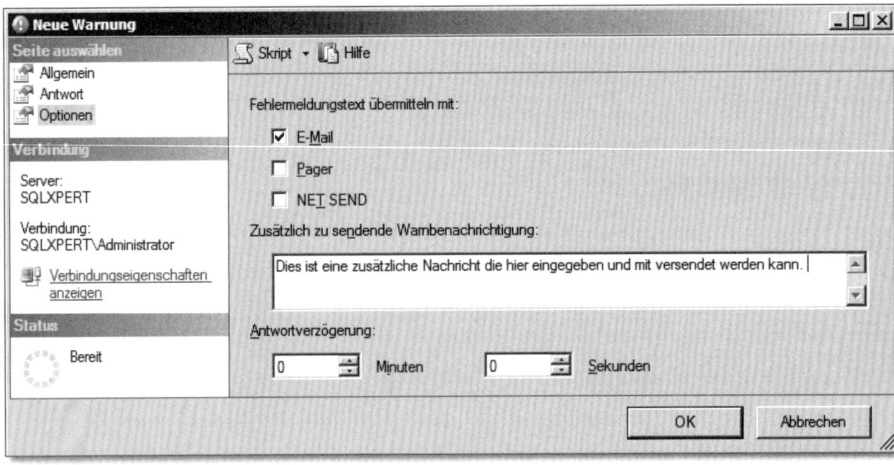

Abbildung 13.19 Setzen der Benachrichtigungsoptionen für Warnungen

Wählen Sie zudem die Checkbox E-MAIL aus, und fügen Sie Ihren eigenen Text hinzu, oder nehmen Sie keine Einstellungen vor. Die Einstellungen sind rein optional.

Hinweis: Optionen »Pager« und »NET SEND«

Im Dialog OPTIONEN aus Abbildung 13.19 gibt es auch die Optionen PAGER sowie NET SEND. Damit senden Sie Nachrichten an einen Pager bzw. (über NET SEND) an die definierten Operatoren.

Diese Optionen werden in zukünftigen SQL-Server-Versionen nicht mehr vorhanden sein! Sie sollten sie daher nicht in Ihre Planungen einbeziehen.

4. Klicken Sie anschließend auf OK, und Sie sehen in Ihrer Management-Studio-Baumstruktur die soeben von Ihnen erstellte Warnung (Abbildung 13.20).

Abbildung 13.20 Auflistung von Warnungen im Objekt-Explorer des SSMS

13.3 Anlegen von Operatoren

Unter einem Operator ist der eigentliche Nachrichtenempfänger zu verstehen. Operatoren werden mit den erstellten Warnungen verknüpft bzw. diesen zugewiesen.

1. Um einen Operator anzulegen, wählen Sie in Ihrer Management-Studio-Baumstruktur unter OPERATOREN durch einen Klick mit der rechten Maustaste den Kontextmenüpunkt NEUER OPERATOR... aus (Abbildung 13.21).

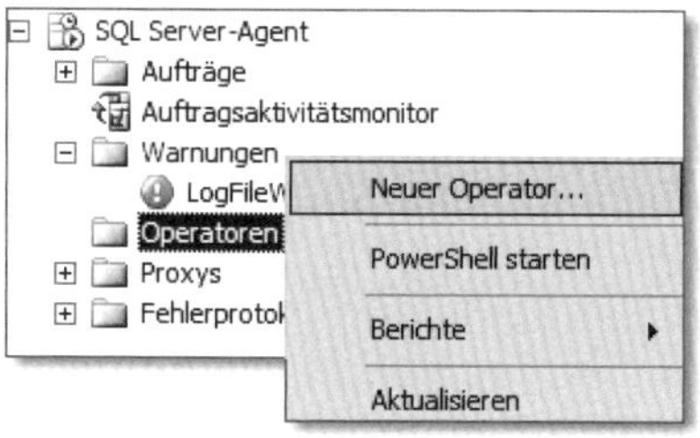

Abbildung 13.21 Kontextmenüpunkt »Neuer Operator« im SSMS

2. Im Dialog NEUER OPERATOR (siehe Abbildung 13.22) vergeben Sie im Feld NAME einen Erkennungsnamen für den Operator. Dies ist der Name, der anschließend in der Baumstruktur erscheint und Ihrer Orientierung dient, damit Sie den Operator eindeutig identifizieren können.

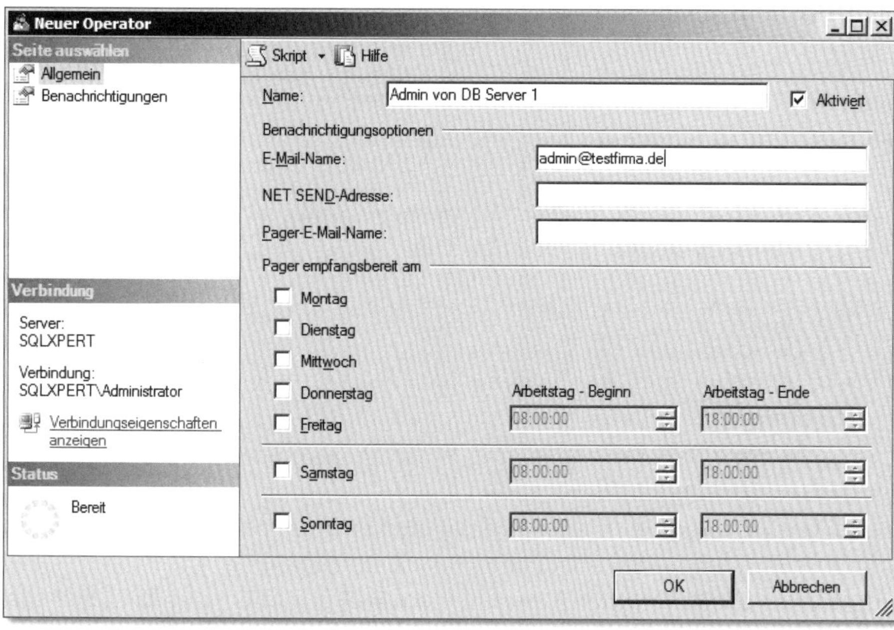

Abbildung 13.22 Dialog zum Festlegen von allgemeinen Einstellungen beim Erstellen eines Operators

Wichtiger ist allerdings die E-Mail-Adresse des Operators. An diese Adresse werden die entsprechenden Warnungen gesendet. Geben Sie im Feld E-MAIL-NAME die E-Mail-Adresse des Empfängers an (siehe Abbildung 13.22).

3. Wählen Sie anschließend den Punkt BENACHRICHTIGUNGEN im linken Teil des Dialogs aus. Im daraufhin erscheinenden Dialog (siehe Abbildung 13.23) wird Ihnen die zuvor erstellte Warnung angezeigt.

   Wurden in Ihrem System mehrere Warnungen erstellt, sehen Sie hier alle Warnungen und können sie dem Operator per Klick zuweisen.

   Aktivieren Sie in der Zeile LOGFILEWARNUNG die Checkbox der Spalte E-MAIL, und klicken Sie auf OK.

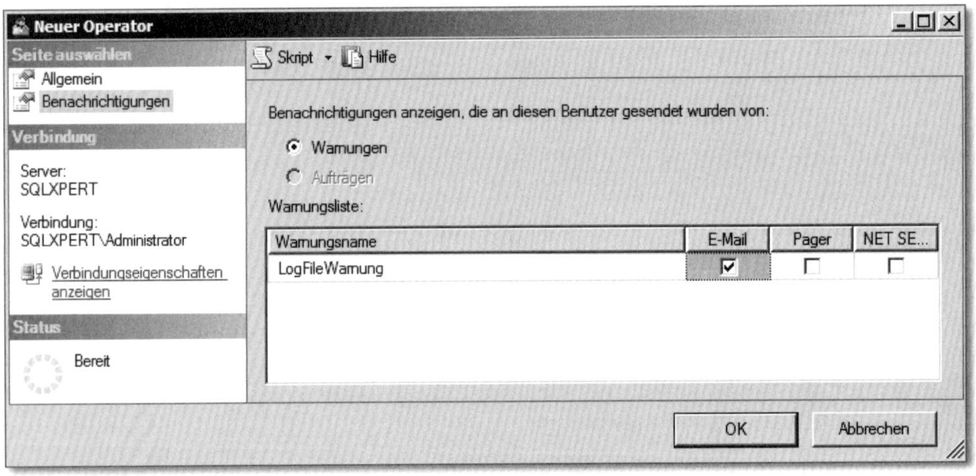

Abbildung 13.23 Verknüpfen von Warnungen mit einem Operator

Ihre Baumstruktur in SQL Server Management Studio im Knoten SQL SERVER-AGENT sieht jetzt aus wie in Abbildung 13.24.

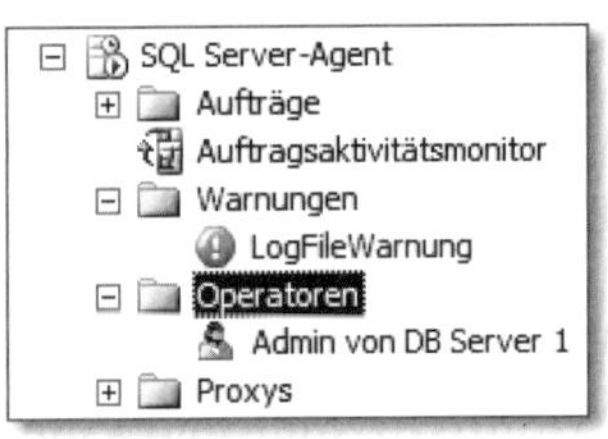

Abbildung 13.24 Auflistung der Operatoren im Objekt-Explorer des SSMS

Ab jetzt wird der eingerichtete Operator via E-Mail gewarnt, wenn das Logfile der Datenbank »sqlxpert« größer als 100.000 KB ist.

13.4 Warnungen zu Leistungsstatus, Fehlernummern und WMI

Wie bereits zuvor erläutert, werden durch die Definition von Warnungen bei Erreichen eines zuvor definierten Ereignisses oder Zustands von Systemparametern Mitteilungen an den Empfänger (Operator) verschickt oder zuvor definierte Aufträge ausgeführt. Die auszuwertenden Parameter sind vielfältig und gliedern sich in drei Warnungsarten, die im Dialog NEUE WARNUNG IM Feld TYP ausgewählt werden können (siehe Abbildung 13.25).

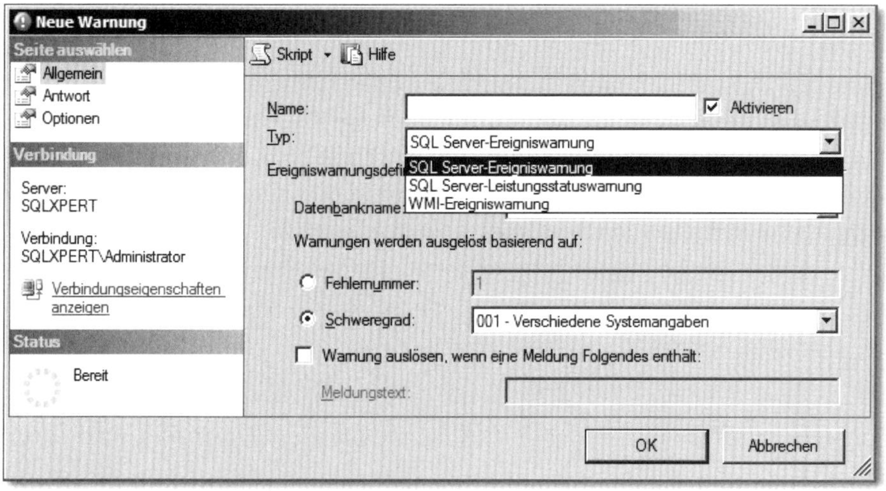

Abbildung 13.25 Auswahlfeld für Warnungsarten

13.4.1 SQL-Server-Ereigniswarnung

Die SQL-Server-Ereigniswarnung reagiert auf Einträge des SQL-Server-Ereignisprotokolls. Warnungen können auf der Basis von Datenbankname, Fehlernummer, Schweregrad und enthaltenem Text der im Ereignisprotokoll eingetragenen Meldungen definiert werden.

13.4.2 SQL-Server-Leistungsstatuswarnung

Die SQL-Server-Leistungsstatuswarnung ermöglicht es, auf Basis von SQL-Server-Leistungsindikatoren Warnungen zu definieren. Mit Leistungsstatuswarnungen können Sie die Leistungsindikatoren des SQL Servers überwachen. Leistungsindikatoren werden durch die Installation einer SQL-Server-Instanz zur Verfügung gestellt und können z.B. mit Tools wie dem Systemmonitor aufgezeichnet werden, um SQL-Server-Parameterwerte zu überwachen.

Für die Definition einer Warnung stehen Ihnen bis zu 800 Leistungsindikatoren zur Verfügung. Damit sind Sie in der Lage, SQL Server umfangreich zu überwachen. Dies reicht von der Überwachung des SQL-Pufferspeichers (Datencache) bis hin zur Überwachung des Datenbank-Transaktionsprotokolls.

13.4.3 WMI-Ereigniswarnung

WMI-Warnungen (Windows Management Instrumentation) bieten die Definition von Warnungen auf der Basis von WMI-Ereignissen. Die WMI-Ereignisse werden ausführlich unter *http://msdn.microsoft.com/de-de/library/ms186449.aspx* aufgelistet.

Warnungen werden hier durch das Auftreten eines WMI-Ereignisses ausgelöst. Bei der Definition der WMI-Ereigniswarnungen wird eine WMI-Query-Language-Abfrage (WQL) angegeben, die einen Ereignistyp für eine Datenbank oder ein Datenbankobjekt abrufen kann. Mittels WMI-Ereigniswarnung könnten Sie sich z.B. eine Benachrichtigung bei Auftreten von Deadlocks zusenden lassen.

Kapitel 14
Skalierbarkeit von SQL Server

Skalierung ist ein wichtiges Thema, um Investitionen für die Zukunft zu sichern. Wenn Unternehmen wachsen, ist dasjenige Unternehmen im Vorteil, das keine völlig neuen Lösungen implementieren muss, sondern nur weitere Lizenzen kauft.

Was bedeutet Skalierung? In welchen Szenarien ist es wichtig, über Skalierung nachzudenken, und kann das Thema schon bei der Planung berücksichtigt werden?

SQL Server zu skalieren ist in vielerlei Hinsicht ein wichtiges Thema. Es betrifft z.B. Administratoren, die aus Leistungsgründen SQL Server skalieren müssen oder hohe Verfügbarkeit von SQL Server sicherstellen möchten, oder Entwickler, die ein Framework wie Service Broker nutzen. Der Vorteil einer Skalierung liegt auf der Hand: Sie können zunächst mit der Installation einer einzigen Instanz von SQL Server beginnen, der dann weitere Instanzen folgen. Muss skaliert werden, können Sie Dienste so auf weitere Server verlagern oder, im Fall von Service Broker, die Routen zu den neuen Servern ändern.

SQL Server wird kostenlos als Express Edition angeboten. Unternehmen beginnen oft mit dieser Version. Sie stellen jedoch nach einiger Zeit fest, dass es weitere interessante Dienste wie die Integration Services für ETL-Prozesse gibt, und haben den Wunsch, diese zu verwenden, um ihre heterogene IT-Landschaft zu verbinden und vielleicht zu konsolidieren. Letztendlich erfolgt entweder ein Upgrade der vorhandenen Version, oder es kommen weitere Installationen von SQL Server hinzu. Das Upgrade ist einfach, hier können Sie kostenlos beginnen und später auf eine lizenzpflichtige Version aktualisieren. Eine Alternative ist es, nicht zu aktualisieren, sondern weitere Installationen hinzuzufügen und Dienste von SQL Server auf unterschiedlichen Rechnern zu installieren.

14.1 Verteilen der SQL-Server-Dienste

SQL Server besteht aus den bereits in Kapitel 5, »Konfigurieren von SQL Server 2012«, genannten Diensten, die sich in einer Infrastruktur gut verteilen lassen. Ein komplexes Datenbanksystem, das viele Transaktionen verarbeitet, muss oft aus Leistungsgründen auf einem eigenen Server ausgeführt werden. Die *Integration Services*, die bis dahin vielleicht lediglich Wartungspläne ausführen, laufen auf demselben Server wie das Datenbankmodul. Ihr Unternehmen plant vielleicht in Zukunft die Einführung eines Data Warehouses. Komplexe Analysen sollen aus dem Data Warehouse erfolgen, und ein Berichtswesen soll eingeführt werden.

Es zeigt sich dann häufig bereits sehr früh, dass die *Analysis Services* und die *Reporting Services* aus Leistungsgründen auf weiteren separaten Servern ausgeführt werden müssen. Sie sehen also: Gerade hier sind Sie sehr schnell beim Thema Skalierung angekommen, denn in der Praxis erfüllt selten ein einzelner Server diese komplexen Anforderungen. Allein das Thema in Kapitel 21, »Parallel Data Warehouse«, zeigt, wie schnell heute bei sehr großen Datenbanken skaliert werden muss.

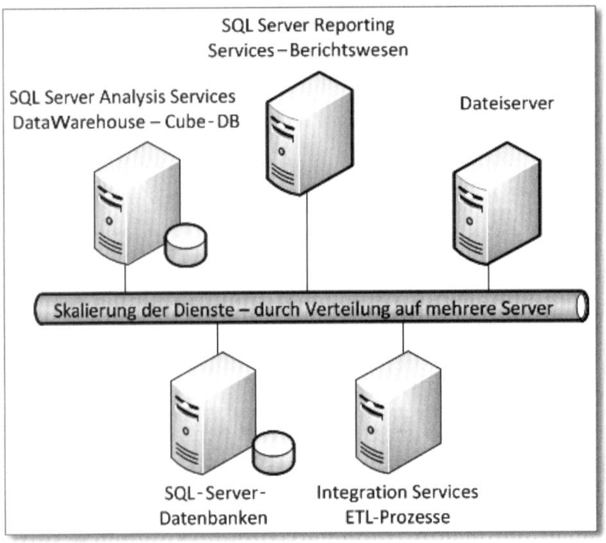

Abbildung 14.1 Verteilung der SQL-Server-Dienste auf mehrere Server

14.2 SQL Server und NLB-Cluster

Ein Netzwerklastenausgleich-Cluster (NLB-Cluster) kann unter Windows Server 2008/2012 aufgebaut werden und hat die Aufgabe, Anfragen von Clients z.B. an eine Datenbank zu verteilen. Somit entspricht der NLB-Cluster einer typischen Lastenverteilung. Das kann in den verschiedensten Szenarien hilfreich sein, wenn es darum geht, die Last auf einem einzelnen Server zu reduzieren und auf mehrere Server zu verteilen. Sowohl beim Datenbankmodul als auch bei den Reporting Services – oder, wie Sie im nächsten Abschnitt noch sehen werden, bei den Analysis Services – ist das eine Option zur Skalierung.

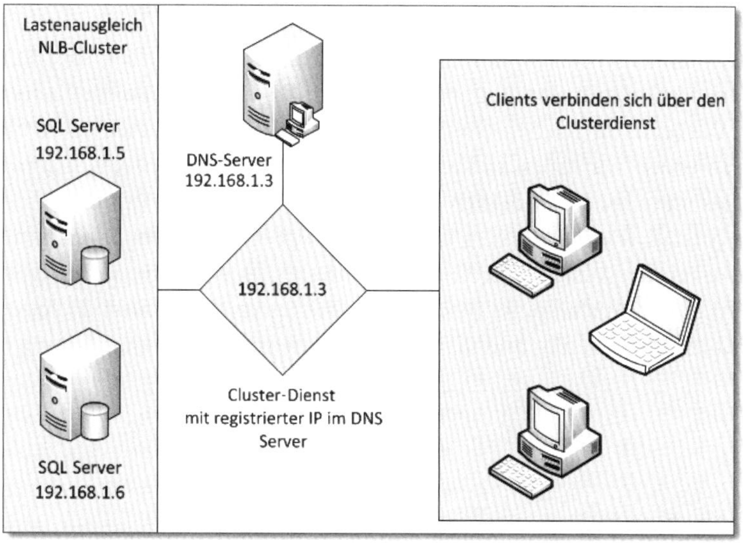

Abbildung 14.2 Netzwerklastenausgleich zur Verteilung der Client-Anfragen

14.2.1 Reporting Services und Lastenausgleich

Abbildung 14.3 zeigt, wie der Berichtsserver innerhalb eines NLB-Clusters ausgeführt wird. Die Berichtsserver-Datenbank liegt außerhalb des Clusters und muss hier nicht redundant vorhanden sein. Hier werden lediglich die Anfragen der Clients über das Lastenausgleichsmodul an den Berichtsserver verteilt. Dabei wird eine virtuelle IP-Adresse im Domain Name System (DNS) registriert und steht den Client-Anwendungen bei Anfragen zur Verfügung. Somit entscheidet das Lastenausgleichsmodul, zu welchem Server die Anfragen der Anwendung weitergeleitet werden.

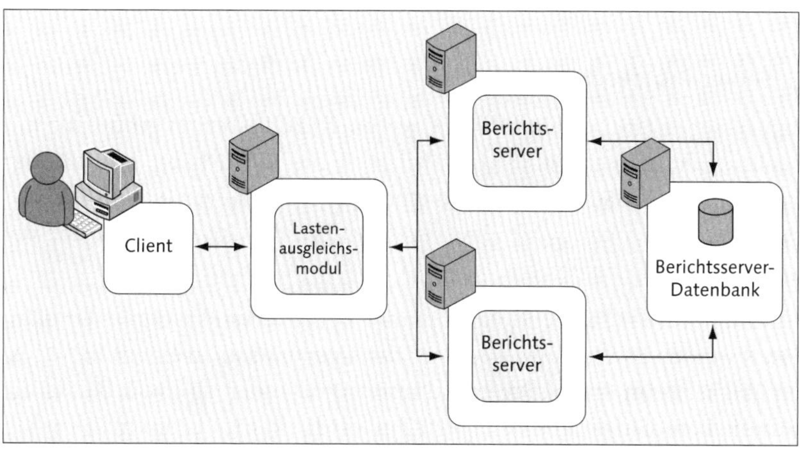

Abbildung 14.3 Ein NLB-Cluster für Reporting Services

14.2.2 Failover-Cluster

Eine weitere Möglichkeit besteht darin, zusätzlich zum NLB-Cluster für den Berichtsserver die Datenbank der Reporting Services in einem Failover-Cluster unterzubringen. Die technologischen Hintergründe zum Failover-Cluster und dem Protokollversand werden wir Ihnen in Kapitel 16, »Hochverfügbarkeitslösungen«, vermitteln. An dieser Stelle ist es lediglich wichtig zu verstehen, dass mit dem Failover-Cluster der Ausfall des SQL Servers und somit der Berichtsserver-Datenbank verhindert wird. Bei einem Ausfall übernimmt ein zweiter, redundanter SQL Server. Kommt es jetzt zu einem Ausfall einer Instanz von SQL Server, wird durch Failover auf die zweite Instanz geschwenkt, und die Datenbank steht weiter zur Verfügung.

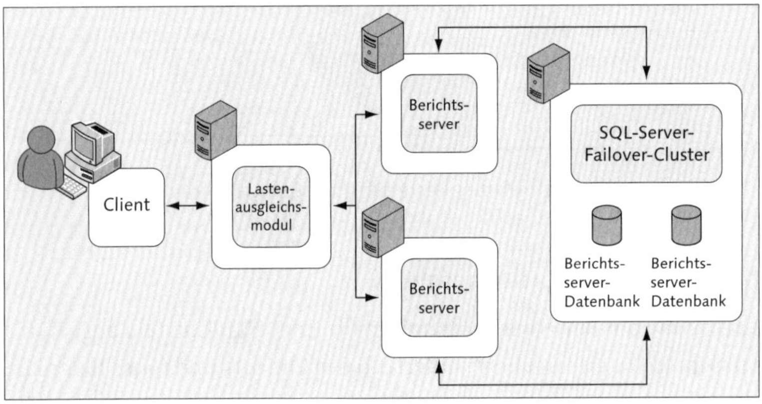

Abbildung 14.4 Kombination von NLB-Cluster und Failover-Cluster

In Abbildung 14.4 ist sehr gut zu erkennen, wie eine Kombination von Lastenausgleich und Failover-Cluster sinnvoll eingesetzt werden kann, um sowohl die Leistung als auch die Verfügbarkeit zu erhöhen.

14.2.3 SQL-Server-Protokollversand

In Abbildung 14.5 sehen Sie ein Beispiel dafür, wie ein NLB-Cluster in Verbindung mit dem Protokollversand eingesetzt wird. Dabei wird die Möglichkeit genutzt, das Transaktionsprotokoll von SQL Server nach einer Sicherung zu versenden. Das versendete Transaktionsprotokoll wird über einen Auftrag im SQL Server-Agent der sekundären Instanz wiederhergestellt.

Das Beispiel beruht auf der Tatsache, dass beim Protokollversand mehrere Empfänger konfiguriert werden können und diese sich dann gemeinsam in einem NLB-Cluster befinden. Das ist beim Protokollversand unter Umständen sinnvoll, da auf die Daten der Protokollempfänger lesend zugegriffen werden kann. In diesem Fall erhalten die Empfänger vom primären Server jeweils in einem zeitlichen Intervall die Änderungen über das Transaktionsprotokoll. Eine Lastenverteilung sorgt hier für eine Reduzierung der Last auf den einzelnen Empfängern. Diese Empfänger können z. B. für Reporting-Zwecke genutzt werden. Anders als in einem Failover-Cluster sind beim NLB-Cluster die Datenbanken jeweils pro Knoten vorhanden. Auch hier zeigt sich, wie Sie mithilfe des Protokollversands SQL Server sehr gut skalieren können und es lediglich eines Hinzufügens weiterer Instanzen bedarf.

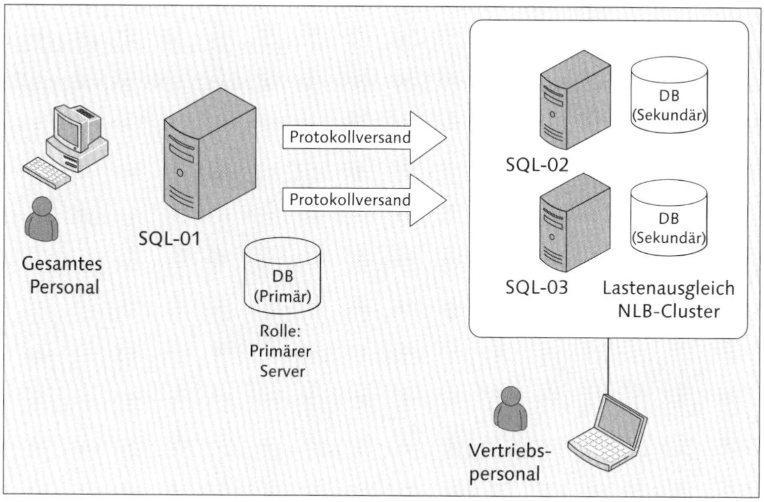

Abbildung 14.5 Kombination Protokollversand und NLB-Cluster

14.3 Skalierung der Analysis Services

Die Analysis Services werden in Kapitel 23 vorgestellt. In diesem Abschnitt geht es uns in erster Linie darum zu zeigen, welche Rolle die Analysis Services hinsichtlich einer Skalierung von SQL Server spielen. Um das Problem von langwierigen Abfragen auf ein Data Warehouse zu vermeiden, sollten Sie schon frühzeitig im Planungsprozess die Themen Design, Partitionierung und Skalierung der Analysis Services betrachten. Hier müssen Sie sich jedoch im Klaren darüber sein, was Sie erreichen möchten. Analysis Services bieten einige Optionen für eine Optimierung oder Skalierung. Auf jeden Fall sollten Sie sich zuerst auf ein gutes Aggregations- und Partitionierungsdesign konzentrieren.

Wenn Ihr Performanceengpass die Prozessorauslastung auf einem einzigen System ist und eine sehr große Anzahl an Benutzern parallel Abfragen ausführt, können Sie die Abfrageleistung durch ein NLB-Cluster erhöhen. Wenn Ihre Benutzer viele Abfragen ausführen, die tatsächlich eine große Anzahl an Daten-Scans erfordern, ist die Wahrscheinlichkeit, dass eine Aggregation dies abdeckt, eher sehr gering. Ein NLB-Cluster kann hier ebenfalls eine gute Lösung sein. Seien Sie sich jedoch darüber im Klaren, dass die Datencaches auf jedem der Server in dem NLB-Cluster unterschiedlich sein werden, was zu Differenzen in der Abfrage-Antwort-Zeit von Abfrage zu

Abfrage eines Benutzers führt. Ein NLB-Cluster kann auch verwendet werden, um die Verfügbarkeit zu erhöhen, falls ein Analysis-Server ausfällt. Eine zusätzliche Möglichkeit zur Erhöhung der Leistung mithilfe eines NLB-Clusters besteht in der Verteilung der Verarbeitungstasks auf einen Offlineserver. Wurden neue Daten über den Offlineserver verarbeitet, können Sie die Analysis-Server im Cluster mithilfe der Synchronisierung aktualisieren.

Abbildung 14.6 zeigt ein Szenario, bei dem Abfragen an einen NLB-Cluster gerichtet sind. Der Cluster-Service entscheidet je nach Last, welcher Nur-Lese-Query-Server die Abfrage beantwortet.

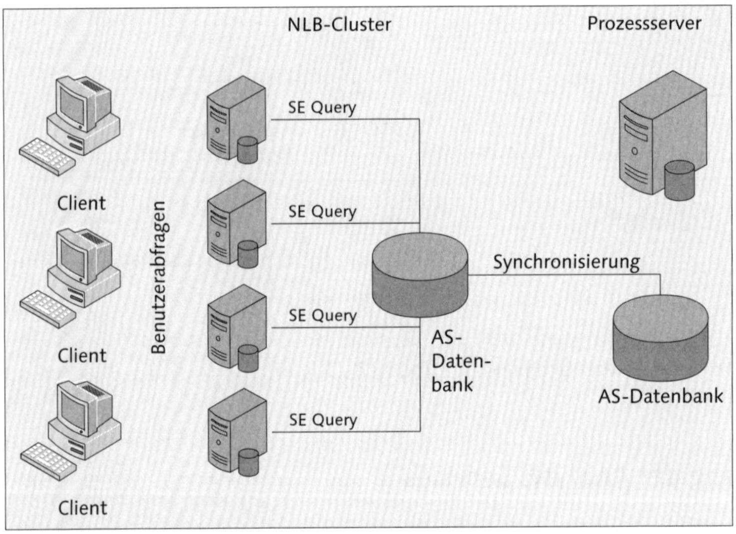

Abbildung 14.6 NLB-Cluster mit Nur-Lese-Servern

Ein NLB-Cluster bedeutet nicht zwingend, dass Sie Ihre Performance erhöhen, wenn die Verarbeitung das Problem ist oder Sie eine einzelne Abfrage eines Users optimieren möchten. Beachten Sie auch, dass die Verwendung eines NLB-Clusters der Einschränkung unterliegt, dass ein Zurückschreiben nicht möglich ist.

14.4 Skalierbare freigegebene Datenbanken

Eine einfache Möglichkeit der Skalierung wird durch skalierbare freigegebene Datenbanken erreicht. Eine Datenbank wird als schreibgeschützt markiert, um sie dann von mehreren Analysis-Services-Instanzen zu nutzen. Das bedeutet, mehrere Instanzen von Analysis Services können sich ein einzelnes Datenverzeichnis teilen, das sich z.B. auf einem SAN befindet. Grundsätzlich entspricht das der klassischen Shared-Disk-Lösung. Da Analysis Services und Reporting Services lesend auf Daten zugreifen, gibt es keine Probleme mit Sperren.

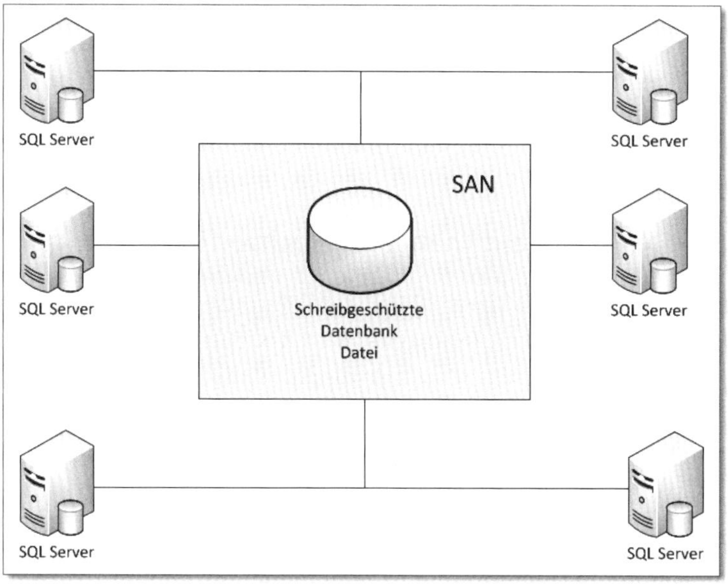

Abbildung 14.7 Skalierbare freigegebene Datenbanken

Wie Sie sehen, ist auch das eine Skalierungsmöglichkeit. SQL Server bietet diese Form der Skalierung seit der Version 2008 R2 an.

14.5 Skalierbarkeit von Datenbanken mithilfe der Peer-to-Peer-Transaktionsreplikation

Eine Peer-to-Peer-Transaktionsreplikation bietet eine weitere Möglichkeit der Skalierung. Betrachtet man die Peer-to-Peer-Replikation aus dieser Perspektive, ist sie nicht nur eine reine Lösung zum effektiven Replizieren von Daten, um deren Verfügbarkeit zu erhöhen. Sie eignet sich außerdem als effektive Skalierungslösung, sodass identische Kopien der Daten auf verschiedenen Servern verteilt liegen.

Wenn ein Knoten ausfällt, müssen auf Anwendungsebene die Schreibvorgänge für diesen Knoten auf einen anderen Knoten umgeleitet werden. Transaktionen, die Änderungen an einer Kopie der Daten vornehmen, werden über die Peer-to-Peer-Transaktionsreplikation auf alle anderen Knoten fast in Echtzeit repliziert. Davon profitieren Anwendungen, die ihre Lesevorgänge über mehrere Knoten verteilen können. Beim Schreiben verhält sich die Peer-to-Peer-Transaktionsreplikation hinsichtlich der Geschwindigkeit jedoch wie bei einem einzelnen Knoten. Der Grund dafür ist, dass jede Änderung (Insert, Update, Delete) an jeden Knoten weitergegeben werden muss. Die Replikation erkennt, wenn eine Änderung auf einem bestimmten Knoten bereits ausgeführt wurde, und verhindert dessen erneute Aktualisierung.

Handelt es sich um eine Anwendung, die immer die neuesten Daten wiedergeben muss, kann dies aufgrund der Verzögerung beim Schreiben problematisch sein.

Weitere Informationen zur Peer-to-Peer-Transaktionsreplikation finden Sie auf unserer Webseite *www.sqlxpert.de*.

14.6 AlwaysOn – Nicht nur ein Thema für Hochverfügbarkeit

Eine der neuen Funktionen von SQL Server 2012 in der Enterprise Edition ist *AlwaysOn*. In Kapitel 16, »Hochverfügbarkeitslösungen«, wird das Thema aus Sicht einer Hochverfügbarkeitslösung besprochen. In diesem Abschnitt möchten wir daher hier nicht auf diese Sichtweise eingehen, sondern das Thema aus der Perspektive einer Skalierung betrachten.

Es gibt unter AlwaysOn einen primären SQL Server, der die Transaktionen der Anwendungen im Unternehmen ausführt. Dazu kommen vielleicht das unternehmensweite Reporting, ein Data Warehouse und Abfragen, die ad hoc ausgeführt werden. Nachts laufen zusätzlich ETL-Prozesse und Wartungspläne mit den Backups für die Datenbanken.

Worauf wir hinauswollen, ist die Tatsache, dass der SQL Server die gesamte Last trägt. Unter AlwaysOn kommen sekundäre Instanzen von SQL Server zum Einsatz. Die Daten der primären Instanz werden auf die sekundären Instanzen synchronisiert. Dieses Prinzip ist dem der Datenbankspiegelung ähnlich, jedoch hat es den Vorteil, dass bei AlwaysOn ein lesender Zugriff auf die sekundären Instanzen möglich ist. Wenn wir das aus der Sicht der Skalierung betrachten, ist es z.B. möglich, das Reporting oder die Daten für ein Data Warehouse auf eine sekundäre Instanz zu verlagern. Es geht noch weiter: Prozesse, die im Hintergrund lesend auf Daten zugreifen, bzw. Backups können so auf sekundäre Instanzen ausgelagert werden. Das verteilt die Last und sorgt gleichzeitig für eine Entlastung der primären Instanz. Wenn Sie zum Thema AlwaysOn vertiefende Informationen suchen, schlagen Sie in Kapitel 16, »Hochverfügbarkeitslösungen«, nach.

14.7 Service Broker – Skalierung für Entwickler

Service Broker ist ein Framework für Entwickler, die hochskalierbare Anwendungen auf Basis des SQL Servers mit asynchroner Kommunikation entwickeln möchten. In dieser Aussage stecken die wesentlichen Vorteile von Service Broker. Er ist ein Dienst für asynchrone Kommunikation. Er ist skalierbar und als Framework ausgelegt.

Service Broker kann z.B. eingesetzt werden, um Nachrichten innerhalb einer Datenbank oder von einer Datenbank an eine andere zu versenden. Dabei ist es möglich,

Anwendungen auf Basis von Service Broker zu entwickeln und später, wenn die Notwendigkeit besteht, über Instanzen hinweg zu skalieren. In diesen Fällen müssen lediglich einige Änderungen, wie z.B. geänderte Routen, vorgenommen werden, um die Anwendung zu skalieren.

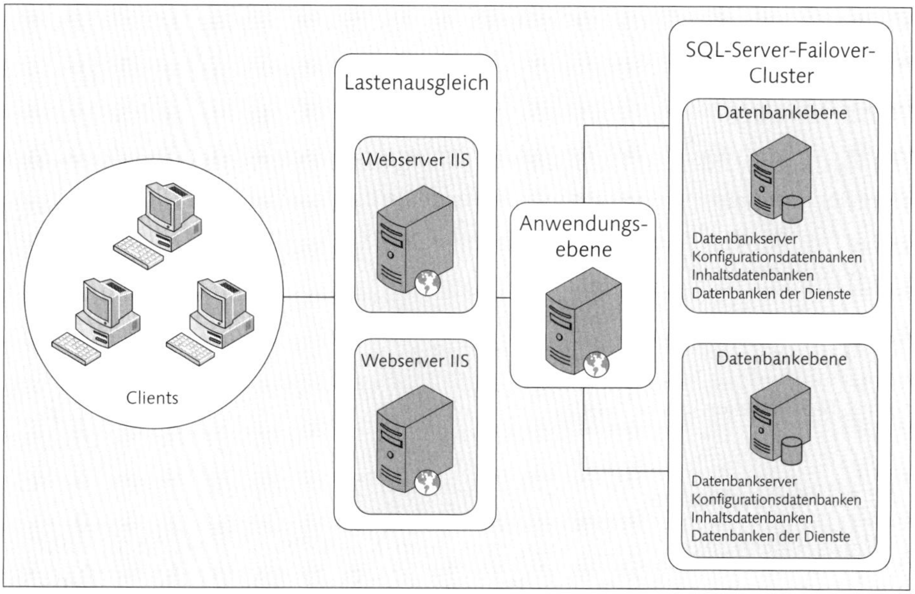

Abbildung 14.8 Übersicht Service-Broker-Architektur

Entwickler können dieses Framework nutzen, um Service-Broker-Objekte anzulegen, wie z.B. Nachrichtentypen, Warteschlangen für Nachrichten und Routen. Die meisten Service-Broker-Objekte haben Namen in einem URI-Format. Das dient der eindeutigen Identifizierung der Objekte. Bevor Sie jedoch Service Broker nutzen können, müssen Sie ihn für die Datenbank aktivieren.

```
ALTER DATABASE sqlxpert SET ENABLE_BROKER;
```

Listing 14.1 Aktivieren von Service Broker für die Datenbank

14.7.1 Nachrichtentypen

Ein Nachrichtentyp definiert den Namen und Inhalt einer zur Versendung anstehenden Nachricht. Ein Nachrichtentyp kann leer sein – das heißt, der Textteil der Nachricht enthält keine Daten – oder aber wohlgeformtes XML (syntaktisch richtig) beinhalten. Auch die Bindung an ein Schema ist möglich, was dazu beiträgt, dass der Inhalt der XML-Nachricht klaren Regeln unterliegt. Ein Schema sorgt dann für die richtigen Datentypen, die exakte Reihenfolge der Elemente und Attribute. Ein Nachrichtentyp, der nicht einer Überprüfung unterliegt, kann binäre Daten enthalten,

XML oder leer sein. Einen neuen Nachrichtentyp mit wohlgeformtem XML erstellen Sie für Service Broker mit der folgenden Anweisung:

```
CREATE MESSAGE TYPE ServericeBrokerNachricht
VALIDATION = NONE
```

Listing 14.2 Festlegen des Nachrichtentyps

14.7.2 Verträge

Mit Verträgen werden die Nachrichtentypen für die Konversation mit Service Broker festgelegt. Außerdem bestimmt ein Vertrag die Richtung der Nachricht, das heißt, wer der Sender ist. Ein Vertrag kann daher als eine Vereinbarung zwischen den Diensten angesehen werden.

```
CREATE CONTRACT ServiceBrokerVertrag
(ServericeBrokerNachricht SENT BY INITIATOR)
```

Listing 14.3 Erstellen des Vertrags

14.7.3 Warteschlangen

In den Service-Broker-Warteschlangen werden Nachrichten gespeichert. Somit ist asynchrone Kommunikation zwischen den Diensten möglich, und Nachrichten können den Warteschlangen zur weiteren Verarbeitung entnommen werden.

```
CREATE QUEUE ServiceBrokerSendeWarteschlange
CREATE QUEUE ServiceBrokerEmpfangsWarteschlange
```

Listing 14.4 Erstellen der Sende- und Empfangswarteschlange

14.7.4 Dienste

Dienste sind adressierbare Endpunkte für die Nachrichtenübermittlung in Service Broker. Service-Broker-Nachrichten werden von einem Dienst zu einem anderen gesendet. Jeder Dienst verfügt über eine Warteschlange, um Nachrichten in diese einzureihen. Es werden zwei Dienste in Service Broker erstellt, einer zum Senden und einer zum Empfangen von Nachrichten.

```
CREATE SERVICE ServiceBrokerSendeService
ON QUEUE ServiceBrokerSendeWarteschlange
(ServiceBrokerVertrag)

CREATE SERVICE ServiceBrokerEmpfangsService
ON QUEUE ServiceBrokerEmpfangsWarteschlange (ServiceBrokerVertrag)
```

Listing 14.5 Erstellt einen Service-Broker-Dienst

Nachdem Sie die Service-Broker-Objekte erstellt haben, schaffen Sie die Voraussetzungen für die Dialogkonversation. Dazu legen Sie zuerst Variablen an, eine für die Dialog-ID und eine für die Nachricht.

```
DECLARE @ServiceBrokerDialog uniqueidentifier
DECLARE @Message NVARCHAR(128)
BEGIN DIALOG CONVERSATION @ServiceBrokerDialog
FROM SERVICE ServiceBrokerSendeService
TO SERVICE ' ServiceBrokerEmpfangsService '
ON CONTRACT ServiceBrokerVertrag
WITH ENCRYPTION = OFF
```

Listing 14.6 Einleiten der Service-Broker-Dialogkonversation

Anschließend kann die Dialogkonversation unter der Dialog-ID beginnen, gekennzeichnet durch die Richtung und den Vertrag. Die Möglichkeit, Nachrichten zu verschlüsseln, besteht über die Angabe von Encryption. Als Nächstes erzeugen Sie Variablen für die Nachrichten, um diese darin zu versenden.


```
SET @Message = N'Servicebroker';
SEND ON CONVERSATION @ServiceBrokerDialog
MESSAGE TYPE ServericeBrokerNachricht (@Message)

SET @Message = N'Der Nachrichtenaustausch';
SEND ON CONVERSATION @ServiceBrokerDialog
MESSAGE TYPE ServericeBrokerNachricht (@Message)

SET @Message = N'ist asynchron';
SEND ON CONVERSATION @ServiceBrokerDialog
MESSAGE TYPE ServericeBrokerNachricht (@Message)
```

Listing 14.7 Versenden der Service-Broker-Nachrichten

Nachdem die Nachrichten versendet worden sind, können sie den Warteschlangen entnommen und angezeigt werden.

```
SELECT CONVERT(NVARCHAR(MAX), message_body) AS Message
FROM ServiceBrokerEmpfangsWarteschlange
```

Listing 14.8 Anzeigen der Service-Broker-Nachricht

Im folgenden Kasten finden Sie das komplette Beispiel zu Service Broker. Möchten Sie das fertige Skript einsetzen, können Sie es direkt aus den im Bonus-Bereich erhältlichen Materialien ausführen. Sie finden es im Verzeichnis *Beispielcode* im Ordner *Kapitel_14*.

Service Broker – Beispiel

```
CREATE DATABASE ServiceBrokerTest
GO
USE ServiceBrokerTest
go
ALTER DATABASE sqlxpert SET ENABLE_BROKER;
go
CREATE MESSAGE TYPE ServericeBrokerNachricht
VALIDATION = NONE
go
CREATE CONTRACT ServiceBrokerVertrag
(ServericeBrokerNachricht SENT BY INITIATOR)
go
CREATE QUEUE ServiceBrokerSendeWarteschlange
CREATE QUEUE ServiceBrokerEmpfangsWarteschlange
go
CREATE SERVICE ServiceBrokerSendeService
ON QUEUE ServiceBrokerSendeWarteschlange
(ServiceBrokerVertrag)
CREATE SERVICE ServiceBrokerEmpfangsService
ON QUEUE ServiceBrokerEmpfangsWarteschlange
(ServiceBrokerVertrag)
go
DECLARE @ServiceBrokerDialog uniqueidentifier
DECLARE @Message NVARCHAR(128)
BEGIN DIALOG CONVERSATION @ServiceBrokerDialog
FROM SERVICE ServiceBrokerSendeService
TO SERVICE 'ServiceBrokerEmpfangsService'
ON CONTRACT ServiceBrokerVertrag
WITH ENCRYPTION = OFF
SET @Message = N'Servicebroker';
SEND ON CONVERSATION @ServiceBrokerDialog
MESSAGE TYPE ServericeBrokerNachricht (@Message)

SET @Message = N'Der Nachrichtenaustausch';
SEND ON CONVERSATION @ServiceBrokerDialog
MESSAGE TYPE ServericeBrokerNachricht (@Message)

SET @Message = N'ist asynchron';
SEND ON CONVERSATION @ServiceBrokerDialog
MESSAGE TYPE ServericeBrokerNachricht (@Message)
go
SELECT CONVERT(NVARCHAR(MAX), message_body) AS Message
FROM ServiceBrokerEmpfangsWarteschlange
```

```
--Bereinigen und Löschen der Beispieldatenbank
USE master
GO
DROP DATABASE ServiceBrokerTest
GO
```

Wie Sie gesehen haben, ist Service Broker ein Dienst zur asynchronen Kommunikation und basiert auf dem Einreihen von Nachrichten in Warteschlangen. Somit sind z.B. Szenarien denkbar, bei denen ein Server über ein ASP.NET-Bestellsystem Transaktionen entgegennimmt und diese per Service Broker asynchron an Backend-Server weiterleitet. Diese Backend-Server können dann die Transaktionen den Warteschlangen entnehmen und verarbeiten. Das Versenden selbst ist nicht wie bei Triggern Teil der Transaktion, sondern die Verarbeitung erfolgt asynchron.

Kapitel 15

Verteilung von Daten: Replikation ist kein Hexenwerk

Die Replikation gehört zum Handwerkszeug eines Administrators. Mit ihr lassen sich Daten aus einer Quellinstanz in eine oder mehrere Zielinstanzen kopieren oder verteilen und anschließend – zur Sicherung der Konsistenz – synchronisieren. Was Sie bei diesem praktischen, aber zweifelsohne sensiblen Thema beachten müssen, erfahren Sie in diesem Kapitel.

Eine Replikation ist schnell eingerichtet, jedoch verlangen die unterschiedlichen Replikationsarten ein mehr oder weniger großes Wissen vom Administrator. In diesem Kapitel liegt der Schwerpunkt auf dem Einrichten, Verwalten und Überwachen der Replikation. Dabei stellen wir die verschiedenen Arten der Replikation vor, richten eine Replikation ein und überwachen sie.

15.1 Einführung in die Replikation

Bei der Replikation handelt es sich um ein Verfahren zum Kopieren und Verteilen von Daten und Datenbankobjekten aus einer Quelldatenbank in eine oder mehrere Zieldatenbanken. Anschließend erfolgt das Synchronisieren von Daten zwischen diesen Datenbanken, um die Konsistenz sicherzustellen.

Eine Replikation ist bestens geeignet, um die Verfügbarkeit und Skalierbarkeit von SQL Server zu verbessern. Regelmäßig werden Aktualisierungen von der Quellinstanz an die Zielinstanzen übertragen. Um SQL Server in einem Lastenverbund zu betreiben, besteht die Möglichkeit, unter Windows Server 2008/2012 einen NLB-Cluster einzurichten und mehrere Instanzen von SQL Server darin zu betreiben. Die Replikation bildet hier die Grundlage für die Synchronisierung der Daten zwischen den Instanzen von SQL Server. Die Redundanz an Daten, die sich aufgrund der Replikation ergibt, kann für Wartungsaufgaben genutzt werden. Denken Sie dabei allein an die Frage der Service Packs und des Patchens.

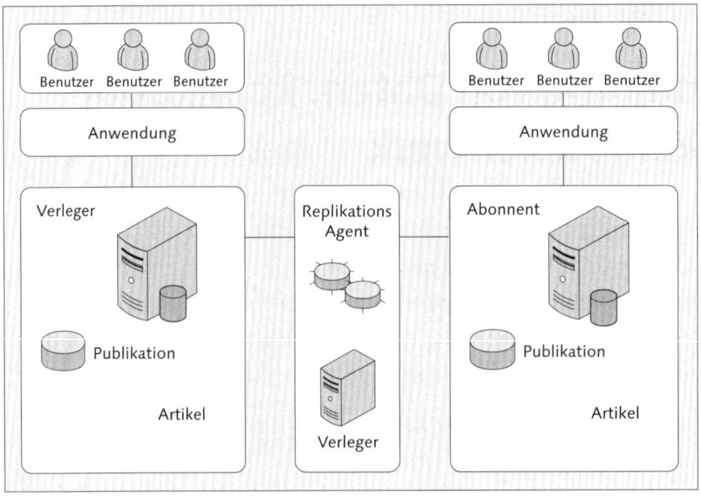

Abbildung 15.1 Das logische Architekturmodell der Replikation

Szenarien für eine Replikation

Server zu Server:

- Verbesserung der Skalierbarkeit und Verfügbarkeit
- Data-Warehousing- und Berichtsserver
- Integration von Daten aus mehreren Standorten (Server)
- Integration heterogener Daten
- Auslagerung der Batch-Verarbeitung

Server zu Client:

- Datenaustausch mit mobilen Benutzern
- Point-of-Sale-Anwendungen (POS)
- Integration von Daten mehrerer Standorte (Client)

SQL Server stellt für unterschiedliche Anforderungen verschiedene Replikationstypen bereit. Um entscheiden zu können, welchen Replikationstyp Sie einsetzen sollen, müssen Fragen zur physischen Umgebung beantwortet werden. Sie müssen prüfen, ob es sich beim Abonnenten um ein mobiles Gerät handelt, einen Server oder einen Client. Ebenso müssen Sie die Menge und Aktualität der Daten bei Ihrer Entscheidung berücksichtigen. Unter SQL Server stehen Ihnen drei Replikationstypen zur Verfügung:

- Snapshot-Replikation
- Transaktionsreplikation
- Merge-Replikation

Wenn Sie an Windows-Server denken, wird Ihnen die Replikation sicherlich vertraut sein. Im Active Directory kommen die Replikationsvorgänge zum Einsatz. Eine dringende Replikation zwischen Domänen-Controllern wird durchgeführt, wenn Änderungen an Benutzerkonten vorgenommen werden und diese auf andere Domänen-Controller repliziert werden müssen. Letztendlich ist es im SQL Server nicht anders. Gibt es Änderungen an Daten auf einer Instanz von SQL Server, sollen diese an andere Instanzen übertragen werden. Welche Technologie bzw. Replikationsart dabei zum Einsatz kommt, müssen Sie im jeweiligen Szenario entscheiden. Möchten Sie die Replikation zur Verbesserung der Verfügbarkeit verwenden, kommt z.B. die Transaktionsreplikation oder in einigen Fällen auch die Merge-Replikation zum Einsatz.

15.1.1 Replikations-Agent

Bei einer Replikation werden verschiedene Aufgaben ausgeführt. Je nach Replikationsart können sich diese unterscheiden. Eine Aufgabe muss jedoch grundsätzlich bei allen Replikationsarten durchgeführt werden: Gemeint ist das Erstellen eines Snapshots als Ausgangsbasis. In diesem Zusammenhang spricht man vom Snapshot-Agent, einem Auftrag im SQL-Server-Agent,, der den Snapshot generiert. Der Protokoll-Lese-Agent liest das Transaktionsprotokoll bei der Transaktionsreplikation aus und wendet Änderungen dann auf dieser Grundlage beim Abonnenten an. Letztendlich handelt es sich immer um einen Auftrag im SQL-Server-Agent, der je nach Rolle bestimmte Aufgaben übernimmt. Folgende Agents treten im Zusammenhang mit der Replikation auf:

- Snapshot-Agent zum Erstellen der Snapshots
- Protokoll-Lese-Agent zum Lesen im Transaktionsprotokoll
- Verteilungs-Agent
- Merge-Agent
- Warteschlangen-Lese-Agent

Zusammenfassend lässt sich sagen, dass Aufträge im SQL-Server-Agent eingerichtet werden, die im Zusammenhang mit der Replikation ausgeführt werden. Ein Auftrag, der im SQL-Server-Agent ausgeführt wird, läuft unter dem Windows-Benutzerkonto, das bei der Installation für den SQL-Server-Agent angegeben wurde. Eine Alternative dazu bilden die SQL-Server-Anmeldeinformationen im Zusammenhang mit den Proxy-Konten. Genauere Informationen zum Thema Verwendung von Proxy-Konten erhalten Sie in Abschnitt 12.5, »Was sind Proxy-Konten, und welche Bedeutung kommt ihnen zu?«.

In der nachfolgenden Tabelle 15.1 werden die Agent-Berechtigungen im Zusammenhang mit der jeweiligen Replikation beschrieben. Hier gilt das eben Gesagte: Die

Berechtigungen müssen dem jeweiligen Windows-Konto erteilt werden, unter dem der SQL-Server-Agent ausgeführt wird.

Agent	Berechtigungen
Snapshot-Agent	▶ Es muss mindestens Mitglied der festen Datenbankrolle *db_owner* in der Verteilungsdatenbank sein. ▶ Es muss über die Schreibberechtigung für die Snapshot-Freigabe verfügen. ▶ Das zum Herstellen der Verbindung mit dem Verleger verwendete Konto muss zumindest Mitglied der festen Datenbankrolle *db_owner* in der Publikationsdatenbank sein.
Protokoll-Lese-Agent	▶ Dieses Konto muss zumindest Mitglied der festen Datenbankrolle *db_owner* in der Verteilungsdatenbank sein. ▶ Das zum Herstellen der Verbindung mit dem Verleger verwendete Konto muss zumindest Mitglied der festen Datenbankrolle *db_owner* in der Publikationsdatenbank sein.
Verteilungs-Agent für Push-Abonnements	▶ Es muss mindestens Mitglied der festen Datenbankrolle *db_owner* in der Verteilungsdatenbank sein. ▶ Es muss Mitglied der Publikationszugriffsliste sein. ▶ Es muss über Leseberechtigungen für die Snapshot-Freigabe verfügen. ▶ Es muss über die Leseberechtigung für das Installationsverzeichnis des OLE-DB-Anbieters für den Abonnenten verfügen, wenn das Abonnement für einen Nicht-SQL-Server-Abonnenten vorgesehen ist.
Verteilungs-Agent für Pull-Abonnements	▶ Es muss Mitglied der Publikationszugriffsliste sein. ▶ Es muss über Leseberechtigungen für die Snapshot-Freigabe verfügen.
Merge-Agent für Push-Abonnements	▶ Es muss mindestens Mitglied der festen Datenbankrolle *db_owner* in der Verteilungsdatenbank sein. ▶ Es muss Mitglied der Publikationszugriffsliste sein. ▶ Die Anmeldung muss mit einem Benutzer in der Publikationsdatenbank verknüpft sein. ▶ Es muss über Leseberechtigungen für die Snapshot-Freigabe verfügen.

Tabelle 15.1 Erforderliche Berechtigungen für die Agent-Sicherheit

Agent	Berechtigungen
Merge-Agent für Pull-Abonnements	▶ Es muss Mitglied der Publikationszugriffsliste sein. ▶ Die Anmeldung muss mit einem Benutzer in der Publikationsdatenbank verknüpft sein. ▶ Die Anmeldung muss mit einem Benutzer in der Verteilungsdatenbank verknüpft sein. Der Benutzer kann der *Guest*-Benutzer sein. ▶ Es muss über Leseberechtigungen für die Snapshot-Freigabe verfügen.
Warteschlangen-Lese-Agent	▶ Dieses Konto muss zumindest Mitglied der festen Datenbankrolle *db_owner* in der Verteilungsdatenbank sein. ▶ Das Konto muss zumindest Mitglied der festen Datenbankrolle *db_owner* in der Publikationsdatenbank sein. ▶ Das Konto muss zumindest Mitglied der festen Datenbankrolle *db_owner* in der Abonnementdatenbank sein.

Tabelle 15.1 Erforderliche Berechtigungen für die Agent-Sicherheit (Forts.)

15.1.2 Speicherplatz und Zeitpläne

Speicherplatz wird bei der Replikation für die Verteilungsdatenbank benötigt, die sich auf dem Verleger oder einem gesonderten Rechner befindet, der nur für die Verteilung zuständig ist. Ebenso müssen Sie den Ordner für die Verteilung berücksichtigen. Sie sollten diese Bereiche daher bei einer Replikation einplanen. Der SQL-Server-Agent ist bei einer Replikation eine entscheidende Komponente. Versichern Sie sich, dass der Agent ausgeführt wird. Die Zeitpläne sollten Sie so wählen, dass die Wartezeit, der Netzwerkverkehr und ein möglicher Datenverlust bei Ausfall einer Instanz berücksichtigt werden.

15.2 Die Rollenverteilung bei einer Replikation

Um die Rollenverteilung bei einer Replikation genau zu definieren, hat Microsoft sich einiger Begriffe aus dem Verlagswesen bedient:

- **Verleger**: Veröffentlicht Artikel (Tabellen, Sichten etc.) für eine Replikation in Form einer Publikation.
- **Verteiler**: Verteilt die Daten an die Abonnenten. Es wird zwischen dem Push- und dem Pull-Verfahren unterschieden. Beim Push-Verfahren werden die Daten vom Verteiler zum Abonnenten übertragen, das heißt gesendet. Beim Pull-Verfahren holt der Abonnent die Daten entsprechend beim Verteiler ab.

- **Abonnent**: Empfängt die Daten oder holt sie sich ab. Er umfasst die Zieldatenbank, auf der die Daten repliziert werden.

Die Rollenverteilung dient somit dem besseren Verständnis der Rollen und Aufgaben der Replikationspartner.

15.2.1 Verleger

Der Verleger veröffentlicht die zu replizierenden Artikel. Artikel sind Tabellen, Prozeduren, Sichten, Funktionen etc. Ein Verleger kann mehrere Publikationen enthalten und ein Replikationsszenario mehrere Verleger.

15.2.2 Verteiler

Ein Verteiler kann sich auf demselben Server befinden wie der Verleger. Für die Verteilung wird eine zusätzliche Systemdatenbank mit dem Namen »Distribution« angelegt, und im SQL-Server-Agent werden Jobs hinzugefügt. Wo Sie den Verteiler ausführen, ob auf dem Verleger oder auf einem separaten Server, hängt von folgenden Faktoren ab:

- Wie hoch ist die Last auf dem Verleger? Wenn der Verlegerserver die zusätzliche Last durch die Verteilerrolle aufnehmen kann, können Verleger und Verteiler auf einem Server platziert werden. Ist der Verleger jedoch überfordert, sollten Sie einen separaten Server für die Rolle des Verteilers festlegen.
- Reicht der Speicherplatz für die Verteilungsdatenbank und den Verteilungsordner? In der Verteilungsdatenbank und im Verteilungsordner werden z.B. nicht replizierte Transaktionen, Replikationsmetadaten und Snapshots gespeichert, die sehr groß werden können. Je nachdem, treffen Sie die Entscheidung, ob der Verteiler ein separater Rechner ist oder nicht.
- Welche Topologie wählen Sie für Ihre Replikationslösung? Sind an der Replikation ein einzelner Verleger und mehrere Abonnenten beteiligt, kann ein Verteiler auf dem Verleger platziert werden. Bei mehreren Verlegern und Abonnenten sollten Sie einen separaten Verteiler wählen.

15.2.3 Abonnent

Ein Abonnent enthält die Zieldatenbank der Replikation. Er wird vom Verteiler mit den Daten versorgt und je nach Verfahren – Push oder Pull – erhält er die Daten oder holt sie sich vom Verteiler. Beachten Sie in diesem Zusammenhang, dass der Abonnent nur dann Daten vom Verteiler holen kann, wenn im Netzwerk eine Freigabe eingerichtet wurde. Beim Einrichten der Replikation warnt Sie der Assistent diesbezüglich beim Erstellen der Publikation.

15.3 Replikationsarten

15.3.1 Die Snapshot-Replikation

Bei der Snapshot-Replikation wird, wie der Name bereits erkennen lässt, ein Snapshot erzeugt, um die zu replizierenden Daten auf den Abonnenten zu übertragen. Verantwortlich für die Erzeugung des Snapshots ist ein Auftrag, der mithilfe des SQL-Server-Agents zeitgesteuert ausgeführt wird. Bei diesem Auftrag werden die zu replizierenden Daten mittels bcp in einen freigegebenen Ordner – den Snapshot-Ordner – kopiert. Die Aufträge im SQL-Server-Agent werden in zeitlichen Intervallen abgearbeitet, was somit je nach gewähltem Intervall eine entsprechende Verzögerung ergibt. Das Charakteristische an dieser Replikation ist, dass immer alle Daten komplett übertragen werden. Somit eignet sich die Snapshot-Replikation für kleine Datenmengen oder Datenbanken mit wenigen Änderungen oder für den Fall, dass die Aktualität der Daten auf dem Abonnenten nicht permanent gewährleistet sein muss.

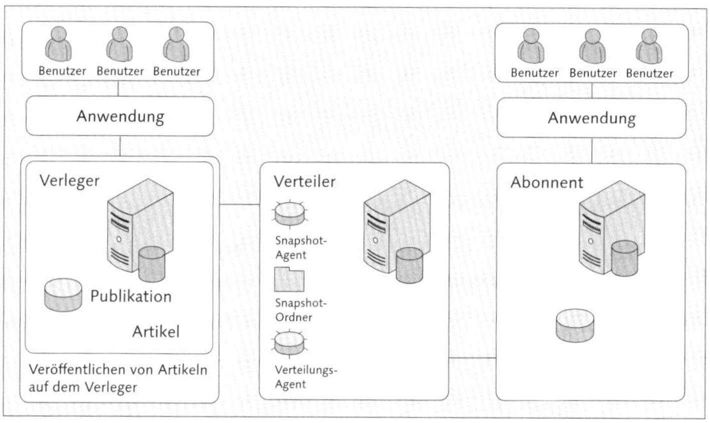

Abbildung 15.2 Funktionsweise der Snapshot-Replikation

15.3.2 Die Transaktionsreplikation

Bei einer Transaktionsreplikation wird wie bei der Snapshot-Replikation ein Ausgangs-Snapshot erstellt und auf die Zielinstanz übertragen. Erfolgen später Änderungen an den Daten auf dem Verleger, werden diese vorgenommenen inkrementellen Änderungen gemäß dem Zeitplan des Verteilungs-Agents an die Abonnenten weitergeleitet, je nachdem, welches Intervall im Zeitplan gewählt wurde. Bei dem Argument *Fortlaufend* ruft der Agent replizierte Transaktionen in festgelegten Abrufintervallen aus der Quelle ab, selbst wenn keine ausstehenden Transaktionen vorhanden sind. Um die Konsistenz der Daten sicherzustellen, werden bei der Transaktionsreplikation alle Änderungen, für die es ein Commit gibt, auf dem Abonnenten angewendet. Die Transaktionsreplikation ist grundsätzlich *in eine Richtung* ausgelegt, jedoch gibt es

Sonderformen, bei denen Änderungen am Abonnenten auf den Verleger repliziert werden. Außerdem gibt es die Möglichkeit, bei der Transaktionsreplikation eine Peer-to-Peer-Replikationstopologie zu konfigurieren, die dann Änderungen eines jeden Knotens in jede Richtung repliziert.

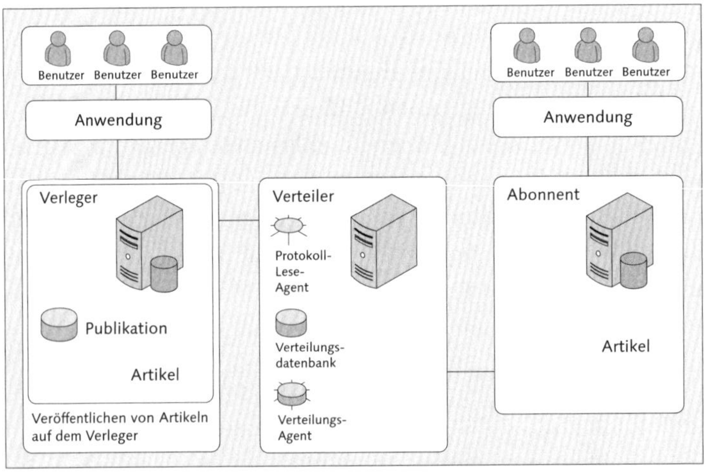

Abbildung 15.3 Funktionsweise der Transaktionsreplikation

Transaktionsreplikation mit aktualisierbarem Abonnement

Bei der Transaktionsreplikation besteht die Möglichkeit, am Abonnenten vorgenommene Aktualisierungen zurück zum Verleger zu replizieren. Für eine solche Situation stehen zwei Varianten zur Verfügung.

Bei der ersten Variante, *Abonnement mit sofortiger Aktualisierung*, wird eine Verbindung zum Verleger aufgebaut, und die Änderungen werden mithilfe von Microsoft Distributed Transaction Coordinator (MSDTC) angewendet. Hier tritt nur eine minimale Wartezeit auf, sodass der Verleger stets auf dem neuesten Stand ist. Verleger und Abonnent müssen also bei der Transaktionsreplikation mit sofortiger Aktualisierung verbunden sein. Kann die Verbindung vom Abonnenten zum Verleger mithilfe von MSDTC nicht aufgebaut werden, wird die gesamte Transaktion verworfen. Das bedeutet, dass die Transaktion weder auf dem Abonnenten noch auf dem Verleger ausgeführt wird.

Bei der zweiten Variante, *Abonnement mit verzögerter Aktualisierung*, werden die Änderungen zunächst in eine Warteschlange eingereiht. Der Warteschlangen-Lese-Agent wendet dann die Änderungen auf dem Verleger an. Verleger und Abonnent müssen also nicht verbunden sein. Der Zeitplan des Warteschlangen-Lese-Agents bestimmt hier die Aktualisierungen auf dem Verleger. Somit stehen bei der Transaktionsreplikation zwei Verfahren zur Verfügung, um Änderungen, die auf dem Abonnenten durchgeführt werden, auf den Verleger zu replizieren.

15.3.3 Die Merge-Replikation

Die Merge-Replikation wurde für Offlineszenarien entwickelt und eignet sich für die Replikation vom Verleger zum Abonnenten und umgekehrt. Daher ist sie besonders geeignet, wenn Netzwerkverbindungen unzuverlässig sind oder Änderungen autonom an jedem Standort ausgeführt werden müssen. Die Änderungsnachverfolgung wird durch Trigger realisiert, die Datenänderungen in eigens dafür vorgesehene Tabellen schreiben. Der Merge-Agent führt diese Datenänderungen dann von Verleger und Abonnent zusammen. Da bei der Merge-Replikation Änderungen sowohl auf dem Verleger als auch auf dem Abonnenten durchgeführt werden können, kann es beim Zusammenführen (oder auch »Mergen«) der Daten zu Konflikten kommen. Diese Konflikte müssen aufgelöst werden, wobei verschiedene Verfahren zum Einsatz kommen können. Es ist zum Beispiel möglich, die Konflikte von Hand aufzulösen oder zu bestimmen, dass einer der beiden (Verleger oder Verteiler) immer gewinnt. Wie auch immer Konflikte gelöst werden, auf jeden Fall müssen Sie das berücksichtigen.

Achtung

Kommt es zu einem Ausfall auf dem Verleger, können Änderungen verloren gehen, die auf diesem durchgeführt wurden (für die ein sogenanntes *Commit* erfolgt ist) und noch nicht auf dem Abonnenten angewendet worden sind.

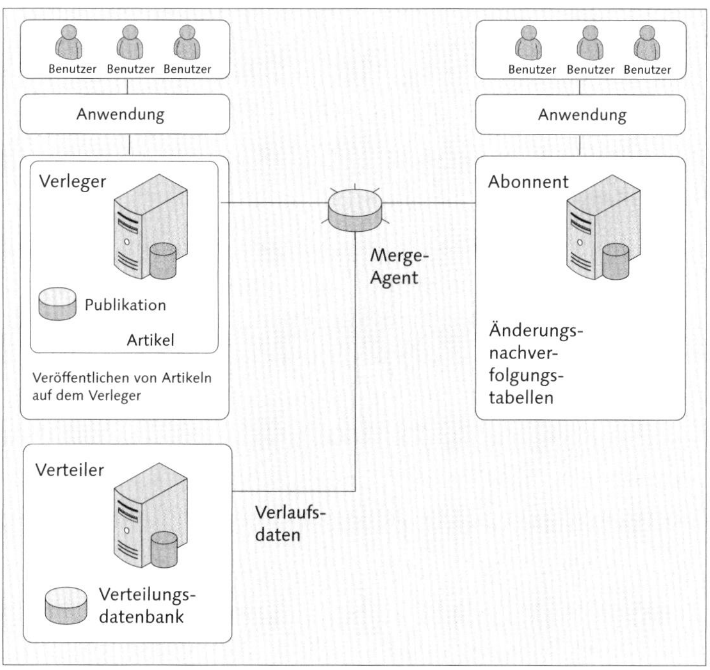

Abbildung 15.4 Funktionsweise der Merge-Replikation

15.3.4 HTTP-Merge-Replikation – Websynchronisierung

Mithilfe der Websynchronisierung im Zusammenhang mit der Merge-Replikation können Sie Daten über das HTTPS-Protokoll replizieren. Das ist für folgende Szenarien von Bedeutung:

- Synchronisieren von Daten mobiler Benutzer über das Internet
- Synchronisieren von Daten über eine Firewall zwischen Microsoft-SQL-Server-Instanzen

Ein Telemitarbeiter kann per Internetverbindung die entsprechenden Daten in beide Richtungen bewegen. Die Internetverbindung verwendet die Verschlüsselung via SSL. Die Websynchronisierung steht nur für Pull-Abonnements zur Verfügung, was bedeutet, dass der Merge-Agent immer auf dem Abonnenten ausgeführt wird.

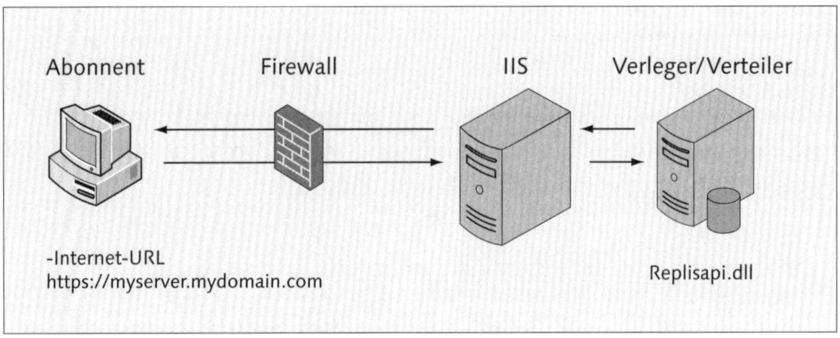

Abbildung 15.5 Schema der Websynchronisierung bei der Merge-Replikation

15.3.5 Die Peer-to-Peer-Replikation

Die Peer-to-Peer-Replikation als eine Topologie der Transaktionsreplikation bietet die Möglichkeit, Änderungen auf dem Abonnenten auszuführen. Jeder Server abonniert Publikationen von den anderen Servern und empfängt das Schema und die Daten als Abonnement. Mithilfe der Peer-to-Peer-Transaktionsreplikation können folgende Anforderungen erfüllt werden:

- Änderungen, die an einem beliebigen Server erfolgen, müssen auf alle anderen Server repliziert werden.
- Das System muss Transaktionskonsistenz gewährleisten.
- Die auf einem Server durchgeführten Updates müssen die anderen Server schnell erreichen.
- Das System muss in der Lage sein, die Replikation vieler Transaktionen durchzuführen.

15.3.6 Entscheidungsfaktoren für eine Replikationsart

Grundsätzlich müssen Sie unterscheiden, ob Änderungen am Abonnenten durchgeführt werden. Sind keine Änderungen notwendig, genügt die einfache Transaktionsreplikation; müssen Änderungen vorgenommen werden, kommt nur die Transaktionsreplikation mit sofortiger Aktualisierung oder die Peer-to-Peer-Replikation mit zuverlässiger Netzwerkverbindung infrage. Ist die Netzwerkverbindung nicht zuverlässig, muss es die Transaktionsreplikation mit verzögerter Aktualisierung oder die Merge-Replikation sein.

Wichtige Hinweise zur Sicherheit bei der Replikation

Bei der Replikation gibt es kein automatisches Failover wie bei der Datenbankspiegelung oder dem Failover-Cluster. Hier müssen Sie explizit dafür sorgen, dass die Clients bei einem Ausfall umgeleitet werden. Außerdem stellt der Verteiler einen Schwachpunkt in der Replikation dar: Fällt er aus, kann nicht repliziert werden. Sie sollten in solchen Fällen den Verteiler gegen Ausfall schützen.

15.3.7 Workshop: Einrichten einer Transaktionsreplikation

1. Starten Sie SQL Server Management Studio, und stellen Sie eine Verbindung mit dem Verleger und dem Abonnenten her.
2. Erweitern Sie den Ordner REPLIKATION, klicken Sie dann mit der rechten Maustaste auf den Ordner LOKALE VERÖFFENTLICHUNGEN, und wählen Sie NEUE VERÖFFENTLICHUNG.
3. Folgen Sie dem Assistenten.

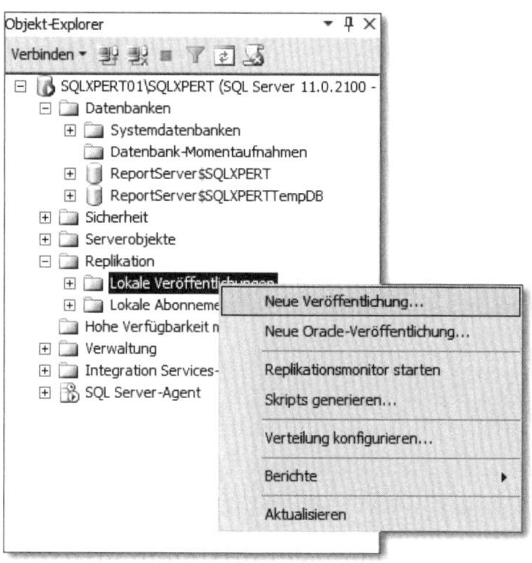

Abbildung 15.6 Erstellen einer neuen Veröffentlichung

4. Als Nächstes geben Sie an, ob der Verleger auch Verteiler oder eine eigene Instanz von SQL Server sein soll (Abbildung 15.7).
5. Wählen Sie die Option, dass sowohl Verleger als auch Verteiler auf derselben Instanz ausgeführt werden, und klicken Sie auf WEITER.

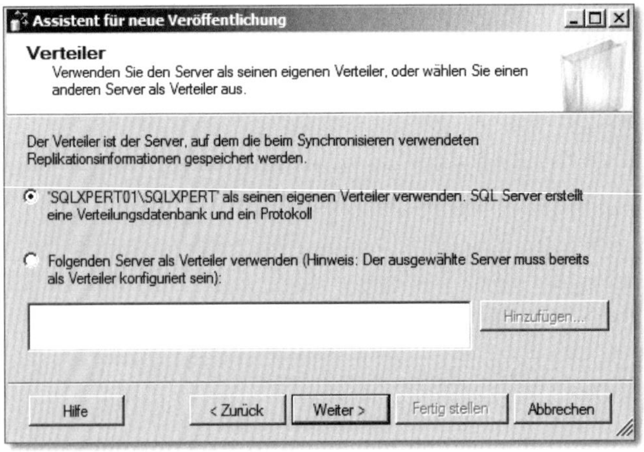

Abbildung 15.7 Verteiler angeben

6. Da in diesem Fall der Agent nicht gestartet ist, erfolgt ein Hinweis zum automatischen Starten des SQL-Server-Agents.

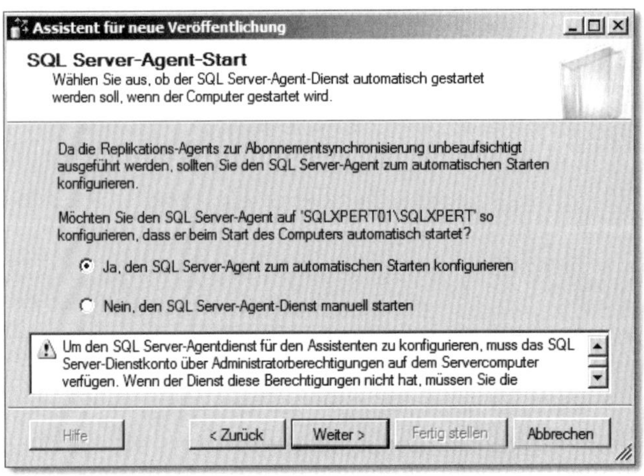

Abbildung 15.8 Hinweis, dass der Agent gestartet sein muss

7. Klicken Sie auf WEITER.

   Der Snapshot (oder auch *die Momentaufnahme*) wird in einem Ordner abgelegt, dessen Standardpfad Sie hier in Abbildung 15.9 sehen. Wenn Sie Pull-Abonnements verwenden, die auf dem Abonnenten erstellt werden, muss der Ordner für den Snapshot eine Freigabe mit UNC-Pfad sein; sonst ist es dem Abonnenten nicht möglich, die Daten beim Verteiler abzuholen.

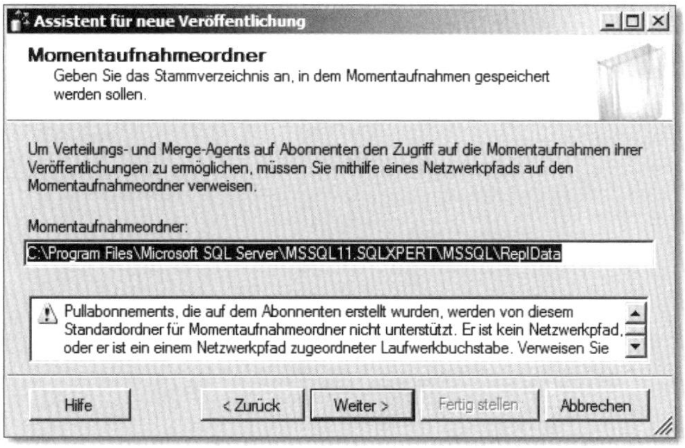

Abbildung 15.9 Ordner und Pfad für den Snapshot

8. Beim Push-Abonnement können Sie den Pfad so belassen, da die Daten vom Verteiler zum Abonnenten gesendet werden. Klicken Sie auf WEITER.
9. Im nächsten Dialog werden Sie aufgefordert, eine Datenbank für die Veröffentlichung zu wählen. Wählen Sie die SQLXPERT-Datenbank aus, und klicken Sie auf WEITER.
10. Unter VERÖFFENTLICHUNGSTYP wählen Sie die TRANSAKTIONSVERÖFFENTLICHUNG.

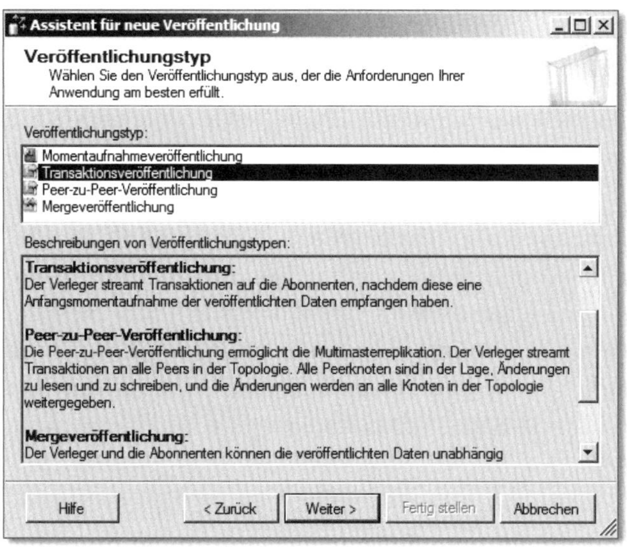

Abbildung 15.10 Typ der Veröffentlichung

11. Wichtig ist der in Abbildung 15.11 gezeigte Hinweis, dass Tabellen, die keine Primärschlüssel haben, nicht veröffentlicht werden können. Bei einer Transaktionsreplikation muss jede Tabelle einen Primärschlüssel besitzen.

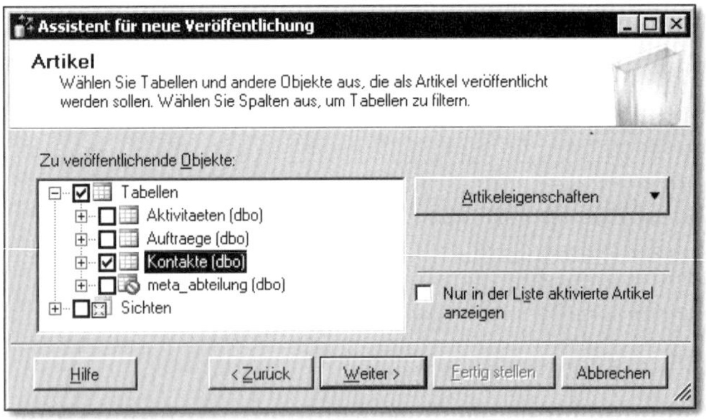

Abbildung 15.11 Warnung, dass in der Tabelle der Primärschlüssel fehlt

Bei einer Transaktionsveröffentlichung müssen die Tabellen, die repliziert werden, über einen Primärschlüssel verfügen. Daher ist es wichtig, dass beim Datenbankdesign die Regeln für die Modellierung von Datenbanken beachtet werden. Nähere Informationen zu diesem Thema erhalten Sie z.B. unter der folgenden Adresse: *http://de.wikipedia.org/wiki/Normalisierung_(Datenbank).*

12. Wählen Sie die Tabelle KONTAKT aus, und klicken Sie auf ARTIKELEIGENSCHAFTEN • EIGENSCHAFTEN DES HERVORGEHOBENEN TABELLEN-ARTIKELS FESTLEGEN. In den ARTIKELEIGENSCHAFTEN sehen Sie die Optionen für die Replikation. Sie erkennen z.B., dass in den Standardeinstellungen Fremdschlüssel, Check-Einschränkungen, nicht gruppierte Indizes und Benutzer-Trigger nicht auf den Abonnenten kopiert werden. Diese Einstellungen können Sie hier ändern. Für unser Beispiel bestätigen Sie ohne Änderungen mit OK und klicken auf WEITER.

13. Im nächsten Dialog können Sie Tabellenzeilen filtern. So könnten Sie zum Beispiel nur alle Personen mit der Anrede »Herr« replizieren. Dazu wählen Sie unter SPALTEN die Anrede aus und fügen diese als Filteranweisung hinzu. Die `Where`-Klausel wurde jetzt um die Anrede ergänzt, und Sie können als Kriterium in einem einfachen Hochkomma »Herr« angeben. Abbildung 15.12 zeigt Ihnen dieses Szenario. Beenden Sie Ihre Eingabe, und klicken Sie auf OK. Den nächsten Dialog bestätigen Sie mit WEITER.

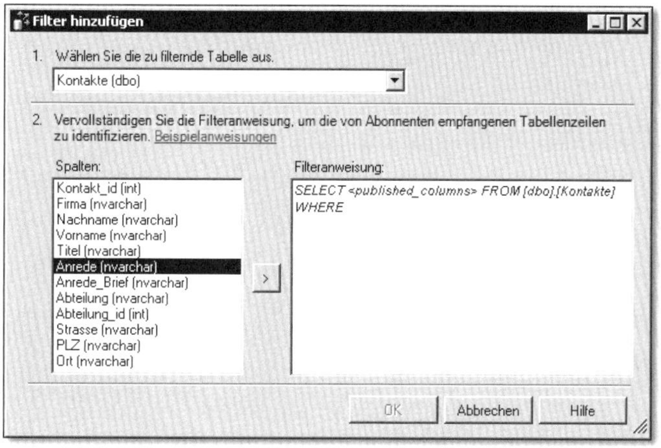

Abbildung 15.12 Horizontales Filtern

14. Im nächsten Dialog konfigurieren Sie den Snapshot-Agent-Zeitplan. Dazu wählen Sie den Punkt MOMENTAUFNAHME SOFORT ERSTELLEN UND ZUM INITIALISIEREN VON ABONNEMENTS VERFÜGBAR HALTEN. Zudem können Sie hier die Erstellung der Snapshots planen. Für unser Beispiel wählen Sie nur den ersten Punkt aus.

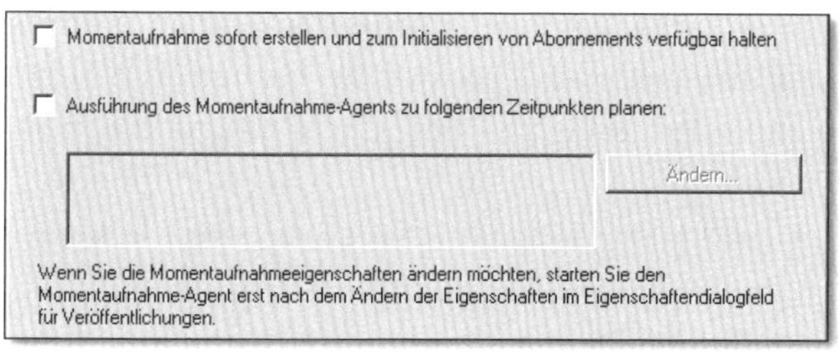

Abbildung 15.13 Zeitplan des Snapshot-Agents

15. Jetzt müssen Sie die Sicherheitseinstellungen konfigurieren; dazu klicken Sie auf die Schaltfläche SICHERHEITSEINSTELLUNGEN (Abbildung 15.14).

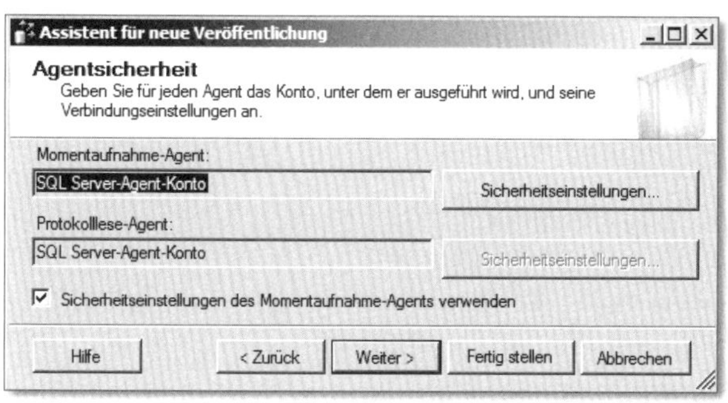

Abbildung 15.14 Sicherheitseinstellungen

16. Das Konto, das Sie hier verwenden, muss den Richtlinien aus Tabelle 15.1 entsprechen. Um die Sicherheit zu erhöhen, wird empfohlen, für die Replikation ein eigenes Benutzerkonto zu verwenden.

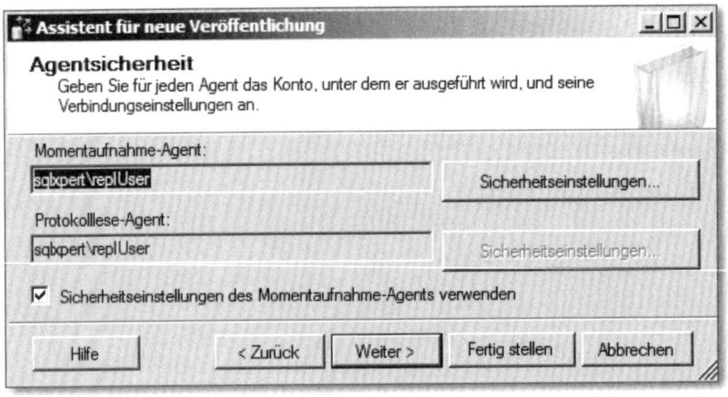

Abbildung 15.15 Replikation mit einem dedizierten Benutzerkonto

Die Abbildung 15.15 zeigt die Möglichkeit der Verwendung eines dedizierten Benutzers. Stellen Sie sicher, dass Sie die Einstellungen wie in Abbildung 15.14 festgelegt haben und klicken Sie auf WEITER.

17. An dieser Stelle besteht die Möglichkeit, ein T-SQL-Skript erzeugen zu lassen, das die gesamte Einrichtung und Konfiguration der Publikation enthält. Mithilfe eines solchen Skripts können Sie jederzeit die Replikation aus dem SQL Server Management Studio durch Ausführen erstellen. Dies ist eine alternative Erstellungsmethode (Abbildung 15.16).

Wichtiger Hinweis

Das Konto des SQL-Server-Agents wird hier im Beispiel verwendet, jedoch ist es aus Gründen der Sicherheit sinnvoll, ein eigenes Benutzerkonto zu verwenden. Diesem Konto müssen dann die jeweiligen Berechtigungen in den Instanzen von SQL Server erteilt werden. Im weiteren Verlauf des Workshops werden wir Ihnen einige Fehlermeldungen in diesem Zusammenhang zeigen.

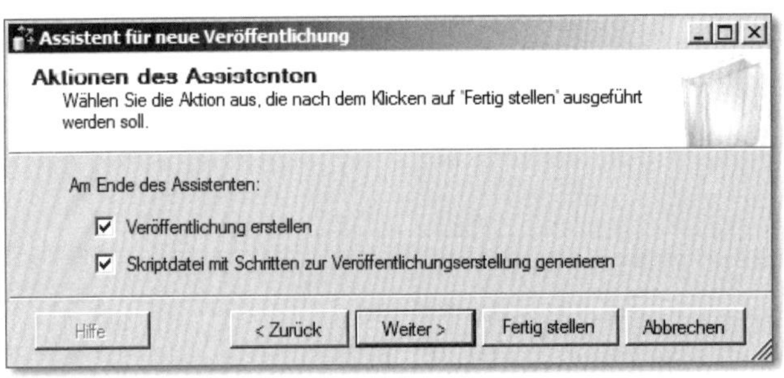

Abbildung 15.16 Skript erstellen

18. Vergeben Sie im letzten Dialog noch einen Namen für die Publikation, und wählen Sie FERTIG STELLEN.

Die Veröffentlichung wird nun erstellt, und der Assistent zeigt Ihnen die einzelnen Schritte an, die er konfiguriert. Als Nächstes können Sie das Abonnement auf der Instanz von SQL Server erstellen, die als Abonnent konfiguriert werden soll.

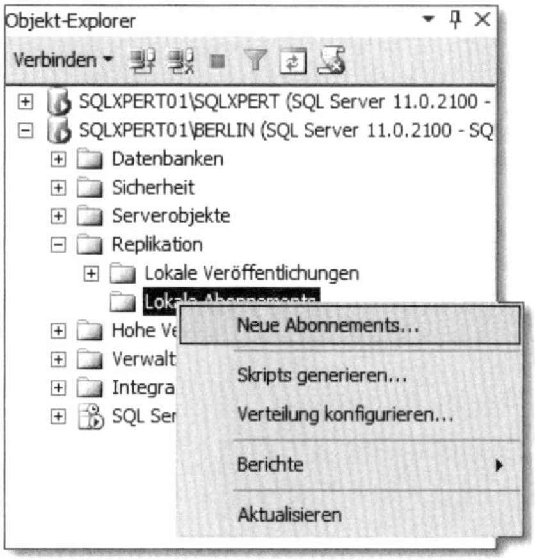

Abbildung 15.17 Erstellen eines neuen Abonnements

1. Dazu wechseln Sie die Instanz von SQL Server im Management Studio und erweitern den Knoten REPLIKATION auf dem Abonnenten, um ein neues Abonnement zu erstellen.
2. Klicken Sie mit der rechten Maustaste auf den Ordner LOKALES ABONNEMENT, und wählen Sie NEUE ABONNEMENTS... Folgen Sie dem Assistenten bis zum Fenster VERÖFFENTLICHUNG.
3. Unter VERÖFFENTLICHUNG wählen Sie die Instanz von SQL Server, auf der sich die Veröffentlichung befindet.

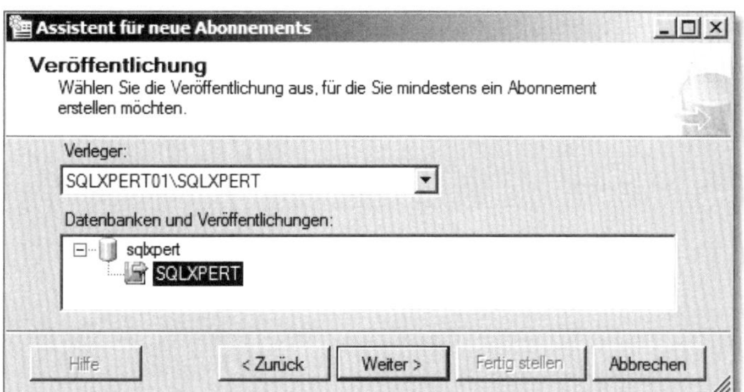

Abbildung 15.18 Auswahl der Instanz und Veröffentlichung auf dem Abonnenten

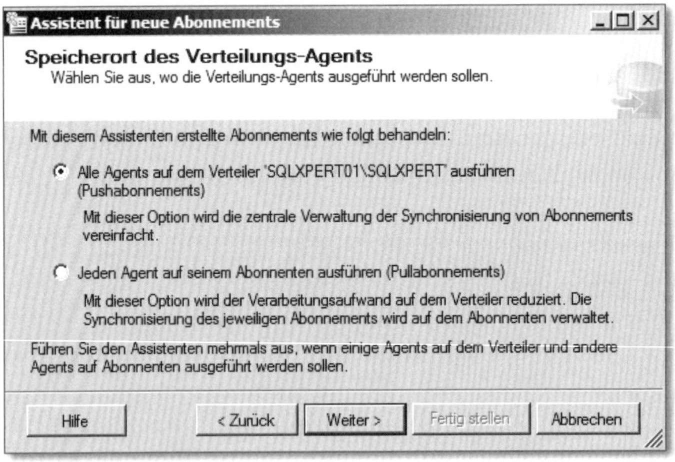

Abbildung 15.19 Auswahl Push- oder Pull-Abonnement

4. Wählen Sie den Ort, auf dem der Verteilungs-Agent ausgeführt werden soll, Push- oder Pull-Abonnement. Denken Sie an die Freigabe des Snapshot-Ordners, wenn Sie sich hier für das Pull-Abonnement entscheiden. Da wir für unser Beispiel den Ordner nicht freigegeben haben, wählen Sie die Option ALLE AGENTS AUF DEM VERTEILER 'BUCHPROJEKT' AUSFÜHREN (PUSHABONNEMENTS), und klicken Sie auf WEITER (siehe Abbildung 15.19).

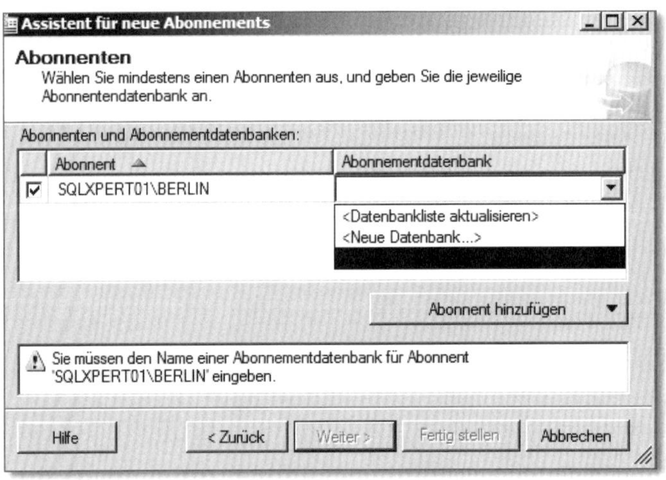

Abbildung 15.20 Anlegen der Datenbank auf dem Abonnenten

5. Wenn noch nicht geschehen, müssen Sie jetzt eine neue Datenbank auf dem Abonnenten anlegen. Dazu klicken Sie, wie in Abbildung 15.20 zu sehen ist, auf das Dropdown-Feld unter ABONNEMENTDATENBANK und wählen NEUE DATEN-

BANK. Legen Sie eine neue Datenbank mit den Standardoptionen und dem Namen *sqlxpert_RPL* an, und bestätigen Sie Ihre Eingaben mit OK.

6. Im Dialog KONFIGURATION DER SICHERHEIT FÜR DEN VERTEILUNGSAGENT werden Sie wieder aufgefordert, die Agent-Sicherheit zu konfigurieren. Klicken Sie auf den Schaltfläche mit den drei Punkten, um in den Dialog in Abbildung 15.21 zu gelangen.

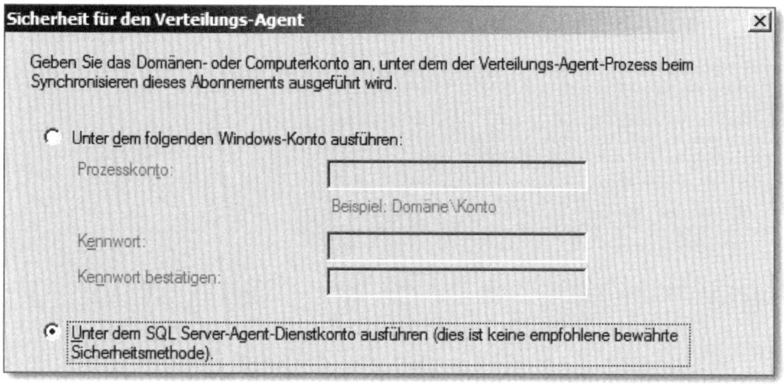

Abbildung 15.21 Angeben der Sicherheit für den Verteilungs-Agent

Auch hier muss der dedizierte Benutzer verwendet werden, wenn das bei der Veröffentlichung so angegeben wurde. Wie haben jedoch das SQL Server-Agent Konto verwendet und treffen auch hier diese Entscheidung.

7. Der nächste Schritt erfordert Angaben über den Agent-Zeitplan. Wählen Sie hier FORTLAUFEND AUSFÜHREN, dann entspricht das dem kleinsten Intervall (Abbildung 15.22). Dies können Sie sich später im Agent-Auftrag anzeigen lassen.

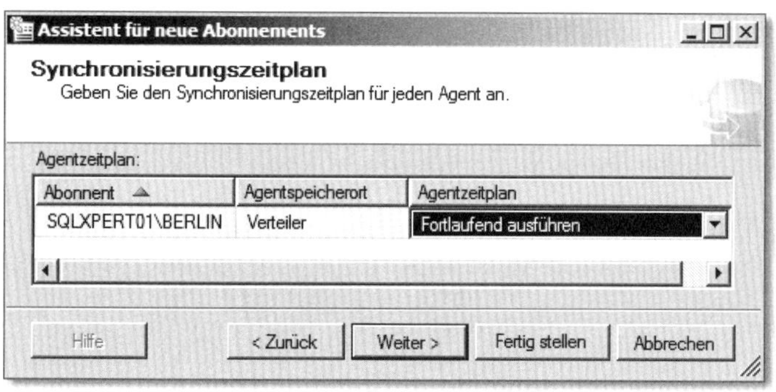

Abbildung 15.22 Abonnement initialisieren

8. Der Agent-Job muss ausgeführt und die Abonnements müssen initialisiert werden. Das können Sie jetzt veranlassen. Die nächte Schritte bestätigen Sie einfach, bis Sie zum Ende kommen. Klicken Sie zum Schluss auf FERTIGSTELLEN.

9. Ist alles richtig verlaufen, sehen Sie kurze Zeit danach im Objekt-Explorer unter dem Knoten LOKALE VERÖFFENTLICHUNGEN • SQLXPERT das Abonnement.

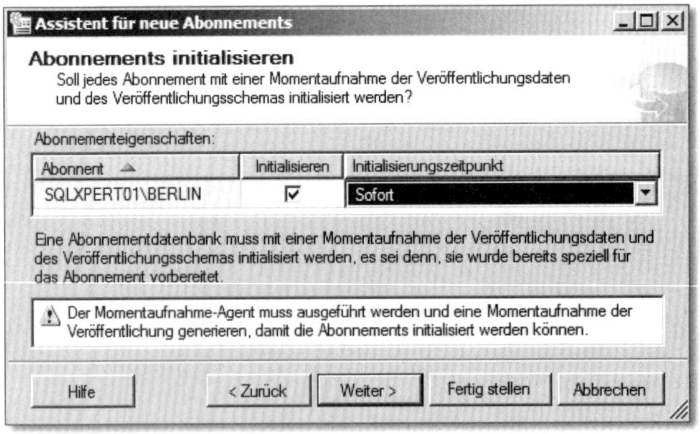

Abbildung 15.23 Das erfolgreich eingerichtete Abonnement

Sie haben jetzt eine Replikation eingerichtet. Das jedoch bedeutet noch nicht, dass die Replikation fehlerfrei ausgeführt wird. Welche Möglichkeiten es gibt, sich weitere Informationen über die Replikation anzeigen zu lassen, erfahren Sie im Abschnitt »Der SQL-Server-Replikationsmonitor«.

Es kann vorkommen, dass Sie dem Konto, das die Replikation ausführt, nicht die erforderlichen Rechte gegeben haben. Hier ein Beispiel, bei dem die Rechte im Dateisystem auf den Ordner *ReplData* fehlen.

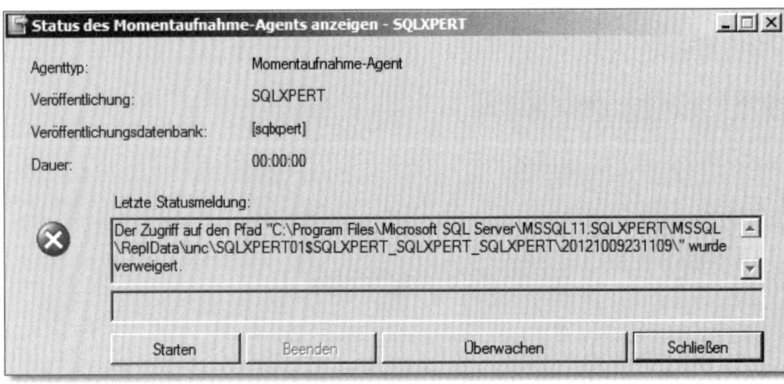

Abbildung 15.24 Fehlende Rechte im Dateisystem

Um diesen Fehler zu sehen, können Sie mit der rechten Maustaste auf die Veröffentlichung klicken und sich den Status des Momentaufnahme-Agents anzeigen lassen. Erteilen Sie in diesem Fall dem Replikationskonto das Schreibrecht auf das Verzeichnis *ReplData*. Nachdem Sie diesen Schritt ausgeführt haben, starten Sie den Momentaufnahme-Agent erneut, und nun sollte eine Momentaufnahme erstellt werden.

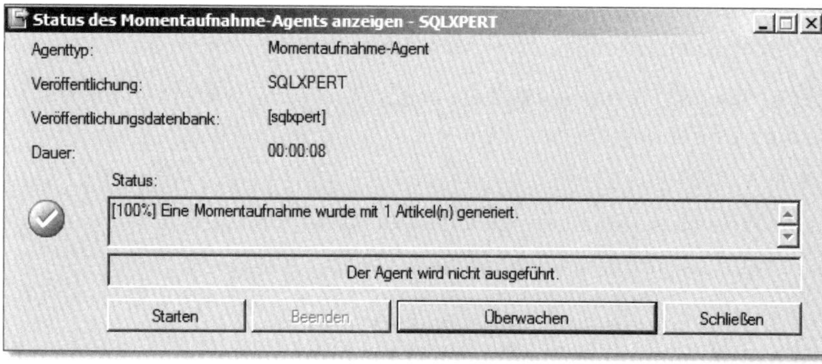

Abbildung 15.25 Erfolgreich erstellte Momentaufnahme

Dies ist nicht der einzige Stolperstein, innerhalb der Instanzen können auch noch weitere Berechtigungen fehlen. Das Konto für die Replikation muss sich mit den Instanzen verbinden können, und innerhalb der Datenbanken muss der jeweilige Zugriff auf die zu replizierenden Artikel möglich sein. In unseren Seminaren gehen wir hier stufenweise vor, damit der Lerneffekt ersichtlich ist und auch Fehler interpretiert werden können. Die nächste Abbildung zeigt einen Ausschnitt aus dem Replikationsmonitor. Hier wird ersichtlich, dass dem Konto die Berechtigungen zum Login mit den Instanzen fehlen.

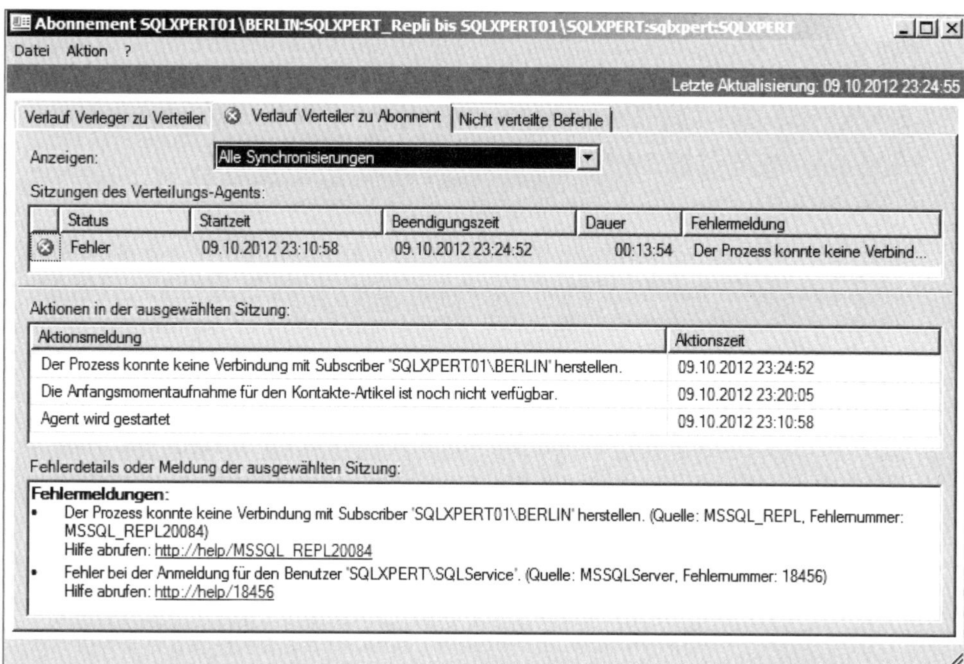

Abbildung 15.26 Replikationsmonitor mit Fehlermeldung

Als Nächstes haben wir das Konto SQLSERVICE als Login hinzugefügt und es der Rolle DBOWNER – Rolle in den jeweiligen Instanzen – zugewiesen.

Das Ergebnis ist dann zu erkennen. Wird die Replikation erfolgreich ausgeführt, können Sie sich die Veröffentlichung ansehen.

Dazu wählen Sie den Knoten LOKALE ABONNEMENTS unter REPLIKATION und lassen sich auf der Zielinstanz das Abonnement anzeigen (siehe Abbildung 15.27).

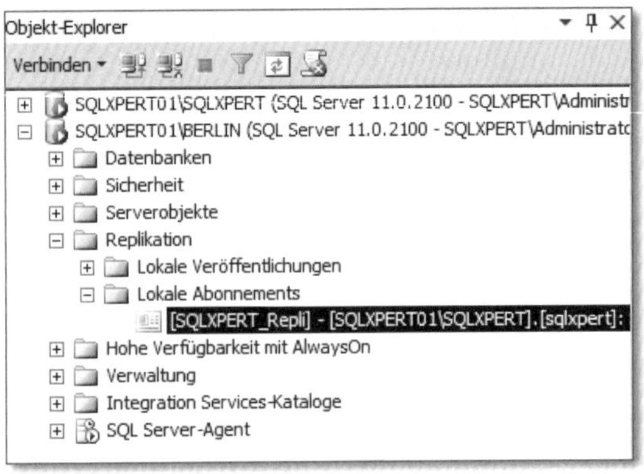

Abbildung 15.27 Anzeigen der Veröffentlichung

Der SQL-Server-Replikationsmonitor

SQL Server stellt den Replikationsmonitor bereit, um Informationen über die Replikation anzeigen zu lassen. Sie starten den Replikationsmonitor, indem Sie den Knoten REPLIKATION erweitern und mit der rechten Maustaste auf eine Veröffentlichung klicken. Über das Kontextmenü starten Sie den Replikationsmonitor.

Abbildung 15.28 Der Replikationsmonitor

Sie haben nun im Replikationsmonitor die Möglichkeit, Ihre Replikation zu überwachen. Die Registerkarten VERÖFFENTLICHUNG, ÜBERWACHUNGSLISTE FÜR ABONNEMENTS und AGENTS zeigen jeweils den Status an und bieten detaillierte Informationen, wenn Probleme auftreten. Wenn Sie zum Abonnement wechseln, werden Ihnen weitere Registerkarten angezeigt. Besonders interessant ist hier die

Registerkarte ÜBERWACHUNGSTOKEN, mit deren Hilfe Sie ein Überwachungstoken erstellen können, das die Latenzzeiten prüft und anzeigt, wie lange die Verarbeitung zwischen Verleger und Verteiler bzw. Verteiler und Abonnement dauert.

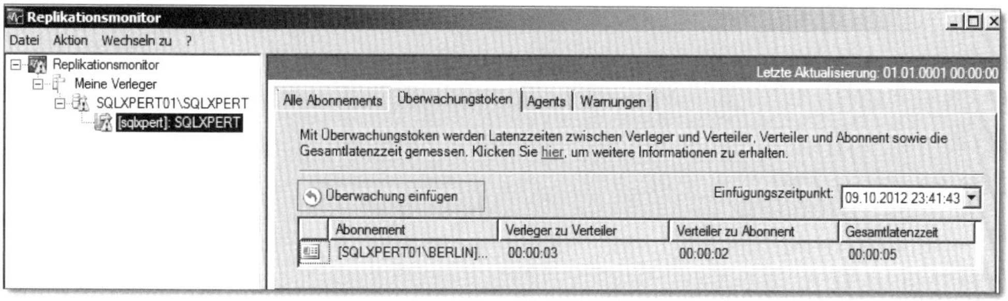

Abbildung 15.29 Replikationsmonitor mit Latenzzeit

Der Replikationsmonitor hilft beim Erkennen von Fehlern oder Leistungsengpässen. Durch das Hinzufügen eines Überwachungstokens ist es möglich, die Latenzzeiten zu messen.

Kapitel 16
Hochverfügbarkeitslösungen

Was hohe Verfügbarkeit bedeutet und wie sie – gemessen an den Service Level Agreements der Unternehmen – umgesetzt wird, erfahren Sie in diesem Kapitel. Sie müssen in der Lage sein, SQL Server in Hochverfügbarkeitsszenarien einzusetzen. Dabei ist es wichtig, die Unterschiede zwischen den einzelnen Hochverfügbarkeitstechnologien, deren Kosten und den jeweiligen administrativen Aufwand abschätzen zu können, um eine geeignete Lösung für Ihr Unternehmen zu implementieren.

Die Frage nach der Bedeutung moderner Datenbanksysteme und ihrem Einsatz im Unternehmen stellt sich aktuell den meisten Verantwortlichen in dieser Form nicht mehr. Datenbanken gehören heute zum festen Bestandteil einer Organisation. In vielen Fällen ist es auf den ersten Blick gar nicht ersichtlich, dass so manche Datenbank z.B. in Form einer SQL Server Express Edition im Einsatz ist. In vielen Unternehmen haben Datenbanken jedoch den Status einer absolut geschäftskritischen Anwendung erreicht. Wenn das der Fall ist, besteht fast immer die Notwendigkeit des Einsatzes einer Hochverfügbarkeitslösung. Dabei gilt es, Faktoren wie Technologie, Nutzen und Wirtschaftlichkeit zu berücksichtigen. Wir werden in diesem Kapitel auf die jeweiligen Faktoren eingehen, um Ihnen eine Hilfestellung bei der Bewertung dieser Faktoren zu geben.

Sie stehen vor der Aufgabe, aus einer Vielzahl von möglichen Technologien eine geeignete auszuwählen, um diese dann im Unternehmen zu implementieren. Die Erfahrung aus vielen Projekten hat uns gezeigt, dass schnell die eine oder andere Lösung als die vermeintlich richtige angesehen wird. Bei genauerer Betrachtung wird dann jedoch ersichtlich, dass eine derartige Lösung den Anforderungen in der Praxis nicht gerecht wird.

16.1 Hochverfügbarkeit – was ist das eigentlich genau?

Warum überhaupt Hochverfügbarkeit?

Sind Unternehmensdaten nicht vorhanden oder geschäftskritische Anwendungen nur eingeschränkt verfügbar, führt das zu Umsatzverlust und zu einer niedrigeren Produktivität Ihrer Mitarbeiter. Es gibt in einer IT-Infrastruktur aber Ausfälle, die abzusichern sind. Grundsätzlich wird zwischen zwei Arten von Ausfällen unterschieden:

Geplante Ausfälle:

- Service-Pack-Installation
- Datenbankwartung
- Upgrade von Applikationen
- Konfigurationsaufgaben am System

Ungeplante Ausfälle:

- Festplattenausfall
- Serverausfall
- Brand, Katastrophe im Rechenzentrum
- Fehler bei der Verwaltung und Administration

16.1.1 Definition der Hochverfügbarkeit (High Availability/HA)

Ein System gilt als hochverfügbar, wenn eine Anwendung auch im Fehlerfall weiterhin verfügbar ist. Dabei muss die Verfügbarkeit ohne menschliche Hilfe erhalten bleiben. Trotz Ausfall einer Hardwarekomponente muss der uneingeschränkte Betrieb gewährleistet bleiben.

16.1.2 Einteilung der Verfügbarkeitsklassen

Um Hochverfügbarkeit genau definieren zu können und letztendlich eine Zeitangabe zu haben, muss man sich die Verfügbarkeitsklassen ansehen. Wir gehen hier nicht auf alle Klassen ein, sondern stellen nur einen Ausschnitt dar.

Verfügbarkeitsklasse	Angabe in Prozent	Ausfallzeit
3	99,9 %	43,80 Min./Monat
4	99,99 %	4,38 Min./Monat
5	99,999 %	0,44 Min./Monat

Tabelle 16.1 Verfügbarkeitsklassen

Wie Sie in Tabelle 16.1 erkennen können, sind letztendlich die Zeitangaben von Bedeutung. Im Unternehmen oder der Organisation muss in den *Service Level Agreements* (SLA) genau definiert werden, welche Anforderungen existieren. Ein Transaktionssystem mit mehreren Hundert Transaktionen in der Minute stellt andere

Anforderungen als ein System mit wenigen Benutzern, die ab und an einige Daten für interne Zwecke sichten.

SQL Server 2012 und Hochverfügbarkeit SQL Server 2012 bieten grundsätzlich die folgenden technologischen Möglichkeiten, um Hochverfügbarkeit herzustellen:

- Windows-Cluster-Dienste
- Datenbankspiegelung
- Protokollversand
- Datenbank-Snapshot
- AlwaysOn

Wenn wir diese Möglichkeiten betrachten, stellen wir fest, dass drei Technologien auf den Windows-Cluster-Diensten beruhen. Windows enthält zwei Cluster-Dienste, den Lastenausgleichs-Cluster-Dienst (NLB) und den Failover-Cluster-Dienst. Wie aus dem Namen ersichtlich ist, verfolgen beide einen anderen Zweck. Lassen Sie uns zunächst die einzelnen Technologien der Windows-Cluster-Dienste betrachten.

16.2 Lastenausgleich durch Network Load Balancing (NLB)

Der NLB-Cluster verfolgt einen anderen Zweck als der Failover-Cluster: Hier geht es primär darum, die Lasten der Anfragen auf mehrere Instanzen von SQL Server zu verteilen, um somit die Antwortzeiten bzw. Verfügbarkeiten zu verbessern. Abbildung 16.1 zeigt einen solchen NLB-Cluster.

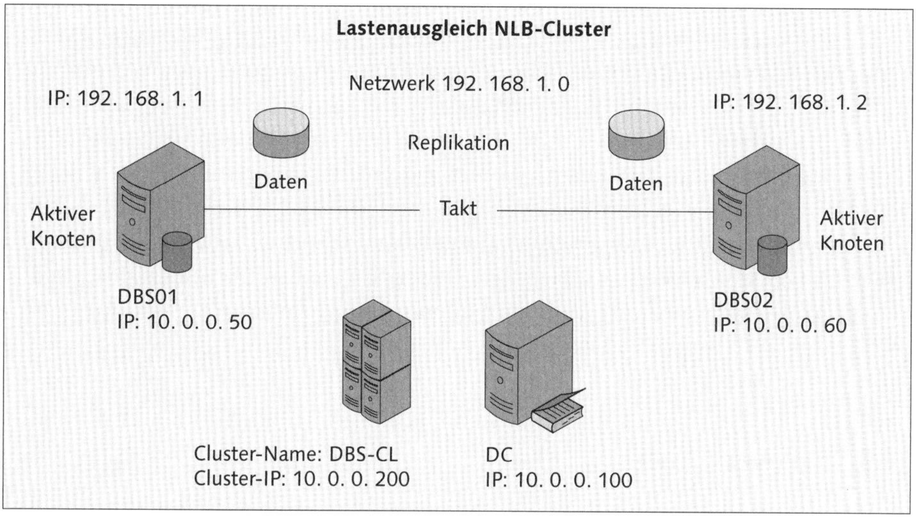

Abbildung 16.1 Lastenausgleich mit einem NLB-Cluster

In diesem Beispiel des NLB-Clusters existieren zwei Instanzen von SQL Server mit der jeweiligen IP-Adresse 10.0.0.50 und 10.0.0.60. Der Sinn eines solchen NLB-Clusters besteht darin, Anfragen der Clients auf die beiden Instanzen je nach Last zu verteilen. Beide Instanzen verfügen über die gleiche Datenbank, und es muss sichergestellt werden, dass Datenänderungen an einer Datenbank auf die jeweils andere Instanz übertragen werden. Damit es möglich ist, einen Client auf die eine bzw. andere Instanz zu leiten, muss es für den Client eine gemeinsame IP-Adresse für den Zugriff geben. Dies erfolgt im DNS-Server, der eine gemeinsame IP-Adresse verwaltet, in diesem Beispiel ist das die Adresse 10.0.0.200. Wenn ein Client eine Verbindung zum SQL Server aufbaut, wendet er sich an diese IP-Adresse, und der Cluster-Dienst entscheidet, an welche Instanz von SQL Server die Anfrage weitergeleitet wird. Bei lesenden Vorgängen ist das kein Problem, wenn allerdings eine Transaktion schreibend zugreift, werden die Änderungen nur auf einer Instanz ausgeführt. Hier kommt die Transaktionsreplikation ins Spiel, mit deren Hilfe die Änderungen auf die jeweils andere Instanz übertragen werden. In der Praxis sollte der Datenverkehr innerhalb des NLB-Clusters über eine eigene Netzwerkschnittstelle erfolgen. Das Netzwerk 192.168.1.0 stellt das Cluster-Netz dar und das Netzwerk 10.0.0.0 das für den Client-Zugriff. Über das Netzwerk 192.168.1.0 wird der Takt (Feststellen der Verfügbarkeit der Knoten) übertragen. Der öffentliche Zugriff auf das Netzwerk für die Clients erfolgt über die andere Netzwerkschnittstelle.

Zusammenfassung NLB-Cluster

Beim NLB-Cluster existieren jeweils zwei Instanzen von SQL Server auf zwei unterschiedlichen Windows-Servern. Beide Datenbanken sind autark und der NLB-Cluster-Dienst entscheidet, an welche Instanz die Anfragen weitergeleitet werden. Um den Datenbestand synchron zu halten, muss eine Replikation für den Abgleich der Daten eingesetzt werden. Eine virtuelle IP-Adresse im DNS wird als gemeinsame Adresse für die Client-Zugriffe genutzt. Es ist kein gemeinsamer Speicher notwendig und somit keine zusätzliche Hardware. Der NLB-Cluster-Dienst ist seit Windows Server 2003 Bestandteil von Windows-Servern. Die Hochverfügbarkeit wird ebenfalls über ein NLB-Cluster erhöht, und es sind jeweils lesende und schreibende Zugriffe möglich. Der Bereich des SQL Servers, der mithilfe des Clusters abgesichert wird, ist die gesamte Instanz von SQL Server. Das ist ein wesentlicher Unterschied zur Datenbankspiegelung, bei der die Datenbank und nicht die Instanz abgesichert wird.

16.3 Failover-Cluster

Der SQL Server 2012 bietet mit dem Datenbankmodul und den Analysis Services jeweils eine clusterfähige Ressource. Mithilfe des Cluster-Dienstes lassen sich seit Windows Server 2003 Failover-Cluster-Szenarien umsetzen, durch die Hardwareausfälle abgefangen werden können. Genau genommen ist der Failover-Cluster kein direktes Feature von SQL Server 2012, sondern ein Dienst, der unter dem Betriebssystem Windows Server ausgeführt wird. SQL Server stellt die clusterfähige Ressource dar.

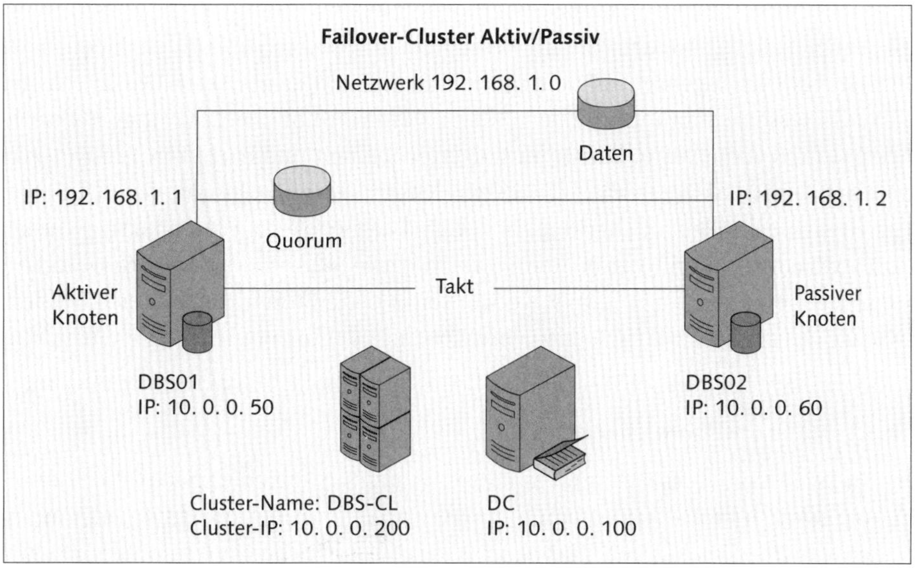

Abbildung 16.2 SQL Server in einem Failover-Cluster-Einsatz

Genau wie beim NLB-Cluster existieren auch hier zwei Instanzen von SQL Server, eine mit der IP-Adresse 10.0.0.50 und einer mit der IP-Adresse 10.0.0.60. Auch hier wird im DNS-Server eine virtuelle IP-Adresse 10.0.0.200 registriert. Es existiert also ein öffentliches und ein privates Netzwerk. Der Windows-Server-Cluster-Dienst wird im DNS-Server unter der virtuellen IP-Adresse 10.0.0.200 registriert und erhält den Namen »DBS-CL«. Das ermöglicht es Anwendungen, über den Namen oder die IP-Adresse des virtuellen Servers auf die Datenbank zuzugreifen. Gleichgültig, welche Instanz von SQL Server aktiv ist, der Cluster-Dienst leitet die Anfragen jeweils immer zur aktiven Instanz weiter.

Ein grundsätzlicher Unterschied zwischen einem Failover-Cluster und NLB-Cluster besteht darin, dass die Datenbanken beim Failover-Cluster nur einmal auf einem gemeinsamen Laufwerk existieren. Der jeweils aktive Knoten von SQL Server hat den exklusiven Zugriff auf das gemeinsame Laufwerk und die Datenbanken. Das lässt sich über SAN-Technologien wie iSCSI oder Fibre Channel realisieren. NAS ist nicht möglich, da bei dieser Technologie keine direkten Laufwerke dem Betriebssystem zur Verfügung gestellt werden, sondern lediglich Netzwerklaufwerke, die verknüpft sind. Mit direkten Laufwerken ist gemeint, dass ein Laufwerk als physische Platte im Festplattenmanager zur Verfügung steht. Der Cluster-Datenverkehr läuft also getrennt vom Datenverkehr des restlichen Netzwerkes. Der sogenannte Heartbeat (Herzschlag oder Takt) ist dafür zuständig zu prüfen, ob die jeweilige Instanz von SQL Server verfügbar ist oder nicht. Sollte ein Server aufgrund eines Hardwarefehlers ausfallen, ist er nicht mehr durch den Takt erreichbar, und es wird ein Failover-Prozess eingeleitet.

Bei einem Failover-Prozess wird die Ressourcengruppe auf »DBS01«, zu der auch der SQL-Server-Dienst gehört, auf dem aktiven Knoten offline gesetzt. »DBS02« schaltet jetzt die Ressourcengruppe mit dem SQL-Server-Dienst online. Die Anfragen der Clients werden vom Cluster-Dienst entgegengenommen und nach dem Failover-Prozess auf die jetzt aktive Instanz »DBS02« geleitet. Die passive Instanz von SQL Server hat zu dieser Zeit keinen Zugriff mehr auf die Datenbank, da jetzt der aktive Knoten den exklusiven Zugriff erhält. Damit es möglich ist, verschiedenen Servern den Zugriff auf eine Festplatte jeweils wechselseitig zu gewähren, muss es sich bei dem Storage um ein SAN mit iSCSI bzw. Fibre Channel oder um ein SCSI-System handeln.

16.3.1 iSCSI und Fibre Channel (FC)

- Bei **iSCSI** handelt es sich um ein Protokoll, das SCSI-Befehle über TCP/IP kapselt und somit innerhalb eines Ethernet-Netzwerkes die Möglichkeit der SAN-Anbindung bietet. Das hat den Vorteil, dass keine zusätzliche Hardware in Form von Fibre-Channel-Switches notwendig ist. Bei iSCSI kann die vorhandene Ethernet-Technologie und -Hardware verwendet werden. An dieser Stelle wird der Aspekt der Redundanz von Switches aber nicht berücksichtigt. Das sollte jedoch ein Muss sein, da bei fehlender Redundanz und einem Switch-Ausfall die Datenbanken dem Server nicht mehr zur Verfügung stehen. Auch ist zu beachten, dass im gesamten Ethernet-Netzwerk gegebenenfalls der gesamte Datenverkehr des Unternehmens stattfindet. Wenn hier Datenbanken das Herz der Organisation sind, sollte ein eigenes, dediziertes SAN für die Datenbankserver verwendet werden. Ein Ausfall oder Engpässe hätten katastrophale Auswirkungen – was wäre ein Datenbankserver dann ohne seine Datenbanken!
- Bei **Fibre Channel** handelt es sich um eine SAN-Lösung, bei der spezielle Hardware eingesetzt wird. Hier werden FC-Switches und ein eigenes FC-Protokoll verwendet. Damit ist dies die kostenintensivere Lösung. Fibre Channel dient der Anbindung an Speichernetzwerke und ist länger auf dem Markt als iSCSI. Es wird damit sozusagen über ein eigenes Netz gemeinsamer Speicherplatz zur Verfügung gestellt. Der Vorteil dieser Lösung besteht unter anderem darin, dass über dieses Netzwerk nicht der gesamte Datenverkehr wie Internet, Dateitransfer etc. abgewickelt wird.

Um mit dem Thema Cluster – insbesondere Failover-Cluster – vertraut zu sein, ist es wichtig, einige Begriffe rund um das Thema zu kennen und zu verstehen, die bereits genannt wurden. Dazu folgen jetzt einige Erläuterungen zu den Begriffen *Cluster-Ressource*, *Quorumdatenträger* und *Cluster-Knoten*.

16.3.2 Cluster-Ressourcen

Eine *Cluster-Ressource* ist die physische oder logische Komponente, wie z. B. ein Ordner, ein Dienst oder der SQL Server mit dem Datenbankmodul. Eine Ressource kann online oder offline geschaltet werden und wird in einem Cluster verwaltet. Im einfachsten Fall stellen Sie sich einen freigegebenen Ordner auf einem Server vor. Dieser Ordner liegt auf einem Datenträger innerhalb des SANs, und die Freigabe erfolgt auf einem physischen Server. Wenn kein Failover-Cluster existiert und der Server ausfällt, steht der Ordner nicht mehr zur Verfügung. Innerhalb eines Failover-Clusters kann der Ordner als Cluster-Ressource zur Verfügung gestellt werden. Fällt jetzt ein Server aus, übernimmt der andere Server die Kontrolle, indem der Cluster-Dienst einen Schwenk auf den anderen Knoten (Server) ausführt. Das bedeutet, dass die Cluster-Ressource immer nur auf einem Knoten gerade aktiv (online) geschaltet ist.

16.3.3 Quorumdatenträger

Das *Quorum* ist eine Komponente des Cluster-Managers eines Computer-Clusters, die für die Wahrung der Datenintegrität bei einem Teilausfall verantwortlich ist. Auf dem Quorumdatenträger wird z. B. der Status des Clusters permanent gespeichert. So sind keine Neuverhandlungen notwendig, um zu ermitteln, wer der Master (Aktiv) ist. Damit steigt bei Verwendung eines Quorums die Verfügbarkeit der Einzelknoten durch entfallende Neustartzyklen. Eine derartige Unterscheidung nach einem Ausfall der Verbindungen zwischen den Cluster-Knoten wäre ohne eine Abstimmung auf einem gemeinsamen Massenspeicher nicht möglich. Deshalb benötigt ein Failover-Cluster zwingend einen gemeinsamen Datenspeicher (Shared Storage).

16.3.4 Cluster-Knoten

Ein *Cluster-Knoten* besteht aus einem Rechner, auf dem das Betriebssystem Windows Server ausgeführt wird. Die folgenden Eigenschaften beschreiben einen Cluster-Knoten:

- Knoten sind mit einem oder mehreren Cluster-Speichergeräten verbunden.
- Knoten kommunizieren mit anderen Knoten über die jeweiligen Netzwerkkarten.
- Knoten erkennen, wenn Systeme zum Cluster hinzukommen oder diesen verlassen.
- Knoten kennen die Ressourcen, die auf den jeweils anderen Knoten zur Verfügung stehen.
- Knoten sind für den Zugriff und die Verwaltung unter einem gemeinsamen Cluster-Namen mit einer virtuellen IP zusammengefasst.

16.3.5 Verhindern von Netzwerkausfällen beim Failover-Cluster

Vor einer Installation des Cluster-Dienstes von Microsoft Windows Server ollten Sie die öffentlichen und privaten Netzwerksegmente identifizieren, die Sie mit dem Cluster-Knoten verbinden möchten. Als eine geeignete Vorgehensweise hat sich folgende bewährt:

- Konfigurieren Sie das private Netzwerk für die interne Kommunikation.
- Konfigurieren Sie das öffentliche Netzwerk für alle Kommunikationsarten, um einen redundanten Pfad bereitzustellen, falls alle privaten Netzwerke ausfallen.
- Konfigurieren Sie die nachfolgenden Netzwerkadapter für die Verwendung nur für das Client-System oder für alle Kommunikationsarten.
- Sie können dann Prioritäten und Rollen für die Netzwerke festlegen.

Bei der Cluster-Lösung handelt es sich um eine Variante, die hinsichtlich der Hardware – diese muss der Hardwarekompatibilitätsliste (HCL) von Microsoft entsprechen – besondere Voraussetzungen erfordert. Nicht nur für die Hardware gelten besondere Anforderungen. Beim Failover-Cluster müssen sich die Instanzen von SQL Server in einer Domäne befinden. Das setzt einen separaten Domänen-Controller voraus. Die zwei Cluster-Knoten werden dann als Mitgliedsserver konfiguriert, und der Cluster-Dienst erfordert ein dediziertes Domänenbenutzerkonto, das in die lokale Gruppe der Administratoren auf den Cluster-Knoten aufgenommen werden muss.

16.4 Cluster-Arten

Sehen Sie sich nun die Arten von Failover-Clustern näher an. Es gibt grundsätzlich zwei verschiedene Arten.

16.4.1 Standard-Cluster

Ein Standard-Cluster verfügt über eine einzige Quorumdatenbank. Wie Sie in Abbildung 16.3 erkennen können, befindet sich das Quorum auf dem gemeinsamen Laufwerk. Jeweils nur der aktive Knoten kann auf das Quorum zugreifen. Bei einem Failover erhält dann der andere Knoten den exklusiven Zugriff auf das Quorum und die Datenbank. Fällt das Quorum aus, ist der gesamte Cluster nicht mehr funktionsfähig. Dieser Nachteil besteht beim Hauptknotensatz-Cluster nicht.

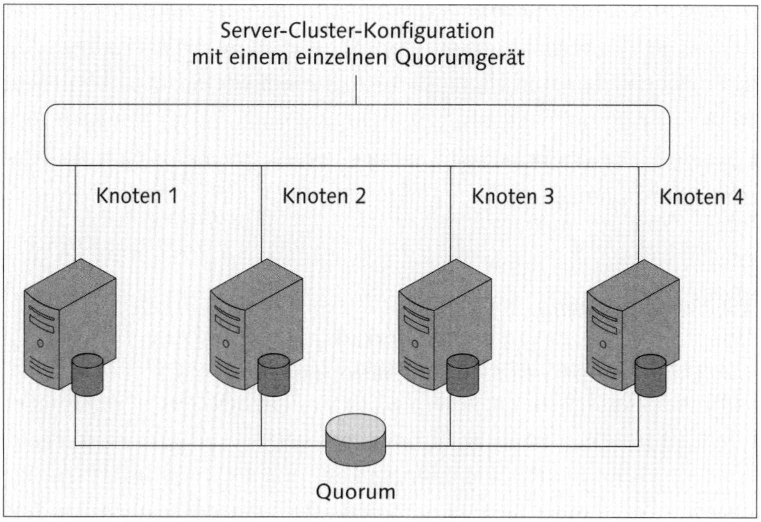

Abbildung 16.3 Standard-Cluster mit einem Quorum

16.4.2 Hauptknotensatz-Cluster

Beim Hauptknotensatz-Cluster erhält jeder Knoten eine Kopie der Quorumdatenbank. Dadurch wird sichergestellt, dass bei einem Ausfall nicht der gesamte Cluster versagt. Die Datenbank wird entsprechend auf allen Knoten synchronisiert. Somit muss immer mehr als ein Knoten aktiv sein, was bedeutet, dass bei dieser Art von Cluster mindestens zwei Knoten online sein müssen.

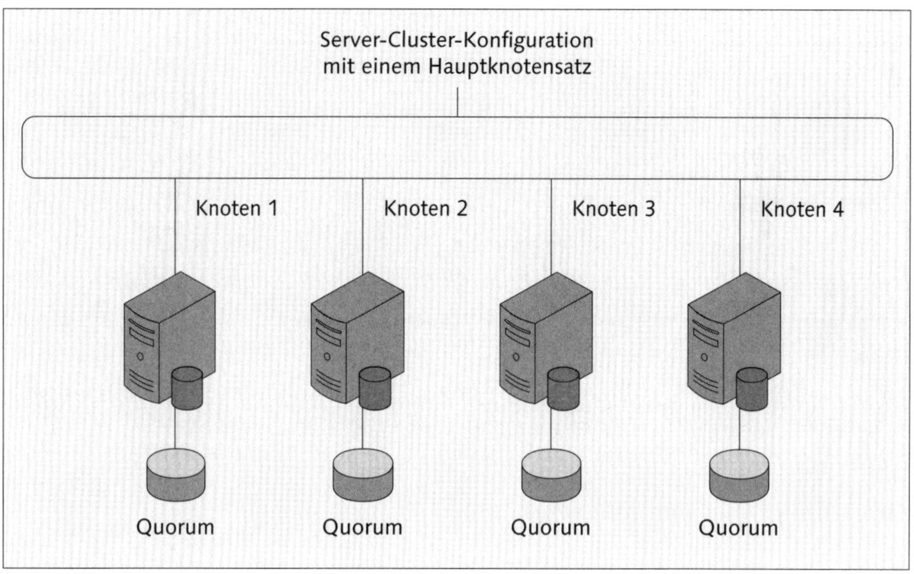

Abbildung 16.4 Failover-Cluster mit einer verteilten Kopie des Quorums

Zusammenfassend lässt sich sagen, dass der Failover-Cluster auf jeden Fall die teuerste Lösung darstellt, jedoch eine komplette Instanz von SQL Server im Failover-Fall umgeleitet wird. Für den Client sind keine Änderungen notwendig, um sich erneut nach einem Failover zu verbinden. Sie als Administrator müssen hier abwägen. Entscheidend sind letztendlich Faktoren wie die Service Level Agreements (SLA) und das Budget Ihrer Firma oder Organisation.

16.5 Datenbankspiegelung

Die Datenbankspiegelung ist eine Alternative zum Failover-Cluster. Der Bereich ist ganz klar eine Datenbank und nicht die gesamte Instanz von SQL Server. Dabei ist es möglich, mehrere Datenbanken in einer Instanz von SQL Server 2012 zu spiegeln. Ausgenommen hiervon sind die Systemdatenbanken »master«, »model«, »msdb« und »tempdb«. Beim Ausfall eines Servers wird nicht die gesamte Instanz von SQL Server in einem Failover-Prozess auf einen zweiten Server umleitet, sondern es erfolgt lediglich ein Failover der gespiegelten Datenbank. Abbildung 16.5 zeigt das Grundprinzip einer Datenbankspiegelung.

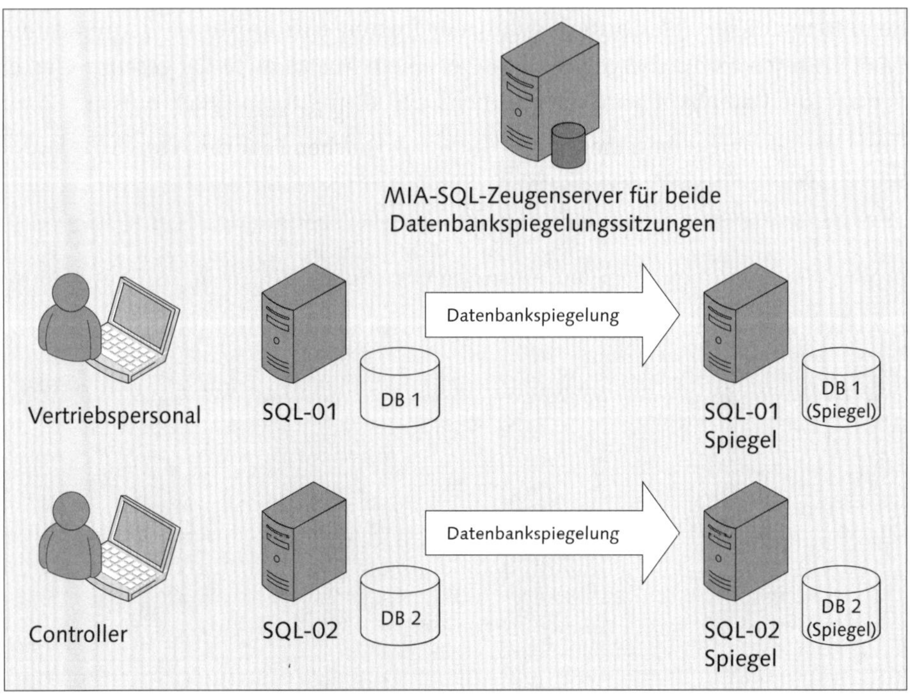

Abbildung 16.5 Die Datenbankspiegelung

Im Kontext einer Datenbankspiegelung spricht man von Rollen, die den einzelnen Servern zugeteilt werden. Der *Prinzipal* enthält die Datenbank, die zur Sicherheit gespiegelt werden soll. In diesem Beispiel stellen die Server SQL-01 und SQL-02 die Prinzipalserver dar. Die *Spiegelinstanz* enthält die Spiegeldatenbank. SQL-01-Spiegel und SQL-02-Spiegel übernehmen diese Rollen. Die Spiegeldatenbank befindet sich auf den Spiegelinstanzen im Wiederherstellungsmodus, damit Transaktionen, die auf dem Prinzipal ausgeführt werden, angewendet werden können. Um sich eine Vorstellung davon machen zu können, was es bedeutet, dass sich eine Datenbank im Wiederherstellungsmodus befindet, können Sie dies in Kapitel 9, »Backup und Restore«, nachlesen. Zusätzlich kann ein *Zeuge* existieren. Grundsätzlich müssen Sie sich eine Datenbankspiegelung so vorstellen, dass die Produktivdatenbank (Prinzipal), die die Transaktionen der Clients empfängt, auf einer weiteren Instanz von SQL Server gespiegelt wird.

Die Zeugeninstanz, die eine SQL Server Express Edition sein kann, übernimmt die Rolle des Überwachenden. Was bei einem Failover-Cluster das Quorum darstellt, ist bei der Datenbankspiegelung der Zeuge. Er prüft über den Takt die Verfügbarkeit der Instanzen und kann ein automatisches Failover einleiten, wenn die Verbindung zwischen den Instanzen unterbrochen ist. Dazu käme es grundsätzlich auch bei einem längeren Timeout im Netzwerk. Um dem vorzubeugen, sind bestimmte Faktoren zu berücksichtigen, die je nach Modus der Datenbankspiegelung unterschiedlich bewertet werden müssen. Eine Datenbankspiegelung ist auch ohne Zeugeninstanz möglich, jedoch fällt dann die Option des automatischen Failovers weg. Dann müssen Sie den Failover-Prozess von Hand einleiten. Die Spiegelinstanz verarbeitet also die Transaktionen, die auf der Prinzipalinstanz ausgeführt werden. Dabei muss unterschieden werden, ob die Spiegelung im synchronen oder im asynchronen Modus betrieben wird. Wie in der folgenden Übersicht erkennbar, stehen drei Optionen zur Verfügung, wobei die Option mit automatischem Failover nur mit einem Zeugenserver möglich ist.

16.5.1 Betriebsarten einer Datenbankspiegelung

Betriebsmodus

- **Modus für hohe Leistung (asynchron)**: SQL Server führt bei einer Transaktion auf dem Prinzipal ein Commit auf dem Prinzipal aus und überträgt dann die Änderungen auf den Spiegel. Das ist schneller als bei der synchronen Methode, stellt jedoch nicht sicher, dass eine Transaktion auf dem Spiegelserver ausgeführt wird.

- **Modus für hohe Sicherheit ohne automatisches Failover (synchron)**: SQL Server führt bei einer Transaktion auf dem Prinzipal ein Commit auf dem Prinzipal und auf dem Spiegel aus. Aufgrund eines fehlenden Zeugen kann jedoch kein automatisches Failover eingeleitet werden.
- **Modus für hohe Sicherheit mit automatischem Failover (synchron)**: Erfordert eine Zeugen-Server-Instanz. SQL Server führt bei einer Transaktion auf dem Prinzipal einen Commit der Änderungen sowohl auf dem Prinzipal als auch auf dem Spiegel aus, wenn beide verfügbar sind. Der Zeuge steuert das automatische Failover zum Spiegel, wenn der Prinzipal nicht mehr verfügbar ist. Da hier immer ein Commit auf dem Spiegelserver erfolgt, ist sichergestellt, dass keine Transaktionen verloren gehen. Die Leistung ist jedoch schlechter als im asynchronen Modus.

Diese Betriebsarten werden beim Einrichten der Datenbankspiegelung festgelegt. Das bedeutet, dass Sie sich für eine Betriebsart entscheiden müssen.

Faktoren beim Prüfen der Verfügbarkeit

Jede Datenbank, die an einer Spiegelsitzung teilnimmt, muss in häufigen Intervallen abgefragt werden, um zu prüfen, ob sie noch verfügbar ist. Der Zeugenserver wird dabei sowohl vom Prinzipal als auch vom Spiegelserver in Sekundenintervallen abgefragt. Beim Windows-Failover-Cluster wurde das als Takt (Heartbeat) bezeichnet. Schlagen diese Verfügbarkeitstests fehl, wird beim Modus für hohe Verfügbarkeit ein automatisches Failover eingeleitet.

Die Datenbankspiegelung kann nicht unterscheiden, ob z.B. in der Datenbank eine Transaktion zu sehr großen Wartezuständen führt oder ein beteiligter Partner aus einem anderen Grund nicht verfügbar ist.

Außerdem wird durch die synchrone Übertragung zusätzlich Wartezeit generiert, da der Prinzipal auf eine Bestätigung des Spiegels wartet. Dadurch können sich die Wartezeiten des Systems verschlechtern. Letztendlich müssen Sie Ihre Anforderungen hinsichtlich der Sicherheit gegen die Leistung abwägen.

Um zu verhindern, dass es bei einer großen Anzahl gespiegelter Datenbanken zu einem unerwarteten Failover aufgrund einer Netzwerküberlastung kommt, müssen Sie im Vorfeld Ihre Umgebung genau prüfen.

16.5.2 Der Client-Zugriff

Der Zugriff für Clients auf die Spiegeldatenbank ist nach erfolgreicher Einrichtung der Datenbankspiegelung nicht mehr möglich. Sie dient lediglich im Fall eines Failovers als Ersatz für die Prinzipaldatenbank. Ist auf dem Spiegelserver ein Zugriff notwendig, gibt es jedoch die Möglichkeit, einen Datenbank-Snapshot (SQL Server Enterprise Edition) von der Spiegeldatenbank zu erstellen.

Clients können dann auf den Snapshot der Spiegeldatenbank lesend zugreifen. Es kann pro Datenbankspiegelung nur eine Spiegelinstanz geben, was bedeutet, dass die Datenbankspiegelung immer nur paarweise ausgeführt werden kann. Jedoch können auf einer Instanz von SQL Server 2012 mehrere Datenbanken gespiegelt werden, und eine Zeugeninstanz kann mehrere Datenbankspiegelsitzungen überwachen.

Betrachten wir nun den Sachverhalt des Failover-Prozesses, stellt sich die Frage nach dem Unterschied zum Failover-Cluster. Beim Cluster erfolgt eine Registrierung des virtuellen Servers im DNS-Server, was dazu führt, dass die Clients sich immer an die virtuelle IP des Clusters wenden, gleichgültig, welche Instanz die aktive ist. Bei der Datenbankspiegelung erfolgt keine Registrierung im DNS-Server, sodass die Instanzen vom Client jeweils unter ihrer IP-Adresse angesprochen werden.

Unter ADO.NET besteht die Möglichkeit, im Connection String der Client-Verbindung den Failover-Partner anzugeben.

Angeben des Failover-Partners in der Verbindungszeichenfolge

```
"; Failover Partner=ServerName"
```


Das führt dazu, dass nach einem erfolgten Failover der Client den Failover-Partner kennt und die Verbindung aufnehmen kann. Eine Alternative wäre sicherlich die Verwendung von Aliasnamen im DNS-Server.

16.5.3 SQL-Server-Endpunkte

Wird die Datenbankspiegelung eingerichtet, werden auf dem SQL Server Endpunkte erstellt. Die Endpunkte sind TCP-Endpunkte, die für die Kommunikation bei der Datenbankspiegelung benötigt werden. Endpunkte erstellen Sie per Skript oder im Zuge der Konfiguration einer Datenbankspiegelung über das GUI. Solche Endpunkte werden auf jeder Instanz von SQL Server eingerichtet, die an der Spiegelung beteiligt ist. SQL Server nutzt das Konzept der Endpunkte nicht nur für die Datenbankspiegelung.

In Abbildung 16.6 sehen Sie die einzelnen Kategorien der Endpunkte im SQL Server Management Studio (SSMS). Hier sind für uns lediglich die Endpunkte für die Datenbankspiegelung interessant.

Das folgende Skript zeigt, wie Sie im SQL Server Endpunkte erstellen:

```
CREATE ENDPOINT Spiegelung
    STATE = STARTED
    AS TCP (LISTENER_PORT = 5023)
    FOR DATABASE_MIRRORING(
       AUTHENTICATION = WINDOWS KERBEROS,
       ENCRYPTION = SUPPORTED,
       ROLE=PRINZIPAL);
GO
```

Listing 16.1 Erstellung von SQL-Server-Endpunkten

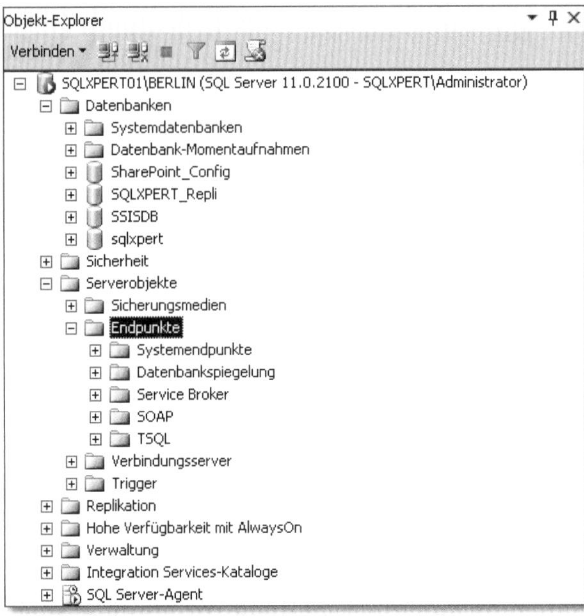

Abbildung 16.6 Endpunkte der Datenbankspiegelung

Faktoren, die eine Entscheidung zur Datenbankspiegelung beeinflussen

- Alle Server, die an der Datenbankspiegelungssitzung beteiligt sind, müssen eine vertrauenswürdige Verbindung herstellen können.
- Für die Kommunikation mit nicht vertrauenswürdigen Domänen müssen PKI-Zertifikate verwendet werden. Mit PKI (Public-Key-Infrastruktur) bezeichnet man ein System (z.B. Windows Server 2008), das digitale Zertifikate ausstellen, verteilen, verwalten und prüfen kann.
- Bei der Datenbankspiegelung gibt es aufgrund der Kommunikation über TCP-Endpunkte keine Entfernungsbeschränkung. Analysieren Sie Ihr Netzwerk und seine Bandbreite.

- Die erforderliche Bandbreite hängt von der Art der Datenbankspiegelung (synchron, asynchron) und der Anzahl der Datenbanken ab.
- Berücksichtigen Sie, dass beim Betrieb über eine Firewall Portregeln eingetragen werden müssen.
- Im Unterschied zum Failover-Cluster ist keine zertifizierte Hardware erforderlich.
- Beachten Sie, dass sich alle externen Abhängigkeiten der Datenbank auch auf der Spiegelinstanz wiederfinden müssen. Dazu gehören die Benutzer mit ihrem Login, benutzerdefinierte Warnungen, Wartungspläne, Jobs, etc.
- Der Bereich einer Spiegelung ist die Datenbank. Berücksichtigen Sie diesen Sachverhalt bei Anwendungen, die auf mehr als eine Datenbank zugreifen.
- Backup und Recovery der Spiegeldatenbank sind nicht möglich. Ein Wiederherstellen der Spiegeldatenbank ist nicht möglich. Das Sichern der Prinzipaldatenbank ist möglich, jedoch nicht das Sichern des Transaktionsprotokolls mit der Option `NO_RECOVERY`.

16.5.4 Erzwingen eines Failovers auf die Spiegeldatenbank

Fällt die Prinzipaldatenbank aus, ist es nicht möglich, auf die Spiegeldatenbank zuzugreifen, da sich diese im Wiederherstellungsmodus befindet. In diesem Fall besteht die Möglichkeit, einen sogenannten erzwungenen Dienst auszuführen. Bei diesem Vorgang stellen Sie die Datenbank den Clients wieder zur Verfügung, weil die Spiegeldatenbank dann zum Prinzipal gemacht wird. Im asynchronen Modus gehen hier allerdings Transaktionen verloren, die auf dem Spiegel noch nicht angewendet wurden. Geben Sie dazu folgende Anweisung in einem Skriptfenster ein:

```
ALTER DATABASE Datenbankname
SET PARTNER FORCE_SERVICE_ALLOW_DATA_LOSS
```

Listing 16.2 Erzwingen eines Failovers auf die Spiegeldatenbank

Ist die Datenbankspiegelung eingerichtet, wird der Status angezeigt, in dem sie sich befindet. Tabelle 16.2 gibt Ihnen einen Überblick, welche Statusmeldungen es gibt und wie sich diese auf die Verfügbarkeit auswirken.

Datenbankstatus	Beschreibung
SYNCHRONIZED	Die Datenbank ist auf dem aktuellen Stand.
SYNCHRONIZING	Die Spiegeldatenbank wird synchronisiert.
SYSPENDED	Die Spiegelkopie ist nicht verfügbar oder wurde angehalten.

Tabelle 16.2 Auswirkungen des Datenbankstatus auf die Verfügbarkeit

Datenbankstatus	Beschreibung
PENDING_FAILOVER	Das Failover wurde initiiert; betrifft nur den Prinzipalserver.
DISCONNECTED	Die Kommunikation ist unterbrochen.

Tabelle 16.2 Auswirkungen des Datenbankstatus auf die Verfügbarkeit (Forts.)

16.5.5 Reparatur fehlerverdächtiger Seiten

SQL Server 2012 überprüft das Schreiben von Speicherseiten mit einer Prüfsumme. Inkonsistente Seiten können automatisch vom Spiegelserver wiederhergestellt werden. Werden auf dem Prinzipal Seiten als fehlerhaft erkannt, wird automatisch versucht, die fehlerhaften Seiten vom Spiegelpartner abzurufen, um sie dann auf dem Prinzipal zu ersetzen.

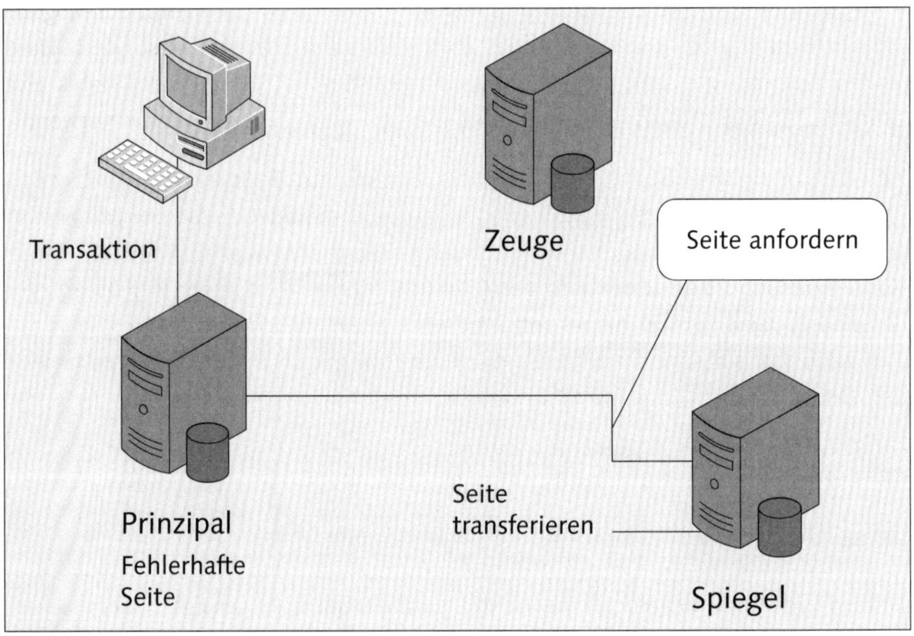

Abbildung 16.7 Die Reparatur fehlerverdächtiger Seiten

16.5.6 Überlegungen zum Schutz der Datenbankspiegelung

Läuft eine Datenbankspiegelung in Ihrem Unternehmen, müssen Sie überlegen, wie Sie Ihre Datenbankspiegelung absichern können. In diesem Zusammenhang geht es vor allem darum, was bei einem Ausfall des Prinzipals oder Spiegels und Zeugen geschieht. Die folgenden Empfehlungen treffen sowohl auf den Prinzipal als auch auf den Spiegelserver zu:

- Sichern Sie die Prinzipaldatenbank durch regelmäßige Backups.
- Dokumentieren Sie Ihre Datenbankspiegelung.
- Implementieren Sie eine Überwachungsstrategie.
- Kombinieren Sie die Datenbankspiegelung mit anderen Technologien wie dem Protokollversand.
- Setzen Sie redundante Hardware wie RAID-Systeme ein.

Eine besondere Bedeutung kommt dem Zeugen zu, wenn die Datenbankspiegelung im Modus für hohe Verfügbarkeit mit automatischem Failover konfiguriert wurde. Ist der Zeuge nicht erreichbar, kann weder ein automatisches noch ein manuelles Failover ausgeführt werden.

16.5.7 Fazit

Die Datenbankspiegelung zählt zur Kategorie Hot-Standby-Lösung mit der Möglichkeit der transparenten Client-Umleitung ohne die Notwendigkeit, gesonderte Hardware zu verwenden. Die Fähigkeit eines Failovers verleiht ihr den Status Hot-Standby-Lösung. Es sind keine weiteren Schritte außer einem Failover notwendig, um einen Schwenk auf die Spiegelinstanz auszuführen. Das macht die Datenbankspiegelung im Unterschied zur Failover-Cluster-Lösung besonders interessant, wenn es um die notwendigen finanziellen Investitionen geht.

Wichtiger Hinweis

Laut Aussage von Microsoft wird die Datenbankspiegelung in zukünftigen Versionen von SQL Server nicht mehr unterstützt. Der Grund ist leicht nachvollziehbar, da Microsoft als Erweiterung die Technologie *AlwaysOn* eingeführt hat. AlwaysOn ist jedoch bisher nur in der Enterprise-Version von SQL Server 2012 verfügbar. Es bleibt also abzuwarten, wie sich das in zukünftigen Versionen von SQL Server weiterentwickelt.

16.6 Protokollversand

Abbildung 16.8 zeigt den grundsätzlichen schematischen Aufbau einer Protokollversandlösung.

In diesem Szenario existiert ein primärer Server SQL-01, der das Transaktionsprotokoll auf zwei sekundäre Server SQL-02 und SQL-03 überträgt. Diese wiederum werden genutzt, um Berichte für die Geschäftsleitung zur Verfügung zu stellen.

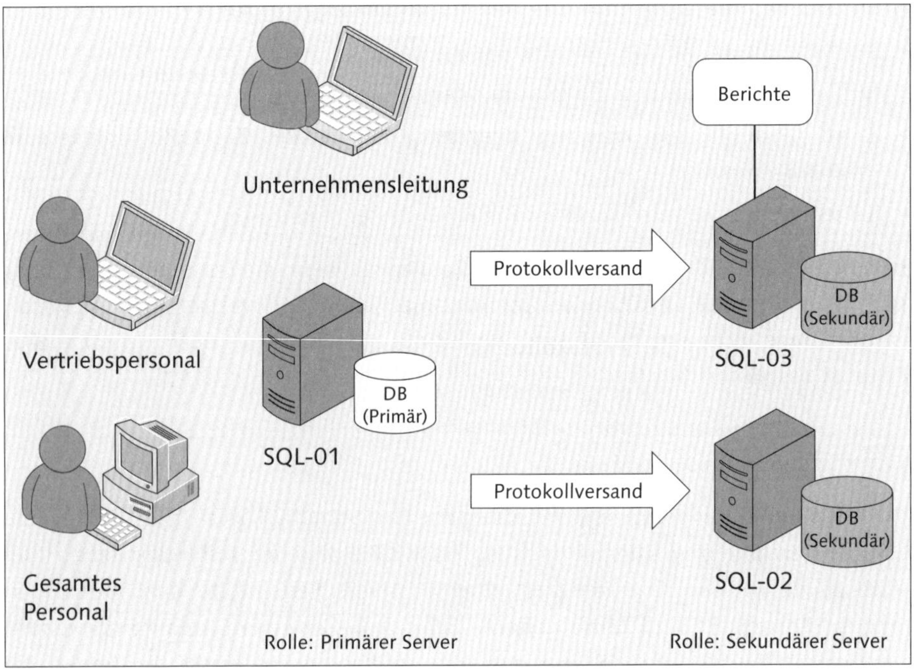

Abbildung 16.8 Der Protokollversand

16.6.1 Einsatzszenarien für eine Lösung mit dem Protokollversand

In vielen unserer Seminare beginnen wir mit dem Hinweis, sich den Protokollversand als eine automatisierte Transaktionsprotokollsicherung vorzustellen. Was ist bei einer Protokollsicherung notwendig, um eine Wiederherstellung der Datenbank sicherzustellen? Im Allgemeinen muss ein System neu aufgesetzt werden. Danach wird SQL Server installiert, und die Backups werden zurückgespielt. Das alles kostet Zeit und bindet wichtige Ressourcen.

Der Protokollversand beruht darauf, das Transaktionsprotokoll automatisch zu sichern, um es auf einem sekundären Server wiederherzustellen. Damit ist diese Lösung sehr gut geeignet, die Zeiten für eine Wiederherstellung zu reduzieren und kostbare Ressourcen zu schonen.

Sie als Administrator müssen nicht erst ein System neu aufsetzen. Es existiert bereits ein sekundärer Server, der das Transaktionsprotokoll im Zyklus der Sicherung verzögert angewendet hat.

Eine weitere interessante Möglichkeit besteht darin, Instanzen von SQL Server 2012, die als Protokollversandempfänger konfiguriert sind, für Reporting-Zwecke zu nutzen. Anders als bei der Datenbankspiegelung, bei der auf die Spiegeldatenbank nicht zugegriffen werden kann, ist es beim Protokollversand möglich, mehrere Empfänger zu konfigurieren und auf diese lesend zuzugreifen. Jedoch müssen Sie beim lesenden

Zugriff einige Aspekte berücksichtigen. Erfolgt ein Zugriff auf die sekundäre Datenbank, kann das Transaktionsprotokoll nicht angewendet werden: Entweder werden die Verbindungen der lesenden Zugriffe getrennt, oder es wird abgewartet, bis die Verbindungen beendet sind. Diese Entscheidung müssen Sie als Administrator im Zuge der Konfiguration treffen.

Zusätzlich können Sie den Protokollversand zur Vorbereitung einer Datenbankspiegelung einsetzen, um die Datenbank beim Empfänger auf den aktuellen Stand zu bringen. Danach können Sie eine Spiegelung einrichten.

Anforderungen an den Protokollversand

- Die Datenbanken in einer Protokollversandkonfiguration müssen das vollständige Wiederherstellungsmodell oder das massenprotokollierte Wiederherstellungsmodell verwenden.
- Auf den am Protokollversand beteiligten Servern sollten die gleichen Einstellungen für die Unterscheidung nach Groß-/Kleinschreibung vorliegen.

16.6.2 Grundlagen einer Protokollversandlösung

Der Protokollversand betrifft eine einzelne Datenbank und beruht auf der Möglichkeit, das Transaktionsprotokoll zu versenden. Ein Auftrag im SQL-Server-Agent sichert das Protokoll. Als Nächstes wird über einen weiteren Job im Agent auf dem Protokollversender das Protokoll in einen freigegebenen Ordner kopiert. Beim Protokollempfänger sorgt dann ein Auftrag dafür, es zu entnehmen, um es wie bei einer Protokollsicherung wiederherzustellen. Somit existieren mehrere Aufträge, die in einem Intervall ausgeführt werden. Das kleinste Intervall beträgt eine Minute. Dies ist die geringste Zeiteinheit für Zeitpläne. Hier zeigt sich der wesentliche Unterschied zur Datenbankspiegelung, bei der die Transaktionen über HTTP-Endpunkte synchron oder asynchron direkt übertragen werden. Der Protokollversand beruht auf einer Sicherung und Wiederherstellung des Transaktionsprotokolls. Es ist wichtig zu wissen, dass es bei einer Protokollversandlösung nicht möglich ist, separate Sicherungen des Transaktionsprotokolls durchzuführen. Warum ist das so? Bei einer Rücksicherung muss genau die Reihenfolge der Transaktionsprotokollsicherungen eingehalten werden, was zu Problemen führt, wenn zwischendurch extra gesichert würde.

Anforderungen für die Sicherungs- und Wiederherstellungsverzeichnisse

- Für den **Sicherungsauftrag** benötigen das SQL-Server-Dienstkonto und das Proxy-Konto des Sicherungsauftrags Lese- und Schreibberechtigungen für das Sicherungsverzeichnis auf dem primären Server.

- Für den **Kopierauftrag** benötigt das entsprechende Proxy-Konto Leseberechtigungen für das Sicherungsverzeichnis und Schreibberechtigungen für das Kopierverzeichnis.
- Für den **Wiederherstellungsauftrag** benötigen das SQL-Server-Dienstkonto auf dem sekundären Server und das Proxy-Konto des Wiederherstellungsauftrags Lese- und Schreibberechtigungen für das Kopierverzeichnis.

16.7 Kombinieren von Lösungen für hohe Verfügbarkeit

Kombinieren Sie Lösungen mit einer hohen Verfügbarkeit, ergeben sich interessante Möglichkeiten für Ihr Unternehmen, wie Sie in diesem Abschnitt sehen werden.

16.7.1 Kombination Protokollversand und Lastenausgleich

Wie Sie in Abbildung 16.9 sehen, ist es möglich, den Protokollversand mit einem NLB-Cluster zu kombinieren. Somit verteilen sich die Zugriffe der Client-Anwendungen, die lesend für das Reporting zugreifen, auf zwei Instanzen von SQL Server, die als Protokollempfänger konfiguriert sind. Der Vorteil dieser Lösung besteht darin, dass Transaktionen auf den Protokollversandempfängern ohne ein Trennen der Verbindungen angewendet werden können, weil sich die Zugriffe der Clients auf zwei Instanzen verteilen.

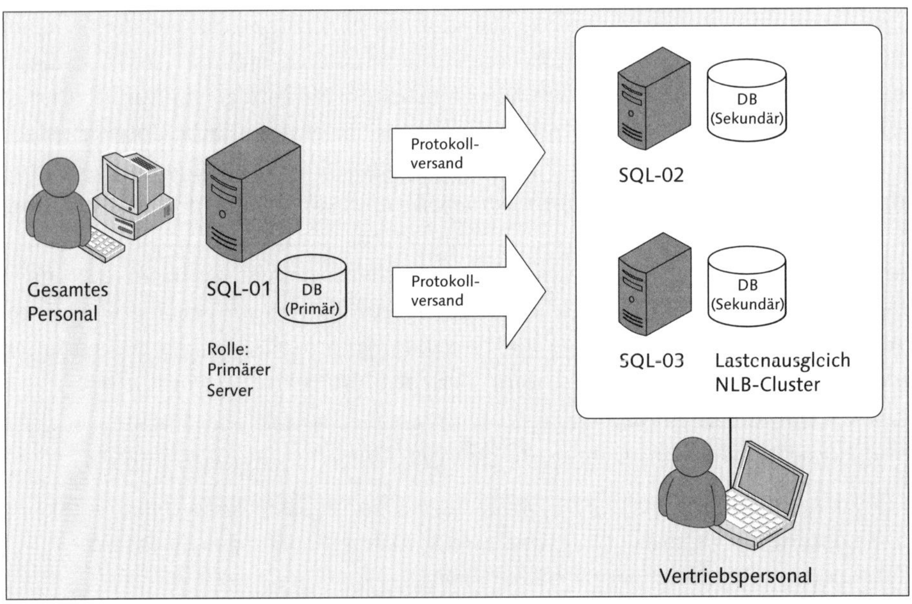

Abbildung 16.9 Protokollversand und Lastenausgleich

16.7.2 Kombination Protokollversand, Datenbankspiegelung und Lastenausgleich

Wie Sie in Abbildung 16.10 erkennen, wird bei dieser Kombination »SQL-01« sowohl als primärer Server für den Protokollversand wie auch als Prinzipal für die Datenbankspiegelung konfiguriert. Der Protokollversand wird auf »SQL-02« und »SQL-03« als sekundären Instanzen ausgeführt.

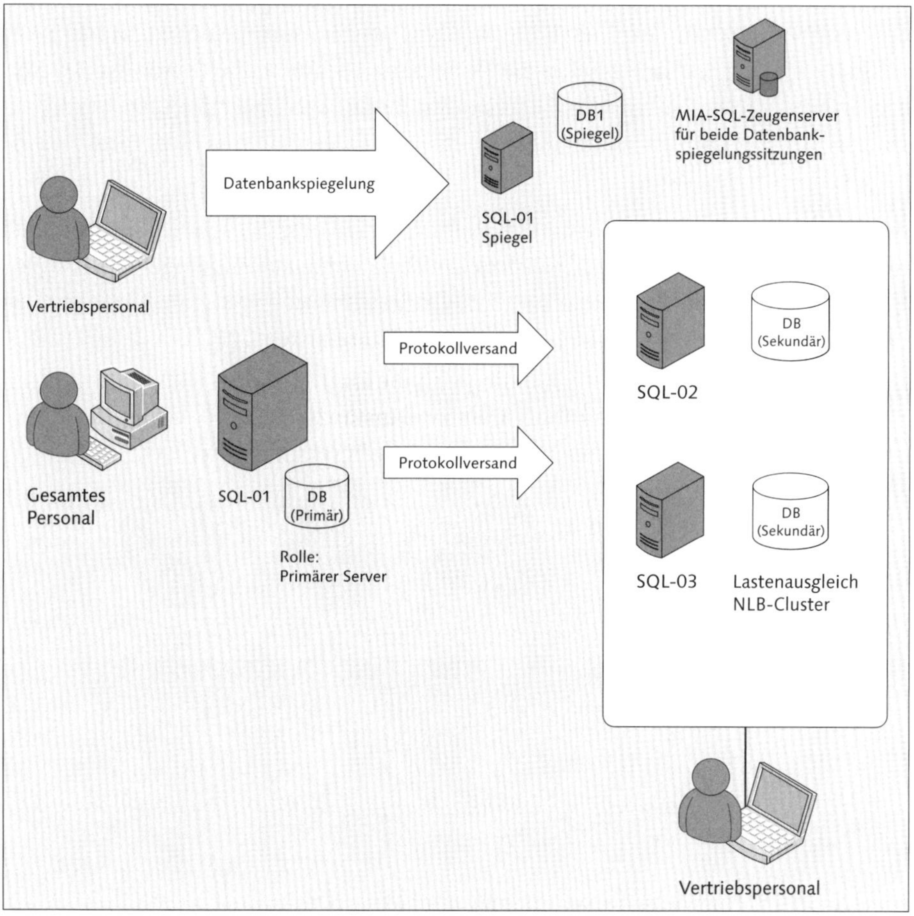

Abbildung 16.10 Protokollversand, Datenbankspiegelung und Lastenausgleich

16.8 AlwaysOn: Mission Critical, die neue Hochverfügbarkeitslösung

Nachdem Sie die bisherigen Technologien für Hochverfügbarkeit kennengelernt haben, sind Sie in der Lage, die Vor- und Nachteile dieser Lösungen zu erkennen. Microsoft hat mit dem SQL Server 2012 eine neue Hochverfügbarkeitslösung mit dem

Namen *AlwaysOn* eingeführt, die das Beste aus den bisherigen Lösungen in sich vereinen soll.

Um das bewerten zu können, lassen Sie uns zunächst klären, was AlwaysOn ist und welche Technologie dahintersteckt. AlwaysOn setzt auf dem Windows-Failover-Cluster-Dienst auf. Es wird jedoch kein gemeinsamer Datenträger wie beim Failover-Cluster benötigt. Der wesentliche Vorteil des Failover-Cluster-Dienstes von Windows liegt ja darin, dass die gesamte Instanz abgesichert ist und die Registrierung einer virtuellen IP-Adresse für den Cluster erfolgt. Die Datenbankspiegelung kann hier nicht mithalten, da bei ihr der Bereich die Datenbank ist und keine IP-Adresse im DNS registriert wird. Die Datenbankspiegelung kann nur paarweise eingesetzt werden. Es sind also immer ein Prinzipal und ein Spiegel vorhanden, auf den nicht direkt lesend zugegriffen werden kann.

Anders bei AlwaysOn: Hier können bis zu fünf Knoten beteiligt sein. Ein Knoten stellt den primären Knoten dar, die restlichen Knoten agieren als Empfänger der Transaktionen des primären Knotens. Das Verfügbarmachen von Systemdatenbanken ist nicht möglich, es beschränkt sich auf Benutzerdatenbanken.

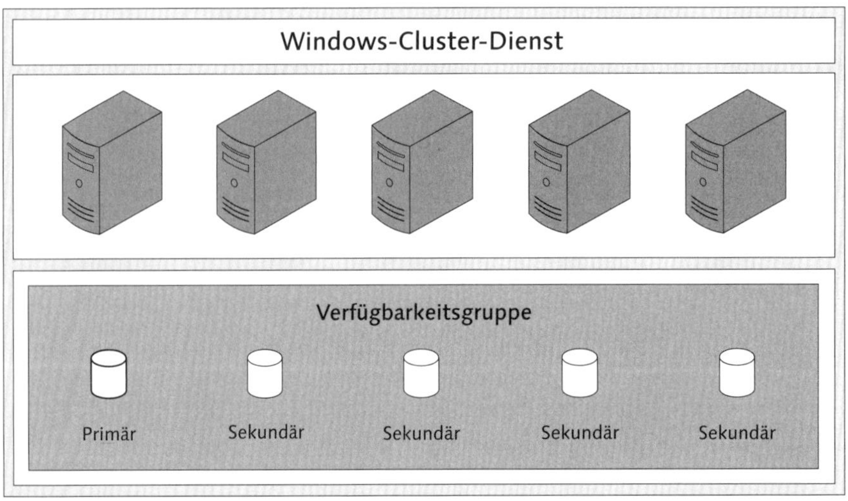

Abbildung 16.11 Eine Verfügbarkeitsgruppe unter AlwaysOn

Die Kosten für ein SAN sind nicht zwingend notwendig, und die Knoten können über größere Entfernungen betrieben werden. Hinsichtlich der Kosten muss auf der anderen Seite berücksichtigt werden, dass AlwaysOn ein Feature der SQL Server 2012 Enterprise Edition ist und somit die Kosten beim Einsatz einkalkuliert werden müssen.

Wie in Abbildung 16.11 zu erkennen ist, existiert eine Verfügbarkeitsgruppe. Innerhalb einer solchen Gruppe wird festgelegt, welche Datenbanken auf welche Knoten mit welcher Synchronisationsmethode synchronisiert werden sollen. Es sind mehrere solcher Verfügbarkeitsgruppen möglich. Auf die sekundären Knoten kann lesend zugegriffen werden. Denken Sie hier nur an den Vorteil der Skalierung, wenn es z.B. darum geht, die Backups nicht vom primären Knoten zu sichern, sondern von den sekundären Knoten. Oder das Thema Berichte, auch hier kann die Last auf die sekundären Knoten gelegt werden.

Synchronisationsverfahren

Es werden zwei Methoden zur Synchronisation angeboten. Genau wie bei der Datenbankspiegelung existiert ein synchroner Modus, bei dem die primäre Datenbank die Transaktion erst übernimmt, wenn alle Knoten diese bestätigt haben. Das kann zu Leistungseinbußen führen, und eine Verfügbarkeitsgruppe kann nur zwei synchrone sekundäre Replikate haben. Beim asynchronen Modus übernimmt der primäre Knoten die Transaktion sofort und leitet sie an die sekundären Knoten weiter. Es wird also nicht gewartet, bis alle sekundären Knoten bestätigt haben. Die sekundären Replikate müssen daher nicht immer gleich aktuell sein. Bis zu vier sekundäre Knoten sind in einer Verfügbarkeitsgruppe im asynchronen Modus möglich.

16.8.1 Failover

Ein automatisches Failover ist sowohl beim Failover-Cluster als auch bei der Datenbankspiegelung möglich. Bei AlwaysOn gehen die Möglichkeiten etwas weiter. Das Verhalten im Störungsfall kann festgelegt werden. So ist es möglich, die Replikate so zu konfigurieren, dass die Datenbanken auch über die lokalen Instanzen erreichbar sind.

16.8.2 Voraussetzungen und Einschränkungen

Zunächst müssen einige Voraussetzungen auf dem Windows-System gegeben sein:

- Das System darf kein Domänen-Controller sein.
- Die Knoten müssen Windows Server 2008 und höher ausführen.
- Es müssen alle Windows-Hotfixes installiert sein.
- Stellen Sie sicher, dass genügend Knoten im Fibre Channel verfügbar sind.

16.8.3 Vorrausetzungen und Einschränkungen SQL Server 2012

- Um eine Verfügbarkeitsgruppe zusammen mit Kerberos zu verwenden, ist es wichtig darauf zu achten, dass die Service Principal Names richtig registriert sind.
- Alle Serverinstanzen, die ein Verfügbarkeitsreplikat enthalten, müssen dasselbe SQL-Server-Dienstkonto nutzen.

- Auf jedem Knoten muss die SQL Server Enterprise Edition ausgeführt werden.
- Alle Server, die Replikate enthalten, müssen die gleiche SQL-Server-Sortierung verwenden.
- Bevor FileStream verwendet wird, muss es auf jedem Knoten aktiviert werden.
- Bevor eigenständige Datenbanken einer Verfügbarkeitsgruppe hinzugefügt werden, muss die Option `Contained Database Authentication` auf jeder Instanz auf 1 festgelegt werden.

Das sind nicht alle Voraussetzungen, jedoch die wichtigen, die im Allgemeinen ohne weitere Erläuterungen verständlich sind.

Zusammenfassung zu AlwaysOn

AlwaysOn versucht, alle Vorteile der bisherigen Lösungen in sich zu vereinen. Die Vorteile dabei sind:

- Absicherung der gesamten Instanz von SQL Server
- kein gemeinsamer Datenträger notwendig
- FileStream-Replikation
- Auf die Replikate kann lesend zugegriffen werden.
- Es können mehrere sekundäre Instanzen genutzt werden.
- Datenbanken können in Verfügbarkeitsgruppen zusammengefasst werden. Das ermöglicht ein anwendungsbasiertes Failover für mehrere Datenbanken.
- Es kann mehrere Verfügbarkeitsgruppen geben.
- Durch Verfügbarkeitsgruppen kann bestimmt werden, auf welchen sekundären Knoten synchronisiert werden soll.
- Kompression und Verschlüsselung
- automatisches und manuelles Failover
- automatische Seitenreparatur
- Integration in System-Center möglich
- flexible Failover-Richtlinien für automatisches Failover

Bei dieser Menge an Vorteilen verwundert es Sie vermutlich nicht, dass es den folgenden Nachteil gibt:

- AlwaysOn benötigt die Enterprise Edition von SQL Server.

In diesem Kapitel haben Sie bisher erfahren, welche Möglichkeiten der Hochverfügbarkeit es unter SQL Server 2012 gibt, und Sie haben gelernt, diese zu bewerten. Damit stehen Ihnen interessante Szenarien im Unternehmen zur Verfügung, um die Ausfallsicherheit zu erhöhen und zusätzlich Ressourcen zu verteilen. Eine Installation und Konfiguration werden wir im Workshop durchführen.

16.9 Workshop I: Einrichten einer Datenbankspiegelung

In diesem Workshop richten wir eine Datenbankspiegelung in einem einfachen Szenario ein. Dazu ist es notwendig, einige Optionen im Vorfeld zu überprüfen.

Vorbereitende Aufgaben

- Überprüfen Sie, ob sich die zu spiegelnde Datenbank im vollständigen Wiederherstellungsmodell befindet. Ist das nicht der Fall, öffnen Sie ein Abfragefenster, und führen Sie die Anweisung `ALTER DATABASE sqlxpert SET RECOVERY FULL` aus.
- Überprüfen Sie, welches Konto für die Datenbankspiegelung verwendet werden soll.
- Überprüfen Sie die Registrierung von Prinzipal, Spiegel und Zeugen im SQL Server Management Studio.
- Führen Sie eine vollständige Sicherung durch, falls keine vorhanden ist.
- Stellen Sie sicher, dass sich die Datenbank auf dem Spiegel im Wiederherstellungsmodus befindet.
- Übertragen Sie alle notwendigen Systemobjekte wie Anmeldungen, Verbindungsserver, SSIS-Pakete, Wartungspläne, Warnungen und weitere Serverobjekte mithilfe der SQL Server Integration Services (SSIS).

Es ist es unter anderem notwendig, dafür zu sorgen, dass sich die zu spiegelnde Datenbank im aktuellen Zustand auf den jeweiligen Instanzen von Prinzipal und Spiegel befindet. Sollte das nicht der Fall sein, stellen Sie die Datenbank aus der vollständigen Sicherung auf dem Spiegel wieder her.

1. Da keine weitere Differenz an Transaktionen zwischen Spiegel und Prinzipal vorhanden sein soll, ist es sinnvoll, die Prinzipaldatenbank in den `SINGLE_USER`-Modus zu überführen. In der Praxis hat es sich bewährt, eine Transaktionsprotokollsicherung nun unmittelbar auszuführen, um diese dann auf dem Spiegel mit der Option `NO_REVOVERY` einzuspielen. Um die Optionen zu überprüfen und eine Datenbankspiegelung einzurichten, werden wir diese Punkte jetzt Schritt für Schritt abarbeiten. Starten Sie dafür das SQL Server Management Studio.
2. Stellen Sie eine Verbindung mit dem Management Studio zu den an der Spiegelung beteiligten Instanzen her.
3. Überprüfen Sie, ob für die Prinzipal- und Spiegeldatenbank das vollständige Wiederherstellungsmodell ausgewählt wurde. Dazu selektieren Sie die Datenbank mit der rechten Maustaste und wählen EIGENSCHAFTEN - OPTIONEN aus (Abbildung 16.12).
4. Sollte das nicht der Fall sein, wechseln Sie zum vollständigen Wiederherstellungsmodell, und bestätigen Sie Ihre Eingabe mit OK.
5. Verbinden Sie sich mit allen an der Datenbankspiegelung beteiligten Instanzen von SQL Server im Management Studio.

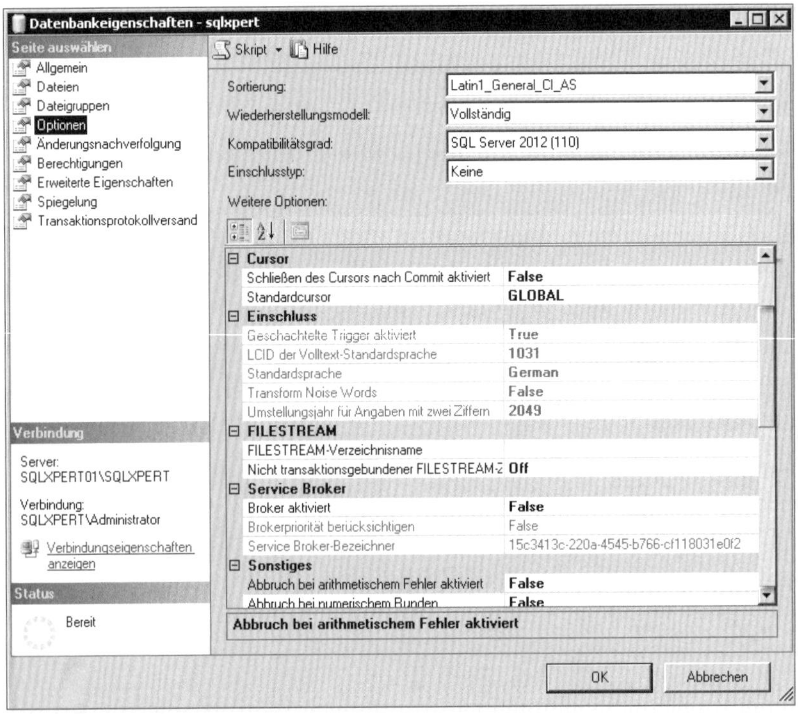

Abbildung 16.12 Vollständiges Wiederherstellungsmodell

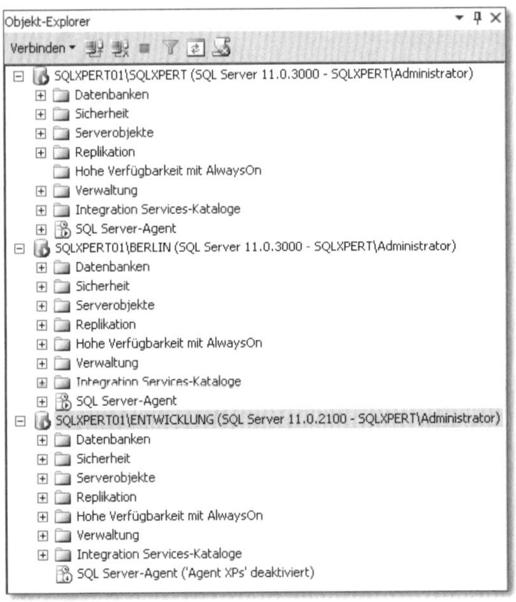

Abbildung 16.13 Die Prinzipal-, Spiegel- und Zeugeninstanz

6. Klicken Sie mit der rechten Maustaste auf die Prinzipaldatenbank, dann auf TASKS und SPIEGELN. In unserem Fall wählen wir dazu die SQLXPERT-Datenbank auf der ersten Instanz wie in Abbildung 16.14 aus.

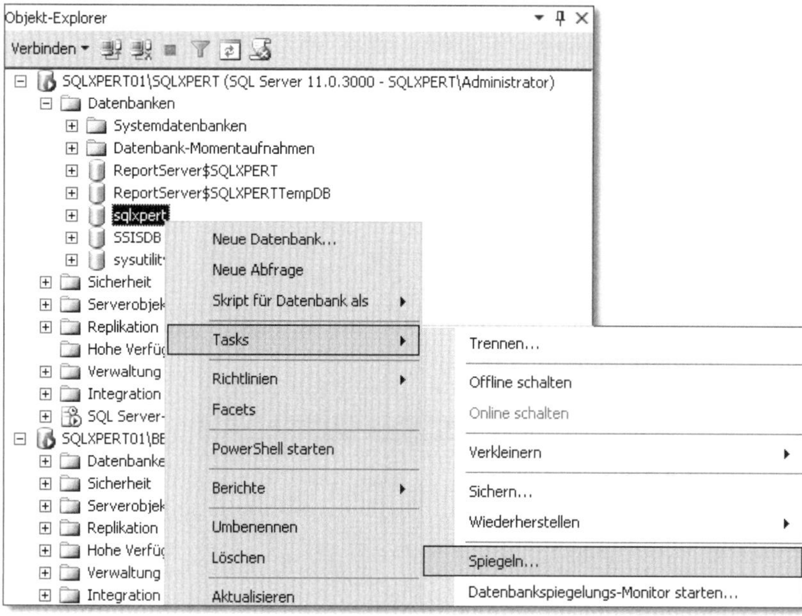

Abbildung 16.14 Auswahl der Prinzipaldatenbank für die Spiegelung

Der Dialog DATENBANKEIGENSCHAFTEN DER DATENBANK wird angezeigt. Zunächst interessiert uns davon nur der in Abbildung 16.15 gezeigte Bereich SICHERHEIT KONFIGURIEREN.

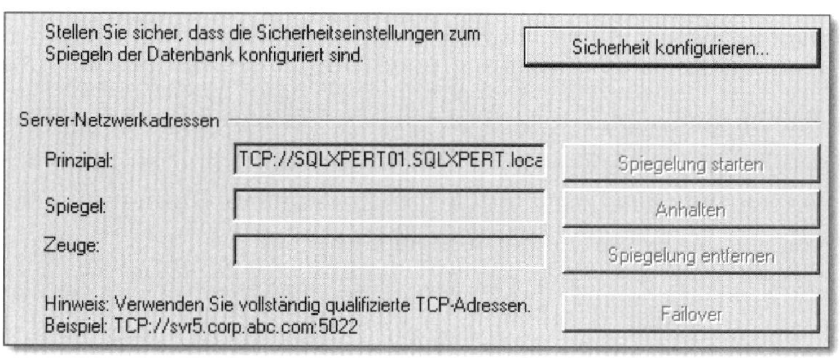

Abbildung 16.15 Sicherheit konfigurieren

7. Klicken Sie auf die Schaltfläche SICHERHEIT KONFIGURIEREN. Der ASSISTENT ZUM KONFIGURIEREN DER SICHERHEIT, in dem Sie die Konfiguration Schritt für Schritt durchgehen, erscheint nun.

8. Zuerst werden Sie gefragt, ob Sie einen Zeugen verwenden möchten (Abbildung 16.16). Bedenken Sie hier, dass ohne Zeuge nur ein manuelles Failover möglich ist.

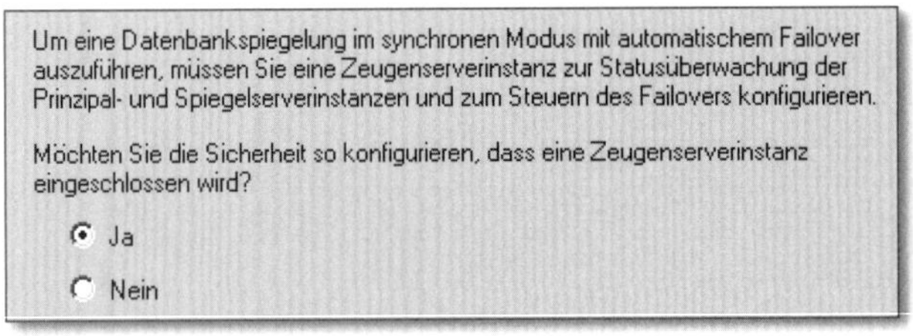

Abbildung 16.16 Auswahl, ob ein Zeuge gewünscht ist

Die Zielserver müssen jetzt konfiguriert werden. Die folgenden Dialoge führen Sie Schritt für Schritt aus.

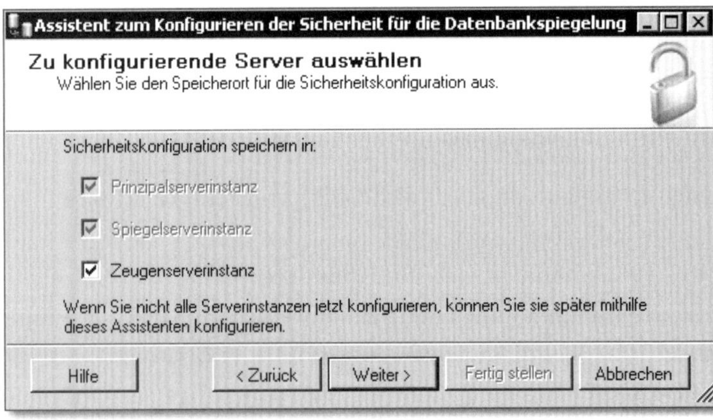

Abbildung 16.17 Zu konfigurierende Server auswählen

1. Legen Sie den Namen der Endpunkte des Prinzipal- und Spiegelservers fest, geben Sie eine Portnummer für die Endpunkte der Datenbankspiegelung an, und wählen Sie die Option zur Verschlüsselung der zu übertragenen Daten jeweils für die Instanzen von SQL Server (siehe Abbildung 16.18).
2. Die Werte für den Prinzipal, Spiegel und Zeugen werden jetzt abgefragt. Da die Dialoge bis auf die Instanznamen und Portnummern identisch sind, haben wir hier auf diese Abbildungen verzichtet. Unterschiedliche Portnummern werden verwendet, weil sich in unserem Beispiel die Instanzen auf einem einzigen physischen Server befinden (siehe Abbildung 16.19).
3. Der nächste Schritt der Konfiguration legt das Konto für die Authentifizierung fest. Hier verwenden Sie das zuvor eingerichtete Konto nach dem Prinzip *Domäne\Benutzerkonto*.

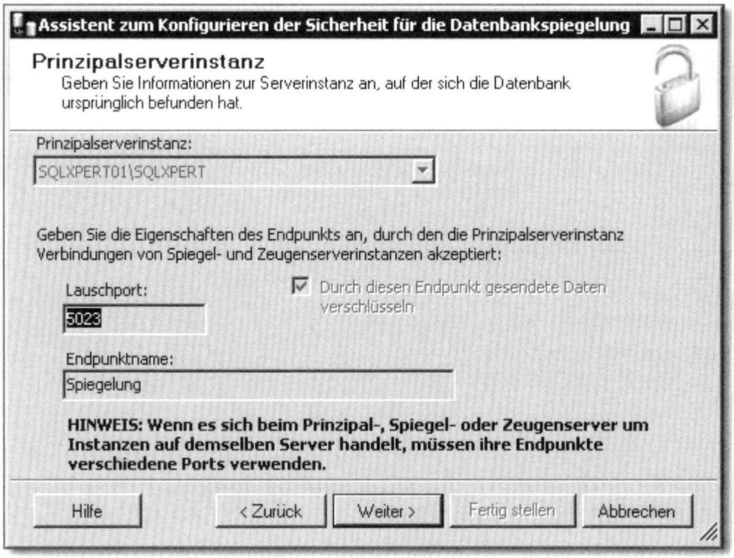

Abbildung 16.18 Festlegen der Parameter für den Prinzipal

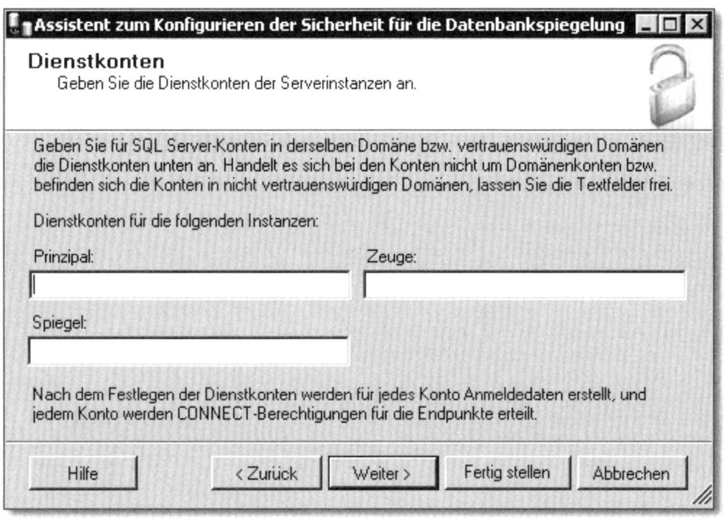

Abbildung 16.19 Festlegen des Kontos für die Datenbankspiegelung

Es wird empfohlen, ein Domänenbenutzerkonto zu verwenden. In unserem Beispiel ist es das Konto, unter dem der SQL-Server-Dienst ausgeführt wird. Wenn Sie alles korrekt angegeben haben, beenden Sie den Vorgang, und im Anschluss erhalten Sie eine Zusammenfassung (siehe Abbildung 16.20).

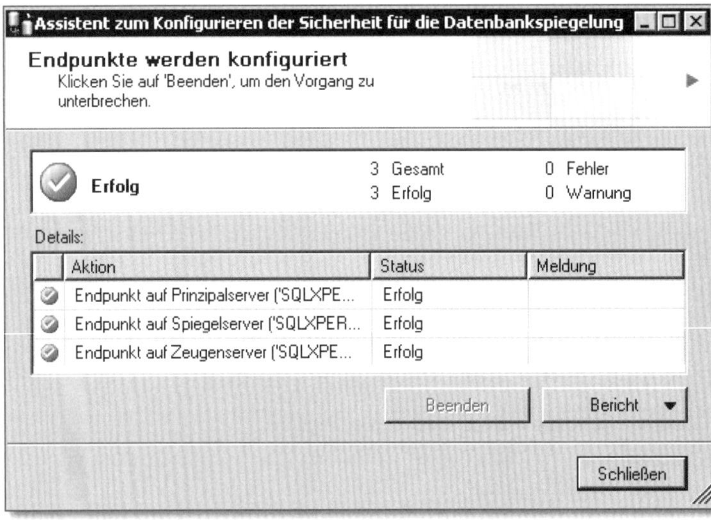

Abbildung 16.20 Zusammenfassung mit Erfolgsmeldung

4. Im nächsten Dialog aus Abbildung 16.21 können Sie die Datenbankspiegelung starten oder dies zu einem späteren Zeitpunkt ausführen. Wenn Sie dies zu einem späteren Zeitpunkt ausführen, wird der modale Dialog zunächst beendet, und Sie können bestimmen, in welchem Modus die Spiegelung ausgeführt werden soll.

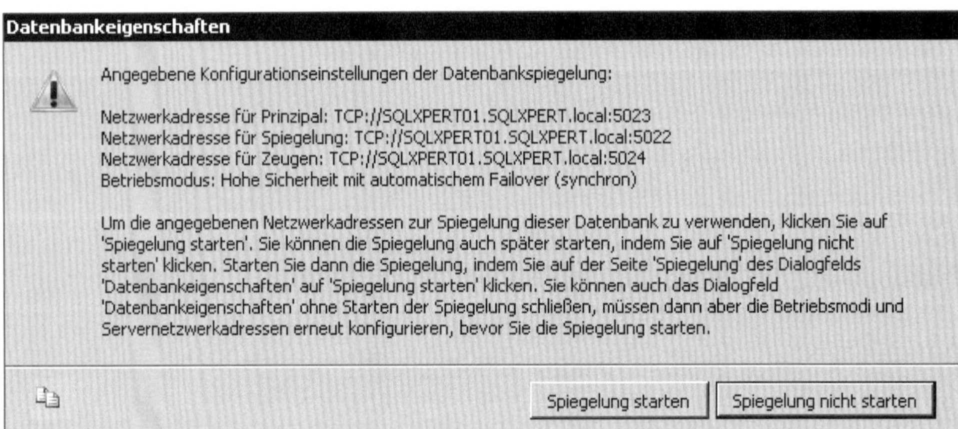

Abbildung 16.21 Starten der Datenbankspiegelung

5. Wählen Sie zunächst SPIEGELUNG NICHT STARTEN.
6. Entscheiden Sie, in welcher Betriebsart die Spiegelung ausgeführt werden soll. Wir wählen den Modus für HOHE SICHERHEIT ... (SYNCHRON) mit einem Zeugen.

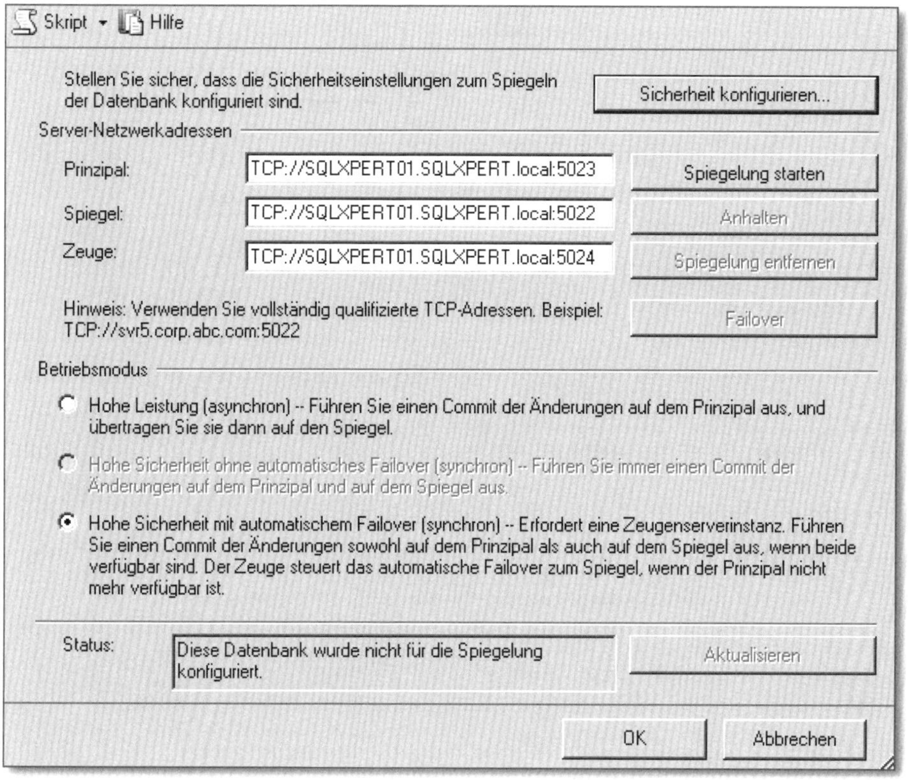

Abbildung 16.22 Auswahl des Modus »Hohe Sicherheit« der Spiegelung

Damit haben Sie alle wesentlichen Optionen konfiguriert und können nun die Spiegelsitzung starten.

Durch den Einsatz eines Zeugenservers übergeben Sie die Kontrolle an diesen. Er ist dann dafür verantwortlich, ein automatisches Failover durchzuführen, wenn der Prinzipal ausfällt. Eine Alternative besteht darin, auf den Zeugen zu verzichten und stattdessen ein manuelles Failover durchzuführen. Um ein manuelles Failover auszuführen, wählen Sie die Option keinen Zeugen verwenden (Abbildung 16.16). Um ein manuelles Failover einleiten zu können, steht Ihnen in der Konfiguration der Datenbankspiegelung der Schalter FAILOVER zur Verfügung.

Nach einem Failover werden die Rollen von Prinzipal und Spiegel gewechselt. Sie können das sehr gut im Management Studio sehen. Die Abbildungen 16.24 bis 16.26 illustrieren das.

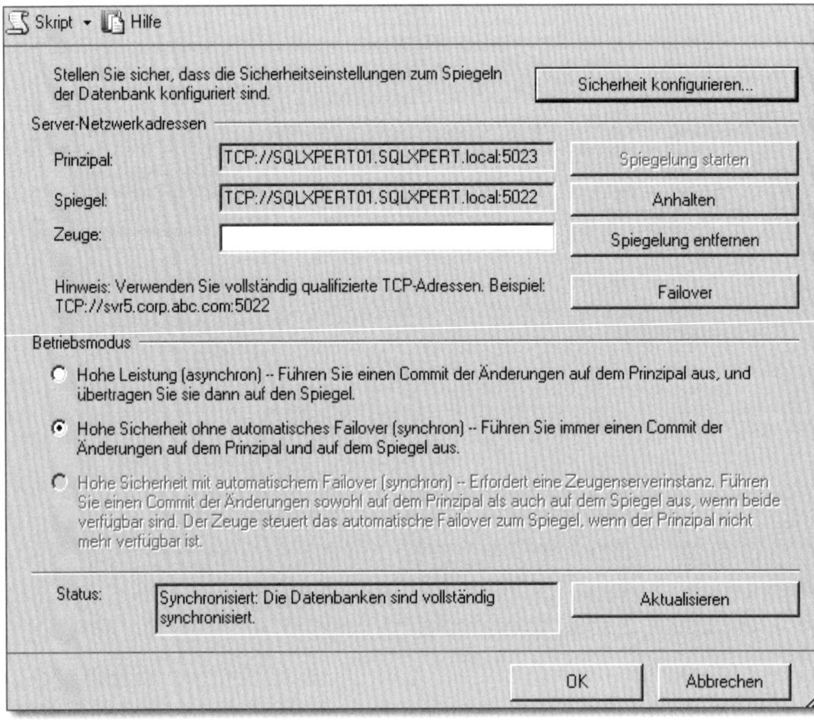

Abbildung 16.23 Spiegelung synchron ohne Zeugen – manuelles Failover

Abbildung 16.24 Prinzipal und Spiegel vor dem Failover

7. Leiten Sie jetzt ein Failover ein: Klicken Sie dazu im Management Studio auf die Prinzipaldatenbank, wählen Sie im Kontextmenü TASK SPIEGELN..., und klicken Sie auf die Schaltfläche FAILOVER.

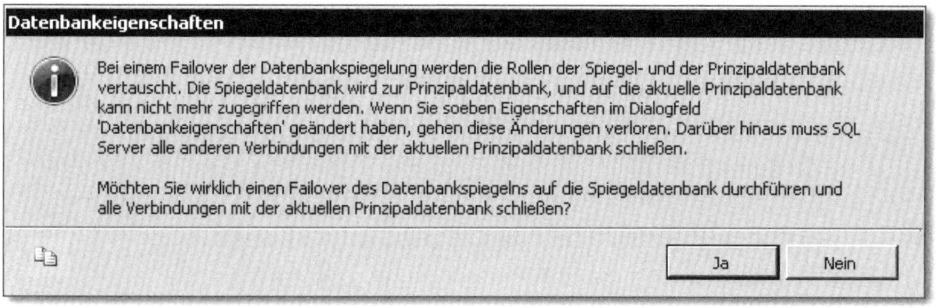

Abbildung 16.25 Einleiten eines Failovers

8. Bestätigen Sie mit JA, und wechseln Sie zum Management Studio.
9. Aktualisieren Sie die Datenbanken mit der [F5]-Taste, und Sie können erkennen, wie der Rollenwechsel stattgefunden hat.

Abbildung 16.26 Rollenwechsel nach dem Failover

Zusammenfassend kann gesagt werden, dass die Datenbankspiegelung ein sehr interessantes und leistungsfähiges Feature seit SQL Server 2005 ist. Unternehmen haben mit ihrer Hilfe die Möglichkeit, eine Hochverfügbarkeitslösung einzuführen, die nicht den hohen Kosten einer Failover-Lösung unterliegt und trotzdem ein automatisches Failover mit transparenter Client-Umleitung unter ADO.NET unterstützt.

Jedoch bitte nicht vergessen, sie ist als veraltet gekennzeichnet und wird in zukünftigen Versionen von SQL Server nicht mehr unterstützt. Da sie jedoch eine preiswerte Alternative zu AlwaysOn in der Enterprise Edition ist, hat sie durchaus ihre Existenzberechtigung. Bis sie wirklich in künftigen Versionen verschwunden ist, wird sich zeigen, wohin die Reise geht. Außerdem setzen Kunden im Markt nicht immer sofort die aktuellste Version eines Produktes ein. Insofern denke ich, dass uns die Datenbankspiegelung noch eine Weile begleiten wird.

16.10 Workshop II: Einrichten des Protokollversands

In diesem Workshop richten wir den Protokollversand in einem einfachen Szenario ein.

1. Erstellen Sie eine Freigabe auf dem primären Server, damit das Transaktionsprotokoll in diese Freigabe gesichert werden kann.
2. Erteilen Sie dem SQL-Server-Dienstkonto Vollzugriff auf diese Freigabe und dem SQL-Server-Agent Lesezugriff auf dem sekundären Server.

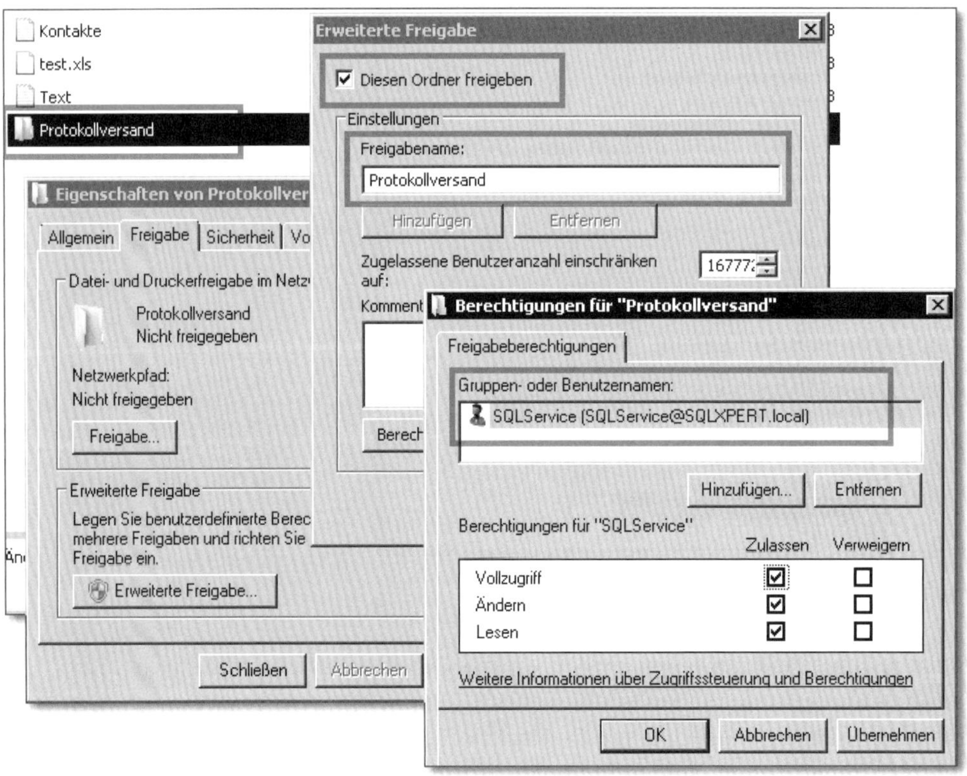

Abbildung 16.27 Erstellen einer Freigabe für den Protokollversand

3. Erstellen Sie ebenfalls eine Freigabe auf dem sekundären Server, damit das gesicherte Protokoll in diese Freigabe auf den sekundären Server kopiert werden kann. Erteilen Sie dem sekundären SQL-Server-Dienstkonto und dem SQL-Server-Agent Vollzugriff auf diese Freigabe.

   Befinden sich beide Instanzen von SQL Server auf demselben physischen Server, genügt es, eine Freigabe einzurichten, mit der alle Agent-Aufträge arbeiten.
4. Starten Sie das Management Studio, und überprüfen Sie, ob sich die Datenbank im vollständigen Wiederherstellungsmodell befindet. Vergleichen Sie dazu Abbildung 16.12.
5. Führen Sie anschließend eine vollständige Sicherung der Datenbank auf dem primären Server (Protokollversender) durch.
6. Stellen Sie die Datenbank mit dem MODUS WIRD WIEDERHERGESTELLT (WITH NORECOVERY) oder STANDBY (RESTORE WITH STANDBY) auf dem sekundären Server (Protokollversandempfänger) wieder her.
7. Selektieren Sie die Datenbank auf dem primären Server mit der rechten Maustaste, und wählen Sie TASKS • TRANSAKTIONSPROTOKOLL SENDEN.

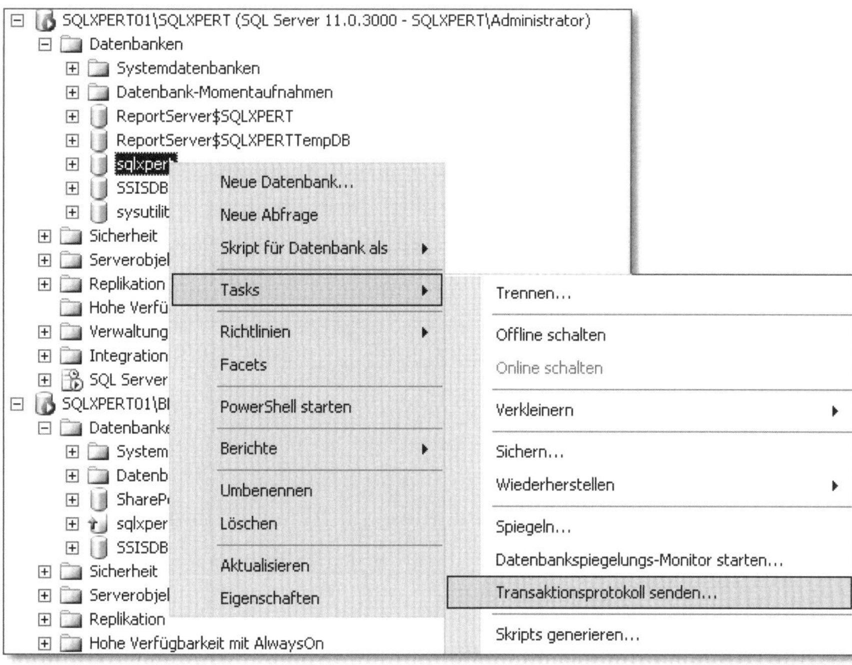

Abbildung 16.28 Transaktionsprotokoll senden

8. Aktivieren Sie den Protokollversand, wie in Abbildung 16.28 zu sehen ist, und klicken Sie auf SICHERUNGSEINSTELLUNGEN.

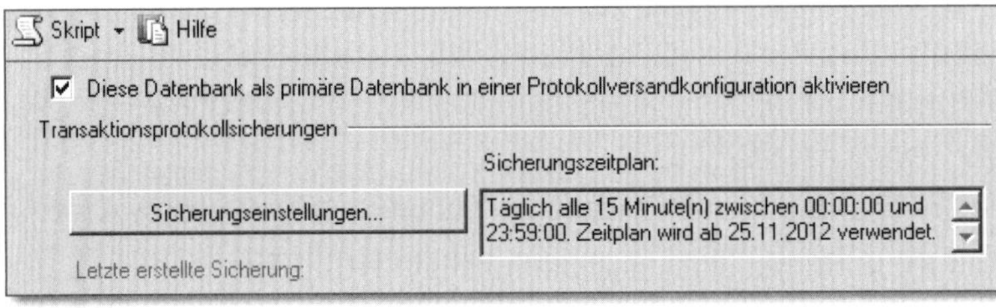

Abbildung 16.29 Aktivieren des Protokollversands auf der primären Datenbank

Der Sicherungszeitplan für das automatisierte Backup ist zu sehen, und Sie können diese Werte in den nächsten Dialogen anpassen.

9. Geben Sie den UNC-Pfad im Format *Server**Freigabename* des zuvor erstellten freigegebenen Ordners an. Der Sicherungsauftrag LSBACKUP_SQLXPERT wird angezeigt, und der Zeitplan kann hier geändert werden. Außerdem lassen sich die Clean-up-Aufträge unter DATEIEN LÖSCHEN, DIE ÄLTER SIND ALS: anpassen.
10. Konfigurieren Sie das Intervall für den Sicherungsauftrag des SQL-Server-Agents (siehe Abbildung 16.30).

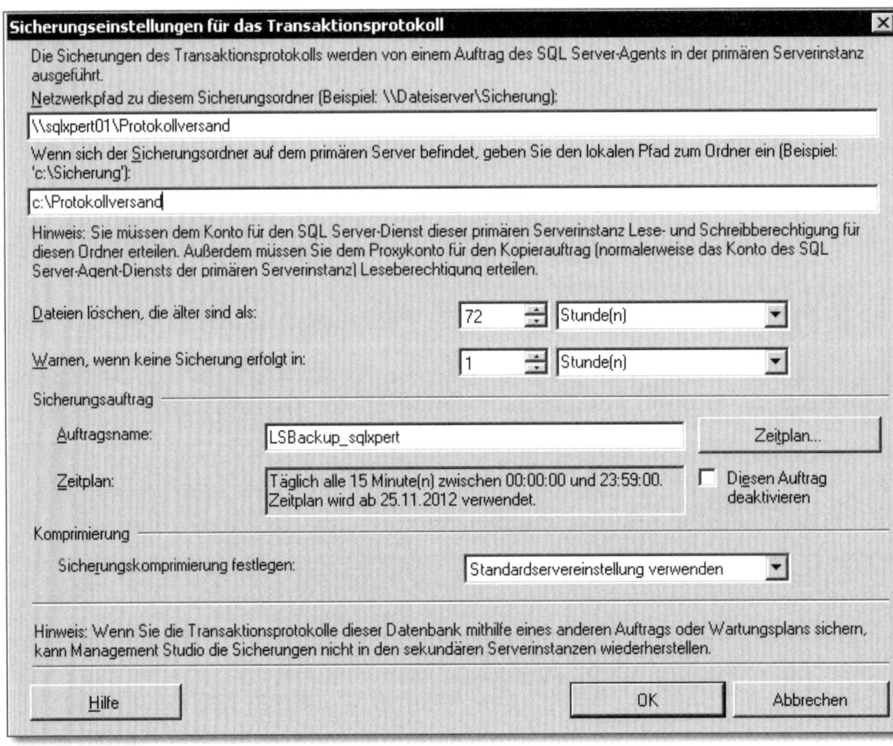

Abbildung 16.30 Sicherungseinstellungen des primären Servers

11. Jetzt müssen Sie die Einstellungen für die sekundäre Serverinstanz wählen. Klicken Sie dazu auf HINZUFÜGEN... im Bereich SEKUNDÄRE SERVERINSTANZEN UND DATENBANKEN (Abbildung 16.31).

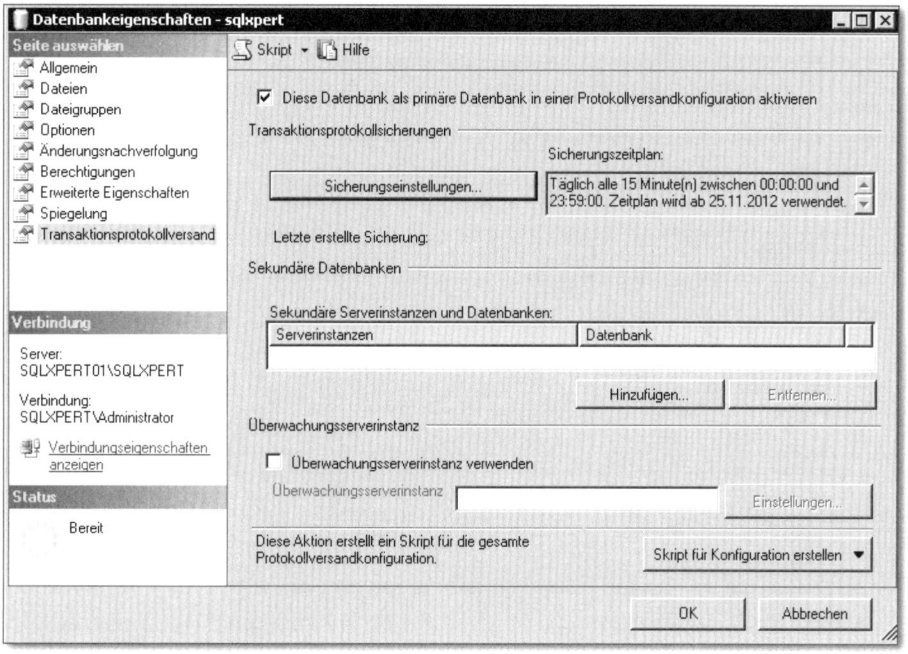

Abbildung 16.31 Sekundäre Instanz hinzufügen

12. Nach einem Klick auf VERBINDEN... können Sie die Angaben zur Initialisierung der sekundären Datenbank wählen. DATEIEN KOPIEREN betrifft den Kopierauftrag im SQL-Server-Agent, der das Transaktionsprotokoll auf die sekundäre Instanz kopiert.

    Im ersten Dialog haben Sie die Möglichkeit, eine vollständige Sicherung der Datenbank mit Wiederherstellung auf der sekundären Instanz auszuführen. Dazu müssen Sie diese Option wählen und unter WIEDERHERSTELLUNGSOPTIONEN die Pfade der Datendatei und des Logs für die Zielinstanz angeben. Eine Alternative besteht darin, eine vorhandene Sicherung zu verwenden.

    Veranlassen Sie entweder jetzt eine Sicherung und Wiederherstellung der Datenbank, oder greifen Sie auf eine vorhandene Sicherung zurück. Haben Sie eine Sicherung und Wiederherstellung gewählt, müssen Sie die Dateipfade festlegen. Klicken Sie dazu auf den Button WIEDERHERSTELLUNGSOPTIONEN..., und Sie gelangen in den gleichnamigen Dialog.

13. In unserem Fall haben wir die Datenbank bereits im Vorfeld auf der Zielinstanz mit der Option *with no Recovery* wiederhergestellt, sodass wir den letzten Punkt in Abbildung 16.32 NEIN, DIE SEKUNDÄRE DATENBANK IST INITIALISIERT auswählen.

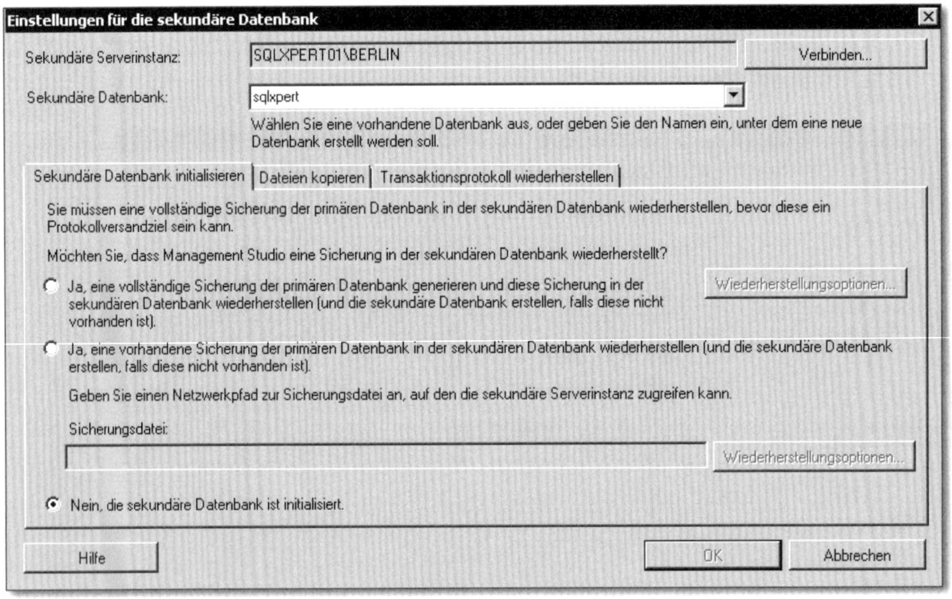

Abbildung 16.32 Einstellung für die sekundäre Datenbank

14. Nachdem Sie die Option festgelegt haben, folgen nun, wie in Abbildung 16.33 zu sehen ist, die Angabe zum ZIELORDNER auf der sekundären Instanz und die Konfiguration des ZEITPLANS für den Kopierauftrag.

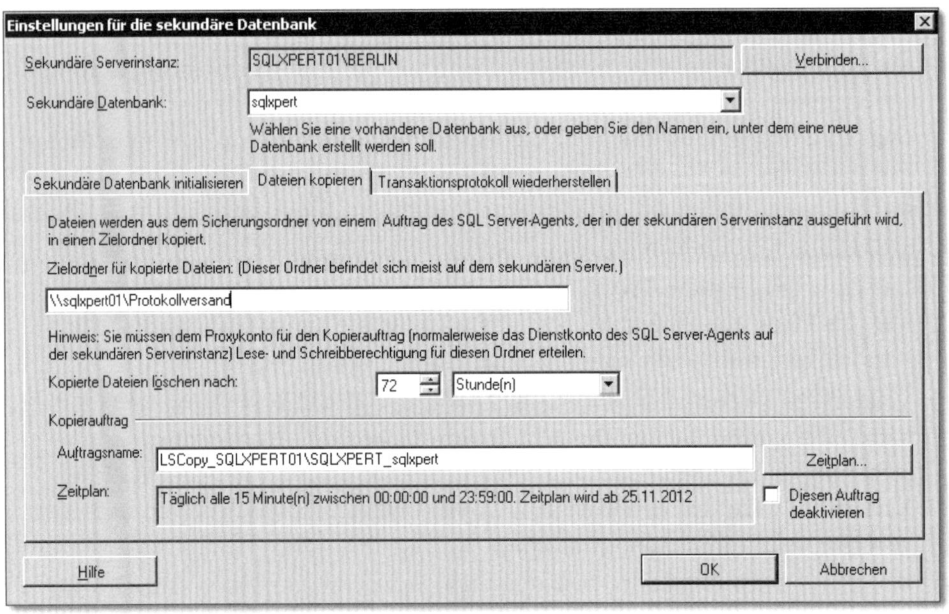

Abbildung 16.33 Pfade für den Kopierauftrag

15. Auf der letzten Registerkarte (siehe Abbildung 16.34) legen Sie fest, wie die Wiederherstellung des Transaktionsprotokolls erfolgen soll. Dabei ist zu unterscheiden, ob ein lesender Zugriff auf die Datenbank möglich sein soll (Standbymodus) oder nicht.

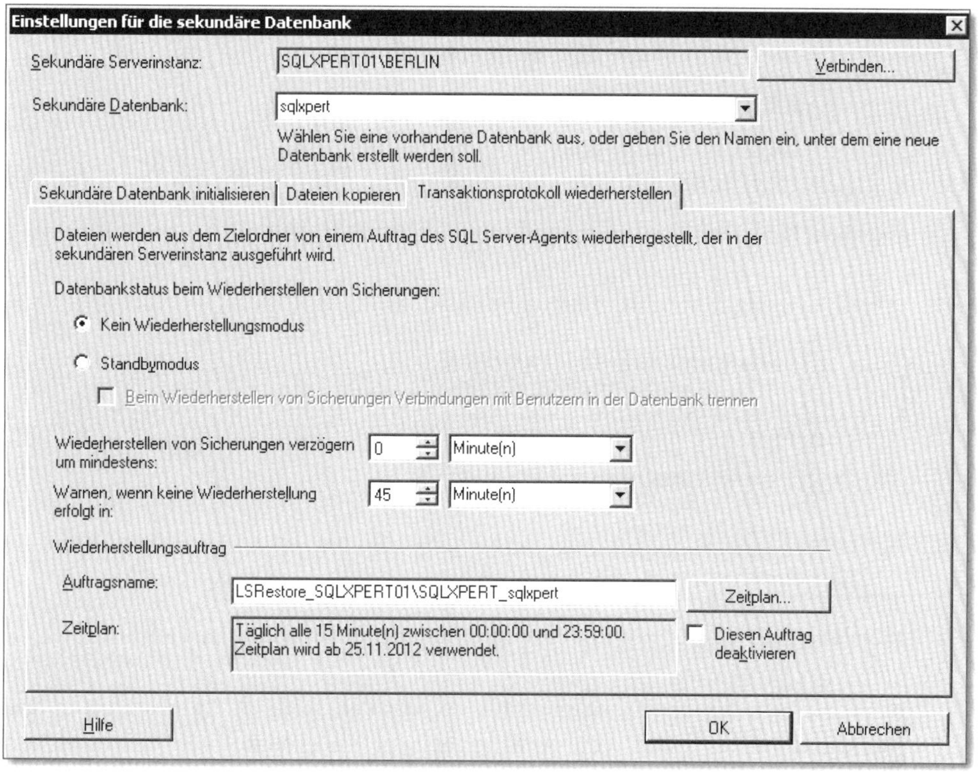

Abbildung 16.34 Festlegen der Transaktionsprotokoll-Wiederherstellung

16. Klicken Sie auf OK, und beenden Sie das Einrichten des Transaktionsprotokollversands.

17. Zur Überprüfung wechseln Sie zum freigegebenen Ordner Protokollversand und sehen nach, ob nach Ablauf der Intervalle die Protokolle in das Verzeichnis gesichert werden. Sie können selbstverständlich auch im SQL-Server-Agent die Aufträge LSBackup, LSCopy und LSRestore im Kontextmenü in dieser Reihenfolge von Hand ausführen.

Abbildung 16.35 Der LSBackup-Auftrag auf der primären Instanz

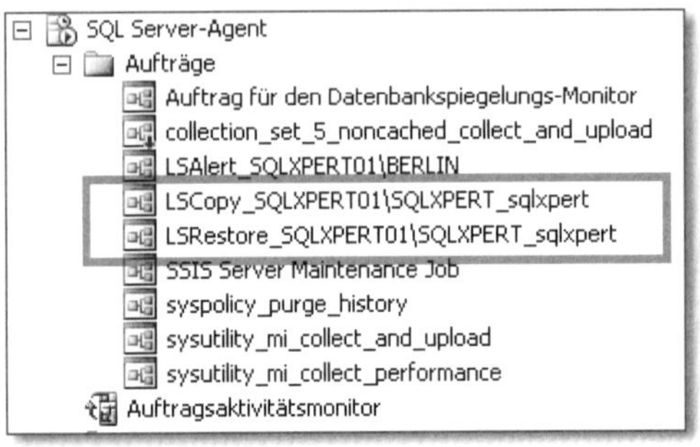

Abbildung 16.36 Der LSCopy- und LSRestore-Auftrag auf der sekundären Instanz

Wenn Sie sich für den Standbymodus entscheiden, können Sie bestimmen, was geschehen soll, wenn der Agent-Auftrag versucht, das Protokoll wiederherzustellen. Sollen die Verbindungen der Clients getrennt oder soll das Anwenden der Rücksicherung so lange verzögert werden, bis alle Verbindungen zur sekundären Datenbank getrennt sind? Auf jeden Fall ist der Protokollversand eine kostengünstige Lösung, wenn es darum geht, eine automatisierte Transaktionsprotokollsicherung auszuführen und diese ebenso automatisiert auf einer oder mehreren Instanzen von SQL Server wiederherzustellen.

Kapitel 17
Überwachen von SQL Server 2012

In diesem Kapitel erfahren Sie, über welche Möglichkeiten der Überwachung SQL Server verfügt und wie Sie diese in Ihrer täglichen Praxis einsetzen.

Die in diesem Kapitel vorgestellten Tools ermöglichen die Überwachung von SQL Server. Überwachung ist einerseits so zu verstehen, dass Parameter von SQL Server beobachtet und anhand dieser Parameter der reibungslose Betrieb sichergestellt oder Probleme frühzeitig erkannt oder beseitigt werden. Überwachung erfüllt andererseits auch den Zweck des Datenschutzes. Einbruchsversuche können erkannt oder durch die Kenntnis einer vorhandenen Überwachung vorbeugend verhindert werden.

17.1 Überwachen der SQL-Server-Aktivität mit SQL Server Monitor

Der *Aktivitätsmonitor* überwacht die aktuelle SQL-Server-Aktivität. Er zeigt Ihnen für jede zum SQL Server bestehende Verbindung unterschiedlichste Informationen an. Dazu gehören aktuelle Blockierungen, Informationen über Abfragen, Wartezustände von Ressourcen sowie Ein- und Ausgabevorgänge. Zudem können Sie über den Aktivitätsmonitor laufende SQL-Server-Prozesse anzeigen und auch abbrechen.

Den Aktivitätsmonitor starten Sie im SQL Server Management Studio (SSMS), indem Sie im Objekt-Explorer mit der rechten Maustaste auf den gewünschten Serverknoten klicken und wie in Abbildung 17.1 aus dem Kontextmenü den Menüpunkt AKTIVITÄTSMONITOR auswählen.

Abbildung 17.1 Aufruf des Aktivitätsmonitors im Management Studio

Nachdem der Aktivitätsmonitor gestartet wurde, werden Ihnen wie in Abbildung 17.2 fünf Bereiche angezeigt, die die Informationen gliedern.

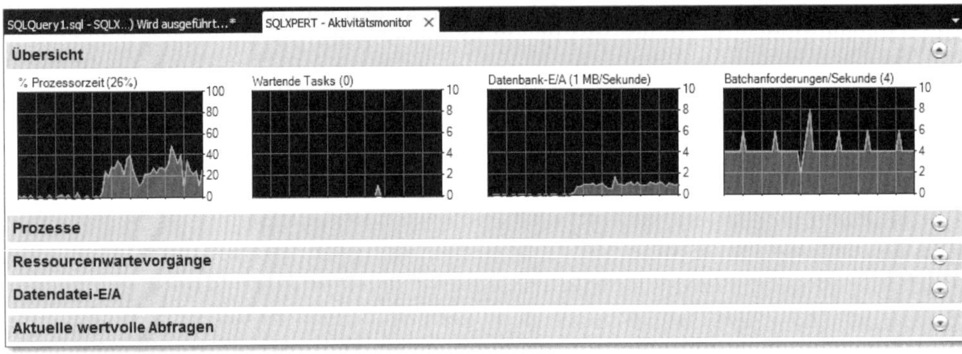

Abbildung 17.2 Der gestartete Aktivitätsmonitor

Die Bereiche sind:

- ÜBERSICHT
- PROZESSE
- RESSOURCENWARTEVORGÄNGE
- DATENDATEI-E/A
- AKTUELLE WERTVOLLE ABFRAGEN

17.1.1 Bereich »Übersicht«

Der Bereich ÜBERSICHT enthält grafische Darstellungen zu PROZESSORZEIT, WARTENDEN TASKS, DATENBANK-E/A (MB/SEKUNDE) und T-SQL-BATCHANFORDERUNGEN pro Sekunde. Dieser Bereich wird nach Aufruf des Aktivitätsmonitors standardmäßig eingeblendet. Durch einen Rechtsklick auf die einzelnen Diagramme können Sie das Aktualisierungsintervall ändern oder die Darstellung der grafischen Information anhalten oder fortsetzen.

17.1.2 Bereich »Prozesse«

Im Bereich PROZESSE werden Ihnen Informationen zu den aktuellen SQL-Server-Verbindungen angezeigt. Mit einem Rechtsklick auf einen Benutzerprozess können Sie den Prozess durch Auswahl des entsprechenden Menüpunkts PROZESS ABBRECHEN beenden. Durch einen Klick auf die Spaltenüberschriften können Sie die tabellarische Darstellung sortieren und durch Auswahl der Schaltflächen die Daten entsprechend filtern.

17.1.3 Bereich »Ressourcenwartevorgänge«

Im Bereich RESSOURCENWARTEVORGÄNGE sehen Sie einen Snapshot der Wartezeiten und der Gesamtwartezeiten bestimmter SQL-Server-Ressourcen wie Logging oder Network-I/O etc. Eventuelle Ressourcenprobleme können Sie durch Beobachtung dieser Parameter eingrenzen.

17.1.4 Bereich »Datendatei-E/A«

Der Bereich DATENDATEI-E/A zeigt Ihnen die aktuellen Ein-/Ausgabevorgänge pro Datenbank von SQL Server. Auch hier können Sie die Datenspalten sortieren und die Tabelle nach Inhalten filtern.

17.1.5 Bereich »Aktuelle wertvolle Abfragen«

In der Übersicht AKTUELLE WERTVOLLE ABFRAGEN werden Ihnen die auf SQL Server kostenintensivsten Abfragen der letzten Zeit angezeigt. Zu den in der Tabelle dargestellten Daten gehören die verwendete CPU-Zeit wie auch physische und logische Lesevorgänge. Die Daten können Sie auch in dieser Darstellung filtern und sortieren. Die verwirrende Bezeichnung AKTUELLE WERTVOLLE ABFRAGEN ist eher einer unglücklichen Übersetzung ins Deutsche zuzuschreiben.

Der Aktivitätsmonitor ist im Management Studio leider etwas versteckt, Sie sollten sich den Weg dorthin deshalb gut einprägen. Denn wie Sie sehen, können Sie sich mithilfe des Aktivitätsmonitors schnell einen Überblick über das Leistungsverhalten des SQL Servers verschaffen.

17.2 Ablaufverfolgung von SQL Server mit dem Profiler

Der *SQL Server Profiler* ist ein Werkzeug zum Erstellen von Ablaufverfolgungen. Unter einer Ablaufverfolgung versteht man die Protokollierung von Ereignissen. Diese aufzuzeichnenden Ereignisse können Sie mit dem Profiler festlegen. Eine Ablaufverfolgung wird auch als *Trace* bezeichnet.

Den Profiler und die mit ihm aufgezeichneten Ablaufverfolgungen können Sie zur Optimierung, Fehlersuche und Analyse einsetzen. Zum Beispiel übergeben Sie eine Ablaufverfolgungsdatei anderen Tools wie dem Datenbankoptimierungsratgeber von SQL Server zur genauen Analyse.

Den Profiler starten Sie aus dem SQL Server Management Studio über den Menüpunkt EXTRAS • SQL SERVER PROFILER (siehe Abbildung 17.3).

Abbildung 17.3 Starten des SQL Server Profilers aus dem Menü »Extras« des SQL Server Management Studios

Alternativ rufen Sie den Profiler im Startmenü über die Programmgruppe MICROSOFT SQL SERVER 2012 auf. Öffnen Sie hierzu in der Programmgruppe von SQL Server 2012 das Menü LEISTUNGSTOOLS, und wählen Sie den Menüpunkt SQL SERVER PROFILER.

Abbildung 17.4 Start des SQL Server Profilers aus der Programmgruppe von SQL Server

Erstellen einer Ablaufverfolgung

Im folgenden Beispiel erstellen wir eine einfache SQL-Server-Profiler-Ablaufverfolgung.

1. Starten Sie dazu den Profiler, wie beschrieben, und melden Sie sich im folgenden Anmeldedialog an der Serverinstanz an, für die Sie eine Ablaufverfolgung einrichten möchten. Nach erfolgreicher Anmeldung erscheint wie in Abbildung 17.5 der SQL-Server-Profiler-Dialog ABLAUFVERFOLGUNGSEIGENSCHAFTEN.

   In diesem Dialog definieren Sie die grundsätzlichen Eigenschaften der durchzuführenden Protokollierung. Im Feld ABLAUFVERFOLGUNGSNAME legen Sie einen Namen für die Ablaufverfolgung fest.

2. Da es sehr viele Ereignisse von SQL Server gibt, die protokolliert werden können, bietet der Profiler Ihnen vordefinierte Vorlagen an, die je nach Protokollierungs-

zweck bereits entsprechende SQL-Server-Ereignisse enthalten. Diese Vorlagen können Sie im Feld VORLAGE VERWENDEN: auswählen. Nachdem Sie eine Vorlage ausgewählt haben, können Sie allerdings nachträglich Ereignisse entfernen oder hinzufügen. Zu diesem Zweck wechseln Sie auf die Registerkarte EREIGNISAUSWAHL (siehe Abbildung 17.6).

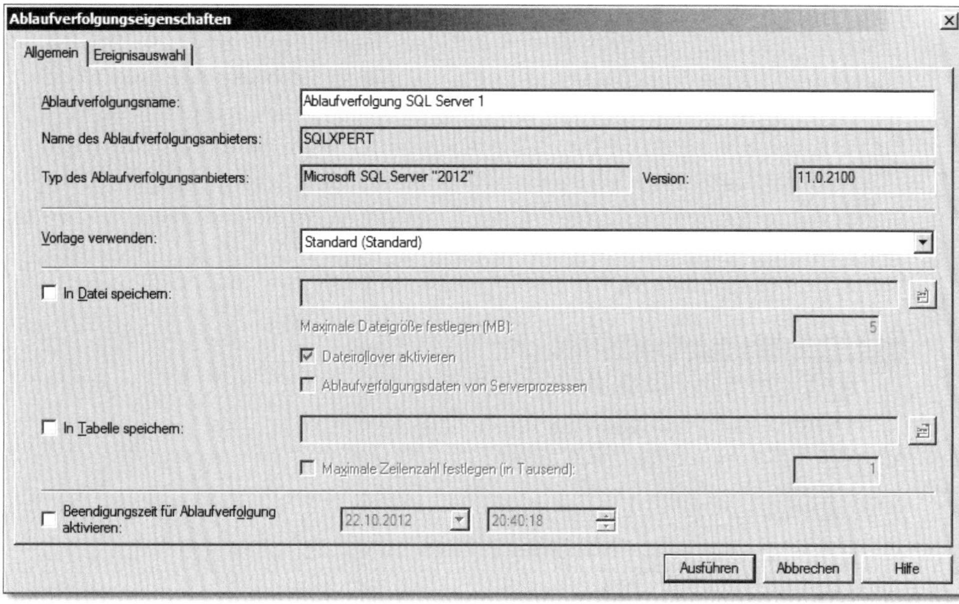

Abbildung 17.5 SQL-Server-Profiler-Dialog »Ablaufverfolgungseigenschaften«

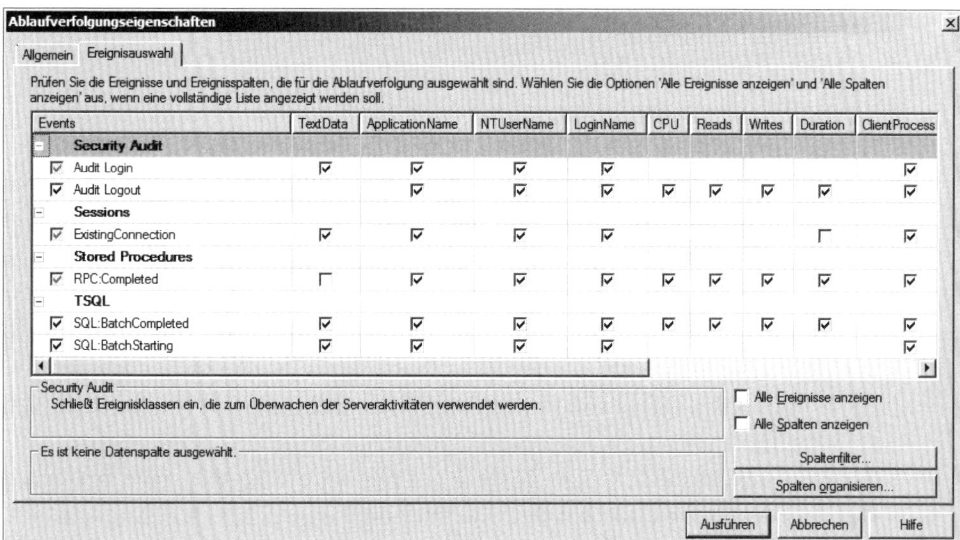

Abbildung 17.6 Ereignisauswahl im Dialog »Ablaufverfolgungseigenschaften«

Fügen Sie Ereignisse hinzu, oder entfernen Sie sie durch Aktivieren bzw. Deaktivieren der Checkboxen. Ein nützliches Feature soll hier noch erwähnt werden: Wenn Sie mit der Maus über die einzelnen Ereignisse fahren, erhalten Sie eine kurze Anzeige, um welches Ereignis es sich dabei handelt.

Was sind Spaltenfilter?

Ebenfalls ein nützliches Feature sind die sogenannten Spaltenfilter, die Sie durch einen Klick auf die Schaltfläche SPALTENFILTER... der Registerkarte EREIGNISAUSWAHL setzen können. Diese ermöglichen es Ihnen, Filterbedingungen anzugeben, damit nur ganz bestimmte Zeilen im Trace erfasst werden. Dies könnte z.B. der Name einer bestimmten Datenbank oder eine bestimmte Dauer (Duration) etc. sein. Abbildung 17.7 zeigt Ihnen die Einstellung, wenn Sie ausschließlich die Befehle aufzeichnen möchten, die für die Datenbank DEMO ausgeführt werden.

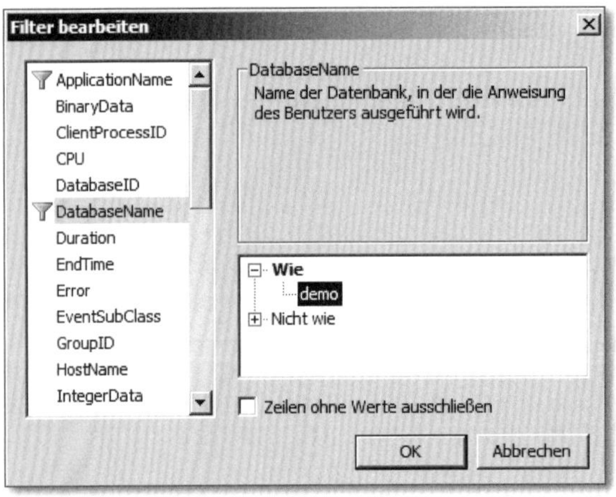

Abbildung 17.7 Anzeige des Dialogs »Filter bearbeiten«

3. Um alle möglichen zu protokollierenden Ereignisse anzeigen zu lassen, aktivieren Sie die Checkbox ALLE EREIGNISSE ANZEIGEN. Anschließend werden Ihnen in einer Baumstruktur alle protokollierfähigen Ereignisse aufgelistet.
4. Die weiteren Felder im Dialog ABLAUFVERFOLGUNGSEIGENSCHAFTEN (siehe Abbildung 17.5) ermöglichen Ihnen anzugeben, ob die protokollierten Ereignisse in eine Datei oder in eine SQL-Server-Datenbanktabelle geschrieben werden sollen. Wählen Sie IN DATEI SPEICHERN, öffnet sich der Dialog DATEI SPEICHERN, der Sie auffordert, einen Dateinamen und Speicherort für die zu erstellende *.trc-Datei* (*trc* dient als Abkürzung für »Trace«) anzugeben. Sie können eine maximale Dateigröße vorgeben und ein *Datei-Rollover* definieren. Datei-Rollover bedeutet, dass eine neue Datei bei Erreichen der Maximalgröße angelegt wird.

Bei Auswahl der Option IN TABELLE SPEICHERN erscheint der Ihnen bereits vertraute Anmeldedialog für einen SQL Server inklusive nachfolgender Auswahl der Datenbank und der Tabelle, in der die Daten abgespeichert werden sollen.

Mit der Option BEENDIGUNGSZEIT FÜR ABLAUFVERFOLGUNG AKTIVIEREN bestimmen Sie einen Zeitpunkt, an dem die Protokollierung beendet wird.

Vorsicht: Protokollierung beeinflusst die Leistung

An dieser Stelle möchten wir darauf hinweisen, dass die Protokollierung mit SQL Server Profiler die Leistung negativ beeinflusst. Darum sollten Sie die Ablaufverfolgung immer von einem Client-Rechner und nie auf dem Serverrechner starten, und auch nur dann, wenn es wirklich notwendig ist. Leistungseinbußen von 20 bis zu 30 % sind keine Seltenheit.

Um diese Leistungseinbußen zu minimieren, sollten Sie zudem nur die Ereignisse protokollieren, die Sie für Ihre Analyse benötigen.

5. Nachdem Sie alle notwendigen Einstellungen vorgenommen haben, klicken Sie auf die Schaltfläche AUSFÜHREN, und die Ablaufverfolgung startet.

Wie Sie in Abbildung 17.8 sehen, werden Ihnen sämtliche Befehle, die an SQL Server gesendet werden, im Klartext in der Spalte TEXTDATA angezeigt.

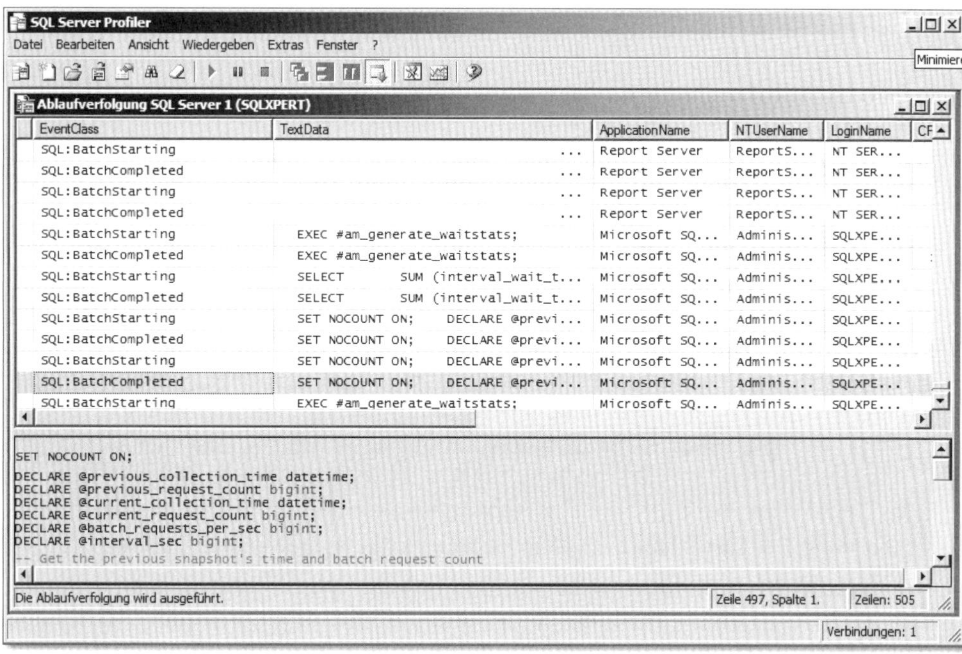

Abbildung 17.8 In SQL Server Profiler gestartete Ablaufverfolgung

17.3 Die Windows-Leistungsüberwachung

Der SQL Server wird immer auf einem darunterliegenden Betriebssystem ausgeführt. Um SQL Server zu überwachen oder um Leistungsengpässe oder Probleme zu analysieren, ist es in der Regel hilfreich und notwendig, auch die Ebene des Betriebssystems analysieren zu können.

Zu diesem Zweck gibt es die Windows-Leistungsüberwachung, die per Default auf jedem Betriebssystem von Microsoft installiert ist. Der Systemmonitor besitzt ebenfalls eine Reihe von Leistungsindikatoren, und mit der Installation von SQL Server werden weitere Leistungsindikatoren hinzugefügt.

1. Sie starten den Systemmonitor über das START-Menü des Betriebssystems, indem Sie unter AUSFÜHREN »perfmon« eingeben. Nach dem Start der Leistungsüberwachung stellt sich diese je nach eingesetztem Betriebssystem unterschiedlich dar (Abbildung 17.9). Die Funktionsweise ist jedoch gleich.

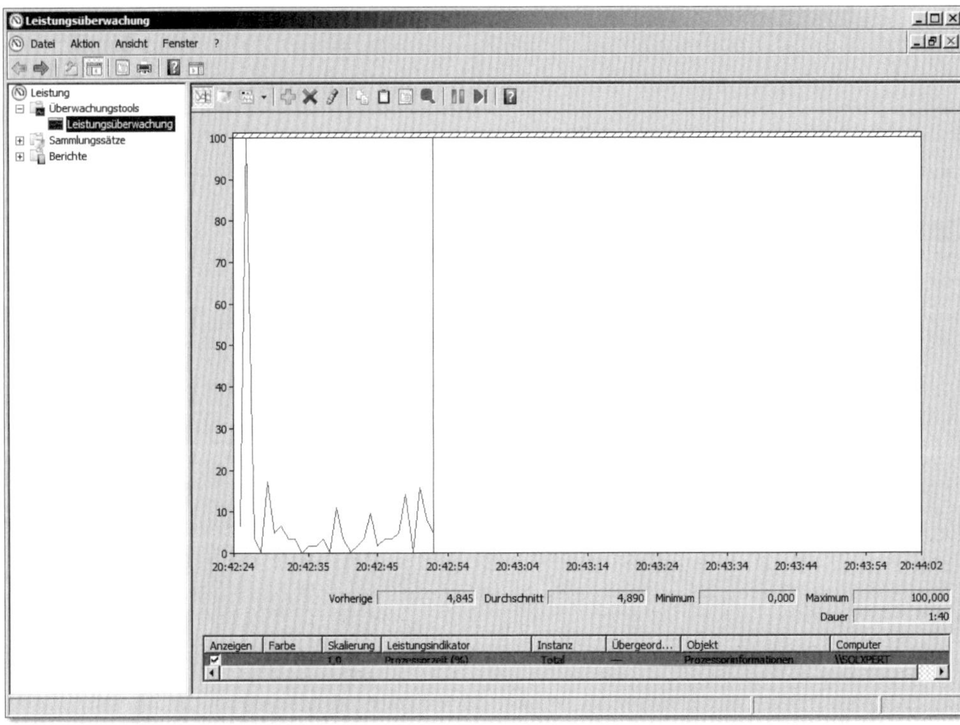

Abbildung 17.9 Darstellung des Systemmonitors unter Windows Server 2008 R2

2. Nach dem Start der Leistungsüberwachung können Sie eine Sammlungssatzdatei definieren. In dieser Datei werden die zu protokollierenden Indikatoren gespeichert. Hierzu öffnen Sie den Knotenpunkt SAMMLUNGSSÄTZE und klicken mit der

rechten Maustaste auf BENUTZERDEFINIERT. Aus dem Kontextmenü wählen Sie NEU • SAMMLUNGSSATZ.

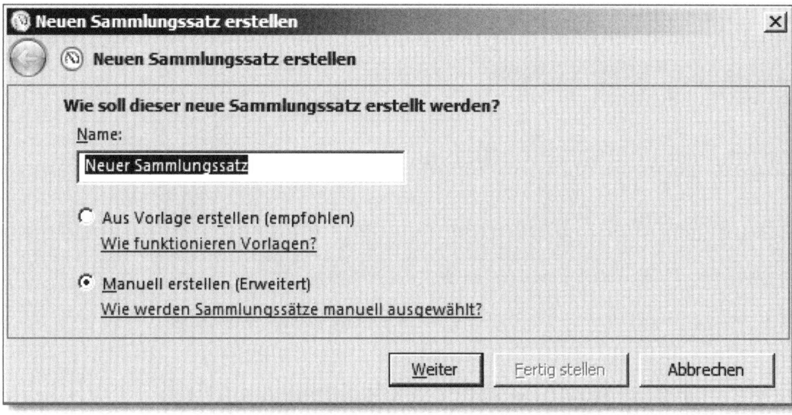

Abbildung 17.10 Ausgewählte Leistungsindikatoren

3. Im daraufhin erscheinenden Dialog NEUEN SAMMLUNGSSATZ ERSTELLEN können Sie im Feld NAME: einen individuellen Namen für den zu erstellenden Sammlungssatz vergeben.
4. Anschließend wählen Sie die Option MANUELL ERSTELLEN (ERWEITERT) aus und klicken auf WEITER (Abbildung 17.10).
5. Im folgenden Dialog wählen Sie die Option DATENPROTOKOLLE ERSTELLEN aus und setzen ein Häkchen bei LEISTUNGSINDIKATOREN. Anschließend klicken Sie auf WEITER (siehe Abbildung 17.11).

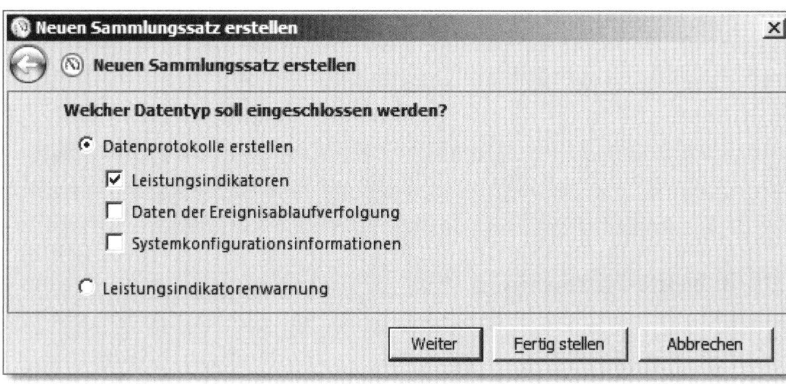

Abbildung 17.11 Auswahl zum Erstellen eines Protokolls auf Basis von Leistungsindikatoren

6. Im nächsten Dialog wählen Sie über die Schaltfläche HINZUFÜGEN... die gewünschten Leistungsindikatoren aus (siehe Abbildung 17.12). Bestätigen Sie die Auswahl durch einen Klick auf FERTIG STELLEN.

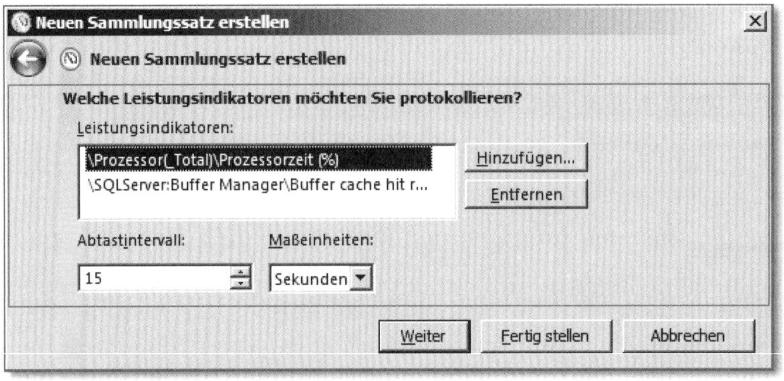

Abbildung 17.12 Auswählen von Leistungsindikatoren zur Protokollierung

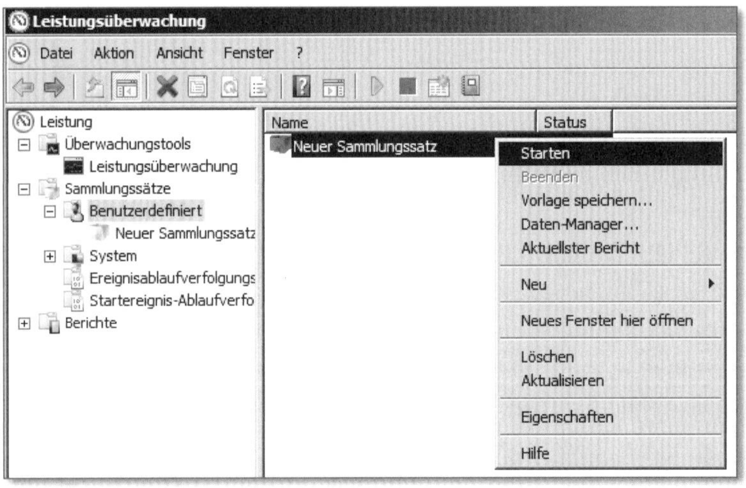

Abbildung 17.13 Starten des erstellten Sammlungssatzes

Sie sehen anschließend an dem grünen Symbolpfeil, dass die Protokollierung sofort gestartet wird. Durch einen Rechtsklick auf den aktiven Sammlungssatz können Sie diesen im Kontextmenü anhalten oder erneut starten.

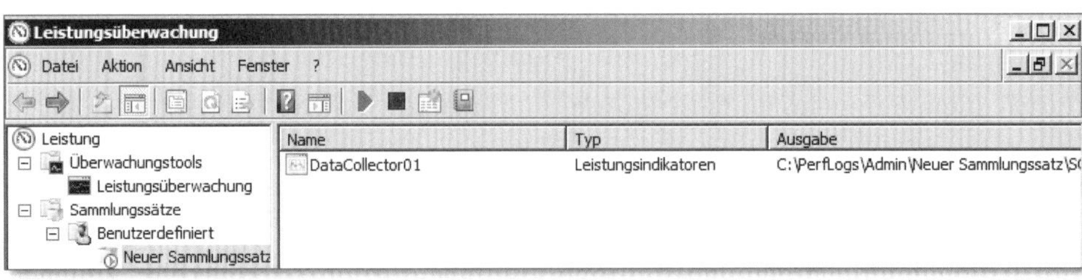

Abbildung 17.14 Gestarteter Sammlungssatz

Die Datei, die die aufgezeichneten Daten enthält, finden Sie jetzt in dem zuvor definierten Verzeichnis bzw. im Pfad, der Ihnen in der Spalte AUSGABE angezeigt wird (siehe Abbildung 17.14).

Die auf diese Art und Weise erstellten Dateien können wiederum von unterschiedlichsten Tools eingelesen werden. Sie haben z.B. die Möglichkeit, diese Leistungsüberwachungs-Protokolldatei auch in den Profiler von SQL Server zu laden und sie mit den im SQL Server Profiler aufgenommenen Daten in Beziehung zu setzen. Diesem Thema widmen wir uns im folgenden Abschnitt.

17.4 Synchronisation von Windows-Leistungsüberwachungs- und SQL-Server-Profiler-Dateien

In den Abschnitten zuvor haben wir Ihnen den SQL Server Profiler und die Windows-Leistungsüberwachung vorgestellt. Beide Tools ermöglichen es, Messwerte (Indikatoren, Ereignisse) über den SQL Server und auch über das Betriebssystem zu protokollieren. Beide Tools liefern als Endprodukt eine Datei, in der die protokollierten Daten gespeichert wurden. SQL Server Profiler bietet zudem die Möglichkeit, diese gewonnenen Daten in Beziehung zueinander zu setzen.

Sie können im SQL Server Profiler eine mit Windows-Leistungsüberwachung erzeugte *.blg-Datei* importieren. Dazu wählen Sie wie in Abbildung 17.15 im SQL Server Profiler den Menüpunkt DATEI • LEISTUNGSDATEN IMPORTIEREN... aus.

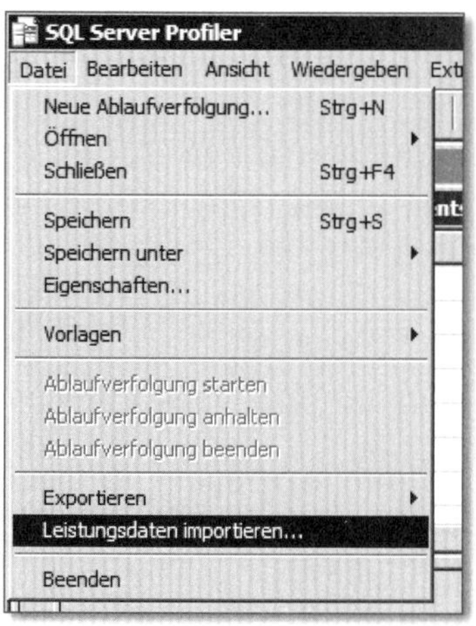

Abbildung 17.15 SQL-Server-Profiler-Menü mit Menüpunkt »Leistungsdaten importieren«

Anschließend erscheint ein Dialog DATEI ÖFFNEN, der Ihnen die Möglichkeit gibt, eine Windows-Leistungsüberwachungsdatei zu importieren.

Wichtiger Hinweis zum Importieren von Leistungsüberwachungsdaten

Der Menüpunkt LEISTUNGSDATEN IMPORTIEREN... ist nur auswählbar, wenn Sie zuvor eine SQL-Server-Profiler-Leistungsdatei geladen haben. Damit ist eine zuvor mit SQL Server Profiler aufgezeichnete *.trc-Datei* gemeint, die die Ereignisspalten *Starttime* und *Endtime* enthält. Ist dies nicht der Fall, ist dieser Menüpunkt deaktiviert und kann nicht ausgewählt werden.

Die Daten der Windows-Leistungsüberwachung werden im SQL Server Profiler synchronisiert und grafisch dargestellt. In Abbildung 17.16 sehen Sie im unteren Bereich die Darstellung der importierten Systemmonitordaten in Diagrammform.

Im oberen Bereich von Abbildung 17.16 sehen Sie die Daten der SQL-Server-Profiler-Ablaufverfolgung. Das Besondere daran ist, dass diese Daten synchronisiert dargestellt sind. Das bedeutet: Wenn Sie im unteren Bereich z.B. auf eine Diagrammspitze klicken, werden im oberen Bereich die zu diesem Zeitpunkt ausgeführten Befehle angezeigt. Das Ganze funktioniert auch umgekehrt: Klicken Sie im oberen Bereich auf einen SQL-Befehl oder ein anderes SQL-Server-Profiler-Ereignis, wird im unteren Bereich der zugehörige Diagrammpunkt in Form einer roten Linie dargestellt.

Auf diese Art und Weise kommen Sie SQL-Befehlen auf die Spur, die sehr viele Ressourcen verbrauchen, oder Sie erkennen Zusammenhänge zwischen Betriebssystemparametern und SQL-Server-Ereignissen.

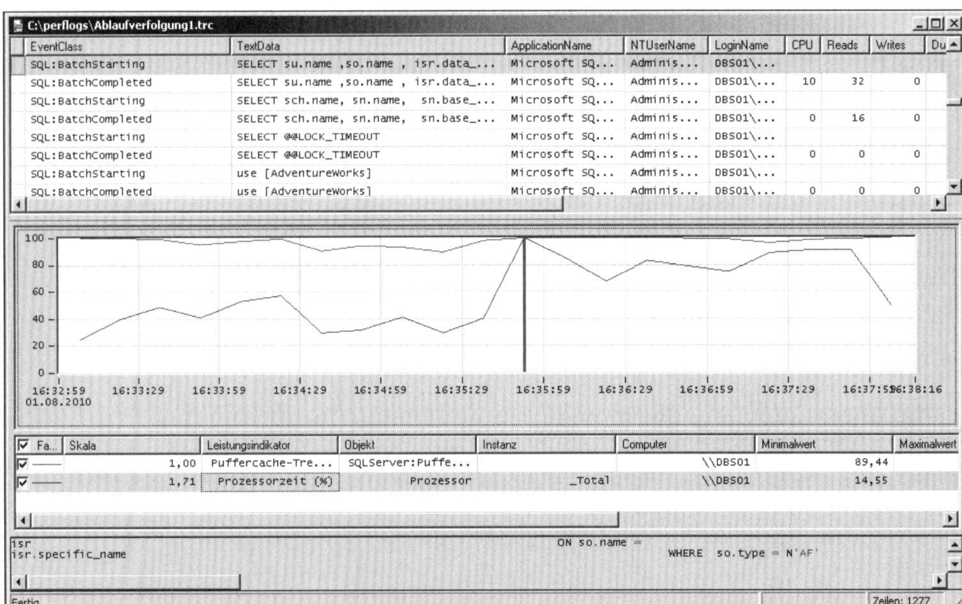

Abbildung 17.16 Darstellung von SQL-Server-Profiler- und Systemmonitordaten im SQL Server Profiler

17.5 SQLdiag

Ein weiteres Überwachungstool zum Aufzeichnen von SQL-Server- wie auch Betriebssysteminformationen finden Sie im Verzeichnis *C:\Program Files\Microsoft SQL Server\110\Tools\Binn.* Es heißt *SQLdiag*, ist ein Kommandozeilenprogramm und kann mit unterschiedlichsten Parametern gesteuert werden. Sie starten SQLdiag durch Ausführen von *sqldiag.exe* auf Kommandozeilenebene.

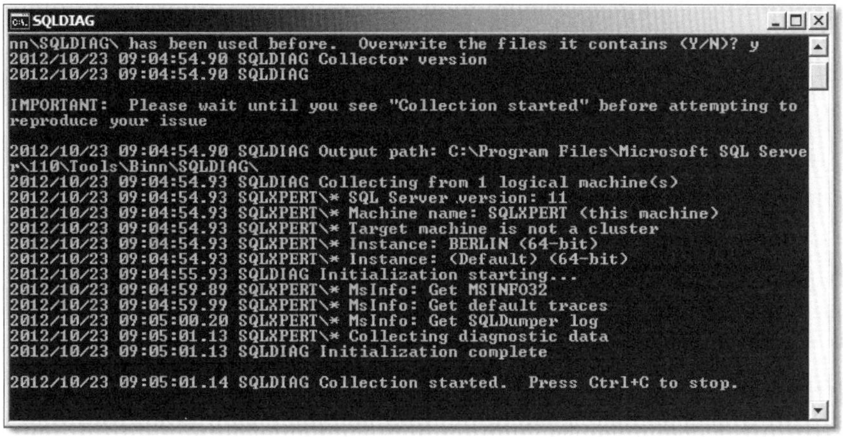

Abbildung 17.17 SQLdiag im gestarteten Zustand

Beim Start von SQLdiag legen Sie über die Parameter fest, welche Informationen aufgezeichnet und in welches Verzeichnis die protokollierten Daten geschrieben werden sollen. SQLdiag nutzt XML-Konfigurationsdateien, um Informationen darüber zu erhalten, welche Diagnoseinformationen aufgezeichnet werden sollen. Mittels Parameter `/I` geben Sie diese XML-Konfigurationsdatei an.

Es gibt drei vordefinierte Konfigurationsdateien, die sich im selben Verzeichnis wie SQLdiag befinden. Diese Dateien heißen *SD_Detailed.xml, SD_General.xml* sowie *SQLDiag.xml* und enthalten unterschiedlichste Definitionen, welche Leistungsindikatoren aufgezeichnet werden müssen. In Tabelle 17.1 erhalten Sie eine kurze Beschreibung der Konfigurationsdateien.

SQLdiag-XML-Konfigurationsdatei	Beschreibung
SQLDiag.xml	Diese Datei wird automatisch verwendet, wenn Sie den Parameter `/I` zur Angabe einer Konfigurationsdatei nicht angeben.

Tabelle 17.1 Bereits vorhandene Konfigurationsdateien mit vordefinierten, zu protokollierenden Indikatoren

SQLdiag-XML-Konfigurationsdatei	Beschreibung
SD_General.xml	Enthält SQLdiag-Aufzeichnungsanweisungen für Windows-Ereignisse und Indikatorsammlungen der Leistungsüberwachung (*perfmon*) sowie wenige SQL-Server-Ablaufverfolgungsindikatoren.
SD_Detailed.xml	Enthält SQLdiag-Aufzeichnungsanweisungen für Windows-Ereignisse und Indikatorsammlungen der Leistungsüberwachung (*perfmon*) sowie sehr umfangreiche SQL-Server-Ablaufverfolgungsindikatoren.

Tabelle 17.1 Bereits vorhandene Konfigurationsdateien mit vordefinierten, zu protokollierenden Indikatoren (Forts.)

Sie können eigene Konfigurationsdateien anlegen oder bestehende abändern und damit selbst bestimmen, welche Daten SQLdiag aufzeichnen soll. Eine von uns empfohlene Vorgehensweise ist, bestehende Konfigurationsdateien zu kopieren und nach dem Ändern des Dateinamens entsprechend zu bearbeiten. Wie bereits erwähnt und aus der Dateiendung ersichtlich, handelt es sich um XML-Konfigurationsdateien, die Sie auch mit einem normalen Texteditor wie Notepad bearbeiten können.

In Listing 17.1 sehen Sie einen Auszug, wie eine solche Konfigurationsdatei aufgebaut ist. Mit dem Attribut `enabled` aktivieren oder deaktivieren Sie die Aufzeichnung des entsprechenden Indikators.

```
<PerfmonCounter name="\Heartbeats" enabled="true" />
<PerfmonCounter name="\Total wordbreakers" enabled="true" />
<PerfmonCounter name="\Total stemmers" enabled="true" />
<PerfmonCounter name="\Total noise word files" enabled="true" />
```

Listing 17.1 Beispiel für die in den Konfigurationsdateien enthaltenen XML-Elemente zum Definieren der zu protokollierenden Indikatoren

In Tabelle 17.2 listen wir einige wichtige SQLdiag-Parameter für Sie auf.

Parameter	Beschreibung
`/I`	Angabe der Konfigurationsdatei mit der Definition der aufzuzeichnenden Leistungsdaten
`/X`	Momentaufnahme. SQLdiag startet, sammelt alle Informationen und beendet anschließend seine Arbeit.

Tabelle 17.2 Wichtige SQLdiag-Parameter

Parameter	Beschreibung
/L	Fortlaufende, zeitpunktbasierte Ausführung von SQLdiag. Über die Parameter /B (Begin) und /E (End) legen Sie Start- und Endzeitpunkt der Protokollierung von SQLdiag fest. Der Parameter /L bewirkt, dass SQLdiag immer wieder zu den angegebenen Zeitpunkten gestartet wird.
/O	Angabe des Ausgabeverzeichnisses der Protokolldateien
/M	Überschreibt den in der SQLdiag-XML-Konfigurationsdatei angegebenen Computernamen. Mehrere Computernamen geben Sie durch Leerzeichen an.
/C	Die Output-Dateien können komprimiert werden; 0 = keine Komprimierung (Standard), 1 = NTFS-Komprimierung.
/R	Registriert SQLdiag als Dienst. Der Name des Dienstes ist *SQLDIAG*.
/U	Entfernt die Registrierung von SQLdiag als Dienst.

Tabelle 17.2 Wichtige SQLdiag-Parameter (Forts.)

Sie können für SQLdiag noch weitere Parameter angeben. Nutzen Sie dazu die Microsoft-Dokumentation zu SQLdiag.

SQLdiag generiert mehrere Dateien, um die aufgezeichneten Diagnoseinformationen zu speichern. Das Ausgabeverzeichnis geben Sie über den entsprechenden Parameter /O an. SQLdiag erstellt *.trc-(Profiler)*, *.blg-(Perfmon)* und *Textdateien* mit den unterschiedlichsten Informationen und Leistungsdaten.

Die Eingabe von `sqldiag.exe` ohne jegliche Parameter ist auch möglich. SQLdiag nutzt in diesem Fall die Konfigurationsvorlage *SQLdiag.xml* und schreibt die generierten Protokolldateien in das Verzeichnis *C:\Program Files\Microsoft SQL Server\110\Tools\Binn\SQLDIAG*. Die gefundenen SQL-Server-Instanzen werden protokolliert.

Nachfolgend einige Beispiele zum Starten von SQLdiag mit unterschiedlichen Parametern:

- Angabe einer XML-Konfigurationsdatei:

  ```
  sqldiag.exe /I SD_Detailed.xml
  ```

- Angabe einer XML-Konfigurationsdatei und eines Ausgabeverzeichnisses:

  ```
  sqldiag.exe /I SD_Detailed.xml /O
  c:\protokollsqldiagdaten\
  ```

- Einmaliges Starten von SQLdiag mit Konfigurationsdatei *SD_Detailed.xml* und Ausgabeverzeichnis *c:\workingout* um 09:00 Uhr und Beenden um 12:00 Uhr:

```
sqldiag.exe /I SD_Detailed.xml /O c:\workingout
/B 09:00:00 /E 12:00:00
```

- Fortlaufendes Starten von SQLdiag im Standardmodus um 09:00 Uhr und Beenden um 12:00 Uhr:

```
sqldiag.exe /B 09:00:00 /E 12:00:00 /L
```

Wir möchten Sie darauf hinweisen, dass es sich nicht empfiehlt, SQLdiag ständig laufen zu lassen. Das Aufzeichnen von Diagnoseinformationen benötigt Ressourcen. Bei Ausführung von SQLdiag mit einer nicht angepassten Konfigurationsdatei und der daraus folgenden Aufzeichnung umfangreicher Leistungsparameter kann es zu spürbaren Leistungseinbußen Ihres SQL-Server-Systems kommen.

17.6 SQL Server Auditing

Unter SQL Server Auditing versteht man die Überwachung einer SQL-Server-Instanz oder einer SQL-Server-Datenbank. Dabei werden bestimmte sicherheitsrelevante Ereignisse im System verfolgt und protokolliert. Auditing ermöglicht das Aufspüren von Sicherheitsproblemen im Unternehmen. Zum Beispiel kann allein durch das Wissen über das durchgeführte Auditing Datenmissbrauch vorgebeugt werden, da Benutzer mit kriminellen Absichten eventuell abgeschreckt werden. Sie können Informationen über ungewöhnliche Aktivitäten auf dem SQL Server untersuchen. Auditing ermöglicht es Ihnen als Administrator, genau zu ermitteln, wer auf dem Datenbanksystem was wann getan hat.

SQL Server bietet mehrere Auditing-Methoden an, die wir Ihnen im Folgenden vorstellen und gemeinsam mit Ihnen umsetzen möchten.

17.6.1 Überwachen der Login-Aktivität

SQL Server bietet die Möglichkeit, die Anmeldeaktivität zu überwachen. Da es ungewöhnlich ist, wenn sich ein Anwender mehrmals erfolglos am SQL-Server-System anzumelden versucht, können Sie SQL Server dahin gehend konfigurieren, dass fehlgeschlagene Anmeldeversuche entsprechend protokolliert werden.

1. Klicken Sie hierzu im Objekt-Explorer des SSMS mit der rechten Maustaste auf den Knoten der zu überwachenden Serverinstanz, und wählen Sie im Kontextmenü den Punkt EIGENSCHAFTEN aus. Im sich öffnenden Dialog (siehe Abbildung 17.18) wählen Sie den Punkt SICHERHEIT.

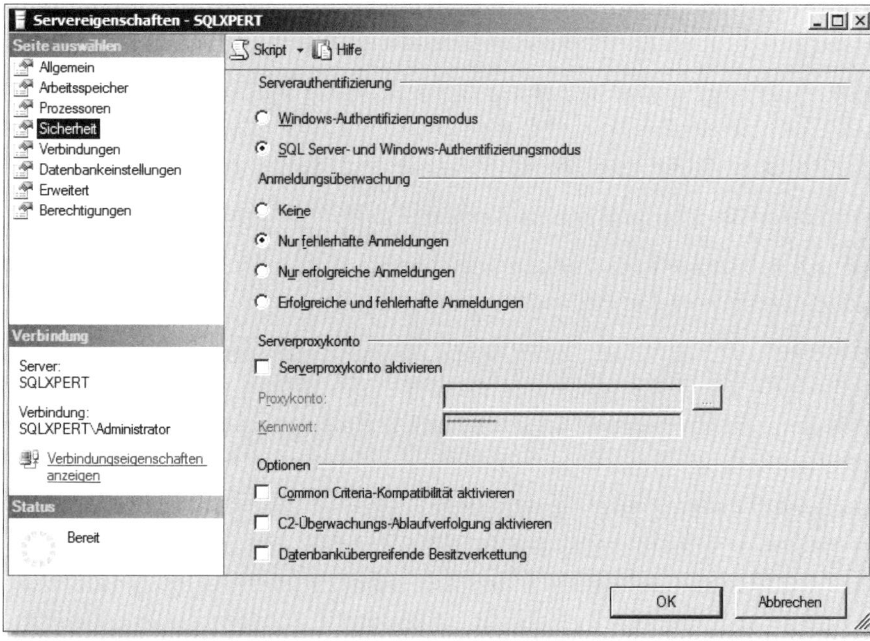

Abbildung 17.18 Auditing-Einstellungen für SQL Server

2. Im Bereich ANMELDUNGSÜBERWACHUNG wählen Sie jetzt aus, inwieweit Anmeldungen oder Anmeldeversuche im SQL-Server-Ereignisprotokoll aufgelistet werden sollen.
3. Das Ereignisprotokoll rufen Sie zur Kontrolle im SSMS über den Objekt-Explorer-Ordner VERWALTUNG • SQL SERVER-PROTOKOLLE auf.

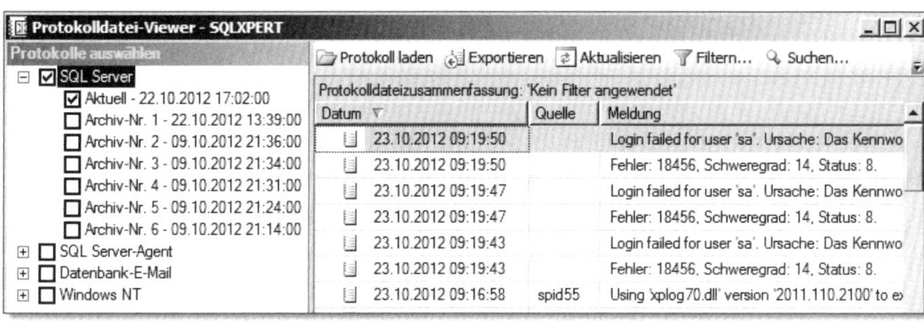

Abbildung 17.19 Protokollierung fehlgeschlagener Anmeldeversuche

17.6.2 SQL-Server-Überwachung

Sie können in SQL Server eigene Überwachungen definieren. Im ersten Schritt bestimmen Sie das Überwachungsziel, das heißt den Speicherort der Protokollierungen. Im zweiten Schritt legen Sie die eigentlichen Überwachungsereignisse fest.

Haben Sie eine Überwachung erstellt, müssen Sie sie nachträglich aktivieren, da eine Überwachung nach der Erstellung immer inaktiv ist.

Eine Überwachung können Sie per Management Studio oder per Transact-SQL definieren. SSMS bietet Ihnen hier eine komfortablere Möglichkeit der Definition. Das folgende Beispiel richtet eine Überwachung mit dem SSMS ein.

Alle Datenbank-Backup- und Restore-Vorgänge sollen protokolliert werden.

1. Öffnen Sie Management Studio, und melden Sie sich an der Instanz an, für die Sie eine Serverüberwachung einrichten möchten.
2. Öffnen Sie im Objekt-Explorer den Ordner SICHERHEIT der aktuellen Serverinstanz, und klicken Sie mit der rechten Maustaste auf den Ordner ÜBERWACHUNGEN.
3. Aus dem sich öffnenden Kontextmenü wählen Sie den Menüpunkt NEUE ÜBERWACHUNG.
4. Im sich öffnenden Dialog ÜBERWACHUNG ERSTELLEN geben Sie im Feld ÜBERWACHUNGSNAME »Backup-Restore-Überwachung« ein.
5. Im Feld DATEIPFAD definieren Sie den Pfad, unter dem die Datei mit den Protokolleinträgen abgespeichert werden soll, im Beispiel in Abbildung 17.20 *c:\ueberwachungsdateien*.

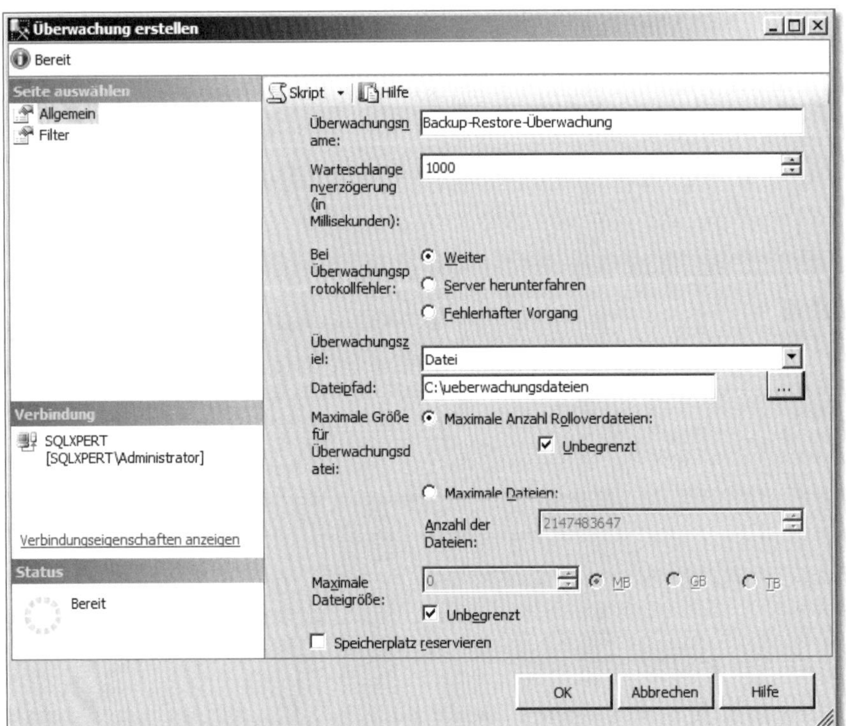

Abbildung 17.20 Einrichten einer Überwachung

6. Bestätigen Sie dies mit OK. Damit haben Sie das Ziel definiert, in das die Überwachungseinträge geschrieben werden sollen. Im Objekt-Explorer finden Sie wie in Abbildung 17.21 im Ordner ÜBERWACHUNGEN den Eintrag BACKUP-RESTORE-ÜBERWACHUNGEN.

   Im nächsten Schritt definieren wir die eigentlichen Überwachungsereignisse, die protokolliert werden sollen. Wir erstellen eine sogenannte Überwachungsspezifikation und verknüpfen sie mit dem zuvor erstellten Ziel für die Überwachungsprotokolleinträge.

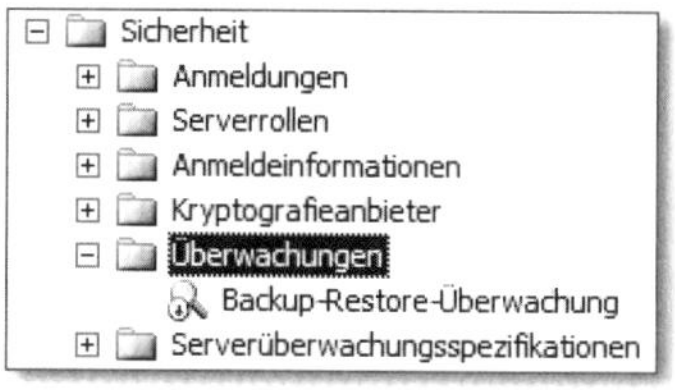

Abbildung 17.21 Eingerichtete Überwachung im Objekt-Explorer

7. Klicken Sie den Ordner SERVERÜBERWACHUNGSSPEZIFIKATION mit der rechten Maustaste an, und wählen Sie aus dem Kontextmenü den Punkt NEUE SERVERÜBERWACHUNGSSPEZIFIKATION aus.
8. Im sich öffnenden Dialog (siehe Abbildung 17.22) geben Sie im Feld NAME »Backup-Restore-Überwachungsspezifikation« ein.
9. Im Feld ÜBERWACHUNG wählen Sie die zuvor erstellte Überwachung BACKUP-RESTORE-ÜBERWACHUNG aus.
10. In der Tabelle AKTIONEN wählen Sie für die Spalte ÜBERWACHUNGSAKTIONSTYP den Punkt BACKUP_RESTORE_GROUP aus.

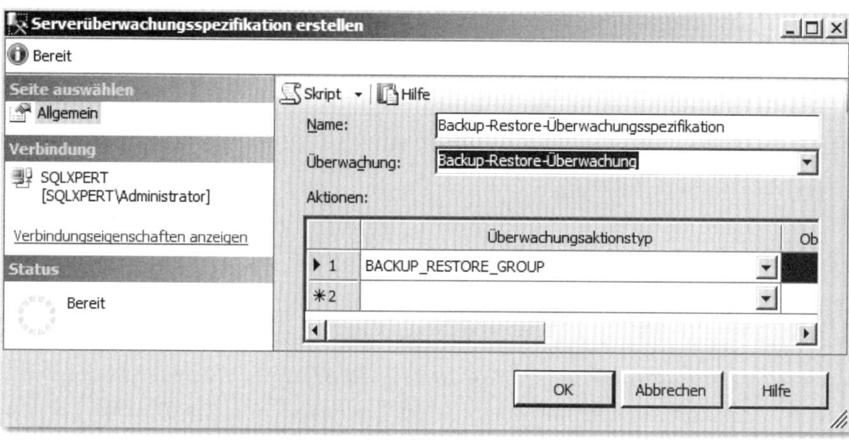

Abbildung 17.22 Einrichten einer Überwachungsspezifikation

11. Bestätigen Sie den Dialog mit OK. Im Objekt-Explorer sehen Sie jetzt im Ordner SICHERHEIT die Einträge BACKUP-RESTORE-ÜBERWACHUNGSSPEZIFIKATION im Ordner SERVERÜBERWACHUNGSSPEZIFIKATIONEN und den Eintrag BACKUP-RESTORE-ÜBERWACHUNG im Ordner ÜBERWACHUNGEN (Abbildung 17.23).

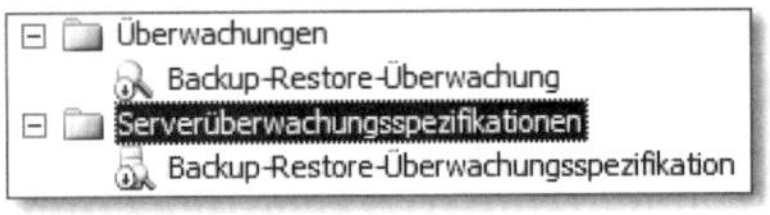

Abbildung 17.23 Eingerichtete Überwachung mit Spezifikation

Beachten Sie, dass die Überwachung zwar eingerichtet, jedoch noch nicht aktiviert wurde, was Sie an dem kleinen roten Pfeil innerhalb der Symbole erkennen.

12. Klicken Sie mit der rechten Maustaste auf BACKUP-RESTORE-ÜBERWACHUNGSSPEZIFIKATION, und wählen Sie aus dem Kontextmenü SERVERÜBERWACHUNGSSPEZIFIKATION AKTIVIEREN aus.
13. Verfahren Sie ebenso mit dem Eintrag BACKUP-RESTORE-ÜBERWACHUNG im Ordner ÜBERWACHUNG, indem Sie aus dem Kontextmenü ÜBERWACHUNG AKTIVIEREN wählen.

Anschließend ist die Überwachung aktiviert, wie in Abbildung 17.24 zu erkennen ist, und es werden alle durchgeführten Backup- und Restore-Vorgänge protokolliert.

Abbildung 17.24 Aktivierte Überwachung und Spezifikation

Anzeige der protokollierten Einträge im Management Studio

Die protokollierten Einträge können Sie sich anzeigen lassen, indem Sie im Ordner ÜBERWACHUNGEN den Eintrag BACKUP-RESTORE-ÜBERWACHUNG mit der rechten Maustaste anklicken und aus dem Kontextmenü den Menüpunkt ÜBERWACHUNGSPROTOKOLLE ANZEIGEN wählen.

Definieren einer Datenbank-Überwachungsspezifikation

Im vorangegangenen Beispiel wurde die Definition einer Überwachungsspezifikation auf Serverebene dargestellt. Eine Überwachungsspezifikation können Sie auch auf Datenbankebene definieren. Hierzu öffnen Sie den Ordner SICHERHEIT der jeweiligen Datenbank und klicken mit der rechten Maustaste den Menüpunkt DATENBANK-ÜBERWACHUNGSSPEZIFIKATIONEN an. Wählen Sie im Kontextmenü den Menüpunkt NEUE DATENBANK-ÜBERWACHUNGSSPEZIFIKATION... aus. Sie können nun Ereignisse definieren, die das Ändern von Daten mit Befehlen wie INSERT, UPDATE und DELETE protokollieren. Eine neue Überwachung, die die Ereignisse aufzeichnet und speichert, müssen Sie in diesem Fall nicht anlegen, da wir dies bereits im vorangegangenen Beispiel getan haben.

17.6.3 C2-Überwachung mit SQL Server

Der Punkt SICHERHEIT im Eigenschaftendialog der aktuellen SQL-Server-Instanz (Abbildung 17.18) ermöglicht die Auswahl der Option C2-ÜBERWACHUNGS-ABLAUFVERFOLGUNG AKTIVIEREN.

C2 ist ein US-amerikanischer Sicherheitsstandard, und in SQL Server werden alle Zugriffsversuche auf Objekte sowie deren Anweisungen bei Aktivierung aufgezeichnet. Genaueres zu diesem Sicherheitsstandard entnehmen Sie der Onlinedokumentation von SQL Server.

Diese Einstellung ist unabhängig von den bisher beschriebenen. Nach der Aktivierung der Option wird SQL Server entsprechend konfiguriert und muss neu gestartet werden. Die zuständige Protokolldatei finden Sie im Ordner *\MSSQL\Data* der SQL-Server-Instanz oder im Ordner *\MSSQL$instanzname\Data* bei benannten Instanzen.

Es handelt sich hierbei um eine *.trc-Datei*, die Sie mit dem in Abschnitt 17.2 beschriebenen SQL Server Profiler einlesen können. Nachdem die Datei eine Größe von 200 MB erreicht hat, wird sie geschlossen, und es wird eine neue Datei erstellt.

17

Achten Sie auf den Speicherplatz!

Die Aktivierung dieser Option erfordert, dass immer genügend Speicherplatz im *Standard-Data-Verzeichnis* von SQL Server vorhanden ist. SQL Server fährt sich selbst herunter, wenn nicht mehr genügend Speicherplatz vorhanden ist.

Wichtiger Hinweis

Microsoft hat bereits angekündigt, in zukünftigen Versionen die Funktion C2-Sicherheit nicht mehr zu unterstützen.

Der C2-Sicherheitsstandard wurde durch Common Criteria ersetzt, die ebenfalls in SQL Server 2012 aktiviert werden kann und im nächsten Abschnitt erläutert wird.

17.6.4 Common Criteria

Common Criteria wurde im Jahr 1999 als internationaler Standard verabschiedet und hat einige ältere Sicherheitsstandards, wie z.B. C2, als Sicherheitsanforderung abgelöst. Die Common Criteria wurde von über 20 Nationen gemeinsam entwickelt und unter dem ISO-Standard 15408 eingeführt.

Common Criteria steht in SQL Server 2012 ab der Enterprise Edition und in der Evaluation sowie der Developer Edition zur Verfügung.

Folgende Punkte werden durch Common Criteria umgesetzt bzw. unterstützt:

Begriff	Beschreibung
RIP (Resident Information Protection)	Der Speicher wird, bevor er neu beschrieben wird, mit einem bekannten Bitmuster vorher überschrieben.
Anzeigen von Anmeldestatistiken	Die Login-Statistiken können Sie sich in der dynamischen Verwaltungssicht (DMV) `sys.dm_exec_sessions` ansehen.
GRANT DENY-Prioritäten	Bei Aktivierung hat ein DENY auf Tabellenebene Vorrang vor einem GRANT auf Spaltenebene.

Tabelle 17.3 Common-Criteria-Funktionalitäten

Die Common Criteria können Sie ebenfalls unter dem Punkt SICHERHEIT der Eigenschaften Ihrer aktuellen Serverinstanz (Abbildung 17.25) oder per Skript (Listing 17.2) aktivieren.

```
sp_configure 'show advanced options', 1;
GO
RECONFIGURE;
GO
sp_configure 'common criteria compliance enabled', 1;
GO
RECONFIGURE
GO
```

Listing 17.2 Aktivieren von Common Criteria per Skript

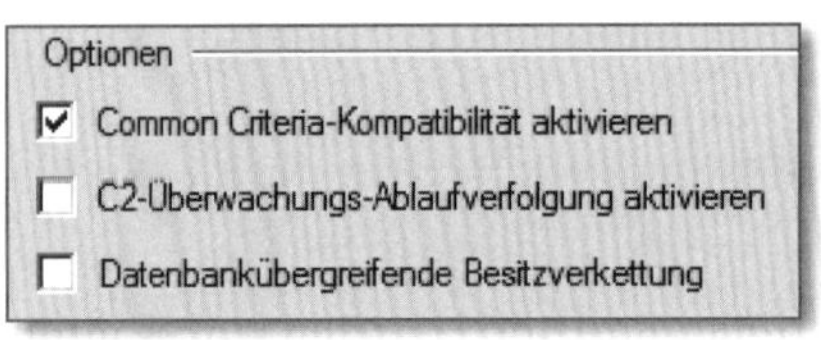

Abbildung 17.25 Optionen zur Aktivierung von Common Criteria und C2-Überwachung

17.7 Konfigurieren des Datenauflisters

SQL Server 2012 unterstützt das automatische Sammeln von System- und Leistungsdaten mit einer beim SQL-Server-Setup installierten Komponente namens *Datenauflister*.

Die Aufgabe des Datenauflisters ist es, Daten zu sammeln, die zuvor in sogenannten Datensammlungen definiert wurden, und diese in einem eingerichteten Verwaltungs-Data-Warehouse (VDWH) zu speichern.

17.7.1 Was ist ein VDWH?

Bei einem VDWH handelt es sich um eine separate relationale SQL-Server-Datenbank, in der gesammelte SQL-Server-System- und -Leistungsdaten gespeichert werden, um diese komfortabel auswerten zu können.

Diese mit dem Datenauflister gesammelten Leistungsdaten werden innerhalb eines VDWHs permanent gespeichert. Dies ist ein entscheidender Vorteil gegenüber den in den dynamischen Verwaltungssystemsichten gespeicherten System- und Leistungsdaten, da diese nur die Daten speichern, die seit dem letzten Start von SQL Server angefallen sind.

Wird der SQL-Server-Dienst erneut gestartet, sind die dynamischen Verwaltungssichten erst einmal leer. Die bisherige Praxis, um die Daten der dynamischen Verwaltungssichten permanent zu speichern, war es, die in den dynamischen Verwaltungssichten gespeicherten Daten in eine eigens dafür angelegte Datenbank zu übertragen, um diese später auszuwerten. Hierzu wurden separate Agent-Aufträge angelegt.

Vom Prinzip her jedoch arbeitet der Datenauflister ähnlich wie zuvor beschrieben. Es werden Daten abgefragt, gesammelt und in regelmäßigen Abständen in eine relationale Datenbank geladen. Hierzu werden bei der Konfiguration des Datenauflisters entsprechende Agent-Aufträge angelegt.

Sie können pro SQL-Server-Instanz ein VDWH anlegen, jedoch empfehlen wir Ihnen, ein VDWH für Ihre komplette SQL-Server-Landschaft anzulegen. Auf diese Weise steht Ihnen eine zentrale Datenbank mit den gesammelten Leistungsdaten verschiedener SQL-Server-Instanzen zur Verfügung, die Sie auswerten können.

17.7.2 Einrichten eines Verwaltungs-Data-Warehouses

Um den Datenauflister zu konfigurieren, müssen Sie im ersten Schritt ein VDWH einrichten. Dies können Sie bequem im SSMS erledigen.

Anleitung zum Einrichten eines VDWHs im Management Studio

1. Klicken Sie im Objekt-Explorer des SSMS mit der rechten Maustaste den Punkt DATENSAMMLUNG im Ordner VERWALTUNG an.
2. Wählen Sie aus dem Kontextmenü den Menüpunkt VERWALTUNGS-DATA WAREHOUSE KONFIGURIEREN aus, um den VDWH-Konfigurationsassistenten zu starten.

   Bestätigen Sie den Begrüßungsbildschirm und alle folgenden Dialoge mit WEITER, bis Sie den Assistentenschritt KONFIGURATIONSAUFGABE AUSWÄHLEN erreichen (siehe Abbildung 17.26).

Abbildung 17.26 Assistentendialog »Konfigurationsaufgabe auswählen«

3. Wählen Sie die Option VERWALTUNGS-DATA WAREHOUSE ERSTELLEN ODER AKTUALISIEREN aus, und bestätigen Sie den Dialog mit WEITER.
4. Im nächsten Dialog geben Sie die eigentliche VDWH-Datenbank an, in der die gesammelten Daten gespeichert werden. Sie können eine bestehende Datenbank angeben oder eine neue anlegen, indem Sie auf die Schaltfläche NEU klicken (siehe Abbildung 17.27).

Abbildung 17.27 Angeben der VDWH-Datenbank zum Speichern der Leistungsdaten

5. Bestätigen Sie den Dialog anschließend mit WEITER.

   Im nächsten Dialog können Sie Berechtigungen dafür vergeben, wie bestehende SQL-Anmeldungen auf das VDWH zugreifen dürfen. Es geht hier um die Berechtigungen, welche SQL-Anmeldungen Daten in das VDWH einfügen oder auch abfragen können. Hierzu existieren drei Datenbankrollen, die in Tabelle 17.4 aufgelistet sind.

Name der Datenbankrolle	Beschreibung
mdw_admin	Ein Mitglied dieser Rolle besitzt alle Berechtigungen.
mdw_reader	Ein Mitglied dieser Rolle darf Daten lesen.
mdw_writer	Ein Mitglied dieser Rolle darf Daten ändern.

Tabelle 17.4 Datenbankrollen zum Setzen der Berechtigungen für den Zugriff auf ein VDWH

Vergeben Sie hier die entsprechenden Berechtigungen durch Auswahl des Anmeldenamens. In Abbildung 17.28 wurde die SQL-Anmeldung MFRANKE der Datenbankrolle MDW_ADMIN zugewiesen, und damit auch automatisch den Datenbankrollen MDW_READER und MDW_WRITER. MFRANKE besitzt jetzt administrative Berechtigungen und kann sowohl Daten des VDWHs abfragen als auch Daten verändern.

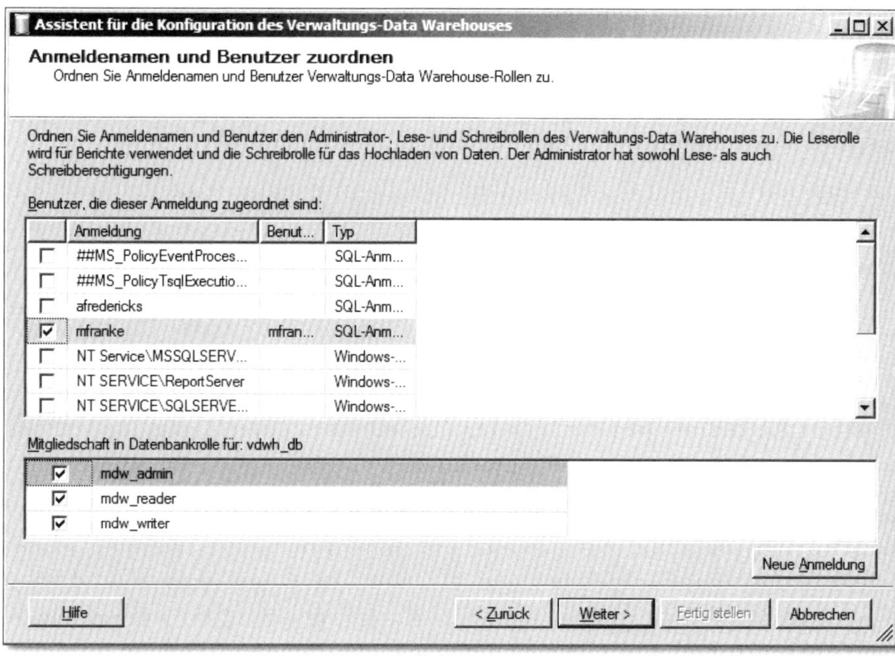

Abbildung 17.28 Zuweisung der SQL-Anmeldung »mfranke« zur VDWH-Datenbankrolle »mdw_admin«, und damit Vergabe administrativer Berechtigungen für »mfranke«

6. Klicken Sie auf WEITER. Nachdem Sie die vorgenommenen Einstellungen im Dialog ASSISTENTEN ABSCHLIESSEN überprüft haben, klicken Sie auf FERTIG STELLEN, um die Konfiguration abzuschließen.

Nach dem Abschließen der Konfiguration wurden lediglich die Voraussetzungen geschaffen, um Daten sammeln zu können. Es müssen nun sogenannte Datensammlungen aktiviert werden.

Was ist eine Datensammlung?

Mit einer Datensammlung werden die zu sammelnden Daten (System- und Leistungsindikatoren) definiert, die in einem VDWH gespeichert werden sollen. Anhand einer Datensammlung wird festgelegt, welche Daten der Datenauflister sammeln soll.

SQL Server bietet Ihnen vordefinierte Datensammlungen an, die Sie aktivieren können. Es ist auch möglich, eigene Datensammlungen zu definieren. Dies ist allerdings derzeit nicht im SSMS möglich und erfordert unter anderem den Aufruf von gespeicherten Prozeduren (*sp_syscollector_create_collection_item*) in T-SQL. Wenn Sie tiefer in die etwas komplexere Materie einsteigen möchten, empfehlen wir Ihnen hierzu die Microsoft-SQL-Server-Dokumentation.

Für die Aktivierung der vordefinierten Datensammlungen nutzen Sie wieder den bereits zuvor eingesetzten Assistenten:

1. Klicken Sie im Objekt-Explorer des SSMS mit der rechten Maustaste den Punkt DATENSAMMLUNG im Ordner VERWALTUNG an.
2. Wählen Sie aus dem Kontextmenü den Menüpunkt VERWALTUNGS-DATA WAREHOUSE KONFIGURIEREN aus, um den VDWH-Konfigurationsassistenten zu starten.
3. Bestätigen Sie den Begrüßungsbildschirm und alle folgenden Dialoge mit WEITER, bis Sie den Assistentenschritt KONFIGURATIONSAUFGABE AUSWÄHLEN erreichen (siehe Abbildung 17.26).
4. Wählen Sie diesmal die Option DATENSAMMLUNG EINRICHTEN aus, und bestätigen Sie den Dialog mit WEITER.
5. Im folgenden Dialog (siehe Abbildung 17.29) wählen Sie die zuvor angelegte VDWH-Datenbank und ein Cacheverzeichnis aus. Das Cacheverzeichnis wird zum temporären Zwischenspeichern der gesammelten Daten benötigt und muss bereits existieren, da es nicht automatisch angelegt wird. Das Cacheverzeichnis wird benötigt, um Daten in diesem Verzeichnis zu sammeln, und dann nach einer definierten Zeit in das VDWH zu laden. Diese Vorgehensweise kommt in erster Linie der Performance zugute, da ein ständiges direktes Aktualisieren des VDWHs die Leistung negativ beeinflussen würde.

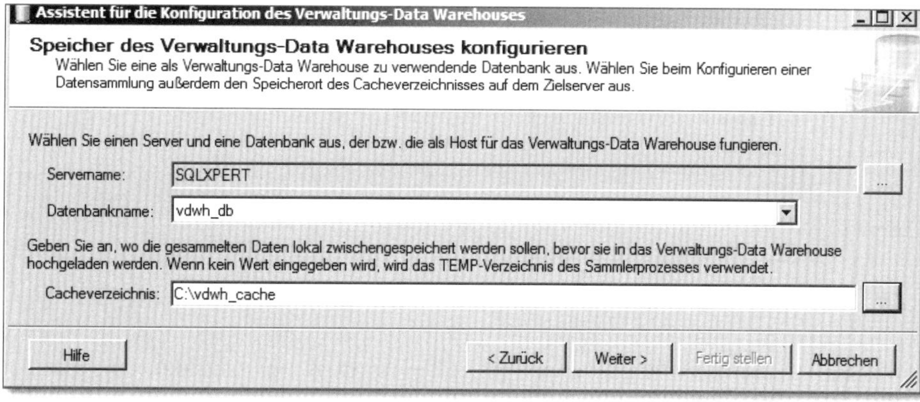

Abbildung 17.29 Angeben der VDWH-Datenbank und des Cacheverzeichnisses, das zum Zwischenspeichern der Leistungsdaten verwendet wird

6. Klicken Sie anschließend auf WEITER und FERTIG STELLEN, um die Einrichtung der Datensammlung abzuschließen.

   Anschließend finden Sie im Ordner SYSTEMDATEN-SAMMLUNGSSÄTZE des Objekt-Explorers die angelegten Sammlungssätze (siehe Abbildung 17.30).

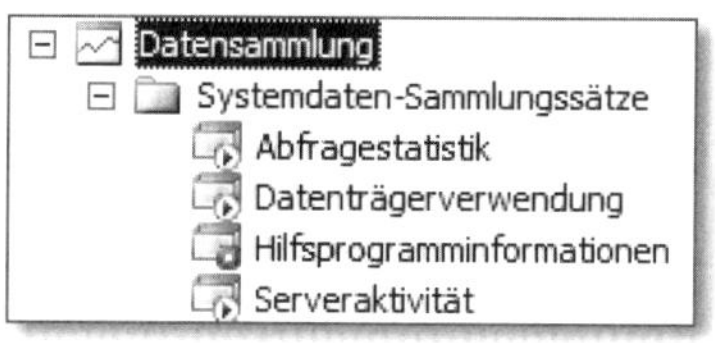

Abbildung 17.30 Eingerichtete Systemdaten-Sammlungssätze

17.7.3 Anzeige und Auswertung der Daten

Natürlich können Sie die gesammelten Daten des VDWHs auch mit eigenen Abfragen über die entsprechenden Tabellen und Sichten auswerten, die in der Datenbank des VDWHs angelegt sind. Dies setzt jedoch eine genauere Kenntnis der Datenbankstruktur des VDWHs voraus.

Einfacher ist es für Sie, wenn Sie sich die Daten des VDWHs mit den vordefinierten Berichten SERVERAKTIVITÄT – VERLAUF, ZUSAMMENFASSUNG DER DATENTRÄGERVERWENDUNG und ABFRAGESTATISTIK – VERLAUF anzeigen lassen.

Um die Berichte aufzurufen, klicken Sie mit der rechten Maustaste im Objekt-Explorer des SSMS auf den Ordner DATENSAMMLUNG und fahren mit der Maus über den Menüpunkt BERICHTE • VERWALTUNGS-DATA WAREHOUSE (siehe Abbildung 17.31).

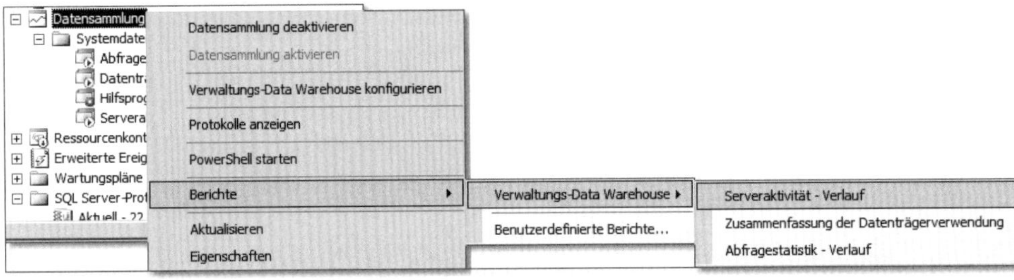

Abbildung 17.31 Aufruf der Berichte zum Anzeigen der im VDWH gespeicherten Daten

Wählen Sie den Bericht SERVERAKTIVITÄT – VERLAUF aus, und der gleichnamige Bericht wird Ihnen angezeigt (siehe Abbildung 17.32).

Abbildung 17.32 Bericht »Serveraktivität – Verlauf«

17.7.4 Arbeiten mit dem Extended Event Profiler

Mit SQL Server 2012 liefert Microsoft im Management Studio ein grafisches Benutzer-Interface zum Erfassen der zahlreichen Ereignisse in SQL Server aus. Die sogenannten *erweiterten Ereignisse* oder *Extended Events* gibt es seit SQL Server 2008.

Mit der vollständig in das SSMS integrierten grafischen Benutzeroberfläche steht dem Anwender nun allerding eine wesentlich einfachere Möglichkeit zur Verfügung, diese Ereignisse auch zu erfassen.

Erstellen einer Sitzung zum Aufzeichnen von Ereignissen mit dem Extended Event Profiler

1. Starten Sie das SSMS, und melden Sie sich als Administrator an der entsprechenden SQL-Server-Instanz an, deren Ereignisse Sie aufzeichnen möchten.
2. Im Objekt-Explorer des SSMS öffnen Sie den Ordner ERWEITERTE EREIGNISSE und klicken mit der rechten Maustaste auf den Ordner SITZUNGEN.
3. Im Kontextmenü klicken Sie auf den Menüpunkt ASSISTENT FÜR NEUE SITZUNGEN (Abbildung 17.33).

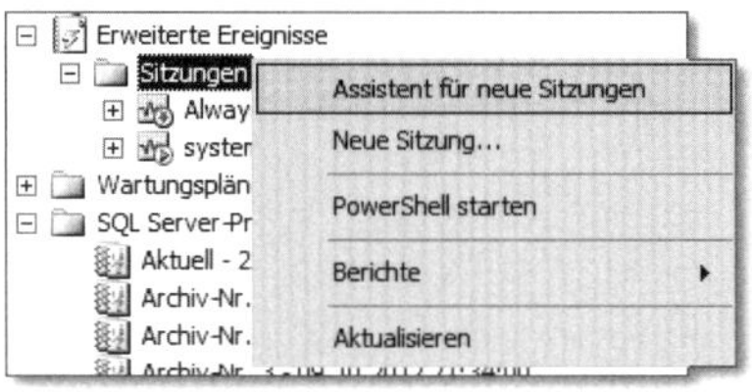

Abbildung 17.33 Kontextmenü für den Start des Assistenten zum Erstellen neuer Extended-Event-Profiler-Sitzungen

4. Der Assistent startet, und Sie sehen den Einführungsdialog des Assistenten. Klicken Sie in diesem Fall auf WEITER, bis der Dialog SITZUNGSEIGENSCHAFTEN erscheint.
5. Geben Sie jetzt einen Namen (in unserem Beispiel Sitzung 1) für die zu erstellende Sitzung ein, und klicken Sie auf WEITER.

   Im Dialog VORLAGE AUSWÄHLEN können Sie nun eine Vorlage auswählen, die bereits entsprechende Ereignisse enthält und Ihnen eine manuelle Auswahl im nächsten Dialog erspart.
6. Aktivieren Sie die Option DIESE EREIGNISSITZUNGSVORLAGE VERWENDEN, und wählen Sie aus der Auflistung den Punkt ABFRAGEBATCHNACHVERFOLGUNG aus (Abbildung 17.34).

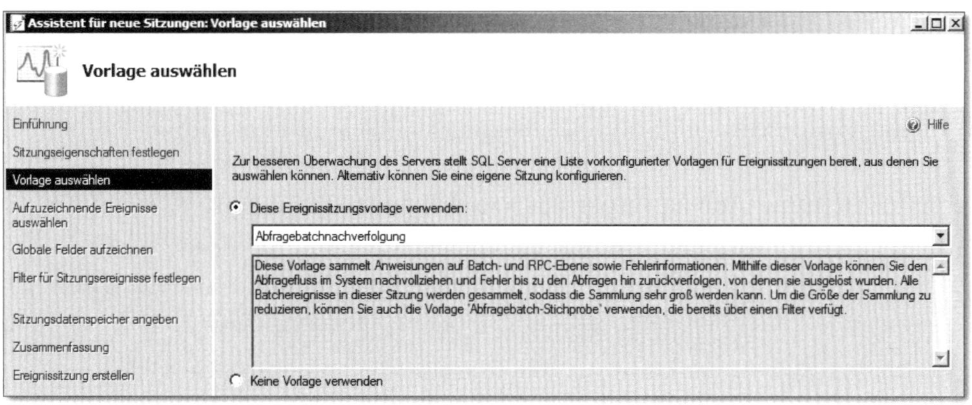

Abbildung 17.34 Auswählen einer Ereignisvorlage

7. Anschließend klicken Sie auf WEITER.
8. Im daraufhin erscheinenden Dialog AUFZUZEICHNENDE EREIGNISSE AUSWÄHLEN werden Ihnen im rechten Bereich AUSGEWÄHLTE EREIGNISSE die Ereignisse aufgelistet, die durch die Auswahl der Vorlage bereits aufgezeichnet werden.

   Im linken Bereich EREIGNISBIBLIOTHEK können Sie jetzt weitere Ereignisse wählen und aufgrund der vielfältigen Anzahl diese auch filtern.

   Wenn Sie ein passendes Ereignis gefunden haben, wählen Sie es aus, und klicken Sie auf die Schaltfläche mit dem Pfeil nach rechts, um es zu übernehmen.
9. Anschließend klicken Sie auf WEITER.

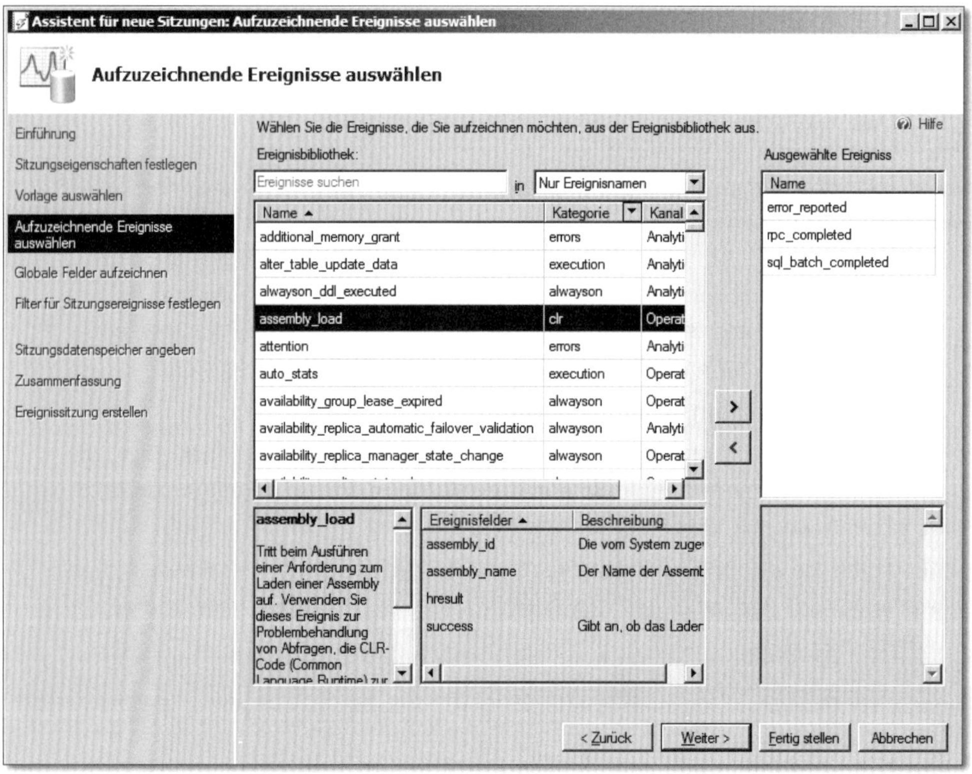

Abbildung 17.35 Hinzufügen eines weiteren aufzuzeichnenden Ereignisses

10. Im Dialog GLOBALE FELDER AUFZEICHNEN können Sie die Spalten auswählen, die für alle aufgezeichneten Ereignisse global vorhanden sein sollen.
11. Klicken Sie anschließend zweimal auf WEITER, bis der Assistentenschritt SITZUNGSDATENSPEICHER ANGEBEN erscheint (Abbildung 17.36).

    Hier können Sie den Zielort der aufzuzeichnenden Ereignisse angeben.

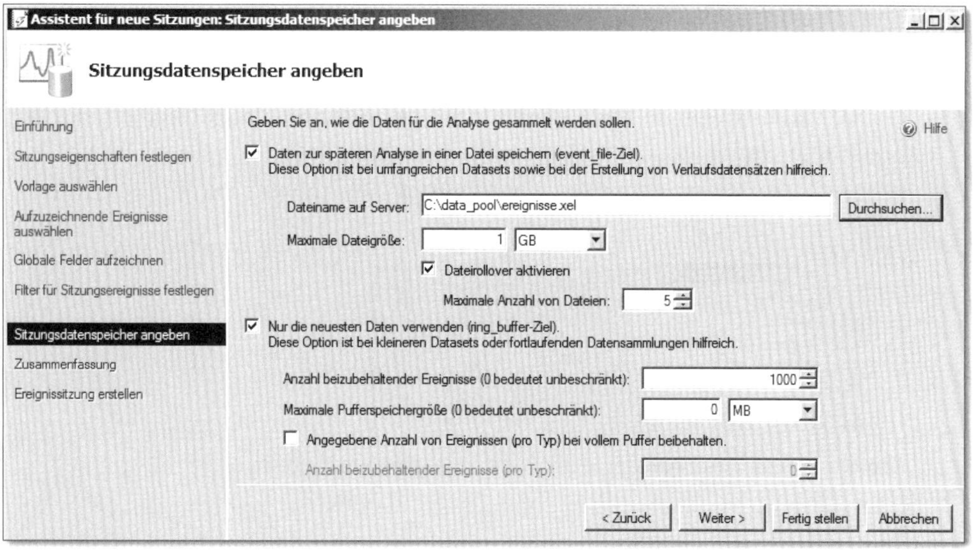

Abbildung 17.36 Angabe und Konfiguration des Zielspeicherortes der aufzuzeichnenden Ereignisse

12. Klicken Sie auf WEITER und anschließend auf FERTIG STELLEN und SCHLIESSEN, um die Sitzung anzulegen.

    Die Sitzung wird Ihnen jetzt angezeigt, ist allerdings noch nicht aktiv.

    Um die Sitzung anschließend zu starten, klicken Sie mit der rechten Maustaste die Sitzung an und wählen aus dem Kontextmenü den Menüpunkt SITZUNG STARTEN.

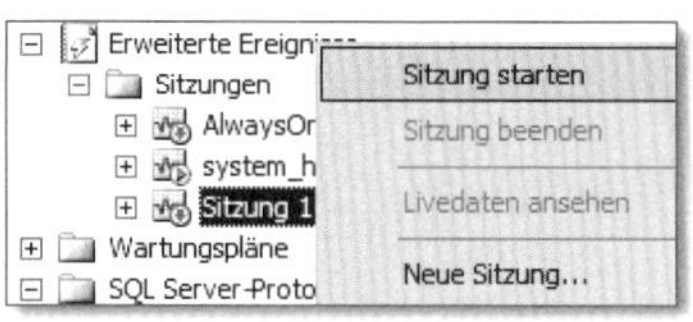

Abbildung 17.37 Starten einer Sitzung des Extended Event Profilers

13. Nachdem die Sitzung gestartet wurde, können Sie sich die gesammelten Daten anzeigen lassen. Hierzu klicken Sie erneut mit der rechten Maustaste auf die Sitzung und wählen LIVEDATEN ANSEHEN.

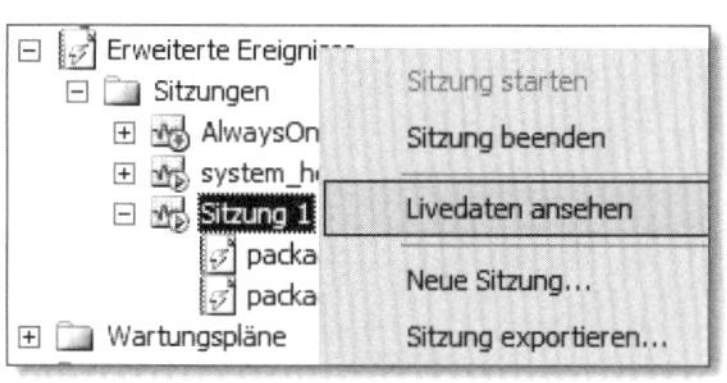

Abbildung 17.38 Anzeigen der Livedaten des Extended Event Profilers

Wenn Sie innerhalb des Sitzungsordners die angelegten Pakete `package0.event_file` oder `package0.ring_buffer` mit der rechten Maustaste anklicken, können Sie sich die Zieldaten anzeigen lassen. Das eine Paket steht für die in der angegebenen Datei gesammelten Ereignisse, das andere für den sogenannten Ring Buffer, der nur eine bestimmte Anzahl von Daten zur Anzeige beibehält. Das richtet sich allerdings nach den von Ihnen vorgenommenen Einstellungen (Abbildung 17.36).

Abbildung 17.39 Anzeigen der in der Datei angegebenen Zieldaten

Kapitel 18

Problembehebung und Performance-Tuning

Deadlocks, Geschwindigkeit, Transaktionen, Isolation Level und vieles mehr: Dieses Kapitel gibt Ihnen einen Überblick über wichtige Technologien, Hilfsmittel und Lösungen, um so manche Herausforderung beim täglichen Administrieren von und Entwickeln für SQL Server zu meistern.

Die Überschrift dieses Kapitels enthält das Wort »Problem« – zugegeben, ein recht schillernder Begriff, den wir erst einmal klar abgrenzen möchten, damit Sie genau wissen, welcher Art die Probleme sind, die Sie nach der Lektüre dieses Kapitels beheben können.

Unter »Problemen« verstehen wir in erster Linie diejenigen, die aus einer falschen Konfiguration oder aus einem falschen oder unterlassenen Einsatz von Möglichkeiten resultieren, die Ihnen der SQL Server bietet. Kenntnisse über grundlegende Zusammenhänge und Funktionsweisen der verwendeten Technologien und Werkzeuge sehen wir demnach als Voraussetzung für einen erfolgreichen und stabilen Betrieb. Der Neuling steht bei der Einarbeitung in dieses Datenbanksystem häufig vor einer unüberschaubaren Menge an Informationen.

In diesem Kapitel erläutern wir wichtige Möglichkeiten und Funktionsweisen, die aus unserer Sicht zum Wissen des Administrators und Datenbankentwicklers gehören sollten, um robuste und performante Datenbankanwendungen erstellen und pflegen zu können.

18.1 Richtiges Verwalten von Daten

SQL Server speichert seine Daten innerhalb einer Datenbank. Ganz genau in einer oder mehreren Datendateien, die die Dateiendung *.mdf* oder *.ndf* haben. Werden Daten gelesen oder geändert, geschieht dies immer in Datenseiten, die eine Größe von jeweils 8 KB haben. SQL Server liest oder schreibt immer ganze Datenseiten.

Eine Datenseite bildet die kleinste Einheit und kann immer nur Daten eines Datenbankobjekts speichern. Es können also nie zwei Datenbankobjekte Speicherplatz innerhalb einer Datenseite belegen. Jede Datenseite beginnt mit einem Header von

96 Bytes Größe. Dieser Header speichert wichtige Systeminformationen über die Seite. Dabei handelt es sich um den Seitentyp, die Nummer der Seite, freien Speicherplatz innerhalb der Seite sowie eine ID der übergeordneten Zuordnungseinheit, zu der die Seite gehört. Datenzeilen werden direkt nach dem Header fortlaufend in der Seite abgespeichert. Am Ende jeder Seite befindet sich eine Offset-Tabelle, die für jede Datenzeile einen Eintrag enthält, der den Beginn der Datenzeile vom Seitenanfang angibt. Die Datenseiten selbst sind wiederum in sogenannten *Blöcken* (*Extents*) organisiert. Ein Block besteht aus acht Datenseiten und hat damit eine Größe von 64 KB. Beim Speichern von Daten wird innerhalb der Datendatei benötigter Platz immer in Form von Blöcken belegt.

Es gibt zwei Arten von Blöcken:

- Von einem **gemischten Block** spricht man, wenn die einzelnen Datenseiten Daten speichern, die zu unterschiedlichen Datenbankobjekten gehören.
- Ein **einheitlicher Block** liegt dann vor, wenn die acht Datenseiten des Blocks Daten zu einem Datenbankobjekt speichern.

Eine Datenbank kann aus einer oder mehreren Datendateien bestehen. Jede Datendatei nutzt die ersten vier Seiten für interne Metainformationen. Diese Verwaltungsinformationen bestehen aus *File Header*, *Page Free Space* (PFS), *Global Allocation Map* (GAM), *Secondary Global Allocation Map* (SGAM) und belegen die ersten vier Seiten. Einzelheiten zu den soeben aufgeführten Verwaltungsinformationsbereichen entnehmen Sie der SQL-Server-Dokumentation im Abschnitt »Verwalten von Blockzuordnungen und freiem Speicherplatz«.

Eine Datenzeile einer Tabelle darf maximal 8.060 Bytes enthalten. Dies können Sie einfach überprüfen, indem Sie versuchen, folgende Tabelle anzulegen:

```
create table tabelle1(spalte1 char(4000),spalte2 char(4100));
```

Listing 18.1 Versuch, eine Tabelle zu erstellen, deren Zeilenlänge größer als 8.060 Bytes ist

Es wird folgende Fehlermeldung ausgegeben, da eine Zeile dieser Tabelle größer wäre als 8.060 Bytes:

```
Fehler beim Erstellen oder Ändern der 'tabelle1'-Tabelle, weil die Mindest-
zeilengröße 8107 betragen würde, einschließlich 7 Bytes an internen Verwal-
tungsbytes. Dies überschreitet die maximal zulässige Größe für Tabellenzeilen
von 8060 Bytes.
```

Listing 18.2 Ausgabe von SQL Server

Seit SQL Server 2005 wurde diese Regelung für die Datentypen `varchar`, `nvarchar`, `varbinary`, `sql_variant` oder Spalten mit CLR-benutzerdefinierten Datentypen aufgehoben bzw. aufgelockert, wie die Microsoft-Dokumentation angibt.

Eine Datenzeile einer Tabelle ist weiterhin an die Größenbeschränkung pro Datenseite gebunden. Allerdings kann die Gesamtbreite der Spalten die Größenbeschränkung von 8.060 Bytes überschreiten. Wenn Sie versuchen, folgende Tabelle anzulegen, wird dies von SQL Server ohne Weiteres akzeptiert:

```
create table tabelle2(spalte2 varchar(4000), spalte3 varchar(4100))
```

Listing 18.3 Erfolgreicher Versuch, eine Tabelle mit einer Gesamtspaltenbreite von über 8.060 Bytes aufgrund der Verwendung variabler Datentypen anzulegen

Die Gesamtbreite der Spalten (4.000 + 4.100 = 8.100) ist laut Konvention für diese Datentypen in Ordnung. Ist nun die Zeilenlänge, konkret die Datenlänge der Tabellenzeile, länger als 8.060 Bytes, nimmt SQL Server die breiteste Spalte und verschiebt sie in die sogenannte `ROW_OVERFLOW_DATA`-Zuordnungseinheit. Ein 24-Byte-Zeiger verweist in der ursprünglichen Seite auf diesen Datenbereich.

Sie sollten beachten, dass diese Verschiebevorgänge im Zuge von Änderungen der Zeilendatenlängen die Leistung beeinträchtigen können, und dies bei der Planung Ihrer Datenbanktabellen berücksichtigen.

18.2 Daten lesen und schreiben

Wie im Abschnitt zuvor bereits erläutert, werden Daten immer seitenweise gelesen und geschrieben. Wenn Daten in SQL Server geschrieben oder gelesen werden, werden sie nie direkt in die Datei geschrieben oder direkt aus der Datendatei gelesen. Schreib- und Lesevorgänge werden immer im Hauptspeicher des SQL Servers – auch *Pufferspeicher* genannt – durchgeführt.

18.2.1 Lesen von Daten

Ein Lesevorgang von Daten sieht wie folgt aus:

1. Der Anwender sendet eine Abfrage in Form einer `SELECT`-Anweisung an den Server.
2. SQL Server überprüft, ob die entsprechenden Datenseiten, die die benötigten Daten enthalten, im RAM des SQL Servers – dem Pufferspeicher – vorhanden sind.
3. Ist das nicht der Fall, müssen die jeweiligen Datenseiten von der Festplatte aus der Datendatei der Datenbank in den Hauptspeicher (Pufferspeicher) geladen werden und können dann durchsucht werden. Nicht benötigte Datenseiten müssen gegebenenfalls aus dem Pufferspeicher entfernt werden, um Platz für die neuen Datenseiten zu schaffen.
4. Sind die Datenseiten bereits im Pufferspeicher vorhanden, müssen keine Datenseiten in den Pufferspeicher nachgeladen werden. Die Suche kann sofort beginnen.

Wie Sie sich unschwer denken werden, kostet das Nachladen von Daten von der Festplatte natürlich wesentlich mehr Zeit, als wenn der Pufferspeicher bereits alle Datenseiten enthält, die für die Abfrage notwendig sind.

Merke: Mehr Pufferspeicher bedeutet mehr Performanz

Zugriffe auf den Pufferspeicher des SQL Servers sind um ein Vielfaches schneller als Festplattenzugriffe. Das Ziel muss also sein, dass SQL Server möglichst viele Daten im Pufferspeicher vorhalten kann, um das leistungsbeeinträchtigende Nachladen, auch *Swapping* genannt, zu vermeiden.

Das bedeutet konkret: SQL Server braucht möglichst viel Hauptspeicher, um performant arbeiten zu können.

Ein wenig Verwirrung bereitet vielen Anwendern der Umstand, dass SQL Server – auch wenn Daten geschrieben werden – Änderungen immer nur im Pufferspeicher durchführt. Und wie gelangen die Daten dann auf die Festplatte? Was, wenn der Server ausfällt oder ausgeschaltet wird?

18.2.2 Aktualisieren von Daten

Zunächst einmal ist es absolut korrekt, dass Datenaktualisierungen immer im Pufferspeicher von SQL Server durchgeführt werden. Jedoch werden sämtliche durchgeführten Datenaktualisierungen immer sofort im zugehörigen Transaktionsprotokoll aufgezeichnet. Diese Protokollierungen werden immer direkt in das Transaktionsprotokoll auf die Platte geschrieben.

Das ist übrigens ein Grund, warum das Transaktionsprotokoll immer auf einem Datenträger liegen sollte, der schnelle Schreibzugriffe erlaubt. Fällt SQL Server jetzt aus, stehen die Aktualisierungen immer noch im Transaktionsprotokoll, obwohl die Änderungen im Speicher verloren gegangen sind. Durch das Einspielen einer Datenbanksicherung und das zusätzliche Einspielen des Transaktionsprotokolls (Genaueres hierzu in Kapitel 9, »Backup und Restore«) können Sie gegebenenfalls die komplette Datenbank inklusive aller Änderungen wiederherstellen.

In regelmäßigen Abständen führt SQL Server einen sogenannten *Checkpoint* aus. Dieser geht, vereinfacht gesagt, über die Daten im Pufferspeicher und speichert die geänderten Datenseiten in den Datendateien direkt auf der Festplatte. Nach erfolgreicher Aktualisierung der Datendateien werden die Informationen im Transaktionsprotokoll entsprechend markiert.

Abhängig vom eingestellten Wiederherstellungsmodell der Datenbank, werden die Protokolleinträge des Transaktionsprotokolls entweder abgeschnitten und verworfen oder beibehalten. In Kapitel 9, »Backup und Restore«, erhalten Sie hierzu eine genauere Beschreibung.

Eine ausführliche Beschreibung zur Funktionsweise des Transaktionsprotokolls finden Sie bei Bedarf außerdem auf unserer Webseite *http://www.sqlxpert.de*.

18.3 Wie werden Abfragen ausgeführt?

Abfragen an den SQL Server müssen schnell und zuverlässig ausgeführt werden. Langsame Abfragen beeinflussen die Meinungsbildung über ein Datenbanksystem schnell in negativer Weise. Sie sind häufig die Ursache für die »Probleme«. Häufig hört man in diesem Zusammenhang den Satz: »Wir haben Probleme mit der Datenbank, sie arbeitet zu langsam.« Meist arbeitet jedoch nicht die Datenbank zu langsam, sondern die Abfragen benötigen zu viel Zeit. Um diese Schwierigkeiten zu beheben, ist die Kenntnis darüber, wie SQL Server Abfragen verarbeitet, von großer Bedeutung.

Teilweise verbergen sich hinter einem `SELECT`-Befehl (Abfragebefehl) sehr komplexe Abfragen, die irgendwie von SQL Server verarbeitet werden müssen, damit das Ergebnis schnell geliefert werden kann. Doch wie führt SQL Server eine Abfrage überhaupt aus?

Wenn der Anwender eine Abfrage an den SQL Server sendet, erstellt SQL Server einen sogenannten physikalischen Ausführungsplan. Dieser Vorgang wird oft auch als *Kompilieren* bezeichnet. Hinter einem Ausführungsplan verbirgt sich, wie es der Name schon vermuten lässt, eine Anleitung: nämlich eine Anleitung, wie SQL Server das Ergebnis der Abfrage zu ermitteln hat.

18.3.1 Erstellung eines Ausführungsplans

Der Prozess zur Erstellung eines Ausführungsplans gliedert sich in drei Schritte, die wir Ihnen im Folgenden erläutern.

Parsing

Im ersten Schritt wird die Abfrage geparst. Das bedeutet, der Abfragebefehl wird auf syntaktische Korrektheit hin überprüft. Es wird ein Baum erstellt, der die Ausführungslogik der übermittelten Abfrage repräsentiert.

Überprüfung durch den Algebrizer

Im zweiten Schritt überprüft der Algebrizer Spalten und Tabellennamen sowie die Korrektheit zugeordneter Datentypen innerhalb der Abfrage. Es werden auch eventuell in der bisherigen logischen Baumstruktur vorhandene doppelte Operationen entfernt etc. Ziel dieses Schrittes ist es, den vom Parser erzeugten Baum weiter zu vereinfachen.

Optimierung

Der dritte Schritt übernimmt den vom Algebrizer erzeugten Baum und erstellt einen Ausführungsplan. Es wird entschieden, welche Indizes verwendet werden und in welcher Reihenfolge auf die involvierten Tabellen zugegriffen wird. Ein wichtiger Aspekt ist natürlich auch, wie die Verknüpfungen zwischen den Tabellen abgearbeitet werden.

Der Optimierer erstellt nicht nur einen Ausführungsplan, sondern mehrere. Für eine SQL-Abfrage führen in der Regel mehrere Lösungswege zum korrekten Ergebnis.

Aus den unterschiedlichen Ausführungsplänen, die vom Optimierer erstellt wurden, wird der Ausführungsplan mit den geringsten Kosten verwendet. Die Kosten werden nicht in Sekunden oder dergleichen angegeben, sondern sind eine vom Abfrageoptimierer erzeugte Kennzahl. Geringe Kosten stehen auch für eine schnelle Ausführungszeit. Der Optimierer nimmt letztendlich den Plan mit der geringsten Ausführungszeit für die Abfrage, um das Ergebnis zu liefern.

18.3.2 Der Plancache und die Wiederverwendung von Ausführungsplänen

Das Erstellen von Ausführungsplänen klingt sehr komplex, und trotzdem erledigt SQL Server diesen Vorgang innerhalb kürzester Zeit. Dennoch wäre es nicht sinnvoll und würde Zeit und Ressourcen (CPU-Last) kosten, für gleiche Abfragen jedes Mal einen neuen Ausführungsplan erstellen zu müssen. Aus diesem Grund gibt es den sogenannten *Plancache*, der bereits erstellte Ausführungspläne speichert, um sie eventuell wiederzuverwenden.

Bevor der Optimierer mit der Erstellung des Abfrageplans beginnt, wird im Plancache nachgesehen, ob sich darin bereits ein verwendbarer Ausführungsplan befindet. Ist das der Fall, wird die Abfrage unter Verwendung des gefundenen Plans gestartet.

```
-- SQL Server 2012
-- Anzeigen der im Plancache gespeicherten Abfragepläne
SELECT ECP.OBJTYPE AS TYP,
       DB_NAME(EST.DBID) AS DBNAME,
       EST.TEXT AS SQLBEFEHL,
       OBJECT_NAME(EST.OBJECTID,EST.DBID) AS OBJECTNAME,
       ECP.USECOUNTS AS ANZAHL_GENUTZT,
       EQP.QUERY_PLAN AS ABFRAGEPLAN
FROM SYS.DM_EXEC_CACHED_PLANS AS ECP
CROSS APPLY SYS.DM_EXEC_QUERY_PLAN(ECP.PLAN_HANDLE) AS EQP
CROSS APPLY SYS.DM_EXEC_SQL_TEXT(ECP.PLAN_HANDLE) AS EST;
```

Listing 18.4 Anzeigen der im Plancache gespeicherten Abfragepläne

18.3.3 SQL-Ausführungspläne richtig lesen

Ausführungspläne können Sie sich im SQL Server Management Studio (SSMS) zu Analysezwecken anzeigen lassen. Es gibt allerdings zwei Arten der Anzeige von Ausführungsplänen.

Geschätzter Ausführungsplan

Beim geschätzten Ausführungsplan wird die Abfrage nicht ausgeführt, sondern es wird Ihnen nur eine grafische Darstellung des Abfrageplans angezeigt. Hierzu klicken Sie (siehe Abbildung 18.1) in der Toolbar auf die Schaltfläche GESCHÄTZTEN AUSFÜHRUNGSPLAN ANZEIGEN.

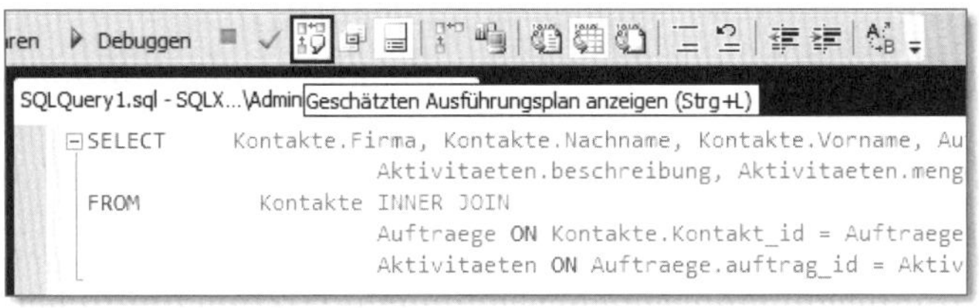

Abbildung 18.1 Schaltfläche zum Anzeigen des geschätzten Ausführungsplans im Management Studio

Tatsächlicher Ausführungsplan

Der tatsächliche Ausführungsplan führt die Abfrage aus und wird auf einer zusätzlichen Registerkarte grafisch dargestellt. Es werden auch mehr Informationen als im geschätzten Ausführungsplan angezeigt. Dies sind Informationen über verarbeitete Zeilen etc.

Hierzu klicken Sie in der Toolbar auf die Schaltfläche TATSÄCHLICHEN AUSFÜHRUNGSPLAN EINSCHLIESSEN (siehe Abbildung 18.2).

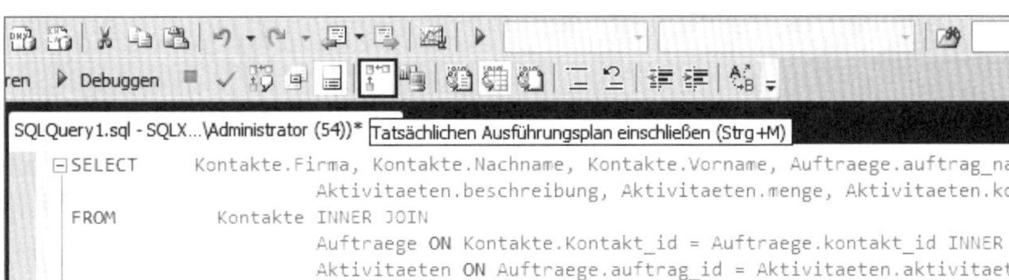

Abbildung 18.2 Schaltfläche zum Einschließen des tatsächlichen Ausführungsplans

Ein Ausführungsplan wird immer von rechts nach links und von unten nach oben gelesen. In einem Ausführungsplan stehen die Pfeile für den Datenfluss, und es werden immer die Kosten für die jeweilige Operation im Verhältnis zu den Gesamtkosten angezeigt. Wenn Sie den Mauszeiger über einen Operator oder einen Pfeil bewegen, öffnet sich wie in Abbildung 18.3 ein Tooltip-Fenster, in dem weitere Informationen eingeblendet werden.

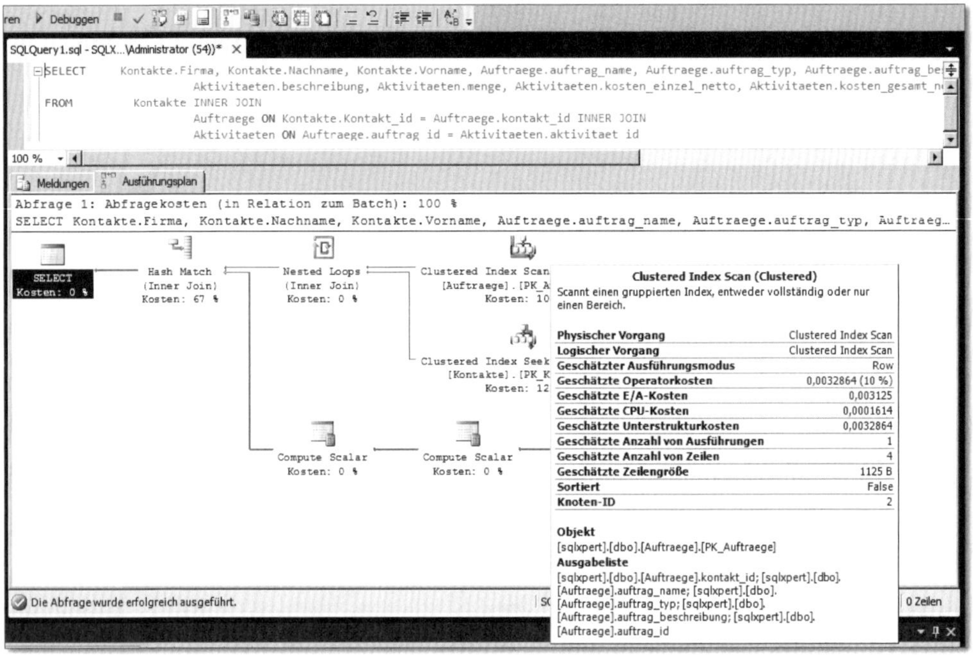

Abbildung 18.3 Anzeige eines Ausführungsplans im Management Studio

An der grafischen Anzeige eines Ausführungsplans erkennen Sie bereits, welche Operationen die meisten Kosten verursachen oder ob z.B. vorhandene Indizes ignoriert werden. Beachten Sie auch, dass Sie in einem Ausführungsplan nicht die einzelnen syntaktischen Elemente z.B. Ihrer `where`-Klausel wiederfinden. Der Ausführungsplan enthält die logischen Operationen, die aus der an den Optimierer übergebenen Abfrage resultieren.

Das Studieren von Ausführungsplänen ist allerdings eine komplexe Angelegenheit, und wenn Sie sich weiter in die Materie einarbeiten möchten, empfehlen wir Ihnen den Abschnitt »Analysieren einer Abfrage« in der SQL-Server-Dokumentation von Microsoft.

18.4 Der Datenbankoptimierungsratgeber

Wenn Sie Microsoft-SQL-Server-Datenbanken optimieren, sollten Sie eines der wichtigsten Tools nicht übersehen, denn es vereint jahrzehntelange Datenbankerfahrung, Entwicklung und einfache Bedienbarkeit mit hoher Effizienz.

Gemeint ist der *Database Tuning Advisor* – auf Deutsch: Datenbankoptimierungsratgeber –, kurz *DTA*, der mit dem SQL Server mit ausgeliefert wird. Lediglich in den Express-Editionen ist der Datenbankoptimierungsratgeber nicht enthalten.

Den DTA rufen Sie entweder über das Menü EXTRAS des Management Studios (siehe Abbildung 18.4) oder über den Menüpunkt LEISTUNGSTOOLS in der Programmgruppe von SQL Server 2012 auf (siehe Abbildung 18.5).

Abbildung 18.4 Aufruf des DTAs aus dem Management Studio

Abbildung 18.5 Aufruf des DTAs über die SQL-Server-Programmgruppe

Die Aufgabe des DTAs ist es, Arbeitsauslastungsdateien oder T-SQL-Skripte auszuwerten und Empfehlungen zu generieren. Diese Empfehlungen – die nichts anderes sind als generierte SQL-Anweisungen, die Indizes, Statistiken, partitionierte Tabellen und indizierte Views anlegen – haben das Ziel, die mit der Arbeitsauslastungsdatei oder dem Transact-SQL-Skript übergebenen SQL-Abfragen/-Anweisungen zu beschleunigen.

Was ist eine Arbeitsauslastungsdatei?

Arbeitsauslastungsdateien erstellen Sie mit dem SQL Server Profiler. Sie starten den SQL Server Profiler über das Menü START • SQL SERVER 2012 • LEISTUNGSTOOLS • SQL SERVER-PROFILER. Eine Arbeitsauslastungsdatei hat die Dateierweiterung *.trc*. Weitere Hinweise finden Sie in Kapitel 17, »Überwachen von SQL Server 2012«.

In Listing 18.5 sehen Sie eine typische, vom Datenbankoptimierungsratgeber vorgeschlagene Anweisung.

```
CREATE NONCLUSTERED INDEX [_dta_index_Person_12_1765581328__K1_5_6_7] ON
[Person].[Person]
(
   [BusinessEntityID] ASC
)
INCLUDE ([FirstName],
   [MiddleName],
   [LastName]) WITH (SORT_IN_TEMPDB = OFF, DROP_EXISTING = OFF, ONLINE =
OFF) ON [PRIMARY]
go
CREATE STATISTICS [_dta_stat_1765581328_1_7] ON [Person].[Person]([Business-
EntityID], [LastName])
go
```

Listing 18.5 Beispiel für durch den DTA generierte Empfehlungen

Sie können steuern, welche Arten von Empfehlungen der DTA generieren soll und welche nicht. Dazu rufen Sie die Registerkarte OPTIMIERUNGSOPTIONEN des DTAs auf, auf der Sie den DTA z.B. anweisen, keine Empfehlungen auf der Basis von Partitionen oder nur nicht gruppierte Indizes vorzuschlagen.

In der Microsoft-Onlinedokumentation finden Sie folgenden schönen Satz:

> *»Die Optimierung von Datenbanken mithilfe des Datenbankoptimierungsratgebers erfordert keine Erfahrung mit Datenbankstrukturen, Arbeitsauslastungen oder den internen Arbeitsfunktionen von SQL Server.«*

Es ist richtig, dass der DTA seine Empfehlungen auch generiert, wenn Sie selbst nicht genau wissen, was er da tut und was diese Empfehlungen bedeuten. Um die Resultate zu verstehen und gegebenenfalls selbst eingreifen zu können, benötigen Sie jedoch entsprechendes Basiswissen über gruppierte oder nicht gruppierte Indizes, Views und Partitionierung. Darüber hinaus sollten Sie auch damit vertraut sein, wie das Erstellen von Arbeitsauslastungsdateien mittels SQL Server Profiler funktioniert.

Probleme treten z.B. auf, wenn die dem DTA übergebene Arbeitsauslastungsdatei falsch erstellt wurde und nicht die für die Optimierung wichtigen Informationen enthält. Das kann schon daran liegen, dass die Arbeitsauslastungsdatei zur falschen Zeit angelegt wurde.

Ein Beispiel: Was, wenn Ihnen die Buchhaltung mitteilt, dass die Erstellung der Buchhaltungsberichte am Nachmittag unverhältnismäßig viel Zeit in Anspruch nimmt, Sie die Arbeitsauslastungsdatei aber am Vormittag generieren lassen, wenn die Buchhaltung keine Berichte erstellt?

In der Arbeitsauslastungsdatei werden die problematischen Abfragen, die am Nachmittag durch die Berichte erzeugt werden, nicht enthalten sein, und demnach wird der DTA diese auch nicht optimieren können.

Da die Empfehlungen des DTAs gegebenenfalls auch das Löschen von ineffektiven Indizes etc. vorschlagen, können durch das Löschen von Indizes, die unter Umständen noch benötigt werden, Folgeprobleme auftreten etc.

Damit sind wir auch schon bei einem wichtigen Punkt, wie die Arbeitsweise des DTAs zu sehen ist. Der DTA analysiert eine Datenbank nicht, indem ihm der Name der Datenbank mitgeteilt wird und er dann anhand der dort zu findenden Datenbankobjekte wie Tabellen, Trigger, gespeicherte Prozeduren, Views oder Daten etc. »überlegt«, was hier wohl am sinnvollsten wäre. Der DTA nutzt als Basis seiner Optimierungsanalysen und letztendlich seiner Empfehlungen immer Ablaufverfolgungsdateien, Ablaufverfolgungstabellen oder Transact-SQL-Skripte für die eigene Analyse der zu optimierenden Datenbank und für die Generierung der Empfehlungen.

Das heißt konkret: Ohne die Kenntnis realer SQL-Befehle, die auf der zu optimierenden Datenbank ausgeführt werden, gibt es auch keine Optimierung!

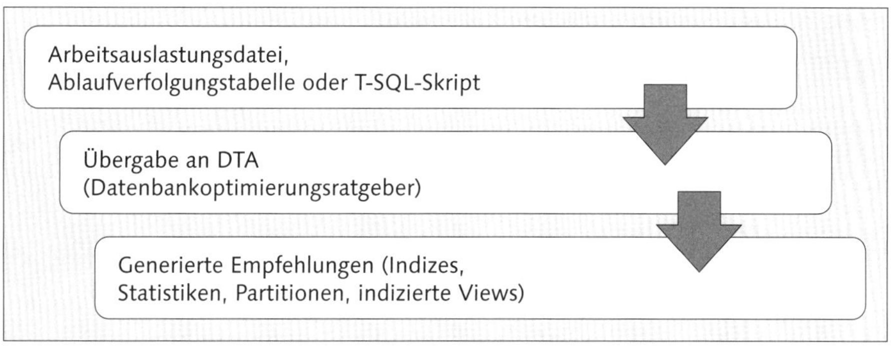

Abbildung 18.6 Vorgehensweise bei der Optimierung mit dem DTA

18.4.1 Beschreibung der Vorgehensweise

In den folgenden Abschnitten möchten wir Sie durch die einzelnen Bereiche des DTAs und die Phasen des Optimierungsprozesses führen. Hierbei werden wir Ihnen Funktionalitäten des DTAs ausführlich erläutern. Wir gehen hier jedoch nicht auf jede im DTA enthaltene Option ein, sondern erläutern vielmehr ein nach unseren Erfahrungen und Einschätzungen in der Praxis häufig vorkommenden Ablauf.

Des Weiteren gehen wir davon aus, dass eine entsprechende Arbeitsauslastungsdatei bereits vorhanden ist. Wie Sie Ablaufverfolgungsdateien erstellen, erfahren Sie in Kapitel 17, »Überwachen von SQL Server 2012«.

Nach dem Start des DTAs befinden Sie sich automatisch auf der Registerkarte ALLGEMEIN der Oberfläche des DTAs (siehe Abbildung 18.7).

Kommandozeilenversion des DTAs

Den DTA können Sie auch über die Kommandozeile mittels *dta.exe* starten, dann stehen Ihnen zusätzliche Optionen zur Verfügung (z.B. Definieren eines Testservers oder Bestimmung der Anzahl der zu analysierenden Auslastungselemente). In diesem Abschnitt nutzen wir die grafische Benutzeroberfläche, die zwar weniger Optionen als die Kommandozeilenversion zulässt, aber eine professionelle und komfortablere Optimierung erlaubt.

Hinweis

Das Verhalten nach dem Start des DTAs können Sie im Menü EXTRAS • OPTIONEN... festlegen und einstellen, ob beim Starten eine neue Sitzung angelegt oder eine leere Umgebung angezeigt werden soll. Somit ist es möglich, dass Sie nicht mit dem Anlegen einer neuen Optimierungssession beginnen, die standardmäßig voreingestellt ist.

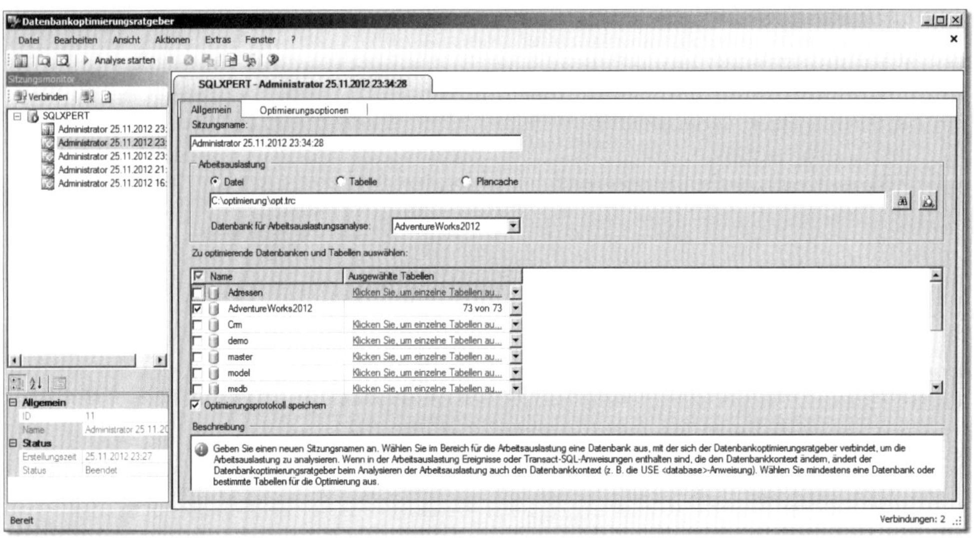

Abbildung 18.7 Oberfläche des DTAs nach dem Start

18.4.2 Registerkarte »Allgemein«

Im linken Bereich, dem SITZUNGSMONITOR, sehen Sie Ihre aktuellen Sessions bzw. Optimierungssitzungen. Hier werden alle durchgeführten Optimierungssitzungen gespeichert, und Sie können ältere Optimierungsergebnisse bei Bedarf durch einen

Klick darauf wieder anzeigen oder Einstellungen von vorherigen Sitzungen durch Klonen (Kopieren) der Sitzung übernehmen.

Der DTA legt beim Start in der Standardeinstellung automatisch eine neue Sitzung an und vergibt einen zutreffenden Sitzungsnamen, der in der Regel aus dem Datenbankbenutzer, dem Datum und der Uhrzeit besteht. Sie können diesen Sitzungsnamen natürlich entsprechend anpassen, damit Sie bei mehreren Optimierungen die Sitzungen auseinanderhalten können.

Im rechten Bereich, der Registerkarte ALLGEMEIN, sehen Sie die zugewiesenen oder zuzuweisenden Parameterdetails der ausgewählten oder neu angelegten Optimierungssitzung.

Hier wählen Sie die Arbeitsauslastungsdatei sowie die zu optimierende Datenbank und die zugehörigen Tabellen aus, die der DTA für seine Analyse benötigt. Im Bereich ARBEITSAUSLASTUNG geben Sie an, in welcher Form Ihre Arbeitsauslastungsdaten vorliegen. Sie haben die Wahl zwischen DATEI, TABELLE und PLANCACHE.

Wählen Sie demnach für *.trc-Dateien* die Option DATEI, und öffnen Sie durch einen Klick auf die Schaltfläche mit dem Fernglassymbol den Dateiauswahldialog, um die Auslastungsdatei zu laden.

Sollten Ihnen die Daten in Form einer Datenbanktabelle vorliegen, wählen Sie die Option TABELLE und klicken ebenfalls auf die Fernglasschaltfläche. In diesem Fall müssen Sie die entsprechenden Verbindungsdaten zur Datenbank angeben und die Tabelle auswählen, die die Arbeitsauslastungsdaten enthält.

Mit SQL Server 2012 hinzugekommen ist die Option *Plancache*. Hier können Sie den DTA anweisen, die notwendigen Auslastungsdaten aus dem Plancache (siehe Abschnitt 18.3.2, »Der Plancache und die Wiederverwendung von Ausführungsplänen«) von SQL Server zu holen. Da im Plancache im Prinzip die wichtigsten kompilierten Abfragepläne enthalten sind, kann diese Option ein nützliches Feature bezüglich aktuell ausgeführter Anweisungen und deren Optimierung sein.

Auf eine der genannten unterschiedlichen Weisen teilen Sie dem DTA also mit, wo er die Daten der Arbeitsauslastung und damit die zu analysierenden T-SQL-Befehle findet.

18.4.3 Registerkarte »Optimierungsoptionen«

Durch einen Klick auf die Registerkarte OPTIMIERUNGSOPTIONEN wechseln Sie in den Dialog zum Festlegen verschiedener Optionen, die das Optimierungsverhalten des DTAs steuern. Damit bestimmen Sie auch, was der DTA in seinen generierten Empfehlungen vorschlagen darf und was nicht. Dies sind wichtige Einstellungen: Es ist nämlich wenig sinnvoll, sich vom DTA z.B. gruppierte Indizes oder indizierte Views vorschlagen zu lassen, wenn Sie diese unter Umständen gar nicht einsetzen möchten oder können, da sie nicht verändert werden dürfen.

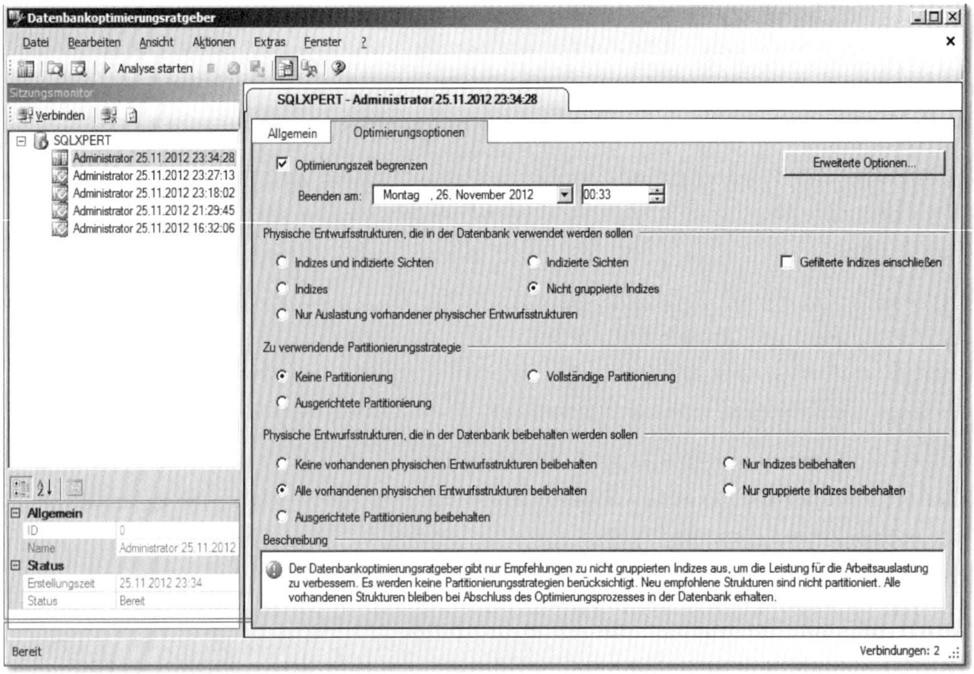

Abbildung 18.8 DTA mit geöffneter Registerkarte »Optimierungsoptionen«

Unter OPTIMIERUNGSZEIT BEGRENZEN geben Sie an, wie lange die Optimierungsanalyse dauern soll. Hier empfehlen wir, für den ersten Anlauf auf jeden Fall den Standardwert von einer Stunde beizubehalten. Vergessen Sie nicht, durch Setzen des Häkchens in der Checkbox OPTIMIERUNGSZEIT BEGRENZEN (siehe Abbildung 18.8) die zeitliche Begrenzung tatsächlich zu aktivieren.

Je nachdem, wie groß die Arbeitsauslastungsdateien sind, kann der vollständige Analysevorgang sehr lange dauern. Die Begrenzung ermöglicht auch eine Einschätzung, ob überhaupt sinnvolle Empfehlungen generiert werden. Sollte dies der Fall sein, können Sie natürlich durchaus die Begrenzung erhöhen oder sogar ganz entfernen. Jedoch sollten Sie sich in diesem Fall auf eine längere Wartezeit einstellen. Dies dürfte bei großen Arbeitsauslastungsdateien der Fall sein.

Wir setzen in unserer täglichen Praxis immer eine zeitliche Begrenzung, da wir nicht im Ungewissen bleiben möchten, ob der DTA drei Stunden oder drei Tage für seine Analyse benötigen wird. Es kann übrigens ratsam sein, eine kleinere Zeitbegrenzung

(20 Minuten) einzustellen, um zu sehen, ob überhaupt etwas empfohlen wird und der DTA etwas mit den Arbeitsauslastungsdaten anfangen kann.

Es ist in der Tat unbefriedigend, an einem Arbeitstag nach Stunden der Erwartung überhaupt keine Empfehlung, sondern lediglich ein umfangreiches, mit Fehlern gespicktes Optimierungsprotokoll (siehe Abschnitt 18.4.4, »Registerkarte ›Status‹«) zu erhalten. Und das nur deshalb, weil der DTA mit der Arbeitsauslastung nichts anfangen konnte oder einen Großteil davon ignoriert hat.

Im Prinzip ist die beschriebene Vorgehensweise daher eine Art, die übergebenen Parameter zu testen.

Hinweis

Über die Kommandozeilenversion des DTAs können Sie auch die Anzahl der auszuwertenden Ereignisse in der Auslastungsdatei mit dem Argument -n begrenzen.

Unterhalb der Option OPTIMIERUNGSZEIT BEGRENZEN folgen drei Bereiche, in denen Sie festlegen, was in den Empfehlungen enthalten sein darf und was nicht, z.B. ob Strukturen verändert werden dürfen oder beibehalten werden müssen. In den Tabellen 18.1, 18.2 und 18.3 erhalten Sie eine Auflistung darüber, was sich hinter den Optionen in den einzelnen Abschnitten verbirgt.

Option	Erklärung
INDIZES UND INDIZIERTE SICHTEN	Gruppierte Indizes, nicht gruppierte Indizes und indizierte Sichten werden hinzugefügt.
INDIZES	Es werden nur Indizes hinzugefügt.
INDIZIERTE SICHTEN	Ausschließlich indizierte Sichten werden hinzugefügt.
NICHT GRUPPIERTE INDIZES	Es werden ausschließlich nicht gruppierte Indizes hinzugefügt.
GEFILTERTE INDIZES EINSCHLIE–EN	Es werden auch gefilterte Indizes eingeschlossen.
NUR AUSLASTUNG VORHANDENER PHYSISCHER ENTWURFSSTRUKTUREN BEWERTEN	Bei dieser Option werden nie neue Strukturen vorgeschlagen, sondern es werden nur die vorhandenen physischen Entwurfsstrukturen bewertet. Neue Strukturen werden dabei nicht hinzugefügt.

Tabelle 18.1 Optionen im Bereich »Physische Entwurfsstrukturen, die in der Datenbank verwendet werden sollen«

Option	Erklärung
KEINE PARTITIONIERUNG	In den generierten Empfehlungen wird Partitionierung **nicht** verwendet.
VOLLSTÄNDIGE PARTITIONIERUNG	In den generierten Empfehlungen wird Partitionierung verwendet.
AUSGERICHTETE PARTITIONIERUNG	Es werden nur Partitionen empfohlen, die an vorhandenen Partitionen der zugrunde liegenden Tabellen oder Sichten ausgerichtet sind.

Tabelle 18.2 Optionen im Bereich »Zu verwendende Partitionierungsstrategie«

Option	Erklärung
KEINE VORHANDENEN PHYSISCHEN ENTWURFSSTRUKTUREN BEIBEHALTEN	Alle vorhandenen physischen Entwurfsstrukturen werden gelöscht. In Verbindung mit der Option NUR AUSLASTUNG VORHANDENER PHYSISCHER ENTWURFSSTRUKTUREN BEWERTEN werden nur die aktuellen physischen Entwurfsstrukturen bewertet, um festzulegen, ob sie gelöscht werden können. Nur Löschen-Modus.
ALLE VORHANDENEN PHYSISCHEN ENTWURFSSTRUKTUREN BEIBEHALTEN	Es werden alle vorhandenen Strukturen beibehalten. Es wird nichts gelöscht.
AUSGERICHTETE PARTITIONIERUNG BEIBEHALTEN	Es werden nur Partitionen vorgeschlagen, die an vorhandenen Partitionen der zugrunde liegenden Tabellen oder Views ausgerichtet sind.
NUR INDIZES BEIBEHALTEN	Es werden nur Indizes beibehalten, alle anderen Strukturen werden gelöscht.
NUR GRUPPIERTE INDIZES BEIBEHALTEN	Nur gruppierte Indizes werden beibehalten, alle anderen Strukturen werden gelöscht.

Tabelle 18.3 Optionen im Bereich »Physische Entwurfsstrukturen, die in der Datenbank beibehalten werden sollen«

Nachdem Sie diese Einstellungen vorgenommen haben, starten Sie die Analyse. Klicken Sie dazu in der oberen Symbolleiste auf ANALYSE STARTEN (siehe Abbildung 18.9).

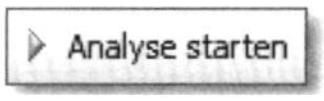

Abbildung 18.9 Schaltfläche zum Starten der Optimierungsanalyse

Der DTA beginnt nun auf Basis der von Ihnen vorgegebenen Parameter mit seiner Analyse.

18.4.4 Registerkarte »Status«

Nach dem Start der Analyse wird eine weitere Registerkarte mit Namen STATUS eingeblendet und auf diese gewechselt. Wie der Name schon sagt, wird hier der aktuelle Status des Analysefortschritts angezeigt.

Sie sehen jetzt verschiedene Phasen, die der DTA im Zuge der Analyse abarbeitet. Die letzte dieser Phasen lautet EMPFEHLUNGEN WERDEN GENERIERT.

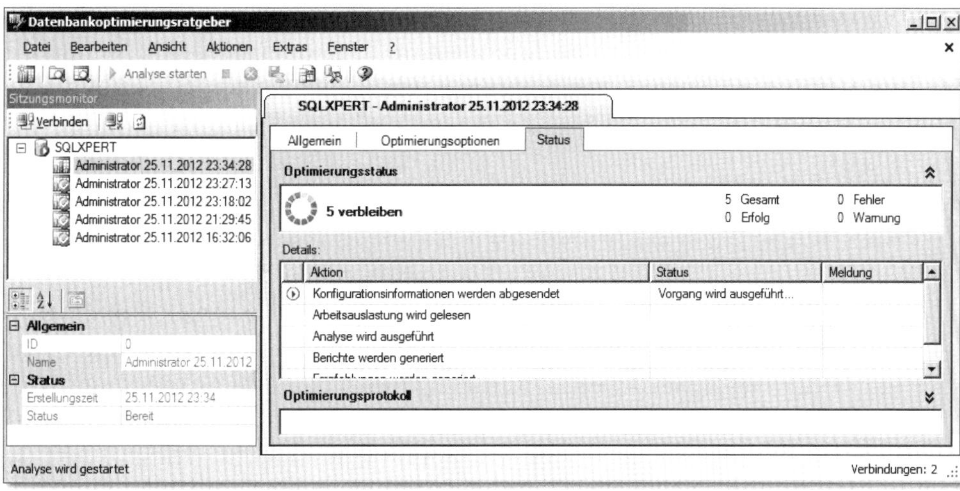

Abbildung 18.10 Registerkarte »Status« des DTAs

Tabelle 18.4 erläutert die einzelnen Phasen und Aktionen, die Ihnen auf der Registerkarte STATUS angezeigt werden.

Option	Erklärung
KONFIGURATIONSINFORMATIONEN WERDEN ABGESENDET	Übertragen der Konfigurationsoptionen

Tabelle 18.4 Auflistung und Beschreibung der Phasen der Registerkarte »Status«

Option	Erklärung
ARBEITSAUSLASTUNG WIRD GELESEN	In dieser Phase wird die an den DTA übergebene Arbeitsauslastungsdatei analysiert. Sollte es hier zu Problemen kommen, z. B. aufgrund einer falschen Auslastungsdatei, wird ein Fehler mit einer entsprechenden Nachricht generiert, und die Analyse wird abgebrochen. Ein mögliches Problem ist beispielsweise, dass die falsche Datenbank ausgewählt wurde und die Daten demnach nicht konform mit der zu optimierenden Datenbank sind. Dies wird auch im unteren Optimierungsprotokoll angezeigt.
ANALYSE WIRD DURCHGEFÜHRT	Hier findet die Analyse statt, und es wird während der Analyse sogar die zum aktuellen Zeitpunkt geschätzte Verbesserung angezeigt.
BERICHTE WERDEN GENERIERT	Hier werden die Berichte generiert, die nach Abschluss der Analyse über die Registerkarte BERICHTE angesehen werden können.
EMPFEHLUNGEN WERDEN GENERIERT	Anzeige des Status »Empfehlungen werden generiert«

Tabelle 18.4 Auflistung und Beschreibung der Phasen der Registerkarte »Status« (Forts.)

Weiter unten in der Maske (siehe Abbildung 18.10) sehen Sie den Eintrag OPTIMIERUNGSPROTOKOLL. Das Optimierungsprotokoll sollten Sie sich stets ansehen, denn hier werden Ereignisse der Arbeitsauslastung protokolliert, die nicht optimiert werden können. Solche Fehler und Meldungen werden in dieses Protokoll geschrieben – ein wichtiger Indikator, um zu sehen, ob es Probleme mit der Auslastungsdatei etc. gibt. Tabelle 18.5 beschreibt die einzelnen Spalten des Optimierungsprotokolls.

Option	Erklärung
CATEGORYID	Ordnet dem Ereignis eine dreistellige ID mit vorangestelltem Präfix zu. Diese ID wird allen Instanzen des zugehörigen Fehlers zugewiesen und ermöglicht so ein Durchsuchen der Optimierungsprotokolltabelle nach zugehörigen Einträgen zum Fehler. Das Präfix untergliedert die Datensätze in folgende Kategorien: ▸ S: Fehler (Anweisung oder Arbeitsauslastung) ▸ C: Fehler mit Einschränkung verbunden ▸ E: mit Server verbundener Fehler

Tabelle 18.5 Spaltenbeschreibungen des Optimierungsprotokolls

Option	Erklärung
EREIGNIS	Entspricht einem zugeordneten Ereignis, das aufgetreten ist oder auf das Bezug genommen wird. Das kann ein Batch, eine gespeicherte Prozedur etc. sein. Die Spalte kann aber auch leer sein, da es auch Meldungen gibt, die keinem Ereignis zugeordnet werden können.
ANWEISUNG	die dem Ereignis zugeordnete Anweisung (Befehl)
HÄUFIGKEIT	Gibt an, wie oft der Datensatz vorkommt.
URSACHE	Ursache, warum die Anweisung nicht optimiert werden konnte. Diese Meldung berücksichtigt Meldungen des DTAs, SQL Servers und auch Meldungen von ODBC-Treibern etc.

Tabelle 18.5 Spaltenbeschreibungen des Optimierungsprotokolls (Forts.)

Weitere Informationen zu den Meldungen des Optimierungsprotokolls finden Sie unter: *http://technet.microsoft.com/de-de/library/ms175881.aspx*.

Nachdem der DTA seine Analyse beendet hat, werden zwei weitere Registerkarten eingeblendet: EMPFEHLUNGEN und BERICHTE.

18.4.5 Registerkarte »Empfehlungen«

18

Wie der Name schon vermuten lässt, stellt die Registerkarte EMPFEHLUNGEN die Ergebnisse der Analyse dar. Wenn diese Registerkarte eingeblendet wird, ist die DTA-Analyse beendet, und die Empfehlungen wurden erstellt (oder auch nicht, wenn es nichts zu optimieren gab). Der Wechsel auf diese Registerkarte (siehe Abbildung 18.11) erfolgt automatisch.

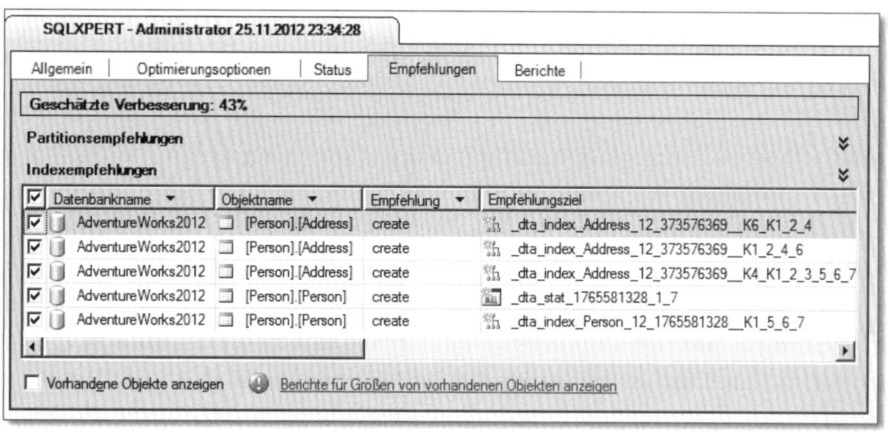

Abbildung 18.11 Generierte Empfehlungen im DTA

Ein sehr interessanter Punkt ist die Anzeige GESCHÄTZTE VERBESSERUNG. Hier liefert Ihnen das Programm eine Prognose, wie hoch der Performancegewinn sein dürfte, wenn die generierten Empfehlungen angewendet werden. Die geschätzte Verbesserung wird in Prozent angegeben.

Darunter finden Sie die Darstellungen der vorgeschlagenen Empfehlungen in Form einer Tabelle, kategorisiert nach Empfehlungsart. Es werden DATENBANKNAME, OBJEKTNAME (hiermit ist das Datenbankobjekt gemeint, für das die Empfehlung generiert wurde), EMPFEHLUNG, EMPFEHLUNGSZIEL, DETAILS, PARTITIONIERUNGSSCHEMA, GRÖSSE (KB) und DEFINITION angezeigt.

Um sich einzelne Empfehlungen anzusehen, scrollen Sie horizontal, bis die Tabellenspalte DEFINITION zu sehen ist, und klicken auf den Link. Es öffnet sich ein Fenster, das den SQL-Befehl anzeigt, der die Optimierung umsetzt.

Sie können nun prinzipiell auf zwei Arten fortfahren:

- Wenden Sie die Empfehlungen direkt an, indem Sie im Menü AKTIONEN den Menüpunkt EMPFEHLUNGEN ANWENDEN... auswählen und den Zeitpunkt (sofort oder zu einem späteren Zeitpunkt) für die Anwendung festlegen.
- Sie können – und das empfehlen wir Ihnen sehr – die Empfehlungen speichern und vor der Anwendung analysieren und nachbearbeiten.

Diese Auswahl der Möglichkeiten bietet sich Ihnen, wenn Sie wie in Abbildung 18.12 das Menü AKTIONEN des DTAs öffnen.

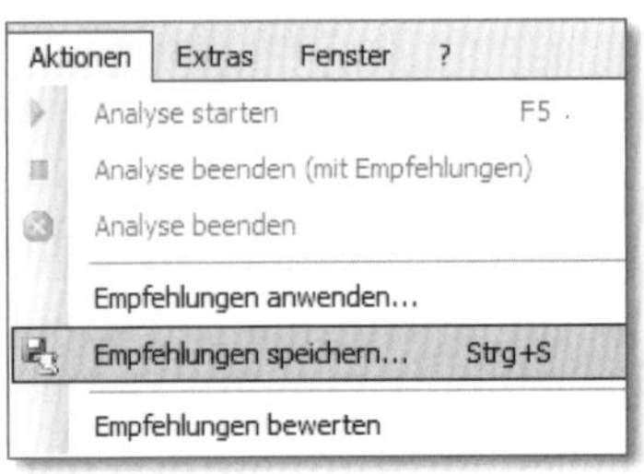

Abbildung 18.12 Menü »Aktionen« des DTAs

Warum sollten Sie die generierten Empfehlungen speichern und analysieren? Die vom DTA generierten Empfehlungen sind sehr hochwertig. Es ist jedoch keine gute Idee, jeden vorgeschlagenen Index oder jede Partitionierung sofort in der Datenbank anzulegen. Je nachdem, welche Daten dem DTA in der Auslastungsdatei übergeben werden, kann es sein, dass z.B. Indizes für alle möglichen Variationen empfohlen werden, obwohl diese aus optimierungstechnischen Gründen nicht unbedingt notwendig sind. Damit meinen wir nicht, dass die Indexempfehlungen des DTAs falsch sind, sondern es kann vielmehr sein, dass Sie diese nicht unbedingt anwenden müssen, um Ihr Optimierungsproblem zu lösen. Kurz und gut, die Datenbank ist unter Umständen auch ohne einige erstellte Indizes schnell. Der DTA meint es gewissermaßen zu gut, und natürlich schlägt er auf der Grundlage der Auslastungsdatei Verbesserungen vor, wo er die Möglichkeiten dazu sieht.

Ob Sie allerdings für eine Tabelle nur fünf oder doch 50 Indizes angelegt haben, ist ein Unterschied. Beim Eingeben oder Ändern von Daten in dieser Tabelle müssen immer auch die betreffenden Indizes aktualisiert werden, und auch das kostet Zeit. Es könnte also vorkommen, dass Sie zwar durch die Anlage von allen vorgeschlagenen oder vielen Indizes die Geschwindigkeit der Abfragen verbessern, dafür aber Datenaktualisierungen verlangsamen und neue Probleme schaffen.

Hier ist Vorsicht geboten, und Sie sollten genau einschätzen können, welche Empfehlungen in welchem Maß notwendig sind und was sie bewirken. Hier kommen wesentlich Ihr Fachwissen und eine spezielle Fähigkeit des Menschen zum Tragen: nämlich die Fähigkeit, Zusammenhänge zu erkennen und zu prüfen. Auf dieser Basis sollten Sie auch hier die von SQL Server generierte Empfehlung einer nochmaligen Qualitätsprüfung unterziehen.

Was Sie dazu benötigen, liefert Ihnen die Software: Sie haben die Möglichkeit, sich die generierten Empfehlungen in Form einer SQL-Datei ausgeben zu lassen. Diese SQL-Datei können Sie im SQL Server Management Studio und anderen Texteditoren bearbeiten.

Es könnte ja sein, dass Sie bestimmte Empfehlungen entfernen oder die vergebenen Namen entsprechend ändern möchten. Der DTA vergibt nämlich teilweise sehr lange und (unserer Meinung nach) unpraktische Namen, die wir in der täglichen Praxis meistens in sinnvollere Bezeichnungen abändern.

Wie werden Empfehlungen abgespeichert?

Wählen Sie zum Speichern von Empfehlungen einfach im Menü AKTIONEN den Menüpunkt EMPFEHLUNGEN SPEICHERN... aus (siehe Abbildung 18.12). Es erscheint dann ein SPEICHERN UNTER-Dialog, mit dem Sie die Empfehlungen als SQL-Datei abspeichern können.

Sind Sie mit den generierten oder nachbearbeiteten Empfehlungen in Form einer T-SQL-Skriptdatei zufrieden, können Sie diese wie jedes T-SQL-Skript in Ihrer zu optimierenden Datenbank anwenden.

18.4.6 Registerkarte »Berichte«

Mit Abschluss der Optimierungsanalyse des DTAs wird neben der Registerkarte EMPFEHLUNGEN auch die Registerkarte BERICHTE eingeblendet. Hier werden außer einigen sehr nützlichen Berichten über die zu erwartenden Verbesserungen auch Daten dargestellt, die auf der Grundlage der ausgewerteten Arbeitsauslastungsdaten erstellt wurden. Die Berichte können als XML- oder Textdaten abgespeichert werden.

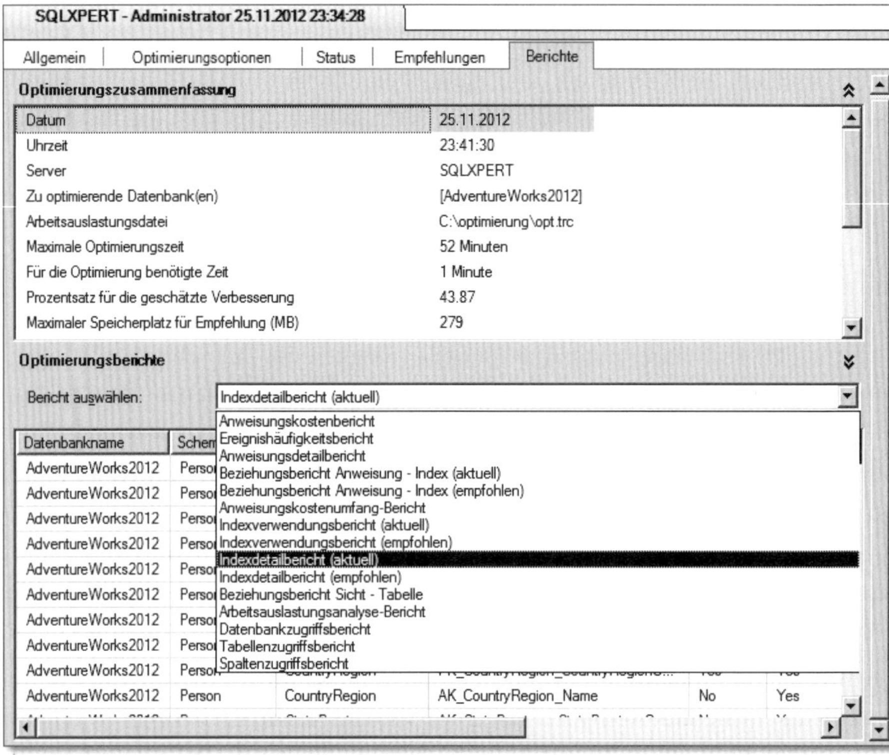

Abbildung 18.13 Registerkarte »Berichte« im DTA

Eine Übersicht über die einzelnen Berichte und ihre Bedeutung finden Sie hier: *http://technet.microsoft.com/de-de/library/ms189106.aspx.*

18.4.7 Fragen und Antworten

Frage: Arbeitet der DTA schneller, wenn ich unter OPTIONEN die Optimierungszeit begrenze?

Antwort: Der DTA arbeitet nicht schneller, sondern er arbeitet die übergebene Arbeitsauslastungsdatei nur bis zu dem Punkt ab, an dem er aufgrund der begrenzten Zeit abbrechen muss, um die Begrenzung der Optimierungszeit einhalten zu können.

Frage: Ist es besser, eine Arbeitsauslastungsdatei im Datenbanktabellenformat oder im Dateiformat zu erstellen?

Antwort: Das hängt ganz von den Umgebungsbedingungen ab. Die Dateivariante hat den Vorteil, dass Sie die Arbeitsauslastungsdaten wie normale Dateien schnell kopieren, packen und verschicken können.

Wenn Sie Auslastungsdateien in Datenbanktabellenform vorliegen haben, können Sie diese leichter auswerten, da Sie diese besser (mittels `SELECT`-Anweisung) abfragen können.

Zum Beispiel könnten Sie sich aus den Auslastungsdaten nur `SELECT`-Anweisungen über eine bestimmte Tabelle ausgeben lassen oder nur Anweisungen eines bestimmten Users herausfiltern. Auf dieser Basis können Sie bestimmte Details optimieren, indem Sie gewisse Aspekte herausfiltern, die für Sie nicht interessant sind, und damit auch die DTA-Optimierungslaufzeit beschleunigen. Sie erstellen sozusagen eine neue Auslastungstabelle, die nur entsprechende Auslastungsdaten enthält.

Die SQL-Anweisung zur Erstellung einer neuen Auslastungstabelle durch Filterung einer anderen lautet:

```
SELECT * INTO tabelle_neue_auslastungsdaten FROM tabelle_basisauslastungsdaten WHERE duration > 1000000
```

Sollte Ihnen eine *.trc-Datei* vorliegen, können Sie diese mittels SQL Server Profiler laden und dann als Datenbanktabelle abspeichern.

Frage: Wie könnte ein Optimierungsszenario aussehen?

Antwort: Ein kleines Beispiel: Sie sitzen in Berlin und möchten für eine Abteilung oder einen Kunden, der in Hamburg sitzt, die Produktivdatenbank optimieren, die Sie zuvor in Kopie auf Ihrem System in Berlin als Testdatenbank eingerichtet haben.

Der Ablauf könnte sich so gestalten: Die Abteilung in Hamburg schickt Ihnen immer die regelmäßig (im Rahmen des Optimierungsprozesses) aktuell erstellten Auslastungsdateien über das Internet. Diese Dateien stellen Sie Ihrem DTA zur Verfügung. Der DTA generiert Empfehlungen, und nachdem Sie diese begutachtet und auf Ihrer Testdatenbank eingespielt haben, schicken Sie sie via Internet nach Hamburg, wo diese eingespielt werden können. Jetzt erstellt Hamburg erneut Auslastungsdateien der Datenbank, die bereits die letzten Empfehlungen enthält, und schickt sie Ihnen wieder zu. Sie generieren erneut Empfehlungen, die Sie dann wieder nach Hamburg schicken, wo diese erneut eingespielt werden etc. So erreichen Sie eine rollierende Optimierung, die sich immer näher an das Optimum herantastet bzw. herantasten sollte.

Der Nachteil bei der soeben beschriebenen Variante ist, dass Testdatenbank und Produktivdatenbank wahrscheinlich andere Hardwareparameter verwenden und die Hardwareparameter des Produktivservers dem DTA bei dieser Methode nicht zur

Verfügung stehen. In der Praxis konnten trotz dieses Nachteils dennoch sehr zufriedenstellende Ergebnisse erzielt werden.

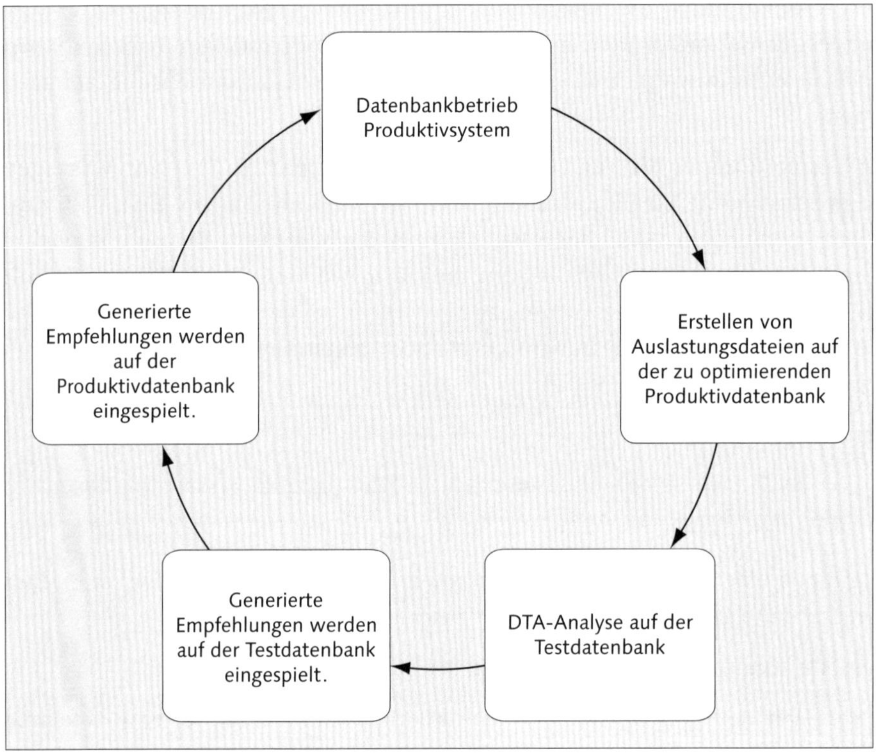

Abbildung 18.14 Optimierungsszenario mit DTA

Beachten Sie, dass es in der Kommandozeilenversion des DTAs in SQL Server 2012 die Möglichkeit gibt, einen Testserver anzugeben. Dies ermöglicht es, trotz unterschiedlicher Hardwareparameter die Optimierung mithilfe der Hardwareparameter des Produktivservers durchzuführen. Diese Möglichkeit ist jedoch bei der grafischen Oberfläche nicht gegeben.

Frage: Wie oft muss ich optimieren?

Antwort: Sehen Sie die Optimierung als fortlaufenden Prozess. Die Anforderungen an Datenbanken können sich durch Erweiterungen, Weiterentwicklungen oder neue Abfragen ständig verändern. Entsprechende Indizes oder andere physikalische Strukturen müssen demzufolge angepasst werden, insbesondere dann, wenn Performanceprobleme auftreten.

Sie müssen so oft optimieren, wie es die Leistung Ihrer Datenbank verlangt. Dies ist abhängig von der Situation und kann nicht pauschalisiert werden. Bei einigen Datenbanken reicht eine einzige Optimierung, und die Performance ist für unbegrenzte Zeit sehr gut; bei anderen Datenbanken, die eventuell stark anwachsen oder die sich ständig durch Entwicklungen verändern, ist eine regelmäßige Optimierung notwendig. Natürlich hängt dies auch davon ab, ob die Datenmenge der Datenbank kontinuierlich zunimmt oder Sie die Datenbankstruktur aufgrund von weiteren Entwicklungen verändern.

In der Regel merken Sie spätestens dann, dass eine Datenbank optimiert werden muss, wenn ein Kollege oder der Kunde Sie auf die immer schlechter werdende Performance aufmerksam macht. Nicht immer ist allerdings eine schlechte Performance auf die Datenbank zurückzuführen. Es kann auch an anderen Parametern liegen, z.B. an der Hardware, dem Betriebssystem oder dem Übertragungsmedium, Ihrem Netzwerk.

Sie sollten es aber nicht so weit kommen lassen und die Leistungsparameter (E/A-Operationen, CPU-Time etc.) Ihrer Datenbank entsprechend überwachen.

Frage: Kann ich auch eine einzelne SQL-Anweisung optimieren lassen?

Antwort: Ja. Markieren Sie dazu diese SQL-Anweisung im SQL Server Management Studio, klicken Sie mit der rechten Maustaste darauf, und wählen Sie aus dem Kontextmenü den Menüpunkt ABFRAGE IN DATENBANKOPTIMIERUNGSRATGEBER ANALYSIEREN aus (Abbildung 18.15). Die Abfrage wird dem DTA zur Analyse übergeben.

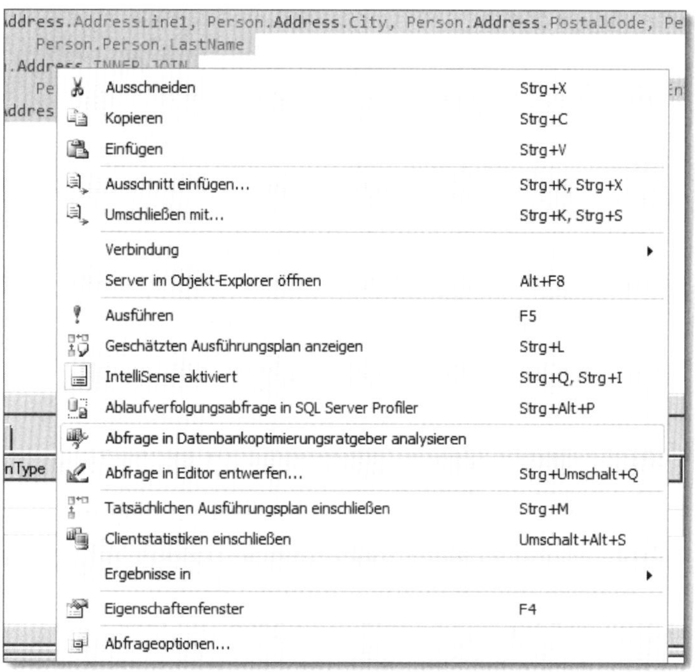

Abbildung 18.15 Aufruf des DTAs aus dem Management Studio zum Analysieren einer einzelnen Abfrage

18.5 Ressourcenkontrolle Resource Governor

Die Ressourcenkontrolle gibt Ihnen seit SQL Server 2008 die Möglichkeit, innerhalb einer SQL-Server-Instanz Ressourcen zuzuordnen. Mit SQL-Server-Versionen war dies nicht möglich. Alle Anwendungen, die innerhalb einer Instanz von SQL Server 2005 und früher liefen, waren untereinander gleichberechtigt. Ressourcen wurden dahin gehend verteilt, dass alle Anwendungen möglichst gleich zum Zuge kamen oder indem SQL Server die Verteilung nach bestem Wissen und Gewissen vornahm. Das ist natürlich in vielen Fällen absolut in Ordnung, da SQL Server am besten weiß, welche Ressourcen er wie verteilen soll. Unter bestimmten Umständen ist dies jedoch nicht unbedingt immer von Vorteil. Stellen Sie sich vor, dass ein umfangreicher aufgerufener Report auf einem Produktivsystem, wie z.B. einem Buchungssystem, derartig viel CPU- und Hauptspeicherressourcen verbraucht, dass die eigentlich wichtigen Buchungsprozesse dadurch behindert und eingeschränkt werden.

Mit der SQL-Server-Ressourcenkontrolle ist es jetzt möglich, den Ressourcenverbrauch (CPU, Hauptspeicher) gewisser Anwendungen innerhalb einer SQL-Server-Instanz zu beschränken, damit diese bei intensiven, ressourcenfressenden Aufgaben die Datenbank nicht so stark verlangsamen, dass produktives Arbeiten unmöglich wird. Die Ressourcenkontrolle ist demnach ein Schutz vor Anwendungen, die zu viele Ressourcen verbrauchen. Es findet eine Priorisierung statt.

Die Ressourcenkontrolle arbeitet *connect-bezogen*. Das bedeutet, dass sie anhand der Benutzeranmeldung bestimmt, in welchen Ressourcengrenzen die damit einhergehenden abzuarbeitenden Befehle laufen.

18.5.1 Ressourcenpools

Zu diesem Zweck werden sogenannte *Ressourcenpools* definiert. Ressourcenpools können Sie sich als Gruppen vorstellen, die die physischen Ressourcen des SQL Servers wie eine weitere virtuelle Instanz repräsentieren. Einem Ressourcenpool weisen Sie die minimal und maximal zu verbrauchenden Ressourcen zu.

Dies sind konkret:

- minimaler und maximaler CPU-Prozentsatz
- minimaler und maximaler Arbeitsspeicherprozentsatz

Diese Minimal- und Maximalwerte stellen die garantierte Mindestverfügbarkeit der Ressourcen des Pools dar.

18.5.2 Arbeitsauslastungsgruppen

Den Ressourcenpools ordnen Sie genau definierte Arbeitsauslastungsgruppen zu. Für diese Arbeitsauslastungsgruppen vergeben Sie konkrete Ressourcengrenzen wie Arbeitsspeicherzuweisung in Prozent, CPU-Zeit (Sekunden), Grad an Parallelität.

Diese Ressourcengrenzen können Sie während des laufenden Betriebs ändern. Das bedeutet, dass es möglich ist, gewisse Abfragen zu beschleunigen, die plötzlich schneller ausgeführt werden müssen. Dies kann z.B. dann notwendig sein, wenn ein Bericht, der selten ausgeführt wird, aufgrund zusätzlich freier Ressourcen nun doch beschleunigt werden soll.

18.5.3 Klassifizierungsfunktion

Mithilfe einer sogenannten *Klassifizierungsfunktion* bestimmen Sie, welche Anmeldung welcher Arbeitsauslastungsgruppe zugewiesen wird. Es geht also darum, in welchem Ressourcenpool die Anmeldung ausgeführt wird. Die Klassifizierungsfunktion wird in der Datenbank »master« angelegt.

```
USE [MASTER]
GO
SET ANSI_NULLS ON
GO
SET QUOTED_IDENTIFIER ON
GO
CREATE FUNCTION [DBO].[RESSOURCEN_KONTROLLE]() RETURNS SYSNAME
WITH SCHEMABINDING
BEGIN
      DECLARE @AUSLASTGRUPPE AS SYSNAME;
      SET @AUSLASTGRUPPE = 'DEFAULT';
      IF(SUSER_NAME() = 'MFRANKE')
      BEGIN
            SET @AUSLASTGRUPPE = 'PRIO1USERS';
      END
RETURN @AUSLASTGRUPPE;
END
```

Listing 18.6 Beispiel für eine Klassifizierungsfunktion für die Anmeldung »mfranke« mit Rückgabe der zugewiesenen Arbeitsauslastungsgruppe

Hinweis zum Erstellen der Klassifizierungsfunktion

Im Vorlagen-Explorer des Management Studios finden Sie im Ordner *Ressourcenkontrolle* eine Vorlage zum Erstellen der Klassifizierungsfunktion.

Die Ressourcenkontrolle konfigurieren Sie entweder über das Management Studio oder über Transact-SQL.

Konfigurieren der Ressourcenkontrolle

Im folgenden Beispiel legen wir einen Ressourcenpool mit Namen *prio1pool* und eine Arbeitsauslastungsgruppe mit Namen *prio1group* an. Über die Klassifizierungsfunktion `ressourcen_kontrolle()` stellen wir sicher, dass dem SQL-Server-Benutzer »mfranke« zugewiesene Ressourcen garantiert werden.

1. Starten Sie das Management Studio, und verbinden Sie sich mit der SQL-Server-Instanz, für die Sie den Resource Governor einrichten möchten. Legen Sie die Klassifizierungsfunktion `ressourcen_kontrolle()` (siehe Listing 18.6) in der Datenbank »master« an, und überprüfen Sie die korrekte Erstellung. Hierzu öffnen Sie den Ordner PROGRAMMIERBARKEIT • FUNKTIONEN • SKALARWERTFUNKTIONEN der Datenbank *master* (siehe Abbildung 18.16).

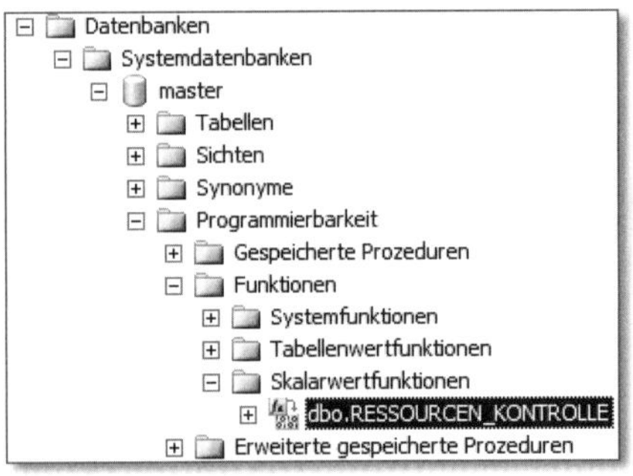

Abbildung 18.16 Angelegte Klassifizierungsfunktion in Datenbank »master«

2. Öffnen Sie den Ordner VERWALTUNG im SSMS, klicken Sie mit der rechten Maustaste den Punkt RESSOURCENKONTROLLE an, und wählen Sie anschließend – wie in Abbildung 18.17 gezeigt – den Menüpunkt EIGENSCHAFTEN.

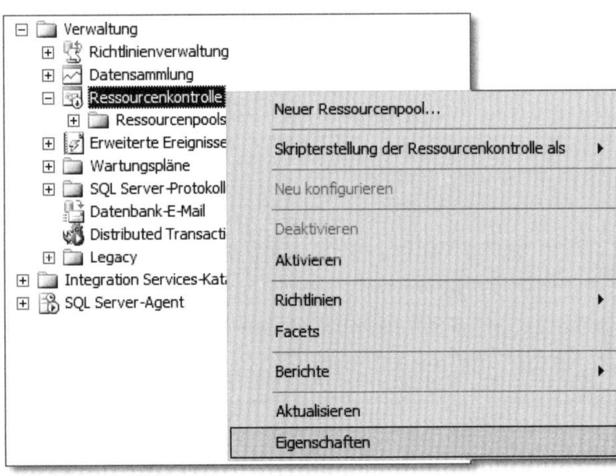

Abbildung 18.17 Aufruf der Eigenschaften der Ressourcenkontrolle im SSMS

Es erscheint der Dialog EIGENSCHAFTEN DER RESSOURCENKONTROLLE (siehe Abbildung 18.18).

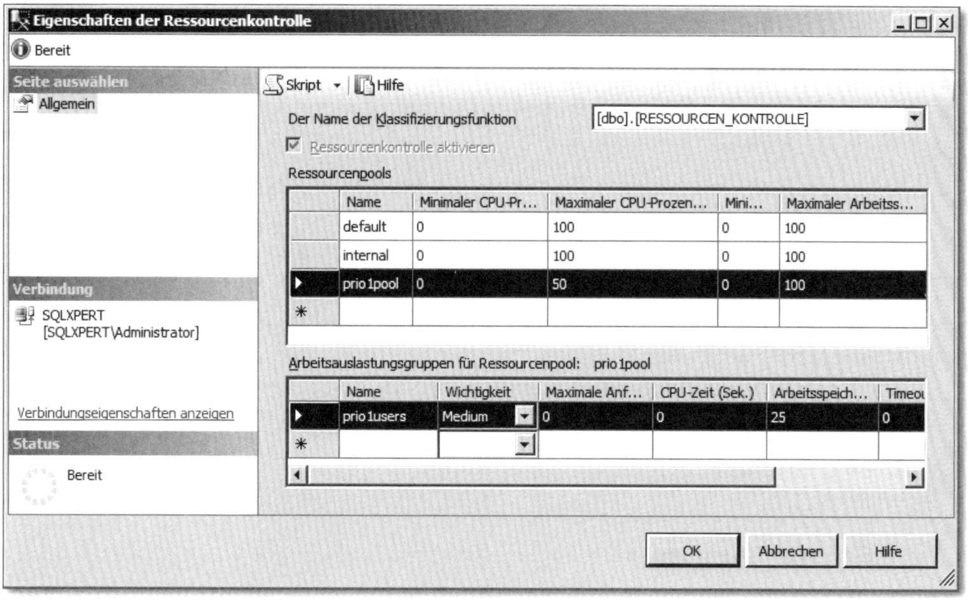

Abbildung 18.18 Eigenschaften der Ressourcenkontrolle

3. Wählen Sie jetzt im Feld DER NAME DER KLASSIFIZIERUNGSFUNKTION die bereits angelegte Funktion DBO.RESSOURCEN_KONTROLLE aus, nachdem Sie im Feld RESSOURCENKONTROLLE AKTIVIEREN das Häkchen gesetzt haben.
4. In der tabellarischen Darstellung RESSOURCENPOOLS legen Sie den Ressourcenpool mit Namen »prio1pool« an und tragen in der zugehörigen Spalte MAXIMALER CPU-PROZENTSATZ den Wert 50 ein. Stellen Sie sicher, dass anschließend die Zeile des Ressourcenpools PRIO1POOL die aktive ist.
5. Anschließend legen Sie in der unteren Tabelle ARBEITSAUSLASTUNGEN FÜR RESSOURCENPOOL: PRIO1POOL die Gruppe »prio1users« an und übernehmen die Standardeinstellungen. Klicken Sie auf OK, und bestätigen Sie somit, dass der Benutzer mit der Anmeldung »mfranke« bei konkurrierenden Prozessen die CPU zu maximal 50 % auslasten kann.

Wenn Sie jetzt den Knoten RESSOURCENKONTROLLE öffnen, müssten Sie die soeben angelegten Pools und Auslastungsgruppen wie in Abbildung 18.19 sehen.

Einen weiteren Workshop, der Ihnen darlegt, wie Sie die Poolressourcen überwachen und die Einstellungen in der Praxis überprüfen können, finden Sie bei Bedarf auf unserer Webseite unter *http://www.sqlxpert.de* sowie im Bonus-Bereich zum Buch.

Abbildung 18.19 Darstellung der konfigurierten Ressourcenpools mit zugewiesenen Arbeitsauslastungsgruppen

18.6 Indizes: wichtiges Mittel für eine gute Performance

Bei der Beschleunigung von Abfragen spielen Indizes eine wichtige Rolle. Durch die Anlage von Indizes als zusätzliche Datenbankobjekte können Sie erhebliche Abfragebeschleunigungen erreichen.

18.6.1 Was ist ein Index?

Der Begriff »Index« ist jedem schon einmal begegnet. Nehmen wir zum Vergleich ein Fachbuch wie dieses. In einem solchen Buch werden viele unterschiedliche Themen beschrieben und Begriffe verwendet. Wenn Sie jetzt ein bestimmtes Thema, das innerhalb dieses Buches beschrieben wird, finden möchten, um es zu lesen, könnten Sie das Buch von vorn bis hinten durchblättern. Sie könnten aber auch den in diesem Buch angelegten Index verwenden. Dieser Index ist in Form des sogenannten Stichwortverzeichnisses vorhanden. Hier finden Sie alle wichtigen Fachbegriffe in alphabetischer Reihenfolge sortiert aufgelistet. Hinter jedem Begriff des Stichwortverzeichnisses befindet sich eine Seitenzahl, die Ihnen das schnelle Auffinden der Information ermöglicht.

Analog zu dieser Beschreibung arbeitet auch ein Index von SQL Server. In diesem Fall ist das Buch die Datenbanktabelle mit den Daten, die wiederum auf die einzelnen Seitenzahlen verteilt wurden. Der Index ist das Stichwortverzeichnis. Indizes können für eine Datenbanktabelle oder für Views angelegt werden. Ein Index kann für eine oder für mehrere Spalten einer Tabelle erstellt werden.

Es gibt zwei Typen von Indizes: gruppierte Indizes und nicht gruppierte Indizes.

Eine Tabelle, für die kein gruppierter Index angelegt wurde, wird als *Heap* bezeichnet. Das bedeutet, dass die Datenblöcke in unsortierter Form auf der Festplatte liegen. Der Zugriff auf diese Blöcke erfolgt über die *Index Allocation Map* (IAM). Die IAM ist eine Zuordnungstabelle, die die unsortierten Blöcke verwaltet. Innerhalb der IAM werden Zeiger auf die einzelnen Datenseiten gespeichert. Ein solcher Zeiger besteht aus einer Datei-ID und einer Seitennummer. »Datei-ID« bezeichnet hier die ID der Datendatei der Datenbank und »Seitennummer« die Nummer der Datenseite, die die Daten enthält.

Wird jetzt eine Abfrage über die Heap-Tabelle z.B. über eine vorhandene Spalte »ID« gestartet, muss jede einzelne Datenseite durchsucht werden, da die Tabelle unsortiert ist und die gesuchten Daten an jeder Stelle vorkommen könnten. Dies ist ein denkbar schlechtes Verfahren, wenn die ID nur einmal vorkommt, und kostet bei großen Tabellen viel Zeit. Da bei diesem Verfahren die ganze Tabelle sozusagen gescannt wird, wird dieser Vorgang auch als *Tablescan* bezeichnet. Tablescans sind aus Optimierungssicht erst einmal schlecht, da sie in der Regel viel mehr Zeit benötigen, als wenn ein Index genutzt werden könnte. Dennoch gibt es auch hier Ausnahmen, z.B. wenn eine Tabelle sehr wenige Zeilen hat.

18.6.2 Gruppierte Indizes (Clustered Indexes)

Pro Tabelle kann nur ein gruppierter Index angelegt werden. Indexstrukturen sind in SQL Server in Form von B-Baum-Strukturen aufgebaut. Das B steht für *balanced*, das heißt gleichmäßig. Unter einem B-Baum versteht man in der Informatik einen balancierten Baum, der Daten sortiert und Schlüssel speichert. Durch Anwendung einer B-Baum-Struktur werden Suchzugriffe erheblich verkürzt.

Die obersten Knoten eines B-Baums werden als Stammknoten und die auf der untersten Ebene als Blattknoten oder Blattseiten bezeichnet. Die Ebenen dazwischen bilden die Zwischenebenen. In einem gruppierten Index enthalten die Blattseiten des Indexes die Daten der eigentlichen Tabelle.

Das bedeutet, der gruppierte Index ist eigentlich die Tabelle selbst in sortierter Form. Das ist auch der Grund, warum es nur einen gruppierten Index pro Tabelle geben kann.

Um das Ganze zu veranschaulichen: Stellen Sie sich unser Fachbuch wie im Beispiel zuvor beschrieben vor. Jede Seite des Buches hat eine Seitennummer. Diese Seiten sind sortiert. Es ist also sicher, dass nach Seite 1 Seite 2 und nach Seite 434 Seite 435 kommt.

Es handelt sich dabei um den gruppierten Index, sortiert nach Seitenzahlen. Sie könnten dieses Buch nicht nehmen und nach weiteren Datenkriterien sortieren, ohne die eine Sortierung (nach Seiten) zu verwerfen. Es ist ja schon nach Seitenzahlen sortiert. Wie Sie im Beispiel gesehen haben, ist die Seitenzahl ein wichtiger Bestandteil, da nur über sie das Stichwortverzeichnis funktionieren kann, denn dort wird zum Auffinden der Informationen immer die Seitennummer angegeben.

18.6.3 Nicht gruppierte Indizes (Nonclustered Indexes)

Es können – unabhängig davon, ob für eine Tabelle ein gruppierter Index erstellt wurde oder nicht – bis zu 999 nicht gruppierte Indizes angelegt werden. Beim Betrachten der Funktionsweise eines nicht gruppierten Indexes müssen Sie allerdings unterscheiden, ob die zugrunde liegende Tabelle einen gruppierten Index hat oder nicht.

Wird ein nicht gruppierter Index für eine Tabelle ohne gruppierten Index angelegt, enthalten die Blattseiten des nicht gruppierten Indexes nur die Verweise auf die Datenseiten des Heaps in der Form *Datei-ID:Datenseite:Position*.

Wird ein nicht gruppierter Index für eine Tabelle mit gruppiertem Index angelegt, enthalten die Blattseiten des nicht gruppierten Indexes den Schlüsselwert des gruppierten Indexes.

Auf unser Fachbuch-Beispiel übertragen, entspricht das Stichwortverzeichnis einem nicht gruppierten Index. Dieser Index ist nach Fachbegriffen sortiert und enthält den Wert des gruppierten Schlüssels, und das ist die Seitennummer des Buches. Der Vorteil von SQL Server ist, dass Sie, wie bereits erwähnt, mehrere nicht gruppierte Indizes anlegen können.

18.6.4 Gefilterte Indizes

Seit SQL Server 2008 können Sie gefilterte Indizes erstellen. Ein gefilterter Index bietet die Möglichkeit, nicht alle Zeilen einer Tabelle in den Index aufzunehmen. Dies ist nur für nicht gruppierte Indizes möglich.

18.6.5 Columnstore-Indizes – Spaltenbasierte Indizes

Bei Columnstore-Indizes handelt es sich um ein neues Feature von SQL Server 2012, von dem in der Regel hauptsächlich Data-Warehouse-Abfragen profitieren dürften. Dies schon deshalb, da nach dem Anlegen eines Columnstore Indexes für eine Tabelle auf diese nur noch lesend zugegriffen werden kann. Ein Columnstore Index speichert seine Indexdaten nicht wie die herkömmlichen Indizes zeilenbasiert pro Datenseite, sondern spaltenbasiert.

Dies können Sie sich, grob gesprochen, folgendermaßen vorstellen: Nehmen wir an, wir haben eine Tabelle *Bestellungen* mit den Spalten »Betrag«, »MwSt«, »Artikel«, »Anzahl«.

In der zugehörigen herkömmlichen Indexform stehen diese Daten zeilenweise angeordnet untereinander in der Indexdatenseite.

Zeile 1	Betrag	MwSt	Anzahl
Zeile 2	Betrag	MwSt	Anzahl
Zeile 3	Betrag	MwSt	Anzahl
	Seite 1		

Tabelle 18.6 Darstellung einer zeilenbasierten Speicherung von Indexdaten

Bei einem Columnstore-Index werden nicht Zeilen pro Seite, sondern Spalten pro Seite gespeichert. »Betrag« kann damit pro Seite wesentlich öfter gespeichert werden (siehe Tabelle 18.7).

Zeile 1	Betrag	MwSt	Anzahl
Zeile 2	Betrag	MwSt	Anzahl
Zeile 3	Betrag	MwSt	Anzahl
Zeile 4	Betrag	MwSt	Anzahl
Zeile 5	Betrag	MwSt	Anzahl
	Seite 1	Seite 2	Seite3

Tabelle 18.7 Spaltenbasierte Speicherung der Indexdaten eines Columnstore-Indexes

Vielleicht fragen Sie sich nun, wo hierbei der Vorteil liegt. Wie wir bereits in Abschnitt 18.1, »Richtiges Verwalten von Daten«, erläutert haben, kann eine Datenseite nur begrenzt Daten aufnehmen.

Möchten wir aus unserer Tabelle »Bestellungen« nur den Betrag abrufen und das möglichst schnell, muss SQL Server die zugehörigen 8-KB-Seiten der B-Baum-Struktur abrufen. In Tabelle 18.6 werden in der zugehörigen Seite zusätzlich zu den Werten der Spalte »Betrag« noch die anderen Spalten »MwSt« und »Anzahl« gespeichert. Das bedeutet, in der Datenseite sind Informationen enthalten, die wir für unsere Abfrage gar nicht benötigen. Die Werte von »Betrag« kommen hier demnach nicht so oft in der Datenseite vor wie bei einem Columnstore-Index (siehe Tabelle 18.7). Der Platz wird durch die anderen Spalten belegt.

Anders sieht es für diesen Fall bei der Anordnung eines Columnstore-Indexes aus.

Hier haben wesentlich mehr Werte der Spalte »Betrag« Platz, da hier pro Indexseite nur die Werte der Spalte »Betrag« abgelegt werden. Die übrigen Spalten werden ebenfalls in separaten Seiten abgelegt.

Das bedeutet: Bei der Abfrage von Betrag und eventuell damit verbundenen Summierungen etc. muss SQL Server nicht so viele Datenseiten lesen wie bei einer zeilenbasierten Speicherung. Die E/A-Vorgänge werden minimiert. Pro Datenseite sind mehr Werte von »Betrag« enthalten. Auf diese Art und Weise wird auch die Komprimierung vereinfacht, da hier nur Daten eines bestimmten Typs enthalten sind, und dadurch ist die Wahrscheinlichkeit von redundanten Werten sehr hoch.

Columnstore-Indizes sind in erster Linie dazu gedacht, umfangreiche Data-Warehouse-Abfragen über riesige Datenmengen massiv zu beschleunigen.

Einen Columnstore-Index legen Sie wie folgt an.

1. Klicken Sie mit der rechten Maustaste im Baum der Tabelle den Knoten INDIZES an, und wählen Sie aus dem Kontextmenü den Menüpunkt NEUER INDEX aus.
2. Anschließend wählen Sie aus dem sich öffnenden Untermenü den Menüpunkt NICHT GRUPPIERTER COLUMNSTORE-INDEX aus.
3. Im sich öffnenden Dialog können Sie nun die Indexparameter definieren.

Wichtige Information zu Columnstore-Indizes

Auf eine Tabelle, für die Sie einen Columnstore-Index angelegt haben, kann nur noch lesend zugegriffen werden. Sollten Sie dennoch versuchen, Daten zu ändern, zu löschen oder hinzuzufügen, wird dies mit einem Fehler quittiert. Nach dem Löschen des Index kann die Tabelle wieder bearbeitet werden.

18.6.6 Anlegen von Indizes

Der T-SQL-Befehl zum Anlegen eines gruppierten Indexes mit Namen »idx_index1« für die Spalte »id« der Tabelle »mitarbeiter« lautet wie folgt:

```
create clustered index idx_index1 on mitarbeiter (id);
```

Der T-SQL-Befehl zum Anlegen eines nicht gruppierten Indexes mit Namen »idx_index2« für die Spalte »Abteilung« der Tabelle »mitarbeiter« lautet wie folgt:

```
create nonclustered index idx_index2 on mitarbeiter (abteilung);
```

Sie können Indizes auch über die grafische Oberfläche des Management Studios anlegen.

Öffnen Sie hierzu im Objekt-Explorer den Ordner der Tabelle, für die ein Index angelegt werden soll, und klicken Sie mit der rechten Maustaste auf den Ordner INDIZES. Wählen Sie aus dem Kontextmenü den Menüpunkt NEUER INDEX aus.

18.6.7 Anzeigen von Indizes im Management Studio

Sie können sich die angelegten Indizes für eine Tabelle auch im Management Studio anzeigen lassen. Öffnen Sie hierzu im Objekt-Explorer den Ordner der Tabelle, deren Indizes Sie sich anzeigen lassen möchten, und öffnen Sie dann den Ordner INDIZES (siehe Abbildung 18.20).

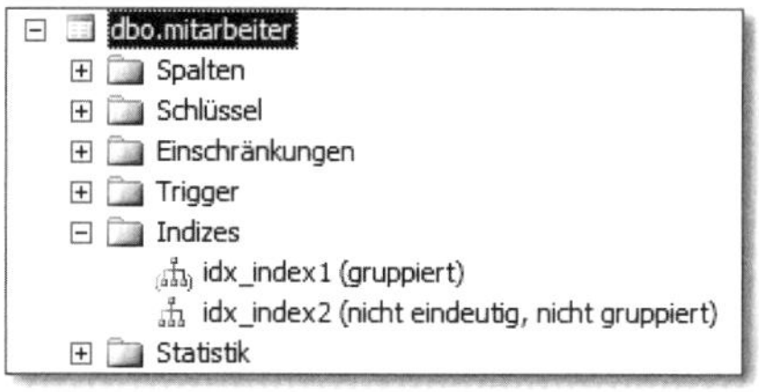

Abbildung 18.20 Anzeige der Indizes für die Tabelle »Mitarbeiter« im SSMS

Ein wichtiger Hinweis zum Deaktivieren von Indizes

Sie können Indizes auch deaktivieren. SQL Server ignoriert den deaktivierten Index dann. Hierzu klicken Sie im SSMS mit der rechten Maustaste auf den Index und wählen aus dem Kontextmenü den Menüpunkt DEAKTIVIEREN. Ein Menüpunkt AKTIVIEREN ist nicht vorhanden. Dies war unter der Vorgängerversion noch anders.

Eine Aktivierung ist nur möglich, wenn Sie den Index neu erstellen. **Aber Vorsicht mit gruppierten Indizes!** Wenn Sie einen gruppierten Index einer Tabelle deaktivieren, kann auf die Tabelle nicht mehr zugegriffen werden, denn der gruppierte Index ist, wie zuvor erläutert, die Tabelle selbst.

18

18.6.8 Indizierte Sichten

In SQL Server können Sie auch Sichten indizieren. Da eine Sicht eigentlich eine virtuelle Darstellung ist, die eine darunterliegende Abfrage repräsentiert, muss normalerweise bei der Abfrage einer Sicht diese Abfrage immer wieder ganz normal ausgeführt werden.

Dies kann bei komplexen Sichten mit umfangreichen Basistabellen und in der Basisabfrage der Sicht enthaltenen Aggregationen erhebliche Ausmaße annehmen. Sie können das Leistungsverhalten einer solchen Sicht verbessern, indem Sie diese Sicht mit einem gruppierten Index indizieren.

Wird eine Sicht derartig indiziert, wird die Sicht bzw. die Ergebnismenge dieser Sicht wie eine Tabelle in der Datenbank gespeichert. Sie wird sozusagen materialisiert, und SQL Server kümmert sich nach wie vor um die Aktualität der Daten.

Ein weiterer sehr interessanter Punkt ist, dass der Abfrageoptimierer der Enterprise Edition für Abfragen, die sich nicht direkt auf die Sicht beziehen, trotzdem eine indizierte Sicht nutzen kann. Das bedeutet, dass Datenbankapplikationen durch Erzeugen von indizierten Sichten optimiert werden können, ohne die zugehörigen Abfragen zu verändern. Ja, Sie haben richtig gelesen: Sie fragen eine Tabelle ab, aber der Abfrageoptimierer entscheidet sich unter gewissen Voraussetzungen, die indizierte Sicht heranzuziehen.

18.6.9 Ermitteln fehlender Indizes

Indizes können die Abfrageleistung massiv verbessern. Ein fehlender Index macht sich unter Umständen sehr negativ bemerkbar. Es ergibt keinen Sinn, wahllos jede Spalte mit einem Index zu belegen in der Hoffnung, dass der Abfrageoptimierer darauf zurückgreift. Es ist nicht gesagt, dass der Optimierer einen Index, der für eine Spalte angelegt wurde, auch verwendet, bloß weil er existiert.

Die Erstellung der passenden Indizes ist eine anspruchsvolle Aufgabe. Wie jedoch finden Sie die passenden Indizes für die zu optimierenden Abfragen?

Eigentlich ist es zu schön, um wahr zu sein, aber SQL Server sagt Ihnen, welche Indizes er gerne hätte und um wie viel schneller er dann wäre. Um es genau zu sagen, sammelt der Optimierer Informationen über fehlende Indizes. Diese Informationen können Sie abfragen.

Der Optimierer hinterlegt die Informationen über fehlende Indizes im gespeicherten Ausführungsplan. Ein Ausführungsplan wird, wie bereits erläutert, im Plancache im XML-Format abgelegt. Innerhalb der XML-Struktur eines derartigen Ausführungsplans gibt es das Element `<MissingIndexes/>`. Hier wird hinterlegt, um wie viel Prozent die Abfrage schneller gewesen wäre, wenn ein entsprechender Index vorhanden wäre.

Das folgende Skript legt eine Tabelle mit 500.000 Einträgen an.

```
USE DEMO;
CREATE TABLE idx_query (id int,akt_zeit datetime DEFAULT GETDATE(), infkey
nvarchar(500) DEFAULT NEWID());
DECLARE @counter int = 0;
WHILE(@counter < 500000)
BEGIN
      INSERT INTO idx_query (id) VALUES(@counter)
      SET @counter = @counter + 1;
END
SELECT * FROM idx_query WHERE id = 7
```

Listing 18.7 Anlegen einer Tabelle »idx_query« mit 500.000 Einträgen

Wenn Sie die Tabelle anschließend mit dem folgenden SELECT-Befehl abfragen und sich zusätzlich den Ausführungsplan anzeigen lassen, erhalten Sie einen Indexvorschlag (siehe Abbildung 18.21, dritte Zeile im Fenster AUSFÜHRUNGSPLAN).

```
SELECT * FROM idx_query WHERE id = 7
```

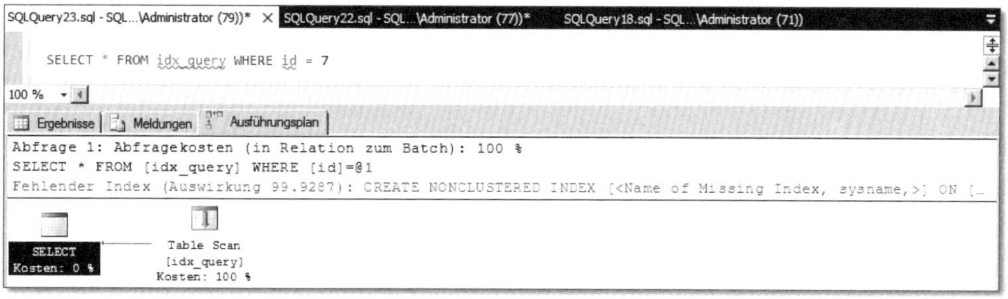

Abbildung 18.21 Indexvorschlag innerhalb eines Ausführungsplans

Diesen Indexvorschlag können Sie sich auch als T-SQL-Skript ausgeben lassen. Klicken Sie hierzu mit der rechten Maustaste den Ausführungsplan an, und wählen Sie aus dem Kontextmenü den Menüpunkt FEHLENDE INDEXDETAILS... aus (siehe Abbildung 18.22).

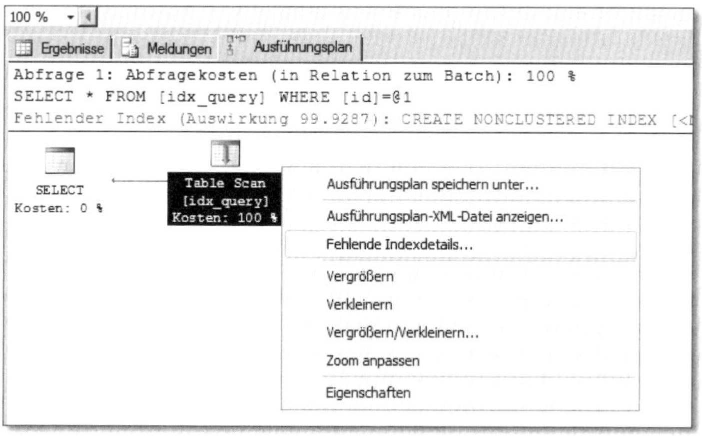

Abbildung 18.22 Erstellen eines T-SQL-Befehls aus der angezeigten Indexempfehlung innerhalb eines Ausführungsplans

Eine weitere Möglichkeit, fehlende Indizes anzeigen zu lassen, bietet Ihnen die Auswertung der dynamischen Verwaltungssichten. Es gibt bezüglich der fehlenden Indizes drei interessante Sichten, die in Tabelle 18.8 kurz erläutert werden. Für eine ausführliche Beschreibung verweisen wir Sie jedoch auf die SQL-Server-Dokumentation, die alle Systemsichten detailliert erklärt.

Name der Verwaltungssicht	Beschreibung
sys.dm_db_missing_index_groups	Gibt zusammenfassende Gruppeninformationen (Verknüpfungsinformationen) zu den fehlenden Indizes an.
sys.dm_db_missing_index_group_stats	Fasst statistische Informationen von Gruppen fehlender Indizes zusammen.
sys.dm_db_missing_index_details	Informationen zu den eigentlich fehlenden Indizes

Tabelle 18.8 Die drei Systemsichten »sys.dm_db_missing_index«

Listing 18.8 ermittelt die vom Optimierer festgestellten fehlenden Indizes anhand der dynamischen Verwaltungssichten.

```
select db_name(idx.database_id) as Datenbank
      ,idx.statement as fehlt_in_Tab
      ,idx.equality_columns as Spalte
      ,idx.included_columns as IncludeSpalten
      ,cast(xp.avg_total_user_cost as decimal(8, 2)) as avg_total_
       user_cost
      ,xp.user_seeks, xp.user_scans
      ,xp.last_user_seek,xp.avg_user_impact, xp.last_user_scan
  from sys.dm_db_missing_index_groups as gx
       inner join sys.dm_db_missing_index_group_stats as xp
               on xp.group_handle = gx.index_group_handle
       inner join sys.dm_db_missing_index_details as idx
               on gx.index_handle = idx.index_handle
```

Listing 18.8 Ermitteln der fehlenden Indizes durch Auswertung der dynamischen Verwaltungssichten »dm_db_missing_index_groups«, »dm_db_missing_index_group_stats«, »dm_db_missing_index_details«

Beachten Sie, dass die Informationen über fehlende Indizes in den dynamischen Verwaltungssichten nicht permanent, sondern nur bis zum Neustart von SQL Server verfügbar sind. Die Informationen gehen auch verloren, wenn gespeicherte Abfragepläne aus dem Plancache entfernt werden, z.B. wenn nicht genügend Speicherplatz vorhanden ist und Platz für andere Ausführungspläne geschaffen werden muss.

Eine weitere Möglichkeit, fehlende Indexinformationen aufzuspüren, ist die Verwendung des Datenbankoptimierungsratgebers (siehe Abschnitt 18.4, »Der Datenbankoptimierungsratgeber«).

18.7 Statistiken und Wartungspläne

Bei der Erstellung des Ausführungsplans muss der Optimierer zahlreiche Entscheidungen darüber treffen, welche Datenbankobjekte, wie z.B. Indizes, er wann und wie verwendet. Hierzu müssen entsprechende Informationen z.B. über die Zeilenanzahl oder die Verteilung der Daten innerhalb einer Tabelle oder eines Indexes vorhanden sein. Diese Informationen können nicht erst bei der Erstellung des Abfrageplans ermittelt werden, da dies einen erheblichen Zeitaufwand bedeuten würde.

Der Optimierer greift bei der Erstellung eines Ausführungsplans auf Statistiken zurück. Statistiken enthalten Informationen über Datenbankobjekte wie Indizes und Tabellen, die für den Abfrageoptimierer bei der Ermittlung des optimalen Ausführungsplans sehr wichtig sind.

Statistiken werden in der Standardeinstellung von SQL Server automatisch angelegt, verwaltet und auch gepflegt. Statistiken werden bei der Erstellung von Indizes angelegt oder aber auch, wenn der Optimierer entsprechende Statistiken vermisst.

Die erstellten oder vorhandenen Statistiken zu einer Tabelle können Sie sich im Objekt-Explorer des Management Studios im Ordner der aktuellen Tabelle im Unterordner STATISTIK anzeigen lassen (siehe Abbildung 18.23).

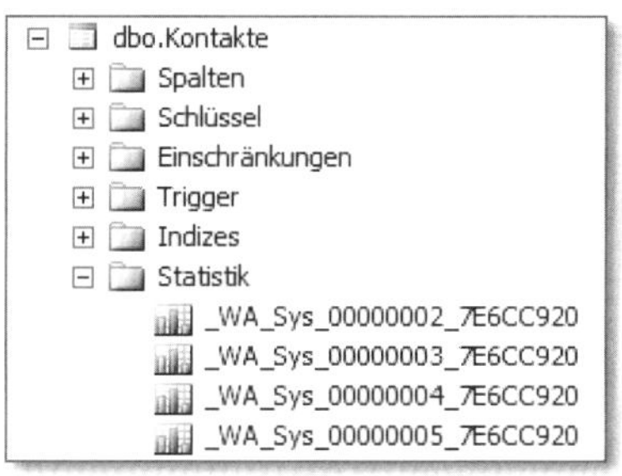

Abbildung 18.23 Anzeige der Statistiken einer Tabelle im SSMS

Die Funktionalität der automatischen Statistikerstellung lässt sich allerdings auch abschalten. Dies ist, wie in Abbildung 18.24 gezeigt, im SSMS-Eigenschaftsdialog der Datenbank möglich. Statistiken werden bei der Erzeugung von Indizes dann zwar immer noch angelegt, allerdings nicht mehr durch den Optimierer, wenn er Statistiken vermisst.

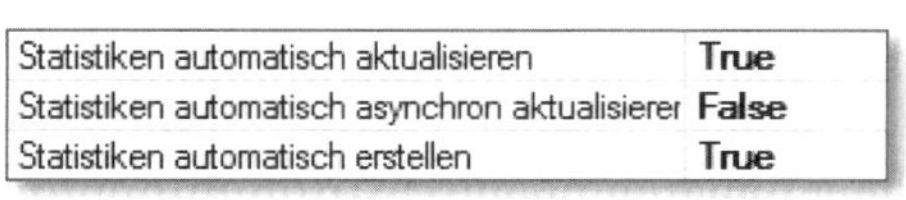

Statistiken automatisch aktualisieren	True
Statistiken automatisch asynchron aktualisierer	False
Statistiken automatisch erstellen	True

Abbildung 18.24 Optionen zur Statistikerstellung und -aktualisierung im Datenbankeigenschaftsdialog des SSMS

Wir empfehlen Ihnen allerdings ausdrücklich, die automatische Erstellung von Statistiken beizubehalten!

Manchmal wird die automatische Erstellung von Statistiken allerdings bewusst abgeschaltet, weil auch das Verwalten und Aktualisieren der Statistiken Ressourcen verbraucht. Wenn aus einem Datenbanksystem die maximale Performance herausgeholt werden soll, können Sie darüber nachdenken, den Mechanismus zu deaktivieren und die Statistiken in regelmäßigen Abständen selbst zu aktualisieren.

Denkbar wäre dies z.B., wenn sehr viele Daten in einer Datenbank geändert und eingegeben werden und relativ wenig abgefragt etc. Es wäre dann möglich, anschließend die vorhandenen Statistiken mittels Wartungsplan zu aktualisieren. In Abbildung 18.25 sehen Sie die entsprechende Option zum Aktualisieren von Statistiken im Wartungsplanungs-Assistenten. Genaueres zur Erstellung von Wartungsplänen finden Sie in Kapitel 12, »Automatisieren von administrativen Aufgaben«.

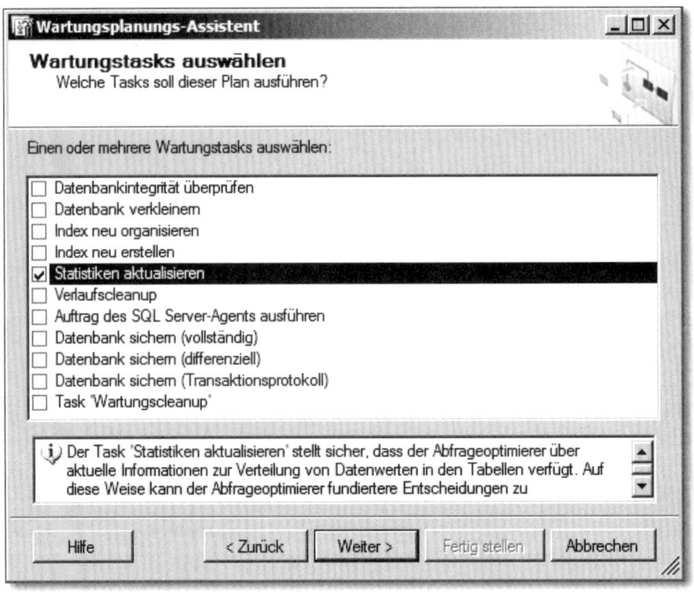

Abbildung 18.25 Optionen zur Aktualisierung von Statistiken im Wartungsplanungs-Assistenten

18.8 Datenkomprimierung

Datenkomprimierung ist einerseits ein großes Thema, wenn es um den Platzverbrauch auf der Festplatte oder um die Backup-Größe geht. Datenkomprimierung ist aber auch aus einem anderen Blickwinkel sehr interessant, nämlich aus dem Blickwinkel der Performance. Mit Komprimierung können Sie die physikalischen wie auch die E/A-Operationen verringern. Die Minimierung von E/A-Operationen trägt wesentlich zur Verbesserung der Performance bei.

Warum kann Datenkomprimierung die Performance verbessern?

Da komprimierte Daten weniger Platz auf der Festplatte verbrauchen, werden beim Lesen und Schreiben von Daten auf die Festplatte auch weniger physikalische E/A-Operationen benötigt. Physikalische E/A-Operationen sind langsam, da sie eben von der Festplatte lesen oder auf die Festplatte schreiben, und das ist aus Sicht von SQL Server sehr langsam.

Dies bedeutet, dass, da bei Komprimierung weniger Daten geschrieben oder gelesen werden müssen, auch weniger physikalische E/A-Operationen durchgeführt werden und deshalb eine bessere Performance gewährleistet ist.

Die komprimierten Datenseiten werden aber auch im komprimierten Zustand in den Pufferspeicher oder Datencache von SQL Server geladen. Erst nach dem Lesen oder vor dem Schreiben in den Datencache werden sie dekomprimiert oder komprimiert. Demnach können mehr Datenseiten in den Speicher geladen werden, was die Trefferquote (Buffer Cache Hit Ratio) für Datenseiten erhöht.

Komprimierung bedeutet mehr CPU-Last

Beachten Sie, wenn Sie über Komprimierung nachdenken, dass sich hinter der Komprimierung intensive Rechenvorgänge verbergen. Für Berechnungen ist die CPU des Rechners zuständig, und darum hat sie mehr zu tun hat als ohne eingeschaltete Komprimierung. Wenn Ihre CPU(s) also bereits mit hoher Last laufen, sollten Sie die Aktivierung der Komprimierung überdenken oder die Voraussetzungen dafür schaffen, dass Ihre CPU(s) einer entsprechenden Aktivierung standhalten.

Die Komprimierung steht Ihnen nur in der Enterprise Edition von SQL Server zur Verfügung. Sie können die Komprimierung immer nur für Tabellen, Indizes und indizierte Sichten aktivieren. Eine Aktivierung der Komprimierung für die gesamte Datenbank ist nicht möglich.

Nach aktivierter Komprimierung kümmert sich die SQL Server Engine automatisch um die Komprimierung und Dekomprimierung Ihrer Daten.

Es gibt drei Arten der Komprimierung, die wir Ihnen im Folgenden kurz vorstellen.

18.8.1 Zeilenkomprimierung

Bei der Zeilenkomprimierung werden in erster Linie feste Datentypen in ein variables Format überführt. Aus langen Datentypen werden kürzere gemacht, was die Platzverschwendung durch leere Bytes vermeidet, wenn diese nicht benötigt werden.

18.8.2 Seitenkomprimierung

Die Seitenkomprimierung baut sich aus drei Stufen auf.

- Zeilenkomprimierung
- Präfixkomprimierung
- Wörterbuchkomprimierung

Bei der Seitenkomprimierung kommen weitere Komprimierungsverfahren wie Präfixkomprimierung und Wörterbuchkomprimierung hinzu. Dies ermöglicht ein noch stärkeres Komprimieren der Daten.

Wenn Sie mehr zum durchaus umfangreichen Thema der Komprimierung erfahren möchten, verweisen wir Sie auf die Onlinedokumentation, in der Sie jederzeit Genaueres zu den genannten Verfahren nachlesen können. Zum Beispiel unter *http://msdn.microsoft.com/de-de/library/cc280449.aspx*.

Generell können Sie sich jedoch merken, dass Seitenkomprimierung die Daten noch stärker komprimiert.

18.8.3 Unicode-Komprimierung

Immer mehr Daten werden in Datenfeldern des Unicode-Typs `nvarchar` etc. abgespeichert. Demzufolge werden 16 Bits Speicherplatz benötigt, um alle Zeichen der unterschiedlichsten Sprachen zu speichern. Werden allerdings trotzdem nur europäische Zeichen darin abgelegt, wären 8 Bits ausreichend, die verbleibenden 8 Bits sind demnach nicht belegt – also frei.

Aus diesem Grund wurde bereits mit SQL Server 2008 R2 die Unicode-Komprimierung eingeführt, um beim Speichern von Zeichen in Unicode-Datentypen auch ein ansprechendes Komprimierungsergebnis zu erreichen. SQL Server 2012 unterstützt ebenfalls die Unicode-Komprimierung.

Die Unicode-Komprimierung ist an die Komprimierung des SQL Servers gekoppelt und muss nicht separat aktiviert werden. Unicode-Komprimierung wird für beide bisher genannten Komprimierungsarten – Zeilen- und Seitenkomprimierung – automatisch unterstützt.

18.8.4 Komprimierung aktivieren

1. Klicken Sie im Objekt-Explorer des SSMS mit der rechten Maustaste die Tabelle an, für die Sie die Komprimierung konfigurieren möchten, und wählen Sie aus dem Kontextmenü SPEICHERN • KOMPRIMIERUNG VERWALTEN.
2. Im daraufhin erscheinenden Assistenten klicken Sie zunächst auf WEITER, bis Ihnen der Dialog wie in Abbildung 18.26 angezeigt wird. Sie können jetzt wählen, ob Sie Zeilen- (ROW) oder Seitenkomprimierung (PAGE) konfigurieren möchten.

3. Beachten Sie auch die Schaltfläche BERECHNEN, die Ihnen anzeigt, welche Auswirkungen eine Komprimierung hätte. Diese Informationen sehen Sie in den Spalten AKTUELLER SPEICHERPLATZ und ANGEFORDERTER KOMPRIMIERTER SPEICHERPLATZ.
4. Klicken Sie auf die Schaltfläche WEITER, und wählen Sie im nächsten Dialog die Option SOFORT AUSFÜHREN. Anschließend klicken Sie auf FERTIG STELLEN, um die Konfiguration der Komprimierung zu beenden.

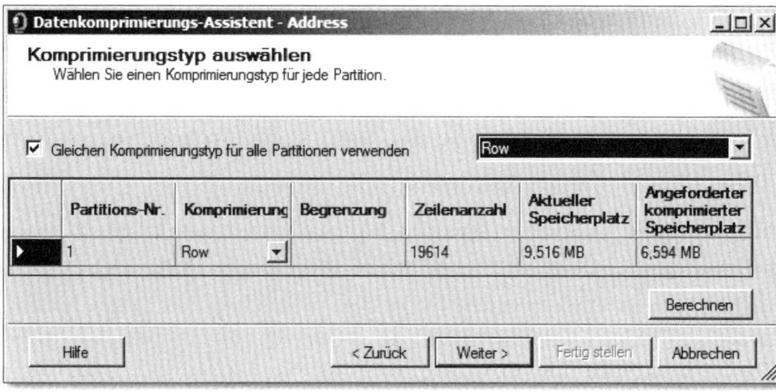

Abbildung 18.26 Konfiguration der Zeilen- oder Seitenkomprimierung im Datenkomprimierungsassistenten

18.9 Change Data Capture

Tabellen in Datenbanken ändern sich, wenn *DML-Anweisungen* (Data Manipulation Language) darauf ausgeführt werden. Diese Änderungen müssen häufig z.B. in Umgebungen übernommen werden, in denen ein Data Warehouse existiert. Eine Möglichkeit besteht darin, ein Abbild der gesamten Datenbank zu erstellen, was jedoch bedeutet, dass der Aufwand dafür nicht im Verhältnis zu den eigentlichen Änderungen steht. Lösungen, wie sie in der Praxis oft anzutreffen sind, die mithilfe von Triggern oder Zeitstempelspalten realisiert werden, wirken sich negativ auf die Leistung des Systems aus und erhöhen den Umfang der Datenbankapplikation. Außerdem besteht der Bedarf, Änderungen aufgrund von Anforderungen wie Audits zu verfolgen.

Eine Möglichkeit in SQL Server 2012 bietet Ihnen *Change Data Capture* (CDC), mit dessen Hilfe das Datenbankmodul `INSERT`-, `UPDATE`- und `DELETE`-Anweisungen erfasst, die auf den entsprechenden Tabellen ausgeführt werden, um sie in eigens dafür vorgesehenen Tabellen zur Verfügung zu stellen.

Mit CDC ist es möglich, Änderungen an Tabellen einfach und performant nachzuverfolgen, um sie in sogenannten Änderungsnachverfolgungstabellen zu protokollieren. Dabei nutzt CDC das Transaktionsprotokoll von SQL Server an den Stellen, an denen es die Änderungen ausliest, um sie dann in die Tabellen zu schreiben. Geschrieben werden nicht nur die Änderungen der Daten, sondern es werden sowohl die alten als auch die neuen Daten in den jeweiligen Tabellen protokolliert.

Die Möglichkeit, das Transaktionsprotokoll auszulesen, gab es auch schon unter SQL Server 2005. Die Grundlage dafür liefert die Funktion `sp_replcmds`, die bei der Transaktionsreplikation verwendet wird.

Das Problem beim Einsatz von synchron arbeitenden Triggern wird mit CDC umgangen. CDC arbeitet asynchron und unabhängig von den DML-Anweisungen `INSERT`, `UPDATE` und `DELETE`.

Wird eine DML-Anweisung ausgeführt, erhalten die Änderungen eine eindeutige *Log Sequence Number* (LSN) innerhalb des Transaktionsprotokolls. Mithilfe dieser Nummer wird die Reihenfolge der Transaktionen dargestellt.

Ein Auftrag (»cdc.DBName_capture«), der über den SQL-Server-Agent-Dienst ausgeführt wird, liest das Protokoll aus und schreibt die Änderungen in die eigens dafür vorgesehenen Tabellen im Schema »cdc«. Jetzt ist es möglich, die Einträge der Log-Tabellen mithilfe von CDC-Funktionen gezielt abzufragen. Damit die Tabellen für die Nachverfolgung nicht ins Unendliche wachsen, gibt es im SQL-Server-Agent einen zweiten Job, der nach drei Tagen ein *Clean-up* durchführt. Dieser Wert lässt sich den individuellen Gegebenheiten entsprechend anpassen.

Aktivieren von CDC in der Datenbank

CDC wird mithilfe der Prozedur `sp_cdc_enable_db` aktiviert:

```
--Aktivieren von Change Data Capture in der Datenbank
exec sys.sp_cdc_enable_db
```

Über eine `SELECT`-Abfrage der Spalten »is_cdc_enabled« und »name« der Sicht »sys.databases« lässt sich feststellen, ob CDC für die Datenbank aktiviert ist. Dazu muss lediglich geprüft werden, ob der Wert für die Spalte »is_cdc_enabled« auf 1 gesetzt ist.

```
--prüfen, ob CDC aktiv für die Datenbank ist
select is_cdc_enabled, name from sys.databases where is_cdc_enabled=1
```

Wurde CDC aktiviert, müssen die Tabellen hinzugefügt werden, die überwacht werden sollen. Dazu führen Sie die Prozedur `sp_cdc_enable_table` mit den entsprechenden Parametern (siehe Tabelle 18.9) aus.

Beispiel 1

```
exec sys.sp_cdc_enable_table 'dbo','Kontakte',NULL,1,'cdc_admin'
```

Listing 18.9 Aktivieren der Tabelle »Kontakte« zur Überwachung mittels Change Data Capture

Parameter	Beschreibung
`@source_name`	Tabelle, keine Sicht, die zur Überwachung hinzugefügt werden soll
`@source_schema`	Schema der Tabelle
`@role_name`	Name für die Rolle, über die der Zugriff auf die protokollierten Daten erfolgt
`@capture_instance`	Name der zu überwachenden CDC-Instanz
`@supports_net_changes`	`1` ermöglicht die Überwachung von Nettoänderungen.
`@index_name`	Ist der vorhergehende Wert = `1`, kann hier der Index angegeben werden.
`@captured_column_list`	Fehlt dieser Parameter, wird die gesamte Tabelle überwacht.
`@filegroup_name`	Angabe der Dateigruppe

Tabelle 18.9 Parameter für »sp_cdc_enable_table«

Nun ist es möglich, sich mit den folgenden Anweisungen die überwachten Tabellen anzeigen zu lassen.

Beispiel 2

```
select name, is_tracked_by_cdc from sys.tables
```

Achten Sie auf den Inhalt der Spalte »is_tracked_by_cdc«. Für die Tabelle »Kontakte« wird Ihnen hier eine »1« angezeigt. Die Tabelle »Kontakte« haben wir in Beispiel 1 zuvor für CDC aktiviert.

Nachdem Sie den Befehl aus Listing 18.9 erfolgreich ausgeführt haben, finden Sie die in Tabelle 18.10 aufgelisteten Tabellen unter SYSTEMTABELLEN im Knoten TABELLEN der Datenbank.

Tabelle 18.10 zeigt eine Aufstellung der Tabellen, die im Schema »cdc« angelegt werden, um die Nachverfolgung zu ermöglichen.

Tabellenname	Beschreibung
cdc.captured_columns	Informationen über überwachte Spalten
cdc.change_tables	Informationen über überwachte Tabellen

Tabelle 18.10 CDC-Tabellen für die Nachverfolgung von Änderungen

Tabellenname	Beschreibung
cdc.dll_history	Details über Änderungen am Schema der Tabelle mit DDL-Anweisung
cdc.index_columns	Informationen über indizierte Spalten, die überwacht werden
cdc.lsn_time_mapping	Welche LSN wurde mit welcher Anweisung zu welchem Zeitpunkt verwendet?
cdc.dbo_Kontakte_CT	historische Daten für jede überwachte Tabelle

Tabelle 18.10 CDC-Tabellen für die Nachverfolgung von Änderungen (Forts.)

Wenn Sie nun Änderungen an der durch CDC überwachten Tabelle »Kontakte« vornehmen, finden Sie sämtliche Aufzeichnungen über die durchgeführten Änderungen in der Tabelle »cdc.dbo_Kontakte_CT«.

Mit CDC steht ein leistungsfähiges Feature in SQL Server 2012 zur Verfügung, mit dem Änderungen nicht nur für Protokollzwecke nachvollzogen, sondern auch Änderungen in der relationalen Datenbank in ein Data Warehouse oder einen Data Mart überführt werden können.

18.10 Datenbankoperationen

In einer Datenbank gibt es viele Mechanismen, die das parallele Arbeiten mehrerer Benutzer ermöglichen. Diese Mechanismen werden in diesem Abschnitt erläutert.

18.10.1 Transaktionen

Unter einer Transaktion versteht man eine Folge von Operationen, die eine logische Einheit bilden.

Transaktionen müssen dabei Folgendes garantieren:

- **Atomarität (Atomicity)**: Eine Transaktion führt die Änderungen, die zu ihr gehören, immer vollständig aus. Entweder werden alle durch die Transaktion durchzuführenden Änderungen vorgenommen oder gar keine. Eine Transaktion ist also unteilbar.
- **Konsistenz (Consistency)**: Nach Abschluss einer Transaktion müssen sich alle Daten in einem konsistenten Zustand befinden. Das heißt, die Datenintegrität muss erhalten bleiben, z.B. müssen Abhängigkeiten wie Indizes etc. aktuell sein.
- **Isolation (Isolation)**: Gleichzeitig ausgeführte Transaktionen dürfen sich nicht gegenseitig beeinflussen.

- **Dauerhaftigkeit (Durability)**: Nach Ausführung einer Transaktion sind deren Änderungen im System dauerhaft.

Diese Eigenschaften werden auch als *ACID-Eigenschaften* (Atomicity, Consistency, Isolation, Durability) bezeichnet.

Betrachten wir hierzu ein in diesem Zusammenhang oft genanntes Beispiel:

Eine Datenbankanwendung für Banken hat die Aufgabe, Überweisungen durchzuführen. Ein Überweisungsvorgang besteht aus zwei Befehlen. Der zu überweisende Betrag muss von Konto A abgezogen und zu dem bestehenden Betrag auf Konto B addiert werden.

1. Ziehe den Betrag von Konto A ab.
2. Addiere den Betrag zum Betrag von Konto B.

Was geschieht, wenn der erste Befehl erfolgreich verarbeitet wurde, aber dann beispielsweise der Datenbankserver abstürzt, bevor der zweite Befehl ausgeführt wird, sodass dieser nicht mehr ausgeführt werden kann? Der Betrag wurde von Konto A abgezogen, aber Konto B nicht gutgeschrieben. Das Geld ist irgendwo verschwunden!

Aus genau diesem Grund gibt es Transaktionen. Transaktionen ermöglichen es, bei Auftreten eines Fehlers innerhalb der Transaktion ein Rollback durchzuführen und damit alle durch die Transaktion vorgenommenen Änderungen wieder rückgängig zu machen. Andererseits besteht die Möglichkeit, nach dem erfolgreichen Abarbeiten aller Befehle die Änderungen festzuschreiben (Commit).

Allerdings ist es die Aufgabe des Datenbankentwicklers festzulegen, ob die zu einer Transaktion gehörenden Befehle erfolgreich oder nicht erfolgreich verarbeitet wurden.

Die Entscheidung, ob dies der Fall ist, wird häufig anhand der Abfrage der zurückgegebenen Fehlercodes der einzelnen SQL-Commands gefällt. T-SQL bietet hier aber auch die in höheren Programmiersprachen häufig vorkommende `TRY CATCH`-Anweisung an.

Sie müssen SQL Server mitteilen, wenn eine Transaktion gestartet, abgebrochen oder bestätigt wird. Die Befehle hierzu werden in der Tabelle 18.11 aufgelistet.

Befehl	Beschreibung
`BEGIN TRANSACTION`	Startet eine Transaktion.
`ROLLBACK TRANSACTION`	Beendet die Transaktion und macht alle Änderungen rückgängig.
`COMMIT TRANSACTION`	Beendet die Transaktion und schreibt alle Änderungen fest.

Tabelle 18.11 Transaktionsbefehle

In Listing 18.10 wird eine Transaktion gestartet, und es werden zwei UPDATE-Befehle ausgeführt. Anschließend wird die Transaktion mit einem Rollback beendet, und die erfolgten Änderungen werden rückgängig gemacht. Sie können durch Abfrage der Tabelle leicht überprüfen, dass die Daten vor dem Rollback geändert wurden und sich nach dem Rollback wieder im Ursprungszustand befinden.

Durch Ersetzen von Rollback Transaction durch Commit Transaction schreiben Sie die Änderungen fest. Anschließend ist kein Rollback mehr möglich.

```
CREATE TABLE KONTEN (KONTONR INTEGER,BETRAG DECIMAL(18,2))
INSERT INTO KONTEN (KONTONR,BETRAG) VALUES(1,1000);
INSERT INTO KONTEN (KONTONR,BETRAG) VALUES(2,4000);
BEGIN TRANSACTION;
    UPDATE KONTEN SET BETRAG = (BETRAG - 500) WHERE KONTONR = 1;
    UPDATE KONTEN SET BETRAG = (BETRAG + 500) WHERE KONTONR = 2;
ROLLBACK TRANSACTION;
```

Listing 18.10 Starten einer Transaktion und Beenden mit »Rollback«

Merke

Eine Transaktion starten Sie mit dem Befehl Begin Transaction. Zum Beenden einer Transaktion führen Sie entweder den Befehl Commit Transaction (Commit = Fixieren der Änderungen) oder den Befehl Rollback Transaction (Rollback = Rückgängigmachen der Änderungen) aus.

Listing 18.10 wurde nur zur Demonstration der Funktionsweise einer Transaktion dargestellt. Das Listing ergibt aber eigentlich keinen Sinn, da die Änderungen am Ende der Transaktion immer rückgängig gemacht werden.

Anders sieht das Ganze in Listing 18.11 aus. Hier wird abhängig vom fehlerfreien Abarbeiten der Befehle entweder ein COMMIT oder ein ROLLBACK ausgeführt. Hier wird auch vom T-SQL-Command TRY CATCH Gebrauch gemacht.

Innerhalb des TRY-Blocks wird mit BEGIN TRANSACTION eine Transaktion eröffnet. Wenn innerhalb des BEGIN TRY-Blocks ein Fehler auftritt, wird sofort die Ausführung des TRY-Blocks unterbrochen und direkt in den CATCH-Block gesprungen. Hier wird die ROLLBACK-Anweisung ausgeführt. Tritt kein Fehler auf, wird nur der TRY-Block abgearbeitet, und die letzte Anweisung ist hier COMMIT TRANSACTION. Der CATCH-Block wird nicht durchlaufen, da er nur bei einem im TRY-Block aufgetretenen Fehler abgearbeitet wird.

```
BEGIN TRY
BEGIN TRANSACTION;
   UPDATE KONTEN SET BETRAG = (BETRAG - 500) WHERE KONTONR = 1;
```

```
  UPDATE KONTEN SET BETRAG = (BETRAG + 500) WHERE KONTONR = 2;
      COMMIT TRANSACTION;
END TRY
BEGIN CATCH
      ROLLBACK TRANSACTION;
END CATCH
```

Listing 18.11 Transaktionsfehlerbehandlung

Bei TRY CATCH handelt es sich um eine T-SQL-Anweisung. TRY CATCH ermöglicht das elegante Abfangen von Fehlern, ist aber kein Befehl, der von Transaktionen verlangt wird. Näheres hierzu und zu T-SQL finden Sie in der Microsoft-Dokumentation.

SQL Server arbeitet standardmäßig im sogenannten Autocommit-Modus. Das bedeutet, dass nach jedem T-SQL-Command automatisch ein Commit (erfolgreich) oder ein Rollback (nicht erfolgreich) ausgeführt wird. Jede Anweisung ist automatisch eine eigene Transaktion.

Dieser Modus wird durch die Angabe von BEGIN TRANSACTION außer Kraft gesetzt. In diesem Fall spricht man auch vom sogenannten *expliziten Modus*.

Autocommit ist auch der Grund, warum Sie im SSMS nicht vor jeden Befehl BEGIN TRANSACTION; schreiben müssen. Jeder Befehl wird als eigenständige Transaktion ausgeführt. Natürlich haben wir im vorhergehenden Abschnitt gesehen, dass eine Transaktion aus guten Gründen nicht immer nur aus einem Befehl besteht. Zu diesem Zweck haben Sie die Möglichkeit, mit BEGIN, COMMIT und ROLLBACK TRANSACTION das Transaktionsverhalten zu steuern.

Es gibt noch den sogenannten *impliziten Modus*. Diesen Modus setzen Sie mit der T-SQL-Anweisung SET IMPLICIT_TRANSACTIONS ON.

Bestimmte SQL-Anweisungen – wie z.B. INSERT, UPDATE und DELETE, aber auch SELECT, GRANT, DROP – starten eine Transaktion, wenn sie erstmalig ausgeführt werden. Beendet werden sie wieder mit COMMIT und ROLLBACK. Mit SET IMPLICIT_TRANSACTIONS OFF schalten Sie diesen Transaktionsmodus wieder aus.

Transaktionen sind eine tolle Sache und ermöglichen erst die Erstellung von komfortablen Datenbankanwendungen. Einige wichtige Aspekte, die es bei der Arbeit mit Transaktionen zu beachten gilt, möchten wir Ihnen im nächsten Abschnitt zeigen.

18.10.2 Isolation Level

Wenn auf SQL-Server-Daten zugegriffen wird, ist dies durch mehrere Benutzer zur gleichen Zeit möglich. Ändert *Benutzer1* Daten in einer Tabelle, sieht *Benutzer2* diese bei Abfrage in seinem Abfrageergebnis. Datenabfragen und -änderungen funktionieren parallel, was ein wesentliches Merkmal eines Datenbankservers ist. So weit, so gut.

Was geschieht aber, wenn zwei Benutzer zur gleichen Zeit denselben Datensatz ändern? Oder was geschieht, wenn die Daten innerhalb einer Transaktion geändert werden wie im vorhergehenden Abschnitt, anschließend jedoch ein Rollback durchgeführt wird? Da die Datenänderungen zurückgenommen wurden, haben andere Benutzer, die genau in diesem Moment diese Daten abgerufen haben, unter Umständen jetzt falsche Daten? Haben andere Benutzer auf die zuvor geänderten Daten überhaupt Zugriff gehabt?

Hier kommt die Isolation ins Spiel. Dazu ein kleines Beispiel:

1. Starten Sie das SSMS, und verbinden Sie sich mit Ihrer Testdatenbank.
2. Legen Sie in Ihrer Testdatenbank die Tabelle »lockdemo« mit zwei Datensätzen wie in Listing 18.12 an.

   ```
   create table lockdemo (id integer,betrag decimal(18,2))
   insert into lockdemo (id,betrag) values(1,1000);
   insert into lockdemo (id,betrag) values(2,4000);
   ```

   Listing 18.12 Anlegen der Tabelle »lockdemo« mit zwei Datensätzen

3. Öffnen Sie ein neues Abfragefenster (»SQLQuery1«) im SSMS, und geben Sie den Code aus Listing 18.13 ein. In diesem Listing wird mit `Begin Transaction` eine Transaktion gestartet, und anschließend werden zwei Datensätze mit `UPDATE` geändert. Die Transaktion wird noch **nicht** mit `Rollback` oder `Commit Transaction` beendet.

   ```
   Begin Transaction;
   update lockdemo set betrag = 345 where id = 1;
   update lockdemo set betrag = 346 where id = 2;
   ```

   Listing 18.13 Starten einer Transaktion und Ändern von Datensätzen

4. Öffnen Sie jetzt ein zweites Abfragefenster (»SQLQuery2«), und lassen Sie sich in diesem Abfragefenster alle Datensätze der Tabelle »lockdemo« mit `SELECT * FROM LOCKDEMO;` ausgeben.

   Sie werden feststellen, dass die Abfrage hängt. Die Datensätze der Tabelle »lockdemo« werden nicht angezeigt. Wird auf irgendetwas gewartet?

5. Wechseln Sie jetzt zurück in das erste Abfragefenster (»SQLQuery1«), geben Sie nach den zwei `UPDATE`-Befehlen den Befehl `COMMIT TRANSACTION` ein, und führen Sie nur diesen Befehl aus (dazu markieren Sie nur diesen Befehl und klicken auf AUSFÜHREN).

Wenn Sie jetzt in das Abfragefenster (»SQLQuery2«) zurückkehren, werden Sie sehen, dass die Datensätze der Tabelle »lockdemo« diesmal angezeigt wurden.

Erklärung zum Beispiel: Was ist geschehen?

Wir haben im Abfragefenster (»SQLQuery1«) eine Transaktion gestartet und an der Tabelle »lockdemo« zwei Änderungen durchgeführt. Die Transaktion wurde jedoch anschließend **nicht** mit `Commit` oder `Rollback` beendet.

Wir haben ein zweites Abfragefenster im Management Studio geöffnet, damit eine weitere Benutzerverbindung erzeugt und die Tabelle »lockdemo« mit `SELECT * FROM LOCKDEMO` abgefragt. (In der Praxis ist dies so, als wenn sich ein weiterer Benutzer am Datenbanksystem anmelden würde, da jedes Abfragefenster im SSMS eine eigene Verbindung öffnet.)

SQL Server hat durch das Starten der ersten Transaktion und das Ändern der Datensätze innerhalb der Transaktion eine Sperre auf die Datensätze gesetzt und diese somit als nicht abrufbereit (gesperrt) gekennzeichnet.

Die Sperre wird erst entfernt, wenn entweder ein Commit oder ein Rollback ausgeführt und die Transaktion damit beendet wird. Das ist der Grund, warum die Abfrage im zweiten Abfragefenster kein Ergebnis liefert: Es handelte sich um eine sogenannte offene Transaktion ohne Commit oder Rollback.

Warum aber die Sperre? Die Sperre gibt es aus gutem Grund. Immerhin wäre es möglich gewesen, dass die Transaktion mit einem Rollback abgeschlossen würde. Und dann wären genau diese Daten falsch, wenn sie von anderen Anwendern abgefragt worden wären. Die Daten würden durch ein Rollback wieder in den Ursprungszustand zurückversetzt. Der Fachbegriff lautet hierzu *Dirty Read*, was so viel wie *Schmutziges Lesen* bedeutet.

Auch in der Praxis kann dieser eben simulierte Zustand eintreten. Denkbar wäre hier, dass Befehle innerhalb einer Transaktion sehr viel Zeit benötigen, bis das *rettende* Commit ausgeführt wird. Andere Abfragen würden in diesem Fall auf den Abschluss der verursachenden Transaktion warten.

Zudem ist es ein Problem, wenn ein Commit oder ein Rollback vom Entwickler einfach vergessen wurde. Somit werden die Sperren so lange von SQL Server aufrechterhalten, bis die Transaktion geschlossen wird.

Das soeben erläuterte Transaktionsverhalten oder auch Isolationsverhalten wird als *Read Committed* bezeichnet, und SQL Server arbeitet in diesem Standardmodus.

Was aber, wenn Ihre Anwendung ein anderes Isolationsverhalten benötigt?

Denkbar in diesem Zusammenhang wäre auch, dass die geänderten Daten von einer anderen Transaktion trotzdem gelesen werden sollen, obwohl die Transaktion wie im Beispiel nicht abgeschlossen wurde.

Hier bietet SQL Server die Möglichkeit, das Transaktionsverhalten zu steuern. Die einzelnen Transaktionsverhaltensstufen werden auch als *Isolation Level* bezeichnet, und Sie steuern damit, inwieweit SQL Server 2012 eine Transaktion gegenüber anderen Transaktionen isoliert. Tabelle 18.12 listet die Isolationsstufen auf.

Isolation Level	Beschreibung
Read Committed	Anweisungen **können** Zeilen **nicht** lesen, die von anderen Transaktionen geändert wurden und für die noch kein Commit ausgeführt wurde.
Read Uncommitted	Anweisungen **können** Zeilen lesen, die von anderen Transaktionen geändert wurden und für die noch kein Commit ausgeführt wurde.
Repeatable Read	Anweisungen können Zeilen **nicht** lesen, die von anderen Transaktionen geändert wurden und für die noch kein Commit ausgeführt wurde. Zusätzlich können gelesene Daten der aktuellen Transaktion nicht von anderen Transaktionen geändert werden.

Snapshot	Daten, die innerhalb einer Transaktion gelesen werden, entsprechen immer dem Stand der Daten vor Beginn der Transaktion. Datenänderungen, die nach dem Beginn der aktuellen Transaktion von anderen Transaktionen durchgeführt wurden, werden innerhalb der aktuellen Transaktion nicht berücksichtigt.
	Die Datenbankoption `ALLOW_SNAPSHOT_ISOLATION` muss auf `ON` gesetzt werden, um diese Isolationsstufe zu setzen.
	Beispiel:
	`ALTER DATABASE AdventureWorks`
	`    SET ALLOW_SNAPSHOT_ISOLATION ON;`

Serializable	Anweisungen können keine von anderen Transaktionen geänderten Daten lesen, die noch nicht mit Commit bestätigt wurden. Andere Transaktionen können gelesene Daten der aktuellen Transaktion erst dann ändern, wenn die aktuelle Transaktion beendet ist. Andere Transaktionen können Zeilen erst nach Abschluss der aktuellen Transaktion hinzufügen, wenn diese Zeilen im Schlüsselbereich der aktuellen Transaktion liegen.

Tabelle 18.12 Isolationsstufen

Sie setzen die Isolationsstufe mit der folgenden T-SQL-Anweisung:

```
SET TRANSACTION ISOLATION LEVEL
    { READ UNCOMMITTED
    | READ COMMITTED
    | REPEATABLE READ
    | SNAPSHOT
    | SERIALIZABLE
    }
[ ; ]
```

Listing 18.14 T-SQL-Anweisung zum Setzen der Isolationsstufe

Um die Isolationsstufe für »Read Uncommitted« zu setzen, geben Sie z.B. folgenden Befehl an:

```
SET TRANSACTION ISOLATION LEVEL READ UNCOMMITTED;
```

Setzen Sie diese Anweisung im vorhergehenden Beispiel vor die Abfrageanweisung von `lockdemo`, werden Sie die durch die offene Transaktion geänderten Daten sehen, da die Daten jetzt im `ISOLATION LEVEL` »Read Uncommitted« abgefragt werden.

```
SET TRANSACTION ISOLATION LEVEL READ UNCOMMITTED;
SELECT * FROM LOCKDEMO;
```


Probieren Sie die einzelnen Isolationsstufen ruhig an einigen Beispielen aus. Wie Sie gesehen haben, können nicht abgeschlossene Transaktionen oder Anweisungen, die innerhalb einer Transaktion sehr viel Zeit verbrauchen (und damit den schnellen Abschluss einer Transaktion verhindern), die Ursache für massive Probleme sein. Sperren werden aufrechterhalten; die Abfrage von Daten aus anderen Benutzerverbindungen verzögert sich. Daraus lassen sich wesentliche Grundsätze für das Entwickeln einer Datenbankanwendung ableiten:

- Transaktionen müssen möglichst schnell verarbeitet werden. Zum Beispiel sollte eine geöffnete Transaktion nicht auf die Eingabe einer Benutzeraktion wie auf einen Ja-Nein-Dialog warten.
- Transaktionen müssen immer mit `Commit` oder `Rollback` beendet werden. Nicht abgeschlossene Transaktionen (offene Transaktionen) sind die Quelle für massive Schwierigkeiten.

18.11 Parallelitätsprobleme (Deadlocks)

Von einem Deadlock (toter Punkt, völliger Stillstand) spricht man, wenn mindestens zwei Prozesse sich gegenseitig blockieren. Bei einem Deadlock wartet jeder Prozess darauf, dass der andere Prozess beendet wird oder Ressourcen freigibt.

Wenn Sie Autofahrer sind, kennen Sie sicher das Problem, wenn Sie an einer Kreuzung mit Rechts-vor-links-Regelung ankommen und an jeder der vier Kreuzungseinfahrten zur gleichen Zeit ein Auto steht. Jedes Auto wartet darauf, dass der rechte Verkehrsteilnehmer endlich losfährt, da er Vorfahrt hat. Das macht er aber nicht, da auch er darauf wartet, dass das Auto zur seiner Rechten losfährt. Letztendlich fährt keiner los, und es käme theoretisch zum Erliegen des Verkehrs.

18.11.1 Erzeugen eines Deadlocks

Deadlocks gibt es in vielen Situationen, und natürlich auch, wie bereits richtig vermutet, im Zusammenhang mit Datenbanken. Hierzu ein Beispiel.

1. Starten Sie das SSMS, und öffnen Sie ein neues Abfragefenster.
2. Geben Sie in das Abfragefenster folgenden Code ein:

```
USE TEMPDB
CREATE TABLE tabelle1 (spalte1 INT);
INSERT into tabelle1 (spalte1) values(1);
CREATE TABLE tabelle2 (spalte1 INT)
INSERT into tabelle2 (spalte1) values(1);
BEGIN TRANSACTION
UPDATE tabelle1 SET spalte1 = 1
```

Listing 18.15 Erzeugen eines Deadlocks, Teil 1

In Listing 18.15 werden die zwei Tabellen »tabelle1« und »tabelle2« mit jeweils einem Datensatz angelegt. Anschließend wird eine Transaktion geöffnet und der Datensatz der »Tabelle1« mittels `UPDATE` geändert.

Die Transaktion wird nicht mit `COMMIT` oder `ROLLBACK` abgeschlossen, sondern bleibt geöffnet. Demnach setzt SQL Server auf die durch die Änderungen betroffenen Datensätze der »Tabelle1« eine Sperre.

3. Öffnen Sie im SSMS ein weiteres Abfragefenster. Damit stellen Sie eine weitere Verbindung mit SQL Server bzw. der Datenbank her.
4. Geben Sie im zweiten Abfragefenster den Code aus Listing 18.16 ein, und führen Sie ihn aus.

```
BEGIN TRANSACTION
UPDATE tempdb.dbo.tabelle2 SET spalte1 = 1
UPDATE tempdb.dbo.tabelle1 SET spalte1 = 1
```

Listing 18.16 Erzeugen eines Deadlocks, Teil 2

In Listing 18.16 wird ebenfalls eine Transaktion geöffnet, und anschließend wird der Datensatz in »tabelle2« geändert. SQL Server setzt jetzt innerhalb dieser Transaktion auf die von der Änderung betroffenen Datensätze der »tabelle2« ebenfalls eine Sperre.

Anschließend wird mit dem zweiten UPDATE-Befehl versucht, eine Änderung der Datensätze in »tabelle1« durchzuführen. Da jedoch durch den UPDATE-Befehl der offenen Transaktion im ersten Abfragefenster eine Sperre für die betroffenen Datensätze von »tabelle1« aktiv ist, kann die Änderung nicht sofort erfolgen; es muss gewartet werden, bis die Sperre nicht mehr aktiv ist. Dies wäre der Fall, wenn die Transaktion im ersten Abfragefenster mit `Commit` oder `Rollback` beendet würde. Dies ist aber momentan nicht der Fall.

Der zweite UPDATE-Befehl kann nicht ausgeführt werden und befindet sich in einer Art Warteposition.

5. Anschließend wechseln Sie wieder in das erste Abfragefenster, geben den folgenden Code ein und führen ihn aus.

```
UPDATE tabelle2 SET spalte1 = 1
```

Listing 18.17 Erzeugen eines Deadlocks, Teil 3

In Listing 18.17 wird nun aus dem ersten Abfragefenster versucht, Inhalte der »Tabelle2« zu ändern. Das ist aber nicht möglich, da die Transaktion aus dem zweiten Abfragefenster ihrerseits Datensätze der »Tabelle2« geändert und diese demzufolge mit einer Sperre belegt hat. Auch dieser UPDATE-Befehl wartet auf die Auflösung der Sperre. Beide Transaktionen warten demnach darauf, dass es bei der anderen weitergeht. Deadlock!

Es wurde ein klassischer Deadlock erzeugt. Eigentlich würden sich die Transaktionen gegenseitig bis in alle Ewigkeit blockieren, und theoretisch würde es nicht weitergehen.

SQL Server erkennt allerdings derartige Deadlock-Situationen und beendet sie, indem eine der beiden Transaktionen als sogenanntes Deadlock-Opfer ausgewählt und der zugehörige Prozess beendet wird. Das hat zur Folge, dass die blockierende Sperre aufgelöst wird und die andere Transaktion weiterlaufen kann.

Wenn SQL Server eine Deadlock-Situation auflöst, wird Ihnen dies durch die folgende Meldung mitgeteilt:

```
Meldung 1205, Ebene 13, Status 45, Zeile 4
Die Transaktion (Prozess-ID 52) befand sich auf Sperre Ressourcen aufgrund
eines anderen Prozesses in einer Deadlocksituation und wurde als Deadlockop-
fer ausgewählt. Führen Sie die Transaktion erneut aus.
```

Listing 18.18 Fehlerausgabe bei aufgetretenem Deadlock

Deadlocks beeinträchtigen den problemlosen Ablauf Ihrer Datenbankanwendung erheblich und können entstehen, wenn eine soeben beschriebene Situation eintritt. Deadlocks können Sie vermeiden, indem Sie Folgendes beachten:

- Halten Sie Ihre Transaktionen so kurz wie möglich.

  Je schneller Transaktionen beendet werden, umso früher werden auch gesetzte Sperren aufgelöst. Hierdurch sinkt das Risiko, im parallelen Betrieb einer Datenbankanwendung Deadlock-Situationen zu erzeugen.

- Minimieren Sie Sperrzeiten.

  Unter Umständen können einige Befehle, die Sperren setzen, innerhalb einer Transaktion auch erst später ausgeführt werden.

- Überprüfen Sie den verwendeten Isolation Level. Wenn möglich, nutzen Sie einen Isolation Level mit der niedrigsten Isolation.
- Stellen Sie sicher, dass auf die Serverobjekte immer in der gleichen Reihenfolge zugegriffen wird.

Deadlocks können Sie mit SQL Server Profiler identifizieren. Bei der Definition der Ereignisauswahl in den ABLAUFVERFOLGUNGSEIGENSCHAFTEN haben Sie die Möglichkeit, in der Kategorie LOCKS unterschiedliche Ereignisse bezüglich Deadlocks in die Ablaufverfolgung einzubeziehen.

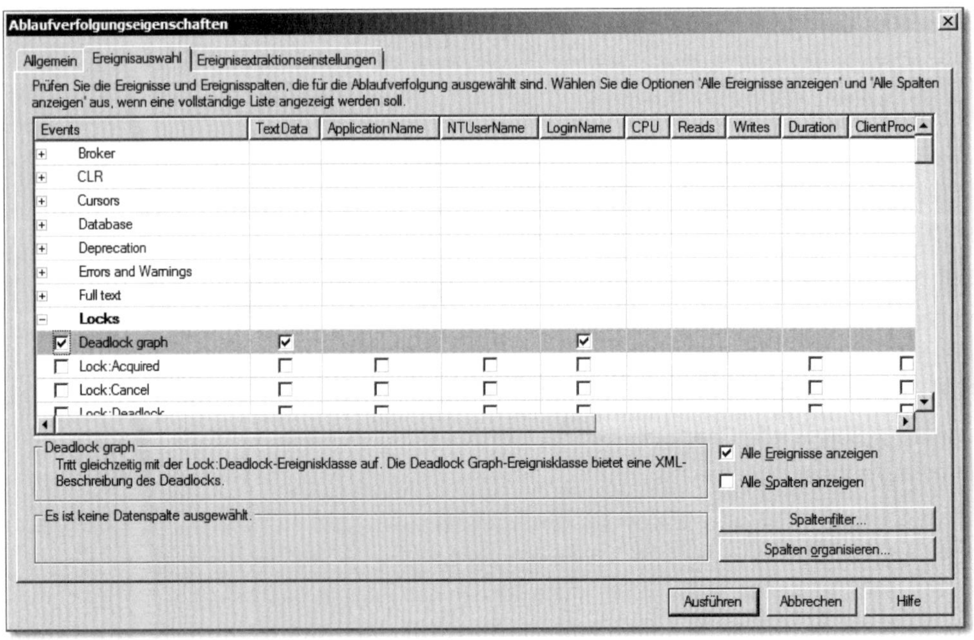

Abbildung 18.27 »Deadlock Graph«-Ereignisauswahl in SQL Server Profiler

Die Ereignisklasse *Deadlock Graph* speichert in der TEXTDATA-Spalte eine XML-Struktur mit Informationen über alle Objekte und Prozesse, die am Deadlock beteiligt sind (siehe Abbildung 18.28). Die Deadlock-Situation wird zusätzlich im unteren Bereich grafisch dargestellt. Diese grafische Darstellung wird auch Deadlock-Wartediagramm genannt. Ein Deadlock-Wartediagramm besteht aus sogenannten Prozessknoten, Rahmen und Ressourcenknoten. Wenn Sie mit der Maus über die dargestellten Prozessknoten (runde Objekte) fahren, erscheint zusätzlich ein Tooltip-Fenster und zeigt die zugehörigen T-SQL-Befehle an. Außerdem wird Ihnen das Deadlock-Opfer in Form eines durchgestrichenen Prozessknotens angezeigt.

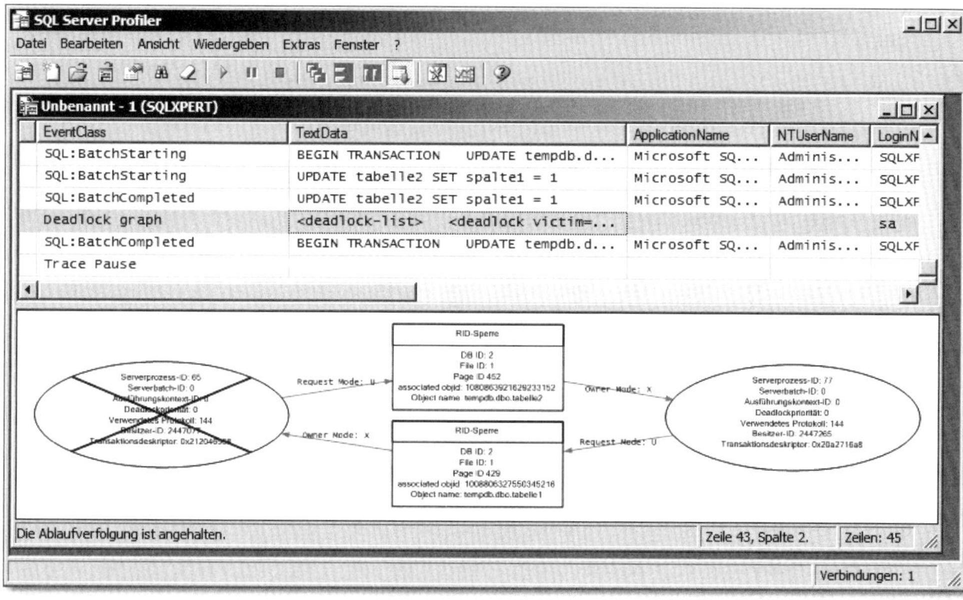

Abbildung 18.28 Anzeige eines Deadlocks in SQL Server Profiler

Sie können das Deadlock-Ereignis auch in Form einer XDL-Datei abspeichern und im SSMS über den DATEI ÖFFNEN-Dialog laden.

Was ist eine XDL-Datei?

Bei einer `.xdl-Datei` handelt es sich um eine Datei, die ein Deadlock-Graph-Ereignis in XML-Form enthält.

Klicken Sie hierzu mit der rechten Maustaste auf das Deadlock-Ereignis in der TEXT-DATA-Spalte, und wählen Sie den Menüpunkt EREIGNISDATEN EXTRAHIEREN... aus.

Genauere Informationen zum Erstellen einer Ablaufverfolgungsdatei mit SQL Server Profiler entnehmen Sie Kapitel 17, »Überwachen von SQL Server 2012«.

18.12 Partitionierung – wenn Tabellen sehr groß werden

Eine weitere Möglichkeit, die Abfrageleistung zu verbessern, bietet SQL Server mit partitionierten Tabellen an. Bei partitionierten Tabellen werden die Daten horizontal aufgeteilt und in unterschiedlichen Dateigruppen einer Datenbank gespeichert. Durch eine Partitionierung erreichen Sie die Verminderung der E/A-Vorgänge. Partitionierung eignet und lohnt sich nur für sehr große Datenmengen.

Die Aufteilung der Daten in Partitionen erfolgt durch die Auswertung der Daten selbst. Zu diesem Zweck muss eine sogenannte Partitionierungsfunktion erstellt werden. Mit der Partitionierungsfunktion werden Grenzwerte bestimmt, auf deren Basis die Daten aufgeteilt werden.

Zum Beispiel könnte eine Tabelle, die eine Datumsspalte enthält, anhand der Jahreszahlen des jeweiligen Datumswertes aufgeteilt (partitioniert) werden.

Nehmen wir an, in einer Datenbank existiert eine Tabelle »Rechnungen«, in der alle Rechnungen eines Unternehmens gespeichert sind. Diese Tabelle dürfte in der Regel eine Spalte zum Speichern des aktuellen Rechnungsdatums besitzen.

Eine auf diese Rechnungsdaten zugreifende Datenbankapplikation könnte sehr häufig Rechnungsdaten des aktuellen Jahres, jedoch eventuell wesentlich seltener Rechnungsdaten früherer Jahre abfragen. Die Rechnungsdaten des aktuellen Jahres müssten sehr schnell abgerufen werden können. Die Daten älterer Rechnungsjahre werden seltener und nicht so häufig abgerufen. Das hängt natürlich von der betrieblichen Praxis ab und wird nur für dieses Beispiel hier so angenommen.

Die Tabelle könnte dahin gehend partitioniert werden, dass die Datenzeilen mit dem Rechnungsdatum der früheren Jahre in »Dateigruppe1« gespeichert werden und alle des aktuellen Jahres und darüber in »Dateigruppe2«.

Die »Dateigruppe2« zugeordneten Daten könnten auf einem Speichermedium mit schnellerem Lese-/Schreibzugriff liegen. Die Datendateien, die »Dateigruppe1« zugeordnet sind, liegen auf einem weniger schnellen Speichermedium, da hier die Abfragen wesentlich seltener durchgeführt werden und auch eine gewisse Verzögerung in Kauf genommen werden kann.

Wenn Sie eine partitionierte Tabelle erstellen möchten, gehen Sie durch die Eingabe von T-SQL-Befehlen im SSMS wie folgt vor.

1. Erstellen Sie die Dateigruppen und die zugehörigen Dateien:

```
ALTER DATABASE [demo] ADD FILEGROUP [fg1]
ALTER DATABASE [demo] ADD FILEGROUP [fg2]
ALTER DATABASE [demo] ADD FILEGROUP [fg3]
ALTER DATABASE [demo] ADD FILE ( NAME = N'datei1', FILENAME = N'C:\dat-
group\datei1.ndf') TO FILEGROUP [fg1]
```

```
ALTER DATABASE [demo] ADD FILE ( NAME = N'datei2', FILENAME = N'C:\dat-
group\datei2.ndf') TO FILEGROUP [fg2]
ALTER DATABASE [demo] ADD FILE ( NAME = N'datei3', FILENAME = N'C:\dat-
group\datei3.ndf') TO FILEGROUP [fg3]
```

Listing 18.19 Anlegen von Dateigruppen und der zugehörigen Datendateien der Datenbank

2. Erstellen Sie eine Partitionierungsfunktion. Dadurch bestimmen Sie die Wertebereiche, anhand derer die Daten aufgeteilt werden sollen.

   ```
   create partition function partfunktion (datetime) as range left
   for values('20050101','20100101');
   ```

   Listing 18.20 T-SQL-Befehl zum Anlegen der Partitionierungsfunktion

   `20050101` steht hier für das Datum 01.01.2005 etc. Es gibt die Möglichkeit, `Range Left` und `Range Right` anzugeben. Hiermit legen Sie fest, in welchen Wertebereich der angegebene Partitionierungsgrenzwert fällt (linke oder rechte Partition).

   Der angegebene Befehl lautet umgangssprachlich ausgedrückt wie folgt:

   Erstelle eine Partitionierungsfunktion mit Namen »partfunktion«. Teile die Daten vom Datentyp `datetime` in drei Bereiche auf: Der erste Bereich enthält alle Datumswerte <= 01.01.2005. Der zweite Bereich enthält alle Werte > 01.01.2005 bis <= 01.01.2010 und der dritte Bereich alle Datumswerte > 01.01.2010.

3. Erstellen Sie das Partitionsschema, das die angelegten Dateigruppen mit der Partitionsfunktion verbindet. Damit legen Sie fest, wo die partitionierten Daten, die über die Partitionierungsfunktion definiert wurden, physisch gespeichert werden.

   ```
   create partition scheme partitionschema1 as partition partfunktion to
   ('fg1','fg2','fg3');
   ```

4. Anschließend legen Sie die zugehörige Tabelle an.

   SQL Server entscheidet ab jetzt, zu welcher Partition ein eingegebener Datensatz gehört und wo die Daten demnach physikalisch gespeichert werden.

   ```
   create table rechnungstabelle (id integer,rechnungsdatum datetime,betrag
   money) on partitionschema1(rechnungsdatum)
   ```

   Listing 18.21 Anlegen der partitionierten Tabelle

Werden jetzt Datensätze der »rechnungstabelle« hinzugefügt, ist kein Unterschied zu erkennen. Allerdings werden die Daten abhängig vom in der Spalte »rechnungsdatum« hinterlegten Datumswert in den zugehörigen Partitionen und demnach Dateigruppen abgelegt (siehe Listing 18.22).

```
insert into dbo.rechnungstabelle (rechnungsdatum,betrag)
values('20121217',234.45)
insert into dbo.rechnungstabelle (rechnungsdatum,betrag)
values('20120524',234.45)
insert into dbo.rechnungstabelle (rechnungsdatum,betrag)
values('20040519',234.45)
```

Listing 18.22 Hinzufügen von Datensätzen zur Tabelle »rechnungstabelle«

Anschließend können Sie mit der folgenden Anweisung überprüfen, wie viele Rows welcher Partition zugeordnet wurden (Listing 18.23).

```
select * from sys.partitions where object_id =
OBJECT_ID('dbo.rechnungstabelle')
```

Listing 18.23 Abfrage der View »sys.partitions« zum Anzeigen der Datensatzverteilung einer partitionierten Tabelle

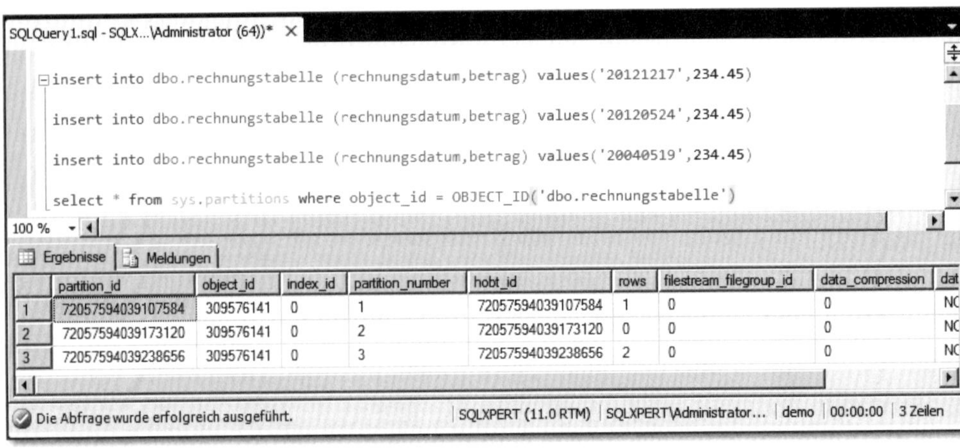

Abbildung 18.29 Abfrage und Darstellung der Datensatzverteilung der partitionierten Tabelle »rechnungstabelle«

In Abbildung 18.29 sehen Sie durch die Auswertung der Spalten `partition_number` und `rows`, wie die hinzugefügten Datensätze in den Partitionen der Tabelle aufgeteilt wurden.

Partitionierte Tabellen eignen sich hervorragend, um die Leistung bei großen Datenmengen zu verbessern. Einen kleinen Wermutstropfen gibt es aber trotzdem: Partitionierte Tabellen werden nur in den SQL-Server-Editionen Enterprise, Developer und Evaluation unterstützt.

Kapitel 19

Applikations- und Multiserver-Verwaltung

In diesem Kapitel erfahren Sie, wie Sie mehrere SQL Server verwalten, Aufgaben zusammenfassen, Ressourcen verwenden oder eine Multiserver-Umgebung administrieren.

Bei der Administration und Verwaltung von Datenbankservern werden Datenbanken und Serverinstanzen immer zahlreicher und auch umfangreicher. Häufig sind mehrere SQL Server im Unternehmen vorhanden, und eine Administration jeder einzelnen Instanz ist zwar möglich, aber auch zeitaufwendig. Multiserver-Verwaltung vereinfacht die Administration und das Monitoring vieler SQL-Server-Datenbankinstanzen erheblich.

19.1 Vorteile und Einsatz der Multiserver-Verwaltung

Bereits in früheren Versionen von SQL Server war es möglich, über den Agent einen Masterserver zu definieren und Agent-Aufträge und Wartungspläne über den Masterserver an verschiedene registrierte Zielserver zu verteilen.

Der SQL-Masterserver verteilt die Agent-Aufträge an die SQL-Zielserver. Die Zielserver empfangen die Aufträge und führen sie aus. Zusätzlich geben die Zielserver ein entsprechendes Feedback an den SQL-Masterserver über den Status und die Ereignisse zurück, die beim Ausführen der Aufträge aufgetreten sind. SQL Server 2012 verbessert zudem mit weiteren neuen Features die Überwachung und Verwaltung von mehreren Servern.

19.1.1 Einrichten eines Masterservers

Nachfolgend zeigen wir Ihnen, wie Sie einen Masterserver erstellen. Der Masterserver wird auf der Standardinstanz »SQLXPERT« angelegt. Als Zielserver dient die benannte Instanz »SQLXPERT\Berlin«.

1. Verbinden Sie sich über das SQL Server Management Studio (SSMS) mit der SQL-Server-Instanz, die Sie als Masterserver einrichten möchten.

2. Klicken Sie im Objekt-Explorer mit der rechten Maustaste auf den Knoten des SQL-Server-Agents. Fahren Sie mit der Maus über den Menüpunkt MULTISERVERVERWALTUNG, und wählen Sie anschließend den Menüpunkt ALS MASTERSERVER EINRICHTEN... aus.

Abbildung 19.1 Starten des Masterserver-Assistenten

3. Der Masterserver-Assistent wird mit dem Begrüßungsdialog wie in Abbildung 19.2 gestartet. Klicken Sie auf WEITER.

Abbildung 19.2 Begrüßungsdialog des Masterserver-Assistenten

4. Im nächsten Dialog (siehe Abbildung 19.3) können Sie Adressen für einen MSX-Operator angeben. Sie bestimmen damit, wohin Nachrichten gesendet werden sollen, die im Zusammenhang mit den in der Master- und Zielserver-Umgebung angelegten Aufträgen stehen.

   Dieser Operator wird sowohl auf dem Masterserver wie auch auf den Zielservern angelegt. Klicken Sie anschließend auf WEITER.

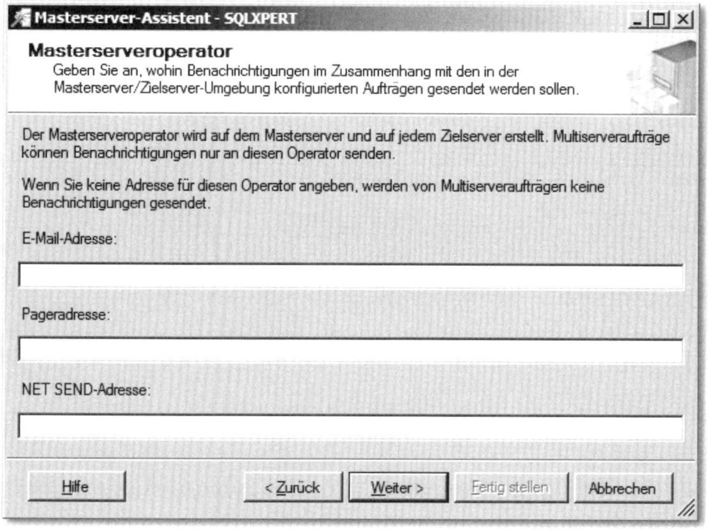

Abbildung 19.3 Angeben von Benachrichtigungsadressen zum Informieren von Operatoren

5. Im nächsten Assistentendialog müssen Sie einen oder mehrere Zielserver angeben. Ein Zielserver ist, wie bereits erwähnt, immer die SQL-Server-Instanz, die Aufträge vom Masterserver empfängt. In Abbildung 19.4 wurde die Zielserver-Instanz »SQLXPERT\BERLIN« hinzugefügt.

Abbildung 19.4 Angeben des Zielservers

6. Nachdem Sie die Zielserver-Instanzen ausgewählt haben, klicken Sie auf WEITER. Im folgenden Dialog (siehe Abbildung 19.5) wird die Kompatibilität der Master- und Zielserver-Instanzen überprüft.

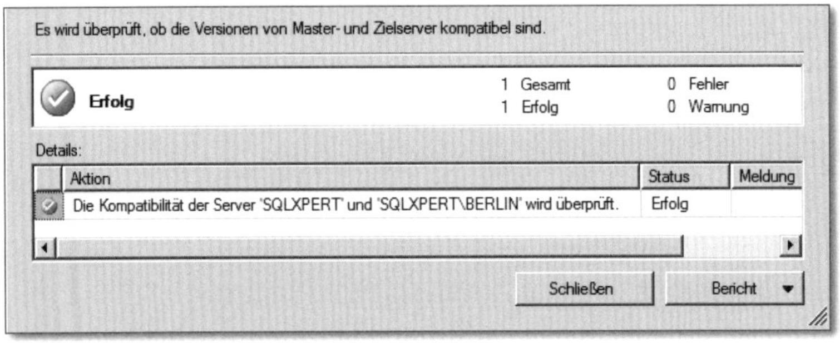

Abbildung 19.5 Überprüfen der Kompatibilität von Master- und Zielserver

7. Wurde die Kompatibilitätsüberprüfung erfolgreich abgeschlossen, klicken Sie auf SCHLIESSEN.
8. Bestätigen Sie anschließend die Masterserver-Anmeldeinformationen durch einen Klick auf WEITER (siehe Abbildung 19.6).

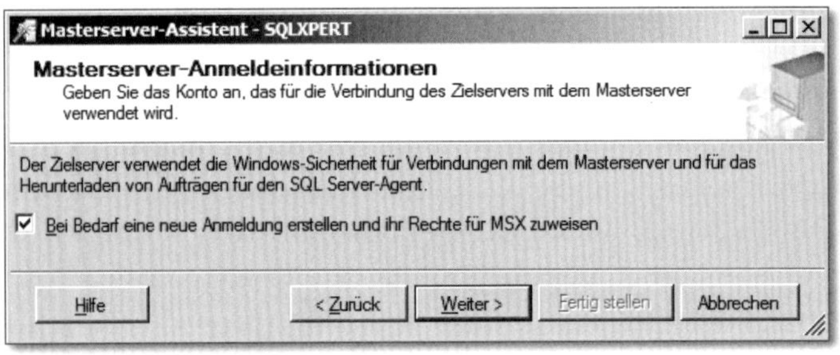

Abbildung 19.6 Anmeldeinformationen

9. Im darauffolgenden Dialog (siehe Abbildung 19.7) erhalten Sie eine Zusammenfassung der durchzuführenden Aktionen. Durch einen Klick auf FERTIG STELLEN starten Sie die Ausführung.

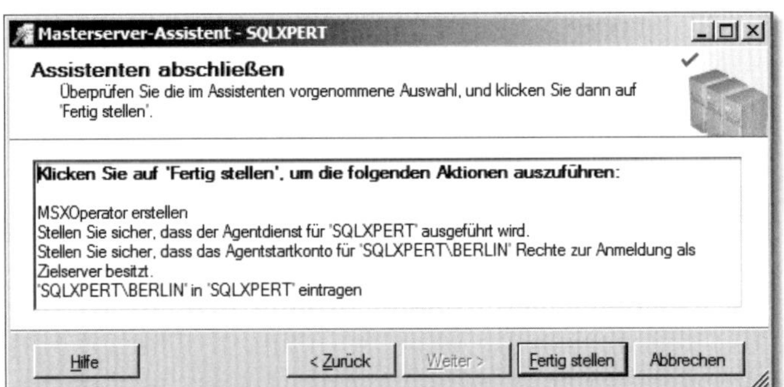

Abbildung 19.7 Assistenten abschließen und definierte Aktionen ausführen

10. Im letzten Dialog des Assistenten (siehe Abbildung 19.8) erhalten Sie eine Übersicht der durchgeführten Aktionen und deren Ergebnis. Nach erfolgreicher Ausführung dieser Aktionen bestätigen Sie den Dialog durch einen Klick auf SCHLIESSEN.

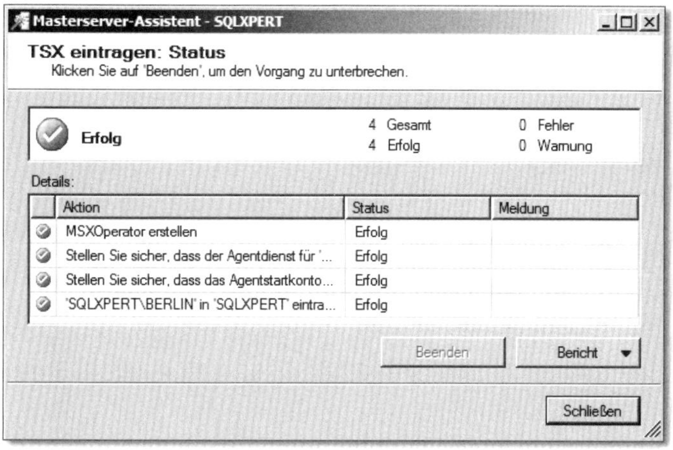

Abbildung 19.8 Aktionen wurden erfolgreich ausgeführt.

Sie haben den Masterserver erfolgreich eingerichtet.

In SQL Server Management Studio erkennen Sie wie in Abbildung 19.9 die Master- und Zielserver an der Anzeige der jeweiligen Agent-Knoten im Objekt-Explorer.

Der Agent-Knoten des Masterservers wird mit SQL SERVER-AGENT (MSX) bezeichnet. Der Agent-Knoten des Zielservers mit SQL SERVER-AGENT (TSX:SQLXPERT). MSX steht für Masterserver und TSX für Targetserver, wobei beim Targetserver zusätzlich der Name des Masterservers angegeben wird.

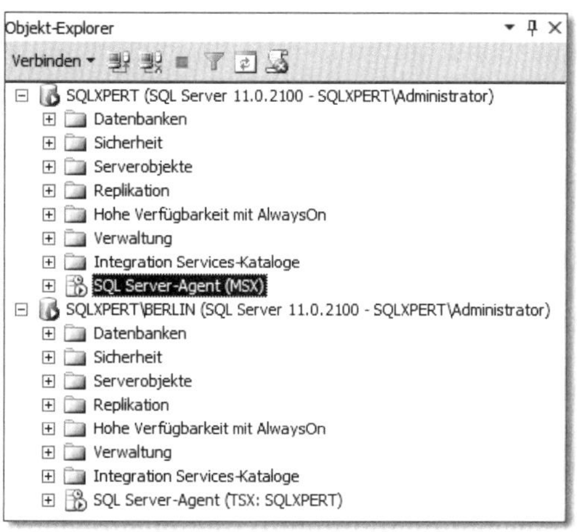

Abbildung 19.9 Anzeige von Master- und Zielserver-Agent-Knoten im Objekt-Explorer

19.1.2 Definieren von Wartungsplänen und Aufträgen für Masterserver

Durch die Erstellung des Masterservers haben Sie die Möglichkeit, auf dem Masterserver angelegte Aufgaben wie Wartungspläne oder Aufträge so zu konfigurieren, dass sie auch auf den Zielservern ausgeführt werden.

Wenn Sie einen Agent-Auftrag auf dem Masterserver erstellen, können Sie unter ZIELE eingerichtete Zielserver angeben (siehe Abbildung 19.10).

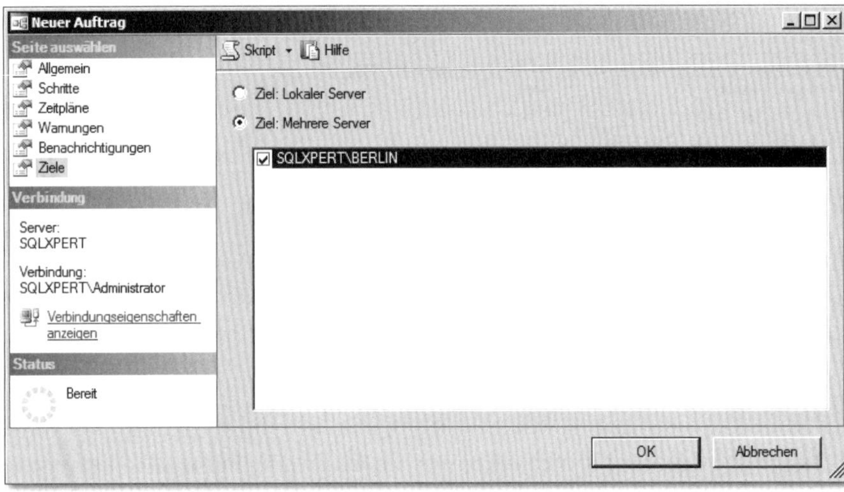

Abbildung 19.10 Angabe eines eingerichteten Zielservers bei der Erstellung eines Agent-Auftrags auf dem Masterserver

Ebenso können Sie bei der Erstellung eines Wartungsplans Zielserver angeben. Hierzu wird im Wartungsplanungs-Assistenten ein entsprechender Dialog (siehe Abbildung 19.11) eingeblendet, in dem Sie die Zielserver festlegen können, auf denen der Wartungsplan ebenfalls ausgeführt werden soll.

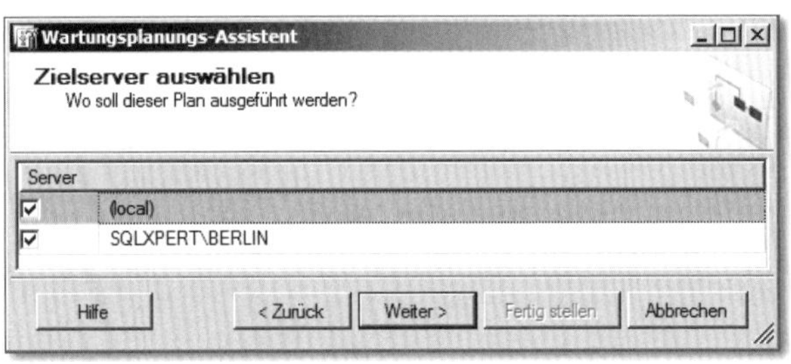

Abbildung 19.11 Angabe eines eingerichteten Zielservers bei der Erstellung eines Wartungsplans im Wartungsplanungs-Assistenten

Die Erstellung von Wartungsplänen und SQL-Server-Agent-Aufträgen wird in Kapitel 12, »Automatisieren von administrativen Aufgaben«, hinreichend erläutert. Wir verweisen Sie für detaillierte Informationen zum Erstellen von Wartungsplänen und Agent-Aufträgen auf dieses Kapitel.

19.1.3 Verwalten von Ziel- und Masterservern

Nachdem der Masterserver eingerichtet wurde, können Sie die eingerichteten Zielserver über die Verwaltungskonsole ZIELSERVER VERWALTEN administrieren.

Hierzu klicken Sie erneut mit der rechten Maustaste auf den Knoten des SQL-Server-Agents des Masterservers. Im Kontextmenü wählen Sie MULTISERVERVERWALTUNG, und diesmal erscheint der Menüpunkt ZIELSERVER VERWALTEN, wie in Abbildung 19.12 zu sehen ist.

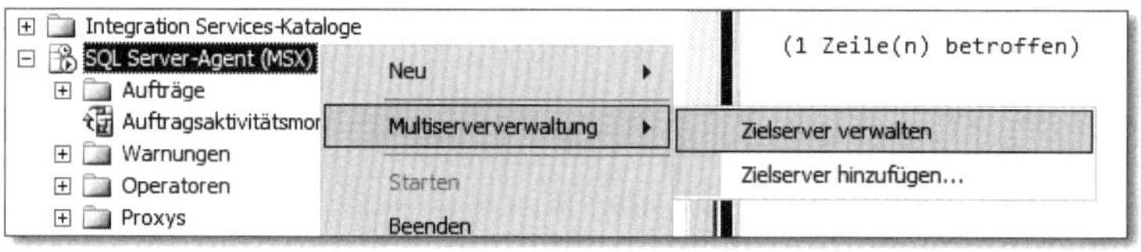

Abbildung 19.12 Aufruf der Zielserver-Verwaltung im Objekt-Explorer des SSMS

Das in Abbildung 19.12 dargestellte Kontextmenü bietet Ihnen außerdem die Möglichkeit, weitere Zielserver zum Masterserver hinzuzufügen.

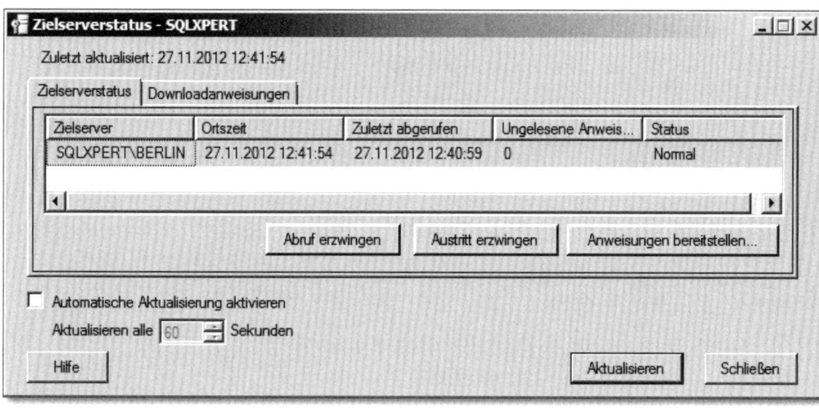

Abbildung 19.13 Verwaltungsdialog für Zielserver

19.2 DAC (Data Tier Application)

Betrachten Sie einmal einen normalen Entwicklungsprozess einer Datenbankanwendung: Normalerweise wird eine Datenbankanwendung geplant und umgesetzt, und irgendwann ist Version 1.0 der Datenbank vollendet. Das bedeutet, es wurden die ersten wichtigen Tabellen mit Spalten und Datentypen, aber auch Sichten und eventuelle gespeicherte Prozeduren, Trigger und Funktionen angelegt. Die Datenbank wird auf dem Produktivsystem angelegt oder an den Kunden ausgeliefert, und fortan wird mit der Datenbank produktiv gearbeitet.

Da Software – und dazu gehört auch eine Datenbankapplikation mit all ihren Datenbankobjekten – aber nie richtig fertig ist oder auch Fehler hat, die behoben werden müssen, wird sie permanent weiterentwickelt. Neue Funktionen, Tabellen, Spalten, gespeicherte Prozeduren, Sicherheitseinstellungen und Abhängigkeiten kommen hinzu oder werden im Zuge von Entwicklung und Fehlerbeseitigung verändert.

Wie gelangen diese Änderungen und Weiterentwicklungen aber nun nach umfangreichen Tests in das Produktivsystem? Hierfür gibt es verschiedene Methoden, die Sie Tabelle 19.1 entnehmen können.

Möglichkeit	Vorteile	Nachteile
Alle Änderungen werden per Hand direkt im Produktivsystem nachgezogen.	▶ starke Kontrolle über die durchzuführenden Aufgaben	▶ bei umfangreichen Änderungen hoher Zeitaufwand ▶ hohe Fehleranfälligkeit ▶ Eventuell werden wichtige Änderungen vergessen.
Änderungen werden via T-SQL-Skript durchgeführt.	▶ bisher häufigste Methode, die auch eine volle Kontrolle über die auszuführenden Aktionen erlaubt	▶ hoher Aufwand zum Erstellen des Skripts ▶ keine Versionierungsmechanismen
Data Tier Application (DAC) Datenebenenanwendung	▶ einfache Bedienung ▶ integrierte Versionierung ▶ kompaktes Paket, das alle Datenbankbestandteile enthält	Derzeit gibt es eine Reihe von Einschränkungen: Es dürfen z. B. keine Service Broker, Synonyme, DDL-Trigger oder die Datentypen `hierarchyid` und `geography` eingesetzt werden; es werden nur die klassischen T-SQL-Objekte unterstützt.

Tabelle 19.1 Möglichkeiten der Aktualisierung von Datenbanken

Mit dem SQL Server 2012 wird Ihnen ein Mechanismus zur Verfügung gestellt, der es ermöglichen soll, Datenbankänderungen und Entwicklungen zwischen den einzelnen Phasen im Entwicklungsprozess ohne größeren Aufwand abgleichen zu können. Dieser Mechanismus wird als Datenebenenanwendung (DAC) bezeichnet.

Hinter dem Begriff DAC steht ein standardisiertes Verfahren, mit dem Sie Änderungen, Upgrades zwischen SQL Servern untereinander und Visual Studio durchführen können.

Was ist eine »Datenebenenanwendung«?

In einer Datenebenenanwendung (DAC) sind alle Datenbankobjekte definiert, wie z.B. Tabellen, Sichten und Anmeldungen.

Mit einer DAC wird eine zentrale Einheit für die Erstellung, Bereitstellung und Verwaltung der in ihr enthaltenen Datenebenenobjekte bereitgestellt. Eine separate Verwaltung ist nicht mehr erforderlich.

Vereinfacht gesagt: Unter einer Datenebenenanwendung können Sie sich ein Paket vorstellen, in dem alle Informationen enthalten sind, um eine Datenbank auf andere SQL-Server-Instanzen und Entwicklungsumgebungen zu verlagern, auf diesen zu verändern und die ursprünglichen Datenbanken wieder zu aktualisieren, auf denen diese Datenebenenanwendung basierte.

Mit Visual Studio 2010 oder dem SSMS können Sie ein DAC-Paket mit der Dateierweiterung DACPAC) erstellen, das alle wichtigen Informationen der Datenbank oder der Datenbankapplikation enthält. Es beinhaltet sämtliche Objekte, die zu einer Datenbank gehören, inklusive der Definitionen für Benutzer, Indizes, Partitionen etc.

Mit einem DAC-Paket können Sie eine Datenbankanwendung und demzufolge vorgenommene Änderungen einer Datenbank weitergeben und auf unterschiedlichen Servern veröffentlichen. Datenebenenanwendungen können jederzeit aktualisiert werden. *Ein DAC-Paket enthält jedoch nicht die Daten der Datenbank!*

DAC-Pakete können Sie im SSMS und in Visual Studio 2010 erstellen, importieren und bearbeiten. Sie können DAC-Pakete also zwischen Visual Studio und SSMS austauschen. Das Erstellen von Datenbankobjekten und die Qualitätssicherung werden damit in den Entwicklungsprozess integriert.

Eine vollständige Beschreibung von Datenebenenanwendungen mit weiteren Hintergrundinformationen erhalten Sie in der Microsoft-Onlinedokumentation unter *http://msdn.microsoft.com/de-de/library/ee240739.aspx* im Artikel »Grundlegendes zu Datenebenenanwendungen«.

19.2.1 Registrieren einer DAC-Anwendung im Management Studio

Unter dem *Registrieren einer DAC-Anwendung im SSMS* versteht man das Erstellen einer Datenebenenanwendung basierend auf einer bestehenden Datenbank und das Speichern der DAC-Definition auf dem SQL Server. Wenn Sie eine Datenbank als Datenebenenanwendung registriert haben, können Sie DAC-Pakete, die Sie z.B. vom Entwickler erhalten haben, im SSMS einlesen und die registrierte Datenebenenanwendung und demzufolge die damit verbundene Datenbank aktualisieren.

Registrierung aus einer vorhandenen Datenbank erstellen

1. Um eine Registrierung aus einer vorhandenen Datenbank zu erstellen, klicken Sie im Objekt-Explorer des Management Studios mit der rechten Maustaste auf die Datenbank, die Sie als DAC-Anwendung registrieren möchten, und wählen nacheinander TASKS und ALS DATENEBENENANWENDUNG REGISTRIEREN... aus (siehe Abbildung 19.14).

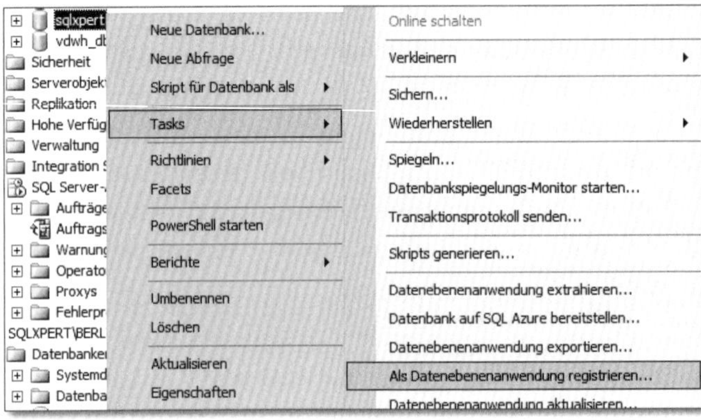

Abbildung 19.14 Datenebenenanwendung – Registrierungsassistent starten

2. Der Assistent für die Registrierung der Datenebenenanwendung wird gestartet (siehe Abbildung 19.15). Klicken Sie auf WEITER.

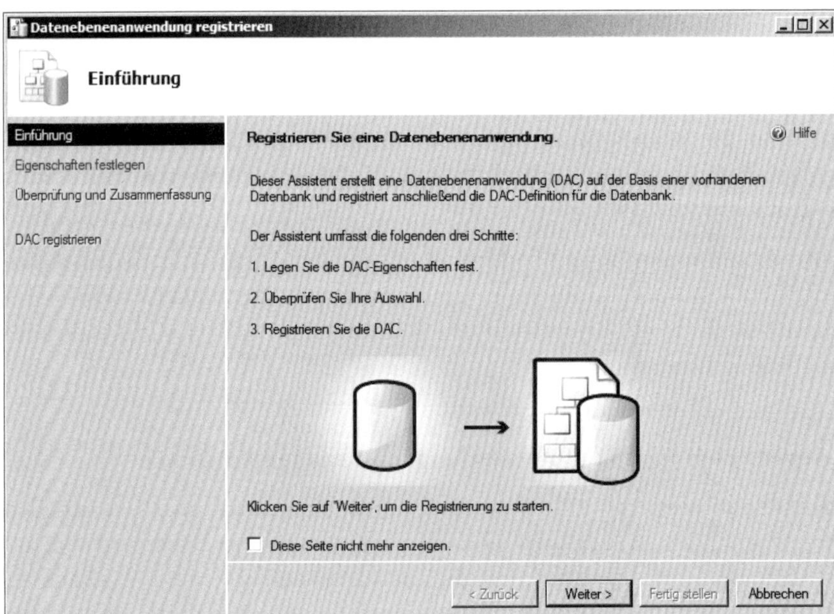

Abbildung 19.15 Einführungsdialog »Datenebenenanwendung« – Registrierungsassistent

3. Im darauffolgenden Dialog geben Sie einen Anwendungsnamen, eine Version und eine Beschreibung an, wie das Beispiel in Abbildung 19.16 zeigt.

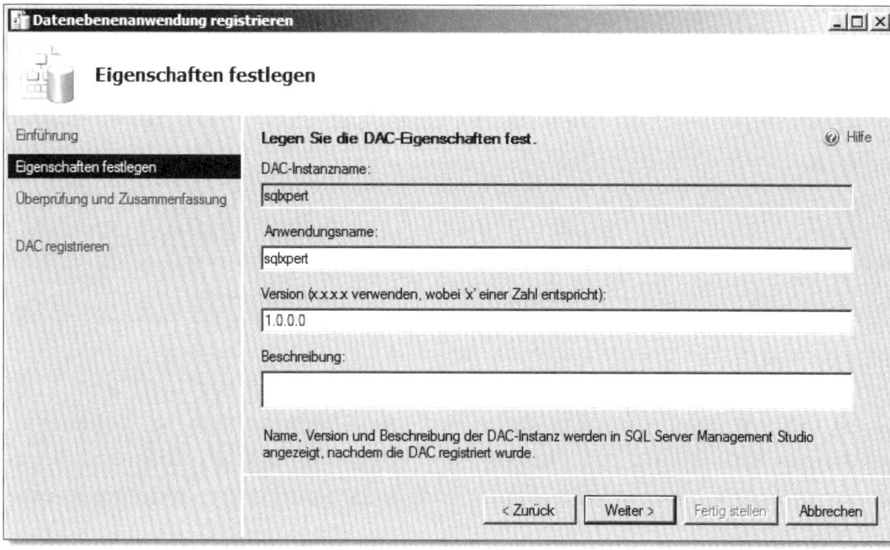

Abbildung 19.16 Festlegen der Eigenschaften

4. Klicken Sie auf WEITER, und überprüfen Sie im Zusammenfassungsdialog aus Abbildung 19.17, ob die Einstellungen korrekt sind.

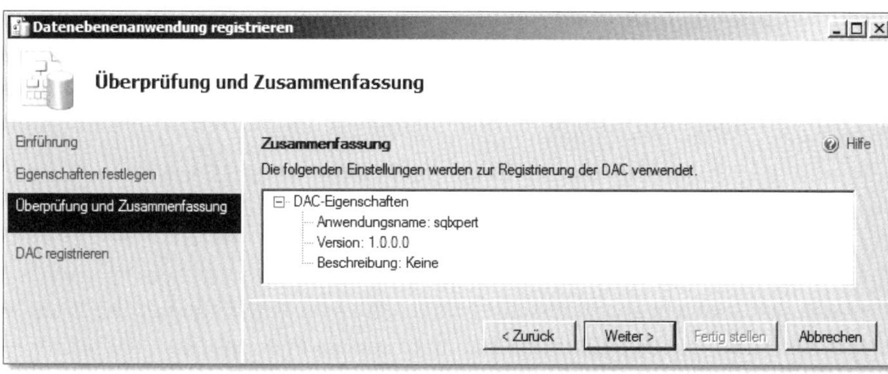

Abbildung 19.17 Zusammenfassungsdialog

5. Anschließend klicken Sie auf WEITER. Die Datenebenenanwendung wird registriert, und in der tabellarischen Darstellung (siehe Abbildung 19.18) sollte die durchgeführte Aktion erfolgreich abgeschlossen worden sein.

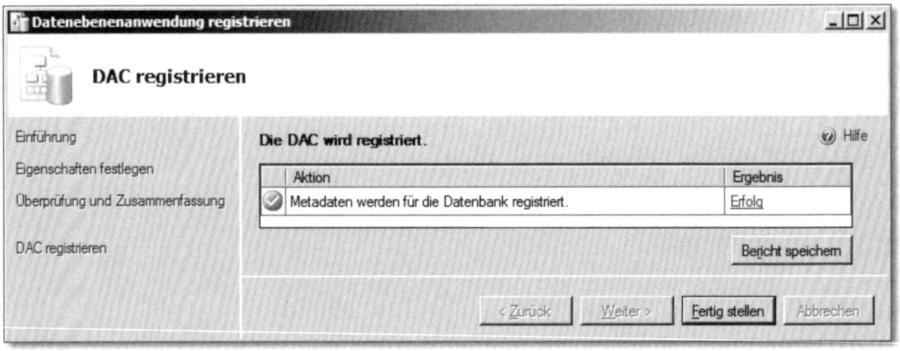

Abbildung 19.18 Dialog »DAC registrieren«

DAC-Paket aus Datenbank extrahieren

Sie können, wie bereits zuvor erläutert, aus einer Datenbank ein Datenebenenanwendungspaket erstellen und dieses Paket weitergeben (z.B. an die Entwicklungsabteilung). Dort können entsprechende Änderungen am Datenbankschema vorgenommen werden.

1. Um ein DAC-Paket aus einer Datenbank zu erstellen, klicken Sie mit der rechten Maustaste auf die Datenbank und wählen aus dem Kontextmenü den Menüpunkt TASKS • DATENEBENENANWENDUNG EXTRAHIEREN aus.
2. Im daraufhin startenden Assistenten vergeben Sie einen Namen, eine Versionsnummer und eine Beschreibung für das Paket. Außerdem müssen Sie einen Dateipfad inklusive Dateinamen angeben, unter dem das DAC-Paket abgespeichert werden soll.
3. Danach klicken Sie auf WEITER.
4. Es wird eine Zusammenfassung angezeigt. Wenn Sie die Schaltfläche WEITER anklicken, wird das Paket erstellt.
5. Anschließend klicken Sie auf FERTIG STELLEN.

Im von Ihnen angegebenen Verzeichnis finden Sie jetzt eine Datei mit der Erweiterung *.dacpac*. Das ist das extrahierte Datenebenenanwendungspaket, das weitergegeben und mit den SQL Server Data Tools zum Durchführen von Änderungen eingelesen werden kann.

SQL Server Data Tools

Die SQL Server Data Tools ersetzen das aus SQL Server 2008 bekannte Business Intelligence Development Studio. Bei den SQL Server Data Tools handelt es sich um eine speziell mit SQL-Server-Projektvorlagen ausgestattete Version von Visual Studio 2010.

Sie finden die SQL Server Data Tools in der Programmgruppe von SQL Server 2012. Dies setzt allerdings voraus, dass Sie die SQL Server Data Tools beim Setup von SQL Server mit installiert haben.

Natürlich können Sie auch direkt mit Visual Studio 2010 (ab der Professional-Version) die hier vorgestellte Vorgehensweise nutzen, um mit Datenebenenanwendungen zu arbeiten.

DAC-Paket in SQL Server Data Tools importieren

1. Um ein DAC-Paket in SQL Server Data Tools zu importieren, öffnen Sie die SQL Server Data Tools und legen ein Projekt mit der Projektvorlage SQL SERVER-DATENBANKPROJEKT an (siehe Abbildung 19.19).

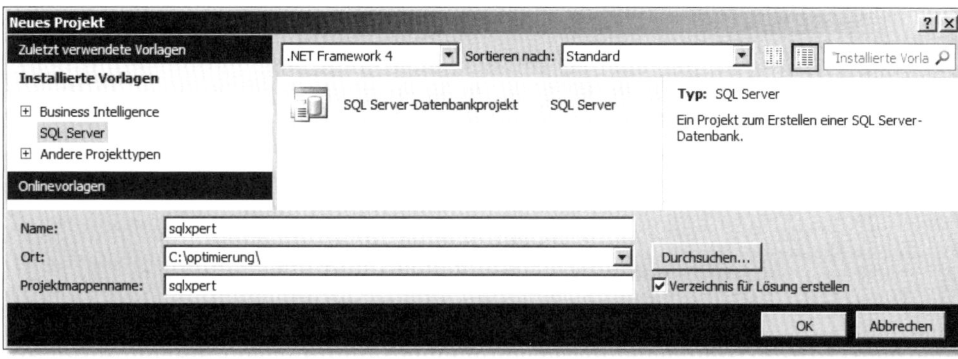

Abbildung 19.19 Datenebenen-Anwendungsvorlage in Visual Studio auswählen

2. Im Projektmappen-Explorer klicken Sie mit der rechten Maustaste das Projekt an und wählen aus dem Kontextmenü den Menüpunkt IMPORTIEREN • DATENEBENENANWENDUNG (*.DACPAC)... (siehe Abbildung 19.20).

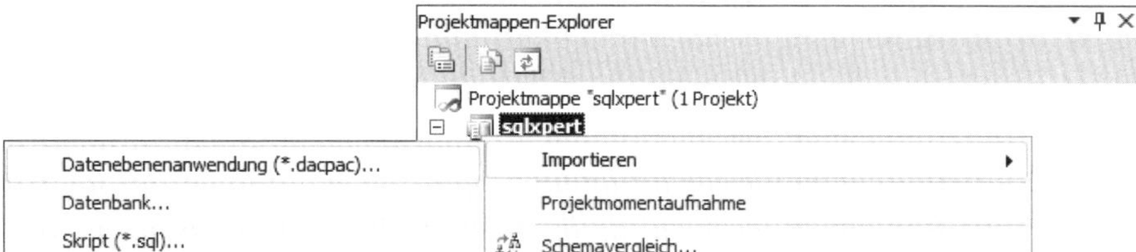

Abbildung 19.20 Menüpunkt »Datenebenenanwendung importieren«

3. Im sich daraufhin öffnenden Dialog aus Abbildung 19.21 geben Sie im Feld DATENEBENENANWENDUNG (.DACPAC) die .dacpac-Datei an, die importiert werden soll. Klicken Sie anschließend auf STARTEN, damit der Import beginnt.

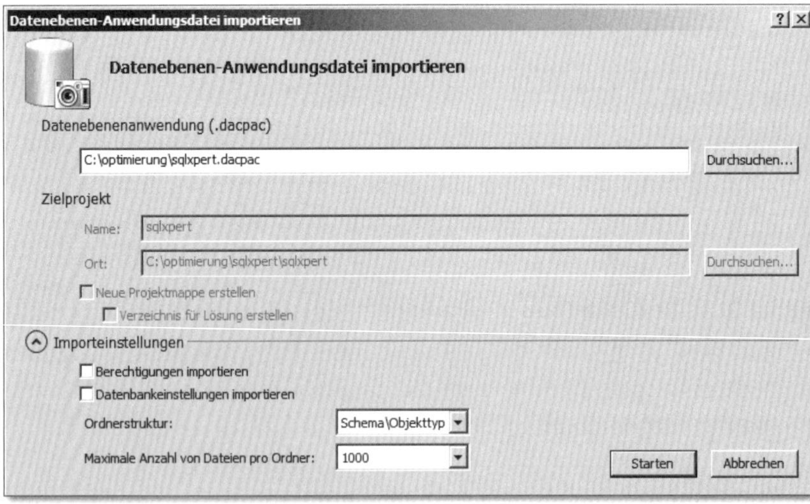

Abbildung 19.21 Dialog zum Importieren einer Datenebenen-Anwendungsdatei

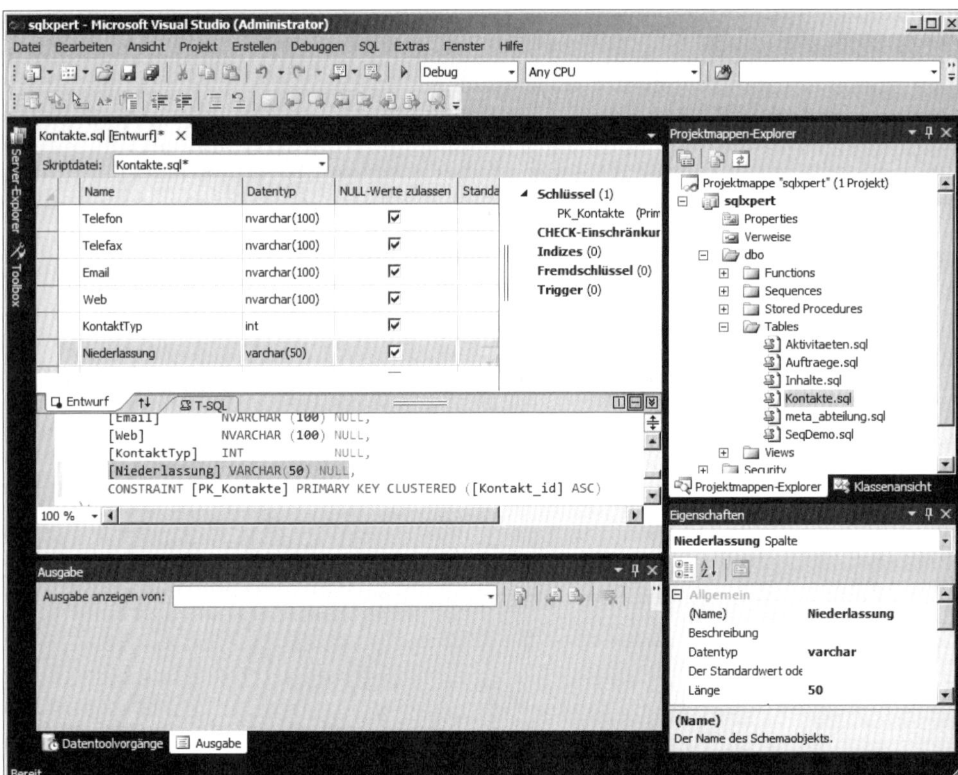

Abbildung 19.22 Darstellung einer importierten Datenebenenanwendung in den SQL Server Data Tools

4. Nachdem der Import erfolgreich abgeschlossen wurde, beginnen Sie Ihre Entwicklungen in SQL Server Data Tools. Zum Beispiel können Sie im Projekt-Explorer, der Ihre Datenbankstruktur abbildet, die einzelnen Tabelleneigenschaften bearbeiten etc. Hierzu klicken Sie im Ordner TABLES ein Tabellenobjekt doppelt an (siehe Abbildung 19.22). In unserem Beispiel haben wir das Feld NIEDERLASSUNG zur Tabelle KONTAKT hinzugefügt.
5. Wenn Sie Ihre Arbeiten beendet haben, erstellen Sie ein neues DAC-Paket in SQL Server Data Tools, indem Sie die Projektmappenkonfiguration RELEASE in der Toolbar einstellen (siehe Abbildung 19.23) und anschließend im Menü ERSTELLEN den Menüpunkt ERSTELLEN auswählen.

Abbildung 19.23 SQL-Server-Data-Tools-Toolbar mit Erstelloption »Release«

Nach erfolgreicher Erstellung finden Sie das *.dacpac-Paket* in Ihrem Projektordner unter *obj/release*. Es handelt sich abermals um ein DAC-Paket, das Sie wieder mit dem Management Studio einlesen und mit dem Sie Ihre Datenebenenanwendung aktualisieren können. Wie Sie das tun, sehen Sie im nächsten Abschnitt.

19.2.2 Datenebenenanwendung im Management Studio aktualisieren

1. Um eine Datenebenenanwendung im SSMS zu aktualisieren, klicken Sie im Objekt-Explorer mit der rechten Maustaste auf die zu aktualisierende Datenbank. Wählen Sie TASKS, und rufen Sie den Menüpunkt DATENEBENENANWENDUNG AKTUALISIEREN... auf (siehe Abbildung 19.24).

19

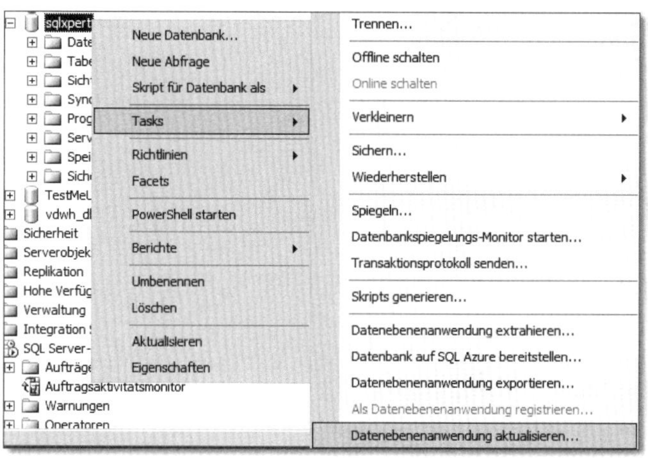

Abbildung 19.24 Anzeige des Menüs zum Aktualisieren einer Datenebenenanwendung

2. Im startenden Aktualisierungsassistenten wählen Sie anschließend das DAC-Paket aus, mit dem die Datenebenenanwendung aktualisiert werden soll.
3. Arbeiten Sie die Schritte des Aktualisierungsassistenten ab.
4. Wurde die Aktualisierung erfolgreich ausgeführt, wurden die Änderungen in der Datenbank durchgeführt. In unserem Beispiel wurde die Spalte NIEDERLASSUNG der Tabelle KONTAKTE erfolgreich hinzugefügt.

Wir haben Ihnen gezeigt, wie Sie mit DAC-Paketen arbeiten, wie Sie Datenebenenanwendungen extrahieren, aktualisieren und registrieren.

DAC-Pakete eignen sich bestens, wenn Datenbankanwendungen mit all ihren Konfigurationen und Einstellungen weitergegeben werden sollen und der Anwender-Entwickler-Kreislauf umgesetzt werden soll.

19.3 Registrierte SQL Server und Servergruppen

Im SSMS können Sie Gruppen von Servern bilden oder Server registrieren, um einen Befehl gleichzeitig auf mehreren Servern auszuführen. Hierzu benötigen Sie sogenannte *registrierte Server*, die wiederum in Servergruppen organisiert werden können.

Diese Servergruppen können einen oder mehrere registrierte Server enthalten. Gegen diese Servergruppen und die darin enthaltenen registrierten Server können Sie Abfragen ausführen. Es wird also eine Abfrage auf allen zur Gruppe gehörenden Servern ausgeführt.

Die registrierten Server und Servergruppen können Sie sich im SSMS anzeigen lassen. Hierzu wählen Sie aus dem Menü ANSICHT den in Abbildung 19.25 gezeigten Menüpunkt REGISTRIERTE SERVER aus.

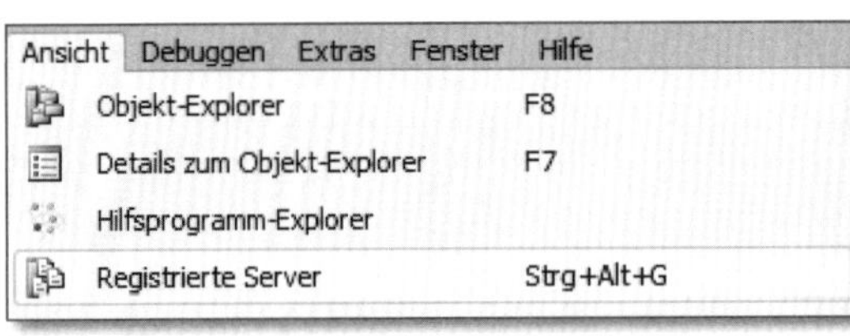

Abbildung 19.25 Menüpunkt zum Anzeigen der registrierten Server

Nach Auswahl des Menüs wird Ihnen der Bereich REGISTRIERTE SERVER über dem Objekt-Explorer angezeigt (siehe Abbildung 19.26).

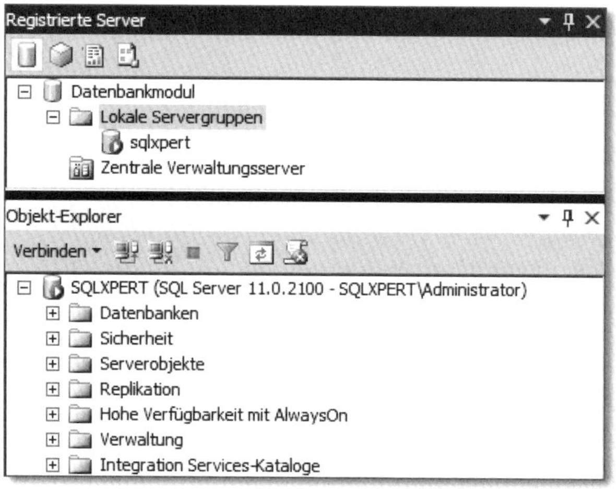

Abbildung 19.26 Anzeige der registrierten Server

Derzeit ist in Abbildung 19.26 im Knoten LOKALE SERVERGRUPPEN nur eine Instanz mit dem Namen »sqlxpert« registriert.

Indem Sie mit der rechten Maustaste auf LOKALE SERVERGRUPPEN klicken, können Sie über das Menü NEUEN SERVER REGISTRIEREN... eine weitere SQL-Server-Instanz hinzufügen. Abbildung 19.27 veranschaulicht dies.

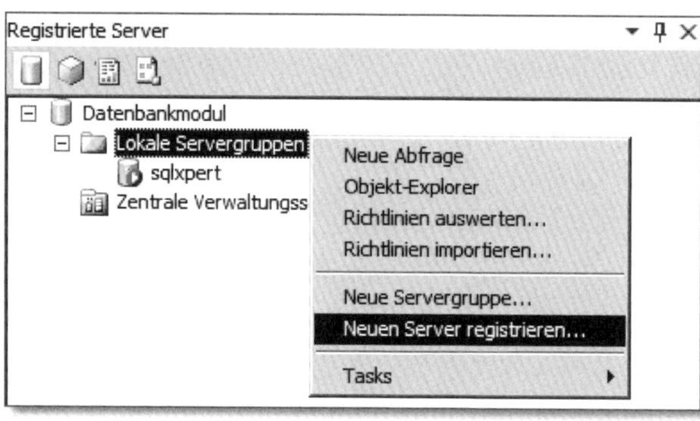

Abbildung 19.27 Menüpunkt zum Registrieren eines neuen Servers für die lokale Servergruppe

Im daraufhin erscheinenden Anmeldedialog geben Sie die Verbindungsdaten der hinzuzufügenden Instanz ein. In unserem Beispiel handelt es sich um die benannte Instanz »SQLXPERT\Berlin« (siehe Abbildung 19.28).

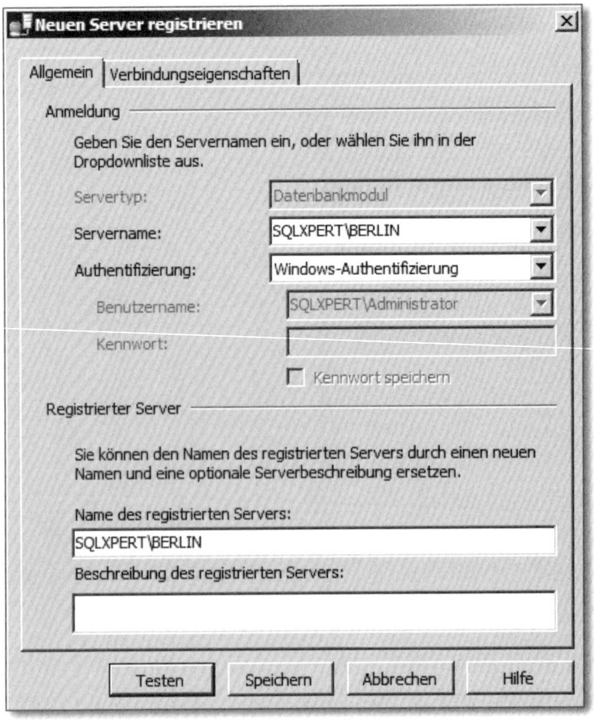

Abbildung 19.28 Anmeldedialog zum Registrieren einer SQL-Server-Instanz

Nach der korrekten Eingabe der Verbindungsdaten und einem Klick auf SPEICHERN sehen Sie die hinzugefügte Instanz im Ordner LOKALE SERVERGRUPPEN (siehe Abbildung 19.29).

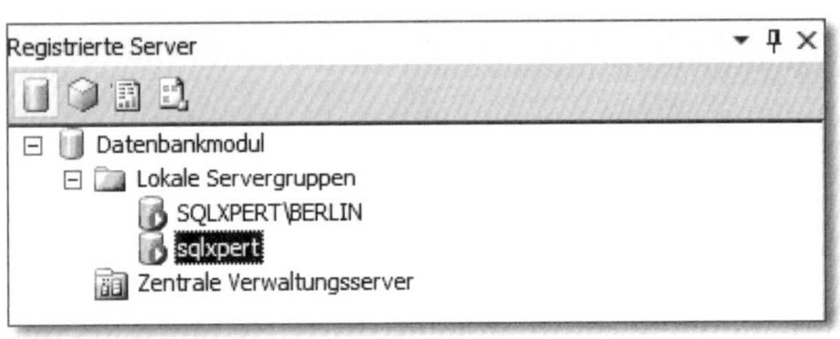

Abbildung 19.29 Zu »Lokale Servergruppen« hinzugefügte Instanzen

Jetzt können Sie durch einen Rechtsklick auf LOKALE SERVERGRUPPEN und über den Menüpunkt NEUE ABFRAGE ein Abfragefenster öffnen (siehe Abbildung 19.30).

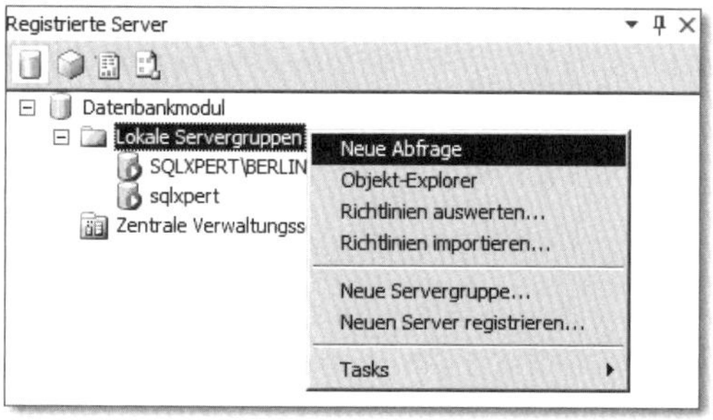

Abbildung 19.30 Öffnen eines Abfragefensters für in »Lokale Servergruppen« registrierte Server

Wenn Sie im geöffneten Abfragefenster nun eine Abfrage z.B. über `sys.databases` ausführen, werden Ihnen die Datenbanken der in LOKALE SERVERGRUPPEN registrierten Server aufgelistet (siehe Abbildung 19.31).

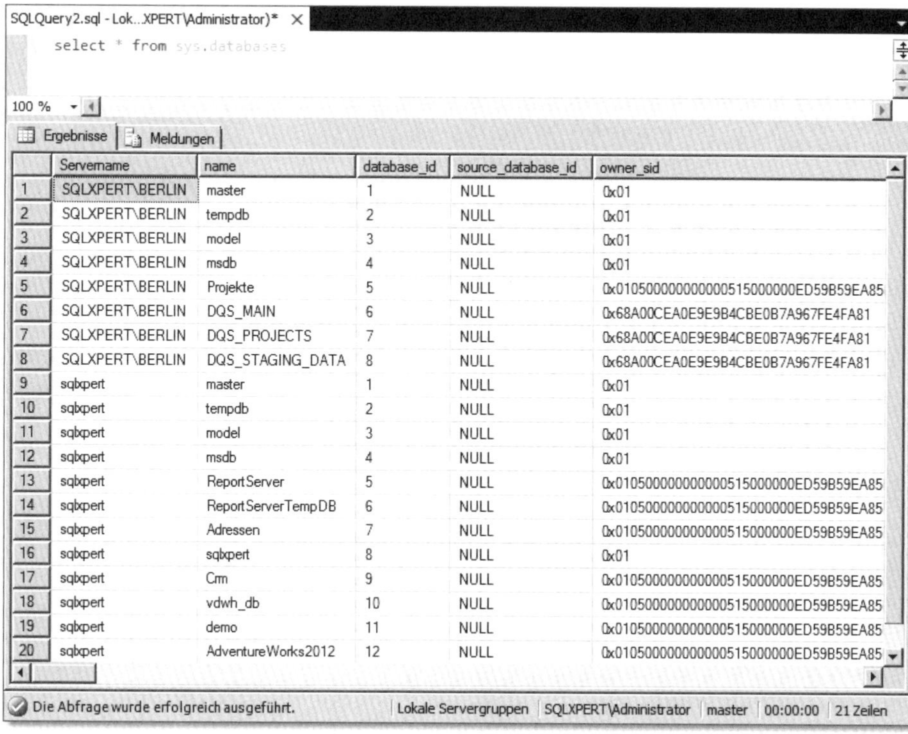

	Servername	name	database_id	source_database_id	owner_sid
1	SQLXPERT\BERLIN	master	1	NULL	0x01
2	SQLXPERT\BERLIN	tempdb	2	NULL	0x01
3	SQLXPERT\BERLIN	model	3	NULL	0x01
4	SQLXPERT\BERLIN	msdb	4	NULL	0x01
5	SQLXPERT\BERLIN	Projekte	5	NULL	0x010500000000000515000000ED59B59EA85
6	SQLXPERT\BERLIN	DQS_MAIN	6	NULL	0x68A00CEA0E9E9B4CBE0B7A967FE4FA81
7	SQLXPERT\BERLIN	DQS_PROJECTS	7	NULL	0x68A00CEA0E9E9B4CBE0B7A967FE4FA81
8	SQLXPERT\BERLIN	DQS_STAGING_DATA	8	NULL	0x68A00CEA0E9E9B4CBE0B7A967FE4FA81
9	sqlxpert	master	1	NULL	0x01
10	sqlxpert	tempdb	2	NULL	0x01
11	sqlxpert	model	3	NULL	0x01
12	sqlxpert	msdb	4	NULL	0x01
13	sqlxpert	ReportServer	5	NULL	0x010500000000000515000000ED59B59EA85
14	sqlxpert	ReportServerTempDB	6	NULL	0x010500000000000515000000ED59B59EA85
15	sqlxpert	Adressen	7	NULL	0x010500000000000515000000ED59B59EA85
16	sqlxpert	sqlxpert	8	NULL	0x01
17	sqlxpert	Crm	9	NULL	0x010500000000000515000000ED59B59EA85
18	sqlxpert	vdwh_db	10	NULL	0x010500000000000515000000ED59B59EA85
19	sqlxpert	demo	11	NULL	0x010500000000000515000000ED59B59EA85
20	sqlxpert	AdventureWorks2012	12	NULL	0x010500000000000515000000ED59B59EA85

Abbildung 19.31 Ausführen einer Abfrage über registrierte Server in »Lokale Servergruppen«

Wir konnten also mit einer einzigen Abfrage die Daten von zwei SQL-Server-Instanzen abfragen und haben diese zusammenhängend aufgelistet erhalten.

Dies kann die Arbeit eines Administrators erheblich vereinfachen, da auf diese Art und Weise mit nur einem Befehl unterschiedliche Konfigurationsaufgaben durchgeführt werden können. Zum Beispiel wäre es natürlich möglich, auf allen Servern mit nur einem Befehl die Datenbank »demo« anzulegen etc.

```
create database demo
```

Wir haben in unserem Beispiel keine separaten Servergruppen angelegt. Dies ist natürlich möglich und dann sinnvoll, wenn man die registrierten Server detaillierter kategorisieren möchte.

Hierzu klicken Sie einfach mit der rechten Maustaste auf LOKALE SERVERGRUPPEN und wählen den Menüpunkt NEUE SERVERGRUPPE... aus.

Anschließend geben Sie im erscheinenden Dialog einen Namen und eine Beschreibung für die zu erstellende Servergruppe ein und bestätigen dies mit OK.

Abbildung 19.32 Menüpunkt zum Anlegen einer neuen Servergruppe

Die Servergruppe wird Ihnen im Bereich LOKALE SERVERGRUPPEN angezeigt (Abbildung 19.33), und Sie können dieser Gruppe jetzt erneut, wie bereits zuvor erläutert, durch einen Rechtsklick weitere SQL-Server-Instanzen hinzufügen.

Natürlich können Sie auch gegen diese Gruppe eine Abfrage starten.

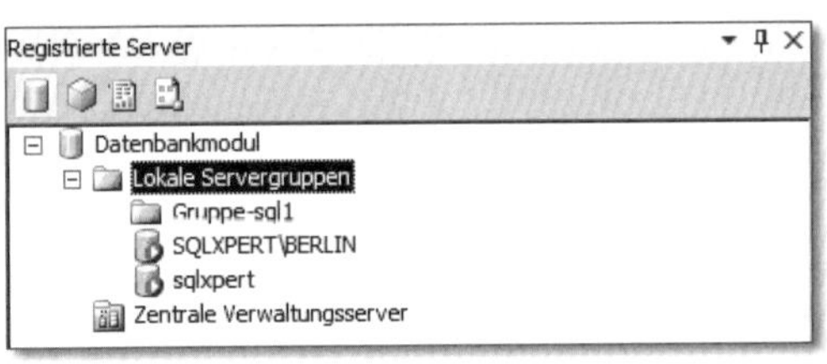

Abbildung 19.33 Anzeige der angelegten Servergruppe »Gruppe-sql1«

Kapitel 20
SQL Server 2012 – weitere Komponenten für Entwickler und Anwender

In diesem Kapitel stellen wir Ihnen zwei weitere Komponenten vor, die mit der Edition von SQL Server 2012 zur Verfügung gestellt werden. Sie erweitern die Möglichkeiten der Datenanalyse und Datenverwaltung erheblich.

Unternehmen entwickeln die unterschiedlichsten Softwarelösungen, um die täglichen Anforderungen der innerbetrieblichen IT-Prozesse abzudecken. Bei genauerer Betrachtung fällt auf, dass sich die geforderten Lösungsmuster häufig ähneln.

Grundlegende Basismechanismen werden in diesem Zusammenhang neu entwickelt. Häufige Anforderungen sind der Abgleich unterschiedlicher Stammdaten, das Gewährleisten einer hohen Datenqualität oder die möglichst zeitnahe Auswertung und Analyse von Daten.

Mit *Master Data Services*, *Data Quality Services* und *StreamInsight* stellt Ihnen Microsoft seine Lösungsansätze für die genannten Themen zur Verfügung.

20.1 Master Data Services

Master Data Services (MDS) ist ein Dienst, der Ihnen bereits mit SQL Server 2008 R2 zur Verfügung gestellt wurde. Bei den Master Data Services geht es in erster Linie darum, Stammdaten zentral zu verwalten.

In den meisten Firmen gibt es unterschiedliche Dateninseln mit gespeicherten Stammdaten über die Kunden des Unternehmens: Es gibt Kundenstammdaten im hausinternen SAP-System, in der Marketingdatenbank und eventuell im Controlling-System.

Alle Kundendaten innerhalb dieser einzelnen Dateninseln besitzen unterschiedliche Eigenschaften; Datenergänzungen beziehen sich aber eigentlich auf denselben Stammdatensatzinhalt. Der gleiche Datensatz ist demnach in verschiedenen Systemen mehrfach vorhanden, allerdings mit anderen, zusätzlichen Eigenschaften.

Damit sind Probleme vorprogrammiert, denn wenn der Kunde in einem System geändert wird – z. B. seine Adresse –, heißt das noch lange nicht, dass die anderen Systeme diese Änderung mitbekommen.

Ziel der Master Data Services ist es, die Stammdatenverwaltung zu zentralisieren und durch ein zentrales Stammdatenmanagement eine höhere Datenqualität zu erreichen. Es wird ein einheitliches Bild der Stammdaten geschaffen. Das Ganze geschieht unter der Berücksichtigung, dass die Stammdaten in jedem System unterschiedliche Attribute besitzen und darum nicht identisch sein können.

Das Verwalten dieser Stammdaten soll vereinfacht werden, und Master Data Services bringt dazu die geeigneten Werkzeuge mit.

MDS bietet Datenattributmanagement und Versionierungsmechanismen, um Stammdatenveränderungen nachvollziehen zu können. Zudem wird ein entsprechendes Logging bereitgestellt, um nachvollziehen zu können, wann was verändert wurde. Ein weiteres Feature von MDS sind Mechanismen zur Datenbereinigung und -qualitätssicherung.

Für den Austausch von Stammdaten zwischen den einzelnen sich im Einsatz befindenden Systemen wird ein Application Programming Interface (API) zur Verfügung gestellt.

Sie können mittels MDS zugehörige Workflows und Geschäftsregeln definieren. Darunter sind Mechanismen zu verstehen, die festlegen, ob Felder leer sein dürfen oder welche Werte gültig sind und welche nicht.

Wie Sie diesen Erläuterungen entnehmen können, ist es nicht damit getan, MDS einfach zu installieren. Der Einsatz von MDS muss gründlich geplant und organisiert werden, um eine Lösung und Vereinfachung der Stammdatenzentralisierung innerhalb eines Unternehmens zu erreichen.

20.1.1 Master Data Services installieren

Master Data Services sind in das SQL-Server-2012-Setup integriert. Das bedeutet, dass Sie im ersten Schritt lediglich die entsprechende Funktionsauswahl im Setup aktivieren müssen (siehe Abbildung 20.1).

Anschließend finden Sie in Ihrer SQL-Server-2012-Programmgruppe den *Master Data Services Configuration Manager*. Hier richten Sie die zugehörigen Datenbanken ein und konfigurieren die nötigen Webservereinstellungen für den Internet Information Service (IIS), den Webserver von Microsoft (siehe Abbildung 20.2).

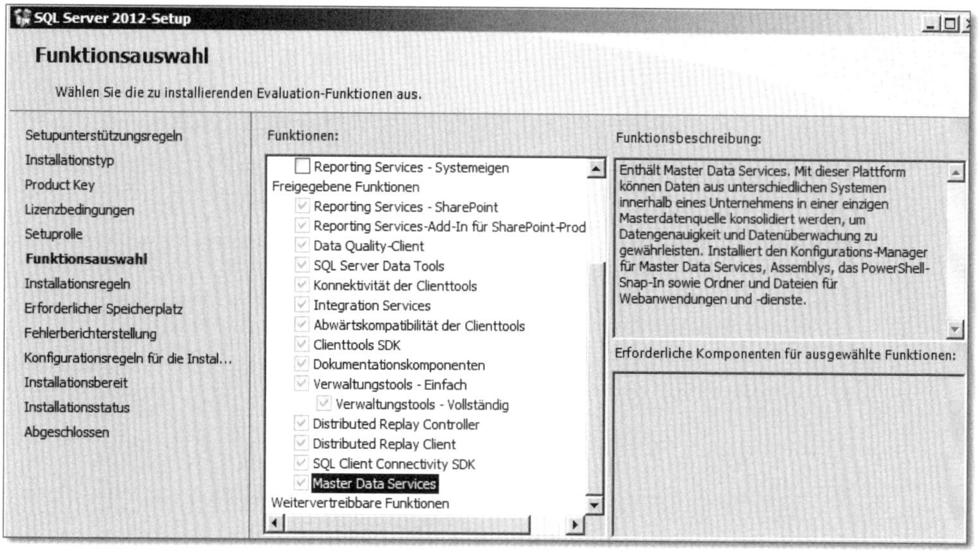

Abbildung 20.1 Auswahl der MDS-Funktion im SQL-Server-Setup

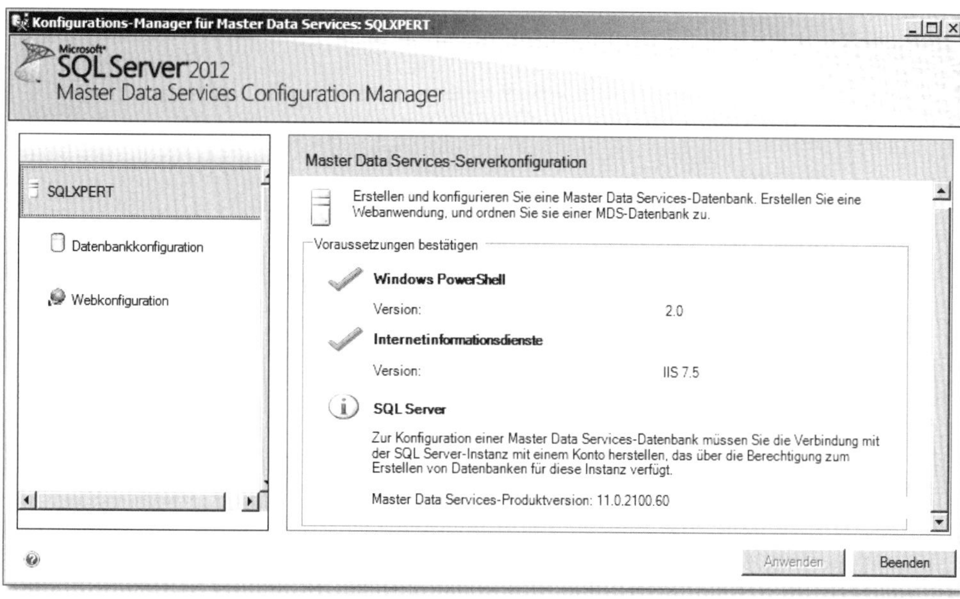

Abbildung 20.2 Ansicht des gestarteten Master Data Services Configuration Managers

Nach erfolgter Installation und Konfiguration können Sie im Internet Explorer unter der konfigurierten URL den Master Data Manager aufrufen. Hier definieren Sie Ihre MDS-Regeln und -Modelle.

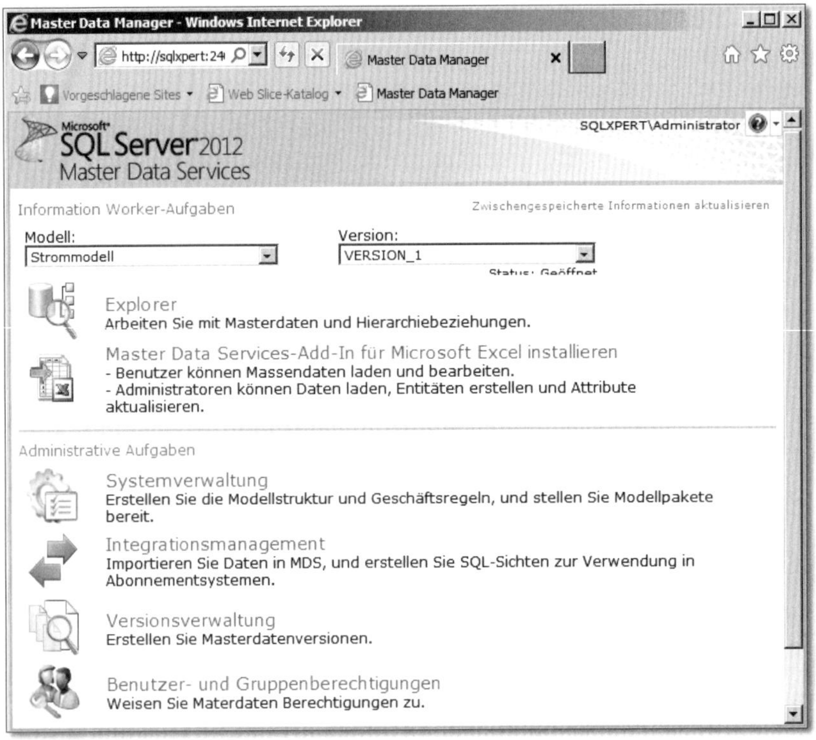

Abbildung 20.3 Master Data Services Manager

Wenn Sie tiefer in die Materie der Master Data Services einsteigen möchten, finden Sie auf unserer Webseite unter *http://www.sqlxpert.de* weitere umfangreiche Erläuterungen sowie einen ausführlichen Installations- und Konfigurations-Workshop und natürlich ein kleines Beispielprojekt.

20.2 StreamInsight

Eine *StreamInsight-Anwendung* unterscheidet sich stark von einer herkömmlichen Datenbankanwendung. In einer StreamInsight-Anwendung wird ein Datenstrom in Echtzeit ausgewertet. Unter einem Datenstrom sind die erzeugten Daten – z. B. eines Sensors für Temperaturen oder Aktienkurse von Wertpapieren – über einen zeitlichen Verlauf zu verstehen.

Nehmen wir einen konkreten Anwendungsfall aus dem Finanzbereich: Eine Aktie hat z. B. um 10:30:20 Uhr den Kurs von 1,79 EUR und um 10:30:34 Uhr einen Kurs von 1,77 EUR. Dieser Kurs ändert sich fortlaufend in kürzesten Abständen. Demnach werden kontinuierlich Daten erzeugt, die im übertragenen Sinn einem Strom an Informationen gleichkommen.

In der Finanzbranche ist es notwendig, diesen Strom an Daten möglichst schnell in Echtzeit auszuwerten. Nehmen wir an, wir möchten die Datenströme von 500 Aktien zusammenfassen und jede Sekunde den Durchschnittskurswert dieser 500 Aktien berechnen lassen. (Auf diese Art und Weise ist es in der Finanzbranche möglich, allgemeine Entwicklungen einzuschätzen.)

Wollte man mit einer herkömmlichen relationalen Datenbank diese Anforderungen umsetzen und die Datenmengen auswerten, müssten die Datenströme dieser Aktien von einer Softwareschnittstelle in der Datenbank in dafür angelegte Tabellen geschrieben werden. Eine auswertende Datenbankapplikation muss diese Daten in regelmäßigen Abständen mit SQL-Kommandos auswerten und die Ergebnisse anschließend an die Anzeigegeräte etc. weiterleiten. Die Datenmenge kann dabei sehr beachtlich sein, insbesondere dann, wenn dem zuvor genannten Beispielszenario weitere Aktien für Analysen hinzugefügt würden. Möchten Sie Daten in Echtzeit verarbeiten, kommt es hier zu erheblichen Verzögerungen und Leistungsengpässen, da die Daten immer erst in die Tabellen geschrieben werden müssen und erst anschließend ausgewertet werden können.

In einer StreamInsight-Anwendung wird dieser durch die Softwareschnittstelle gelieferte Datenstrom in Echtzeit ausgewertet, und zwar ohne die Daten vorher in einer Tabellenstruktur ablegen zu müssen. Sogenannte *Adapter* liefern den Datenstrom zwecks Auswertung in Strukturen gegliedert. Diese Strukturen werden auch als *Ereignis* (Event) bezeichnet. In Anlehnung an die Arbeitsweise einer StreamInsight-Anwendung spricht man auch von einer *ereignisgesteuerten Verarbeitung*.

Das Konzept einer StreamInsight-Anwendung ist in der IT-Branche auch unter dem Begriff *Complex Event Processing* (CEP) bekannt. Die notwendigen Komponenten zur Erstellung und Ausführung einer StreamInsight-Applikation liefert Microsoft mit SQL Server 2012 aus.

Letztendlich handelt es sich bei StreamInsight um ein Framework, mit dem Sie CEP-basierte, also StreamInsight-Anwendungen, entwickeln können.

In diesem Fall kommt dem Wort »entwickeln« eine besondere Bedeutung zu, denn eigentlich hat StreamInsight mit dem SQL Server selbst erst einmal wenig zu tun und ist, wie bereits erwähnt, ein Framework für Entwickler. Das eigentliche Erstellen einer StreamInsight-Anwendung setzt fortgeschrittene Programmierkenntnisse in C# voraus.

StreamInsight-Anwendungen können auch ohne SQL Server entwickelt werden, denn SQL Server wird für eine StreamInsight-Applikation nicht zwingend benötigt. Allerdings benötigen Sie für die Installation des Frameworks einen gültigen SQL-Server-2012-Produktschlüssel, anderenfalls können Sie nur die Testversion von StreamInsight installieren.

Womit wird eine StreamInsight-Anwendung erstellt?

SQL Server bietet keine Assistenten im SQL Server Management Studio, um StreamInsight-Anwendungen zu erstellen. Eine StreamInsight-Anwendung können Sie mit Visual Studio 2010 oder höher entwickeln.

20.2.1 Die Architektur von StreamInsight

StreamInsight besteht aus mehreren Komponenten, in erster Linie aus der *CEP-Engine* und dem *Adapter-Framework*. Dabei ist die CEP-Engine die Komponente, die eingehende Datenströme analysiert und weiterverarbeitet. Das Adapter-Framework bildet eine Schnittstelle zu den externen Datenquellen, die zu verarbeitende Datenströme aufnehmen.

Was sind Streams?

Streams – der Begriff steckt bereits in der Produktbezeichnung – sind ein wesentlicher Punkt, wenn Sie sich mit StreamInsight beschäftigen. Der englische Begriff *Stream* bedeutet im Deutschen »Strom« und bezeichnet hier einen Datenstrom oder Datenfluss.

Eine Datenquelle kann einen ständigen Fluss von Daten liefern. Dieser verändert sich stetig. Das geschieht zu den unterschiedlichsten Zeiten – mal öfter, mal weniger oft, aber trotzdem regelmäßig. Es verändert sich also der Wert einer Sache abhängig von der Zeit.

Was sind Ereignisse (Events)?

Die grundlegende Einheit der Daten eines Datenstroms wird *Ereignis* genannt. Bereits an unserem Aktienbeispiel konnten Sie sehen, dass sich der Kurs – das heißt der geldliche Wert einer Aktie – ständig regelmäßig verändert.

Wie in Tabelle 20.1 dargestellt, bildet jeder Kurswert einer Aktie zu einem bestimmten Zeitpunkt ein Ereignis.

Kurswert	Zeitpunkt
2,40	09:30
2,44	09:31
2,45	09:32
2,42	09:33

Tabelle 20.1 Kurswerte einer Aktie

Ereignisaufbau

Ein StreamInsight-Ereignis hat zwei Bestandteile:

1. Der *Header* enthält die Metadaten zum Ereignis. Das wären z.B. Ereignistyp (siehe Tabelle 20.2) und Zeitpunkt des Events.
2. Die *Nutzlast* in Form einer .NET-Datenstruktur enthält die eigentlichen Daten. In unserem Beispiel wäre das der Kurswert der Aktie.

Ereignistypen

Es gibt zwei Ereignistypen, die wir in der folgenden Tabelle kurz beschreiben.

Ereignistypen	Beschreibung
Einfügeereignis	Besteht aus Metadaten und der eigentlichen Datennutzlast. Dieses Ereignis enthält also die eigentlichen zu analysierenden und zu verarbeitenden Daten.
CTI-Ereignis (Current Time Increment)	Gibt dem StreamInsight-Server an, dass keine nachfolgenden Ereignisse existieren, deren Zeitstempel kleiner ist als der des CTI-Ereignisses. Es dient damit als Statusereignis, das die Vollständigkeit der bereits vorhandenen Ereignisse anzeigt.

Tabelle 20.2 Auflistung der Ereignistypen

StreamInsight-Adapter

Ein Adapter übermittelt Ereignisse an einen oder aus einem StreamInsight-Server. Es gibt zwei Typen von Adaptern:

1. **Eingabeadapter**: Er liest die Ereignisse in dem durch die Datenquellen bereitgestellten Format und wandelt sie in ein für den StreamInsight-Server lesbares Format um.
2. **Ausgabeadapter**: Er wandelt die im Format des StreamInsight-Servers vorliegenden Ereignisse in ein für das Ziel verständliches Format um. Ein Ziel kann z.B. ein Anzeigegerät der ausgewerteten und aggregierten Daten sein.

Abfragevorlage (Query Template)

Die Abfragevorlage bildet die eigentliche Geschäftslogik-Abfragelogik, die erforderlich ist, um einen Datenstrom zu analysieren und die von der Abfragelogik gefilterten Ereignisse an den StreamInsight-Server weiterzuleiten. Es handelt sich dabei um eine LINQ-Abfrage (Language Integrated Query), die kontinuierlich auf den eingehenden Datenstrom angewendet wird.

Eine Abfragevorlage muss nach ihrer Erstellung an einen Eingabe- und Ausgabeadapter gebunden werden.

20.2.2 StreamInsight installieren

Wie aber wird StreamInsight überhaupt aktiviert, oder steht es direkt nach der Installation von SQL Server 2012 zur Verfügung?

Sie müssen StreamInsight zusätzlich installieren. StreamInsight wird mit den SQL-Server-2012-Setupdateien ausgeliefert. Alternativ laden Sie *StreamInsight.msi* von der Microsoft-StreamInsight-Downloadseite herunter. Diese befindet sich derzeit unter der Adresse:
http://www.microsoft.com/de-de/download/details.aspx?id=29070.

Achten Sie vor der Installation darauf, dass Ihr Zielsystem die Systemvoraussetzungen von StreamInsight erfüllt. Die ausführlichen Systemvoraussetzungen werden hier nicht gesondert aufgeführt; Sie können sie der Dokumentation entnehmen.

StreamInsight gibt es in der 32- und 64-Bit-Version, und es läuft auf allen gängigen Microsoft-Server-Betriebssystemen wie Windows 2003 und Windows Server 2008 sowie auf Vista, XP und Windows 7 und Windows 8.

Es gibt zwei StreamInsight-Installationspakete: eine Server- und eine Client-Version. Die Serverversion benötigen Sie, wenn Sie StreamInsight-Server installieren und als Dienst etc. ausführen möchten. Sie benötigen hier einen gültigen SQL-Server-2012-Produktcode oder können die Testversion auswählen. Dieses Prinzip ist bei Microsoft-Software hinlänglich bekannt.

Die Client-Version enthält nur eine Teilmenge des StreamInsight-Pakets und ermöglicht, sich mit StreamInsight-Servern zu verbinden, Abfragen zu verwalten und das Debugger-Tool zu nutzen.

Führen Sie die folgenden Schritte aus, um StreamInsight zu installieren:

1. Achten Sie darauf, dass alle Systemvoraussetzungen erfüllt sind. Die notwendigen Systemvoraussetzungen finden Sie auch auf der StreamInsight-Downloadseite.
2. Starten Sie den StreamInsight-Installationsassistenten durch Ausführen der Datei *StreamInsight.msi*. Es erscheint der StreamInsight-Installationsassistent (siehe Abbildung 20.4).
3. Klicken Sie auf WEITER, und bestätigen Sie den Lizenzvertrag, wenn Sie damit einverstanden sind, und klicken Sie erneut auf WEITER.
4. Im nächsten Dialog geben Sie zur Personalisierung der Installation Ihre Anmeldeinformationen ein, also Name und Firma. Klicken Sie anschließend auf WEITER.

Abbildung 20.4 Startbildschirm des StreamInsight-Installationsassistenten

5. Wählen Sie im Dialog INSTANZKONFIGURATION die Option INSTANZ JETZT INSTALLIEREN, und vergeben Sie einen passenden *Instanznamen*. Das ist der Name, mit dem Sie sich in Ihrem zukünftigem Entwickler-Quellcode auf diese StreamInsight-Server-Instanz beziehen. Klicken Sie erneut auf WEITER (siehe Abbildung 20.5).

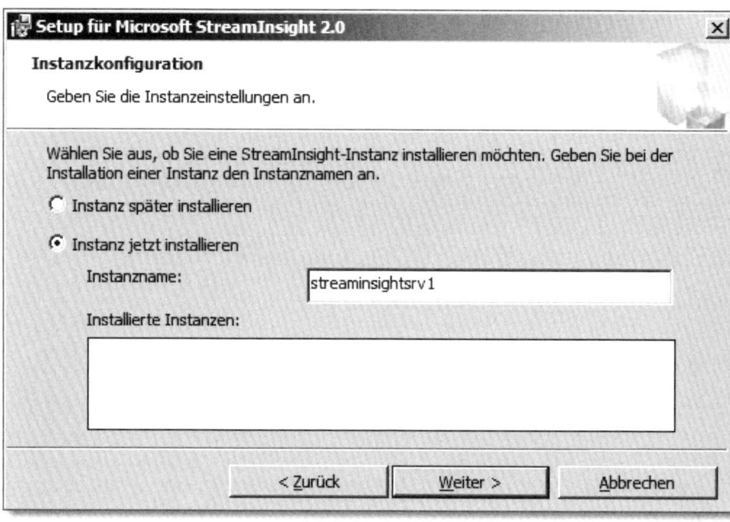

Abbildung 20.5 Instanzkonfiguration

6. Im nächsten Dialog geben Sie Ihren SQL-Server-Product-Key ein oder wählen die Option EVALUATION EDITION aus. Anschließend klicken Sie auf WEITER (siehe Abbildung 20.6).

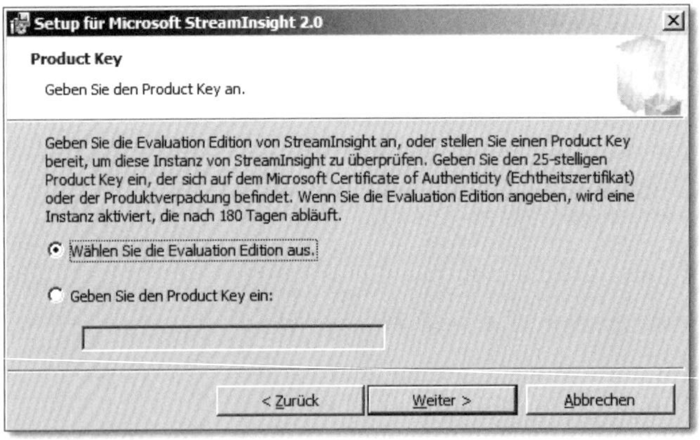

Abbildung 20.6 Festlegen des StreamInsight-Server-Instanznamens

7. Im darauffolgenden Dialog geben Sie an, dass der WINDOWS-HOSTDIENST für Windows erstellt wird. Sie können auch den aktuellen Benutzer, der das Setup ausführt (Sie), der StreamInsight-Benutzergruppe hinzufügen (siehe Abbildung 20.7).

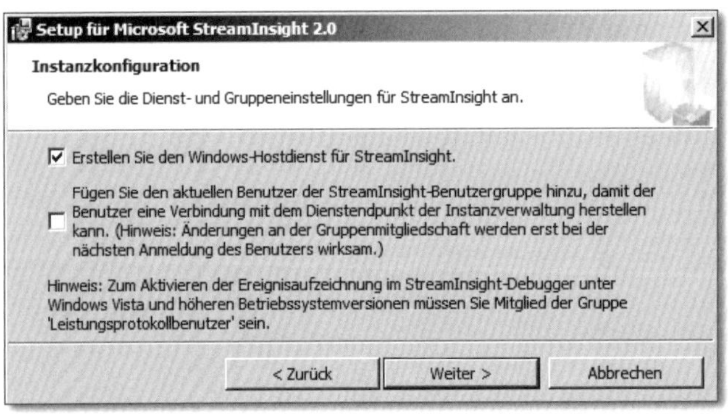

Abbildung 20.7 Instanzkonfiguration der Dienst- und Gruppeneinstellungen von StreamInsight

8. Klicken Sie auf WEITER und anschließend auf INSTALLIEREN.
9. Klicken Sie anschließend auf FERTIGSTELLEN, um das Setupprogramm zu beenden.
10. Nach erfolgreicher Installation wurde die StreamInsight-Programmgruppe angelegt (siehe Abbildung 20.8).

Abbildung 20.8 Angelegte StreamInsight-Programmgruppe

20.2.3 Weiterführende Informationen

Bis zu diesem Punkt haben wir Ihnen erklärt, worum es bei StreamInsight geht, und Ihnen die Technologie erläutert, die sich hinter StreamInsight verbirgt.

Durch die zuvor beschriebene Installation des Frameworks haben Sie lediglich die Voraussetzungen dafür geschaffen, StreamInsight-Anwendungen ausführen und entwickeln zu können.

Im zweiten Schritt müssten Sie jetzt eine StreamInsight-Anwendung erstellen. Wie zuvor erläutert, sind hierzu fortgeschrittene Programmierkenntnisse in C# notwendig. Da sich an diesem Punkt die Wege zwischen Administration und Entwicklung zu stark trennen, gehen wir in diesem Abschnitt nicht weiter auf die Erstellung einer StreamInsight-Anwendung ein.

Dennoch finden Sie auf unserer Webseite unter *http://www.sqlxpert.de* neben einem Beispielprojekt weitere Erläuterungen, die speziell den interessierten Entwickler unterstützen. Bei dem Beispielprojekt handelt es sich um eine einfache, nachvollziehbare und ausführlich dokumentierte StreamInsight-Anwendung, die den Einstieg in die Thematik erleichtert.

20.3 Data Quality Services

20.3.1 Was sind die Data Quality Services?

Data Quality Services (DQS) ist eine Komponente, die mit SQL Server 2012 neu eingeführt wurde.

Mit DQS können Sie Ihre Daten nach unterschiedlichen Vorgaben und Regeln korrigieren, die Ihnen DQS zur Verfügung stellt. Sie schützen Ihre Daten vor Schreibfehlern, Doubletten und Unvollständigkeit!

Es stellt Unternehmen immer wieder vor große Herausforderungen, die Qualität ihrer Daten sicherzustellen. Beim Arbeiten mit den Daten schleichen sich immer wieder Fehler ein. Dies können z.B. Tippfehler, unterschiedliche Schreibweisen oder auch ganz einfach Doubletten sein, die mit der Zeit im Datenbestand entstehen.

Ab einer bestimmten Menge von Datensätzen ist es eben nicht mehr möglich, allein schon aufgrund der Masse an Informationen, diese Daten auf Korrektheit hin überblicken zu können. Zum Beispiel ist es nahezu aussichtslos, aus einer Adressliste mit mehreren Hunderttausend Adressen eventuelle Doubletten erkennen zu können.

Hier müssen automatisierte Lösungen greifen. Bisher mussten Unternehmen, die ihre Datenqualität sicherstellen und überprüfen wollten, immer auf Drittanbieter ausweichen. Hier existiert ein umfangreicher Markt.

Mit SQL Server 2012 steigt Microsoft erstmalig in den Markt der Datenqualitätskomponenten ein. DQS steht Anwendern zur Verfügung, die eine Business- oder Enterprise-Lizenz erworben haben.

Die DQS arbeiten wissensbasiert. Das bedeutet, dass das Wissen über bestimmte Daten für die Analyse und Bereinigung genutzt wird.

Hierzu wird eine DQS-Wissensdatenbank aufgebaut, in der entsprechende Regeln und Datenstrukturen hinterlegt werden, die als DQS-Basis dienen.

Die Data Quality Services bieten in erster Linie Folgendes:

- Korrektur, Standardisierung, Anreicherung von Daten
- Erkennen von Redundanzen und Doubletten von Datensätzen
- Bewerten der Datenqualität durch DQS. Ist diese gut oder schlecht?
- Beobachten der DQS-Prozesse durch umfangreiches Monitoring

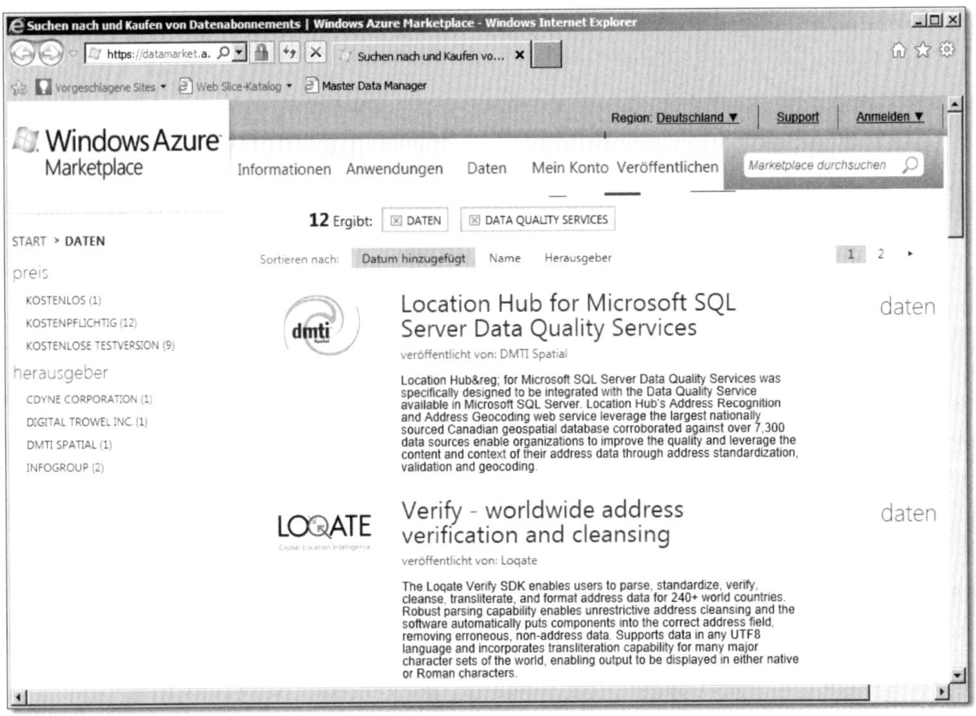

Abbildung 20.9 Windows Azure Marketplace

Die Überprüfung von Daten, insbesondere die Definition von Regeln, die festlegen, ob diese Daten korrekt sind, kann sehr umfangreich sein. Um z.B. sicherzustellen, ob eine Adresse korrekt angegeben wurde, muss in der Regel überprüft werden, ob Postleitzahl, Ort und Straße übereinstimmen. Hierzu benötigt man in der Regel eine eigene Postleitzahlendatenbank, die abgefragt werden kann, um die Korrektheit zu überprüfen. Möchte man Adressen weltweit überprüfen, wird es kompliziert, da im Prinzip eine Datenbasis mit allen Adressen der unterschiedlichsten Länder irgendwie vorhanden sein muss, was einen zusätzlichen Aufwand bedeutet. Hier können Sie auf den Windows Azure Marketplace zurückgreifen, in dem Ihnen von den unterschiedlichsten Dienstleistern Services diesbezüglich angeboten werden (siehe Abbildung 20.9).

20.3.2 Installation und Einrichtung

Um DQS zu installieren, wählen Sie die entsprechende Option in der Funktionsauswahl Ihres SQL-Server-Setups-aus.

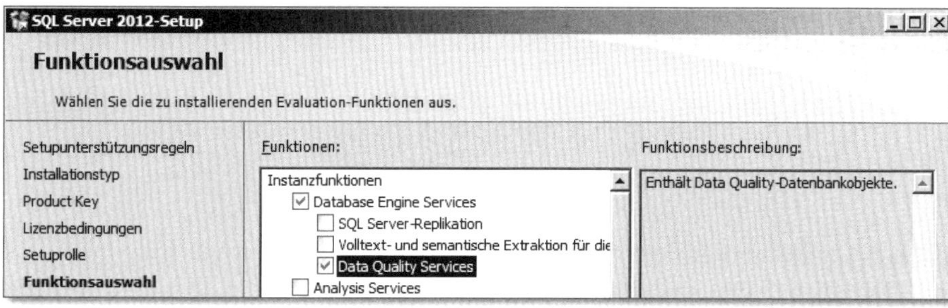

Abbildung 20.10 Auswahl der Data Quality Services im SQL-Server-Setup

Nachdem das entsprechende SQL-Server-Setup beendet ist, finden Sie die DQS in Ihrer SQL-Server-2012-Programmgruppe (siehe Abbildung 20.11).

Abbildung 20.11 Programmgruppe der Data Quality Services

Sie müssen nun noch den DATA QUALITY SERVER INSTALLER ausführen, den Sie in der Programmgruppe DATA QUALITY SERVICES finden.

Der DQS-Installer startet die Konsole und installiert die benötigten DQS-Datenbanken etc. Hierzu müssen Sie einen Datenbank-Hauptschlüssel eingeben. Damit ist ein möglichst komplexes Passwort gemeint (siehe Abbildung 20.12).

Haben Sie diese Schritte erfolgreich durchgeführt, sind die Data Quality Services installiert.

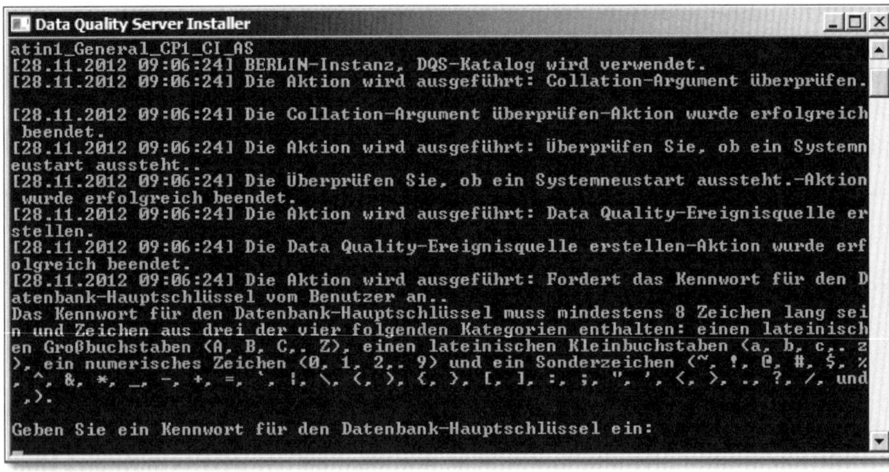

Abbildung 20.12 Start des Data Quality Server Installers

20.3.3 Der Data Quality Client

Die eigentliche Verwaltungskonsole für die Data Quality Services wird Ihnen mit dem Data Quality Client zur Verfügung gestellt. Diesen finden Sie ebenso in der zugehörigen Programmgruppe.

Wenn Sie den Data Quality Client starten, müssen Sie sich an der entsprechenden DQS-Instanz anmelden. Nach erfolgreicher Anmeldung befinden Sie sich in der Oberfläche des Data Quality Clients (siehe Abbildung 20.13).

Abbildung 20.13 Startseite des Data Quality Clients

Wie Sie in Abbildung 20.13 erkennen können, verwalten Sie hier Ihre Wissensdatenbanken, legen Ihre DQS-Projekte an und überwachen die Data-Quality-Aktivitäten.

Wenn Sie mehr über Data Quality Services erfahren möchten, finden Sie weitere Informationen und ein kleines Beispielprojekt auf unserer Webseite *http://www.sqlxpert.de*.

Kapitel 21
Parallel Data Warehouse

Mit dem SQL Server 2012 geht Microsoft den Weg im Bereich Big Data und Parallel Data Warehouse konsequent weiter und reagiert mit der aktuellen Version auf das permanente Wachstum von Daten in Unternehmen.

Ein Data Warehouse (DWH) ermöglicht eine globale Sicht auf unterschiedliche, verteilte Daten. Diese Daten stammen aus unterschiedlichen Quellen und werden mithilfe von ETL-Prozessen (Extrahieren, Transformieren und Laden von Daten) gesammelt, um sie in Staging-Datenbanken zu laden. Solche speziellen Staging-Datenbanken sind hilfreich, wenn Daten in Unternehmen über verschiedene Anwendungen verteilt sind. Die ETL-Prozesse sorgen für das Befüllen der Staging-Bereiche und liefern somit immer gültige Daten für das Data Warehouse. So entsteht der Inhalt eines Data Warehouses, der dann für Auswertungen, Analysen und weitere Geschäftsprozesse verwendet wird.

Insgesamt ist das Volumen an Daten in den letzten Jahren stark angewachsen. Das verlangt nach verbesserten Technologien, um trotz der großen Datenmengen eine effektive Verarbeitung der Daten zu ermöglichen.

21.1 Grundlagen und Schlüsselmerkmale

Microsoft SQL Server 2012 Parallel Data Warehouse ist eine hochskalierbare Appliance (vorgefertigte Hard- und Softwarelösung) für Enterprise Level Data Warehousing, die Leistung bei niedrigen Kosten durch eine massiv parallele Verarbeitung (MPP) liefert. Die Vorteile liegen auf der Hand:

- Alle Komponenten stammen von einem Hersteller.
- Das Imaging des Systems erfolgt vom Hersteller mit Betriebssystem, SQL Server und der PDW-Software.
- Sie bietet Skalierbarkeit von wenigen Gigabytes bis zu Hunderten von Terabytes. Die kleinste Einheit beginnt bei einem halben Rack (vier bis sechs Knoten).
- Standardhardware, die von Herstellern wie HP und Dell vorkonfiguriert ist, hält die Kosten niedrig.

- Das Appliance-Modell vereinfacht die Implementierung und Wartung bei gleichzeitiger Reduzierung der Kosten.
- Die Hub-and-Spoke-Architektur ermöglicht die Integration bereits vorhandener SQL-Server-Data-Warehouse-Lösungen.
- Lineares Verhalten in der Skalierung führt zu vorhersagbarer Leistung.
- Microsoft ist der erste, zentrale Ansprechpartner für den Support.

Benutzerdatenbanken werden über eine Reihe von Rechenknoten verbunden, die ihre Ressourcen bündeln, um mit sehr hoher Geschwindigkeit die Abfrage von großen Datenmengen zu gewährleisten. Hierfür werden Tabellen entweder zu jedem Knoten repliziert oder über diese verteilt. Die MPP-Software läuft auf einem Rechenknoten. Dieser Knoten empfängt Anfragen von Client-Anwendungen, koordiniert die Verteilung der Abfragen über Knoten und die Rückgabe der Ergebnisse aus den Knoten. Parallel Data Warehouse (PDW) bietet eine höhere Skalierbarkeit und Leistung, die für große Data-Warehouse-Lösungen erforderlich sind. Mithilfe dieser Technologie ist es möglich, sogar Billionen von Datensätzen performant zu verarbeiten. Ein Parallel Data Warehouse kann von einigen wenigen bis zu Hunderten von Terabytes skalieren. Dabei ist es wichtig, nicht allein die Kosten für den Erwerb zu betrachten, sondern ebenso die Kosten für die laufende Verwaltung. Das Parallel Data Warehouse zielt auf eine niedrige Total Cost of Ownership (TCO) ab. Zudem bietet Parallel Data Warehouse die Integration mit der Microsoft-Business-Intelligence-Plattform.

21.2 Symmetrisches Multiprocessing

Symmetrisches Multiprocessing (SMP) ist eine einfache Architektur, bei der die Last gleichmäßig mittels eines Lastverteilungsalgorithmus über mehrere identische Prozessoren verteilt wird. Diese einzelnen Prozessoren teilen sich das Betriebssystem und den Arbeitsspeicher. SMP-Architekturen finden vor allem bei transaktionsorientierten Systemen wie Datenbanken Verwendung. Für kleinere Data-Warehouse-Lösungen ist das ein gutes Modell; steigen jedoch die Anforderungen, lässt die Effektivität des Modells nach. Zum Beispiel beginnen Prozessorkerne, sich beim Kampf um Ressourcen gegenseitig zu blockieren. Ein linearer Ansatz reicht daher nicht, es müssen andere Ansätze gefunden werden.

21.3 Massive parallele Verarbeitung

Anders als beim symmetrischen Multiprocessing verhält es sich bei der massiven parallelen Verarbeitung (MPP). Diese umfasst eine Reihe von Servern, die jeweils mit eigenen dedizierten CPUs und Ressourcen ausgestattet sind. Parallel Data Warehouse arbeitet demzufolge nach dem sogenannten Shared-Nothing-Design, was bedeutet, dass jeder Knoten unabhängig und eigenständig seine Aufgaben mit seinem eigenen Prozessor, Hauptspeicher und einer Festplatte ausführt. Ein Knoten kann dabei Aufgaben an einen anderen, nicht ausgelasteten Knoten weitergeben, und jeder Server spielt eine Rolle in der globalen Architektur. Die zu meisternde Herausforderung liegt darin, wie die Arbeit über mehrere Server(-knoten) verteilt werden kann.

MPP-Systeme wie SQL Server 2012 Parallel Data Warehouse legen ihren Schwerpunkt so weit wie möglich auf sequenziellen I/O und konzentrieren sich auf Aggregationen und Joins. So können wichtige Investitionen eher in CPU und Software als in Disk-I/O vorgenommen werden. Random I/O ist typisch für die Datendateien eines OLTP-Systems (Online Transaction Processing). Das Ziel bei der Optimierung von I/O-Zugriffen besteht immer auch darin, durch geeignete Indizes die Zugriffe (Scans) zu minimieren. Es ist daher nicht wünschenswert, dass die Köpfe der Festplatten sich endlos bewegen, um Daten zu lesen und zu schreiben. Performance wird oft durch die Minimierung dieser Bewegung – durch Aufteilung der Daten auf mehrere Festplatten oder durch die sorgfältige Erstellung von Indizes der Daten, die für bestimmte Abfragen benötigt werden – erreicht. Die Kehrseite der Medaille ist: Das Indexdesign ist häufig an die Verbesserung der Leistung von bestimmten Abfragen gebunden. Änderungen an Abfragen ziehen jedoch oft Leistungseinbußen nach sich.

Anders verhält es sich bei sequenziellem I/O. Sequenzieller I/O auf Festplatten mit beweglichen Schreib-/Leseköpfen ist oft drei- oder viermal so schnell wie Random I/O. Dieser Vorteil kann bei Festplatten mit beweglichen Schreib-/Leseköpfen genutzt werden. Solid-State-Laufwerke könnten das Problem lösen, jedoch sind ihre Kosten im Moment immer noch immens hoch. Eine wichtige Herausforderung für Parallel Data Warehouse besteht also darin, Daten überwiegend mit sequenziellem I/O zu lesen.

21.3.1 Datenzugriff

Wenn Sie sich einmal ansehen, wie der Datenzugriff auf einem OLTP-System erfolgt – mehr hierzu erfahren Sie in Kapitel 23, »Analysis Services – Dantenanalyse für jedermann« –, wird schnell klar, dass hier das Zufallsprinzip herrscht: SQL Server schafft in einer Datendatei Strukturen von Datenseiten zu je 8 KB, die dann wiederum zu einem Block von 64 K (8-KB-Datenseite × 8 Datenseiten) zusammengefasst werden. Festplatten sind nach wie vor das dominierende Speichermedium, und OLTP-Systeme legen ihre Daten auf diesen ab. Bei einer Transaktionsverarbeitung erfolgt der Datenzugriff nach dem Zufallsprinzip.

Anders dagegen bei einem OLAP-System: Hier erfolgt der Zugriff zunächst zufällig, dann jedoch sequenziell.

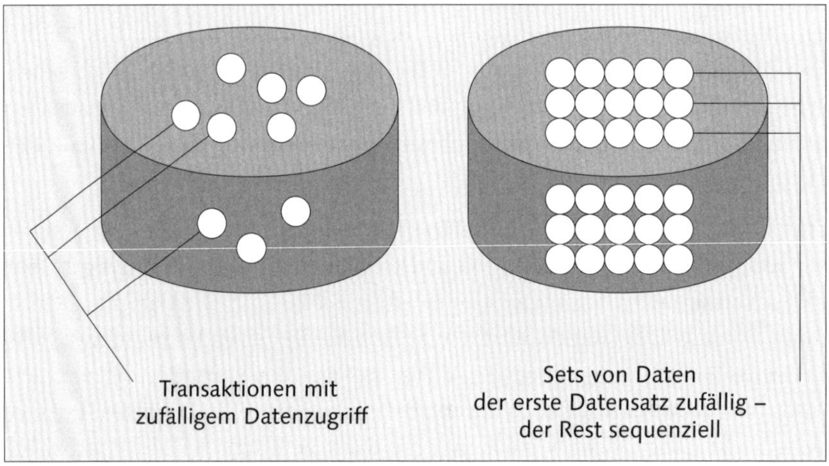

Abbildung 21.1 Datenzugriff OLTP (links) und OLAP (rechts)

21.3.2 Parallele Verarbeitung

SQL Server 2012 Parallel Data Warehouse kann Daten in einem parallelen Modus verarbeiten. Ist die Last für einen einzigen Rechner zu groß, liegt der Vorteil in der parallelen Verarbeitung und der Möglichkeit, weitere Knoten hinzuzufügen.

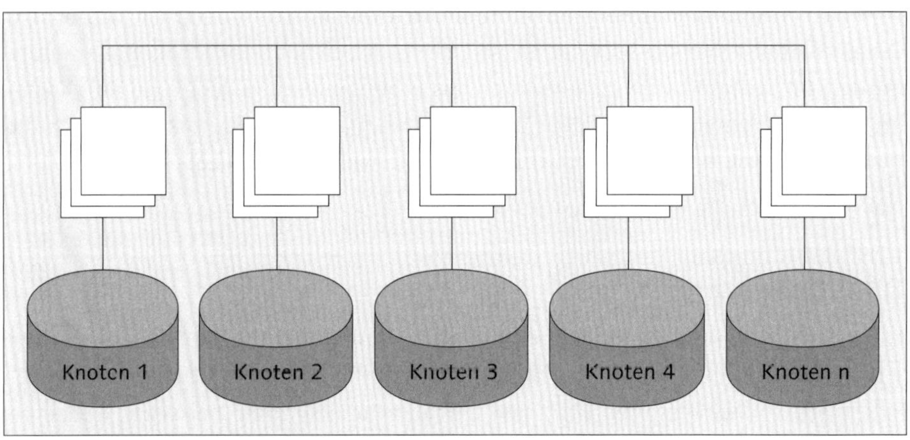

Abbildung 21.2 Parallele Verarbeitung der Daten im SQL-Server-Hub

SQL Server 2012 Parallel Data Warehouse ist das konsequente Produkt für Data-Warehouse-Lösungen der Zukunft. Die folgenden Punkte geben einen Überblick über notwendige Kernbereiche:

- Verarbeitung sehr großer Datenmengen
- Reduzierung der Kosten für das Data Warehouse
- Verarbeitung von Daten in Echtzeit
- parallele Verwaltung von Daten
- Aufteilung der Arbeitslast auf viele einzelne Knoten
- sequenzieller Zugriff auf Daten
- Migration von einzelnen Data Warehouses und Data Marts hin zu einem großen Data Warehouse
- räumlich getrennte Daten

21.4 Parallel Data Warehouse – Architektur

Die Systemarchitektur ist hochredundant, basierend auf Dual-InfiniBand-Anschlüssen, Dual-Fibre-Channels und Hot-Spare-Laufwerken für Server und Clustering.

Begriffsdefinitionen

- **InfiniBand** ist eine Spezifikation zur Beschreibung einer seriellen Hochgeschwindigkeits-Übertragungstechnologie. Die Einsatzgebiete von InfiniBand reichen von Bussystemen bis zu Netzwerkverbindungen.
- **Fibre Channel** wurde für eine serielle, kontinuierliche Hochgeschwindigkeitsübertragung großer Datenmengen konzipiert. Viele SANs basieren heute auf der Implementierung des Fibre-Channel-Standards.
- Eine **Hot-Spare-Festplatte** ist eine in einem System in Reserve gehaltene Festplatte, die normalerweise nicht eingesetzt wird. Fällt eine Platte aus, wird die Hot-Spare-Festplatte automatisch verwendet.

Es gibt insgesamt drei Netzwerkinfrastrukturen innerhalb des Parallel Data Warehouses, die zum Tragen kommen.

1. Die klassische **Ethernet-Verkabelung** regelt die Kommunikation zwischen den einzelnen Managementknoten.
2. Innerhalb der Knoten wird über **InfiniBand** kommuniziert.
3. Die Kommunikation zum Speichernetz erfolgt über **Fibre Channel**.

21.4.1 Hub-and-Spoke-Architektur

Die Hub-and-Spoke-Architektur (siehe Abbildung 21.3) von SQL Server 2012 Parallel Data Warehouse ermöglicht es, einen zentralen Hub aufzubauen, an den viele kleine

Data Marts angebunden sind. Das bringt den Vorteil mit sich, dass es ein zentrales Data Warehouse gibt, wobei die einzelnen Data Marts (Spoke) z.B. die Fachbereiche wie Finanzen, Verkauf und Produktion widerspiegeln.

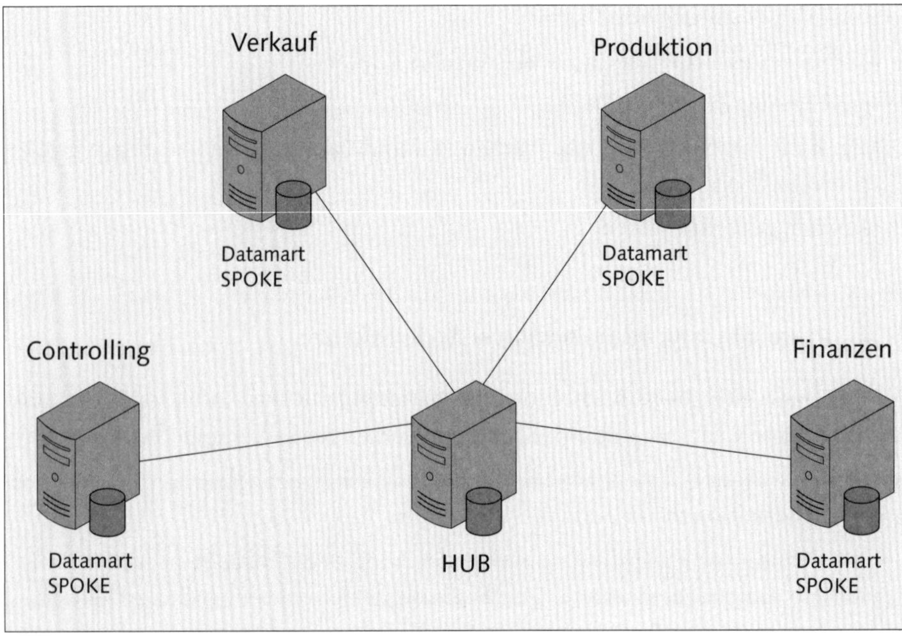

Abbildung 21.3 Hub-and-Spoke-Architektur

Die einzelnen Data Warehouses müssen sich nicht unmittelbar am Unternehmensstandort befinden, sondern können aufgrund der Sternarchitektur auch auf verschiedene Rechenzentren verteilt sein. Der Zugriff auf die Daten kann dann im Detail unterschiedlich geregelt sein, oder die Lösungen der Fachabteilungen sind für die einzelnen Data Warehouses optimiert.

21.5 Parallel Data Warehouse – Knoten

Beim Parallel Data Warehouse übernehmen verschiedene Knotentypen bestimmte Aufgaben. Abbildung 21.4 zeigt in der Übersicht ein privates und ein Unternehmensnetzwerk, die verschiedenen Knoten und zugehörige Aufgaben.

Um ein besseres Verständnis der Architektur zu gewinnen, ist eine Betrachtung der Softwarearchitektur sinnvoll.

Abbildung 21.5 zeigt die einzelnen Knoten aus Sicht der Softwarearchitektur. Dabei ist zu erkennen, wie Rechenknoten, Backup-Knoten und Kontrollknoten interagieren.

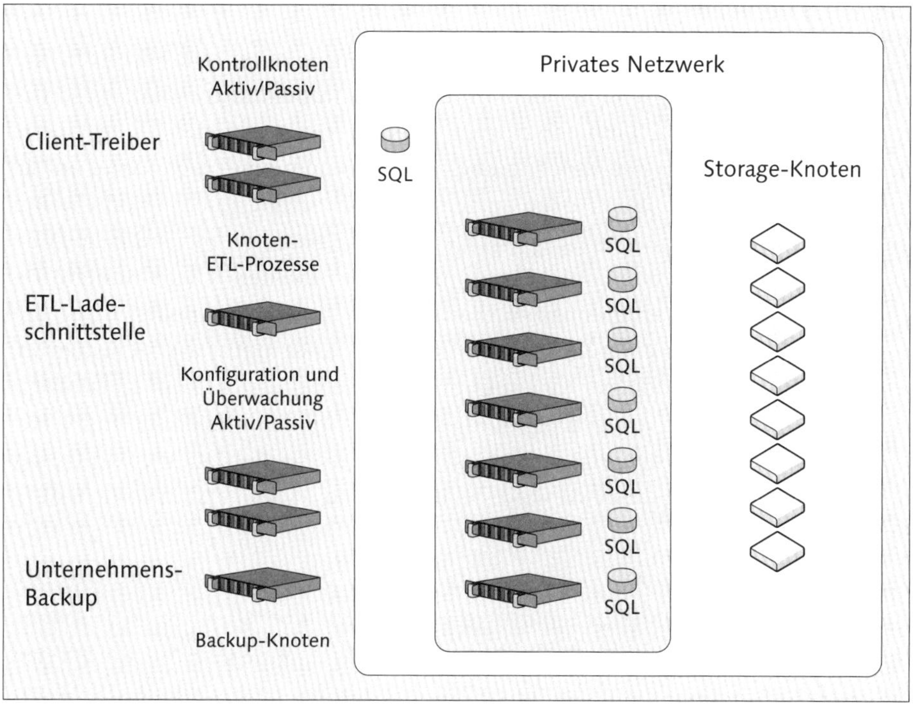

Abbildung 21.4 Parallel Data Warehouse – Architektur

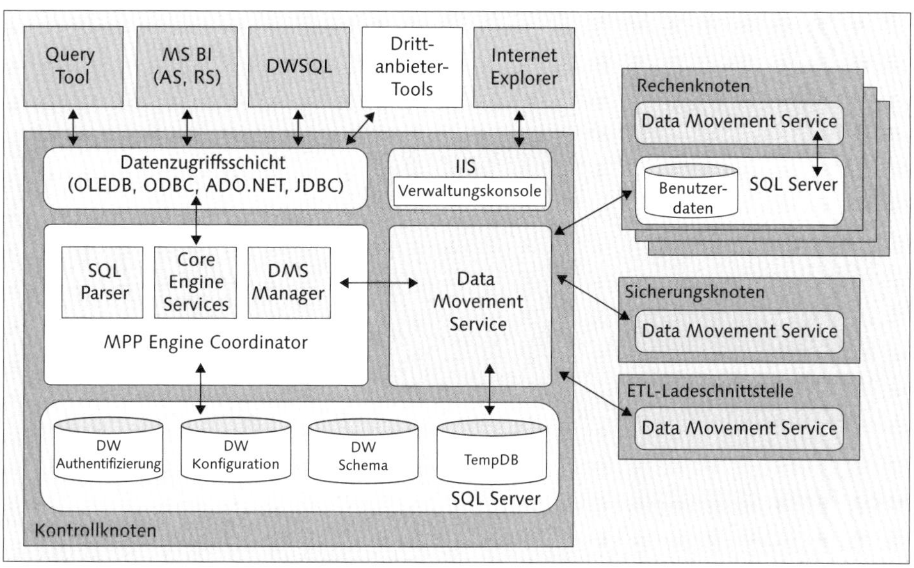

Abbildung 21.5 Softwarearchitektur

21.5.1 Kontrollknoten

Client-Anwendungen wie Analysis Services, Reporting Services und Microsoft Excel stellen eine Verbindung über den Client-Treiber zum Kontrollknoten her, der sowohl mit den internen als auch mit den externen Netzwerken verbunden ist. Bestandteil des Kontrollknotens ist der MPP Engine Coordinator, der einen SQL Parser enthält und die Anfragen nach dem Parsen an den Rechenknoten (Compute Node) weitergibt. Nach erfolgter Ausführung der Abfrage auf einem Rechenknoten erhält der Kontrollknoten die Antwort zurück und gibt diese an den Client weiter. Der Rechenknoten ist die Verbindung zwischen der Data Warehouse Appliance und dem Unternehmensnetzwerk. Der Kontrollknoten ist Teil eines Aktiv-Passiv-Clusters und wird zur Verwaltung und Überwachung von Abfragen genutzt. Es können Details zu ausgeführten Abfragen mit den zugehörigen Informationen, wie Dauer und Verteilung über die Knoten, angezeigt werden. Als Treiber für Parallel Data Warehouse werden ODBC, OLE DB, JDBC und ADO.NET in der 32- und 64-Bit-Version sowie DWSQL implementiert.

Zusätzlich sind auf dem Kontrollknoten Metadaten gespeichert, die Informationen zu den einzelnen Benutzerkonten, zur gesamten DWH-Konfiguration, zum Schema und der Verteilung von TempDB enthalten. Der MPP Engine Coordinator auf dem Kontrollknoten lässt die Architektur nach außen hin wie eine normale SQL-Server-Instanz aussehen. Er übernimmt die Verteilung und das Aufbrechen der Daten innerhalb der Architektur und ist für die Authentifizierung zuständig. Der Data Movement Service verteilt die Queries auf dem System.

21.5.2 Rechenknoten

Die einzelnen Rechenknoten bestehen sowohl aus Windows Server 2008/2012 als auch aus SQL Server 2012, arbeiten autonom und speichern Nutzdaten. Jeder Knoten besteht aus einem perfekt abgestimmten symmetrischen Multiprozessorsystem und kommuniziert über Standardschnittstellen. Ein direkter Zugang aus dem Unternehmensnetzwerk ist nicht möglich. Ein Dienst läuft auf jedem Rechenknoten und sorgt für die Bewegung der Daten zwischen den Knoten. Die Rechenknoten sind Bestandteil einer N+1-Failover-Cluster-Lösung, und es ist immer ein Ersatzknoten vorhanden. Alle Knoten sind in einem privaten Netzwerk vereint.

21.5.3 ETL-Prozessknoten

Der Knoten für die ETL-Prozesse ist mit dem internen und externen Netzwerk verbunden. Er wird verwendet, um Daten per ETL in eine Staging-Datenbank zu befördern. Hier können ungestört Ladeprozesse stattfinden, bei denen die Daten aus unterschiedlichen Quellen in eine dafür vorgesehene Datenbank (Staging-Datenbank) geladen werden. Ein Auftrag des SQL-Server-Agents kann dann z. B. nachts SSIS-Pakete ausführen, die die Ladeprozesse durchführen. Eingehende Daten können so über die Knoten gelegt und in die entsprechenden Tabellen verteilt werden.

21.5.4 Backup-Knoten

Der Backup-Knoten ist letztendlich für die Sicherung und Wiederherstellung verantwortlich. Während eines Backup-Vorgangs wird eine Lesesperre über die Datenbank gesetzt. Sie wird während des gesamten Backup-Prozesses gehalten. VDI (Virtual Device Interface ist die Programmierschnittstelle für die API zum Sichern und Wiederherstellen.) wird verwendet, um eine konsistente Sicht auf die Daten zu gewinnen. Für das Backup wird das SQL-Server-2012-Backup eingesetzt. Dabei werden zwei Arten von Backups unterstützt: vollständiges und differenzielles Backup, wobei das differenzielle das vollständige voraussetzt. Die Vorgänge können mithilfe von Sichten überwacht werden. Dazu wurden folgende Sichten implementiert:

- `sys.dm_pdw_loader_backup_runs`
- `sys.dm_pdw_loader_backup_run_details`
- `sys.dm_pdw_loader_run_stages`

Das Parallel Data Warehouse ist so konzipiert, dass es vorkonfiguriert auf Industriehardware geliefert werden kann. Die Anforderungen hinsichtlich Datenvolumen und Performance werden analysiert und entsprechende Lösungen bereitgestellt. Diese Systeme sind bereits ausgewogen, um Engpässe zu vermeiden, und für eine effektive Hardwarenutzung optimiert, um eine hohe Leistung zu erzielen. Ein anderer Vorteil besteht in der weiteren Nutzung der Hardware, die später für Server in anderen Rollen verwendet werden kann. Alle Aspekte des Data Warehouses sind auf eine Optimierung der einzelnen Knoten hin ausgerichtet. Das Gesamtziel ist sequenzieller I/O, verteilt über alle Rechenknoten.

21.6 Datenlayout – PDW-Schemadesign

21.6.1 Verteilung von Datenbanken und Tabellen

Die Anwendung partitioniert große Datenbanktabellen auf mehrere physische Knoten, wobei jeder Knoten eine eigene Instanz von SQL Server 2012 ausführt. Stellt ein Bericht eine Verbindung mit SQL Server 2012 Parallel Data Warehouse her, um Berichtsdaten abzurufen, wird wiederum eine Verbindung mit dem Kontrollknoten hergestellt. Der Kontrollknoten verarbeitet die Abfrage in der SQL-Server-PDW-Anwendung. Nachdem eine Verbindung hergestellt wurde, arbeiten Sie mit einer SQL-Server-Instanz in einer SQL-Server-PDW-Umgebung wie mit anderen Instanzen. Um Daten in einem Bericht einzuschließen, wird ein Dataset benötigt, das auf dem

Datenquellentyp Microsoft SQL Server Parallel Data Warehouse basiert. Wird eine Datenbank erstellt, wird ihr Platz für replizierte Tabellen, verteilte Tabellen und das Transaktionsprotokoll zugeteilt.

Das folgende Beispiel zeigt das Anlegen einer Datenbank mit Zuweisung von Replicated und Distributed Size:

```
CREATE DATABASE Demo
(autogrow = ON,REPLICATED_SIZE = 2024 GB,DISTRIBUTED_SIZE =
16384 GB,LOG_SIZE = 9000 GB)
go
Create table factSales
(
SalesID bigint NOT NULL,
SalesAmount decimal (12,2),
Qnatity decimal(8,3)
) With (DISTRIBUTION = HASH (SalesID));
```

Listing 21.1 Erstellen einer Datenbank mit Tabelle im Parallel Data Warehouse

Hinsichtlich des Datenlayouts gibt es somit verschiedene Möglichkeiten:

- **Replicated:** eine Tabelle, die als vollständige Kopie auf jedem einzelnen PDW-Datenknoten liegt
- **Distributed:** Eine Tabellenstruktur, die auf einer Spalte gehasht wird und sich gleichmäßig auf alle Datenknoten auf der Appliance verteilt. Jede Distribution ist eine separate physische Tabelle im DBMS.
- **Ultra Shared Nothing:** Die Möglichkeit, ein Schema mit beiden Varianten zu entwerfen. Verteilte und replizierte Minimierung der Verschiebung von Daten zwischen Knoten.

Beim Ausführen der `Create Table`-Anweisung wird das Kommando über den Engine Service zunächst in der SQL-Server-Shell ausgeführt. Es erfolgt das Parsen, die Bindung und der Prozess der Autorisierung. Vom Engine Service wird dann die Anweisung auf den einzelnen Rechenknoten umgesetzt. Nach der erfolgreichen Ausführung wird das Ergebnis vom Engine Service zurückgegeben.

21.6.2 Tabellen, Sichten und Indizes

Ein besonderes Thema sind Indizes. Wie bereits erwähnt, liegt der Fokus auf einem sequenziellen I/O. Während Indizes bei Transaktionssystemen eine große Rolle für die Performance spielen, muss bei OLAP-Systemen einiges berücksichtigt werden. Insbesondere gruppierte Indizes können zufälligen I/O verursachen. Insofern sollten

Sie beginnen, Tabellen als Heaps anzulegen, das heißt als Tabellen, die nicht über einen gruppierten Index verfügen. Dabei sollten Sie nach folgender Faustregel vorgehen: Alles prüfen, was mehr als fünf Indizes pro Tabelle hat, weil MPP-Systeme damit in der Regel besser umgehen können. Sichten sind genau wie in SQL Server 2008 zulässig und können zur Eingrenzung von Daten genutzt werden. Dagegen werden indizierte Sichten nicht unterstützt. Ein neues Thema zur Verbesserung der Leistung sind die *Columnstore-Indizes*, die in Kapitel 18, »Problembehebung und Performance-Tuning«, erläutert werden.

21.6.3 Daten laden

Das Laden von Daten erfolgt überwiegend auf der ETL-Ladeschnittstelle (ETL-Landing-Zone) für Textdateien oder SSIS-Jobs. Daten werden meist im Batch mittels Bulk Insert geladen. Die SQL Server Integration Services bieten seit SQL Server 2012 eine neue Zielkomponente *PDW Ziel* an. *DWLoader* ist ein neues Kommandozeilentool, das Daten aus der Landing Zone parallel in die Knoten laden kann.

Das Laden über den DWLoader-Prozess erfolgt in zwei Schritten. Zu Beginn wird der Load Manager instanziiert, es werden Staging-Tabellen angelegt, und die Daten werden von der Landing Zone parallel in den Staging-Bereich – die Zieltabellen – mittels Data Movement Service geladen. Der DWLoader nutzt die SQL-Anweisungen `INSERT` und `MERGE`, um die Daten von den Staging-Tabellen in die Zieltabellen zu kopieren.

21.6.4 Backup von Daten

Es gibt ein koordiniertes Backup über alle Knoten hinweg. Dieses wird über ein vollständiges oder differenzielles Backup-Kommando ausgeführt. Darüber hinaus gibt es ein Metadaten-Backup, womit z. B. die Master-Datenbank des Parallel Data Warehouses gesichert wird, um später das Parallel Data Warehouse wiederherstellen zu können. Beim Restore ist es möglich, von einem kleinen Parallel Data Warehouse auf ein großes zu wechseln, der umgekehrte Weg ist nicht möglich.

21.7 Verwaltung

Für die Verwaltung werden unterschiedliche Tools zur Verfügung gestellt: Neu ist das Kommandozeilentool *dwsql*, um mit dem Parallel Data Warehouse von der Konsole aus arbeiten zu können. Eine webbasierte administrative Oberfläche dient zur Verwaltung und zum Monitoring. Dazu können Abfragen, Ladeprozesse, Backup und der Status der gesamten Appliance eingesehen werden.

Kapitel 22
Die Reporting Services

Die Reporting Services von SQL Server 2012 sind neben den Integration Services und Analysis Services eine weitere wichtige Säule im Bereich Business Intelligence. Erst mithilfe der Visualisierung von Unternehmensdaten ist es oftmals möglich, fundierte Entscheidungen zu treffen. Gleichgültig, ob Unternehmensleitung, Controller, Power-User oder Administratoren, sie alle benötigen Informationen und Daten in einer für sie entsprechend aufbereiteten Form.

Das Thema Reporting ist sehr komplex. In diesem Kapitel geben wir Ihnen eine einfache und gezielte Einführung in die Thematik. Der Schwerpunkt liegt dabei auf der Konfiguration der Reporting Services, dem Erstellen von einfachen Berichten und deren Veröffentlichung.

22.1 Neuerungen in den Reporting Services 2012

Auch mit der aktuellen Version des SQL Servers wurden wieder einige Neuerungen im Bereich der Reporting Services eingeführt. Zu den Neuerungen gehören:

Neuerungen in den Reporting Services

- PowerView
- SharePoint-Modus
- Datenwarnungen
- Berichtsserverprojekte in SQL-Server-Datentools für Visual Studio 2010
- Excel-Renderer für Microsoft Excel 2007-2010 und Microsoft Excel 2003
- Word-Renderer für Microsoft Word 2007-2012 und Microsoft Word 2003

Viele Neuerungen wurden grundsätzlich bereits in Kapitel 1 beschrieben, sodass wir uns in diesem Kapitel mit den Reporting Services vom Grundsatz her beschäftigen und in den Workshops mit Ihnen gemeinsam Beispiele erarbeiten.

In vielen Seminaren beginnen wir zuerst mit einem kurzen Überblick, um die Bedeutung und Möglichkeiten des SQL Servers über die Funktionalitäten der Datenbank hinaus zu erläutern. Gerade beim Reporting wird schnell klar, dass es ein Thema für alle Bereiche des Unternehmens ist. Gleichgültig, ob wir den Salesmanager nehmen, der tagtäglich die Umsatzzahlen seiner Mitarbeiter benötigt, oder die Geschäftsleitung, die mithilfe von Key-Performance-Indikatoren die wesentlichen Unternehmensbereiche im Blick haben will, sie alle benötigen aufbereitete Zahlen und Daten. Die Voraussetzungen der Mitarbeiter im Unternehmen sind sehr verschieden. Entsprechend hat Microsoft mit dem SQL Server 2012 die Möglichkeiten weiter verbessert, um diesen unterschiedlichen Zielgruppen gerecht zu werden. Sehr hilfreich für Mitarbeiter, die keine Entwickler sind, ist hier vor allem der Report Builder.

Schauen wir uns zunächst die unterschiedlichen Anforderungen der einzelnen Zielgruppen etwas näher an. Eines der Kernziele für Administratoren besteht unter anderem darin, einen hohen Automatisierungsgrad in Bezug auf das Datenbanksystem zu erreichen. Gerade hier können die Reporting Services helfen, dass kritische Systemzustände gar nicht erst erreicht werden. Die Anzeige von Informationen über das Sperrverhalten, Systemengpässe oder Warnungen helfen dem Administrator, das System besser zu überblicken und rechtzeitig reagieren zu können.

Power-User hingegen sind es gewohnt, hinsichtlich des Berichtswesens mit Anwendungen aus dem Office-Bereich zu arbeiten, und hier vor allem mit Microsoft Excel. Ein sehr häufig genutztes Feature sind dabei Pivot-Tabellen. Für diese Zielgruppe ist es wichtig, dass der Schwerpunkt ihrer Arbeit nicht darin besteht, sich mit Visual Studio auseinanderzusetzen. Diese User möchten eine Anwendung, mit deren Hilfe sie ihre fachlichen Anforderungen einfach und schnell umsetzen können, ohne dabei viel Zeit in die Einarbeitung zu investieren.

22.2 Bereitstellung und Skalierung der Reporting Services

Die Bereitstellung der Reporting Services kann in unterschiedlichen Szenarien umgesetzt werden. Die Einzel-Server-Bereitstellung erfolgt gewöhnlich auf einem Windows-Server und hat zur Folge, dass alle Services auf diesem Server ausgeführt werden.

Die Einzel-Server-Bereitstellung eignet sich für gleichbleibende Anforderungen, bei denen der Server genügend Ressourcen zur Verfügung stellen kann. Das sind vor allem kleine bis mittlere Anforderungen an die Reporting Services. Auch für Administratoren und Entwickler, die Lösungen auf Basis der Reporting Services entwickeln und einsetzen, ist diese Variante geeignet.

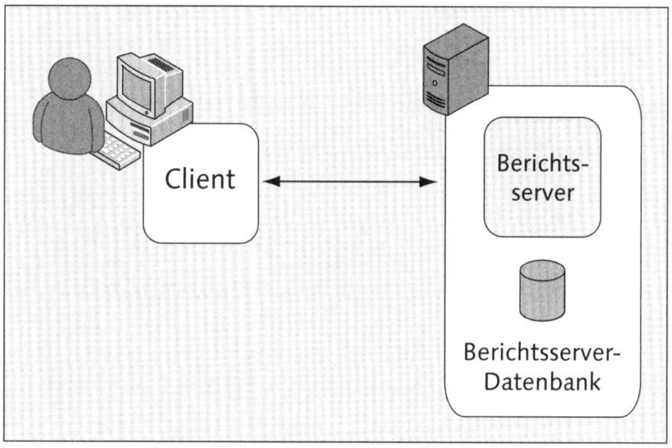

Abbildung 22.1 Einzel-Server-Bereitstellung

Je nach Unternehmensgröße und Anzahl der Anforderungen an eine Report-Server-Instanz werden die Leistungsgrenzen erreicht. In solchen Fällen wird sehr gern die Möglichkeit der Skalierung genutzt. Der nächste Schritt im Zuge der Leistungsverbesserung besteht dann in einer Trennung von Berichtsserver und Berichtsserver-Datenbank (siehe Abbildung 22.2).

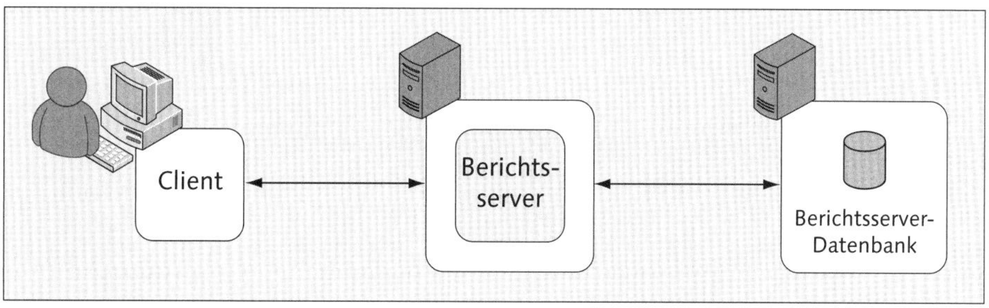

Abbildung 22.2 Trennung von Berichtsserver und Datenbankserver

Diese Lösung bietet den Vorteil, dass Ressourcen, die Hardware nutzen, auf mehrere Server verteilt werden. Datenbank und Reporting Services müssen sich nicht eine Hardware teilen. Somit verbessert sich die Leistung gegenüber dem ersten Szenario.

Bei einer Bereitstellung für horizontales Skalieren werden zwei oder mehr Berichtsserver-Instanzen erstellt, die gemeinsam eine einzige Berichtsserver-Datenbank nutzen. Durch solche Skalierungsverfahren ist es möglich, die Anzahl der Benutzer, die parallel auf einen Bericht zugreifen, zu erhöhen und entsprechend die Last auf die jeweiligen Instanzen zu verteilen. Es wird empfohlen, eine gleiche Konfiguration für die einzelnen Berichtsserver-Instanzen vorzunehmen. Das ist jedoch nicht zwingend notwendig, vor allem nicht, wenn eine funktionale Trennung zwischen Abonnementberichtsverarbeitung und interaktiver Verarbeitung erfolgt.

Szenarien für horizontales Skalieren

- Mehrere Instanzen werden in einem Lastenausgleichsverbund ausgeführt.
- Die Verfügbarkeit von Reporting Services bei Ausfall erhöht sich.
- Einzelne Dienste werden isoliert.
- Berichtsserver-Instanzen werden in einer Lastenausgleichslösung ausgeführt, um eine bedarfsgesteuerte Berichterstellung im großen Umfang zu unterstützen.
- Die Verfügbarkeit des Berichtsservers erhöht sich.
- Isolieren von Dienst-Features auf bestimmten Computern ermöglicht eine maximale Nutzung aller verfügbaren Systemressourcen, während dieselben Daten derselben Berichtsserver-Datenbank aber trotzdem gespeichert und abgerufen werden können.

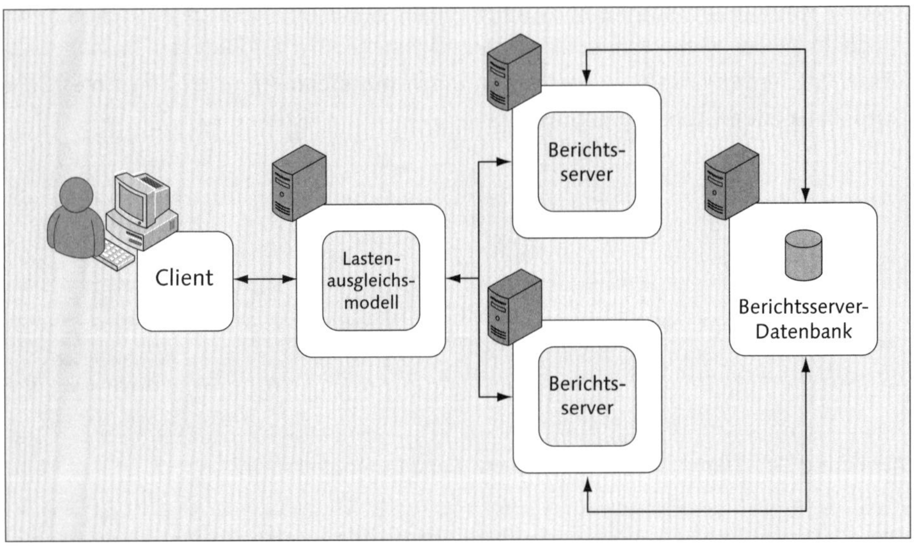

Abbildung 22.3 Lastenausgleich und horizontale Skalierung

Es besteht natürlich auch die Möglichkeit, die Datenbank der Reporting Services zusätzlich durch einen Failover-Cluster abzusichern. Wie Sie in Abbildung 22.4 sehen, erfolgt eine Kombination aus Lastenausgleich und Failover. Reporting Services enthalten keine Features hinsichtlich dieser Technologien. Sie basieren lediglich auf der Funktionalität der Microsoft-Cluster-Dienste oder Lösungen anderer Hersteller.

Ebenso sind Kombinationen denkbar, bei denen Sie sich entschließen, für eine interaktive Bereitstellung den Lastenausgleich einzusetzen und zusätzlich für die geplante Verarbeitung von Berichtsanforderungen einen weiteren Server hinzuzufügen.

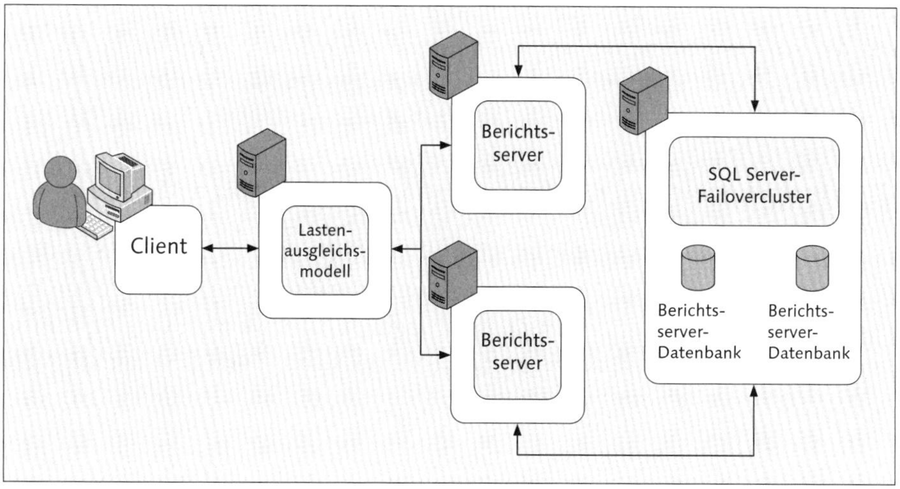

Abbildung 22.4 Lastenausgleich in Verbindung mit einem SQL-Server-Failover-Cluster

Wie Abbildung 22.5 zeigt, werden hier einzelne Szenarien für die horizontale Skalierung kombiniert.

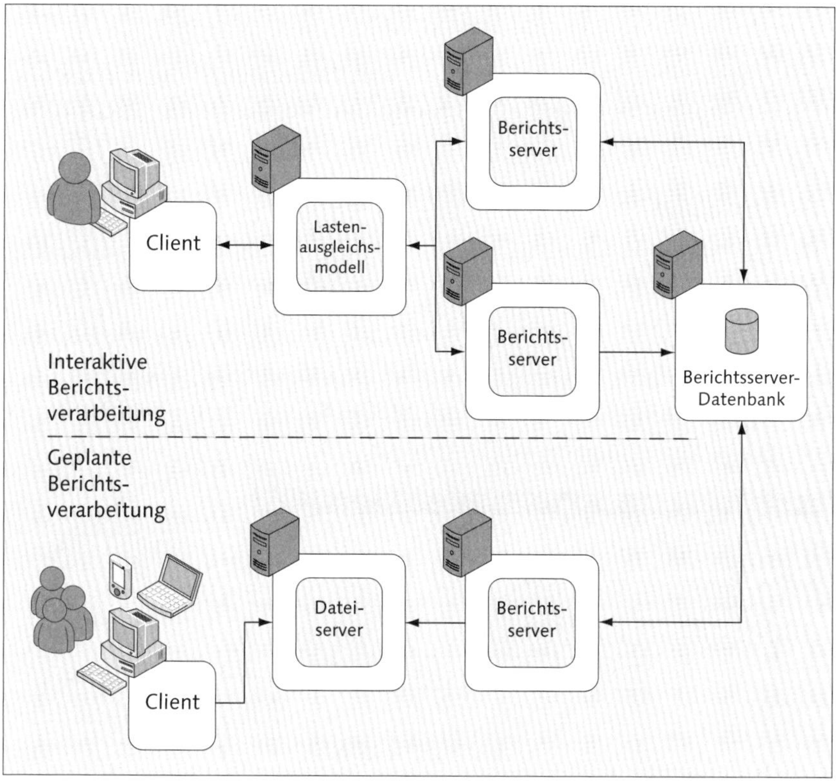

Abbildung 22.5 Erweiterte Bereitstellung für interaktive und geplante Berichtsverarbeitung

Nachdem wir nun vorab über die Möglichkeiten sowie die Bereitstellung und Skalierung der Reporting Services gesprochen haben, möchten wir Ihnen die Installation und die schrittweise Konfiguration der Reporting Services näher erläutern.

22.3 Installation und Konfiguration im einheitlichen Modus

Bei der Installation der Reporting Services müssen Sie sich entscheiden, ob Sie diese als BI-Funktionen von SQL Server gemeinsam mit SharePoint (PowerPivot und Reporting Services) oder im eigenständigen, einheitlichen Modus nutzen möchten. Widmen wir uns zunächst der eigenständigen Installation und Konfiguration der Reporting Services im einheitlichen Modus.

22.3.1 Die Installation

Die Installation gestaltet sich recht einfach. Wenn Sie bei der Installation von SQL Server die Reporting Services gleich mit auswählen – siehe Abschnitt 4.2.1, »Der Installationsprozess im Detail« – und festlegen, dass die Konfiguration sofort erfolgen soll, müssen Sie hinsichtlich einer Standardkonfiguration nichts weiter unternehmen. Die Reporting Services sind dann installiert und konfiguriert.

Haben Sie sich bei der Installation dafür entschieden, die Konfiguration nach erfolgter Installation auszuführen, müssen Sie die Reporting Services separat konfigurieren.

22.3.2 Die Konfiguration

In den folgenden Schritten führen wir Sie exemplarisch durch die Konfiguration der Reporting Services.

1. Starten Sie den Konfigurationsmanager für die Reporting Services. Dazu wählen Sie im Startmenü SQL SERVER 2012 • KONFIGURATIONSTOOLS • KONFIGURATIONS-MANAGER FÜR REPORTING SERVICES. Stellen Sie zuerst eine Verbindung zu der installierten Reporting-Services-Instanz her.

Abbildung 22.6 Verbindung zu den Reporting Services herstellen

Wie Sie in Abbildung 22.6 erkennen, besteht die Möglichkeit, nach vorhandenen Instanzen zu suchen.

2. Klicken Sie auf VERBINDEN, um sich mit der Instanz der Reporting Services zu verbinden.

   Nachdem Sie verbunden sind, verschaffen Sie sich einen Überblick über die einzelnen Bereiche. Falls Sie sich während der Installation bereits für die Konfiguration der Reporting Services entschieden haben, finden Sie eine vollständig konfigurierte Umgebung vor.

   Auf der ersten Registerkarte werden zunächst allgemeine Informationen zur aktuellen Berichtsserver-Instanz angezeigt. Hier lässt sich lediglich der Dienst starten und beenden (siehe Abbildung 22.7).

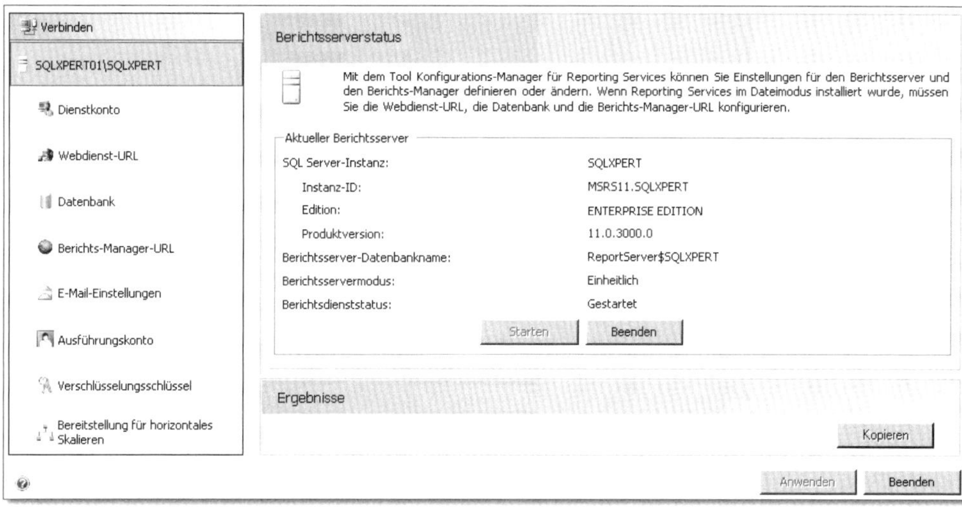

Abbildung 22.7 Kategorien der Reporting-Services-Konfiguration

3. Wählen Sie als Nächstes die Kategorie DIENSTKONTO aus.

   Die Registerkarte DIENSTKONTO ermöglicht es Ihnen, ein Benutzerkonto anzugeben, das für den Dienst unter Windows verwendet wird.

   Wie Sie in Abbildung 22.8 sehen, können Sie für den Dienst ein integriertes Konto oder ein dediziertes Systemkonto verwenden. Dazu sollten Sie wie in Kapitel 4, »Installation von und Aktualisierung auf SQL Server 2012«, bereits beschrieben, das im Vorfeld der Installation angelegte dedizierte Domänenbenutzerkonto verwenden.

   Seit SQL Server 2008 sind die Reporting Services vollständig als Webservice implementiert. Somit ist es nicht mehr erforderlich, den Internet Information Server (IIS) zu installieren.

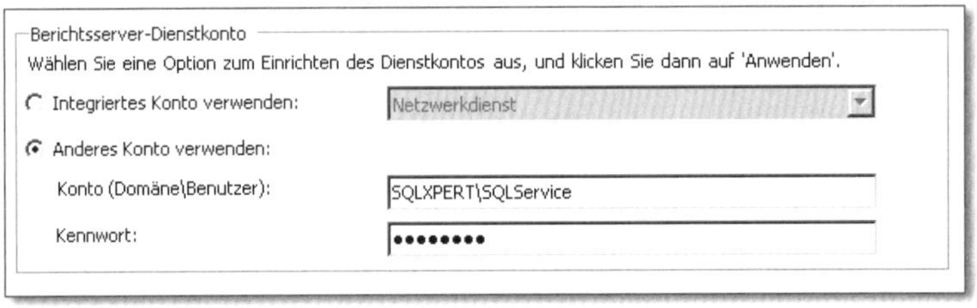

Abbildung 22.8 Dienstkonto, unter dem der Service ausgeführt wird

4. Wechseln Sie in die Kategorie WEBDIENST-URL.

   In Abbildung 22.9 erkennen Sie das virtuelle Verzeichnis für den Berichtsserver-Webdienst, die IP-Adresse, den Port, das SSL-Zertifikat und den SSL-Port. Außerdem wird jeweils die URL angezeigt, unter der der Berichtsserver zu erreichen ist.

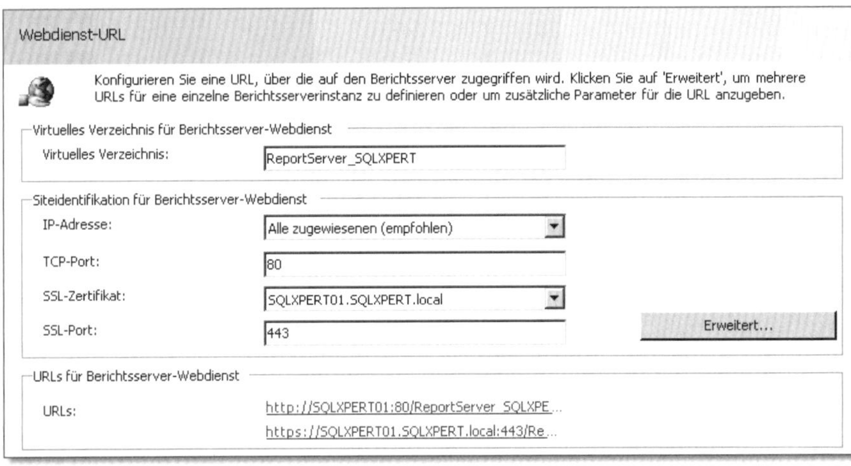

Abbildung 22.9 Webdienst-URL des Report-Servers

An dieser Stelle bietet sich ein erster Test an. Wählen Sie dazu jeweils die angezeigten Links aus. Die zugehörigen URLs werden aufgerufen, und der Zugriff auf das Verzeichnis des Berichtsservers und des Berichtsmanagers erfolgt. Abbildung 22.10 zeigt die Webseite des Berichtsservers, Abbildung 22.11 die Webseite des Berichtsmanagers.

Abbildung 22.10 Webdienst-URL des Report-Servers

Nach dem Aufruf der URL zum Report-Server ist sicher, dass der Berichtsserver erfolgreich konfiguriert ist und die Seite korrekt angezeigt werden kann. Später sind hier Links zu sehen, die auf die erstellten Berichte, Datenquellen, Datasets etc. verweisen.

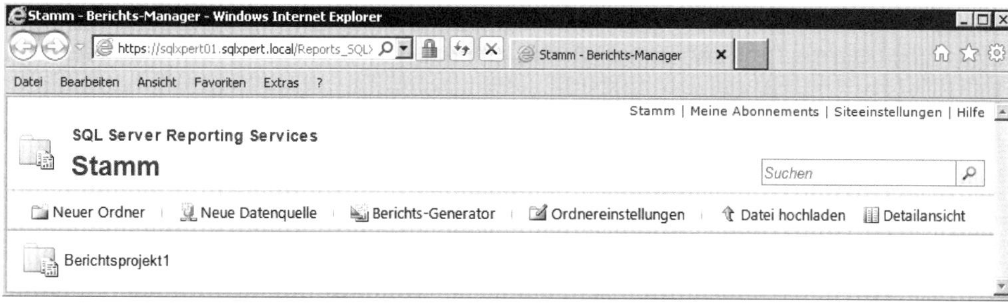

Abbildung 22.11 Der Report-Manager nach der Installation

Der Berichtsmanager ist ebenfalls noch ohne Objekte. Er ermöglicht es später den einzelnen Benutzern, je nach Berechtigung auf die Berichte zuzugreifen. Später müssen Sie hier noch die Berechtigungen für die einzelnen Objekte (Berichte, Ordner, Datenquellen) konfigurieren. So können Sie z.B. das Verteilungssystem für Berichte so einrichten, dass Berichte automatisiert verteilt werden. Dies kann wiederum in einer Freigabe erfolgen, per E-Mail und auch datengestützt.

5. Wählen Sie als Nächstes die Kategorie DATENBANK aus.

   Während der Installation der Reporting Services werden im SQL Server zwei Datenbanken (»ReportServer« und »ReportServerTempDB«) angelegt, konfiguriert und die Berechtigungen für den Zugriff des Dienstkontos auf diese Datenbanken vergeben. Sie können hier in der Kategorie DATENBANK beide Datenbanken verwalten, neu anlegen und die Anmeldeinformationen ändern.

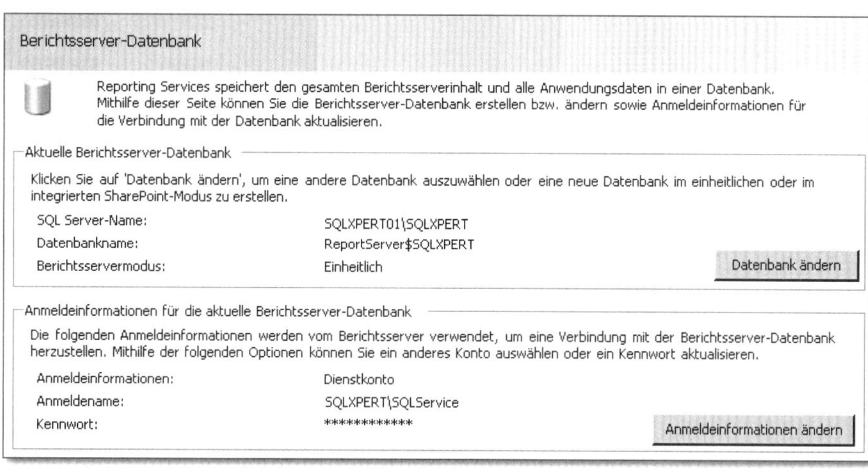

Abbildung 22.12 Konfiguration der Berichtsserver-Datenbanken

6. Um sich die Datenbanken anzusehen, starten Sie das SQL Server Management Studio und verbinden sich mit der Instanz von SQL Server.
7. Erweitern Sie den Knoten DATENBANKEN.

   In Abbildung 22.13 sehen Sie die zwei Datenbanken der Reporting Services. In einer der beiden Datenbanken, nämlich der Berichtsserver-Datenbank, befinden sich z. B. die im Kasten aufgeführten Objekte.

Berichtsserver-Datenbank

- Berichte, freigegebene Datenquellen, Ordner und Berichtsmodelle
- Zeitplandefinitionen und Abonnements
- symmetrische Schlüssel
- Protokolldaten zur Berichtsausführung
- Snapshots von Berichten, Abfrageergebnisse und Berichtsverlauf
- Sicherheitseinstellungen

Da sämtliche Berichtsdaten in der Berichtsserver-Datenbank abgelegt sind und beim Rendern eines Berichts die Metadaten aus der Datenbank gelesen werden müssen, ist eine Sicherung der Inhalte dieser Datenbank absolut notwendig.

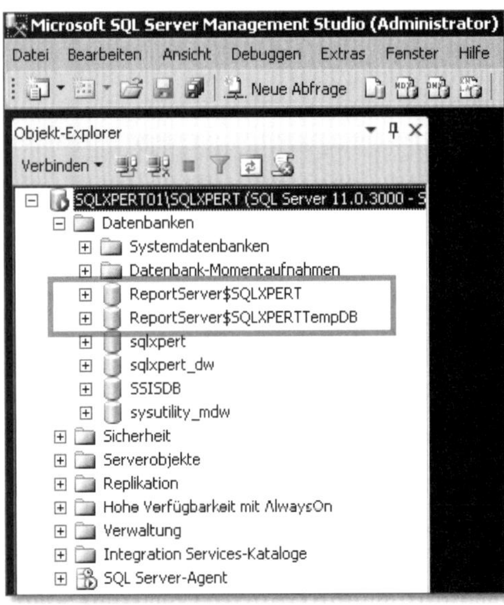

Abbildung 22.13 Die Report-Server-Datenbanken im Management Studio

8. Doch zurück zum Konfigurationsmanager: Klicken Sie in der Kategorie DATENBANK auf ÄNDERN, um in das Konfigurationsmenü DATENBANK ÄNDERN zu gelangen.

9. Im Dialog DATENBANK ÄNDERN wählen Sie den Menüeintrag NEUE BERICHTSSERVER-DATENBANK ERSTELLEN und klicken auf WEITER.
10. Nun werden Ihnen wie in Abbildung 22.14 die Anmeldeinformationen angezeigt, um auf SQL Server zuzugreifen. An dieser Stelle verlangt der SQL Server eine Authentifizierung.

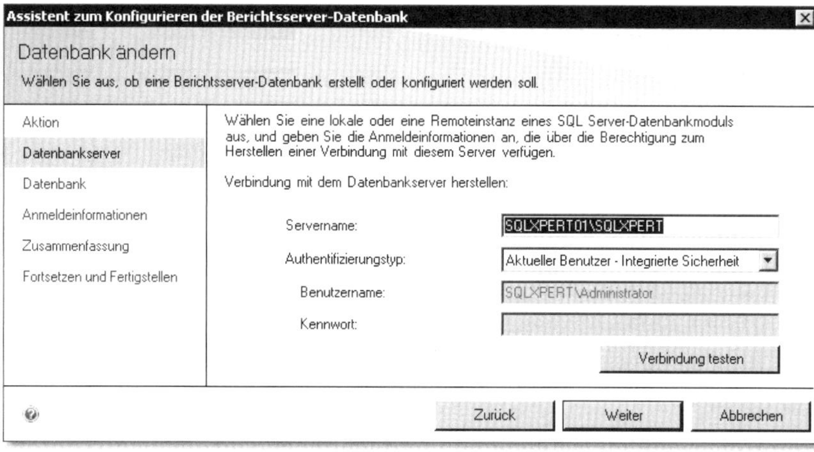

Abbildung 22.14 Authentifizierung

Verwenden Sie zur Authentifizierung am SQL Server das Windows-Konto, das Sie bei der Installation von SQL Server als administratives Konto festgelegt haben. In unserem Beispiel ist es das Konto des lokalen Windows-Administrators, klicken Sie auf WEITER.

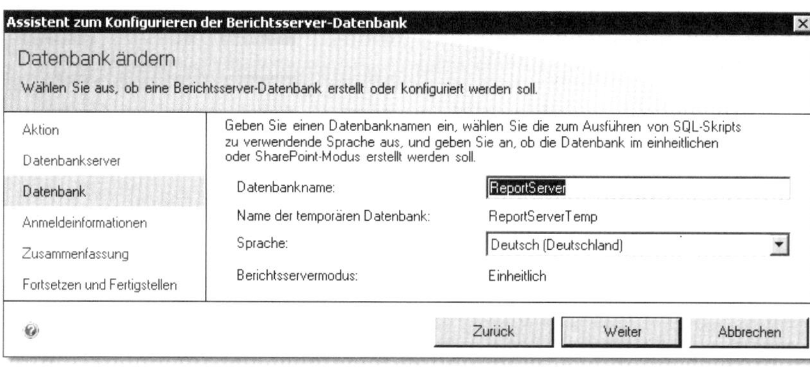

Abbildung 22.15 Datenbanknamen festlegen

In Abbildung 22.15 erkennen Sie, dass der Assistent einen Standardnamen für die Berichtsserver-Datenbank vorschlägt. Der Name für die temporäre Datenbank wird von diesem Namen abgeleitet.

11. Wechseln Sie jetzt durch einen Klick auf WEITER zur Kategorie ANMELDEINFORMATIONEN.

    Sollte die »ReportServer«-Datenbank bereits vorhanden sein, erhalten Sie eine entsprechende Meldung, sonst gelangen Sie in den nächsten Dialog.

    Die Reporting Services sind als eigenständiger Dienst implementiert. Wird ein Report angefordert, muss der Service eine Verbindung zum Datenbankmodul herstellen, um die Metadaten für den Report zu laden. Aus diesen Metadaten wird anschließend der Bericht gerendert. Zum Verbinden müssen sich die Reporting Services am Datenbankmodul authentifizieren. Dazu ist es notwendig, einen Authentifizierungstyp mit den Anmeldeinformationen anzugeben.

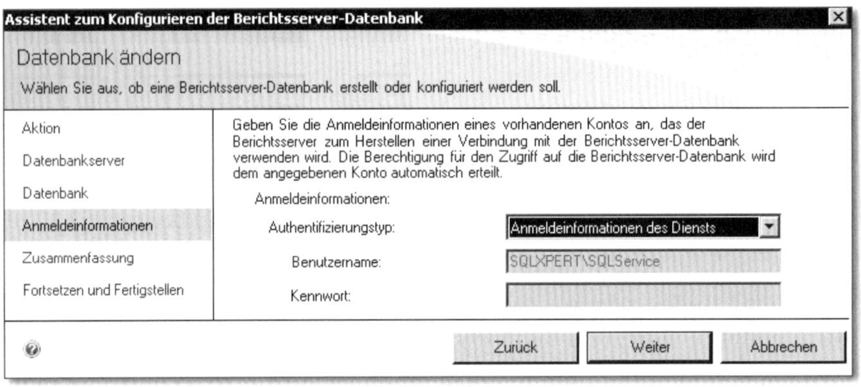

Abbildung 22.16 Anmeldeinformationen festlegen

Wie Sie in Abbildung 22.16 sehen, haben wir hier als Benutzernamen das Dienstkonto für SQL Server angegeben.

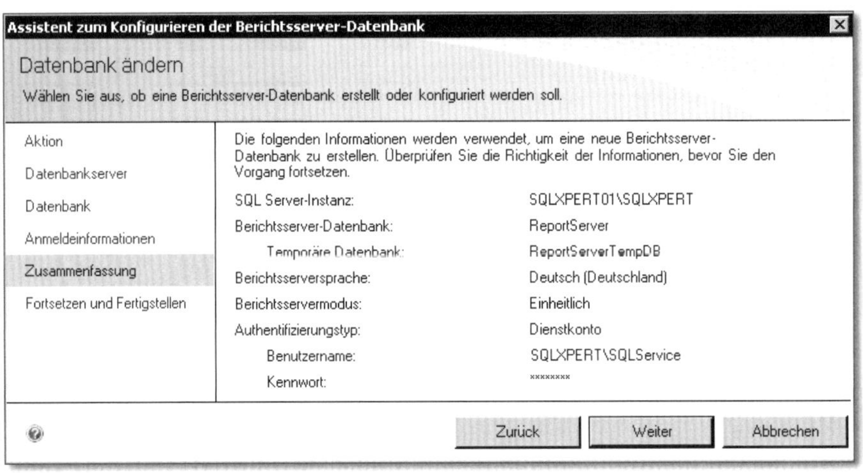

Abbildung 22.17 Zusammenfassung der Konfiguration

Zum Abschluss der Konfiguration werden alle Informationen in der Übersicht noch einmal zusammengefasst (Abbildung 22.17). Die Änderungen werden bis hier zusammengetragen, und im nächsten Schritt erfolgen die Anpassungen. Klicken Sie auf WEITER, um zum nächsten Schritt zu gelangen.

12. Klicken Sie zum Abschluss der Datenbankkonfiguration auf FERTIG STELLEN, um diesen Dialog zu verlassen und zu den Hauptkategorien zurückzukehren.

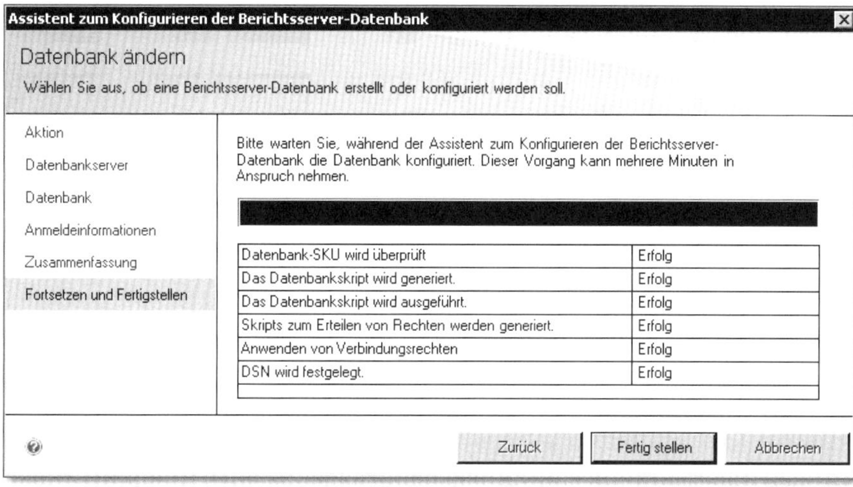

Abbildung 22.18 Fortsetzen und Fertigstellen

Ein weiterer wichtiger Punkt sind die E-Mail-Einstellungen. Durch diese ist es möglich, Berichte oder Berichtsverlaufsinformationen per E-Mail später automatisiert zu versenden.

1. Um die E-Mail-Einstellungen zu konfigurieren, klicken Sie auf die Kategorie E-MAIL-EINSTELLUNGEN.

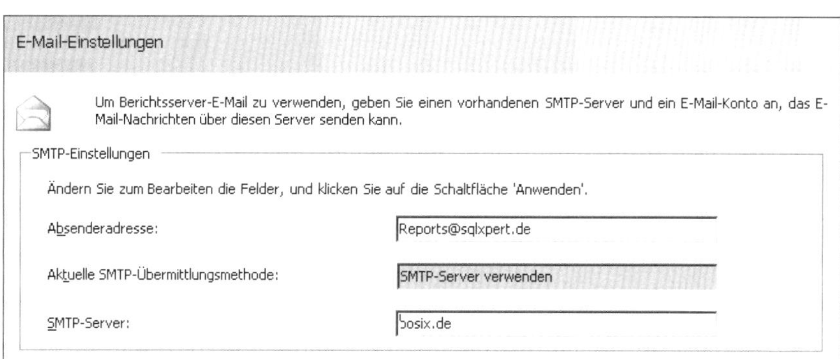

Abbildung 22.19 E-Mail-Einstellungen konfigurieren

2. Im Dialog E-MAIL-EINSTELLUNGEN müssen Sie einen SMTP-Server angeben, der verwendet werden soll, um später Berichte automatisiert per E-Mail zu versenden. Weitere Informationen zur Konfiguration eines Berichtservers für die E-Mail-Übermittlung finden Sie unter der folgenden Adresse: *http://technet.microsoft.com/de-de/library/ms159155.aspx*.

Nicht weniger wichtig ist die Konfiguration eines Verschlüsselungsschlüssels. Dieser wird verwendet, um sensible Informationen, wie z.B. externe Datenquellen, zu verschlüsseln. Das zieht die Notwendigkeit nach sich, genau diesen Schlüssel zu sichern, damit er bei einem Ausfall des Report-Servers mit nachfolgender Wiederherstellung zur Verfügung steht.

1. Wechseln Sie zur Kategorie VERSCHLÜSSELUNGSSCHLÜSSEL, und klicken Sie wie in Abbildung 22.20 auf die Schaltfläche SICHERN.
2. Es erscheint der Dialog zum Sichern des Schlüssels (Abbildung 22.21). Legen Sie Pfad und Dateiname fest, und bestätigen Sie die Angaben mit OK.

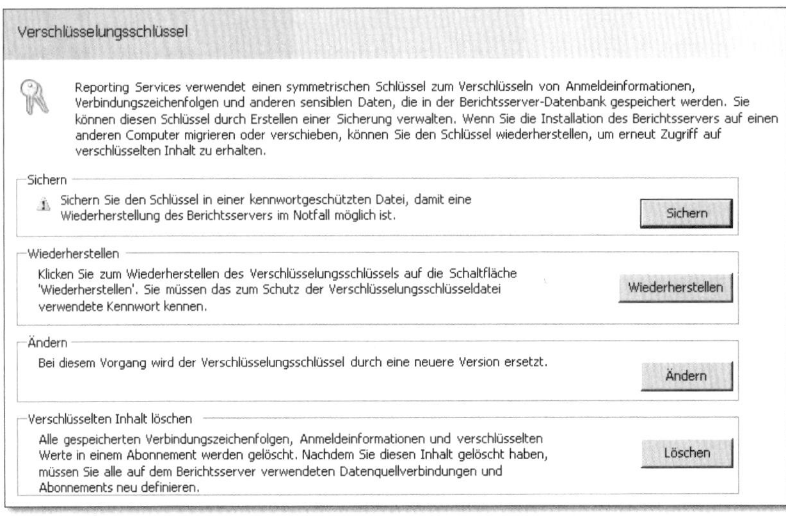

Abbildung 22.20 Konfiguration des Verschlüsselungsschlüssels

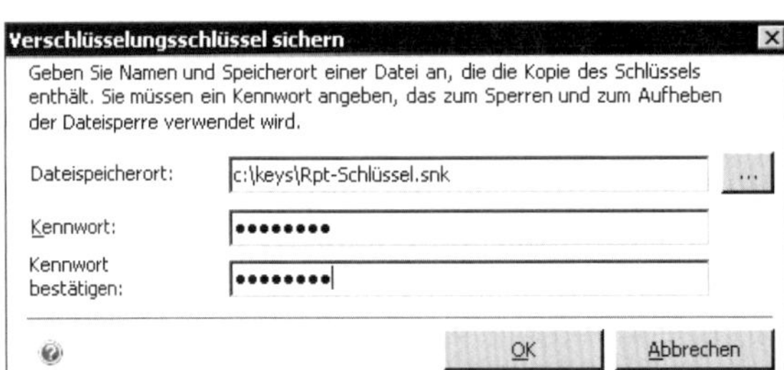

Abbildung 22.21 Sichern des Verschlüsselungsschlüssels

Nachdem Sie die Konfiguration erfolgreich abgeschlossen haben, sind die Reporting Services einsatzbereit.

22.4 Workshops

22.4.1 Erstellen und Veröffentlichen eines Berichts mit Visual Studio

In Kapitel 11, »ETL Prozesse mit den Integration Services«, haben Sie bereits Visual Studio kennengelernt, als es um SSIS und somit um die Integration Services ging.

Auch hier ist es wieder ein Visual-Studio-Projekt, jedoch wählen Sie diesmal als Vorlage ein Projekt vom Typ BERICHTSSERVERPROJEKT-ASSISTENT aus. Der Assistent soll Ihnen als Erstes einen schnellen Überblick vermitteln.

Ziel ist es, einen Workaround zu schaffen, bei dem grundsätzlich gezeigt wird, welche Schritte notwendig sind, um einen Report mit Visual Studio zu erstellen.

1. Rufen Sie aus dem Startmenü die SQL Server Data Tools auf.
2. Klicken Sie auf NEUES PROJEKT, wählen Sie die Kategorie REPORTING SERVICES und die Projektvorlage BERICHTSSERVERPROJEKT-ASSISTENT. Diesen Schritt zeigt Abbildung 22.22.
3. Geben Sie als NAME »Vertriebsauswertung« ein, und bestätigen Sie dies mit OK.

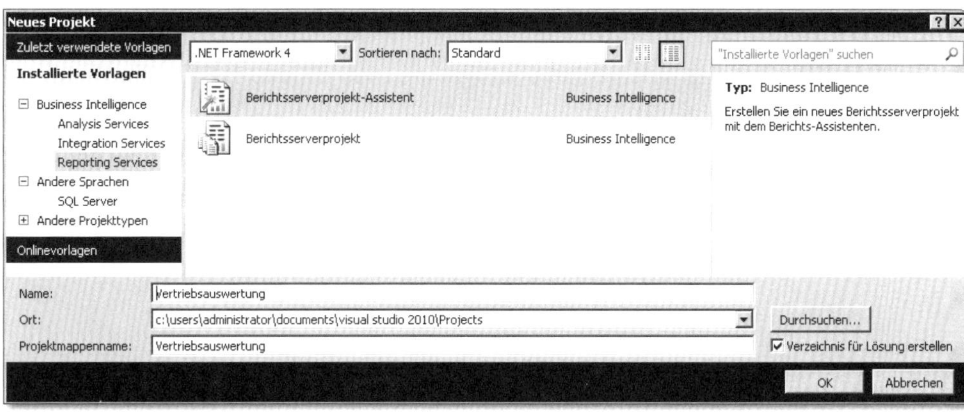

Abbildung 22.22 Neues Berichtsserverprojekt

4. Sie werden dann vom Assistenten mit einer Willkommensmeldung begrüßt, die Sie mit WEITER bestätigen. Da ein Report immer auf einer Datenquelle beruht, werden Sie im folgenden Dialog aufgefordert, eine Datenquelle einzurichten und eine Verbindung herzustellen (Abbildung 22.23).

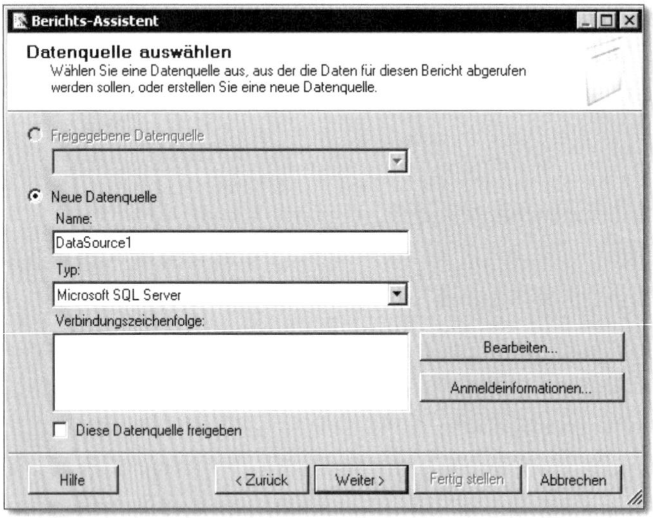

Abbildung 22.23 Der Datenquellen-Assistent

5. Im folgenden Dialog legen Sie die VERBINDUNGSEIGENSCHAFTEN fest (siehe Abbildung 22.24). Als Quelle bietet Microsoft die im Kasten aufgeführten Datenquellen an.

Datenquellen

- MICROSOFT SQL SERVER
- MICROSOFT SQL AZURE
- MICROSOFT PARALLEL DATA WAREHOUSE
- OLE DB
- MICROSOFT SQL SERVER ANALYSIS SERVICES
- ORACLE
- ODBC
- XML
- REPORT SERVER MODEL
- MICROSOFT-SHAREPOINT-LISTE
- SAP NETWEAVER BI
- HYPERION ESSBASE
- TERADATA

Zunächst möchten wir als Datenquelle den MICROSOFT SQL Server verwenden und eine relationale Datenbank auswählen. Sicherlich wird es viele Leser geben, die wissen möchten, wie sie sich mit den anderen Systemen verbinden. Das Beispiel hier steht einfach stellvertretend für eine einzige Datenquelle – den SQL Server –, weil dieser nun einmal das Produkt ist, das wir hier beschreiben.

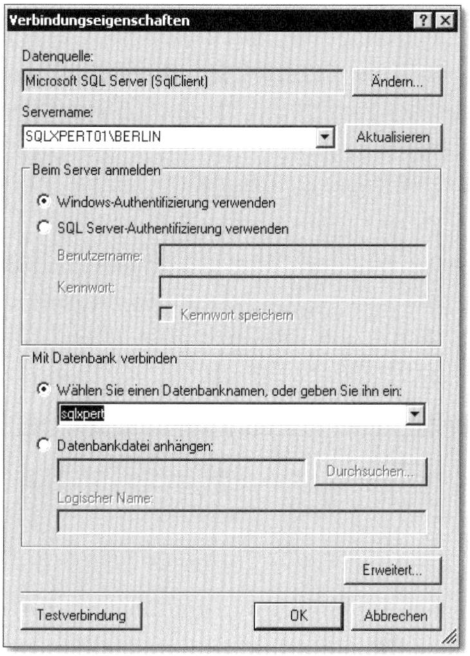

Abbildung 22.24 Verbindungseigenschaften

1. Klicken Sie dazu auf die Schaltfläche BEARBEITEN.

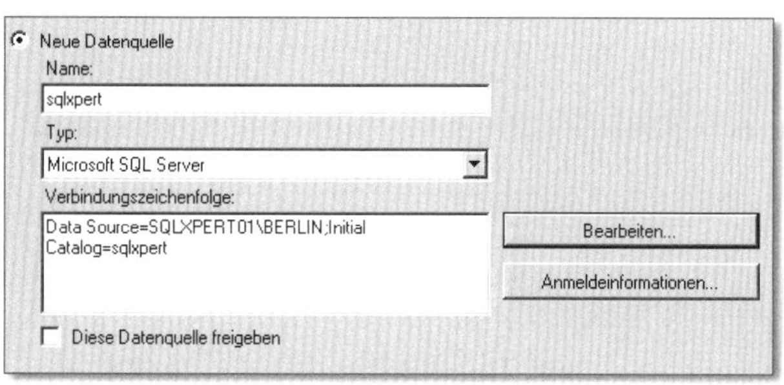

Abbildung 22.25 Die Verbindungszeichenfolge zum SQL Server

2. Wählen Sie die »SQLXPERT«-Datenbank aus, geben Sie die Authentifizierung an, und bestätigen Sie dies mit OK.
3. Im Feld VERBINDUNGSZEICHENFOLGE aus Abbildung 22.25 werden jetzt Datenquelle und Datenbank angezeigt. Es besteht die Möglichkeit, die Datenquelle freizugeben, was z.B. sinnvoll ist, wenn mehrere Berichte erstellt werden, die jeweils auf dieselbe Datenbank verweisen.

4. Bestätigen Sie dies mit WEITER, um in den nächsten Dialog zu gelangen. Der Berichts-Assistent bietet Ihnen jetzt die Möglichkeit, eine Abfrage zu erstellen (siehe Abbildung 22.26). Dazu klicken Sie auf die Schaltfläche ABFRAGE-DESIGNER (ABFRAGEGENERATOR).
5. Im Abfrage-Designer haben Sie zwei Möglichkeiten, eine Abfrage zu erstellen: zum einen, indem Sie die entsprechenden Tabellen hinzufügen, die Spalten auswählen und z.B. Filter angeben, und zum anderen, indem Sie die Textansicht wählen und die Abfrage als Text schreiben. Wir wählen in unserem Beispiel die Tabelle »Kontakte« in der Designeransicht aus.
6. Klicken Sie dazu mit der rechten Maustaste in den leeren Bereich des Designers ❶, und wählen Sie im Kontextmenü den Eintrag TABELLE HINZUFÜGEN. Anschließend wählen Sie die Tabelle KONTAKTE aus und selektieren alle Spalten der Tabelle.

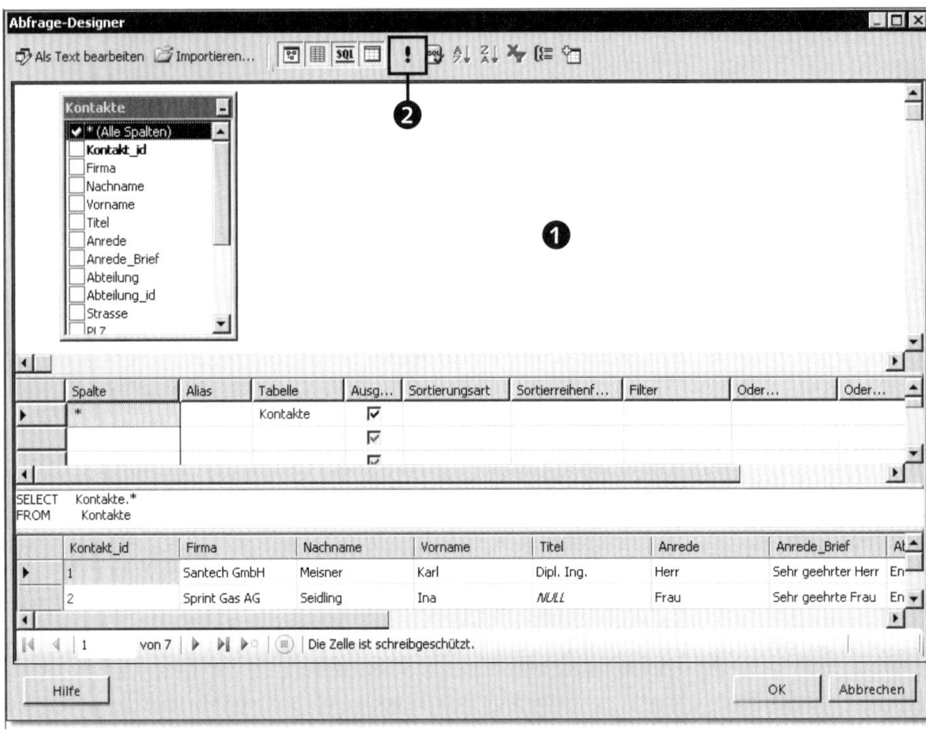

Abbildung 22.26 Der Abfrage-Designer mit der Tabelle »Kontakte«

7. Klicken Sie auf das Ausrufezeichen ❷, um sich im unteren Bereich die Datensätze anzeigen zu lassen, die der jeweiligen Abfrage entsprechen.
8. Nachdem Sie die Abfrage erstellt haben, übernehmen Sie diese durch einen Klick auf OK in das Fenster ABFRAGE ENTWERFEN.

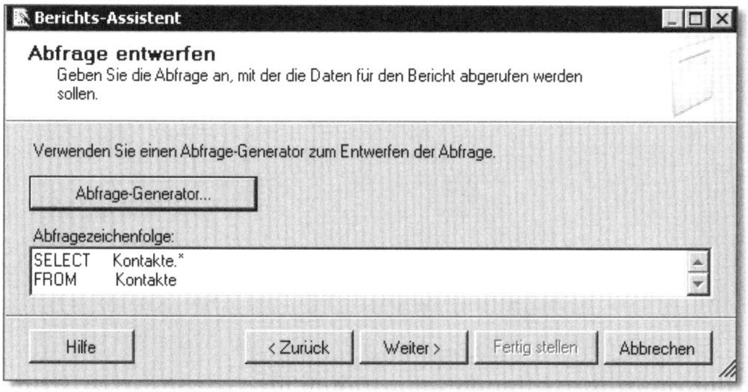

Abbildung 22.27 Die Abfrage des Designers als Zeichenfolge

9. Mit WEITER gelangen Sie in einen Dialog, in dem Sie entscheiden müssen, ob Sie die Daten als Tabelle oder als Matrix darstellen möchten. Für unseren ersten einfachen Bericht genügt eine Darstellung in tabellarischer Form.

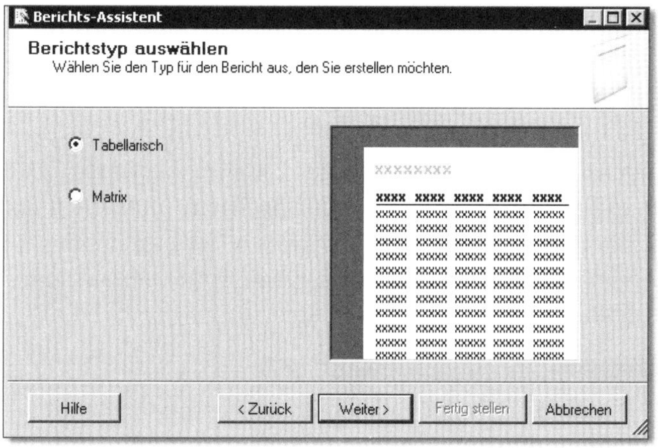

Abbildung 22.28 Auswählen eines Berichtstyps »Tabelle« oder »Matrix«

Der Bericht wird nun so aufgebaut, dass die Datensätze einfach, ohne eine Gruppierung dargestellt werden. Hier können Sie in weiteren Berichten experimentieren und z. B. die Möglichkeit nutzen, Adressen nach Ort gruppiert darzustellen.

Das Objekt »Matrix«

MATRIX als Objekt ist dann sinnvoll, wenn Sie Daten darstellen möchten, die aggregierte Werte sind. Hier ermöglicht Ihnen die Matrix, solche Werte z. B. horizontal in Jahren und Monaten und vertikal die Produkte und deren zugehörige Produktgruppen abzubilden. Es existieren dann sowohl horizontal als auch vertikal Gruppierungen.

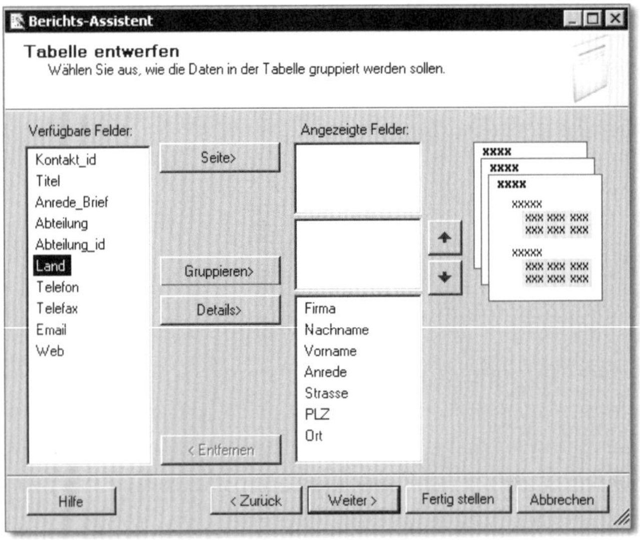

Abbildung 22.29 Anordnung der Daten im Bericht

10. Übertragen Sie die einzelnen Felder wie in Abbildung 22.29, und klicken Sie auf WEITER.
11. Der Assistent bietet Ihnen die Möglichkeit, ein Design zu wählen (Abbildung 22.30). Hier werden lediglich einige Varianten zur Auswahl angeboten. Im Idealfall und für ein professionelles Report-Design nach den Vorgaben Ihres Unternehmens passen Sie die Berichte später individuell an. Belassen Sie die Auswahl auf SCHIEFER, und klicken Sie auf WEITER.

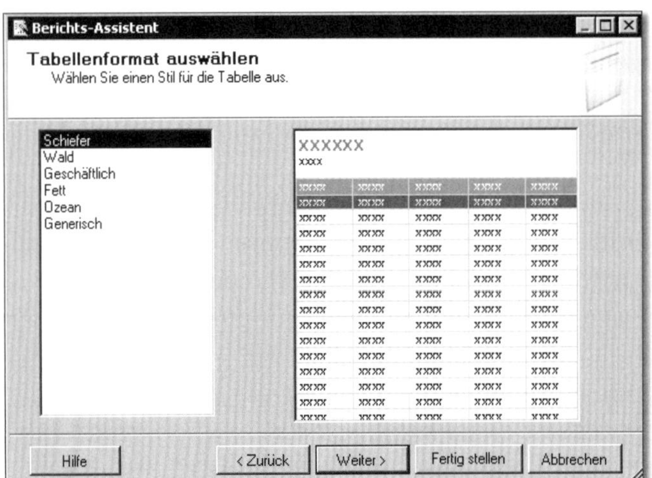

Abbildung 22.30 Auswahl des Berichtsdesigns

Der Bericht ist nun weitgehend fertiggestellt. Was Sie jedoch noch angeben müssen, ist die Berichtsserverversion, der Berichtsserver (URL des Berichtsservers), auf dem der Bericht veröffentlicht werden soll, der Bereitstellungsordner (Abbildung 22.31), und im Feld Berichtsname (siehe Abbildung 22.32) sollten Sie einen aussagekräftigen Namen für Ihren Bericht wählen. Wir möchten den Bericht als Kontaktliste nutzen und nennen ihn »Vertriebsauswertung«.

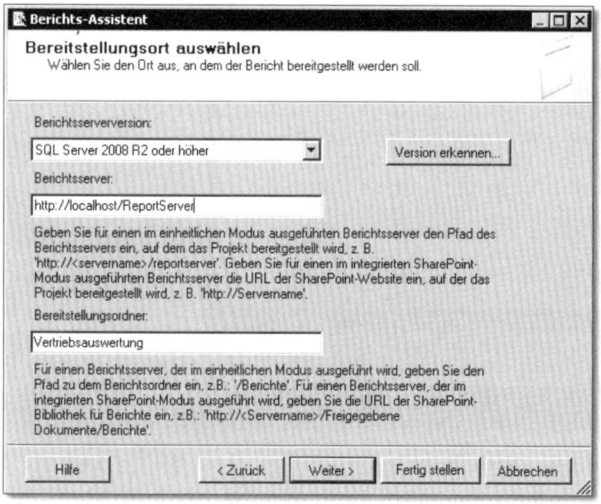

Abbildung 22.31 Bereitstellungsort für die Berichtsveröffentlichung

12. Klicken Sie auf Weiter, um in den Abschlussdialog zu gelangen, geben Sie einen Namen für den Bericht ein, und bestätigen Sie ihn durch einen Klick auf Fertig stellen.

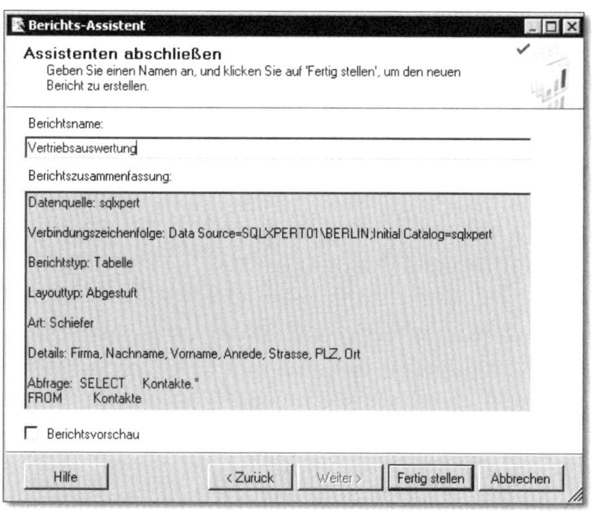

Abbildung 22.32 Abschluss des Assistenten

13. Nachdem Sie den Assistenten abgeschlossen haben, können Sie sich den Bericht in der Vorschau anzeigen lassen. Selektieren Sie die Registerkarte VORSCHAU, um einen ersten Eindruck von dem soeben erstellten Bericht zu erhalten.

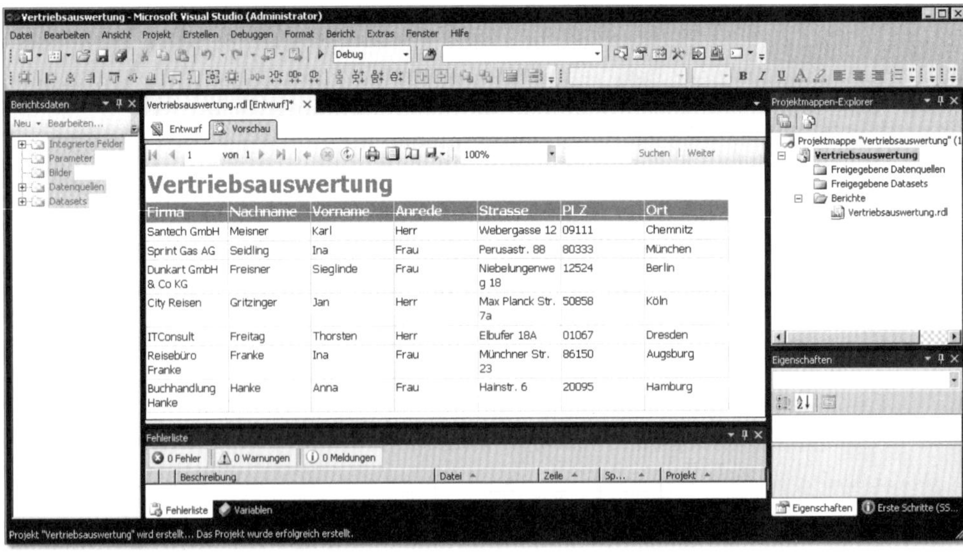

Abbildung 22.33 Darstellung des Berichts in der Vorschau

Erstellt wurde eine einfache Kontaktliste für Vertriebsmitarbeiter ohne Parameter, die alle Datensätze entsprechend anzeigt.

An dieser Stelle haben Sie nun die Möglichkeit, in den Entwurfsmodus zu wechseln, um den Bericht zu erweitern oder individuell anzupassen. Belassen Sie es für dieses Beispiel beim Standard.

Im nächsten Schritt gilt es, den Bericht zu veröffentlichen, damit er auf dem Report-Server zur Verfügung steht und von den Usern mit den zugehörigen Berechtigungen über eine URL abgerufen werden kann. Dazu ist es wichtig, in den Projekteigenschaften den Pfad zum Report-Server anzugeben.

14. Klicken Sie dazu in der Menüleiste auf PROJEKT und VERTRIEBSAUSWERTUNG-EIGENSCHAFTEN.

Wie in Abbildung 22.34 zu erkennen ist, können Sie in den Projekteigenschaften eine Reihe von Parametern festlegen. Zum Beispiel ist es möglich, für die Bereitstellung im Berichtsserver TARGETREPORTFOLDER (Ordner) anzugeben. Damit können Objekte wie Datasets, Datenquellen, Berichte und Teile von Berichten veröffentlicht werden. Neu seit SQL Server 2008 R2 ist die Möglichkeit, die Zielserverversion (TARGETSERVERVERSION) anzugeben. Somit können Sie Berichte sowohl auf SQL Server 2008 als auch auf SQL Server 2008 R2 oder höher veröffentlichen.

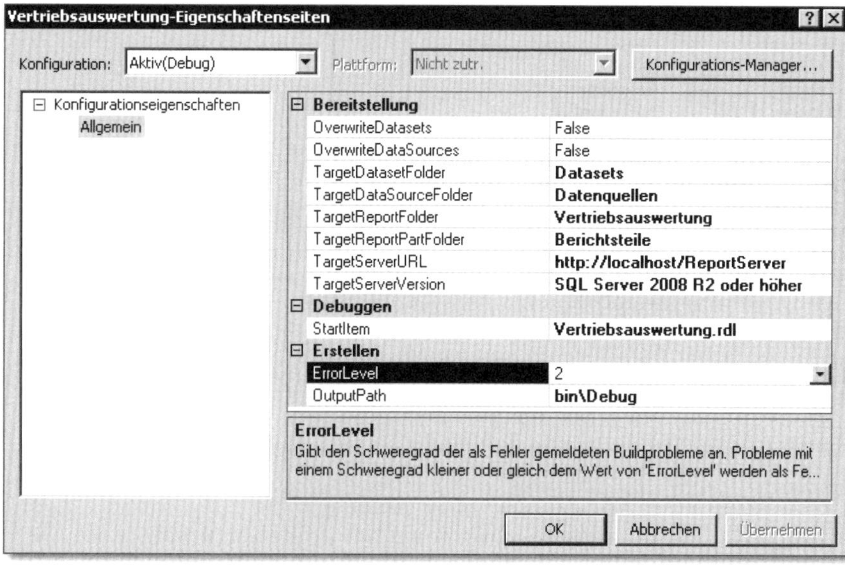

Abbildung 22.34 Eigenschaften des Projekts

15. Entfernen Sie die URL im Feld TARGETSERVERURL, und geben Sie die Webdienst-URL aus dem Konfigurationsmanager für die Reporting Services an.

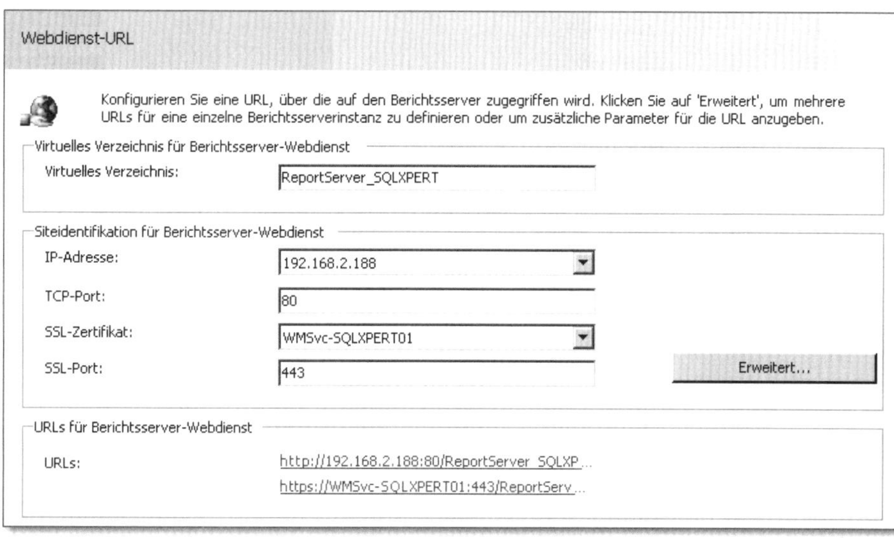

Abbildung 22.35 URL für den Berichtsserver (HTTP und HTTPS)

In Abbildung 22.35 sehen Sie den Konfigurationsmanager für die Reporting Services. Die Webdienst-URL können Sie hier entnehmen um diese dann in den Projekteigenschaften unter TARGETSERVERURL einzutragen (siehe Abbildung 22.36).

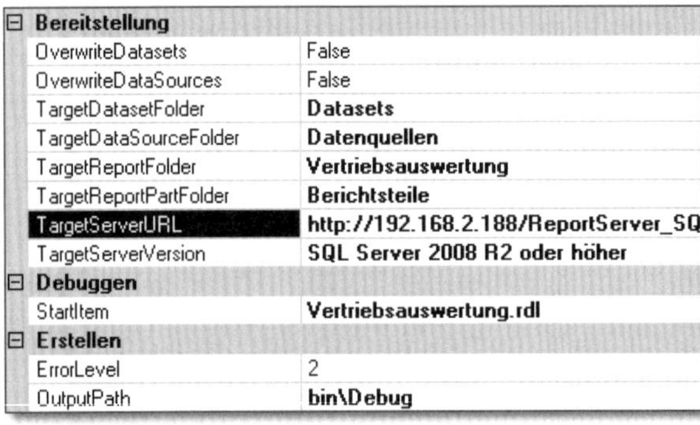

Abbildung 22.36 Anpassen der Berichtsserver-URL zum Bereitstellen

Jetzt können Sie den Bericht im Berichtsserver bereitstellen.

16. Klicken Sie auf OK, und verlassen Sie die Konfiguration.
17. Klicken Sie im Projektmappen-Explorer auf das Projekt, und wählen Sie wie in Abbildung 22.37 im Kontextmenü BEREITSTELLEN.

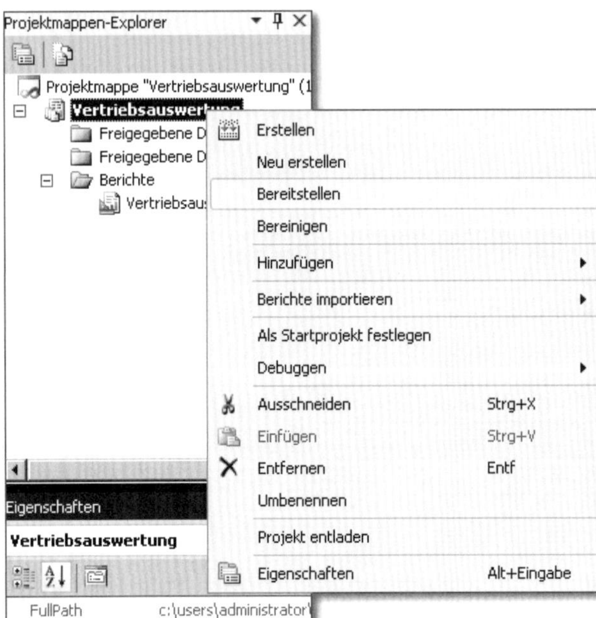

Abbildung 22.37 Den Bericht im Berichtsserver bereitstellen

18. Ist der Vorgang erfolgreich abgeschlossen, können Sie direkt auf den Link im Fenster AUSGABE klicken (Abbildung 22.38). Weiterhin enthält das Ausgabefenster hilfreiche Informationen, wenn es Fehlermeldungen bei der Bereitstellung gibt.

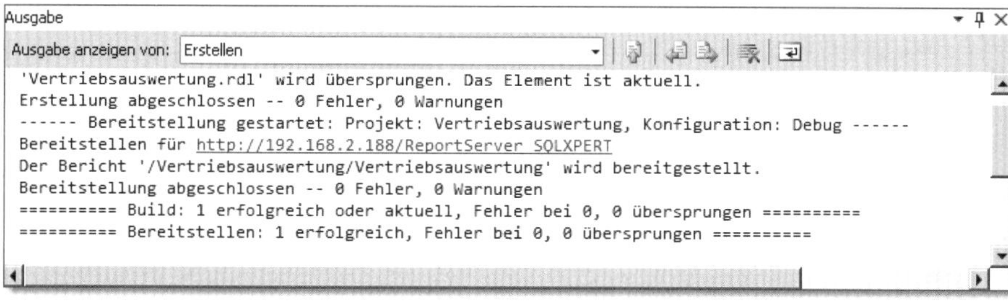

Abbildung 22.38 Das Ausgabefenster

Der Bericht wurde erfolgreich erstellt. Die URL ist sichtbar, und Sie können jetzt zum Bericht navigieren.

19. Markieren Sie den Link, und fügen Sie ihn in einen Webbrowser ein.
20. Das Ergebnis Ihres Berichts sehen Sie im Browser, nachdem Sie jeweils auf die Links zum Bericht geklickt haben.

Wie Sie in der Abbildung 22.39 erkennen können, besteht die Möglichkeit, den Bericht in verschiedenen Formaten zu speichern oder ihn auszudrucken.

Abbildung 22.39 Bericht mit der Möglichkeit des Exports

In diesem Workshop haben Sie nun Ihren ersten einfachen Bericht mithilfe von Visual Studio erstellt. In einigen Seminaren haben wir erlebt, dass gerade Administratoren vor dem Thema Visual Studio zurückschrecken, weil sie der Meinung sind, keine Entwickler zu sein. Letztendlich sollte jeder selbst entscheiden, ob er Berichte mit Visual Studio oder mit dem Report Builder erstellt.

Im nächsten Workshop werden Sie einen Bericht mit dem Report Builder anlegen.

22.4.2 Erstellen und Veröffentlichen eines Berichts mit dem Report Builder 3.0

Der Report Builder ist eine Alternative zu Visual Studio, wenn es um die Erstellung von Berichten geht. Er zeigt sich nach dem Start im Design von Microsoft Office. Nach dem Start des Report Builders wählen Sie zuerst mithilfe des Assistenten aus, ob Sie einen Bericht, ein Dataset, ein Diagramm oder eine Karte erstellen möchten. Hier zeigen sich auch schon die ersten Neuerungen: Die Möglichkeit, freigegebene Datasets zu erstellen oder geografische Daten mithilfe des Kartenassistenten zu visualisieren, wurde jetzt in den Report Builder integriert. Erstellen Sie zunächst einen einfachen Bericht, wie Sie dies im vorhergehenden Abschnitt mit Visual Studio bereits ausgeführt haben.

1. Rufen Sie aus dem Startmenü den REPORT BUILER 3.0 (Berichtsgenerator) auf.

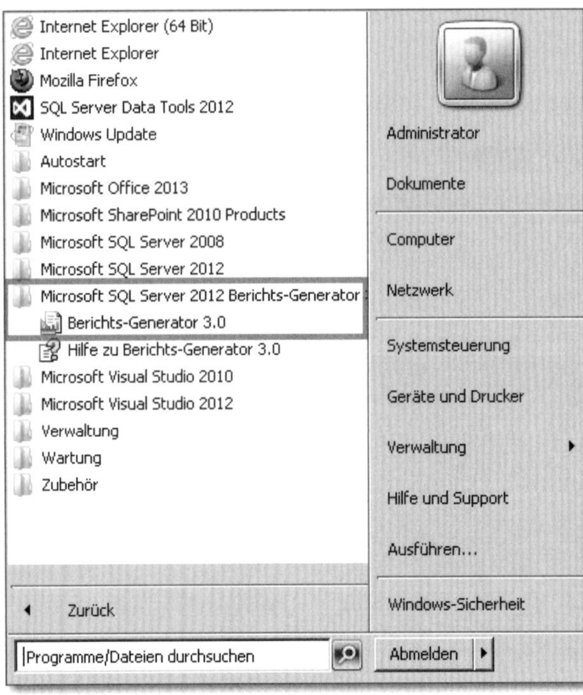

Abbildung 22.40 Der Berichtsgenerator im Startmenü

2. Wählen Sie NEUER BERICHT in Verbindung mit TABELLEN- ODER MATRIX-ASSISTENT aus (siehe Abbildung 22.41).
3. Im nächsten Dialog aus Abbildung 22.42 werden Sie aufgefordert, ein vorhandenes Dataset auszuwählen oder ein neues zu erstellen. Wählen Sie hier DATASET ERSTELLEN, und klicken Sie auf WEITER.

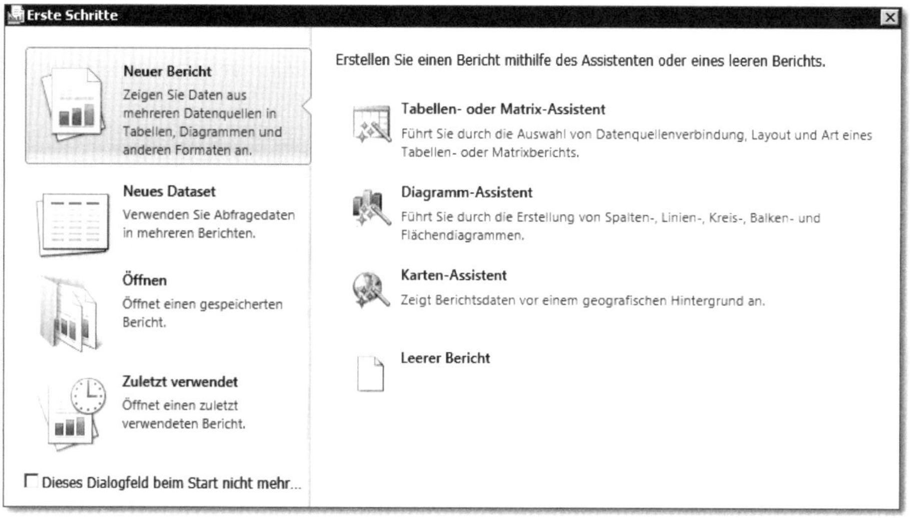

Abbildung 22.41 Assistent nach dem Start des Berichtsgenerators

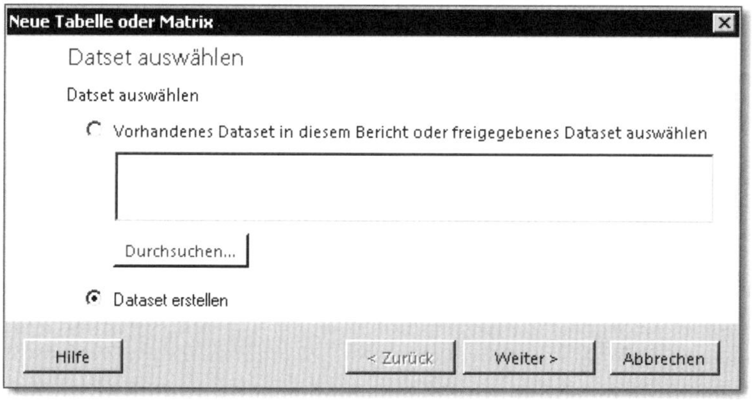

Abbildung 22.42 Ein neues Dataset erstellen

Ein Dataset ist ein Objekt, das die Daten anhand einer Abfrage enthält. Je nachdem, über welchen SQL-Kenntnisstand Sie verfügen, bietet der Assistent die Möglichkeit, die Abfrage im Designer zu erstellen oder als Query in T-SQL zu formulieren. Bevor es jedoch möglich ist, eine Abfrage zu erstellen, müssen Sie noch eine Datenquelle festlegen.

4. Dazu klicken Sie im Dialog Verbindung mit einer Datenquelle auswählen auf Neu.
5. Im Dialog Datenquelleneigenschaften klicken Sie auf Erstellen... und gelangen so in den Dialog aus Abbildung 22.43.

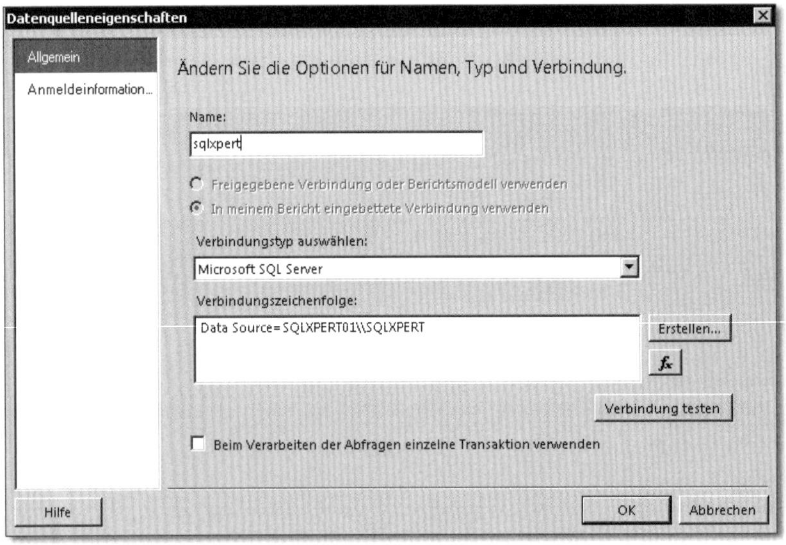

Abbildung 22.43 Datenquelleneigenschaften konfigurieren

In unserem Beispiel haben wir die Felder bereits mit Werten gefüllt.

6. Klicken Sie jetzt auf ERSTELLEN, um die Datenquelle zu wählen, den Servernamen anzugeben und die Authentifizierung auszuwählen.

Abbildung 22.44 Verbindungszeichenfolge erstellen

7. Nachdem Sie den Servernamen und die Datenbank ausgewählt haben, können Sie die Verbindung testen (TESTVERBINDUNG) und dann das Dialogfeld mit OK schließen.

   In den DATENQUELLENEIGENSCHAFTEN werden wie in Abbildung 22.43 die VERBINDUNGSZEICHENFOLGE, der VERBINDUNGSTYP (hier: MICROSOFT SQL SERVER) und der NAME angezeigt.

   Die Registerkarte ANMELDEINFORMATIONEN ermöglicht es, sich für verschiedene Authentifizierungsverfahren zu entscheiden. Dazu gehören die Windows-Authentifizierung, ein festgelegter Benutzername mit Kennwort und die Möglichkeiten, über eine Aufforderung später Anmeldeinformationen einzugeben oder keine Anmeldeinformationen zu verwenden.

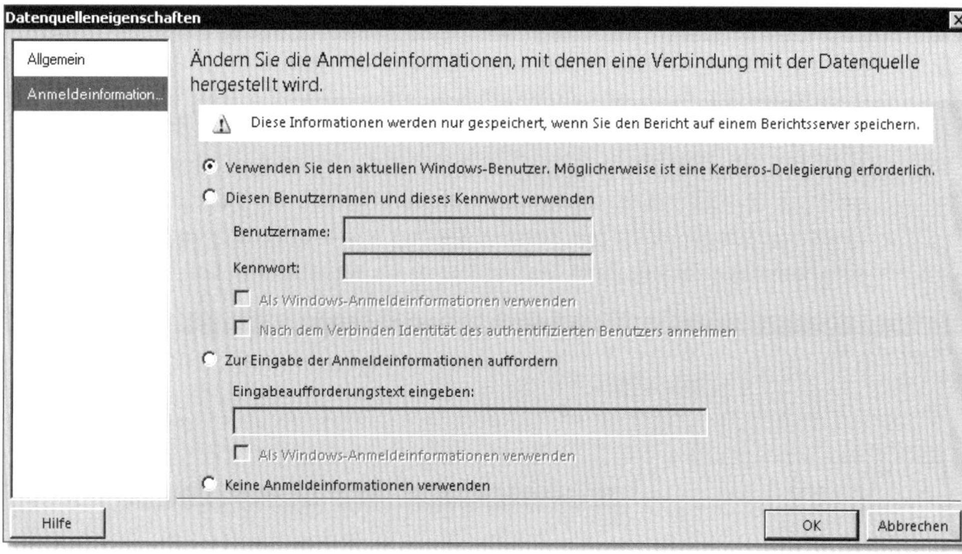

Abbildung 22.45 Anmeldeinformationen festlegen

   Hier müssen Sie sich darüber im Klaren sein, dass Sie bei einer Windows-Authentifizierung gegebenenfalls das Kerberos-Protokoll verwenden oder zusätzlich einen Prinzipalnamen mit dem Tool SETSPN vergeben müssen.

8. Nachdem Sie sich für ein Authentifizierungsverfahren entschieden haben, klicken Sie auf OK, testen die Verbindung und klicken auf WEITER.
9. Der Assistent bringt Sie im nächsten Schritt direkt zum Abfrage-Designer. Eine Abfrage formulieren Sie als Text oder entwerfen sie im Designer. Die Ansicht des Designers lässt eine Auswahl von Objekten wie Tabellen, Sichten oder Prozeduren zu. An dieser Stelle sei darauf verwiesen, dass es gängige Praxis ist, auf der Ebene der Datenbank Sichten oder Prozeduren zu erstellen, die dann für Berichtszwecke die entsprechenden Daten liefern.

Für unser Beispiel wählen Sie die Sicht KONTAKTE aus.

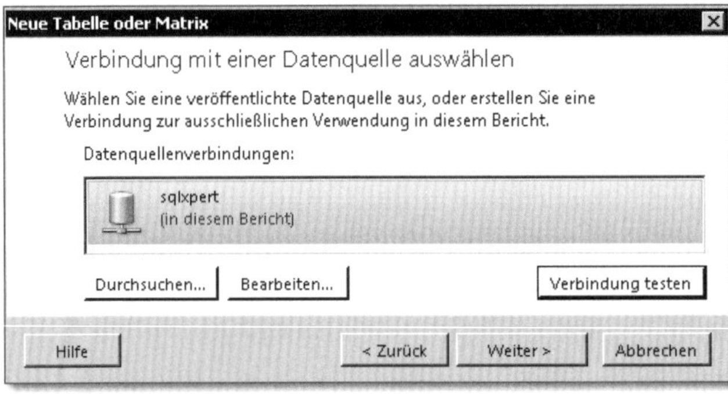

Abbildung 22.46 Verbindung mit der Datenquelle testen

10. Wie Sie in Abbildung 22.47 sehen, besteht die Möglichkeit, Filter festzulegen und diese als Parameter zu definieren. Ein auf dieser Ebene festgelegter Parameter holt aus der Datenbank nur die Datensätze, die später beim Ausführen des Berichts dem Filterkriterium entsprechen. Möchten Sie auf dieser Ebene keine Einschränkungen festlegen, können Sie dies später auch auf der Ebene des Datasets oder des Tabellen- oder Matrix-Steuerelements nachholen.

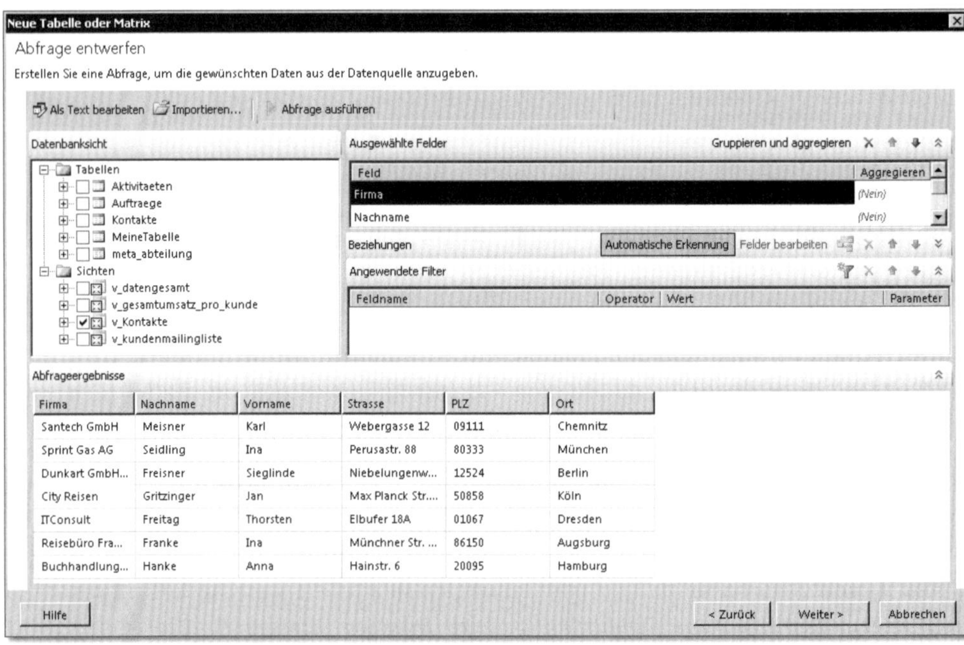

Abbildung 22.47 Der Abfrage-Designer

11. Im nächsten Schritt legen Sie fest, ob im Bericht gruppiert werden soll. Für unser Beispiel gruppieren wir die Datensätze nach »Firma«. Gruppierungen können sehr gut dazu verwendet werden, später Gesamtdaten darzustellen und mit einem Plus zu versehen. Klickt der User beim Anzeigen des Berichts auf das Plus, erfolgt ein Drilldown, und die Detaildaten werden angezeigt.

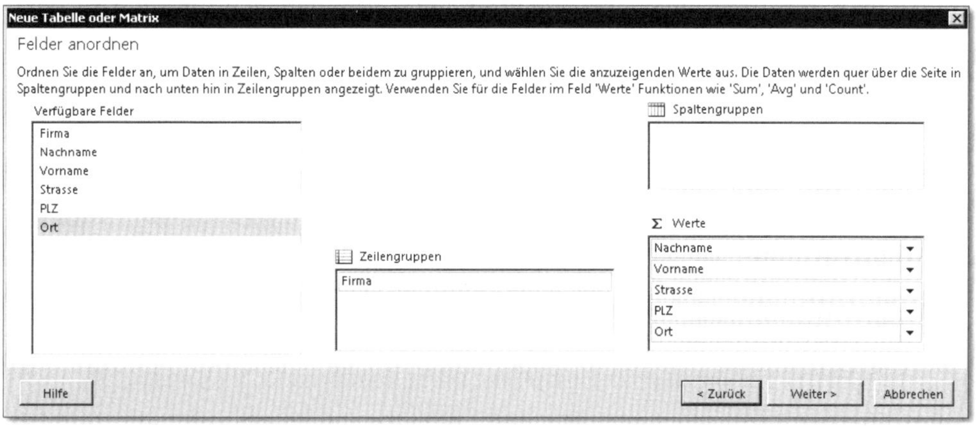

Abbildung 22.48 Festlegen von Gruppierungen

12. Gruppierungen lassen sich auf Zeilen- oder Spaltenebene festlegen. Hier entscheiden Sie letztendlich anhand der darzustellenden Daten, welche Form die für Sie geeignete ist.

 In unserem Beispiel wählen Sie ZEILENGRUPPEN aus und klicken auf WEITER.

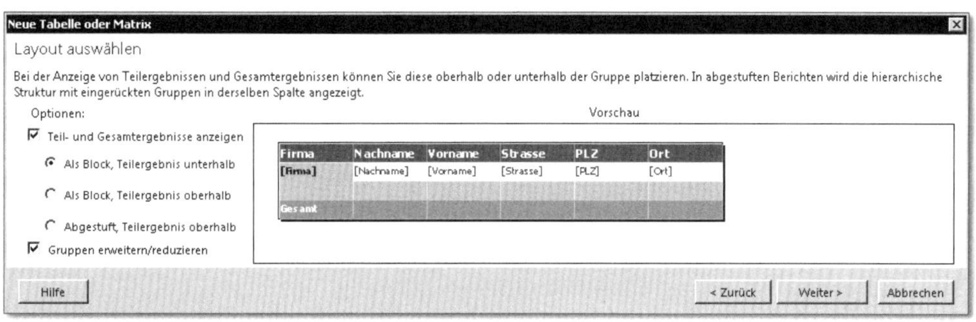

Abbildung 22.49 Layout für den Bericht festlegen

Für einen Bericht ist es sicherlich von entscheidender Bedeutung, das Layout entsprechend festzulegen. Der Assistent bietet gerade für Einsteiger in das Thema Reporting einen Weg, einfach erste Ergebnisse zu erzielen. Das ersetzt natürlich nicht die Möglichkeiten individueller Layouts, wie sie ohne den Assistenten möglich sind.

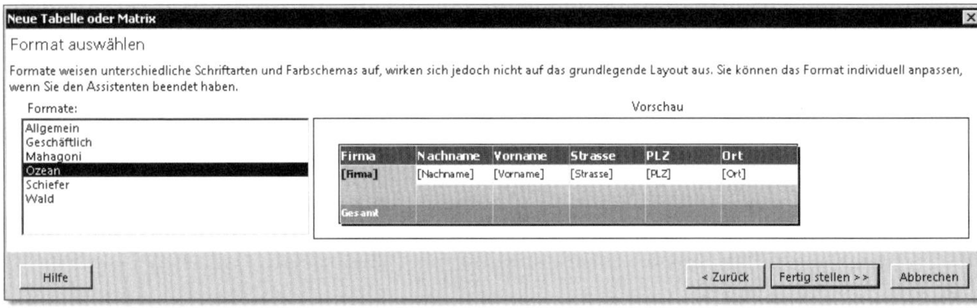

Abbildung 22.50 Festlegen des Designs für den Bericht

Haben Sie sich für eine Darstellung entschieden, können Sie den Assistenten beenden und gelangen somit in die Entwurfsdarstellung des Berichtsgenerators.

Um den Bericht anzeigen zu lassen, bietet der Berichtsgenerator die Möglichkeit, diesen Bericht zu veröffentlichen oder ihn einfach nur zu rendern.

13. Um den Bericht zu rendern, klicken Sie auf AUSFÜHREN (Abbildung 22.51).

Abbildung 22.51 Rendern des Berichts über »Ausführen«

14. Klicken Sie auf ENTWURF, um in die Entwurfsansicht zurückzukehren (Abbildung 22.52).
15. Klicken Sie auf den Schalter links oben in der Ecke der Anwendung, um in das Menü zum Bereitstellen zu gelangen.

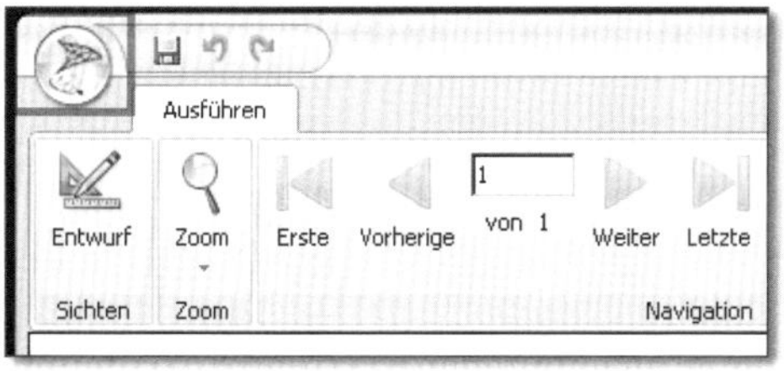

Abbildung 22.52 Zum Menü »Bereitstellen«

16. Sie können den Bericht nun veröffentlichen. Dazu klicken Sie einfach auf die Schaltfläche BERICHTSTEILE VERÖFFENTLICHEN (Abbildung 22.53).

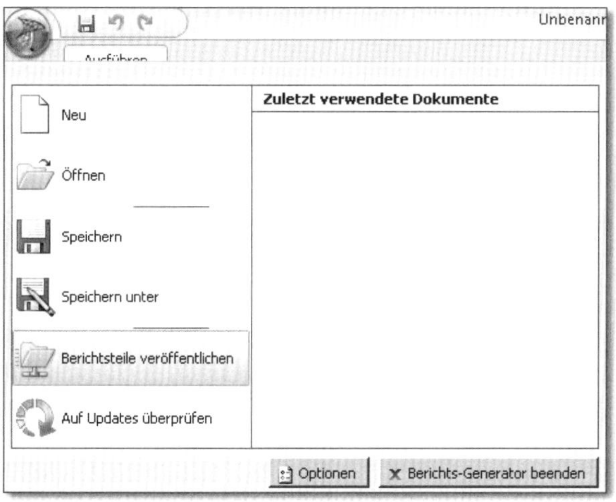

Abbildung 22.53 Berichtsteile veröffentlichen

Herzlichen Glückwunsch, Sie haben soeben einen Bericht mit Visual Studio und einen mit dem Berichtsgenerator erstellt.

22.4.3 Erstellen einer Karte mit dem Kartenassistent des Report Builders

Seit SQL Server 2008 gibt es die Möglichkeit, räumliche Daten als Datentyp zu speichern und abzufragen. Um mithilfe des Assistenten eine Karte zu erstellen, starten Sie den Report Builder und wählen das Erstellen einer Karte aus.

1. Als Quelle für räumliche Daten können Sie den KARTENKATALOG, eine ESRI-SHAPE-DATEI oder eine SQL-Server-Abfrage z.B. auf die Tabelle »Person.Address« der »AdventureWorks2008«-Datenbank wählen. Abbildung 22.54 zeigt die Auswahlmöglichkeit des Kartenkatalogs.

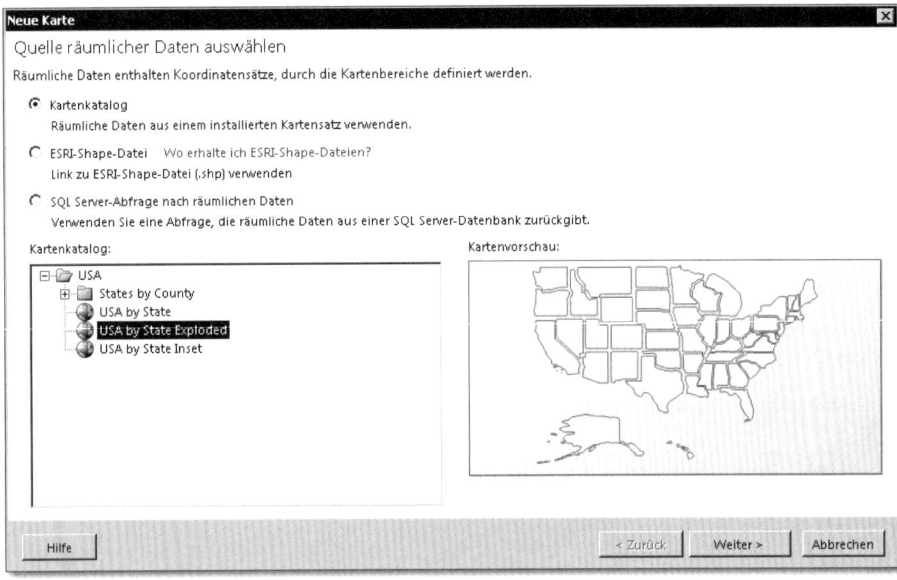

Abbildung 22.54 Eine Karte aus dem Kartenkatalog erstellen

2. Um Kartendaten aus Deutschland darzustellen, können Sie eine sogenannte *Shape-Datei* (das ist ein Dateityp zur Speicherung von Geometriedaten) herunterladen. Eine solche Shape-Datei finden Sie z.B. unter der Adresse *http://download.geofabrik.de*.

   Mit dem Tool *Shape2Sql* (*www.sharpgis.net/page/SQL-Server-2008-Spatial-Tools.aspx*) können Sie die Daten aus der Shape-Datei direkt in den SQL Server in eine Datenbank laden. In Abbildung 22.55 sehen Sie den Ladevorgang mit diesem Tool.

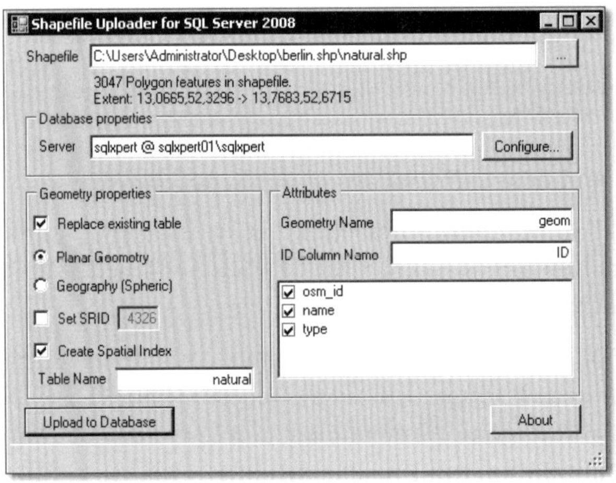

Abbildung 22.55 Daten in den SQL Server laden

3. Wurden die Daten in die Datenbank geladen, ist es jetzt ebenso möglich, einen Bericht oder eine Karte zu erstellen, die Daten aus der entsprechenden Datenbank lädt. Im weiteren Verlauf des Workshops greifen wir jedoch auf Daten zurück, die bereits im SQL Server vorhanden sind.

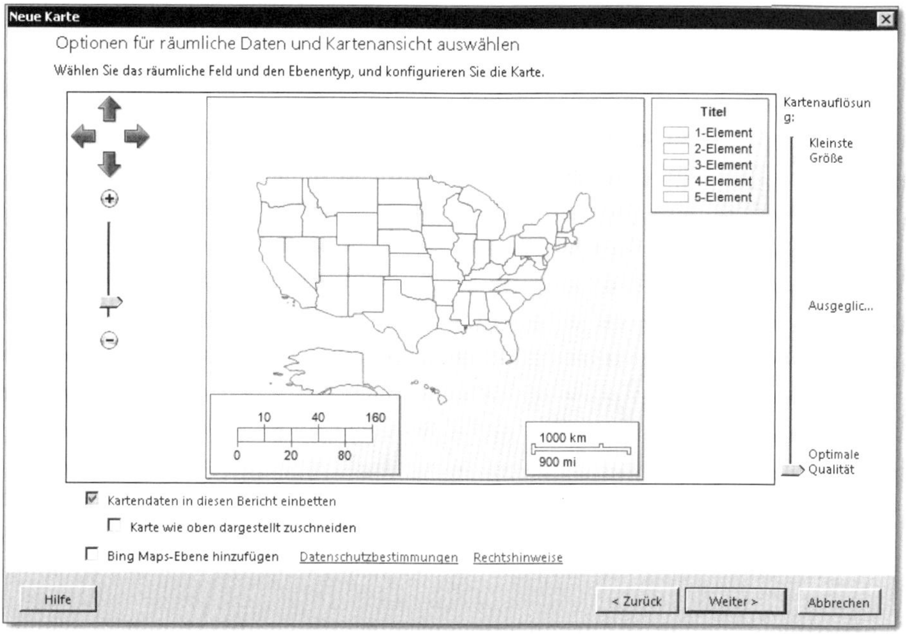

Abbildung 22.56 Beispieldaten der USA

4. Wie in jedem Bericht ist es erforderlich, die Darstellung zu wählen; durch einen Klick auf WEITER gelangen Sie in diesen Dialog.

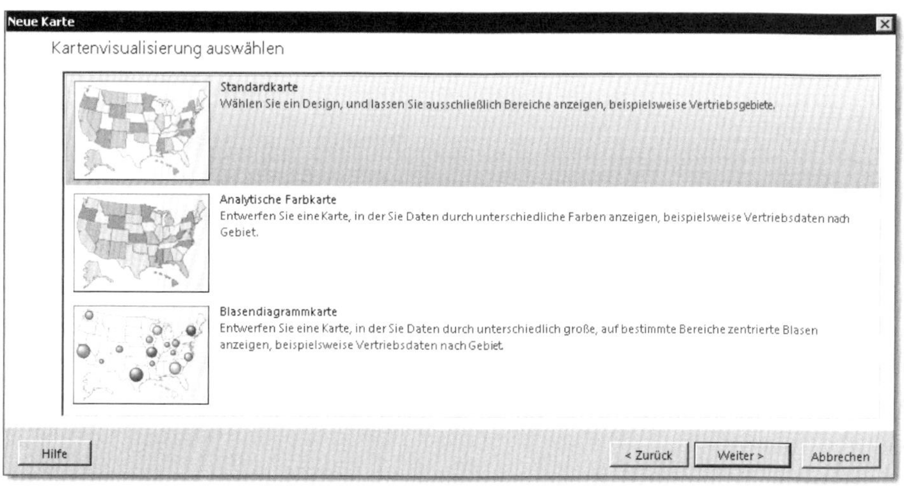

Abbildung 22.57 Kartenvisualisierung auswählen

Zur Visualisierung stehen verschiedene Kartentypen zur Verfügung. In unserem Beispiel wählen wir die Standardkarte aus. Nach der Auswahl klicken Sie auf WEITER.

5. Zum Schluss folgt noch die Auswahl des Farbdesigns und der Datenvisualisierung.

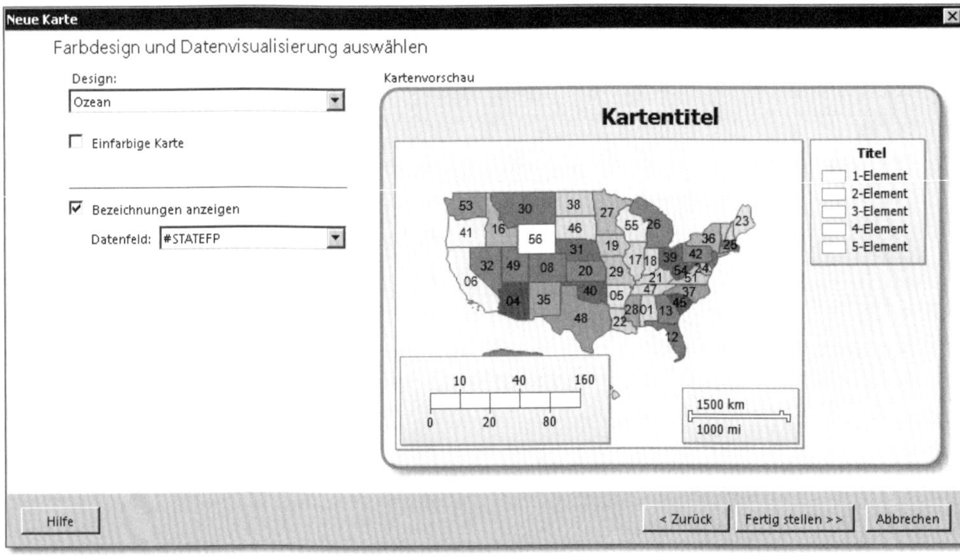

Abbildung 22.58 Design, Farben und Bezeichnungen

Wie Sie sehen, bietet der SQL Server 2012 zusammen mit dem Report Builder 3.0 gute Möglichkeiten, geografische Daten in Form von Berichten darzustellen.

Wir hoffen, dass es uns gelungen ist, Ihnen die Möglichkeiten der Reporting Services des SQL Server 2012 etwas näher zu bringen. Es gibt von Microsoft eigene Kurse zu dieser Thematik. Auch in der Literatur finden Sie vertiefende Informationen zu diesem komplexen Thema.

Kapitel 23
Analysis Services – Datenanalyse für jedermann

Analysis Services, PowerPivot und PowerView ermöglichen es, riesige Datenmengen direkt über ein Microsoft-Excel-Add-in oder SharePoint zu analysieren. In diesem Kapitel stellen wir zuerst das Konzept der Analysis Services vor und erläutern anschließend PowerPivot bzw. PowerView. Dazu setzen wir Schritt für Schritt an einem Beispiel ein kleines Projekt um.

Self-Service Business Intelligence – in unserer täglichen Projektarbeit mit den Analysis Services und in Seminaren, die wir zu diesem Thema geben, begeistert uns die einfache Art und Weise, wie Daten analysiert werden können, immer wieder aufs Neue. Microsoft ist es gelungen, das Thema Business Intelligence nicht nur IT-Experten zugänglich zu machen, sondern auch Anwendern aus den Fachabteilungen. Diese Zielgruppe ist meist nicht darauf ausgerichtet sich mit Entwicklungsumgebungen auseinanderzusetzen, sondern vielmehr mit gewohnten Umgebungen wie Microsoft Excel zu arbeiten. Es ist sicherlich nicht einfach, das Thema Business Intelligence und die Analysis Services in einem Satz zu beschreiben. Lassen Sie sich einfach darauf ein, und begleiten Sie uns dabei, sich diesem faszinierenden Thema zu nähern. Wir werden für all diejenigen unter Ihnen, die an dieser Stelle einen Schnelleinstieg benötigen, ein einfaches Beispiel beschreiben. Bevor wir damit beginnen, lassen Sie uns zunächst die Aufgabenstellung ansehen.

23.1 Beispielszenario für ein Analysis-Services-Projekt

23.1.1 Analyse aus Sicht eines Fachanwenders

Grundsätzlich gibt es zwei Möglichkeiten vorzugehen: eine aus technischer Sicht, die ein Entwickler wohl eher bevorzugt, und eine aus der Sicht eines Fachanwenders. Beginnen wir zunächst, das Szenario aus der Sichtweise des Fachanwenders zu beschreiben.

Es sollen Umsätze eines Unternehmens mit Vertriebsstrukturen analysiert werden. Die Mitarbeiter des Unternehmens vertreiben Produkte in unterschiedlichen Regionen innerhalb von Deutschland. Der Zeitpunkt der Verkäufe ist ebenfalls zur Auswertung heranzuziehen. Aus der Sichtweise eines Anwenders, der mit Microsoft Excel arbeitet, wäre hier sicherlich eine Pivot-Tabelle geeignet. Die Gesamtsumme des Umsatzes wird über alle Mitarbeiter in allen Regionen der gesamten Zeit und aus allen Produkten als Ausgangsbasis genommen.

23.1.2 Analyse aus Sicht eines Entwicklers

Sie sind Entwickler und erhalten von Ihrem Vorgesetzten das Modell einer Datenbank. Er bittet Sie, anhand des Datenmodells aus Abbildung 23.1, der Datenbank und einiger Anforderungen aus der Fachabteilung den Aufwand für die Entwicklung einer datenbankbasierten Lösung mit Berichtswesen abzuschätzen.

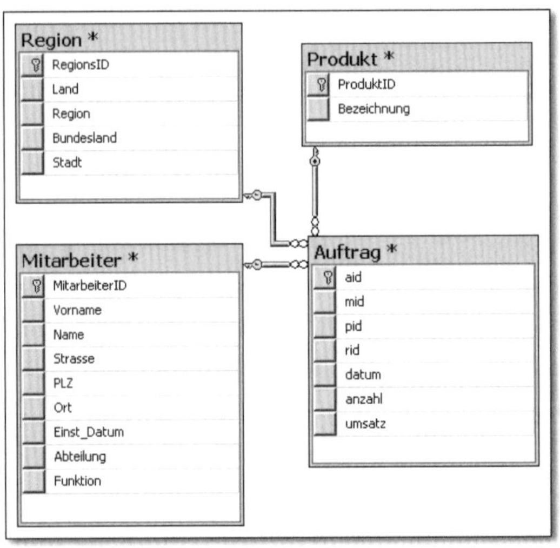

Abbildung 23.1 ER-Modell der Datenbank

Zu diesem Datenmodell gibt es einige Anforderungen aus der Fachabteilung, die wie folgt lauten:

1. Die Aufträge der Mitarbeiter sollen angezeigt werden.
2. Die Aufträge sollen nach Mitarbeiter und Region darstellbar sein.
3. Die Aufträge sollen nach Mitarbeiter, Region und Produkt darstellbar sein.
4. Die Berichte sollen beim Aufrufen mit den Parametern (Mitarbeiter, Region, Produkt) versehen sein, um die Ergebnisse variabel zu halten.
5. Die Berichte müssen flexibel nach einem Zeitraum wie Tag, Monat, Quartal oder Jahr aufrufbar sein.
6. Der Vertrieb erwartet eine gesonderte Abrechnungsperiode, die abweichend von der Geschäftsleitung ist.

Anhand dieser beiden Beispiele wird deutlich, dass die Herangehensweisen sicherlich sehr verschieden sind. Der Entwickler betrachtet es aus der Sicht eines Datenbankmodells und der Anwender der Fachabteilung aus der Sichtweise eines Microsoft-Excel-Benutzers. Doch gleichgültig, welche Zielgruppe angesprochen wird, es muss eine Lösung geliefert werden.

Kommt Ihnen das bekannt vor? Jetzt kommt der Punkt, an dem Sie gefragt sind. Sie sollen den Aufwand einschätzen und stellen dazu einige Überlegungen an. Sie würden das Ganze mithilfe einer ASP.NET-Webseite erstellen, weil Sie dazu über das notwendige Wissen verfügen. Es sind T-SQL-Anweisungen notwendig, um die Daten aus der SQL-Datenbank abzufragen und darzustellen. Anhand der vielen Möglichkeiten und Erweiterungen schätzen Sie den Aufwand für das Projekt auf ca. zwei Wochen ein. So oder ähnlich hören wir oft Aussagen von Projektmitgliedern oder Teilnehmern unserer Seminare.

Wir nutzen ein solches Szenario gern in unseren Seminaren, um die großartigen Möglichkeiten der Analysis Services in Verbindung mit den Reporting Services und SharePoint darzustellen.

Um die neuen Features von SQL Server 2012 im Zusammenhang mit PowerPivot und SharePoint 2010 einschließlich PowerView zu demonstrieren, möchten wir zunächst ein Analysis-Services-Projekt mit Ihnen Schritt für Schritt gemeinsam umsetzen. Dabei liegt der Fokus nicht auf der Komplexität der Analysis Services, sondern auf der Einfachheit und dem Grundverständnis dieser Technologie.

Bei den Analysis Services handelt es sich um die Komponente von SQL Server, bei der multidimensionale Datenbanken (OLAP-Datenbanken) zum Einsatz kommen.

Zum Thema OLAP-Datenbanken finden Sie einschlägige Literatur und viele Links im Internet. Es würde den Rahmen dieses Buches überschreiten, uns hier vollständig diesem Thema zu widmen, da es ein Buch für den Schnelleinstieg sein soll. Jedoch möchten wir einige Begriffe zu diesem Thema erklären.

23.2 Data Warehouse – einige Begriffsdefinitionen

23.2.1 OLTP- und OLAP-Datenbanken

Um eine Abgrenzung zwischen den beiden Systemen OLTP und OLAP zu finden, lassen Sie uns zunächst kurz einen Blick auf diese beiden Technologien werfen.

OLTP-Datenbanken

Bei *OLTP-Datenbanken* handelt es sich um relationale Datenbanken, wie sie im Datenbankmodul von SQL Server 2012 verwendet werden. Hinter dem Begriff *OLTP* verbirgt sich das sogenannte *Online Transaction Processing*. Transaktionen stehen bei diesen Systemen im Vordergrund und werden online ausgeführt.

OLTP-Systeme finden Sie heute in allen gängigen modernen Geschäftsanwendungen, bei denen Mehrbenutzerzugriff auf Daten, Transaktionsverarbeitung und Transaktionssicherheit notwendig sind. Die Daten werden dabei als Attribute in Form von Tabellen (Entitäten) gespeichert. Ein Beispiel dazu sind die Tabellen »Region«, »Mitarbeiter«, »Produkt« und »Auftrag«, die die einzelnen Datensätze enthalten. Bei solch einem klassischen OLTP-System stehen die Tabellen über Schlüsselfelder miteinander in Beziehung. Dadurch können später Abfragen über mehrere Tabellen ausgeführt werden, obwohl die Daten verteilt sind. Hier wird im Allgemeinen vom ER-Modell (Entity-Relationship-Modell) gesprochen. Für OLTP-Datenbanken existiert der Sprachstandard SQL (Structured Query Language), der vom ANSI (American National Standards Institute) standardisiert wurde. Microsoft SQL Server verwendet T-SQL, Oracle Database PL/SQL.

OLAP-Datenbanken

Der Begriff OLAP (*Online Analytical Processing*) stammt aus der Datenanalyse. Multidimensionale Datenbanken verwenden kein T-SQL als Sprache. Im Microsoft SQL Server werden MDX-Ausdrücke (Abfragesprache auf eine multidimensionale Datenbank) verwendet, um sich z.B. Daten aus einem Cube anzeigen zu lassen. Bei einer multidimensionalen Datenbank handelt es sich um ein Datenmodell, bei dem der Datenbestand und die Datenbasis als multidimensionale Struktur vorliegen. Solche Systeme werden überwiegend zur Datenanalyse und -auswertung verwendet. Um eine solche Struktur etwas näher zu beschreiben, sind Erläuterungen zu weiteren Begriffen notwendig.

23.2.2 Dimensions- und Faktentabellen

Bei einer Faktentabelle handelt es sich um eine Tabelle, die Daten enthält, die aggregiert werden sollen – also numerische Daten. Nehmen wir dazu die Tabelle »Auftrag« aus unserem Beispiel. Sie enthält die numerischen Daten »Anzahl« und »Umsatz«. In der Terminologie von OLAP sind das die sogenannten *Measures*. Darüber hinaus enthält die Tabelle die Fremdschlüsselfelder mit den Primärschlüsseln der restlichen Tabellen. Da die Tabelle »Auftrag« die Measures beinhaltet, wird sie auch als *Measuregruppe* bezeichnet.

Stellen Sie sich weiter vor, Sie möchten den Umsatz insgesamt für alle Mitarbeiter, Regionen und Produkte sehen. Dann müssten Sie den Umsatz aggregieren, das heißt die Summe von allen Datenreihen bilden. So weit, so gut – jetzt haben Sie die Gesamtsumme. Jedoch benötigen Sie für Ihre detaillierten Auswertungen als Nächstes den Gesamtumsatz pro Mitarbeiter. Nichts leichter als das, Sie haben ja eine zweite Tabelle »Mitarbeiter«, in der alle Mitarbeiter aufgeführt sind, und diese ist wiederum verknüpft mit der Tabelle »Auftrag«. Die Tabelle »Mitarbeiter« wird als *Dimension* bezeichnet, genau wie die Tabellen »Region« und »Produkt« auch. Sie alle enthalten die Dimensionsdaten, nach denen der Umsatz aggregiert werden soll.

Dimensionen sind also Daten, über die numerische Werte aggregiert werden. Ein Beispiel dazu ist der Gesamtumsatz, also die Summe über alle Mitarbeiter. Möchten Sie jetzt diese Gesamtsumme auf die jeweiligen Mitarbeiter aufteilen, bedienen Sie sich der Dimension »Mitarbeiter«. Die Dimensionsdaten sind lediglich einmal in den Tabellen vorhanden. Jeder Mitarbeiter in der Tabelle »Mitarbeiter« ist eindeutig. In der Tabelle »Auftrag«, in der die Measures enthalten sind, erscheint natürlich jeder Mitarbeiter über seine »id« mehrfach, da er über einen Zeitraum hinweg Umsätze generiert hat.

Fassen wir zusammen: Die Tabelle »Auftrag« enthält die Measures (die numerischen Daten), die aggregiert werden, und alle anderen Tabellen stellen die Dimensionen dar – die Daten, nach denen aggregiert wird.

23.2.3 Cube

Ein OLAP-Würfel (Cube) oder Datenwürfel stellt Daten logisch dar. Ein Cube dient letztendlich dem besseren Verständnis. Er enthält die Daten (Fakten) – Umsatz und Anzahl –, die in Abhängigkeit von den Dimensionen Mitarbeiter, Region und Produkt dargestellt werden. In unserem Beispiel haben wir es demnach mit einem Würfel bestehend aus den drei Dimensionen Region, Mitarbeiter und Produkt zu tun.

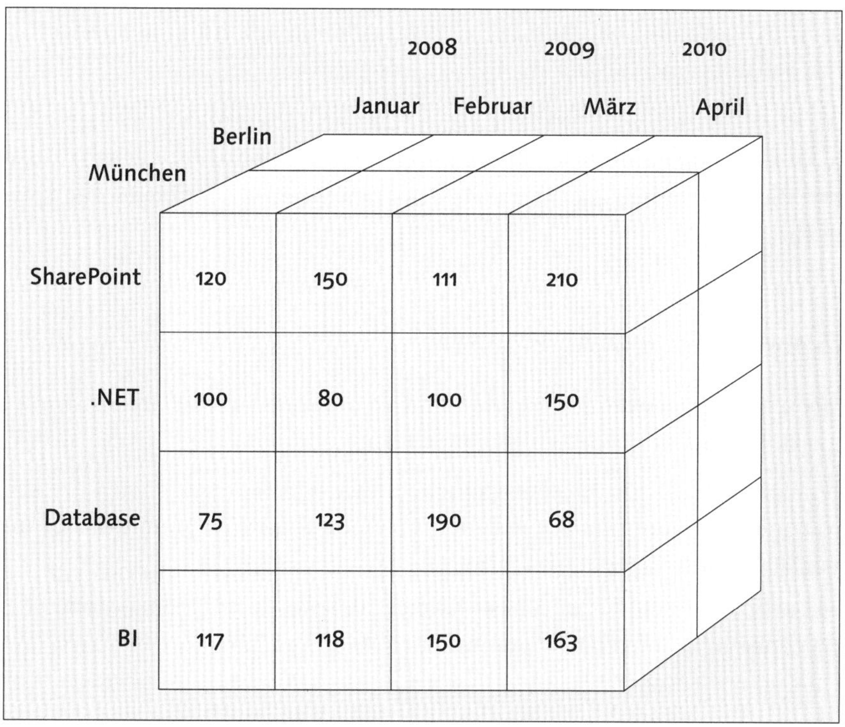

Abbildung 23.2 Schematische Darstellung eines Cubes

23.2.4 Cube-Operationen

Auf einen Cube lassen sich die folgenden Operationen ausführen:

- **Slicing** – Ausschneiden von Scheiben aus dem Würfel
- **Dicing** – Erzeugen eines kleineren Würfels, der einen Teil des gesamten bildet
- **Drilldown** – Zoomen in detaillierte Werte, z.B. vom Jahr auf die Monate oder Tage
- **Rollup** – Verdichten von Daten, z.B. von der Monatsansicht auf die Jahressicht
- **Drillthrough** – Verfeinerung bis auf die höchste Detailebene

23.2.5 MOLAP, ROLAP und HOLAP

Die Datenspeicherung kann in unterschiedlicher Ausprägung erfolgen. Diese folgenden Arten werden dabei unterschieden:

- **MOLAP** – multidimensionales OLAP arbeitet am schnellsten, weil die Daten hier aggregiert vorgehalten werden. Dadurch kommt es jedoch zu großen bis sehr großen Cubes.
- **ROLAP** – relationales OLAP belässt die Daten in den relationalen Strukturen. Erfolgen Abfragen, werden die Daten erst dann aggregiert.
- **HOLAP** – beim Hybrid OLAP wird ein Teil der Daten voraggregiert und der Rest in relationalen Strukturen belassen. Diese Form ist der Kompromiss aus Speicherbedarf für den Cube und Zugriffszeit.

Durch die Konfiguration von Partitionen, die in diesem Kapitel noch behandelt wird, können Sie für die einzelnen Partitionen einer Tabelle nicht nur unterschiedliche Laufwerke wählen, sondern auch die soeben beschriebenen unterschiedlichen Speichermodelle.

23.3 Erstellen eines OLAP-Projektes

Lassen Sie uns zum besseren Verständnis zunächst ein Datenmodell im SQL Server implementieren. Führen Sie dazu folgende Schritte aus:

1. Starten Sie das SQL Server Management Studio (SSMS), und stellen Sie die »sqlxpert_dwh«-Datenbank aus dem vollständigen Backup *sqlxpert_dwh.bak* im Ordner *Beispieldatenbanken* wieder her.

   Sehen Sie sich die Struktur im Objekt-Explorer des SQL Server Management Studios an. Abbildung 23.3 zeigt die Beispieldatenbank.

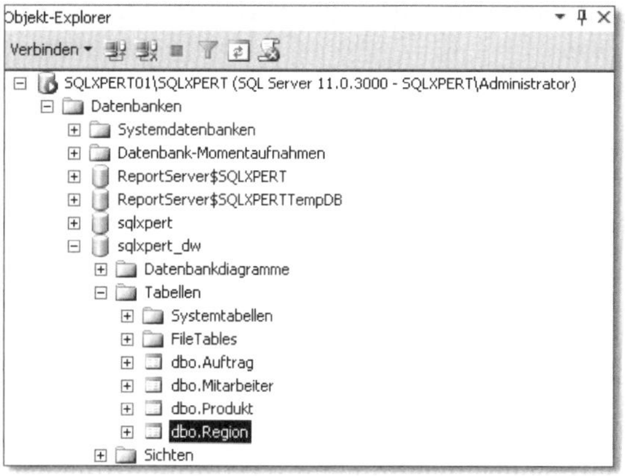

Abbildung 23.3 Die Beispieldatenbank

2. Starten Sie als Nächstes die *SQL Server Data Tools* von SQL Server aus dem Startmenü; es handelt sich dabei um *Visual Studio Shell*.

   Die Vorteile einer Entwicklungsumgebung wie Visual Studio liegen klar auf der Hand: Sie können BI-Projekte in einer professionellen Umgebung entwickeln. Features wie Breakpoints, Quellcode-Verwaltung, Debuggen und das Verteilen von Anwendungen gehören zu den wesentlichen Vorteilen, wenn Sie als Entwickler oder Administrator mit Visual Studio arbeiten. Mithilfe von Breakpoints setzen Sie beim Entwickeln von Programmcode einen Haltepunkt, an dem der Programmablauf für Kontrollzwecke gestoppt wird. So überwachen Sie z.B. die Werte von Variablen. Das erleichtert das Auffinden von Fehlern (Debuggen) enorm. Auch das Verteilen von Anwendungen (Deployment) ist mit einer Entwicklungsumgebung wie Visual Studio problemlos möglich.

3. Nach dem Start von Visual Studio erstellen Sie ein Neues Projekt und wählen als Projektvorlage ein Analysis Services-Projekt für mehrdimensionale und Data-Mining-Modelle aus (siehe Abbildung 23.4). Geben Sie dem Projekt den Namen »SSAS_Vetriebsauswertung«.

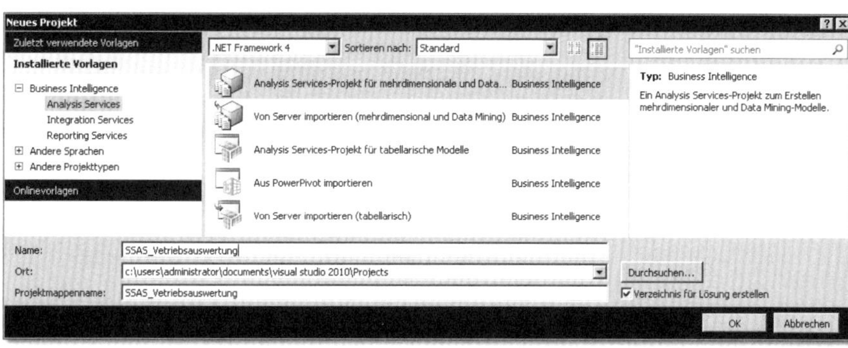

Abbildung 23.4 Anlegen eines Analysis-Services-Projektes

Nach dem Anlegen des neuen Projektes sehen Sie die Struktur im PROJEKTMAPPEN-EXPLORER (siehe Abbildung 23.5). Dieser Struktur werden wir in den nächsten Schritten, bis auf Assemblys und Mining-Strukturen, logisch von oben nach unten folgen.

4. Klicken Sie mit der rechten Maustaste im Projektmappen-Explorer auf DATENQUELLEN, und erstellen Sie eine NEUE DATENQUELLE..., die auf die zuvor per Recovery angelegte OLTP-Datenbank verweist.

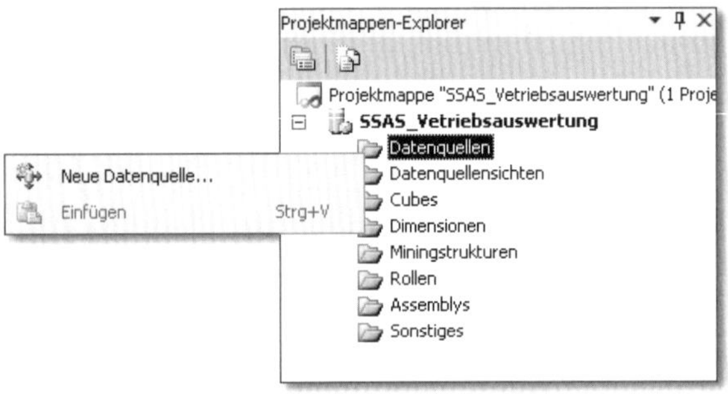

Abbildung 23.5 Neue Datenquelle erstellen

In den *Analysis Services* sind Datenquellen die physischen Verbindungen zu den Daten, die Sie verwenden möchten. Es ist möglich, auf mehrere Datenquellen zuzugreifen; dazu müssen Sie lediglich weitere Datenquellen erstellen. In einem komplexen Szenario kann es durchaus sein, dass die Datenquellen sehr heterogen sind und Daten aus unterschiedlichen Quellen benötigt werden.

5. Zunächst erscheint der Assistent zum Anlegen einer neuen Datenquelle (Abbildung 23.6). Klicken Sie auf WEITER und dann auf NEU..., um eine neue Datenquelle zu erstellen.

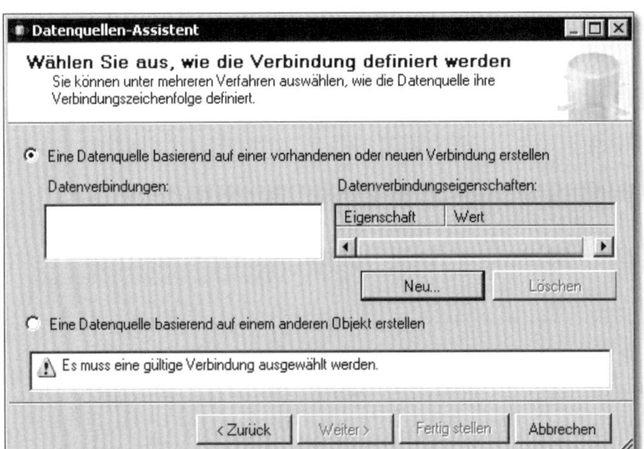

Abbildung 23.6 Eine neue Datenquelle anlegen

Im nächsten Schritt muss die Datenquelle konfiguriert werden. Wie in Abbildung 23.7 zu sehen ist, müssen Sie den Anbieter, den Servernamen und die Datenbank auswählen.

Abbildung 23.7 Der Verbindungsmanager

6. Klicken Sie auf die Auswahl ANBIETER, ein Blick auf die Liste ANBIETER zeigt Ihnen die Auswahlmöglichkeiten. Die jeweiligen Datenquellen, die von Analysis Services verwendet werden können, sehen Sie im nachfolgenden Kasten.

Von den Analysis Services unterstützte Datenquellen

.NET-Anbieter:

- SQL Client Data Provider
- Oracle Client Data Provider
- Microsoft SQL Server Compact Edition Client Data Provider

OLE DB systemeigen:

- Microsoft Jet 4.0 OLE DB Provider
- Microsoft OLEDB Provider für Analysis Services 10.0
- Microsoft OLEDB Provider für Analysis Services 11.0
- Microsoft OLEDB Provider für Indexing Services
- Microsoft OLEDB Provider für Oracle
- Microsoft OLEDB Simple Provider
- MSDataShape
- OLE DB Provider für Microsoft Directory Services
- SQL Server Native Client 11.0

23

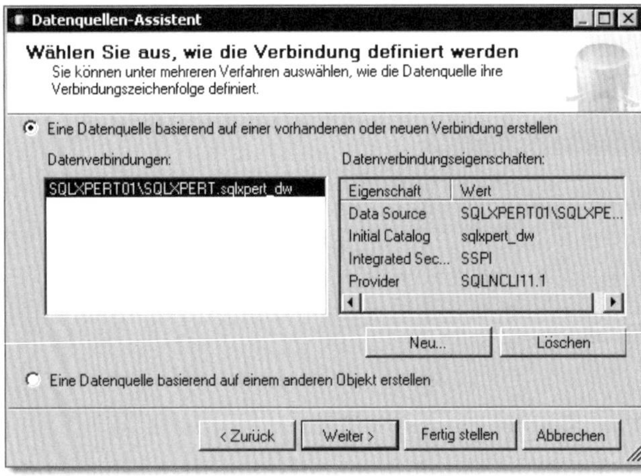

Abbildung 23.8 Datenquellen-Assistent mit konfigurierter Datenquelle

7. Im nächsten Abschnitt wählen Sie die IDENTITÄTSWECHSELINFORMATIONEN (siehe Abbildung 23.9) aus. Es geht hier schlicht darum, wie sich die *Analysis Services* gegenüber der Datenbank authentifizieren. Im folgenden Kasten werden Ihnen die einzelnen Möglichkeiten dargestellt.

Identitätswechselinformationen

- bestimmter Windows-Benutzer
- Dienstkonto
- Anmeldeinformationen des aktuellen Benutzers
- Erben

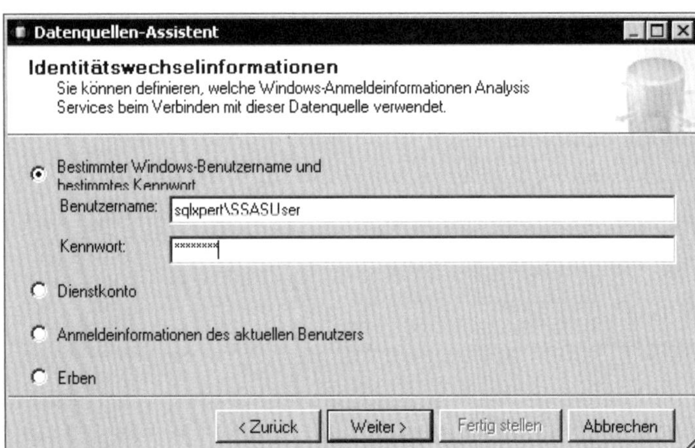

Abbildung 23.9 Identitätswechselinformationen

8. Je nach Einstellung müssen Sie sicherstellen, dass der User, in dessen Kontext die Anmeldung erfolgt, Zugriff auf die Datenbank hat. Das kann ein extra dafür angelegter Benutzer sein, das Dienstkonto oder der angemeldete Benutzer. Wichtig ist es zu wissen, welches Konto für den Zugriff verwendet wird. Das Thema Identitätswechsel und die Voraussetzungen wurden bereits in Kapitel 5, »Konfigurieren von SQL Server 2012«, besprochen. Klicken Sie auf WEITER, überprüfen Sie den Namen der Datenquelle, und beenden Sie den Vorgang mit FERTIG STELLEN.

Nachdem Sie die *Datenquelle* festgelegt haben, erstellen Sie eine Datenquellensicht. *Datenquellensichten* sind mit Sichten in relationalen Datenbanksystemen gleichzusetzen. Nicht jeder BI-Entwickler hat die Möglichkeit, Sichten im SQL Server zu erstellen. Jedoch ist er in der Lage, in SSAS Sichten zu erstellen, die Tabellen aus der Datenbank direkt zu übernehmen oder Abfragen zu definieren, die dann neue Tabellen ergeben. Eine *Datenquellensicht* bietet die Möglichkeit, ein Datenmodell auf dieser Ebene zu erstellen.

1. Erstellen Sie durch einen Rechtsklick auf DATENQUELLENSICHTEN eine NEUE DATENQUELLENSICHT.

Abbildung 23.10 Neue Datenquellensicht erstellen

2. Wählen Sie als DATENQUELLE die zuvor angelegte physische *Datenquelle* aus.

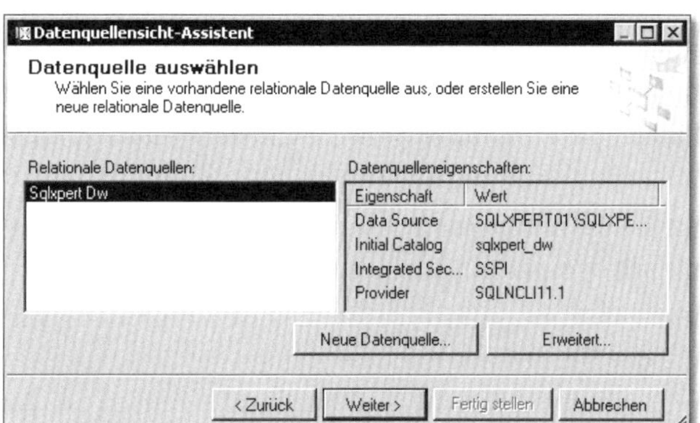

Abbildung 23.11 Der Datenquellensicht-Assistent

In unserem jetzigen Beispiel verwenden wir lediglich eine einzelne *Datenquelle*. In der Praxis können Sie hier bei Bedarf jedoch auf viele verschiedene physische *Datenquellen* gleichzeitig zurückgreifen. Eines müssen Sie jedoch bedenken: Die Daten für den Cube werden aus den *Datenquellen* geladen und verarbeitet. Oft ist es einfach besser, die benötigten Daten mithilfe der *Integration Services* in eine eigens dafür vorgesehene SQL-Server-Datenbank zu laden, um darauf dann den Cube aufzusetzen. Das hat den entscheidenden Vorteil, dass immer Daten in der Datenbank vorhanden sind. Fällt Ihnen bei der direkten Verbindung zur Datenquelle eines Fremdsystems die Verbindung aus, kann der Cube nicht verarbeitet werden.

3. Im nächsten Schritt können Sie festlegen, wie sich der Assistent verhalten soll, falls sich in der zugrunde liegenden Datenquelle keine Primärschlüssel befinden. Immerhin können Ihre Tabellen aus unterschiedlichen Quellen über Abfragen aufgebaut sein, sodass keine Schlüssel vorhanden sind.

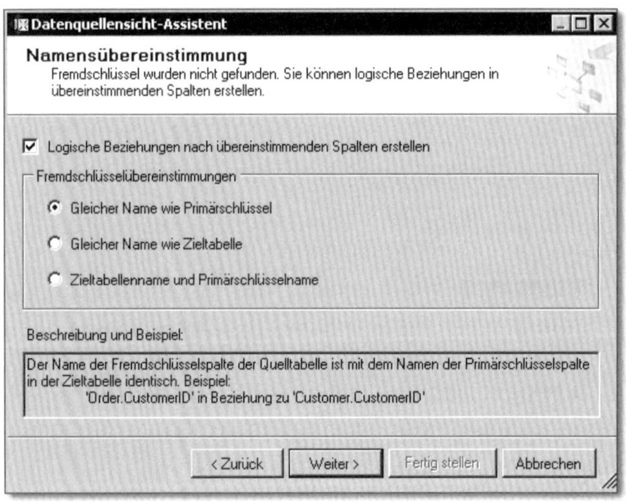

Abbildung 23.12 Der Datenquellen-Assistent – Namensübereinstimmung

Die folgenden drei Auswahloptionen stehen Ihnen zur Verfügung:

- Gleicher Name wie Primärschlüssel: Überprüft, ob der Fremdschlüssel der Quelltabelle mit dem Namen der Primärschlüsselspalte in der Zieltabelle identisch ist.
- Gleicher Name wie Zieltabelle: Überprüft, ob der Name der Fremdschlüsselspalte der Quelltabelle mit dem Namen der Zieltabelle identisch ist.
- Zieltabellenname und Primärschlüsselname: Überprüft, ob der Name der Fremdschlüsselspalte der Quelltabelle mit dem Namen der Zieltabelle, die mit dem Namen der Primärschlüsselspalte verkettet ist, identisch ist. Als Trennzeichen können Sie ein Leerzeichen oder einen Unterstrich verwenden.

Werden keine Übereinstimmungen gefunden, ist das kein Problem. Nachdem Sie die Schritte mit dem Assistenten abgeschlossen haben, können Sie logische Primärschlüssel und Beziehungen auch von Hand definieren.

4. Wählen Sie jetzt die Objekte aus, die Sie verwenden möchten – in unserem Fall wählen wir alle Tabellen der Datenbank aus.

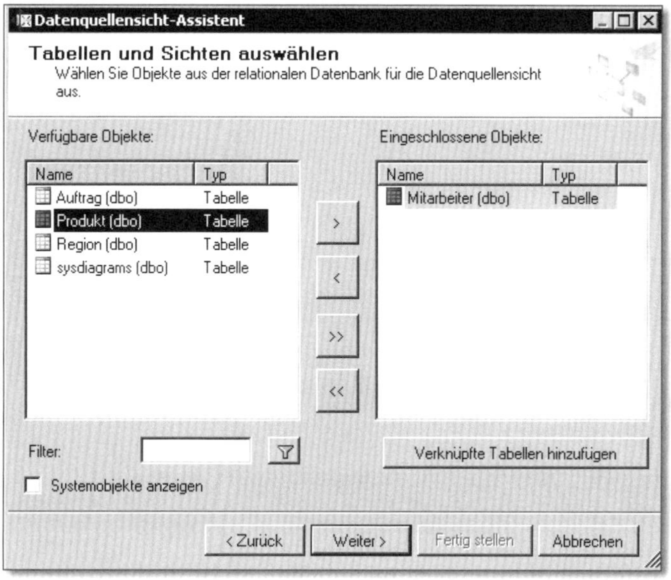

Abbildung 23.13 Datenquellensicht-Assistent – Tabellen und Sichten auswählen

5. Klicken Sie auf WEITER, überprüfen Sie den Namen für die Datenquelle, und beenden Sie den Schritt mit FERTIG STELLEN.

Die *Datenquelle* wurde nun fertiggestellt. Jede Tabelle der Datenquellensicht beruht im Moment auf genau einer physischen Tabelle. Wurden keine Übereinstimmungen der Primärschlüssel und Fremdschlüssel gefunden, müssen Sie die Beziehungen und Schlüssel auf logischer Ebene jetzt anlegen. Ziehen Sie dazu per Drag & Drop die Fremdschlüsselfelder »mid«, »pid« und »rid« auf die Spalten »MitarbeiterID«, »ProduktID« und »RegionsID« (siehe Abbildung 23.14).

Sie haben nun die Möglichkeit, über das Kontextmenü weitere Tabellen hinzuzufügen oder eine neue benannte Abfrage zu erstellen. Wir möchten in unserem Beispiel eine neue Zeittabelle erstellen, um sie als Zeitdimension zu nutzen. Das ist sinnvoll, wenn wir die Umsätze auch nach Jahr, Monat oder Tag auswerten möchten. Um eine benannte Abfrage zu erstellen, gehen Sie folgendermaßen vor:

1. Klicken Sie mit der rechten Maustaste in den leeren Bereich der DATENQUELLENSICHTEN, und wählen Sie NEUE BENANNTE ABFRAGE.

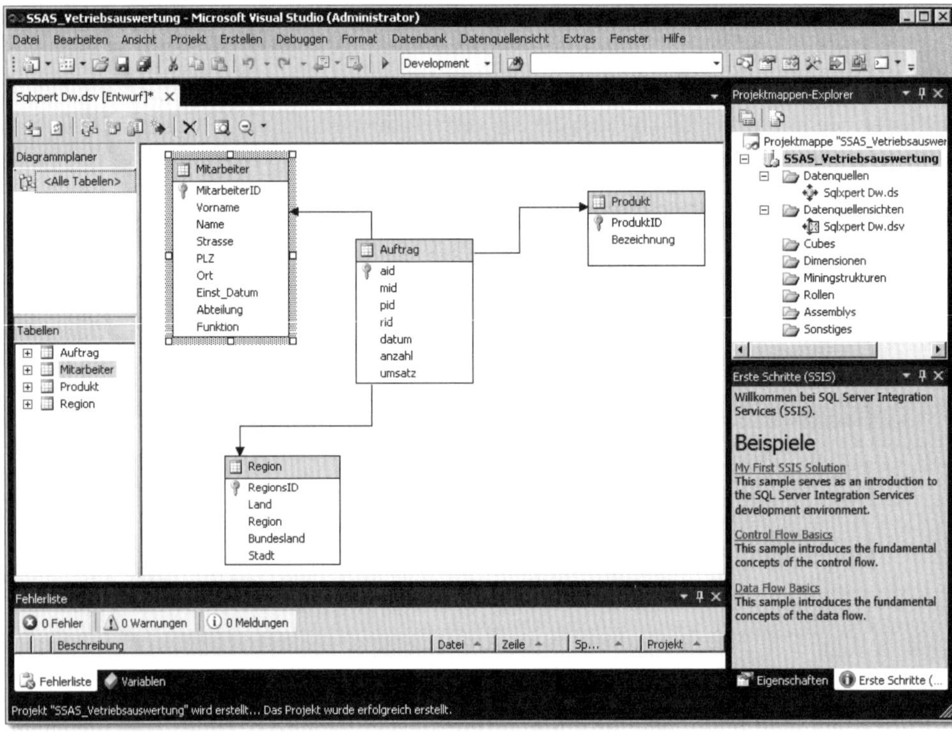

Abbildung 23.14 Die Datenquellensicht

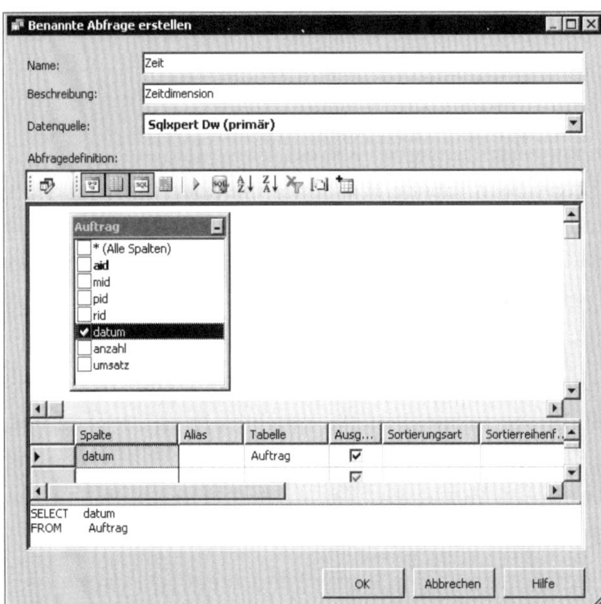

Abbildung 23.15 Neue benannte Abfrage erstellen

2. Als NAME für die benannte Abfrage geben Sie wie in Abbildung 23.15 »Zeit« ein, und im Feld BESCHREIBUNG wählen Sie die Option ZEITDIMENSION.
3. Klicken Sie mit der rechten Maustaste in den leeren Bereich von ABFRAGEDEFINITION, und wählen Sie TABELLE HINZUFÜGEN.
4. Fügen Sie die Tabelle AUFTRAG hinzu, und wählen Sie das Feld DATUM aus.
5. Die benannte Abfrage enthält jetzt lediglich das Datum der Aufträge. Um später eine Hierarchie (z.B. Jahr – Monat – Tag) bilden zu können und die Umsätze nach Tag, Monat und Jahr anzuzeigen, ändern wir die SQL-Abfrage so ab, dass aus dem Datum noch der Tag, der Monat und das Jahr abgeleitet werden (siehe Abbildung 23.16). Dazu kennt die Sprache T-SQL die Funktionen `DAY()`, `MONTH()` und `YEAR()`.

   Modifizieren Sie die SQL-Abfrage nach dem `SELECT`-Befehl, und ergänzen Sie die fehlenden Spalten:

```
SELECT DISTINCT datum, DAY(datum) AS Tag, MONTH(datum) AS Monat,
YEAR(datum) AS Jahr
FROM dbo.Auftrag
```

   Das `DISTINCT` in der Abfrage ist notwendig, da jeder Zeitwert in der neuen Tabelle nur einmal vorkommen soll. Da die Tabelle als Zeitdimension verwendet werden soll und wir den Tag (Datum) als logischen Primärschlüssel festlegen möchten, darf es für den Tag keine doppelten Einträge geben.

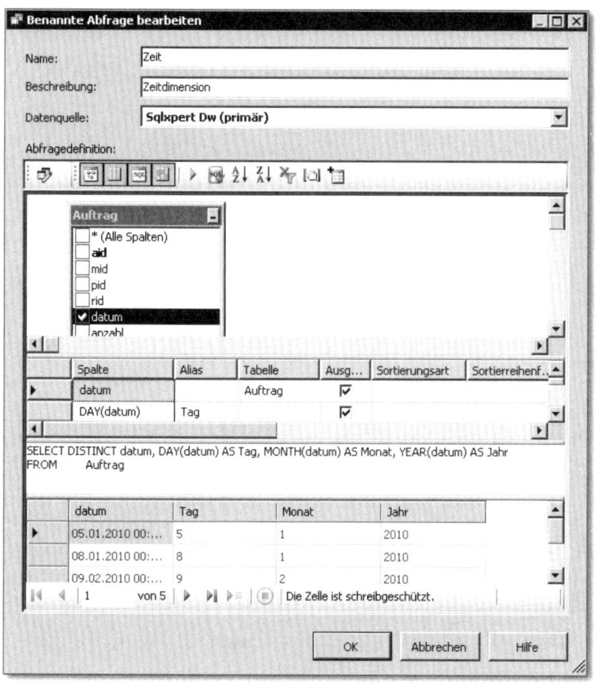

Abbildung 23.16 Erstellen einer benannten Abfrage

Nachdem Sie die Abfrage geändert haben, können Sie sie ausführen, indem Sie auf den grünen Pfeil klicken. Ist alles richtig, werden im unteren Feld die Datensätze angezeigt.

6. Klicken Sie auf OK, um den Dialog zu beenden. Als Nächstes sehen Sie die neue Dimension *Zeit*, wie in Abbildung 23.17 dargestellt. Was noch fehlt, sind der Primärschlüssel und die Beziehung zwischen den Tabellen ZEIT und AUFTRAG.
7. Klicken Sie mit der rechten Maustaste auf die Spalte DATUM, und erstellen Sie einen logischen Primärschlüssel.
8. Ziehen Sie zum Abschluss die Spalte »Datum« der Tabelle AUFTRAG mit der Maus auf die Spalte »Datum« der Tabelle ZEIT. Dadurch wird der logische Primärschlüssel in der Tabelle »Zeit« für das Attribut »Datum« generiert und die Beziehung zwischen den Tabellen eingerichtet. Ihr Modell muss jetzt dem aus Abbildung 23.17 entsprechen.

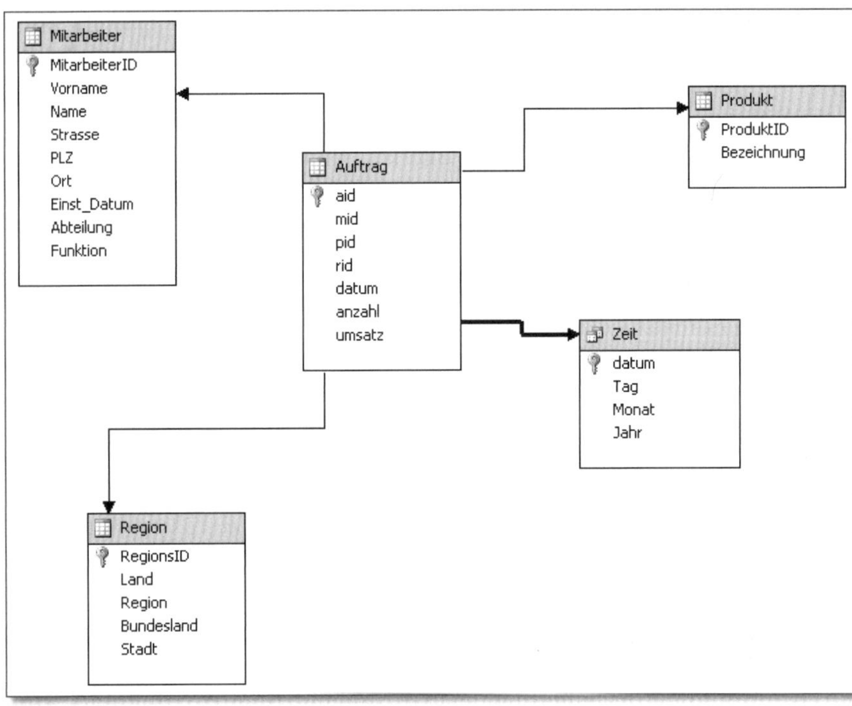

Abbildung 23.17 Das Datenmodell mit der Zeitdimension

Die Datenquellensicht ist jetzt fertiggestellt, und Sie legen als Nächstes im *Projektmappen-Explorer* einen neuen Cube an.

1. Klicken Sie mit der rechten Maustaste auf CUBES, und wählen Sie NEUER CUBE.

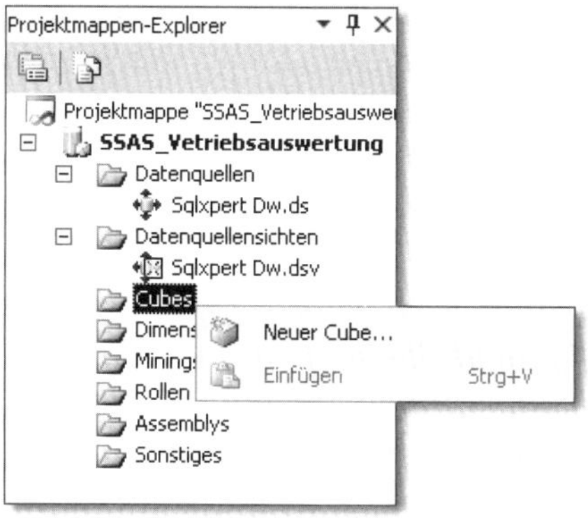

Abbildung 23.18 Neuen Cube im Projektmappen-Explorer erstellen

2. Der Assistent zum Erstellen des Cubes wird gestartet. Zuerst müssen Sie die Erstellungsmethode angeben. Dabei haben Sie die Auswahl zwischen den folgenden drei Methoden:
   - VORHANDENE TABELLE VERWENDEN: Es stehen Ihnen die in der Datenquellensicht definierten Tabellen zur Verfügung.
   - LEEREN CUBE ERSTELLEN: Ein leerer *Cube* ist hilfreich, wenn Sie alles manuell erstellen möchten oder wenn alle Dimensionen verknüpfte Dimensionen sind.
   - TABELLEN IN DER DATENQUELLE GENERIEREN: Erstellen Sie Tabellen in der zugrunde liegenden Datenquelle. Sie müssen über die Berechtigung zum Erstellen von Objekten in dieser Datenquelle verfügen.

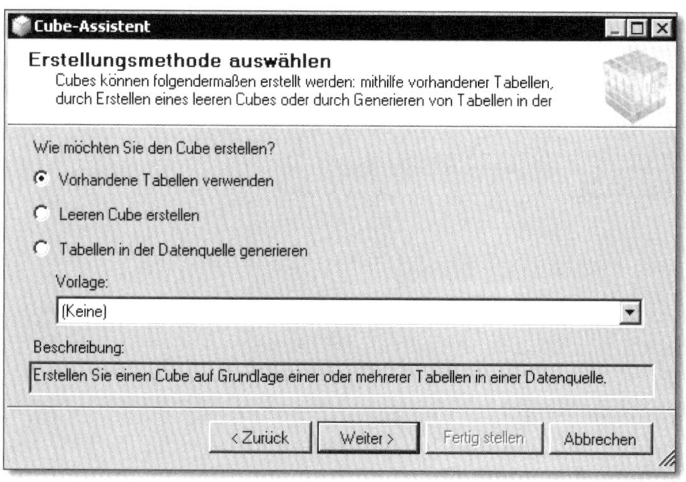

Abbildung 23.19 Erstellungsmethode für den Cube

Die Möglichkeit, Tabellen in der Datenquelle zu generieren, ist sehr interessant. Hier kann ein Fachanwender, der über kein Datenmodell verfügt, den Ansatz wählen, von oben nach unten zu arbeiten, das heißt von den Measures zum Datenmodell.

1. Wählen Sie VORHANDENE TABELLE VERWENDEN, klicken Sie auf WEITER, und geben Sie die *Measuregruppe* wie in Abbildung 23.20 an. Die Measuregruppe ist die Tabelle oder Sicht, die die einzelnen *Measures* enthält.

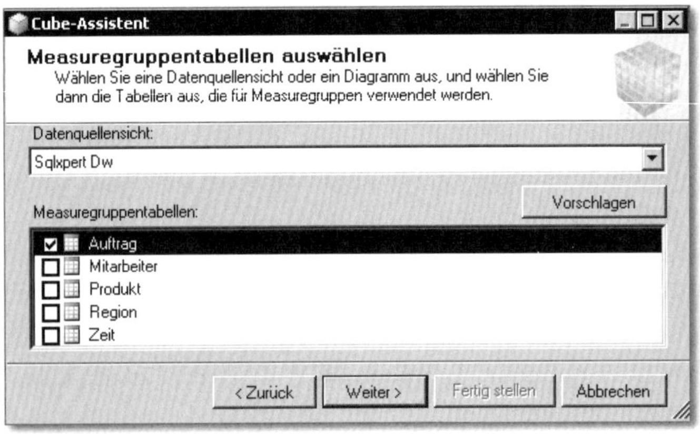

Abbildung 23.20 Eine Measuregruppe auswählen

2. Klicken Sie auf WEITER.

   Die einzelnen *Measures*, in unserem Fall ANZAHL und UMSATZ, wurden erkannt und ausgewählt. Ein weiteres Measure, AUFTRAG ANZAHL, ist hinzugekommen. Sie sehen dies in Abbildung 23.21.

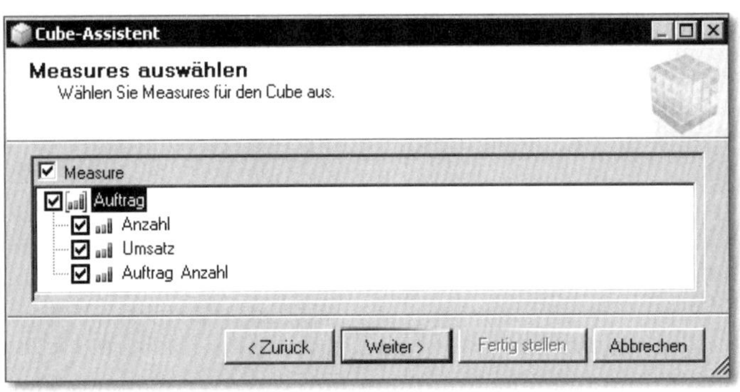

Abbildung 23.21 Measures auswählen

   Der Assistent hat automatisch die Einträge in der Tabelle »Auftrag« gezählt und daraus ein weiteres *Measure* gebildet.

3. Klicken Sie auf WEITER.

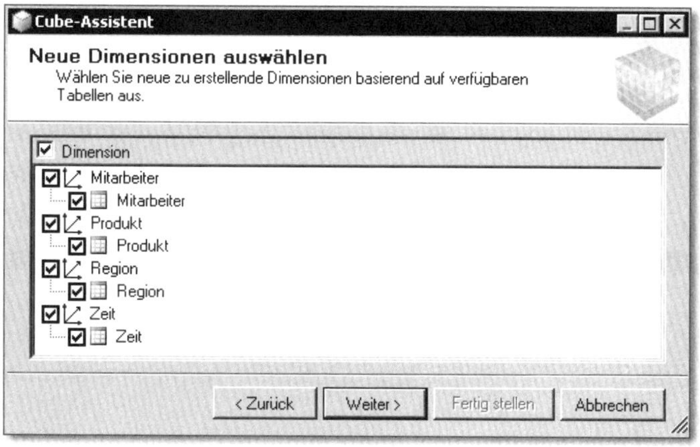

Abbildung 23.22 Dimensionen auswählen

4. Der Assistent hat die Vorauswahl der Dimensionen getroffen (Abbildung 23.22); mit WEITER und FERTIG STELLEN schließen Sie die Erstellung des Cubes ab.

Nachdem Sie den *Cube* erstellt haben, gelangen Sie in den Cube-Designer (siehe Abbildung 23.23). Der Cube-Designer enthält jetzt mehrere Registerkarten, die für jeweils weitere Aufgaben wie Berechnungen, KPIs, Perspektiven etc. stehen.

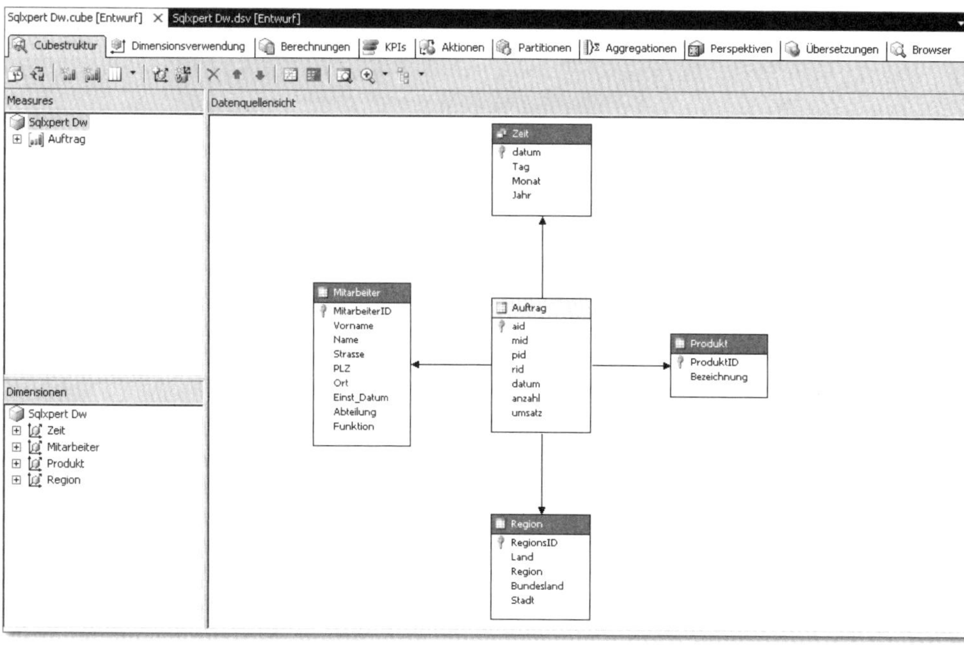

Abbildung 23.23 Der Cube-Designer

Der Cube-Designer bietet Ihnen viele Möglichkeiten der weiteren Bearbeitung. Wir beschränken uns hier auf die soeben ausgeführten Schritte.

1. Wechseln Sie auf die Registerkarte BROWSER, um den Cube zu verarbeiten. Dazu klicken Sie auf das Symbol VERARBEITEN ❶ wie in Abbildung 23.24, oder drücken [F5], um den Cube zu verarbeiten. Wählen Sie dann VERBINDUNG WIEDERHERSTELLEN ❷.

Abbildung 23.24 Cube verarbeiten

Sollte es beim Bereitstellen zu Fehlern kommen, sollten Sie zuerst die Projekteigenschaften überprüfen. Stellen Sie sicher, dass der richtige Server als Zielserver angegeben ist.

2. Wählen Sie im Menü PROJEKT und SSAS_VERTRIEBSEIGENSCHAFTEN.

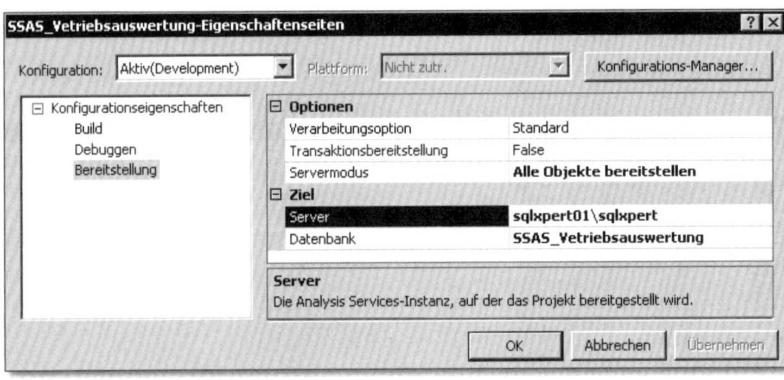

Abbildung 23.25 Eigenschaften für die Bereitstellung

3. Tragen Sie den richtigen Zielserver wie in Abbildung 23.25 ein, und klicken Sie auf OK. Bei der Verarbeitung eines Cubes lassen sich zahlreiche Einstellungen vornehmen. Dazu zählt die Verarbeitungsmethode. Nicht immer soll ein Cube vollständig verarbeitet werden; vielleicht möchten Sie später einmal lediglich die Struktur des Cubes oder die Daten einzeln verarbeiten. Zu Beginn ist es jedoch notwendig, den Cube vollständig zu verarbeiten. Eine weitere Einstellung ist die Fehlerbehandlung. Möglicherweise kommt es bei der Verarbeitung des Cubes zu Fehlern. Diese sind oft darauf zurückzuführen, dass in den Dimensionstabellen Schlüssel nicht einmalig sind oder ein Schlüssel in einer Faktentabelle vorkommt, der in einer Dimensionstabelle nicht existiert. In solchen Fällen können Sie in den erweiterten Optionen festlegen, wie beim Verarbeiten des Cubes damit umgegangen werden soll. Das Ignorieren solcher Fehler ist eine Möglichkeit von mehreren.

4. Wenn Sie mit der rechten Maustaste im Projektmappen-Explorer auf das Projekt und dann im Kontextmenü auf VERARBEITEN klicken, erscheint der nächste Dialog. Hier legen Sie die VERARBEITUNGSOPTIONEN fest. Da wir den Cube zum ersten Mal erstellen, wählen Sie VOLLSTÄNDIG.

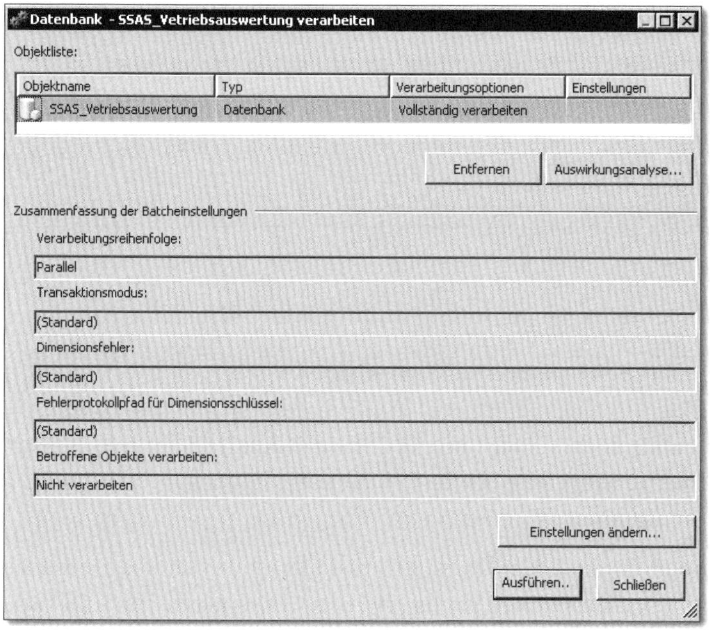

Abbildung 23.26 Verarbeitungseinstellungen für einen Cube

5. Klicken Sie auf AUSFÜHREN..., um die Verarbeitung des Cubes zu starten (Abbildung 23.26). War die Verarbeitung erfolgreich, erhalten Sie die Darstellung aus Abbildung 23.27. Klicken Sie dann auf SCHLIESSEN, um den Dialog zu verlassen.

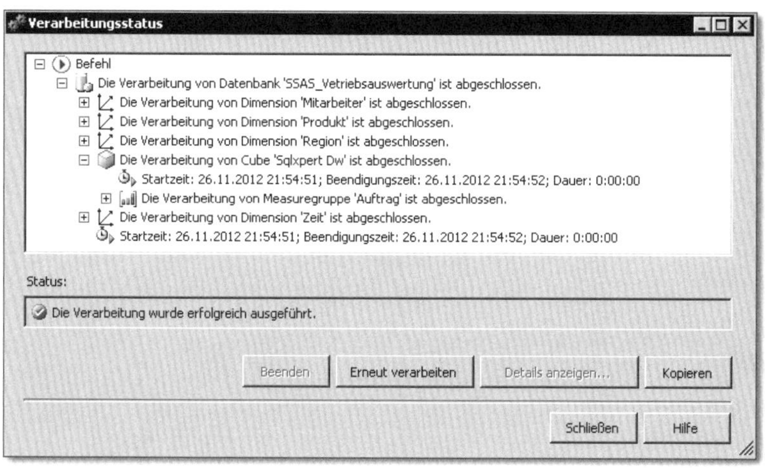

Abbildung 23.27 Verarbeitung abgeschlossen

23

6. Jetzt ist es lediglich noch notwendig, die Verbindung wiederherzustellen. Dazu klicken Sie auf den Button VERBINDUNG WIEDERHERSTELLEN. In Abbildung 23.28 ist es das dritte Symbol von links ❶.

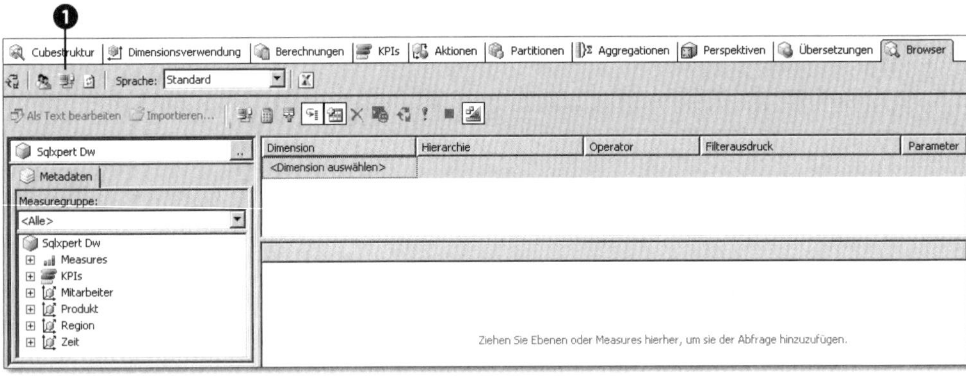

Abbildung 23.28 Cube-Browser – Anzeigen der Ergebnisse

Glückwunsch – Sie haben soeben Ihren ersten Cube mit Analysis Services erzeugt und bereitgestellt. Nun können Sie noch testen, ob alles ordnungsgemäß funktioniert. Gehen Sie dazu folgendermaßen vor:

1. Öffnen Sie die Knotenstruktur von MEASURES und MITARBEITER, und ziehen Sie die Measures UMSATZ und ANZAHL in das Feld GESAMTSUMMEN ODER DETAILFELDER HIERHER ZIEHEN.
2. Danach ziehen Sie das Attribut MID von der Dimension MITARBEITER in das Feld ZEILENFELDER HIER ABLEGEN.

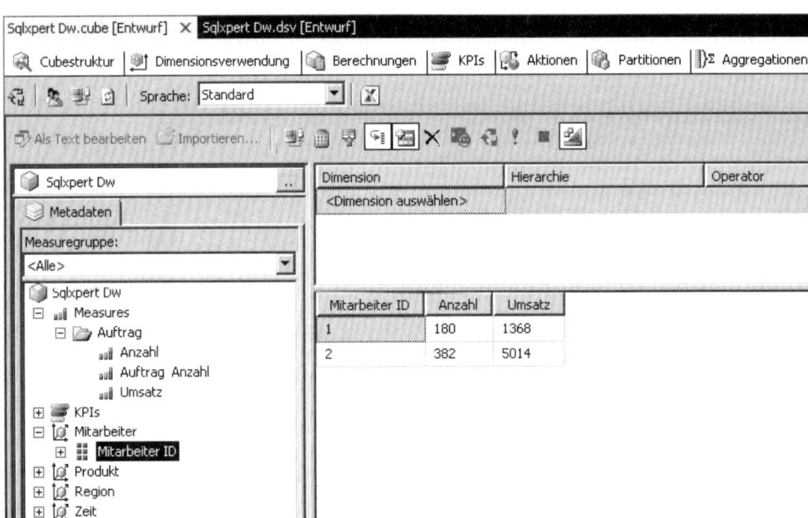

Abbildung 23.29 Die Measures »Umsatz«, »Anzahl« und »Mitarbeiter ID«

3. Nun wird wie in Abbildung 23.29 die Mitarbeiter-ID mit den dazugehörenden Umsätzen angezeigt. Es ist lediglich möglich, die »Mid« auszuwählen und nicht die weiteren Attribute »Vorname« und »Name« eines Mitarbeiters. Der Cube-Assistent hat bei der Erstellung lediglich die Schlüsselattribute erzeugt. Deshalb ist es jetzt notwendig, die Dimensionen zu bearbeiten und anzupassen. Das werden wir als Nächstes erledigen. Wechseln Sie zurück zur Registerkarte CUBESTRUKTUR.

23.3.1 Cubestruktur und Dimensionsdesigner

In der Ansicht CUBESTRUKTUR können Sie neue Measures oder Measuregruppen erstellen, dem Cube weitere Dimensionen hinzufügen oder diese bearbeiten. Wir werden als Nächstes die vorhandenen Dimensionen »Mitarbeiter«, »Produkt«, »Region« und »Zeit« im Dimensionsdesigner bearbeiten.

1. Wählen Sie dazu im Fenster DIMENSIONEN wie in Abbildung 23.30 die Dimension »Mitarbeiter« aus, und klicken Sie auf den angezeigten Link MITARBEITER BEARBEITEN.

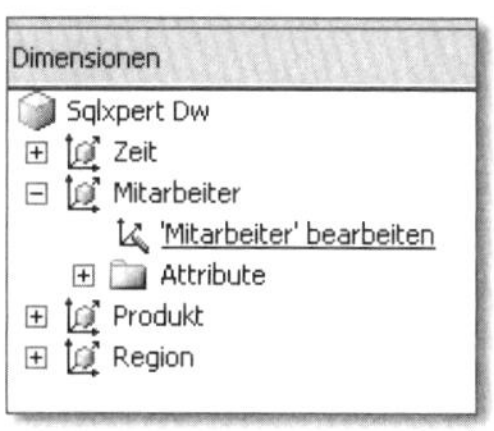

Abbildung 23.30 Die Dimension »Mitarbeiter« bearbeiten

2. Anschließend gelangen Sie in den Dimensionsdesigner. Wie in Abbildung 23.31 zu erkennen ist, besteht der Dimensionsdesigner aus den Registerkarten DIMENSIONSSTRUKTUR, ATTRIBUTBEZIEHUNGEN, ÜBERSETZUNGEN und BROWSER. Der Dimensionsdesigner dient der Bearbeitung einer Dimension, um z.B. weitere Attribute hinzuzufügen oder eine Hierarchie zu bilden.

23.3.2 Attribute, Hierarchien und Datenquellenansicht

Die Datenquellensicht gibt die Spalten der Ursprungstabelle wieder. Das ist der physische Teil der Daten. Für die zukünftige Dimension »Mitarbeiter« können unter ATTRIBUTE die Attribute und deren Eigenschaften bestimmt werden, die im Cube verwendet werden sollen. Dazu ziehen Sie die fehlenden und benötigten Attribute aus der Datenquellensicht in das Fenster ATTRIBUTE.

Hierarchien sind sehr nützlich, wenn Sie durch Daten drillen möchten. Das bedeutet, dass Sie z.B. eine Hierarchie für die Regionen oder die Zeitdimension anlegen sollten.

Wie das aussieht, werden Sie sehen, wenn wir das für die Regions- und die Zeitdimension umsetzen.

Da der Cube-Assistent nicht alle Attribute der Tabellen überführt hat, sondern nur die Schlüsselattribute, werden wir als Nächstes die Attribute »Vorname« und »Name« aus der Datenquellensicht hinzufügen.

1. Selektieren Sie die beiden fehlenden Attribute im Fenster DATENQUELLENSICHT, und ziehen Sie diese in das Fenster ATTRIBUTE. In unserem Fall wählen wir die Attribute »Vorname« und »Name« aus.

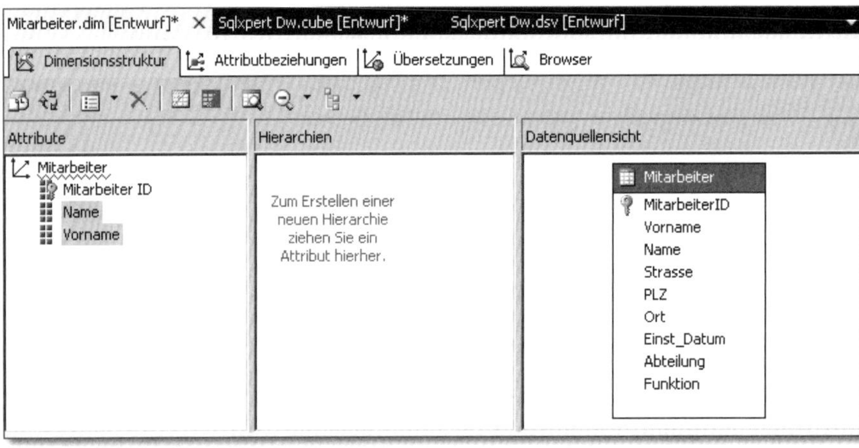

Abbildung 23.31 Dimensionsdesigner

2. Die Eigenschaften der Attribute können Sie im Eigenschaftsfenster einsehen oder bearbeiten. Abbildung 23.32 zeigt die USAGE-Eigenschaft mit dem Wert KEY. Es handelt sich also um das Schlüsselattribut. Wenn Sie alle Attribute löschen und diese dann im Anschluss neu aus der Datenquellensicht in das Fenster ATTRIBUTE ziehen, muss die KEY-Eigenschaft extra festgelegt werden. Der Assistent hatte das hier bereits automatisch erkannt und festgelegt. Sollte das Eigenschaftsfenster fehlen, selektieren Sie das Attribut »Mitarbeiter ID«, und wählen Sie im Kontextmenü EIGENSCHAFTEN aus.

Hinweis

Die Konfiguration der Attribute ist sehr vielseitig und umfangreich, wir werden hier ein Beispiel zeigen, das sich auf die Sortierung und den Schlüssel beschränkt. Wenn Sie weitere Hinweise zu diesem Thema benötigen, z.B. zu Gruppierungen, dann schauen Sie im MSDN unter *http://msdn.microsoft.com/de-de/library/ms170208.aspx* nach. Microsoft hat hier ein Lernprogramm zu diesem Thema bereitgestellt.

Sie können in den Attributeigenschaften definieren, nach welcher Spalte die Sortierung erfolgen soll. Als Standard ist hier die Schlüsselspalte vorgesehen. Gehen Sie folgendermaßen vor, um nach dem Attribut »Vorname« zu sortieren:

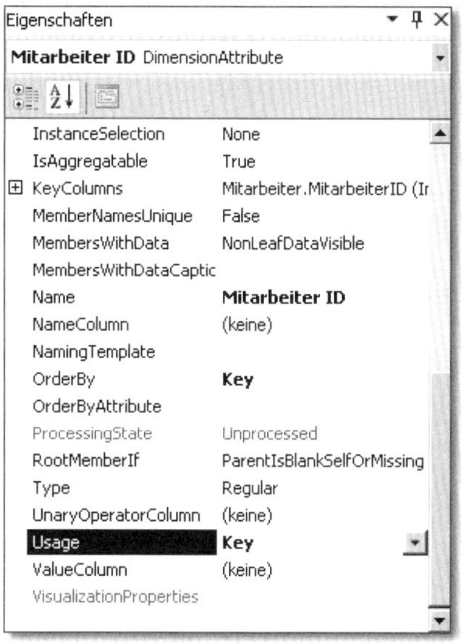

Abbildung 23.32 Attributeigenschaften

1. Selektieren Sie im Fenster ATTRIBUTE das Attribut MITARBEITER ID mit der rechten Maustaste, und wählen Sie EIGENSCHAFTEN. Im Eigenschaftsfenster aus Abbildung 23.33 wählen Sie die Eigenschaft ORDERBY aus und stellen ATTRIBUTENAME als Wert ein.

Abbildung 23.33 Festlegen von »OrderBy« und »OrderByAttribute«

2. Für die Eigenschaft ORDERBYATTRIBUTE legen Sie VORNAME fest.

3. Wechseln Sie danach zur Registerkarte BROWSER wie in Abbildung 23.34, und verarbeiten Sie die Dimension.

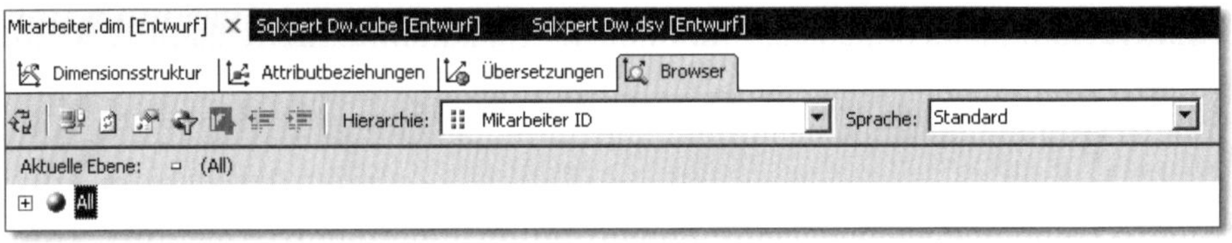

Abbildung 23.34 Dimension verarbeiten und anzeigen

4. In der HIERARCHIE wird die MITARBEITER ID angezeigt, und in den EIGENSCHAFTEN achten Sie darauf, dass alle Attribute ausgewählt sind. Um in die Elementeigenschaften zu gelangen, klicken Sie in der Symbolleiste auf das Symbol ELEMENTEEIGENSCHAFTEN links neben dem Filtersymbol. Wenn Sie alle Elemente selektiert haben, folgen Sie der nächsten Anweisung. Drücken Sie [F5], um die Dimension im Dimensionsdesigner zu verarbeiten. Nachdem Sie die Dimension verarbeitet haben, klicken Sie auf VERBINDUNG WIEDERHERSTELLEN und sehen sich das Ergebnis an.

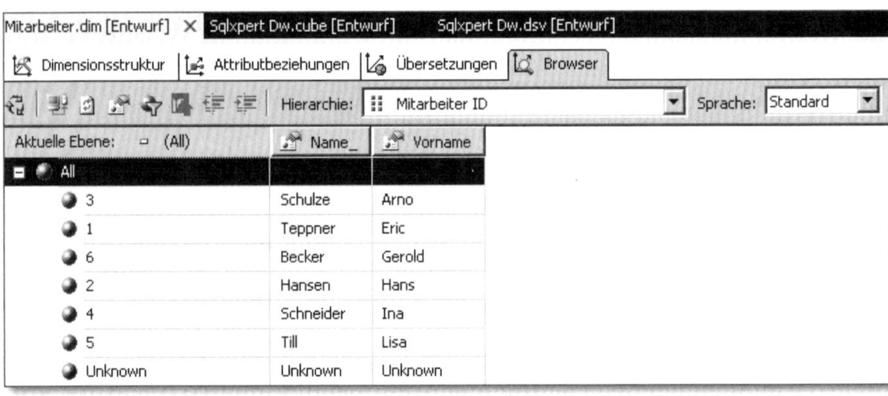

Abbildung 23.35 Dimension sortiert nach Vorname

Die Mitarbeiter-Dimension wurde fertiggestellt und kann verwendet werden. In diesem Abschnitt haben Sie einen Cube erstellt, die Dimension »Mitarbeiter« bearbeitet, eine Sortierung geändert und den Dimensionsdesigner kennengelernt.

Als Nächstes werden wir eine Hierarchie für die Dimension »Region« erstellen. Schließen Sie den Dimensionsdesigner, indem Sie auf das Kreuz der Registerkarte klicken. Sie gelangen dann zurück zum Cube-Designer.

1. Wechseln Sie zur Registerkarte CUBESTRUKTUR. Gehen Sie zur Bearbeitung der Dimension »Region« genauso vor wie bei der Bearbeitung der Dimension »Mitarbeiter«.

Abbildung 23.36 Ergänzen der Attribute »Bundesland«, »Land«, »Region« und »Stadt«

2. Ziehen Sie die Attribute LAND, REGION, BUNDESLAND und STADT aus der Datenquellensicht in das Fenster ATTRIBUTE (Abbildung 23.36).
3. Danach ziehen Sie das Attribut LAND in das Fenster HIERARCHIEN wie in Abbildung 23.37 und erstellen somit die erste Hierarchieebene.
4. Ziehen Sie die Attribute BUNDESLAND und STADT jeweils auf eine NEUE EBENE.

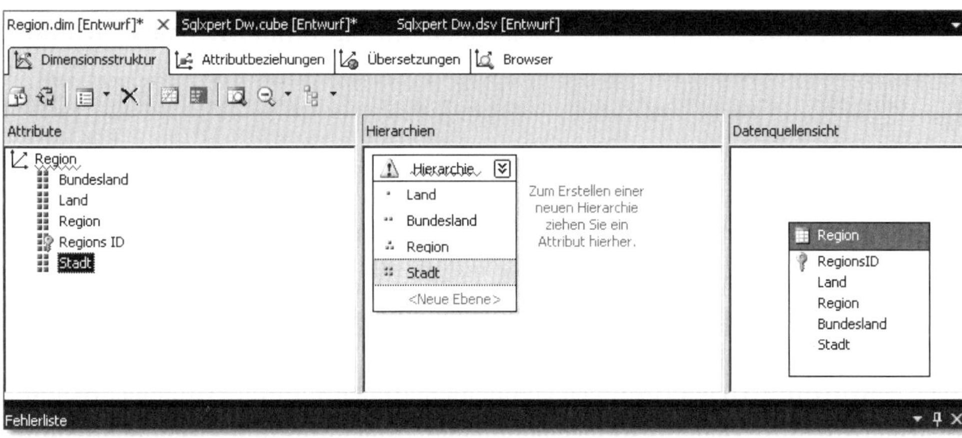

Abbildung 23.37 Erstellen der Hierarchie »Region«

5. Um sich das Ergebnis anzeigen zu lassen, wechseln Sie auf die Registerkarte BROWSER, verarbeiten die Dimension mit [F5] und klicken auf VERBINDUNG WIEDERHERSTELLEN.

   Um das Ergebnis bewerten zu können, wählen Sie im Dropdown-Feld HIERARCHIE aus. Sie können hier die Attribute einzeln zur Ansicht auswählen oder die Hierarchieansicht. Das hat den Vorteil, dass Sie sich durch die Struktur drillen können.

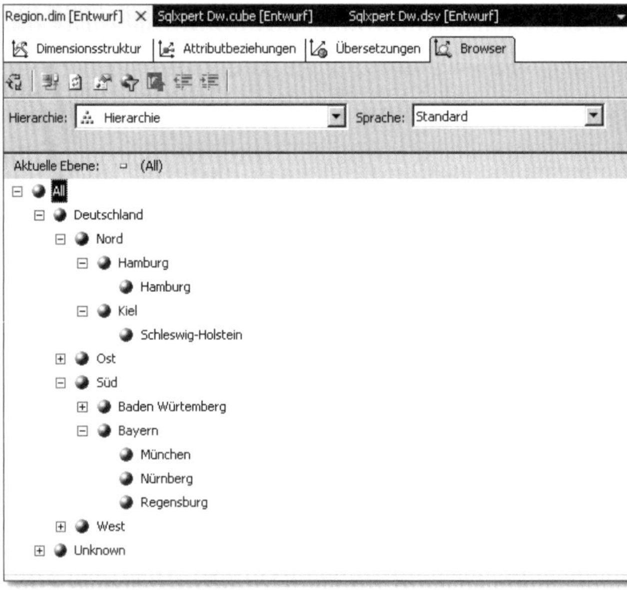

Abbildung 23.38 Der Dimensionsbrowser mit der erstellten Hierarchie

Wie Sie sehen, wurde die Hierarchie erstellt; diese Hierarchien lassen sich jetzt zum Drilldown nutzen. Als Nächstes erstellen Sie eine Hierarchie für die Zeitdimension. Damit haben Sie später nicht nur die Möglichkeit, Umsätze nach der Region, der Stadt oder dem Bundesland anzeigen zu lassen, sondern auch nach Jahr, Monat und Tag.

1. Wechseln Sie zur CUBESTRUKTUR, um die Dimension »Zeit« zu bearbeiten. Dazu schließen Sie erneut den Dimensionsdesigner.
2. Erstellen Sie mit der soeben praktizierten Vorgehensweise eine Hierarchie mit Jahr, Monat und Tag für die Zeitdimension.

Abbildung 23.39 Die Hierarchie der Zeitdimension

Zur Erinnerung: Die Zeitdimension ist in diesem Fall das Ergebnis einer Datenquellensichtabfrage, die aus dem Datum das Jahr, den Monat und den Tag mithilfe von Funktionen erzeugt hat. Analysis Services bietet eine weitere Möglichkeit, eine Zeitdimension hinzuzufügen, indem Sie eine künstliche Zeitdimension erstellen und diese nutzen. Doch zunächst erst einmal zurück zu unserer Zeitdimension.

Wechseln Sie zur Registerkarte BROWSER, drücken Sie [F5], und klicken Sie auf VERBINDUNG WIEDERHERSTELLEN. Stellen Sie im Dropdown-Feld die HIERARCHIE ein.

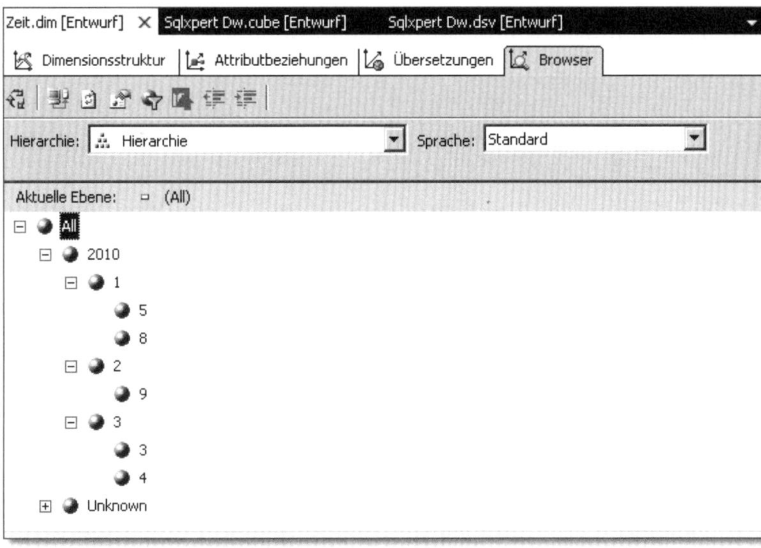

Abbildung 23.40 Darstellung der Zeitdimension im Dimensionsbrowser

Nachdem Sie nun die Hierarchie erstellt und sich im Browser des Dimensionsdesigners das Ergebnis angesehen haben, verlassen Sie den Dimensionsdesigner, wechseln zum Cube-Browser und verarbeiten den gesamten Cube. Danach klicken Sie auf VERBINDUNG WIEDERHERSTELLEN. Zum Schluss können Sie sich die Ergebnisse im Cube-Browser anzeigen lassen.

23.3.3 Dimensionsverwendung

In diesem Abschnitt werden Sie eine neue, servergespeicherte Zeitdimension erstellen. Dieses Beispiel soll verdeutlichen, wie es mit einer servergespeicherten Zeitdimension möglich ist, eine Zeitdimension und Hierarchien anzulegen, ohne dass eine Tabelle dem Datenmodell zugrunde liegt. Um eine neue Zeitdimension zu erzeugen, führen Sie die nachfolgenden Schritte aus:

1. Erstellen Sie im Projektmappen-Explorer im Knoten DIMENSIONEN eine NEUE DIMENSION. Abbildung 23.41 zeigt dies.

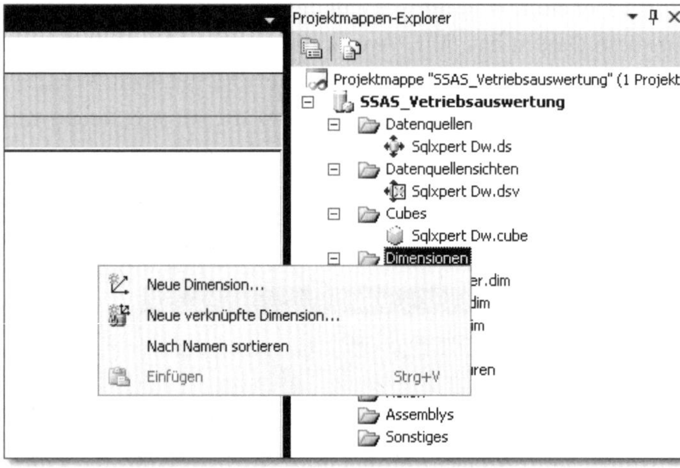

Abbildung 23.41 Erstellen einer neuen Zeitdimension

2. Als Erstellungsmethode wählen Sie ZEITTABELLE AUF DEM SERVER GENERIEREN.

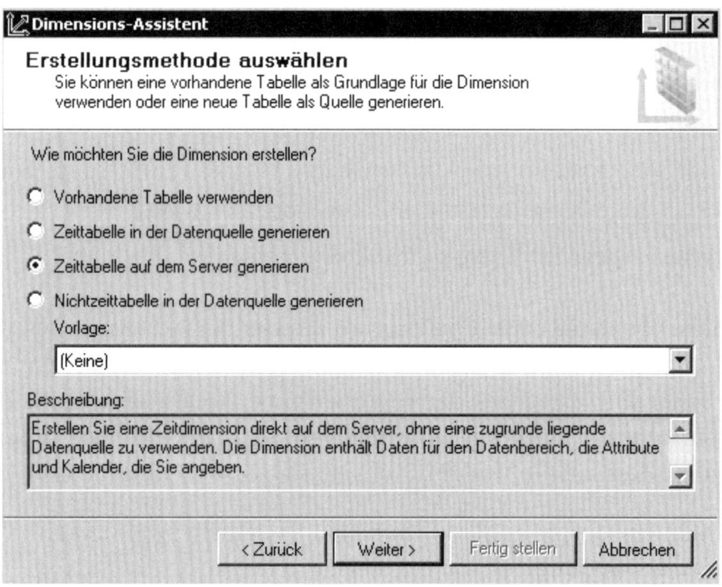

Abbildung 23.42 Zeittabelle auf dem Server generieren

Diese Option stellt sicher, dass es sich bei der neu erstellten Dimension um eine servergespeicherte Zeitdimension handelt.

3. Klicken Sie auf WEITER, je nach Kalender geben Sie jetzt an, wann die Woche beginnt. In Deutschland wäre das der Montag. Um später mit Hierarchien arbeiten zu können, ist es sinnvoll, JAHR, HALBJAHR, QUARTAL, MONAT und DATUM auszu-

wählen (siehe Abbildung 23.43); als kleinste granulare Einheit verwenden Sie später das DATUM. Zudem müssen Sie den Zeitbereich über ERSTER KALENDERTAG und LETZTER KALENDERTAG sowie die SPRACHE FÜR DIE NAMEN DER ZEITELEMENTE auswählen.

Abbildung 23.43 Zeiträume festlegen

Der Zeitbereich ist der Zeitraum, der in die Dimension aufgenommen wird.

Hinweis zum Zeitbereich

Die Zeitdimension wird mit der Faktentabelle »Auftrag« verknüpft. Ein Auftrag ist ein Verkauf an einem bestimmten Tag, was durch das Datum in der Faktentabelle hinterlegt ist. Für den Zeitbereich der Dimension sollten Sie den ersten Kalendertag so wählen, dass er mindestens an dem Datum beginnt, an dem Sie den ersten Verkauf in der Tabelle haben.

Da die Zeitdimension als Schlüsselattribut mit der Faktentabelle über das Datum verknüpft wird, würde es sonst später beim Erstellen des Cubes zu Fehlern kommen, wenn ein Verkauf ein Datum aufweist, das in der Dimensionstabelle nicht existiert. Daher ist es sinnvoll, sich die Daten in der Faktentabelle genau anzusehen.

4. Klicken Sie auf WEITER, und legen Sie die Kalender fest, nach denen Sie später Ihre Analysen durchführen möchten. Wie in Abbildung 23.44 zu erkennen ist, können Sie hier Kalender wählen, die vom regulären Kalender abweichen.

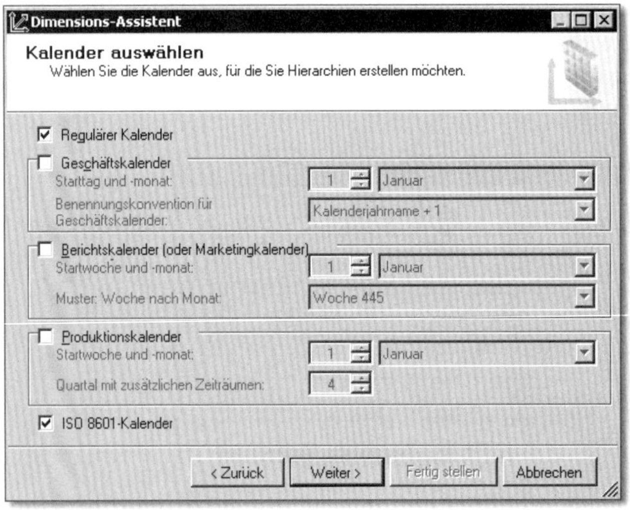

Abbildung 23.44 Kalender auswählen

5. Wählen Sie zusätzlich den ISO 8601-KALENDER, und klicken Sie auf WEITER – die Kalender werden mit den jeweiligen Hierarchien angezeigt.

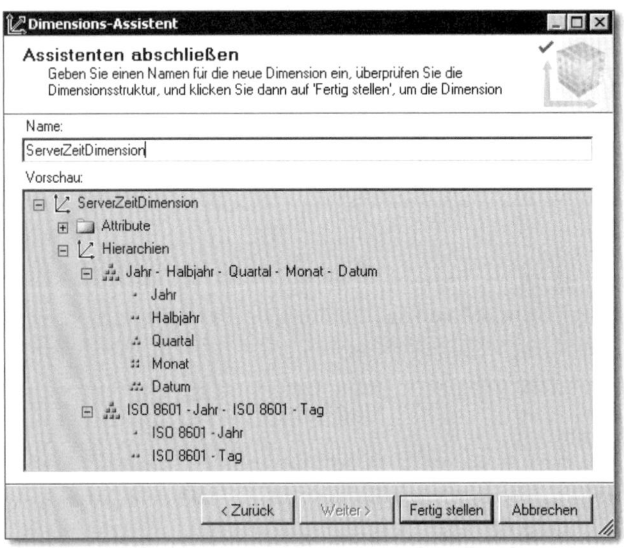

Abbildung 23.45 Assistent abschließen

6. Geben Sie der Zeitdimension einen Namen, und klicken Sie auf FERTIG STELLEN.

Zum Abschluss der Erstellung erscheint die Zeitdimension im Dimensionsdesigner mit den Hierarchien, Attributen und Eigenschaften. Eine Serverzeitdimension wurde erstellt. Sie können diese nun im Dimensionsdesigner betrachten, Attribute, die Sie nicht benötigen, löschen und weitere Hierarchien bilden. Zur Verwendung im Cube sind jedoch weitere Schritte notwendig.

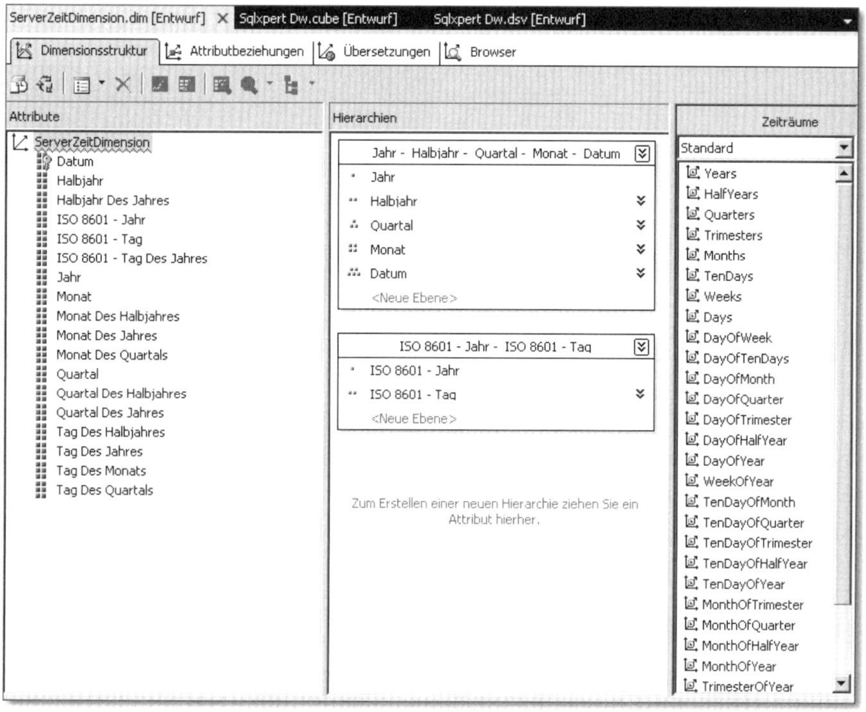

Abbildung 23.46 Dimensionsdesigner mit Zeitdimension

Jede Dimension, die Sie nachträglich ohne den Assistenten erstellen, müssen Sie auf der Registerkarte CUBESTRUKTUR dem Cube hinzufügen.

1. Schließen Sie den Dimensionsdesigner, und wechseln Sie zur Registerkarte CUBESTRUKTUR.
2. Fügen Sie, wie in Abbildung 23.47 zu sehen ist, im Fenster DIMENSIONEN dem Cube eine neue Dimension hinzu, und wählen Sie die zuvor erstellte Zeitdimension aus.

Abbildung 23.47 Cube-Dimension hinzufügen

3. Im Fenster CUBEDIMENSION HINZUFÜGEN wählen Sie die »ServerZeitDimension« aus und sehen diese dann wie in Abbildung 23.48 im Cube-Designer unter DIMENSIONEN.

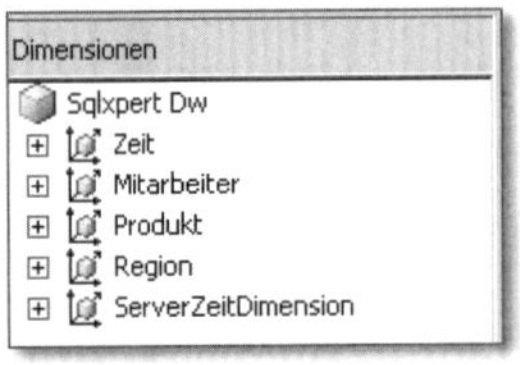

Abbildung 23.48 Die Dimensionen im Cube-Designer

23.3.4 Dimensionsbeziehungen und Tabellendesign

Wenn Sie ein Data Warehouse planen, spielt das Thema Design der Tabellenstruktur eine wichtige Rolle. In der Theorie fallen Begriffe wie Starschema und Snowflake-Schema, oder es treten gemischte Szenarien auf, die nicht den beiden klassischen Vertretern zugeordnet werden können. Aber gleichgültig, wie Ihr Schema aussieht, spätestens wenn es um die Dimensionsverwendung geht, werden Sie mit dem Tabellendesign und der Art und Weise konfrontiert, wie Tabellen zueinander in Beziehung stehen. Wir haben die »ServerZeitDimension« dem Cube hinzugefügt, und nun muss die Beziehung zwischen der Faktentabelle »Auftrag« und der Dimensionstabelle »ServerZeitDimension« hergestellt werden.

1. Wechseln Sie zur Registerkarte DIMENSIONSVERWENDUNG, und selektieren Sie den Schnittpunkt zwischen der Dimension ZEIT und der Measuregruppe AUFTRAG.

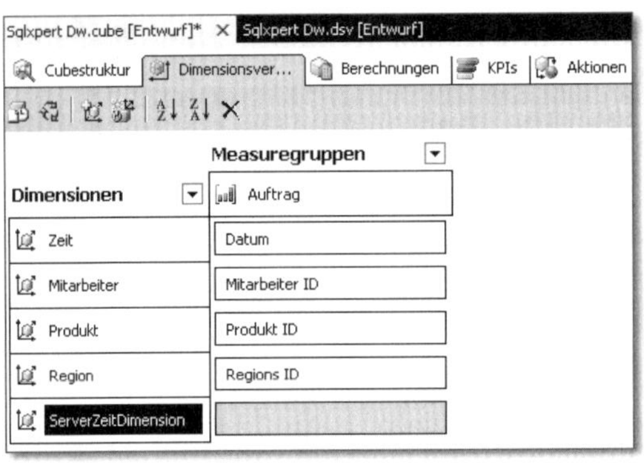

Abbildung 23.49 Dimensionsverwendung

Die Dimensionsverwendung müssen Sie sich wie eine Beziehung zwischen den Tabellen eines relationalen Datenbanksystems vorstellen. Auch hier gibt es verschiedene Beziehungen. In unserem Fall handelt es sich um eine reguläre Beziehung. Das bedeutet, dass die Dimension direkt mit der Faktentabelle verbunden ist und keine Zwischentabelle existiert. Das Attribut ist das Datum, über das die Beziehung eingerichtet wird. Als kleinstes granulares Attribut agiert das Datum.

Beziehungen in Analysis Services

Es gibt verschiedene Arten von Beziehungen, von denen wir Ihnen hier drei vorstellen:

- Eine **reguläre Beziehung** ist eine direkte Verknüpfung der Dimensionstabelle mit der Faktentabelle über ein Attribut. Dabei werden lediglich die Granularität und das Attribut bestimmt. Es wird nicht über eine Zwischentabelle verknüpft.
- Eine **referenzierte Beziehung** entsteht, wenn zwischen der Faktentabelle und der eigentlichen Dimension eine Zwischentabelle existiert. Das kann z. B. der Fall sein, wenn sich in der Zwischentabelle die Regionen Land und Bundesland befinden und in der dahinter befindlichen Dimension die Stadt und der Kunde. Abhängig ist das vom Designentwurf des Tabellenschemas.
- Eine **Faktenbeziehung** wird dann genommen, wenn sich die Spalte, die als Dimension verwendet werden soll, in der Faktentabelle selbst befindet. Das hat den Vorteil, dass keine separate Dimensionstabelle erstellt werden muss. Das Beispiel mit unserer ersten Zeitdimension, die wir aus der Faktentabelle gebaut haben, wäre hier ein klassischer Anwendungsfall. Allerdings hätten uns dann die Attribute »Jahr«, »Monat« und »Tag« einzeln gefehlt, und auch ein Drill wäre so nicht möglich gewesen. Das Datum allein würde nicht ausreichen, um eine Hierarchie zu bilden.

2. An dieser Stelle können Sie die Beziehung konfigurieren. Es handelt sich hierbei um eine reguläre Beziehung, in der die Dimensionsspalten vom Server bereitgestellt werden und die Measuregruppenspalte das Datum aus der Tabelle »Auftrag« ist.

   Klicken Sie in das graue Feld, um die Beziehung zu konfigurieren (Abbildung 23.50).

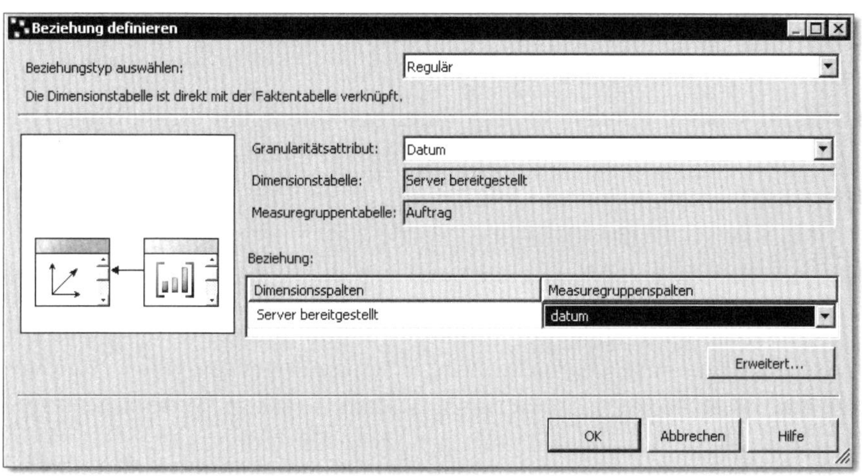

Abbildung 23.50 Reguläre Beziehung erstellen

3. Wählen Sie im Feld BEZIEHUNGSTYP AUSWÄHLEN den Typ REGULÄR für die direkte Beziehung aus. Das Datum ist das GRANULARITÄTSATTRIBUT, da jeder Verkauf mit einem Datum versehen ist.

   Für den Fall, dass Sie weitere Informationen hierzu benötigen oder Sie sich vielleicht die n:m- oder Data-Mining-Beziehungen ansehen möchten, finden Sie weitere Informationen im MSDN unter dem Link: *http://msdn.microsoft.com/de-de/library/ms166560.aspx*.
4. Wechseln Sie zur Registerkarte BROWSER, drücken Sie [F5] zum Verarbeiten des Cubes, und klicken Sie auf das Symbol VERBINDUNG WIEDERHERSTELLEN.
5. Ziehen Sie die Measures ANZAHL und UMSATZ auf die Detailfelder und die Hierarchie JAHR – HALBJAHR – QUARTAL – MONAT – TAG sowie MITARBEITER in die Zeilenfelder, und sehen Sie sich das Ergebnis an.

23.3.5 Berechnungen in Analysis Services

Analysis Services bieten Ihnen die Möglichkeit, Berechnungen nicht nur in der Datenquellensicht, sondern auch auf Cube-Ebene durchzuführen. Das ist immer dann sinnvoll, wenn Berechnungen noch nicht existieren und auf dieser Ebene erstellt werden sollen. Zum Beispiel könnte hier der prozentuale Anteil eines Produkts am Gesamtumsatz zusätzlich ermittelt werden. Das Ganze sieht sicherlich zunächst recht gewöhnungsbedürftig aus, wenn Sie MDX noch nicht gesehen haben.

1. Um eine Berechnung zu erstellen, wechseln Sie zur Registerkarte BERECHNUNGEN und klicken in der Symbolleiste auf das Taschenrechnersymbol (siehe Abbildung 23.51).
2. Im Feld NAME geben Sie einen Namen für Ihre Berechnung ein – in unserem Beispiel wählen Sie »Gesamtumsatz«.

   Im Feld AUSDRUCK können Sie jetzt einen MDX-Ausdruck formulieren. Aber keine Angst – wenn Sie sich links im Fenster BERECHNUNGSTOOLS die METADATEN anzeigen lassen, können Sie von hier per Drag & Drop die einzelnen Measures für Ihre Berechnung auswählen.
3. Ziehen Sie die Measures ANZAHL und UMSATZ in das Feld AUSDRUCK, und gestalten Sie dann Ihre Formeln.

Wie Sie sehen, ist es einfach, Formeln an dieser Stelle zu erzeugen. Wenn es Sie interessiert, wie das MDX-Skript dazu aussieht, klicken Sie auf das Symbol SKRIPTANSICHT, und lassen Sie sich den Code anzeigen (siehe Abbildung 23.52).

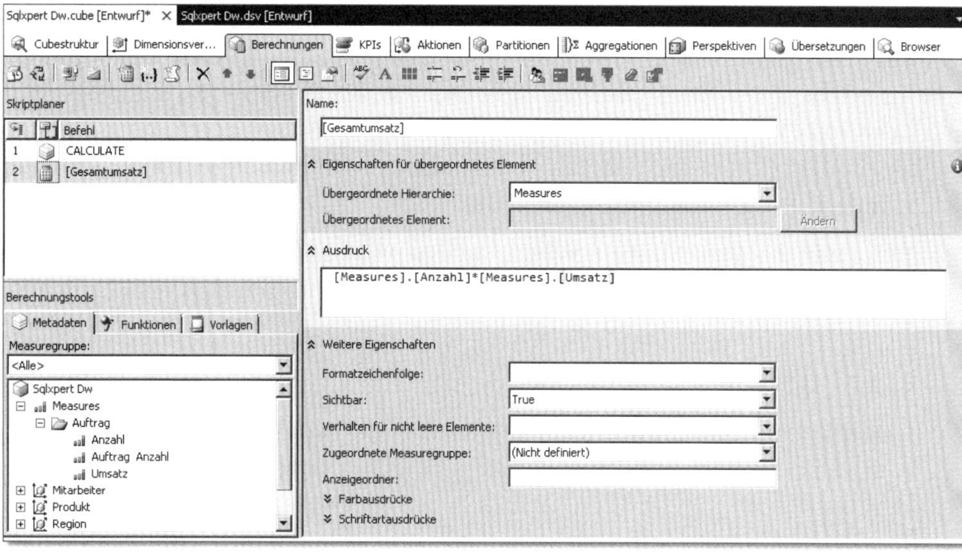

Abbildung 23.51 Die Registerkarte »Berechnungen«

Abbildung 23.52 MDX-Skript der Berechnung »Gesamtumsatz«

Um sich mit dem Thema KPIs und Aktionen weiterführend auseinanderzusetzen, ist es hilfreich, über Grundkenntnisse in der Verwendung von MDX-Ausdrücken zu verfügen. Darüber hinaus müssen Bedingungen ausgewertet und Ausdrücke per Skript formuliert werden.

Interessierte Leser werden an dieser Stelle gebeten, bei Bedarf weiterführende Fachliteratur zu diesem Thema zu Rate zu ziehen.

23.3.6 Key Perfomance Indicators

Key Performance Indicators (KPI) stellen ein beliebtes Instrument dar, um Unternehmenskennzahlen zu visualisieren. Sicherlich können Umsätze von Mitarbeitern in Microsoft-Excel-Diagrammen dargestellt werden. Dazu bieten sich Pivot-Tabellen an, die nach Region, Produkt, Zeit und Mitarbeiter die Umsätze enthalten, um diese dann in einem Diagramm zu veranschaulichen.

KPIs bieten die Möglichkeit, auf einfache Art und Weise, z.B. mithilfe einer Ampel, zu signalisieren, ob wichtige Bereiche des Unternehmens sich im grünen Bereich befinden.

23.3.7 Aktionen

Hinter dem Begriff *Aktionen* stehen z.B. klassisch die Drillthrough-Aktionen oder das Füllen eines Datasets. Aktionen in Bezug auf Analysis Services können die folgenden sein:

- Drillthrough-Aktionen geben die Zeilen zurück, die die zugrunde liegenden Daten der ausgewählten Zellen des Cubes darstellen, in dem die Aktion ausgeführt wird.
- Berichtsaktionen geben einen Bericht von Reporting Services zurück, der mit dem ausgewählten Abschnitt des Cubes verbunden ist, in dem die Aktion ausgeführt wird.
- Standardaktionen geben ein Aktionselement wie eine URL, HTML, ein Dataset oder ein Rowset zurück, das mit dem ausgewählten Abschnitt des Cubes verbunden ist, in dem die Aktion ausgeführt wird.

Mithilfe von Aktionen können Sie auf die Ergebnisse Ihrer Analysen reagieren. Das Speichern und Wiederverwenden von Aktionen erweitert die Möglichkeiten für Sie, sodass Sie Lösungen über die BI-Anwendung und den Cube erweitern können.

23.3.8 Partitionen

Partitionen bieten die Möglichkeit, eine Tabelle in Bereiche zu zerlegen. Die Tabelle »Auftrag« kann so in einzelne Bereiche (Partitionen) aufgeteilt werden. Sinnvoll ist das unter den folgenden Gesichtspunkten:

- Eine Partition kann später separat verarbeitet werden, wodurch Daten unterschiedlich verarbeitet werden können, je nachdem, wie häufig sie sich ändern.
- Partitionen lassen sich auf unterschiedlichen Laufwerken oder Servern ablegen, was die Performance deutlich erhöhen kann.
- Partitionen bieten eine sehr gute Möglichkeit der Skalierung und des parallelen I/O bei großen Datenmengen.

Partitionen stellen somit einen leistungsstarken und flexiblen Mechanismus zum Verwalten von sehr großen Cubes dar.

23.3.9 Aggregationen

Aggregationen sind im Voraus berechnete Werte aus den Datenquellen, die das Abfrageverhalten und somit die Antwortzeiten verbessern. Das Ziel ist es, einen Teil der geforderten Antworten im Voraus zu berechnen. Werden diese Daten angefordert, müssen sie nicht erst berechnet werden. Abfragen können sehr langwierig werden, wenn eine Faktentabelle mehrere Millionen Datensätze enthält. Gerade hier helfen die Aggregationen, das Antwortzeitverhalten wesentlich zu verbessern.

Aggregationen können Sie mithilfe von Assistenten bilden. Dabei wird zum einen eine Methode angeboten, bei der die Optimierung anhand von bereits erfolgten Abfragen durchgeführt wird. Eine weitere Methode sehen Sie in Abbildung 23.53.

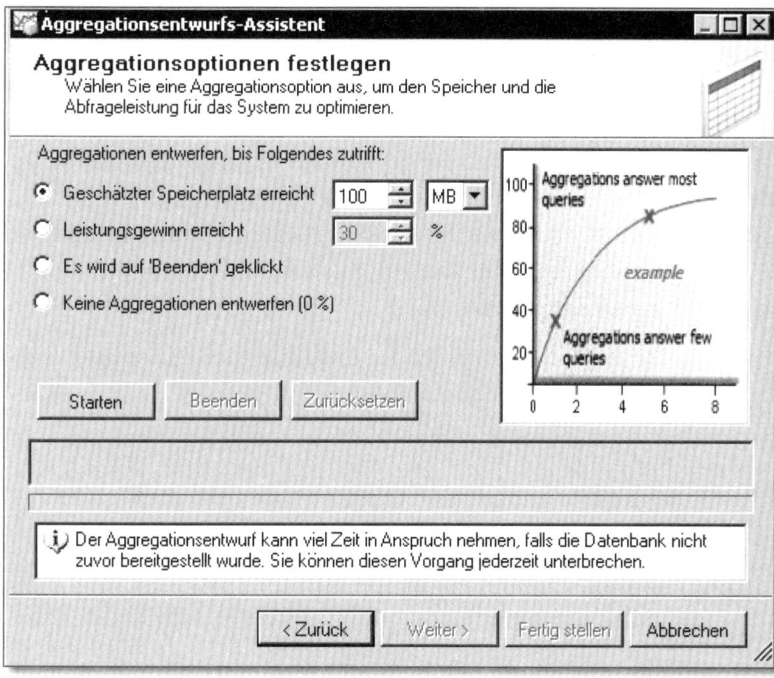

Abbildung 23.53 Aggregation nach Prozent

Bei diesem Verfahren kann nach einem prozentualen Anteil oder dem maximalen Speicherplatz aggregiert werden. Das bedeutet, dass so viele Vorberechnungen stattfinden, bis der Speicherplatz oder der Prozentanteil erreicht ist. Dieses Verfahren ist jedoch nicht abfragespezifisch.

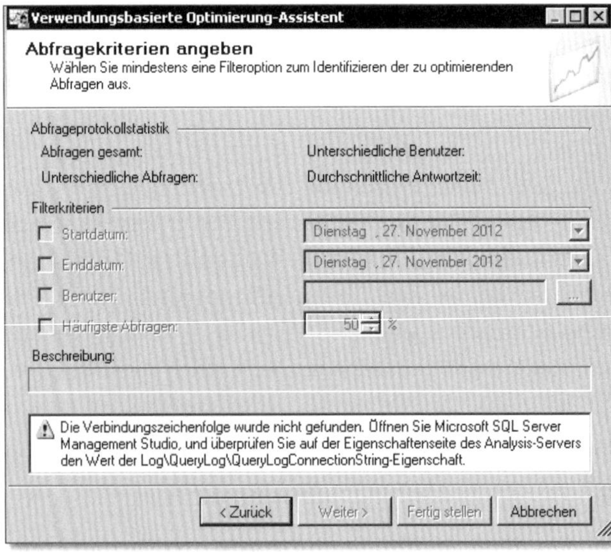

Abbildung 23.54 Abfragebezogene Aggregation nach Verwendung

In Abbildung 23.54 sehen Sie die verwendungsbasierte Optimierung. Diese setzt jedoch in der Konfiguration der Analysis Services voraus, dass die Abfragen aufgezeichnet werden. Der Vorteil der verwendungsbasierten Optimierung besteht darin, dass hier die Optimierung real, anhand der bereits erfolgten Abfragen ausgeführt wird. Lassen Sie uns als Nächstes die Instanz von Analysis Services für die verwendungsbasierte Optimierung konfigurieren.

1. Starten Sie das SQL Server Management Studio, und stellen Sie als SERVERTYP die ANALYSIS SERVICES ein (siehe Abbildung 23.55).

Log \ File	msmdsrv.log	msmdsrv.log	msmdsrv.log
Log \ FlightRecorder \ Enabled	true	true	true
Log \ FlightRecorder \ FileSizeMB	10	10	10
Log \ FlightRecorder \ LogDurationSec	3600	3600	3600
Log \ FlightRecorder \ SnapshotDefinitionFile			
Log \ FlightRecorder \ SnapshotFrequencySec	120	120	120
Log \ FlightRecorder \ TraceDefinitionFile			
Log \ MessageLogs	File;Console;System	File;Console;Sys...	File;Console;Sys...
Log \ QueryLog \ CreateQueryLogTable	true	false	false
Log \ QueryLog \ QueryLogConnectionString	Provider=SQLNCLI11.1;Data Source=sqlxpert01\s...		
Log \ QueryLog \ QueryLogSampling	10	10	10
Log \ QueryLog \ QueryLogTableName	OlapQueryLog	OlapQueryLog	OlapQueryLog
Log \ Trace \ TraceReportFQDN	0	0	0
LogDir	C:\Program Files\Microsoft SQL Server\MSAS11....	C:\Program File...	

Abbildung 23.55 Eigenschaften der Analysis-Services-Instanz

2. Wählen Sie die EIGENSCHAFTEN der Analysis-Services-Instanz, und stellen Sie die Eigenschaft CREATEQUERYLOGTABLE auf TRUE.

3. Legen Sie als Nächstes den QUERYLOGCONNECTIONSTRING fest, eine Tabelle, in der Sie die ausgeführten Abfragen speichern.
4. Der Standardname der Tabelle, in der die Abfragen aufgezeichnet werden, ist OLAPQUERYLOG).
5. Starten Sie die Instanz von Analysis Services neu.

Jetzt haben Sie die Voraussetzungen geschaffen, um eine abfragebasierte Optimierung durchzuführen, wie in Abbildung 23.54 gezeigt.

23.3.10 Perspektiven

Eine *Perspektive* ist eine Sichtweise auf einen Cube. Nicht immer müssen alle Zahlen eines Unternehmens auch allen Abteilungen zur Verfügung stehen. So kann es z.B. sein, dass Verkäufe über den Vertrieb, das Internet und über Wiederverkäufer vorgenommen werden und bei den Auswertungen dem Vertrieb auch nur die Zahlen seiner eigenen Verkäufe zur Verfügung stehen. Aus der Gesamtsicht des Unternehmens hingegen sind z.B. für das Controlling die gesamten Verkäufe wichtig, um zu erkennen, welcher Bereich die meisten Verkäufe oder die größten Margen erzielt hat. Genau dazu sind Perspektiven geeignet. Sie bieten die Möglichkeit, verschiedene Sichtweisen (Perspektiven) auf einen Cube zu erzeugen.

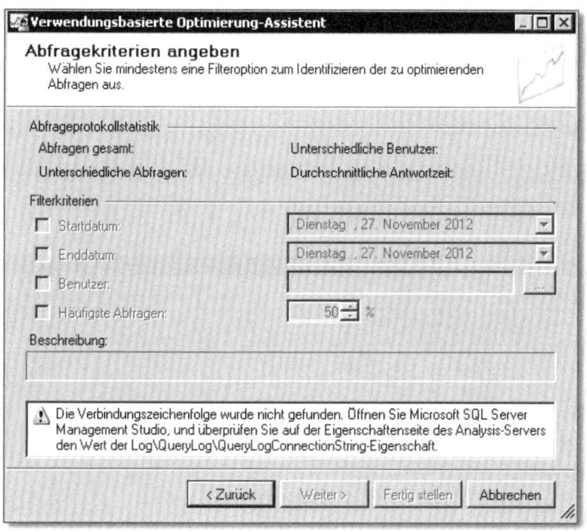

Abbildung 23.56 Perspektiven

In Abbildung 23.56 sehen Sie, wie einfach es ist, für den Cube Perspektiven zu erstellen.

1. Wechseln Sie im Cube-Designer zur Registerkarte PERSPEKTIVEN.
2. Klicken Sie in den leeren hellen Bereich des Perspektivdesigners, und wählen Sie NEUE PERSPEKTIVE.

Eine neue Registerkarte mit dem Perspektivnamen wird erstellt. Über die Selektion der einzelnen Measures, Dimensionen und Attribute legen Sie dann die Sichtweise für die jeweilige Perspektive fest.

3. Entfernen Sie die Häkchen bei der ISO 9601-Hierarchie, der Zeitdimension und dem Measure »Auftrag Anzahl«.
4. Wechseln Sie zum Browser, drücken Sie [F5], und klicken Sie auf VERBINDUNG WIEDERHERSTELLEN. Links oben im Dropdown-Feld über den METADATEN können Sie die PERSPEKTIVE für die Ansicht wechseln.

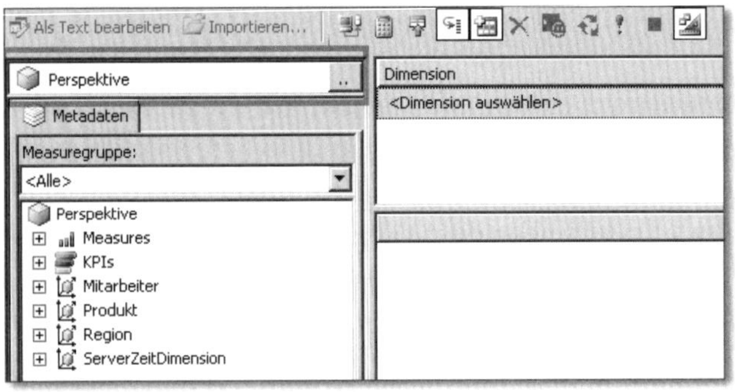

Abbildung 23.57 Erstellte Perspektiven für den Cube

23.3.11 Übersetzungen

Übersetzungen können Sie für Dimensionen oder auf der Ebene des Cubes definieren. Eine Übersetzung dient dem Zweck der internationalen Darstellung oder Bezeichnung. Gerade hier können international agierende Unternehmen sich den Ländern anpassen, in denen Clients auf Daten eines Cubes zugreifen.

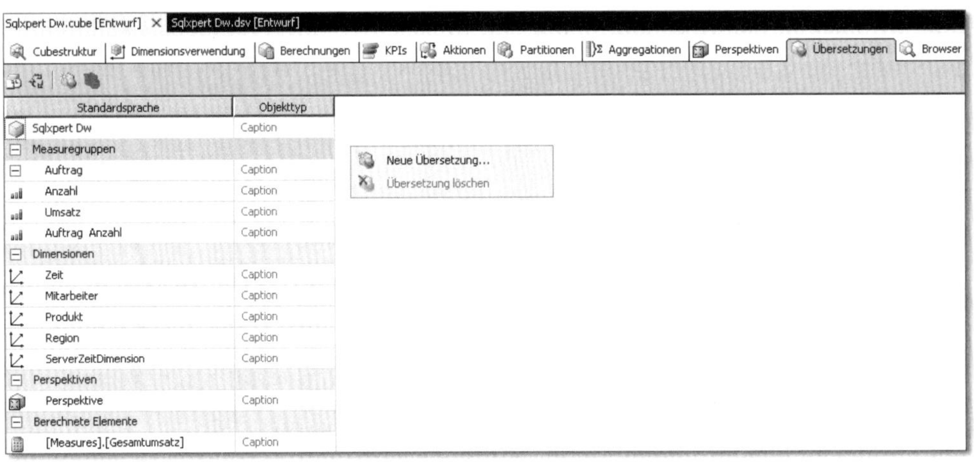

Abbildung 23.58 Übersetzungen

1. Wählen Sie die Registerkarte ÜBERSETZUNGEN, und legen Sie eine NEUE ÜBERSETZUNG... durch einen Klick mit der rechten Maustaste in den leeren Bereich an.
2. Wählen Sie die entsprechende Sprache aus, in unserem Fall Englisch.

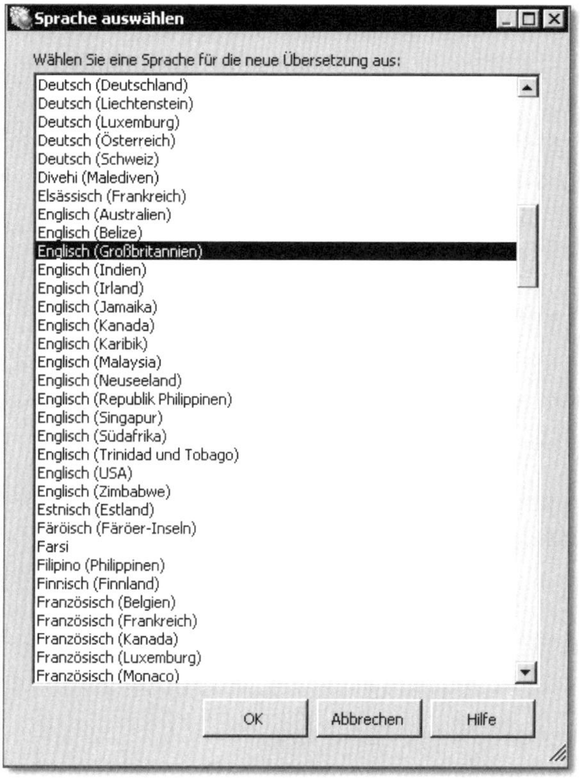

Abbildung 23.59 Auswahl der Sprache für die Übersetzung

3. Nachdem eine neue Spalte für die ausgewählte Sprache eingefügt wurde, geben Sie die jeweiligen Beschriftungen für die Measures und Dimensionen ein.

23.4 Microsoft Excel und Analysis Services

Die eine Seite ist die jeweilige Entwicklung des Cubes und der Test durch die BI-Entwickler, wie Sie dies in den letzten Schritten auch ausgeführt haben. Letztendlich sollen die Daten jedoch den Benutzern zur Verfügung gestellt werden. In diesem Abschnitt werden wir daher eine Verbindung aus Microsoft Excel zu unserem Cube herstellen.

1. Starten Sie Microsoft Excel, wählen Sie die Registerkarte DATEI, und klicken Sie auf das Symbol AUS ANDEREN QUELLEN (siehe Abbildung 23.60).

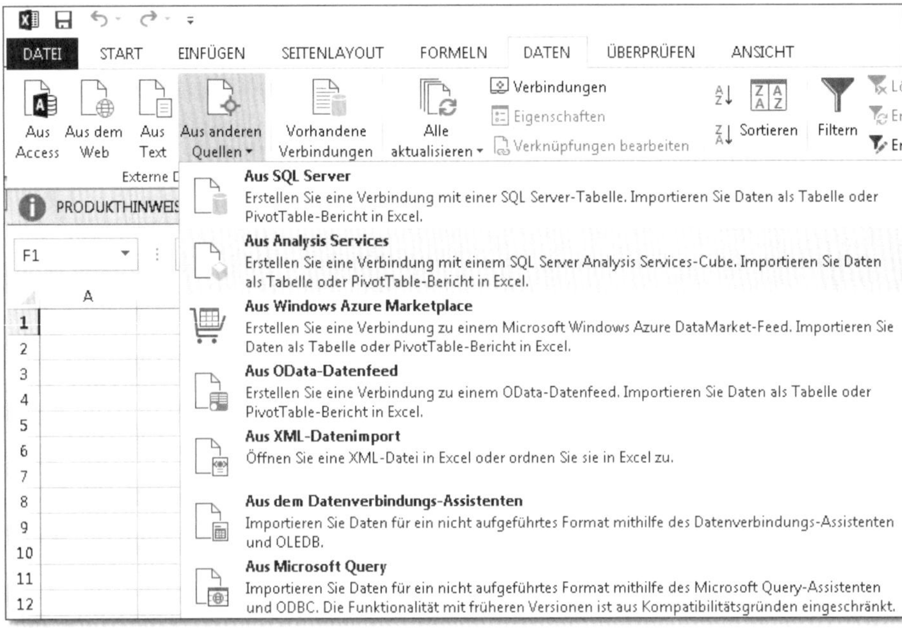

Abbildung 23.60 Verbindung zu SSAS für Microsoft Excel einrichten

Microsoft Excel bietet mehrere Möglichkeiten, um auf externe Datenquellen zuzugreifen. Für uns sind hier lediglich die Analysis Services von Bedeutung.

2. Wählen Sie wie in Abbildung 23.61 den SERVERNAMEN und die Authentifizierung.

Abbildung 23.61 Datenbankserver und Zugriff konfigurieren

3. Anschließend klicken Sie auf WEITER.

   Aus den Analysis Services werden jetzt die Datenbank und der TYP CUBE angezeigt. Genau hier ist es möglich, eine Perspektive auszuwählen, wenn nicht der gesamte Cube-Inhalt dargestellt werden soll (siehe Abbildung 23.62).

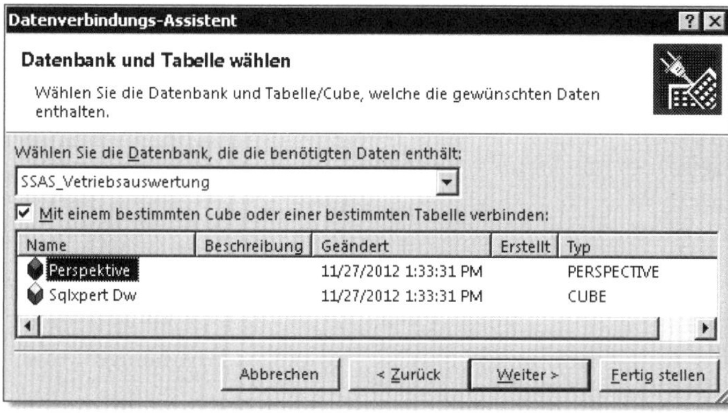

Abbildung 23.62 Cube und Perspektive auswählen

Hinweis

Perspektiven sind keine Variante der Sicherheit; sie blenden lediglich Inhalte aus. Perspektiven sind hilfreich, wenn die Komplexität für bestimmte Fachanwender begrenzt werden soll, um das zur Verfügung zu stellen, was benötigt wird.

4. Geben Sie einen DATEINAMEN und eine BESCHREIBUNG für die Datenverbindungsdatei ein.

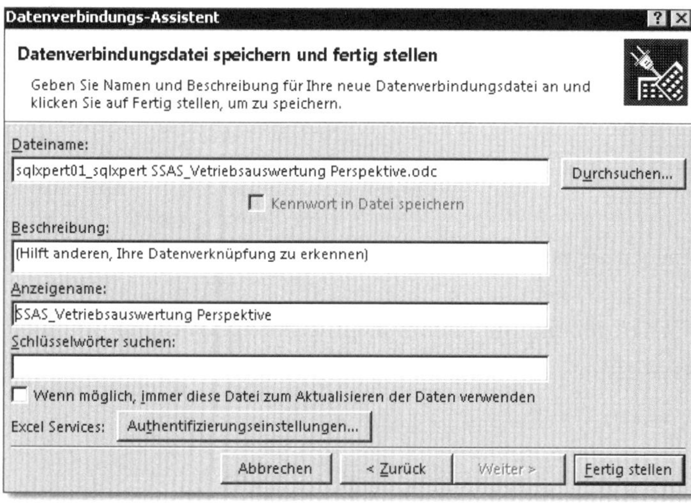

Abbildung 23.63 Datenverbindungsdatei

5. Im nächsten Schritt entscheiden Sie, wie der Import von Daten erfolgen soll (Abbildung 23.64). Hier wählen Sie PIVOTTABLE-BERICHT und das bestehende Arbeitsblatt aus.

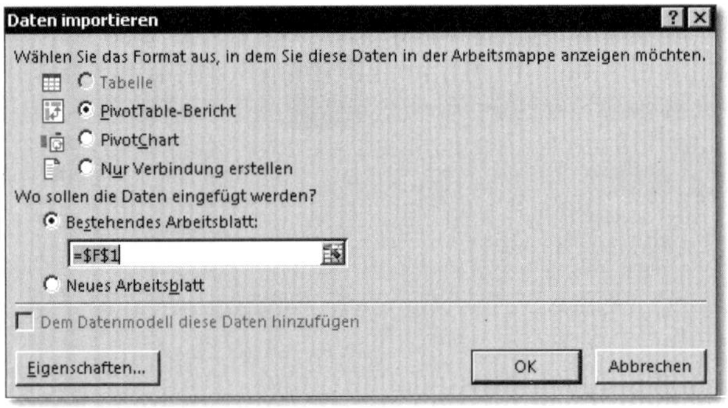

Abbildung 23.64 Daten importieren

6. Jetzt müssen Sie in Microsoft Excel lediglich noch die Measures und Dimensionen auswählen, die Sie darstellen möchten.

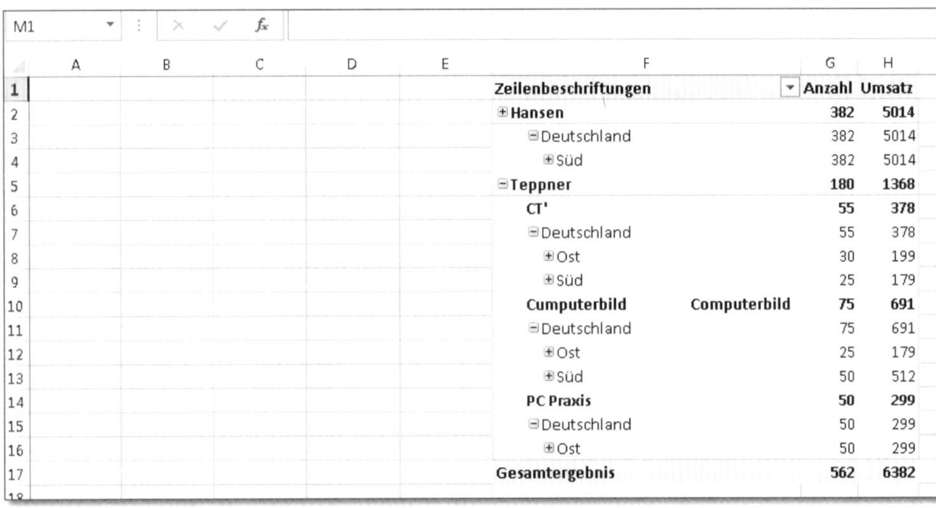

Zeilenbeschriftungen		Anzahl	Umsatz
Hansen		382	5014
Deutschland		382	5014
Süd		382	5014
Teppner		180	1368
CT'		55	378
Deutschland		55	378
Ost		30	199
Süd		25	179
Cumputerbild	Computerbild	75	691
Deutschland		75	691
Ost		25	179
Süd		50	512
PC Praxis		50	299
Deutschland		50	299
Ost		50	299
Gesamtergebnis		562	6382

Abbildung 23.65 Darstellung der Werte in Microsoft Excel

Dieser Abschnitt hat Ihnen gezeigt, wie einfach Sie mithilfe von Microsoft Excel auf den Cube zugreifen können.

23.5 Das Sicherheitskonzept von Analysis Services

Das Sicherheitskonzept von Analysis Services basiert auf einem Rollenrechtekonzept. Für die Instanz von Analysis Services können Sie auch noch nach der Installation bestimmen, wer zusätzlich als Administrator Zugriff haben soll. Natürlich ist es wichtig, bei der Installation einen Administrator zu bestimmen, da dieser sich überhaupt erst mithilfe des SQL Server Management Studios anmelden kann. Möchten

Sie eine weitere Person als Administrator hinzufügen, melden Sie sich mit dem SQL Server Management Studio an Analysis Services an, und wählen Sie die EIGENSCHAFTEN der Instanz aus.

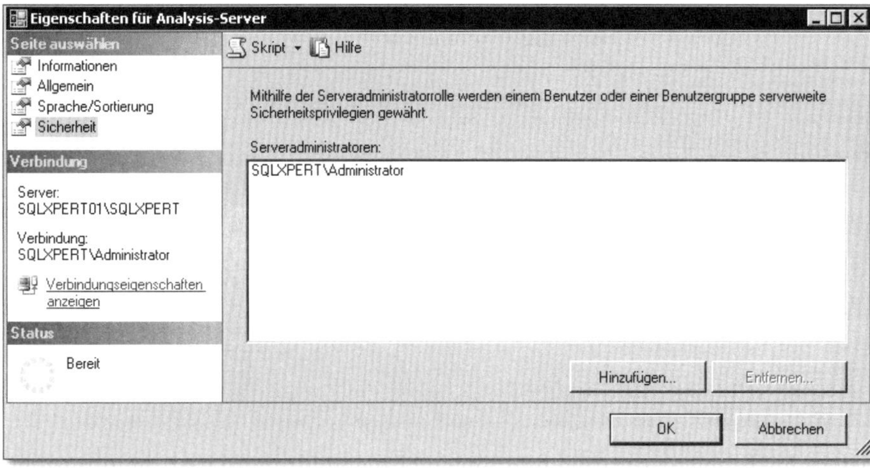

Abbildung 23.66 Hinzufügen eines Administrators zur Instanz von SSAS

Hier können Sie nun jederzeit weitere Administratoren hinzufügen. Um Benutzern die Möglichkeit zu geben, mit einem Cube zu arbeiten, bietet es sich an, entsprechende Rollen zu erstellen.

1. Erweitern Sie den Knoten DATENBANKEN • SSAS_VERTRIEBSAUSWERTUNG ROLLEN.
2. Klicken Sie mit der rechten Maustaste auf ROLLEN, legen Sie eine neue Rolle mit dem Namen »Vertrieb« an, und bestätigen Sie Ihre Eingabe.

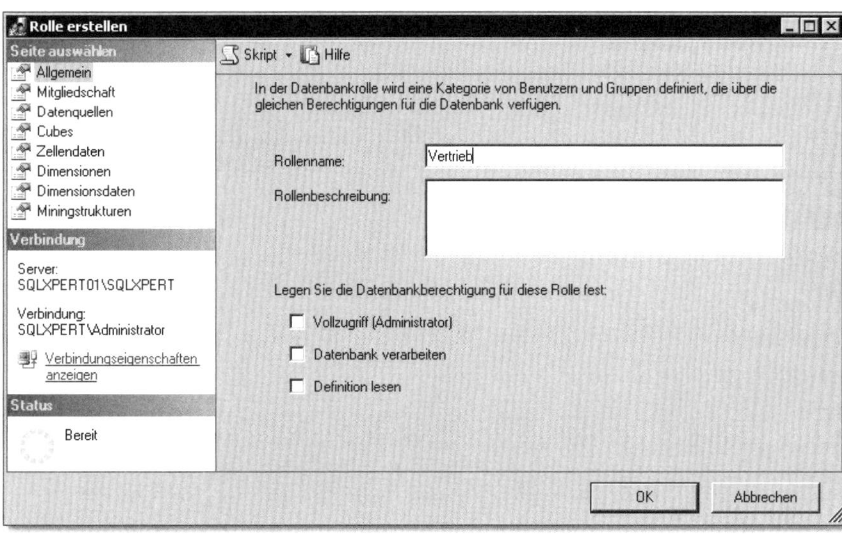

Abbildung 23.67 Sicherheit – Rolle »Vertrieb« hinzugefügt

3. Bearbeiten Sie die Rolle »Vertrieb«, indem Sie ihr Mitglieder hinzufügen.

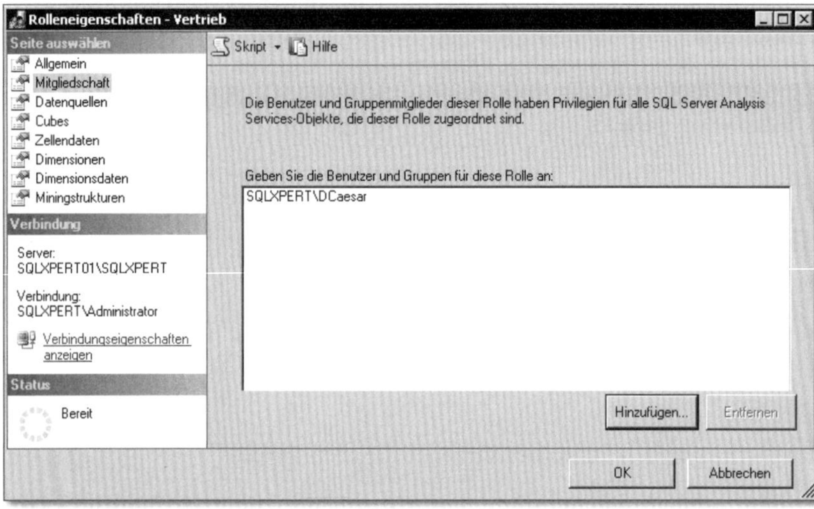

Abbildung 23.68 Hinzufügen eines Benutzers zur Rolle »Vertrieb« in SSAS

4. Fügen Sie den Windows-Benutzer zur Rolle »Vertrieb« hinzu, dem Sie die Berechtigungen erteilen möchten. In unserem Beispiel ist das der Windows-Benutzer »DCaesar«. Jetzt können Sie die Berechtigungen auf den einzelnen Ebenen vergeben. Das bedeutet, dass Rechte auf Datenquellen, Cubes, Zelldaten, Dimensionen, Dimensionsdaten und Mining-Strukturen vergeben werden können.
5. Abbildung 23.69 zeigt die Konfiguration der Berechtigungen auf Datenquellen. Wählen Sie hier zwischen LESEN und KEINE.

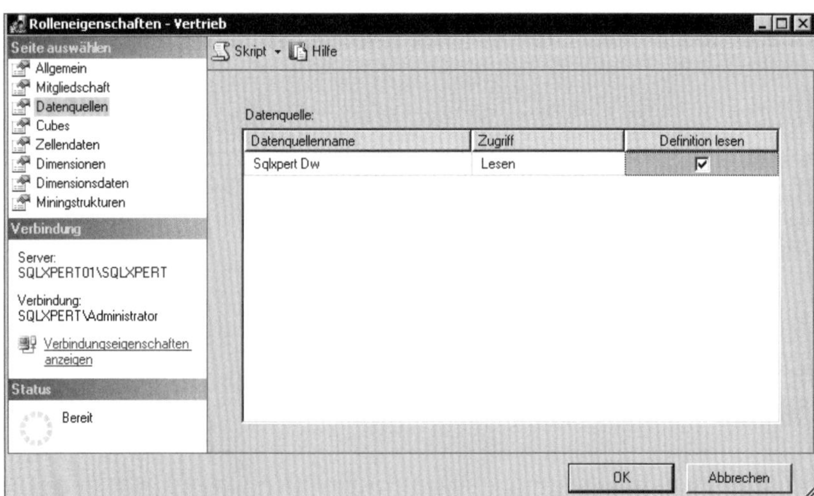

Abbildung 23.69 Vergabe von Berechtigungen auf Datenquellen

6. Abbildung 23.70 zeigt die Konfiguration der Berechtigung auf der Ebene des Cubes. Selektieren Sie hier z.B. LESEN, SCHREIBEN und DRILLTHROUGH oder VERARBEITEN.

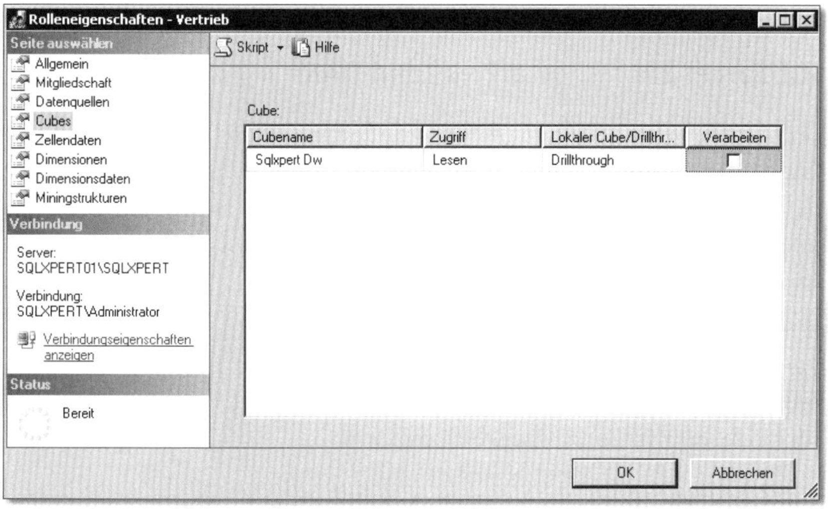

Abbildung 23.70 Konfiguration der Berechtigungen auf Ebene des Cubes

7. Um die Sicherheit auf der Ebene der Zelldaten des Cubes zu definieren, müssen Sie MDX-Ausdrücke festlegen. Abbildung 23.71 zeigt, wie Sie mithilfe der Funktion `CurrentMember` den Zugriff auf das Measure »Umsatz« gewähren.

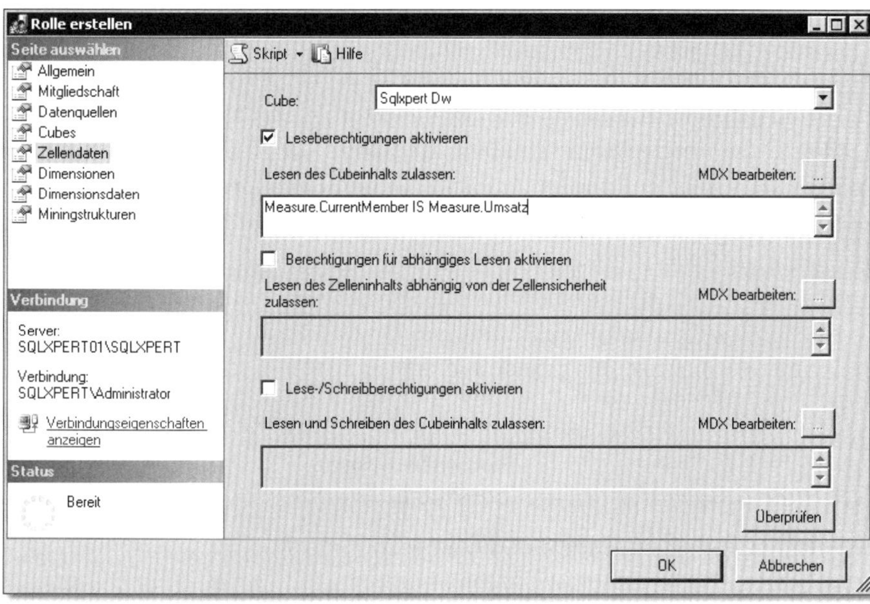

Abbildung 23.71 Berechtigungen auf Inhalte über MDX-Ausdrücke

Eine Einführung in MDX würde den Rahmen dieses Buches überschreiten. Beispiele finden Sie unter der folgenden Adresse: *http://msdn.microsoft.com/de-de/library/bb500251.aspx*.

23.6 SQL Server 2012 – PowerPivot und DAX

PowerPivot steht für eine Technologie zur Verarbeitung großer Datenmengen und kann als Add-in für Microsoft Excel 2010 unter der Adresse *http://www.microsoft.com/de-de/download/details.aspx?id=29074* heruntergeladen werden. PowerPivot ermöglicht eine schnelle Bearbeitung von großen Datenmengen – oft mehrere Millionen Datensätze.

Microsoft stellt mit PowerPivot ein Datenanalysetool zur Verfügung, das es Fachanwendern ermöglicht, große Datenmengen zu analysieren und diese dann in Berichten zu verwenden. Im Mittelpunkt steht eine Analysis-Services-Komponente, die Module für Microsoft Excel und SharePoint umfasst.

Um Fachanwendern die volle Funktionalität über das Arbeiten mit der Maus hinaus bereitzustellen, wurde eigens die Sprache DAX eingeführt. DAX steht für *Data Analysis Expression Language* und ist an MDX angelehnt. MDX ist für Fachanwender sicher nicht ganz einfach zu erlernen. Hier soll DAX Abhilfe schaffen: Da Microsoft Excel meist das Produkt ist, mit dem Fachanwender sehr gut umgehen können, ist DAX an die Microsoft-Excel-Syntax angelehnt. DAX ermöglicht es, einfache Ausdrücke zu formulieren und so nicht nur Analysen durchzuführen, sondern auch Erweiterungen hinzuzufügen, ohne auf die Unterstützung von BI-Spezialisten angewiesen zu sein.

Wenn Sie PowerPivot testen möchten, können Sie für den Einstieg mit dem kostenlosen PowerPivot-Add-in für Microsoft Excel 2010 arbeiten, das Sie von der genannten Adresse heruntergeladen können. Nachdem Sie das PowerPivot-Add-in installiert haben, wird in Microsoft Excel ein neues Add-in integriert. Bei Microsoft Excel 2013 gehen Sie folgendermaßen vor, um mit PowerPivot zu arbeiten.

1. Starten Sie Microsoft Excel 2013, und gehen Sie im Menü auf DATEI.

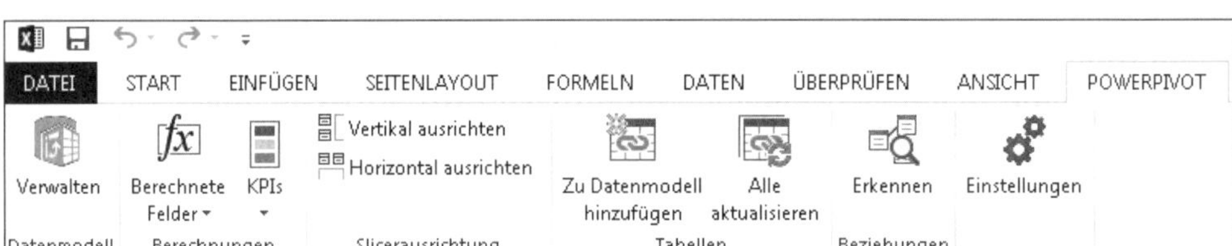

Abbildung 23.72 PowerPivot für Microsoft Excel 2013 aktivieren

2. Wählen Sie OPTIONEN • EXCEL OPTIONEN • ADD-INS.

3. Wählen Sie COM-Add-Ins aus, und klicken Sie auf Gehe zu.

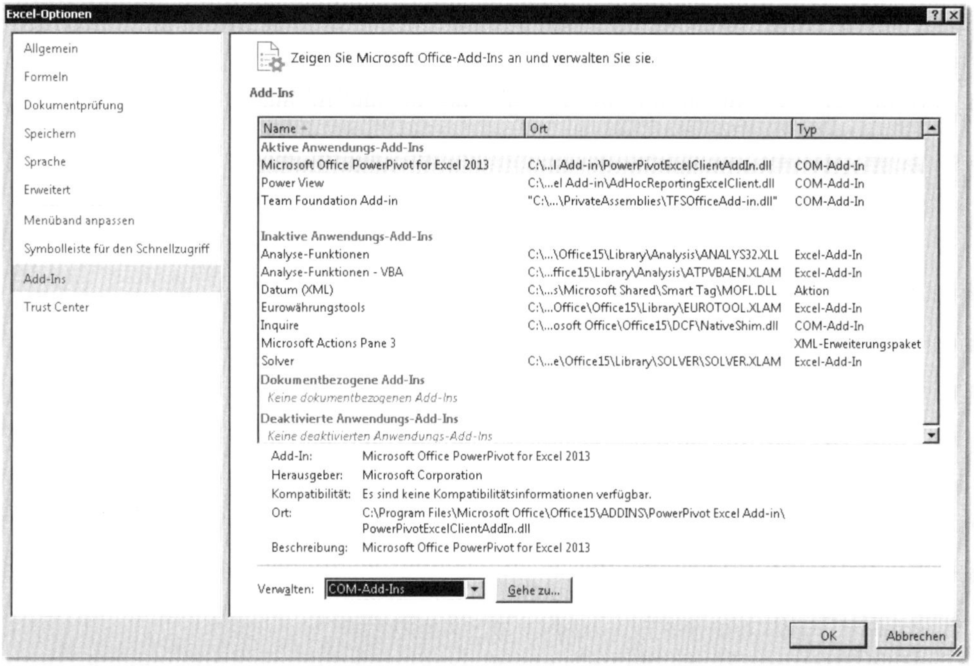

Abbildung 23.73 Einbinden des COM-Add-Ins für PowerPivot

4. Wählen Sie das Add-in Power View aus.

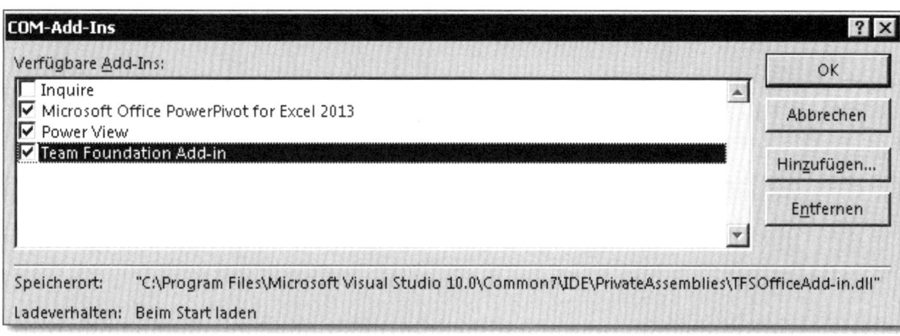

Abbildung 23.74 Auswahl der COM-Add-Ins

Nachdem Sie die Voraussetzungen in Microsoft Excel geschaffen haben, kann jetzt PowerPivot verwendet werden. Lassen Sie uns dazu ein kleines Beispiel mit PowerPivot umsetzen.

1. Klicken Sie auf die Registerkarte PowerPivot und dann auf die Schaltfläche Verwalten.

2. Nachdem sich das Fenster POWERPIVOT FÜR EXCEL geöffnet hat, klicken Sie auf die Schaltfläche EXTERNE DATEN ABRUFEN (Abbildung 23.75).

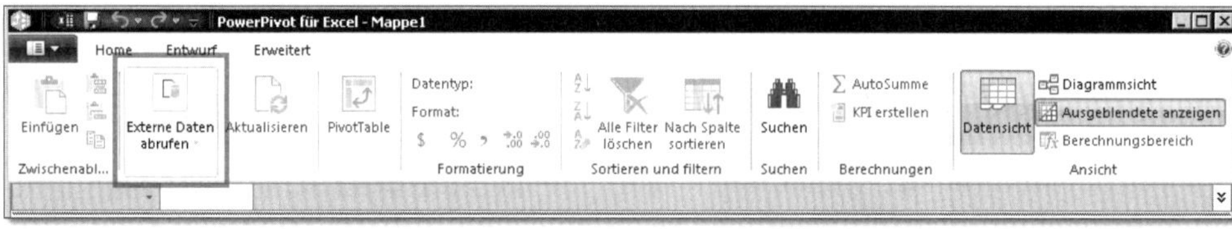

Abbildung 23.75 Externe Daten im PowerPivot-Fenster abrufen

PowerPivot stellt eine Reihe von Datenquellen zur Verfügung. Neben den klassischen Microsoft-Quellen werden auch weitere Quellen unterstützt. Eine Auflistung der Quellen finden Sie im nachfolgenden Kasten.

Datenquellen für PowerPivot

- Microsoft SQL Server
- Microsoft SQL Azure
- Microsoft SQL Server Parallel Data Warehouse
- Microsoft Access
- Oracle
- Teradata
- Sybase
- Informix
- IBM DB2
- Sonstige (OLE DB/ODBC)
- Microsoft Analysis Services
- Bericht
- aus Windows Azure Marketplace
- verwandte Daten vorschlagen
- weitere Feeds
- Microsoft-Excel-Datei
- Textdatei

3. Um die ganze Vielfalt der Datenquellen zu sehen, klicken Sie auf den Button AUS ANDEREN QUELLEN. Abbildung 23.76 zeigt die externen Datenquellen.
4. Wählen Sie als Datenquelle MICROSOFT SQL SERVER ANALYSIS SERVICES aus, um in den Dialog zum Verbinden mit einer Datenbank zu gelangen.

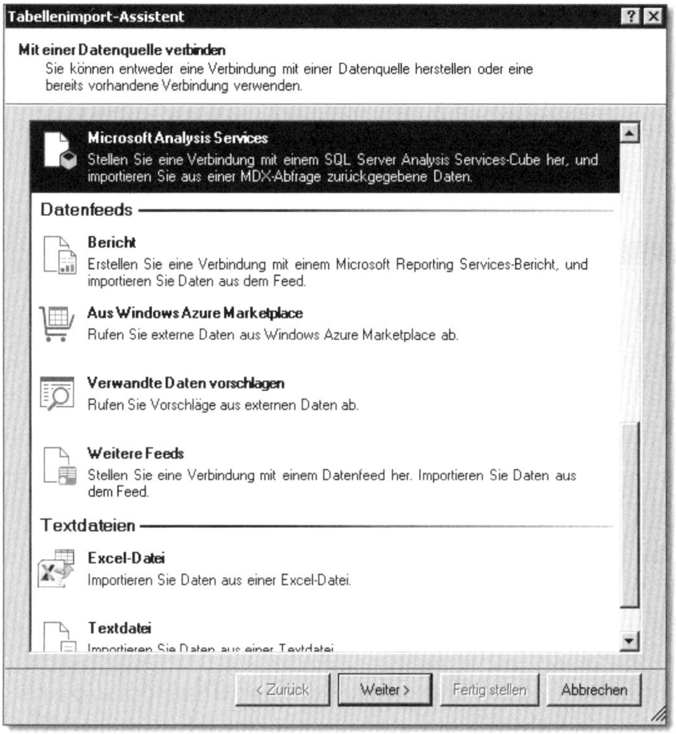

Abbildung 23.76 Auswahl der Datenquellen für PowerPivot

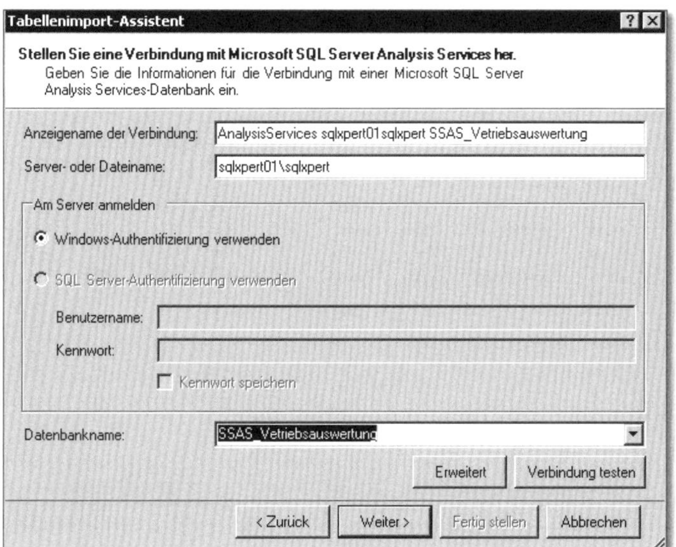

Abbildung 23.77 Datenquelle für SSAS konfigurieren

5. Geben Sie jetzt wie in Abbildung 23.77 die Verbindungsinformationen in Form von SERVERNAME und DATENBANKNAME ein. Selektieren Sie die Datenbank SSAS_VERTRIEBSAUSWERTUNG, und klicken Sie auf WEITER.

   Sie haben die Möglichkeit, eine MDX-Anweisung zu schreiben oder eine Abfrage zu entwerfen. Der Entwurfsmodus hilft Ihnen, ohne MDX-Kenntnisse eine Abfrage zu gestalten.

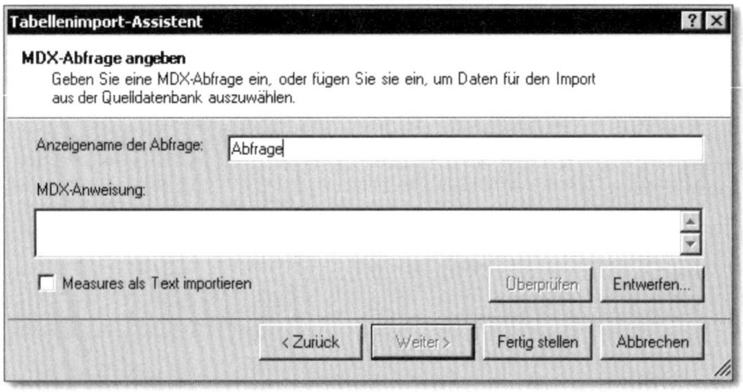

Abbildung 23.78 MDX-Abfragefenster

6. Klicken Sie auf die Schaltfläche ENTWERFEN..., um in den Entwurfsmodus zu gelangen. Ziehen Sie die Measures »Anzahl« und »Umsatz« auf die Entwurfsoberfläche.

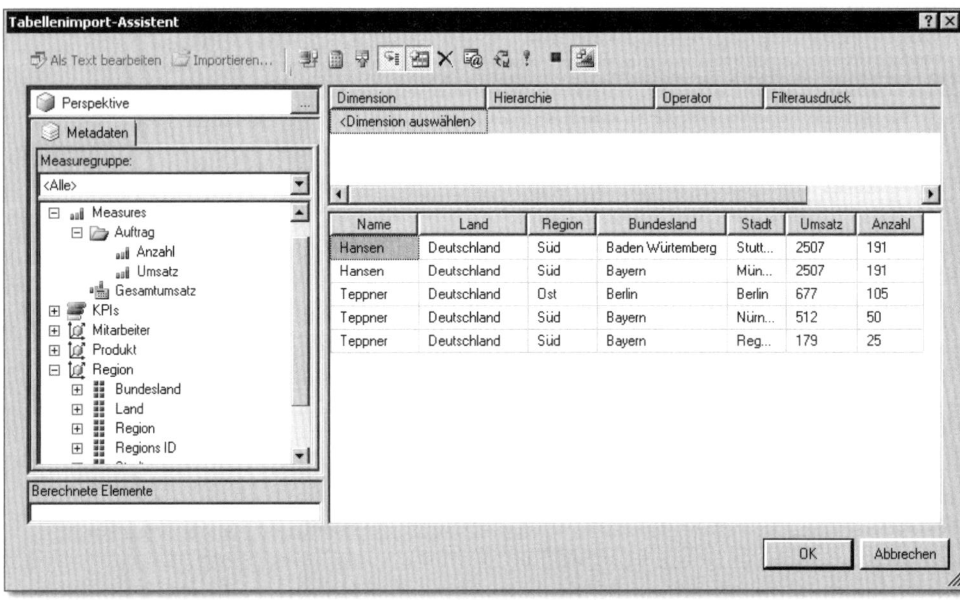

Abbildung 23.79 Tabellenimport-Assistent für die Gestaltung der Abfrage

7. Wenn Sie auf OK klicken, wechseln Sie zurück zur MDX-Anweisung, und der Ausdruck Ihrer Auswahl wird angezeigt (siehe Abbildung 23.80).

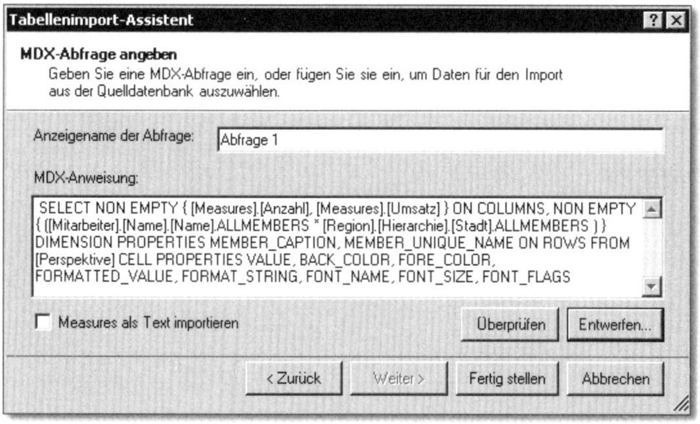

Abbildung 23.80 Der MDX-Ausdruck für die Abfrage

8. Klicken Sie auf FERTIG STELLEN, um die Erstellung der Abfrage zu beenden.

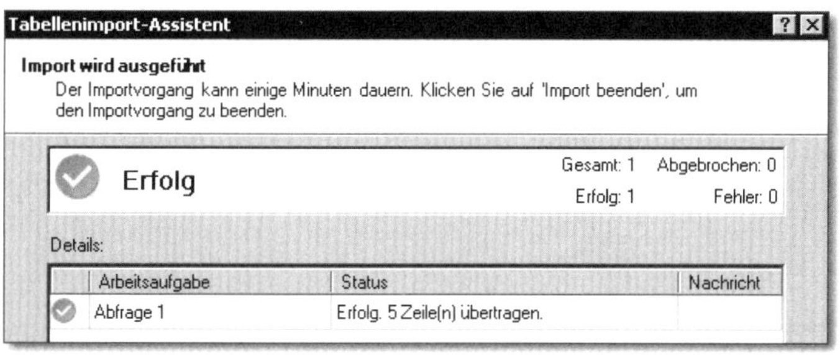

Abbildung 23.81 Import wird ausgeführt.

Nach dem Import steht Ihnen die Schaltfläche PIVOTTABLE zur Verfügung. Mithilfe dieser Schaltfläche sind Sie in der Lage, eine Pivot-Tabelle für die Auswertung der Daten zu erstellen.

9. Klicken Sie auf die Schaltfläche PIVOTTABLE, und wählen Sie VORHANDENES ARBEITSBLATT (Abbildung 23.82).

Abbildung 23.82 Dialog »Pivot einfügen«

Nachdem Sie ein Pivot »Arbeitsblatt« erzeugt haben, sehen Sie die folgende Abbildung im Arbeitsbereich.

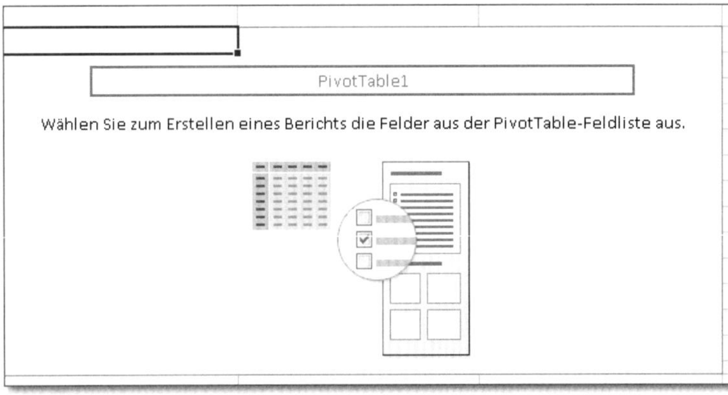

Abbildung 23.83 Leere Pivot-Tabelle – Datenselektion erfolgt über die PivotTable-Felder.

Der PivotTable-Arbeitsbereich füllt sich automatisch, wenn Sie im rechten Bildschirmbereich unter PIVOTTABLE-FELDER die Measures und Dimensionen auswählen.

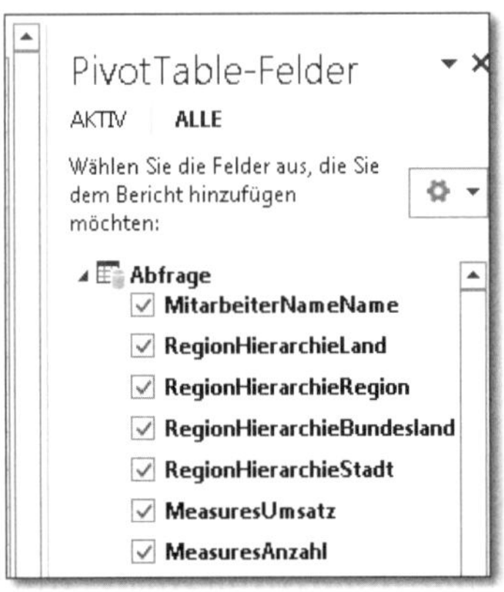

Abbildung 23.84 Auswahl der Measures und Dimensionsattribute

10. Wählen Sie dazu die Measures und Dimensionsattribute, wie sie in Abbildung 23.84 zu sehen sind.

Zum Abschluss sehen wir uns noch das Ergebnis in Abbildung 23.85 an. Die Daten wurden in den Arbeitsbereich der Pivot-Tabelle übernommen und stehen jetzt zur Auswertung bzw. weiteren Verarbeitung zur Verfügung.

Zeilenbeschriftungen	Summe von MeasuresUmsatz	Summe von MeasuresAnzahl
Hansen	**5014**	**382**
Deutschland	**5014**	**382**
Süd	5014	382
Baden Würtemberg	**2507**	**191**
Stuttgart	2507	191
Bayern	**2507**	**191**
München	2507	191
Teppner	**1368**	**180**
Deutschland	**1368**	**180**
Ost	677	105
Berlin	**677**	**105**
Berlin	677	105
Süd	691	75
Bayern	**691**	**75**
Nürnberg	512	50
Regensburg	179	25
Gesamtergebnis	**6382**	**562**

Abbildung 23.85 Datenbereich der Pivot-Tabelle

Das gezeigte Beispiel verdeutlicht die Vorgehensweise, um PowerPivot zu nutzen und Daten aus unterschiedlichen Quellen in Microsoft Excel zu analysieren. Wenn Sie als Datenquelle die Analysis Services wählen, haben Sie die Möglichkeit, MDX-Ausdrücke zu formulieren oder diese mit dem Designer in gewohnter Weise zu erstellen. PowerPivot stellt verschiedene Funktionen zur Verfügung, die dem Fachanwender dabei helfen, seine Analysen zu gestalten. Darüber hinaus steht dem Fachanwender nun die Möglichkeit zur Verfügung, berechnete Felder zu erstellen. Berechnete Felder entsprechen den Berechnungen im Cube-Designer, nur dass es hier der Fachanwender ist, der diese Berechnungen erstellt.

Kapitel 24
Workshops zu SharePoint 2010 und SQL Server 2012

Zum Abschluss möchten wir Ihnen noch zwei Workshops zu SharePoint und SQL Server an die Hand geben. Aus unserer Schulungspraxis wissen wir, dass dieses Wissen im Arbeitsalltag unserer Teilnehmer häufig verlangt wird.

24.1 Installation und Konfiguration von SharePoint 2010, SQL Server 2012 und PowerPivot

In diesem Workshop möchten wir gemeinsam mit Ihnen eine Installation durchführen, die es Ihnen ermöglicht, PowerView innerhalb einer SharePoint-2010-Umgebung einzusetzen. Dazu haben wir einen Windows Server 2008 R2 innerhalb einer Domäne vorbereitet, der für diese Umgebung genutzt wird.

24.1.1 Einrichten der erforderlichen Benutzerkonten für die Dienstinfrastruktur

Zunächst werden Benutzerkonten für die Dienstinfrastruktur benötigt. Im Windows-Betriebssystem wird ein Dienst unter einem Benutzerkonto ausgeführt. Dazu müssen die folgenden Konten vor der Installation der Dienste erstellt werden.

Benutzername	Rolle
SQLService	SQL-Server-Datenbankbenutzer
SPAdmin	SharePoint-Administratorkonto
SPFarm	SharePoint-Farm-Konto
SSAS	SQL-Server-Analysis-Services-Konto
SSRS	SQL-Server-Reporting-Services-Konto

Tabelle 24.1 Domänenbenutzer

1. Starten Sie ACTIVE DIRECTORY-BENUTZER UND -COMPUTER.
2. Klicken Sie mit der rechten Maustaste auf die Domäne, und erstellen Sie eine neue Organisationseinheit mit dem Namen DIENSTKONTEN für die Benutzer.
3. Legen Sie innerhalb der Organisationseinheit die Benutzer aus Tabelle 24.1 an.

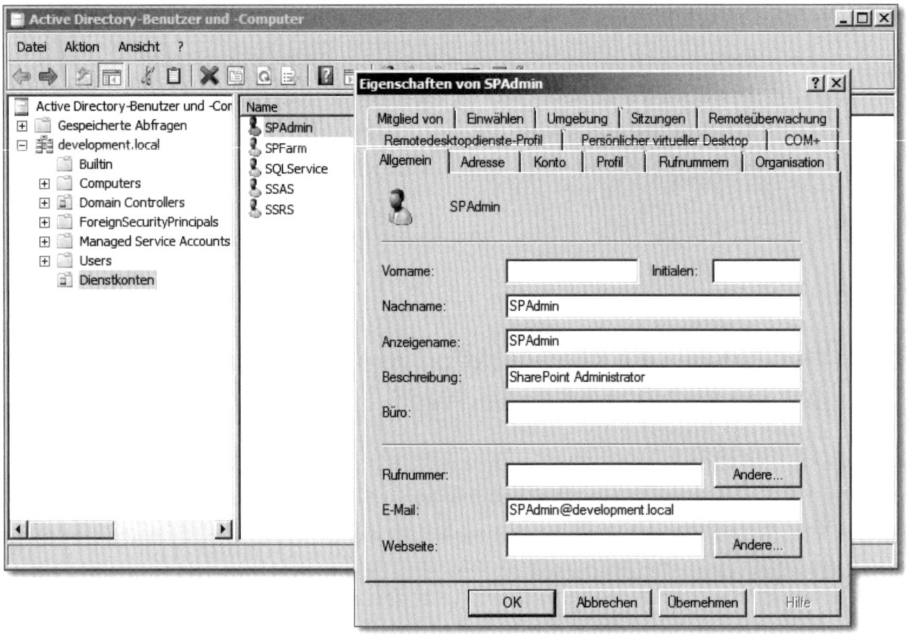

Abbildung 24.1 Anlegen der Domänenbenutzer für die Dienste

Für eine SharePoint-2010-Installation müssen Sie den SP_Admin in die lokale Gruppe der Administratoren aufnehmen. Warum? SharePoint 2010 ist ein webbasiertes System, bei dem Webanwendungen im Internet Information Server (IIS) angelegt werden. Zu diesen Webanwendungen kommt noch hinzu, dass jede Webanwendung über ein Verzeichnis auf der lokalen Platte des Servers verfügt, in dem die Konfigurationsdatei *WebConfig* abgelegt ist. Diese Aktionen werden im Kontext eines Benutzerkontos ausgeführt, deshalb muss das Konto über administrative Berechtigungen verfügen.

24.1.2 Delegieren der Verwaltung des SharePoint-Servers auf einem Mitgliedsserver

Um den Benutzer SPAdmin auf dem lokalen Windows-Server zu berechtigen, auf dem die SharePoint-Installation erfolgt, wird er auf diesem zur lokalen Gruppe der Administratoren hinzugefügt. Damit stehen diesem Konto diese Rechte lediglich auf diesem Windows-Server zur Verfügung.

1. Klicken Sie auf START • PROGRAMME • VERWALTUNG • COMPUTERVERWALTUNG.
2. Wählen Sie unter dem Knoten LOKALE BENUTZER UND GRUPPEN die GRUPPEN aus.
3. Klicken Sie doppelt auf die Gruppe der ADMINISTRATOREN.
4. Klicken Sie auf HINZUFÜGEN, und geben Sie »SPAdmin« ein.
5. Klicken Sie auf NAMEN ÜBERPRÜFEN, und bestätigen Sie dies jeweils mit OK.
6. Jetzt haben Sie den SPAdmin zur lokalen Gruppe der Administratoren hinzugefügt.

24.1.3 Delegieren der Verwaltung des SharePoint-Servers auf einem Domänen-Controller

Dieser Abschnitt betrifft aus unserer Sicht Entwickler, weil diese Zielgruppe sich oft einen lokalen Rechner einrichtet, auf dem alles zentral läuft. Da wird schnell einmal ein Windows Server 2008 R2 mit Domänen-Controller auf einem virtuellen Rechner aufgesetzt, um dann SharePoint und SQL Server zu installieren. Wenn dieses Beispiel zutrifft, unterscheidet sich der Vorgang zum vorangegangenen Abschnitt 24.1.2, »Delegieren der Verwaltung des SharePoint-Servers auf einem Mitgliedsserver«, insofern, als der Benutzer über das Tool ACTIVE DIRECTORY-BENUTZER UND -COMPUTER (Abbildung 24.1) der Gruppe der DOMÄNENADMINISTRATOREN hinzugefügt wird.

24.1.4 Berechtigungen im SQL Server erteilen

Als Nächstes müssen Sie dem Benutzer SPAdmin innerhalb des SQL Servers Berechtigungen erteilen.

1. Starten Sie das SQL Server Management Studio.
2. Klicken Sie auf VERBINDEN.
3. Erweitern Sie den Knoten SICHERHEIT.
4. Klicken Sie mit der rechten Maustaste auf ANMELDUNGEN.
5. Klicken Sie dann auf NEUE ANMELDUNG.
6. Geben Sie im Feld ANMELDENAME »SPAdmin« ein.
7. Klicken Sie im Bereich SEITE AUSWÄHLEN auf SERVERROLLEN.
8. Aktivieren Sie das Kontrollkästchen DBCREATOR.
9. Aktivieren Sie das Kontrollkästchen SECURITYADMIN.
10. Klicken Sie auf OK.
11. Schließen Sie das SQL Server Management Studio.

Nachdem Sie die Benutzer angelegt und sie in die lokale Gruppe der Administratoren aufgenommen haben, stehen Ihnen diese in der Domäne zur Verfügung. Die Installation von SharePoint 2010 und SQL Server 2012 kann jetzt erfolgen.

24.1.5 Installation von SharePoint 2010

Als Nächstes erfolgt exemplarisch eine Installation des SharePoint-2010-Servers.

1. Legen Sie für die Installation die CD des SharePoint Server 2010 Service Packs 1 ein.
2. Führen Sie die in Abbildung 24.2 gezeigte *splash.hta* aus.

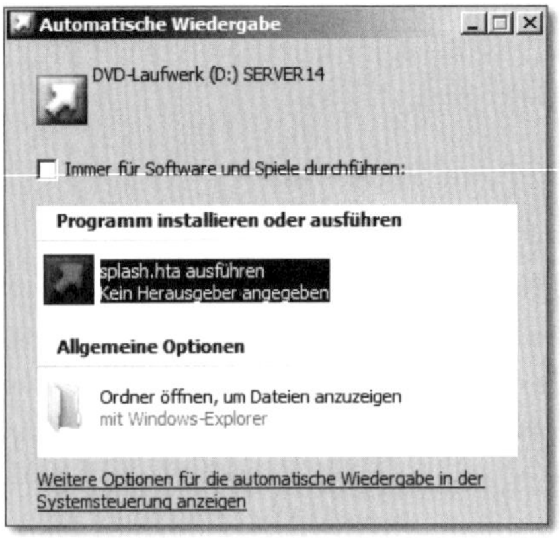

Abbildung 24.2 Starten der SharePoint-2010-Installation

Zunächst müssen die erforderlichen Voraussetzungen installiert werden. Das Installationsmenü bietet dazu den Punkt SOFTWAREVORAUSSETZUNGEN INSTALLIEREN an.

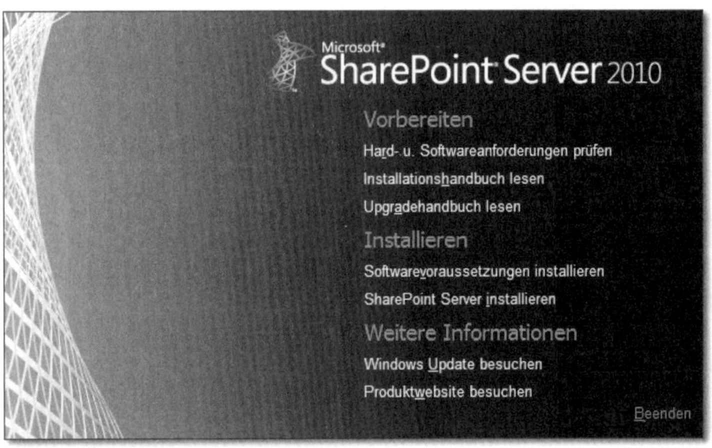

Abbildung 24.3 Installation der Softwarevoraussetzungen

3. Klicken Sie auf diesen Punkt, und starten Sie die Installation.
4. Wie Sie erkennen können, werden einige Komponenten benötigt. Auch wird auf dem Windows-Server die Anwendungsrolle für den Internet Information Server (IIS) eingerichtet, was für SharePoint eine Grundvoraussetzung ist.

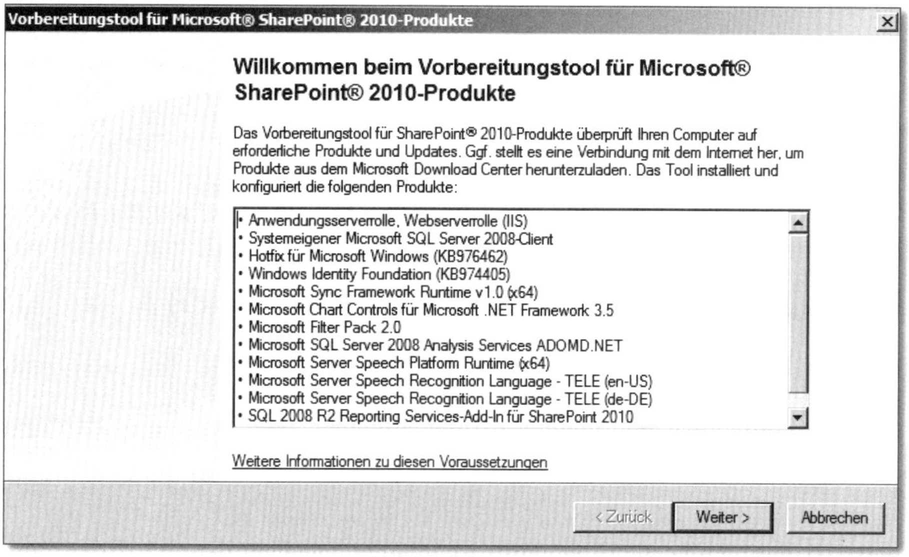

Abbildung 24.4 Vorbereitungstool für SharePoint 2010

Um diese Komponenten zu installieren, ist entweder eine Internetverbindung notwendig, oder Sie laden sich die Komponenten separat herunter. Für diese Komponenten existiert der Ordner *PrerequisiteInstallerFiles* auf der SharePoint-CD.

5. Wenn Sie über eine Internetanbindung verfügen, klicken Sie auf WEITER, und starten Sie die Installation.

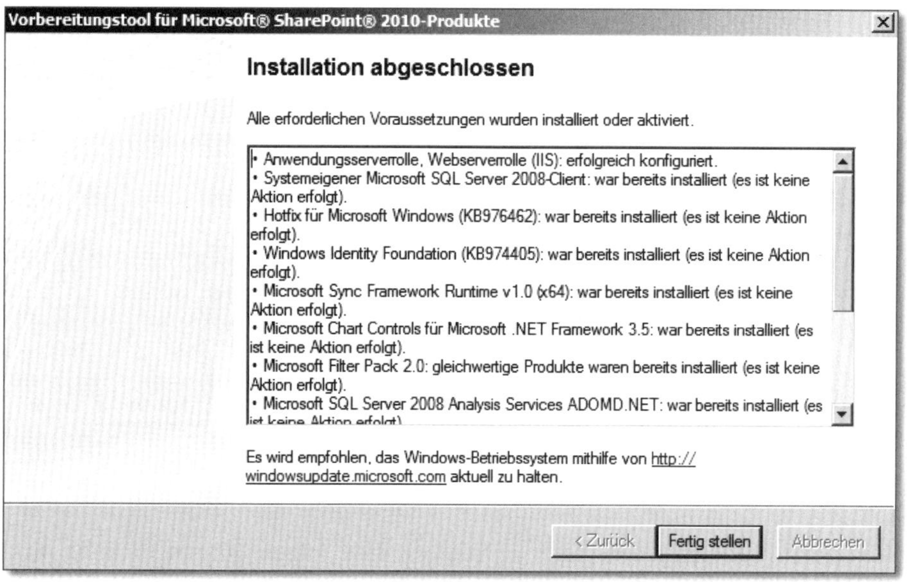

Abbildung 24.5 Abschluss der vorbereitenden Installation

Es ist möglich, dass der Server zwischendurch neu startet, um dann mit der Installation fortzufahren.

6. Klicken Sie auf FERTIG STELLEN, und starten Sie das Setup erneut, diesmal jedoch mit dem Punkt SHAREPOINT SERVER INSTALLIEREN.
7. Geben Sie den Produktschlüssel ein, und klicken Sie auf WEITER.
8. Stimmen Sie dem Lizenzvertrag zu, und achten Sie darauf, auf welches Laufwerk Sie die Indexdateien legen (Abbildung 24.6).

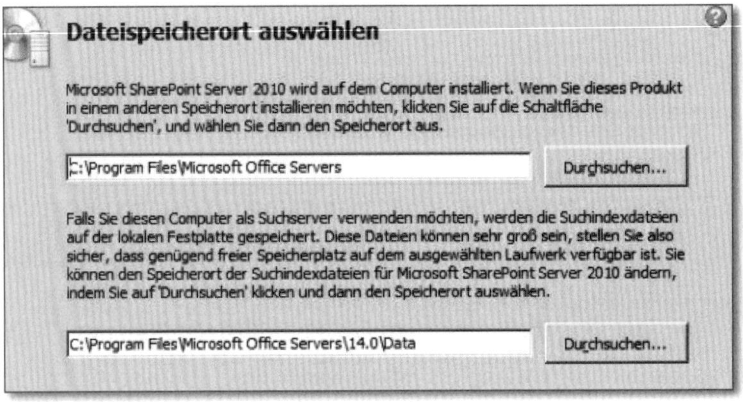

Abbildung 24.6 Pfade für den SharePoint und die Indexdatei

Empfehlung für Indexdateien

Legen Sie die Indexdatei am besten auf einem Laufwerk ab, das zum einen über genügend Speicherplatz und zum anderen über ausreichend Performance verfügt.

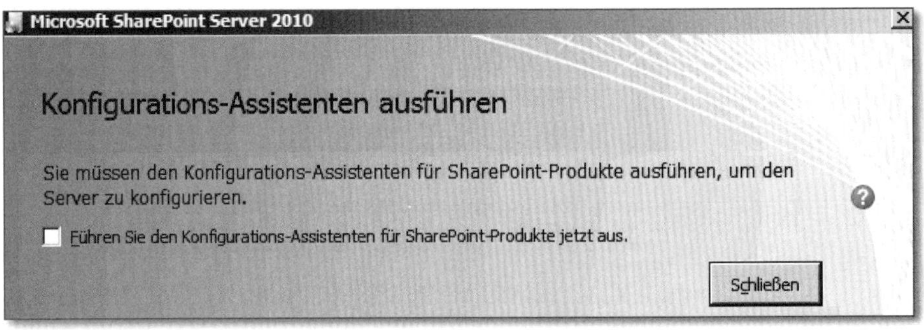

Abbildung 24.7 Der Konfigurations-Assistent

Nach der Installation würde jetzt die Konfiguration folgen. Führen Sie diese **nicht** aus. Zunächst muss eine Installation des SQL Servers erfolgen.

Entfernen Sie deshalb vor dem Klick auf SCHLIESSEN die durch **das Häkchen** markierte Auswahl aus Abbildung 24.7.

24.1.6 Installation von SQL Server 2012 BI Edition

In Kapitel 4, »Installation von und Aktualisierung auf SQL Server 2012«, haben wir bereits eine Standardinstallation von SQL Server 2012 durchgeführt.

In diesem Kapitel, in dem es vor allem um die Vorbereitungen zum Thema Business Intelligence geht, nutzen wir die Möglichkeit, eine Installation mit der SQL Server BI Edition durchzuführen.

1. Starten Sie die Installation der SQL Server 2012 BI Edition.
2. Wählen Sie in der Kategorie INSTALLATION eine NEUE EIGENSTÄNDIGE SERVER-INSTALLATION VOM SQL SERVER.

   Wir werden in diesem Kapitel nicht mehr auf jeden Punkt der Installation von SQL Server 2012 eingehen. Das Augenmerk liegt auf den Positionen, die sich von der Standardinstallation unterscheiden. Ein Unterschied ist z.B. der in Abbildung 24.8 gezeigte Punkt PRODUKTUPDATES.

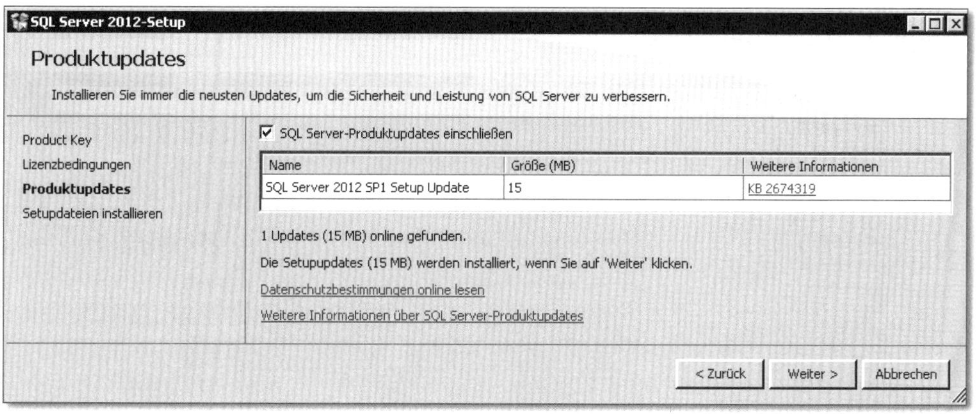

Abbildung 24.8 Aktualisierung während der Installation

Während des Installationsprozesses wurde eine Aktualisierung gefunden. Diese Dateien werden dann heruntergeladen und fließen in die Installation mit ein.

In Abbildung 24.9 sind die beiden Warnungen gut zu erkennen. Da diese Installation auf einem Domänen-Controller erfolgt, wird eine Warnung ausgegeben. Für eine Produktivumgebung ist diese Variante absolut nicht einzusetzen. Hier handelt es sich jedoch um einen Rechner, der zur Entwicklung und zum Testen eingesetzt wird.

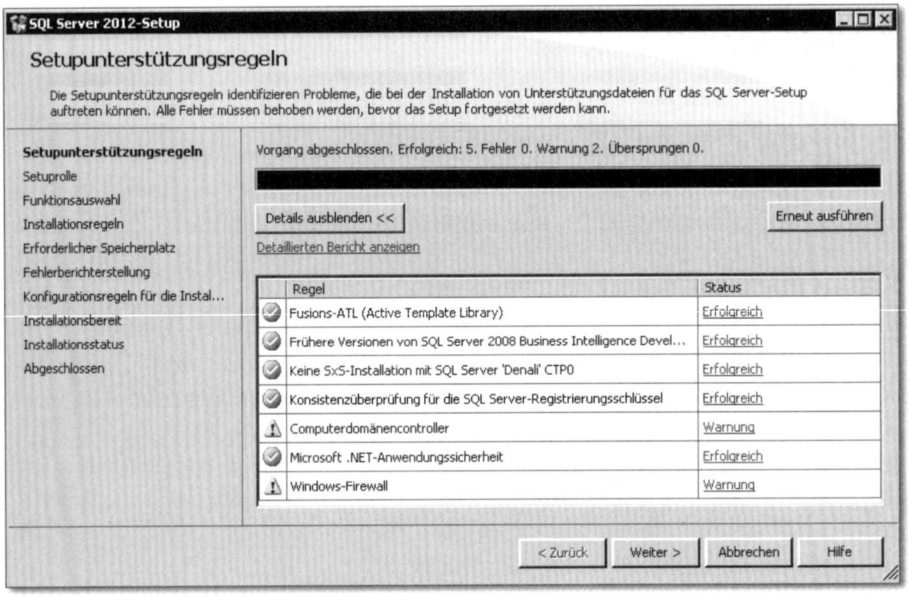

Abbildung 24.9 Warnungen – Domänen-Controller und Firewall

3. Klicken Sie auf WEITER.

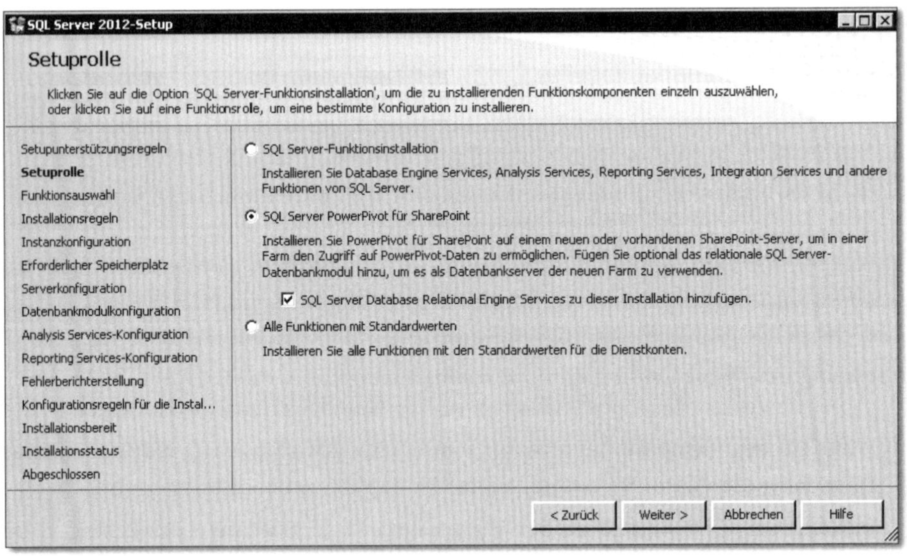

Abbildung 24.10 SQL Server PowerPivot für SharePoint

Bei der Installation von SQL SERVER POWERPIVOT FÜR SHAREPOINT (Abbildung 24.10) werden die Analysis Services, die Analysis-Services-SharePoint-Integration, die Verwaltungstools und optional das Datenbankmodul installiert.

4. Die Funktionsauswahl ist somit bereits richtig vorgenommen worden (siehe Abbildung 24.11), und Sie können die Installation mit einem Klick auf WEITER fortsetzen.

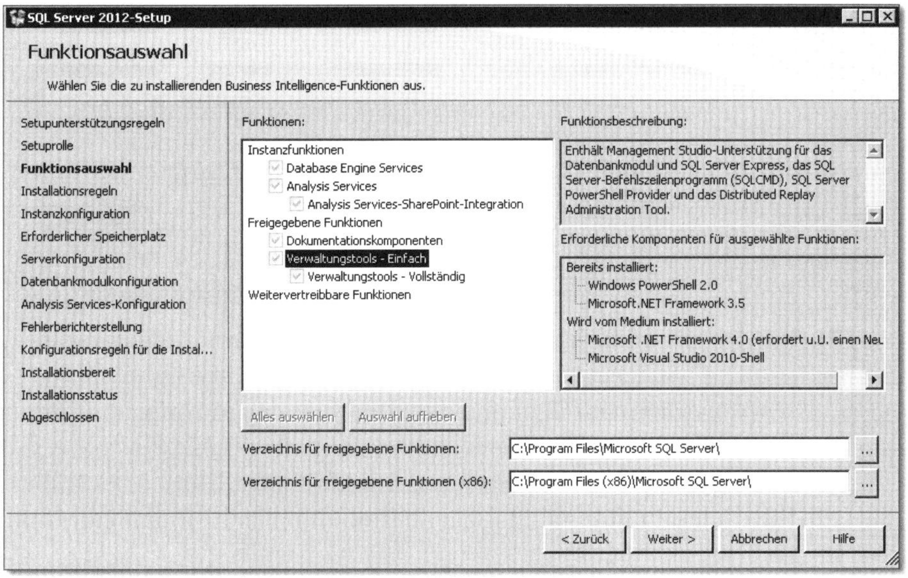

Abbildung 24.11 Funktionsauswahl

Die in Abbildung 24.12 zu sehende INSTANZ-ID wird für das relationale Datenbankmodul benötigt. In den weiteren Dialogen folgen die Zusammenfassung und die Konfiguration der Konten.

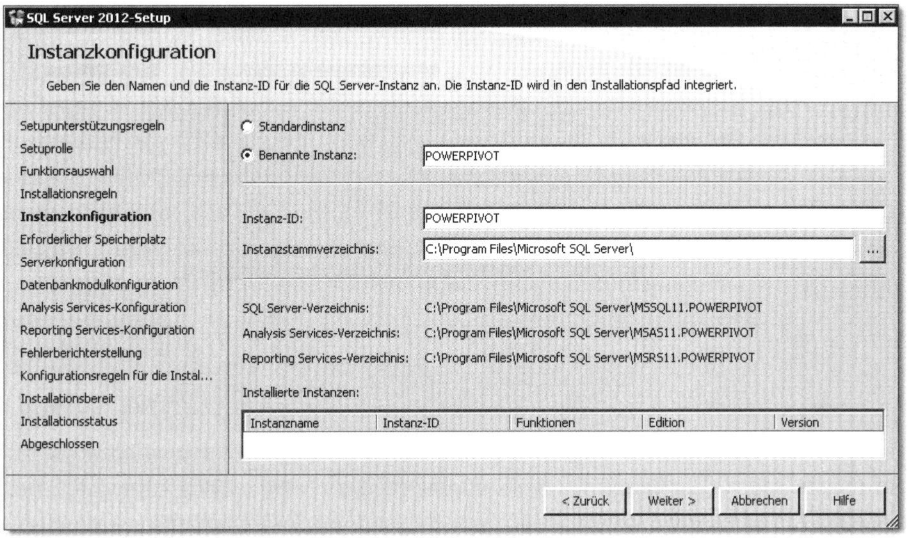

Abbildung 24.12 Instanz-ID für das Datenbankmodul

5. Verwenden Sie, wie in Abbildung 24.13 zu sehen ist, an dieser Stelle die vor der Installation angelegten Benutzerkonten für die Dienste.

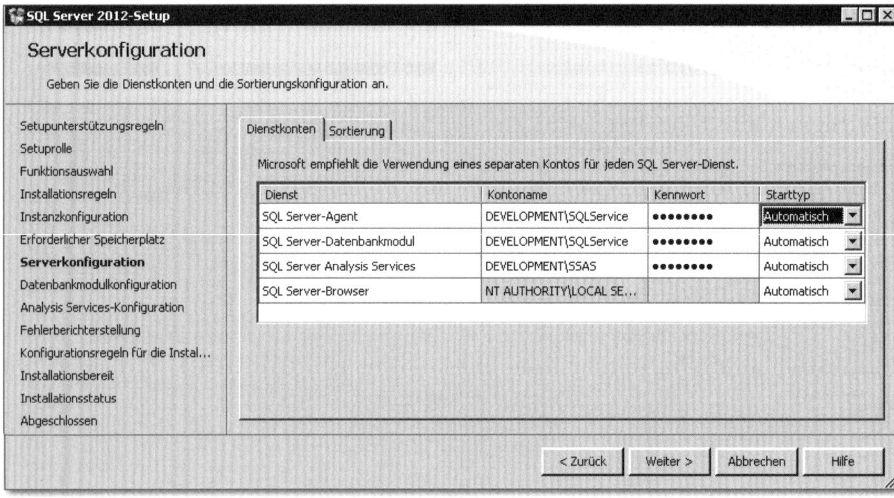

Abbildung 24.13 SQL-Server-Dienstkonten

6. Für das Datenbankmodul geben Sie den administrativen Benutzer an und legen die Authentifizierung (Windows oder SQL Server und Windows) fest.

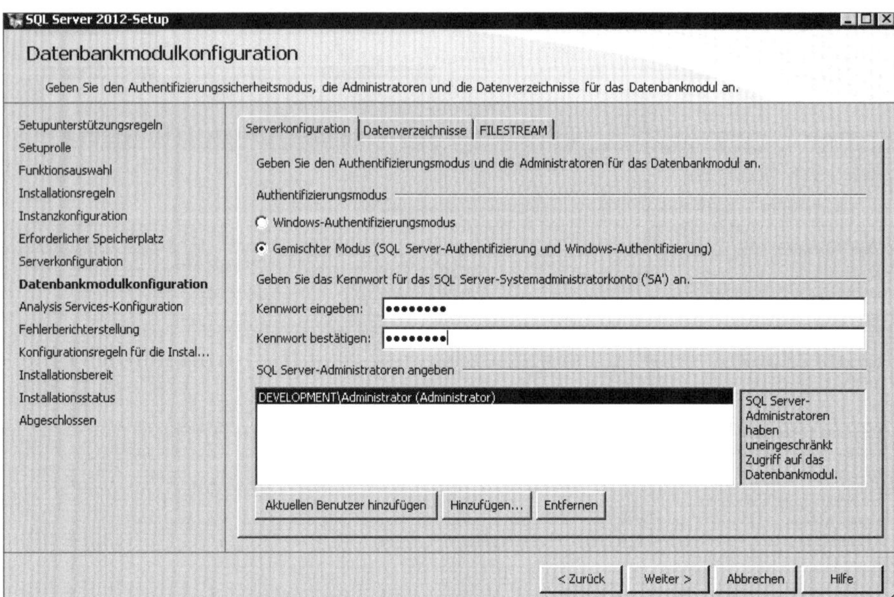

Abbildung 24.14 Datenbankmodulkonfiguration

7. Für die Analysis Services fügen Sie ebenfalls den administrativen Benutzer ein und klicken auf WEITER.

Da die letzten beiden Schritte mit der Installation aus Kapitel 4, »Installation von und Aktualisierung auf SQL Server 2012«, identisch sind, haben wir an dieser Stelle keine Abbildungen dazu eingefügt. Nachdem die Installation abgeschlossen ist, können Sie sich die Dienste wie in Abbildung 24.15 im SQL-Server-Konfigurationsmanager ansehen.

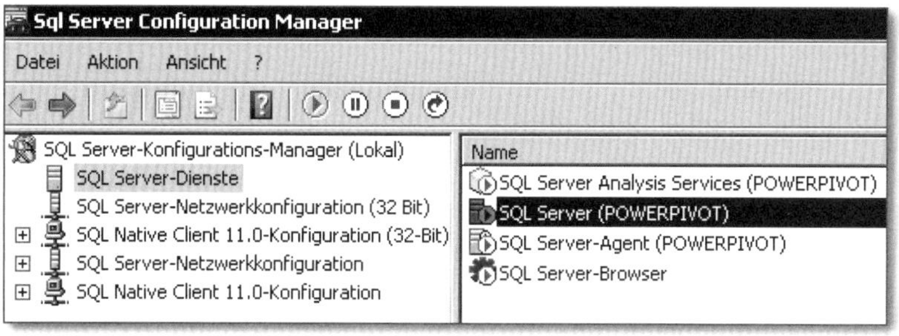

Abbildung 24.15 Installierte Dienste für PowerPivot

Der SQL-Server-Konfigurationsmanager zeigt den SQL-Server-Dienst, den SQL-Server-Agent und die Analysis Services.

24.1.7 Konfiguration von PowerPivot für SharePoint

Im nächsten Schritt werden wir mithilfe des PowerPivot für SharePoint-Konfigurationstools die Konfiguration fortsetzen (Abbildung 24.16).

1. Starten Sie das PowerPivot-Konfigurationstool.

Abbildung 24.16 Das PowerPivot-Konfigurationstool

Nachdem Sie die Konfiguration gestartet haben, werden die in Tabelle 24.2 aufgeführten Parameter für SharePoint abgefragt:

Bezeichnung	Wert
Benutzername für Standardkonto	das Konto »Administrator«
Kennwort für Standardkonto	das Kennwort für das Standardkonto
Datenbankserver	SRVSQL2012\POWERPIVOT, also die Instanz
Passphrase	ein Schlüssel zum Verschlüsseln von sensiblen Informationen in der Datenbank
Port für die Zentraladministration	9999

Tabelle 24.2 Benötigte Parameter für SharePoint

Diese Parameter werden bei einer ganz normalen SharePoint-Installation auch abgefragt. Nur in diesem Fall geschieht das nicht aus der SharePoint-Installation heraus, sondern aus der Konfiguration für PowerPivot.

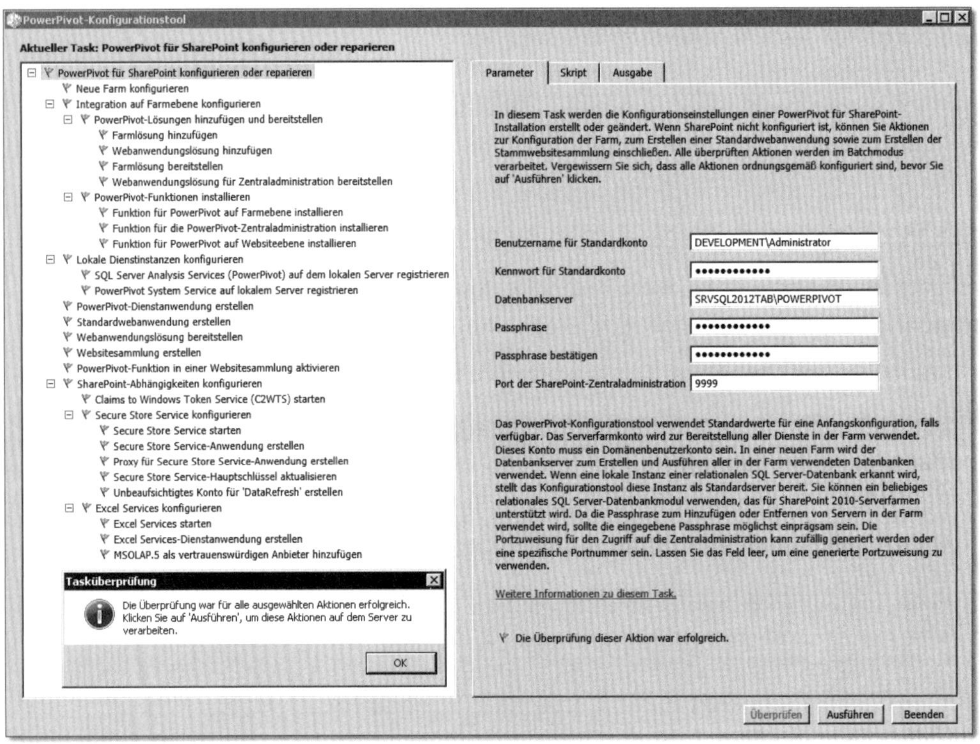

Abbildung 24.17 PowerPivot-Konfigurationstool

Nach der Eingabe der Werte lassen sich diese validieren.

2. Klicken Sie wie in Abbildung 24.17 auf Überprüfen, um die Werte zu validieren.

3. Klicken Sie auf AUSFÜHREN, und sehen Sie sich die Meldung aus Abbildung 24.18 an.

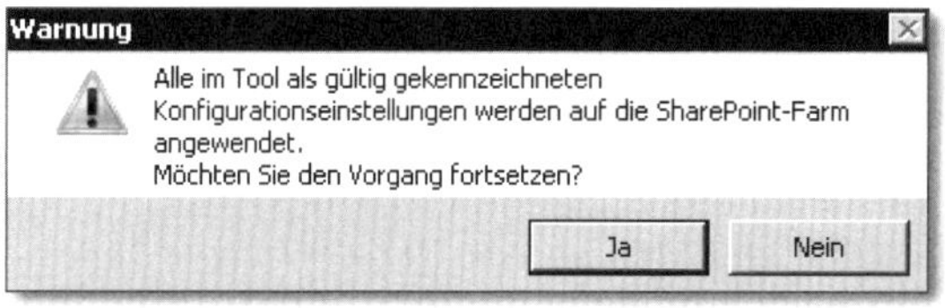

Abbildung 24.18 Anwenden der Werte in der SharePoint-Farm

Bevor im Hintergrund nun die SharePoint-Konfiguration beginnt, lassen Sie uns noch einmal einen Blick auf das SQL Server Management Studio und den Internet Information Service (IIS) werfen.

4. Starten Sie das SQL Server Management Studio.
5. Melden Sie sich an der Instanz der SQL-Server-Datenbank an.

Abbildung 24.19 SQL-Server-Instanz ohne Datenbanken

6. Wie Sie sehen, existieren noch keine Datenbanken im SQL Server. Als Nächstes sehen wir nach, ob bereits eine Webanwendung existiert.
7. Klicken Sie auf START • VERWALTUNG • INTERNET INFORMATION DIENSTE • (IIS)-MANAGER.

   Wie Sie in Abbildung 24.20 sehen, existiert noch keine SharePoint-Webanwendung.

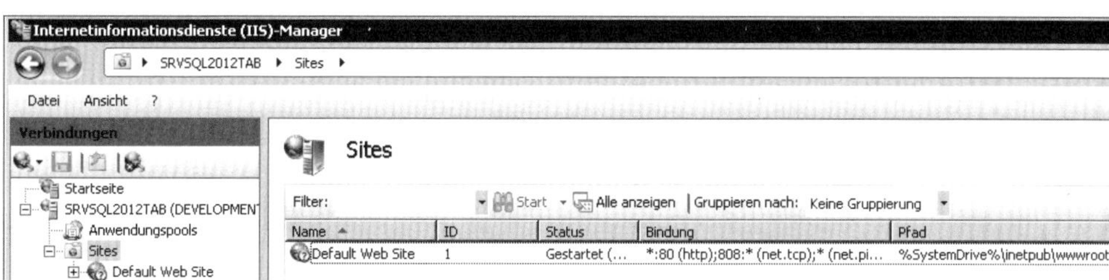

Abbildung 24.20 Internet Information Server (IIS) ohne Webanwendung

8. Klicken Sie jetzt auf die Schaltfläche JA, um den Vorgang der Konfiguration der SharePoint-Farm fortzusetzen.

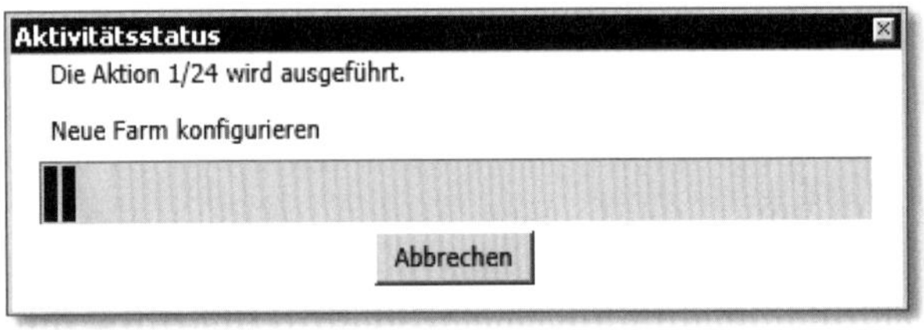

Abbildung 24.21 Ausführen der Konfiguration der SharePoint-Farm

Wenn Sie in der Zwischenzeit die Ansicht des SQL Server Management Studios aktualisieren, sehen Sie Datenbanken, die während der Konfiguration eingerichtet werden (siehe Abbildung 24.22).

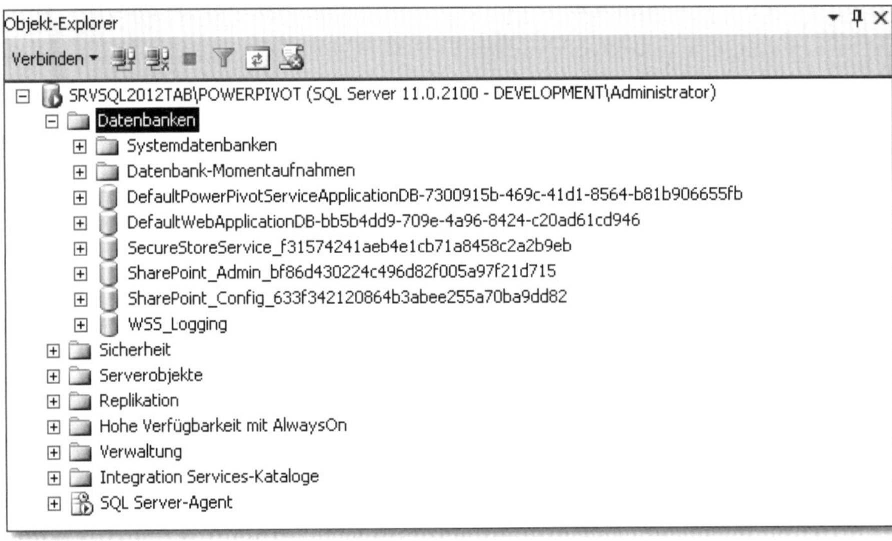

Abbildung 24.22 Die SharePoint-Datenbanken

Da die SharePoint-Infrastruktur aus mehreren Serviceanwendungen, Webs und Konfigurationen besteht, werden verschiedene Datenbanken angelegt. Nicht jeder Dienst in SharePoint verfügt über eine eigene Datenbank.

SharePoint-Datenbanken

- **SharePoint_Config**: Diese Datenbank enthält die gesamte Konfiguration der SharePoint-Farm.
- **SharePoint_Admin**: Diese Datenbank ist die Inhaltsdatenbank für die SharePoint-Zentraladministration (ZA).

- **DefaultPowerPivotServiceApplicationDB**: Diese Datenbank ist die Standarddatenbank für PowerPivot.
- **SecureStoreService**: Diese Datenbank enthält die Konten für einmaliges Anmelden. Diese können von Diensten wie PowerPivot genutzt werden.
- **DefaultWebApplicationDB**: Diese Datenbank ist die Inhaltsdatenbank für das erste Beispielweb.

Die Zentraladministration ist die erste Webanwendung, die im IIS angelegt wird, damit der SharePoint-Administrator über eine Webbenutzeroberfläche zur Administration und Konfiguration der SharePoint-Farm verfügt.

9. Aktualisieren Sie jetzt im IIS die Ansicht, und sehen Sie sich die Einträge an (siehe Abbildung 24.23).

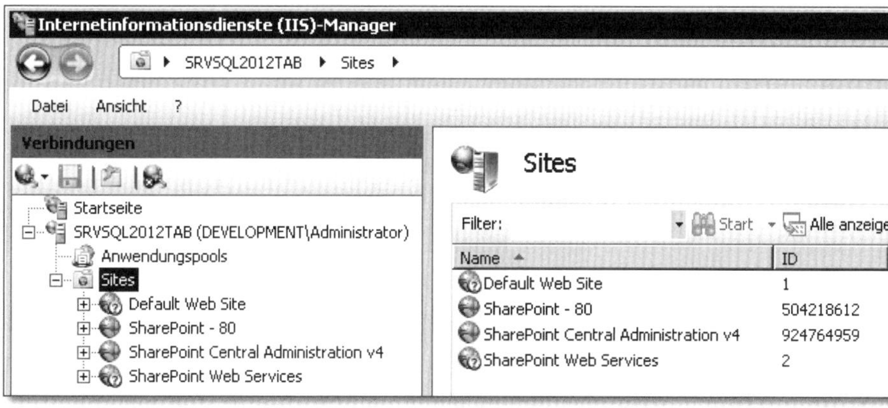

Abbildung 24.23 Internet Information Server mit SharePoint-Webanwendung

Wie Sie sehen können, hat sich auch etwas im IIS getan. Die Webanwendung für die Zentraladministration von SharePoint wurde angelegt.

Nachdem der Assistent beendet ist, können Sie die SharePoint-Farm nutzen.

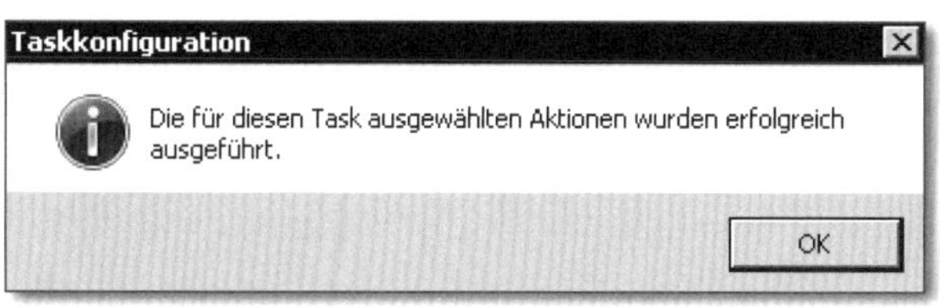

Abbildung 24.24 Abschluss der Konfiguration

10. Starten Sie jetzt über das Startmenü die SHAREPOINT 2010-ZENTRALADMINISTRATION.

Abbildung 24.25 Starten der Zentraladministration von SharePoint

11. Geben Sie die Anmeldeinformationen ein; wie Sie sehen, steht Ihnen jetzt die SHAREPOINT-ZENTRALADMINISTRATION zur Verfügung.
12. Unter ALLGEMEINE ANWENDUNGSEINSTELLUNGEN finden Sie den Punkt POWERPIVOT.
13. Hier existieren zwei Positionen: MANAGEMENT-DASHBOARD und EINSTELLUNGEN FÜR DIENSTANWENDUNG KONFIGURIEREN. Klicken Sie auf das Dashboard.

    Im Dashboard sehen Sie wie in Abbildung 24.26 die Darstellung der Standard-PowerPivot-Serviceanwendung.

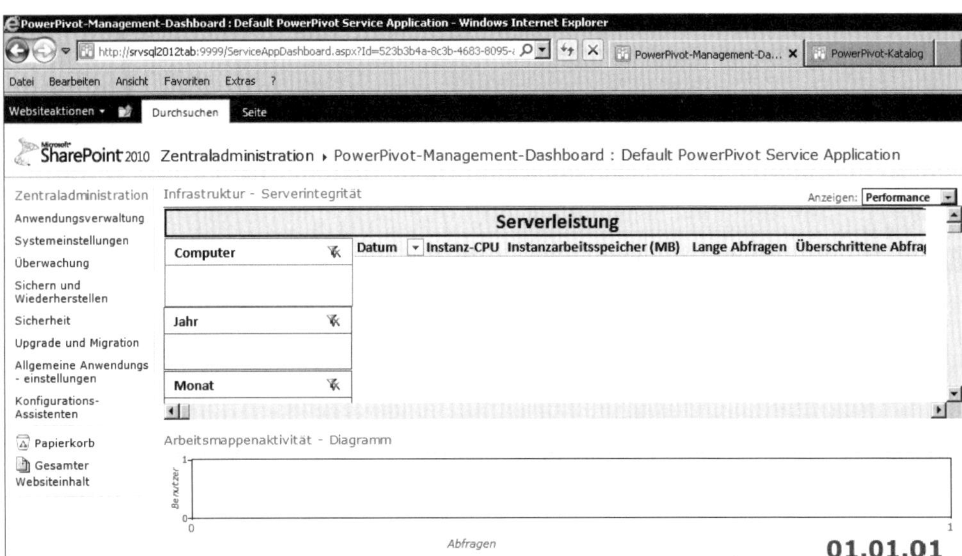

Abbildung 24.26 PowerPivot-Management-Dashboard

14. Öffnen Sie eine neue Registerkarte im Browser (z.B. IE), und geben Sie die URL der Beispiel-Teamseite ein. Das ist *http://ihrserver*.
15. In der Teamseite gibt es eine Dokumentenbibliothek mit dem Namen POWER-PIVOT-KATALOG.
16. In diesen Katalog können Sie Dokumente laden.
17. Wir haben in diese Bibliothek ein Microsoft-Excel-Dokument geladen.

In diesem Workshop haben Sie bisher gesehen, wie eine Installation von SharePoint 2010 zusammen mit dem SQL Server und PowerPivot erfolgt.

Im nächsten Abschnitt befassen wir uns damit, wie Sie PowerView nutzen können.

24.2 Installation und Konfiguration der Reporting Services für SharePoint

In dieser Schrittfolge beschränken wir uns auf die Schritte, die in anderen Installationen so nicht gewählt wurden. Alles was mit vorhergehenden Schritten identisch ist, wurde hier weg gelassen.

1. Legen Sie die SQL-Server-Installations-CD ein, und starten Sie eine Installation von SQL Server 2012.
2. Wählen Sie EINE INSTALLATION HINZUFÜGEN.
3. Wählen Sie wie in Abbildung 24.27 die SQL SERVER-FUNKTIONSINSTALLATION.

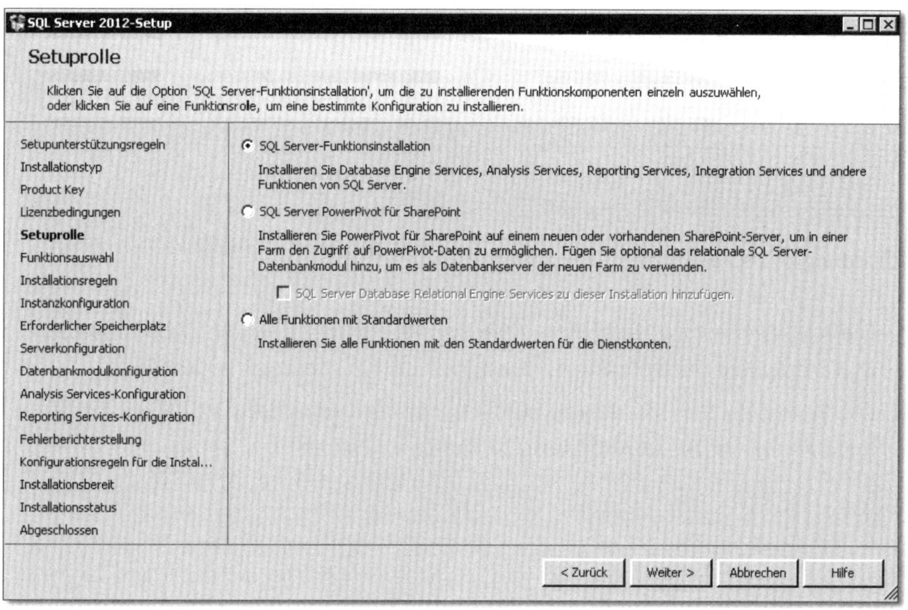

Abbildung 24.27 Auswahl einer SQL-Server-Funktionsinstallation

4. Im nächsten Dialog aus Abbildung 24.28 können Sie die einzelnen Funktionen auswählen. Besonders interessant sind die Funktionen REPORTING SERVICES – SYSTEMEIGEN und REPORTING SERVICES-ADD-IN FÜR SHAREPOINT.

Reporting-Services-Modus

Systemeigen-Modus: Im systemeigenen Modus werden die Reporting Services eigenständig installiert, und die Verwaltung erfolgt über eigene Verwaltungstools.

SharePoint-Modus: Im SharePoint-Modus erfolgt die Integration der Reporting Services in SharePoint. Die Verwaltung wird dann ebenfalls in SharePoint ausgeführt.

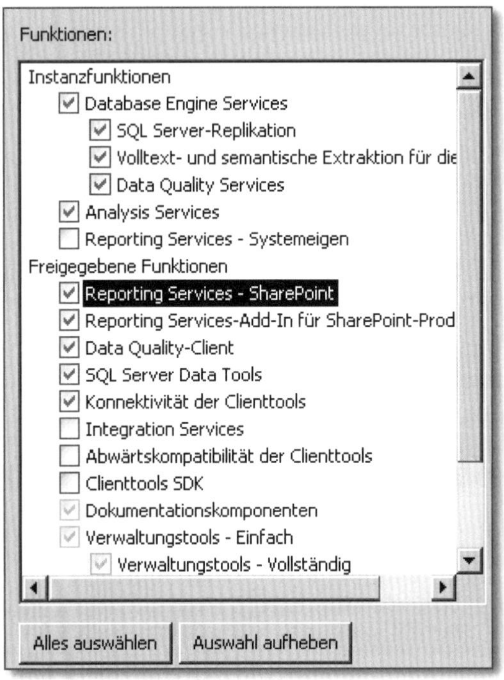

Abbildung 24.28 Funktionen – Reporting Services

5. Die Analysis Services installieren Sie im tabellarischen Modus (Abbildung 24.29). Das ermöglicht die Nutzung der Designer- und In-Memory-Technologie.

6. Die Reporting Services lassen sich jetzt nur im integrierten SharePoint-Modus installieren, was Sie in Abbildung 24.30 sehen können.

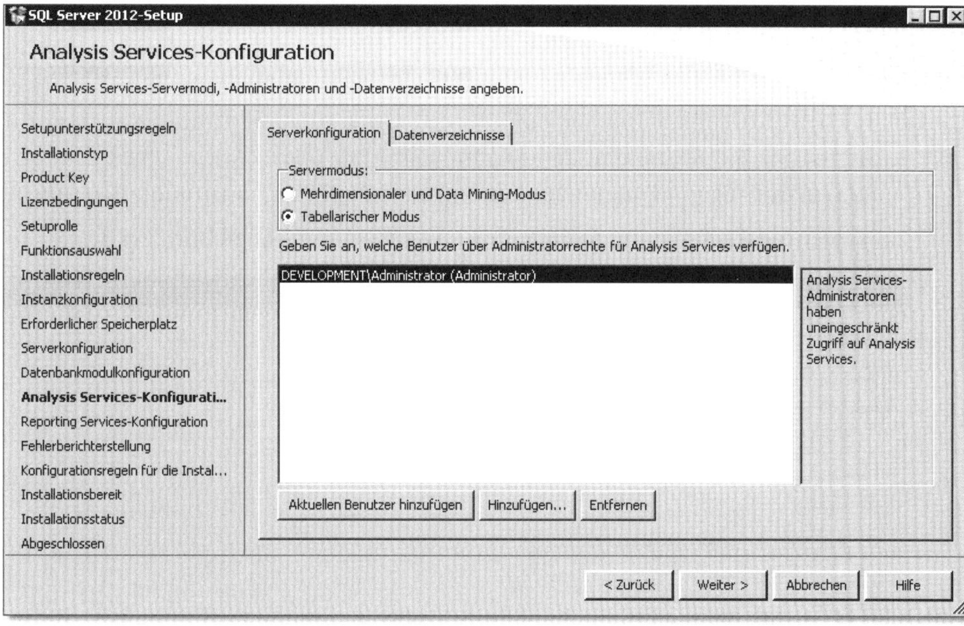

Abbildung 24.29 Konfiguration der Analysis Services

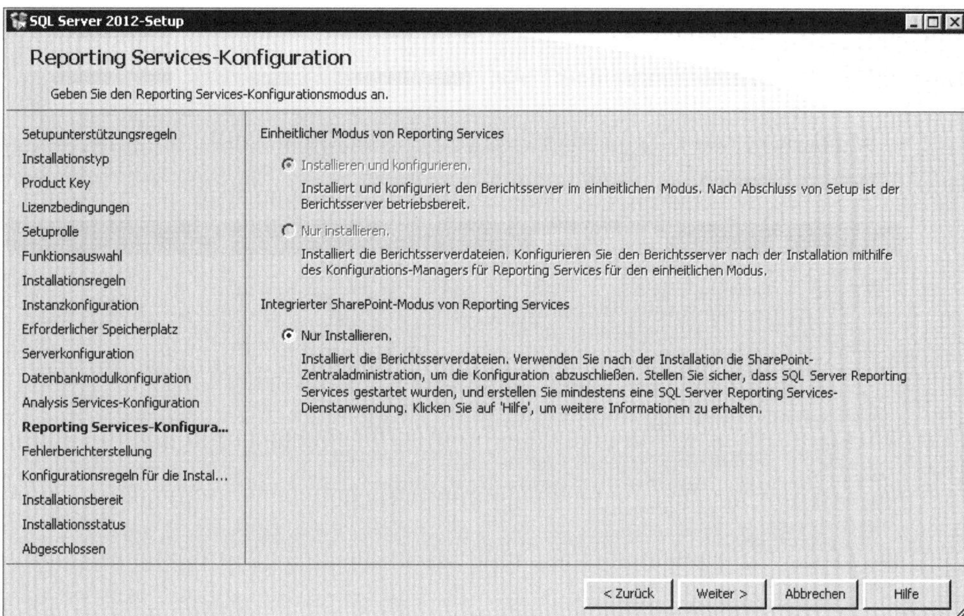

Abbildung 24.30 Installation der Reporting Services im SharePoint-Modus

Nachdem diese Schritte abgeschlossen sind, sind alle Voraussetzungen erfüllt.

24.3 Erstellen einer Reporting-Services-Anwendung

Zunächst ist es wichtig, dass Sie in der SharePoint-Zentraladministration eine Reporting-Services-Dienstanwendung erstellen.

1. Starten Sie die SharePoint-Zentraladministration über START • PROGRAMME • SHAREPOINT 2010 • PRODUCTS • SHAREPOINT 2010 ZENTRALADMINISTRATION.
2. Wählen Sie die Kategorie ANWENDUNGSVERWALTUNG (Abbildung 24.31).

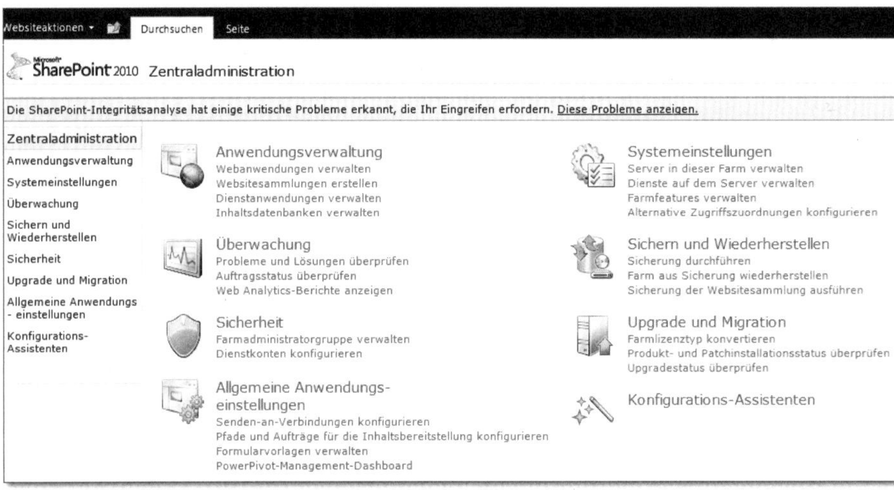

Abbildung 24.31 Die SharePoint-Zentraladministration

3. Wählen Sie in der Kategorie DIENSTANWENDUNGEN (Abbildung 24.32) den Eintrag DIENSTANWENDUNG VERWALTEN.

Abbildung 24.32 Dienstanwendungen verwalten

4. Klicken Sie im Ribbon auf NEU, und wählen Sie SQL SERVER REPORTING SERVICES-DIENSTANWENDUNG.
5. Erstellen Sie im Abschnitt ANWENDUNGSPOOL einen neuen Anwendungspool; den Namen können Sie frei wählen. Im IIS wird ein neuer Anwendungspool installiert.

Anwendungspool

Ein Anwendungspool ist unter Windows insofern sichtbar, als er als W3WP-Prozess im Taskmanager erscheint. Webanwendungen von SharePoint werden in so einem Anwendungspool ausgeführt, und der Anwendungspool wird im Kontext eines Windows-Benutzers ausgeführt.

6. Wählen Sie eine Instanz von SQL Server für die Datenbank aus, die die Dienstanwendung benötigt.
7. Wählen Sie als Authentifizierung die WINDOWS-AUTHENTIFIZIERUNG.
8. Unter ZUORDNUNGEN achten Sie darauf, dass die neue Dienstanwendung auch für die jeweilige Webanwendung zur Verfügung steht.
9. Klicken Sie auf OK.

24.3.1 Aktivieren von PowerView für die Webseitensammlung

Nachdem alle Installationsschritte erfolgt sind und eine Dienstanwendung neu angelegt wurde, müssen noch die Features in SharePoint für die Webanwendung aktiviert werden.

1. Öffnen Sie die gewünschte SharePoint-Website in Ihrem Browser über *http://ihrserver*.
2. Klicken Sie auf WEBSITEAKTIONEN.
3. Klicken Sie auf WEBSITEEINSTELLUNGEN.
4. Klicken Sie in der Gruppe WEBSITESAMMLUNGSVERWALTUNG auf WEBSITESAMMLUNGSFEATURES.
5. Suchen Sie POWER VIEW-INTEGRATIONSFUNKTION in der Liste.
6. Klicken Sie auf AKTIVIEREN.
7. Sie haben PowerView jetzt erfolgreich für SharePoint installiert und konfiguriert.

Dieser Workshop sollte Ihnen die Grundkonzepte und Schritte zeigen, wie Sie eine Installation zusammen mit den BI-Funktionalitäten von SharePoint und SQL Server 2012 nutzen können.

Index

.dacpac-Datei ... 553, 556
.ldf ... 126, 152
.mdf ... 126, 152
.NET ... 28
.NET Framework ... 28, 185
.sql-Dateifenster ... 149
.trc-Datei ... 497

A

Abfrage
  aktuelle wertvolle ... 455
  kostenintensive ... 455
  parallele ... 379
Abfrage-Editor-Fenster ... 138
Abfragegenerator ... 608
Abfrageleistung ... 520
Abfrageoptimierer ... 520
Abfragevorlage ... 571
Ablaufsteuerung ... 303
Ablaufverfolgung ... 455, 456
Ablaufverfolgungsdatei ... 455
Abonnement ... 600
Abwärtskompatibilität ... 127
ACID ... 531
  Atomicity, Consistency, Isolation, Durability ... 531
Active Directory ... 93
Active-Directory-Benutzerkonto ... 231
ActiveX-Skripttask ... 303
Adapter-Framework ... 570
ADO.NET ... 57, 425
Agent ... 339
Agent-Auftrag ... 352
  angeben ... 368
Agent-Dienstkonto ... 355
Agent-Job ... 355
Agent-Sicherheit ... 392
Agentzeitplan ... 403
Aggregation ... 379, 581, 665
  abfragebezogene ... 666
Aktion ... 664
Aktivitätsmonitor ... 453
Aktualisierung auf SQL Server 2012 ... 65
Alert ... 367
Algebrizer ... 489
Algorithmus ... 275
Alias ... 88
ALTER DATABASE ... 128, 437
AlwaysOn ... 52, 382, 415, 429, 433
  Failover ... 435
Analysis Services ... 80, 376, 379, 586, 627, 669
  Sicherheitskonzept ... 672
Analysis-Services-Projekt ... 627
Änderungsnachverfolgung ... 397
Anmeldename ... 234
Anmeldung übertragen ... 303
API ... 566
Appliance
  hochskalierbare ... 579
Appliance-Modell ... 580
Applikation
  Upgrade ... 414
Arbeitsauslastungsdatei ... 493, 494
Arbeitsauslastungsgruppe ... 510
Arbeitsbereich ... 126
Arbeitsspeichermangel ... 96
ASP.NET ... 629
Asymmetrischer Schlüssel ... 276
Asynchrone Kommunikation ... 382
AttributeName ... 651
Attributmanagement ... 566
Audit-Erweiterung ... 34
Auditing ... 468
Auftrag
  erstellen ... 340
  übertragen ... 304
Ausfall
  geplanter ... 414
  ungeplanter ... 414
Ausführen ... 647
Ausführungsergebnis ... 319
Ausführungsplan ... 489, 490
  erstellen ... 489
  geschätzter ... 491
  tatsächlicher ... 491
Auslagerungsdatei
  Bestimmen der Größe ... 42
Authentifizierung ... 229
  Windows-Authentifizierung ... 63
Authentifizierungsmethode ... 233
Autocommit ... 533
Automatisieren ... 339

Automatisierung ... 295
Azure-Plattform ... 55

B

Backup ... 127, 193, 427, 488
Überblick über die Möglichkeiten ... 195
Backup History ... 224
Backup-Knoten ... 587
Backups
gespiegelte ... 52
Backup-Strategie ... 204
Baseline ... 38
B-Baum ... 517
bcp ... 296
Benachrichtigung ... 357
Benannte Instanz ... 88
Benutzerdatenbank ... 126
Benutzerdefinierte Funktion ... 162
Benutzerdefinierte Serverrolle ... 32
Benutzer-Login ... 230
Berechnung ... 662
Bereitstellungsassistent ... 327
Bereitstellungsmodell konvertieren ... 332
Bericht ... 296, 599
Berichtsaktion ... 664
Berichtsausführung ... 600
Berichtsgenerator ... 622
Berichtsmanager ... 598
Berichtsmodell ... 600
Berichtsname ... 611
Berichtsserver ... 377, 390, 593
Berichtsserver-Datenbank ... 377, 593, 600
Berichtsserverprojekt-Assistent ... 605
Berichtswesen ... 628
Beziehungstyp ... 662
BI ... 29
BIDS ... 340
Block ... 486
einheitlicher ... 486
gemischter ... 486
Breakpoint ... 633
Browserdienst ... 80
Bulk Copy (bcp) ... 296
BULK INSERT ... 297
Business Intelligence Development Studio (BIDS) ... 81, 302
Business Intelligence Edition ... 51
Business Intelligence → BI
Bussystem ... 583

C

C# ... 569
C2-Überwachung ... 473
C2-Überwachungs-Ablaufverfolgung aktivieren ... 473
Cacheverzeichnis ... 478
CEP ... 568
CEP-Engine ... 570
Change Data Capture (CDC) ... 29, 52, 527
Change Tracking ... 29
Checkpoint ... 96, 488
Client-Konfiguration ... 88
Client-Tools SDK ... 81
Client-Umleitung
transparente ... 429
Cloud ... 30, 54
Cloud Computing ... 48
CLR ... 28, 56, 107
CLR_ENABLED ... 107
Cluster-Art ... 420
Cluster-Dienst ... 416
Cluster-Knoten ... 52, 419
Cluster-Manager ... 419
Cluster-Ressource ... 419
Cmdlet → Commandlet
Columnstore-Index ... 31, 516
anlegen ... 518
Commandlet ... 186
Commit ... 531
Common Criteria ... 473
Common Language Runtime → CLR
Complex Event Processing → CEP
Computer-Cluster ... 419
Connection String ... 425
Contained Database ... 32, 33
CPU ... 37
im Leerlauf ... 105
Crescent ... 35
CSV ... 295
CTI-Ereignis ... 571
Cube ... 88, 296, 630, 631, 643
verarbeiten ... 646
Cube-Browser ... 648
Cube-Operation ... 632
Dicing ... 632
Drilldown ... 632
Drillthrough ... 632
Rollup ... 632
Slicing ... 632

Cubestruktur ... 649, 652
Cursor (Datentyp) ... 180
Cursorschleife ... 178

D

DAC ... 96, 553
DAC-Anwendung ... 553
DAC-Definition ... 553
DACPAC ... 553
DAC-Paket ... 553, 556
in Visual Studio importieren ... 557
Dashboard ... 116
Data Analysis Expression Language ... 676
Data Definition Language (DDL) ... 258
Data Manipulation Language (DML) ... 159, 258
Data Mart ... 530, 583
Data Quality Client ... 578
Data Quality Services ... 35, 575
installieren ... 577
Data Query Language (DQL) ... 159
Data Stream ... 57
Data Tier Application ... 551
Data Warehouse (DWH) ... 376, 379, 475, 530, 579, 629
Data Warehouse Appliance ... 586
Database Engine ... 88
Database Mail ... 129
Database Master Key (DMK) ... 276
Database Tuning Advisor (DTA) ... 493
DATAllegro ... 589
Dataset ... 599, 612
Dateigruppe ... 62, 154
Dateigruppensicherung ... 195
Dateiname
logischer ... 155
Datei-Rollover ... 458
Dateisystem ... 304
Daten
aktualisieren ... 488
exportieren ... 296
geografische ... 616, 626
importieren ... 296
lesen ... 487
schreiben ... 487
verwalten ... 485
Datenauflister ... 475
Datenbank
anlegen ... 151
extrahieren ... 556
multidimensionale ... 629
skalierbare freigegebene ... 380
temporäre ... 601
übertragen ... 304
Datenbankbenutzer ... 230
Datenbank-E-Mail ... 87, 125, 357
aktivieren ... 358
Profilname ... 360
Datenbankmodul ... 80
Datenbankmomentaufnahme ... 52, 201
Datenbankname ... 153
Datenbankoperation ... 530
Datenbankoptimierungsratgeber ... 492
Empfehlung analysieren ... 504
Empfehlung anwenden ... 504
geschätzte Verbesserung ... 504
Optimierungsprotokoll ... 502
Datenbankrolle ... 264
db_accessadmin ... 265
db_backupoperator ... 265
db_datareader ... 265
db_datawriter ... 265
db_ddladmin ... 265
db_denydatareader ... 265
db_denywriter ... 265
db_owner ... 264
db_securityadmin ... 265
Datenbankserverinfrastruktur ... 37
Datenbankservice ... 55
Datenbanksicherung ... 135
Datenbank-Snapshot ... 200, 415
Datenbankspiegelung ... 28, 31, 56, 80, 415, 422, 425, 437
Endpunkt ... 425
Failover-Partner ... 425
Modus für hohe Leistung (asynchron) ... 423
Modus für hohe Sicherheit mit automatischem Failover (synchron) ... 424
Modus für hohe Sicherheit ohne automatischen Failover (synchron) ... 424
Modus für hohe Verfügbarkeit ... 424
Prinzipal ... 423
Rolle ... 423
Spiegelinstanz ... 423
Spiegelsitzung ... 424
Standbymodus ... 451
Wiederherstellungsmodus ... 423
Datenbankverschlüsselung
aktivieren ... 283
transparente ... 29

Datenbankwartung ... 414
Datencache ... 525
Datendatei ... 485
primäre ... 152
sekundäre ... 152
Datendatei-E/A ... 455
Datenebenenanwendung ... 553, 555, 560
Datenebenenanwendungspaket ... 556
Datenfile ... 40
Datenfluss ... 303
Datenflusstask ... 303, 304
Datenkomprimierung ... 524
Datenplattform ... 61
Datenqualität ... 575
Datenquelle ... 295, 310, 599, 605, 612, 634, 637, 638
externe ... 604
Datenquellensicht ... 637
Datensammler ... 29, 111, 116, 296
Datenschutz ... 229
Datenseite ... 297, 485
Datenspeicherdienst ... 48
Datenstrom ... 568, 569
Datenträger ... 39, 45
Kapazität ... 45
Spiegelung ... 45
Datenträgerdesign ... 62
Datenträgerlayout ... 61
Datenträgersicherungsmedium ... 210
Datentransfer ... 295
Datentyp
konvertieren ... 296
Datenverschlüsselung ... 275
transparente ... 282
Datenzeile ... 486
Größenbeschränkung ... 487
DAX ... 676
DB_ID ... 173
DBLibrary ... 92
dbo ... 248
DDL ... 159
DDL-Trigger ... 109, 182
Deadlock ... 537
Deadlock Graph ... 541
Deadlock-Ereignis ... 541
Deadlock-Opfer ... 539
Deadlock-Situation ... 539, 541
Deadlock-Wartediagramm ... 541
Debuggen ... 316, 633
DECRYPTBYKEY ... 280
Dedizierte Administratorverbindung ... 98
Delegation ... 293
deleted (Trigger-Tabelle) ... 175
Designeroberfläche ... 305
Dienst ... 61, 63, 65, 72, 81, 375
Datenbankmoduldienst ... 83
Dienstkonto ... 61, 63, 597
Domänenbenutzerkonto ... 597
einzeln isolieren ... 594
Hilfsdienst ... 81
SQL-Server-Dienst ... 72
SSAS ... 61
SSIS ... 61
SSRS ... 61
Diensthauptschlüssel ... 287
Dienstkonten ... 63
verwaltete ... 65
Dienstkonto ... 64, 446
Dimension ... 88
Dimensionsbeziehung ... 660
Dimensionsdesigner ... 649, 655
Dimensionstabelle ... 296, 630
Dimensionsverwendung ... 655, 660
Dirty Read ... 535
Disk-I/O ... 581
DISTINCT ... 641
Distributed ... 588
Distributed Replay ... 33
DISTRIBUTED_SIZE ... 588
Distributionsdatenbank ... 127, 128
dm_db_missing_index_details ... 522
dm_db_missing_index_group_stats ... 522
dm_db_missing_index_groups ... 522
DMK ... 277
DML ... 158
DML-Trigger ... 174
DNS-Server ... 417, 425
Domäne ... 93
Domänenbenutzer ... 63
DONE_IN_PROC-Meldung ... 166
DQL ... 159
DQS-Wissensdatenbank ... 576
Drilldown ... 621
Drillthrough-Aktion ... 664
DROP FUNCTION ... 163
DROP PROCEDURE ... 166
DTA ... 493
Kommandozeilenversion ... 499, 508

DTEXEC ... 323
DTS-Paket migrieren ... 324
DTSX-Paket erstellen ... 302
Dual-Fibre-Channel ... 583
DWH ... 52
dwsql ... 589
Dynamische Verwaltungssicht ... 146, 147

E

E/A-Operation ... 509
E/A-Subsystem
  Dimensionierung ... 41
Echtzeit ... 569
Einfügeereignis ... 571
Eingabeparameter ... 166
Einzelbenutzermodus ... 96
E-Mail ... 599
E-Mail-Dienstanbieter ... 359
E-Mail-Profil ... 359
E-Mail-Versand ... 363
Empfehlung ... 501
ENCRYPTBYKEY ... 279
Endpunkt ... 384
Enterprise Manager ... 28, 29
Entity-Relationship-Modell → ER-Modell
Entwurfsdarstellung ... 622
Ereignis ... 570
  OnError ... 314
  OnInformation ... 314
  OnVariableValueChanged ... 314
  OnWarning ... 314
Ereignisaufbau ... 571
Ereignishandler ... 303, 314
Ereignistyp ... 571
ER-Modell ... 628, 630
ERP-System ... 630
Erweiterter Schutz ... 91
Erweitertes Ereignis ... 480
Erzwungener Dienst ... 427
ESRI-Shape-Datei ... 623
ETL ... 295
ETL-Prozess ... 353, 579
ETL-Prozessknoten ... 586
ETL-Tool ... 88
Export ... 300
Exportvorgang ... 304
Extended Event Profiler ... 480
Extent ... 486
Extracting, Transforming und
  Loading (ETL) ... 295

F

Facet ... 107
Failover ... 378, 416, 422, 435
  automatischer ... 423
Failover-Cluster ... 378, 415, 416, 425, 427, 429, 586, 594
Faktentabelle ... 88, 296, 630
FC ... 46
FC-Switch ... 46
Fehlermeldung übertragen ... 304
Fehlernummer ... 373
Festplattenausfall ... 414
Festplattenzugriff ... 37
FETCH NEXT ... 180
Fibre Channel (FC) ... 418, 583
File Header ... 486
FILESTREAM ... 62
FileStream ... 31
FileTable ... 31
Firewall ... 80, 427
Flatfileformat ... 312
Flatfileziel ... 310
Freigabe ... 447
Freigegebene Funktion ... 71
FTP-Task ... 303
Funktion
  benutzerdefinierte ... 162

G

GAM ... 486
gci ... 186
Gebietsschema ... 63
Geografische Daten und Indizes ... 56
Gesamtkosten ... 492
Gespeicherte Prozedur ... 164
  ausführen ... 170
  erstellen ... 165
get-childitem ... 186
get-service ... 104
Gruppierung ... 621
guest ... 247
guest (Datenbankbenutzer) ... 247

H

Hardwareschnittstelle ... 46
Hauptknotensatz-Cluster ... 420, 421
HBA ... 46
Heap ... 514
Heartbeat ... 417
Herzschlag ... 418
Hierarchie ... 653
Hilfsprogramm-Explorer ... 117
Hochverfügbarkeit ... 30, 375
AlwaysOn ... 433
Datenbank-Snapshot ... 415
Datenbankspiegelung ... 415
Definition ... 414
Kombination Protokollversand und Lastenausgleich ... 432
Kombination Protokollversand, Datenbankspiegelung und Lastenausgleich ... 433
Kombinieren von Lösungen ... 432
Management Pack für ... 34
Protokollversand ... 415
Windows-Cluster-Dienst ... 415
Hochverfügbarkeitslösung ... 413
HOLAP ... 632
Host Bus Adapter → HBA
Hot-Spare-Festplatte ... 583
Hot-Spare-Laufwerk ... 583
Hot-Standby-Lösung ... 429
HTTP-Endpunkt ... 431
Hub-and-Spoke-Architektur ... 580
Hybrid OLAP → HOLAP
Hyperion Essbase ... 606

I

I/O
sequenzieller ... 581
I/O-Aktivität ... 37, 62
I/O-Anforderung ... 47
IAM ... 514
IDENT_CURRENT ... 173
Identitätswechselinformation ... 636
Identity ... 173
Identity-Eigenschaft ... 173
IIS → Internet Information Service
Image ... 83
Import/Export-Assistent ... 298
Index ... 514, 581, 588
abdeckender ... 31
anlegen ... 518
anzeigen ... 519
clustered ... 515
Columnstore ... 516
deaktivieren ... 519
fehlender ... 520
gefilterter ... 516
gruppierter ... 498, 514, 515
nicht gruppierter ... 514
nonclustered ... 516
spaltenbasierter ... 516
Index Allocation Map → IAM
Indexdetail
fehlendes ... 521
Indexvorschlag ... 521
indizierte Views ... 161
InfiniBand ... 583
INI-Datei ... 82
INPUT-Parameter ... 166
inserted (Trigger-Tabelle) ... 175
Installation ... 61
Beispielinstallation ... 66
einer Standardinstanz ... 65
Features hinzufügen ... 67
grundsätzliche Überlegungen ... 62
Installationsassistent ... 65
Installationscenter ... 65
landesspezifische Anpassungen ... 62
mehrere Instanzen ... 80
Sprachen ... 62
Standardinstallation ... 66
unbeaufsichtigte ... 65, 82
Installationscenter ... 83
Instanz konfigurieren ... 99
Instanzfunktion ... 71
Instanz-ID ... 84
Integration Services ... 28, 295, 298, 376, 605, 638
Integration Services Project Deployment-Datei ... 327
Integration Services → SSIS
Integration-Services-Katalog ... 331
Integration-Services-Projekt ... 302
konvertieren ... 324
IntelliSense
Cache ... 146
Internet Information Service ... 566

Internet Small Computer System Interface → iSCSI
invoke-sqlcmd ... 190
IP
virtuelle ... 425
iSCSI ... 47, 418
IsNull ... 163
Isolation Level ... 533, 536
Isolationsstufe ... 537
Isolationsverhalten ... 535

J

Join ... 148, 581

K

Kapazitätsplanung ... 37, 39
Kartenassistent ... 616
Katalogsicht ... 146, 147
Kerberos ... 92, 619
Key-Performance-Indikator → KPI
Klassifizierungsfunktion ... 511
Kommandozeilentool ... 185
Kommunikation
verschlüsselte ... 92
Kommunikationsverschlüsselung ... 285
Komprimierung
aktivieren ... 526
Konfiguration ... 87
Konfigurationsaufgabe am System ... 414
Kontrollknoten ... 587
Kontrollpunkt ... 112
Kopierauftrag ... 432
Kopierverzeichnis ... 432
KPI ... 592, 664

L

Ladeprozess ... 295
Ländereinstellung ... 63
Language Integrated Query → LINQ
Lastenausgleich ... 377, 415, 594
Lastenausgleichs-Cluster ... 415
Lastenausgleichsverbund ... 594
Lastenverbund ... 389
ldf ... 126, 152
Leistungs- und Baseline-Daten ... 38
Leistungsdaten ... 38
importieren ... 463
Leistungsindikator ... 39
Leistungsindikatoren-Protokolldatei ... 460
Leistungsobjekt ... 39
Leistungsproblem ... 80
Leistungsstatus ... 373
Leistungsstatuswarnung ... 373
LINQ ... 571
LocalDB ... 34
Lock ... 540
Log Sequence Number → LSN
Log-Datei ... 82
LOGFILE ... 62
Logfile-Warnung ... 372
LSN ... 528

M

Mail senden ... 304
Mailprofil ... 106
Mailprozedur ... 365
Management Pack für Hochverfügbarkeit ... 34
Management Studio ... 98
Bericht ... 139
Masseneinfügetask ... 303
Massive parallele Verarbeitung (MPP) ... 52
Master Data Services ... 565
installieren ... 566
Master Data Services Configuration Manager ... 566
Master Data Services Manager ... 567
Master-Datenbank
verschieben ... 129
Masterserver ... 545
Matrix ... 609
Matrix-Steuerelement ... 620
MAX MEMORY ... 80
MDAC ... 286
mdf ... 126, 152
MDM ... 566
MDS → Master Data Services
MDX ... 630
Measure ... 630, 644
Measuregruppe ... 644
Medium ... 207

Merge-Replikation 397
Metadaten 146
Microsoft Access 29
Microsoft Excel 295, 669
Microsoft SQL Azure 606
Microsoft SQL Server Analysis Services 606
Microsoft SQL Server Data Services 48
Microsoft-SharePoint-Liste 606
Migrationsassistent 324
MIN MEMORY 80
Minimalkonfiguration 96
MissingIndexes 520
Mission Critical 29
Model-Datenbank 125
MODIFY FILE 128
Modulare Programmierung 165
Modus
impliziter 533
MOLAP 632
Momentaufnahme 400
MPP 579, 580
MPP-Software 580
MSDE 29
MSX 549
MSX-Operator 546
Multidimensionales OLAP → MOLAP
Multiprozessorsystem 586
Multiserver-Verwaltung 545

N

Nachrichtentyp 383
Create Message Type 383
Nachrichtenübermittlung 384
Named Pipes 92
NET SEND 370
Network Load Balancing → NLB
Netzwerk 89
Netzwerkdienst 64
Netzwerkprotokoll 87, 89
Neuerstellen von Systemdatenbank 130
NLB 415
NLB-Cluster 376, 389, 415, 432
Analysis Services 376
Lastenausgleich 377
Reporting Services 376
NO_RECOVERY 427
NTLM 92

O

Oberflächenkonfiguration 109
Objekt
temporäres 126
Objektnamensauflösung 292
ODBC 606
OLAP 28, 88, 582, 629, 630
Datenwürfel 631
Projekt erstellen 632
Würfel 631
OLAP-Datenbank 629, 630
OLE DB 57, 606
OLE-DB-Quelle 306
OLE-DB-Verbindungsmanager 306
OLTP 581, 629
OLTP-Datenbank 629
OnError-Ereignis 315
Online Analytical Processing → OLAP
Online Transaction Processing → OLTP
OPENROWSET 297
Operator 357
anlegen 371
benachrichtigen 369
Optimierung 490
Optimierungsanalyse 495
Optimierungsprotokoll 502
Optimierungssession 496
Optimierungsszenario 507
Optimierungszeit
begrenzen 498
Oracle 606
OrderBy 651
OrderByAttribute 651
Orphaned User 248
OUTPUT-Parameter 167

P

Page Free Space → PFS
Pager und NET SEND 370
Paket
bereitstellen 322
Paketausführung 320
Paketausführungsprogramm 322
Paketbereitstellungsmodell 327
konvertieren 326
Paket-Explorer 303
Parallel Data Warehouse 579, 606

Parallel Data Warehouse → PDW
Parallelitätsproblem 537
Parameter 163
Paritätsinformation 44
Parsing 489
Partition 664
Partitionierung 62
Tabelle 542
Partitionierung von Tabellen 31
Partitionierungsfunktion 542
Partitionsschema 543
Patch 79
PDW 580, 581
Peer-to-Peer-Replikation 381
Topologie 398
Peer-to-Peer-Transaktionsreplikation 52, 381
Perfmon 42
perfmon 460
PerfmonCounter 466
Performance 31, 62, 380
Performanceengpass 379
Performanceproblem 61
Performance-Tuning 485
Perspektive 667
PFS 486
PHP 55, 57
PHP-Treiber 34
Pivot-Tabelle 592
PKI-Zertifikat 426
PL/SQL 630
Plancache 490, 497, 522
Point in Time Recovery 198, 199
Port 427
Portnummer 80, 88, 90
1433 80
Portvergabe
dynamische 80
Postleitzahlendatenbank 576
PowerPivot 29, 627, 676
PowerShell 103, 185
aufrufen 187
installieren 187
PowerShell aufrufen
aus SSMS 188
über sqlps 188
über Windows PowerShell 189
PowerShell-Anbieter (Provider) 187
PowerShell-Skript 185, 187
PowerView 35, 627
Präfixkomprimierung 526
Primärschlüssel 638
Prinzipal 423, 424, 437
Prinzipaldatenbank 427
Prinzipalname (SPN) 87
Private Key 276
Problembehebung 485
Produktivinstanz 79
Profiler 455
Programmierung
modulare 165
prozedurale 164
Projekt bereitstellen 326
Projektbereitstellungsmodell 326
konvertieren 326
Projektmappen-Explorer 302
Projektordner 559
Protokoll 88, 89
Protokolldatei 81
Protokollfragment
sichern 194
Protokollierung 320, 321
Konfiguration 321
Protokoll-Lese-Agent 391
Protokollversand 28, 80, 378, 415, 429
einrichten 446
Protokollempfänger 378
Transaktionsprotokoll 378
Protokollversandlösung 429, 431
Proxy-Konto 355, 431
Prozedur
gespeicherte 164
Prozedurale Programmierung 164
Prozedurname 164
Prozessor 39
Prozessorauslastung 379
Public Key 276
Pufferspeicher 487, 488, 525
Pull-Abonnement 398, 400, 406
Push-Abonnement 406

Q

Query Template 571
Query-Analyzer 28, 29
QUERYOUT 297
Quorum 419
Quorumdatenbank 420
Quorumdatenträger 419

R

RAID ... 37, 41, 42, 46, 429
Konfiguration ... 42
RAID 0 ... 43
RAID 01 ... 45
RAID 1 ... 43
RAID 5 ... 44
Spiegelung ... 43
Stripe Set ... 43
RAID 10 ... 46
RAM ... 37
Random I/O ... 40
Range Left ... 543
Range Right ... 543
Read Commited ... 535, 536
Read Uncommited ... 536
Rechenknoten ... 580
Recovery ... 427
RECURSIVE_TRIGGERS ... 183
Registerkarte Browser ... 646
Registerkarte Datenfluss ... 305
Registrierungseintrag ... 317
Relationale Datenbank ... 27
Relationales OLAP → ROLAP
Repeatable Read ... 536
Replicated ... 588
REPLICATED_SIZE ... 588
Replikat ... 59
Replikation ... 128, 389
Abonnement ... 407
Abonnent ... 394
Agent-Auftrag ... 407
Agent-Zeitplan ... 407
Artikeleigenschaft ... 402
Ausgangs-Snapshot ... 395
HTTP-Merge-Replikation ... 398
Latenzzeit ... 411
Merge-Agent ... 391
Merge-Replikation ... 390
neue Publikation ... 399
Peer-to-Peer-Replikation ... 398
Peer-to-Peer-Replikationstopologie ... 396
Protokoll-Lese-Agent ... 391
Push-Abonnement ... 401
Replikations-Agent ... 391
Snapshot-Agent ... 391
Snapshot-Replikation ... 390, 395
SQL-Server-Agent ... 391
Transaktionsreplikation ... 390, 395
Überwachungstoken ... 411
Verleger ... 393, 394
Verteiler ... 393
Verteilungs-Agent ... 391
Warteschlangen-Lese-Agent ... 391, 392
Websynchronisierung ... 398
Replikationsart ... 395
Replikationsmonitor ... 410
Replikationstopologie ... 396
Replikationstyp ... 128, 390
Report
Design ... 610
Report Builder
Bericht erstellen ... 616
Karte erstellen ... 623
Report Server Model ... 606
Reporting als SharePoint Shared Service ... 36
Reporting Services ... 80, 218, 376, 586
bereitstellen und skalieren ... 592
Installation ... 596
Konfiguration ... 596
Konfigurationsmanager ... 596
Neuerungen ... 591
Reporting Services → SSRS
Report-Manager ... 599
Report-Server ... 593
Resource Governor ... 510
Ressource
clusterfähige ... 416
Ressourcendatenbank ... 126, 127
Ressourcengrenze ... 510
Ressourcengruppe ... 418
Ressourcenkontrolle ... 510
Ressourcenmanagement ... 111
Ressourcenpool ... 510
Ressourcenverbrauch ... 510
Ressourcenverwaltung ... 29
Ressourcenwartevorgang ... 455
REST ... 55
Restore ... 127, 193, 488
Resultset ... 162, 164
return ... 169
Richtlinienbasierte Verwaltung ... 29
Richtlinienverwaltung ... 87, 107
ROLAP ... 632
Roll Forward ... 197
Rollback ... 531
Rolle ... 125
ROW_OVERFLOW_DATA ... 487

S

SAN ... 46
Konfiguration ... 42
SAP NetWeaver BI ... 606
SAS ... 47
Scan ... 581
Schema ... 127, 272
anlegen ... 273
Schleife
verschachtelte ... 181
Schleifencontainer ... 303
Schlüssel
asymmetrischer ... 276
symmetrischer ... 275, 287, 600
Schwellenwert ... 38
SCOPE_IDENTITY ... 173
Scripting-Funktionalität ... 144
Secondary Global Allocation Map → SGAM
Security Identifier → SID
Seite
fehlerverdächtige ... 428
Seitenkomprimierung ... 526
Self-Service-BI ... 29, 52
Sequence-Container ... 303
Sequenz ... 183
Sequenziell ... 40
Serial Attached SCSI → SAS
Serializable ... 536
Serverausfall ... 414
Serverdashboard (Bericht) ... 139
Servergruppe ... 560
Serverinstanz
sekundäre ... 449
Server-Login ... 229
Serverobjekt übertragen ... 304
Serveroption ... 87
Serverrolle ... 236
benutzerdefinierte ... 32
bulkadmin ... 237
dbcreator ... 237
diskadmin ... 237
processadmin ... 237
securityadmin ... 237
serveradmin ... 237
setupadmin ... 237
sysadmin ... 237
Serverspeicher ... 87
Serverzertifikat ... 283
Service ... 55
Service Broker ... 56, 129, 375, 382
aktivieren ... 383
asynchrone Kommunikation ... 382
CREATE CONTRACT ... 384
CREATE QUEUE ... 384
CREATE SERVICE ... 384
Dialogkonversation ... 385
Dienst ... 384
Erstellen der Sende- und Empfangswarteschlange ... 384
Erstellen des Vertrags ... 384
Festlegen des Nachrichtentyps ... 384
Nachricht anzeigen ... 385
Nachrichtentyp ... 383
Route ... 375
SET ENABLE_BROKER ... 383
Versenden der Service-Broker-Nachricht ... 385
Vertrag ... 384
Warteschlange ... 384
Service Level Agreement (SLA) ... 414
Service Pack ... 79
Installation ... 414
Service Principal Name (SPN) ... 91, 118
SET NOCOUNT ON ... 165
SET PARTNER FORCE_SERVICE_ALLOW_DATA_LOSS ... 427
SET RECOVERY FULL ... 437
SETSPN ... 619
SETUP ... 65
Setup ... 69
Setuprolle ... 69
SGAM ... 486
Shape-Datei ... 624
Shared Memory ... 89
Shared Storage ... 419
Shared-Disk-Lösung ... 380
Shared-Nothing-Design ... 581
SharePoint ... 596, 627
Shell ... 185
Sicherheit ... 63, 89
Sicherheitseinstellung ... 403
Sicherheitskonzept ... 229
Sicherung ... 193, 488
des Protokollfragments ... 194
des Transaktionsprotokoll ... 194
differenzielle ... 194
Medien ... 207
vollständige ... 194, 447
von Dateigruppen ... 199
Sicherungsauftrag ... 431
Sicherungsfähiges Element ... 262

Sicherungsverfahren 193, 194
Sicherungsverzeichnis 431
Sicht 160, 164, 637
indizierte 498, 519
SID 250
Simple Mail Transfer Protocol → SMTP
Sitzungsmonitor 496
Skalarwert 162
Skalarwertfunktion 162
Skalierbare freigegebene Datenbank 380
Skalierbarkeit 31, 375
AlwaysOn 382
Analysis Services 379
Data Warehouse 379
Peer-to-Peer-Transaktionsreplikation 381
Reporting Services 379
skalierbare freigegebene Datenbank 380
Skalieren
horizontales 594
Skalierung 62, 375, 580
Skalierung für Entwickler 382
Skript 149, 185
entwickeln 135
Skript-Button 143
Skripttask 303
SMP 580
SMTP 357
SMTP-Konto 360
SMTP-Server 359
Snapshot 200, 391, 425, 536
von Berichten 600
Snapshot → Datenbank-Snapshot
Snapshot → Momentaufnahme
SOAP 55
Sortierreihenfolge 62
Sortierung
auf SQLSERVER 132
SP_CONFIGURE 101
sp_CONFIGURE 359
sp_help 170
sp_helpdb 171
sp_monitor 171
sp_send_dbmail 367
Spaltenbasierter Index 516
Speicher 39
Spiegel 437
Spiegeldatenbank 423, 427
Spiegelserver 424
SQL ausführen 304
SQL Azure
Client-Ebene 57
Infrastrukturebene 59
Plattformebene 58
Serviceebene 57
SQL Client Connectivity SDK 81
SQL Mail 358
SQL Server
Ablaufverfolgung 455
Aktivität überwachen 453
AlwaysOn 382
Business Intelligence Edition 51
Datacenter Edition 52
Developer Edition 53
Dienstkonto 64
Edition 51
Endpunkt 425
Enterprise Edition 52
Ereignis 457
Express Edition 53
Fast Track Data Warehouse Edition 52
in virtuelle Umgebungen 47
Instanz 140
Integration-Services-Katalog (SSISDB) 326
Konfiguration 135
LocalDB-Edition 53
Parallel Data Warehouse Edition 52
Protokolle 89
Protokollversand 378
registrierter 560
Skalierbarkeit 375
SQL Server 2000 27
SQL Server 2005 28
Standard Edition 51
Steuerung 135
Verfügbarkeit 389
Verwaltung 135
Web Edition 53
SQL Server 2012 29
Aktualisierung auf 65
Audit-Erweiterung 34
Contained Database 32
Distributed Replay 33
Hochverfügbarkeit 30
Hochverfügbarkeit mit AlwaysOn 30
LocalDB 34
Onlineupdates 67
Performance 31
PHP-Treiber 34
PowerView 35
Skalierbarkeit 31

SQL Server AlwaysOn 30
SQL Server Analysis Services 28
SQL Server Analysis Services → SSAS
SQL Server Business Intelligence Development Studio 633
SQL Server Configuration Manager 87, 129
SQL Server Data Tools 302, 337
tabellarisches Projekt 36
Wartungsplan 337
SQL Server Data Tools (SSDT) 34
SQL Server Express Edition 29, 423
SQL Server Integration Services → SSIS
SQL Server Management Studio → SSMS
SQL Server Native Client 81
SQL Server Profiler 81, 494
SQL Server Reporting Services → SSRS
SQL Server-Installationscenter 65
SQL Server-Konfigurations-Manager 129
SQL Server 2012
Aktualisierung auf 61
Installation 61
sqlcmd 98, 220
SQLdiag 81, 465
sqldiag.exe 465
SQL-Dialekt 149
SQL-Dienst 62
sqlps 188
SQL-Server-Agent 88, 105, 190, 391
konfigurieren 353
SQL-Server-Authentifizierung 63, 234
SQL-Server-Browser 81
SQL-Server-Datenbankmodul
Ausblenden einer Instanz 89
SQL-Server-Dienst
verteilen 375
SQL-Server-Dienste 63
SQL-Server-Dienstkonto 431
SQL-Server-Edition 29, 51
Compact Edition 54
Developer Edition 53
Enterprise Edition 51
Express Edition 53
Express mit Advanced Services 54
Express mit Tools 54
SQL Server Azure 54
Standard Edition 51
Web Edition 53
SQL-Server-Ereigniswarnung 368, 373
SQL-Server-Fehlerprotokoll 133
SQL-Server-Konfigurationsmanager 81
SQL-Server-Leistungsstatuswarnung 368
SQL-Server-Onlinedokumentation 81
SQL-Server-Protokolle 89
SQL-Server-SQL-Browserdienst 88
SQL-Server-Startparameter 95
SQL-Server-Überwachung 469
SSAS 28, 52, 62, 88
SSDS 48
SSIS 28, 52, 62, 88, 125, 340, 353, 605
Bereitstellungsmodell 326
SSIS-Anwendung 302
SSIS-Bereitstellung von Projekten und Paketen 36
SSIS-Designer 303
SSIS-Katalog 36, 326
SSIS-Paket 301, 305, 437
ausführen 340
SSIS-Paketkonfiguration 316
SSIS-Protokollanbieter für das Windows-Ereignisprotokoll 320
SSIS-Protokollanbieter für SQL Server 320
SSIS-Protokollanbieter für SQL Server Profiler 320
SSIS-Protokollanbieter für Textdateien 320
SSIS-Protokollanbieter für XML-Dateien 320
SSL-Port 598
SSL-Zertifikat 285, 598
SSMS 29, 54, 88, 112, 135
grundlegender Aufbau 136
IntelliSense 145
Objekt-Explorer 137
starten 136
Überblick 135
SSRS 28, 52, 62, 88
Staging Database 296
Stammdatenverwaltung 566
Standardaktion 664
Standard-Cluster 420
Standardinstanz 90
Standardkonten 63
Standardschema 272
Standardsortierung 130
Standard-SQL 149
Standard-Trace 82
Standby 447
Star-Join-Abfragen 52
Startparameter 95
Statistik 523
Statistikerstellung 523
Storage Area Network → SAN

Storage im Netz ... 47
Storage inklusive Georeplikation ... 49
Stored Procedure ... 164
Stream ... 570
StreamInsight ... 568, 583
Adapter ... 569, 571
Architektur ... 570
Ereignis ... 569
Event ... 569
installieren ... 572
Suche
semantische ... 32
SUMMARY.TXT ... 82
Swapping ... 488
Symmetrischer Schlüssel ... 275, 287
Symmetrisches Multiprozessing → SMP
Synchronisationsverfahren ... 435
Synchronisieren ... 398
Sysadmin ... 237
Sysprep ... 65, 82, 83, 86
Systemauslastung ... 38
Systemdatenbank ... 125, 126
Änderung ... 131
beschädigte ... 130
Funktionsweise ... 126
MASTER ... 125, 126, 422
MODEL ... 125, 126, 422
MSDB ... 125, 126, 127, 422
MSSQLSYSTEMRESOURCE ... 126
mssqlsystemresource ... 125
neu erstellen ... 130
reparieren ... 132
Ressourcen- und Distributionsdatenbank ... 127
Setup ohne Benutzeroberfläche ... 131
sichern ... 200
TEMPDB ... 125, 126, 422
verschieben ... 128
von Setup neu erstellen ... 131
Wartung ... 132
wiederherstellen ... 200
Systemprozedur ... 170
erweiterte ... 172

T

Tabelle
partitionierte ... 542
Tabellendesign ... 660
Tabellenwertfunktion ... 162
Tablescan ... 515
Tail-Log-Sicherung ... 194
Target ... 107
Targetserver → Zielserver
TCO ... 580
TCP/IP ... 90
TCP-Endpunkt ... 426
TDE ... 52, 282
Teilsicherung ... 194
TEMPDB ... 62, 80, 127
TERADATA ... 606
Testserver ... 508
Token ... 106
Toolbox ... 303
Total Cost of Ownership → TCO
Trace → Ablaufverfolgung
Trace-Flag ... 56, 87, 95
Transact SQL → T-SQL
Transaktion ... 128, 423, 530
Transaktionskonsistenz ... 398
Transaktionsprotokoll ... 126, 378, 391, 429, 430, 528
automatisierte ... 430
ldf ... 126
sichern ... 127, 194
wiederherstellen ... 451
Transaktionsreplikation ... 128, 398
Abonnement mit sofortiger Aktualisierung ... 396
Abonnement mit verzögerter Aktualisierung ... 396
einrichten ... 399
mit aktualisierbarem Abonnement ... 396
Transaktionssicherheit ... 630
Transaktionsverarbeitung ... 630
Transformation ... 296
Transparente Datenverschlüsselung → TDE
Trigger ... 174, 397
rekursiver ... 183
Trigger-Tabelle
deleted ... 175
inserted ... 175
TRY CATCH ... 533
T-SQL ... 135, 148, 149, 629, 630
debuggen ... 156
Neuerung für Entwickler ... 183
Scripting mit ... 148
Variable ... 151
TSX ... 549
TXT ... 295

U

Übersetzung ... 668
Übertragung
synchrone ... 424
Überwachung
bei Anmeldung ... 87
Überwachungsspezifikation ... 472
UCP ... 52, 112
Ultra Shared Nothing ... 588
Umgebungsvariable ... 317
Unicode-Komprimierung ... 526
Update ... 67, 79
UPDATE()-Funktion ... 181
URL ... 612
Utility Control Point → UCP
Utility Explorer ... 112, 116
Utility Management Data Warehouse ... 116

V

Variable ... 338
VDWH ... 475
Daten auswerten ... 479
Datensammlung aktivieren ... 478
einrichten ... 475
Verarbeitung
massive parallele → MPP
parallele ... 582
Verbindung
vertrauenswürdige ... 426
Verbindungsdaten ... 362
Verbindungsmanager ... 305
Verbindungsserver ... 288, 292
Verfügbarkeitsgruppe ... 434
Verfügbarkeitsklasse ... 414
Verlaufsinformation ... 127
Verleger ... 400
Verschlüsselung ... 92
erzwingen ... 286
Verschlüsselungsalgorithmus ... 276
Verschlüsselungsschlüssel ... 604
VERSION ... 173
Verteiler ... 128, 400
Verteilungs-Agent ... 406
Verteilungsdatenbank ... 393
verwaister Benutzer ... 248, 253
verwaltete Dienstkonten ... 65
Verwaltungs-Data-Warehouse → VDWH
Verwaltungssicht
dynamische ... 146, 147, 521
View → Sicht
Virtual Device Interface (VDI) ... 587
Visual Studio ... 28, 324
Bericht erstellen ... 605
Vollsicherung ... 194
Volltextsuche ... 28, 32
Vorlagen-Explorer ... 141

W

Warnung ... 357, 367, 437
anlegen ... 368
Warteschlange ... 396
Wartung ... 295
Wartungsplan ... 302, 337, 347, 437, 523
anlegen ... 347
Assistent ... 347, 348
erstellen ... 348
Webservice ... 597
Wiederherstellen aller Transaktionen ... 126
Wiederherstellungsauftrag ... 432
Wiederherstellungsmodell ... 126, 195
einfaches ... 127, 196
massenprotokolliertes ... 127, 199, 431
vollständiges ... 127, 196
Wiederherstellungsmodus ... 427
Wiederherstellungsverzeichnis ... 431
Windows Azure ... 30, 48
Windows Azure Marketplace ... 577
Windows Azure SQL-Datenbank ... 54, 55
Windows Server Core ... 34
Windows und Windows Azure
SQL-Datenbank ... 55
Windows-Authentifizierung ... 63, 233
Windows-Benutzerkonto ... 231
Windows-Cluster-Dienst ... 415
Windows-Ereignisprotokoll ... 320
Windows-Failover-Cluster-Dienst ... 434
Windows-Leistungsüberwachung ... 460
Synchronisation ... 463
Windows-Performancemonitor ... 42
WITH NORECOVERY ... 197
WITH REPLACE ... 216
WMI ... 373
WMI-Ereigniswarnung ... 368, 374
Workflow ... 566
Workload ... 510
Wörterbuchkomprimierung ... 526

X

XML 55, 295, 606
XML-Index 31
XML-Konfigurationsdatei 317, 465
xp_cmdshell 87, 172

Z

Zeilenkomprimierung 525
Zeitplan 125, 349
konfigurieren 450
Zeitplandefinition 600
Zertifikat 92, 95, 275, 276
Zeuge 423, 437
Zeugeninstanz 423
Zielserver 545, 549
Instanz 547
Version 612
Zugriffsberechtigung 258

Windows Store Apps
Thomas Claudius Huber
Windows Store Apps
Apps für Windows 8 mit XAML und C# entwickeln
Galileo Computing